国家出版基金项目
NATIONAL PUBLICATION FOUNDATION

中国村落史

The History of Chinese Villages

上

胡彬彬 著

中信出版集团 | 北京

图书在版编目（CIP）数据

中国村落史 / 胡彬彬著 . -- 北京：中信出版社，2021.9（2024.1重印）

ISBN 978-7-5217-3341-9

Ⅰ. ①中… Ⅱ. ①胡… Ⅲ. ①村落文化－文化史－中国 Ⅳ. ① K928.5

中国版本图书馆 CIP 数据核字（2021）第 134111 号

中国村落史

著者：　胡彬彬

出版发行：中信出版集团股份有限公司

（北京市朝阳区东三环北路 27 号嘉铭中心　邮编　100020）

承印者：　河北鹏润印刷有限公司

开本：787mm×1092mm 1/16　　插页：36

印张：56.5　　字数：1018 千字

版次：2021 年 9 月第 1 版　　印次：2024 年 1 月第 3 次印刷

书号：ISBN 978–7–5217–3341–9

定价：196.00 元（全两册）

谨以此书献给中国传统村落

总目录

目录（上）

第四章　南北分裂割据时期的村落

第五章 国家治理体系的完善与村落的制度化

自序

一

远古时期的中华大地，植物种类繁多，生长茂盛，伴随而生的许多动物遍布崇山峻岭和广袤草原，鱼类更是遍及江河湖泊。早期的人类和其他动物一样，也是直接向大自然索取资源，以维持基本的生存。远古的中华先民，生活于山林中的，以打猎获取食物；生活于江河湖海沿岸的，以捕鱼获取食物。“靠山吃山，靠水吃水”是远古先民朴素的生存哲学。这些容易获得的肉类食物，让早期的先民形成了以渔猎为主的生存生活方式。不过，随着自然环境的改变，先民的生活方式也出现了新的变化。距今12 000年左右，北方地区从旧石器时代晚期向新石器时代过渡。这一时期也正好是古气候学上的“新仙女木事件”[1]发生期，冰期逐渐结束，气候开始变暖。不少草地变成森林，先民原先赖以果腹的动物随之减少。于是，他们开始采集植物为生，在漫长的实践中逐渐认识了可食用植物的种类，并初步掌握了其生长习性。他们意识到，通过耕种获得食物比纯粹依靠采集的方式获得食物更加可靠稳定。于是，他们开始注意收集种子，并不断摸索和改进种植技术。原始的种植业就开始萌芽了。同时，他们开始将一些捕获的尚未死亡的剩余猎物养殖起来。随着经验的积累，人们发现养殖动物比捕获猎物更省时省力，于是最初的养殖业出现了。种植业与养殖业，差不多是同时发生和存在的。新石器时代早期的北方地区各区域典型遗址，如属于裴李岗文化的沙窝李遗址、属于磁山文化的磁山遗址、属于大地湾文化的大地湾遗址、属于兴隆洼文化的兴隆洼遗址、属于后李文化的月庄遗址等，均存在以粟、黍为代表的种植业遗存和以猪为代表的养殖业遗存。种植作物与饲养动物的出现，表明农业生产方式已经具备雏形。而农业生产的形成，则使得人类定居生活成为可能。中华先民初步具备了改造自然的能力，不需要随处迁徙，可以比较长时期地活动于某些相对固定和有限的地理空间之内。于是，早期的村落就在此基础上演变形成了。

在北方地区，仰韶文化遗址出土的远古村落民居，为半地穴式的方形建筑，屋内有保存火种与取暖用的圆形火塘，四周墙壁用木柱做骨架，外边敷一层草拌泥。龙山文化遗址出土的民居建筑，为半地下圆形，底部铺一层经火烧过的灰白色硬泥，墙壁光滑，屋顶为尖锥形。在南方地区，早期的村落建筑以干栏式为主，适合森林茂密、雨水较多、空气潮湿的山地，以后又有临水干栏式，发展到江河水溪遍布的平地。它以竹木为建筑营造材料，分上下两层，下层放养动物和堆放工具杂物，上层住人。东至江浙地区新石器时代的马家浜文化和良渚文化等许多遗址，西至云南的剑川海门口新石器时代遗址、四川的成都十二桥商代遗址等，都有干栏式建筑分布。

定居生活的形成，又进一步促进了农业的发展。就目前考古发掘的出土资料看，在世界范围内，我国先民从事农业生产活动的时间最早，距今 1 万年左右就已开始。1978 年在甘肃发现的大地湾遗址，出土了已经炭化的粮食作物黍和油菜籽的残骸，距今已经 8 200 年了。南方地区，在洞庭湖区的澧县城头山古文化遗址中，考古学家发掘出了距今 6 500 年的水稻田，这是目前我们所知道的保存最好、世界最早的人工水稻田。同样在湖南澧县，彭头山遗址中则出土了世界上最早的稻作农业痕迹——稻壳与谷粒。而在湖南南部的道县玉蟾岩，更是出土了距今约 1 万年的人工栽培稻种子。这是全世界目前所知出土年代最早、数量最多的人工栽培稻种子。这些考古大发现确立了长江中游地区在中国乃至世界稻作农业化的起源与发展中的重要历史地位，意义重大。

从自然条件来看，传统村落在中华大地产生，完全得益于温和的气候、适中的雨量以及肥沃的土壤。优越的自然条件为传统农业的产生提供了前提，所以在先民的农业思想里，就将农业与整个自然界视为一体。其中，时气属“天”，土壤属“地”，物性、树艺、畜牧三者属“物”，耕道、粪壤、水利、农器等则属“人”，天、地、人、物有机统一。中国现存最早的一部汉族农事历书《夏小正》，记载了战国之前的农业生产的内容，这些农业活动都在一年中特定的月份进行，与天象、气候、季节、物候紧密相连。这篇重要的农业文献，也将天地自然与农事活动视为一个有机联系的整体。后来，在此基础上逐渐发展出了传统的堪舆营造思想，村落的规划选址也更加注重与整个自然界的关系。

基于如前的出土物证，我们有充足的理由认为，中国是世界上最古老的农业之国。

商周时期的冶炼技术，带来了战国时期炼铁技术的成熟发展，这对于村落的发育有着重要的意义。铸铁铸造技术应用于农具制造，使得农耕文明的发展产生了质的飞跃。铸铁农具的推广，使得农业生产率迅速提高，也使得人口规模扩大。中华大地逐渐形成了一定规模的村落形态。其中，“聚”是文献记载的最早的村落形态，它有“汇集”“聚拢”的意思。这一时期的一些区域村落名称，大致还有“丘”“庐”等。

秦代开始，大一统的国家初步形成。不过，秦王朝持续的时间较短，它对于农耕文明的影响主要在汉代开始才见到成效。汉代的农牧分界线比较偏北，农耕技术也扩展到了塞外。汉武帝移民百万，使河套以南到陕北地区农业的繁荣程度可比关中。东汉到三国时期，气候逐渐寒冷，北方的自然生态环境已经与先秦时期相去甚远，加上连年征战，大量的农田遭到废弃。原来活跃在草原上的游牧民族进入中原，与农业民族争夺资源。种种因素叠加在一起，导致魏晋南北朝时期的农业经济出现大衰退。这个时候，出现了一种带有防御体系的村落，即“坞壁”。著名的坞壁有许褚壁、白超垒（坞）、合水坞、檀山坞、白马坞、百（柏）谷坞，等等。这种防御性的村落，后世还在陆续产生。直到今天，湖南江永县的勾蓝瑶寨还遗存有城墙、碉楼、守夜屋等防御性建筑，它们为维护勾蓝瑶寨的稳定起到了至关重要的作用。而在以战略防御需求和客家文化为基础的福建三明、永安、龙岩等地和湖南郴州临武、宜章一带，更是有堡、寨、碉、楼等村落建筑，集防御与居住功能于一体，见证了人类战争军事、迁徙与农耕的历史。

唐代黄河下游许多林地已被开辟为农田，并通过兴修水利提高粮食产量，隋唐江淮流域出现了强劲的开发势头。南方地区气温偏高，降雨量充沛，有利于水稻等高产农作物的种植，使得耕地在面积不变的前提之下可以养活更多的人口。大量从中原地区南迁的移民也带来了先进的农耕技术。虽然政治文化中心仍然在北方地区，但是北方的粮食通常不能自给，需要从南方运过来。沟通南北地区的主要动脉，是此时修建完成的京杭大运河。南方丰富的粮食，从此可以源源不断地运至北方，为大唐盛世的开创打下了基础。中国传统农业以精耕细作、土地利用率高和单位产量高为特征的生产模式，到此时得到了更进一步的巩固和加强。唐代的村落已经普遍开始以“村”来命名。杜佑的《通典》表明，唐代官方有明文规定，所有城墙外面的聚落都统统称为“村”。不过，它也许主要在北方的黄河流域地区。南方地区的村落，有一些是以“浦”“沟”“洲”“渚”等来命名的。从它们的水字旁就可以看出其明显带有南方水乡的特色。

北宋时，北方仍保持着政治文化的中心地位，但经济重心已逐渐转移到南方，南方的人口首次超过北方。为了应对人口增长和耕地不足的矛盾，王安石开始推行淤田。这是中国村落发展的一个重要阶段，此时，社会基本稳定，读书风气较浓。一些著名的文人主动关注村落生活，写下了大量有关农村安逸生活的诗歌，如范成大的《四时田园杂兴·其一》：“昼出耘田夜绩麻，村庄儿女各当家。童孙未解供耕织，也傍桑阴学种瓜。”它是在东晋陶渊明开创的田园题材诗歌的基础上的继续深化，即使在今天读来，仍旧具有很强的感染力。此时传统村落文化发展史上的一个里程碑——《吕氏乡约》产生了。它成为我国历史上最早的成文乡约，对后世明清的村落治理模式影响甚大。可以说，后来传统村落中的村规民约或者族约等，都是《吕氏乡约》的延伸版。

经历了元代的短暂战乱，明、清两代的农业生产开始恢复，并有了进一步的发展。长江中下游的南方，一直都是当时的经济中心。其充足的农业生产，为北方提供了大量粮食、布帛和税赋。正是南方农业经济的开发与崛起，才使中国经济仍能保持大体平衡。随着生产力的提高，人口也大量增加。而且，随着对外交往的扩大，来自南美洲的玉米、甘薯等粮食作物开始传入，极大地解决了传统粮食作物产量不足的问题，使得在耕地面积总量保持不变的前提下，粮食作物产量能够满足人口不断增加的需求。人口的繁衍，促进了村落的发展。不少今天被视为传统村落的村庄，大体上都是这一时期兴建和留存下来的。而我们视为传统村落文化主要内容的部分，包括建筑、民俗、乡约、教育、信仰等，也大多形成或定型于这一时期。

从上述内容可以看到，中国传统村落文化的形成与延续，始终离不开传统农业的发展。中国是世界农业的起源中心之一，其传统农业在发展过程中产生了一系列的发明创造，对中华文明的影响至为深远。可以说，中国传统农业是中华文明强大生命力的来源，是中国传统村落及其文化得以持续发展的最深厚的根基。

村落的发展，一个重要的贡献就是直接催生了传统城市的出现。种植业、养殖业带来手工业的产生，使得村落的产品得到了极大的丰富，出现了“物物交换”这种最初的交易模式。随着交易的内容进一步扩大，以货易货的方式已经不能适应社会的发展，于是就产生了最早的货币——贝。金属货币的出现，让交易变得更为方便和规范。原始的偶然的交易场所，逐步演变成有固定时间和地点的集市。殷商时代，即出现了定时定点的集市贸易。《易经·系辞下》中说：“庖牺氏没，神农氏作。……日中为市，致天下之民，聚天下之货。交易而退，各得其所……”村落集市的职能不局限于货物交易，它在一定程度上也成为村落居民之间信息交流的场所。《史记·五帝本纪》中有一句描述村落形成的话，经常被学者引用：“一年而所居成聚，二年成邑，三年成都。”它较为形象地反映出了当时一个小国的都城实际上是由早期的村落直接演变而成的。农事因人“聚”而成业，因人“聚”而成邑，因邑落的发展而形成城市。居住在城市中的人不需要从事农业生产，因此可以从农业中抽离出来，从事手工业、商业、教育甚至学术研究和艺术创作，于是渐渐创造出博大精深的中华传统文化。从这个角度而言，中国传统村落就是中国传统文化的根与源。

二

尽管中国村落的发展历史如此漫长，但是长期以来并未引起国内学术界足够的重视。20世纪以来的一些乡村史研究成果，大多由日本学者取得，这是令人汗颜的。原因在于，在中国传统史学中，史学家习惯于将目光聚焦在政治制度、朝代兴衰、学术思想、精英人物等方面，而极度轻视甚至排斥包括乡村社会在内的民间社会的历史、平民的历史，中国的历史研究被高度精英化。正如萧公权所说：“帝制中国的乡村居民绝大多数目不识丁。他们的日常生活和所作所为通常不会引起那些能读能写的知识分子的注意，因而大部分未被记录下来。官员和学者经常提到的‘民间疾苦’，可能只是重述一般性的说法，而不是展示乡村生活的真实情况。”[2]近代以来，以梁启超为代表的少数史家开始批判传统史学的研究取向，倡导“新史学”，即历史研究要探索全民的活动，而绝非仅是帝王将相的活动，认为今日所需之史，不再是“皇帝教科书”，而应是“国民资治通鉴”或“人类资治通鉴”[3]。至此以后，特别是近代人文学科兴起以来，包括传统中国的乡村在内的民间活动及其历史才开始得到学术界的关注。当然，相比日本学者对传统中国乡村社会研究的热衷，近代以来的国内学术界仍显冷清。直至近几年国家将传统村落纳入国家历史文化保护战略之后，这一现状才稍微得以改变。当前学术界从文化、社会、经济和建筑景观等方面展开了对“村落”或“乡土”的研究，但对村落历史这一基本问题仍然极少涉足。因此，亟待对其展开全面、深入、系统的研究。

村落史的研究有两种：一是作为一个抽象概念和泛指，指的是村落在人类历史长河中的变迁，即村落作为一个聚落空间和社会单元在时间顺序上的纵向演化，包括村落的起源、发展、转型及其相关的影响因素和内容，强调对村落的宏观考察；二是作为一个具体概念和个体单位，指的是村落被组织起来的历史过程，包括村落的兴建、扩张、定型或废弃及其相关的影响因素和内容，强调对单个村落或村庄的微观考察，即所谓村史，具有村志性质。前者与人类进化和人类文明的发展密切相关，是一个十分宽泛的概念，以历史学学者关注最多；后者与一个族群的生产、生活紧密相连，是一个相对具体的概念，以社会学、人类学学者讨论最为热烈，被称为民族志书写。如费孝通的开弦弓村、林耀华的义序和黄村、黄树民的林村、杨懋春的台头村、许烺光的喜洲、杨庆堃的鹭江村、周大鸣的凤凰村等，都属于此类。拙著所述的村落史承系前者。笔者试图以历 40 年之久、数量 5 000 个以上的中国传统村落田野考察作为量化基础，对“中国村落”的缘起、形成与发展演变，以史学视角加以巡视。因而，本书并非某个具体村落的历史，但也并不忽视后者。后者往往作为前者的支撑个案，用于诠释、解读或者确证村落在历史长河中的发展面貌，反映村落的某些普遍性和特殊性的关系。

作为有史以来便实际存在的生产生活空间和社会单元，村落是一个历时性和共时性兼具的概念，它不仅反映着有史以来农林渔牧业族群的生存生活状态，如食、衣、住、行、用等方面，而且承载着人类文明发展的历史，包括在前者基础上构建和形成的工具、器皿、衣物、建筑与制作它们的经验、技术，以及经济模式、社会制度、风俗习惯、精神信仰、道德观念等在内的物质文化与非物质文化的方方面面。从这个意义上来说，村落及其文化研究至少应该包括但不限于以下 7 个方面的内容：（1）建筑营造与堪舆规划；（2）生产生活与经济模式；（3）文化教育与道德教化；（4）宗法礼制与村落治理；（5）民族民俗与宗教信仰；（6）民间艺术与手工技能；（7）生存空间与资源环境。[4] 一方面，正因为村落包罗万象，所以与村落有关的内容亦十分广泛；另一方面，有关中国村落史研究的直接成果很少，事实上，非常有限而且取向不一的学术积累，也只是被分解于基层制度、乡村经济、宗族家庭、婚姻生育、民俗宗教和社会生活等不同层面的区分研究中，但哪怕是间接性的成果、个案研究的成果，对其加以充分的认识和梳理，仍然是有益而十分必要的。它的指向可能与村落史研究的学术理论有关，而且可能涉及历史研究的方方面面，包括政治史、经济史、社会史、文化史、科技史、宗教史、民俗史、建筑史、聚落史和环境史甚至历史地理等各个领域。这些散落在不同领域的研究成果，一方面说明中国村落史研究尚有可供借鉴的某些间接性的前期成果，另一方面显示出村落尚未作为一个历史性概念广泛进入学术的视野，目前有关研究从视角到内容都仅处于碎片化阶段。与村落有关的学术理路显示，中国村落史尚未广泛进入严格意义上的学术的视野，仍属于一块处女地。因而，无论从什么视角来展开对中国村落史问题的探索与研究，从研究视角到研究内容上其开创性是显而易见的。虽然没有成建制的体系性研究，但中国村落史研究已经历过三个阶段，大致如下。

（一）20 世纪上半叶的社会学与中国村落的具体研究

大致来看，近代以来对中国乡村的关注，始自 19 世纪末的来华西方传教士。作为中国村落史研究的早期阶段，这期间的成果很少，多为散文游记和社会调查，是西方传教士建立在自身生活经验基础之上的对中国乡村社会或民众生活的描述。最早将对中国乡村的观察诉诸书写方式的，是美国传教士明恩溥。他于 1872 年来到中国，并先后在鲁西北、天津等地传教 30 余年，对于中国乡村社会及底层民众的生存生活状况有较为清楚的了解和认识。他撰写的《中国的乡村生活》一书最为人所熟知，是西方人了解早期中国乡村及民众生活状况的重要著作。尽管该书“社会学的研究”这一副标题表明，明恩溥试图将他对中国村落社会的考察上升为一种学术研究，但从内容来看，该书仍只是一种基于个人生活体验的经验性描述，不仅缺乏应有的理论高度，而且带有明显的民族立场和宗教情节，有些观点偏颇且偏激，因而广受后来者的批评。不论何种说法，可以肯定的是，自此以后，近现代中国村落开始进入了西方社会学、人类学学者的学术视野。这期间，典型者如马伦、戴乐仁、H. D. 布朗、卜凯、马罗立、史禄国等，他们以社会调查为主，聚焦于少数民族习俗、家庭组织和农村经济等方面。[5]

严格来说，将中国村落作为学术研究对象，始于美国的丹尼尔·哈里森·葛学溥，他首创运用人类学的方法来研究中国村落。他于1925年出版了《华南的乡村生活——广东凤凰村的家族主义社会学研究》。该书是一部建立在调查访问基础上的论著，全方位地描述广东潮州附近的凤凰村，内容涉及人口、经济、政治、教育、婚姻和家庭、宗教信仰和社会控制等方面。他的研究不仅注意到了中国乡村的区域性差异，而且根据这一认识，他还提出了一套系统研究中国乡村的方法，即将中国划分为几大文化区域，在每个区域内，按照职业、工具、社会组织、态度和理念等标准，选择有代表性的群体、村落和地区进行深入调查与研究，以期发现中国社会的功能、社会发展的过程和未来的趋势。为此，他将作为研究对象的村落区分为静态和动态两类，并分别对应两种研究方法。前者基本上保持着传统的生活状态，外来影响小，采取静态研究，侧重于结构与功能的分析；后者多位于通商口岸附近，或是正在经历迅猛的工业化进程，理应做动态研究，强调把握社会的变迁趋向。[6]

正是葛学溥所提出的研究中国各地村落的建议和方法，给后来的中国社会学者以极大的启示。20世纪30—40年代，一批受过西方社会学、人类学学术训练的中国学者，开始展开对中国村落的具体研究，如李景汉的《北平郊外之乡村家庭》(1929年)、《定县社会概况调查》(1933年)[7]，陈翰笙的《解放前的地主与农民——华南农村危机研究》(1936年)[8]，费孝通的《江村经济》(1938年，开弦弓村)[9]，林耀华的《义序的宗族研究》(1935年)、《金翼——中国家族制度的社会学研究》(1944年，福建黄村)[10]，杨懋春的《一个中国村庄——山东台头》(1945年)[11]，许烺光的《祖荫下——中国乡村的亲属、人格与社会流动》(1948年，云南喜洲)[12]等。这些学者都试图详尽记录与分析当地的生产、土地、宗族、婚姻、教育等文化现象，以揭示中国各地乡村的文化逻辑与社会面貌。这种侧重于对具体村落的功能与结构分析的研究方法，最早由英国人类学家马林诺夫斯基倡导。

这种方法经吴文藻、林耀华、费孝通等一批具有西学背景学者的推介并引入中国之后，就成了“社区分析法”[13]。费孝通先生的博士学位论文《江村经济》（英文标题直译为《中国农民的生活》）便是“社区分析法”的实验性典范。在该书中，他试图通过长江三角洲地区的开弦弓村窥视中国社会。马林诺夫斯基在序中评价，该书“通过熟悉一个小村落的生活，我们犹如在显微镜下看到了整个中国的缩影”[14]。这种将具体村落进行民族志书写的研究思路，与中国历史上地方志的编纂，在形式和内容上均有一定的相似性，尽管会注意到描述对象的历史性问题，但其实质仍是对共时性现象的记录与分析。然而，正如前文所揭示的，历史学学科视角下对村落史的研究侧重于从人类历史长河的变迁中对村落的起源、发展乃至转型进行宏观考察，微观视角的村落民族志描述不能解释历史学关注的普遍问题，因而只能是论证前者的支撑材料。当然，除材料性价值之外，社区方法论也给中国村落史研究以极大启示，即一方面可由近及远地认识村落，另一方面则可对历史上的村落展开社区性分析。

20世纪上半叶，对中国村落的具体研究之所以受到中国学者的强烈响应，一方面与以梁启超为代表的一批学者提倡“新史学”，要求学术研究探索普通民众和底层生活的学术思想联系紧密，另一方面与以梁漱溟为代表的一批学者倡导“乡村建设运动”的热潮密切相关。大致在19世纪下半叶，中国进入了现代化的历史进程，不仅乡村遭遇到发展的困境，受到了来自工业文明的强烈冲击，而且作为乡土文化载体的村落也在走向消亡。中西之间、传统与现代之间蕴积的矛盾，在近代中国村落社会是前所未有的。梁漱溟指出：“中国乡村破坏……盖自近百年来，世界大交通，西洋人东进，老的中国社会为一新环境所包围，激起剧烈而严重的变化……即中国乡村一天一天破坏益加尖锐刻露的趋势。……所以中国近百年史，也可以说是一部乡村破坏史。”[15]

正因为“农村危机”“救济农村”等成为当时强烈的呼声，所以20世纪20—30年代以来，学术界还出现了以乡村社会结构、乡村教育、乡村控制制度和乡村文化建设为主要方向与内容的中国乡村史研究，如周谷城的《中国社会之结构》《中国社会之变化》《中国社会之现状》（20世纪30年代），陶行知的《中国教育改造》（1928年），梁漱溟的《乡村建设大意》（1936年）、《乡村建设理论》（1937年）和晏阳初发表的有关“平民教育与乡村建设运动”的系列文章，闻钧天的《中国保甲制度》（1935年），黄强的《中国保甲实验新编》（1936年），费孝通的《乡土中国》等。上述研究的逻辑起点，绝大多数是现实背景下的“乡村建设”，以寻找解决乡村现代变革中出现的文化冲突与矛盾的办法为旨归，起到了积极的作用，但面对当时相对复杂的内忧外患的社会背景，显然带有理想成分而不切实际。值得注意的是，周谷城、闻钧天和费孝通等人的论著体现了历史学研究的思路，特别是费孝通在《皇权与绅权》中还提出了中国传统社会存在“政治双轨制”的认识，对梳理并理解传统中国的村落历史及其发展与演变极具启示。

（二）20世纪50—70年代历史学介入与村落问题研究

20世纪50—70年代，由于各种原因，国内社会学被取消，人类学对中国村落的研究被中断。这一时期，中国史学界在五阶段论式的中国史研究中，较少涉及乡村问题，即便有也是在“革命话语”下对农民战争、资本主义萌芽、土地占有关系和农民生活贫困化引发“起义”等方面的评价与表达。相对于中国学界的沉寂，欧美和日本学界对中国村落研究的热情不减，除了社会学、人类学学者的研究外，更有了历史学学者的积极介入。其中，欧美学界以前者为主，日本学界则以后者最为突出。

欧美学界的代表学者有莫里斯·弗里德曼、施坚雅、华琛、华若璧、武雅士和王斯福等。弗里德曼著有《中国东南的宗族组织》（1958年）和《中国宗族与社会——福建与广东》（1966年），施坚雅著有《中国农村的市场和社会结构》（1964—1965年发表的系列论文），华琛与华若璧合著有《乡土香港——新界的政治、性别及礼仪》(20世纪60—70年代在香港调查基础上形成)[16]，武雅士著有《中国社会中的宗教与仪式》(1974年，论文集)[17]，王斯福著有《帝国的隐喻——中国民间宗教》(1992年首版，20世纪60年代在台北调查基础上形成)[18]。其中，弗里德曼的“宗族模式”和施坚雅的“市场理论”这两种解释中国村落社会的框架，在西方和中国学界的影响最为深远。[19]弗里德曼在其代表作《中国东南的宗族组织》和《中国宗族与社会——福建与广东》中打破了在中国广泛传播的“社区分析法”，将中国村落及其宗族放在一个更宽广的时空视野中来审视，既注意到了福建和广东的宗族与村落明显的重叠，也探讨了宗族组织的发达与地方社会、国家之间的关系。他曾说：“研究中国的人类学者，必须把自己的注意力放在社会整体之上。”[20]

与弗里德曼一样，美国人类学家施坚雅也认为，对中国村落的研究不应局限于单个社区的研究，而应该将村落置放于更为广阔的中国农村来看待。在《中国农村的市场和社会结构》系列论文中，施坚雅指出：“研究中国社会的人类学著作，由于几乎把注意力完全集中于村庄，除了很少的例外，都歪曲了农村社会结构的实际。如果可以说农民是生活在一个自给自足的社会中，那么这个社会不是村庄而是基层市场社区。”他进一步认为：“农民的实际社会区域的边界不是由他所住村庄的狭窄的范围决定，而是由他的基层市场区域的边界决定。”[21]这个“市场区域”，就是“基层市场社区”。他通过对四川集市的研究以及借鉴杨懋春对山东集市系统的研究，提出了“基层集市社区模式”，并试图通过集镇这个承上启下的枢纽，将微观与宏观、农民与社会、村落与国家之间联系起来。[22]施坚雅的“市场理论”对中国村落与社会的分析具有一定的解释力，影响很大。弗里德曼与施坚雅“超越村落”的研究方法，尽管备受学界重视，对解释中国村落史上的某些问题具有启示性，但是这并不意味着他们的理论没有缺陷。笔者认为，作为社会学、人类学出身的他们，落脚点在近现代村落上，侧重于共时性的社会结构，尽管他们意识到了历时性的问题，但明显没有系统的历史性梳理，更缺乏对历史问题的深度阐释。将共时性的社会结构与历时性的社会变迁结合起来，显然需要历史学科的介入。[23]

相比欧美学者，这期间的日本学术界对中国村落的研究以历史学介入最为突出，并且其研究也要系统、细致和深入得多，涌现出了一批极具影响力的中国史学研究学者，如宫川尚志、谷川道雄、宫崎市定、越智重明、戒能通孝、松本雅明、池田雄一等。他们的研究不仅涉及近现代，而且聚焦于古代中国村落的历史性梳理及基层社会问题的讨论。追溯学术史，可以发现，日本对中国村落的关注与研究，始自20世纪上半叶的侵华战争期间。20世纪初，为了给侵华日军侵略和殖民奴役中国提供情报，1907年在中国境内的南满洲铁道株式会社（以下简称“满铁”）成立了专门的调查部，作为对中国国情的综合研究部门，并且于1901—1944年先后在东北、华北和台湾等地开展了一系列农村惯行调查，搜集了相当丰富的资料[24]，对战后日本中国村落史研究的发展起到了十分重要的作用，同时推动了20世纪80—90年代以后西方的近代中国学研究，黄宗智、杜赞奇和李怀印都广泛应用了这些调查资料。具体来说，日本学者对中国村落史问题的研究，在历史跨度上主要集中于汉魏至唐宋时期，在关注问题上则多侧重于“村”的起源及相关问题和村落共同体等方面。

关于“村”的起源及相关问题，日本学者讨论较多，因为“村”的起源既是一个时间问题，也关系到对古代中国基层社会制度特别是乡里制度的认识，更关系到对村落的变迁及其历史关系和历史地位的梳理与理解。这方面以宫川尚志、宫崎市定和谷川道雄等的讨论最具影响力。最早对“村”的起源展开系统梳理的是宫川尚志，他于1950年发表《六朝时代的村》，文章强调东汉末年出现的“村”是伴随国家乡亭里制的瓦解而逐渐产生的。20世纪90年代以后，他的部分观点得到了日本学者堀敏一和齐涛、马新、吴海燕、刘再聪、侯旭东等中国学者的认同。宫崎市定则认为先秦时期或汉以前的历史时期是“都市国家”，而村的产生以及村与都市的对立标志着古代中国进入中世。[25] 后来，谷川道雄在宫川尚志、宫崎市定两者研究成果的基础上，把六朝时期“村”的出现与“共同体社会”联系起来，并提出了“豪族共同体”论。他在宫崎市定认识的基础上，通过梳理山东贵族的村居生活，进一步论证了六朝时期城市与农村的对立关系。

事实上，关于“村”的起源，不仅是一个认识论的问题，而且是一个本体论的问题。“村”作为一个概念或名称，它的出现并不意味着“村落”在此之前没有产生或不存在。用名称来定义居住空间，是一个认识论的问题，而非本体论的界定。对中国村落史问题的梳理，固然应从名称的变迁层面加以考察，但村落作为实际的生存生活空间或社会单元，显然更需从本体论视角加以阐释和厘定。因为村落的起源是人类进化与人类文明发展的结果，是一个实际存在的生存生活空间，它不会因概念或名称的出现与否而停止发生、发展和变迁。就此来看，宫川尚志、宫崎市定等日本学者的讨论显然聚焦于前者，而较少关注甚至忽视了后者。当然，也有学者意识到了这类问题，并展开了一系列有益的探索，如松本雅明的《都市国家》[26]，日比野丈夫的《中国聚落的发达》[27]，池田雄一的《中国古代聚落的发展》《石器时代的聚落》《中国古代的聚落形态》等[28]。但这些讨论更多的是围绕“都市国家”理论而展开的，或是仅局限于“聚落”视角，基于考古和文献史料对散居形态的阐释，并未考虑“村落”本体起源的问题。不管怎么说，这些研究不仅开启了对中国村落史问题的大讨论，而且间接或直接推动了20世纪90年代以后中国学术界对中国村落史的研究。

1881年，德国社会学家斐迪南·滕尼斯提出“共同体”的概念。[29]日本学者将其应用于中国村落的研究，但聚讼纷纭，莫衷一是。[30]关于中国是否存在村落共同体，在20世纪40年代曾展开过激烈讨论。以戒能通孝和福武直为代表的一方，认为中国村落不具有共同体性质[31]；而以平野义太郎和清水盛光为代表的一方，认为中国存在村落共同体[32]；也有一批超越二元论者的学者，旗田巍是其中的代表[33]。其实，正如旗田巍所指出的，肯定论者和否定论者都是基于日本或德国的标准来判定的，并没有考虑中国社会的实际特点。如果按滕尼斯对共同体的类型划分，中国村落作为“聚族而居”的聚落单元，是血缘关系优先的社会，与日本重视地缘关系甚于血缘关系的共同体性质不同[34]，因而属于“血缘共同体”。

柳田节子认为，共同体性质的中国村落，在宋元时期便已形成。他曾在“戒能–平野论战”之后阐述这个问题。[35]活跃于20世纪90年代以后的日本中国史学者丹乔二，不仅认同柳田节子的观点，而且援引文献史料和“满铁”调查资料，指出中国历史上就存在村界，并且村民在疏浚井水、畜力借贷、农业生产上有许多合作和共同行动，因而认为，无论在江南还是华北，中国都存在村落共同体，甚至将村落共同体的发端追溯到魏晋。[36]不少日本学者确实也将“共同体”的理论用于认识魏晋南北朝时期的“村”，但无论是谷川道雄的“豪族共同体”[37]，还是东晋次认为的汉以来经历了“父老的里共同体”到“豪族的里共同体”再到“豪族共同体”的变化[38]，抑或是越智重明和堀敏一的讨论[39]，他们的核心其实都是围绕豪族进行的，对认识包括坞壁、庄园等在内的豪族聚落不无裨益，但不能解释那些以“散居”形式出现的“村”。

在日本的中国村落史研究中，不少学者在讨论上述问题的同时，也关注到了中国的基层社会组织与制度的问题，如宫崎市定的《中国村制的成立——古代帝国崩坏的一面》，柳田节子的《宋元乡村制研究》，池田雄一的《汉代的里与自然村》《汉县的规模》《中国古代的社制》，越智重明的《汉魏晋南朝的乡亭里》和《从里到村》[40]，以及活跃于20世纪90年代日本学术界的堀敏一和他的《魏晋南北朝隋代的行政村和自然村》[41]等。其中，越智重明和堀敏一的村制讨论最具典型性，他们的研究注意到了地方行政制度与“村”的关系，并且在类型上还区分了自然村与行政村。尽管这些探讨尚不全面，但给我们理解和认识历史上的中国村落提供了多维而不同的视角。

（三）20世纪80年代以后的本土意识与村落史研究

相比国外学者，特别是日本学者对中国村落史研究的热衷，国内史学界则明显重视不够。20世纪上半叶，国内有学者虽然开始关注中国村落的问题，但主要是一批社会学家为寻求中国出路而展开的对乡村问题及文化的研究。最早从历史学视角对中国乡村史问题展开专门讨论的中国本土学者当属萧公权，他于1960年出版了《中国乡村——论19世纪的帝国控制》。该书考察了19世纪清王朝统治中国乡村的政治体系，包括理论基础、措施和效果，可谓一部关于19世纪中国乡村研究的百科全书式论著。[42]萧公权的探索无论是在当时的西方中国学研究领域，还是在五阶段论式的国内学术背景下，均属独树一帜，极具前瞻性和开拓性，至今仍是研究中国乡村的学者必须参考的历史巨著。但是，由于他的探索仅局限于19世纪的清代，并且关注的是社会控制问题，因此对村落历史地位与社会功能的认识难免会有缺失和局限。

20世纪80年代开始，特别是到90年代以后，国内长期冷清的村落史研究局面略有改变，一批中国本土成长或具有中国生活经历的学者，在整体关照中国乡村史的宏观思路与背景下，也于中观或微观层面积极关注中国村落史的问题，出现了一批历史学、文化学学者。他们研究的一个显著特征是既有社会学、人类学的村落民族志研究，又有其他学科特别是历史学的深度介入，形成了多视角、多维度的中国村落史的研究方法；他们的关注主题也十分多样，涉及政治、经济、文化、制度、人口、宗教、宗族、风俗等历史和社会文化的方方面面，出版了不少相关著作，基本涵括了中国历史研究的主要时期。从研究视角、研究内容和研究方法等方面来看，这些研究都是在前两个阶段基础上的更进一步。其中，齐涛、马新、侯旭东和刘再聪等人的成果具有相当大的影响力。

从时间上来看，齐涛的《魏晋隋唐乡村社会研究》和马新的《两汉乡村社会史》当属国内乡村史研究领域较早的专门性成果，其研究初步构建了一个两汉魏晋隋唐“乡村社会史”研究的框架，不少观点影响了稍晚的吴海燕[43]、高贤栋[44]、侯旭东和刘再聪等学者，如齐涛认为魏晋南北朝时期的村民“在比较正式地记录谱系贯籍时，多用‘里’不用‘村’，而在记录当时居住地时，则多用村名”[45]的观点，就在他们的研究中得到了不同程度的认同或深化论证。[46]侯旭东的研究不同于以往，他的研究虽以村落为基本研究单位，但研究的落脚点在“村民”，关注的是村民的日常生活及他们与外界之间的关系，在此基础上解释中国古代基层社会的某种历史走向。[47]如《北朝的村落》探讨了北朝村落的时空分布、单个村落的一般状况，包括有无围墙、村落布局、民居建筑，以及村落与行政治所的关系等内容。这些研究内容正是西方、日本学者和国内学界尚未普遍关注的，因而不仅具有新意，而且极具启示。其中最为突出的是，他跳出了“从文献典籍中理解中国历史”的方式，而是独辟蹊径，于“无声处”找资料，转而在石刻、墓志铭和造像记的零碎记述中，解读别样的中国村落社会。显然，在中国村落史的研究中，我们固然要关注村落的历史渊源、组织形态、制度、建筑和环境等问题，但绝不能忽视生活于其中的民众，以及与他们相关的文化、观念、信仰和风俗等内容，既要做到严谨的历史性阐释，也要有生活性的内容陈述。傅俊的博士学位论文《南宋的村落世界》就是在这种思想的影响下完成的。[48]

相比之下，刘再聪的研究则是对20世纪下半叶以来日本学界关注问题的继续深化，聚焦的主题包括“村”的起源、唐代村制等方面。关于前者，刘再聪显然受到了宫川尚志的影响。他注意到了村作为聚落的起源与“村”作为指代名词出现的问题，认为“村”字及具体村的名称最早见于东汉中后期，但其早期形态在先秦时期便已存在，有庐、丘、聚等形式，其中庐具有临时性，丘是野人的自然聚落，而聚是人为规划的安置性聚落。[49]在大量文献分析的基础上，他进一步认为南北朝时期是“村”的名称泛化时期，并开始具备社会意义。对于这类问题，章义和[50]、韩昇[51]也有不同程度的探讨。刘再聪与其他学者的不同之处还在于，他注意到了历史上边疆民族地区的村落问题，但也仅限于国家视阈下对“村”行政治理在地方实施的梳理与确证。[52]关于后者，他也有系列探索，其讨论的核心问题在于确证“村”在唐朝得到了律令性的认可，并认为“村”概念在这期间完成了从民间性、地域性向制度性、全国性的转变。[53]类似的观点，谷更有也有讨论，只是关注点不同。[54]除汉魏晋唐以外，国内不少学者也开始关注唐宋以降的村落史问题，在谷更有、傅俊之外，尚有杨国安、谭景玉、刁培俊等人完成的博士学位论文[55]，以及郑世刚、仝晰纲、夏维中、梁建国等学者关于宋元乡村制度或村社组织的讨论[56]。这些讨论的关注点都落在乡村社会组织与制度方面，对认识国家与村落之间的关系不无裨益。卒读上述学者的论著，可以发现：他们在方法和资料的取舍上，仍遵循传统史学的路子；在主题讨论方面，则是对前一阶段日本学界关注问题的进一步深挖，解答了村落史上的系列基本问题，但显然忽视了村落作为自然聚落在社会史、文化史和历史地理层面的变迁。尹钧科、邱枫虽然分别专门探讨了北京郊区和宁波地区的村落史[57]，注意到了历史地理层面的村落形成问题，然则只是区域性的描述性研究，未能阐释村落变迁背后的显性与隐性的逻辑因素。

厘清这类问题，除需要历史学、社会学和人类学学者的积极讨论以外，更需要考古学和历史地理学的介入。梳理学术脉络，不难发现，20 世纪 80 年代，国内学术界便注意到了此类问题并展开了讨论。较早者如陈桥驿，他基于历史地理视角对南宋绍兴地区聚落分布进行了探讨，并将聚落分为山地聚落、山麓冲积扇聚落、孤丘聚落、沿湖聚落、沿海聚落、平原聚落六类。[58]后来，更多的地理学学者加入了乡村聚落史的研究领域，形成了不少微观式成果，如陈芳惠的《村落地理学》[59]、金其铭的《农村聚落地理》[60]、张小林的《乡村空间系统及其演变研究——以苏南为例》[61]、李贺楠的《中国古代农村聚落区域分布与形态变迁规律研究》[62]等。其中，将历史地理学、考古学与村落史研究结合较为成功的当属鲁西奇，其学术观点具有一定的启示性。他的研究发现，传统中国的乡村聚落形态，一直以分散居住的小规模散村占据主导地位，总体趋势是从散村向聚居村形态发展。[63]当然，他也指出："一个地区的乡村聚落形态是以集村为主，还是以散村为主，是人们在自然、经济、社会乃至文化过程中长期选择、不断适应和调整而逐步形成的，是非常复杂的过程。在这一过程中，自然环境（地形、洪水与气候等）、经济生产方式（农耕、采集与渔猎、伐木等）、社会关系与组织方式（乡村基层组织、宗族等）以及文化传统、习俗等各方面因素都在共同发挥着作用。”[64] 刘沛林基于人文地理视角对中国村落的研究，也具有代表性，但其更侧重于当代视阈下的共时性剖析，缺乏对历史问题的深度挖掘。[65] 事实上，日本学者在前一阶段的研究中也意识到了此类问题，包括池田雄一、斯波义信等部分学者都有程度不一的讨论，但影响有限。[66]

这一阶段，学术界对村落历史问题的探索并没有局限于古代中国，还广泛涉及了近当代的村落问题。其中，中国本土学者对此抱有热情，出版成果十分丰富，关注主题几乎涉及乡村社会的方方面面，包括乡村经济、社会结构、乡村政权、人口、社会文化、乡土意识、社会心理、婚姻、家庭与风俗等，不一而足。[67] 典型者如从翰香主编的《近代冀鲁豫乡村》、程歗的《晚清乡土意识》、朱德新的《二十世纪三四十年代河南冀东保甲制度研究》等，难以备举。显然，无论是数量还是质量，中国本土学者对近代村落的讨论都取得了长足的进步。然而，要说学术影响力，本土学者仍要逊色于外国学者与外籍学者。美国汉学家杜赞奇和属美籍华人的黄宗智、李怀印等人的成果，不仅推动了西方的汉学研究，而且于方法论层面深刻影响了国内近代乡村史的研究。[68]

作为美籍华人，黄宗智对中国村落的研究以近代乡村社会经济史为主，代表作有《华北的小农经济与社会变迁》《长江三角洲小农家庭与乡村发展》等。他的《华北的小农经济与社会变迁》一书，依据“满铁”资料中关于河北、山东西北部平原的 33 个自然村的资料，对乡村土地经营模式做了定量统计与分析，不仅展开了对广为人所关注的社会经济方面的讨论，而且对当时尚不为人所注重的国家与村落之间的关系、村落内部的权力关系、土地改革演变等政治权力方面进行了探索，提出国家与乡村之间的互动有一个中间层，这个中间层由村落中的乡绅、乡保、民间威望人士和基层行政人员等组成。同为美籍华人的李怀印，在黄宗智的这一认识和前揭萧公权对清代乡村社会控制的理解上，以河北获鹿县的历史档案为材料，进一步探讨了近代华北乡村治理的变迁，也为我们提供了一个华北村庄“自治”的典型。[69] 杜赞奇的中国村落史问题研究，与黄宗智和李怀印大体相同，也将研究对象聚焦于清末民国时期的华北。他从文化资源角度分析了近代中国村落权力结构的演变，在《文化、权力与国家——1900—1942 年的华北农村》中，他利用“满铁”调查资料，对华北 6 个村落进行了分析，认为进入近代以后，“国家在衰退”，传统乡村豪绅已衰败，而新的士绅则无法使自己习俗化，因而反过来削弱了国家对乡村的控制。在方法论上，这显然是“国家-社会”的研究模式。在这一模式下，他提出了“权力文化网络”的概念，试图将社会各种关系和权力纳入其中，以此解释华北村落与国家政权的关系及其变迁。[70]

三

不难发现，相比中国本土学者，基于西方视野对中国村落史研究的黄宗智、杜赞奇和李怀印，无论是在研究视角还是在研究方法上均超越了对村落和历史本身的关注，而更加注重从国家、社会、经济、文化等宏观层面讨论村落在国家与乡村关系中的位置、功能和作用。他们提倡历史学与社会学、人类学的结合，重视国家与乡村社会的互动，关注国家话语在地方社会的表达与实践。正如杜赞奇所说，“作为一个历史学家，社会史学者的任务是在历史长河中找出事件的原因和结果，并用叙述方式将其展现出来。但社会史学者选择的研究对象……往往很少留下历史记载，而且地方制度和大众文化也不宜于叙述体裁。无奈，社会史学者只得借用社会学家和人类学家的研究方法，对制度与文化进行共时性研究”[71]。正因如此，他们的研究在共时性分析的同时，具有了历时性的特征，即实现了“将共时性分析与对持久矛盾和冲突的记叙有机调和在一起”[72]。

近年来，伴随着国家将传统村落列入国家文化保护战略，特别是在当前大力实施乡村振兴战略的背景下，全社会掀起了一股保护传统村落、传承与发扬村落文化的热潮。在这个过程之中，国内学术界更加广泛地加入了中国村落历史及文化研究之中，历史、文化、艺术、社会、经济、建筑和环境等方面形成了大量的理论成果，但研究质量参差不一。不管怎么说，这些研究对推动中国村落历史及文化的学术研究和村落文化的继承、发扬起到了积极作用。但如何以中国自身的话语体系来研究中国村落史——一个未被正视过却十分重要的史学命题，是一项既要走出西方现有的强势语境与学术思维逻辑巢穴，又要创建中国史学话语模式的探索性与挑战性并存的研究工作。完成这项工作既是一个毕生致力于中国本土文化研究的学者的情怀与使命，又是一个专注于中国传统村落文化研究数十年的行者的宿命。因此，应重点着眼于以下几个问题。

第一，中国村落史研究的对象与范畴问题。与“乡村”的概念不同，作为有史以来便实际存在的生产生活空间和社会单元，“村落”包含于乡村，但不能等同于乡村。村落的发展历程可以映射乡村的变迁，但村落史不能等同于乡村史，它们是包含与被包含的关系，是逻辑的内涵与外延。显然，过去一些学者将村落史等同于乡村史，甚至局限于乡建制度史，这是不够的。村落社会是一个文化聚合体，具有历史延续性和生活共时性的特点。因此，村落史首先是社会文化史，而不只是单纯的乡建制度演变史；应该是“鲜活”的生产生活史，而不是居庙堂之高的宏观社会经济发展史。由此来看，明确中国村落史研究的边界与范畴，避免村落史走偏成乡建制度史、社会经济史的另类版本，将是本书首要解决的问题。

第二，中国村落多样性与同一性的历史生成问题。作为一个历时性和共时性兼具的概念，众多形态各异、历史悠久的村落遍布于我国广袤的大地上，它们凝聚了区域历史的记忆，见证了中国的变迁与发展，反映了人类文明的进步。长期以来，学术界注意到了中国村落的同一性问题，但忽视了村落历史生成的多样性研究。对村落史的讨论多以儒家文化影响区为中心，忽视了对众多少数民族村落的探讨，难以形成系统和完整的中国村落史研究成果。究其原因，乃是囿于村落出现和发展中存在着地域性、民族性、庞杂性和多样性，而相关文献史料又相对零散稀缺。我们认为，中国村落之所以为中国村落，是由它们的同一性融合而成的。与此同时，不同民族、不同地域的村落，在漫长的历史发展过程中依旧保持着它的多样性，这也是今天的中国传统村落文化丰富多彩的重要原因。中国村落的多样性与同一性的统一，是历史生成的。对这一问题的探讨，有利于丰满和完善中华民族文化多元一体的中国史学观。

第三，历史研究材料的收集与利用问题。作为一种区域社会的发展缩影，村落史研究中很重要的一个方面，就是要重视讨论由村落的地方性拓展而成的灿烂丰富的中华文明。换言之，挖掘并呈现中华文明发展的丰富性，很大程度上就是要把握好地方性知识与文化的形成问题。就此来看，面对浩如烟海的地方文献及实物资料，如何收集、整理和利用，既尽可能地做到比较全面的掌握，又避免囿于或迷失于研究材料本身，不仅必需，而且极为重要。因此，对中国村落史的研究，既要强化对正史、笔记、小说、地方志、族谱、文书、图像、碑刻等比较传统的历史文献资料的解读，又不能囿于此，要深入新发现的尚未进入学术研究资料库的丰富的地方史料文献；同时，还要加强对村落文化遗存中物质与非物质文化遗存信息诸如房屋建筑、生产工具、日常用品、宗教器物等实物资料、图片、影像的收集、整理与解读，形成村落史研究中立体多维、史料与物证链完整的“证史”体系。

也许正因如此，《中国村落史》的撰写与出版才有其自身的价值和意义。我们强调“新材料、新理念、新领域、新学术”。

（1）新材料。中国村落文化研究中心相关研究人员近 40 年以来从事传统村落文化的田野考察，收集积累了大量尚未公开发布的近万件第一手材料和大量影像资料，内容丰富，包括传统村落建筑样式与结构、装饰纹样等素描手绘图例及数字图像，传统村落建筑堪舆规划文献，村落祠堂家庙图像，村落氏族谱系文献及图像，村落传统婚庆、丧葬、祭祀、礼仪写本文献，村落氏族宗法族规写本文献，村落传统农耕、商贸写本及刻本文献，村落传统文化教育写本及刻本文献，少数民族村落新见古代婚约、议榔、盟约碑刻拓片，村落民间诉讼、具状文、和息文、契约等写本文献，村落传统建筑石雕图像及建筑石雕拓片，村落传统建筑壁画图像，村落传统非物质文化遗存实物及图片（包括绘画、木雕、竹雕、石雕、泥塑、纺织、挑花、扎染、蜡染、剪纸、泥塑等），传统村落民众日常生活劳作方式、婚丧节庆活动等静态图像及动态影像资料，传统村落原住民调查录音录像数据，村落传统宗教造像、造像记、写经宝卷、水陆画、宗教器物等原件及图像，等等。这些史料不但翔实可靠、丰富多样，而且富有权威性和新颖性，弥足珍贵，是研究中国村落史的宝贵史料。

（2）新理念。传统史学研究以解读文献资料为主，对研究国家与社会的宏观层面以及文化精英层面的历史问题而言，这无疑是极为重要的研究方法。要研究村落史，仅仅依赖这些文献则远远不够。在历史发展进程中，身处村落社会的普通民众，识文断字的不多，上层的文化精英对此也无暇关注，导致记录村落日常生产生活的文献极为稀少。但是，数以千计的传统村落中，仍有不少历史遗存，记载并印证着中国村落起源与发展的历史信息。因此，我们开创以驻入式田野调查为基础，以历史学、历史人类学、民族民俗学、文物学、艺术学、宗教学等多学科视角介入，对中国村落的历史加以多维审视和探究，摒弃仅仅只是从书本到书本的“书斋研究”模式，倡导“重调研、重实证”的学术研究风尚，将中国村落史分为若干专题，涵盖其文化传统与精神世界、堪舆规划与建筑营造、民俗与非物质文化、原住民与自然环境关系、道德教化与乡贤文化、经济发展与综合治理、民族文献与少数民族研究资料、地域文化圈的宗教信仰等诸多方面，展开多学科交叉的系统性研究，以还原出中国村落起源与发展历史的多维性、多元融合性、复杂性以及有别于西方史学研究视野下的“中国体系性”。

（3）新领域。纵观当代有关村落历史的研究，多集中于村落与国家制度的变化关系，如村落的自治、村落共同体、村落与国家的同构和重构等。简而言之，多为囿于西方史学或社会学与人类学等学科框架和话语模式下的研究，且侧重于村落的制度史，对于生产生活等村落原住民的日常则关注得较少。历史学始终是人的历史学，如果说过去囿于材料或者观念，历史研究的对象主要集中于有历史影响力的精英，那么在新材料逐渐进入历史研究领域之后，我们则应更加关注创造与书写“人”——对中国这个农业大国来说，中国村落的原住民应当是“人”的主体。毛泽东曾说过：“人民，只有人民，才是创造世界历史的动力。”[73]（在此我们无意与“英雄创造历史”观争执。）因此，拙作以新材料为基础，把研究视角延伸至或集中于过去史学界因研究理念的差异而有意或无意所忽略或者因研究资料稀缺而难以深入或未曾涉及的村落文化研究领域。我们重视村落制度、建筑、生产、生活、精神信仰等各个方面。对不同时期不同朝代的中国村落史研究，或者各有侧重，或者平行与交叉，将中国村落的研究置于广阔深远的整个中国大历史与发展的背景之下来展开研究。或者说，既从中国村落这一立足点出发，又以中国村落为视角，从基层社会入手，自下而上来看待中国历史的发展变化，探索不同视角下的历史研究领域。

（4）新学术。必须遵循毛泽东主席“没有调查就没有发言权”“实事求是”的精神，光大王国维提倡的新发现促成新学术的研究方法，提倡“究天人之际，通古今之变，成一家之言”的通博学术思想。中国近代以来的学术，不论是历史学研究还是社会学、人类学研究，从方法论到学术切入模式，都始终为西方范式所领驭，长期缺乏话语体系。尽管当代不少学者意识到了这一问题及其严重性，也在努力探索自身学术独立的路径与方向，但总体上看，始终未能脱离其钳制。通过研究中国村落史，可以重新认识中国传统文化的内核，诸如民族、区域间文化相互融合的关系构建，人与社会及自然和谐相处等方面。假以时日，以此为突破口，形成具有中国本土特色的中国村落史学研究成果，并为以后创建新的学术研究体系打下基础。

总而言之，本书作为中国村落史研究的开山之作，既立足于宏观层面的“历史”建构，也侧重于微观视角的理论阐释，就研究的维度和深度而言，也是过去所未曾有的。一方面，我们试图以历 40 年之久、数量 5 000 个以上的中国传统村落田野考察作为量化视野的基础，对“中国村落”的缘起、形成与发展演变，以史学视角加以巡视，具有开创性的研究意义；另一方面，借鉴并综合运用历史学、人类学、民族学、宗教学、艺术学、考古学、文物学、文献学等多学科相交叉、可互补互佐的研究方法，力求还原一个既接近史实又具有历史反思的中国村落时空，多维度地展示历史上中国村落的不同侧面。

对中国村落史进行全面而系统的研究，是破除传统“精英史观”研究思路，不断推进知识创新、理论创新、方法创新的学术理论中国化的积极探索。“坚持用中国理论阐释中国实践，用中国实践升华中国理论，创新对外话语表达方式，提升国际话语权。”[74] 这是非常契合当代中国哲学社会科学研究的学术国情的。我们通过文献梳理发现，对国外经验的学习和借鉴，是目前中国村落史研究的主要现状，不仅在研究范式上多取自西方社会学、人类学，而且在研究范畴上和重点关注对象上仍然沉溺于以延续日本的中国史研究问题为主要内容，在研究范式和语境表述上仍然带有西方模式的特征。国外范式对本土研究的干预性强，而运用本土的资源、方式对中国村落史的研究仍然极其欠缺。本土性问题的认识与解决需要有本土性的理论建构，本土性的理论建构从来离不开本土学术话语的创建。然而，长期以来，国内学界对中国史的研究，绝大程度上秉持着“精英史观”的研究思路，较少或没有从大历史观的视角关注和审视“人民大众史”，所以在本土学术话语的再造上往往难以出新意。从这个角度而言，“中国村落史研究”对于我们构建适合本土特性的文化理论体系，无疑是一次非常有益的尝试。本书立足于本土的历史文献典籍资源和长期丰富的田野实践，通过梳理中国村落的兴起、形成和发展演变的历史过程，在建构中国村落史理论体系的基础上，为中国特色哲学体系的构建提供本土化的思路。

有关中国的历史文化研究，需要中国学者持有本土历史文化的立场，并由此建立起“文化自觉”。“文化自觉”的第一步，就是要对自身历史文化的来龙去脉有个清晰、客观的认识，找寻、挖掘、继承文化之“根”脉。中国村落文化作为中国传统文化的“根”与“源”，它蕴含着丰富的历史文化信息与思想道德观念，是中华文化与民族精神最为深沉的积累。因此，要讲清楚中华优秀传统文化的历史渊源、发展脉络、基本走向、独特价值，就很有必要回归到对村落历史文化的挖掘、整理、保护和研究。

文化软实力是国家综合性实力的重要体现，一个国家的文化软实力，从根本上说，取决于其核心价值观的生命力、凝聚力、感召力。提高国家文化软实力，离不开对中华优秀传统文化的深入挖掘、全面整理、系统研究。传统村落文化承载着我们的家国记忆、历史记忆和民族记忆，蕴含着丰富的与社会主义核心价值观相吻合的文化内容。当前，传统村落文化遗物的快速消失，固然与社会的发展和转型密切相关，但不可忽视的一个重要影响因素，是包括“村落历史”“村落文化”等在内的基础理论研究的缺失。在这种形势下，严肃的学术研究和正确的价值导向显得尤为重要。所以，在乡村振兴战略的背景下，对中国村落史展开全面、系统的研究，不仅将为当下传统村落保护和“活化”优秀传统文化提供坚实的理论基础，而且将有助于国家文化软实力的全面提升。

我从事村落文化研究已有 30 多年，我的身体曾沐浴过这方山水里的春风，我的灵魂曾被这里所遗存的独特而又远古的文化唤醒。就是在这里，我的心灵曾萌发出平生最大最美好的愿望：尽绵薄之力研究和保护中国传统村落文化。也是在这里，我开启了我新的学术研究之旅：从这里出发，我用 30 余年的时光寻访了我国“（长）江（黄）河流域”5 000 多个传统村落。如果说我在这个领域发出了一点点微弱之光，那么都应该感谢遍布于中华大地山山水水之间的传统村落，感谢世代生息于这些传统村落的原住民。是他们启迪了我的学术智慧，激发了我的学术灵感，鼓舞着我的学术斗志。这部《中国村落史》就是我对这些传统村落的微薄回报。

是为序。

胡彬彬

2020 年 4 月

第一章

概　论

中国自古就是以农耕立国的农业大国。村落，在我国有着悠久的历史，是中国历史文化中最为重要和最具生命活力的发生体与承载体。然而，由于传统史学研究的桎梏与偏见，长期以来，关于中国村落历史及其研究的问题未曾引起国内学术界足够的重视。20 世纪上半叶以来虽然出现过一些成果，但都忽略了社会史、文化史和历史地理学层面的村落变迁与发展转型研究。进入 21 世纪，特别是近年来，伴随着国家将传统村落列入历史文化保护战略，学术界从文化、社会、经济和建筑景观等方面展开了对“村落”或“乡土”的研究，但仍倾向于村落的共时性分析，对村落发展历史这一基本问题极少涉足。究其原因，一方面是囿于村落出现与发展中存在着地域性、民族性、庞杂性和多样性，另一方面则与考古资料的匮乏和相关文献史料长期处于隐废之薮密切相关。然则，中国是世界农业大国，包括乡村建设在内的农村、农业、农民问题是事关我国经济发展和社会稳定的全局性、根本性问题。因此，不论有多大的艰难与挑战，面对近当代以来乡村社会结构的调整和历史性变动，或于文献，或于田野，或于考古，或于图像中，梳理并把握中国村落发展的历史逻辑，从“村落”视角来审视中国的历史、国情与发展的主张，都将为我国乡村建设提供精神动力、道德滋养和智慧支持。

第一节

村落的定义与内涵

作为世界上最重要的文明古国之一，中国拥有悠久的文明历史，创造过包括农耕文明在内的灿烂辉煌的文化。

在长江流域，湖南道县玉蟾岩出土了距今约1万年的人工栽培稻标本，成为研究水稻起源最早的实证。同时出土的还有当时被捕获的天鹅、鸳鸯等鸟类的骨头和猕猴桃、梅等果实标本，尤其是世界上最早的陶器遗存物证，表明了当时的先民已经从采集渔猎转向农业耕作。在浙江余姚的河姆渡遗址，出土了距今7 000多年的稻谷遗存和农业工具，表明当时原始稻作农业已进入耜耕阶段；而大量的干栏式建筑遗存，则直接开启和印证了今天广大南方地区包括西南少数民族住宅形制与居住形式在内的先声与源流，说明中国南方的传统村落已经初步形成。在黄河流域，距今7 000年的仰韶文化，以无与伦比的彩陶器物形成了中国历史上著名的彩陶时代。这一时期的先民运用刀耕火种的方法和土地轮休的耕作方式，开始了粮食作物粟以及蔬菜的种植。河南渑池出土的半地穴式的方形建筑，则已经构筑起了远古村落的基本格局。黄河中下游地区，距今4 000多年的龙山文化出土的大量胎骨紧密、漆黑光亮的黑陶，表明陶器的制作工艺在原来彩陶的基础上有了进一步的发展；而大量石器、骨器和蚌器的出土，则表明当时的先民已经开始了以农业为主而兼营狩猎打鱼、蓄养牲畜的生产方式，见证远古村落中居民的生活丰富多彩与文明的演进过程。

今天，虽然经历过无以计数的天灾人祸，各个极具地域风格与民族特色的传统村落仍然有不少遗存。它们遍布辽阔广袤的中华大地，给我们的物质生活与精神生活带来深远重大的影响，有已经被列入《世界遗产名录》的宏村和西递、开平碉楼与村落、福建土楼，有被列入《中国世界遗产预备名单》的山陕古民居、江南水乡古镇、苗族村寨、侗族村寨、藏羌碉楼与村寨，有自2012年以来先后共5批列入《中国传统村落名录》的6 819个村落。这些都是人类文化的宝贵财富，也是中华民族的重要文化遗产。在这类名单之外的更多普通而历史悠久的传统村落，更是数不胜数，它们如同一颗颗灿烂的星辰，散落在中华大地。只要我们离开城市，传统村落的气息就扑面而来。甚至在现代都市中，我们也能够感受到传统村落文化的存在。可以说，每一个中国人的血液中都流淌着传统村落文化的基因。亲近传统村落，就是在寻找我们的文化之根。守护住了传统村落，就是留住了中华民族可供安放的乡愁。

那么，在这片960万平方千米的土地上传承了上万年源远流长且凝聚着中华民族智慧和汗水的中国传统村落，究竟有着怎样的文化内涵和文化特质？其基本的文化内核是什么？由于受到传统文史哲研究体制与框架的制约，在过去相当长的时间里，其被弃而不问，故鲜而有闻，或闻而不详。叶舒宪先生在论及中国文化的大传统与小传统时说："几百万、上千万平方公里的山河大地也可以当作一部大书来看和读。"其实，成千上万的中国传统村落，何尝不是一部部鲜活的并正在续写的中华民族文明史？

何谓村落？《辞海》中只给了两个字的注解："村庄。"《辞源》中给了六个字的注解："乡人聚居之处。""村落"是个汉语词汇，有关"村落"的称谓，很早就出现在中国古代文献中。如《三国志》："入魏郡界，村落齐整如一，民得财足用饶。"晋代崔豹《古今注》："四顾荒郊，村落绝远。"《北史》："吏人如丧亲戚，城邑村落营斋供……"唐代张守节作《史记正义》，注《史记·五帝本纪》"一年而所居成聚"时，言："聚，在喻反，谓村落也。"又注《史记·秦本纪》："筑冀阙，秦徙都之。并诸小乡聚……""万二千五百家为乡。聚犹村落之类也。""村落"一词，在魏晋以降的古代文献中出现的频率就更高了，在此不必一一赘述。

广义上的村落常常被理解为"乡村""农村"，即指以农业生产为主体的广大聚居地域；狭义上的村落就是乡人聚居聚落，属于自然村，有一定的边界特征。鉴于此，我们认为，村落作为人类生产、生活、居住和进行政治、经济、文化等活动的一类场所，它至少包括两个层面的内容：一是作为实际存在的聚落，它首先是物质实体空间，体现为明显的聚合性，具有一定的地域范围，是自然要素与人文因素共同作用而形成的地域综合体，包括空间构成的房屋、道路、景观、设施、工具和土地等可视性内容；二是作为社会群体的活动单元，它也是非物质社会空间，体现为聚族群体性和血缘延续性的特质，具有一定的社会活动范围，是血缘关系、亲缘关系与地缘关系高度重合的社会单元，包括关系构成的组织、制度、语言、风俗、道德、宗教、经验和技术等不可视性内容。换言之，村落就是物质实体空间和非物质社会空间高度重叠的地域空间，它是农林渔牧业人群长期生活、聚居、繁衍的边界相对明晰的社会单元。

村落作为建立在血缘和地缘基础上的小型聚落，村落有自身的范围与活动空间，具有封闭性、保守性、宗族性和地域性特点，它包含于乡村，但不能等同于乡村。因为乡村的指代更为广泛，通常指非城镇化的地区，包括自然村与行政村，而村落一般具体所指为聚落实体，是乡村的基本单元。村落的发展历程可以映射乡村的变迁，但村落史不能完全等同于乡村史，它们是包含与被包含的关系，是逻辑的内涵与外延关系。不论是施坚雅的“市场理论”[1]、杜赞奇的权力文化网络[2]，还是费孝通的社区论[3]，抑或是贺雪峰、李培林的多元边界论[4]，事实上都认为村落是有界限的，因而不能将村落简单类同于乡村的概念。

通过上述分析，我们可以给“村落”下一个大致的基本的定义，即村落是由古代先民在农耕文明进程中，在族群部落的基础模式上，进而因“聚族而居”的生产生活所需而营造的具有一定规模、相对稳定的基本社会单元。村落与村落文化的内涵虽不尽相同，但关联紧密。“文化”是个舶来词，源自拉丁文“cultura”。这个词原来具有耕种、居住、敬神等多重意义。由此可知，村落和文化的关系是非常紧密的，而且都是农耕文明的产物。村落是基础，文化是内涵。同时，村落与村落原住民是文化载体，文化又因载体而不断传承和衍生。

中国传统村落是中华民族先民由采集与渔猎的游弋生存生活方式进化到农耕文明定居生存生活方式的重要标志，是各民族在历史演变中由“聚族而居”

这一基本族群聚居模式发展起来的相对稳定的社会单元，是中国农村广阔地域上和历史渐变中一种实际存在的历史最为悠久的时空坐落。作为社会单元内在结构最为紧密的小群体，中国传统村落的空间形态多样、文化成分多元，蕴含着丰富深邃的历史文化信息。其通过相互关联、内在互动，不断传承内部文化，发挥社会功能，成了社会有机体的重要组成部分，是中国传统文化最根本的基础。从湖南玉蟾岩出土的距今约 1 万年的人工栽培稻标本来看，中国是世界上少有的拥有上万年历史的农耕文明史大国。以农耕渔猎为基础的村落，因其地理环境、人居条件的差别，逐渐形成了不同地域、不同形态的“村落文化”。这一由基本族群聚居模式发展起来的社会单元，使得村落文化具有聚族群体性、血缘延续性的特质；它承载了中国久远悠长的文明历史，因而极具民族文化的本源性和传承性；村落成员的生产生活以及与之相关的有形或无形的文化形态，从表面化一般形式的呈现到隐性化深层次的内在文化结构与内涵，代表着中国历史的文化传统，体现着“社会人”由单一个体到家庭家族，进而到氏族，最后归属于民族范畴，再直接引申到“国家”概念的文化层面的全部含义。自秦汉以来，按传统的儒学归纳，中国传统村落可以说是“修身、齐家、治国、平天下”人文理想最具基础性和根本性的文化依托。

不同历史时代和不同地域、不同民族所形成的传统村落，承载着大量不同时期、不同地域、不同民族的文化信息，是我国宝贵的物质文化和非物质文化遗产资源，更是世界人类文化遗产极其重要的组成部分。

第二节 村落的由来与村落的形成及其特征

一、文明的起源与村落的产生

村落作为农林渔牧业人群长期生活、聚居、繁衍的边界相对明晰的聚落空间和社会单元，它的起源并不是与人类的起源同时发生的，它明显是人类进化和人类文明起源时期的产物。

从距今 1 500 万年的云南开远森林古猿到 170 万年前的元谋人，再到后来的蓝田人、北京人、丁村人，及至距今约 3 万年的北京“山顶洞人”，我们可以发现，人类从灵长类古猿经过漫长的进化而来，属于群居型动物，会制造和使用工具。这是体格相对弱小的人类在面对大自然中的凶猛动物和弱肉强食的自然法则而得以生存所特有的能力。人类进化的过程，为我们提供早期村落产生的两条线索。一是群居作为动物性本能，在人类进化过程中得到了最大限度的释放，特别是到了智人阶段，人类为了有效减少单一个体的生存困难，更是发展出了共同防御、共同生存发展的族群观念，基于血缘的聚众而居开始发生。只是，由于人类起源后在很长一段时间内完全过着采集和渔猎的经济生活，为了获取食物，需要频繁迁徙，因此并未形成长期的、固定的、规模化的居住点，物质实体空间不明显，居住方式主要是洞居、穴居和巢居。二是由于生存欲望的驱动，人类开始积极改造自己的生存方式与生存环境，因此发展出大量与生产生活有关的物质和非物质文化，包括工具、器皿、衣物、建筑和制作它们的经验、技术，以及语言、制度、道德秩序和原始信仰等。由此，动物性聚众本能开始向社会性聚居意识转变，基于血缘的原初社会组织便应运而生。氏族组织的产生，使得人类的群居行为具有了较为强烈的社会意义，地域空间上的单一的、松散无序的居民点，开始与作为社会单元的氏族组织重合，因此具有村落文化内涵和功能特征的聚落开始产生。

稻作（粟作）农业是人类食物链环节中可靠的重要一环。特别是伴随着距今 1 万年左右人工栽培稻和家禽动物的驯化成功，人类开始从依赖大自然的纯采集、狩猎的掠夺式经济生产方式过渡到以人工生产为主的农耕畜牧经济，使不确定的、不断迁移的居民点开始固定下来，人类从“居无定所”的迁徙流动生活方式逐步走向定居生活。定居把人类固定在土地之上，推动了农业的发展，而农业的发展又稳定并扩大了定居生活，人类社会便不断进步。正是在这一相互依存、相互促进的关系中，人类早期村落得以形成，并在规模上不断发展和扩张。带有鲜明农耕文化性质的村落，不仅其居住房屋以群团做有序排列，而且聚合性、防御性、组织性特征鲜明，很多村落都有环壕，环壕之内明显区分为生活区、墓葬区，环壕之外则为农作区。这种早期村落的发展趋势，无论是在粟作系统的黄河流域，还是在稻作系统的长江流域，都可以得到充分反映。以两湖（湖南、湖北）地区以及环洞庭湖的澧阳平原考古所见为例，从湖南道县玉蟾岩约 1 万年前的人工栽培稻标本出土到北面澧县彭头山遗址 9 000 年前的稻作农业遗存，从彭头山文化的八十垱遗址到皂下文化的临澧胡家屋场遗址，再到城头山遗址 7 000 年前的环壕农业聚落（见图 1–1），及至鸡鸣城和距今 4 000 余年的以鸡叫城为中心而形成的聚落群（见图 1–2a、图 1–2b），不仅证明了村落的形成与农耕文明的发展相辅相成，而且说明了人类农耕文明发展的基础与关键是村落。粟作系统的黄河流域，其演变情况大致与此类同。

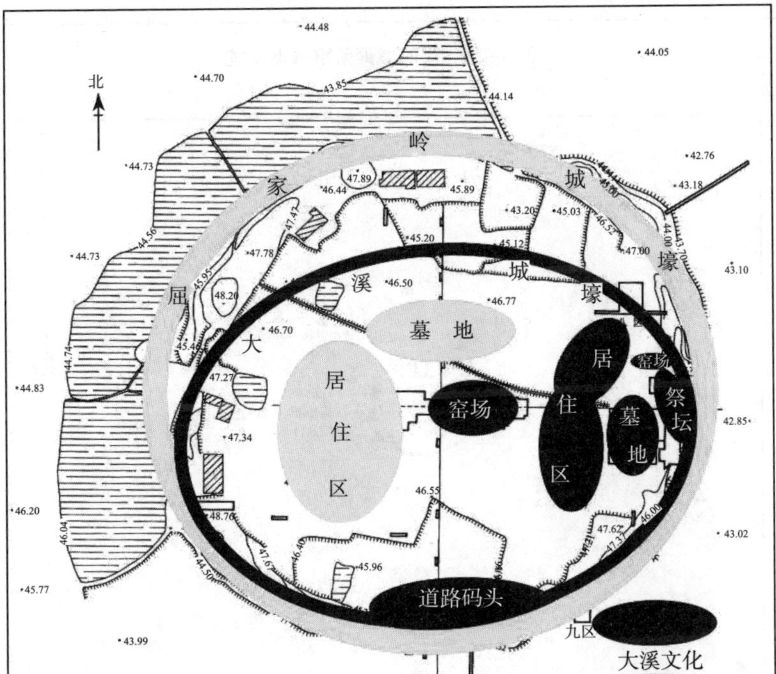

图 1–1　城头山大溪–屈家岭文化时期聚落空间变化

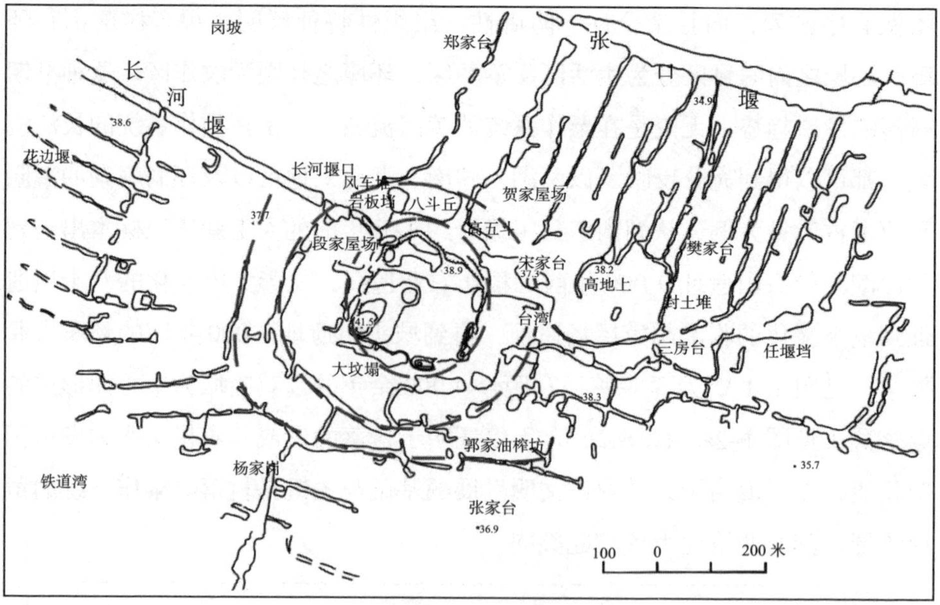

图 1–2a　鸡叫城聚落群城壕系统

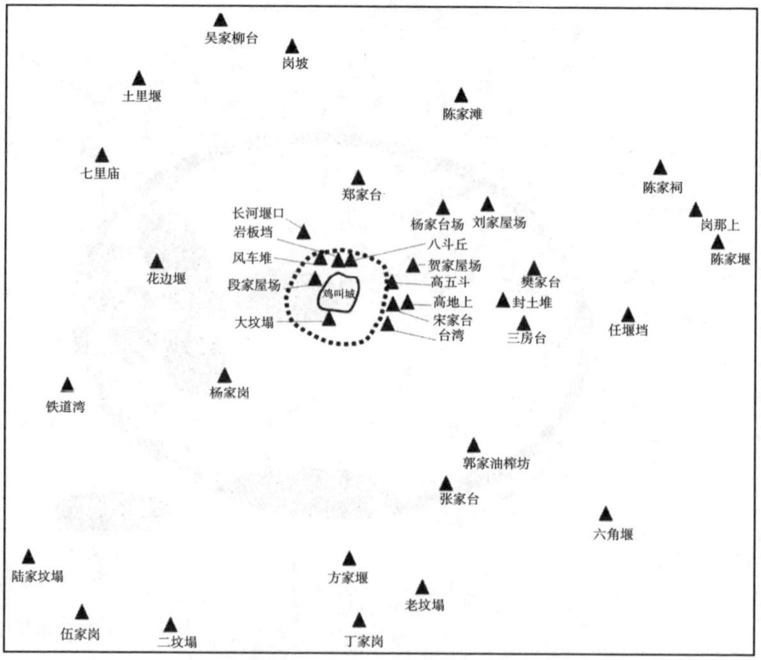

图 1–2b　鸡叫城 2 千米范围内的聚落群

原始社会后期，村落开始分化，出现巨型聚落和普通聚落两类，以政治性、军事性为特征的城郭应运而生。从北到南，由西而东，早期中华大地上遍布的规模大小不同、形态特征各异的聚落，既证明了这样的事实，又表明最初的城郭是孕育并诞生于村落的。因为早期村落中所产生并形成的物质与非物质的文化形态，包括建筑、工具、组织、制度、道德秩序和精神信仰等，都是城郭构造的基本形态来源。刘易斯·芒福德就曾指出："城市的建筑构造和象征形式，很多都以原始形态早已出现在新石器时代的农业村庄中了……房舍、圣祠、蓄水池、公共道路、集会场地——此时尚未形成专门化的集市——这一切最初都形成于村庄环境之中；各种发明和有机分化都从这里开始，后来才逐渐发展成为城市的复杂结构。……组织化的道德、政府、法律、正义，这类事物都起源于村庄社会的长老会议。"[5] 从黄河流域仰韶文化中晚期的聚落到龙山文化时期的聚落，再到两湖地区考古所见的城头山、鸡鸣城等一系列城址和环壕聚落（见表 1–1），乃至新近被列入《世界遗产名录》的良渚古城遗址，都是典型例证。"一年而所居成聚，二年成邑，三年成都"，由村落发展为城郭，再到出现以城郭为中心的村落簇拥依附现象，都明白无误地表露出了村落是认识和肯定中国远古文明历史的关键物证。正是这一物证充分证明了一个事实：伴随着私有制的出现，阶级产生，早期人类社会从氏族进化为部落，部落又发展到部落联盟；原有建立在氏族组织基础上的村落，开始向群体系发展，并形成以城郭为中心聚落的地缘一体化趋势；而从地缘体到跨地缘体的形成，则意味着早期中国以国家形态开始出现，中华大地便逐步从分散走向统一，这是从血缘到地缘进而再到文明的重组与整合。

表 1–1　两湖地区考古所见史前城址

序号	名称	性质	年代
1	澧县城头山	城址	大溪文化早期
2	天门龙嘴城	城址	油子岭文化

（续表）

序号	名称	性质	年代
3	天门石家河	城址	屈家岭文化–石家河文化
4	石首走马岭	城址	屈家岭文化早期–晚期
5	荆州阴湘城	城址	大溪文化中期、屈家岭文化早期–石家河文化
6	天门笑城	城址	屈家岭文化晚期
7	沙洋城河	城址	不晚于屈家岭文化晚期
8	应城门板湾	城址	屈家岭文化晚期
9	应城陶家湖	城址	屈家岭文化晚期–石家河文化早中期
10	公安青河城	城址	屈家岭文化晚期–石家河文化
11	沙洋马家垸	城址	屈家岭文化–石家河文化早期
12	澧县鸡叫城	城址	屈家岭文化早期–石家河文化早期
13	公安鸡鸣城	城址	屈家岭文化–石家河文化早期
14	孝感叶家庙	城址	屈家岭文化晚期–石家河文化早期
15	安陆王古溜	城址	屈家岭文化晚期–石家河文化早期
16	襄阳凤凰咀	城址	屈家岭文化
17	黄陂张西湾	城址	石家河文化早期–中期
18	大悟土城	城址	屈家岭文化、石家河文化
19	钟祥边畈	环壕聚落	边畈文化
20	荆门屈家岭	环壕聚落	油子岭文化、屈家岭文化、石家河文化早期、东周文化
21	沙洋叶家湾	环壕聚落	油子岭文化、屈家岭文化
22	安陆余家岗	环壕聚落	屈家岭文化
23	钟祥寨子山	环壕聚落	油子岭–石家河文化
24	沙洋光华	环壕聚落	屈家岭文化
25	随州黄土岗	环壕聚落	不晚于屈家岭文化晚期–石家河文化早期
26	随州金鸡岭	环壕聚落	屈家岭文化

（续表）

序号	名称	性质	年代
27	沙洋荆家城	环壕聚落	大溪文化、屈家岭文化
28	孝感杨家嘴	环壕聚落	新石器时代
29	安陆晒书台	环壕聚落	新石器时代、商
30	沙洋黄家古城	环壕聚落	年代不详

资料来源：中国社会科学院考古研究所、湖北省文物考古研究所：《江汉平原及其周边地区史前聚落调查》，《江汉考古》2019年第5期。

二、国家的出现与村落的行政化

按照马克思的观点，国家的实质是一个阶级统治另一个阶级，因而它的出现意味着跨地域、跨血缘、跨部落的社会关系、经济关系和政治关系的建立。国家要维系和巩固这种关系，其前提和基础是对土地与人口的全面掌控，因为二者关系到国家的人丁强弱和经济收入的多寡，是“维持统治阶级的生活条件和统治条件”[6]。正因如此，在国家出现之后，村落作为早期人类社会最基础的地域单元、生产生活单元和社会单元，便开始具有了国家层面的意义。无论是先秦的“井田制”“授田制”“乡遂制”，还是秦汉的“郡县制”“乡亭里制”，都充分表明了这一点。国家体制下的村落，虽然受到了来自国家的严格管控，但管控并不意味着村落发展的停滞，反而更凸显出了村落存在的重要性和必然性。考古显示，即使在实施集中城居制的秦汉时期也不同程度地散布着不同形式、不同类型的乡野聚落。马王堆三号墓出土的《地形图》《驻军图》中分别自名为“××里”的有43处和41处[7]，均分散在地形复杂的山川地区，这不仅说明村落广泛存在，而且表明其被纳入了国家的行政管辖范围。

承接秦汉国家对村落的国家认同和实际掌控，“村”这一概念在东汉也随之出现。东汉魏伯阳的《周易参同契·鼎器妙用章》中载“得长生，居仙村”。这里的“村”即指乡野聚落。到东晋南朝时期，文献中有关“村”的记载多了起来，不少乡野聚落开始以“村”为名，并大有取代其他称谓的趋势。《三国志·魏书十六·郑浑传》载：“入魏郡界，村落齐整如一，民得财足用饶。”可见，“村”作为一种名称和地域概念，在南北朝时期已被广泛接受。类似的表达在南北朝相关文献中举不胜举，据统计，仅《水经注》就出现了名“村”的聚落19处。[8]

到隋唐，国家对村落的行政管控更为明显，介入程度也愈为加深。村落甚至被纳入了国家行政治理体系之中。在唐代，村落不再只是社会生产生活的空间，还成了国家的行政对象。这一标志性的转变，在于唐代国家在村落中设置村正以行使里正的职责，首次于行政和法律层面肯定了村落的地位。《通典·食货三·乡党》云：“在邑居者为坊，别置正一人……在田野者为村，别置村正一人……”正是由于唐代的行政介入，不仅城乡分野得到国家层面的确认，而且“村”作为地域概念，也基本取代了其他称谓，成为专指乡野聚落的专有名词。日本僧人圆仁所著《入唐求法巡礼行记》中出现的56个村名，即可见一斑。[9]

“村坊分治”措施的提出，在承认了村落合法性的同时，增强了国家权力对村落的影响与控制。当然，这种国家权力向地方社会的渗透，可能并不如以往学者们想象中的强烈，或许用“若隐若现”来形容更为妥当。不少学者一般认为我国古代“皇权不下县”，如马克斯·韦伯提出了“有限官制论”[10]，我国社会学家费孝通先生也持类似的观点[11]。事实上，从汉唐国家与村落社会的互动情况来看，国家权力不仅下渗到了县以下的地方社会，而且在一定程度上还体现为制度性介入。只是这种渗透和介入并非以“设置国家机构”的方式实现，而更多的是通过国家在基层的代理人体现的。譬如，汉唐时期的里长、村正，或为村落社会的父老、耋老等，到明清时期，则为所谓的乡绅。国家视野下，村落作为最基础的生活单元和最基本的社会单元，以其聚族群体性、血缘延续性和地缘一体性的特质，不仅得以继续发展，而且在与国家的互动关系中起到了增强民族的内在凝聚力与族群心理认同的作用，这对维系和巩固国家的稳定、繁荣和发展与以族群文化为基础构建起来的国家文化认同和凝聚功能等方面，起到了至关重要的作用。也许正因如此，国家与村落之间事实上有着“共同体”式的关联。

三、村落共同体的形成

“共同体”作为一个学术概念，在社会学领域最早由德国社会学家斐迪南·滕尼斯于1881年提出，他在《共同体与社会》一书中首次将共同体分为血缘共同体、地缘共同体和精神共同体三类，认为“血缘共同体作为行为的统一体发展为和分离为地缘共同体，地缘共同体直接表现为居住在一起，而地缘共同体又发展为精神共同体，作为在相同的方向上和意义上的纯粹的相互作用和支配”[12]。按此，作为“聚族而居”的社会单元，中国村落是血缘关系优先的社会，因而属于“血缘共同体”。费孝通曾指出我国乡土社会“血缘是稳定的力量。在稳定的社会中，地缘不过是血缘的投影，不分离的”[13]。斐迪南·滕尼斯与费孝通的总结无疑是十分精到的，但他们的这一理论尚有需要完善之处。他们的共同缺陷在于将“村落”“共同体”关系仅局限在村落内部血缘族群与地缘之间，而事实上，血缘共同体的分布也有其地缘性，在一定的地域范围内，因血缘关系派生的村落从一个发展到多个，就会形成地缘共同体。不仅在理论上，而且从前揭考古遗存方面，都表明地缘共同体会形成地缘文化，而地缘文化在国家的统一之下又会上升为精神共同体，就本质而言，这就是国家精神或文化共同体。中国历史上，秦始皇统一六国的伟大意义正是在于成功创立三公九卿制度，废除分封，代以郡县，将地缘共同体统一于国家意志之下，整合成了国家文化共同体。

由此看来，对于所谓的村落共同体，我们必须从两个层面予以审视。一方面，从村落本体而言，村落共同体是指村民在共同生存的生活环境和经历的基础上形成的具有向心力或同心力的组织或合体。这个共同体具有共同的文化传统、价值观念、风俗习惯、行为规范和高度相似的心理、意识、信仰，以及共同的成员感和归属感。另一方面，从国家视野来看，作为地域单元和社会单元的村落，既是高度自治的共同体，又是国家的基层社会组织，故而国家与村落之间有着“共同体”式的关联。村落与国家的关系，不只是简单的赋税劳役方面的输出，而是在村落与国家的长期互动之中形成了一种具有普遍意义的内化于心、外化于行的家国认同。张之洞曾引用《尚书》说：“爱其土物，乃能爱其乡土，爱其本国，如此则为存心良善，方能听受祖考之教训。是知必爱国敬祖，其心乃为善，若反是，则为不善也。”“修身、齐家、治国、平天下”，更不只是国家对村落个体的期待，而明显带有村落个体对国家的人文理想。正是通过这种相互关联、内在互动，历朝历代无数村落社会中的个体，通过世代相继的身体力行、忠实践行，使村落社会不断传承自身内部文化，发挥社会功能，成了中国传统社会有机体的重要组成部分。

从历史发展的逻辑来看，中国村落共同体的性质，在先秦就初步形成，唐宋以降直至明清，不断完善、越发紧密，而并非如日本学者柳田节子所认为的，中国在宋代的村落，才形成地缘性的村落共同体。[14]

事实上，从内在文化结构看，其“共同性”突出表现在4个方面。

首先是村落的宗族化发展。中国古代先民聚族而居的历史极其久远，以实体宗族的形态出现于村落，应当是在尊儒学、重纲伦礼教的两汉时期，唐宋以降不断巩固，宋代强化，尤显突出于明清，直至今日，仍是村落的一个显著特征。[15]弗里德曼就曾说：“宗族和村落明显地重叠在一起，以致许多村落只有单个宗族。”[16]民国《歙县志·舆地志·风土》载：“邑俗旧重宗法，聚族而居，每村一姓或数姓；姓各有祠，支分派别，复为支祠，堂皇闳丽，与居室相间。”不仅村落的居民姓氏体现为一至两个明显的主姓，而且形成了以族规、家训和家法等为多维伦理的儒家价值体系，构建了基于血缘的共同价值准则。

其次是村民互助体系的形成。历史文献显示，村落成员在盖房、借款、节庆礼仪和耕作、水利疏浚等方面，普遍存在相互帮忙、互相道贺、生产互助的道义成分与关系。元代王祯《农书·锄治篇》云：“其北方村落之间多结为锄社，以十家为率，先锄一家之田，本家供其饮食，其余次之，旬日之间，各家田皆锄治……间有病患之家，共力助之。故苗无荒秽，岁皆丰熟……名为锄社。”南方，尤其是长江流域主要稻作区域的四川、湖北、贵州、湖南、江西各省各地，村落邻户之间则一直保存着“帮工”传统，一家有事，户户“帮工”，插秧收禾两季，“帮工”蔚然成风，越忙越帮。正是这种互助体系强化了村落成员之间的集群意识，使村落自然生成为基于村落成员高度互相依赖的生活共同体。

再次是村民信仰的同质化。作为一个封闭的、独立的、功能完备的基本社会单元，村落不仅有着明显的村落边界，而且基于这一范围产生并形成了高度一致的神明信仰，学术界称之为“祭祀圈”或“信仰圈”。中国村落文化研究中心收藏的数以千计的明清造像发愿文所录载的每一项内容，都有“×× 土地”的惯例[17]，这就充分表明作为管理一方土地的神灵，“土地公”具有地域边界的意义。直至今天，湖南等地的村落社会，逢人去世都要去当地土地庙行“告知”仪式，即便没有了庙，也要在原来的土地庙址旁祭祀。正是这种共同的神明信仰使超越宗族的庙宇修葺和共同祭祀活动成为常态，不仅起到了整合村域内同宗同族内部的不同阶层的作用，而且以修建庙宇和拜祭宗族的神明的形式整合了同一地域的不同姓氏族群于同一信仰之下。杜赞奇曾在考察中国华北村庄的宗教时明确指出：“在晚清时期，许多村庄除以村庙为中心的宗教组织之外，再无其他全村性的组织。所有村民被自然而然地包括在宗教组织之中，而非本村人则排斥在该组织之外。”[18] 有些村落的空间布局甚至明显受到了某种宗教或信仰的影响。

最后是村落治理的乡约化。所谓乡约，是邻里乡人互相劝勉、共同遵守的公约。根据现有的文献史料看，乡约是始于宋代的村落社会中的一种以道德教化为主要目的的制度和民间组织化自发行为。历史上，乡约在村落社会中发挥着积极作用，是村落自治、村落社会保障、村民共同生活和共同进步所形成的一个重要自治制度形式。其制度的产生、形成，源自村落自治或治理的组织。村落族群中，不仅有组织，还设有“约正”一类的执行者。现知中国历史上第一部乡约文本传为北宋熙宁九年（1076年）由蓝田吕氏兄弟制定的《吕氏乡约》[19]。《吕氏乡约》对乡民修身、立业、齐家、交友等行为和迎来送往、婚丧嫁娶等社会性活动做出了规范性要求。这种超越个体利益，建立在群体生命意义之上的互助友爱的道德规范，体现并进一步强化了乡土社会以伦理为本位的共同价值观。宋代以降，全国各地，皆立乡约，知名的如江西的《南赣乡约》、徽州祁门的《文堂乡约》、山西的《雄山乡约》、广东的《沙堤乡约》、福建的《青阳乡约》《惠安乡约》，等等。

事实上，村落共同体的性质还体现于通婚圈和村落武装防卫等方面。关于前者，中国历史上的"舅表婚"事例就比较典型。这种婚姻制度赋予舅舅对外甥女有优先纳娶为媳妇的特殊权利。尽管这种婚配制度带来诸多弊端，如人口生育质量低下等，但在传统中国村落社会中起到维系血缘共同体的作用。湘桂黔边境的苗族地区和部分侗族地区，直至晚清都仍然流行着这种"舅霸姑婚"的制度，就充分说明了这一点。[20]关于后者则更为突出。历史上的很多村落，如魏晋时期的坞壁，宋代陕北、四川、湖南南部等地的堡寨，都以武装防卫为主要功能。晚清时期，为应对包括白莲教在内的各类动乱，在保甲基础上出现的地方武装组织[21]，以及后来华北地区出现的红枪会，都体现了村落的这种共同防御功能。湖南地方的团练，成了与"太平天国"武装抗衡的国家重要军事力量。有学者甚至认为，武装自卫组织更能体现基层共同体的内聚特征，并更能强化这种内聚特征。[22]不过，需要指出的是，这种依靠武装自卫组织所体现出的村落内聚力，主要出现于中国历史社会动荡时期，因而并不具有长期性和稳定性的特点。晚清的"湘军"在击败"太平天国"之后，尽管在当时一度成了代表国家的武装部队，但使命一结束即行被解散。不过，由此可以反观，作为"共同体"的村落与国家之间的关系也是非常显然和深刻的。

中国村落共同体形成的过程，也是村落社会发展为自给自足的封闭世界的过程。除田赋徭役、战争动乱等因素之外，传统意义上的村落群体，一方面是极少与外界发生关系的，另一方面，村落共同体实际上是服从于国家共同体的，甚至是国家共同体的重要组成部分，因而形成了与城市截然不同的经济形态、社会形态和意识形态。从古代社会史来看，相比城郭与市镇，宋元明清时期的村落发展不仅滞后，而且继续承受着唐以来包括城市的扩张带来的生活资料的掠夺式占有、小农经济的局限和村落人口的增加在内的各方面压力。正是各种因素和压力交织在一起，到清代晚期，社会矛盾激化，农民揭竿而起，加之西方列强的入侵，使得村落人口的流动性陡增，生产生活空间的封闭性得以打破，宋元以来形成的村落共同体也渐趋弱化，包括村落在内的乡村社会开始向近现代转型。

四、村落的现代转型

吉尔伯特·罗兹曼指出："所谓走向现代化，指的是从一个以农业为基础的人均收入很低的社会，走向着重利用科学和技术的都市化和工业化社会的这样一种巨大转变。"[23] 从时间上来说，中国现代化的意识及其实践大致产生于鸦片战争前后。从洋务运动、戊戌变法、辛亥革命到新文化运动、新民主主义革命，再到社会主义革命和改革开放，这一系列运动和实践使包括村落在内的传统社会发生了较大变化：以人力和畜力为主的生产方式逐渐被批量化、规模化、标准化的机械化生产取代，生产的效率和质量得到明显提高，自给自足的小农经济渐趋瓦解。这种社会现实冲击了以农耕文明为基础的村落，在越靠近城市和交通越发达的地区，村落现代化的程度就越高，历史社会曾形成的"村落共同体"的许多功能已经趋于弱化，甚至有的村落共同体本身已经解体，但是乡约、信仰等诸多方面依然呈现出十分顽强的生命力。

这个过程经历了三个时期。第一个时期是1840—1949年。这一时期的村落开始被动地、缓慢地进行着现代化的转型。通商口岸、大型市镇等工商业相对发达和交通便利地区的周边村落，铁路发达的天津、潍坊、唐山等地的周边村落和长江三角洲地区、珠江三角洲地区的村落加快了粗犷农业的精细化分工和适应商业化的转变。在此基础上，建构在农耕文明基础上的文化传统、道德价值取向观念、思维方式、宗教信仰等都发生了一定程度的变化，村落内部的同质性被降低。第二个时期是 1949—1978 年。这一时期的村落受到了来自国家权力的全面深刻的介入，行政权力由上而下地触及了乡土社会的最基层，村落与外界的关系被高度趋同化，村落自主性大大降低甚至消失了。集体化改造、人民公社建立和“破四旧”运动等，虽然加强了对乡村社会的控制，但弱化了村落的传统性、共同性和自主性。第三个时期是 1979 年至今。1979 年之后，我国实行改革开放，村落去集体化，虽然国家计划经济观念不同程度地实际存在，但国家除了牢牢把握土地的国有化（哪怕是以集体土地之名）外，已经交还了村民生产的主动权和决定权。村落重新焕发新的活力。20 世纪 90 年代之后，村落被进行着“大拆大建”的现代性改造。在这个过程中，具有浓郁农耕文明特征的以伦理为本位的传统价值体系在村落中逐渐或正在不断消解，村落共同体基本瓦解。不论出于何种目的，“大拆大建”带来了村落社会形态、经济形态和文化形态的根本性改变。

通过对中国村落发展的历史性脉络及其变迁背后的显性逻辑与隐性逻辑进行梳理，从中至少可以得出如下几点认识。

第一，村落作为定居生活的产物，它的发展、变迁不仅与中国传统农耕社会的历史演变密切相关，而且是国家与乡村之间的某些历史性和重要的互动关系的体现。在中国历史上，国家合法地垄断了全国范围内的所有资源，但由于社会网络具有过滤国家试图控制社会的某些行为的能力，因此国家对资源的垄断实质上是有限的，它往往需要通过下发不同的行政命令或是制定符合实际的法律法规，不断调适其与村落社会之间的关系，使底层社会为争夺生存生活资源而发生的行为与活动限制在国家的可控范围内。尽管这种变化是缓慢的，是若隐若现的，但不能否认村落在保持整个国家的稳定中所起到的重要作用。无论是两汉魏晋的“散村化”、唐代的“行政化”，还是历史时空下的“村落共同体”，抑或是近代以来的现代化转型，都充分体现了村落对于稳定古代社会既有社会秩序、维系国家与乡村的良性互动关系等方面的积极价值。

第二，历史上，历朝历代关于基层社会的行政编制和田赋徭役制度，虽然在很大程度上影响着村落的变迁，但村落作为一个实际存在的生产生活的聚落空间和相对稳定的社会单元，它的变迁是拥有自身内里逻辑的，除土地有限与人口膨胀之间的矛盾推动以外，还包括宗族关系、宗教信仰、道德观念和乡规民约等因素的作用。村落的历史变迁，不能片面地归因于乡村制度，还要关注制度文化以外的相关文化因素和经济、技术与社会的作用，以及自然地理等诸多因素。

第三，村落是建立在农耕文明发展的基础之上的。土地是农耕文明不可或缺的依赖要素。然而，在传统农耕社会向现代工业社会转型的过程中，村落逐渐失去了依托的土壤，社会发展的客观事实使农村城镇化不可避免，村落在经济、社会和文化形态上正在发生千年不遇的深刻变局。村落将何去何从？村落会终结吗？如果按照发展的规律，发展是事物的本质，任何一种文化现象，一旦丧失社会功能，缺乏变化、创新和发展的潜能，很快就会被历史湮灭或同化，村落当亦是如此。但是，我们要充分意识到，对一个历史悠久的文明古国来说，村落的现代转型是可能的，这种转型应该建立在对传统的批判性继承的基础之上，而非“推倒重来”或全盘西化。要守护村落，振兴乡村，关键在于重塑乡土价值，发挥文化的“活态”效应。

第三节
中国村落的特征

人们定居下来以后，为了生存，必然会在一定的范围内进行生产生活和繁衍，在生产生活的过程中不断积累相关的经验，耕种以谋生，建房以居住，交流以相处。日积月累，不断发展，于是生发出相应的文化。概而言之，所谓传统村落文化的范畴，即是指在传统农耕社会中，人们在群居的基础上进行的系列生产生活的过程中所形成的一切物质文化和非物质文化的总和。也就是说，传统村落文化不仅包括有形的建筑文化，而且应该包括生活在传统村落中的“人”，以及由“人”所创造、传承的一切有形的和无形的文化形态。

有形的显性的文化形态，大多体现在传统建筑中，甚至隐性的文化也有在建筑中予以体现和反映的。以长江中游的湖南地方为例，如湘中的府第式建筑，往往是以一家人或一个家族为一个整体的大院落，其建筑从空间布局到功能体现忠实地遵循着传统汉文化的礼乐秩序，甚至制度文化意义重于实际居住功能的需求。如双峰曾国藩的家府，就是儒家居住等级与制度文化的典范。“中为堂，左为尊，右为次”，“东阶为主，西厢待客”，没有丝毫的僭越或者疏忽，可谓“秩序井然”。而湘南地区郴州一带聚族而居的村落，往往是一栋栋独立的住宅，此接彼连，整体上形成气势恢宏的村落。虽然每一个住宅同样体现了礼乐秩序的传统精神，但从大的格局来看，单个住宅之间既相对独立，又维系在一个族群的大框架系统之中，与祠堂等公共建筑相匹配，在“慎终追远”“长幼有序、尊卑有别”的儒家伦理文化的基本体系之下，独立的空间布局便于营造出相对宽松的人际关系和生存理念，个体的主观独立愿望在客观的空间布局中基本可以得到尊重，与湘中的大宅院把个体（人）完全淹没于隐性的制度文化之中形成明显差别。这种差别，不仅仅体现在建筑文化上，也反映在建筑的壁画上，湘中和湘南呈现出两种完全不同的基调。湘中府第式庄园建筑上的壁画，多能见到以人伦秩序教化为主题内容的庄重严肃的题材，如同家训，成教化、助人伦的劝诱功能已超出了作为绘画艺术自身应当具备的审美愉悦。即便是应当使人轻松的戏剧题材，也蒙上了些许沉郁的威仪。而在湘南，富有个性化的艺术表达则非常突出和典型。正襟危坐的家训式场景描绘很少见，而纯粹欣赏性的山水楼台、花鸟人物和雅士偏好的松、竹、梅、兰题材则成为主流。从绘画的技法看，湘中地区的壁画技法讲究规整严谨，无一不呈现出正统文化的气息，令观者不由得端正严肃、敬而畏之。湘南地区的壁画则并无太多的技法讲究和制约，笔随意走、画由兴出，所以信笔而行，是技法依我，而不是我就技法，其凸显的是文人意趣与情致，往往令观者赏心悦目、神而往之。而与湘中、湘南相对应的湘西南、湘西北少数民族建筑，则多为依山傍水、就地取材的干栏式。它们错落于青山绿水、茂林修竹之间，与之浑然一体、亲切和谐，没有丝毫的矫情和富贵逼人的气息，展示出朴实无华却不乏热烈豁达的民族情怀。其壁画更富灵动浪漫的精神气象与神秘奇异色彩，呈现的是与湘中、湘南不同的建筑文化和建筑艺术精神，可令观者深刻领悟到人—建筑—自然三者间最为真切友好的关系。[24]

村落生活中的无形文化更是比比皆是，比如：端午吃粽子和中秋吃月饼体现的是民俗文化；清明扫墓体现的是宗族文化；过年时的祭祖祭天体现的是祭祀文化；春天播种，夏天除草，秋天收获，冬天收藏体现的是生产文化。村落中的家法族规与乡规民约更是礼仪文化的集结地，如明代大儒王阳明《南赣乡约》云："故今特为乡约，以协和尔民。自今凡尔等同约之民，皆宜孝尔父母，敬尔兄长，教训尔子孙，和顺尔乡里。死丧相助，患难相恤，善相劝勉，恶相告戒，息讼罢争，讲信修睦。务为良善之民，共成仁厚之俗。"[25] 该乡约中详细规定了人们的行为规范：孝敬父母、尊重长辈、和睦乡邻、戒恶行善、忠厚仁义等。人们正是秉承着这些行为规范代代相传，生生不息，积淀成深厚的文化内涵。真所谓"小村落，大文化"[26]！

中国村落及其文化呈现出鲜明的个性特征，主要表现在四个方面。

一、村落的活态性特征

"活态"是传统村落文化最突出的特征之一。所谓"活态"，是指传统村落文化呈现独特的生命力，延续数百年甚至上千年而依然发挥着固有的功能，至今仍是传统村落中原住民生活的一部分，如村落的古井依然流水潺潺，为村民生活用水提供方便；池塘依旧发挥着生态调节的功能；还有小桥、古树，风景犹在；祠堂、古塔等建筑虽然改变了原始功能，但在居民心中依然是神圣之所，意义未泯；传统的方言依然是村落中交流的主要方式；祖宗的灵位依旧立在神龛上面，被恭敬地供奉着；街道古巷里村落历史的足迹清晰可辨；各种故事、历史传说依然回荡在村落的上空。所以，传统村落被誉为“活化石”“活态博物馆”。

费孝通说：“祖先们在这地方混熟了，他们的经验也必然就是子孙们所会得到的经验。时间的悠久是从谱系上说的，从每个人可能得到的经验说，却是同一方式的反复重演。同一戏台上演着同一的戏，这个班子里演员所需要记得的，也只有一套戏文。他们个别的经验，就等于世代的经验。经验无需不断累积，只需老是保存。”又说：“当一个人碰着生活上的问题时，他必然能在一个比他年长的人那里问得到解决这问题的有效办法，因为大家在同一环境里，走同一道路，他先走，你后走；后走的所踏的是先走的人的脚印，口口相传，不会有遗漏。”[27] 费孝通揭示了传统村落中两个很重要的文化现象：经验与传承。在传统村落中，世世代代累积的经验就是很重要的村落文化。而这种经验的累积，人们并不是用文字的方式记录下来，而是通过口传和不断重复践行的方式传承下来。

简而言之，传统村落文化虽然传承了数百年甚至上千年，但依然发挥着固有的功能。我们从现有的传统村落原住民的生产生活中，穿越时空的隧道，依然能感受到数百年甚至上千年前他们的祖先生活的情形。

城邑中的精英文化，往往是由文化精英们通过文字记录的方式传播的，并保存在典籍中；传统村落中原住民更多的是用口口相传、代代相承的方式，在言传身教的行为中传递自己的文化。

相对而言，城邑文化趋于静态，而村落文化是动态的；城邑文化是文字的，村落文化是口语的。在传统村落社会，人们既是文化的创造者，又是传承者和践行者；不仅表现为“知”，而且鲜明地突出“行”，“知”规范“行”，“行”实践“知”。知行合一的活态，正是传统村落文化的突出表现。传统村落中这种“活态”的文化，显示出了强大的生命力，成为中华文化中最具象征性的民族文化。因而，研究和保护好这种“活态”的文化，意义十分重大。这种“活态”文化活在历史中数千年了，我们不仅有责任让这种“活态”文化活在当下，而且有义务让其活向未来，成为永远。然而，到了当今世界，在现代工业化和城镇化的进程中，绝大多数传统村落面临着极其严峻的情势。如何保持传统村落文化的“活态”，已经成了当前人类学、社会学、历史学等多学科研究的全新的重要课题，并且这种课题的研究很难以某一单一学科独立地、相对完整地完成。所以，多学科的交叉介入研究，将成为一种必需。

二、村落的血缘性特征

村落的初期形态，最早可以追溯到远古时期的部落生活，并延续数千年而不绝。在其发展历程中，不论是哪种类型的村落形态，也不论村落的形态历经了多少变迁，血缘性一直都是村落文化的重要特征。

在农耕生活的初始时期，人类的生产能力极为低下，仅凭个人几乎很难生存，所以必须依靠群体才能谋生，而最可靠的则是人类与生俱来的血缘关系形成的群体，最有效的是以血缘关系为基础的生活方式。可以想见，人类最早的群体应该是以血缘关系为纽带的氏族。恩格斯指出：“一定历史时代和一定地区内的人们生活于其下的社会制度，受着两种生产的制约：一方面受劳动的发展阶段的制约，另一方面受家庭的发展阶段的制约。劳动越不发展，劳动产品的数量、从而社会的财富越受限制，社会制度就越在较大程度上受血族关系的支配。”[28] 在远古时代，生产力极其低下，单靠个人的独立生活是不可想象的，只有依靠血缘亲族团体才能生存下去。这时，人们的血缘关系与地位显得尤为重要和突出，它支配着人们的一切。“全盛时期的氏族制度……其前提是生产极不发达，因而……部落始终是人们的界限，无论对另一部落的人来说，或者对他们自己来说，都是如此：部落、氏族及其制度，都是神圣不可侵犯的，都是自然所赋予的最高权力，个人在感情、思想和行动上始终是无条件服从的。”[29] 在远古部落时期，血缘关系是最强有力的联系纽带。摩尔根在谈到部落联盟建立条件时说：“氏族所体现的亲属感情、各氏族的同宗关系，以及他们的方言仍能相互理解，这三者为联盟提供了重要的因素。”[30] 在远古时期的部落内，血缘关系可以说是最根本的关系，而没有任何血缘关系的人几乎很难在一个部落内立足。

到了西周时期，血缘关系进一步引申出以家族为主的宗法制。在远古时期的部落社会为了生存而自发形成的以血缘为基础的群体关系，到了“西周，不仅没有采取过破坏氏族的改革，反而经过‘维新’，把旧的氏族机关和氏族制度大量移用到阶级社会中，这就不能不给血缘关系的保存留下很大余地”[31]。

“族者，凑也，聚也。谓恩爱相流凑也。上凑高族，下至玄孙，一家有吉，百家聚之，合而为亲，生相亲爱，死相哀痛，有会聚之道，故谓之族。”[32] 一个家族长期居住在同一个地方，动辄数代至十数代甚至数十代。于是，在长期的生产生活过程中，就慢慢形成了“聚族而居”的以家族宗法制为中心的村落社会结构。

家族宗法制是中国古代社会独特的社会结构与制度。中国原始社会中以婚姻和血缘关系组合而成的家族制度，在阶级社会中发展为维护剥削阶级世袭特权的家族宗法制。商代奴隶制在血缘关系基础上形成种族奴隶制国家，周代“封诸侯、建同姓”把家族宗法组织作为奴隶制国家的组织形态。此后，封建制虽然取代了奴隶制，但是家族宗法制的社会组织并没有改变。最直接的原因是适应于奴隶制的家族宗法制并没有妨碍于封建制，恰恰相反，家族宗法制又继续适应甚至更加适应封建制。战国秦汉以来的乡、里、聚、邑、连、闾组织或伍、什编制，以及里正、父老、廷椽、啬夫等基层属吏，仍然代表着社会广泛存在的家族宗法制组织的统治。历代封建王朝不断更迭，家族宗法制却基本上以不变应万变（形式上和部分的“质”有所衍变，但其社会“细胞”的“内核”基本不变）。家族宗法制始终是中国古代直到民主革命前中国社会结构的基本“细胞”。中国封建社会的生产方式、社会组织形式、阶级关系和阶级斗争特点、上层建筑，无不受到家族宗法制的制约和影响。家族宗法制的稳定性、顽固性和不变性，是中国封建社会长期延续的重要原因。[33]

一边保持着家族或氏族组织，一边又以家族共居，组成一个村落的情况，在我国少数民族中更为普遍。如云南基诺族村寨一般包括数个具有血亲或姻亲关系的父系大家族；傈僳族的村落组成，一般分为三种形式，一是以一个氏族内的一个大家族单独组成，二是由同一氏族内的两个或多个大家族联合组成，三是由几个不同氏族的家族混合组成；在傣族中，有时一个村寨就只属于一个家族，有时一个村寨由几个家族和一些零星户组成[34]；在湘、桂、黔三省边界相连的广大地区，侗族、苗族的村落，不少是以房亲或者房族为构建形态的，一个寨子或好几个寨子都是由同族同姓的房亲、房族组成的。少数也有外姓杂住其间，但外姓居民的几房在形成上也是由其内在房亲构成的。由此可见，地缘关系和血缘关系是并存的。

"聚族而居"的生活方式凸显了村落中的血缘关系，尤其是在人类社会的早期，血缘关系起着很重要的维系作用。在中国传统社会，小农经济一直是长达数千年的经济格局与形式，血缘关系也一直在传统社会尤其是在传统村落中起着不可替代的作用，并因此形成了以父系血缘为基础的家族宗法制和亲属关系。

费孝通说："我们的格局……好像把一块石头丢在水面上所发生的一圈圈推出去的波纹。每个人都是他社会影响所推出去的圈子的中心。被圈子的波纹所推及的就发生联系。每个人在某一时间某一地点所动用的圈子是不一定相同的。"[35]费孝通在这里很形象、生动、深刻地指出了中国传统社会中以血缘为中心所形成的"这种丢石头形成同心圆波纹的性质"的差序结构，在传统社会中，这种"血缘圈"发挥了重要的作用。

三、村落的地域性特征

中国幅员辽阔，南方和北方纬度差别相当大，气候不同，地质内在构造与地貌特征都不尽相同。因而，传统村落文化呈现出鲜明的地方特色。"十里不同风，百里不同俗"，正是这种地域性特征的鲜活说明。一个村落的文化，往往与其所在的环境息息相关，不同的地域有不同的地形海拔、土质水分、光照温度、日月潮汐、风霜雨雪等影响因素，物种作物的生长发育与土壤、水质、气温、气压、湿度、植被等都有密切的关系。所以，地域不同，不仅影响村落的形成，而且会形成不一样的文化。俗话说，“一方水土养一方人”——一方具有自身独特生活方式的人。从这个基础出发，我们也可以说，一方水土滋生一方文化。比如，天井是传统村落中常见的建筑。在我国南方建筑中，天井一般南北方向开口狭窄，东西方向狭长，这样可以为建筑提供充足的自然采光，同时强烈的太阳光也不会直接射透天井。而在北方，天井南北方向开口比较大，成为人们晒太阳的理想场所。同样是天井，南北地域的不同直接导致了不同的天井建筑样式与建筑空间，以至形成不同的文化。

民间常有“天赐地造”之说，这在村落建筑材料上反映得尤为突出。不同的地域生产不同的建筑材料，因而人们常常因地制宜地选择当地适当的材料来构建各种建筑。比如，产石地区多石构，不仅柱梁墙是石质材料，就连能遮阳挡雨的“瓦”也是天然的“石片瓦”，而非人工烧制的陶瓦。产木地区多干栏式建筑，产竹地区搭竹楼，黄土高原多窑洞。也有同时使用竹木材料的，南方地区由于多雨潮湿，所以多采用干栏式结构，而北方地区却多采用抬梁式结构。概而言之，不同地域、不同民族所兴建的传统村落，是不同地域的不同原住民祖先因地制宜，依据当地所特有的自然物产条件与气候光照温度条件，以当地的材料结合当地的建筑工艺和智慧所营造出来的，有着鲜明浓郁的地域特征和民族个性。

不仅仅是建筑不同，饮食习惯也明显不同，通常说“南甜、北咸、东辣、西酸”，虽不尽准确，但大致反映出不同地方的人们饮食习俗的不同。“鲁菜”“粤菜”“湘菜”“川菜”“徽菜”“淮扬菜”“浙菜”“闽菜”这“八大菜系”，显示出了更加清晰的地方差异性。

即使像小搬运这样的习俗，各地在挑、担、抬、背、扛、提、搭、推、驮等方式上也有明显的不同。同样是搬运泥沙，有的习惯于肩挑，有的习惯于头顶，有的习惯于背运，有的习惯于手提等，千差万别，各具传统习惯、习俗的特色。

地域性是传统村落文化在空间形态上所显示的特征。地域性特征还突出地反映了传统村落文化的多样性。因而，我们在认识、研究传统村落文化时不能不充分考虑到其地域特征，否则很容易抹杀地域村落的文化形态与个性，也就意味着丢失村落文化的多样性和丰富性。

四、村落的封闭性特征

有人曾经对越南的一个村庄做出这样的描述："浓密的竹林掩映着典型的越南村庄，荆棘篱笆环绕着村舍。村民们居住在绿竹屏蔽之后，就像居住在神话故事中的魔圈里面。周围的田野提供了他们所需要的物产，他们躲在自己造就的保护圈内，不愿与陌生人打交道，甚至不愿意与政府打交道。比如给政府交税吧（这是他们与政府的主要联系），他们就按一个整体由社区统一上交。村庄是这片土地的主宰，是这个国家的支柱，但他们又保持着内部自治和地区范围的自给自足的经济。"[36]这虽然是对越南村落的描述，但是与过去传统社会中的中国传统村落的生活形态有基本的一致性。

由于大多数村落位于乡野僻静之地，加上古代社会道路交通欠发达等要素的制约，村落与外部社会缺少交往，信息较为闭塞。再加上在以小农经济为主体的传统社会，农业生产的自给自足性强，无须与外部社会进行过多的物质交换，从而导致了村落事实上往往成了一个比较独立的、半封闭型的、鸡犬相闻而不相往来的"小国寡民"社会。村落的封闭性主要表现在如下三个方面。

其一，人口流动少。"乡土社会是安土重迁的，生于斯、长于斯、死于斯的社会。不但是人口流动很小，而且人们所取给资源的土地也很少变动。"[37]在传统社会，在一个地方出生的人，往往就在这个地方长大、结婚、生子、变老，一直到死去；人们很少流动，即使外出，老了，也要叶落归根；死了，即使千里万里，也要把棺材运回来，葬在故土里。所以，在没有发生历史变故或自然变故的情况下，一个村落自形成之日起，就在很大程度上一直是几个姓氏，很少发生变动。房子、土地、山林乃至墓地，都是一代一代地传下去的，不会有太大的变动。

其二，土地依赖与生产的封闭性。马克思论述法国农民的时候说："小农人数众多，他们的生活条件相同，但是彼此间并没有发生多种多样的关系。他们的生产方式不是使他们互相交往，而是使他们互相隔离。这种隔离状态由于法国的交通不便和农民的贫困而更为加强了。他们进行生产的地盘，即小块土地，不容许在耕作时进行分工，应用科学，因而也就没有多种多样的发展，没有各种不同的才能，没有丰富的社会关系。每一个农户差不多都是自给自足的，都是直接生产自己的大部分消费品，因而他们取得生活资料多半是靠与自然交换，而不是靠与社会交往。一小块土地，一个农民和一个家庭；旁边是另一小块土地，另一个农民和另一个家庭。一批这样的单位就形成一个村子。……广大群众，便是由一些同名数简单相加而形成的，就像一袋马铃薯是由袋中的一个个马铃薯汇集而成的那样。"[38]马克思的"马铃薯之喻"生动反映了小农社会独立、封闭的生产关系。考诸中国传统村落，长期以来，农民的生产无不是独立自封的状态。费孝通说："乡下人离不了泥土，因为在乡下住，种地是最普通的谋生办法。"[39]向土地求生，是小农社会中乡下人谋生最直接、最简单的方式，他们的生产对象就是土地，"土地是他们的命根子"。由于土地有限，生产力低下，人们要谋生，必须在土地上花费大量的精力，以致他们没有更多的时间和精力从事多样性的生产，也无财力改善生产工具和生产条件。因而，在土地不增加的前提下，只有不断地在土地上付出更多的时间和精力，对土地付出的劳力越多，人们对土地的依附就越紧密，他们只能日复一日、年复一年地在土地上谋生，因而，完全"被土地所囿住"[40]。向土地求生的生产理念，早已经深入村落原住民的骨髓里，以致现在跟随子女进入城市居住的不少乡民，都试图在城市小区的周边寻找适宜土地，播撒生产的种子，有些甚至把土挑到房顶，自己"制作”小型耕地，达到播种的目的。所以，在乡下人的脑海里，似乎只要有土地，他们的第一个想法就是播种，似乎也只有在土地里播种生产他们才觉得踏实可靠，他们的生产观念完全被局限在土地上了。

其三，生活独立与封闭性。乡下人在土地上播种，依靠土地谋生，生产的目的是自我谋生，所有的产品最终都是为了满足自己的生活，生活所需也基本上由自己生产。“几千年来都是个体经济，一家一户就是一个生产单位。”[41] 从生产到消费，是一条完整的封闭的生产生活链，这种建立在以家庭为单位的自给自足基础之上的生产方式，没有分工，相对独立而没有彼此的依赖，本质上是封闭的。再者，在一个相对平和的村落社会中，每个家庭都可以自食其力，平时的生产生活一般不需要他人的帮助，只在偶然的和临时的状态中（如婚丧）才求助于人。生活上，以家庭为单位绝对独立的这种自食其力，客观上不仅形成了人际关系的封闭，而且封闭了人们的思想。

生产的脆弱性，则从根本上限制了小农扩大生活交往的条件，并促使其易于产生保守的心理而排斥外在世界。这是因为交换往往对劳动效率较高的生产者有利，劳动效率高的、不直接从事生活资料生产的人，往往参与交换的积极性高、需求旺盛。而小农由于劳动效率较低，他们参与集市交换往往是不划算的。因此，从根本上说，小农是不愿意拿辛勤劳作获得的生活资料来参与交换的，他们总是最大限度地自我满足家庭需求，只有在迫不得已时才参与少量的交易行为。

另外，在传统村落社会中，村落相对保持孤立状态，村落与村落之间的接触本来就不多，不仅很难有产品交换发生，而且其他相关信息的传播也是相当有限的。正如费孝通所指出的，“乡土社会的生活是富于地方性的。地方性是指他们活动范围有地域上的限制，在区域间接触少，生活隔离，各自保持着孤立的社会圈子”[42]。一般来说，在生于斯、长于斯、死于斯的乡土社会，个人是可以在自己的“一亩三分地”上自食其力生活的，但这也并不意味着乡民就不需要伙伴。事实上，在重大节庆、婚丧和农忙等偶然性的、临时性的状态之中，仍是需要其他乡民一起协助的。但是，总体上而言，在传统中国，几乎每个村落都拥有一个相对完整的生产生活系统，除了基本的徭役、兵役和诉讼等，村落几乎很少与外部世界特别是朝廷发生直接接触。所以说，在传统社会中，相比城市，村落是一个相对独立的半封闭的社会基本单元。[43]

第二章

中华文明的起源与中国的早期村落

在世界四大古文明体系之中，中华文明源远流长，不仅是起源和形成最早的文明之一，而且是世界上自起源以来就连续发展、未曾中断的唯一的文明体系。如果以文字的出现作为界定文明的重要标志，那么人类的文明史也不过七八千年。但是，文明的形成往往有一个漫长的孕育过程，是量变向质变的飞跃。换句话说，就是在人类文明形成之前，还有一个文明化的过程。这个过程我们称之为文明的起源阶段。从时间上来说，文明的起源是伴随人类的起源而逐步发生、发展的。也就是说，有文字记载以来的许多人类文化，都是源自史前社会的人类活动。确切地说，就是从“猿”进化为“人”之后，人类就开始了文明化的进程。中华文明的起源同样如此。

从考古发现来看，从 170 万年前的元谋人开始，远古中华大地上就开始了文明化的过程。蓝田人、北京人、丁村人，以及距今约 3 万年的北京“山顶洞人”，早期先民形成了以渔猎为主的生存生活方式。在距今 12 000 年左右，（长）江（黄）河中游地区逐步从旧石器时代晚期向新石器时代过渡，农业种植业和养殖业开始缓慢出现。黄河流域的大地湾文化、裴李岗文化、龙山文化和仰韶文化等与长江流域的彭头山文化、大溪文化、河姆渡文化和良渚文化等，开启了中华文明形成的先声。史书上记载的“三皇五帝”的传说，也大致始于这一时期，即“华夏部落”时期。大大小小的部落，活跃在黄河中下游地区，它们相互征伐，并在今中原地区最终形成了以炎黄为共主的部落联盟，由此中华文明的前身——华夏文明便初具雏形。大致在公元前2070年以后，华夏部落开始以国家的形式出现，中原地区的夏、商、周三代，基本奠定了中华文明的早期格局和模式。纵观这一文明形成的过程，不难发现，这其实也是人类村落起源与早期发展的全过程。换言之，即远古中华大地上的早期村落，不仅见证着中华文明的起源，而且可以肯定地说，中华文明的形成就是始于村落的。这不是偶然，而是人类生存生活的历史必然。

第一节 村落的起源与早期形态

毋庸置疑，中国村落与中华民族的历史文化唇齿相依，是中华民族文明发展史的“实证”，更是中华文明渊源的“活证”。它是中国历史上家国一体构建的重要载体与历史起点，是中华民族及其文化的根与魂。所以，基于考古学、历史学、文化人类学等层面，从中华文明发生的源头展开对村落起源与发展的讨论，对村落历史的研究是非常重要的，因为它不仅是历史文化研究的重要方面，是提振中华民族文化自信、强化国家认同与民族凝聚力的关键部分，而且是揭示与深刻认识中国文化源和流的重要关节问题，具有十分重大的理论与文化历史价值和现实意义。2019年7月6日，在联合国教科文组织第43届世界遗产委员会会议上，作为中国村落遗址的良渚古城被列入《世界遗产名录》的事实，就明白无误地表明了早期村落对于认识和肯定中国远古文明历史的重大价值。

一、发生学视域下的村落起源

中国自古就以农立国，村落在中国有着悠久的发展历史。然而，作为一种聚落形态和社会单元，它并不是直接伴随人类的起源而产生的，而明显是人类进化和人类文明起源时期的产物，至少其雏形是如此。

从距今1 500万年的云南开远森林古猿到170万年前的元谋人，再到后来的蓝田人、北京人、丁村人，及至距今约3万年的北京“山顶洞人”，我们可以发现，人类从灵长类古猿经过漫长的进化而来，属于群居型动物，会制造和使用工具。这是体格相对弱小的人类在面对大自然中的凶猛动物和弱肉强食的自然法则而得以生存所特有的能力。正是这一进化过程，为我们提供了早期村落产生的两条线索。

一方面，群居作为动物性本能，在人类进化过程中得到了最大限度的释放，特别是到了智人阶段，人类为了有效减少单一个体的生存难度，更是发展出了共同防御、共同生存发展的族群观念，基于血缘的聚众而居开始发生。只是，由于人类起源后在很长一段时间内完全过着采集和渔猎的经济生活，为了获取食物，往往需要频繁迁徙，因此并未形成长期的、固定的、规模化的居住点，物质实体空间不明显，居住方式主要是洞居、穴居和巢居。《易经·系辞下》云：“上古穴居而野处，后世圣人易之以宫室，上栋下宇，以待风雨……”[1]《庄子·盗跖篇》中载：“古者禽兽多而人少，于是民皆巢居以避之，昼拾橡栗，暮栖木上，故命之曰有巢氏之民。”[2]考古发现的北京周口店人、金牛山人、马坝人、兴隆洞人和山顶洞人，以及辽宁、贵州、广东、湖北、江西等地发现的穴居遗址，都说明洞居或穴居是人类最初的“家”。这个“家”虽然只解决了早期人类对生存的最低需求，但使人类在长期的群居生活中形成了基于血缘的聚族性特点。距今约3万年的山顶洞人便是最佳例证。考古发现，北京山顶洞的人类化石共有8个不同个体，其中5个是成年人，包括男女壮年和超过60岁的老人，1个是少年，1个是5岁的小孩，1个为婴儿[3]，这显然是一个血缘聚居群。正是基于这一特点，我们认为，聚族群体性和血缘延续性，是村落形成的一个基本要素，并因这一要素，人类的群居行为具有了发生学的意义。

另一方面，由于生存欲望的驱动，人类开始积极改造自己的生存方式与生存环境，因此创造发展出大量与生产生活有关的物质和非物质文化，包括工具、器皿、衣物、建筑和制作它们的经验、技术，以及语言、制度、道德秩序和原始信仰等，由此，动物性聚众本能开始向社会性聚居意识转变，基于血缘的原初社会组织便应运而生。从石器的制造与改进到对火的利用和控制，再到衣服和装饰品的出现，及至陶器的发明和使用，都说明人类文化的产生是建立在生存需求和生活经验基础之上的。它产生于人类社会，又推动着人类社会的形成与发展，两者相互影响、互为结果。特别是伴随着丧葬制度、婚配制度的出现和改良，早期社会组织得以初步形成。丧葬制度体现了早期人类对自身价值的肯定，反映了社会的有序更迭。北京山顶洞等史前文化遗址所显示的居室葬俗便可说明。[4]婚配制度一方面体现了社会秩序的逐步规范，另一方面保障了社会的代际更迭，因为稳定的婚配关系的建立可提供源源不断的新生力量。据推测，可能在100万—25万年前人类开始排挤乱婚，血缘级别婚出现[5]，并排斥不同辈分的杂婚，后来又发展出“外婚制”。正是这一持续改进的婚配制度，特别是“外婚制”的发展，降低了因血亲婚配导致的生育畸形和智障者的频繁出现，大大提高了人口的出生率和成活率。也正因如此，血缘家族不断析裂，产生新的血缘家族，进而形成氏族，原始群进入了母系氏族公社时期。[6]氏族组织的产生和出现，使人类的群居行为具有了较为重要的社会意义，地域空间上的居民点开始与作为社会单元的氏族组织重合，因此具有村落内涵的聚落开始产生。

特别是伴随着农业的出现和发展，人类开始从依赖大自然的采集、狩猎的掠夺性经济生产方式过渡到以人工生产为主的农耕畜牧经济，具有迁移性的居民点开始固定下来。人类从“居无定所”的迁徙流动生活方式逐步走向耕有其土、种有其地的定居生活。耕作种植与采集渔猎虽然同样与阳光、温度、海拔等地理要素相关，但最大的不同在于，前者的对象是耕种在土地上的作物，必须长期照看，所以需要以定居为前提，而后者则需按不同时令季节、动植物的产出规律不断改变人类的活动范围。正是由于这一改变，人类社会出现了第一次社会大分工，农业从畜牧业和狩猎业中分离出来，依靠人工耕种，初步解决了食物问题。据考古资料显示，中国的农业起源于距今1万年左右，广东英德县牛栏洞、江西万年县仙人洞、湖南道县玉蟾岩出土的稻谷遗存可为明证。由于以粟稻为代表的食源物种的出现和牲畜被驯化，以农业为主的群聚现象或固定居民点开始涌现。考古发现，在距今1万年左右，我国广西百色盆地的右江两岸、重庆丰都长江沿岸、皖南水阳江沿岸、宁夏灵武水洞沟、河南西峡、河北泥河湾盆地，特别是湖南澧阳平原、陕西洛南盆地、河北泥河湾盆地等区域就存在明显的群聚现象。[7]从地理特征和位置来看，这些居民点普遍位于水源便利、土地肥沃、地势开阔和食物资源丰富之处。其自然条件优越，既便于农业种植，又适宜居住。从牛栏洞、仙人洞和玉蟾岩等洞居形式发展到上述群居现象特点的形成，充分说明了两个问题：一是因农业生产的需要和扩大，人类已从深山洞穴走向平原盆地，开始了自己营造住所的历程，距今1万年左右的上山文化遗址中所发现的房屋遗迹可资说明[8]；二是农业的发展使人类的定居生活更加稳定，加之人口的增多，居民点便逐渐发展为初具规模的居民聚落。在很大程度上，尽管这仍属于一种基于共食关系的群居行为，但开始形成以母系血缘结成的社会基础与基层单位和经济基本单元。就此来论，距今1万年左右的这些群聚现象，从发生学来看，具备了村落的性质，应该属“前村落”形态，或者是村落的肇始期。

二、农业的兴起与村落的形成

严格来说，没有定居生活，就没有村落的产生，也便没有农业社会的向前发展，更没有后来的农耕文明。定居，把人类固定在土地之上，才有了农业的发展。反之，农业的发展，则稳定和推进了定居生活向规模化发展，这一发展造就了人类社会的不断进步。也正是在这种相互依存、相互促进的关系中，早期村落得以形成和发展。这突出表现在旧石器时代晚期以来的固定居民点向聚落化、规模化、密集化发展。在全国各地考古发掘中业已发现的规模不等的新石器时代中晚期的各类聚落，可以充分说明这一点，在农业相对发达的长江流域和黄河流域所发掘发现的这类例证更具典型性。长江流域的澧阳平原，发现史前聚落就达400多处[9]，其中大部分属于新石器时代中晚期的文化类型；浙江余杭所属良渚、安溪、长命、瓶窑四乡镇50千米范围内，经调查和发掘，分布着54处聚落遗址，考古界称之为“良渚文化遗址群”（见图2–1）。[10]在黄河流域的河南淇水沿岸的15个现代村落范围内，就发现11处新石器时代的村落遗址；甘肃渭河沿岸占地70千米范围内，发现聚落遗址69处。[11]这些新石器时代中晚期的聚落，规模上有数千或数万甚至数十万平方米不等，而且地域空间上的房屋，聚合性极为明显，富有典型性。它们与早期固定居民点一样，基本上都位于河流沿岸肥沃的黄土台地或湖池附近。这表明土地资源和水利资源越丰富的地方，村落遗址就越密集。当然，原因是多方面的，但根本在于农业作为早期人类赖以生存的产业，它的发展必须建立在土地、气候、水利等自然条件优越这一基础之上。

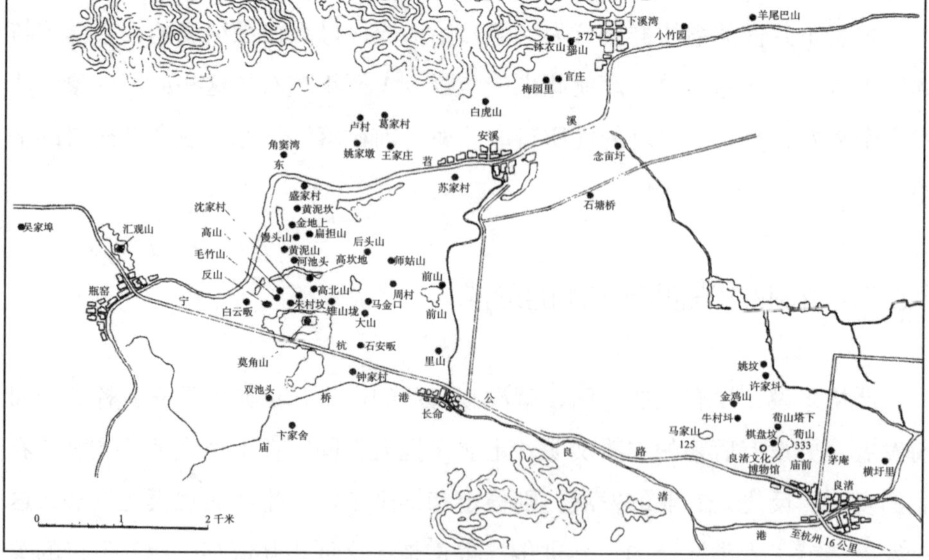

图2–1　良渚文化遗址群

大量研究资料显示，农业起源以来，到公元前7500—前5000年的新石器时代中期已得到了初步发展，上升为社会经济的主要门类，并占有主导地位。[12] 这一发展最显著的结果，就是聚落带有了较为鲜明的农耕文化性质，不仅普遍建造了居住房屋，而且体现为房屋建筑群的有序排列。现有的考古发现，这一阶段较为典型的文化类型主要有长江中下游地区的彭头山文化、皂市下层文化、跨湖桥文化，黄河中下游地区的裴李岗文化、磁山文化和后李文化，北方地区的兴隆洼文化，等等，不一而足。判断早期聚落是否具有农耕性质，关键是看遗址中有没有丰富的农业遗产遗址类遗存。考古资料显示，这些聚落遗址中的农耕痕迹突出表现在5个方面：一是粮食作物遗存常见，南方是稻谷，北方是粟米；二是都建有粮食窖藏；三是家畜家禽饲养普遍，发现有猪、狗、牛、羊和鸡等骨骼，配套有专门的圈养之处；四是有成套的农业工具，包括耒、铲、锄、杵、镰刀、磨盘和磨棒等；五是聚落周边发现有古农田及灌溉遗迹。诸如此类，皆可以从稻作系统的代表性遗址如长江流域的八十垱遗址[13]、临澧胡家屋场遗址[14]、跨湖桥文化遗址[15]，粟作系统的代表性遗址如黄河流域的舞阳贾湖遗址[16]、新郑唐户裴李岗遗址[17]、章丘西河遗址[18]，以及北方地区的赤峰兴隆洼遗址[19]、白音长汗遗址[20]中窥见一斑。尤其值得一提的是，在青海民和县喇家遗址之中，发现了一碗保存良好的黄色面条[21]，历时长达4 000年之久，堪称世界上所见最早的面条，这既很好地反驳了西方学者关于面条起源于意大利的学术假设，又确证了粟作农业与早期村落发展的关系。

从聚落形态而言，上述这些聚落遗址因所处位置的自然地理条件不同而有一定的差异。如黄河流域因干燥少雨、冬季寒冷而多为半地穴式建筑，而长江流域则因湿热多雨、蚊虫多而以地面建筑为主。不仅如此，聚落面积也通常以前者大、后者小为区别。据统计，在长江流域，5万平方米规模以上的聚落几乎没有，而黄河流域则较为常见。[22] 这除了受自然地理条件的因素影响外，可能主要与南北之间人口数量的多寡有关。因为按照人口考古学的测算方法，包括遗址长度、遗址居住空间和遗址面积大小等在内的聚落资料，都是衡量人口数量的关键指标，并且一般是成正比的关系。[23]（长）江（黄）河流域的聚落差异固然明显，但共性特点也同样突出：房屋成组布列，多为单间式房屋；聚落周边大部分有壕沟；有了初步的功能分区，居住区、墓葬区均呈分离趋势；聚合性、防御性、组织性特征渐趋鲜明；等等。特别是内蒙古兴隆洼遗址中平行有序排列的8排房子（见插图1），以及新郑唐户房址分4组布局的现象，充分显示出氏族组织下基于血缘关系的聚族群居性准则。这种现象，一方面说明起源阶段的文化，尽管会因地域环境不同而有所差异，但会因生存、生活这一基本诉求的相同性而表现出一定的同质性，另一方面反映出这一时期仍处于母系氏族社会阶段，因为无论是居住区还是墓葬区，均以群组现象为主，体现出较为强烈的共食、共享、共有的集体观念，墓葬结构和出土物规格均体现为一致性，未见明显的社会分化现象。

然而，从新石器时代中期的这些聚落遗址来看，其文化层都很薄，一般仅1米左右，厚者也仅2米出头。彭头山遗址只有0.4~0.8米，八十垱遗址1.5米，临澧胡家屋场遗址0.75~0.9米，跨湖桥文化遗址1.24米，舞阳贾湖遗址1~1.5米，新郑唐户裴李岗遗址0.8~1.8米，章丘西河遗址1.1~2.3米，赤峰兴隆洼遗址0.15~0.65米，白音长汗遗址0.2~0.65米。这说明了两个问题：一是新石器早中期人口数量可能仍然较少，二是人类在这些聚落中的活动时间似乎并不太长。出现这种现象，可能与这一阶段农业发达程度有密切关系。据农业史家研究，农业起源后的很长一段时间内，史前农业处于刀耕火种的形态，后来随着生产工具包括石耒、石铲、石锄、石杵、镰刀等的出现和改进，及至种植作物的多元化，耕作方式才逐步由刀耕火种过渡到耜耕农业。[24]这种耕作方式的转变，固然反映了人类生产方式的进步，但本质上来说，其农业仍是迁移农业，属于撂荒耕作制的范畴，即在一个地区可耕土地都轮换耕作过后，短期内土地难以恢复，人们就要聚族迁移，重新寻找或开垦新的耕种土地。[25]因为原始农业是一种掠夺性的粗犷式经营方式，缺乏人工养地的环节，所以往往在经过一段时期的耕作之后，土地质量就会下降，相应地便不会有好的农作收成，只好抛荒，另寻耕地。这种农业生产方式也被称为“游耕”或“游农”，一直延续到夏商时期。

正是这种耕作方式使得早期人类的定居生活只是相对的而非绝对的稳定。因此，尽管这一阶段的聚落烙上了深刻的农耕印迹，但聚落可能缺乏长久的连续性，或许呈现出更多的间歇性特征，即在聚落因土力衰竭或者自然灾害等原因被废弃之后，会经历很长一段时间的停歇期，待土力恢复可用于耕作后，另一族群又迁居于此，聚落便又重新组建起来。考古发现的上述聚落遗址，大致都体现了这一特点，部分聚落遗址体现为好几层史前文化关系，有些还有商、周甚至唐宋以降的文化痕迹。如章丘西河遗址，除了后李文化外，还包括龙山文化、唐宋元及清代文化遗存[26]；唐户遗址，则包含裴李岗文化、仰韶文化、龙山文化、二里头文化及商、周遗存[27]。这些聚落遗址虽然文化跨度大，从表面上看具有连续性，但事实上是不同族群间歇性活动的表现，这就充分表明在“靠天吃饭，靠地穿衣”的农业生产阶段，特别是在史前人工和心智皆不足的情况下，自然地理条件是农业发展至关重要的先决条件，这些条件直接影响甚至决定着早期村落的形成与发展。

三、社会的分化与早期村落变迁

随着农业的发展，到新石器时代晚期，由于获取食物来源增多，人口数量大量增加。据人口考古学学者的推演测算，新石器时代中期的河南裴李岗文化时期，人口仅约为 110 000 人，而到新石器时代晚期的河南仰韶文化时期，其早、中、晚期人口分别达到了 249 000 人、942 000 人、1 073 000 人。[28] 这一测算虽未能言之凿凿，但尚有一定的说明性，说明从新石器时代中期到新石器时代晚期，人口成倍增长，且呈不断上升的趋势。显然，农业的发展和食物的丰富，有力地促进了人口的繁衍，这在生产力相对低下的史前时代意味着生产力的增长。但是，由于史前时期耕种土地有限，并且长期处于粗犷的生产方式，所以当人口增长到一定程度时，便会产生生产力过剩的问题，从而带来人口压力，进而导致食物不足等系列危机。于是，在生产力低下的史前社会，除努力提高耕种技术、溺杀部分新生人口以外，更多更好的办法是：通过扩大生产规模、开辟新的耕种土地化解这一危机。也正是在这一过程中，出现了氏族组织的分裂、冲突和重组。由此伴随而来的，则是聚落的快速衍生及其规模化、城郭化、群团化发展。这一现象在黄河中下游地区的仰韶文化、大汶口文化、龙山文化，北方地区的赵宝沟文化、红山文化，长江中下游地区的河姆渡文化、大溪文化、屈家岭文化、良渚文化等文化类型的聚落考古中体现极为明显。据资料显示，仅河南洛阳盆地中东部约 638 平方千米，仰韶文化与龙山文化时期就分别拥有聚落遗址 105 处和 95 处，最大的聚落达到了 66.5 万平方米。[29] 在地理条件优越的区域密集出现如此之多的聚落，应该是人口的分化和氏族的自然分裂导致的。正如摩尔根所说，“当一个村落的人口过多时，就有一批移民迁往同一条河流的上游或下游处，着手另建村落”。它们“几个村落共沿一条河流而彼此邻近，其居民往往出自同源”。[30]

人口的迁移和村落的自然衍增，既意味着文化的有序传播与发展，也促成了一定地理单元范围内具有相似文化特征的文化类型的形成。长江流域、黄河流域和北方地区等不同地域出现的各种史前文化类型便可说明。这是基于族源性和地缘性而形成的文化上的统一性。当然，从聚落形态来看，不仅如此，事实上，在更大的范围内，诸如长江流域与黄河流域，尽管因各种原因在聚落布局、建筑形式、生产生活工具等方面的差异越来越大，但在某些方面，仍呈现一定的共同的文化要素。一方面，村落建筑的群团性质突出，相较于新石器时代中期，晚期更能体现为统一的规划和严密的布局，居住区、墓葬区、手工作坊区和祭祀区等有明显的区划。黄河流域的有些村落还区分为不同房屋群，并以公共建筑为中心环绕布局，体现为较强的向心力，这类例证以西安半坡遗址[31]、临潼姜寨遗址[32]最为典型。类似的情况也出现于宝鸡北首岭遗址[33]、秦安大地湾遗址等仰韶文化聚落，以及大汶口文化的尉迟寺聚落。这说明我国新石器时代晚期的聚落社会在文化性质上具有同一性，即均以氏族公社所有制为基础，基于血缘的社会关系仍占主导地位。另一方面，村落的防御性功能进一步加强，新石器时代中期以来出现的围沟、环壕，到新石器时代晚期已十分普及，有些还发展为围墙，规模大一点儿的村落则两者皆有。这类设施与建筑的普遍出现，意味着村落的防御已经不仅仅囿于动物的威胁，更上升到了族群之间的冲突与战争。[34] 这一特点，除上述黄河流域的村落遗址体现明显以外，北方地区的敖汉西台聚落遗址，长江流域的澧县城头山遗址[35]、石首走马岭–屯子山遗址等都极为突出。其中，澧县城头山遗址，由于同时出土有环壕、城墙和城门遗址，且距今 6 000 余年，考古界甚至认为其已超越村落范畴，属于城池，不少学者认为它是中国目前所见最早的古城址。[36] 长期以来，人们对城郭起源的判断，是基于环壕和城墙的出现，此说虽未能言之凿凿，但说明聚落在新石器时代末期已开始分化，出现了巨型聚落和普通聚落两大类。

聚落的分化，在长江流域大致发生于大溪文化时期，到屈家岭文化、石家河文化、良渚文化时期得到进一步发展；黄河流域则始于仰韶文化中晚期之后，到铜石并用的龙山文化时期（公元前 2500—前 2000 年）完全形成。据统计，类似城头山这种城郭型聚落，仅屈家岭文化时期的长江中游，就发现有 17 座之多[37]，包括湖北的公安鸡鸣城、公安青河城、荆州阴湘城和澧县鸡叫城等。黄河流域地区则更为普遍，如仰韶文化中晚期的秦安大地湾遗址、邓州八里岗遗址、郑州西山遗址、大河村遗址等。龙山文化时期则有河南的郾城郝家台遗址、古城寨遗址、登封王城岗遗址，山东的城子崖遗址、丁公遗址等数十座。这些聚落，不仅面积普遍在数万至数十万平方米之间不等，而且在功能布局和房屋结构上也体现出较强的社会组织形态，其组织性、控制性和排他性特点突出，俨然不是单纯的村落社会，可以归属城郭范畴。当然，对城郭的判断，不能仅以聚落的大小来衡量，有些村落遗址在面积上可能大于城郭，但仍不能称为城郭。因为中国早期的城郭具有强烈的政治性和军事性[38]，而村落在这方面的体现都很弱或是没有的。由此也可以观察到，国家出现以后，虽然有的城市是因政治、军事、商贸经济等方面原因而建造和发展起来的，但这并不能否认和排除最初的城市是孕育并起源于村落的。因为最初的城市在其起源阶段就最大限度地继承和发展了村落中所产生并形成的物质与非物质的文化形态，包括建筑、工具、组织、制度、道德秩序和精神信仰等。如此看来，或许早期由聚落形成的村落就是城市建造与形成的直接证据。

伴随村落与城郭两种形态分离的另一突出现象，是以城郭或巨型聚落为中心的区域聚落群的形成，体现为明显的地缘一体化特征。考古显示，城郭型聚落的周边范围，往往密集分布着各类不同规模的普通村落，并且呈现出明显的依附状态。如长江中游的两湖盆地间，就形成了鸡叫城聚落群、城头山聚落群、阴湘城聚落群、屈家岭聚落群、石家河聚落群5个聚落群[39]；下游的良渚文化聚落群，则以30余万平方米的莫角山聚落遗址为中心，周边分布着50余处聚落遗址[40]。类似的聚落群在黄河流域的各文化类型时期也同样常见。[41] 村落群出现的原因是多方面的，但主要在于以下几方面。一是如前文所揭示的人口增长的压力，使村落发展不得不在空间上向周围扩张。先是增大规模，而当规模大到其依托的土地资源不足以满足相应人口的生存时，或是“耕作半径”已超越当时技术水平的极限[42]，人们便开始另择区域新建定居点，氏族自然分裂，次生村落也随即衍生。由于血缘和地缘上的关系，次生村落一般依附于母体村落。二是出于军事防御和协作的目的。由于史前人类社会的生存生活完全或者较多地依赖自然资源，所以对土地、河流、山林等资源的掌握与争夺，便成为他们能否生存或延续的物质前提。因此，当出现人均资源不足的情况时，史前人类往往通过扩大活动空间、争夺外部资源的方式解决，于是部落战争时有发生。这就要求具有血缘和地缘关系的聚落之间相互协作、彼此支持，《诗经·小雅·棠棣》中“兄弟阋于墙，外御其侮”就体现了这一点。正因如此，基于血缘和地缘的军事协作，不仅强化了聚落间的群团关系，而且在长期的协作过程中逐渐形成了具有紧密政治关系的地缘一体化。埃文思·普理查德在分析“努尔人”时就指出：“世系群的价值控制着父系亲属群体之间的仪式关系，而社区的价值则控制着生活在彼此分离的村落、部落分支及部落中的人们群体之间的政治关系。”[43]

以上这些共同要素，呈现出了长江流域、黄河流域的早期人类社会所发生的显著变化，尤其是社会性质可能发生了根本性的转变。这突出表现在建立于血缘关系基础之上的原始共产主义的生存生活方式，在这一时期开始淡化或瓦解，贫富等级分化日趋激烈，母系氏族社会开始向父系氏族社会转型。因为除了聚落和聚落群均体现为一定的排他性外，从墓葬布局、墓葬结构的区别对待，随葬器物的数量和质量差异，以及房屋结构朝小型化、双间甚至多间式的变化等来看，不仅一夫一妻与一夫多妻的个体家庭日趋增多，而且早期社会的私有观念和私有经济也开始产生并愈益突出，而这些恰恰都是父系氏族社会的表征。[44]理论上说，私有制的产生导致了社会的分化，而社会的分化又进一步发展了私有制，两者互为因果、相互促进。正是由于这种社会现实在村落和早期人类社会的日益发展，人类开始了从蒙昧、野蛮逐步走向文明社会的历史进程。

第二节
史前聚落遗址

我们一般将文字出现以前的人类历史称为史前史，即指从发现古人类开始直至发现甲骨文的殷商时期。文明史角度的通常看法是，史前社会即中国历史上的远古时代是文明社会诞生之前的社会阶段。这个阶段相当于考古学家所称的石器时代，即大致属于公元前 21 世纪夏代出现以前的人类历史时期。考古学上的“史前社会”可以划分为旧石器时代和新石器时代两个阶段。前者以打制石器为标志，从人类起源时期一直到距今约 1 万年，跨度达几百万年；后者以磨制石器为标志，从 1 万年前开始，以距今 5 000 年左右为下限。从社会形态来看，史前社会作为人类社会形成和发展的初始时期，大致经历了原始群、氏族公社和部落联盟等几个社会阶段。聚落作为早期人类生产生活的场所就充分反映了这一点。为了便于我们更好地揭示和认识史前社会的聚落形态，很有必要对我国考古发现的史前聚落进行梳理和解读。

一、黄河流域主要史前聚落遗址

黄河流域是指黄河流经的青海、四川、甘肃、宁夏、内蒙古、陕西、山西、河南、山东9个省区，考古学上所指的黄河流域更侧重于黄河中下游地区，主要包括内蒙古、陕西、山西、河南和山东5个省区。从考古发现来看，黄河中下游地区也是史前聚落遗址发现最为集中、最典型和文化遗存最为丰富的区域。就时间而言，黄河流域的聚落遗址以新石器时代中晚期为主，旧石器时代发现的主要是居民点，迁移性很强，尚不具备村落的完整要素。

（一）旧石器时代的居民点

黄河中下游地区的旧石器时代考古发现，始自20世纪20年代初。当时，法国神父、地质生物学家德日进和桑志华等人对我国河套地区进行地质调查，却在陕西与内蒙古交界之处的萨拉乌苏河和宁夏的水洞沟，无意发现了早期人类化石及其打制石器和哺乳动物化石。[45] 此处发现的人类化石后来也被命名为“河套人”。这可能是我国最早发现的有可靠地点和层位的人类化石。也正是这一发现，开创了我国黄河流域史前考古的先声。自此以后，以陕西地区为主的黄河中游地区，不断发现旧石器时代的居民点和打制石器遗存。截至目前，黄河中下游地区旧石器时代早、中、晚期的人类化石和活动遗存均有发现。这些遗迹、遗存中较具典型性和代表性的群聚现象，主要有宁夏水洞沟盆地、陕西洛南盆地、山西汾河流域、山东沂沭河流域等。

1. 宁夏水洞沟盆地

水洞沟盆地位于宁夏回族自治区灵武市临河镇，西临银川，南近灵武市，北与内蒙古自治区鄂尔多斯市相接。自1923年法国古生物学家德日进与桑志华在水洞沟发现水洞沟遗址以来，截至目前，先后在水洞沟及邻近地区发现旧石器时代地点30余处，其中在水洞沟、施家窑、张家窑新发现14处地点，在宁夏南部固原市彭阳县的岭儿村和刘河发现5处地点。[46] 其中1923年发现的水洞沟遗址是我国发现、发掘最早的旧石器时代文化遗存之一。它自发现以来先后经历多次发掘，出土了大量打制石器和动物化石。由于遗址出土的上万件旧石器中，有不少带有强烈的欧洲旧石器中、晚过渡期特征，还有些石制品显示出中国北方石片石器工业的特征，因此受到国内外学术界的广泛关注。[47] 水洞沟文化的这种现象，不仅反映出中国早期人类族群与欧洲族群之间在文化上可能出现过某种交流和互动，而且在一定程度上说明人类文化的形成与民族大迁徙有一定的内在关系。水洞沟遗址周边范围，目前共发现群居点11处，大多数相距在数百米之间，远者也不过1~2千米。2002年发现的施家窑地点群、张家窑地点群，也显示出人类活动各地点之间相距很近。

2. 陕西洛南盆地

陕西省发现的旧石器时代地点群较多，主要分布在关中东部、中部的洛河、渭河流域和陕南的汉水上游及南洛河流域，关中西部和陕北亦有零星分布。其中，关中和陕南以旧石器时代早、中期遗存为主，陕北则多见晚期遗存。[48] 其中以陕西洛南盆地最为突出。洛南盆地位于今陕西省东南，秦岭东段南麓太华山脉与莽岭山之间，西北距西安大约150千米，盆地东西长约70千米，南北宽20~30千米，洛河贯穿其间，属于洛水上游。据相关考古学者在洛南盆地的调查显示，迄今为止，洛南盆地发现旧石器地点268处，采集各类旧石器制品13 000余件。[49] 这些石制品中出现有手斧和薄刃斧等流行于非洲与欧亚大陆的阿舍利文化特征的工具组合，其中手斧45件，薄刃斧119件，堪称迄今为止中国境内阿舍利文化类型器物最为集中的发现。这种左右两边和正反两面基本对称的工具，被认为是人类历史上第一种标准化加工的工具，充分体现了早期人类在技术经验方面的积累。除了洛南盆地发现此类工具组合外，在中国境内西北的陕西汉中梁山、长江以南地区的广西百色盆地和湖南芷江蟒塘溪水电站淹没区，以及河津市虎爪山等地均有发现。[50] 南北跨度之大，在一定程度上说明早期人类世界文化的形成可能曾出现过大交流、大传播。

此外，在洛南盆地还发现洞穴遗址 1 处，名为“花石浪龙牙洞”，位于洛南盆地东河村后坡花石浪山岗，由两个相距很近的洞穴组成，距今大约 50 万年，出土石、骨制品数量万余件。[51]

3. 山西汾河流域

山西旧石器时代遗址，主要分布于晋西南黄河沿岸和汾河流域，比较重要的遗址有芮城县的西侯度遗址和匼河遗址、襄汾县的丁村遗址等。西侯度遗址作为旧石器时代早期的文化遗存，年代距今 180 万年左右，发现有石制品、动物化石、烧骨和有砍痕的鹿角。特别是若干烧骨的痕迹，证明早在 180 万年前，我国先民就开始用火。匼河遗址也出土了一定数量的石制品，但数量不多，也属于旧石器时代早期的人类遗存，与西侯度文化、丁村文化有一定的文化内在关系。丁村遗址是汾河流域最为典型的旧石器时代文化遗存，它位于山西襄汾县城南 5 千米同蒲铁路东侧，于 1953 年发现，1954 年发掘，当时发现含有旧石器时代文化遗址的地点 11 处。20 世纪 70 年代以后，在汾河流域又陆续发现了一系列旧石器时代遗存，包括早、中、晚期在内的旧石器地点近 30 处，它们在文化关系上具有较强的文化相关性，被称为“丁村旧石器时代遗址群”（见图 2–2）。[52] 据有关学者研究发现，丁村旧石器时代遗址群存在明显的群聚现象，早期的两个遗址群相距

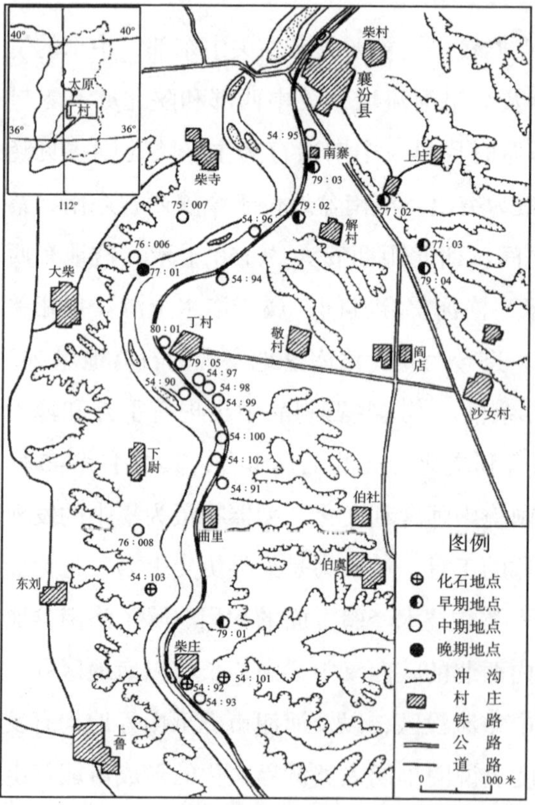

图 2–2　丁村旧石器时代遗址群

仅1千米，中期遗址沿河分布，包括4个遗址群，各遗址群中的地点相距很近，遗址群之间也不超过1.5千米，可见这一区域范围内的遗址群具有群团性质。[53]丁村文化发现有大量石制品和动物化石，其遗存特点显示，它与华北地区的旧石器时代文化可能有密切的渊源关系。

4. 山东沂沭河流域

山东地区的旧石器时代考古工作起步较晚，始自20世纪60年代。考古发现的山东旧石器地点主要分布在沂沭河流域与汶泗流域，迄今已发现数百处遗存地点。[54]其中沂沭河流域是山东旧石器时代晚期考古的重点区域，它包括沂河、沭河流域在内的山东境内部分地区。据不完全统计，这一区域已发现旧石器地点近百处，包括马陵山石器地点群40处，沂水县20处，其他地区30余处，其中细石器地点占绝大部分；2013年又有调查队对这一区域进行了调查工作，新发现10处旧石器时代晚期及旧新石器时代过渡时期的文化遗存。[55]这些旧石器地点也具有较为明显的群团性质，且每个群团内部都包含数量众多的遗址点。

从上述4个区域的旧石器时代居民点，不难看出，旧石器时代群居现象的分布与形态呈现出以下几个特点。一是以适宜于生存、生活的优越自然地理条件为先决条件和纽带，形成自然群聚现象。无论山区、平原、盆地还是河流低丘处的考古发现，都体现了这一特点。二是体现为一定的群落现象。一方面，遗址地点自身属于一个独立的活动群体；另一方面，在一定范围内的遗址与遗址之间体现为明显的结群性质。这一现象的产生有两种可能：一是由同一族群在不同时空范围内的迁移性活动形成的遗迹点，二是同一族群不同群体或是不同族群在大致同一时空范围内的活动所形成的遗迹点。不论何种可能，它们至少可以说明，靠近水源是早期人类活动的群体性活动地点选择的重要原则。前者与人类动物性聚众本能有关，后者则是人类生存经验的结果。考古学家裴安平将旧石器时代遗址群落与环境之间的关系归纳为三种模式，包括沿河模式、盆地与江河汇流地模式、平原模式。沿河模式以河流狭长的阶地面为基础，遗址群呈串珠形带状分布；盆地与江河汇流地模式往往规模较大，遗址相聚的状态也比较紧凑；平原模式则以开阔的山前平原为基础，见证了遗址群落向平原移动的趋势。[56]从本质上来说，遗址点的分布与形态特点的形成和变迁，都是早期人类进化和人类文化起源的体现。

（二）新石器时代的聚落遗址

如前所述，进入新石器时代以后，农业开始兴起和发展，旧石器时代以来形成的居民点开始向聚落化、规模化、密集化的方向发展。黄河流域作为史前农业起源的重要区域，相比其他区域，由于自然地理条件优越，农业相对发达。也正因如此，建立在农业定居生活基础上的聚落，在黄河流域得到了较大程度的发展，它们密集分布在黄河中下游地区及北方范围。有关于此，在本节讨论中，一方面，我们注意到了从地理学层面对所要论及的聚落进行地理范围的区划的重要性；另一方面，我们应当重视从时间层面进行纵向划分，以反映出新石器时代前期和后期的聚落与聚落形态的变化。

1. 新石器时代前期的聚落遗址

考古发现，黄河流域新石器时代前期的聚落遗址，以裴李岗文化类型、磁山文化类型和后李文化类型为典型。这些文化类型显示，农业起源后，经过较长一段时间的发展，在新石器时代中期逐步成为社会经济的主要门类。但是，由于新石器时代前期仍属于农业发展的早期阶段，人口数量和生产力均有限，因此聚落遗址数量不多，聚落规模也相对较小。尽管如此，聚落作为早期人类生产生活的重要场所，它能映射出新石器时代前期黄河流域人类社会的发展状况和社会结构的大致状况。

（1）裴李岗文化聚落

裴李岗文化因发现于河南省新郑市的裴李岗村而得名，是目前中原地区发现最早的新石器时代文化之一，是中华文明的重要来源。据中国社会科学院考古研究所统计，截至目前，发现裴李岗文化遗址已达 100 余处，分布在河南境内的 40 多个县、市。其中，黄河南岸的豫中地区较为集中，豫西地区的丘陵地带和豫南地区也有一定程度的分布。一般来说，裴李岗文化遗址的面积都不大，小的数千平方米，大的上万或数万平方米。[57] 较为重要的聚落遗址有裴李岗遗址、舞阳贾湖遗址、新郑唐户遗址、密县莪沟北岗遗址等。

裴李岗遗址是正式发掘的第一处裴李岗文化遗址，面积约 2 万平方米，遗址年代距今 8 000 年，是新石器时代早期重要的文化遗存。它的发现填补了我国仰韶文化之前的历史空白。1977—1979 年，考古工作者先后对裴李岗遗址进行了 4 次发掘，共发掘墓葬 114 座、陶窑 1 座、灰坑 10 余个以及穴居残基数处。墓葬基本都是南北向或南向稍偏西，分布比较密集，墓葬形制绝大部分为长方形竖穴土坑，没有发现葬具。[58]

舞阳贾湖遗址，位于河南省舞阳县北舞渡乡贾湖村东，面积为 5.5 万平方米，遗址年代距今 9 000—7 500 年。该遗址于 1961 年首次发掘，先后经历了 1983 年、1984—1987 年、2001 年等 7 次发掘，发掘面积 2 600 余平方米。遗址呈近圆形，分东、中、西三区，西南处和南部发现有新石器时代中、晚期的两段壕沟，清理的遗迹共有房基近 50 座、陶窑 9 座、灰坑近 400 个、墓葬近 400 座等。其中西区遗迹、遗存较为典型，可以基本反映聚落面貌，有新石器时代早期房址 12 座、窑址 2 座、墓葬 42 座，中期房址 8 座、窑址 1 座、墓葬 154 座，晚期房址 16 座、窑址 1 座、墓葬 122 座。房址均按规律成组布列，房屋均呈圆形或椭圆形半地穴式，有单间和多间两种类型，但以单间半地穴式为主，多间仅少数几处，其形态为在房址内留有小槛并依次扩建为 2~4 间。房屋面积一般不大，多在 10 平方米以内，少数在 10~20 平方米之间，最大的一座也仅有 52 平方米。早、中、晚期遗存有刻符龟甲、骨笛、稻作遗存。从整体布局来看，早期居住区与墓葬区没有分开，混杂一体；中、晚期开始分离，房屋有序分组的趋势明显。[59]

新郑唐户遗址，位于河南省新郑市观音寺镇唐户村的西部和南部，处于近河处的夹角台地上。遗址面积有 140 余万平方米，是一处跨裴李岗文化、仰韶文化、龙山文化、二里头文化及商、周、汉、宋、元、清等时期的聚落群遗址。其中裴李岗文化时期的遗存有房址 63 座、灰坑 207 个、沟 4 条（排水系统 1 条）、壕沟 1 条。房址分 4 组布局，其中 2 组有排状布局的特征。

房址平面有圆形、椭圆形、圆角长方形和不规则形等几种，可分为单间式和双间式两种，以单间式为主，共60座，双间式为3座，为二次扩建而成。有6处用灶痕迹，位于房间门道一侧或房址外围，说明当时的生活仍具有共食性特征。屋内居住面和墙壁均经过处理，房址周边分布有圆形或椭圆形柱洞，部分房址两侧对称分布一个灰坑。从聚落遗址的整体布局来看，核心居住区分布在聚落遗址的东南部，体现为一定的功能分区意识，并以房址、灰坑的组合体现为向心式布局。[60]

密县莪沟北岗遗址，属于裴李岗文化中的一处小型聚落，面积8 000平方米，发掘面积2 747平方米，共清理出圆形和方形半地穴式房址6座、灰坑4个、墓葬68座。房屋集中于聚落遗址中部，房址面积一般在10平方米以内，大者也不过11平方米。东部基本上为空地，间有几座窖穴。西部和西北部为墓地，墓葬排列有序，可分几个群组，墓内除8座无随葬品以外，其余皆有数量不等的随葬品，主要为铲、斧、镰、磨盘、磨棒等石制工具和陶制器皿，一般有2~8件。这处聚落无论是布局还是房址面积，其规模都偏小，应该属于一个小型的氏族公社群居单元。从房屋结构和墓内随葬品的情况来看，仍未见有明显的社会分化。[61]

（2）磁山文化聚落

磁山文化因河北省武安磁山遗址而得名，属中国华北地区的新石器文化，主要分布在河北中南部的太行山东麓，南至漳河，北到保定以北的拒马河、大清河流域，普遍集中于冀南地区的洺河流域。[62]由于磁山文化在年代上要早于仰韶文化，所以考古界常常将其与大地湾、李家村、裴李岗等文化一起统称为“前仰韶”文化。磁山文化较为重要的聚落遗址有武安磁山遗址、易县北福地遗址等。

武安磁山遗址，位于河北省武安西南20千米，在磁山村东南洺河北岸台地上，遗址所在地为太行山脉的鼓山山麓，北靠磁山铁矿，南临洺河。该遗址发现房址2座，灰坑474个，陶器、石器、骨角器等遗物近2 000件。磁山遗址的南部和西南部为2座半地穴式房址，分别为椭圆形和圆形，有坡道或台阶。房屋墙壁可能是由芦苇压印而成的烧土。房屋面积普遍在10平方米左右。灰坑一般是贮存粮食的窖藏，474个灰坑中有62个发现有粟灰等粮食堆积，堆积厚度有0.3~2米。灰坑以长方形为主，另有圆形、椭圆形和不规则形等几种形式。遗址内还发现有狗、猪、羊、鸡等家养动物骨骼，以及石斧、石铲、石刀、石镰等农业生产工具和石磨盘、石磨棒等粮食加工工具，这些充分证明磁山人拥有了比较发达的农业。丰富的农业遗存也说明磁山聚落遗址属于典型的农耕性质的聚落。[63]

易县北福地遗址，位于河北省易县西南12.5千米处的北福地村南的台地上，处于太行山、恒山、燕山三山交界处与河北平原的接壤地带，周围地貌属低山丘陵间的宽阔河谷，易水由西向东于中部横穿。遗址于1985年发现以来，先后经历1997年、2003年、2004年三次正式发掘，已探明的面积有3万平方米，发现了不同阶段的新石器时代文化遗存，局部零星有商周、汉代和辽金时期的遗存。出土新石器时代半地穴式房址12座，房址分布密集，平面布局按一定规律排列有序，有长方形、近方形和近圆形三种平面形状，屋内地面遗存有红烧土灶面，遗存物有石块、石料和各种类型的石制品、陶器等，周边有柱洞。祭祀场遗址1座，平面近长方形，总面积90余平方米，遗迹构成包括小型直腹盆、各种磨制石器、玉器、小石雕、水晶等90余件，磨制石器中还发现1件长达46厘米且通体磨光的大型石耜。祭祀场可能是北福地人用于农业祭祀活动的宗教场所，属于村落中宗教信仰的公共空间。[64]

（3）后李文化聚落

后李文化是以山东省淄博市临淄区后李官庄遗址命名的。据考古发现资料显示，该文化主要分布在泰沂山系北侧的山前平原地带，其范围大体为东起淄河、西到长青的这一狭长地带。目前已发掘的含有后李文化遗存的遗址有章丘小荆山、西河，邹平孙家，长清万德西南、张官庄、摩天岭、绿竹园等10余处。[65]其中，较为重要的遗址有后李遗址、小荆山遗址和章丘西河遗址等。

后李遗址，揭露面积约 6 500 平方米，清理出不同时期灰坑 3 800 余个、灰沟 35 条、小型墓葬 189 座，大、中型春秋墓和大型春秋车马坑各 1 座，另有水井 28 眼、陶窑 6 座、房址 6 座。后李遗址范围大，延续时间长，据不完全统计，文化层至少包括新石器时代早、中期，西周至战国时期，汉至金元时期等遗存。新石器时代的文化遗存有灰坑、墓葬、烧灶、房址、陶窑等。房址为半地穴式不规则圆形，地面为夯土，路土与夯土间有一层极薄的细沙，应是夯筑地面时垫铺的，未见灶址。出土器物包括锤、斧、铲、磨盘、磨棒等生产性工具和罐、釜、盂等生活性器具。[66]

小荆山遗址，位于山东省济南市章丘区刁镇茄庄村，因遗址南面有一座小荆山而得名。遗址面积约 10 万平方米，共清理出后李文化时期的房址 10 座，均为半地穴式建筑，有近方形和椭圆形两种。房屋面积普遍在 30 平方米以上，大者超过 40 平方米。房址一般先在平地挖出地穴部分，坑底不甚平整，然后垫以灰土或红烧土粒。大部分房址于南部拐角处有一门道，在活动面的西部及南部发现有烧坑，形似锅底状。大部分房屋中均发现有陶釜、石支脚、石磨盘和磨石等器物或工具，这些遗物多分组摆放，室内布局有一定规律，体现了较为浓厚的生活气息。房址活动面四周均发现有柱洞，柱洞粗细不均，直径一般为 0.1~0.25 米。除此之外，考古调查小组还在 650 米长的断崖处发现房址 29 座，分布极为密集，房址间相距近者不足 1 米。1999 年经全面勘探，还发现了较为完整的环壕。这些都充分表明小荆山遗址曾是一处人口密集且活动频繁的农业型聚落遗址。[67]

章丘西河遗址（见图 2–3），位于山东省济南市章丘区龙山三村西北约 500 米处，东距龙山文化命名地“城子崖遗址”1 600 余米。由于遗址被一条名为西河的小河环绕，故称西河遗址。总面积 40 万平方米，揭露面积共近 3 000 平方米，除发现后李文化、龙山文化等新石器时代早、晚期的文化遗存以外，还有唐、宋、元及清代文化遗存。该遗址共发现半地穴式房址 32 座，按一定规律成排排列，多呈圆角长方形，有大、中、小三型，大者面积超过 50 平方米，有甚者 60 平方米，中者面积为 30~45 平方米，小者

图 2–3　章丘西河后李文化遗址

10~20 平方米，大部分向南开设短门道，门道为台阶状，位于房址南部偏西处。居住面、穴壁多抹黄泥，经过烧烤呈青灰色、黄褐色、红褐色的硬结面。房内可明显区分为灶区、储藏区、活动区和睡眠区。其中，灶区一般位于房内中间偏北处，普遍用石（或陶）支脚三个一组架成烧灶，大房多至三组；储藏区则位于房内东南部；活动区位于房内西北部；睡眠区位于房内东北部，地面平整，均匀坚硬，地势略高。屋内遗存有陶釜、石磨盘、石锤、石支脚和石块等。另有少数不规则形的储藏屋，面积较小，无烧灶，遗留陶器和垫石。从这些遗存可见，聚落房屋的室内空间布局极为讲究，屋内有了一定的装饰性，生活痕迹浓厚。虽然这些遗存仍体现为明显的共食、共享、共用的原始共产主义关系，但似乎映射着私有意识的产生和家庭生活的开始。[68]

2. 新石器时代后期的聚落遗址

经历了新石器时代前期这一相对长久的发展，到公元前 5000 年左右，史前人类进入了原始社会晚期，即新石器时代后期，这一时期止于公元前

3000年左右。这期间农业得到了一定程度的发展，上升为社会经济的主要门类，占有主导地位。农业的发展带来了丰富的食物，进而促进了人口的快速增长。人口增多对聚落的直接影响体现在两个方面：一是聚落规模的扩大，因为只有聚落规模的扩大才能容纳更多的人口；二是聚落数量大量增多，原因是多方面的，但根本在于有限耕地资源所生产的生活资料难以满足快速增长的人口数量需求，所以开辟新土地，另择他处建造新聚落便是最佳选择。也正是在这一发展过程中，私有制开始萌发，社会开始分化，母系氏族向父系氏族社会转型，聚落也开始分化为巨型聚落和普通聚落两类，并且以巨型聚落为中心形成明显的聚落群，地缘一体化日趋明显。在黄河上、中、下游流域最为典型，主要有中游的仰韶文化、下游的北辛文化和大汶口文化、跨中下游的龙山文化、上游的马家窑文化等，不一而足。

（1）马家窑文化聚落

马家窑文化因最先发现于甘肃省临洮县的马家窑村而得名，属于仰韶文化向黄河上游发展的一种文化类型，年代距今约5 700年。其包括半山、马厂两种类型的遗存，前者发现于甘肃省广河县半山，后者发现于青海省民和县马厂。马家窑文化聚落主要分布于甘肃、青海境内的黄河及其支流洮河、湟水、渭河等流域的两岸及周边范围。据不完全统计，在甘宁青地区发现马家窑文化遗址800余处，其中半山类型200处、马厂类型600余处。[69]较为重要的有甘肃兰州青岗岔遗址和宁夏海原菜园村遗址等，甘肃兰州青岗岔遗址位于甘肃省兰州市南的青岗岔村岗家山，地处黄河南岸的台地上，遗址面积约8万平方米。其中，发现半山类型房址1座、窖穴2个、窑址1座、墓葬1座，马厂类型窑址1座和齐家文化房址1座。第二次发掘，还发现半坡房址3座、窖穴1个、墓葬3座，出土一批石器、骨器、陶器等生产生活器具。[70]这些发现说明青岗岔遗址的时间跨度较大，是人类活动较为频繁的一处聚落遗址。宁夏海原菜园村遗址位于宁夏海原县菜园村南的坡地，地处南华山北麓。发现林子梁、马缨子梁和石沟3处遗址和切刀把、瓦罐嘴、寨子梁、二岭子湾、林子梁5处墓地，共揭露面积4 780平方米，发现房址15

座、窖穴 65 个、窑址 1 座、灰沟 1 条、墓葬 138 座，出土石器、骨器、陶器等生产生活器具 5 000 余件。[71]

（2）仰韶文化聚落

仰韶文化是黄河中游地区一支十分重要的新石器时代文化，持续时间很长，有 2 000 年左右，时间跨度为公元前 5000—前 3000 年。仰韶文化因首先在河南省渑池县发现仰韶村遗址而得名。[72] 自安特生首次发掘并命名以来，经过近百年的田野考古调查和发掘，仰韶文化或明显受其影响的遗址已发现有数千处，主要分布在黄河中游的甘肃至河南之间，以渭水、汾水、洛河等黄河支流汇集的关中、豫西、晋南为中心，影响到了甘肃、青海、湖北、河北和内蒙古边缘地带。由于遗址数量太多，不能一一列举，只能选取相对典型的进行说明，主要有甘肃的秦安大地湾遗址，陕西的宝鸡北首岭遗址、西安半坡遗址、临潼姜寨遗址，河南的郑州西山遗址、大河村遗址等。

大地湾遗址，位于甘肃省秦安县五营乡渭河支流清水河南岸低丘，依山面水。揭露面积 14 752 平方米，包括前仰韶文化期，仰韶文化早、中、晚期和常山下层文化 5 期，共清理不同时期的房址 240 座、灶址 98 个、灰坑和窖穴 325 个、墓葬 71 座、窑址 35 座及沟渠 12 段。遗址东部和西部区分为居住区和墓葬区，居住区的东西两边各有壕沟，房屋多属于方形或长方形半地穴式建筑，背对壕沟，门向中心广场分布。仰韶文化早期的房屋结构分为居住面、墙壁、门道、灶坑等，居住空间一般为 20 平方米，居住面和墙壁抹有草拌泥。门道呈斜坡状，未使用木骨泥墙的建筑技术。仰韶文化中期的房址数量最多，有 100 余座，房屋面积有所扩大，大者有 60 多平方米，居住面上覆盖有红烧草泥土块堆积，屋顶为草泥烧土构筑，有房屋已采用木骨泥墙。仰韶文化晚期以平地起建为主，半地穴式很少见，居住面一般以白灰面或料礓石面，房柱及柱础变得复杂多样，以长方形为主，有的大房屋房址面积 270 平方米，室内面积 150 平方米，规模宏伟，可能属于宫殿式建筑。[73]

北首岭遗址，位于陕西省宝鸡市金陵河西岸，面积 6 万平方米，早期为大地湾文化，中期为仰韶半坡文化，晚期为西王村文化。遗址共发现房址50座、墓葬451座、窖穴75个、陶窑4座。房屋以广场为中心，分三组分布于北、西、南三方，可能代表着北首岭的三个氏族部落。房屋为方形或长方形半地穴式，各房门基本都朝向中央广场，未见有环壕围绕。广场上部分区域的地面被烧结成硬面，遗存有柱洞和烧骨，可能属于祭祀场所。遗址南半部主要为墓葬区，墓葬极具特点，实行男男合葬、女女合葬的制度，大多数墓主头向西北，脚踩河滩。其中不少墓葬与房址群同期并存。还发现有排水沟等遗迹，出土有大量陶器、石器和装饰品。[74]

半坡遗址，位于陕西省西安市灞桥区浐河东岸，是关中地区典型的母系氏族公社繁荣阶段的聚落遗址，属于新石器时代仰韶文化遗存。遗址面积约5万平方米，揭露面积1万平方米，共清理出房址46座、窖穴200余个、陶窑6座、墓葬250座、生产生活工具约1万件，还有粟、菜籽遗存。聚落略呈南北较长、东西较窄的不规则圆形。居住区在中央，约占3万平方米，居住区内有一小沟，把房屋分为南北两片，可能代表着存在两个不同的氏族公社。每片有一座大房屋和若干小房子，门道向基本朝南或西南，居住区间有窖穴和牲畜圈栏。有壕沟环绕居住区，壕沟北部是氏族的公共墓地，也夹杂有窖穴，壕沟东部为陶窑场（见插图2）。房屋有圆形、方形，有半地穴式和地面建筑两类，其面积一般在20平方米左右，个别小的仅10平方米，大的可达160平方米。房屋门道里有一个方形门槛，屋内正对门槛有1~6根柱以支撑屋顶，采用木骨涂泥的构筑方法，居住面和墙壁涂抹有草泥。[75]

姜寨遗址，位于陕西省西安市临潼区临河北岸，骊山北麓下，以新石器时代仰韶文化半坡类型聚落遗存为主，总面积约5万平方米，揭露1.7万余平方米。村落布局呈不规则圆形，由广场、居住区、窑场和墓葬区组成，中心有大广场。广场四周分布着5个居住建筑群，可能代表着5个不同的氏族公社，有房址120座，每群一座大房子与若干中小型房子，朝向中心广场，形成围绕中心的分组环列式布局（见插图3）。居住区内还有窖穴、陶窑、牲畜圈栏和若干儿童瓮棺葬等。居住区周围有数百米长的人工壕沟环绕，围沟以东有三片同时期的墓地，遗址西部临天然河道岸边有陶窑场。房屋形状有圆形、椭圆形、方形和不规则形，均为单室结构，有地穴式（圆形房屋）、半地穴式和地面木架结构三种。屋内有柱洞，设有炉灶，烧坑正对门道，位于房屋中央，门道与房内用门槛隔开，居住面和墙壁均涂草泥并经火烧烤，表面平整，有些房屋内还发现有大量的生产工具和生活用具。[76]

西山遗址，位于河南省郑州市北郊古荥镇孙庄村西的枯河北岸阶地上，为豫西丘陵与黄淮平原的交界处，面积3.4万余平方米，是仰韶文化晚期的高级聚落。聚落平面呈圆形，直径约180米，推测聚落面积有2.5万余平方米。有城墙及城壕，城墙现存265米，墙跨3~5米，存高1.75~2.5米，有倒梯形基槽，基槽外为壕沟。城门有2座，为北门和西门。聚落遗址清理房基200余座，为平地起建的长方形或方形。房屋群按一定规律布局，可分为两组，一组门向北，一组门向城内中心方向。西门内东侧有一座大型夯土建筑基址，呈扇面形状，东西长约14米，南北宽约8米，周围有数座房址环绕，其北侧有一面积达数百平方米的大广场。窖穴和灰坑2 000余个，墓葬和瓮棺143座，分属两处，一处位于城外西部，一处位于城内北部。由于西山聚落遗址具有城墙和环壕，有较为强烈的城郭性质，因而被认为是迄今中原地区最早的史前城址。[77]

大河村遗址，位于河南省郑州市东北郊大河村西南约1千米的台地上，面积约30万平方米，发掘面积7 000余平方米，文化堆积厚度达7米。遗址经历了母系氏族社会、父系氏族社会和奴隶社会的夏、商时期，其中大河村三、四期遗存属于仰韶文化晚期。发现各时期房址50余座、窖穴近400座、墓葬354座、壕沟2条。聚落分东、西两部分，由一条东北—西南向的古河道斜穿其间。大河村仰韶文化三期的聚落，除1座为半地穴式房址以外，其余房址均为地面建筑，平面呈方形或梯形，房屋面积普遍为8~15平方米，最大的35平方米，最小者仅2.34平方米。房址多数为两间或两间以上的建筑群，房基经火烧成坚硬的砖红色，墙体布满柱洞和芦苇束及横木痕迹，多数房屋有方形烧火台。其中，西区有并列四连间地面式房屋（加有一套间）

1座，河东区有并列二连间地面房屋2座。大河村仰韶文化四期，是大河村过渡到龙山文化的转型时期，遗存十分普遍，有房址27座，除2座为半地穴式建筑外，其余均为地面建筑，房屋面积大小不一，大者100余平方米，小者仅1平方米，以长方形和方形的单间中型房屋为主。在河西、河东居住区附近分布着一批四期的墓葬，两区墓葬墓主头部朝向正好相反。这种丧葬形式，似乎说明大河村存在两个不同的氏族公社。而双间和多间房形式的流行，反映出以家庭家族为单位的共同生活逐渐成为当时社会的主要形式。[78]

（3）大汶口文化聚落

大汶口文化于1964年由著名考古学家夏鼐命名，因山东省泰安市大汶口镇与宁阳县堡头村交界的一处典型遗址而得名，属于黄河下游新石器时代文化类型，年代距今6 500—4 500年。大汶口文化主要在山东省境内，山东的地理特征主要为低丘和冲积平原。正是这种独特的地域环境对大汶口文化的形成、发展和变迁起到了一定的作用。考古发现大汶口文化主要分布在以泰山-沂山为中心的广大区域，东至黄海之滨，西至鲁西平原东部和河南东部的部分地区，北达渤海南岸，南及江苏、安徽北部一带，以鲁中南地区为核心分布区，其他地区为次中心地区。[79]截至目前，属于大汶口文化类型的遗址有数百处，较为重要的聚落遗址有鲁中南的大汶口遗址、鲁西南的邹县野店遗址、鲁东南的日照东海峪遗址、皖北的蒙城尉迟寺遗址等。

大汶口遗址，面积约80万平方米，发掘面积7 000余平方米，包含北辛文化和大汶口文化堆积。遗址共清理墓葬、房址、陶窑近200座，其中墓葬179座，出土石、陶、玉、骨和角等各类器物近2 000件。北辛文化时期的房址13座，有半地穴式、浅穴式和地面建筑三种形式，平面呈圆形、椭圆形和方形。圆形房屋有居住面和灶址；椭圆形房屋多为小型单间，浅穴式房基，朝向各不相同，有南北向的，有西朝东的，还有东南—西北向的，房屋均由居室和门道组成，面积仅3.5~5平方米，有居住面和灶面；方形房屋可能为一座四面坡屋顶的木骨墙房屋，面积约16平方米，未见居住面。大汶口文化时期的房址10座，包括《大汶口续集——大汶口遗址第二、三次发掘报告》中公布的3座残基和2012—2013年发掘的7座，房屋平面呈方形，分地面建筑和半地穴式建筑两类，以前者为主。房址分布错落有致，间距相当，基本没有出现相互遮挡的情况，整体性很强。与北辛文化的房屋不同，大汶口文化地面方形房屋朝向皆呈东南—西北向，形制、规模大体相当，面积近18平方米。四周有柱洞，未见墙基槽，室内平整，门道不明显，门向可能不一致。墓葬中普见随葬品，有些墓葬中还发现有数量不等的牲猪。这一系列现象表明，大汶口文化时期已出现了贫富和地位等级的分化现象，私有观念已经出现。[80]

野店遗址，位于山东省邹县城南6千米的野店村村南，遗址附近群山环绕、河流交错，北为大沙河，南临龙河，现存面积东西宽约700米，南北长约800米，总计约56万平方米，揭露面积1 660平方米，具有大汶口文化、龙山文化遗存，兼有周至汉代的文化遗存。其中大汶口文化遗存主要有房址6座、墓葬89座、灰坑17个及陶窑等。房址平面有圆形和方形两种。圆形房屋为半地穴式建筑，面积不大，仅7.5平方米左右。房址内有16个大小、深浅不同的柱洞，有倾斜的门道。居住面未见细致加工，出土有日常生活用具。方形房址，面积仅6平方米左右，间距很近，一般为2~2.5米。墓葬中出土有生产生活工具和装饰品等随葬品千余件。墓葬中所见随葬品多寡不一，标志着氏族内部的贫富、地位分化日趋明显。[81]

日照东海峪遗址，位于山东省日照市东海峪村西北，东临黄海，西有奎山，现存面积8万余平方米。该遗址于1960年被发现，1973—1975年先后进行了三次发掘，发掘面积800平方米，为大汶口文化和龙山文化时期的聚落遗址。三次发掘共清理房址12座、墓葬18座，遗址中还出土有蛋壳镂空黑陶高柄杯和磨制石器等生产生活用具。房址都是西南向，按一定的规律分布，由西南向东北排列，均为方形的土台式地面建筑。房址由土台、墙基、土墙、墙外护坡、室内地基、灶址和出入口等构成。土台由夯土筑成，室内地面采用黄黏土和砂垫，层次清楚，质地坚硬；墙体则多是黄黏土夹石，四个拐角用石加固。这类台基式的居住建筑，较少在其他史前遗址中发现，既体现了当时技术的进步，也反映了社会生产力的发展。墓葬的形式和结构基本相同，器物组合也比较一致，表明这些墓主人属于同一氏族，未见明显的社会分化。[82]

蒙城尉迟寺遗址（见插图 4），位于安徽省蒙城县许疃镇毕集村，面积约 10 万平方米，文化堆积厚度一般为 4~5 米，以大汶口文化遗存为主，另含有少量龙山文化遗存和汉代墓葬等。大汶口文化遗存主要有房址 41 座、墓葬 217 座，以及灰坑、祭祀坑、活动广场和大型环壕。外围壕沟南北长 240 米，东西长 220 米，开口宽 25~30 米，深 4.5 米，外围壕沟及聚落实际面积达 5 万平方米。建筑遗迹以排房为突出特点，以 2 间或 2 间以上的房址为一组，分布于壕沟内侧，从北向南有 12 排，零星房址 2 间。整个建筑群由短排建筑房址和长排建筑房址按一定规律排列。每一间房址均有独立的进出门，有的房址开有两个门，结构大体相同，门一般朝西南方向，方向与之不同的，其房门都朝向中心方向，门宽 60 厘米左右。单间并列的排房形式，规则地分布在中央广场的四边，大体呈西北—东南走向，门朝西南居多。房址建筑以浅穴木骨泥墙为特点，以红烧土碎块为墙体，外侧再抹泥并经烧烤，墙体和地面均用细泥抹平再经烧烤。房间以大间房址为多，平面呈长方形或方形，面积一般为 10~30 平方米，以 12~15 平方米的居多，面积小些的房址不及 10 平方米，再大些的房址达 30 多平方米。小房间往往与大房间相连成一排，可能属于大房间的附属建筑。房址一般由主墙、隔墙、门道、柱子和灶等组成，房屋内普遍出现有生产生活用具。这一系列现象都表明，这里曾是一个极度繁华的聚落，不仅整个聚落经过统一规划，而且居住建筑经过精雕细琢，甚为豪华，充分反映出新石器时代晚期村落形态的变迁及其背后所蕴含的生活文化、意识形态和社会发展状态。[83]

（4）龙山文化聚落

龙山文化是一个铜石并用的时期，是黄河中下游地区新石器时代末期的一类文化遗存，因 1930 年首次发现于山东历城县龙山镇对河（今属章丘）的城子崖遗址而得名，年代距今 4500—4000 年。龙山文化是一个非常庞杂的复合体，涉及范围很广，大致包括黄河中下游的河南、山东、山西、陕西等区域，其中每一个地域又包含许多具有地域性的特征、文化传统和分布领域的考古学文化。[84]正因如此，自龙山文化命名以来，根据地域文化面貌的不同，考古学家又将其细分为山东龙山文化、河南龙山文化和陕西龙山文化等类型。在器物上，龙山文化最为典型的便是黑陶，特别是蛋壳黑陶主要分布在山东范围，以薄、硬、光、黑为特征，所以龙山文化也被称为“黑陶文化”。在聚落上，龙山文化最显著的特征是聚落分化，聚落区分为巨型聚落与普通聚落两类。前者一般作为中心聚落出现，周围依附一定数量的次中心聚落或普通聚落，这类聚落被考古学界普遍认为属于城池，因为其体现了较为强烈的政治性和军事性特征。有学者总结了龙山文化时期单个遗址聚落的新变化，认为至少有 4 个方面的变化：其一是聚落围沟规模升级；其二是聚落环壕规模升级；其三是各类城址竞相崛起，包括壕城、城堡两类；其四是双聚落、多聚落遗址和城址的数量与规模都在增加[85]，譬如河南龙山文化的郾城郝家台遗址、新密古城寨遗址、登封王城岗遗址等，山东龙山文化的丁公遗址、尧王城遗址等。从聚落性质来说，龙山文化时期的巨型聚落大多已属于城郭型聚落，超出了村落范畴，从严格意义上说不属于我们讨论的对象，但是，为了更好地理解史前聚落的演进路径和变迁特点，我们仍有必要对具有代表性、典型性的城郭聚落进行介绍。

郝家台遗址，位于河南省漯河市郾城城东石槽赵村东北的台地上，遗址总面积达 6.5 万平方米。郝家台聚落平面呈长方形，面积 3 万多平方米，年代距今 4 600 年左右，是目前考古发现的河南龙山文化中年代最早的重要城址。聚落城址的东墙、北墙和 4 个城角保存尚好，东城墙中间位置有一个宽 8.8 米的缺口，可能是城门所在位置。城内发现有房址近 30 座、灰坑 500 多个、墓葬 110 余座，还有水井、陶窑、灰沟等。房址位于遗址西南部，有规律地成排排列。房屋建造于垫土高台上，建筑的室内地面高于室外，且多使用土坯建筑墙体，也偶见有木骨泥墙。排房坐东北向西南，每房于南墙设置一门，门的宽度不等，在 0.6~0.75 米之间，外门均有门槛。居住面积大小有别，譬如郝家台三期文化的房址最大间为 18.49 平方米，最小的则近 9.63 平方米。室内地面一般用黄褐土铺平，坚实平整。房屋内有灶址，还发现有生活日用器物，生活痕迹浓厚。墓葬形制为长方形竖穴土坑葬，无葬具，大部分没有随葬品。[86]

古城寨遗址（见图 2–4），位于河南省新密市东南 35 千米的曲梁乡大樊庄村古城寨村民小组周围。遗址规模宏大，城内外新石器时代遗址达 270 万平方米。城址建于溱水东岸台地上，平面呈长方形，现存有南、北、东三面城墙和南北相对的两座城门缺口，三面城墙整体保存完好，无一处短缺，城址周围有宽 34~90 米的护城河，城防设施完整，面积近 18 万平方米，是河南龙山文化时代较为典型的城郭聚落。遗址文化层包括仰韶文化、龙山文化、二里头文化、二里岗文化、殷墟文化和汉文化等，其中龙山文化时代的遗存最

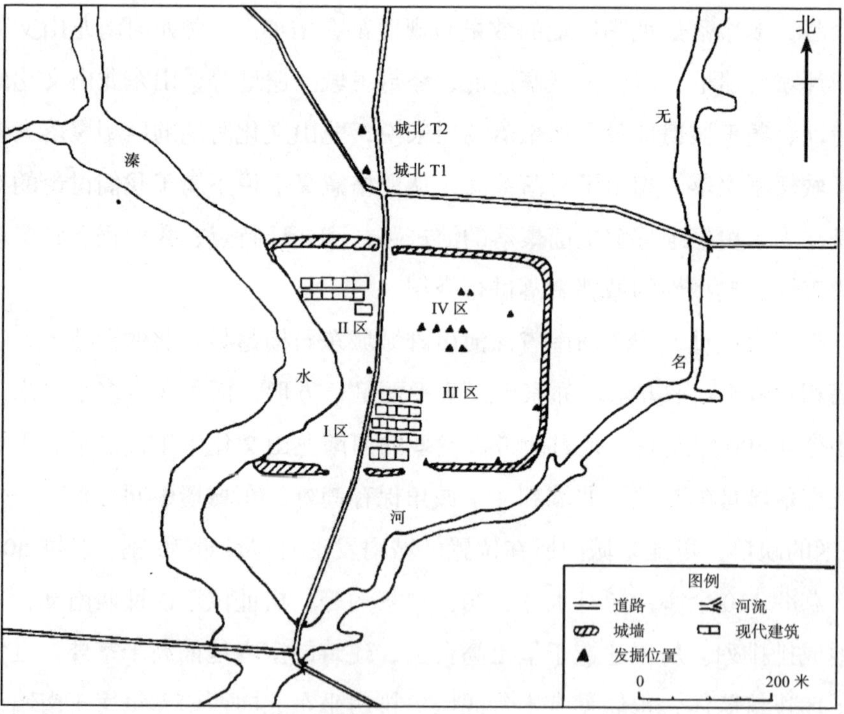

图 2–4　古城寨遗址

为丰富。城内东北部发现了大面积龙山文化时代的夯筑建筑群，其中有两座大型房址，一座为主体建筑，另一座为附属建筑。主体建筑应该属于宫殿式建筑，平面呈长方形，坐西朝东，南北长 28.4 米，东西宽 13.5 米，南、北、东三面皆有回廊，面积达 383.4 平方米，保存基本完整，是典型的早期宫殿式建筑。夯土建筑遗址南北排列 6 排柱洞或磉墩，把房子分隔成 7 间。附属建筑位于主体建筑的北面，两者相距仅 7.4 米，由三道墙基槽、众多柱洞、门道和门卫房等组成，遗址宽 4 米，属于一座廊庑式建筑。[87] 据相关研究成果显示，这两座建筑应是主殿与廊庑的组合，它是我国现知最早的具有四合院特征的大型建筑，而正是这种建筑格局奠定了我国后世宫殿式建筑的基本格局。[88]

丁公遗址，位于山东省邹平县长山镇丁公村东，处于鲁北平原南部的山前平原上。文化层除少量大汶口文化和岳石文化之外，主要为龙山文化、晚商和汉文化，并兼有零星的东周和宋代文化遗存。遗址面积约 18 万平方米，共计发掘 2 000 余平方米，揭露各个时期的房址近 100 座、灰坑 1 600 余个、墓葬近 100 座，另见陶窑、水井和石、骨、蚌、陶、铜器等遗物 5 000 余件，尤为重要的是还发现了疑似刻有文字的龙山文化陶片。城址平面呈圆角方形，四周城垣比较规整，龙山文化时期的城墙宽约 25 米，壕沟宽 30~40 米。房址有半地穴式和地面式两类，以后者为多，形制上绝大多数为方形或长方形，圆形较少。前者面积较小，一般为不足 10 平方米的小屋；后者面积较大，大者超过 50 平方米。[89]

尧王城遗址，位于山东省日照市城西南 16.7 千米，西、南两面紧靠南新庄河（见图 2–5）。遗址南北长约 825 米，东西宽约 630 米，总面积 52 万余平方米。文化

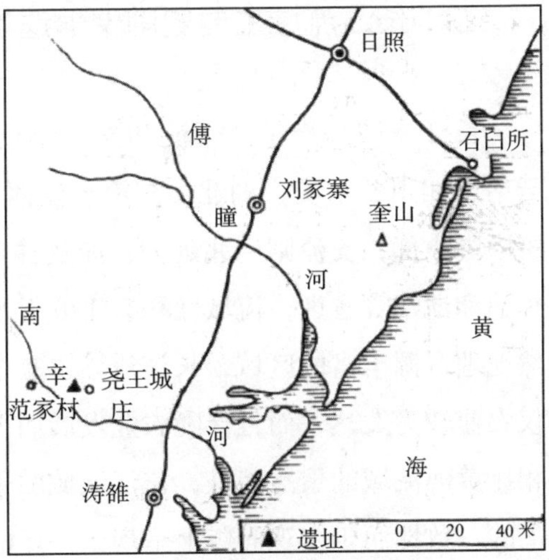

图 2–5　尧王城遗址地点位置

层以龙山文化为主，包括大汶口文化、岳石文化、商周和汉文化遗存。遗址中出土有房址、墓葬和陶、石、骨等器物。遗址中发现有城墙，北部城墙呈西北—东南走向，城墙主体长约300米，宽26~28米，中段有宽约10米的豁口，肯定是城门的位置。墙外侧发现有开口宽近30米的壕沟，走向与城墙大致平行。西城墙沿南辛庄河东岸三级阶地边缘，呈北略偏东走向，墙体宽度与北墙大体相当。东城墙与西城墙基本平行。根据考古调查报告显示，尧王城城垣南北长近500米，东西宽约300米，包括城墙在内的城址面积有近15万平方米。房址有长方形和圆形两类，有墙基、灶址、门道，居住面保存较好。长方形房址面积一般为12~15平方米，有门道，位于南部偏东之处。墙体厚20~25厘米，有两种建筑方式：一种用夯土；另一种用土坯错缝垒砌而成，缝隙处用灰黄色黏土填充，最后用黄泥涂抹内外。圆形房址与长方形房址建造方式基本一致，在堆土台基上挖圆形基槽，基槽内夯土并埋有柱。[90]1995—2004年，山东大学联合美国匹兹堡大学在鲁东南沿海地区展开考古调查，认为尧王城是鲁东南沿海地区的核心之一，属于与两城镇南北并立的大型聚落群。[91]

二、长江流域主要史前聚落遗址

长江流域是指长江干流和支流流经的广大区域，干流流经青海、西藏、云南、四川、重庆、湖北、湖南、江西、安徽、江苏和上海11个省区，横跨中国腹部；支流则南北延伸，涉及甘肃、陕西、河南、贵州、广西、广东、福建和浙江等省区，流域面积有180万平方千米。与黄河流域一样，作为自然地理资源丰富的区域，长江流域也是中华文明起源与发展的一个源头，不仅农业较为发达，而且伴随农业发展而形成与变迁的聚落也极为集中和丰富。相比黄河流域的聚落遗址，长江流域的聚落虽然因早期人类在生存生活诉求上的一致性而于宏观面貌上呈现出一定的相似特征，但毕竟自然地理条件具有很大的差异，自然环境、气候条件都有不同，所以又在很大程度上和微观之处都有相对明显的区别。这也充分印证了中华文明的起源自古便是多元一体的格局与文化特征。

(一)旧石器时代的居民点

1. 广西百色盆地

百色盆地位于广西壮族自治区的西部，由西而东跨百色市、田阳县和田东县，盆地主体呈西北—东南向分布，属于一个狭长盆地，总面积约800平方千米。右江自西而东穿越整个盆地。正是由于气候宜人、地势开阔、自然资源丰富，适宜人类居住与活动，因此这里自旧石器时代以来便是人类活动的重要区域。考古发现的百色盆地也是岭南广西地区旧石器地点最为集中的区域。自1973年在百色盆地首次发现旧石器地点以来[92]，截至目前，这一区域范围内发现的旧石器地点已超100处，历年来发掘和采集的旧石器制品上万件。整个旧石器地点群落主要分布在广西右江两岸的高台上，尤其是上游范围因地势开阔，遗址分布也最为密集，明显是百色盆地人类活动的主要范围。有学者根据旧石器地点的分布情况，认为百色盆地的旧石器地点至少存在4个遗址群团、12个遗址群，它们都呈现出十分明显的人为组织状态。[93]值得注意的是，在百色盆地发现的旧石器时代遗存中，有一大批具有典型性的大型切割工具手斧，这种手斧与流行于非洲和欧亚大陆的阿舍利石器工具相似，因而百色盆地也被国际学术界认为是早期人类迁徙与文化交流的主要地区。除百色盆地发现有类似的石器工具以外，黄河流域的洛南盆地、汉中梁山也有发现。

2. 湖南澧阳平原

自20世纪以来，湖南在湘、资、沅、澧四水流域发现了大批旧石器地点，据不完全统计，截至目前，已有300余处，尤以西部沅水流域和西北部澧水流域分布最为集中。后者是学术界关注最多的区域，所见遗址地点也具有一定的代表性和典型性。澧水流域旧石器地点集中发现于中下游地区的澧阳平原，位于湖南洞庭湖西北岸，西、南、北三面环山。此处气候温暖湿润，土地和水力资源丰富，地势开阔，适宜人类生存和居住。考古发现，至少在50万年前，澧阳平原就有了人类活动的痕迹，典型的地点有津市虎爪山遗址[94]，这里发现有一批属于华南砾石石器文化传统的石制品，包括砾石尖状器等。此外，还接连发现有鸡公垱、乌鸦山、十里岗等遗址地点。鸡公垱遗址为旧石器时代中期的地点，出土石器也属于南方砾石工业传统。[95]与其时代相当的有石门大圣庙、张家滩和澧县红旗等地点。乌鸦山遗址的文化时代则处于旧石器时代晚期，石器组合有砍砸器、似手斧石器、大尖状器、尖状器、刮削器和石锤等。[96]与其性质相同的有虎山、划山、朱家山和金鸭等地点。十里岗遗址，是澧水流域旧石器时代向新石器时代过渡的文化地点，其面积有近4万平方米，当中还发现有水稻硅质体，对我们探索农业起源和湖南地区人类聚落的起源具有十分重要的意义。[97]大致在1万年前，澧阳平原进入了新石器时代，考古发现，这一区域范围不仅农业得以起源与发展，而且人类也开始进入了相对稳定的定居生活，典型的遗址有彭头山遗址、八十垱遗址等。

3. 安徽水阳江流域

水阳江是长江南岸支流，位于安徽省东南部。20世纪80年代以来，在水阳江两岸发现旧石器地点数量较多，形成了一定的群落现象，代表性的遗址有宣州陈山地点、官山地点和宁国毛竹山地点。宣州陈山地点于1988年发掘，面积100平方米，发现各类石制品78件。调查认为，该石器地点面积很大，应该有数十万平方米。[98]官山地点于1993年发掘，面积约200平方米，其中在清理上文化层时，还在25平方米的范围内发现一古人类生活面。[99]宁国毛竹山地点距官山仅0.5千米，于1997年发掘，遗存现存面积仅3 000平方米。其中还发现一处由1 167件石器组成一个环形，中间为空白的区域，应该是一处早期人类生活的痕迹，石器类型有砍砸器、刮削器、尖状砍砸器和石球等。[100]这一系列发现都说明水阳江这一区域范围内人类活动相对频繁，而且体现为一定的组织性。

4. 湖北的汉水流域和长江沿岸

汉江中下游有江汉平原，位于湖北省的中南部，西起宜昌，东至武汉，南与洞庭湖平原相连，是湖北资源要素最为密集的区域。这里气候宜人，土地肥沃，水力资源丰富，是湖北地区早期人类活动的主要范围。据考古显示，湖北在汉水流域和长江沿岸发现的旧石器文化遗址有近 100 处，较为典型的有郧县的学堂梁子遗址、石龙头地点、黄家窝地点、鸡公山遗址和樟脑洞遗址。郧县学堂梁子遗址，年代距今约 80 万年，先后发现 2 具早期人类头骨化石，石器 300 余件，主要为砾石原料。石龙头地点属于旧石器早期范畴，大致相当于北京猿人时期，石器类型不多，多为砍砸器。[101] 黄家窝地点，年代距今 10 万—5 万年，属于旧石器时代中期，面积约 1 万平方米，石器类型相对丰富，有砍砸器、刮削器、手镐、手斧和凹缺器等。[102] 鸡公山遗址，是一处旧石器时代晚期的文化地点，遗址面积约 1 000 平方米，出土数以万计的石制品和石料的事实表明，鸡公山遗址可能是一处早期人类的石器制作场。而遗址中部发现的由数个大石器组合而成的不规则的空白区域，可能与安徽宁国毛竹山地点发现的环形遗迹一样，属于早期人类的生活面。[103] 樟脑洞遗址为一岩屋式洞穴，是一处旧石器时代晚期的文化地点，位于湖北房县中坝龙滩乡樟脑河的二级台地上，发现石制品 2 000 余件，包括砍砸器、刮削器和尖状器。[104] 这些旧石器时代的遗址地点不仅表明湖北汉水流域早在旧石器时代就有了丰富的人类活动，而且有助于我们了解长江流域聚落的起源。

从上述几处旧石器时代居民点，我们可以发现，事实上，长江流域的早期人类活动，在分布和形态上也大体与黄河流域一样，区别似乎不大。在选址方面，以优越的自然地理条件为突出特点，绝大部分在靠近水源的台地上；在遗址地点分布方面也体现为一定的结群性，不仅形成了地点群，而且出现了遗址群团。造成上述两个特点的原因是多方面的，但根本在于人类生存本能的驱动，前者与食物获取有关，后者则在前者的基础上更与生存安全有关。也正因如此，早期人类的活动遗迹体现为高度的相似性。此外，要指出的是，从旧石器时代的人类活动遗迹来看，其实文化的起源阶段可能就存在跨区域、跨血缘、跨族群的交流。正是这种持续不断的交流推动了文化的形成与发展。从某种程度上来说，村落的形成与发展也可能得益于这一交流。

（二）新石器时代的聚落遗址

与黄河流域大体相当，长江流域在进入新石器时代之后，大致在1万年前，农业开始兴起和发展，旧石器时代以来的居民点开始向聚落化、规模化、密集化的方向发展。作为稻作农业起源的主要区域，长江流域由于土地肥沃、水力资源丰富，农业得到了相对较好的发展。稻作农业的兴起与发展，不仅初步解决了早期人类的食物问题，而且把区域范围内的人类固定在了土地上，使定居生活成为一种常态。因为农业与采集渔猎的生产生活方式不同，前者耕种在土地上，要求人类长期照看。正是由于长期的农业耕作诉求，原本属于短期活动的地点逐步发展为长期性的固定居民点，久而久之便成了聚落。总体来说，新石器时代各类居民点的聚落性质开始渐趋明显，但由于农业种植仍为粗犷式，属于游农性质，因此居民点或聚落仍具有迁移性，即当一个区域范围内的土地资源衰竭时，人类就不得不另寻他处，重新建立居民点或聚落。包括长江流域、黄河流域在内的我国广大区域，早期聚落的发展都体现了这样一种特点。某种程度而言，聚落的快速发展或密集分布，一方面是农业发展、人口膨胀的结果，另一方面可能是土地资源衰竭的原因。本节拟结合考古发掘的资料，对长江流域范围内具有典型性、代表性的聚落遗址进行介绍，以期更好地了解这一区域聚落发展与变迁的情况和面貌。

1. 新石器时代前期的聚落遗址

考古发现长江流域新石器时代前期的聚落遗址，包括新石器时代早期的江西万年仙人洞遗存与吊桶环文化遗存、湖南道县玉蟾岩文化遗存和广西邕宁顶蛳山第一期文化遗存等，新石器时代中期则以彭头山文化类型、皂市下层文化类型、城背溪文化类型、跨湖桥文化类型等为典型。这些文化类型也充分显示出，稻作农业在起源之后，经过新石器时代早、中期这一漫长时间的发展，逐步上升为社会经济的主要部门。不过相比新石器时代中期以后，特别是新石器时代晚期，这期间的农业发展仍有限，尽管固定居民点或聚落遗址均带有了一定的农业性质，但数量不多，聚落规模仍然相对较小。但是，从这些早期人类遗存来看，它们所表现出来的聚落的形态大致相同，反映出人为组织形态日趋固定，血亲公社开始形成。

（1）江西万年仙人洞遗存与吊桶环文化遗存

仙人洞遗存和吊桶环遗存，是新石器时代的两处早期遗存，位于江西省万年县大源乡石灰岩丘陵地区一个山间小盆地之中，盆地东西长约 4 千米，南北宽约 1 千米，两处遗址相距仅 800 米。仙人洞遗存为洞穴遗址，位于盆地北部小河山的山脚下，洞口向东南，高出水面约 3 米，洞口高 5.75 米，宽约 18.9 米，洞深 40 米，可分成南北大小 4 个支洞，北部的支洞有一小洞口可以通向外部，显然是一处早期人类生活的居住遗址。吊桶环遗存为岩厦遗址，位于盆地西部一个小山顶上，由于两者相距很近、年代相当且出土物相似，因此被认为同属一个族群，发掘者更是认为吊桶环遗址是栖息于仙人洞的原始居民在这一带狩猎的临时性营地和屠宰场。[105] 仙人洞遗址经多次发掘，发现有陶器、石器、骨器、蚌器等人工制品和动物骨骼，另有烧火遗迹 20 余处、灰坑若干。其中陶器的发现引起了国内外学术界的广泛关注。因为陶器在史前社会的发明与使用很大程度上意味着农业的出现和人类定居生活的开始，所以距今 2 万年的仙人洞陶器的出土，不仅可以说明早期人类的生产和社会行为发生了转变，而且说明陶器在农业出现以前一万年甚至更早就被制造和使用了。[106] 吊桶环遗址还出土了目前世界上最早的野生稻和栽培稻植硅石标本。[107] 这系列发现都说明人类开始从旧石器时代走向新石器时代，并且开始了农业产生和定居生活。

（2）湖南道县玉蟾岩洞穴遗存

玉蟾岩洞穴遗存，俗称蛤蟆洞，位于湖南省道县寿雁镇白石寨村，是新石器时代早期遗存，距今 12 000 年左右。洞穴发现于一个石灰岩残丘的下部，高出地面约 5 米，洞口部分有一宽敞的洞厅。据考古发掘表明，玉蟾岩洞穴的原始地貌西高东低，早期人类在选择其作为居住地址时，为了扩大生活空间，以便于居住和生活，曾于参差不齐的地面铺垫碎石，局部区域还铺垫灰白色、灰黄色石灰状堆积。洞穴遗址中发现有烧灰堆和陶器、石器、骨器、角器、牙器、蚌器等人工制品和水、陆动物骨骸。这些遗存均集中于洞穴西部，既说明西部是人们的主要生活区，又反映出早期人类聚落有了初步的功能分区。石器中发现有锄形器、石锤和亚腰斧形器等原始农业生产工具，其中锄形器采用一扁长形砾石为原料，在其一端及两侧单面打击成器，使用部位是端刃，可能绑在弯柄上用于掘土。陶片的出土也是中国境内发现制造陶器的最早证据之一，年代距今约 1.8 万年。[108] 最为重要的是，洞穴遗址中发现了水稻谷壳。电镜分析鉴定显示，这些水稻谷壳中既有野生稻，也有人工栽培稻。这一系列工具、陶器的出土和水稻遗迹的发现都表明，早在 1 万年以前的玉蟾岩地方便存在了原始稻作农业。当然，要指出的是，并不是有了农业的存在，就意味着早期人类完全进入了农业的生产生活，事实上，以玉蟾岩为代表的早期人类社会，尽管农业开始出现，但人们的经济生活仍然以采集渔猎为主、农业为辅。[109]

（3）彭头山文化类型

彭头山文化因 1985 年首先发现于湖南省澧县彭头山遗址而得名，年代距今 9 000—8 000 年，主要位于长江流域的洞庭湖西北，集中分布于洞庭湖周围和湘、资、沅、澧四水下游地区，尤以澧阳平原最为丰富。这里海拔普遍在 50 米以下，地势平坦，堤垸纵横，土地肥沃，气候温和，适宜人类生产、生活和居住。考古发掘显示，以彭头山遗址为代表的文化遗存，是目前洞庭湖地区已知年代最早的新石器时代早期文化，与皂市下层文化、城背溪文化有密切关系。目前，在洞庭湖周边范围发现有彭头山文化遗址 10 余处，除彭头山遗址以外，还有澧县的李家岗遗址、八十垱遗址、下刘家湾遗址、肖家岗遗址、黄麻岗遗址、曹家湾遗址和临澧县的金鸡岗遗址等，其中以彭头山遗址和八十垱遗址最为典型。

彭头山遗址，位于湖南省澧县县城西约 12 千米处的澧水北岸的一处低坡上，地处澧阳平原，面积约 6 万平方米。该遗址于 1984 年发现，1988 年发掘，揭露面积 400 平方米，发现建筑遗迹 2 座，分别为有柱洞的地面建筑和半地穴式小型建筑；清理墓葬 18 座，墓坑小而浅，多属二次葬，有陶器随葬，数量 1~4 件不等；清理灰坑 15 个，平面多呈不规则圆形或椭圆形，底皆为锅底状。出土遗物中有石器、陶器等人工制品。石器大多为打制石器，陶器则制作古朴简单，为原始的贴塑法制成，陶器的胎体中夹杂有炭屑。经考古发掘者观察，遗址陶片中还夹有大量碳化的稻壳和谷粒。从彭头山遗址中发现的打制石器工具、磨制石斧、完整水牛骨和稻谷遗存等来看，彭头山的经济生活开始从采集渔猎向农业生产过渡，但仍以前者为主，兼有一定规模的水稻种植与畜牧养殖。[110]

八十垱遗址，位于湖南省澧县县城北约 20 千米处的梦溪镇五福村，地处澧水支流涔河北岸的坡地上，呈西北向东南倾斜，面积约 3 万平方米，发掘面积 1 200 余平方米。遗址中发现大量彭头山文化时期的遗物，包括陶器、石器、骨器、木器和百余种植物与果核遗存。另外，还出土有上万颗完整形态的碳化稻谷、稻米，经农学专家检测鉴定，认为这是兼籼、粳、野生稻特征的稻谷，是正处于分化期的倾籼小粒形原始古栽培稻。聚落北边利用一段古河道作护围，东、南、西三面有土围和壕沟环绕，形成一个封闭不规则长方形的生活区，体现为一定的规划性和防御性。土围和壕沟是遗址最重要的发现，该遗址是目前国内考古发现最早的一处有壕沟与土围的早期聚落。它的发现对我们了解早期聚落的外观形态和经济与社会形态具有很重要的学术价值。遗址发现有房屋 10 余座，有半地穴式建筑，但多数为长方形或方形的地面建筑，包括干栏式和台基式。房屋内有灶坑，生活痕迹浓厚。墓葬 100 余座，散布于居住区周边，没有专门的墓葬区，墓葬中有陶器随葬。这一聚落遗址的发现，说明长江流域有壕沟和土围的聚落在新石器时代早期就已形成，而且还具有一定的规模。[111]

（4）皂市下层文化类型

皂市下层文化，因湖南省石门皂市遗址的发掘而得名。皂市遗址最早发现于 20 世纪 60 年代初，但最初只被认为是商代遗址。[112] 后来随着 1977

年和1981年的两次发掘，揭露面积达1 100平方米，并且在遗址的下层发现了不同于该地区大溪文化早期遗存的新石器时代文化遗存，因而引起了考古学界的注意，考古学者推测这可能代表着一种新的“文化”。[113]后来，随着同类型文化遗存的陆续被发现，考古学界便正式提出了这一文化类型的名称。与彭头山文化一样，皂市下层文化主要分布在洞庭湖区的周边范围，但相比之下，其分布地域更为广泛，不仅包括湘、资、沅、澧四水的下游，而且延伸到了中游地区，尤为集中的是澧县和临澧县境内的澧水北岸。目前，这一区域范围内发现皂市下层文化遗址30余处，遍布于洞庭湖周边的八九个县市[114]，其中聚落性质较为明显的遗址有胡家屋场遗址和坟山堡遗址等。

胡家屋场遗址（见图2–6），位于湖南省临澧县西北部，澧水以北，地处洞庭湖平原西部边缘地带，面积7 000余平方米，1986年首次发掘，揭露

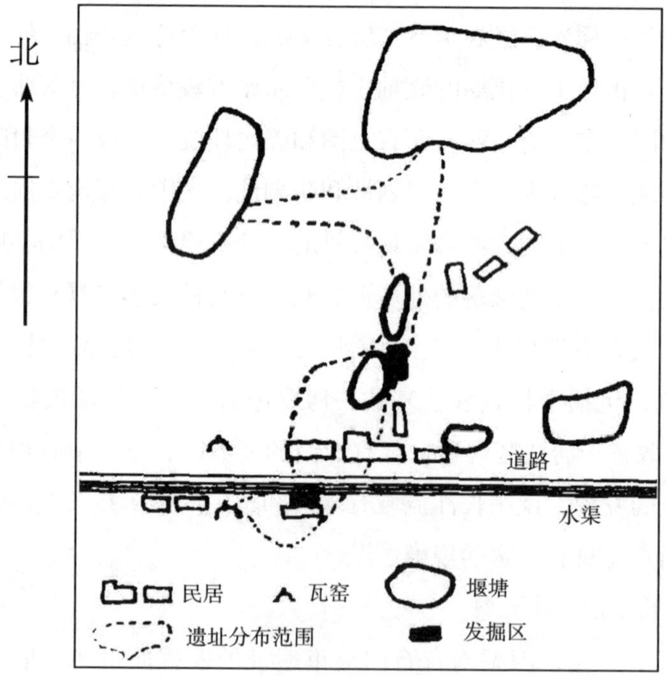

图2–6　胡家屋场遗址

面积160平方米，平面基本呈方形。遗址中发现红烧土房2座，房屋为长方形的地面建筑，有门道，有柱洞，可能是设置柱子以支撑室内屋顶；房屋有一定的高度，室内较为宽敞。另有墓葬1座，出土有打制石器和磨制石器，以及大量特征鲜明的陶器。陶器采用泥片贴塑法制成，除极少量的粗泥红陶、黑陶以外，陶器外表均有一层薄而细腻的红陶皮，形制有圈足盘、双耳罐、高领罐、盘口罐等，素面陶占有一定比例，但大部分有刻划纹、绳纹、镂刻纹、戳印纹、压印纹、堆纹等简单纹饰。这些遗存的发现表明早期人类的生产生活发生了较大变化，不仅积累了较为丰富的生存和生活经验，而且审美意识也得到了进一步的提升。[115]

坟山堡遗址，位于湖南省岳阳市西35千米的钱粮湖农场，地处东洞庭湖湖沼地带一片低缓的小台地上。该遗址于1985年文物普查中发现，面积在4万平方米以上，1990年发掘，揭露面积149平方米。遗址中发现有居址、灰坑、墓葬等遗迹以及大量遗物。房址形制相似，平面近长方形，房基大致呈南北向，居住面保存较好，一般有形制近似的火塘。火塘位于东南角，圆形，发掘者认为遗址所见的火塘可能与饮食无关。石器按形态有砍砸器、石饼、刮削器、雕刻器、石斧和砺石等。出土陶器均为手制，厚薄不均，有贴塑痕迹，以夹炭质红陶为主，一般饰红衣，有表皮，器壁多经打磨，有纹饰，主要为简单的几何纹；主要器类有罐、圈足盘、钵等，数量较多，形制多样。在文化关系上，坟山堡遗址与胡家屋场遗址有一定的关系，年代也大体相当，与城背溪文化也有某种联系，但也有区别，这反映出早期人类文化统一与多样的特点。[116]

（5）城背溪文化类型

城背溪文化因最先发现于湖北省宜都城背溪遗址而得名。城背溪遗址于1973年发现，1983年、1984年又进行了两次发掘，除发现上层为商代文化堆积以外，下层则为新石器时代文化层，并且与同一区域范围内发现的同期文化均不相同。随着同类型考古发现的增多，考古学者便提出了“城背溪文化”的命名。在湖北境内的新石器时代文化遗存中，城背溪文化年代最早，为公元前6500—前5000年。此类文化主要分布在鄂西山地至江汉平原之间的丘陵地带，即长江三峡东部至江汉平原之间的长江沿岸。这一区域范围虽然多高山峡谷，但峡谷相对宽阔，长江两岸有坡度平缓的山丘，山前土地土质较好，有面积较大的台地，适宜于人类的生存与居住。

截至目前，考古发现的城背溪文化类型遗址有10余处，文物遗存丰富的以城背溪遗址为代表，但包括其在内的大多数遗址未发现有房址。城背溪遗址共揭露面积近272平方米，发现灰坑1个、灰沟1条，出土陶器、石器等180件。[117]然而，如果以房屋的结群性特征作为判断聚落形成的一个主要标准，那么在城背溪文化类型中具有聚落性质的遗址是不多的。有遗址中虽清理出房址，但也仅有1~2座，譬如，茶园店遗址发现2座房基，王家渡遗址发现1座[118]，聚落性均不是很强。尽管很多遗址中都出土有丰富的陶器、石器以及其他遗存，反映了早期人类在这一区域范围内的频繁活动，但聚落毕竟是物质实体空间和非物质社会空间高度重叠的地域空间，是边界相对清晰的社会单元，因此城背溪文化类型中所见诸多遗址严格意义上不能归属于聚落范畴。

（6）跨湖桥文化类型

跨湖桥文化以浙江省杭州市萧山区湘湖村跨湖桥遗址的发掘而命名，年代距今8 000—7 000年。跨湖桥遗址地处萧山西南部的湘湖之滨，位于跨湖桥南边，南北均为低丘，面积3万余平方米，揭露面积1 000余平方米。遗址中发现残破的房址4座、灰坑20余个、墓葬1座。1座可辨别的房屋为长方形地面建筑，墙体残存高30~40厘米，宽35厘米，墙体为灰白色土筑成，中间埋有木桩，室内残存有烧土面；其中有一方形灰坑，架设有“井”字形木构边框，坑内保存有整坑橡子。出土遗物有陶器、石器、骨器和木器等人工制品，以及动物骨骼、植物茎枝和1 000多粒已碳化的稻谷、稻米、稻壳等，另有件独木舟。陶器大多为日用器皿，形制有釜、圜底罐、双耳罐、直口钵、圈足盘、圈足碗等，其中双耳罐和圈足盘等都属于彩陶。还见有陶纺轮和线轮，后者还附着有纤维质的线头。石器均为磨制，主要有斧、锛、凿、锤、磨石、磨棒等，制作较为讲究，通体磨光。骨、角器则主要为农耕、渔猎、纺织、缝纫和生活用具，譬如耜、镞、镖、锥、针、匕、匙、哨、叉等。木器也多是用于渔猎、纺织、建筑和生产的工具，最典型的如独木舟、铲、桨、梯、簸箕和木弓等。

这一系列发现都表明，跨湖桥人有了原始的稻作农业，但显然兼有采集渔猎的经济生活。不过，从出土的大量农业生产工具和稻作遗存来看，农业在跨湖桥人的经济生活中可能已上升为主要地位。我们可以认为跨湖桥遗址是一处农耕性质较为明显的早期聚落，其生产生活不仅非常活跃，而且极为丰富，反映出长江下游地区早期人类的经济形态和社会结构发生了一定程度的变化。可以肯定，作为长江下游地区的一处新石器时代前期的文化遗存，跨湖桥的发现对我们了解这一区域范围早期的聚落起源和形态具有重要的意义。

2. 新石器时代后期的聚落遗址

与黄河流域一样，在经历了新石器时代前期的发展之后，于公元前5000—前3000年，长江流域的史前人类进入了原始社会晚期。作为自然资源丰富的地理区域，长江流域的农业在经过新石器时代前期的发展之后，到新石器时代后期逐渐上升为经济社会的主导门类。如前所述，农业的发展，不仅丰富了人类的食物，而且在此基础上还带来了人口的快速增长。正是人口的增多，直接影响了聚落的形态及其发展，一方面是聚落面积的增大，另一方面则是聚落数量的增多。前者是通过扩大聚落规模来解决人口增长的问题，后者则更体现为通过新建聚落的方式解决人口快速增长导致的资源短缺问题。正是伴随着聚落的这一发展与变迁，人类社会开始发生结构性转变，私有制萌芽，社会开始分化，氏族公社逐步由母系氏族社会过渡到父系氏族社会。与黄河流域的聚落发展大致相当，新石器时代后期长江流域的聚落也有巨型聚落和普通聚落两类，并围绕巨型聚落形成明显的聚落群。根据考古学文化类型的划分，长江流域较为典型的聚落类型主要有中游的大溪文化、屈家岭文化和石家河文化，下游的河姆渡文化、马家浜文化和良渚文化，以及上游的卡若文化，等等，不一而足。

（1）大溪文化聚落

大溪文化因重庆市巫山县长江三峡西部的大溪遗址而得名，属于新石器时代晚期文化。据目前考古发掘显示，大溪文化的分布范围，西起瞿塘峡东口，东到鄂中南的武汉一带，南抵洞庭湖北岸，北抵荆山和大洪山南麓，横跨湘、鄂、渝两省一直辖市，主要集中于两湖平原地区，包括洞庭湖和江汉两大平原及其周边地区。这一类型的聚落发现数量较多，我们仅择其重要者一二稍做介绍。

城头山遗址（见图 2–7），位于距湖南省澧县西北约 10 千米处的澧水支流澹水北岸东溪乡南岳村，地处澧阳平原中部的徐家岗的小土丘上，面积

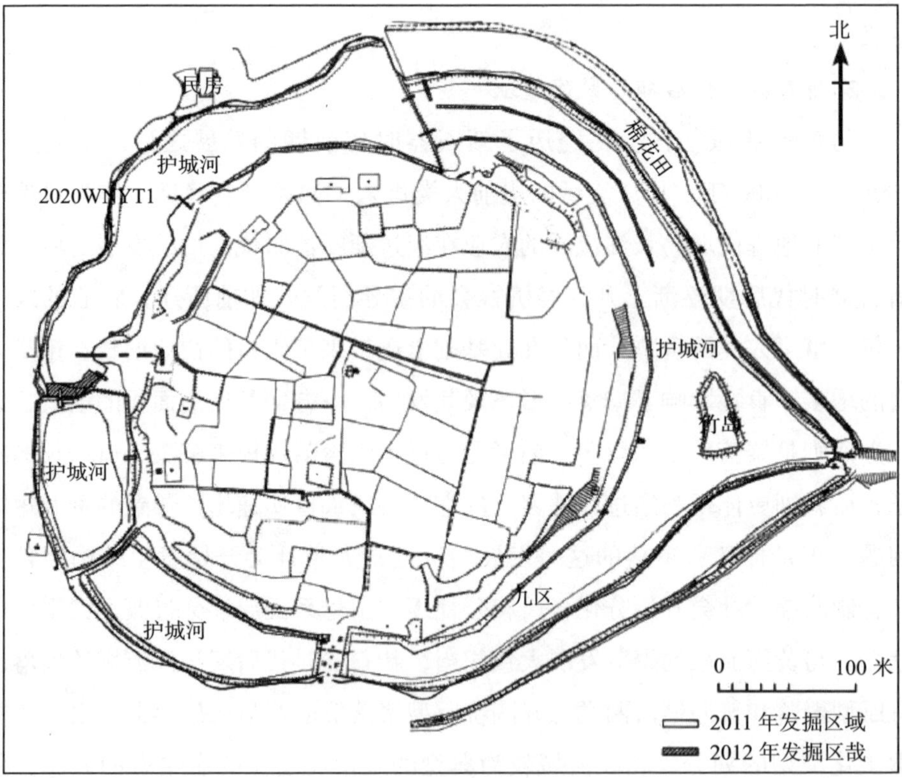

图 2–7　城头山遗址 2011—2012 年发掘区

15万平方米左右，揭露面积近9 000平方米，年代距今约6 000年。文化遗存涵括大溪文化、屈家岭文化和石家河文化，是新石器时代后期典型的文化遗址。城头山遗址所见大溪文化遗存有圆形城址1座，有城墙，现存城墙宽25~37米，城高2~4米。城址平面呈圆形，由护城河、夯土城墙和东、西、南、北四门组成。城内有祭坛、房址、制陶作坊、墓葬等。发掘资料显示，城中心偏西为制陶作坊区，偏西南为居住区，清理出屈家岭文化早期的夯土台基房址2座，还有一条宽2米余、由红烧土铺成、两旁有排水沟的宽阔道路；祭坛在遗址东门，现存为一个用黄色纯净土筑造的椭圆形建筑基址，面积约250平方米。城外有壕沟和古稻田遗迹，出土有碳化稻谷、数十种植物籽粒、竹和芦苇编制物，还有木桨、船艄等。由于城头山遗址有完整的城墙和壕沟，具有较为强烈的军事防御性，并且城内功能分区较为明显，体现为一定的规划性，因此学术界认为其已不属于普通聚落范畴，而俨然是一座城郭。城头山遗址的系列发现也表明，长江流域地区的史前文化得到了高度发展，这对我们了解长江流域的文化变迁、早期城市的形成与发展以及早期社会结构的转型和国家的产生具有重要意义。[119]

必须指出的是，从旧石器时代的居民点到彭头山文化，再到汤家岗文化，及至城头山和后来的鸡叫城等聚落的出现，澧阳平原上大大小小的聚落难以计数，据不完全统计，在这样一个面积不足500平方千米的地理范围内，就密集分布着300多处聚落，时间段跨度从旧石器时代后期直至新石器时代晚期不等。在一个区域范围内，类似这种文化发展没有断裂的现象，在中国其他地方是十分罕见的。就此而论，以城头山等史前聚落为代表的澧阳平原，见证着中国史前文化从发生到发展，长江流域远古文明从萌芽到绽放的全过程。[120]

走马岭-屯子山遗址，走马岭位于湖北省石首市东升镇，为新石器时代后期聚落遗址。遗址地处长江沿岸，北距长江仅4千米，属于低丘向平原过渡地带，地理位置优越。遗址平面呈不规则长方形，总面积约8万平方米，发掘面积1 200平方米。屯子山位于走马岭东北相距仅50米但又相连的低丘上，面积大致与走马岭相当，目前尚未发掘，但考古调查发现有大面积的红烧土房址类堆积。调查发现，走马岭-屯子山应该是双城城址。因为调查发现有城壕、城墙根据地形将二者围合其中，遗址明显呈不规则的“8”字形。[121] 考古调查还发现，在双城城址周边还存在着规模大小不同的聚落遗址[122]，这反映出双城城址可能是这一区域范围内的中心聚落。从走马岭的发掘情况看，共发现房址 4 座、陶窑 2 座、灰坑 109 个，清理墓葬 19 座，出土遗物十分丰富。一期房址为长方形地面建筑，有基槽，木柱支撑草拌泥墙，居住面经夯打修整，南向。二期房址 1 座，为单间房址，呈不规则长方形，面积在 8 平方米左右，由柱洞、门槛和居住面组成，居住面为灰白色黏土，土质坚硬。三期未见有房址。四期房址为一曲尺形多间式地面建筑，木骨泥墙。西面为一间大房，东面为两间或两间以上的小房，大房与小房之间有一宽 85 厘米的门道。小房位于房址东面，其西北角发现有 4 件倒扣在居住面上的陶器，为豆、罐、碗、杯；有 2 大块灰烬层，小房可能属于厨房或饮食的场所。房址内发现有大量陶片，另见有纺轮 17 件、石器 8 件，其中石斧 6 件。

（2）屈家岭文化聚落

屈家岭文化因首先发现于湖北省京山县屈家岭遗址而得名，其年代距今 5 500—4 600 年，上承大溪文化末期，下接石家河文化早期。屈家岭遗址，处于大洪山东南麓的两条小河青木垱河及其支流青木河之间，坐落在一片椭圆形的岗地上，地势平缓，面积约 40 万平方米，揭露面积近 1 000 平方米。该遗址发现有灰坑、墓葬以及大面积红烧土遗迹 2 处，另见有特征鲜明的陶器，包括彩陶、彩绘陶和彩陶纺轮等。屈家岭文化的分布以长江中游江汉平原为中心，向北越过桐柏山达豫西南的南阳盆地，其文化影响可达豫中甚至黄河沿岸，西北顺汉水到达武当山地区；向西直抵三峡；南止于洞庭湖南岸，影响可及湘中地区；东则到了黄冈和黄石一带，东北以大别山为界。该文化地跨鄂、湘、豫三省。[123] 截至目前，考古在这一区域范围内发现的遗址已有近千处，我们仅择其重要者一二进行介绍。

鸡鸣城遗址，位于湖北省荆州市公安县狮子口镇龙船嘴村与王家厂村交界处，坐落在一个狭小的平原上，南距一河流仅 2 千米，地处江汉平原和洞庭湖平原交界的衔接地带。鸡鸣城平面呈不规则的椭圆形，略从东北向西南走向，东南和西南角有明显的转折。南北最大距离约 500 米，东西约 400 米，面积约 15 万平方米。城址保存较好，仅东北部缺失。城垣周长约 1 100 米，顶宽约 15 米，底宽约 30 米。城垣外有护城河，护城河周长约 1 300 米。遗址中发现 3 处城门遗迹，分别为东门、西门和北门，东门宽约 12 米；西门位于西城垣偏南，宽 11~12 米；北门位于城垣偏西，宽 14 米。城址中还出土陶器等文化遗存物。这一遗址对我们了解江汉地区的社会发展水平和早期聚落形态具有较大的意义。[124]

鸡叫城遗址（见图 2–8），属于屈家岭文化中期，位于湖南省澧县城北约 12 千米的涔南乡，地处澧阳平原中部。聚落遗址平面近方形，四隅呈圆形，东西长 400 米，南北宽约 370 米，面积近 15 万平方米，揭露面积 190 平方米。西、北城墙保存较好，西墙南段宽约 60 米，残高 4~5 米；北墙西段宽 40~60 米，残高 2~3 米，北墙中部有一豁口，可能是城门所在；东墙仅存北段和南段，宽约 40 米，残高 3~4 米；南墙已毁。鸡叫城有壕沟和护城河。遗址中发现有圆锥形土台，底径近 10 米，高约 1.5 米，台顶中央有一直径约 2.5 米的红烧土堆，厚约 1 米，与土台顶面持平，遗存有大量碎陶片，位于城墙下，可能与城墙建设举行祭祀活动有关，大致属于屈家岭文化晚期。[125] 考古发掘还显示，鸡叫城城址的建设是持续性的，经历了屈家岭文化中期、屈家岭文化晚期和石家河文化早期几个阶段，可见这是一处时间跨度很大且持续使用的早期聚落。不仅如此，围绕鸡叫城还形成了一个聚落群团，在面积仅 20 平方千米的区域范围内，有近 40 个聚落紧密地聚集在一起，体现为明显的地缘一体化趋势。[126] 这些发现表明，鸡叫城作为一个区域的中心聚落已具有地缘整合的作用与意义。

黄楝树遗址，又称龙山岗遗址，位于河南省淅川县滔河乡黄楝树村西侧的斜坡台地上，东南倚高约 50 米的土岗，西北邻黄岭河，处于丹江和黄

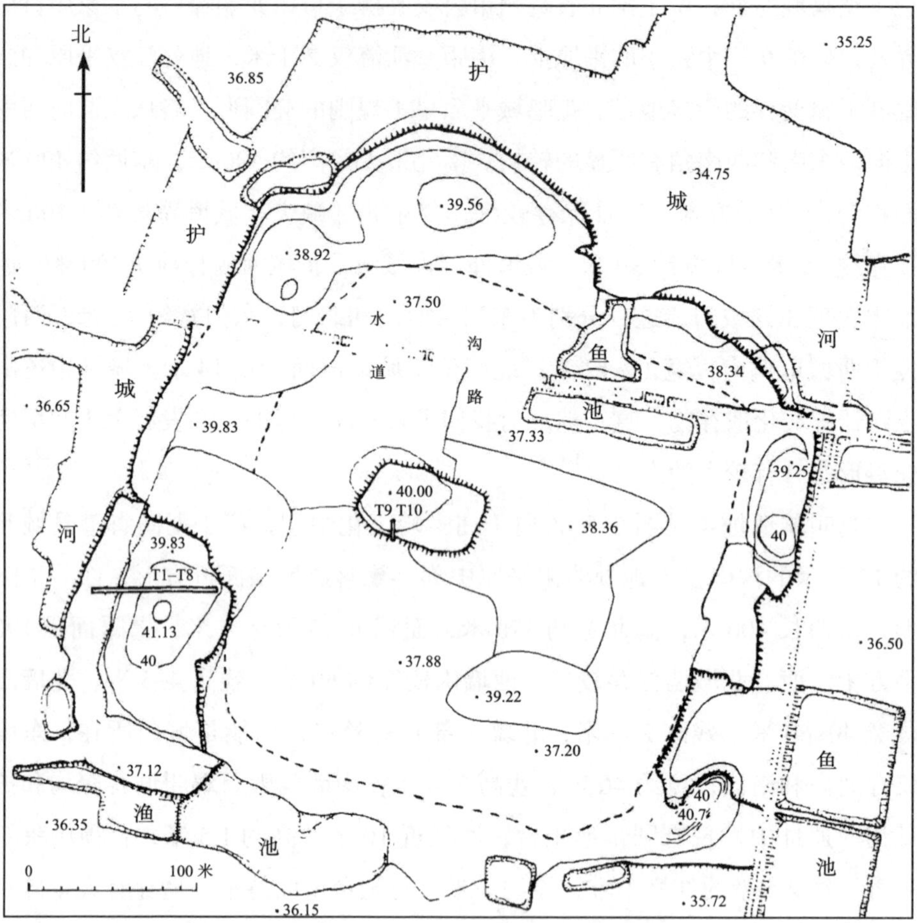

图 2–8　鸡叫城遗址

岭河的交汇处。遗址现存面积约 20 万平方米，新石器时代遗存堆积范围约 14 万平方米，文化堆积厚度 1~4.2 米，包括新石器时代、西周、汉代、宋元、明清等时期的遗存，以新石器时代遗存为主，内含仰韶文化、屈家岭文化和石家河文化时期的遗存。其中屈家岭文化时间最长，遗存物也最为丰富。房基 25 座，大都坐落在遗址东南部的台地上，背山面水，前临黄岭河，后依黄土冈。房屋呈庭院式布局，分北、东两排房。北排房为西北—东南向，为基本平列的短排房，房址 5 座；东排房为东北—西南向，为纵长排房，房址17座；中间形成三个小院式空旷广场，院内中部偏南处有一单间大房，房门朝向东北，可能为氏族首领的住所或公共活动的空间。这些房屋分单间和双间两种，其中双间8座，余下为单间；房屋排列整齐，间距紧密，有的间距在0.3~1.2米之间；房子的形状为方形或长方形，为挖筑的木骨建筑，墙壁白灰涂抹；有火塘，一般一室一塘；少数房屋外有白灰地坪。灰坑17个，墓葬38座，墓内随葬品少，仅4座分别随葬有一两件陶器（鼎、罐）及粗糙的装饰品，主要是由石珠和陶环组成的耳饰、石镯和石饰等。虽然随葬品较少，但仍反映出社会开始分化，可能已有了地位、贫富上的区别。聚落遗址出土有生产工具和生活用具遗物达997件，前者如石斧、石锛、石镰、石刀、石网坠、陶纺轮、骨鱼钩、镞、骨锥、角锥、牙锥、骨针、石臼杵、陶杵、研磨器等，后者包括陶鼎、陶罐、陶碗、陶缸、陶钵、陶盆等。这些发现都表明，黄楝树是一处社会组织严密、社会活动频繁的大型聚落。[127]

（3）河姆渡文化聚落

河姆渡文化因首先发现于浙江省余姚市河姆渡镇而得名，它是长江流域下游以南地区的新石器时代晚期文化，年代距今7 000—5 300年。考古发现显示，河姆渡文化主要分布在杭州湾南岸的宁绍平原和舟山群岛，目前较为明确的河姆渡文化遗址，除余姚河姆渡遗址以外，还有余姚鲞架山、朱山、下庄，慈溪童家岙，宁波八字桥、沙溪，象山塔山，奉化名山后，定海白泉等遗址，最为典型的当数河姆渡遗址。

河姆渡遗址，位于杭州湾南岸一条狭长的河谷平原上，为丘陵向平原的过渡地带，其地势由西南向东北略呈缓坡，其南面为四明山，北面为慈南山地，东面为南北走向的低山丘陵。遗址发掘面积2 630平方米，共出土木构件总数在千件以上，木构件有长圆木、桩木和木板三类。遗址中发现有13行排列有序的桩木，可能有6栋以上的建筑，其中一座连体长屋进深约7米，带1.3米宽屋檐下前廊，面宽在23米以上。房屋遗迹主要是排列成行，打入生土桩木，另见有散置的梁、柱长木以及厚板，未见有草筋或红烧土之类，全系榫卯木结构，是典型的干栏式建筑（见插图5）。木构建筑遗迹的重要组成部分，基本是西北—东南走向，部分近正南北，显然按背山面水布置。从建筑的构造来看，其明显区别于黄河流域的半地穴式或地面建筑，建造技术也不尽相同。除了社会组织结构之间的差异外，这更可能是自然地理环境的不同导致的。墓葬27座，位于发掘区的西部、北部和东北部，一层文化层随葬品最多的5~6件，少的仅1件，多为陶器，一般有釜和豆，也有玉、石；二层文化层未见随葬品；三层文化层，不见墓坑，无葬具，绝大部分没有随葬品，个别有少量随葬品。发现木构水井1座，它由200余根桩木、长圆木等组成，外围是一圈近圆形的栅栏柱，直径约6米，面积约28平方米，立面是一方形竖井。[128] 考古显示，河姆渡动物骨骸涉及47种动物；大多数探坑中均发现有20~50厘米厚的稻谷、谷壳、稻叶、稻茎和木屑、纬编混杂的堆积层。经鉴定，稻谷属于人工栽培水稻。[129] 伴随稻谷遗存出土的，还有大量农具，主要是骨耜，有170件之多，其中有2件的柄部还残留着木柄和用于捆绑的藤条。这些发现表明稻作农业不仅已上升为河姆渡人的主要经济门类，而且稻作农业进入了“耜耕阶段”。不仅如此，从包括纺轮、绕纱棒、分径木、经轴、机刀、梭形器、骨针等在内的近10种骨制纺织工具，以及石器、陶器、木器等几千件生产生活工具来看，河姆渡人拥有了较为发达的农耕经济，同时兼有畜牧和狩猎的经济活动，这反映了长江流域新石器时代晚期氏族公社的社会结构和发展程度。

（4）马家浜文化聚落

马家浜文化是以浙江省嘉兴市南湖区天带桥村马家浜遗址的发现与发掘为代表的考古文化，是长江下游地区的新石器时代晚期文化，主要分布在苏南和江北的太湖周边地区，目前考古发掘的马家浜文化遗址有30余处，主要有马家浜遗址、桐乡罗家角遗址、昆山绰墩遗址、宜兴骆驼墩遗址等，其中马家浜遗址和罗家角遗址最具典型性。

马家浜遗址，位于嘉兴市城南偏西7.5千米，坐落在一个三河交叉的平原，遗址东西长约150米，南北宽约100米，面积1.5万平方米，发掘面积

213 平方米。上文化层发现 1 座长方形的房址，东、南、西三面有柱洞 13 个，东南角有门址。柱洞范围以内，有一层约 8 厘米厚的黄绿色硬土面，应该是居住面。房子周边范围内出土有骨镞、骨凿等。另见有疑似被烧毁的房屋。下层建筑遗迹简陋，为一凹坑，发现有牛、鹿的骨骼，不一定为居住建筑。遗址西部和西北面为葬地，距居住区 10 余米，发现 30 具骨架，没有墓坑。出土有骨器、石器、玉器、陶器等人工制品，骨器多为骨锥、骨镞、骨凿、骨针等生产工具，石器也为石锛、石斧等工具。[130]

罗家角遗址，位于浙江省桐乡市石门镇东北，东西长约 400 米，南北宽约 300 米，总面积约 12 万平方米，揭露面积 1 338 平方米。清理灰坑 53 个，发现丰富的考古遗物和动植物遗存，出土遗物有完整或可复原的陶、石、骨、木器约 800 件。其中，陶器有釜、盆、盘、钵、豆、鼎、壶等生活用具和纺轮；石器有斧、锛、刀、纺轮等；骨器则主要为镞、耜、匕等生产工具；木器中有一批加工方正的榫卯木建筑构件，加工方式有火烤和斧、锛凿等方式，有些木构件的凸榫上还带有销钉孔，卯眼有穿透和未透之分，这些都是根据不同的建筑需求而制作的，目的是使木构件拼合更为牢固。这些发现都说明罗家角遗址中普遍存在木构一类的建筑。[131]

（5）石家河文化聚落

石家河文化因湖北省天门市石家河遗址群的发现与确定而得名，是长江中游地区继屈家岭文化之后的一个新石器时代末期的文化类型。石家河文化的分布区域与屈家岭文化大致相当，主要分布在以湖北江汉平原中部为中心的地区及周边范围，辐射范围包括湖北、豫西南和湘北一带，最北甚至到了郑洛地区。截至目前，考古发现的石家河文化遗址有近千处，尤其是围绕天门石河镇范围形成了一个石家河遗址群。

石家河遗址群，位于湖北省天门市区西北约 17 千米处，地处大洪山南部低山丘陵的垄岗状平原区，处于东部的石家河与西南部的马溪河交汇处。遗址群有遗址 30 余处，密集分布在石家河镇以北海拔 30~45 米之间约 8 平方千米的范围以内，很多遗址之间的文化堆积没有明显的界线，这个范围以外，遗址仅有零星分布，充分体现出石家河遗址群的群团性质。据考古发掘显示，在以谭家岭为中心，包括邓家湾、三房湾、土城、黄金岭、杨家湾等遗址在内的范围中发现有一座“石家河土城”。土城位于邓家湾以东、黄金岭以北，民居居于城内北部、西部及城外西南端。土城平面略似鞋底，南北长约510米，东西最宽约280米，面积近120万平方米，城垣周围有形似环形壕沟的低冲。城垣的东、北段稍宽，高差也较大，城圈十分完整，东段偏北处有一个宽约12米的豁口，可能是城门所在之处。城址中还发现有大量西周中晚期的遗存，说明城址可能处于持续使用的状态，延续时间长。城址外围有规模不大、绕城散布的遗址，譬如城北的胡家湾、周家湾、晏家新场和晏家光岭等，城西的枯柏树、谭家港、堰兜子湾等，城东北的毛家岭、王家台、敖家全、榨锅坟头等。这种分布似乎表明土城与周边聚落之间是一种主从关系，土城在政治上属于权力核心，周边聚落则从属于这个核心。由此可见，石家河遗址群无疑是一个以土城为中心聚落的地缘一体化聚落群团。[132]

（6）良渚文化聚落

良渚文化以浙江省余姚市良渚遗址的发现与发掘为代表，年代距今5 300—4 500年，是长江下游地区新石器时代末期的文化类型。考古发现显示，良渚文化主要分布在钱塘江流域和太湖流域的周边地区，尤为密集的是钱塘江流域的东北部和东部。据相关资料显示，截至目前见诸报道的良渚文化遗址有200余处，有学者估计甚至不下千处[133]，譬如浙江余杭反山、瑶山，以及江苏昆山赵陵山、吴县草鞋山、武进寺墩和上海青浦福泉山等遗址，在所发现的遗址中聚落属性最为明确且体现为一定群聚特征的，主要是浙江余杭的良渚文化遗址群。

良渚文化遗址群，位于浙江省杭州市北郊，主要分布在余杭市的瓶窑、安溪、良渚三镇，面积约34平方千米。遗址群地处浙西山地丘陵和杭嘉湖平原的接壤地带，为丘陵谷地，水网密布。截至目前，这一区域内发现单纯良渚文化遗址和含良渚文化的遗址100余处。总体看来，良渚文化遗址群大致可分三个区域：一是北部遗址约30处，以东苕溪北岸至天目山余脉之间的狭长地带为主要分布范围，集中于大遮山丘陵南麓的坡脚和山前地带，呈两条并行带状分布；二是遗址群西南部以莫角山为中心的地区，分布着50多处遗址；三是东南部以良渚镇荀山为中心的一带，在1千米半径的范围内分布着20多处遗址，十分密集。遗址群发现的遗迹、遗存类型十分丰富，有居址、墓地、祭坛、手工业作坊等遗迹与生产生活工具、祭祀用器等遗存。遗址群的居址按规模大小划分，分别以莫角山、姚家墩、庙前三处遗址为代表。莫角山是一座巨型长方形夯土平台，面积超3万平方米，遗址上有三个小土丘，可能是主体建筑遗存。在南侧100平方米范围内，发现有数排大型柱坑，可能是礼制性建筑。后来在遗址东南部不仅清理出大面积的坑状烧土堆积，而且还揭露出排列整齐的沟埂、积石坑、填埋纯净土的灰坑等遗迹。这些发现都反映出莫角山遗址可能是一处中心聚落遗址，并且属于这一区域范围内最高的权力中心。据资料介绍，考古工作者清理姚家墩遗址时，在厚约2米的文化堆积之中发现的几乎全是建筑遗存，并且多层硬面更显示出姚家墩的建筑物有多次更替。庙前遗址发现有一批房屋遗迹，较为清楚的有2座，其中一座遗存保存完好，平面呈长方形，有26个柱洞，面积约80平方米，另一座大体相当。墓地也可以分三个等级，以反山、瑶山的级别最高，因为在这两处墓地中不仅发现有非常精美的玉器随葬品，而且随葬品丰富，有些随葬品甚至超过了墓主躯体的重量，可能属于部落首领一类的墓地；汇观山、文家山次之，这两地墓葬中也发现有琮、钺、璧等玉质大型礼器，也有石钺一类的随葬品，应该是贵族墓地；再次之则为平民墓地，随葬品相对简单。祭坛有依山营建和平地营建两种，瑶山、汇观山的为前者，卢村的为后者。从这一系列现象来看，良渚文化遗址群应该存在较为严密的社会组织，不仅形成了中心聚落、次中心聚落和普通聚落几个层级，呈现出明显的群团特点，而且社会内部有了明显的等级区分和贫富差距。这些都表明，长江下游地区早期人类社会的结构发生了根本性的转变，即社会完成了从原始共产、共食的社会关系向私有制社会转型。[134]

以莫角山为中心的宫城、内城、外郭城和外围水利系统的发现，特别是以良渚古城为中心的聚落群团的发现，不仅让人们重新认识了中国的远古文明历史，而且从考古物证的层面深刻揭示和肯定了中国五千年历史文明的事实。也正是基于这样一个事实，2019 年 7 月 6 日，在阿塞拜疆巴库，联合国教科文组织第 43 届世界遗产委员会会议上，良渚古城遗址作为中华文明起源阶段的村落遗存，被成功列入《世界遗产名录》。对中华文明来说，良渚古城被列入《世界遗产名录》的意义，不仅仅在于多了一处世界级的遗产名录，更在于中华文明的历史渊源受到了国际认证。尽管作为客观存在的中华文明的存续与发展未必一定需要这种“国际认证”，但不管怎么样，特别是对保护与发展文化多样性，当代中国提振文化自信、增强民族与文化认同等一系列现实诉求而言，这一认证具有极大的历史文化意义。

三、史前聚落遗址的特征及价值意义

上文中我们对黄河流域、长江流域广大范围内较具典型性和代表性的史前聚落遗址进行了梳理与列举。在梳理中，我们发现，史前聚落既具有时代性、区域性和层级性的特点，也拥有统一性的内容。因此，对它的理解和认识，既不能过于笼统，也不应仅限于某些单一体的微观剖析，而必须在兼顾史前聚落所表现出的统一性与多样性的基础上，把握聚落的基本特征，并在这一前提下，挖掘它的意义及其形成因素。大体而言，我们审视史前聚落的基本特征可以从三个阶段来把握。

（一）旧石器时代遗址地点的特征

根据前文中我们对旧石器时代遗址地点的阐述，不难发现，无论是黄河流域还是长江流域，作为早期人类聚居之处，我国旧石器时代的遗址地点呈现出如下几个明显特点。

遗址地点的人类活动体现为明显的结群性质。这可能与人类的动物本能有关。一方面，人类是从灵长类古猿经过漫长的进化过程发展而来的，本来就属于群居型动物；另一方面，大量研究资料表明，人类的群居行为与人类自身体质的缺陷有关。面对大自然中的凶猛动物，体格相对弱小的个体人类是难以应付的，所以只能通过结群活动弥补这一不足，以群体的力量求得生存。

遗址地点往往密集分布在一个自然地理条件相对优越的区域范围内，并以独立的遗址地点为活动单元，地点与地点之间形成明显的群落现象。譬如，黄河流域的宁夏水洞沟盆地、陕西洛南盆地、山西汾河流域、山东沂沭河流域等，长江流域的广西百色盆地、湖南澧阳平原、安徽水阳江流域、湖北汉水流域和长江沿岸等区域的旧石器地点，都体现了明显的抱团倾向，区域内部甚至形成了遗址群和遗址群团。

遗址地点的分布和形态与自然环境密切相关。遗址地点一般位于近水和自然资源丰富的地方，具有气候宜人、地势开阔和交通相对便利等特点。在分布和形态上，大体与地形、地貌融于一体，走向一致，并呈现为三种模式：一是沿河模式，即遗址地点以河流两岸的台地为基础，呈串珠状分布，譬如山西汾河流域、山东沂沭河流域等都属这类；二是盆地与江河冲积平原模式，即遗址地点以地表平缓的山间盆地及江河冲积平原为基础，前者呈片状布局，后者则呈树枝状分布，譬如陕西洛南盆地；三是平原模式，即以开阔平坦的平原地带为基础，遗址地点高密度分散布局，这一模式也体现了遗址地点从早期多位于山间盆地、河谷地带向山前平原移动的变迁趋势。[135]

以上几个关于旧石器时代遗址地点的特点具有普遍性，不仅有助于我们弄清楚村落起源与布局等方面的问题，而且将便于我们理解旧石器时代人类社会的组织形态和一般社会组织原则。应该指出的是，上述这些特点也并非完全绝对，因为各区域范围内的遗址地点都有其特定的地域性特点。有些在同一地理区域范围内的聚落遗址也存在规模、形态等级等方面的差异，这些都仍有待进行深入细致的专门探究与揭示。

（二）新石器时代前期聚落遗址的特征

进入新石器时代，特别是到了中期，农业在经济社会中的地位越发突显。大量考古发现，这一阶段聚落的发展不同程度地依靠农业，并且伴随着农业的发展而不断变化，开始体现出明显的农耕性质。通过对一些代表性聚落遗址的剖析，我们可以发现，这些聚落的基本结构、布局方式、相互关系等，都呈现出一定的共性特征。

聚落规模普遍较小，但散布空间较大。考古发现显示，新石器时代中期以前的聚落，面积多数在 2 万平方米以下，2 万平方米以上的很少，5 万平方米以上的更是凤毛麟角。原因主要有两点：一是人口少，实际生活面积的需求小；二是聚落多坐落于山前坡地或山谷台地，地形地貌的特点具有局限性，客观上制约了聚落面积的扩大。从趋势上来说，这一时期的聚落明显体现为从山区河谷地带向山前平原地带迁移。正是由于聚落规模小、数量少，所以聚落的散布空间大，如在两湖及峡江的广大地域，城背溪文化时期就只发现聚落遗址 40 余处。[136] 当然，聚落散布的空间范围大，也客观上造成了聚落外围的实际活动空间很大。

在自然地理单元范围内形成了明显的聚落群，但尚未见有属性明显的中心聚落。考古资料显示，在一定的自然地理单元范围内，由于拥有优越的自然地理条件与丰富的自然食物资源，不同程度地散布着规模不等的聚落遗址。这些聚落遗址从散布空间上来说并非孤立的存在，而是呈现出与周边范围内的聚落相对紧密的关系。譬如澧阳平原的彭头山文化、环嵩山地区等区域范围内的聚落遗址，都具有这样的特点。虽然聚落之间体现了群体性质，但是从规模、形态和内涵上看，它们之间更多的是一种平等的关系，极少发现地位不平等的空间组织形态。

聚落有了初步的功能分区，居住区与墓葬区逐步分开。尽管这期间的聚落面积仍很小，但有了一定的规划布局，居住区与墓葬区普遍分开，这是早期聚落发展的一个重要改变，也是一个重大进步。因为这不仅意味着早期人类社会的更替具有了一定的秩序性，而且反映出聚落社会有了较为强烈的组织性和秩序性。譬如黄河流域的裴李岗遗址、舞阳贾湖遗址、新郑唐户遗址、密县莪沟北岗遗址等。从墓葬区的情况来看，葬地也往往存在若干群组的现象，可能体现为家族或氏族的墓地区分。房屋布置也有一定的规律性，如舞阳贾湖遗址平面呈近圆形，房屋近 50 座均按规律有序排列。

聚落的防御设施少见或是不明显。总体来看，新石器时代中期之前的聚落处于初步发展阶段，无论是聚落规模还是形态上，都尚未形成一定的规制，与后期相比，尤为明显的是很少见到防御设施，或者防御设施并不是特别明显。目前考古发现的聚落遗址中，具有防御设施的，仅见有长江流域的八十垱遗址、黄河流域的新郑唐户遗址等。其中八十垱遗址可能年代最早，其聚落利用北边一段古河道作天然阻隔，东、南、西三面有土围和壕沟环绕；新郑唐户遗址则仅见有壕沟一条。

聚落中的居址以单间房为主，多间房开始出现。单间房在形式上有椭圆形、圆形、方形、长方形和不规则形，以半地穴式建筑为主，面积普遍不大，偶有案例如北方地区的赤峰兴隆洼遗址，发现有 2 座面积达 140 平方米的大房子。[137] 多间房，如贾湖遗址第三期，就发现有数座半地穴式内留有门槛的房址，属于 2~4 间的连间房；新郑唐户遗址裴李岗文化时期的房屋有 63 座，其中 60 座为单间房，3 间为双间房。这种现象在一定程度上反映出新石器时代前期后段的社会结构在发生变化，可能意味着家庭观念初始期或是早期家庭生活的出现。

综上所述，新石器时代前期属于母系氏族社会，社会关系相对简单，是一种原始共产、共食、共享的生产关系。从房址、墓葬和随葬品来看，未见有明显的社会分化，聚落内部的社会成员平等相处，没有形成严密的聚落组织，社会组织形态相对松散。聚落的农耕性质越来越明显，既体现出聚落的变迁与农业的发展密切相关，也说明农业在人们的经济生活中占据越来越重要的位置，诸如此类，在上文中已有所论及，不再详述。

（三）新石器时代后期聚落遗址的特征

新石器时代后期，伴随以原始农业为主的综合经济的繁荣发展，人类社会开始从母系氏族社会向父系氏族社会转型，私有观念日趋明显，并最终形成私有制。建立在私有制基础上的家庭生活成形并迅速发展。这一切都使聚落在规模和性质上发生结构性变化，体现为如下几个具体特征。

聚落数量大幅增多，规模增大。相比新石器时代前期，同一自然地理单元范围内，后期的聚落数量可能是前期的数倍之多。据资料显示，新石器时代晚期，中原地区仰韶文化时期的聚落数量有 900 余处，是裴李岗文化时期的 5 倍之多。[138] 长江下游新石器时代末期的良渚文化遗址群，在面积约 34 平方千米的范围内密集分布着 100 余处遗址。不仅数量增多，聚落的面积也普遍较前期扩大，面积在 5 万平方米以上的聚落很多，有些聚落有 10 万平方米，甚至出现几十万平方米的。譬如，黄河流域的郑州西山遗址有 34 万余平方米，郑州大河村遗址有 30 余万平方米；长江流域的鸡鸣城遗址和鸡叫城遗址均达到 15 万平方米。尽管（长）江（黄）河流域的聚落面积普遍扩大，但两者相比，黄河流域地区的聚落面积整体上比长江流域地区的大。原因除与人口密度有关以外，更是与文明进程有关，但自然地理条件因素亦不能排除。黄河流域的地势相对较为辽阔，而长江流域尤其是长江以南则多丘陵山谷，不利于大面积的自然农耕与大面积聚落的兴建。当然，这仅仅只是一种基于历史地理与自然及经济地理的判断。

聚落分化为中心聚落与普通聚落，地缘一体化倾向明显。有学者根据聚落面积的大小，把聚落划分为 4 个等级：特级聚落 50 万平方米以上，一级聚落 30 万 ~49 万平方米，二级聚落 10 万 ~29 万平方米，三级聚落 9 万平方米及以下。他们还根据这一标准对河南地区仰韶文化时期的聚落进行了划分。以豫西洛阳地区为例，有特级聚落 3 个，一级聚落 7 个，二级聚落 25 个，三级聚落 132 个。[139] 尽管这种划分带有强烈的人为主观性，不是十分科学，并且聚落面积的大小与聚落的等级地位也未必绝对相当，但于宏观层面来说，还是可以在一定程度上反映聚落分化为中心聚落与普通聚落这一事实的。从聚落结构和出土遗存等来看，诸如长江流域的城头山遗址、鸡叫城遗址、石家河土城遗址和良渚文化遗址群中的莫角山遗址，黄河流域的临潼姜寨遗址、郑州西山遗址、大河村遗址、尉迟寺聚落遗址和丁公遗址等聚落，不仅在等级和地位上都要高于周边范围内的聚落，而且以其为中心形成聚落群团，中心聚落性质十分明显。良渚文化遗址群以莫角山为中心，周边分布着100余处遗址。这些都表明，新石器时代后期，在一定的自然地理单元范围内，地缘一体化趋势日趋强烈。这种现象的产生，除血缘因素以外，可能更多的是出于政治、军事防御上对地缘的需求，与聚落生产能力及内需经济也有一定的关系。

聚落的功能区划清晰，体现出一定的规划性。一般而言，在平面布局上，聚落由居住区、手工作坊区（陶窑场）、公共广场、墓葬区和环壕等组成，不仅规划性很强，而且表现出强烈的内聚性特征。譬如，陕西临潼姜寨遗址、西安半坡遗址、宝鸡北首岭遗址、秦安大地湾遗址、安徽大汶口文化的尉迟寺聚落遗址等黄河流域地区的聚落就极为典型。相比黄河流域，考古发掘所见长江流域聚落的功能区划相对含糊，但事实上，从澧阳平原的城头山遗址、鸡叫城遗址，以及河姆渡遗址和石家河土城等聚落所遗留的城垣、环壕和居住遗址来看，其规划性同样明显，并且很强。例如，城头山遗址虽然城内的功能区划并非十分明确，但从其护城河、夯土城墙和东、西、南、北四门组成的遗迹来看，其显然是经过严密规划与设计的。

环壕型聚落呈现出向城郭发展的趋势。伴随着中心聚落与普通聚落的分化，聚落的发展开始形成明显的两种趋势，其中前者朝城郭方向发展，后者的发展则几近于停滞，属于典型的散布型村落。前者在外观形态上一般有环壕，体现出强烈的军事防御性特征；就聚落建筑而言，除民宅以外，通常还有祭祀遗址和大型公共建筑或宫殿式建筑，表现出突出的宗教性、政治性功能。譬如河南新密古城寨遗址，城内东北部就有两座大型房址，一座为宫殿式建筑，面积近384平方米，另一座为附属建筑，属于廊庑式建筑；石家河文化遗址群中的土城则拥有大型的礼制性建筑。这些都表明，环壕型建筑逐渐发展为城郭。尽管追溯历史，早在距今 8 000 年前的澧阳平原八十垱遗址就发现了环壕遗迹，距今 6 000 年前的城头山更是拥有了完整的城垣，但从年代上来说，这类环壕型聚落的大量出现应该是在龙山文化以后。仅河南龙山文化时期的城郭型聚落，就出现了登封王城岗、辉县孟庄、淮阳平粮台、新密新砦城址、安阳后岗等几十余处。

聚落居址连间房增多，分化明显，地面建筑普遍出现。相比新石器时代前期，这一时期虽然单间房仍十分常见，但连间房明显增多，而且多呈方形和长方形。譬如安徽蒙城尉迟寺遗址的居住建筑，多以两间或两间以上的房址为一组，分布于壕沟内侧，从北向南有 12 排，零星房址 2 间。郑州大河村仰韶文化三期的聚落房址，除 1 座为半地穴式房址以外，其余都为地面建筑，而且房址多数为两间或两间以上，其中有并列四连间 1 座，并列二连间 2 座。不仅如此，这期间的居住空间明显经过了一定的室内装饰，有些用草拌泥垒筑，有些则采用木骨泥墙，房间地面也经过处理，有的经过烧烤，有的用料礓石[140]铺就或草拌泥铺抹。河南邓州八里岗仰韶文化晚期、大河村文化三期的聚落居室，都有类似的处理。这些不仅表明史前建筑技术取得了较大进步，而且反映出史前社会发生了分化，形成了不同阶层群体。

上述聚落变迁的特征显示，新石器时代后期人类的社会关系发生了转变，已不再是简单的原始共产、共食、共享的生产关系。不论是聚落与聚落之间，还是聚落内部的成员之间，都呈现出明显的分化现象，社会组织形态严密，有了贫富、等级和地位的区别。正是这一系列转型，促使着人类社会向阶级社会进化，并开始向文明社会迈进。

（四）史前聚落遗址的价值意义

从史前聚落的发展及其变迁来看，我们大致可以得出如下几点历史认知。

首先，村落的起源与农业的兴起密切相关，尽管农业的出现并不是村落产生的唯一条件，但人类从“居无定所”的迁徙流动生活方式逐步走向定居生活，由早期的穴居、巢居发展到固定居民点，再到村落的产生和村落群的形成，及至城邑和国家的出现，都无不打上了浓厚的农耕烙印。从村落的产生到国家的形成，不仅意味着中华大地从分散走向统一，而且是早期人类社会从血缘、地缘进化到文明的兴起和整合。在农业发达地区的长江流域、黄河流域，乃至北方地区，其早期村落的发展显示，中华文化的起源是多源头的。

作为农业发展的先决条件，自然地理条件影响甚至决定着早期村落及其文化的生成与发展。村落在起源阶段，尽管因人类本身及所处地域环境的不同而具有族群性、地域性和多样性的特点，但由于早期人类在生存驱动上的相同性，村落也呈现出一定的统一性。可以肯定的是，我国早期村落具有集统一性与多样性于一体的性质。这一性质还显示，村落的变迁除了受土地与人口等因素的制约和刺激外，也与族群、信仰、道德、语言、风俗和地理等因素的变化密切相关。

其次，村落作为我国人类社会进入农耕文明的重要标志，是农林渔牧业人群长期生产、生活、聚居、繁衍和进行政治、经济、文化活动的场所，是相对稳定、明晰的社会单元。它在承载中华民族的历史文化方面具有本源性和传承性的特点。特别是村落和村落中所产生并形成的包括建筑、工具、技术、组织、制度、道德和信仰等在内的物质与非物质文化形态，虽是农耕文明的产物，但被最初的城市最大限度地继承和发展，所以也成了城市及其文化的源头。尽管国家出现后，部分城市是因各种原因而建造或发展起来的，但不可否认的是，城市文化的源头是村落起源阶段所积淀的文化传统。尽管伴随着早期社会中越来越明显的城乡分野趋势，逐渐形成了城乡两种文化类型和两种经济形态，社会的贫富和地位的分化日渐裂变，但在自古以农立国的中国古代社会，特别是在生产力相对低下的早期农业社会，村落远远不只是一个社会单元和生活单元，更具有哺乳城市、服务国家的意义，在推进城郭发展、维系国家稳定和繁荣方面起到了极为积极的重大作用。

最后，村落作为建立在血缘和地缘基础上的聚落，有自身的范围与活动空间，具有聚族群体性和血缘延续性的文化特质，呈现为封闭性、保守性和地域性等特点，是有形的地域性物质实体空间与血缘性、地缘性乃至亲缘性非物质社会空间的高度重合。因此，讨论村落的起源及其演化的问题，不能仅仅局限于村落的物质实体空间，更要顾及村落的非物质社会空间，尤其要挖掘村落所承载的中华民族形成与发展过程中所发生的历史文化信息及其所映射出的“家国一体”的社会与文化内涵。村落的起源与早期发展表明：早期人类社会不仅经历了从原始群体到氏族社会，再到部落、部落联盟，进而到民族和国家社会形成的过程，中华民族最初的文化传统也是形成并发展于村落的。它是中国民族文化的逻辑起点与实际历史的起点，隐含着丰富的政治、经济以及包含宗教在内的深层次历史文化信息与内涵。

当然，村落作为一个实际存在的生产生活的聚落空间和相对稳定的社会单元，在进入国家形式后，它的生存与发展理所当然地受到了来自国家的严密管控，但也正因如此，村落与国家、民族的发展更紧密地联系在一起，成了见证国家和民族发展的活证与实证。关于这些，我们将在后续研究中做进一步阐释。

第三节
国家的诞生与村落的蠡测

村落的不断分化扩张以及群团化不断发展的直接结果，是城市的出现和地缘一体化的形成。而地缘一体化的持续巩固和扩大，则促进了国家的产生。按照马克思的观点，这一发展趋势是私有制演化的产物，也是阶级社会的产物。[141] 正如恩格斯在《反杜林论》中所言：“随着分配上的差别的出现，也出现了阶级差别。社会分为享特权的和被损害的、剥削的和被剥削的、统治的和被统治的阶级，而同一氏族的各个公社自然形成的集团最初只是为了维护共同利益（例如在东方是灌溉）、为了抵御外敌而发展成的国家。从此也就同样具有了这样的职能：用暴力对付被统治阶级，维持统治阶级的生活条件和统治条件。”[142] 国家的实质是一个阶级统治另外一个阶级，因而它的出现意味着跨地域、跨血缘、跨部落的社会关系、经济关系和政治关系的建立。国家要维系和巩固这种关系，其前提和基础是对土地和人口的全面掌控，因为二者关系到国家的经济收入，是“维持统治阶级的生活条件和统治条件”。《诗经》中所谓“普天之下，莫非王土。率土之滨，莫非王臣”[143] 即为此意。正因如此，在国家出现之后，村落作为早期人类社会最基础的地域单元、生产生活单元和社会单元，便开始具有了国家层面的意义。

一、早期国家的出现与村落

从考古发现和历史文献记载来看，大致在二里头文化以后，及至商、西周政权的建立，早期中国便开始以国家的形式正式出现。按前揭，国家的实质是一个阶级统治另外一个阶级，村落作为以血缘为纽带的地方力量，显然是被统治的对象，并且还是早期中国严格监管的对象。因为作为地域单位和实际存在的生产生活单元，村落的代名词就是土地和人口，它直接关系到国家的根基与发展。从理论上而言，国家与村落之间，既相互制约、相互牵制，也互为促进、共同发展。但事实上，早期国家形成后的很长一段时间内，国家并没有成为村落发展的助推力，反而制约了村落的发展。其根本原因在于，早期国家的维系和巩固是以统治为前提的。文献记述显示，为了更好地维系国家统治，先秦国家对于土地实行“井田制”，由奴隶和庶民耕种；战国以后改行“授田制”，土地由国家授予，但庶民只有使用权，不能买卖。对于人口，则实行国民化管理，在制度上努力将奴隶和庶民纳入城郭集中居住。秦统一六国后，更是通过设立郡县制，县下建立“乡里”制来加强控制。正是这一系列制度，使早期中国有效地加强了国家与地方社会之间的交流和沟通，但也正因如此，村落的发展空间被大大压缩了。

井田制作为一种春秋以前就存在的土地制度，是早期国家管理和控制社会的一类有效方式。它曾在很长一段时间内影响着包括村落在内的早期中国社会形态的形成与发展。“井田”作为一个专有名词被提出，最早见于《春秋穀梁传·宣公十五年》：“古者三百步为里，名曰井田。”文中进一步指出，“井田者，九百亩，公田居一。私田稼不善，则非吏；公田稼不善，则非民。初税亩者，非公之去公田而履亩，十取一也，以公之与民为已悉矣”。[144]大致意思是，井田可以分为公田与私田两个部分，其中公田一份，余者皆为私田。私田分别由八家之民耕种，他们不仅要向国家缴纳足额赋税，而且要共同承担耕种公田的责任。《孟子·滕文公上》记：“方里而井，井九百亩。其中为公田，八家皆私百亩，同养公田。公事毕，然后敢治私事。”[145]与《孟子》所载不同的是《周礼》中的说法，其《地官·小司徒》云：“乃经土地而井牧其田野，九夫为井，四井为邑，四邑为丘，四丘为甸，四甸为县，四县为都，以任地事而令贡赋，凡税敛之事。”[146]《周礼》中的“井田”之说，认为井田无“公田”“私田”之分。其实，有关于井田制的系列问题，不仅在先秦就存在不同的理解，自清末以来更是引起广泛的争议，有不少学者从不同角度对此进行了不同的论述与讨论，特别是有关其具体形式与内容，更是众说纷纭，莫衷一是。[147]与村落形成有关的，大致有两种看法。以杨宽先生为代表的学者，认为井田制就是春秋时代以前的农村公社制度。它的产生是出于“统一治理和管理水利灌溉的需要”，实行“在河流灌溉的平原地区”，并认为在此基础上形成了作为居住空间的“邑”和“里”。[148]尽管这一观点被普遍接受，[149]但也有学者对此提出了质疑，认为“在井田制下，农民的个人份地直接受自国家而非村社共同体，因此井田制不仅不是典型的农村公社的土地制度……而是属于土地国有制性质的国家授田制，它并非西周时代的土地制度，而是在战国时代的国家授田制的基础上加以增饰而创制出来的一种理想制度”[150]。

上述各种说法，孰是孰非不是我们所要讨论的，可以肯定的是，作为一项土地制度或赋税制度，井田制应该正式形成于西周时期，在夏商时期便已出现。[151]不仅商周的甲骨文、金文和先秦古典文献等历史材料中均有类似内容的表述，而且相关记述都表明它在早期国家社会的形成过程中所起到的重要作用。早期中国，以国家形式的出现，意味着它不再是简单的以血缘为纽带的氏族公社，而是一个跨血缘、跨地缘的国家社会组织。要维系这样一个社会组织，原始公有制显然已经很不适应，于是，井田制作为在一定地域范围内平均分配土地的方式应时而生，并起到了维系和稳定国家的效果。从本质上而言，商与西周国家推行井田或者说井田制的根本目的是征收赋税，因而其出发点是一致的。而要实现这一目的，一方面，要将作为生产资料的土地的效益极大规模地发挥出来，必须对土地进行合理分配，尽可能使国家、土地拥有者、土地耕种者三方或多方获利，并使这种利益有度、平衡。另一方面，则要将作为生产力的国民固定在土地上。《春秋穀梁传》所载“私田稼不善，则非吏；公田稼不善，则非民”虽是对官吏和农户二者的要求，但由于官吏是私田的管理者和督促者，所以“稼田”归根结底是针对农户的，这就在制度层面将农户固定于土地。正是这一逻辑出发点，使井田制作为一项国家的制度，具有了村落变迁层面的意义。其意义突出体现在与井田制配套存在的基层管理制度，即所谓“国野之制”，它们互为因果，共同维系着早期国家的基层社会形态。

“国野之制”，即《周礼》所云的“体国经野，设官分职”。与乡野有关的是“乡遂之制”。在“国”设六乡，《周礼·大司徒》云：“正月之吉，始和布教于邦国都鄙……使之各以教其所治民。令五家为比，使之相保；五比为闾，使之相受；四闾为族，使之相葬；五族为党，使之相救；五党为州，使之相赒；五州为乡，使之相宾。”[152]“国”即“都鄙”，韦昭注：“都，国也。鄙，边邑也。”郑玄注曰：“都鄙，王子弟公卿大夫采地，其界曰都，鄙所居也。”都鄙就是当时的都邑或是国都周边范围的固定居民点，集中居住贵族、手工业者、庶人和商人等。都鄙营造形成了集中城居的形式，所谓“凡造都鄙，制其地域而封沟之，以其室数制之”[153]即是证表。“六乡”的设置，则正好于制度设置层面对此进行了巩固，其功能目的，是既便于管理，又可以将农民固定在一定区域范围内的土地上，进而维系国家的稳定。这种做法与早期中国实行的分封制密切相关。“凡建邦国，以土圭土其地而制其域：诸公之地，封疆方五百里，其食者半；诸侯之地，封疆方四百里，其食者参之一；诸伯之地，封疆方三百里，其食者参之一；诸子之地，封疆方二百里，其食者四之一；诸男之地，封疆方百里，其食者四之一。”[154]分封制可能最晚在商代已开始出现，分封侯、伯之类，[155]尚不完善，其真正成熟并广泛推行是在周代。周代将土地分封给诸侯，诸侯在封疆内将土地分赐卿大夫，卿大夫再把土地分赐子弟和士。分封，实质上造成了中央与地方之间的分裂，所以“六乡”的设置，也是为了加强中央对分封之地的控制。“国”之外，则于“野”设“六遂”，“以土地之图经田野，造县鄙形体之法。五家为邻，五邻为里，四里为酂，五酂为鄙，五鄙为县，五县为遂，皆有地域，沟树之”。“国”之外的广大区域即为“野”，郑玄注：“郊外曰野。此野谓甸、稍、县、都。”[156]简而言之，野即广大乡村地域。文献中所提到的“里”，则是乡村地区的基层组织，并且属于官方认可的有一定边界的居住空间。

很显然，作为春秋之前国家普遍实行的治理制度，特别是在西周时期，井田制和国野制都起到了积极的作用，既促进了中央国家与诸侯国及其地方社会的沟通和交流，又维系了国家的稳定。然而，我们必须思考的是，文献中如此规整的制度是否就一定符合实际呢？按照文献记述来理解，作为自然聚落的村落似乎是难以归入其中的。正是因为有了这一系列文献记述，中国先秦时期或是汉以前的历史时期，被以宫崎市定为代表的日本学者认为是“都市国家”，进入三国以后，才逐渐向被称作“村”的散村演变。[157]国内的侯外庐先生在20世纪30年代也论述了殷周为城市国家的问题，并将中国“城市国家”的起源追溯到殷商晚期，指出古文字“邦”“封”同义，“城”“国”同义。当然，侯先生并没有否认先秦以前就存在农业型的聚落，相反还认为我国在西周到春秋时期便发生了城市和农村的第一次分裂。[158]也有不少学者认为“都市论”不可靠，至少是不全面的，认为先秦以前百姓完全居住于城郭的说法值得商榷。持这一说法的学者，日本有松本雅明[159]、池田一雄[160]，国内则以侯旭东[161]为代表。笔者以为，造成这种分歧的关键固然与立论的出发点不同有关，但主要在于两个方面：一是对村落内涵缺乏把握，尤其是“都市论者”往往只是将村落理解为一种社会组织，与国家制度联系起来，既忽视了它作为物质实体空间的客观存在，又忽略了它在聚族群体性和血缘延续性这一基础上所形成的语言、风俗、道德、宗教、经验与技术等非物质性内容，因而当先秦文献中有关基层制度的记述语焉不详或是体现为一种行政理想时，通常就自觉排除在国家制度之外还存在实际的生活单元或族群的可能；二是先秦文献中的有关记载多为后人根据自我理解的追述，或者只是统治者为便于管理和控制国家而衍生出的充满主观理想的一种制度，可能并非真正客观的社会现实，而且人们对这类文献的理解通常存在不同程度的差异，还往往忽视了人类学、地理学在解读村落作为社会单元和地域单元方面的积极作用。

基于上述几点，我们认为《周礼》中“体国经野，设官分职”的“国野之制”，制度上虽然非常完整，设置上也极为严密，在“国”设“六乡”，在“野”设“六遂”，但是并不能说明村落就完全被纳入国家的管制范畴，百姓也未必全部集中于城郭居住。因为作为一种国家组织制度，那便是在统一规划的城郭之中，由于人口增长或减少具有不可预计性，尚且难以实现“五家为比，五比为闾，四闾为族，五族为党，五党为州，五州为乡”[162]的“六乡”编排，更遑论在地理条件复杂、族群多样的“野”了。“野”不仅仅是通常意义上城郭的周边地域，还包括那些尚未被统驭的蛮、夷、戎、狄和流邑之民等聚居的区域，[163]所以要实现“五家为邻，五邻为里，四里为酂，五酂为鄙，五鄙为县，五县为遂”[164]的“六遂”编排，在当时显然可能并非现实。特别是以井田制进行土地分配的制度，在蛮夷之地，不仅难以适从，而且过于理想，乡野聚落与行政编制的统合也是困难的。相关研究显示，西周时期的里，作为乡村或都鄙地区的基层组织和实际居住空间，是有边界的，并且规模有大小之别。[165]这也表明“五邻为里，四里为酂”可能并不完全符合实际。事实上，殷商甲骨文和青铜器铭文显示，殷商国家以外，尚存有不少未被统驭的方国或部落，如土方、危方、鬼方、微方、羌方、龙方、四邦方、兹方、刀方、大方、盂方、井方、二邦方等，它们都普遍分布在殷代国家的周边。[166]考古也发现，在商周时期，中原王朝核心区域以外的广袤地带，特别是长江流域的成都平原、江汉地区、洞庭湖水系区、鄱阳湖水系区等普遍存在着乡野聚落。[167]

到春秋战国时期，由于诸侯争霸、列国称雄，相对稳定的国家形式遭到破坏，特别是伴随着奴隶起义、平民暴动和新兴地主阶级的兴起，居民的生产积极性不高，户口逃逸的情况常见，建立在“国野制”基础上的社会形态基本瓦解。所以，为了维系和发展国家的经济利益，战国时期的各国不同程度地兴起变法运动，普遍推行郡县，改“井田”为“授田”，大力发展社会经济。正是由于基层组织的相对宽松，以及土地所有制的变化，“私田”得以出现。私田属于新兴的地主阶级，可以用于租赁，因而一些逃逸的人口，除了在野外自行开辟耕地外，往往通过租赁私田耕种转为佃农。这部分人往往只需向地主付租，而无须承担国家徭役，所以国家对此是严加监管的。睡虎地秦墓竹简《魏户律》记战国晚期魏国的律令云：“廿五年闰再十二月丙午朔辛亥，告相邦：民或弃邑居壄（野），入人孤寡，徼人妇女，非邦之故也。”[168]这段话至少说明两个问题，一是除了蛮夷聚落外，城郭外还存在乡野聚落，并且不受制于国家；二是国家对这类由“流邑之民”形成的乡野聚落是持反对态度的，因为这是“非邦之故”。至于为何是“非邦之故”，除了《魏户律》中提到的“入人孤寡，徼人妇女”的理由外，恐怕主要是《管子·轻重乙》中提到的“强耕而自以为落，其民，寡人不得籍斗升”[169]的说法。大意是由于耕作而自发形成的聚落，统治者是难以征收其赋税的。正因如此，在管理手段落后、信息闭塞的早期社会，统治者将百姓集中城居，进行统一管理显然是最佳方式。何休所注的《春秋公羊传·宣公十五年》极具说服力，其云：“民春夏出田，秋冬入保城郭。田作之时，春，父老及里正旦开门坐塾上。晏出后时者不得出，莫不持樵者不得入。五谷毕入，民皆居宅。”徐彦的疏指出：“古者邑居，秋冬之时入保城郭，春夏之时出居田野。”[170]

这段注疏作为后人的追述，虽不能证明集中城居就是先秦时期的普遍形式，但至少在一定程度上反映了哪怕是作为城居，也还存在以下两种情况：一是民居于城郭，耕种则在城郭附近；二是有专人管理，进出时间是受限的。翻检文献资料，我们发现，可能因为田地超越了城居的耕作半径，所以为便于农事而派生出了一种所谓的“庐”，即在就近田处建造的临时性房屋。《诗经·小雅·信南山》云：“中田有庐，疆埸有瓜。”东汉郑玄笺：“中田，田中也，农人作庐焉，以便其田事。”唐孔颖达疏：“古者宅在都邑，田于外野。农时则出而就田，须有庐舍，故言中田，谓农人于田中作庐以便其田事。”[171] 虽没有直接证据能证明“庐”后来发展成了村落，但从理论上而言，不是没有这种可能。我们在湖南江永勾蓝瑶寨考察时就发现了类似形式、功能的“牛庄屋”。它是旧时居于深山的瑶民为便于农业生产而于平地近田处建起的临时住所，一到开春，瑶民便长住其中，久而久之，就干脆移居平地，形成了村落。2019 年 10 月中国村落文化研究中心团队在湖南郴州发现的一处我国目前所知村落建筑类型中保存最好、规模最大、年代序列最为清楚且仍在活态传承的代头村，也可佐证这一点。因为从村落空间来看，居于盆地中央的居所和位于村落外围两侧、靠近田土一方的牲畜马厩，都说明代头村是为便于农事而建，恰好可以见证历史上因“庐”成“聚”成“衢”的村落生长现象。

由近推远的论证方式虽然不能直证，但也有一定的说服力。因为无论是早期人类，还是现代人类，他们在求生、求存、求便乃至趋利避害等方面的行为和心理上的期盼是相同的，不会因时代变迁而发生很大改变。《史记》中也有关于“一年而所居成聚，二年成邑，三年成都”的说法，虽未必言之凿凿，但结合瑶族地区的牛庄屋与湖南郴州发现的代头村这些活证，便具有说明“庐”可发展为村落的佐证价值。

可以肯定，无论是蛮夷聚落，还是由流邑之民形成的乡野聚落，抑或是为便于农事而出现的“庐”，都使我们有理由认为早期中国以国家的形式出现，并不意味着自然聚落消失或被取而代之，相反呈现出散村化的倾向。可以肯定，于国家和民族视野下的村落，此时不仅得以继续发展，而且作为最基本的生活单元和社会单元，以其聚族群体性和血缘延续性的特质，在增强民族的内聚性与心理认同，避免民族文化的失忆甚至是中华文化的分割、封闭和中断，维系和巩固国家的稳定、繁荣与发展方面，发挥着极其重要的历史作用。

二、商周时期的方国与聚落

从历史视角来看，商周国家的地域范围并非我们今天所理解的现代中国版图与疆界，其核心区域在现今的中原。至于中原以外的广大地区，虽有其势力据点或势力影响，但似乎并未全部被纳入其统驭范围。正如有学者所指出的："从王畿区外围开始，由近及远分布的军事据点是商人控制外服的实体，这些军事组织在驻地屯田。在商都势力强盛期，附近的一部分国族或因商人势力所迫、或因敌族压力而归附。商属地与附属国族联合对抗附近的敌族，这样就形成了一个个的商人势力范围圈。"[172] 就此而论，我们当然不能简单地将商周势力范围等同于商周疆域，其核心区域在王畿及其周边范围，王畿以外，其势力影响可能由近及远地逐渐减弱。一般认为，商代的核心区域在今河南中部偏北及河北南部一带，在北纬 34°~38°，东界大体在今河南省商丘以西和濮阳迄东一线，南界在淮阳、鲁山一线，西界及于孟津和太行山以东，北界在今河北省邢台、内丘附近。[173] 周代的核心区域，西界在今陕西省宝鸡市与甘肃省陇西县之间，大约包括渭南、商洛、汉中、咸阳、宝鸡等几个地区及甘肃省东部几个县，北部与汧陇一带交界，南及汉水以北，即河南、湖北交界地区，东到郑州西南百余里。[174] 核心区域以外，特别是那些商周势力不及的范围，往往被先秦经典文献称为"蛮荒"之地，即那些相对落后的酋邦、氏族和部落聚居区域，卜辞中称其为"方"，即方国。

所谓"方"，即人的集合体，一般规模较小，是一定地域范围内的血缘族群。它的形成与史前社会以来的地缘一体化密切相关，小者往往代表着一处或多处聚落，大者则可能包含一个甚至多个聚落群。由于这些区域范围内的“方国”没有文字，并且政治、经济和军事势力大大弱于中原地区的商周国家，所以不仅缺乏相关文献记载，而且长期成为商周国家征伐的对象。有关于此，我们在先秦经典文献中是难以见到的，现存相关历史信息渺薄。所以，我们尤其不能忽视卜辞和钟鼎铭文中的有关表述。因为这类文献史料作为商周时期的文字表达，不仅更贴近历史年代，而且更贴近史实，为我们提供了当时为数不多却弥足珍贵的历史信息，也为我们了解其时的历史状况留下了依稀可辨且难能可贵的线索。从文字描述的表象背后，可以发现商周社会的某些真相，包括商周国家对待方国的态度和立场。所以，我们讨论商周国家体制下的聚落，固然要利用经典文献来解读，但也要重视卜辞和钟鼎铭文。因为只重视前者容易使我们陷进先入为主的偏见，认为商周国家即代表着商周时期的广大区域，而忽略了商周国家核心及疆域以外的广袤地域。

殷代卜辞和钟鼎铭文中所见方国很多，近代以来的不少学者对此进行过系列考证。最早是孙诒让 1904 年的《契文举例》，其单独列出《方国》一篇，搜集了 20 多个地名。此后，罗振玉 1915 年的《殷墟卜辞中所见地名考》，认为殷墟卜辞中有 200 余个地名；1920 年日本学者林泰辅的《甲骨文地名考》一文，对卜辞中的 117 个地名进行了考释，并绘制有地名示意图《龟甲兽骨地名图》。后来陆续有更多的学者加入其中，包括林义光、丁山、程憬、陈梦家、傅东华、郭沫若、李学勤等，不一而足。尽管他们中有的只是重复前人的考证，并无新绩，甚至有沽名钓誉之嫌，但并不影响这一群体的卓越成就。根据这些研究成果，我们大体可以了解商周时期的方国至少包括两类：一类是商周国家的敌对者，另一类则是依附于商周国家的臣服者。前者如𢀛方、危方、鬼方、下危、土方、微方、羌方、龙方、四邦方、兹方、刀方、大方、人方、盂方、井方、二邦方等；后者如井方、亚方、戈方、仓侯、丹伯、去伯、上丝、禾侯、竹侯、宋伯、攸侯等。事实上，这两种分类也并非绝对，因为有些方国与商王朝的关系是时敌时友。从时间上来说，上述方国大多是与商王朝同时期存在的，西周灭商，周王朝成为中原最强大的国家之后，一方面是原商王朝控制的四方诸侯相继归顺，另一方面则是周王朝核心区域及其势力范围之外的地区，仍旧广泛存在尚未被其统驭的方国。按《商代地理与方国》一书的考证，大致而言，上述方国主要分布在商周王朝核心区域的东、西、南、北四方。[175]

文献可考的东部方国，主要分布在今山东除胶东半岛以外的地区，包括淮河附近以及江苏、安徽、河南交界地区，典型的方国有人方、盂方（东方）、林方、旁方、危方、攸侯等。其中人方长期与商王朝为敌，甲骨卜辞显示，商王朝曾屡次对其进行征伐。征伐过程也表明，商王朝核心区域周边还存在不少都邑一类的聚落。例如，可以辨识的有：大邑商，“甲午……步从侯喜征人方……告于大邑商”（《合集》36482）；西周何尊也有铭曰：“唯武王既克大邑商，则廷告于天，曰：‘余其宅兹中国，自之乂民。’”“□□王卜，在商，贞今日于京亡灾。”“甲寅王卜，在京，贞今日□［于］难亡灾”（《合集》36567）。除此之外，还有雇、杞等几十余处。林方，“庚寅卜，……贞王亩林方亡灾”（《合集》36968/2）。林方原臣服于商，后反叛被灭，其地大概在今安徽境内，郭沫若认为在霍山县东北30里，[176]陈梦家则认为在淮南，属于淮夷之邦。[177]后者观点得到学术界的普遍认可。危方，原臣服于商，如卜辞云：“癸亥，贞危方以牛其登于来甲申”（《合集》32896、33191/4），类似的表述在《合集》10084/1、8492/1、32229、32897/4、32899/4等中均有体现，但其后来反叛，被商朝镇压，“……小臣墙从伐，𢀛危美……人二十人四……而千五百七十……车二丙，橹百八十三，函五十，夫……于祖乙，用美于祖丁……”（《合集》36481正/3）。攸侯，为商朝封国，“甲戌卜，穷，贞攸侯令其㗊舌曰：‘冓，若之。’五月”（《合集》5760正/1）。从这里来看，攸侯可能是商王朝征伐东部区域的前沿军事据点，似是戍边的族群聚落。

文献可考的西部方国最多，主要分布在今河南西部，山西西部、南部，陕西渭河流域以及陕西与山西、内蒙古、甘肃的交界地区，较为突出的方国有𢀛方、羌方、沚方、召方、巴方、龙方、商方、鬼方、周方、马方、旦方、井方、亚方、戈方、仓侯、丹伯、禾侯等。𢀛方，甲骨文作𢀛，属武丁时期的敌对势力范围。从卜辞来看，𢀛方作为敌对方，曾多次内侵商王朝，从卜辞常见的“𢀛方出”“𢀛方伐”“𢀛方敦”等表述便可窥见一斑。[178] 同时，也说明𢀛方可能是一个势力比较强劲的方国或族群。“癸巳卜，㱿，贞旬亡𡆥。王固曰：‘㞢［𥏻］，其㞢来艰。’气至五日丁酉，允㞢来［艰自］西。……‘土方征于我东啚，［𢦏］二邑；𢀛方亦帰我西啚田。’”（《合集》6057 正 /1）𢀛方的入侵，可能与侵占田地、掠夺人口和牲畜有关。𢀛方不仅侵略商王朝，还侵略商周边的方国，并且联合土方、𩂯方等国一起侵略（《合集》8610 正）。对此，商王朝间歇性地进行了反攻和征伐。至于羌方，陈梦家先生认为应该是一个游牧民族，而“羌”则是他们的种姓，[179] 后来被商王朝征服，成了商朝的田猎场（《合集》29309、29310）。召方与甲骨文中的“刀方”可能指同一方国，[180] 前期与商王朝为敌，商朝曾频繁征伐，似乎说明召方也是西方一个强劲的部落联盟。日本学者岛邦男认为召方位于周朝召公奭所在的召城一带；[181] 另有学者则认为这一地区过于偏西，应该在今山西中北部的地区。[182] 龙方为附属国，大体位于商王朝西北，与羌方接近，曾参与征伐羌方，卜辞云：“贞呼龙氏羌。”“勿呼龙氏羌。”（《合集》272 反 /1）。后来龙方也叛服不定，商王朝又对其进行了征伐（《合集》31972/4）。鬼方早期活动范围比较广，包括今山西西北部、内蒙古及陕西北部的广大区域，与商王朝敌对，武丁以后成为附属国，并且为商朝打仗、祭祀、捕获羌人、贡纳人牲与官吏等，[183] 卜辞云：“贞鬼获羌。”“贞鬼不其获羌。”“乙巳卜，穷，贞鬼获羌。一月。”“乙巳卜，穷，贞鬼不其获羌。”（《合集》203 正 /1）西周小盂鼎铭记有康王二十五年周朝征伐鬼方的情况，其云：“……伐鬼方……［执酋］三人，获馘四千八百□二馘，俘人万三千八十一人……”由此来看，鬼方可能是一个人口众多、由多个血缘族群组成的部落联盟。周方是殷商时期的西部方国，曾臣服于商王朝，后来灭商，建立周王朝。马方为商敌国（见《合集》6624、6761、5717 正），位于山西西北部。旦方与商王朝互有攻伐，武丁时商朝曾派雀、戈、戉等部族前往征伐（《合集》6948

正/1、6949正/1、6951反/1、6952正/1），后臣服于商（《合集》10184/1、7891/1、23431/2、33179/4、33180/4）。井方为商王朝附属国，是商王武丁王后妇井的母国，一直与商朝关系密切。有学者认为著名的“后母戊”就是妇井。[184] 亚方、戈方、仓侯、丹伯、禾侯都是商王朝的附属国或封国，与商朝的关系密切，有些曾与商朝一起参与征伐其他方国的行动。

文献可考的南方方国，主要分布在河南南部、安徽南部、湖北地区以及江西中北部，方国有𢀛方、雇伯、虎方、卢伯、暴侯等。其中𢀛方为南方地区势力强劲的敌对国，与商王朝之间曾长期存在互伐。“甲辰卜，宾，贞𢀛方其爯，惟戎。十一月。贞𢀛方不爯。”（《合补》1981/1）“贞勿登人五千。贞勿伐𢀛方。贞王伐𢀛方，受㞢又。”（《合集》6541/1）前者反映出𢀛方有内侵的可能，后者显示其征伐兵力达到五千人之多，这也表明𢀛方是一南方强国。雇伯、虎方、卢伯、暴侯等都是商王朝的属国或封国，听命于商王朝，并参与征伐战争，卜辞和钟鼎铭文都有显示。譬如，虎方，卜辞有“乙亥卜，贞令虎追方”（《合集》20463反/2）等类似表述，1118年在今湖北安陆发现一套周代成王时期的“安州六器”，其中鼎铭有“隹王令南宫伐反虎方之年，王令中先省南国贯行……”（《集成》2751）。考古也在江西樟树发现有商代吴城遗址，考古学家彭明瀚就认为，吴城应该是虎方的中心。[185] 吴城年代大致在商代中晚期，属于城郭聚落，总面积4平方千米，可分居住区、陶窑区、冶炼区和祭祀广场等，出土遗物数千件。

可考的北部方国，主要分布在今山西北部、河北北部和辽宁西部，方国有土方、下危、竹侯、宋伯等。土方大概在今山西北部，是殷商王朝北部的主要敌对国，卜辞云“辛巳卜，争，贞今𡆥王共人，呼妇好伐土方，受㞢又。五月”（《合集》6412/1）。妇好是武丁的妻子，商王朝著名的女军事家，曾参与征伐鬼方、羌方和土方等军事行动，包括此条所云“妇好伐土方”在内的众多卜辞和妇好墓出土的青铜器兵器都充分表明了这一点。然而，土方可能是一个势力强劲的方国，人口众多，疆域较大，因为商王朝征伐土方兵力最多达到五千余人，并且是商王亲自参与，可见土方是不容小觑的力量。

卜辞云："丁酉卜，㱿，贞今𢀛王共人五千征土方受㞢又。三月。"（《合集》6409/1）下危也是商王朝的敌对国，商朝对其有过长期的征伐，一次征伐的兵力曾达到三千人，"……三千……伐下危受［㞢］又"（《合集》6523/1）。竹侯、宋伯属于商王朝的附属国，分别被封为侯爵和伯爵。关于前者，1973年辽宁喀左县北洞村一号窖藏曾出土有一件竹侯的青铜罍，其名曰"父丁𢍰冉竹亚"[186]，反映出竹侯与商王朝关系的密切。

从上述商周时期的方国来看，我们大体可以得出几点认识。一是商周以国家的形式出现后，特别是殷商时期，其核心疆域主要在黄河中游地区的中原一带，其核心区域及其周边范围以外的广袤地区，普遍存在属于部落或部落联盟的方国。二是方国可能是史前社会聚落群聚化或地缘一体化的结果，因为卜辞显示各个方国不仅普遍分布于商周核心区域的四周，而且有一定的地域范围或势力范围，如龙方大体位于商王朝西北，与羌方接近。三是方国可能仍为基于血缘的族群，由多个氏族或部落组成，属于部落联盟，譬如西周小盂鼎铭文所记周康王征伐鬼方，就俘获了"［执酋］三人""万三千八十一人"，"酋"是首领，"［执酋］三人"便是三个首领。这段记述表明，鬼方可能至少是三个氏族或部落所组成的地域联盟，而且人口众多。四是商周方国之间的互为征伐，或是方国对商周王朝的依附，都体现为对自然资源的争夺，包括田地、人口和牲畜等，卜辞中诸如"侵田""田猎""俘人"等词汇则是较为充分的表述，可资为证。商周国家与周边部落或方国的攻伐战争或联盟，主要是生存驱动，其目的是守护或扩大自身的生存空间。因为史前农业兴起后，虽然成为人类社会经济生活中的主要门类，但在广泛意义上仍属于掠夺性的粗犷式农业生产。特别是生产技术低下和土地资源贫瘠的商周王朝的周边方国，可能依旧是抛荒农业，所以当土地质量下降时，便只有另寻耕地，向外扩张，或是当食物不足，而生产又跟不上时，便只有抢夺。当然，也正是这一系列不断的攻伐和兼并，使早期中国在一定区域范围内实现了不同族群、不同地域之间的频繁互动，从而出现了跨血缘、跨族群、跨地域和跨文化的相互交织，进而逐步推动早期中国走向多元一体的民族国家，直至正式形成“华夏民族”[187]的概念。尽管这种文化上的交融在商周时期更体现为以商周王朝为核心的文化圈，以及商周王朝对周边方国的征伐，但并没有影响这种交融仍表现为统一性与多样性的并存和协调。考古发现的四川三星堆、江西新干大洋洲、湖南宁乡等地的商周遗址、遗物，以及诸多研究成果都表明了文化的多样性与统一性并存。

第三章

国家一统下的村落管控与治理

公元前221年，秦统一六国，结束了列国林立、战乱纷争的战国时期，实现了中华大地的大一统，建立了中国历史上第一个大一统的中央集权制封建国家。然而，由于嬴秦暴政引发秦末农民起义，秦于公元前207年灭亡，历两代，国祚仅14年。秦亡以后，早期中国经历了长达5年的楚汉之争，至公元前202年刘邦建立了汉王朝，汉成为继秦之后的又一大统一王朝。历史学家一般认为汉王朝经历了西汉和东汉两个历史时期：从公元前202年汉朝建立，至8年王莽篡政自立新朝止，史称西汉；25年，汉朝宗室刘秀平定新莽末年以来的纷争战乱，再次建立一统王朝，国号“汉”，终于220年，史称东汉。

自秦统一中华大地，建立中央集权制国家以来，周代推行的分封制被废除。取而代之的是以三公九卿为代表的中央官制和郡县制，这强化了中央对地方的控制。秦又通过推行“车同轨、书同文”的文化风俗一统政策，最大限度地消弭了文化与风俗上的差异，加强了大一统国家的凝聚力，有力地巩固了国家的统一。秦王朝开创的这一模式，奠定了中国两千多年封建国家体制的基本模式，故有“百代都行秦政法”的说法。汉承秦制，其官僚制度、律法制度、赋税制度等基本沿袭秦代。汉武帝以后，“罢黜百家，独尊儒术”，自上而下的文化统一政策，使得以儒家文化为代表的文化圈逐步形成。正是大一统国家形成以后的一系列变化，使国家与村落之间的互动日趋频繁，有益的互动促进了村落的发展，而村落的发展也稳定和巩固了大一统国家的统治。

第一节
秦汉统治制度下的村落

大一统国家建立之后，为了巩固统治，维系国家的稳定，制定和推行一系列符合自身利益的统治政策成了国家治理的必需。这些统治政策的主要内容，大多关系到人口、土地、赋税和文化等问题。而村落作为承载这些内容的主要载体，便因此不同程度地受到影响，甚至改变发展的进程轨迹。大致来看，先秦国家体制下，百姓大都集中居住于封闭的城郭或里邑之中，到秦汉时期，由于社会稳定，特别是郡县制的推行导致社会相对宽松，先秦以来国家体制之外原有的零星的、少量的散居现象渐趋增多。文献和考古显示，全国各地不同程度地散布着不同形式、不同类型的乡野聚落的情况开始发生重要的变化，初步形成了城居与散居并存的格局，城邑与乡村的分野越来越明显。这些变化固然与人类社会自身发展的内里逻辑有关，但很大程度上也是国家政策推行的结果。

一、乡里制度与村落

所谓乡里制度，是指古代中国县级以下的各级基层行政区划的制度，是古代中国管控与治理乡村社会的关键制度。历史上，乡里制度虽因朝代不同而各有兴废，但作为一项成功的治理制度，仍以不同名称或不同形式被以后历朝历代沿袭，在国家治理体系中发挥重要的作用。

乡里制度到底起源于何时，学术界尚无确切定论，但从文献记载来看，乡里制度的萌生比较早。《文献通考》有详细之载述：“昔黄帝始经土设井，以塞争端。立步制庙以防不足。使八家为井，井开四道而分八宅。凿井于中，一则不泄地气，二则无费一家，三则同风俗，四则齐巧拙，五则通财货，六则存亡更守，七则出入相司，八则嫁娶相媒，九则无有相贷，十则疾病相救，是以情性可得而亲，生产可得而均。均则欺凌之路塞，亲则斗讼之心弭。既牧之于邑，故井一为邻，邻三为朋，朋三为里，里五为邑，邑十为都，都十为师，师七为州。夫始分于井则地著，计之于州则数详，迄乎夏殷不易其制。”按这一说法，乡里之制在黄帝时期便已产生，然而由于《文献通考》一书是宋人所著，所以其文献记载的真实性不高。一般认为，乡里制度在商周时期便广泛出现，传世文献和金文中常见有“乡”“里”等字眼。《逸周书·商誓》载：“王若曰：告尔伊旧何父……及百官里居献民……予亦来休命尔百姓里居君子。”[1]《尚书·酒诰》载：“越在百姓里居，罔敢湎于酒。”[2]这两条文献所载“里居”即是居住单元，而非表示距离和长度。《周礼》中亦记载有“乡遂之制”，还有乡老、乡师、乡大夫和乡士等职官。“乡遂”一词中：“乡”，是国人居住之地，即指城郭及周边的近郊范围；“遂”，则为野人居住之地，指边远农村地区。在“国”设六乡，“令五家为比，五比为闾，四闾为族，五族为党，五党为州，五州为乡”。[3]在“野”设“六遂”，“五家为邻，五邻为里，四里为酂，五酂为鄙，五鄙为县，五县为遂”。[4]

《周礼》所述虽为后人的追述，更体现为一种理想，可能与实情并不完全相符，但对照金文中有关“乡”“里”的表述，可以肯定的是，“乡”和“里”作为一种地域组织形态或居民居住空间，在西周时期是客观存在的。西周中期的九年卫鼎铭记：“唯九年正月，既死霸庚辰，王在周驹宫，各庙，眉敖者肤卓事见于王，王大黹，……廼舍裘卫林䣛里。……矩廼众溓粦令寿商众意，曰：‘顜，履付裘卫林䣛里，则乃成封四封，颜小子俱惟封，寿商勵’。……卫用作朕文考宝鼎，卫其万年永宝用。”（《集成》2831）铭文的大致意思是“林䣛里”作为贵族“矩”的一块领地，其间有树林，后来出售给了裘卫，四面以土垄封以为界。这应该就属于乡村地域的“里”。与此不同，西周中期的𩞁簋铭文载：“王曰：‘𩞁，命汝嗣成周里人，众诸侯、大亚，讯讼罚。……’䝴拜稽首，对扬王休命……”（《集成》4215）此处所言“成周”是西周的都城洛邑，“里人”则是里的管理者，这里的“里”，显然是城区范围内的居住空间或组织。可见，里也并非仅限于“野”，在“国”亦有。被公认为西周时期文献的《逸周书·作雒解》亦云“俘殷献民，迁于九里”，孔晁注“九里，成周之地”。[5]此处的“九里”应不是指地名，而是表明有许多个基层居民组织的“里”。[6]《史记·燕召公世家》云“召公巡行乡邑，有棠树，决狱政事其下”，是指召公于乡邑中处理政务。上述文献表明，“乡里”不仅仅是一个居住空间，更是西周时期国家管控下的乡村地缘形态与基层组织机构。

作为一种制度，乡里之制的定型可能在春秋战国时期。由于春秋战国于形式上而言仍属于东周，所以各诸侯国的诸多制度仍然都沿袭了西周以来的内容，特别是国野之制。[7]其中齐国的国鄙之制最为典型。《管子·小匡》云：“管子对曰：‘昔者圣王之治其民也，参其国而伍其鄙，定民之居，成民之事，以为民纪……’……桓公曰：‘参国奈何？’管子对曰：‘制国以为二十一乡，商工之乡六，士农之乡十五。公帅十一乡，高子帅五乡，国子帅五乡，参国故为三军……制五家为轨，轨有长。十轨为里，里有司。四里为连，连有长。十连为乡，乡有良人。五乡一帅。’桓公曰：‘五鄙奈何？’管子对曰：‘制五家为轨，轨有长。六轨为邑，邑有司。十邑为率，率有长。十率为乡，乡有良人。三乡为属，属有帅。五属一大夫，武政听属，文政听乡，各保而听，毋有淫泆者。’”[8]《管子》所载固然不能被完全视为春秋时期诸国的历史事实，但至少是齐国当时的状况。国鄙之制从内容来看，“国”与“鄙”分别设置，与《周礼》所记“国”“野”分治在形式上类似，在内容上却不同，当是对周代国野之制的改进。《管子·立政》云：“分国以为五乡，乡为之师；分乡以为五州，州为之长；分州以为十里，里为之尉；分里以为十游，游为之宗；十家为什，五家为伍，什伍皆有长焉。”[9]这条文献说明春秋时期的齐国，不仅在西周乡遂之制的基础上进一步完善了乡里制度，而且确立并普及了乡里什伍制度。这种做法的目的，当然还是进一步管控人口，巩固国家统治，使得国家统治管控更加严密，实现“奔亡者无所匿，迁徙者无所容”[10]，“人与人相保，家与家相爱，少相居，长相游，祭祀相福，死丧相恤，祸福相忧，居处相乐”[11]的治理模式。正是这种做法，使春秋时期的齐国呈现“人无非其里，里无非其家”的社会面貌，也促使个人、家庭与乡里组织甚至国家的关系愈加密切，有效解决了家族公社和农村公社解体后基层社会结构涣散的问题。

《左传》中的有关记载，在某种程度上就反映了这类制度在春秋时期推行后深刻影响了人们的生活观念。如《左传·庄公十年》云：“十年春，齐师伐我。公将战，曹刿请见。其乡人曰。”[12]“乡人”泛指同乡之人，“乡”则具有地域的概念。又《左传·襄公十五年》载：“小人怀璧，不可以越乡。”杜注：“言必为盗所害。”[13]此处的“乡”明显是一个地域概念。《战国策·秦策一》云：“故卖仆妾不出里巷而取者，良仆妾也；出妇嫁于乡里者，善妇也。”大致是说乡里的舆论评价对妇女的嫁娶有很大的影响。诸如此类，都表明伴随乡里之制的广泛推行，地方社会逐步形成了“乡里”“乡土”的观念，这是自觉的地域认同。但也正因制度上力图实现“人无非其里，里无非其家”的局面，所以作为自然聚落的村落的自由发展，有可能在当时反而受到过一定程度的制约。

秦统一全国之后，为了巩固国家政权，必须加强对地方社会的控制，尤其是原属于统一之前诸侯国家的广大地域。基于这一逻辑出发点，秦朝吸取了西周的教训，废除了分封制，代以郡县制，将全国分为三十六郡，郡下设县，彻底打破自西周以来的世卿世禄制度。文献记载显示，秦朝不仅于郡下设县，而且对县以下的乡里制度进行了调整。《汉书》载：“县令、长，皆秦官，掌治其县。……大率十里一亭，亭有长。十亭一乡，乡有三老、有秩、啬夫、游徼。三老掌教化。啬夫职听讼，收赋税。游徼徼循禁贼盗。县大率方百里，其民稠则减，稀则旷，乡、亭亦如之，皆秦制也。”[14]按这一表述，秦代的乡里制度是乡、亭、里三级制，汉承秦制，无出其右，相比《管子》中“轨、伍、里、连、乡”的多级制简化了很多，更有利于中央对地方社会的控制。正是由于秦代国家着力健全和统一地方基层政权，地方才普遍建立起了郡县乡里体制，于制度层面较好地消弭了地方分裂势力。但是，与“乡、亭、里”这一传统观点不同的是，有学者根据文献材料对《汉书》中的表述提出了质疑，认为秦汉时期的“亭”并非地方行政机构的名称，甚至认为“十里之亭”的“里”也不是表示“乡里”组织的“里”，而是表距离。[15]后来高敏[16]、朱绍侯[17]等学者还结合竹简等材料从不同层面进行了论证和解读。目前，关于亭的性质基本达成了共识，即认为亭不是一级行政组织，而是乡里组织之外的治安机构，乡里才是基层行政单位。[18]

从文献记载来看，乡里制度的确立和普遍设置，其目的还是实现对全国范围内基层百姓的管控和治理，《汉书》云“三老掌教化。啬夫职听讼，收赋税。游徼徼循禁贼盗”即表露无遗。同书载：“凡县、道、国、邑千五百八十七，乡六千六百二十二，亭二万九千六百三十五。”[19]又《续汉书·郡国五》：“至于孝顺，凡郡国百五，县、道、邑、侯国千一百八十。”注引《东观书》曰：“（桓帝）永兴元年，乡三千六百八十二。”[20]据《续汉书·百官五》注引《风俗通》曰：“国家制度，大率十里一乡。”[21]根据上述文献表述，黄今言先生以“十里一乡”为标准，进行了测算，认为西汉如果有 6 622 个乡，便有 66 220 个里；东汉如果有 3 682 个乡，则有 36 820 个里。[22]按《尹湾汉墓简牍》所记东海郡“县百七十口百六，里二千五百卅四”，“户廿六万六千二百九十”，若按此测算，平均一里大概 105 户。这一户数与长沙马王堆三号汉墓出土的《驻军图》上所注龙里户数相当。龙里是《驻军图》中户数最多的里，有 108 户，次者垣里 81 户、智里 68 户，较少者如波里 17 户、资里 12 户，其他多在 40 户左右。《驻军图》中可考共 41 里，每里平均户数在 40~50 户。[23]湖北江陵凤凰山十号汉墓简牍所载，郑里廪簿共登记 25 户，即向官府贷粮的户数。[24]如若加上没有贷粮的民户，其户数也未必会多出很多。由此看来，大致可以得出三点认识：一是秦汉时期的乡是里的上级机构，乡统属里；二是里作为户口统计的单位，也是居住空间组织；三是里有大有小，户口数量参差不齐。文献和相关简牍材料所显示的这三个表征，意味着“里”不只是户口统计单位，还体现为一种自然形成的聚落。正因如此，黄今言先生便认为汉代的乡村社会是“一村一聚，往往就是一个‘里’，大‘聚’有时与里重合”。[25]马新、齐涛等学者更是认为汉代乡村社会是里聚合一，是行政单元与自然聚落的一致。[26]但以侯旭东为代表的不少学者对此提出了不同的看法，他们认为汉代的“里”大部分应是行政编制，不是行政村与自然村的合一。[27]上述这三种观点，无论哪一种，事实上反映了存在的三种情况在汉代社会应该兼而有之。这种社会表象更是充分表明了先秦以来集中城居的理想与现实基本上已全面瓦解。

二、重农抑商政策与村落

我国自古以农立国，早在距今约 1 万年前的新石器时代便开始进入农业生产阶段。到新石器时代中晚期，农业更是成为社会经济的主要支撑，占据主导地位，成为人们赖以生存的基础。进入阶级社会以后，农业的重要性进一步凸显，农业不仅是人们基本生活资料的主要来源，而且在巩固国家政权、维系国家稳定方面起到积极作用。夏、商、西周时期，井田的出现及井田制度的形成，就充分说明了这一点。文献显示，周族就是以农业发达著称的，其始祖弃“好耕农，相地之宜，宜谷者稼穑焉，民皆法则之。帝尧闻之，举弃为农师，天下得其利，有功”[28]。进入春秋时期，重农成为各诸侯国统治的主要治国思想，如齐国在管仲的建议下，推行了“相地而衰征”[29]的政策，即按照土地好坏等级来征收赋税，以期调动国民对农业生产的积极性，达到“则民不移”的效果。孔子曾指出：“道千乘之国，敬事而信，节用而爱人，使民以时。”[30]“使民以时”即指国家的统治者要敦促国民按照时令来耕种农作物。春秋晚期“不违农时”甚至成了一项重要的政治主张，是治国理政的根本大事。孟子曾在游说梁惠王时指出：“不违农时，谷不可胜食也；数罟不入洿池，鱼鳖不可胜食也；斧斤以时入山林，材木不可胜用也；谷与鱼鳖不可胜食，材木不可胜用，是使民养生丧死无憾也。”[31]春秋以来，井田制逐渐被瓦解，最后被废除，而授田制在此时开始推行。“重农”与“抑商”开始作为国家政策被正式提了出来。其中秦国商鞅变法于此不但翔实，而且最为典型，其变法明确规定：“僇力本业，耕织致粟帛多者，复其身；事末利及怠而贫者，举以为收孥。”[32]大意是努力从事农业耕种、纺织工作，并且取得好收成的人，国家要提高其身份，反之，如果从事商业并且懒惰的人，要收为奴隶。《韩非子》中就曾指出，商鞅变法是“以变法易俗而明公道，赏告奸，困末作而利本事”[33]。正因为商鞅变法“重农抑商”取得了显著效果，秦国逐步实现了国富民强，进而为秦始皇统一中国奠定了坚实的物质基础。

秦朝建立后，启用了商鞅的政策，并把韩非子的部分思想引入国家治理，进一步将“重农禁末”发展为“上农除末”的国家政策。秦始皇曾在巡行琅琊时，刻石纪功云：“皇帝之功，勤劳本事。上农除末，黔首是富”。[34]为此，秦始皇颁布有七科谪戍条例，即“治狱吏不直者，诸尝逋亡人，赘婿，贾人，尝有市籍者，大父母、父母尝有市籍者”，客观上严厉抑制了商业的发展。

汉代基本承袭了秦代的政策，继续实行“重农抑商”的国策，实行轻徭薄赋、与民休息，发展农业。汉初政论家贾谊曾在劝说汉文帝时说：“背本而趋末，食者甚众，是天下之大残也；淫侈之俗，日日以长，是天下之大贼也。残贼公行，莫之或止；大命将泛，莫之振救。……今驱民而归之农，皆著于本，使天下各食其力，末技游食之民转而缘南亩，则畜积足而人乐其所矣。”[35]汉景帝于后元三年（公元前141年）春正月曾下诏云：“农，天下之本也。黄金珠玉，饥不可食，寒不可衣，以为币用，不识其终始。间岁或不登，意为末者众，农民寡也。其令郡国务劝农桑，益种树，可得衣食物。”[36]正是由于汉初一系列重农措施的实行，到汉武帝时期，西汉的经济和国力达到了鼎盛。《汉书》载：“至武帝之初七十年间，国家亡事，非遇水旱，则民人给家足，都鄙廪庾尽满，而府库余财。京师之钱累百钜万，贯朽而不可校。太仓之粟陈陈相因，充溢露积于外，腐败不可食。”[37]汉武帝时，国家还通过实施盐铁官营、平准、均输等政策，进一步抑制商业的发展，防范商人资本为牟取暴利而对国家经济和社会生活造成诸如贫富两极分化、土地兼并加剧、农业人口流失等问题。汉武帝之后，西汉历代均不同程度地延续和推行了“重农抑商”的政策，昭帝、宣帝时还一度出现了中兴的局面。

东汉以后，国家虽然继续推行“重农抑商”的政策，但力度明显减轻。东汉思想家王符的思想具有代表性。他在《潜夫论·务本》中云：“凡为治之大体，莫善于抑末而务本，莫不善于离本而饰末。……夫富民者，以农桑为本，以游业为末；百工者，以致用为本，以巧饰为末；商贾者，以通货为本，以鬻奇为末：三者守本离末则民富，离本守末则民贫，贫则阨而忘善，富则乐而可教。”[38] 相比西汉，这一表述中的“本末”已然发生了变化，“本”不仅仅指农业，还包括行业本应遵循的“本”，如百工的“致用”，商贾的“通货”；“末”也未必指“商业”，而是凡违背行业之“本”的都为“末”。当然，王符的表述既非“重商”也不是全面“抑商”，而是主张在“以农为本”的前提下限制生产和经营奢侈品的工商业。正是这样一种思想和相对宽松的政策环境，不仅在一定程度上促进了商业在东汉的发展，而且滋养了农村地区自给自足的小农经济的成长。

“重农抑商”“上农除末”政策的提倡和实施，在时间上发生于战国，发展于秦皇时期，完全形成在西汉。作为秦汉国家的一项基本国策，“重农抑商”推行的根本原因，在于农业国家的经济基础是自给自足的小农经济，农业是秦汉国家乃至后世王朝的决定性产业，它的生产状况好坏，是否兴旺发达，直接关系到社会的繁荣稳定和国家的兴衰存亡。所以，历朝历代都把“重农”作为国家经济政策的根本性大事来抓。商鞅就曾说：“百人农一人居者王，十人农一人居者强，半农半居者危。故治国者欲民之农也。国不农，则与诸侯争权，不能自持也，则众力不足也。故诸侯挠其弱，乘其衰，土地侵削而不振，则无及已。”[39] 国家正因高度认识到农业产业事关国家生死存亡，也正因出台了一系列督促、鼓励和组织农业生产的措施，既确保了财政收入，也将农民紧紧地固定在土地上而不能离开，从而维系了社会的稳定。

也正因如此，不仅村落的进一步形成与发展有了制度保证，而且村落与农耕文化紧密地联系在了一起。这突出表现在三个方面：一是“重农”政策有效防止了农业劳动力的流失，特别是减少了农村人口向工商领域的转移，从而为农业生产确保了农民人力资源这一长期稳定的第一生产力要素；二是正因为农民群体的长期存在和不断壮大，作为群体性生产生活空间和社会单元的村落，不仅有了存在的必要性，而且有了生长的必然性；三是围绕农业生产开始形成具有强烈农耕文化特征的风俗习惯，这从汉代画像石上所刻画的各种关于农业题材内容的图像中可以窥见一斑。可以肯定地说，中国传统的村落，不论是形态还是文化内涵，它的形成都与古代中国国家重视农业生产、推行“重农”政策制度密不可分。

三、文化一统政策与村落

文化是社会发展的重要推手，是凝聚一个国家、一个民族内部力量的关键内核要素之一。文化政策作为一个国家发展政策的重要组成部分，既是文化的一种政治表现形态，也是一个国家、一个民族文化利益与文化意志的集中反映和表达。因此，中国古代国家的历朝历代都十分重视文化政策的制定和实施。

秦朝作为中国历史上首个大一统的中央集权制国家，为了消弭战国以来诸侯纷争所导致的文化分裂，增强国家的凝聚力，巩固国家政权的统治，面对统一之后存在的“田畴异亩，车涂异轨，律令异法，衣冠异制，言语异声，文字异形”[40]的情况，采取了一系列对后世影响深远的文化政策。历史上，任何一个王朝在建立初期，都会根据自身的政治、经济形势和政权建设的需要采取相应的文化措施。秦朝作为以法家思想来治国理政的朝代，加之统一之后所面对的文化分裂的严峻局面，其在文化政策的制定与实施上都体现出较为强烈的法家特点。

所以，秦朝建立之后，推行了整齐划一的政治与文化政策，即所谓“车同轨，书同文，行同伦”。据史载，秦始皇统一六国之后，便令丞相李斯、中车府令赵高等对文字进行了整理。李斯以秦国文字为基础，参照其他六国的文字，发明了小篆，并刻写范本，在全国范围内传播。《说文解字·叙》中云：“丞相李斯乃奏同之，罢其不与秦文合者。斯作《仓颉篇》，中车府令赵高作《爰历篇》，太史令胡毋敬作《博学篇》，皆取史籀大篆，或颇省改，所谓小篆者也。”[41] 史载，秦代著名书法家程邈还根据民间流行的更为简化的字体创造了隶书。《说文解字·叙》亦云：“秦烧灭经典，涤除旧典，大发吏卒，兴役戍，官狱职务繁。初有隶书，以趣约易……秦始皇使下邽人程邈所作也。”[42] 同时，秦朝大力推行法家的治国思想，禁绝《诗》《书》，以吏为师。秦孝公就曾根据商鞅的建议，“燔《诗》《书》而明法令”；后来韩非子更被认为是反对“藏书策，习谈论，聚徒役，服文学而议说，世主必从而礼之”的学士，他指出“夫冰炭不同器而久，寒暑不兼时而至，杂反之学不两立而治”，认为“国平则养儒侠，难至则用介士，所养者非所用，所用者非所养，此所以乱也”。[43] 李斯更是斥责儒生“不师今而学古，以非当世，惑乱黔首”[44]，并建议始皇焚书，从而导致了“焚书坑儒”这一文化浩劫的出现。

正是这一系列高压的文化专制主义政策的实施，使得秦代在政治统一的同时初步实现了文化上的一统，不仅有效促进了中央与地方、地方与地方之间的交流互通，而且有利于端正风俗。就此而言，其意义也是有积极的一面的。秦始皇刻石便有整饬稽淫之风的表述，其云：“饰省宣义，有子而嫁，倍死不贞。防隔内外，禁止淫泆，男女絜诚。夫为寄豭，杀之无罪，男秉义程。妻为逃嫁，子不得母，咸化廉清。”[45] 然而，秦代文化政策的极端，特别是焚书坑儒等反文化行为，造成了严重的后果，不仅激起了民怒，甚至导致了文化传承的断裂和文化多元的消亡。

西汉在文化政策的制定和实施上，吸取了秦代的教训，也避免了秦代的极端。西汉初期，由于社会经济凋敝，“民失作业，而大饥馑，凡米石五千，人相食，死者过半……自天子不能具醇驷，而将相或乘牛车”[46]，所以推行黄老思想，以文法导民，重农桑，与民休息。汉初“与父老约法三章耳：杀人者死，伤人及盗抵罪。余悉除去秦法”[47]。秦法严苛，较为忽视人伦，汉初咎其弊端，重视纲常伦理的建设。汉高祖颁布有尊父的诏令，诏云：“人之至亲，莫亲于父子，故父有天下传归于子，子有天下尊归于父，此人道之极也。”[48]

汉初虽以黄老思想为治国思想，但重视恢复儒学，突出表现在三个方面。一是搜集和整理儒家典籍，《汉书·儒林传》云：“孝文时，求能治《尚书》者，天下亡有，闻伏生治之，欲召。时伏生年九十余，老不能行，于是诏太常，使掌故晁错往受之。”二是重用儒生，设立官学和博士制度。《汉书·儒林传》载：“汉兴，鲁高堂生传《士礼》十七篇，而鲁徐生善为颂。孝文时，徐生以颂为礼官大夫。”三是统治政策部分采纳和吸收儒家思想。汉文帝时，以贾谊、叔孙通为代表的一批儒生受到了重用。《资治通鉴》载：“吴公荐洛阳人贾谊，帝召以为博士。……一岁中，超迁至太中大夫。贾生请改正朔，易服色，定官名，兴礼乐，以立汉制。”儒家致力于推行礼制思想，提倡“君尊臣卑”，在强化皇权、维系国家稳定方面具有积极意义。汉武帝时，更是“罢黜百家，独尊儒术”。汉武帝建元元年（公元前140年），诏云：举“贤良方正直言极谏之士”。丞相卫绾奏：“今所举贤良，或治申、商、韩非、苏秦、张仪之言，乱国政，请皆罢。”[49]后来汉武帝又于元光元年（公元前134年）复诏举贤良，于是西汉儒家代表人物董仲舒应诏上“天人三策”，他认为“今师异道，人异论，百家殊方，指意不同，是以上亡以持一统；法制数变，下不知所守”，建议“诸不在六艺之科孔子之术者，皆绝其道，勿使并进。邪辟之说灭息，然后统纪可一而法度可明，民知所从矣”。[50]汉武帝采纳了他们的建议，重视儒家思想，表彰六经，设五经博士（即《诗》《书》《礼》《易》《春秋》），鼓励私学发展，试图以儒家思想为治国理政思想来统驭万民。事实上，汉武帝时所谓“罢黜百家，独尊儒术”也并未出现禁绝百家、学术停顿的局面，而是在“悉延百端之学”的前提下推崇儒学。《史记》中载：“至今上（即汉武帝）即位，博开艺能之路，悉延百端之学，通一伎之士咸得自效，绝伦超奇者为右，无所阿私，数年之间，太卜大集。”[51] 汉武帝之后，西汉历朝皆尊儒学，以儒家思想为主要治国思想。

东汉在文化政策上延用西汉大一统的风格，推崇儒家思想，基本沿用汉武帝以来的方针与政策。东汉历朝皇帝大多重视儒学，不仅在很大程度上促进了官僚阶层的儒学化，而且逐步使儒学实现了自上而下的民间传播。汉明帝刘庄于永平二年（59 年）诏令云：“郡、县、道行乡饮酒于学校。皆祀圣师周公、孔子，牲以犬。”[52] 这一做法首创了中央和地方官学祭孔子之制，此后，历朝历代直至清代皆祀圣师孔子，祭孔成了一项全国性的重要活动。正是统治者的大力推崇，使东汉社会形成了尊师重道和崇儒好学的社会风气。儒学作为东汉治国的统一思想，在意识形态和价值观念方面逐渐全面浸染整个民间社会，在社会教化和移风易俗方面起到积极作用。同时，通过设立官学，鼓励私学，儒家学说进一步传播，奠定了儒学的价值观念发展为普遍社会价值观的地位。

从秦到汉，文化政策发生了从“崇法”到“崇儒”的改变，其间还经历了西汉初年黄老思想的过渡，体现出了鲜明的阶段性特点。不同阶段的文化政策，对包括乡村社会在内的全社会产生了不同程度的影响，对社会的稳定和国家政权的巩固具有一定的积极作用。特别是汉代统治者改“黄老”为“崇儒”之后，以儒家思想为主导的文化政策，不仅全面渗透到社会的各个阶层，逐渐统一了全社会的思想，而且实现了汉代国家意识形态的合理性建构。可以认为，儒家思想中的所谓“君君、臣臣、父父、子子、夫夫、妇妇”，以及“仁义礼智信”的道德观念和道德规范，于西汉以后便开始在全社会形成内化于心、外化于行的基本传统。由此观之，如果儒家思想作为国家文化大一统治理的形而上的形态，那么，很显然，村落及村落社会就是形而下的忠实的践行者。进一步来看，中华民族“忠孝为本，耕读传家”的文化内核，至迟在汉代以后的村落社会中便生根发芽。正是儒家思想在汉代完成了由上而下的传播，奠定了中国传统乡土社会的文化基调，影响了中华民族特别是汉民族的文化性格和文化精神的定型，有力促进了社会和民族的深度融合。

第二节

国家管控下的乡野聚落

秦汉时期，国家大一统，既带来了社会的稳定，也使政治、经济、文化和科技等得以迅速发展，特别是从汉代开始，由于牛耕和铁器的普遍推广，生产力水平大幅提高，农业生产效率得到大幅提升。随着人口的不断增加和农业的兴盛，春秋战国以来形成的山林耕地，在国家授田制之下，被民间占有的量与国家的顷田份地相比已严重不足[53]，不仅难以满足农业生产的需求，而且严重制约了国家整体的经济发展，尤其是使国家经济收入严重不足。因此，汉代推行限田令，并于汉文帝时废除了授田制，国家积极调控土地私有化。也因这一社会背景，民间百姓采伐树林、开辟耕地就有了正当合理的理由。在此基础上，特别是由于耕地私有权扩大、土地兼并、人口流动和豪族势力膨胀等原因，先秦以来形成的乡里制和集中城居的制度，已不能包容和掌握新的乡村内容，脱离国家体制之外的散居现象在秦汉时期进一步凸显，并且在城郭以外的广袤地域形成了不同类型、不同形式的乡野聚落。新型聚落的不断出现，不仅影响国家的徭役赋税，而且明显呈现出人口管控的失控趋势，并将危及国家的安全与稳定。所以，在散居趋势不可改变和乡野聚落普遍存在的现实情境下，国家对乡野聚落的管控就变得势在必行。

一、乡野聚落的类型

考诸文献，发现先秦两汉时期的散居形式名称各异，并且在形成的原因和聚落的性质、形态等方面，皆有一定差异。聚、落、庐、丘等作为村落的早期形态[54]，为我们了解秦汉村落的内容、性质及国家与地方社会的关系提供了一种途径。

（一）聚

“聚”是乡野聚落的早期形态之一。聚之本意为聚拢、聚集，但在中国历史早期，更多的时候可能用于表示聚落。《说文解字》云：“聚，会也。从㐺，取声。邑落云聚。”清代段玉裁注曰：“按邑落，谓邑中村落。”在这里，“聚”即村落。“村落”一词虽是明清时代乡野聚落的泛指词汇，但文献最早可见于《三国志·郑浑传》，其云：“入魏郡界，村落齐整如一，民得财足用饶。”三国魏晋时期的“村落”表述，已开始用于指代乡野聚落。《颜氏家训·勉学》记载的一件逸事，可以说明聚与村或是聚与村落之间的渊源关系。其云：“吾尝从齐主幸并州，自井陉关入上艾县，东数十里有猎闾村。……及检《字林》《韵集》，乃知猎闾是旧䜌馀聚。”可见，“聚”这一聚落的称谓，可能在魏晋或更早的时期，便开始出现被“村”取代的趋势。到唐代，“聚”也被理解为村落。《史记》载：“一年而所居成聚，二年成邑，三年成都。”唐代张守节正义云：“聚，在喻反，谓村落也。”[55]

“聚”作为乡野聚落的一种指称，在先秦便出现。《管子·乘马》中载：“方六里命之曰暴，五暴命之曰部，五部命之曰聚。聚者有市，无市则民乏。”这里的“聚”似乎不仅是有“五部”规模的“村”，而且是有“市”之“村”。结合南朝佛经《善见律》中“聚落界者，有市，故名聚落界；村界者，无市，名为村”[56]的表述，也大致可以认为《管子》中所云的“聚”指代规模较大的聚落。《管子·侈靡》中也见有“千聚”一词，其载：“百盖无筑，千聚无社，谓之陋，一举而取。天下有事之时也。”“百盖”“千聚”，都意指当时聚落的户数和规模，即户口超百户或千户的聚落。如果缺乏土墙或围墙，又或没有“社”，那么这种聚落是十分简陋的。《史记·苏秦列传》中有“百人之聚”的说法，即聚为百人之多，其云：“舜无咫尺之地，以有天下；禹无百人之聚，以王诸侯。”可见，“聚”在先秦常被用来意指聚落及其规模和性质。

相比先秦，秦汉时期“聚”的内涵似乎发生了一定的变化，多用来专称乡野聚落，而非聚落的性质和内容，常见句式为“××聚”。譬如，河南郡的“缑氏刘聚，周大夫刘子邑”[57]，“雒阳有上程聚”[58]，钜鹿郡下曲阳的“鼓聚”[59]，等等，比比皆是。日本学者曾对《汉书》《后汉书》中有关“聚”字的地名进行统计，发现《汉书·地理志》中有“聚”7处，《后汉书·郡国志》中则有55处，同名沿袭者仅3处，相比之下，后者达前者8倍之多。[60]事实上，在两汉以“聚”名之的聚落，除《汉书·地理志》和《后汉书·郡国志》中的记载以外，在《史记》《水经注》等史籍，以及《汉书》《后汉书》的其他部分之中亦不乏记载，除去重复，专称的聚名有近百处之多。[61]《论衡·书虚》云：“天下郡国且百余，县邑出万，乡亭聚里，皆有号名”。从上述文献中所见的聚名来看，其大概有几种情况：一是以姓来命名，如刘聚、唐聚、褚氏聚、杨氏聚等。从以姓为“聚”名的情况来看，“聚”带有明显的族群的血缘性质；二是以江湖山水来命名，如圣聚、霍阳聚、彭泽聚等；三是以特色物产来命名，如桃丘聚、桃聚、杏聚等；四是以故邑、故国来命名，如上程聚、鼓聚、阳人聚、惮狐聚、鄤聚等；五是以历史人物及重大事件来命名，如秦聚、垓下聚、细柳聚、小修武聚、澶渊聚、黄淳聚、射犬聚、菟裘聚、夕阳聚、彭亡聚等。[62]其中，有些“聚”的规模比较大，《汉书·史丹传》载，成帝鸿嘉元年（公元前20年）诏令云：“夫褒有德，赏元功，古今通义也。左将军丹往时导朕以忠正，秉义醇一，旧德茂焉。其封丹为武阳侯，国东海郯之武强聚，户千一百。”这显然是一个超大型的聚。《汉书·王莽传》中载：哀帝建平二年（公元前5年），“太皇太后诏莽就第，朕甚闵焉。其以黄邮聚户三百五十益封莽”。再结合《史记》中所云“一年而所居成聚，二年成邑，三年成都”的表述，似乎可以认为“聚”属于形成较早、规模较大一类的自然聚落，并可以得知，邑和都是以聚为基础建设而成的。

考诸文献，还发现先秦两汉的文献往往将聚与邑连用。“邑”的本义是“国”，《说文解字》曰：“邑，国也。”[63]邑也指城郭或国都。《尔雅》曰：“邑外谓之郊。”郭璞注云：“邑，国都也。”[64]先秦文献中亦有“十室之邑”[65]“百室之邑”[66]的说法，这里的“邑”即为普通一类的聚落。聚与邑连用的表述，如《史记·商君传》云："筑冀阙宫庭于咸阳，秦自雍徙都之。……而集小（都）乡邑聚为县，置令、丞，凡三十一县。"从这里可看出，"邑聚"即为县以下的聚落形态。《史记·西南夷列传》云："西南夷君长以什数，夜郎最大；……自滇以北君长以什数，邛都最大。此皆魋结，耕田，有邑聚。"《后汉书·王丹列传》曰："邑聚相率，以致殷富。"这几条史料表明，虽然先秦时期的商鞅变法在行政区划上把邑聚一类的普通聚落并入了县，但作为聚落的一种称谓，邑聚在汉代一些边远郡县仍有保留。

（二）落

与"聚"一样，"落"也是乡野聚落的早期形态之一。《管子·轻重》记载了桓公与管子的对话："桓公问于管子曰：'崇弟、蒋弟，丁、惠之功世，吾岁罔，寡人不得籍斗升焉，去。菹菜、咸卤、斥泽、山间堤埆不为用之壤，寡人不得籍斗升焉，去一。列稼缘封十五里之原，强耕而自以为落，其民寡人不得籍斗升焉。则是寡人之国，五分而不能操其二，是有万乘之号而无千乘之用也。'"大致意思是，齐国境内的崇、蒋、丁、惠等诸侯领地以及菹菜、咸卤、斥泽、山间堤埆等偏僻之地，还包括那些"强耕而自以为落"的地方，不仅没有成为齐国的征税对象，反而占据了齐国五分之二的国土。可见，这里的"落"指的是国家征税对象之外的乡野聚落。这类居民一部分属于诸侯领地的居民，前引"崇弟、蒋弟，丁、惠"即是；另一部分是那些户口逃逸之民，这部分人口是受到严格控制的。云梦秦简《魏户律》记战国晚期魏国的律令云："廿五年闰再十二月丙午朔辛亥，告相邦：民或弃邑居壄（野），入人孤寡，徼人妇女，非邦之故也"。这段话中的"民或弃邑居壄（野）"似乎说明了户口逃逸的事实。人口不断逃离并开辟新的耕地，既冲击了关系国家赋税的井田制，又影响了国家经济收入与政权的稳定，所以被认为是"非邦之故"。

秦汉文献中也常见以"落"来表示乡野聚落。汉代刘向《列女传》亦云："一年成落，三年成聚。"[67]《广雅》曰："落，谓村居也。"《汉书·赵充国传》中见有“聚落”一词，云：“兵至罕地，令军毋燔聚落刍牧田中。罕羌闻之，喜曰：‘汉果不击我矣！’”这里的“聚落”指的就是罕羌的聚居之地。《汉书·沟洫志》中所载“聚落”，也是指聚居空间，其云：“赵、魏亦为堤去河二十五里。虽非其正，水尚有所游荡。时至而去，则填淤肥美，民耕田之。或久无害，稍筑室宅，遂成聚落。大水时至漂没，则更起堤防以自救，稍去其城郭，排水泽而居之，湛溺自其宜也。”所谓“民耕田之……稍筑室宅，遂成聚落”，结合前引《管子》中的“强耕自以为落”的表述，可以认为，这里的“聚落”应该是为便于农耕生产而生成起来的。不仅如此，此条文献史料还隐约表达出一条信息，即这类“聚落”发展的另一结果便是城郭，理由是“大水时至漂没，则更起堤防以自救”。对于“落”这类乡野聚落，国家当然要进行管控。《史记》云：“吏苛察，盗贼恶少年投缿购告言奸，置伯格长以牧司奸盗贼。”裴骃集解引徐广曰：“‘格’，一作‘落’。古‘村落’字亦作‘格’。街陌屯落皆设督长也。”司马贞索隐：“伯音阡陌，格音村落，言阡陌村落皆置长也。”[68]《汉书·酷吏传·王温舒》作“伯落长”。

除了“聚落”的表述外，还有“部落”“庐落”“里落”等，它们大多包含聚落的意义，体现出一定的群居性特征。如《后汉书·南蛮传》云：“其山有六夷七羌九氐，各有部落。”此处的“部落”应指少数民族的聚落。“庐落”可能是那些散居性比较强的乡野聚落的别称，并且有聚落中具体的构筑空间。因为“庐”一般被认为是为便于农事而建造起来的居住空间。《后汉书·应劭传》云：“无君长之帅，庐落之居。”同书《仇览传》亦云：“吾近日过舍，庐落整顿。”唐代李贤注曰：“《广雅》曰：‘落，居也。’案今人谓院为落也。”“里落”则可能指属于偏远乡村的聚落空间，如《后汉书·孙期传》中云：“家贫，事母至孝，牧豕于大泽中，以奉养焉。远人从其学者，皆执经垄畔以追之，里落化其仁让。黄巾贼起，过期里陌，相约不犯孙先生舍。”事实上，“里落”是秦汉基层社会中的基本形态，又称“里聚”。《史记·吴太伯世家》注引《皇览》曰：“太伯冢在吴县北梅里聚，去城十里。”《汉书·武五子传》曰：宣帝即位，“下诏曰：‘故皇太子在湖，未有号谥、岁时祠。其议谥，置园邑。’……以湖阌乡邪里聚为戾园。”此处的“里”可能与行政编制单元的“里”有一定的关系，但并非指城郭的里，而是乡村地域的居住空间。《说文解字》中释“里”云：“从田从土。”段玉裁注：“有田有土而可居矣。”

（三）庐

“庐”作为城外聚落，其原义是指农民为了便于农事而在田野之中临时建造的居所。其概念大致在先秦时期就已出现。《诗经·小雅·信南山》云：“中田有庐，疆场有瓜。”东汉郑玄笺：“中田，田中也，农人作庐焉，以便其田事。”唐孔颖达疏：“古者宅在都邑，田于外野。农时则出而就田，须有庐舍，故言中田，谓农入于田中作庐以便其田事。”“庐”出现的原因可能与便于农事密切相关。因为先秦时期的农民大多集中城居，耕种则在城郭附近。然而，由于先秦农业的耕种技术尚不发达，加之耕种需要长期照看，所以，当农田的位置超过了城居的耕作半径时，为了便于农事，便派生出了这类临时性住所——庐。《汉书·食货志》云：“是以圣王域民，筑城郭以居之，制庐井以均之。”由此可见，当时的老百姓有两个居处：一个是用于长期生活的空间，位于城郭；另一个是临时性的空间，在农田附近，是为了解决生产问题。《汉书·食货志》云：“在野曰庐，在邑曰里。”唐代颜师古注：“庐各在其田中，而里聚居也。”《春秋公羊传·宣公十五年》，东汉何休亦有注：“在田曰庐，在邑曰里，一里八十户，八家共一巷。”对此，中国村落文化研究中心考察组在湖南郴州资兴市发现的代头村，就是最好的活证。其聚居空间一般由2~3栋单体式建筑组合而成，左右连栋，前后连衢（道），排列整齐有序，秩序井然。在联排民居中，东西向宽，可供车行；南北向窄，可供人行；中间或两侧设排水沟。居住区外围两侧靠近良田处，建有专门的家禽猪牛马用厩舍，十分便于耕种。代头村这一例证，十分鲜活地说明了因“庐”成“聚”成“衢”的村落生长现象。

正因为庐的出现是为了便于农事，所以农闲时节庐一般是闲置的。《说文解字》释“庐”云：“庐，寄也。秋冬去，春夏居。”[69]在田野考察中，我们在湖南湘中双峰县青树坪镇，湘西南的城步、绥宁、通道、靖州，湘南永州勾蓝瑶寨，以及贵州黔东南地区的西江、榕江等地区，曾发现过这类既具有“庐”之古名称，又具有古代“庐”的使用功能的建筑物。它们的名字就叫“田庐”，或“庐屋”“牛庄屋”，修建于田垄之中，春夏人与牛临时寄住其间，秋冬则仅贮藏来年春耕的一些生产工具，并无人居住其间。它们是与村落建筑完全不同类型的建筑，在使用功能上与上古“庐”的功能作用完全一致。

后来伴随着井田制的废除，及至授田制等相对宽松政策的推行，集中城居的形式逐渐瓦解，“庐”便有了进一步生长为长期性生活空间的可能。由庐发展为村落有两个必备条件：一方面是物质性实体空间必须有明显的聚合性特征，包括空间构成的房屋、土地和景观等；另一方面是非物质性社会空间的形成，体现为明显的聚族群体性和血缘延续性。有关于此，考诸文献，发现先秦时期的庐不仅分布在距城郭不远的周边范围，而且密集布置，聚合性特征明显。《战国策·魏策》云“地名虽小，然而庐田庑舍，曾无所刍牧牛马之地”[70]便可说明。《左传·襄公三十年》云：“田有封洫，庐井有伍。”[71]《汉书·食货志》云：“理民之道，地著为本。故必建步立亩，正其经界。六尺为步，步百为亩，亩百为夫，夫三为屋，屋三为井，井方一里，是为九夫。八家共之，各受私田百亩，公田十亩，是为八百八十亩，余二十亩以为庐舍。”《汉书·王莽传中》亦云：“古者，设庐井八家，一夫一妇田百亩，什一而税。”按八家庐舍二十亩地，平均每家二亩半。尽管这种划分与井田制有关，仍不免过于理想，却说明庐舍有一定的聚合性。除历史文献的记载以外，中国村落文化研究中心在湖南江永勾蓝瑶寨考察时发现的牛庄屋这一活证可为旁证（见插图 6）。牛庄屋的形式、功能类似“庐”，它是旧时居于深山的瑶民为便于农业生产而于平地近田处建起的临时住所。一到开春，为了打理农田、种植庄稼，瑶民便长住其中，春耕之后才回山寨。后来随着瑶汉关系的缓和，部分瑶民便开始居于牛庄屋，久而久之，就干脆移居平地，形成了瑶民聚居的村落。牛庄屋的布局，有成排“一”字形的，也有“回”字形的四合大院，两层结构，八面倒水，一个大门。每座庄屋被分成三十格，每格一户人居住，上面住人，隔层下面则圈养牛和放置农具。牛庄屋这一活证，结合上述文献以及《史记》中“一年而所居成聚，二年成邑，三年成都”的说法，证明在古代中国社会，特别是在井田制废除之后，“庐”发展为村落是可靠、可信的史实。

（四）丘

除上述外，还有“丘”一类的乡野聚落，它不同于临时性居所的庐，而属于长期性居住空间，即所谓“野人”的聚落。丘的甲骨文字形为，像地面上左右并立的两座小山峰，其本义为自然形成的小土山。《说文解字》解释“丘”云：“一曰四方高、中央下为丘。”[72]《玉篇·北部》则云：“北，虚也，聚也，冢也。……丘，并同北。”由此来看，丘作为“聚”应该属于山间谷底一类的自然聚落，在今湖南南部的江华、江永，广西的桂林、百色、凭祥等地，依然可以见到这类自然村落，也由此知这类村落的形成与自然地理条件的关系。

《尚书·禹贡》谓“桑土既蚕，是降丘宅土”[73]。据考古学者研究发现，早期中国的聚落遗址多与丘有关，其云：“在一马平川的原野上，如果远远望见高于平地的漫坡或阜丘，十之八九为遗址，又以龙山文化——商代遗址为多，且这种‘堌堆’的遗址又往往呈带状分布。”[74]丘作为乡野聚落或地方组织的指称，可能在商周时期就已出现，甲骨文中“丘”字出现频率较高，如《合集》8381—8390条中“丘”就出现了10次，有“傅丘”“衣丘”等。《史记》中还有所谓的“犬丘”，《史记》云：“文王在丰，武王在镐。”周懿王时，始自镐，迁居于此。“《世本》：‘懿王徙于犬丘。’”宋衷注云：“（犬丘）一曰废丘，今槐里是也。”[75]从这里来看，丘又体现为地域组织，具有一定的行政编制意义。

《庄子·杂篇》：“少知问于大公调曰：‘何谓丘里之言？’大公调曰：

‘丘里者，合十姓百名而以为风俗也，合异以为同，散同以为异。’”[76] 由此来看，丘里应该是由数个不同族姓的居民聚居而形成的居民点，可合可散，是基于地缘关系的聚合群体。《孟子·尽心下》云：“民为贵，社稷次之，君为轻。是故得乎丘民而为天子。”[77]

“丘里”“丘民”似乎都表明“丘”虽是乡野聚落，但仍受到国家的管控。先秦文献中还有如鲁国“作丘甲”、郑国“作丘赋”的规定，可能是以丘作为征收军赋的基本单位。《春秋左传》云：成公元年，“三月，作丘甲”。杜预注：“《周礼》：九夫为井，四井为邑，四邑为丘。丘十六井，出戎马一匹、牛三头。四丘为甸，甸六十四井，出长毂一乘、戎马四匹、牛十二头、甲士三人、步卒七十二人。此甸所赋，今鲁使丘出之，讥重敛。”[78] 长沙三国吴简中亦发现有“丘”的名称，说明“丘”一类的指称一直延续到了两汉时期，且可能依然指代野外的自然聚落，只是这类“丘”已被纳入了国家征管的范围而已。从相关表述来看，此类“丘”仍不属于行政编制的单位。[79] 尽管从古代文献里没有直接找到“丘”发展成村落的载述，但从发生学的概念来理解，作为乡野聚落或地缘性组织的“丘”演变为村落是可靠的，毕竟“丘”的群居性特征较为明显，而且我们在现在丘陵山谷盆地中仍然可以见到这类村落。

以上对秦汉时期几种具有典型性或代表性的乡野聚落形态进行了简要梳理和阐释，从中可以发现，无论是聚、落，还是庐、丘等形态，都发生于先秦时期，有些甚至在商代便已出现。当然，作为聚落空间的某一指代，这些名词和概念只是人为的主观界定，它们在不同时期、不同区域、不同阶层的人那里会有不同的理解和表述。概念的理解和表述可能是主观的、动态的，但作为物质实体空间与社会活动单元高度重叠的客观对象，它是相对稳定的。所以，各类聚落名词的指代，固然有助于我们理解村落起源的各类可能情况或村落的早期形态，然而切不可认为指代不同，其内涵便会有本质上的区别。毕竟村落是实际存在的生产生活空间，除自然灾害和战争等不可抗力以外，它是不会以人的意志为转移的。根据这一理解，有关村落的称谓和指代，包括后来出现的“庄”“屯”“川”“寨”“店”“堡”“铺”等，它们在形态和性质上虽有不同，但在本质内涵上是大致无异和无疑的。

二、国家对乡野聚落的管控

就村落存在的形态而言，秦汉社会的现实是先秦以来国家体制之外零星或少量的散居现象渐趋增多，全国各地都不同程度地散布着不同形式、不同类型的乡野聚落，初步形成了城居与散居并存的局面，城邑与乡村的分野也随之日趋明显。考古在全国各地发现的具有村落性质的遗址，便足可为证。如辽宁辽阳三道壕遗址、河南遂平小寨汉代遗址、江苏高邮邵家沟汉代遗址、江苏张家港小山村遗址、河南内黄三杨庄汉代聚落遗址、安徽泗县刘圩遗址等，以及重庆、四川等地区发现的汉代聚落遗址。[80]上述这些遗址一般位于地理条件优越的平原、低丘之处，近水源，由房屋、水井、厕所、畜栏、土窖等组成，遗址中农业遗存丰富，除日常生活用具以外，还有铁犁、铁铲、铁锛、铁凿、铁刀、铁匕、铁锥等农业生产工具，应该属于秦汉时期已经形成并成熟的农村村落。

文献和考古材料显示，秦汉时期的村落大概有两种。第一种是城郭之中派生出来的、先秦便已存在的“庐”“丘”“聚”“落”等。这类大多是散居形态，体现出一定的“聚居”村落要素，应该是村落形成来源的一种重要形态。也可能正是散居达到一定的规模程度，便成了带有村居一类的“聚落”。正如《汉书》所言，“民耕田之，或久无害，稍筑室宅，遂成聚落”[81]。《史记》中也有“一年而所居成聚，二年成邑，三年成都”的说法，虽未言之凿凿，但已经足以说明“久居成聚”的可能。“聚”在这里是“村落”的意思。第二种是与城郭平行发展的一种普通聚落。除了先秦以来便出现的自然聚落，还存在流邑之民避居后所生成的自然聚落，故其在行政上受到国家的干涉或影响相对较少。考古发现，秦汉时期的部分农耕聚落就始于先秦时期，有些甚至可以上溯到新石器时代的龙山文化时期，而且在之后的历史进程中一直有相对稳定的延续。譬如，山东章丘宁家埠聚落遗址，不仅可以追溯到龙山文化时期，而且还延续至唐宋时期[82]；河南遂平小寨遗址，从战国晚期一直使用到东汉时期[83]。上述两种聚落在当时的平面规模上都不大，居民住户仅有数户，这可能与秦汉国家对散居的严格管控有一定关系。秦自商鞅变法，“集小都乡邑聚为县”，“令民为什伍”[84]，即五家为伍，十户为什，相联相保。汉承秦制，实行乡亭里制，注重什伍编排，推行“编户齐民”，力图恢复和延伸集中城居的理想。《汉书·食货志》：“是以圣王域民，筑城郭以居之，制庐井以均之。”《睡虎地秦墓竹简·释文·法律答问》载：“旞火延燔里门，当赀一盾；其邑邦门，赀一甲。”“越里中之与它里界者，垣为‘完（院）’不为？巷相直为‘院’；宇相直者不为‘院’。”[85]“垣”即墙垣，即里与里之间有墙垣相隔；“院”便是家与家之间的隔墙。里有“里门”，里与里、户与户之间设有墙垣，百姓的生活被限制在固定的空间范围。汉初《二年律令》的规定更为详细，其云：百姓的“欲益买宅，不比其宅者，勿许”。《杂律》云：“越邑里、官市院垣，若故坏决道出入，及盗启门户，皆赎黥。其垣坏高不盈五尺者，除。”《户律》还规定：“田典更挟里门籥，以时开；伏闭门，止行及作田者”。[86]如此种种，充分说明了汉代对民及民居的严格控制。至隋唐“令人悉城居”的政令，严格程度更甚。《隋书》记大业十一年（615 年）诏令云：“今天下平一，海内晏如，宜令人悉城居，田随近给。”[87]《资治通鉴》也载：“帝以户口逃亡，盗贼繁多，二月，庚午，诏民悉城居，田随近给。郡县驿亭村坞皆筑城。”[88]律令的一再强调，体现了国家对土地和户口的重视，然则也在一定程度上反映了“非城居”现象的日益频繁。

不难发现，从汉代开始，由于牛耕和铁器的普遍推广，生产力水平大幅提高，散居村落的现象呈蔓延之势。事实上，到魏晋南北朝时期，散居村落已然成为官方不得不默许的一种实际存在。因为进入汉代以后，尤其是西汉后期，土地兼并、人口流动的现象突出，加之豪族势力的膨胀，先秦以来形成的“里”制和集中城居的制度已不适应日益增长的农业物质生产需求，更不能包容新的乡村内容。其中一个最突出的表现，就是单纯作为自然聚落的“聚”的不断涌现。在秦汉乡亭里制之下，这种乡野聚落出现的直接后果，自然是聚落逐渐从国家行政单位脱离，[89]统治者对其的控制，或许只是名存实亡。因为“聚”一旦脱离国家的行政视野，就意味着成了国家征税对象之外的群体空间。[90]从国家层面来论，汉代统治者的理想是将作为自然聚落的“聚”与行政单元“里”结合起来，实现“里聚合一”，然而先秦以来便出现的突破国家行政编制而向郭外发展的趋势，并没有因这一设想而在事实上停滞。西汉马王堆三号墓出土《驻军图》中所标记的里，一部分旁注“不反（返）”和“今毋（无）人”的情况，似乎反映了“户口逃亡”的问题。[91]里聚分离是事实，但这种分离是艰难的，受到了来自国家权力等各方面的严重制约。一方面，为了加强控制，统治者加强监管，尽可能限制百姓于郭外聚居；另一方面，统治者不得不承认乡野聚落这种实际存在的生产生活单位，并试图将其纳入国家管理范畴。西汉马王堆三号墓出土的《地形图》（见插图 7）[92]、《驻军图》（见插图 8）分别有名里 43 处和 41 处的事实可兹说明。因为地图中所标记的里，都分散在地形复杂的山川地区，应属乡野聚落的范畴，然而又有国家赋予的“× × 里”的名称，这显示出这些聚落明显受制于国家的行政管辖。

汉代国家与村落互动的现象背后，实际上是国家的某种妥协和村落群体向国家的靠拢。国家对村落的实际承认，促进了村落在汉代的发展，反过来，村落的发展也稳定和巩固了汉代国家的统治。不过，到东汉末年，这种状况出现了改变，因为战争不断，社会动荡加剧，全国性的乡亭里地方行政组织遭到严重破坏，里聚分离速度进一步加快。这不仅增强了“聚”的自然聚落功能，而且加强了以血缘关系为基础的豪族庄园的独立性和军事性。[93]

总而言之，秦汉村落作为农耕文明的产物，它的发展与变迁是传统农耕社会历史演变的缩影，也是国家与乡村之间的某些历史性互动关系的体现。在早期中国历史上，秦汉国家政权合法地垄断了全国范围内的所有资源，但似乎社会网络仍然具有过滤国家试图控制社会的某些行为的能力。因而，国家对资源的垄断实际上也是有限的，它往往需要通过下发不同的行政命令或是制定符合实际的法律法规，不断调适其与村落社会之间的关系，使底层社会为争夺生存、生活资源而发生的行为与活动限制在国家的可控范围内。秦汉国家体制下村落社会的演变就充分显示了这一点。然而，这种国家权力向地方社会的渗透，可能并不如想象中的强烈，而是若隐若现的。正因如此，不少学者认为我国古代“皇权不下县”，如马克斯·韦伯提出了“有限官制论”，认为“中华帝国正式的皇权统辖权只施行于都市地区和次都市地区。……出了城墙之外，中央权威的有效性便大大地减弱乃至消失”[94]。我国著名社会学家费孝通先生也持类似的观点，认为皇权统治“在人民实际生活上看，是松弛和微弱的，是挂名的，是无为的”[95]。

事实上，从秦汉国家与村落社会的互动情况来看，国家权力不仅下渗到了县以下的地方社会，而且在形式上和一定程度上体现为制度性介入，只是这种渗透和介入并非以“设置国家机构”的方式实现，而更多的是通过国家在基层的代理人这一途径体现的。譬如，村落社会中的父老、耋老，唐代的里正、村正，明清时期所谓的乡绅。可以肯定，所谓“国权不下县，县下惟宗族，宗族皆自治，自治靠伦理，伦理造乡绅”的传统乡村认识范式，可能并不能完全解释包括秦汉时期在内的古代中国国家与村落社会的关系。[96]国家视野下，历朝历代关于基层社会的行政编制和田赋徭役制度，虽然在很大程度上影响或者限制着村落，但作为国家最基础和最基本的生活单元与社会单元，村落仍以其聚族群体性、血缘延续性和地缘一体性的特质，不仅继续发展，而且在与国家的互动关系中起到了增强民族的内聚性与心理认同，维系和巩固国家的稳定、繁荣与发展的重要功能作用。

第三节 秦汉村落的形态

村落的形态，是指村落的平面布局及其构成要素，即构成村落的民居建筑、庭院、畜圈、广场、道路、沟渠、绿化，以及用于商业、教育和宗教信仰的公共设施等。长期以来，学术界对“村落”的研究，忽视了村落变迁层面的历史性梳理，不仅缺乏对村落与政治、经济、文化、社会和自然地理等方面关系的研究，而且缺乏分析村落的非物质实体空间的构成形态方面的研究。有关“村落”物质实体空间的构成，除传统的建筑史学和艺术学领域的部分史论学者基于考古材料和文献史料对民居建筑进行过为数不多的一些具体个案剖析以外，传统村落的形态、布局、景观和规模等均缺乏研究，尤其是缺乏系统研究。这些几乎没有涉及的研究缺口为后续的村落文化研究留下了很大的学术空间。当然，对这些问题的研究缺失或者忽略，原因是多方面的，但主要受制于考古和文献史料的有限，以及研究成果的获得远不如对近现代尤其是当代城市建筑的研究来得容易。近年来，伴随着秦汉考古发现的丰富，出现了不少秦汉时期聚落考古所得新材料，这为我们了解秦汉聚落特别是农耕型聚落提供了不少方便。尽管有关村落遗址的发掘相比其他考古发现要少，但结合文献资料，我们还是可以从这些有限的资料之中窥见秦汉村落的一些大致面貌。

一、考古发现的主要村落遗址

自近代考古学引入中国之后，特别是新中国成立以后，我国考古工作取得了较大进展，关于秦汉的考古调查和发掘工作同样取得了丰硕的成果。目前发现包含秦汉村落内容的遗址遍及全国，但主要分布在山东、河南、河北、江苏、安徽、四川和重庆等地区。较为典型的有辽宁辽阳三道壕遗址、江苏高邮邵家沟遗址、江苏张家港小山村遗址、河南遂平小寨遗址、河南内黄三杨庄汉代聚落遗址、山东章丘宁家埠遗址、河北井陉南良都遗址、河北永年榆林遗址、安徽泗县刘圩遗址等。上述这些聚落遗址与城郭聚落不同，它们面积不大，性质单纯且明确，属于农耕聚落范畴，应该是秦汉时期具有典型意义的村落。这些村落为我们了解秦汉村落的形态、构成要素、性质和内涵等提供了宝贵的实物样本。过去这些零星的发掘成果缺乏系统的梳理，所以专辟一节，做出整体的介绍。

（一）山东地区的村落遗址

山东位于中国东部沿海、黄河下游，包括山东半岛和内陆两部分，前者突出于渤海和黄海之中，与辽东半岛相对，后者则自北而南与冀、豫、皖、苏4省交界。山东境内中部山地突起，鲁西南、鲁西北低洼平坦，鲁东缓丘起伏，形成以山地丘陵为骨架、平原盆地交错环列其中的地形、地貌。由于气候宜人、自然环境优越，自史前以来，山东地区就是人们活动的主要范围，考古发现的包括后李文化、北辛文化、龙山文化等在内的不同时期人类活动遗址与遗存，就充分证明了这一点。夏禹时山东属于青州，商初迁都8次，其中前两次在山东境内。周代山东封国先后有齐国、鲁国和曹国等。春秋战国时期，儒家创始人孔子和早期儒家代表人物孟子均诞生于山东境内。山东在儒家文化基础上形成了齐鲁文化，对中华文化基本格局的形成产生了深远影响。秦统一六国之后，山东境内设置有临淄郡、齐郡、东郡、薛郡、琅琊郡、胶东郡和济北郡7郡。汉武帝时期，分天下为13州，其中山东设置有青州、徐州和兖州，并一直延续到西晋时期。

有史以来山东地区的人类活动就十分频繁，所以遗迹、遗存比较丰富，考古发现的包括村落在内的聚落遗址也较为多见。据中美日照地区联合考古工作队的调查结果，仅鲁东南地区1 400余平方千米范围内，就有秦汉时期的遗址1 700余处[97]，其中不少遗址为包含村落要素或内容的聚落。值得指出的是，山东地区的不少聚落遗址，其时代跨度很长，有些甚至从史前社会一直延续到汉唐及以后，山东济南市章丘区的王推官庄遗址、黄桑院遗址、宁家埠遗址等都属于此类。其中山东济南市章丘区宁家埠遗址性质明确，保存较为完整，最具典型性。

宁家埠遗址位于山东济南市章丘区西北约14.5千米，南距宁家埠乡仅1千米，坐落于泰沂山系北麓西段的冲击地带，地势由东南向西北倾斜，遗址东边 8 千米处有长白山，3.2 千米处有绣江河自东南向西北流过，西边 2.5 千米处有白云湖，依山临水，地势开阔，土地肥沃，宜居且便于农业生产。遗址平面呈近方形，东西、南北各约 230 米，面积约 5 万平方米，揭露面积 6 300 平方米，包含有龙山文化、商周、汉代和唐宋时期的文化遗存，以龙山文化和周代文化遗存为主。汉代文化遗存主要分布于遗址发掘区的东部，共清理出灰坑 172 个、沟状遗址 11 条、水井 11 眼（均未清到底）、墓葬 8 座。灰坑包括圆形坑 109 个、椭圆形坑 37 个、长方形坑 7 个以及不同规则形坑。其中圆形坑大都较规整，坑壁和坑底大多经过细致加工，可能是用于储藏东西的窖穴。水井均为圆形土井，其口径大多在 0.6~1 米。遗址中还出土有盒、钵、盆、瓮等陶制日用器具和磨、纺轮等陶制生产工具，还有竖銎镢、铧、锄等铁质农具和刀、剑等铁器，另见有镞、带钩、铺首等铜制品，以及五铢钱。墓葬有土坑墓、瓦棺墓、翁棺墓三种类型。宁家埠遗址的汉代遗存，虽然未见房屋遗址，但从遗存数量丰富的灰坑、沟状遗址、水井眼和 8 座墓葬来看，这里应该是一处汉代的聚落空间。不仅如此，遗址中出土的陶制日用器具和生产工具以及铁质农具，既说明宁家埠在汉代是一处人类活动频繁的生产生活场所，也表明它是一处农业性质的聚落。[98]

相比宁家埠，王推官庄遗址、黄桑院遗址的性质不是特别明确。譬如，黄桑院遗址虽然面积近 10 万平方米，但汉代的遗存规模远小于宁家埠，发现有灰坑 17 个，有长方形、椭圆形和不规则形三种，其灰坑普遍出土有陶片、瓷片和少量兽骨，可辨别的陶器有罐、鼎、盘、豆、盆、甗、钵等；1 个灰坑中清理出两具动物骨骼，其中一具侧卧于坑底，被鉴定为黄牛骨，另一具种属不详。窑址 2 座，均为半地穴升焰式结构，包括操作坑、火膛、窑室等几部分。[99]现有遗存未见有农业生产工具，尚不能表明黄桑院遗址是一处农业性质的聚落。

（二）河北地区的村落遗址

河北因为位于黄河以北而得名，地处华北平原，东临渤海，西为太行山，北有燕山和张北高原，内环北京和天津，另与辽宁、内蒙古、山西、山东和河南交界。河北境内兼有平原、盆地、高原、山地、丘陵和海滨，地理条件优越，适宜于农业生产，是人类生产生活的理想区域。早在史前社会，河北大地上发生了著名的涿鹿之战，自此之后，中华始祖黄帝、炎帝和蚩尤便开始从冲突走向融合。河北古称冀州，周代封召公、周公之子于河北，是为燕国和邢国；东周则有燕国、赵国、中山国和魏国等诸侯国，故河北又有“燕赵大地”之称。秦代初分天下为 36 郡，河北设置有巨鹿郡、邯郸郡、恒山郡、齐郡、济北郡、上谷郡、代郡、渔阳郡和右北平郡 9 郡。至汉代，河北则属幽州、冀州的地域范畴，直至西晋。由于有史以来河北境内的人类活动就很频繁，是历朝历代政治、经济、文化发展的主要区域，所以河北境内的考古发现较为常见，秦汉时期的遗址遗迹也十分丰富。然而，其中涉及聚落特别是村落的内容却相形见绌。

近年来，河北境内关于聚落遗址的考古调查和发掘有了一些新的进展。2010 年，河北省文物局在对河北元氏故城及其周边区域的考古调查和发掘工作中，在半径仅 2 千米的范围内，发现有 14 处以汉代遗存为主或具有汉代遗存的遗址和墓葬区[100]，其中聚落分布在距城较近的城东北、城东、城南地带，尤以城东南最为集中。调查报告显示，元氏故城周边的这些聚落以农业生产为主，居住者可能是为城市生活服务的人群，现择包括元氏故城在内的聚落要者介绍如下。

元氏故城位于殷村镇故城村，南北长 1 100 米，东西长 1 200 米，面积约 132 万平方米，使用年代大致在战国至隋代，以两汉为主。故城南、东、西三面残存部分夯土城墙，高约 6 米；出土和采集到板瓦、筒瓦、瓦当、方砖等建筑构件，其中板瓦长 54 厘米，宽 34~38 厘米，矢高 6.8 厘米，厚 1.6 厘米，瓦当上有云纹和“长乐富贵”“常山长贵”字样的吉祥文字；出土有豆、罐、盆、釜和壶等陶制器皿。

距故城东北约 600 米的一处聚落，发掘面积 4 000 平方米，清理出灰坑 302 个、灰沟 20 条、道路 3 条、水井 2 眼、灶 3 座、窑址 2 座、墓葬 10 座，出土有大量的莲花纹瓦当、板瓦、筒瓦和砖等，盆、罐、釜、碗等陶制日用器皿，以及铜铺首、铜镜、五铢钱、铁刀等。

距城东约 200 米有小留村遗址，清理出战国至汉代灰坑 8 个、水井 6 眼，另见有不少散落的陶片、砖块和井圈残片等。

距城东南约 1 300 米有赵村东遗址，发掘面积 2 000 余平方米，发现灰坑 73 个，大部分为西汉时期的，另有战国秦汉时期的窑址，有汉代土坑墓、瓮棺葬和瓦棺葬，出土有陶器、铜钱、铁锛、铁带钩、板瓦、铜瓦等。

距城东南约 1 000 米有北程遗址，发现东汉时期灰坑 37 个、引水槽 2 条、蓄水池 1 座、水井 5 眼、窖穴 2 座、灰沟 2 条、墓葬 2 座。出土有筒瓦、板瓦、瓦当及砖石等建筑构件，盆、罐、瓮、壶、钵、豆、釜、甑、炉等陶制日用器皿，纺轮、陶杈、铁刀等生产工具，半两、五铢钱、货泉等钱币。据推测，此处可能属于常山郡故城的一处手工业作坊区。

故城周边的聚落遗址，除上述外，还有赵村西遗址、赵东南遗址、陈郭庄东遗址、陈郭庄西遗址、陈郭庄西南遗址、东贾村北遗址、殷村遗址、龙王遗址等。这些聚落遗址分布于故城周边的事实，一方面于侧面说明先秦以来集中城居形式可能仍部分存在，另一方面表露出汉代的城郭可能都存在类似的服务城市的农村聚落群体。这似乎于某种程度上印证了《汉书·食货志》所云的“是以圣王域民，筑城郭以居之，制庐井以均之”的理想。正如前文中所提到的，“当时的老百姓有两个居处：一个是用于长期生活的空间，位于城郭；另一个是临时性的空间，在农田附近，是为了解决生产问题”。由此看来，不排除这类聚落是在“庐”这一临时性居住空间基础上发展而来的。当然，这仍待考古发现进一步证明。

上述表明的是围绕城郭而发展起来的村落，于城郭之外，河北境内也发现有汉代村落遗址，较为典型的有河北井陉南良都遗址和河北永年榆林遗址等。

南良都遗址，位于河北省井陉县南良都村金良河南岸近河的阶地上，遗址东西长 190 米，南北宽 150 米，面积 2.85 万平方米，发掘面积 350 平方米，清理战国、汉代房址3座，道路1段，东汉窖藏1处，以汉代遗存为主。汉代房址2座，均为地面建筑，其中1座有柱洞6个，分别为方形和圆形，部分柱洞底部有椭圆形础石。根据柱洞判断，房址平面为方形，单间面积长3米，宽2.5米，门道宽0.85米，方向250°；室内中部发现有不规则烧土，应是用火痕迹，附近发现有1件完整的陶碗。所见遗物有碗、豆、盆、罐、钵、釜、灶等陶器和石斧、汉代钱币等。窖藏的结构为圆形，土坑内放置储钱陶罐，陶罐内储藏钱币按公斤计，超50公斤，包括半两、五铢、大泉五十、货泉、币泉等铜钱币以及少量铁钱币。道路位于遗址西南部，呈东北—西南走向，探明长度有近100米，东端接近遗址丰富区而消失，揭露段长度3.7米，路宽2.65~2.75米，道路两侧各附有宽0.86~1米、深0.5~0.6米的路沟，路面坚硬，呈灰褐色，厚0.02~0.03米，路基厚0.15~0.20米，路面土质坚密，有杂花，筑路时应该经过平夯或碾压。根据考古报告推测，南良都遗址发现的古道可能是汉代驿道的一条支路。结合出土遗存，未发现有明显的农业生产活动痕迹，由此看来，南良都聚落遗址似乎并不是一处农业型聚落，而是交通型散居遗址。[101]

永年榆林遗址，位于河北永年县的榆林村西，遗址南距洺河约1 500米，地处冀南平原，地势平坦。发掘总面积2 000平方米，有新石器时代、西周和汉代三个时期的文化遗存。新石器时代、西周两个时期的文化层堆积较薄，表明这两个时期此地人类活动的规模应该不大。与此不同，汉代时期的遗存较为丰富，应该有大规模的生产、生活活动。因此，榆林遗址是一处以汉代遗存为主体的汉代聚落遗址。从清理情况来看，发现汉代遗迹有灰坑、水井、灰沟等。灰坑有圆形、椭圆形和不规则形三种，坑内出土有陶片和砖瓦碎片；水井2眼，井口平面呈圆形，直径0.8米，井深5.46米，井壁系青砖叠砌而成。遗址出土有铧、镢、铲、凿等铁制生产工具和壶、釜、盆、瓮、博山炉等陶制生活器具，另见有瓦当、板瓦等建筑陶器和五铢钱数枚。大量生活日用器和瓦当、板瓦等建筑构件表明榆林遗址是一处村落遗址，而且应该是典型的农耕型村落。[102]

（三）河南地区的村落遗址

河南因大部分位于黄河以南而得名，地处黄河中下游，北与河北、山西接壤，东北与山东交界，东南有安徽，西北连接陕西，西南为湖北，属于中国中东部地区。河南的地势为西高东低，北、西、南三面环绕有太行山、伏牛山、桐柏山和大别山，中、东、北则为华北平原，地势平坦开阔，西南是山地、丘陵，东南为大别山区。河南作为中华民族与华夏文明的主要发源地，早在4 500万年前就有了类人猿的活动，在石器时代更是有着丰富的人类活动痕迹，包括旧石器时代的小南海文化、灵井文化和新石器时代的贾湖文化、裴李岗文化、河南仰韶文化、龙山文化等。二里头文化以后，河南进入了铜石并用的时代，并产生了中国历史上的第一个王朝——夏王朝。此后，经商、西周和东汉，直至宋朝，先后有20多个朝代建都或迁都于此，这里长期是中国政治、经济、文化和交通枢纽中心。

正因为河南自史前社会以来便是中国境内人类活动的主要地域，所以考古发现的历朝历代的遗迹、遗物比较多，包括聚落考古也是如此。有关于此，我们在上一章史前聚落遗址的介绍中已有所提及。考古所见秦汉时期的聚落遗址虽然不如史前社会丰富，但也有不少发现，这当中就不乏具有村落性质的聚落。河南省文物考古研究所、武汉大学考古学系联合调查队于2006年10月至2007年2月之间，对河南淮滨县黄土城及其周边地区200平方千米范围内进行了考古调查，共发现新石器时代至汉代遗址76处，除5处为墓地以外，71处当为聚落遗址，其中包含汉代文化因素或汉代遗存的共41处。[103] 这些汉代遗址密集分布的区域也是现代村庄密集的地区，主要位于闾河东岸及其支流的南岸。从地理位置来看，淮滨县地处淮河中上游，隶属于河南省信阳市，黄土城及其周边地区位于黄淮平原南端，土地肥沃，适宜农业生产。从汉代聚落分布位置大致与现代村落接近这一事实，结合调查发现的石斧、石镰、石锛和陶拍、陶纺轮等生产工具来看，这些聚落遗址不排除是农业性质的村落。

在河南考古发掘的秦汉聚落遗址中，较为典型的有河南遂平小寨遗址、河南内黄三杨庄汉代聚落遗址等，现择两处重要遗址介绍如下。

小寨遗址，位于河南省遂平县西南约13千米的诸市乡小寨村西，沙河东岸。遗址东西长400米，南北宽300米，面积约12万平方米。聚落遗址的使用年代自战国晚年至东汉时期，其中以西汉时期为主。遗址清理出道路8条、水井28眼，未发现有居址遗存。遗址中除西北部4条道路时代不明确以外，其他4条道路应该属于汉代道路，道路于东西向与南北向排列有序。有2条保存最好，其中一条路残长144米，宽5.5~7.5米，贯穿遗址中部；另一条长210米，宽14米，在遗址中部与上一条东西向路交叉为丁字路口，共同构成遗址的主干道。考古报告显示，前一道路于东汉时期有过维修，表明遗址至少沿用到了东汉时期。路中发现夹有内饰布纹的板瓦和盆、罐等残陶片。水井包括16眼陶圈井、5眼砖券井、7眼土井，其中土井使用时间最早，陶井次之，砖井最晚，它们有规律地排列为东西六排，沿东西向平行分布，布局十分密集，井与井之间最近者仅7米。土井之中，不仅清理出板瓦、筒瓦、砖等建筑材料，还发现有陶漏斗器、罐、盆、瓮、碗等陶制日用器和石饼、磨石等石器，以及铜耳勺等。虽然小寨遗址未发现有居住遗址，但从道路、水井的有序排列，以及建筑构件、陶器等遗物的大量出土来看，这里应该曾是一处聚居遗址。[104] 有学者就指出“该遗址可能从战国晚年开始，有居民按规划较为有序和集中地聚居，并且这种较为集中的聚居方式一直沿袭到东汉”，他还进一步认为“这可能与文献和简帛记载中的里居方式有关”。[105] “里居”的说法虽未言之凿凿，然则推测其为一处集中聚居的聚落应具有合理性。

三杨庄遗址，位于河南省内黄县梁庄镇三杨庄北，北距内黄县城约30千米，东南距今黄河河道约45千米，地处内黄县南部的黄河故道，地表沙岗起伏，汉代文化层与遗迹平均在今地表约4.5米以下。在1 500米长的硝河河道范围内发现有4处较大面积的汉代建筑遗迹，说明这里在汉代应该是一处较大范围的聚落遗址，而且极有可能有若干个聚落区域，每个区域又包含若干庭院。从遗迹遗存来看，三杨庄是一处典型的农业性质的村落遗址。

第一处宅院遗存，面积约 1 800 平方米，清理面积 400 余平方米，当为主房部分，包括院落基础、房基、瓦屋顶、夯土墙和拌泥池等，以及未使用的瓦、建筑废弃物堆积、灶和灰坑等。宅院基础南北长约 20 米，东西宽约 18 米，高于周围地面约 0.3 米；房基与瓦屋顶位于宅院基础的西部，可能是一座坐西向东的房屋，两开间；南侧一间南北宽约 4.5 米，东西长 6 米以内；北侧一间宽于南间，南北宽约 5.7 米，东西有夯土墙，厚约 65 厘米，现存高 50~65 厘米。瓦屋顶可分为两部分，分别位于房基的南北两端；南侧呈西北—东南向，瓦顶北高南低，仍呈坡状，板瓦的仰铺与筒瓦的盖合保存原貌；北侧瓦顶呈东西向，南高北低仍呈坡状，板瓦与筒瓦的结构清晰。宅院基础的东北角清理出大面积的碎瓦片、砖块和陶器残片，夹杂有个别铁器。房屋基础周围，还发现有一些陶器碎片，如盆、罐、瓮、水槽等，另有小件铁器出土。发掘部分的南部发现有属于宅院组成的水井 1 眼。水井南侧有东西向汉代道路 1 条，宽约 4 米。

第二处宅院遗址，遗存面积约 1 700 平方米，发掘 1 000 余平方米。发掘显示，这里当为一座庭院的一部分，从南向北由两进院落组成。(见图 3–1、图 3–2)。第一进院包括南墙、东厢房、西门房，第二进院由南墙、门

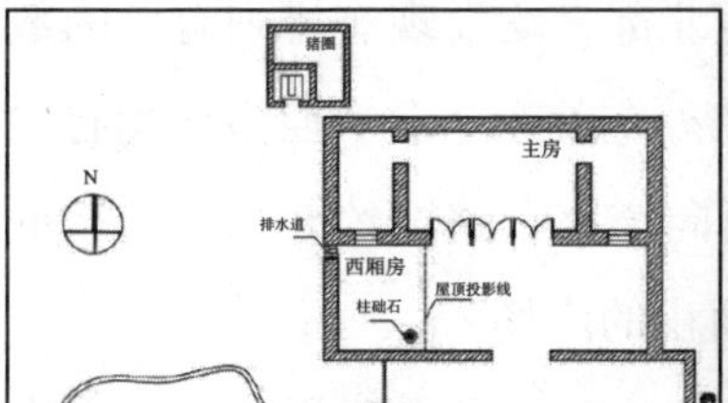

图 3–1　第二处宅院平面复原图

图 3–2　第二处宅院鸟瞰复原图

房、厢房、正房组成。另见有院前水井、编织遗存、庭西水池、院后厕所等遗迹。水井位于宅院南大门的东南侧约 9 米，为砖砌圆形竖井。井周围有残破的陶瓮、陶水槽、陶盆等，还有较为完整的石磨；井台北面 1.4 米处遗留有圆形石臼 1 件。南大门与水井间用碎瓦片铺有一条专用便道，长 5.5 米，宽 0.3~0.7 米。编织遗存位于南大门外约 10 米处，东距水井台约 3 米，遗存四角有四垛砖，平面呈长方形，南北宽约 1 米，东西长约 1.25 米。南大门宽约 2.47 米，大门内东西两侧各有 2 个直径 8 厘米的圆形柱洞，柱洞均南北排列，间距约 6 厘米。西门房位于南大门内西侧，南北长约 7 米，东西宽约 2.5 米。东厢房位于南大门内东侧，坐东朝西，南北长 9.5 米，东西宽 7 米，宅院内遗留有形制相似的两盘石磨，还散落有几件铁器及 1 件破损的陶甑。西厢房位于主房西南，北与主房相接，东西长 4.5 米，南北宽 4.3 米；东侧院内发现 1 件铁釜，房内西南角发现 1 件残破的陶豆。主房南北长约 14 米，东西宽约 9 米，屋顶为南北两面坡形，坡面较长，清理出 4 枚“益寿万岁”瓦当；主房南北开间进深 4.1 米；最西间宽度 2.5 米。厕所位于主房西北角北侧。水池位于宅院西侧，略呈南北向椭圆形，池底部近南壁处，清理出较大的圆形石臼与较小的方形石臼各 1 件。宅院中部东侧，有树木状遗存，5 棵树南北向排列。宅院西北部，水池北部，均发现有排列有序的数十棵树径较细的树木遗迹。清理还表明，第二处宅院东、北、西南面均有农田环绕。宅院南大门向南约 42 米有一条东西向道路，路宽约 8 米，为遗址内的次主干道路。在路与南大门之间，有大面积的广场。

第三处宅院遗址，东北距第一处宅院近 100 米，揭露面积 900 平方米，宅院从南向北依次为：第一进院的南墙及南大门、南厢房、东西院墙，第二进院的南墙、正房和院墙等。水井 1 眼，在南门外西侧约 6 米处，井口直径 0.72 米左右，深 5 米。南大门在宅院东南部，宽约 2.8 米。南厢房长约 9 米，宽约 7 米，房顶为板瓦和筒瓦组成。主房及第二进院，东西宽约 8 米，南北长约 15 米；主房坐西朝东，可能有两间。主房东侧为第二进院，面积较小，南北各 1 门，北侧门通往房后和厕所。宅院东西墙外分别有一条宽窄、长度大致相当的水沟。宅院后侧发现有两排树木残存遗迹，东部围墙外也发现有一排树木，树桩直径残存 18~55 厘米，大小不等。宅院的东西两侧水沟外和北侧后面清理出排列整齐的高低相间的田垄，田垄大多为南北向，也有东西向，宽度大致为 60 厘米，深度在 10~15 厘米。南门外活动场地南侧，也有农田，还有一条不宽的南北向与外界相通的道路。宅院内散落有石碓、小石臼、陶瓮、陶盆等器具。

第四处宅院遗址，西距第三处宅院 25 米，大致东西并列。平面布局接近第三处宅院，西侧未见边沟，代之以一行南北向的树木；院后附属遗迹 1 处，当为厕所，其后种有树木。第三、第四处宅院间未见明显相通的道路，但有田垄和农田，田地有车辙痕迹及牛蹄痕迹。[106]

（四）江苏地区的村落遗址

在长江流域，有关村落遗址的发掘，以下游地区的江苏地区成果较多，且具有一定的典型性和代表性。江苏位于长江下游，是长江三角洲的重要组成部分，属于东部沿海中心之地，东临黄海，东南与浙江、上海毗邻，西与安徽交接，北连山东，有长江、淮河和京杭大运河流经境内。江苏境内的地形以平原为主，有苏北平原、黄淮平原、江淮平原、海滨平原和长江三角洲平原等，地势平坦开阔，土地肥沃，自古以来便是农业生产的重要区域，因而有“鱼米之乡”的美称。考古发现表明，早在 35 万年前就有古人类在江苏境内活动，这里石器时代的文化遗址有上千处。历史上，江海之间的原住民往往被称为东夷、淮夷，后来则被称为百越之民。夏朝时，江苏隶属于九州中的徐州和扬州。商代末年，周人泰伯、仲雍兄弟在江苏境内建立吴国。周代早期，又有徐国迁于境内。秦代推行郡县制，江苏境内分属会稽郡、东海郡和泗水郡。西汉前期，江苏境内郡国并行，先后分封有楚、荆、吴、广陵、泗水等诸侯国，另置有会稽、东海、丹阳、临淮、琅琊、沛等郡。东汉，此地复属扬州和徐州。三国魏晋南北朝，先后有东吴、东晋和南朝的宋、齐、梁、陈，在今南京建都立国，历史上的江苏可谓长期是南方的政治、经济、文化中心。

考古所见江苏地区的村落遗址中，较为典型的主要有江苏高邮邵家沟遗址和张家港小山村遗址，现在介绍如下。

邵家沟遗址，位于江苏高邮市北郊，地处高邮湖东岸。遗址现存面积750~850平方米，北部边缘为断崖，东、南两面为倾斜的坡面，西边保存较好，发掘面积400平方米。清理出陶圈井2眼、窖穴1座、灰坑2个、灰沟2条、木棺墓2座，出土遗物387件。遗址时代为东汉晚期。出土遗物中陶器数量最多，有323件，其中生活日用器有罐33件、壶9件、“灯形”器20件、盆34件、豆1件、三足盆2件、钵131件、碗6件、盂3件、甑3件、灯盏16件、皿1件、“弧形”器5件、缸1件、陶盖3件；生产工具有纺轮8件和网坠8件；建筑构建有砖3块、瓦和瓦当12件等；属性不明的器物有10余件。瓷器有罐、壶、盂等19件。漆器有耳杯2件、碗1件和残漆片共11件。另有铁犁、铁锤和竹淘箩等农业生产工具，铁犁发现时尚有木柄连接的现象。其他还有砺石、铜钱、竹席、草席、草鞋底、桃核、瓜籽及牛骨、狗骨、鱼骨等。遗址内还出土有符箓木片、“天帝使者”封泥和陶壶上的朱书铭文，当为道教遗物。[107]

上述发掘情况中虽然未见有房屋、道路等遗迹，但从清理出的灰坑、灰沟、水井、墓葬和人骸等遗存来看，邵家沟在东汉时期应该是一处聚落。不仅如此，所见300余件生活日用器皿与铁犁、铁锤和竹淘箩等农业生产工具，更表明这里是一处生活气息十分浓厚的农业性质的村落遗址。遗物中的道教遗物，说明东汉时期的道教不仅已神化，而且已广泛渗透到了民间社会。

小山村遗址（见图3–3），位于江苏张家港市凤凰镇小山村、河阳山东侧。遗址地表以农田为主，间有河渠塘分布，整体呈西南—东北向，长约300米，宽约100米，总面积约2.7万平方米，发掘面积808平方米。遗址以汉代至三国时期的文化遗存为主，清理出水井1眼、灰坑10个、灰沟4条、墓葬2座。水井为圆形，口径1米，深1.75米。灰坑皆为斜壁坑，圜底或近平底，有圆形坑、不规则圆形坑和方形坑三种。灰沟和灰坑中出土有大量板瓦、筒瓦等建筑构件与鼎、壶、罐、盆、甑等陶制器皿残片。出土遗物主要有砖瓦残件、陶器和少量瓷器、石器等。其中建构件的数量最多，板瓦有 1 009 件，大多呈青灰色，少量偏红，外壁有绳纹和弦纹组合纹饰，内壁则有素面、布纹、乳钉纹、方格纹和菱形纹等多种，另有瓦当 14 件、空心砖 14 件、筒瓦 259 件。

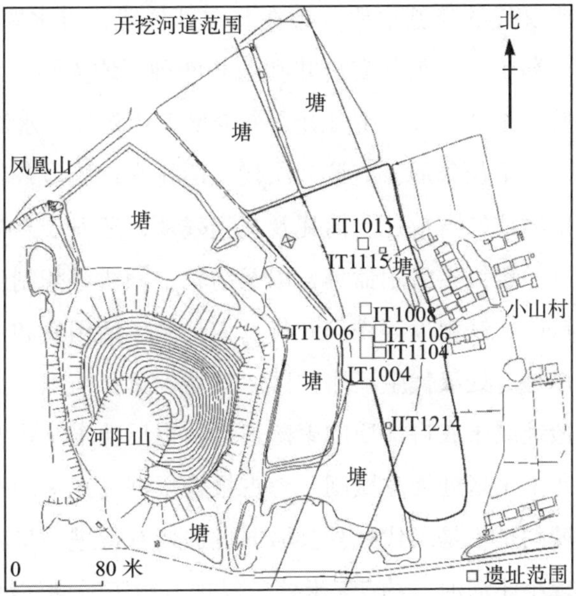

图 3–3　小山村遗址

经修复后的陶器有 601 件，其中泥质陶 579 件、硬陶 22 件，器型主要为鼎、壶、罐、盆、甑等生活日用器和网锥、纺轮、陶饼等生产工具。[108]

从小山村遗址中发现的水井、灰坑、灰沟和墓葬等遗存，以及丰富的出土遗物等来看，这里曾在汉代至三国时期有着浓厚的人类生活痕迹，应该是一处聚落遗址，特别是大量砖瓦等建筑构件的出土，更表明了这一点。

（五）其他地区的村落遗址

除上述地区较为典型的秦汉时期的村落遗址以外，全国各地的考古发掘中，也发现有秦汉时期的聚落遗址或包含秦汉文化因素的遗址，但往往由于发掘面积较小或村落性质不是特别明显而被忽略。现择其中村落属性突出且具有典型性的遗址介绍如下。

刘圩遗址，位于安徽泗县长沟镇刘圩村东侧，位于今汴河北岸。遗址南北长 500 米，东西宽 250 米，总面积 1 万余平方米，先后两次发掘，清理面积 1 600 平方米，文化遗存以唐宋为主，汉代遗存和遗物也十分丰富。属于汉代的遗迹主要分布在北中部位置，有水井 7 眼、水沟 7 条、灰坑 10 个、墓葬 1 座。水井有砖井和土井两种，均为圆形，大部分井的口径为 1~1.5 米，残深 1~2.5 米，井内出土有少量汉代陶片。水沟除两条呈不规则形之外，其余均呈长条形，应该为汉代生活排水设施。灰坑出土有大量的汉代遗物，包括绳纹红陶板瓦、筒瓦及瓦当残片，还发现有钵、碗、盒、盘、豆、壶、瓮、缸、罐等生活用器具，以及纺轮、陶饼等陶制生产工具和铁铲、铁锸、铁犁、铁凿、铁耙齿等铁制农具。大量的生活用具和建筑构件等遗存，说明这里应该是一处汉代生活居住区。铁耕农具、纺织工具和水井等遗迹，既表明刘圩遗址属于农耕性质的聚落遗址，也反映出汉代农耕技术的进步。刘圩遗址东北 1 千米处为洋城湖。考古报告根据《光绪泗虹合志》的相关记载，推测洋城湖是不是汉代虹县县城旧址遗址有待进一步考古工作证明。遗址南部靠近现小汴河河口约 7.5 米处，发现有唐宋时期汴河的堤岸遗存。[109]

三道壕遗址（见图 3–4），位于辽宁辽阳市北郊 1.5 千米处三道壕村，太子河西岸的冲积平原地带，占地面积约 4 平方千米，发掘面积 1 万多平方米，发现居址 6 处、水井 11 眼、砖窑址 7 座、铺石道路 2 段、儿童瓮棺墓 368 座，出土包括陶、瓦片在内的遗存共 19 万多件。三道壕遗址的文化堆积连续性较好，性质是一致的，各建筑遗址虽多分为上下两层或三层，但应该是同一种文化的早期和晚期的遗存。6 处居住宅院之间的距离，近的 15 米，远的约 30 米或更远些。宅院一般由房屋、炉灶、土窖、水井、厕所土沟、木栏畜圈等构成。宅院遗址的中间和附近，分布着砖窑址和卵石路。

第一处居址，东西长约 20 米，南北宽约 13 米。遗址中清理出黄土房基 1 座和圆形建筑 1 座，后者位于前者的东端。居址内发现炉灶址 3 座，大小不一；小土窖 1 座，深 60 多厘米，出土有铁器、砖块和陶片。房基西面 12~13 米处有陶管井 1 眼，其中陶管 18 节，深 4.5 米；井内出土有“小半两钱”、铁器、陶片和砖窑渣。此外，在房址和下部灰层中发现有许多遗物，包括剑镡、带钩、镞、刀钱、小半两、五铢、大布黄千等铜器和锄、镰、残车輨、镞、刀、锥、锅片等铁器，以及罐、盆、甑、豆、壶、纺轮和瓦当等

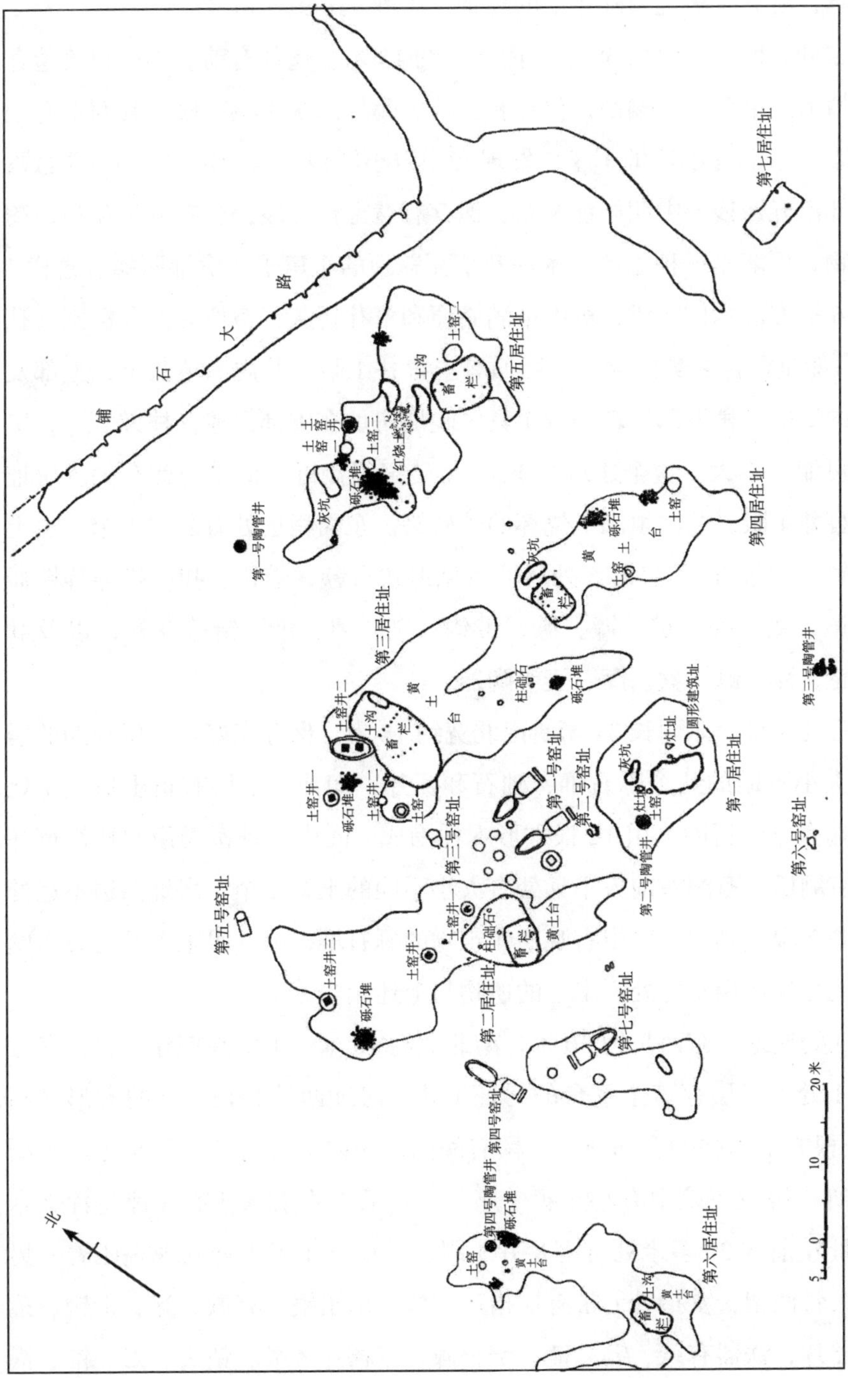
北
铺石大路
第一居住址
第二居住址
第三居住址
第四居住址
第五居住址
第六居住址
第七居住址
第一号窑址
第二号窑址
第三号窑址
第四号窑址
第五号窑址
第六号窑址
第七号窑址
第一号陶管井
第二号陶管井
第三号陶管井
第四号陶管井
圆形建筑址
砾石堆
畜栏
黄土台
灰坑
土窑
土沟
柱础石
20 米

图 3-4 三道壕遗址

陶制器具，另见有被烧而碳化了的高粱一小堆。

第二处居址，东西长 38 米，南北宽约 15 米。遗址有前后三次建筑遗存叠压的情形。早期遗址偏西，仅存有瓦片、陶片的灰土层一段，其西端有土窖井 1 眼；东端有小灶址 1 座，发现有一刀小圆钱、大半两钱、小半两钱；井中上部出五铢钱。中期居址偏东，保存有黄土台 1 段，分布大量瓦片、陶片等遗物，可能是一种土墙、木柱和草瓦盖顶的小房子。房址西端有畜栏 1 座，用 6 根方形木柱围成，坑中堆满粪便和草芥朽灰；畜栏后方存椭圆柱孔 3 个，可能是篱笆之类的遗孔。西面有土窖井 1 眼，井内满填灰土，上部发现支石的灶址，稍下部发现马骨 1 具。晚期房址在中部，遗存柱础 6 个，房间面积可能并不大。这个建筑与 1、2 号砖窑很接近，似乎与此有关。房址后有土窖井 1 眼，井内填满了烧坏的碎砖头。东面稍远处有灰坑 1 个，出土有王莽钱“大泉五十”。第二处居址所见遗物有镞、带钩、扣、指环等铜器和铧、镢、锄、锸、铲、镰、镞、带钩、剑、刀、锥、锛等铁器，以及磨、锅、纺轮、钵、罐、盆、甑、壶等陶器。

第三处居址，东西长 34 米，南北宽约 18 米，保存完好。上层晚期的居址仅存大小不同的几个砾石堆、础石和瓦片、陶片。下层有黄土房址 1 处，房址西端有方形畜圈，由 12 根方形木柱围成，圈中有牲畜粪便和朽烂草芥。畜圈后有厕所。畜圈右前方不远处有大小不同的土窖 2 个。房址西边不远处有土窖井 2 眼，其中一眼中有晚期建筑物的砾石堆，另一眼土窖井为方木壁井，可能是生产用水之处。出土的遗物与上述相当。

第四处居址，东西长约 30 米，南北宽约 16 米。上层晚期建筑物仅存方形砾堆 1 处。下层存黄土平台的房址 1 处。房址西端有长 6 米的方形畜圈，系用 14 根方形木柱围合而成，南留有圈门，圈内有牲畜粪便和灰土。蓄圈后有厕所。房屋宅院中有小土窖 1 座。房址后左右有大土窖 1 座，深 2 米多。居址左前方 20 多米处有陶管井 1 眼，井口下 1 米多处发现叠压着一男一女的人骨两架，女指骨上带有铜指环 2 枚。出土铜器有镞、笄、带钩、镜片、铜器片，铁器有镢、锄、锸、铲、镰、车辖片、凿、钻头、刀、锥、锅片，装饰品有玻璃、石、玛瑙、珠饰等，陶器有甑、罐、壶、盆、豆等。另见有同上的汉代钱币。

第五处居址，东西长约30米，南北宽约18米，是一处保存较好、居住时间较长的建筑遗址。文化堆积层最厚处约1.05米。遗址东端上层有渤海国建筑物的铺石、筒瓦、板瓦和瓦当。遗址存黄土平台的房基1处，房内东端地面分布很宽的红烧土面，有方圆炉灶遗迹。西边有小土窖1座。房址东面不远处有大畜栏，系用11根方形木柱围成，宽约6米。圈后有大土窖1座，圈西有厕所。房址后方西部有土窖1座。东部有土窖井1眼，木井壁外填满了河卵石。居址西面约15米处，有陶管井，井深6米。出土遗物大致与上述居址相当。

第六处居址，东西宽约22米，南北长约30米，可能包括三个不同的建筑遗址。上层居址保存不完全，遗物较少。北面的居址存有黄土台房基1段，台面上分布瓦片、陶片和柱础石。房址后西部有圆形土窖1座。有陶管井1眼，深4米多。中部居址层位相同，仅存黄土平台1片，出土了一些铁制农具。南部居址层位较高，存黄土房基1处，约为3间，西面土壁基和后墙线上的2个柱础保存很好。房址西端有小畜栏1座，系用4根方形木柱围成，每面宽约2.05米，堆积中有糠皮，可能是猪圈。畜圈后有厕所。出土铁器有小铁铧、锹、锄、铲、镰、车輨、刀、锥、匕首、锅片等，出土陶器、装饰品和钱币与上述大致相同。

村落遗址中有铺石大路，位于居住址的北面，呈西往东转而微南的走向，总长166米，西端44米未掘，路面宽约7米，全用河光卵石铺筑三层或四层，厚约35厘米。道路两旁没有水沟、壕棱、副道等建筑痕迹。道路上也发现有与上述居址类似的出土遗物。路面上有明显的辙痕，一般由两排并列的大车辙。[110]

以上关于三道壕遗址的居址情况仅为聚落遗址的部分，尚难窥见村落的整体布局。结合目前考古所见的遗存情况，可以肯定三道壕遗址应该属于一处西汉时期的村落，而且延续时间较长，至少从西汉中期一直使用到了西汉末年，废弃时间可能在新莽时期。从布局来看，遗址所见 6 处居址互不相连，分散布置，没有规律，中间有陶窑。各居址一般向南或稍偏东、西开门。除第一居址没有畜圈外，各居址的基本配置为居住空间、庭院、水井、厕所、畜圈、窖穴等。发掘清理的遗存中，有大量的铁制农具和陶制工具，结合畜栏等一类的建筑物，可以判断三道壕遗址应该是一处汉代东北地区的村落遗址。不仅如此，从废弃窑址，19 万余件陶、瓦残片和大量农具，家家有畜圈的情况来看，这一村落属于农业、手工业与家畜业兼有的聚落遗址。至于有学者称其还有“屯垦或屯戍性质”[111]，所见遗迹遗存尚不足以证明这一点。

李家坝遗址，位于重庆市云阳县高阳镇青树村，地处三峡库区地带长江北侧支流彭溪河左岸的台地上，是三峡水库淹没区内的一处古文化遗址。（见图 3–5）遗址所在台地中部有两条小冲沟将台地分成三部分，由东而西可分为上坝、中坝和下坝。遗址分布在上坝，依山临河，现存面积约 12 万

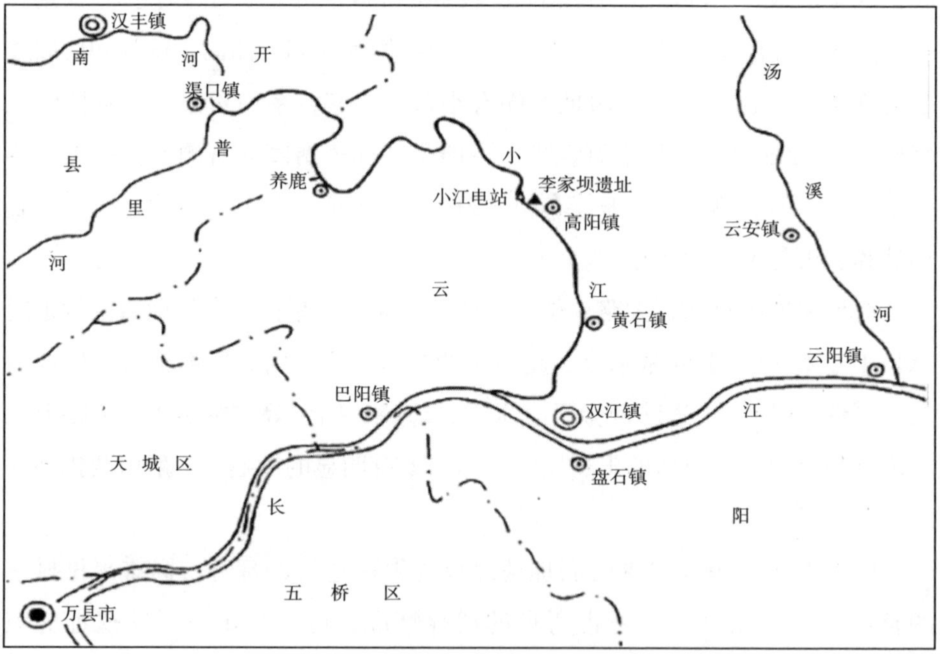

图 3–5 李家坝遗址位置

平方米，核心区域约 3 万平方米，文化遗存以商周至两汉六朝为主，下及唐宋至明清各个时期，延续时间长。1997 年以来，此地先后进行了 4 次大规模发掘工作，总发掘面积 5 000 平方米，共发现东周至南朝时期房址 50 余座、墓葬近 400 座及数百处灰坑、灰沟、道路等遗迹。为了便于理解李家坝聚落空间和变迁的情况，考古发掘者将秦汉六朝时期的居址分成了四期。

第一期：战国末至西汉初期。房址 7 座，主要集中于中心区西北及东南角，居址相对分散，可分为三种类型。一是长方形台基房址，台基经过夯实后再做出明础和暗础。其中保存较好的一处，平面呈长方形，长 17.5 米，宽 11.3 米，有 16 个柱础，四面均匀分布，构成面阔 3 间、进深 3 间的平面布局，有隔墙柱洞；台基有残瓦等建筑构件遗存；南侧有前廊，正中有门道。二是半地穴式房址，平面有近圆形、椭圆形和长方形三种，屋内经过装潢处理，有烧烤，涂抹膏泥，铺木炭层、黄土层等痕迹。此类房址有 4 座，其中一座平面呈圆角方形的房址，东西长 5.84 米，南北宽 3.6 米，深约 0.7 米，有门道位于西侧，宽 1.1 米。三是地面式建筑，即平地立柱建房，但损坏严重，保留较少，其中一处有柱洞 6 个，3 个一排，间距 1.6~1.8 米，两排间距 3.2 米，有灶 1 个。

第二期：西汉中晚期。可确认的房址 7 座，位于中心区域的西部，但似有向东、南扩张的趋势。居址主要是台基式房屋，一些房屋的台基边缘出现有石块砌包的现象，一些房址埋藏有一个或数个完整陶罐。规模最大的房址，平面近方形，南北长 17.5 米，东西宽 15.9 米，26 个柱础有序排列。房屋由正房、厢房、廊道、门道等构成，平面呈“凹”字形，属于庭院式建筑。北侧正房 3 间，正房西侧两间前有廊道，廊道南与门道连接。东厢房 2 间。西侧房屋 2 间，房屋之间有 1 条排水沟相隔，可能属于储物间或厨房。正房北侧正中增建有房屋 1 间，台基与原有台基相连，有包边石。庭院东侧有 1 条道路。此处庭院遗址沿用时间可能到了六朝前期，应该是聚落内的中心建筑。

第三期：东汉至六朝早期。可确认的房址 15 座，分布密集，中心区域兴建房屋较多，东部也有新房出现，分布范围有整体向南移的倾向。绝大多数房屋呈东北—西南向，面朝彭溪河；现存大约三排，排列整齐有序，未见有街衢分割；有的房屋之间以沟渠相隔，应与排水有关。房屋为台基式房屋，台基均用石块砌包边缘，大多数房屋的台基埋藏有完整的陶管，柱础为明础，一般直接在地面上放置石板。其中保存完整的一座台基，平面呈长方形，东西长约 15.5 米，南北宽 9 米，面向河流；台基上发现有 5 个柱洞，当为面阔 3 间，进深 2 间。有 F2 和 F6 两座两汉时期的房屋建筑，为东南—西北向，墙内地下埋有用两块筒瓦扣合的陶排水管，地面有石板和石块，东半部有 1 处半地穴式火塘；房址北面有石砌高坎与建筑平行，当为台基的一部分，坎上及其附近有大量板瓦、筒瓦和瓦当。

第四期：六朝晚期。可确认的房址 8 座。房址内出土有青瓷片。房屋基本沿用东汉时期的建筑，或利用前期建筑台基新建房屋，规模较小，质量与体量均不如前期。

在李家坝遗址考古所见的两汉时期的遗物包括生活器具、生产工具和建构构件三类。其中生活器具以陶器为主，包括罐、盆、甑、盂、瓮、鼎、豆、盒、钵和耳杯等；生产工具有陶纺轮、陶网坠和鱼钩、刀、镞等铜器，以及釜、锸、刀等铁器；建筑构件则主要为板瓦、筒瓦和瓦当等。此外，尚有铜铃、铜带钩、半两钱、五铢钱和石器、琉璃器等。[112]

从形态上来看，李家坝聚落未见有明显的街道，也没有发现围墙一类的建筑遗迹，房屋处于台地上，绝大多数面向彭溪河。依山面水的房屋选址，既是因地制宜的结果，也反映了秦汉时期人们对宜居环境的理解。

根据 4 个时期的房址遗存情况和考古所见的各类遗物，我们似乎可以认为李家坝遗址是秦汉六朝时期的一处区域性的聚落。然而，所见遗物中农具很少，也未见辽阳三道壕遗址的畜圈附属建筑，这说明这一聚落并非以农耕为主要业态的聚落。结合遗址中所见的不少铜钱货币和墓葬中出土的印章、封泥及陶文，譬如“徐贝之印”，以及刻有杜、周、王、田、尚等姓氏的陶器，这里可能是某一级行政治所之地与发展商业兼有的聚落。考古发掘者认为，这里应该是一处区域性的中心聚落，是汉帝国的某一地方行政机构所在地，唐宋以后则转为农业生产。有学者则认为李家坝是乡聚之市，它的存在可能与盐的“官营”运销有关。[113]正因为这一性质，李家坝聚落并未形成以某一家族为主体的村落社会，陶文上所见的各种姓氏即在一定程度上可以佐证。大量的文化遗存也显示出李家坝受到了包括巴蜀文化、楚文化、秦文化和越文化在内的多种文化的强烈影响。独特的文化特征，也充分说明李家坝不是一处传统意义上的封闭性村落。因此，它作为乡村地区商业聚落的可能性是比较大的。

大地头遗址，位于四川雅安市汉源县城大树镇大瑶村，地处大渡河南岸、花果山北麓的坡地上。发掘面积 642 平方米，内含新石器时代晚期、汉代、唐宋和明清文化堆积。其中发现汉代遗迹有房基 12 处、灰坑 4 个、墓葬 2 座和水井 1 眼等。房基均为单间木骨泥墙式，平面呈长方形。F3 有约 10 平方米居住面、火塘 1 个、柱洞 2 个。居住面厚约 5 厘米，经过烘烤，比较坚硬；火塘位于房屋的中央，平面近圆形，直径约 1.55 米；火塘中央位置有一长约 20 厘米、宽约 13 厘米的近似长方形块石，其周围环绕有三块较小的块石。F7 面宽 4.1 米，进深两间，分别为 3.25 米、2.75 米，通长 6 米；居住面厚约 2 厘米，比较坚硬；紧邻房屋南侧有灰沟 1 条，可能是房屋的排水沟，宽约 3 米，可见长度约 10 米，深 0.45 米。F8 面向东北，有大柱洞 7 个、小柱洞 7 个，房屋当为两面坡屋顶；面宽 1 间，不小于 3.5 米，进深 1.8~2.6 米；房屋前后各有一排檐柱；北面发现灰沟 1 条，为排水沟，长 5.5 米，宽 0.25~0.3 米，深 0.06 米。F27 残长 5.4 米，残宽 4.9 米，平面仅发现有居住面、柱洞 2 个和火塘 1 个；居住面由黄砂土和碎石掺杂拍打而成，比较坚硬；火塘位于北部中央，椭圆形，内堆积有炭灰等。水井为圆形，口径 0.7 米，深 3.4 米。该遗址出土有陶罐、铜镜、半两钱、铁錾和玛瑙珠等遗物。[114]

大地头遗址整体布局未见有明显规划，没有明显的道路痕迹和围墙一类的遗迹，所见遗物中未发现农业生产工具，可能并非农耕性质的聚落。考古报告认为，该遗址年代为西汉时期，且地处古代“南方丝绸之路”的咽喉要道，可能与“南方丝绸之路”有一定关系。因此推测，不排除大地头遗址是一处服务商业交往的交通型聚落遗址的可能性。有关于此，还待进一步考古资料的证实。

上述这些聚落遗址分布在全国各个区域，均有一定的时代类型代表性和典型性，都体现了因地制宜的特点，但总体来看规模都偏小，性质内容也不尽相同，或以农耕为主，或兼有手工业和商业，或是单纯的交通型聚落，不一而足。整体来看，这些村落遗址的选址在不同时期、不同地域都有所区别，除了受不同的地理条件影响，这可能与人口密度、社会历史背景和人文风土环境的差异密切相关。

二、秦汉村落的规模与形态特征

一般而言，村落在形态上可以分为集村与散村两种形态。前者是我们通常意义上理解的村落，它由许多民居建筑集合在一起而形成明显的集聚形态，规模也有不同，以户数和人数来计，大者上百户、上千人，中者几十户、百人至数百人不等，小者几户、几十人不等。集村的总体特征是密集居住，以道路互通、溪流、水塘或其他公共建筑等为标志或纽带，形成村落的聚合性特点。后者又称散居形式，住宅零星分布，聚合性不如前者明显，一般靠近农田、山林、河流湖泽。住宅彼此之间没有明显的依赖关系，有些散村甚至仅为一家一户的独立农舍。本质上来说，区别两者的关键，并不是人口的多寡和空间规模的大小，而在于住宅之间及其与田地、山林和河流湖泊之间相互依存关系的紧密度。聚合和离散的倾向是判断两者的关键要素。正如法国人文地理学家阿·德芒戎在《农村的居住形式》一文中所说：“在村庄（集村）的景观中，房屋群聚在一起，这多少有点加强了耕地上的孤寂感；村庄与其土地似乎是截然分开的。在散居的景观中，房屋不远离耕地，房屋相互间的吸引力，远小于房屋和田地之间的吸引力。农庄及其经营建筑物都建在田地附近，而且每块耕地的四周，常有围墙、篱笆或沟渠。甚至那些被称作小村（hameau，Weiler，hamlet）的小房屋群，似乎也应当一般地看作散居的形式，因为它们几乎总是意味着房屋和田地是靠近的。”[115] 就村落的内涵来说，集村无疑是村落的典型形态，也是讨论的主要对象，而散村或散居形式则因代表性不够而往往被忽略。事实上，在村落史的讨论中，这两者都应该而且必须纳入研究视野，因为只有这样，研究才能真实反映村落的生成与发展。尽管这些研究反映的可能只是某一历史阶段的村落形态，或者体现的是某一历史阶段、某一区域村落的特征，但从更深层次的研究结果而言，我们完全有可能从中窥见村落在生成与发展过程中，在不同的社会呈现出不同的面貌与结构，并由此反映国家与地方社会的某些关系。

（一）秦汉村落的规模

村落的规模，是指村落的外在形态大小和内在人口的多寡等内容，它是衡量地方社会人口数量、经济水平、人文景观的重要因素，也是理解村落构成要素、结构与布局、房屋建筑形式与构造等内容的关键前提。因此，有必要对秦汉时期村落的规模进行梳理，尽管有关于此的文献与考古资料相对匮乏，但从有限的资料中，仍可大致做一些有史料物证依据的推测。

1. 村落的人口规模

村落的人口规模，是指一定时间内人口在地域空间上的分布存在状态。一般意义上，人口的分布状态有两种理解方式：一是国家关于人户的统计，带有强烈的行政意义，反映的是行政编制单元内的人口规模与分布；二是人户的实际存在状态与地理分布，由于居住地类型和地域环境的不同，其人口规模是有差异的。譬如山区、平原、城郭和乡村等，特别是作为自然聚落的村落，其人口的自然增长或削减，更是国家难以控制和统计的。人口学者曾对西汉时期的人口分布进行过统计，发现当时的人口分布是极不均衡的，譬如，今河南省地域，拥有人口 1 298 万，占全国人口的 22% 以上，而其占有土地面积仅为汉代国家土地面积的 1.74%，相当于每平方千米 77.7 人。

除山东、河北、四川、安徽、陕西、江苏、山西等以外，余下地区人口大多在200万以下，有些甚至不及100万。[116]正因如此，要准确判断村落的人口规模是有难度的。

在这里，作者结合文献记载和考古发现，对秦汉村落的人口规模做出一个大致的估算。文献中关涉村落人户数量的记载，没有直接表述，但如前所述，汉代呈现出“里聚合一”的现象，国家层面尽可能在一里设置一聚，尽管在广大乡村地区会有例外，但至少可以说明，作为行政编制单元的“里”与作为自然聚落的“聚”，在规模上有人户相当的可能性。我们不妨以“里”为突破口稍做论述。《汉书·晁错传》曰：“使五家为伍，伍有长；十长一里。”按此理解，大致5户人家编为一伍，50户就为一里。《公羊传·宣公十五年》东汉何休注曰：“一里八十户，八家共一巷。”意思是80户为一里，8户共一巷。《后汉书·百官五》曰：“里有里魁，民有什伍，善恶以告。”本注云：“里魁掌一里百家。什主十家，伍主五家，以相检察。”此处则“里”有100户。这些文献对“里”人户数量的表述均有不同，差距很大。这种情况的出现，与居住类型、地域和时间有关。首先，在经济发达的中原地区如河南，人口密度就很大，无论是“里”，还是自然聚落的村落，其人户数量更多的可能性大，反之，则人户数量更少的可能性大。其次，居住于城郭的人数相对集中，里的人户数则相对较多，而乡村地区，地广人稀，“里”或村落的人户数则相应要少。最后，国家或地区的人口数量在不同阶段因各种原因会有增减的变化，这属于非常正常的情况，但也会因此影响文献的记述。

一般情况下，里或聚的人户数在数户至数十户之间。长沙马王堆三号汉墓出土的《驻军图》41个里之中，可确认户数的有16个里，户数参差不齐，其中上蛇里23户，孑里30户，□里□十户，河里53户，淄里13户，虑里35户，波里17户，沙里43户，智里68户，乘阳里17户，□里□六户，垣里81户，沛里35户，路里43户，□□□十四户，郤里□□□，痓里57户，资里12户，龙里108户，蛇下里47户。上述户数中，龙里是《驻军图》户数最多的里，次者垣里、智里，较少者如波里、资里，其他多在40户左右。《驻军图》平均户数在40~50户之间。[117] 据湖北江陵凤凰山十号汉墓简牍所载，郑里廪簿共登记仅25户，如若加上没有贷粮的民户，其户数在30户左右的可能性比较大。[118]《汉书·张安世传》亦载："（宣帝）遂下诏曰：'其为故掖庭令张贺置守冢三十家。'上自处置其里，居冢西斗鸡翁舍南。"国家层面对"里"的设置，也基本以30户为规模。这一户数情况，特别是《驻军图》所见户数，虽然反映的是汉代南方地区聚落的人户规模，但也对汉代全国范围内乡村地区的村落有一定的说明性。汉代村落户数可能普遍在40户左右。

文献记载显示，上百户乃至数百户不等的汉代聚落也是不少的。《尹湾汉墓简牍》记东海郡"县百七十□百六，里二千五百卅四"，"户廿六万六千二百九十多"，若按此测算，平均一里大概105户，其中大者达数百户甚至以上。《汉书·武五子传》载，汉宣帝即位以后，于本始元年（公元前73年）追谥其祖父戾太子刘据，云："'故皇太子谥曰戾，置奉邑二百家。史良娣曰戾夫人，置守冢三十家。园置长丞，周卫奉守如法。'以湖阌乡邪里聚为戾园。"由此来看，戾园守者可能在200户以上。又如《居延新简》载："□□郡县乡聚移徙吏员户（E. P. T40：46）。""亭长廿一人，受乐成侯国三人，凡廿四人。凡亭以下五十人，受乐成侯国四人，定长吏以下五十四人。乡八，聚卌四，户七千九百八十四，口万五千七百卅五（E. P. T50：3）。"[119] 这两处简牍文献，既记述了汉代亭、侯国官员的数额配备情况，也记述了44聚的户数情况及可征兵员的人数。按照"乡八，聚卌四，户七千九百八十四，口万五千七百卅五"的简牍记载，8个乡44个聚，共7 984户，可征兵15 735人，即每户平均2人服兵役。又按44聚，每聚181.5户，如每户5人左右，则人口有900余人。

除百户或数百户的里聚之外，还有千户的大型聚落。《汉书·史丹传》记：西汉成帝即位后，"其封丹为武阳侯，国东海郯之武强聚，户千一百"。武强聚显然是一处巨型聚，并非严格意义上的村落，相反可能属于县或乡的治所所在地。这种大型的聚，可能又会依据户口的多少划分为若干里或小聚。[120] 东汉后期，也见有千户聚居的现象，如董卓之乱中，“韩融时将宗亲千余家，避乱密西山中。（荀）彧谓父老曰：‘颍川，四战之地也。天下有变……’”[121]《三国志》中载：田畴也曾“率举宗族他附从数百人……遂入徐无山中，营深险平敞地而居，躬耕以养父母。百姓归之，数年间至五千余家”[122]。韩融将“千余家”宗亲避乱于山中，以及田畴遂宗族“数百人”入徐无山，虽然不一定是村落，但联系魏晋南北朝时期有军事自卫性质的坞堡，当有山地聚落的意义。

综上所述，秦汉时期的村落，在人口规模上，可能普遍在 30~50 户，少数在百户以上，千户或千户以上也有存见，而且这应该是在极为特殊的情况如局势动荡下才会产生的。此外，需要指出的是，包括村落在内的各类聚落的人口数量，也并非固定不变，它是动态的：社会稳定、经济繁荣的时期，或许是扩展的；社会动荡、民不聊生的时期，则可能会缩减。就一般情形与意义上而言，随着人口的增长，村落会发生变化，或是扩大规模，或是派生新的村落，因为当一定区域范围的土地不足以满足人口的日益增长时，便只能另外开辟新地。当然，还有人口的迁徙，也会导致村落人口规模的增长或缩减，等等。诸如此类，不一而足。

2. 村落的空间规模

村落的空间规模是指在一定的地域空间范围内，村落所占面积的大小和呈现状态。秦汉时期村落的空间规模到底如何，虽然很难从文献记载中得知，但所幸考古发掘的村落遗址给我们提供了了解的实体样本。

上文中介绍了河南淮滨县黄土城区域汉代聚落遗址调查情况，在 200 平方千米的范围内，共发现新石器时代至汉代遗存 76 处，除去 5 处为墓地，尚有 71 处聚落遗址，其中包含汉代或单纯为汉代遗存的遗址有 41 处。除其中 1 处面积不详以外，依据面积大小划分，这批聚落由大到小可分为 4 个等级：最大的遗址有 2 个，面积在 28.5 万 ~30.1 万平方米；中型遗址有 3 个，面积在 6.7 万 ~9.1 万平方米；中小型遗址有 14 处，面积在 1 万 ~4.9 万平方米；1 万平方米以下的为小型遗址，有 21 处。其中面积较大的黄土城遗址和赵庄遗址，使用年代在仰韶早期直至汉代，虽然未见有城墙遗迹，但仍不能排除它在汉代属于县邑或乡一类的区域性聚落中心的可能。其余面积的聚落，可能绝大多数为普通村落，大者也不过 9.1 万平方米，普遍在 5 万平方米以下，而且面积在 3 000 平方米左右的小型遗址数量最多、最为常见。从数量上说，5 万平方米以下的普通聚落，占比率达 85%。[123] 不仅如此，小型遗址所见住宅数量也很少。这些统计数据，一方面说明秦汉时期，作为人口密集之地的河南，其村落的空间规模普遍在 5 万平方米以下，尤以数千平方米至 1 万平方米的为多；另一方面，大量的小型聚落遗址表明这一时期的散村数量不少，而且可能是早期村落发展的一种主要形态。

这样的情况不仅发生在人口密集程度很高的中原地区，在人口密度相对较低的秦汉边疆地区情况也大致相当。譬如，云南地区。2008 年，中美联合考古调查队对云南滇池盆地东南部近湖冲积平原和台地区域聚落遗址进行了调查，发现汉代在此所设益州郡的周边密集分布着规模大小不同的文化点。[124] 64 平方千米的区域范围内，有 43 个遗址，其中 25 个属于石寨山文化，即滇文化范畴，时间跨度在春秋至西汉末年，9 个包含石寨山文化和汉文化，还有 5 个仅发现东汉的陶片和瓦片，其余 4 个为墓地。根据遗址的规模大小，这些遗址可分为 4 个等级：面积最大的遗址是汉代的晋城镇，约 63.7 万平方米；次者为面积约 31.6 万平方米的河泊所遗址；三级规模的遗址有 7 个，其中面积为 3 万 ~5 万平方米的 3 个，7 万 ~10 万平方米的 4 个；余下 34 个为小型遗址，面积均在 2 万平方米以下。依据地理位置的不同，这些聚落遗址明显体现出两个聚落群，一个以河泊所为中心，沿湖岸分布；另一个以古城为中心，分布在大河冲积扇盆地。前者所处 6.5 平方千米的范围内，密集分布着 16 个文化遗址，除河泊所遗址以外，面积均在 10 万平方米以下。其中，小平山遗址面积约 7.4 万平方米，发现有灰坑、用火遗迹、沟、柱洞、半地穴式房屋等遗迹，出土有陶器、石器、青铜器和铁器等遗物。后者位于富饶的大河冲积扇盆地，除古城遗址外，还有面积大约为 1.7 万平方米的海宝山遗址和面积在 1 万平方米以下的 5 个小型遗址。由此来看，大型聚落可能是秦汉时期这一区域范围内的政治、经济、文化中心，属于中心聚落，而小型聚落则在其周围环绕分布，属于村落。

除上述河南和云南地区的村落面积情况以外，上文中所介绍的村落遗址，譬如山东济南市章丘区宁家埠遗址为 5 万平方米、章丘黄桑院遗址为 10 万平方米，河北南良都遗址为 2.85 万平方米，河南遂平小寨遗址为 1.2 万平方米，江苏高邮邵家沟遗址为 750~850 平方米、张家港小山村遗址为 2.7 万平方米，辽宁辽阳三道壕遗址为 1 万余平方米，重庆云阳县李家坝遗址为 12 万平方米，等等。这一系列数据表明，秦汉时期村落的面积规模是有大小差异的，其中 20 万平方米以上的少见，这类村落的地位与性质一般较为特殊，或为治所所在地，或兼有交通、商业等性质；村落的普遍规模则在 10 万平方米以下，而且尤以 5 万平方米以下的最为常见，这类村落的性质较为明确，以农业型聚落为主。

村落的面积大小固然与其地位和性质有一定关系，但主要还是受制于人口数量、地理位置和土地面积等因素。一般意义上，人口数量多、地理位置开阔、土地面积充足的村落的面积就大，反之则小。当然，再大的村落的面积也是有限的，因为耕种土地和人们的耕作半径都是有限的。总之，考古所见村落的面积规模显示，与城郭聚落相对的一类普通聚落（村落），在秦汉时期得到了一定程度的发展，这也进一步证实了先秦以来散村发展的趋势。

（二）村落的形态特征

关于村落的形态，上文中已指出，它是指村落的平面布局及其构成要素，即构成村落的民居建筑、庭院、畜圈、广场、道路、沟渠、绿化，以及用于商业、教育和宗教信仰的公共设施等。很大程度上而言，通过对村落可视形态的梳理与还原，可以更好地审视和理解古代中国乡村的文化、社会与生态系统。美国学者威利（G. R. Willey）早在 1953 年就指出，“……人类将他们自己在他们所居住的地面上加以处理的方式。它包括房屋、房屋的安排方式，并且包括与共同体生活有关的其他建筑物的性质与处理方式。这些聚落反映自然环境、建造者所表现的技术水平，以及该文化所拥有的各种社会互动和社会控制制度。聚落形态的性质在很大程度上由普遍的文化需求所决定，因而它们为考古学文化的功能性解释提供了一个策略上的出发”[125]。后来，美国学者欧文·劳斯（Irving Rouse）进一步指出："聚落形态是指一群人的文化活动与社会机构在地面上的分布方式。这个形态包含了所有三个系统，文化的、社会的与生态的，并提供了它们之间关系的记录。"[126]正因如此，展开对村落形态的蠡测就显得尤为必要。

1. 村落的布局

布局是决定村落外观形态的关键，也是影响村落空间关系的主要因素。一般意义上，布局涉及两个层面的内涵：一是村落选址，二是空间布局。前者是后者得以展开的前提与基础，后者是前者的拓展与改良。其实，这两者均是村落规划的核心内容，是审视与了解古代中国村落的主要方面。然而，长期以来，学术界普遍认为，中国古代的城市有规划，而村落则没有，它属于自然生长而成的聚落。这种认识显然是不客观的，至少是片面的。诚然，村落不如古代城郭一样，有着整齐划一、协调一致且富有政治、文化内涵的规划模式，更不会像《周礼·考工记》所云营造城郭的制度典章，即所谓"匠人营国，方九里，旁三门，国中九经九纬，经涂九轨，左祖右社，面朝后市，市朝一夫"[127]，但是，相关文献记载和考古发现的史前至秦汉的村落遗址表明，早期村落是有规划的，也不同程度地体现了营造者的规划思想。

在选址方面，考古资料显示，秦汉村落与史前以来乃至后世各历史时期村落的选址规律相似或基本相同，如近水、视野开阔、土地肥沃、自然资源丰富、交通便利等。一般来说，如果是在平原或盆地，则村落多位于台地和近水源处，呈块状分布。譬如，位于黄河下游平原的河南内黄三杨庄遗址，由 4 处大面积的汉代建筑遗迹组成；江苏张家港小山村遗址地表则以农田为主，间有河渠分布。如果是在丘陵山地，则村落多出现在山前平地，或沿河谷地带呈带状分布。如重庆云阳县李家坝遗址就属于依山临水的村落，它由东而西分为上坝、中坝和下坝。整体来说，绝大部分农耕性质的村落，都位于近水和近农田处。这些证明了早期中国村落的形成和发展是与农业紧密相关的认知观点。这一选址规律也说明，先秦两汉时期的“庐”有发展为村落的可能性。与古代城郭选址的不同在于，村落的选址是基于生存的驱动，而少有或根本没有考虑选址的政治等方面的作用，其首要或者根本目的是更好地生产、生活，因而占有特定区域范围内的土地资源和自然物产资源，便成为村落选址的关键要素。正因为这一美好愿景和现实生产生活的实际需要，很长一段历史时期以来，在村落的选址过程中已经形成一套由多方面功利要求和文化理念组合而成的成熟选址与布局思想。比如，防御或者军事上的一些需求，在一些特定地域的村落选址规划与建设中，也有一定的体现和反映。

根据考古资料，秦汉时期的村落，在选址位置上依据距城郭的远近，还可以分为城郊型村落、远郊型村落、垦田型村落和其他型村落等几种类型。城郊型村落是指环绕城郭而分布的村落，位于城郭周边，距离城郭很近。譬如，河北元氏故城周边区域发现的14个汉代聚落遗址就属于此类，它们主要分布在距城较近的城东北、城东和城南地带，半径范围仅2千米以内。[128]又如云南滇池盆地东南部汉代益州郡周边发现的规模大小不同的43个文化点，其中16个以河泊所聚落遗址为中心，沿其四周密集分布；另外5个则以古城为中心，展开分布。[129]这些小型聚落环绕于大型的中心聚落周边，显然属于城郊型村落。最为典型的当为辽宁辽阳三道壕遗址，它作为汉代东北边疆地区的村落，位置上距离辽东郡襄平县北郊仅1.5千米，无疑是城郊型村落。[130]远郊型村落的性质相对模糊，兼有农业、商业和交通等内涵，它与农田的关系并不是特别紧密。譬如，四川雅安的大地头遗址，虽出土汉代房基12处，但未见农业生产工具，可能并非农耕性质的聚落，而不排除其是一处服务商业交往的交通型的聚落遗址，因为它正处于汉代南方丝绸之路的繁荣区。[131]河南遂平县小寨遗址也极具代表性，它在汉代属于汝南郡吴房县，即今遂平县县城一带，距当时的县城仅13千米。[132]垦田型村落的性质明确，其以农耕业态为主，所见遗物表现为农业耕作、桑蚕种植和家畜饲养等。具有这一特点的村落遗址，有江苏高邮邵家沟遗址[133]、河北永年榆林遗址[134]和河南内黄三杨庄遗址[135]等。这些遗址中都出土有丰富的农业生产工具、碳化的粮食作物和动物骨骸等。还有一类其他型村落，主要是指那些地理位置相对偏僻的丘陵和河湖密布地区的村落，譬如南方丘陵地带和重庆、湖北、湖南等沿江、沿湖地带的村落。

在布局方面，由于地理条件的差异，这些不同性质类型的村落往往因地制宜呈现出不同的形态，差异较大，有些集中布置，有些则分散，还有些是带状形态，等等。某种程度上而言，通过村落布局，既可以了解自然环境对村落的影响，也可以认识和理解古代村落的社会组织与生活。著名考古学家张光直就曾指出："聚落布局透过随意性和规整性，一方面反映活动布局，另一方面也是研究古代社会组织关系和精神生活的一条重要线索。"[136]美国学者欧文·劳斯将聚落分为分散形态、集中形态和共生形态三种。分散形态是指人类的行为点广泛分布于地面，这与族群分裂和游弋生产生活有关。集中形态是指遗址内部包含一套相同的行为点，居住群集中在一个地点。共生形态则是局部的形态，理解人群活动必须将其拼合起来。[137]这三种形态固然有助于从考古学层面审视和理解村落形态，但并不能很好地解释空间布局的问题。

相比中国古代城郭，村落的布局相对自由灵活、不拘一格，但这并非说村落的空间布局就是杂乱无章的。通常来说，包括汉代村落在内的古代中国村落的布局，都以适应自然为主要特征。所以，很大程度上，汉代村落的布局特点，就是因地制宜、与自然相生的相对自由的布局形式，没有一成不变的标准格式或者范式，自然环境要素往往成为考察与考虑的先决条件。《后汉书·仲长统传》载仲长统对人居环境的要求是："使居有良田广宅，背山临流，沟池环匝，竹木周布，场圃筑前，果园树后。"东晋名士谢灵运在《山居赋》中也表述了一个他所向往的理想居住环境："观风瞻云，方知厥所。南山则夹渠二田，周岭三苑。……群峰参差出其间，连岫复陆成其坂。众流溉灌以环近，诸堤拥抑以接远。远堤兼陌，近流开湍。……抗北顶以葺馆，瞰南峰以启轩。罗曾崖于户里，列镜澜于窗前。因丹霞以赪楣，附碧云以翠椽。视奔星之俯驰，顾飞埃之未牵。”东晋去汉代不远，尽管谢灵运所描述的居住环境带有强烈的文人理想，却也从一个侧面反映了汉魏时期的人对村居环境的追求。正因为汉魏文人这样一种追求人与自然和谐相生的居住愿景，后来衍生发展出了园林。可见，园林的早期发育和发展与村居环境要求也是有一定关系的。

根据地形地貌来区分，汉代村落较为常见的有平地村落和山地村落两类，每类村落的布局，根据地形地貌的不同会呈现出不一样的特点。平地村落是指建于地势平坦之处的村落，多位于平原地区，地势开阔，因而布局相对集中，或是方形，或是圆形，或是不规则形，呈团聚状分布。譬如，河北永年县的榆林遗址就地处冀南平原，面积逾 2 000 平方米。[138] 河北井陉县南良都遗址虽然位于山区，但由于建于地势平坦的近河阶地上，属于平地沿河型村落，其平面呈近方形，遗址东西长 190 米，南北宽 150 米，集中分布有房址 3 座和道路 1 段等。[139] 河南遂平县小寨遗址也属于平地村落，平面呈方形，东西长 400 米，南北宽 300 米，面积约 1.2 万平方米，发现有道路 8 条、水井 28 眼，而且布局很有规律，道路于东南向与南北向排列，水井则沿东西向 6 排排列，布局十分密集。[140] 山地村落是指位于山坡、高地之上的村落，一般沿缓坡的等高线布局，或呈内凹状，或呈外凸状。这类村落主要在四川、云南、广西、湖南湘西等区域，但考古发现较少。目前考古所见秦汉时期的这类村落，较具代表性的是位于四川雅安市汉源县城大树镇大瑶村的大地头遗址，其地处大渡河南岸、花果山北麓的坡地上。[141] 一般来说，平原盆地多为平地村落，而丘陵山地则多山地村落，这是地形地貌所决定的。然而，这并不意味着位于平原地区的都是平地村落，山区村落便是山地村落，因为平原亦有高地，山区也有平地。所以，判断要以村落所处的位置作为依据，即如果所处是平地则为平地村落，若是山地则为山地村落。

除上述两类村落以外，事实上，还有一类村落，它们沿江、沿河、沿湖，并按江湖地形展开布局。譬如，位于重庆市云阳县高阳镇青树村的李家坝遗址，地处三峡库区地带长江北侧支流彭溪河左岸的台地上，遗址所在台地中部有两条小冲沟将台地分成三部分，由东而西可分为上坝、中坝和下坝，依山临河。江苏高邮市北郊的邵家沟遗址[142]、河南内黄县三杨庄遗址也都属于此类。

总体来说，平地由于地势平坦、视野开阔，村落的规模相对较大，并且团聚性强，而山地由于地形限制，不利于村落的规模化发展，往往分散布局，集中性不是特别强。相比之下，北方地区由于平原较多，因此村落布局较为规整，且规模一般较大，而南方地区丘陵山地多，面积大的平地较少，耕地分散，所以聚落规模通常较小，且相对分散。

2. 村落的建筑

建筑是村落构成的主要内容，也是村落形态形成的决定性因素之一。加拿大理论考古学家布鲁斯·炊格尔（B. G. Trigger）1968 年在其论文《聚落形态的界定》中就列举了影响聚落形态的决定因素，包括单个的建筑物、社区的布局和地区性的形态。其中建筑物涉及的内容，包括生存的系统控制、建筑材料的利用、环境、技能和技术、家庭结构、财富和等级的差异、其他社会制度和特殊需求、生产的专业化、宗教信仰、政治制度、世俗的品位和时尚。[143] 这也意味着村落建筑的形态、结构、用材、功能和技术等有形与无形的历史信息，是了解和探索古代村落社会生存、生产和生活的关键线索。从考古发现和文献记载来看，秦汉时期的村落建筑有民居建筑和公共建筑两大类，以民居建筑为主。

民居建筑一般由大门、院墙、门房、居室、厢房、厨房、水井、厕所和畜圈等组成。考古所见的民居遗迹，最为典型的当数河南内黄县三杨庄遗址，发现有 4 处较大面积的汉代建筑遗迹，均为庭院式建筑，包括院墙、正房、厢房、门房、院前水井、畜圈、厕所等部分，有些还有水池等遗迹。根据复原推断，三杨庄汉代民居，当为抬梁式建筑。[144] 另一处代表性的村落建筑遗存，是辽宁辽阳市三道壕遗址。遗址发现有居址 6 处、水井 11 眼、砖窑址 7 座、铺石道路 2 段。其中除第一处居址没有畜圈外，其他居址的基本配置，均由居住空间、庭院、水井、厕所土沟、畜圈、窖穴等构成。有些宅院遗址的中间和附近，还分布着砖窑址和卵石路。上述两处遗址，反映的是北方地区的村落建筑，而重庆市云阳县李家坝遗址则代表了秦汉时期西南地区的村落建筑形态。于遗址中共发现东周至南朝时期房址50余座，还有数百处灰坑、沟、道路等遗迹。遗址中所见西汉建筑，主要是台基式房屋，平面呈“凹”字形，由正房、厢房、廊道和门道等构成，属于庭院式建筑。26个柱础有序排列显示，其建筑可能是木结构的房屋。

关于民居的建筑形制样式，我们还可以从考古所见秦汉时期的建筑明器和画像石、画像砖中的民居图像获知。西汉时期的庭院建筑，较具代表性的有两座陶制庭院明器，分别于1959年出土于郑州南关159号汉墓和1981年出土于郑州乾元北街空心画像砖墓。作为明器，这两座陶院落虽不能排除有改良的可能性，但仍能在很大程度上反映汉代民宅的真实面貌，毕竟明器的创作是不可能超越现实太远的。前者陶房，由门房、仓房、阙、正房、厨房、厕所和猪圈6个单体部分组成一所封闭的四合院式的住宅。其中，大门向北，门房的东侧有一高大的阙；院的右侧为仓房，左侧为厨房；院南与门房相对之处为正房，正房西侧有厕所，厕所下方有猪圈，有围栏，圈中卧有一陶猪；厕所房顶置有鸡和鸡雏共8只；房屋和院内还有陶灶、铜洗、釜、甑等生活用具；还有一陶狗位于院的中央，头向门外。[145]这俨然是一幅汉代农家现实生活的写照。1981年出土于郑州乾元北街的陶院落建筑明器的结构与前者相似，也是一个严整的四合院。[146]门房为硬山式单层建筑，房顶有突起的瓦垄；门开于前壁偏北，有门槛。阙楼为高台四阿式建筑，两层，平面近方形，阙底大上小方柱状，四周开方孔，与厨房连接，孔内有象征性阶梯通向阙楼；在方孔和房檐等周围有带状朱彩绘饰。厢房为悬山式高台建筑，平面近方形，台基与房体可分开；门下有5级台阶，正上方有两个直角三角形组成的棂窗，装饰与阙楼、门房同。厨房为悬山式单层建筑，平面呈长方形，后壁并排开三个方形窗孔，两山墙各开门窗，有朱彩绘饰与前同。仓房为悬山重檐高台建筑，平面呈长方形；它由台基、仓层、仓楼三部分组成；

基座四壁中各有一圆孔，内侧北端有 8 级台阶，与仓房内壁上 18 级台阶连接，形成转角楼梯，从重檐下小门通仓楼；仓房下部两侧各有一圆孔，仓楼前壁开三个方孔，后壁开七个三角孔，两山墙各开一方形窗孔，有彩绘与前同。猪圈平面呈方形，四周有墙。

东汉时期的庭院建筑，较为典型的有河南洛阳张茅汉墓绿釉陶院落、陕西勉县老道寺 1 号汉墓陶院落、陕西华县馆藏陶院落、河南陕县刘家渠 8 号墓绿釉陶院落和河南淮阳于庄汉墓彩绘陶院落等。其中张茅汉墓绿釉陶院落属于东汉早中期，院落呈近方形，分前、后院。前院的门房为两面坡，前后皆有楼阁，还有磨坊等建筑内容；后院为猪圈。左右两侧后墙为矮墙。[147] 老道寺 1 号汉墓陶院落由 19 个单体建筑组合成一个四合院，包括由宅门、院墙、左厢、右厢、正楼为单元组成的主体四合院和由偏门、用人房、蓄圈为单元组成的偏院，这显然是一处大型的民居建筑，当为富裕人家的住宅。宅门为悬山式，正脊两端翘起做鸱尾，脊面盖筒瓦、板瓦，大门为两扇平板式对开门。右厢由三层楼和望楼 4 个单体建筑组成。一楼为平顶式，斗拱结构，阔两间，外间正面开门，里间楼顶有楼梯口可登望楼，里间正面外壁有斜方格窗。二楼的形制与结构相当，里间平顶中部有楼梯口可登三楼。三楼为四阿顶，有两间，正脊两端斜翘为鸱尾状，屋顶铺有筒瓦及板瓦；房正、背面外墙壁上有斜方格窗；里间底部有楼梯口与二楼相同。望楼阔一间，高两层，为单檐悬山式建筑，位于一楼平顶的楼梯口，为一、二、三楼出入的必经处。左厢由仓房和活动梯组成。仓房为悬山式，大三间，两层，正面有扶手楼梯，楼梯上有平台，梯上下各有一单扇平板外开门，当为仓房出入口；活动梯位于仓房下层门护框上，当为出粮时上下使用。正楼由四层组成，面阔三间，进深一间，为四阿顶重檐三滴水建筑。一楼顶与房四面脊的直线平行拱起，形成四坡面顶，平顶有楼梯口可登二楼，房面以筒、板瓦覆盖；二楼长方形直壁，有楼梯口与一楼连接；三楼结构与一楼同；四楼为四阿顶，正脊两端做鸱尾，房面盖筒、板瓦，有楼梯口与三楼相通。偏院在主体四合院的左侧，从主体院左后院墙的偏门出入，其中用人房为悬山顶，三间房。另见有水田模型和水井模型等。[148]

河南淮阳于庄汉墓彩绘陶院落的规模与老道寺1号汉墓陶院落相当，考古发掘报告认为其是庄园建筑，即便如此，其仍可在一定程度上反映东汉时期的民居建筑形制。于庄汉墓彩绘陶院落模型分为两大部分：东部为陶院落，西部为田园。院落为三进院落，即前院、中庭和后院。前院由门厅、大门和马厩组成。门外东西两壁绘有男女人物主题的壁画；马厩位于门厅两侧，与大门一样为“人”字形的硬山式建筑。中庭由二门、门楼、左右角楼、右侧仓房及粮仓、厕所、左回廊及走廊、后门厅、阁楼组成。门楼为庑殿顶，每面均有长方形窗和格子窗；二门的两边有相对的四层角楼，第二层与二门门楼和厢房相通；角楼在厢房的上方，有两层；东厢房下有廊房，西厢房下为仓房；中庭的主体建筑建于高台之上，为重檐庑殿顶，殿内有乐伎和用人等。后院有猪圈、厕所、厨房、用人房等。院落右侧为田园模型。田园前、后有门，中有水井，井后有水沟，可能是用于灌溉；园内南部是旱田，共22垄，中间有灌溉沟渠和土埂。[149]相比上述两种大型庄园式民居建筑，河南陕西华县馆藏陶院落、河南陕县刘家渠8号墓绿釉陶院落的规模要小很多，可能属于一般人家的住宅建筑，都属于宅院建筑。前者院落的前部左右两侧为厨房、磨坊及带护顶脊瓦的三层台围墙，宅院左右两侧为悬山式房屋，后部右侧是四面坡顶两层楼房，左侧为院墙、厕所和猪圈。[150]后者由门房、主房和猪圈等组成。[151]

上述两汉陶院落建筑明器均属于北方地区，体现的是北方地区的庭院建筑形式，不能反映南方地区的建筑特色。梳理秦汉考古，可以发现在南方地区，特别是广东、广西等地区，也大量出土包括住宅明器在内的汉代建筑明器。所见民居建筑包括平房、杆栏式建筑、庭院、三合院和曲尺形5种类型。除这些住宅建筑以外，南方地区所见建筑明器，也发现有仓房、厕所和城堡形建筑等。

平房多为单体房，平面呈长方形，悬山式屋顶，正面开门，门两侧有窗，或为镂空花窗，或为直棂窗，通体刻画有仿木构架纹饰。模型主要有1955

年广西贵港火车站宿舍17号墓和1957年贵港南斗村3号墓出土，现藏于广西壮族自治区博物馆的两件陶屋。另有带横廊的单体式民居建筑，譬如1994年出土于广西贵港孔屋岭的陶屋，其门前有一横廊，廊沿有矮围墙。[152]杆栏式建筑是南方地区的主要建筑形式。早在河姆渡文化时期便有了杆栏式建筑，其形式一般为两层，上层住人，下层圈养牲畜和堆放杂物，主要流行于广西、云南、贵州和湘西等地区。考古所见汉代南方地区的陶屋中，就有大量这类杆栏式形制的居住建筑。这不仅充分说明了这一区域范围内的建筑特色，而且为我们了解历史上的南方民居建筑提供了重要线索。1972年广西平乐银山岭东汉墓出土的杆栏式陶屋，就是典型的上居人、下圈养牲畜的结构。上层为单体房屋，正面侧边开门，门两侧为直棂窗和斜菱形格子窗；下层基座镂空，可能表示梁架结构，畜舍为露天矮墙，顶部有屋檐，正面右侧有一拱形窦洞。现藏于合浦汉代文化博物馆的1988年于广西合浦县猪岭廉州母猪岭出土的杆栏式建筑，整体结构与前者相似，最大的不同在于上层房屋的平面为曲尺形。广东地区也见有类似的汉代杆栏式建筑明器。[153]此外，还有吊脚楼结构的杆栏式建筑。与前者不同，吊脚楼的屋底用柱足来支撑，广东乐昌便出土有1件一厅一房双重檐的杆栏式住宅模型。[154]

考古所见的院落建筑明器多出现在北方地区，一般由多个单体建筑组成。南方院落建筑明器则主要是一体式建筑，不可拆卸，包括一进四合院式楼阁建筑、一进三合院式楼阁建筑和一进曲尺形合院式楼阁建筑。其中一进四合院式楼阁建筑一般由前屋、后院、左右厢房、天井和厨房等部分组成。通常情况下，前屋与厢房均为单体平方建筑，后屋作为主屋，为两层楼阁建筑。1989年广西合浦县环城乡红旗岭出土（现藏于合浦汉代文化博物馆）的陶院落就属于这种形制。除上述配置以外，其一楼后门墙根处还有一椭圆形窦洞，为狗窝，院落的左后角墙根也有一圆形窦洞，当为家禽舍。一进三合院式楼阁建筑由前屋、后屋和一侧厢房组成，1957年广西贵港粮食仓库出土的“歹人青□”铭文陶院落就具有代表性，其陶楼为前屋、双层楼阁式后屋、左侧围墙及右侧厢房组成的三合院。[155]一进曲尺形合院式楼阁建筑平面呈曲尺状合院式正方形，典型者如广东乐昌大拱坪东汉墓出土的陶屋，其厅左连接一房，余留一空间，外筑一堵矮墙相围，组成一房、一厅、一院落的布局。房、厅上方又续筑一房一厅，上还覆筑有阁亭。[156]

曲尺形民居和三合院式单层建筑也较为常见。前者平面呈曲尺形，由主房与或左或右的厢房组成。主房正面有门，两边通常有镂空直棂、菱形窗等。1954 年广西贵港东湖新村 13 号墓出土的陶屋和 1957 年广西贵港南沟村 8 号墓出土（现藏于广西壮族自治区博物馆）的陶屋都属于这类。与此稍有不同，另有曲尺形民居在主房与厢房相交的后墙处，用矮墙相连围成猪圈，如 1994 年广西贵港孔屋岭东汉 1 号墓所见的两面坡悬山顶陶屋。[157]三合院式单层建筑为平底建筑，平面布局呈凹字形，由前屋、左右对称的厢房和后矮墙组成，矮墙连接的空间一般为禽舍。典型者如现藏于广西壮族自治区博物馆，于 1955 年广西贵港东湖新村 1 号墓和 1955 年广西贵港高中 4 号墓出土的陶屋。

大致看来，上述庭院及其住宅建筑，可以视作汉代民居建筑的主要形式。这一观点，除了可以从秦汉聚落遗址、遗迹和建筑院落模型等考古发现中得到印证，汉代画像石、画像砖等图像史料亦可充分表明。据相关研究资料显示，汉代画像中的庭院图像，包括庭院平面图和立体结构图两类。[158]前者较难以看出院落的整体布局结构，但可大致判断院门的位置和院内建筑走向。譬如徐州铜山茅村汉画像石墓所见的庭院图，其规模较大，从右侧高大门阙进入庭院，院内从前到后分别有三座二层楼阁，中间楼阁最大，第三座楼阁还有带屋檐的阶梯。[159]后者在东汉中晚期的画像砖石和壁画等上所见较多。相比前者，后者描绘更加真实，能更好地反映民居建筑的形制和特点。大致来看，其平面布局结构有日字形、田字形、三进式长方形、曲尺形和多进式庭院等。这些不同的平面布局形式可以从沂南北寨村汉墓[160]、成都羊子山汉墓[161]、诸城前凉台汉墓[162]、离石马茂庄 2 号墓[163]和安平逯家庄壁画墓[164]中所见庭院画像上窥见。

从考古所见的秦汉建筑遗迹、遗物和图像等来看，秦汉时期的民居建筑，固然因地域环境的不同而呈现出一定的地域特色，但仍可以总结出一些共性，并得出南北之间、阶层之间的一些差异性：第一，秦汉时期的民居建筑，北方地区以庭院建筑最为常见，而南方地区则多平房建筑、曲尺形建筑；第二，庭院建筑可能是相对富裕人家的居住房屋，普通百姓则更多地居住平房单体建筑等类型的住宅；第三，绝大部分民居建筑有畜圈等用于家养牲畜的附属建筑，厕所、畜圈等附属建筑多位于庭院或房屋的后院或屋后；第四，房屋布局反映了一定的等级或身份区别的观念，如主房、厢房和用人房的分别布置就体现了这一点。

秦汉村落中的公共建筑，一般有教育型建筑和宗教型建筑。用于教育的建筑，即学校，村落考古中虽未发现其遗迹，然而文献记载却显示，汉代曾于乡里办有学校。《汉书·循吏列传》记汉武帝时，为“奖励贤才”，既设有太学，也在郡国设立学校，并于“天下郡国皆立学校官”。汉平帝元始三年（3 年），朝廷将汉武帝以来在郡国设立学校的制度，进一步拓展到了郡、县、乡、聚。这意味着在县及县以下的地方乃至村落可能设立有庠、序一类的学校。《汉书·平帝纪》云：“安汉公奏车服制度，吏民养生、送终、嫁娶、奴婢、田宅、器械之品。立官稷及学官。郡国曰学，县、道、邑、侯国曰校。校、学置经师一人。乡曰庠，聚曰序。序、庠置《孝经》师一人。”在乡的学校为“庠”，在聚的学校为“序”。在这里，乡、聚可能都属于比较大型的聚落。由此看来，汉代国家在乡、聚中设立学校，并不意味着在每个村落中都设立，而是有条件地选择在那些相对大型的、地位和性质特殊的聚落中设立。东汉以后，在全国各地办庠、序的情况进一步增多，《后汉书》中不乏相关表述。[165] 既然设有学校，也就意味着有因刚性需求而营建的相应的建筑空间。考古未见有学校一类的建筑遗迹，但汉代画像石中发现有学堂形象。尽管这类图像极为罕见，但在一定程度上表明了汉代学校建筑的基本形式。如山东诸城前凉台汉墓中所见的讲学图（见插图 9），其学堂位于一座单独的院落内，有一屋和一长廊，屋为四面坡顶，其内有坐立者两人，一人身材高大，依案而坐，当为老师，另一人面向老师而坐，应为学生，其余均依序盘膝坐于院内者皆为学生。[166]

宗教型建筑包括社庙、稷庙、祠和佛堂等。社庙，是用于祭祀土地神的宗教空间。汉画像石中多见以树木为主位的建筑图，可能即为社庙。譬如，在郑州地区所见的几块画像砖石上就有这类图像，有的在一棵树的两侧设立双阙，有的双阙大门内立有树，有的则树在门楼内。[167]稷庙是祭祀五谷之神的，后来演变为祭祀仓神。在考古遗迹和汉画像砖石图像中，未见有明显可确认为稷庙的建筑。河南新郑画像砖所见图像中有仓楼形象，仓右侧方框内有作为社庙祭祀的树，树的右侧有一较大的带核的种子，显示这里应该不是一所普通建筑，而疑似为稷与社的合祭之处。[168]祠是用于祭祀先人的空间，目前考古发现汉代遗迹较多，典型者如山东肥城的孝堂山石祠和山东嘉祥的武梁祠。除此之外，由于佛教在东汉传入中国并很快渗透到了民间社会，因此在佛教盛行的地方也会出现佛堂一类的建筑。四川作为东汉佛教传播的主要区域，其画像砖上就发现有佛堂建筑。如四川什邡皂角乡出土的画像砖上就发现一座三层佛塔的形象。[169]

除上述民居建筑和公共建筑，秦汉村落中的建筑还包括驿站、作坊、亭榭等，但它们并非村落中的常见建筑。另外，还有广场、道路、沟渠和绿化等一类的村落景观。广场一般是村落的公共活动区域，几乎每个村落中都会有这样的空间。道路是沟通村落内外的必备设施，也是形成村落形态、构成村落景观的关键因素。考古出土的村落遗址中，不少发现有道路遗迹，有些道路的布局还十分讲究。河北井陉县南良都遗址发现有道路 1 段，河南遂平小寨遗址清理道路 8 条，后者道路东西向与南北向交叉排列，显示出明显的规划性，其中 2 条在遗址中部交叉为丁字路口，共同构成遗址的主干道。[170]沟渠一般用于宅院排水和农田灌溉，如安徽泗县刘玗遗址就发现有长条形的水沟 7 条。[171]绿化和其他景观也普遍存在于秦汉时期的村落之中。河南内黄县三杨庄遗址清理的 4 处宅院，前后均发现有树木。其中第二处宅院东侧清理出一排 4 棵树木，树的间距在 30~50 厘米；宅院西北外侧即水池北部清理出 20 余棵树木遗迹，排列不规则，间距不等。第三处宅院后厕所外有南北两排不下 10 棵树的遗迹；最外侧也有一排不下 5 棵树的遗迹；东墙外侧有 3 棵。[172] 从这一例子来看，汉代民居建筑的四周内外是种植有树木的，而且作为绿化景观，可能还有一定的讲究。

3. 堪舆学兴起对秦汉村落的影响

“堪舆”一词常被用来指代风水，是中国古代研究天文、地理的一门学问，广泛被用于城郭选址、住宅基地选址、房屋建造和坟墓定址等，具有一定的科学性与合理性，是中国古代先民追求人与自然和谐共生思想的朴素但深刻的体现。长期以来，中国人认为房屋或坟墓的地址、方位，以及周边的山脉、山势和水流等，能影响甚至决定吉凶祸福。所以，堪舆学自起源之后，便伴随着“趋吉避凶”的社会愿景，在普遍应用于相宅、相墓的同时，带有一种强烈的超自然性特征，即今天所谓的“迷信”。无论何种说法，至少有一点不可否认，就是作为一种思想观念，“堪舆”自产生以后，就与中国人的生产生活密切联系在一起，不仅对中国古代城市的选址与布局产生了深刻而普遍的影响，而且左右着中国古代村落的选址与布局、房屋住宅的选址与建造。

早期的先民以巢居与穴居为主，居住场所比较简易，仅求遮风避雨、抵御野兽等。如《周易·系辞》载：“上古穴居而野处。”《礼记·礼运》载：“昔者先王未有宫室，冬则居营窟，夏则居橧巢。”随着农耕时代的到来，先民对于材料逐渐熟悉，对于工具的掌握愈加熟练，于是步入了地面建筑营建的时期。各地自然环境不同，建筑材料有别，文化背景相异，因而在中华大地上产生了各式各样的民居形式，彰显出浓郁的地域与民族文化特色。随着生活经验的不断积累，先民逐渐认识到，房屋的选址、朝向等要素对居住的舒适程度与便利程度有着重要的影响，于是形成了对于风水的原初认知。

在传世典籍中，“堪舆”一词始见于西汉的《淮南子》。其中的《天文训》一章云：“北斗之神有雌雄，十一月始建于子，月从一辰，雄左行，雌右行，五月合午谋刑，十一月合子谋德。太阴所居辰为厌日，厌日不可以举百事，堪舆徐行，雄以音知雌，故为奇辰。数从甲子始，子母相求，所合之处为合。”《说文解字》中将“堪”视为天道，将“舆”视为地道。有堪有舆，才能与天地同道，堪舆学反映着中国人对环境的认知感受与平和的生活态度。后来，司马迁等人认为堪舆作为一种“术”，是由先期的占卜之术逐步传承分化而来的。[173]

东汉郑玄注《周礼·春官宗伯》云：“星土，星所主土也。封犹界也。大界则曰九州岛，州中诸国中之封域，于星亦有分焉，其书亡矣。《堪舆》虽有郡国所入度，非古数也。今其存可言者，十二次之分也。”[174]按郑玄的理解，汉代以前就有了《堪舆》之书，只是亡佚了，他认为后人所作《堪舆》保留了古人的部分观点。郑玄的注解，还显示出另外一层意思，即在东汉时期，“堪舆”是与观察天地运行规律和星象占卜活动密切相关的知识。《汉书·扬雄传上》云：“属堪舆以壁垒兮，梢夔魖而抶獝狂。”按照颜师古引用的三国时期人孟康的说法，“堪舆”是“造图宅书”的神怪。[175]这表明“堪舆”的概念已开始与风水的观念连接起来，并应用于宅第的修建之中。

王充的《论衡·诘术》云：“图宅术曰：‘宅由八术，以六甲之名，数而第之，第定名立，宫商殊别。宅有五音，姓有五声。宅不宜其姓，姓与宅相贼，则疾病死亡，犯罪遇祸。’诘曰：……夫人之有宅，犹有田也，以田饮食，以宅居处。人民所重，莫食最急，先田后宅，田重于宅也。田间阡陌，可以制八术，比土为田，可以数甲乙。甲乙之术，独施于宅，不设于田，何也？……民间之宅，与乡、亭比屋相属，接界相连。不并数乡、亭，独第民家。甲乙之神，何以独立于民家也？数宅之术□行市亭，数巷街以第甲乙。”《论衡》又引图宅术曰：“商家门不宜南向，征家门不宜北向。”《论衡》征引图宅术说法的目的，本是责问，即所谓“诘曰”。但也正因如此，充分表明汉代社会已普遍盛行一种具有超自然属性的“风水”观，并深刻影响了民间住宅和商家店铺的布局与建造。《汉书·艺文志》中提及的《堪舆金匮》与《宫室地形》两书，虽然已失佚，但反映出风水观在汉代社会十分普遍，也显示出汉代堪舆理论已较为成熟。我们因此认为后世风水理论中有关理法与形法的分类大概肇始于此，应该没有什么疑义。

堪舆及堪舆学的兴起，显然影响了包括房屋的方位、朝向和布局等在内的秦汉村落的构成。其间虽然因为各种人为的附会被打上了浓厚的神秘色彩，在近代西方科学引进之后，它甚至被视为一种迷信观念不敢公开讨论，但是，其迷信色彩的逻辑背后，实际上是“趋吉避凶”的思想在支撑。所以，当代学术界回过头来重新审视传统的堪舆思想时，发现了它的生态学价值：“人和环境之间可以产生相互影响和作用的辩证关系，确乎也是一种不可否认的事实。所谓‘物华天宝，人杰地灵’，则不外乎以直观外推的方法意识到人、物与其所处环境（天地）之间并行不悖的依存关系。”[176]因此，一些学者便将“堪舆学”或者“风水学”称为古代一门有关环境选择的学问。[177]

堪舆规划的观念，实际上是要求独栋房屋乃至整个建筑群的选址、营建，都能够满足人的生理、心理、精神、生活、生产等多方面需求。如此方能够世代居住，繁衍生息。在大环境之中，村落在具体营建时还要考虑小环境的营造，最典型的例子，就是通常都首选背山面水的环境。从实际生活来看，山可耕作，水可灌溉，能提供基本的自然生产条件，满足人的衣食之需。在此生产生活经验的基础上总结归纳，进一步升华理论，则可作为一个哲学命题来对待。山是静的，水是动的，一静一动，则阴阳互补，形成一个完整的系统。在这个大的系统中，再来进一步细化每栋房屋的选址，乃至每个房间的布置。

此外，中国地处北半球，通常在村落选址时应选择“坐北朝南”的良好朝向。这并非具体某一栋建筑的建设朝向，而是北部的“靠山”应当能够为村落遮挡由北方吹来的寒风，即“阴风”；南部应保持有足够的日照时间，便利的用水、避（洪）水条件。这样的朝向环境，也被堪舆学称为能够“藏风聚气”，自然适宜村落建设与长期发展。

传统的“堪舆”观念，根深蒂固地存在于村落环境中，具体体现在道路、民居、墓地的选址和规划布局上，集中反映了村落原住居民在实践关系之下的空间认知，体现着村落原住居民敬天法祖的自然精神，反映着村落原住居民的形象思维能力，同时在深层次中映射了中国人心理层面的审美文化取向。虽然直到近代西方规划学传入中国，才有了明确的“规划”说法，但其实在某种程度上而言，堪舆就是环境规划，就是通过对自然的改造与适应，营造出与自然和谐相处的生产生活环境。例如，村落排水的设计尤其能体现出这一点。湖南永州的河三岩村，是一个以明清传统建筑为主的传统村落，呈半月形在山脚下舒展开来，檐廊衔接，起伏绵延。先民们在建造房屋时，把排水系统做到了极致。整个村落的排水沟，前后左右相通，上下首尾相连，水流畅通无阻。由于三面环山，植被丰富，是储存降水的天然“水库”，即使是连续干旱，也能保持源源不断的水流。房屋之间的宽阔道路，近 1/3 都是水沟，即使是天降暴雨，路面的雨水也能很快排泄到水沟中去。

在现代规划学正式形成之前，指导村落原住居民进行村落选址、营建的，就是这一套堪舆学的思想。这些观念对各个区域村落营建、布局有着深远影响，综合体现了村落原住居民对自然与人自身的尊重。民居建造的位置、朝向、观念等，在相当长的一段时间内都统筹在合天合人、有机灵动的朴素“规划”工作之中。可以说，堪舆学是选址与规划的理论基础，环境的选择和规划是村落建筑营造的基本任务，而建筑本身又是堪舆规划的重要内容与组成部分。

第四节
秦汉村落中的农耕文化

农业是中华文明孕育与发展的基础，不同的农业发展阶段孕育出不同的文明形态。作为与生产生活密切相关，甚至本身就源自民众日常的生产生活活动的风俗文化，秦汉时期的农耕文化是史前农业起源以来，人们在长期农业生产中积淀形成的相对广泛的文化类型。它理所当然会包括生产生活方式、风俗习惯、精神信仰、道德与价值取向观念等在内的物质与非物质文化的方方面面。秦汉大一统时期是我国传统农业发展的重要时期，在400多年的时间里，传统农业出现了高速发展的局面。其中耕地面积持续扩大，农业科技明显进步，农业生产种类明显增加。正是伴随着农业的高速发展，秦汉时期形成了具有历史延续性和时代特点的文化内容和特征，突出表现在与生产生活相关的工具、节俗与信仰文化等诸多方面。

一、生产工具与生活用具

在长期的农业生产、生活中，秦汉社会产生并形成了一系列与此有关的生产工具和生活器具。它们作为物质文化，反映着秦汉时期人们的生产生活方式，也折射出了他们的风俗习惯、价值信念和精神信仰，是秦汉国家和中华民族形成过程的有力证明。

（一）生产工具

生产工具是人们在生产过程中用于劳作的工具或器具，因而又称为劳动工具。生产工具的内容和形式，是不断发展变化的，它与经济生产方式和科学技术的发展密切相关。人类起源阶段，以采集渔猎为生，制造和使用的工具以石器、木器等为主。后来伴随着农业的产生与发展，到新石器时代早期，出现了铲、镰、锄形器等带有农业生产特征的磨制石器生产工具和钻、凿、锛、斧、纺轮等通用性生产工具。原始社会晚期，特别是进入阶级社会以后，发明了青铜冶炼技术，农业生产中开始出现青铜生产工具。战国中晚期，冶铁技术发展并普及，铁质农具逐渐取代其他生产工具，成为农业生产的主要工具，农业生产得以进一步提升。秦汉时期，农业已从“掠夺性”原始农业走向“循环式”农业，即人们不再简单地依靠土地自身肥力，转而充分利用人们丢弃或产生的有机质废物来蓄养土地，实现农业生产。这一转变必然要求人工养地精细化。而实现这一点，除了加大人力投入和科学种植农作物，还需要根据新的生产要求改良或改进生产工具。所以，生产工具的出现与发展，既是人类发展的必然，也是人类社会进步的体现。

从生产工具的性质和内容来看，秦汉时期的生产工具，大致可以分为农耕工具、纺织和编织工具以及其他通用性工具。

农耕工具根据农业生产的不同需要又分为耕耙工具、收割工具、灌溉工具和粮食加工工具等几类。耕耙工具主要有耒、锸、铲、锄、镢、耙、犁铧等。

耒，作为农具产生于史前社会，属于一种翻耕土地的农具，通常被认为是犁的早期形态或前身。汉代仍见有被称为“耒”的农具。《盐铁论·刺权》中云：“是以耕者释耒而不勤，百姓冰释而懈怠。”《淮南子·主术训》云：“一人跖耒而耕，不过十亩。”这里的“耒”即指的是农具。耒的形制是一端为圆木柄，改进的则为曲柄，一端为双齿或双尖。山东嘉祥武梁祠汉代画像石中便有“神农执耒图”，图像中所见耒的形制与锸相似。

锸，属于锄具一类，其主要功能是翻掘土地。《汉书·沟洫志》云：“举臿为云，决渠为雨。”这说明锸是秦汉垦耕土地和修渠道的主要农具之一。考古发现如河南杞县许村岗一号汉墓发现的凹口锸，其刃部呈尖圆形或三角形，体竖长。[178]类似的锸在广州汉墓[179]、西汉南越王墓[180]中均有发现。较有差别的是洛阳烧沟 183 号墓出土的锸，其呈横长方形或倒梯形，刃口和两侧边均平直，为直口锸[181]，辽宁锦西小荒地古城址也出土有形制相当的锸[182]。有学者指出，要区分秦汉时期的耒与锸，关键在于有无铁套刃，认为“无金属套刃者称之为耒，有金属套刃者称之为锸”[183]。铁套刃在汉代叫鐅，《说文解字》中云：“鐅，河内谓臿头金也。”[184]《释名·释用器》云：“其板曰叶，像木叶也。”[185]安装鐅的木板叫“叶”。这种形象，长沙马王堆一号汉墓发现的铁刃木锸最为典型。从这些来看，秦汉时期锸的形制多样化，不仅有双齿，还有单齿或单板的形象，其中单板锸较为常见。

铲，作为农具主要用于起土，起源于新石器时代。商代始见有青铜铲，战国中晚期出现铁铲。铲尽管出现得很早，但有关它的文献记载直至汉以后才开始出现。《说文解字》云："铲，鏶也。一曰平铁。从金，产声。"段玉裁注："谓以钢铁削平柔铁也。《广韵》曰：铲，平木器也。"[186]由此看来，"铲"字的出现，最初可能是用来表示"削平"的意思。直至后来，"铲"字才用于表示起土的农具。汉以前之所以没有"铲"的文献记载，可能也与此有关。但这并不影响我们认识和理解秦汉甚至先秦时期的铲。作为起土的农具，为了便于除草和松土，铲体一般是上部厚、下部薄，整体呈缓坡状，形状以方形、三角形和梯形最为常见。秦汉时期的铲，以铁铲为主，形体、尺寸各有差异。考古发现中较为典型的有陕西长武丁家出土的 8 件铁铲[187]和广州南越王墓出土的 2 件铁铲[188]。山西右玉县善家堡 18 号墓还发现有铜铁合金的铁刃铜铲 1 件。[189]

锄的功能主要是松土和除草，实物最早见于西周时期，战国秦汉继续沿用，后经不断改良便一直传用至今。锄的形制通常是横向安装木柄，锄体较薄，刃部较宽。汉代所见铁锄根据形制不同，可分为六角锄和鹤头锄等几类。六角锄的锄面呈六角形，体宽又薄，便于除草。山东济南市章丘区东平陵古城出土有 2 件六角锄，锄板顶端、肩和两侧均呈弧形。[190]鹤嘴铁锄是秦汉时期的改良品种，又称鹅脖式铁锄或鹤头锄，汉代刘熙《释名》说："锄，助也，去秽助苗也……头曰鹤，似鹤头也。"考古学上称之为曲柄锄，即锄身呈梯形，锄顶部连有一曲柄，类似已弯曲的鹅脖，曲柄后段有銎，用于安装木柄。陕西临潼出土有 1 件曲柄锄。[191]与锄在形制与功能上相似的是"镢"，它出现的时间要早于锄，可能在商代甚至更早便已出现，其形体较长、大，有单斜面或双斜面刃，战国时代还有多齿镢。

镢是用于刨土的工具，根据镢銎方向的不同可分为竖銎镢和横銎镢。其中竖銎镢的形制与空手斧相同，体形为窄长方形，銎口形态各异，銎部尺寸等于或宽于刃部。如洛阳烧沟 97 号墓出土的镢，器型规整，整体窄长。[192]与此稍有不同的是湖南桑植朱家台汉代铁器铸造作坊遗址出土的几件铁镢，其镢体略呈铲形，刃部扁宽为外弧形。[193]横銎镢的体形呈长方形或梯形，近顶端部分有方形或椭圆形的横銎。洛阳烧沟 33 号墓出土有 1 件平面呈铲形的镢，为竖长方形横銎口[194]；与洛阳铲形镢的形制有异，河南巩县铁生沟出土的1件镢，其平面呈长条形或梯形，刃部为外弧形[195]。

耙主要用于平地碎土、耙土、耙草和整理耕地，至今仍是农家必备农具之一。耙一般由木柄、耙头组成，耙头有齿，多为二齿、三齿、五齿耙。二齿耙即耙头为装有两齿的耙，也称裤形耙，两齿内外两侧呈弧形，有横銎用于安装木柄，木柄与耙成直角。河北满城汉墓出土有1件二齿耙，背面平直，呈裤形，通长20.5厘米。[196]三齿耙即耙头装有三齿，形状与二齿耙相似，但横宽更宽。山东济南市章丘区东平陵故城发现2件三齿耙，其耙齿断面呈梯形。[197]五齿耙即耙头装有五齿，横宽，较为典型的如福建武夷山城村汉城出土的1件五齿耙，整器近长方形，耙齿呈长条形。[198]这类耙属于整地工具，还有一种性质类似但功能有所不同的工具"杷"。西汉史游《急就篇》中云"捃、获、秉、耙、插、捌、杷。"唐代颜师古注："无齿为捌，有齿为杷。皆所以推引聚禾谷也。"[199]《说文解字》谓："杷，收麦器。"[200]由此来看，杷或是用于晒谷场地面扒谷的农具，或是用于麦田聚割麦秆的工具，多以木、竹制作而成。直至今天，杷这种农具仍是农家的常用生产工具。

犁，是汉代农耕生产活动中最为重要的农具，主要用于翻耕土地、松动土壤和开沟起土。为便于入土和发土，犁结构设计颇为讲究，其柄部弯曲，头部为三角形、椭圆形或菱形。铁犁一般由犁铧、犁冠、犁壁等结构组合而成，不同结构发挥不同的功能。犁铧耕地时安装在犁上，用来破土的片状结构，呈"V"字形、三角形或舌形，略带螺旋状，用时效果是土朝向一侧或两侧翻出，把下层土翻到地面上。根据规格大小和在实际生产中起到的功用，犁铧可分为大铧、中铧和小铧。大铧是大型的犁具，通常需要搭配数头牛牵引，适用于开沟做渠。目前考古所见的大铧，长、宽均达到40厘米以上。辽宁辽阳三道壕西汉村落遗址出土的1件大铁铧就属于这种形制，其长40.2厘米，銎部宽40.6厘米，背面较平，正面鼓起，铧头为舌形刃。[201]中铧的长度多在30厘米左右，典型者如河北满城2号汉墓出土的1件平面呈舌形的铁铧[202]和陕西陇县高楼村发现的平面呈三角形的铁铧[203]。小铧长度在20

厘米以下，刃部多呈等腰三角形，如陕西蓝田鹿原寨发现的小铧，长仅 15.7 厘米，刃部宽为 10 厘米。[204] 犁冠多呈“V”字形，是套在三角形犁铧上使用的铁刃，其作用在于保护犁铧，并便于犁铧磨损后及时更换。汉景帝阳陵发现 1 件犁冠，正面有明显脊梁，整器呈“V”字形，高 14 厘米，双翼展宽 24.2 厘米，厚 2.3 厘米。[205] 犁壁，又称鐴土、犁镜、犁耳，一般认为是西汉出现的新配件，是安装于大型犁铧上方后部的附件，向一侧倾斜，其功能是把犁起的土翻排在一侧。陕西咸阳赵家村出土的犁壁，整器呈板瓦形弧曲状，背面铸刻有一“田”字，长 46 厘米，宽 24 厘米；陕西礼泉王相村出土的则呈马鞍形，背面中部有便于固定的鼻钮，高 22 厘米，宽 23 厘米。[206]

考古资料为我们认识秦汉时期犁的真实形象提供了实物资料，然而要了解犁耕的使用方式却只能依靠犁的形制反推，没有直观性。汉代画像中牛耕图的图像资料，正好弥补了这一不足。图像显示，秦汉时期的犁耕方式主要为牛耕，常见为二牛抬杠式，还有一牛独挽和一马一牛并耕的形式。二牛抬杠式，其形象为二牛抬杠于前，一人扶犁于后，有些还有一人在前牵牛，或有人在一旁赶牛，如陕西米脂县城西官庄东汉安帝永初元年（107 年）墓画像石[207]、山西平陆枣园王莽时期或东汉早期墓壁画[208]、陕西西安碑林博物馆藏绥德东汉画像石[209]等都属于这种形式。山东金乡县城东郊香城堌东汉早期的石椁墓画像石[210]，其图像为二牛抬杠，一人扶犁，一人在前牵牛，一人在旁赶牛，另有儿童在旁玩要，场景性很强，较为真实地反映了东汉时期的生产场景。一般来说，图像中犁的形式均为直辕犁，有双辕和单辕之分，以单辕犁较为常见。单辕犁即通过两头牛并排抬杠牵引来实现耕地，双辕犁可能是在单辕犁的基础上改进，仅需在一头牛的颈部挂上两根辕便可实现牵引。就操作性来说，后者无疑更灵活，现在有些地方仍在沿用。

秦汉时期的收割工具主要有铚刀、镰刀等。

铚刀，作为截穗工具，整体平面呈半月形或长方形，通常带双孔，以便抓拿。云南昆明呈贡石碑村出土 13 件半月形铚刀，其背部有凸脊，刃部呈弧形，刃宽 9~11 厘米。[211] 广州西汉南越王墓出土 2 件形制相同、大小不同的长方形铚刀，其刀体较薄，背部有双孔，手握处较厚，断面呈弧形似板瓦状，背部嵌装到竹管内。[212]

镰刀是汉代最常见的收割工具，其形式有弯月形、直体形等几种，刃部较薄，装有木柄，其柄或铆接或夹装。根据刃部有无齿，可以分为齿刃镰和峰刃镰两类。前者为有齿镰刀，或为长条形，或为弓形。安徽寿县安丰塘闸坝遗址出土有长条形锯齿镰刀，柄端有一穿孔，目的是将其固定于木柄[213]；广州汉墓1117号墓发现的齿刃镰则呈弓形，基部有銎用于安装木柄[214]。锋刃镰的刃口一般为线形，有长条形、弯月形，有銎部用于安装木柄。河南鹤壁鹿楼出土1件镰，镰体呈弯月形，镰刃端为尖峰或弧形，通体长17.5厘米，宽2.3~3.8厘米[215]；成都龙泉驿发现有7件铁镰，其形制相同，刃部为内弧形，镰体背部为外弧形[216]；云南江川李家山出土有铜铁复合的镰刀，其銎部为铜铸，刃部为铁铸，镰体呈长条形，镰尖端为半圆形，通体长26.2厘米，刃部长18.5厘米[217]。秦汉镰刀一般安装有木柄，有些甚至有较长的木柄。如四川德阳出土的《芟草播种》汉画像砖上见有类似武器大刀的大型木柄镰刀[218]。新疆地区考古也发现了木柄镰刀，如新疆洛浦县山普拉II号墓地发现1件，镰刀柄的顶端插入后用细线缠绕并用羊皮捆扎，木柄长27厘米，镰体通长8.5厘米，宽1厘米[219]。这些不同类型的镰刀，一方面表明秦汉时期的农业种植较为发达，另一方面说明生产工具的设计是以便用为前提的。

秦汉时期的灌溉工具包括桔槔、辘轳、翻车等。

桔槔，在先秦时期甚至更早的商代便已出现，是早期农业灌溉的汲水工具。《庄子·天地》云："（子贡）曰：'凿木为机，后重前轻，挈水若抽，数如泆汤，其名为槔。'"[220]槔是利用杠杆原理进行汲水的工具，其结构为在一根竖立的直木柱上增加一根细长的杠杆，中间为支点，末端悬挂重物，前端悬挂水桶，通过一起一落，实现汲水。作为先秦时期使用的传统汲水工具，在汉代仍被广泛使用，山东地区不少汉画像石上所见桔槔图就说明了这一点。如山东宋山小石祠东壁第三层画像石[221]、嘉祥县城南南武画像石[222]、临沂市吴白庄画像石[223]等图像上均见有桔槔形象。

辘轳，是古代水井的汲水装置。在汉代村落遗址中，几乎每个村落都发现有井眼，有些甚至有几十处，其中一部分井近农田，为灌溉用井，一部分井近聚居之地，为生活用井。辘轳的制作和广泛应用与汉代农业灌溉密切相关，是农业发展的产物。辘轳的形制是于井上竖立井架，架上安装可用手柄摇转的轴，轴上有绳索，绳索一端系有水桶，通过摇动轴轮，使水桶从井中汲水，以用于灌溉或供人饮用。汉画像石中见有类似的辘轳形象，譬如辽宁辽阳三道壕窑业第四现场汉代壁画墓中的辘轳图[224]，图中有方形井栏，竖有双柱，双柱上建有井亭，二柱间有辘轳，辘轳系有绳索，上有水桶尚在井栏处；水井中央上方有一女子正拉绳汲水，井旁右方还放置有一盛水器。甘肃酒泉嘉峪关汉画像砖[225]、山东诸城凉台汉代画像石[226]等都有类似的“辘轳图”。此外，山东嘉祥[227]、江苏徐州[228]、安徽宿县[229]、陕西绥德[230]等地所见的画像石上也都有清晰可辨的“辘轳图”。洛阳西郊汉代居住遗址中发现水井遗迹，其中出土“有方穿的压辘轳轴的椿石”。[231]这些图像资料和实物发现充分表明，辘轳在汉代被广泛用于汲水，是人们生产生活中的主要汲水工具。

翻车，作为一种刮板式连续汲水工具，是传统中国民间用于农田灌溉的水车。考古虽未见有汉代实物，但文献记载显示，汉代出现了翻车。《后汉书·张让传》云，毕岚“作翻车渴乌，施于桥西，用洒南北郊路”。这里说毕岚发明了翻车和渴乌，但其作为灌溉用具的功能并没有描述。《三国志·魏书·杜夔》所载史料便有详细描述，其云：“城内有地，可以为园，患无水以灌，乃作翻车，令儿童转之，而灌水自覆，更入更出，其功百倍于常。”这充分说明翻车就是用于灌溉的水车。

粮食加工工具主要有石磨、砻、碓、碾和扇车等。

石磨，是用于粮食去皮或将粮食研磨成粉的石制工具。石磨通常由两个圆石做成，分上扇和下扇，两者结合面皆有纹理，研磨时粮食从上扇圆石的孔进入两层中间。目前考古所见最早的石磨是出土于陕西秦故都栎阳城遗址的战国晚期的石磨。[232]汉代石磨特别普遍，全国各地考古皆有发现，较具代表性的如河北满城刘胜墓[233]和河南洛阳中州路[234]出土的圆窝形坑状石磨；陕西咸阳长武县出土的旋转石磨，直径 50 厘米，单扇厚度 8 厘米，磨眼直径 20 厘米[235]。山东安丘白芬子乡探柳庄遗址[236]、河南内黄三杨庄遗址[237]、河南淇县[238]等汉代遗址发现的石磨也具有典型性。

砻，也是去壳农具，形似磨，多以竹、木、泥制成，可能是在石磨基础上的一种改进，因为石磨一般将粮食碎成粉末，并不利于去壳。

碓，即杵臼，用于脱壳的粮食加工工具，其使用方式大致为通过将杵棒砸入石臼，实现稻谷去皮。汉代考古发现不少杵臼，如河南洛阳汉河南县城遗址偏东地区东汉居住区内便发现石磨、石臼、石杵等 10 余件。其中一圆石臼，圜底，内凿浅条纹，臼宽 23 厘米，深 11 厘米；另一石杵，上端稍细，杵头圆形，残长 18 厘米，最大径 9.6 厘米。[239]秦汉时期除广泛使用手动杵臼外，还出现了踏碓、水碓和蓄力碓等。东汉桓谭所著《桓子新论》云："宓牺之制杵臼，万民以济。及后世加巧，因延力借身，重以践碓，而利十倍杵臼。又复设机关，用驴骡、牛马及役水而舂，其利乃且百倍。"[240]

碾也是去壳工具，汉代考古虽未见有实物，但不排除在汉代就已出现。

扇车，即风扇车，是用于清除谷物中颖壳、灰糠和瘪粒等的一种工具，也称为飏扇，是汉代发明的农具。汉代考古所见扇车模型，其形制大概有开放式、半敞式和封闭式三种类型。[241]开放式扇车，即只有扇叶，没有封装外壳，采用立轴转动的形式，如四川、山东和江苏等地所见汉代陶俑手持的扬扇就属此类。[242]半敞式扇车则安装有卧轴式扇轮，可以连续转动，轴两侧加装挡板。汉代考古见有不少这类陶质扇车明器，较为典型者如山西运城芮城城南村东汉墓出土带有扇车的 4 件釉陶磨坊明器。4 件扇车模型的形制相同，外形为长方体，通高 15.5 厘米，屋长 23.5 厘米，宽 14.2 厘米，上部有漏斗，下方有出粮口。扇轮有 6 个叶片和曲柄，扇轮顶部敞开。[243]封闭式扇车的共同特征是轴部有进风口，有封闭的箱体，扇轮柱面方向有效密闭。河南济源县泗涧沟 24 号新莽时期墓出土 1 件陶扇车和陶米碓组合明器模型，其侧面为多边形，箱体中部有方形漏斗，下方有窄缝启门和方形出粮口，漏斗右侧扇轮周围是梯形箱体，后侧敞开；箱壁一侧扇轮位置有进风口，旁边有一立俑作摇车状；漏斗左侧有三角形空箱盛谷糠，箱体前部为出风口。[244]这一模型俨然为我们提供了一幅真实的汉代谷粮去糠的加工场景。

纺织和编织工具也是秦汉生产活动中的主要工具，秦汉考古和汉画像中发现不少这类生产工具的遗物和图像。其中纺织工具主要有纺轮和绕线工具。纺轮是古代纺织工具纺坠的关键构件，早在新石器时代就已出现，存在的时间很长。汉代考古发现的纺轮，以陶质为主，呈圆形，直径 3~5 厘米，厚 1 厘米左右，中有小圆孔，用于插竹木杆。江西贵溪春秋战国崖墓便出土有完整的纺坠 2 副，竹、木拈杆插于纺轮，纺轮位于拈杆的中间，通体长 18.4 厘米。[245]自史前至秦汉时期，纺织是早期中国社会的主要经济门类，因而与此相关的纺织技术及生产工具在古代中国是比较发达的。这从汉代形成的丝绸之路的命名即可见一斑。考古工作者在全国各地汉墓中普遍发现陶纺轮也充分表明了这一点。较具代表性的如：广东高要县茅岗水上木构建筑遗址出土纺轮 17 件[246]；云南江川李家山的 7 座 I 型墓中发现战国、秦汉时期时期的卷经杆、纺轮、工字形器、弓状器、绕线板、梭口刀等成套纺织工具，其中还有铜纺轮 8 件，均附有铜杆，杆长 13.3~22 厘米[247]；湖南资兴东汉墓地发掘的 107 座汉墓出土陶纺轮 97 件[248]，且绝大部分陶纺轮出土于小型的土坑墓，可见纺轮当为东汉平民常用的生产工具。绕线工具是在纺织加捻前的工序使用的，即将丝、麻调好绕成线团的工具，其形态一般是两头带横木的木棍。江苏邳县白山故子汉画像石纺织图上所见络车的纵剖面呈“工”字形，底座旁的左右两侧可见两个线团，有一妇女坐于络车左侧，双手作调丝状[249]。战国、秦汉时期的纺织工具表明，秦汉时期是我国纺织生产的大发展时期，除官营作坊以外，民间纺织生产也极为普遍。可见，耕织结合是秦汉村落农业生产的重要标志。

编织工具多指用竹片、竹条或藤条等编织或装订而成的一类生产生活工具，如筐、筥等。《诗经·召南·采蘋》云："于以盛之？维筐及筥。"[250]编织工具自史前产生以来，到先秦时期已十分发达，譬如，春秋战国时期的楚国境内就出现了竹笥、竹篮、毛笔筒、竹盒、竹席、竹篓、竹笼、竹箕和竹筐等竹编器。[251]较为典型的秦汉时期的编织器具，一件为湖北云梦睡虎地秦墓发现的竹笿，由六方形孔编织而成，高15厘米左右，出土时笿中尚盛放有核桃等果品；另一件为湖南长沙马王堆发现的裹夹梅子的竹夹，长56厘米，宽48厘米，厚18厘米，共计十余层，每层由纵向并列的3个小竹箅拼成。竹箅分别用5列宽0.8厘米左右的宽竹篾为经，3列宽0.2厘米左右的细竹篾为纬编制，用于夹住梅子，每行有梅子20个，每层15行左右[252]。这两件竹编工具，前者生活性比较强，后者则可能为水果运输工具，属生产工具范畴。尽管两者均发现于贵族墓中，但也从侧面说明了当时民间应该是使用编织工具的。河南内黄县三杨庄汉代庭院遗址南大门外西南约10米也有编织遗迹，当为草席或竹席一类的编织物，用途尚不清楚。

除上述功能属性相对明确的生产工具以外，尚有一些难以归类，却是秦汉村落生产中较为常见的一类工具，姑且称之为通用性工具，主要有锤、锥、刀、斧、钻头等，有铁、石等不同材质。这些工具具有普适性，全国各地考古皆有发现。

（二）生活用具

相比上层社会多用漆器、铜器和瓷器（东汉晚期出现）为生活用具，秦汉时期村落平民的生活用具以陶器为主，兼有铜、竹、木、石等不同材质的器具。根据用途，生活用具大致可以分为炊煮器具、饮食器具和家具，等等。

炊煮器具主要有灶、釜、甑、鏊等。除考古有实物发现以外，这些生活器具在汉代画像石所见庖厨图中更是体现得淋漓尽致，真实反映了秦汉时期的生活场景。据统计，截至2016年公开所见画像石资料，汉画像石庖厨图共发现107幅，其中河南6幅、陕北4幅、山东51幅、江苏34幅、安徽4幅、浙江1幅、四川7幅。[253]在各地发现的这些庖厨图既反映了秦汉人对日常生活的重视，也体现出各地不同的饮食情况。结合庖厨图、文献和考古发现，大致可以了解秦汉时期的炊事器具及其特点。

灶作为厨房中的基本设备，历来比较受重视。刘熙撰《释名·释宫室》曰："灶，造也，创造食物也。"《汉书·五行志》云："灶者，生养之本。"画像石庖厨图显示，灶的形状多样，大部分只有一个灶眼，较为复杂者有两个灶眼。单眼者如南水北调新峰墓地考古发掘的1件东汉时期的陶灶模型，整体形状呈马蹄形，上嵌有一釜，为灶釜连体。灶面上还模印与饮食有关的器物：1勺、2条鱼、小刀和食物。灶尾还有一小烟囱。火门两侧浮雕有立姿的女俑，作添火状。[254] 两眼者如济南青龙山汉墓出土的陶灶，其有大小两个灶眼，小者在前，大者在后。[255] 双眼灶的出现说明炊煮效率得到了提高。

釜是一种炊器，用于煮粥、做羹和烧水等。釜出现于史前时期，夏、商、西周沿用，在战国和汉代较为流行，成为民间使用最为广泛的烹饪器具。湖南资兴西汉墓发现陶釜186件，其中有3件腹部安有把手，内空可以纳柄。[256] 类似带把釜在陕西眉县常兴汉墓也发现2件，其把位于上腹一侧，圆管形，有烟炱[257]，可见是生活实用之物。考古发现中还见有三足釜，即釜底下有三足，美感更强。湖南长沙桐梓坡汉墓发现釜16件，其中三足釜1件，口径7.6厘米，高9.4厘米。[258] 陕西眉县有三足釜1件。山东淄博张店出土汉代铁釜，形制巨大，口径30厘米，腹径50厘米，高42.5厘米，重20余公斤。[259] 由于这件铁釜形体大、容量多，可能并不是民用炊具，而极有可能是军用器具。

甑，新石器时代就已出现，是早期社会生活中常见的烹煮器具。《诗经·桧风·匪风》云："谁能烹鱼？溉之釜鬵。"[260] "鬵"古同"甑"。在陶灶未发明之前，甑往往与鼎、鬲搭配使用，在三代青铜器中，甑是青铜甗的上半部分，通过箅与青铜鬲相连，鬲内水沸产生的蒸汽通过箅孔上升到甑中，从而实现蒸煮。山东嘉祥出土汉代画像石上就有釜甑的图像，其画面有一灶，灶上放置釜甑。[261] 陕西眉县常兴汉墓出土陶甑22件，皆有箅孔，可见为蒸煮时用器。湖南资兴西汉墓发现甑161件，一般每墓出土1件，这说明甑与釜一样是汉代社会的主要炊煮工具。

鍪的作用相当于锅，是流行于战国秦汉时期的炊具。鍪一般为敞口，圆腹，圜底，肩部有耳，湖南长沙西郊桐梓坡汉墓出土4件。

饮食器具主要有壶、瓮、罐、钟、钫、杯、耳杯、卮、碗、钵等，全国各地汉代考古皆有发现。这些器具根据用途又可细分为盛器、饮器和食器等。其中盛器有壶、瓮、罐、钫、尊等。壶用于盛放酒水，有铜质和陶瓷质，平民所用壶以陶瓷为最多。山东邹城面粉厂画像石饮宴图上，二人对坐叙饮，左有二人担壶和提壶，还有二人并坐奏乐，另有观者、舞者若干。[262]瓮也是用于盛放酒水的器具，有时也用来贮藏菜，其形制一般为侈口，矮沿，斜圆肩或圆肩上耸，斜收腹，平底。罐在秦汉墓葬中出土数量比较多，说明它在秦汉社会生活中使用的频率很高，也是人们生活中不可或缺的日常用具，如湖南资兴西汉墓出土不同类型的陶罐数量高达3 025件，陕西眉县常兴汉墓发现的陶罐也有128件。罐的用途多，通用性比较强，可用于汲水、储水、存物，甚至可用来蒸煮食物。在秦汉时期，一些富裕人家为了区分陶罐内的物品，还在陶罐上书写相应的名称，譬如，洛阳烧沟汉墓1026号墓发现的1件陶罐的外壁上就写有“水”字[263]，陕西卷烟厂5号墓发现的10件陶罐上均写有内装食物及粮食的名称[264]，这宛如现代社会的陶罐包装物一般。钟一般用于储酒，流行于战国秦汉时期，以青铜、漆器者最为精致，陶质者多为平民使用。《说文解字》云：“钫，方钟也。”考古发现的青铜器、漆器中确有不少方形器，可能即为钫。但陶器中被发掘者命名为钫者并非方形器，譬如长沙桐梓坡发现17件钫，有盖，直口，鼓腹，器形瘦长。另外，湖南资兴西汉墓中有被命名为方壶的方形陶质容器。钟是盛酒器，盛行于汉代，《说文解字》云：“钟，酒器也。”它有时也作为容器单位出现于生产生活之中。钟的形制为鼓腹细颈，与壶、钫相似。上述这些炊事器具，数量众多，在秦汉炊事活动中占有重要地位。山东诸城前凉台庖厨图中出现盆、盘、罐、鼎、壶、瓮等器具30余件便说明这一点。[265]

饮器主要有杯、耳杯、卮等。杯为敞口或侈口，筒形腹，腹壁直下折成平底。湖南资兴西汉墓出土9件杯，其中4件于腹部安装环形把手，有平盖，盖上有半环钮以便于起合；还有1件于颈部一侧安装环形把手。耳杯广泛使用于战国秦汉时期，考古发现以漆器最为常见，亦有铜耳杯和陶耳杯。漆耳杯是上层社会最主要的饮酒器，由于极为昂贵，平民阶层很少使用。江苏高邮县邵家沟汉代村落遗址中发现漆耳杯2件，同出土的还有漆碗1件，加上残漆片共11件[266]，但漆器在出土器物中所占比例很小，这一方面说明漆耳杯在平民生活中并非普及的器具，另一方面表明邵家沟可能存在较为富裕的大户人家。陶耳杯少见，但可能平民生活中也有使用。山东巨野红土山西汉墓[267]、山东临淄金岭镇一号汉墓[268]、陕西西安南郊潘家庄169号墓[269]均发现陶质耳杯。山东微山县微山岛乡画像石一宴饮图左格厅堂二人对坐的中间置有酒樽、耳杯。[270]卮作为一种饮酒器，在先秦时期就十分流行，《战国策·齐策》云："楚有祠者，赐其舍人卮酒。"[271]《史记·高祖本纪》载："未央宫成，高祖大朝诸侯群臣，置酒未央前殿。高祖奉玉卮，起为太上皇寿。"可见卮也是上层社会常用的饮酒器之一，而且有材质上的讲究，民间所用一般为陶质。《盐铁轮·散不足》云："古者，污尊抔饮，盖无爵觞樽俎。及其后，庶人器用即竹柳陶匏而已……今富者银口黄耳，金罍玉钟。中者野王纻器，金错蜀杯……"这条文献充分表明，包括酒器在内的秦汉器物的阶层性的体现不在器型，而在材质的稀有与否，以及制作工艺的精细精美程度。卮的形制为平底直壁，与杯类似，卮外壁上安装有把钮，似单耳。由于形制与杯大致相当，因此常被考古发掘定名为杯或樽。河南南阳汉画像石上有《宴饮赏乐图》，图中有5人列坐，在他们前面放置有5个圆盘，其中3个盘内置有疑似卮的饮酒器。[272]山东诸城前凉台汉画像石《宴饮图》，图中厅堂二人对坐于六博盘前，右侧有侍者二人捧有盘、杯樽作左向行状。[273]

食器最常见者为碗和钵。作为人们日常必需的饮食器皿，碗产生于新石器时代，其形状与今天的碗大致相当，即口大底小，一般有圆形圈足。由于器物定名的方法，考古发现和古代流传至今的器物形制可能相同，但往往因文献记载和现代理解之间存在差异而定名有异。譬如，今天我们理解的碗的形制，稍大者在古代文献中称为“盂”，有时也被纳入“钵”的范畴。有关于此，著名陶瓷学者冯先铭说：“器物的定名方法，一般是比照现今与之类似的器物名称而定，如缸、罐、杯、碗、钵之类，但古今生活方式不同，名称、用途未必完全一样。”[274] 河南内黄三杨庄遗址出土碗 1 件，深腹，直口，平底，口径 14.2 厘米，底径 7.2 厘米，高 7 厘米[275]；湖南资兴西汉墓出土的碗，通高 4 厘米，侈口，弧腹，假圈足。在河北定县北庄[276]、北京顺义临河[277] 等遗址中发现腹壁较直的碗，其碗底仅略小于碗口。关于碗与钵的区别，一般认为，有圈足者为碗，无圈足者为钵，但在实际命名中似乎并没有严格区分。湖南资兴西汉墓出土钵 98 件，其中有 97 件无圈足，仅 1 件有矮圈足。

生活用具中，除上述器具以外，秦汉社会生活中还有用于盛装、照明和熏香等的器物，譬如通用性装具——盒，盛装食品的豆，盛放食物、药物或化妆用品的奁具，以及灯具、熏炉、铜镜等。

家具主要有席、床、榻、几、案、箱、柜、衣架、镜架和屏风等。这些器具根据功能的不同又可分为坐卧类、置物类、储藏类、支架类和屏蔽类。

秦汉时期虽然逐渐向垂足而坐的起居方式过渡，但仍以席地而坐为主，所以秦汉家用陈设用具多为低矮型。其中坐卧类器具主要是席、床和榻等。席是用草、竹蔑或苇子编制而成的，在席地而坐的早期社会，用作坐具和卧具。《诗经 · 小雅 · 斯干》曰：“下莞上簟，乃安斯寝。”簟即竹席。湖南长沙马王堆 1 号汉墓中便出土有人字纹竹席，当为坐卧之用。河南密县打虎亭 2 号墓北耳室北壁石刻画像中，就见有一裹头巾的人盘坐于席。[278] 作为坐卧之具，床的功能并非专门的寝具，孙机先生认为床的功能与席相同，他征引了三条文献予以说明：一是《说文解字》中所言床为“安身之坐者”；二是《释名》说“人所坐卧曰床”；三是宋代王观国《学林》卷四指出的“古人称床榻，非特卧具也，多是坐物”。[279] 汉代画像资料显示，秦汉时期坐卧之具中，还有独坐板枰、榻等。板枰，《释名 · 释床帐》曰：“枰，平也；以板作之，其体平正也。”河北望都1号东汉墓壁画上出现有独坐板枰的图像。[280]这种坐具呈方形，有矩尺形矮足，四周不起沿，可以坐一人。榻，《释名》曰：“长狭而卑曰榻，言其榻然近地也。”可见榻的面板呈长方形，是一种比板枰大、比床小的坐具。东汉服虔《通俗文》中说：“床三尺五曰榻，板独坐曰枰，八尺曰床。”[281]河南灵宝县张湾汉墓画像石上有六博陶俑连坐合榻的形象；河南郸城发现西汉石榻，平面呈长方形，四角有足，长87.5厘米，宽72厘米，高19厘米，上还刻有铭文“汉故博士常山大傅王君坐榻”[282]；江苏仪征胥浦西汉墓出土的木榻长114厘米，宽90厘米，高26厘米，能坐但不能卧，器身由两块长方形木板拼接而成，底部两侧各置有一长条木楞，木楞下有倒“凹”字形足，木板外两面有围板[283]。

几、案属于置物类家具。秦汉时期的几，也并非完全为置物之用，有时还用来搭放膝腿，以减缓因坐姿压迫下肢造成的压力，所以汉代有“凭几而坐”的情况。正因为几在功能用途上的多样性，汉代几类品种相比先秦增多不少，有活动几、多层几等。江苏仪征胥浦西汉墓出土的木几，两端有一排4个长方形卯眼，腿曲折，两端有榫，上榫插入几面卯眼，下榫插入镂空的足内，几面长95厘米，宽15厘米，厚3厘米。[284]河北满城汉墓1号西汉墓发现的漆几，有鎏金铜足，足上部装有合页，使足可以向内折叠；古乐浪出土的漆几的足有上下两层，下层足可撑开亦可折入，可以调节几的高度[285]。几的足也开始多样化，有直足、曲足和单足等。如山东沂南画像石中出现一种双层的高几，下层为曲足，上层似案为直足[286]；河南密县打虎亭1号墓前室西壁所见石刻画像的中间画有一张横置的长条形几，有拱形四足；东耳室西壁上也刻有类似的长方形几[287]。案多为食案，《汉书·朱博传》云“食不重味，案上不过三杯”即表明了这一点。又如河南密县打虎亭1号墓东室甬道石刻画像上运送食物的场面，其中第三人和第四人抬有方形柱足案，案上放有带柄器，案下有圈足壶。东耳室南壁上也有加工食品的图像，上层刻画有一横贯画面东西的长形案，案下有三个柱形直足，案面有器具。[288]山东临沂银雀山10号西汉墓出土木案1件，长条形，下附有矮足。双面髹黑漆，残长34厘米，宽26厘米，厚1.2厘米，案的正面刻有“开阳尉案”四字，案背面刻有“东郡”二字。[289]从上述内容来看，案的形状为长方形，有柱足或马蹄形足，以木制最为常见，主要用于宴饮以摆放饮食器具。考古发现，案也有铜制或陶制。辽宁辽阳三道壕27号石椁墓出土的陶案，刻有永元年款。[290]以上有关几、案的征引案例中虽然部分文物出土于贵族墓葬，但是这并不妨碍我们通过它们理解和认识秦汉时期民间几、案的形制。因为古代中国社会的很多器物，除了那些有损统治权威的器物和纹饰会被严格限制外，大部分是可以通用的。民间和贵族在器物使用上的区别，只会存在于材质的奢华与否和结构的优劣等方面。

储藏类家具有箱、柜等，主要用于贮藏衣物、厨房器具和其他用品，但这类家具秦汉考古发现实物很少。类似箱这种功能的器具，考古发现中有竹笥。竹笥的用途较为广泛，并非专用家具，也常常用来贮藏食品、书籍和其他物品等。《说文解字》云：“笥，饭及衣之器也。”[291]湖北云梦睡虎地秦墓发现5件竹笥，笥内盛放食物或铜镜、铜铃和铜璜等物。[292]湖南长沙马王堆1号汉墓发现竹笥48件，其中30件用来盛放肉类食物，8件盛放药物，6件盛放衣物，还有4件盛放器具。[293]竹笥一般为长方形箱体，用细竹蔑编织而成，盖和底的口部及顶部周边用藤条或竹蔑加缠竹片以加固，有些竹笥的四角也加竹片，目的就是确保笥坚固、耐用。柜，在古代同“匮”，作为一种贮藏东西的家具，常用来收纳厨房用品、衣物或贵重物品等。被用于贮藏厨房用品时，称为橱柜。东汉王充撰《论衡·感虚篇·是应篇》载，燕国太子丹请求从秦归国时，秦王提出条件中有：“厨门木象生肉足，乃得归。”这里所言的“厨”，疑指橱柜。辽宁辽阳棒台子屯东汉墓壁画中见有橱柜，橱柜作屋宇形，有一女子作正开柜门取物状，当中可见存放有壶。[294]柜用于储藏衣物或贵重物品时，通常被理解为“匮”，在汉代一些画像石中也发现了制作较为精致的“匮”，譬如山东沂南画像石上的图像[295]。此外，在河南陕县刘家渠汉墓中亦见有绿釉陶柜模型明器，其柜身为长立方体，下有四扁足，背有柜门，可启合；正面上部模印门锁，背面装饰有泡钉；柜高17.1

厘米，长 23 厘米，宽 16.2 厘米。[296]

衣架、镜架属于支架类家具，是用于搭放衣物、铜镜、食具或其他杂物的一类家用陈设用具。汉画像石中也见有类似的图像，譬如山东沂南画像石就见有一种在圆形底座上立柱、中间有长方板、顶上装有圆盘的器具，孙机先生认为其是镜台。[297]河南密县打虎亭汉墓石刻图像中多次见有支架形象，1 号墓东耳室甬道石面刻有支架，下层第一人右手提有带链的三足火盆，当为支架类家具；北耳室石壁刻有一高大的食品架，架上有碗、盘与耳杯等。[298]另有屏蔽类家具，包括屏风、帷幔等。在汉画像中见有很多屏风形象，说明屏风在汉代是使用最为广泛的家具之一，然而，从性质来说，屏风主要是富裕人家使用的，在平民百姓家较少见到。

从上述这些家具及陈设用具来看，只有极少数的明器模型发现于平民墓葬中，绝大部分发现于秦汉时期较为大型的墓葬中，包括作为图像资料的汉画像，也仅见于大型汉墓之中。尽管这并不妨碍我们通过这些汉墓中的出土物理解或解释民间家具及其陈设用具，但这种现象仍表明，种类齐全、制作精美的家具及陈设用具，主要存在于大户人家或富裕家庭。当然，通过它们我们可以得出这样两个判断：一是秦汉社会生活繁荣，注重生活品质，《庖厨图》《宴饮图》及其上所见生活用具都表明了这一点；二是秦汉时期已逐渐从“席地而坐”向“垂足而坐”的生活习惯转变，汉代家具多为低矮型，说明这一时期仍然以“席地”为主，但起居方式的变化已经开始。

二、节日文化与信仰文化

秦汉时期，大一统的社会环境，促进了早期中国政治、经济、科技和文化的持续发展。特别是伴随科学技术的发展，人们对自然的认知进一步理性化。但史前以来在原始自然崇拜基础上形成的节日文化和信仰文化依然存在，且尚未脱离巫术色彩和愚昧范畴。[299]但在同一时期，文化观念与精神信仰上的启蒙，伴随科技进步而进步。最突出的变化则是由神祇文化初步过渡到人文文化，即基于“宗法—专制”社会结构基础之上的“伦理—政治”型文化范式。[300]在这种文化背景下，秦汉时期的节日风俗和祭祀文化也趋于定型，并深远地影响了汉代及以后节日文化和信仰文化的发展。作为非物质文化的重要范畴，村落节日与祭祀文化是了解秦汉民间社会的另一关节点。相比先秦社会，节日文化发展到秦汉时期，不仅节日数量和节俗内容大量增加，而且节日名称、节日时期和节日内容等都开始固定下来，并逐步成为中国文化中的民俗传统。秦汉节日文化的形成与发展，原因固然是多方面的，但关键在两方面：一方面是秦汉时期人们的自然认知水平提高，而认知能力的提高，意味着节日文化中的愚昧在减少；另一方面与农业生产密切相关，有不少节日甚至是长期农耕生产的结果。

（一）节日文化

事实上，与秦汉时令节俗同时发展且深刻影响了汉代社会的还有历法。历法在中国古代社会源远流长，起源于商代以前，后来经过不断改进，在秦汉时期形成了相对完善和科学的体例。汉代以前的古代中国历法以366天为一岁，用“闰月”确定四时和岁的终始，已经出现日、月、旬和时等时间单位。汉代开始，中国历法发生了较大改变，一方面全国统一历法，另一方面其成了一门较为独立的学问，并设职专司。汉武帝时，朝廷命司马迁等人编写《太初历》，并广泛推行。《太初历》的推行，解决了秦及汉初以来颛顼历与时令节俗相矛盾的问题。因为它规定一回归年，由二十四节气组成，并明确了以无中气之月为闰月。如此，不仅将中气与月名对应起来了，而且闰月的设置也表明了历法为农业生产服务的旨归。之后刘歆编写的《三统历》，在《太初历》的基础上进行了富有成效的修正，合理性与科学性均更强，对后世历法的发展产生了较大的影响。《后汉书》中评价刘歆及其编制的历法，云：“刘歆研机极深，验之《春秋》，参以《易》道，以《河图帝览嬉》《洛书乾曜度》推广《九道》，百七十一岁进退六十三分，百四十四岁一超次，与天相应，少有阙谬。”[301]

正因为汉代历法的科学化、体系化发展，同时期的节日文化也呈现出了与前代不一样的文化特征。

第一，节日的体系化形成。据相关研究成果，秦汉时期的节日数量空前增加，大致来说，有正日、立春、春社、上巳、寒食、夏至、伏日、貙刘节、秋社、十月朝、冬至、腊日，以及处于形成中的端午节、七夕节和九月九等[302]。汉代涌现的这些节日，体现出较为强烈的岁时性，从时间上来看，它们有规律地分布于一年四季的岁时节点之上。譬如，春季有立春、春社、上巳、寒食，夏季有夏至、端午、伏日，秋季有七夕、立秋、九月九、貙刘节，冬季有立冬、冬至、腊日。这些节日或是生成于农耕生产，或是丰富于农耕生产，既是国家主流价值观塑造的结果，又是民间社会生产、生活的产物，反映了秦汉人民趋利避害、祈求丰收与吉祥的美好愿景。最为典型的当为立春，作为节气之首，象征着一年农耕的开始，意味着要播种耕耘，因而自先秦以来便受到官方和民众的重视。《礼记·月令》云："是月也，以立春。先立春三日，大史谒之天子曰：'某日立春，盛德在木。'天子乃齐。立春之日，天子亲帅三公、九卿、诸侯、大夫以迎春于东郊。还反，赏公、卿、诸侯、大夫于朝。"秦汉时期，官方与民间对立春节日更为重视，迎春的仪式十分隆重。《后汉书·礼仪志》载："立春之日，夜漏未尽五刻，京师百官皆衣青衣，郡国县道官下至斗食令史皆服青帻，立青幡，施土牛耕人于门外，以示兆民，至立夏。"按照中国传统节气，我国古代的春天始于立春之日，止于立夏，立春之日要举行迎春仪式，不仅天子要亲率百官参与迎春，还要统一百官服饰，以显示对自然的敬畏和对农事的重视。作为迎春仪式中的符号，青衣、青帻、青幡和"施土牛耕人"既象征着农事活动，也表明了人们对丰收的祈盼。

在秦汉节日体系中，除立春、春社、夏至、秋社、冬至等与农事活动直接相关以外，还有一些节日尽管并非直接与农事有关，但在长期演变过程中也烙上了浓厚的农事痕迹。譬如上巳节，最初是纪念伏羲氏教人渔猎方法，及其在繁育后代等方面的贡献，后来则逐渐演变成在水边祓禊祭祀的节俗，以禳除灾异、祈福求子。南朝梁沈约《宋书·礼志》引《韩诗》云："郑国之俗，三月上巳，之溱、洧两水之上，招魂续魄，秉兰草，拂不祥。”腊日是汉代正式确立的节日名称，为一年中最后的节日。《风俗通义·祀典》引《礼传》：“夏曰嘉平，殷曰清祀，周曰大蜡，汉改为腊。”“腊者，所以迎刑送德也，大寒至，常恐阴胜，故以戌日腊。”作为年终节日，其重要风俗之一就是驱逐寒意、迎新除旧。同书载：“腊者，猎也，言田猎取禽兽，以祭祀其先祖也。或曰：腊者，接也，新故交接，故大祭以报功也。汉家火行衰于戌，故曰腊也。”[303]《礼记》云：“天子乃祈来年于天宗，大割祠于公社及门闾，腊先祖五祀。劳农以休息之。”[304]《后汉书·礼仪志》亦载：“季冬之月，星回岁终，阴阳以交，劳农大享腊。”由此来看，腊日既是我国古代祭祖、祭神的日子，也是对为农业生产提供庇护的农神的祭祀，以祈求来年谷物丰收。

第二，节日内容的伦理化体现。史前以来，直至先秦社会，神祇文化在政治和社会生活中占据主要地位，很多节日带有浓厚的国家祭典色彩，体现出强烈的国家意志，所谓“国之大事，在祀与戎”即为此意。这种祭典行为及其传播国家意志的功能在秦汉社会不仅得以延续，而且有强化的趋势。作为大一统国家，秦汉国家为巩固政权，一方面建构国家合法性来源的理论体系，另一方面则在全社会范围内培育符合这一理论体系的价值观，并伴随国家需要而不断予以修正。从秦朝的法家思想，到汉初“无为而治，与民休息”的黄老思想，再到汉武帝“罢黜百家，独尊儒术”，都充分表明了这一点。特别是儒家正统地位确立之后，儒家所宣扬的道德规范和“忠君爱国”的价值观全面影响了国家政治和社会生活的方方面面，节日内容也不同程度地受到了影响。在汉代节日文化中，伦理关系突出体现为两个方面：一是孝悌，二是忠义。孝悌者，体现于祭祖和谒贺尊长两方面，如正日，“躬率妻孥，洁祀祖祢。前期三日，家长及执事，皆致齐焉。及祀日，进酒降神。毕，乃家室尊卑，无小无大，以次列坐于先祖之前；子、妇、孙、曾，各上椒酒于其家长，称觞举寿，欣欣如也。谒贺君、师、故将、宗人、父兄、父友、友、亲、乡党耆老”[305]。可见，正日仪式，先有祭祖，后有谒贺尊长的环节。又如十一月的冬至，亦祭祖于前，即“荐黍、羔；先荐玄冥于井，以及祖祢”，谒贺尊长于后，“齐、馔、扫、涤，如荐黍、豚。其进酒尊长，及修刺谒贺君、师、耆老，如正月”。[306]

忠义观念在秦汉节日内容中的彰显，不仅是儒家思想在民间社会的全面渗透，而且是国家与地方社会的有效互动，体现了国家意志与民间价值观的和谐共生。这当中，较为典型者是寒食节。寒食节流行于两汉之际，其节俗的核心内容是禁火和寒食，即在节日期间忌用火，要吃冷食。据文献记载，寒食节是为了纪念春秋时期晋文公用火烧死的忠臣介子推。东汉桓谭在《新论·离事》中指出：“太原郡民以隆冬不火食五日，虽有疾病缓急，犹不敢犯，为介子推故也。”《后汉书·周举传》中有更为详细的记载，其云：“太原一郡，旧俗以介子推焚骸，有龙忌之禁。至其亡月，咸言神灵不乐举火，由是士民每冬中辄一月寒食，莫敢烟爨。”将寒食节与介子推联系起来的是汉代人，这应该与汉武帝以后宣传儒家思想有密切关系。因为介子推作为春秋时期的历史人物，象征着贤能、忠义等伦理道德价值，完全吻合儒家的“忠义观”。尽管在东汉三国时期，特别是在三国魏晋时期，官方出于移风易俗或其他政治目的，曾明令禁止寒食节，但效果不佳。无论是官方的“禁”，还是民间的“支持”，都表明作为儒家伦理文化传播的载体，寒食节与两汉社会风气高度契合。[307]

第三，节日形式的娱乐化倾向。相比先秦时期，秦汉社会的人们更加关注世俗生活，推崇现实生活的享乐。这一点从汉代画像石、画像砖和壁画上出现的各种不同类型的庖厨图、宴饮图和其他生活场景图中可见一斑。秦汉社会环境和人们生活态度的转变，也反映在节日形式的多样化上。节日在体现秦人汉人趋吉观念的同时，也成为丰富社会生活的重要活动。如果说先秦以前的节日主题是突出神灵并具有很多禁忌的话，那么到秦汉社会，这种情况发生了一定程度的改变，在敬畏神灵的同时，还发展出了娱人悦己的内容与形式。譬如，上巳节的风俗原本是在水边祓禊祭祀、禳除灾异活动，到汉代，特别是到东汉时期，上巳节不只延续“招魂续魄，秉兰草，拂不祥”的祈愿活动，人们还拓展了野外聚会活动。《后汉书·礼仪志》载：“仲春之月，立高禖祠于城南，祀以特牲。”郑玄注云：“禋祀上帝于郊禖，以祓无子之疾而得福也。”汉代文献在描述上巳节传统活动的同时，也隐约表达了节日主题在当时的某些变化。同书载：“是月上巳，官民皆洁于东流水上，曰洗濯祓除去宿垢疢为大洁。洁者，言阳气布畅，万物讫出，始洁之矣。”《西京杂记》云：“三月上巳，张乐于流水，如此终岁焉。”[308]《后汉书·周举传》更指出：“六年三月上巳日，商大会宾客，宴于洛水。”除此之外，其他节日也呈现出类似的发展趋势，譬如，《淮南子·精神训》载：社日“今夫穷鄙之社也，叩盆拊瓴，相和而歌，自以为乐矣”。[309]《史记·天官书》中有关腊日的记载，云“腊明日，人众卒岁，一会饮食，发阳气，故曰初岁”。上巳节、社日和腊日等节日的娱乐化转变，一方面反映出汉代提倡现世享乐，另一方面更表明节日逐步向世俗化过渡。

（二）信仰文化

由于古代社会人们科学认知水平低，当对很多自然现象无法理解和进行解释时，人们便认为自然界中有某种超自然的力量存在，在早期社会这种现象尤为明显。因此，人类在“万物有灵”的认知逻辑下，往往直接将那些可察觉的、与其生存密切相关的自然力和自然物人格化，对其顶礼膜拜，如日月星辰、风雨雷电等。古代中国同样广泛存在自然崇拜，这在民间相当普遍而且尤为突出。并且，在长期自然崇拜的基础之上，形成了各种不同类型、不同形态、不同方式的信仰文化。作为中国古代文明形态的重要观念之一，信仰活动不仅是人类社会活动的主要形式，也是人类社会发展的重要推动力。在秦汉社会，民间信仰普遍存在于社会生产生活的方方面面，包括日常生活中的婚丧嫁娶、禳除灾异、治病救人，农业生产中祈求风调雨顺，在社会生活中争权夺利，等等，不一而足。相比先秦，秦汉时期的民间信仰大多与日常生活联系起来，带有较为强烈的功利性和世俗性，呈现出明显的时代特征。

首先是信仰的地域性。传统中国村落社会是一个安土重迁、聚族而居的社会，具有聚族群体性和血缘延续性的特点。加之自然地理条件的限制，村落社会之间的交往通常较少，所以地缘观念十分突出。反映在民间信仰上，就地域性而言，先秦文献《晏子春秋·内篇问上》所云“百里而异习，千里而殊俗”就指出了这一点。即便在当代社会，也有“一方水土养一方人”的说法，讲的就是自然生态、自然资源物产孕育了各地的风土习惯、人文精神。文化的生成、发展与自然密切相关，特殊的地域环境孕育了特殊的文化和信仰。信仰上的地域性，通常表现在两个方面。

一是不同地域存在不同的信仰，譬如南北差异。秦汉时期的南方地区，特别是长江流域和岭南等地，“崇巫信鬼”之风极为浓厚。战国末期辞赋家宋玉所作《高唐赋》的序中所描述的楚怀王与神女巫山欢会的故事，就比较典型。《汉书·地理志》云：楚人“信巫鬼，重淫祀”，淮阳“好祭祀，用史巫，故其俗巫鬼”。《应劭撰·风俗通义·怪神》云：“九江逡遒有唐、居二山，名有神，众巫共为取公妪，岁易，男不得复娶，女不得复嫁，百姓苦之。”“公妪”之俗，即选取男女娶嫁于山神的风俗。《后汉书·栾巴传》也载：豫章“郡土多山川鬼怪，小人常破赀产以祈祷”。类似的记载，在古代文献中不胜枚举，充分表明南方信巫重鬼风气的盛行。而北方地区深受儒家文化影响，因而崇巫信鬼的风气明显不似南方浓厚，表现出尊礼近人的特点。譬如齐鲁地区就普遍存在为当地名人立祠祭拜的现象，以彰其功。《风俗通义·怪神》中就记载了琅琊、青州和渤海等地，为纪念汉初朱虚侯刘章的贡献而立祠祭拜的现象，其云：“自琅琊、青州六郡及渤海都邑乡亭聚落，皆为立祠……言有神明，其遣问祸福立应，历载弥久，莫之匡纠。”《三国志·魏志·武帝纪》注引《魏书》：“初，城阳景王刘章以有功于汉，故其国为立祠，青州诸郡转相仿效，济南尤盛，至六百余祠。”辽东则立祠祭拜祭肜，《后汉书·祭肜传》云：“肜在辽东几三十年，衣无兼副……辽东吏人为立祠，四时奉祭焉”。当然，这种祭拜地方名人的现象，并非仅存在于北方，在南方地区也有很多，但相比之下，北方地区的祭拜更突出儒家的忠孝观念。这种区别在汉画像石上也体现得较为明显。有学者对比了南阳与山东两地的汉画像石，发现两地画像石有明显区别，前者多仙界景象，而后者则多儒家伦理的故事。即便是神仙图像，也尽量合乎儒家的审美形态，以端庄为主。譬如，南阳十里铺汉墓中“以龙、虎、山神和灵怪为题的刻画占全部汉画的2/5，如盘尾单龙、虎鹿相间、人兽相伴，表现出一种田园牧歌式的仙界景象，很难从这里看出现实的影子。山东汉画石中此类所占比例极小，所见的西王母亦形象端庄。而南阳地区常见的大量升仙气氛烘托下的西王母，实际上是楚风好鬼神的产物”[310]。从图像上看，山东一带的画像石多见效法先王、吹捧孔子、宣扬儒家伦理、鼓吹“杀身成仁”等，体现较为明显的尊礼近人而远鬼神的思想。

二是因地域不同，全国性的共同信仰也会存在较大差异。以江神为例，它在长江流域普遍受人信仰，但不同地域对信仰对象有不同的解释。如巴蜀地区的信仰对象是奇相，《史记·封禅书》云：“江水，祠蜀。”司马贞《索隐》曰：“《广雅》云‘江神谓之奇相’。《江记》云‘帝女也，卒为江神’。”扬州和吴郡人奉伍子胥为江神，《后汉书·张禹传》记载了东汉早期刺史张禹赴任扬州途经长江时的见闻，其云：“中土（人）皆以江有子胥之神，难于济涉。禹将度，吏固请不听。”《艺文类聚》卷八引谢承《后汉书》曰：“吴郡王闳渡钱塘江，遭风，船欲覆。闳拔剑斫水，骂伍子胥，风息得济。”[311] 与蜀地、扬州和吴郡不同，楚地则以湘江二夫人为江神，《列女传》云：“有虞二妃者，帝尧之二女也。长娥皇，次女英……二妃死于江湘之间，俗谓之湘君。”[312] 这个例子充分表明，在全国范围内有共同信仰的神灵，但会由于所处地域不同而在信仰对象上存在差异。

其次是信仰的功利性。相比官方祭祀，秦汉时期的民间信仰较少或根本不关心国家、统治者和集体的前途与利益，民间的祭拜对象并不是那些对国家或社会有重大影响的大神，譬如太一、社稷之神和名山大川等神灵，而多是那些与老百姓日常生活紧密相关的小神，如灶神、门神和行神等。因为这些“小神”所具有的驱邪除病、保人平安、佑人健康和送子送福等功能，恰好与百姓“趋吉避害”的心理吻合。如门神，可以避邪疫、驱鬼魅、保人平安。孙希旦注《礼记·月令》曰：祭门神的目的是“欲其攘除凶灾，御止疫鬼，勿使复入也”。祭灶神，目的是让灶神在天帝面前多说好话，以祈求富贵、吉祥，即“上天言好事”。《太平御览》卷一百八十六引《淮南万毕术》云：“灶神晦日归天，白人罪。”郑玄注《礼记·祭法》也说：“小神居人之间，司察小过，作谴告者尔。”[313] 在信仰超自然力量的时代，神祇给人以强烈的安全感和方向感，也正因如此，古代社会的民间信仰不仅有存在的必要性，而且有突出的功利性特征。《搜神记》卷四载：“豫章有戴氏女，久疾不瘥。见一小石，形像偶人。女谓曰：‘尔有人形，岂神？能差我宿疾者，吾将重汝。’其夜，梦有人告之：‘吾将祐汝。’自后疾渐差。遂为立祠山下。”[314] 这故事讲的是：豫章郡的戴氏女久病不愈，祈神灵于石偶人，并许下诺言，只要她的病一旦痊愈便回报神灵，后来，其病果然好转，因而兑现其承诺，为神灵于山下修建了一座祠庙。上述例子表明，当面临现实生活中的实际困难而又无法依靠自身力量解决时，普通百姓便求助于神灵，祈求通过神灵的超自然力量，使自己的生活更加美好、疾病尽早痊愈、身体更加健康，如此而已。正是这种朴素的目的，使得民间信仰带有强烈的立竿见影式的功利主义和实用主义色彩。

最后是信仰的多元性。作为民间信仰的逻辑出发点，功利主义和实用主义也造就了汉代民间信仰的多元性特征。因为人们在现实生活中面临的困难是形形色色的，而单一的神灵往往不能满足丰富的现实需求，所以为解决各种现实困难，在汉代，人们还创造出了各种不同类型的专司某一职能的神灵，并加以崇拜。《风俗通义·祀典》云：“自高祖受命，郊祀祈望，世有所增，武帝尤敬鬼神，于时盛矣。至平帝时，天地六宗已下，及诸小神，凡千七百所。”《汉书·郊祀志下》载，到哀帝时，诸神之庙的数量更是达到了一个顶峰，其云“哀帝即位，寝疾，博征方术士，京师诸县皆有侍祠使者，尽复前世所常兴诸神祠官，凡七百余所，一岁三万七千祠云”。上述文献中所记诸神的数量，只是列入国家祀典的神灵，其数量就已过万，且体系十分庞杂。如果包括城市尤其是乡村所造就和祀拜的神灵在内，恐怕要翻数番不止。汉代社会造神运动的兴起，一方面是祭祀权从国家下移至民间的结果，另一方面与秦汉统治者崇巫信鬼神的观念密切相关。

从某种程度上来说，作为一种精神活动，民间信仰除了调适个人心理，在社会发展中还起到了组织社会成员和整合社会的作用，有些信仰甚至还起到了缓解并调和国家与地方之间冲突和矛盾的作用，具有稳定社会、安抚信民的功能。

第五节 秦汉少数民族地区的聚落

秦汉王朝是以汉族为中心的中央集权制国家。尽管为大一统时期，但其疆域和规模也是相对的、动态的。《史记·秦始皇本纪》载：秦始皇统一六国之后，“地东至海暨朝鲜，西至临洮、羌中，南至北向户，北据河为塞，并阴山至辽东”。学术界一般认为鼎盛时期的秦朝疆域，东起辽东，西抵青藏高原，南据岭南，北达阴山。汉朝建立之后，在继承秦朝疆域的基础上，大规模开边拓疆。鼎盛时期的汉朝，其疆域范围东达朝鲜半岛、今辽宁全境和吉林部分地区，西达新疆和中亚的大部分地区，西南则开拓至四川、云贵的大部分地区和越南北部，北则囊括今内蒙古的大部分地区。在秦汉时期的疆域上，除中原民族以外，在边疆地区或疆域周边地区还生活着很多少数民族，包括匈奴、乌桓、鲜卑、百越、羌、氐、西南夷和西域诸族等。

由于秦汉大一统中央集权政治制度的建立与巩固，上述这些生活在边疆地区的少数民族及其政权，与秦汉国家在政治、经济和文化上的交流十分密切，特别是在丝绸之路形成之后，这种交流与互动成了一种常态。正是在这种长期的交流、互动中，边疆少数民族逐步融入了以汉民族为主体的秦汉国家，进而初步奠定了我国多民族统一国家的基本格局。如果说梳理并厘清中原地区村落的发展情况与形式，是深度认识秦汉国家和社会全貌的关键，那么挖掘边疆少数民族的村落历史，既是了解少数民族发展脉络的重要方面，又是理解多民族交融隐性逻辑的重要条件。然而，受制于文献、考古和其他史料的不足，有关秦汉少数民族地区村落的发展线索，不仅难以深入挖掘，而且很难全面化和系统化。

一、北方地区的聚落

在民族历史的研究中，中国北方地区通常被作为一个独立的单元加以讨论。因为北方地区广泛活跃着诸多游牧民族，譬如，秦汉时期的匈奴、鲜卑、乌桓等就崛起于塞北大漠，它们与中原汉民族在生活方式、风俗习惯、语言文字和宗教信仰等方面，既存在较大差异，又有着明显的联系。将它们作为研究对象，是研究早期中国民族史的重要内容。但是，作为一个地理学上的概念，北方地区的具体划分有所不同。在秦汉考古学研究中，一般将长城沿线和北方草原地带划为一个区，包括内外蒙古区域、宁夏北部、陕西北部、山西北部和河北省的西北部。[315] 秦汉时期的这一区域范围内，建立了中国古代史上第一个空前强大的游牧民族政权——匈奴。也正是匈奴政权的建立，使秦汉时期形成了北方游牧文明与中原农业文明南北对峙、互争雄长的历史发展格局。两种文明的这种互动，在政治、军事、经济乃至社会文化上都对中国社会的发展产生过深远的影响。当然，必须指出的是，匈奴的活动范围，不仅局限于我们所理解的北方地区，事实上，其势力范围在秦汉时期扩展到西域、中亚和东北亚地区，甚至包括今天所指的远东地区。

北方游牧民族生活的区域，属于高寒干旱的地区，冬季气候极为寒冷，夏季则十分干燥。为了适应这种气候条件，更好地生存生活，北方民族一般实施集体游动放牧的畜牧业经营方式。正是这种生产生活方式，形成了独特的游牧文明及与其相应的村落和文化。按照村落的内涵，聚居空间被定义为村落，取决于两点：一是聚居空间是否为物质实体空间，即在一定的地域范围内具有构成空间的房屋、道路、景观、设施和土地等可视性有形要素；二是作为社会群体的活动单元，它是否具有长期性、固定性和组织性的特点，组织性即包括构成非物质社会空间的组织、制度、语言、风俗、道德和宗教等内容。也正是这两个条件，让很多人对秦汉时期的游牧民族是否普遍存在村落一类聚落空间心存怀疑。理由是游牧民族通常逐水草而居，长期处于游动之中，不仅不需要而且也很难形成长期的、固定的聚落空间。然而，这种认识显然是偏颇和肤浅的，因为考古发现和文献记载互相印证显示，北方游牧民族不仅有长期的、固定的聚落空间，而且有些聚落还具有一定的规模，有的甚至大到已近乎城郭，体现出强烈的组织性，当然也可能属于城郭范畴。游牧地区出现长期的、固定的聚落，其原因主要在以下两方面。一方面，游牧民族迁徙游弋的生活具有季节性，一般夏秋频繁转场，目的是寻找水草丰沃的畜牧草场，而冬天天气寒冷，并且时间较长，因而往往需要固定下来。营地一般选择在有水源的较为平缓的山谷地带，由于经年使用的需要，便逐渐形成聚落。夏秋放牧时，壮年外出畜牧，而老弱病残则留守于聚落。另一方面则是游牧政权建立的需要，从社会组织管理角度来看，政治或行政治所的相对固定，是政权稳定的前提，因而必须建设具有长期性的、带有浓厚的组织与政治色彩的聚落。

目前有文献可查的秦汉时期的匈奴聚落，较为有名的主要有龙城、赵信城、颓当城、范夫人城和头曼城等。

龙城，又名茏城，可能是秦汉匈奴族祭天所在之处。《史记·匈奴列传》谓匈奴“五月，大会茏城，祭其先、天地、鬼神”。《汉书·匈奴传》将“茏城”改为“龙城”。据谭其骧主编《中国历史地图集》所绘东汉地图，龙城位于安侯河，即蒙古国鄂尔浑河上游附近。相关学者的研究成果也显示，龙城在今蒙古国杭爱山及鄂尔浑河一带。[316]

赵信城，由西汉匈奴人赵信建造，《史记·匈奴列传》载：“（汉兵）行斩捕匈奴首虏万九千级，北至阗颜山赵信城而还。”裴骃《集解》引如淳曰：“信前降匈奴，匈奴筑城居之。”赵信城的城址在今蒙古国杭爱山南麓，乌兰巴托西鄂尔浑河南岸。有关颓当城，《史记·韩王信列传》载：“信之入匈奴，与太子俱，及至颓当城，生子，因名曰颓当。”

关于范夫人城，《汉书·匈奴传上》云："汉军乘胜追北，至范夫人城，匈奴奔走，莫敢距敌。"颜师古注引应劭曰："本汉将筑此城。将亡，其妻率余众完保之，因以为名也。"王先谦补注引沈钦韩曰："《一统志》：赵信城、范夫人城并在喀尔喀界内。"据考，此城在夫羊句山峡东北，即今蒙古国达兰扎兰加德城西北。

头曼城，是秦汉时期匈奴政权十分重要的聚落，有学者认为可能是单于南庭所在之处。[317]《汉书·地理志》"五原郡"条载："稒阳，北出石门障得光禄城，又西北得支就城，又西北得头曼城，又西北得虖河城，又西得宿虏城。"头曼城的位置，可能在今内蒙古巴彦淖尔市乌拉特中旗境内的阴山里。

除文献记载以外，考古发现不少秦汉时期的匈奴聚落。有学者统计，自20世纪20年代以来，在蒙古和外贝加尔地区调查和发掘的匈奴城址和村落遗址，可以确定的有近20处[318]，其中以伊沃尔加古城最为著名。该城发现于外贝加尔地区，地处今俄罗斯乌兰乌德市西南16千米处。该城坐落于色楞格河古河床左岸台地上，平面呈不规则长方形，南北长348米，东西宽194—216米，东侧为古河床断崖，东墙被河水冲毁，北、西、南三面以四道土墙、三道壕沟外加木栅栏构成总宽度达35—38米的坚固的防御体系。考古发掘报告显示，城墙原有高度为1.5~2米，城壕深度在1.3米，城内发现80多处圆角长方形半地穴式房屋居址，以及600余处窖穴、灰坑、水井和取土坑等建筑遗迹。房屋有小型房屋和大型房屋两种。其中小型房屋数量最多，呈圆角长方形，为半地穴式；门开在东南角；四周的墙用生土构筑，内壁涂有黏土；有的基址内墙附近发现有用以支撑屋顶柱子的花岗岩石板柱石；屋顶可能遍铺一层桦树皮，再涂抹草泥土而成；屋住面或经夯实或涂墁；屋内有炉灶和烟道，炉灶一般在东北角。大型房屋一座，位于城西面的一座大土丘上；房址呈矩形，东西长13米，南北宽11.5米；门洞开在南端，两旁有门柱，门柱之间，内外横置木头门槛；屋内墙壁和天花板涂墁有一层黏土，东北角有一用花岗岩石块砌成的炉灶，沿北墙和西墙有烟道，西南角有椭圆形垂直烟囱；屋内发现有陶器、磨谷器、家畜骨和其他遗物。发掘者认为大型房屋当为城中首领所居住。大房一侧发现有冶铁作坊，出土有铁器、陶器等。这一城址南 100 米的同一台地上，还发现有另外一座小的平面呈正方形的城址，但未发现有住人痕迹，性质不详。[319] 其实，从规模上看，此遗址更像是聚落遗址。

在乌兰乌德市的恰克图东 35 千米处，还发现有都列尼村。该村落遗址位于外贝加尔的七卡河边，未发现防御工事遗迹。1 号居住区占据七卡河沿岸约 11 千米长的范围，发掘面积 1.2 万平方米，出土了不同类型的装饰品及一枚带有山羊图案的青铜印章；2 号居住地层达 11 层，说明匈奴人在此生活的时间很长。目前发现有 6 处房址遗迹与大约 628 个窖穴、灰坑和柱洞；房屋结构与伊沃尔加古城类似，平面呈长方形，半地穴式，有 3 座房址的东北角用石板砌有灶，在北壁和西壁也发现有烟道。

除伊沃尔加古城、都列尼村以外，在外贝加尔地区还发现有巴颜–乌德勒城、德满格尔图城址、伊郝尔村居住点等。[320]

从上述文献记载和考古发现来看，秦汉时期的匈奴聚落具有两个突出的特点，一是聚落带有较强烈的政治性和军事性，生产生活性质较弱，无论是文献记载中的龙城、赵信城、范夫人城和头曼城，还是考古发现中的伊沃尔加古城、巴颜–乌德勒城和德满格尔图城址都是如此。这种现象的形成，固然可能与聚落考古发现的不足有关，但关键还是游牧生活方式所决定的。因为牧民长期处于迁徙游弋的状态，生活点不固定，所以他们不仅不需要像中原农业生产者一样，根据人口多寡建造不同规模的聚落，而且当人口达到一定数量时也无须像中原地区一样另建聚落，他们的固定居处一般有一至两处即可，并且规模都有限。至于聚落为何体现出明显的政治性、军事性特点，其原因如前所述，从社会组织管理角度来看，建立长期性的聚落空间有助于政权的稳定与巩固。二是作为居住空间，其聚落的建造，无论是构筑形式还是空间功能，都表现出明显的地域性特点。由于北方地区属于高寒地区，特别是在冬季，气候极为寒冷，这反映在居住空间上，一方面是流行保暖性较好的半地穴式房屋结构，另一方面是屋内炉灶及其相关取暖设施的普及。上述伊沃尔加古城和都列尼村中所见的房屋遗址中，都有类似的设施。居住空间的地域性还表现在建筑用材上，北方地区因自然资源相对匮乏，其房屋建造多用桦树、桦树皮和岩石等。

值得注意的是，包括匈奴、乌桓等在内的北方民族，以游牧、渔猎生活方式为主，却不限于游牧和渔猎。实际上在与中原地区交界的过渡区域内，也生活着一批兼具游牧渔猎和农耕种植两种经济生产方式的群体。可以肯定，北方游牧民族，既有用于定居的房屋，也有用于游牧的简易房屋，即所谓定居与非定居的居住形式。定居房屋前文已有叙述，非定居形式，我国文献中不乏记载，以穹庐最为常见，即今天的蒙古包，也称毡帐。《史记·匈奴列传》载："匈奴法，汉使非去节而以墨黥其面者不得入穹庐。王乌，北地人，习胡俗，去其节，黥面，得入穹庐。"《后汉书》卷九十《乌桓鲜卑列传》载：乌桓、鲜卑"随水草放牧，居无常处。以穹庐为舍，东开向日"。文献记载和考古发现的匈奴聚落充分表明：经济文化模式影响甚至决定着聚落的形成与发展。

二、西域地区的聚落

作为一个名词，"西域"最早见于《汉书·西域传》。作为地理方位概念，《汉书·西域传》中有对西域的界定，其云：西域位于"匈奴之西，乌孙之南。南北有大山，中央有河，东西六千余里，南北千余里。东则接汉，阸以玉门、阳关，西则限以葱岭。其南山，东出金城，与汉南山属焉"。这一地理位置，即相当于今天的南疆地区。但事实上，《西域传》所述的内容远远超出了这个范围，不仅包括天山以北的乌孙和葱岭以西的许多地区与国家，甚至还有不少中亚地区国家。历史地理学上对西域的认知，有广义和狭义之分。广义的西域，泛指我国西部疆域及其以外所能达到的区域，包括天山南部与北部地区，亚洲中、西部地区等。狭义的西域，则主要指的是玉门关以西、葱岭（帕米尔高原）以东地区，包括天山以南，昆仑山以北，巴尔喀什湖东、南及新疆广大地区。

考古发现，早在距今3 600年前，即相当于中原的夏商时期，这一区域内就存在一定规模的聚落遗址，最为典型的是2015年6月由新疆文物考古研究所发现的“尼勒克吉仁台沟口遗址”[321]。该遗址位于新疆伊犁地区，地处喀什河出山口处北岸三级台地上，遗址分布于东西长400米、南北宽约200米的范围内，台地两侧高山环绕，大河横贯，易于防守，形成一个相对封闭的小盆地。遗址先后进行了三次发掘，面积共约8万平方米，年代距今3 600—3 000年。三次发掘累计清理房址37座，窑址、窖穴等300余座。房址多数集中分布于台地的背风较低处，其中有大型房屋6座，面积在100—400平方米不等，小型房屋有31座，面积多为20—60平方米不等，都是地穴式或地面式建筑，内外均由石头砌成。有一大型房址，建筑面积约374平方米，室内面积240平方米，属半地穴木框架式结构，平面呈长方形，其营建方式为依山体坡度挖出簸箕状半地穴式房基，四面垒石。在其房屋中，发现有大火塘、柱洞、灰坑、石堆、红烧土面和大量的炉渣、煤块、煤渣、木炭、煤堆等。从房屋遗址的规模和所处位置、内部遗迹遗存等内容来看，此处大型房屋可能是部众聚会、议事或从事生产加工的公共空间，而其他小型房屋则是人们日常生活所居场所。从大量出土的马、牛、羊等骨头，多件石磨、石杵等食物加工工具和少量大麦、小麦、黍等农作物来看，生活于这一区域的人们采用的是以畜牧业为主、农业为辅的经济生产方式。煤堆的出现则充分表明，距今约3 600年前的新疆人民已充分认识到了煤的特性，并将其运用到取暖、做饭等领域。正是在这一早期发展的基础上，西域在汉代以后成为连接欧亚大陆的重要区域。作为区域文化、族群文化，西域与周边地区的族群或政权曾发生过持续不断的交流与互动。

考古和历史文献显示，汉代以前，西域与中原王朝之间的交流就相当密切，涉及政治、经济、文化等方面。秦末汉初，西域地区小国林立，天山以北的很多小国在匈奴的控制范围内，汉武帝以后，西域正式纳入中国版图。张骞先后两次出使西域，足迹遍布西域诸国，开辟了沟通中西的通道，这条通道也被学术界命名为“丝绸之路”。《汉书·西域传》云：“西域以孝武时始通，本三十六国，其后稍分至五十余。”汉宣帝时，设置西域都护府，统辖大宛以东、乌孙以南的30多个国家，以协调西域各国间的矛盾和纠纷，维护地方秩序。相关研究资料表明，秦汉西域少数民族政权及其分布主要为：天山以北的乌孙、呼揭、车师后国；塔里木盆地南缘的楼兰（后来改名鄯善）、扜弥、于阗、莎车；塔里木盆地北缘的车师前国、焉耆、渠犁、龟兹、疏勒；巴尔喀什湖以南的康居、大宛；葱岭的西夜、蒲犁、无雷、难兜；葱岭以西的大月氏、大夏、安息、大秦，葱岭以南的身毒等。[322]

上述这些西域小国中，既有游牧部落，也有城郭之国。西域地区广泛散布着部落或民族及其政权的事实，意味着这一区域范围内存在着不同规模、数量不等的聚落。据新疆第三次全国文物普查统计资料，两汉时期的西域城址共计有60余座[323]，为人所熟知的有楼兰古城、尼雅遗址、龟兹故城、米兰古城、高昌故城、石城、苏巴什古城、交河故城、柳中古城等。这些聚落的性质虽然都属城郭，但仍在一定程度上反映了秦汉时期西域地区的聚落面貌与生活状态，其中最具代表性者如楼兰古城、尼雅聚落。

作为楼兰古国的政治中心和丝绸之路上的重要枢纽，楼兰古城遗址不仅展示了当时的商业繁荣，而且其出土的文物也充分表明这里曾有多种文化汇聚。古城现存于孔雀河下游三角洲的南部、罗布泊西北岸，今属若羌县。考古复原显示，楼兰城郭聚落，平面呈正方形，东面长333.5米，南面长329米，西、北两面各长327米，总面积为10.8万平方米。北城墙东西两端之间有宽约22米的缺口，似为北城门。南城墙的中部东西两端之间有一宽约13米的缺口，基本与北城墙的缺口相对应，似为南城门。城内发现有人工开凿而成的古水道，与流经古城以南附近的干河道相通。城内布局以古水道为轴线分为东北和西南两区，东北区残存遗迹较少，有佛塔及其附属建筑，在佛塔周边除发现有倒塌的房屋遗迹外，还搜集到了丝、毛织品、生活用具和五铢钱、玉髓质、异域海岸的海贝、珊瑚等；西南区遗迹较多，除3间房址外，在西部和南部分布有大小院落。3间房东西长12.5米，南北宽8.5米，总面积为 106.25 平方米，其中东西两间较小，中间一间宽大，由两种大小不同的土块垒成；东西厢房用大木材作框架，红柳枝作夹条，墙壁外涂草泥。这 3 间房是城中唯一用土块垒砌的房屋，布局严谨。结合房屋及其附近发现的木简、文书和不少精致的毛织品、漆制品，推测这里当为官署。在楼兰古城的东北、西北和北部城郊，还分别发现有小佛塔、烽燧和建筑遗址。[324]后来又有考古工作队在楼兰古城东南面积约 150 平方千米的范围进行了调查，发现房址 2 座，墓地 2 处，遗物 465 件，说明在城址周边还存在小规模的居住点或村落。[325]

尼雅聚落是古代丝绸之路西域南道上十分兴旺的一个东西交通要地，位于今新疆民丰县以北约 100 千米的塔克拉玛干沙漠南部边缘。遗址分布以佛塔为中心，沿尼雅河古河道呈南北向带状分布，在南北长约 25 千米、东西宽约 7 千米的范围内，大大小小散布着上百处遗址点，各遗址点之间以沙丘相隔，体现出明显的群聚性。从遗址分布来看，尼雅遗址可以划分为 16 个遗址群，其中较为典型的有 6 个。[326]（1）以佛塔为中心的遗址群。佛塔位于南北遗址群的中间位置，其形制与楼兰、米兰、安迪尔、喀什和库车的苏巴什佛塔类似。佛塔东西两侧约 10 米处有红柳编织而成的低矮栅栏，南面是一片平坦开阔地，散布着大量的陶片、木构件；西北约 300 米处，保存有较为完好的田畦，残留有水渠痕迹，属于公益性和仪式性建筑。N2 位于佛塔东北面，包括 19 组建筑，有房 50 余间，基本处于一个直径为 150 米的圆弧内依次排开。1995 年清理的 5 组房屋，其每组房屋均由多间套房构成，有居室、厨房、火灶、庭院（院内种果树）、牲口棚等。N1 距佛塔约 1.5 千米，距 N2 约 500 米，布局可分为四室，纵横各二，形如刀形，其较大的一间房中央有椭圆形火灶，西北为牲口棚，南为以篱笆墙相围的平坦大院，其中发现有文书，可能为“公事房”。（2）以 N13、N14 为中心的遗址群。N14 属于大型居住空间，由 4 间房址构成院落，其中最大者东西长 17.7 米，南北宽 11.6 米；N13 也属于大型居住遗址，但规模面积要小于前者，有 6 间房址相连，也分居所和厨房等；N15、N16、N17 属于小型居住房址，多为单间，面积约 20 平方米。（3）佛寺遗址群。以木板围成正方形土台，四周篱笆墙形成回廊，平面布局呈正方形“回”字状，门朝西，当为地面木框架式建筑，篱笆墙上发现有壁画。佛寺北有用篱笆围成的简陋小屋及牲口棚，有一门，疑为亭楼式门。台地北部有一组房屋建筑，4 间一字排开，中间有一道南北向走廊，每间房屋长约 7 米，宽约 5 米。（4）N3、N4 遗址群。N3 北面距佛塔约 3 千米，是一组大型木构件建筑遗址，由廊檐式院落、大厅、寝室、厨房、存储室、牲畜棚等部分组成，整体布局完整、和谐统一，梁柱粗大，工艺精细。院落周围有一周篱笆墙，墙面上有精美壁画。房屋建筑面积 1 475 平方米，可能是富裕人家的住宅。N4 东面距 N3 约 50 米，形制与 N3 基本相同，有经过加工的胡杨木棍散乱于地，东北方、西北方皆有一小乘凉地，有枯死的杨树干，树按一定的间隔种植，组成一个长方形林荫道及小广场。房屋南面、西南一带用篱笆相围，有桃树、杏树、桑树、沙枣树等，果园南面两排篱笆标示出一小段乡间小道。（5）古桥遗址群。位于尼雅遗址南部，距佛塔 7 千米，从河岸向河中心成三段相连。横跨两岸。附近有编号 N41 的房屋遗址，古桥所在河道的东岸发现四五处房址。古桥西侧有房址，房周边有用篱笆墙相围的葡萄园遗址。（6）古城。位于遗址南部，距佛塔 13 千米。大部分被红柳包覆盖，平面形状大致呈椭圆形，东西长 185 米，南北宽 150 米，城墙由淤泥堆筑而成，南墙中有一被烧毁的城门，为过梁式的木构门洞，城门前 6 米清理出一面积 15 平方米的房屋。城南零星分布有小规模的住宅遗址。

楼兰古城和尼雅遗址两处案例显示，秦汉时期的西域聚落具有如下几个特点。一是聚落选址靠近水源，在建筑建造上体现了因地制宜的原则，住宅门前有庭院，周围有防风沙篱笆、林带、果园和乘凉之处，显示了西域人适应自然和改善生活环境的能力。二是聚落布局有一定的规律性，譬如楼兰古城以古水道为轴线分为东北和西南两区；尼雅遗址的布局虽然相对分散，但整体上以佛塔为中心，每个遗址群都按一定规律布局。三是聚落体现出明显的社会组织性，不仅发现有规模较大、建造较为精美的公事房，而且在建筑规模上可以明显地分出大、中、小三种类型，建筑组合也各有差异，表明聚居群体有层级的不同。四是聚落中频繁出现的佛事建筑，以及以佛塔为中心环绕布局的现象说明，佛教在汉晋甚至更早的时期就传入了西域，汉晋时期西域地区不仅普遍崇佛，而且佛教在人们的生产生活中占据着较为重要的地位。五是聚落突出表现了文化的交融性，各类出土遗物，如西亚的玻璃器，希腊风格的艺术，犍陀罗的装饰图案，印度的织物，中原地区的丝织品、漆器、铜镜、钱币等，充分显示出这里曾经汇聚着不同的文化和文明。以上几点不尽完全，但基本上反映了这一区域范围内聚落的面貌与文化形态。

此外，还要指出的是，考古发现的规模不等的西域聚落，根据其性质，可以分为城郭聚落和屯田聚落两类，前者是当时西域诸国的城郭遗存，有一部分后来被改筑为汉代驻军屯城，譬如楼兰古城、高昌故城、龟兹故城等；后者是汉代国家为稳定西域安全、开展屯田修筑而成的，有学者统计，新疆地区汉代屯城遗址有 45 处，这类聚落与西域聚落区别较大，一般多呈方形。[327] 整体而言，城郭聚落和屯田聚落，作为西域人或驻扎西域的汉人在西域的生产生活空间，或商业贸易空间，或用于标识政权的政治性空间，都体现出了地域性和各自民族的多样性特点。

插图 1　内蒙古兴隆洼原始聚落遗址

插图 2　半坡聚落复原图

插图 3　姜寨遗址聚落复原图

插图 4　蒙城尉迟寺遗址

插图 5　河姆渡干栏式建筑复原图

插图 6　湖南勾蓝瑶寨发现的牛庄屋

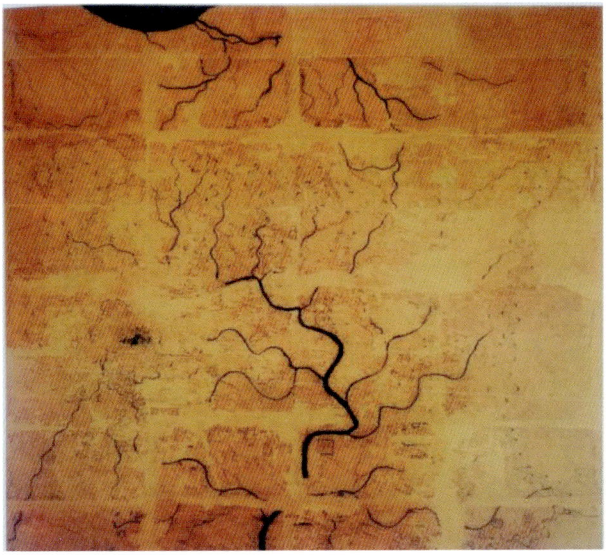

插图 7　马王堆出土的《地形图》

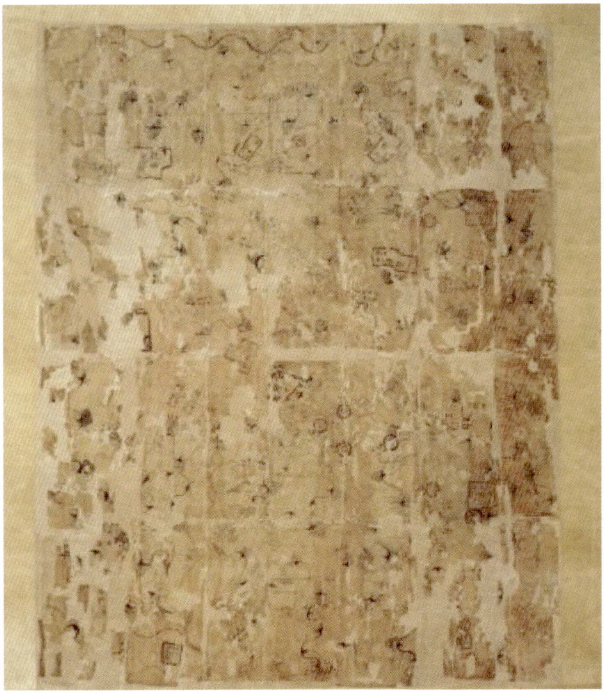

插图 8　马王堆出土的《驻军图》

插图 9　山东前凉台汉墓画像石讲学图

插图 10　嘉峪关魏晋墓室驿使图壁画砖

插图 11　郴州宜章黄沙堡（局部）

插图 12　湖南城步县大寨村

插图 13　湖北襄樊樊城三国黄褐釉陶楼

插图 14a　嘉峪关魏晋墓室壁画农作图

插图 14b　嘉峪关魏晋墓室壁画农作图

插图 15　陕西博物馆藏唐三彩民居院落

插图 16　敦煌壁画中的农事图

插图 17 《农政全书》筒车图

插图 18　中国农业博物馆藏曲辕犁

第四章

南北分裂割据时期的村落

魏晋南北朝是中国历史上政权更迭最为频繁的时代。自曹魏建立到隋代重新统一，共持续了360多年（220—589年）。在这360多年间，共有曹魏（220—265年）、蜀汉（221—263年）、孙吴（222—280年）、西晋（265—317年）、东晋（317—420）年、成汉（304—347年）、前赵（304—329年）、后赵（319—351年）、前凉（317—376年）、前燕（337—370年）、前秦（351—394年）、后燕（384—407年）、后秦（384—417年）、西秦（385—400年，409—431年）、后凉（386—403年）、南凉（397—414年）、西凉（400—421年）、北凉（397—439年）、南燕（398—410年）、北燕（407—436年）、胡夏（407—431年）、冉魏（350—352年）、翟魏（388—392年）、前仇池（296—371年）、后仇池（385—442年）、西燕（384—394年）、谯蜀（405—413年）、代（338—376年）、北魏（386—534年）、东魏（534—550年）、西魏（535—556年）、北齐（550—577年）、北周（557—581年）、刘宋（420—479年）、萧齐（479—502年）、萧梁（502—557年）、南陈（557—589年）等30多个主要的大小王朝兴亡交替。如果加上后世所称的少数民族政权如“××王国”“××公国”“××汗国”等，共有60多个政权。王朝交替，带来了长期不断的战争，导致这一时期的中国人口急剧下降，以农业为主的经济发展严重受阻。民户的非正常锐减，使得自秦汉兴起的乡里制这一基层行政体系在某些区域失去管理对象。有的乡里组织更是自行废除。但这一时期也是中国文化史上极为重要的发展时期。其中，起源于本土儒家的玄学兴起，道教组织开始成熟，外来的佛教在此扎根。来自西域的少数民族文化不断与中原文化融合，波斯及希腊文化也通过丝绸之路传入中土，多种文化相互交流、相互影响、相互渗透，为中国文化注入了新鲜的血液。

在村落发展史上，魏晋南北朝是一个重要的转折点。魏晋南北朝之前，汉代的中央王廷对民众的控制非常强势。生活于城市之外的民众，大多居住于里、亭、乡之中。在父老长者的管理下，这类具有行政编制意义的聚落，都带有“自治”的性质，但又为国家所牢牢掌控。此时的自然聚落大都纳入了国家管理的范畴。在汉末，由于连年纷争，国家分裂，皇权在基层的体现明显弱化，汉代以来形成的乡村管理制度趋于崩溃，出现了与原来不同的村制。在此之前，汉代统治者为了牢牢控制民众，便于国家征发兵役和征收人头税，实行了卓有成效的里制以及乡亭制。“可是这个乡亭制和里制开始崩坏了。而且和以前完全不同的村制代之而兴，这是中国史上的一大变化。”[1]在长期的战乱中，汉代的乡里组织随着国家权力的瓦解而消失之后，村落从内容到形式均发生了较大变化。为了在战乱中求生存，一些世家大族在城市以外的山间河谷等地，建立起坞、堡、壁等小型的城堡进行自我防卫，逐渐演变成了后来的“村”。[2]总而言之，在后世的学者看来，这一个时期是“皇权不下县”的肇始期。此后的1 000多年里，中央王朝任命的官员到了县这一级就终止了。县以下的村落秩序的维系与管理，基本上由乡绅等皇权代理人来把控。

第一节

魏晋南北朝时期的村落组织

一、乡里组织的兴废

从目前确凿可信的文献记载来看，乡里制度可以追溯到西周时代。乡里制度的形成与周代的“国”和“野”的概念有关。“国”是指国都，国家的政治中心；“野”是指国都之外的地方。

国都方圆百里之处为郊，郊的行政建制是“乡”。乡的职官包括乡师、乡大夫、州长、党正、族师、闾胥、比长。官位不同，负责的事情也不同。如乡师主要负责教育乡民，并考核乡中官吏的政绩；按时清查各家各户的人口数量、年龄、经济状况、身体状况，确定哪些人可以服兵役、劳役，或者免除兵役、劳役；还要负责评判乡民之间发生的争讼。最小的是比长，管理5个家庭。如果其中有一个人犯罪，其他4家人都会受到连累。如果有人要迁移至其他地方，比长要发凭证；没有凭证，迁徙者会被收监。《周礼·地官司徒第二》载：“五家为比，使之相保；五比为闾，使之相受；四闾为族，使之相葬；五族为党，使之相救；五党为州，使之相赒；五州为乡，使之相宾。”由此可知，从数量上来看，一比为5户，一闾为25户，一族为100户，一党为500户，一州为2 500户，一乡为12 500户；从主要功能来看，比、闾、族、党、州、乡也各不相同。

郊以外的地方称为“野”。国有六乡，野有六遂。“五家为邻，五邻为里，四里为酂，五酂为鄙，五鄙为县，五县为遂，皆有地域，沟树之，使各掌其政令刑禁。”[3]可以看出，“遂”与“乡”是因地域差异产生的两个基层单位概念，不仅其下属各级单位的划分相互对应，两者下辖户口总量、同级单位辖管人数也相同。不同的是，遂与遂之间、遂内部各级行政区划之间，皆以挖沟或种树的形式划界。遂的最高行政长官称为“遂人”，掌握着区域内的政令、刑罚和禁令。此外，在遂人以下还有遂师、遂大夫、县正、鄙师、酂长、里宰、临长、旅师、稍人、委人、土均等不同级别的官吏。

可见，当时国家不只对城市居民管理严格，对村落居民的管控也一视同仁。虽然《周礼》是秦汉儒生的著作，其记录的情况未必是西周社会状况的如实反映，但如此完备系统的制度，应该是经过漫长的时间形成的，因此将乡里制度的初步形成期定在西周是较为合理的。值得指出的是，《周礼》中的“乡”，相当于后世的省级行政区划，而与后世乡级行政区划相对应的则是“遂”。到了春秋战国时期，西周的“乡”级行政单位的职能逐渐下移，移位至县级行政单位以下。经过秦汉时期的发展，乡里制度已经十分完善。最基层的是什伍组织。十户人家称为“什”，设什长；五户人家称为“伍”，设伍长；百户人家称为“里”，设里魁；千户人家称为“亭”，设亭长；万户人家为一乡，不仅设三老、有秩、啬夫、游徼管理乡务，还设有协助收税的乡佐。乡里制度在汉代已经十分成熟。

东汉末年开始，军阀纷争，社会动荡，民不聊生。长期活动于西域等边疆区域的少数民族逐渐崛起，并入主中原，相继建立了自己的政权。但这些民族政权并没有形成强有力的统一势力，仅各据一方，互相独立。这种长期分裂割据的政治格局，决定了这一时期的思想文化，无法再维持汉代“罢黜百家，独尊儒术”的局面，各种思潮盛行。受此影响，乡里制度也发生变化。

受到政权变更的影响，许多地方的乡里组织被废置，仅有部分区域依旧延续前代的乡官制度，且呈现出南北差异。如三国时期的吴国，大一点的乡，设置有秩、三老作为管理者，俸禄为百石，八品待遇；小一点的乡，则设有秩和啬夫，俸禄也为百石，不过品级为九品，略低。[4]两晋时期基本上延续这种基层管理制度。《晋书·职官志》载：“县五百以上皆置乡，三千以上置二乡，五千以上置三乡，万以上置四乡，乡置啬夫一人。乡户不满千以下，置治书史一人；千以上置史、佐各一人，正一人；五千五百以上，置史一人，佐二人。县率百户置里吏一人，其土广人稀，听随宜置里吏，限不得减五十户。户千以上，置校官掾一人。”南朝宋时，相关史料记载相对详细，但差别不大。《宋书·百官志》载：“县令、长，秦官也。大者为令，小者为长，侯国为相。汉制，置丞一人，尉大县二人，小县一人。五家为伍，伍长主之；二五为什，什长主之；十什为里，里魁主之；十里为亭，亭长主之；十亭为乡，乡有乡佐、三老、有秩、啬夫、游徼各一人。乡佐、有秩主赋税，三老主教化，啬夫主争讼，游徼主奸非。”

但在北魏、东魏、北齐、北周所统治的北方地区，其乡里制度则与三国及两晋有所不同。北魏太和十年（486 年），曾实行三长制，即 5 户人家设置一个邻长，25 户人家设置一个里长，125 户人家设置一个党长。[5] 东魏时期，乡里制度也实行三级，但稍有区别。《北史》载，孝静帝时，“令制百家为党族，二十家为闾，五家为比邻”[6]。550 年，东魏权臣高洋逼迫孝静帝禅位，建立北齐。北齐的乡里制度也采用三级制，但一个单位内的户口数量上有所增加：“令人居十家为邻比，五十家为闾，百家为族党。一党之内则有党族一人，副党一人，闾正二人，邻长十人，合有十四人，共领百家而已。至于城邑，一坊侨旧或有千户以上，唯有里正二人，里吏二人。里吏不常置。隅老四人，非是官府，私充事力，坊事亦得取济。若论外党，便是烦多。”[7] 三者虽有不同，但基本上能看出，这种乡村管理者的设置，既是《周礼》中描述的乡里制度的延伸，又是其简化的结果，最终简化为三级。关于西魏和北周的乡里制度，历史文献中并无系统的明文记载，但是这两个时期可能只剩下党和里二级。[8]

值得注意的是，三国、两晋以及南朝的乡里制度，延续了秦汉的传统，而北魏、东魏、西魏、北齐和北周，却跳过这 400 多年的历史，直接续接周代传统。其原因可能主要与不同的王朝制度设置有关。少数民族在中原地区建立政权，要学习中原地区的先进文化，而且当时的少数民族政权缺乏文化传统，历史负担较轻，所以通常根据实际情况对汉文化进行取舍。[9] 进一步来看，因为各个时期王朝的建立者文化背景不同，所以实施的制度也有差异。从民族心理来说，三国、两晋以及南朝的建立者，皆以上一朝代的正统延续者自居。即使三国时代魏蜀吴并列，它们也各自都将自己视为汉代正统的延续。所以，延续秦汉的制度，是魏晋统治者将自己视为正统的一种表现。而北魏、东魏、西魏、北齐和北周的建立者，皆为周边少数民族，其在秦汉时期就独立存在于秦汉政权之外。他们一旦入主中原建立王朝，则以周文化的延续者自居，所以在制度上仿效周代，这也不难理解。

二、屯田村落的形成与组织系统

汉代开始，历代政府为了取得军队给养或者赋税征粮，直接组织戍卒、农民或者商人垦殖荒地，经营农业，戍守要塞。这种集体协作的制度，就叫屯田制。根据主体不同，可分为军屯、民屯和商屯。因屯田制而形成的村落，我们或许可以将其称为“屯田村落”。

关于屯田制的记载，始见于汉代文献。汉文帝时，大臣晁错向皇帝上书《守边劝农疏》。这篇著名的文章奠定了西汉以农为本思想的基础，同时也首次提出了屯田制。晁错指出，胡人如同飞鸟走兽，逐水而居，不需要固定在一处耕田种地，不时入侵边境，令人难以提防。如果不派军队去征讨，百姓会对国家失望；但如果派兵去攻打，人手又不够；队伍太大又行动不便，还没有到，敌人就跑了。为了解决这一矛盾，晁错提出了对策：“然令远方之卒守塞，一岁而更，不知胡人之能，不如选常居者，家室田作，且以备之。以便为之高城深堑，具蔺石，布渠答，复为一城其内，城间百五十步。要害之处，通川之道，调立城邑，毋下千家，为中周虎落。先为室屋，具田器，乃募罪人及免徒复作令居之；不足，募以丁奴婢赎罪及输奴婢欲以拜爵者；不足，乃募民之欲往者。皆赐高爵，复其家。予冬夏衣，廪食，能自给而止。郡县之民得买其爵，以自增至卿。其亡夫若妻者，县官买予之。人情非有匹敌，不能久安其处。塞下之民，禄利不厚，不可使久居危难之地。胡人入驱而能止其所驱者，以其半予之，县官为赎其民。如是，则邑里相救助，赴胡不避死。非以德上也，欲全亲戚而利其财也。此与东方之戍卒不习地势而心畏胡者，功相万也。以陛下之时，徙民实边，使远方亡屯戍之事，塞下之民父子相保，亡系虏之患，利施后世，名称圣明，其与秦之行怨民，相去远矣。”[10]简而言之，就是将内地的罪犯、奴婢、农民迁徙到边疆某一区域长期居住下来，并给予一定的物质奖励。一旦胡人入侵，则将这些居民组织起来变成军队。使其平时为农民，进行日常耕作；战时则为军队，能够抵御外寇入侵。实际上，针对当时的状况，这是比较周全的计策。所以，汉文帝采纳了此建议，并下诏招募民众迁徙至边疆。

但这只是完成了第一步。有了定居的人口，必然要对其进行管理。尤其是在以罪犯、奴婢等素质并不太高的人口占多数的情况下，如何有效维持日常生活秩序，成了必须应对的大问题。因此，晁错再一次提出了他的建议与对策。他强调，下层官吏应当体恤迁徙过去的老弱之人，好好对待精壮之士，“使先至者安乐而不思故乡，则贫民相慕而劝往矣”[11]。并且，要建设一个良好的环境，使边疆之地有值得民众长期定居的理由。具体措施就是：“相其阴阳之和，尝其水泉之味，审其土地之宜，观其草木之饶，然后营邑立城，制里割宅，通田作之道，正阡陌之界，先为立室，家有一堂二内，门户之闭，置器物焉，民至有所居，作有所用，此民所以轻去故乡而劝之新邑也。为置医巫，以救疾病，以修祭祀，男女有昏，生死相恤，坟墓相从，种树畜长，室屋完安，此所以使民乐其处而有长居之心也。”[12]

最为重要的是，还要仿效内地的乡里制度，建立起一个长效机制：“使五家为伍，伍有长；十长一里，里有假士；四里一连，连有假五百；十连一邑，邑有假候：皆择其邑之贤才有护，习地形知民心者，居则习民于射法，出则教民于应敌。故卒伍成于内，则军政定于外。服习已成，勿令迁徙，幼则同游，长则共事。夜战声相知，则足以相救；昼战目相见，则足以相识；欢爱之心，足以相死。”[13]屯田之区域，以“伍”“里”“连”“邑”为单位，各有管理者。这些管理者要品德高尚（“有护”）、懂地理（“习地形”）、了解民情（“知民心”），负责教导领域内的居民射箭应敌，团结一致，“如此而劝以厚赏，威以重罚，则前死不还踵矣。所徙之民非壮有材力，但费衣粮，不可用也；虽有材力，不得良吏，犹亡功也”[14]。在屯田制度的推行下，原来的荒凉之地经过多年的开发经营，逐渐衍生出人烟稠密的村落，有的地方甚至进一步发展成了市镇。可以说，晁错的这一建议具有重要的历史意义，特别是对边疆地区的村落形成与发展来说，更是具有不可估量的价值。直至清代，这种屯田制度仍被统治者运用于边疆地区的开发与治理。

西汉的屯田区域主要集中于今天的新疆地区，先在轮台（今新疆轮台县附近），后扩展到渠犁（今新疆尉犁县）、依循（今新疆若羌县）、车师（今新疆吐鲁番市）、北胥鞬（今新疆吉木萨尔县）以及乌孙赤谷城（今新疆伊犁附近）等地。[15] 魏晋时期，中原地区长久处于分裂状态，各个政权皆无暇顾及西域，但屯田制度一直未在当地间断，只是屯田规模有所缩小，且区域逐渐东移。三国时期，曹魏在吐鲁番的高昌城设立戊己校尉，在罗布泊西北的海头城设立西域长史，其目的也在于屯田。自西晋直至十六国时期，各个王朝在西域的屯田区域都没有脱离高昌和楼兰这两个地方。虽然屯田范围缩小，但是屯田制度日趋完善。魏晋时期，统治西域的最高长官是西域长史，其下属有司马、主簿、功曹掾、功曹史、录事掾、兵曹史、水曹督田掾、客曹史、奏曹史、仓曹掾、仓曹史、监量掾、监藏掾、监仓史、书史、督、将、伍佰、马下、铃下、督战、从掾位和从史位等20多个不同的职位。[16] 西域长史既是军事长官，也是行政长官。在具体农作物耕种的管理与司事等方面，也有一套完整的系统，且分工明确精细。例如，督田掾负责开发耕种管理，监藏掾负责农作物的收割，监仓史负责保管，监量掾负责计量。官吏将士所需粮食，经由监仓掾、史，仓曹掾、史，监量掾签署或与功曹掾、主簿等共同签署文书之后，才允许出仓。戊己校尉的设立自汉代一直延续到前凉，其间兵屯体系也逐渐完备，而且民屯地位有所上升。魏晋时期的民屯比重加大，而且内地移民逐渐增加，随之必然形成许多规模不等的聚落。除此之外，魏晋时期还出现了“犯屯”。犯屯即指将一些犯法之人及其家属流放到边疆地区定居生活，如邓艾家族、苻阳家族等。[17] 实际上，以罪犯充实边疆地区人口，在晁错的《守边劝农疏》中也提到了。所谓“犯屯”，本质上应该仍旧属于民屯类型。

东汉末年，豪强纷争，军阀林立，劳动力多被招募入军队，且战死者不计其数。瘟疫肆虐，人口锐减，连士族出身的“建安七子”中的陈琳、王粲、刘桢、徐幹、应玚5人都死于瘟疫。人口的减少，导致耕作能力不足，田地荒芜。为了解决军队的粮食问题，曹操于建安元年（196年）在许昌屯田。曹操的屯田制度，分为军屯和民屯。军屯的区域，以“屯兵”“田兵”及其家属为主要劳动力。他们按照军队的编制被分为屯和营两个单位进行组织管理，且耕且守。军屯的基本单位是营，60人为一营，依次设置度支都尉、度支中郎将或度支校尉等官职，由军队内部自行管理。

民屯区域，以征发或者招募形式获得的流民为主，也按照军事组织编制管理。他们平时从事生产，一般不承担徭役，遇到紧急情况则应召参加战斗。民屯以50人为一个单位，置司马一职管理。司马以上，依次为屯田都尉、典农中郎将或典农校尉，中央为大司农总领。需要指出的是，民屯组织自成系统，不归地方郡县管理。屯田的组织带有军事性，纪律严密，能有效组织人员集中力量生产，提高了曹魏政权的实力。而且，屯田制度还促进了水利的兴修，这使得当地的农业耕作得以维持在一个长期稳定的状态。例如，自建安七年（202年）起，为了屯田的需要，曹操陆续开凿了睢阳渠、白沟、平虏渠、泉州渠、新河、利漕渠6条运河，为后世隋炀帝杨广开凿永济渠和通济渠奠定了基础。此外，还有扬州刺史刘馥在合肥附近兴治的芍陂、茄陂、七门、吴塘诸堤，豫州刺史贾逵兴在睢阳修建的贾侯渠，沛郡太守郑浑在萧县、相县兴修的郑陂等，都泽被后世。同时，兴修水利也促使因民屯制度而形成的村落，作为屯民生产生活最基本的聚居单元，得以长久维系，其生命力远远超越了因曹操而兴的民屯制度本身。制度不存，而村落存。

西晋的统一，结束了三国纷争的时代。西晋的建立者虽然是晋武帝司马炎，但奠定司马家族势力的则是司马懿。早在曹魏时期，司马懿就采纳邓艾的建议，在淮河南北设立军屯区域。《晋书》载：“遂北临淮水，自钟离而南横石以西，尽沘水四百余里，五里置一营，营六十人，且佃且守。兼修广淮阳、百尺二渠，上引河流，下通淮颍，大治诸陂于颍南、颍北，穿渠三百余里，溉田二万顷，淮南、淮北皆相连接。自寿春到京师，农官兵田，鸡犬之声，阡陌相属。每东南有事，大军出征，泛舟而下，达于江淮，资食有储，而无水害。”[18]司马炎重视农耕，也积极推行曹魏时代的屯田制度，或者说，延续了先祖司马懿的制度。司马骏掌管雍州、凉州等地的军事大权，“与士卒分役”，在辖区内督促僚佐、将帅、兵士等人进行耕织活动，每人限田十亩。[19]1972 年，嘉峪关东北戈壁滩上，陆续发掘了一系列魏晋墓，出土了 600 多幅壁画。（见插图 10）壁画内容丰富，包含各种生产生活场面。其中 3 号墓中的一幅壁画，绘制有官兵操练及耕作的场景。它与酒泉西沟 7 号墓中的几幅画一起，反映了魏晋兵屯“出战人耕”“且佃且守”的真实情况。[20]楼兰等地出土的魏晋文书显示，当时屯田守堤的都是戍卒，其规模为每处 20~30 人，每人负责 20 亩左右。屯田区域中修筑有小型水库和河渠，有戍卒专门守护，还设有水曹来管理水利。从民族身份来看，屯田者以汉人为主体，但也包括不少当地的少数民族。整体来看，楼兰等地通过屯田所生产的粮食，基本上能达到自给有余。[21]

西晋以后，司马政权南渡，北方仍旧陷入战乱，先后有 16 个政权兴亡交替，统称“北朝”。包括匈奴、鲜卑、羯、羌、氐在内的少数民族政权，都重视兴办屯田，劝课农桑，组织军民开荒生产，保障和满足生活需求，巩固自身的军政实力。北朝的屯田，始兴于北魏建国之初。随后的东魏、北齐、西魏、北周，也都十分重视屯田。北朝的屯田，不仅持续的时间长，而且规模比较大。其中，主要也是军屯和民屯两类。军屯是为了应对战争和巩固边防之需，所谓“布屯田以实边防”，为强兵足食。民屯则主要是为了安辑流散，垦辟荒地，以增加国家的财政收入。北朝的屯田与曹魏时期的屯田相比，有很大的不同，主要表现为以军屯为主，屯田区域主要集中于边疆地区。[22]

北魏建国之初，太祖拓跋珪面临军粮供应的困难，大量开垦土地，发展农业，屯田因此兴起。登国九年（394 年），拓跋珪“使东平公元仪屯田于河北五原，至于棝杨塞外”，第二年秋天，即“收穄田百余万斛”。[23]后来，拓跋珪又实行过两次屯田。虽然规模较小，但屯田制度一直得以保存延续，成为北魏的常设制度。屯田区域集中于北方、西北及南方的边境，多以军屯为主，大大增强了北魏的固边军事实力。而在内地州县，北魏也曾广泛设置民屯。太和十二年（488 年），孝文帝采纳李彪的建议，在内地实行屯田，充实国家财政："又别立农官，取州郡户十分之一以为屯民，相水陆之宜，料顷亩之数，以赃赎杂物余财市牛科给，令其肆力。一夫之田，岁责六十斛，蠲其正课并征戍杂役。行此二事，数年之中，则谷积而人足，虽灾不为害。"[24]

北齐时期，屯田的规模得到扩大，"缘边城守之地，堪垦食者，皆营屯田"。中央设有屯田曹，专"掌籍田、诸州屯田等事"，又设司农寺典农署，"别领山阳、平头、督亢等三部丞"的屯田。各地的屯田，则"置都使子使以统之"，每一子使掌管屯田 50 顷。[25] 西魏时，薛善掌管同州夏阳县二十屯监。晋武帝咸宁元年（275 年）十二月诏曰："今以邺奚官奴婢著新城，代田兵种稻，奴婢各五十人为一屯，屯置司马，使皆如屯田法。"[26] 北周也广事屯田。宇文泰时，苏绰建议"并置屯田，以资军国"[27]，获得采纳。北周时，武帝谋划伐齐，韦孝宽建议于"三鸦以北，万春以南，广事屯田，预为贮积"。武帝于是在壤接北齐的东北边地大兴屯田，积储军粮，为灭北齐提供了重要保证。[28]

魏晋时期屯田的人口，有相当一部分是自中原农耕文明区域迁徙过去的。例如，前秦建元末年（385 年），苻坚"徙江汉之人万余户于敦煌，中州之人有田畴不辟者，亦徙七千余户。郭麐之寇武威，武威、张掖已东人西奔敦煌、晋昌者数千户"[29]。义熙元年（405 年），北凉李暠迁都酒泉，又将敦煌的人口迁入酒泉，"分南人五千户置会稽郡，中州人五千户置广夏郡，余万三千户分置武威、武兴、张掖三郡，筑城于敦煌南子亭，以威南虏"[30]。北魏太平真君三年（442 年），北凉的沮渠无讳率领包括官吏、士卒、平民在内的一万多户人家西渡流沙，在西域定居。[31] 不仅中原地区的人被用来屯田，少数民族人口也同样被纳入屯田的主体。吐鲁番出土的十六国文书表明，龟兹的帛午、帛弘持、帛珠，天竺的竺黄媚、竺国双，车师的车末都，以及其他族属的思头幕、唤屯、阿览提等少数民族成员，都曾以各种形式参与高昌屯田。[32]这些记载表明在战乱时期，西域的大小政权为了巩固各自的地位与实力，都有将人口迁入的案例。屯田人口迁入边疆地区，对当地经济的发展起到了重要作用，更直接促成了屯田一类村落的形成与发展。

相对于北朝而言，南朝的屯田并没有形成完善的政策。这与南方的自然气候条件较为优越有关系。前文已述，屯田政策最初的提出，是由于边疆地区的自然气候不利于耕作，常住人口较少，粮食生产难以供应军队的日常开支。而在南方地区，人口分布较为均衡，即使在与北朝接壤的边界地区，粮食的耕作也没有受到自然条件太多的制约，与内地无异。屯田的展开，需要的土地是无主荒地。而在长江中下游地区，河流湖泊密布，能够满足耕作的土地都已经被利用多年，荒芜土地很少。不过，南朝的各个政府内部的有识之士，一方面受汉代及三国时期的历史影响，另一方面看到了北朝屯田政策带来的现实效果，屯田的倡议时有出现。东晋元帝太兴二年（319 年），应詹上书建议仿效曹魏实行屯田："江西良田，旷废未久，火耕水耨，为功差易。宜简流人，兴复农官，功劳报赏，皆如魏氏故事，一年中与百姓，二年分税，三年计赋税以使之，公私兼济，则仓盈庾亿，可计日而待也。"[33]晋明帝时，王敦两次起兵叛乱，导致民生凋敝，经济困顿。太宁二年（324 年），晋明帝平叛之后，温峤建议启用中央禁军屯田："又先朝使五校出田，今四军五校有兵者，及护军所统外军，可分遣二军出，并屯要处。缘江上下，皆有良田，开荒须一年之后即易。"[34]刘宋时，王弘针对"时农务顿息，末役繁兴"的状况，向宋武帝刘裕建议减省建康诸冶，以冶吏配农，招募平民亦循冶募系统。[35]此外，刘宋的何承天提出在淮泗屯田，徐爰建议在边镇屯田，等等。南齐的崔祖思、徐孝嗣、祖冲之等人，也都曾上书皇帝，请求屯田。

整体而言，东晋与南朝的屯田，其力度和广度都不及北朝，大多停留于书面文字之中，其原因与性质，权家玉已经进行了较为深入的揭示："东晋南朝时期，虽并未开展大规模屯田事迹，然屯田思想却时有出现。但东晋南朝虽均有屯田建议，其重点则各不相同：东晋注重民屯，旨在巩固建康统治，大概由建康财政匮乏且在荆扬之争中屡屡为上游挟制所决定。而南朝则注重边镇屯田，此与鲜卑频繁扰边紧密相关。而建康亦苦于北面边镇转运，此徐孝嗣上书已然指出。虽然五朝时期政府并未推行屯田，然屯田事迹却屡有出现，且在一定时期内取得较为突出的成就。”[36]

总之，不论是何种形式的屯田，都离不开召集劳动力对原本荒芜的土地进行开垦。随着战争结束，驻军解散，原本担任开垦任务的军民却留了下来繁衍生息，形成村落。在某种程度上，由屯田形成的村落，与下文的由坞壁形成的村落，有着共同之处。

三、永嘉之乱与坞壁的兴起

西晋时期，政权内部斗争始终没有中断。持续16年的“八王之乱”，使得晋室分裂，国力空虚，军事实力迅速衰退。活跃于边境地区的少数民族趁机起兵，侵入中原。永嘉五年（311年），匈奴刘聪遣石勒、王弥、刘曜等率军攻晋，在宁平城（今河南鹿邑西南）歼灭十万晋军，又杀太尉王衍及诸王公。旋攻入京师洛阳，俘获怀帝，杀王公士民数万人，史称“永嘉之乱”。永嘉之乱以后，晋朝统治集团南迁，定都建康（今南京），建立东晋，史称“衣冠南渡”。此后，北方基本上陷入分裂，大量人口为避战乱从中原迁往长江中下游地区。在某种意义上，东晋与南朝乃至十六国与北朝的历史，大体都与人口南迁有关，而且呈现出一定的规律性。例如，东晋与南朝是人口南迁的迁入地；而十六国与北朝，则是人口的迁出地。人口的南迁，改变了迁出地胡汉成分、分布与力量的对比，也改变了迁入地侨旧成分、分布与力量的对比，并进而影响当时以至后世的政治、军事、经济、文化、学术、风俗、民族等各个方面。[37]大量的侨州、侨郡在国都建康周围设立，深刻地影响了东晋的政治面貌，同时在客观上促进了长江中下游经济的发展，传统中国的经济中心进一步迁往南方。南迁的人口对于南方无主荒地的开垦和在此之上衍生的村落的大量形成，有深刻的关联，影响深远。

入主中原的少数民族匈奴、羯、氐、羌、鲜卑、卢水胡等，在北方地区先后建立政权，这些大小政权相互对峙，此消彼长，在历史上被称为“五胡十六国”。事实上，少数民族不止5个，建立的王朝也不止16个。从304年匈奴刘渊称王，建立汉国（后改为赵，泛称前赵，亦作汉赵），到439年太武帝拓跋焘建立的北魏攻灭北凉，统一北方，共持续了130多年，之后北魏分裂成东魏、西魏，并被北齐、北周分别取代。这一时期的胡人政权再也没有登上过历史舞台。内迁的五胡民族主体，基本上都融入汉族之中。这也是今天汉族成为全球人口最多的民族的重要原因之一。

“永嘉之乱”在中国历史上的影响是十分巨大的。它给古代中国农耕文明地区带来了持续100多年的战乱，导致经济长期停滞，人口减少。永嘉之乱展示了人类在对权力的追逐之下，可以在兄弟之间、父子之间、同族之间、异族之间实施血腥的杀戮。在战乱之际，秦汉时期实行的乡里制度遭到破坏。实力雄厚的乡里大族，便率领百姓逃亡山野之间，修筑城堡自我保卫，形成“坞壁”。坞壁形成于新莽时期，史书中的记载举不胜举。马援、邴原、樊宏、冯鲂、第五伦、李典、许褚等，都曾经当过坞壁主。[38]敦煌石室本《晋纪》记载：“永嘉大乱，中夏残荒，堡壁大帅，数不盈册，多者不过四五千家，少者千家、五百家。”[39]在魏晋时期，坞壁的出现更加频繁。在一定程度上，这是“永嘉之乱”带来的影响。并且，“由于东汉以来地主大土地所有制及部曲佃客制的发展，意识形态也相应地发生某些变化，强化了封建宗法思想，滋长了以血缘和地域为核心的宗乡观念，这就为这种社会集团的凝聚提供了经济和思想基础”[40]。坞壁有时称“坞”“壁”“垒”“坞堡”“壁垒”等，原本只是一种建筑类型，但后来逐渐演变成一种以宗族豪强为代表的且带有一定武装性质的社会组织形式。这一演变过程中，最突出的就是初步形成了以血缘和地缘为核心的宗族观念与乡里观念，这对早期中国村落的形成与构成起到了重要作用。这一时期的坞壁可以分为三种类型。

一是宗族豪强坞壁。其产生有几种原因。第一，抵御农民起义。黄巾起义之后，大大小小的农民起义紧随其后，风起云涌。仅据《后汉书·朱儁传》的记载，就有 25 次，包括黑山、黄龙、白波、左校、郭大贤、于氐根、青牛角、张白骑、刘石、左髭丈八、平汉、大计、司隶、掾哉、雷公、浮云、飞燕、白雀、杨凤、于毒、五鹿、李大目、白绕、畦固、苦哂。农民起义虽然是反抗官府贵族，但在客观上也会造成整个社会的动荡不安。为了对抗农民起义军的攻击，宗族豪强组织乡里族群民众建造坞壁。三国名将许褚，早年就曾“聚少年及宗族数千家，共坚壁以御寇”[41]。此外，吕虔、李通、李干、李典等都有过类似的经历。北朝时期，赵郡李氏统率的坞壁部曲，军事力量十分强大，连由葛荣领导的当时北魏最大规模的农民起义军也攻打不进去。[42] 第二，对抗北方少数民族入侵。这类坞壁主要出现于北方地区。十六国时期，游牧民族侵入中原，宗族豪强组织乡里据坞壁以自保。河东汾阴薛氏自川蜀迁居河东，成为大族，实力强盛，几代人都有抵御少数民族的经历，如薛强抵御鲜卑慕容氏，薛辩抵御匈奴赫连氏，而薛强的先祖更是曾抵御过刘渊、石虎、苻坚等。[43] 直到北魏初期，历时 100 多年，薛氏都以坞壁武装保持了独立，在局部地区形成了比较稳定的局面，维系了当地的生产生活。第三，为了在军阀混战中自保。由此形成的坞壁，主要出现于江南地区。从东晋到刘宋时期的人口南迁，也影响了坞壁的形成。如关于豫州的夏侯家族，《南史》载：“中大通六年，为豫州刺史，加督。豫州积岁连兵，人颇失业，夔乃率军人于苍陵立堰，溉田千余顷，岁收谷百余万石，以充储备，兼赡贫人，境内赖之。夔兄亶先经此任，至是夔又居焉，兄弟并有恩惠于乡里。百姓歌曰：‘我之有州，频得夏侯。前兄后弟，布政优优。’夔在州七年，远近多附之，有部曲万人，马二千匹，并服习精强，为当时之盛。”[44] 此外，浙江东阳的留异，福建侯官的陈羽、陈宝应父子，湖南长沙的欧阳頠，四川充国的侯瑱，等等，都是因此形成了比较大的地方势力。宗族豪强的坞壁兴起，是一把双刃剑。它的消极一面是，产生了比较大的社会破坏力量，如对当地百姓进行侵扰搜刮；它的积极一面是，形成了有利于经济发展的局面，在一些地区甚至形成了比较大的交易市场。

二是家族共同体坞壁。这类坞壁以宗族为核心，他们在战乱中迁居于空旷的山区，结坞自保，例如汉献帝时田畴在河北一带组织建造的坞壁。史载，田畴为了抵御汉族军阀公孙瓒以及鲜卑、乌桓等少数民族的侵扰，率举宗族附从数百人，入徐无山中，“营深险平敞地而居，躬耕以养父母。百姓归之，数年间至五千余家”。田畴对前来归附的父老说：“诸君不以畴不肖，远来相就。众成都邑，而莫相统一，恐非久安之道，愿推择其贤长者以为之主。”大家一致推举田畴为坞壁主。于是田畴制定了相关条款，“畴乃为约束相杀伤、犯盗、诤讼之法，法重者至死，其次抵罪，二十余条。又制为婚姻嫁娶之礼，兴举学校讲授之业，班行其众，众皆便之，至道不拾遗。北边翕然服其威信，乌丸、鲜卑并各遣译使致贡遗，畴悉抚纳，令不为寇”[45]。西晋时，庾衮在河南禹县建立的坞壁也是如此。八王之乱时，庾衮的家乡遭受兵乱，为了防卫自保，庾衮“乃率其同族及庶姓保于禹山”。庾衮教导百姓说：“二三君子相与处于险，将以安保亲尊，全妻孥也。”众人提议庾衮为坞壁主，庾衮于是与众百姓约定规则共同遵守：“无恃险，无怙乱，无暴邻，无抽屋，无樵采人所植，无谋非德，无犯非义，戮力一心，同恤危难。”庾衮与众人在山林深处“峻险阨，杜蹊径，修壁坞，树藩障”，建立了一个具有军事功能的寨堡式村落。在村落内部，实行有序的管理制度：“考功庸，计丈尺，均劳逸，通有无，缮完器备，量力任能，物应其宜，使邑推其长，里推其贤，而身率之。”其结果是：“分数既明，号令不二，上下有礼，少长有仪，将顺其美，匡救其恶。及贼至，衮乃勒部曲，整行伍，皆持满而勿发。贼挑战，晏然不动，且辞焉。贼服其慎而畏其整，是以皆退，如是者三。”虽然村落民众连续三次进攻击退敌人，但由于藩王持续作乱，庾衮再次迁于林虑山，林虑附近的民众又来归附。后石勒攻打林虑，当地父老又建议集体迁往大头山。[46]可以看出，一方面，当社会混乱时，底层百姓只有抱成团才能自保；另一方面，庾衮等底层民众的领袖在这种自保过程中起到了重要作用。

三是流民坞壁。流民坞壁指的是来自各个不同的家族的民众共同建造的坞壁。这些人在远离家乡的地方聚集生活并非由于彼此之间具有血缘关系，而是连年战乱的冲击，迫使他们聚在一起团结自保。例如，李傕、郭汜作乱时，关中百姓流离失所，长安死伤狼藉。为了求生，百姓只得纷纷外逃。部分逃往蓝田的百姓，被当地术士刘雄鸣（又名刘雄）收留，组成坞壁部曲进行自保。刘雄鸣有时归附州郡，有时投奔曹操，有时独立自保，灵活应对，在战乱时期保全了当地百姓。直到建安十八年（213年）再次归顺曹操，其流民坞壁的历史才得以结束。除此之外，河东还有以程银、侯选、李堪等为首的1 000多家的大家族，都建有流民坞壁。[47]与宗族豪强坞壁的坞壁主或者家族共同体坞壁的坞壁主出身世家大族不同，流民坞壁的坞壁主出身都较低。坞壁内部也多以家为基本生产单位。西晋末年，少数民族入主中原，北方流民形成了大规模的迁徙浪潮，有的迁往少数民族控制的辽东、西北等地，有的迁往江南的司马政权地区，这次迁徙比东汉末年范围更大、影响更深。流民坞壁遍地而起，正如有学者所评价的："它比之汉末的流民坞壁规模更大、范围更广。担任流民坞主的不仅有诸如李矩、郭默、魏浚、魏该、苏峻等等的庶姓，而且有'豪望''望族'出身的张平、游纶等等的宗豪与世族。大姓自任流民坞主，在汉末是罕见的，而晋末却十分普遍。这说明当时不同阶级共同防御胡族侵扰，正是民族矛盾激化的反映。这些流民坞主政治态度不尽一致，有的被晋王朝拉拢为将，有的保持独立地位，有的投靠胡族上层分子，有的在胡汉对峙的夹缝中依附双方。不管抱着哪种政治态度，这类坞壁在安置流民过程中都起了组织作用。"[48]

为了增强自身力量，坞壁的选址一般都有两个特点：其一，在远离城市的山野僻静之处，以便于躲避外部的侵扰；其二，驻扎之地有可耕作的土地，以便于开展生产，维持生活。不同的坞壁类型，在生产生活资料的分配上也有所不同：宗族豪强坞壁，一般采用均田制；家族共同体坞壁，一般采取按劳分配原则；流民坞壁，大体采取平分的做法。

追根溯源，坞壁的形成与永嘉之乱密不可分，而坞壁的出现又对后来村落的形成、发展产生了影响。坞壁对后世村落的影响主要在于，坞壁选择在无主之地开荒生产，使得大量民众离开城市转入乡村，并在这些地区长期耕作，定居生活。原本没有人烟的地方，逐渐衍生出村落，有的在后来规模发展得很大。那些家族共同体坞壁，与后世单姓村落的形成有着密切关系；而流民坞壁，则与后世多姓村落的形成有关。

少数民族入主中原，有其消极的一面，这主要直接表现为给百姓生活造成的不安定感，但也有积极的一面，即促进了中华民族政治、经济及文化的大融合，这种积极的影响是十分深远的，而且这种融合是双向的。一方面，少数民族与汉族接触日增，受到汉文化的影响，逐渐掌握了农业生产技术，定居的生活、生产方式逐渐在当地形成；另一方面，少数民族的生活习俗、语言文字等，也对中原地区的文化与制度产生了深刻的影响。下文将要提到中原地区实行的宗主督护制，就是在游牧民族的部落酋长制的基础上发展而来，宗主的原型即部落首领。

四、三长制下的北朝村落与组织

道武帝拓跋珪建立北魏政权时，广大北方地区坞壁林立。大地主多筑堡自守，聚族而居，拥有很多的依附农民及一定的武装力量。北魏统一北方后，一方面无力改变这一现状，另一方面出于管控的需求，任命他们为宗主，并承认这些宗主的既有利益的合法性，利用各地宗主督护地方，称为宗主督护制。这也是北魏初期普遍实行的地方基层政权组织。《魏书·食货志》称："魏初不立三长，故民多荫附。荫附者皆无官役，豪强征敛，倍于公赋。"宗主督护制对维护基层治安具有一定的作用，但起初因为国家政权的管控缺位，尤其是在人口管理上缺乏有力的举措，地方上不少豪强地主趁机隐瞒其控制的人口。宗主控制下的包荫户多数没有户籍，只作为宗主的私家人口存在，不服徭役也不纳税，严重影响了北魏政权的赋税来源。

到北魏孝文帝时，李冲在《上书言宜立三长》中建议设立三长制："宜准古五家立一邻长，五邻立一里长，五里立一党长，长取乡人强谨者。邻长复一夫，里长二，党长三，所复复征戍，余若民。三载亡愆则陟用，陟之一等。其民调，一夫一妇帛一匹，粟二石。民年十五以上未娶者，四人出一夫一妇之调；奴任耕婢任绩者，八口当未娶者四；耕牛二十头，当奴婢八。其麻布之乡，一夫一妇布一匹，下至牛，以此为降。大率十匹为工调，二匹为调外费，三匹为内外百官俸，此外杂调。民年八十以上，听一子不从役。孤独癃老笃疾贫穷不能自存者，三长内选养食之。”[49] 李冲建议以家为单位，逐级设立邻、里、党三级行政机构对基层社会进行管理，即“五家立一邻长，五邻立一里长，五里立一党长”，其职责是检查户口，监督耕作，征收租调，征发徭役和兵役。三长享有一定的优待，可以免除一人到三人的官役。这个建议得到了北魏中央政府的采纳。太和十年（486 年），北魏废除了原来的宗主督护制，设立三长制，并派官员赴州郡定户籍。这一制度的设立打击了豪强地主，直接控制了基层政权组织，增加了国家纳税服役人口数量。国家纳税户口的增多，大大增加了北魏的国家财力。

不过，三长制最开始推行得并非十分顺畅。为了调动地方官员的积极性，北魏朝廷又实施“分置州郡”，主要是以人口户籍的多少来决定县郡的设置或者废除。户口增至一定数目，地方的行政级别便可相应提高；而户口如果下降到一定数目，行政机构则会撤并。因此，地方官员为了提高当地行政机构的级别，确保官衔给自身带来的利益，十分在意其领辖地区内人口的增加。这使得以往瞒报人口的现象有所降低，从而在客观上促进了国家在籍人口数量的增加。直到隋代统一之前，北方人口一直都保持上涨之势。例如，东魏时期，每县户数平均达 2 440 户，平均每户 3.78 口[50]。其中某一时间段，新置的 31 县至少有 75 640 户，再加上部分新置及升级的州、郡、县，若以 10 万户计，人口总量达 40 万。可见，“三长制”对于北朝人口的增加起到了重要作用，并直接为杨坚统一南方结束分裂局面奠定了基础。

要考虑三长制推行的效果与作用，最有效的方法是考察其直接负责人，邻长、里长、党长。三长如何选拔，文献中并无明确记载。后世学者推测，大约如同传统的乡里管理者三老一样，都是选拔上了一定年岁的老者担任，其他的基层行政助手也都出自本地，带有“自选自治、乡人治乡”之意。具有担任三长资格的人，最初也许延续了坞壁壁主以及宗主督护的遗风，由乡里豪强地主担任。《魏书·常景传》载："今之三长，皆是豪门多丁为之。"这是因为乡里豪强地主自汉代以来就在基层社会中有着很高的威望与影响力，控制着基层社会的经济、政治与文化。

综上所述，三长制自北魏兴起，东魏、西魏、北齐、北周都有所延续，至隋代终止。三长制的实施，对这一时期基层社会的稳定与发展，起到关键作用。作为基层官吏的三长，直接参与了所有的基层事务，涉及民众日常生活的各个方面。朝廷的政令能够通过三长直接传达到基层，而基层的社会民情也能通过三长上传至朝堂。不过，对朝廷而言，三长是国家的官吏，要为国家的利益服务；对于百姓而言，三长原本是本地的父老，却充当了朝廷的爪牙。三长夹在百姓与朝廷的中间，扮演着一个矛盾的角色。

第二节
"村"的出现及其发展

一、"村"与自然聚落

之所以说这一时期是村落发展史上的一个关键点，其中的一个重要原因，就是这一时期的汉语中出现了"村"字。在此之前，有"聚""里""格""庐"这类对聚落形态的称呼，但尚无"村"字。而魏晋南北朝时期，"村"被运用至郊野聚落的命名之中，其后这种称谓再未发生大的变化，并一直延续至今。

现存典籍中，最早出现"村"字的是《三国志》，"村"与"落"连用，共出现了两次。其一，为卷十六《郑浑传》载："以郡下百姓，苦乏材木，乃课树榆为篱，并益树五果；榆皆成藩，五果丰实。入魏郡界，村落齐整如一，民得财足用饶。"其二，为卷三十《乌丸鲜卑东夷传》载："北沃沮一名置沟娄，去南沃沮八百余里，其俗南北皆同，与挹娄接。挹娄喜乘船寇钞，北沃沮畏之，夏月恒在山岩深穴中为守备，冬月冰冻，船道不通，乃下居村落。”《郑浑传》中的村落位于曹魏某处城外，与今天的村落所处环境相同。而“齐整如一”“民得财足用饶”的表述，显示出这个村落秩序井然，较为繁荣。《乌丸鲜卑东夷传》中所载的村落位于北沃沮，为东北部的少数民族区域。村落是北沃沮民众冬季的临时居所，其夏季则仍旧生活在“山岩深穴”中，带有原始的游牧部落特征。当然，将北沃沮民族冬季的临时聚居区称为“村落”，是汉人的说法。不过，这两处记载至少说明，在陈寿生活的西晋时期，“村”字逐渐开始被使用，以“村落”命名乡野的民众聚居之所，也在此时肇兴并逐渐盛行。东晋时，村落在文人笔下也时有出现。如陶渊明的诗《归园田居·其一》：“暧暧远人村，依依墟里烟。”《移居二首·其一》：“昔欲居南村，非为卜其宅。”《搜神后记》卷五：“未至村，日暮。”著名的《桃花源记》描述了一个中国人永恒的精神家园，并明确写道这是一个村落：“便要还家，设酒杀鸡作食；村中闻有此人，咸来问讯。”法显的《佛国记》：“从此西南行一由延，到那罗聚落。是舍利弗本生村。舍利弗还，于此村中般泥洹，即此处起塔。”《抱朴子》卷五《茅君》：“此村中诸已死者，谁可起之？”诸如此类，虽然不是特别多，但也不少见。这一时期的汉译佛经中，也出现了很多“村”字。姚秦的鸠摩罗什译《思益梵天所问经》：“一一城者，有一万五千聚落村邑而围绕之。一一聚落、村邑无量百千人众充满其中。”宋天竺三藏求那跋陀罗译《杂阿含经》卷二十九：“是比丘若依聚落，城邑止住。晨朝着衣持钵，入村乞食。”难以一一列举。到了唐代，“村”作为某一类聚落的指代用词，被广泛接受。

关于“村”字对应于聚落形态这一问题，很多学者做了不少考证。日本学者宫崎市定认为，后世所谓的“村”，其实是从屯田产生的。他据此推论的原因在于：“‘村’这个字本来写作‘邨’，这个‘邨’字是‘屯’旁附个‘邑’。”[51] 另一个日本学者宫川尚志认可“村”字起源于“邨”的说法，但是又说：“村起源于汉代的乡聚，也有的是在魏晋时期战乱破坏的县城废墟上形成的。这些自然聚落的形成起初只是出于军事防卫的目的，此后演变成征税、治安等施政对象。”[52]两位学者的说法有其合理处，从字源意义上来说，“村”字就是由“邨”演变而来的。不过，“村”这一聚落形态的起源与发展，则远比字体形态的演变复杂，军事原因只是其一。

部分学者认为，村来源于“聚”，这种推断在一定程度上是符合历史事实的。虽然不是所有的村都起源于“聚”，但是至少其中大部分村都来源于“聚”。在汉代文献中，虽然没有“村”字，但是有大量的“聚”。东汉许慎的《说文解字》中，“聚”被解释为“会”，“邑落曰聚”。清代的段玉裁又进一步解释为：“邑落，谓邑中村落。”这体现了一千多年以来，人们对于“聚”与“村”的关系的通识性认知。

“聚”还通常与“落”连用，从它的实指来看，并非城邑，而是后世的村落。聚落是自然形成的民众聚居区。《汉书·沟洫志第九》：“河水东抵齐堤，则西泛赵、魏，赵、魏亦为堤去河二十五里。虽非其正，水尚有所游荡。时至而去，则填淤肥美，民耕田之。或久无害，稍筑室宅，遂成聚落。”[53]这段文字说明，民众沿黄河边上可耕田之处修筑房屋，自然形成聚落。汉代赵充国在青海一带招抚罕羌，行军至当地，“令军毋燔聚落刍牧田中”[54]。《汉书·地理志》中，列举了虒聚、刘聚、惮狐聚、阳人聚、南筮聚、駣聚、山聚、力聚、鼓聚、秦聚、历聚、禺聚、所聚、合聚、博聚、虑聚、永聚、彭泽聚、多聚、梧中聚、落门聚、繁聚、犷聚等二十多处，其中很多都是新莽时期命名的。《后汉书·郡国志》中，聚名增多，出现了五十七处。[55]

南北朝时期，《颜氏家训》上的一条史料，记载了某处村落由“聚”变成“村”的故事：“吾尝从齐主幸并州，自井陉关入上艾县，东数十里，有猎闾村。后百官受马粮在晋阳东百余里亢仇城侧。并不识二所本是何地，博求古今，皆未能晓。及检字林、韵集，乃知猎闾是旧猎余聚。”[56]这条史料可以视为村落名称由“聚”改“村”的一个典型。东晋时代开始，从北方迁徙到南方的中国人之所以居住在野外的村落，原因有二：其一是南方本地人多，且多少有排外的可能，地缘人缘均不够谙熟的北人很难挤进城里居住；其二是南迁的北人也不愿意直接被当地政府管辖，带有隐居避世的意思。为了治理这些散居的民众，南朝政府承认了自然形成的村落，设立了一个带有一定自治职能的代表，与郡县相协调。当然，村作为专指的名称并被普遍接受，尚有一个比较漫长的过程。

根据史料来看，南北朝时期，村与堡、坞等并称的并不少见。这说明，坞堡等军事性聚居地在失去战争功能之后，并未被居民放弃，而是被持续使用。村与坞相连使用的例子，多见于《魏书》。卷十四《神元平文诸帝子孙列传》载，邪杲“劫掠村坞，毒害民人，齐人号之为‘沓榆贼’”。卷七十四《尔朱荣传》：“贼锋已过汲郡，所在村坞悉被残略。”卷八十七《节义传》载：“永安初，为萧衍将韦休等所虏，而缚临刃，巡远村坞，令其招降乡曲。”《晋书》也有一些例子，卷八十七《忠义传》载：“村坞主帅小者，犹假银青、将军之号，欲以抚结众心。”村与堡连用的例子主要见于卷一百《李特传》：“是时蜀人危惧，并结村堡，请命于特，特遣人安抚之。”“益州从事任明说尚曰：‘特既凶逆，侵暴百姓，又分人散众，在诸村堡，骄怠无备，是天亡之也。可告诸村，密克期日，内外击之，破之必矣。’”“特之陷成都小城，使六郡流人分口入城，壮勇督领村堡。”

根据这些史料的前后文描述可知，当村与坞、堡连用的时候，一般都处于战事之中。这也就进一步可以说明，坞、堡实为出于军事目的修建。战乱结束后，坞堡建筑以及周围的耕作场地并未废弃，而是继续被用来居住和生产生活，演变成了村落。即使是单独表述与村相关的内容，仍旧可以见到其军事痕迹。《魏书》列传第四十六《杨侃传》载，雍州刺史萧宝夤据州反，杨侃前往讨伐，并昭告被围困村落：“今且停军于此，以待步卒，兼观民情向背，然后可行。若送降名者，各自还村，候台军举烽火，各亦应之，以明降款。其无应烽者，即是不降之村，理须殄戮，赏赉军士。”“若送降名者，各自还村”以及“其无应烽者，即是不降之村”表明，杨侃围困的村落具有军事根据地的功能。杨侃的军队并不能长驱直入，说明村落周围都有很坚固的防御围墙。

此时，也有城邑、村落、村邑并称的称谓出现。《魏书》列传第四十六

《杨逸传》载："吏人如丧亲戚，城邑村落，为营斋供。"《晋书》列传第六十四《隐逸传》载："冲亦以礼让为训，邑里化之，路不拾遗，村无凶人，毒虫猛兽皆不为害。"《北齐书》列传第十三载："山东旧贼刘盘陀、史明曜等攻劫道路，剽掠村邑。"村与邑开始作为一对词语使用，表明"村"正在成为乡野聚落的一个泛称。

与之相应的，就是逐渐出现了确切的以"村"命名的村落。《魏书》列传第十二："至刺史陆龙成时谋叛，聚城北高柳村。"《北齐书》帝纪第八："周军奄至青州，太上窘急，将逊于陈，置金囊于鞍后，与长鸾、淑妃等十数骑至青州南邓村，为周将尉迟纲所获。"今所见南齐时的文献里，以"村"命名的村落，更是多达十余处。如《南齐书》卷十四《州郡志上》载："吴兴、建安、将乐、邵武、建阳、绥城、沙村。"《南齐书》卷十八所载"村"最多，皆为当时国家认定的祥瑞的发生地："升明三年三月，白虎见历阳龙亢县新昌村。""中兴二年二月，白虎见东平寿张安乐村。""山阳县界若邪村有一梘木，合为连理。""八月，盐官县内乐村木连理。""升明二年九月，建宁县建昌村民采药于万岁山。""升明三年，左里村人于宫亭湖得靫戟二枚。""永明八年，始兴郡昌乐村获白鸠一头。""六年，蒲涛县亮野村获白獐一头。"《南齐书》卷二十五列传第六："攸之于汤渚村自经死。""敬儿弟恭儿，不肯出官，常居上保村中，与居民不异。"《南齐书》卷二十六列传第七："地黄村潘妪善禁……显达不能抗，退走至西州后乌榜村。"《南齐书》卷四十四列传第二十五："县令何洵告鱼浦子逻主从系公，发鱼浦村男丁防县。"

从北朝石刻资料中，我们今天仍旧可以找到若干个传统典籍文献中未见或未录入的村名：任丘村、南乡村、圻上村、当陌村、高平村、大尚村、安鹿交村、淳亏村、小辟村、山阳村、北林在村、陵户村、高柳村、马村、东比村、商王村、朝阳村、安村、桓尹村、水冶村、京上村、高陵村、大吴村、苌湼村、菀中村、树要村、诸田村、新王村、元村、上梅村、高门村、八涧村、日□村、洛音村、马□村、公孙村、赵村、阳阿故县村、梁罢村、贾墥村、雹水村、般石村、岩梁村、凉上村、赵村（二）等，共计 45 个（武平五年河北灵寿三圣院的张天智造像上的村名以□□表示）。[57] 从村名来看，一些村落可能已经以某一姓氏为主了，如大吴村、新王村等。赵村出现了两次，一个位于河南洛阳，另一个位于陕西咸阳。虽然可能同样迫于迁徙，但在迁徙过程中可能演变成了一种以姓氏为单元的集体行为。这一情况或许可以说明，秦汉后期，这些以家族结聚的聚落在这一动乱时期，不但没有削弱，反而有了长足的发展。

此外，这一时期的其他相关典籍中也都出现大量村落名称。《水经注》载有 19 处。这些村落分布于全国各地——山东的薛村，河北的北城村，陕西的长柳村，湖北的须导村、射堂村、平乐村、东亭村，浙江的徐村、木客村，安徽的烽村，巴蜀地区的博村、阳村、故陵村、巴乡村、七谷村，湖南的乌林村、石塘村、万岁村、湘陂村，等等。

需要指出的是，南北朝时，村可能已经具备了行政区划意义，具体体现为以下几个方面。其一，村逐渐成为基本的税收单位。东晋官员刘超征收地方税时，“但作大函，村别付之，使各自书家产，投函中讫，送还县”[58]。南朝梁的鱼弘以村为单位，盘剥民众。[59] 南齐政府官吏进行征税时，“暮宿村县，威福便行”[60]。其二，村具有基本的行政管理职能。南朝宋时，江东实行“一人犯吏，则一村废业”[61]；民众有盗窃坟墓者，“罪所近村民”[62]。南朝梁时，严禁当兵叛逃，“一人有犯，则合村皆空”[63]。其三，村开始成为基本的经济事务单位。流民的安置，荒田的开垦，政府的救助等，都以村为单位进行。梁武帝时，曾下诏安抚流民说：“若流移之后，本乡无复居宅者，村司三老及余亲属，即为诣县，占请村内官地官宅，令相容受，使恋本者还有所托。”[64] 其四，村偶尔会成为分封单位，主要针对少数民族。南朝宋时，晋熙蛮梅式生起义，被封为高山侯，其领地为牛冈、下柴二村三十户。[65] 当然，这四点仅能说明，村已经成为当时聚落的习惯性称呼，甚至可能已经纳入了行政单位，并具有完备的行政功能与作用。但目前尚无文献能明确证明这一时期的国家政令，曾以“村”为行政单位。

如此看来，“村”既是聚落在聚居单元性质上的衍化，也是名称的进化。且在这一时期，村与邑、堡、坞、栅、屯连用的情况较为常见。不仅如此，村在郡县直辖地区、民族地区、属邦地区、佛教区域等，都有所体现。大致看来，魏晋南北朝时期（包括隋朝），是“村”这一概念的肇始期。村名作为具体地名的指代，也在这一时期开始流行，并有取代此前“聚落”称谓的趋势。正是因为魏晋南北朝时期对“村”的使用，其在地域范围中不断出现，并不断扩散扩大，以至“村”后来成了跨越时空约定俗成的名称，最终成为被历朝历代普遍认同的通识称谓。不过，这一时期的“村”，还不是具备社会制度性意义的行政单位。[66]按照历史发展的逻辑顺序，应该是民间出现以“村”命名的聚落在先，其作为正式的行政机构名称被纳入国家管理体系在后。所以，魏晋南北朝时期，用“村”命名聚落的风气流行，直到唐代，它已经成为约定俗成的概念，才最终被纳入国家管理体系，成为国家行政管理的基层单位。

二、村落的规模及形态

从东晋开始直到南朝宋时期的人口南迁，也影响了南朝村落的形成。从具体的地域来看，主要是山东、河北及河南东部的人口迁往长江下游以及淮河流域。[67]

魏晋南北朝时期，村作为自然聚落的名称普遍存在，但是并未上升为国家行政编制的单位。此时，最小的村只有两三户到十多户人家，大的村落有几千户。《魏书》卷九《肃宗纪》载：“九月丁丑，淮堰破，萧衍缘淮城戍村落十余万口，皆漂入于海。”《魏书》列传第八十六将这个事件复述了一遍：“秋九月，堰自溃决，漂其缘淮城戍居民村落十余万口，流入于海。”两条史料记述大同小异，并非凭空杜撰。虽然数字可能并不准确，且未标明有多少个村，但仍旧可见村落人丁之盛。少数民族地区山林密布，自然环境险恶，民众都集中居住，村落规模都很大。例如，巴蜀地区的蛮族，有冉氏、向氏两个大部落，《魏书》列传第八十九载“啝落尤盛，余则大者万家，小者千户”。就是在人类社会相对高度发达的今天，湖南西南部、贵州东南山区和云南的某些山区，仍旧可以见到许多人口密集的大村落。

由于史料及出土文物的匮乏，要深入系统研究魏晋南北朝的村落形制，理所当然是一件非常困难的事情。但是，我们依据史料和新出土文物，仍旧可以对这一时期的村落形制做出粗略的勾勒，为后续研究做一些先行的基础性工作。

从地形上看，村落或者位于山区，或者位于平原。平原地区的村落，由于缺乏天然的屏障，所以村落民居集中修建在一处，聚居区与田野之间用坞壁分离，至少也有土墙。平时，村民由村门或者村闾出入，村里的生活区域比较狭小，人口十分密集。坞壁作为一种建筑形态，兴起于战乱时期。当时，这是一种能够有效抵御外来侵扰的建筑形制，对保卫村落十分必要和有效。由于壁围的存在，建筑与其内的村落空间自然而然变得非常仄狭有限，给正常的起居生活带来诸多不便，属于战乱时期不得已而居之的处所。所以，战乱一旦结束，有经济条件的人家随即迁居于坞壁之外，另择宜居之处重新建宅。又由于兴建房屋的行为大多是以户为单位，新建的居所也相对零散，规模不大，所以新的村落往往呈现出区域聚落的散居状态。单体建筑很少有高大的围墙，即使有土垒的矮围，也是出于喂养家禽家畜区域和宅地的分界之需，是“有围无墙”，完全没有什么实际的防御功能。这类形制的演变，直到今天仍有遗存。例如，湖南郴州一带的碉楼、寨堡，最初都是出于军事目的修建的。战事结束，部分有经济实力修建新房的民众则迁出，另一部分仍居于其中。宜章的黄沙堡内，原有居民大部分都已经搬迁出去，但中心区域仍旧居住着几户人家，菜地、水井都有，即使封闭起来，也完全可以自给自足。（见插图 11）这是坞壁与村落演变的活证。

总之，战乱之后，大多数村落都没有围墙，即便有，也是历史原因遗留下来的。围墙主要是用来抵御外敌的，在和平时期并不能给居住在其中的居民的生活带来方便。因此，战乱时期修建的围墙，在失去其防御功能之后，一般会被村民废弃。而且，对大多数村民而言，单独列出一笔修建围墙的费用也属于多余。

村落周边虽然没有围墙，但个体的家庭住房都是独栋的，且大多有篱笆或者石土砌围环绕。这大体可以由史料中的零散记载组合成一个较为完整的面貌。南方的长江下游地区，河流湖泊密布，雨水较多，因此一些人家在房屋旁边开沟，便于排水。南朝宋时，浙江会稽永兴的郭世道家里就是如此。《宋书》卷九十一《孝义传·郭世道》载："居宅下湿，绕宅为沟，以通淤水。宅上种少竹，春月夜有盗其笋者，原平偶起见之，盗者奔走坠沟。原平自以不能广施，至使此人颠沛，乃于所植竹处沟上立小桥，令足通行，又采笋置篱外。邻曲惭愧，无复取者。"可以看出，郭世道的房屋附近还种植了大量的竹子，这既起到了美化环境的作用，又可以提供足够的生产生活资料。在这片区域，无论是隐居于乡村的士大夫，还是世代耕作于此的农民，在屋前屋后种竹都是比较常见的。

当然，不仅限于种植竹子，有些地方也种植桑树。《南齐书》卷五十五《孝义传·韩系伯》载：襄阳一带，民众通常种植桑树来区分土地的权属。当时，襄阳的韩系伯不与邻人相争，觉得桑树的枝叶会妨碍别人地里的农作物生长，因此把自己的地界内移数尺，但邻居却马上把地界外移，侵占了他所移开的地方。韩系伯便再次变更地界，向内移植桑树。此外，榆树也被用来作为篱笆，如《三国志·郑浑传》所载的"树榆为篱"。

于村里宅外植林，也与居民的风水观念有关。这一时期，村落布局中已经初步有了风水林的观念。所谓风水林，就是不少村落在选址时，考虑到风水上的因素，特意在周边某处留出一片土地种植树木，树木成林后，或遮阳避雨，或挡风穿堂，这片人工林就被称为风水林（也有的是特意留下的小面积原始森林）。村民相信风水林会为村落带来好运，因此他们都会着重保护风水林。他们还会在风水林栽种具有不同实用价值的树木（如果树、榕树、樟树及竹等），使风水林有实质性的经济价值。湖南城步县长安营乡的大寨村（见插图 12），至今还保留着一片东晋时期形成的人工风水林。这片风水林全部由杉木组成，共有38棵，生长在溪流的沙滩上或者小溪两岸的崖畔上。耸立在西边崖畔上的那棵最高、最大的古老杉树，胸径2.45米，胸围7.7米，冠幅28米，树高约30米，立木蓄积量达50多立方米，是湖南目前发现的最大杉树，比已知的福建“杉王”（胸径1.6米，胸围5.02米）还大40%以上，被称为“中国杉树之王”，种植时间为东晋（317—420年）。它之所以能经历1 600多年保留至今，是因为村人相信，风水林会护佑整个村落，不能轻易砍伐。

这一时期的村落周围也有篱笆环绕。《宋书·孝义传·郭世道》中的“又采笋置篱外”就表明，竹子外面装有一层篱笆。东汉至魏晋大兴坞壁时，篱笆也是可以起到一定的防御作用的。《魏书》卷六十六《李崇传》载：“（李崇）乃于硖石戍间编舟为桥，北更立船楼十，各高三丈，十步置一篱。”这个“篱”，并非象征性的建筑，而是实实在在的防御工事。庾信的《哀江南赋序》中也有：“江、淮无涯岸之阻，亭壁无藩篱之固。”[68]北朝如此，南朝亦然，连南京城的城门外都设以竹篱。《南齐书·王俭传》载：“宋世外六门设竹篱，是年初，有发白虎樽者，言‘白门三重门，竹篱穿不完’。上感其言，改立都墙。”根据“篱”字的本义以及郭家的物产可以推测，郭世道房屋外的篱笆当由竹子制成。

以篱笆为界，界内即为户主家的土地。《南史·陈显达传》载：“官军继至，显达不能抗，退走至西州后乌榜村。骑官赵潭注矟刺落马，斩之篱侧，血涌湔篱，似淳于伯之被刑。”陈显达兵败退至乌榜村，被赵潭斩杀于村旁的篱笆旁。这一时期村落的篱笆，延续了前期坞壁的篱笆特色。村落中的篱，当然不可能像城门或者坞堡一样牢固讲究，但它自此防御功能演变而来，应该是没有疑义的。

村民的住宅规模，从文献中的相关记载来看，政府的建宅政策相对宽松，给出的建宅地面也相对较大。北魏太和九年（485年）颁布的“均田令”载：“诸民有新居者，三口给地一亩，以为居室。”[69]三口之家，居室面积可以达到一亩，约677平方米。这么大的面积，当然不可能全部用来建房子，应该是以篱笆为界的。西魏时，朝廷规定人均房屋面积所占土地更多。十口之家可占五亩，九口之家占四亩，三口之家占一亩。[70] 当然，朝廷颁发的这些条令，未必完全与当时的情况相符。例如，北魏的裴佗位至中军将军，回乡后“宅不过三十步，又无田园”。[71] 敦煌出土的 S613 号文书记载，西魏大统十三年（547 年），敦煌一带无论每户多少人口，“园宅”均为一亩。[72] 园宅可能就是宅和园的总称，房屋建筑为宅，房屋周围土地以篱笆圈起的空地为园。

在南朝，除少数世家大族以外，普通的村落民居也多以小型居室为主。这与大家族制度式微及小家庭制度盛行有关。梁代的徐勉在一封书信中说自己“内中逼仄，无复房宇”，几个儿子即将成婚，请慧日、十住等僧人主持，又需要更多的房子，而自己“清明门宅，无相容处”。为了解决这一问题，他本来想在“东田间营小园”，作为自己退休之后的归宿。但是，因为“近营东边儿孙二宅”都是挪用了“十住南还之资”，“其中所须，犹为不少，既牵挽不至，又不可中途而辍”。于是，只好将东田的园宅“货与韦黯，乃获百金，成就两宅”。[73] 徐勉为士族官僚，仍旧要为住房问题担忧，普通民众应该更加严重。南朝基层社会实行里伍制度，士庶错居，比屋邻居，因此各种信息传播较快，“小以为意，终自闻知，不必须日夕来往也”[74]。只有房屋小而且靠得紧密，才能有此效果。

魏晋南北朝时期村落的房屋样式，目前所见的材料有限。建筑史方面的著作多以皇家宫殿及宗教寺庙建筑为研究对象，几乎没有涉及村落民居建筑。至于营造的手法，也仅仅见于傅熹年先生的论述。他在研究龙门及云冈石窟的基础上，根据建筑材料的不同，将魏晋南北朝的单层建筑分为五种类型：其一，房屋下部由夯土墙承重，上部为全木构梁架；其二，房屋由山墙及后墙承重，前部立柱承檐，上部为木架；其三，房屋前廊为木构架，屋身为夯土墙，上部有木架；其四，房屋为全木结构，柱间施阑额，阑额上施斗栱，斗栱与柱共同承檐；其五，房屋为全木结构，柱间有阑额，柱及阑额上施斗栱，斗栱承檐。[75] 斗拱多见于宫殿楼阁，村落中，除了少量的体量规模相对较大的公共建筑（如祠庙之类）以外，普通民居应该使用不多。除此以外，其余的形制应该符合当时建筑的真实面貌。多层建筑，如塔、楼等，并非典型的普通民居所用，故而不做详述。

单层建筑屋顶形式也有很多种类，如庑殿式、歇山式、悬山式、硬山式、四角攒尖式、圆攒尖式、囤顶式、单坡式、平顶式等。种类虽多，但各有不同的使用场合。庑殿式、悬山式屋顶比较普遍，既可用于高级别建筑，也可用于厕、溷、仓、井、碓屋、禽舍、畜舍等较低级别的建筑。囤顶比较特殊，接近平顶但中部微拱，主要应用于寒冷地区，可防止屋顶积雪。歇山式、硬山式、四角攒尖式等比较少见。

这一时期的墓室壁画中，有一些相关的图像材料，可以作为村落普通民居建筑的参考对象。例如，在辽宁的棒台子二号墓中，画于后室后壁的居室图（见图 4–1），高 1.4 米，长 5.12 米。正中高楼三层，盖顶为庑殿式，墨瓦垄，脊上似有鸟首状物。朱栏红柱隐约可见，下有较高的石台基，中间有左向的阶石，楼内有红色楼梯。楼左前方水井一眼，朱线勾井栏。楼左和左后方有院墙一道，顶为流水式瓦脊。院门在左墙中部，朱门两扉里向分开，门楼也作流水式瓦脊。[76] 这应该是东北地区经济条件较为优越的人家的

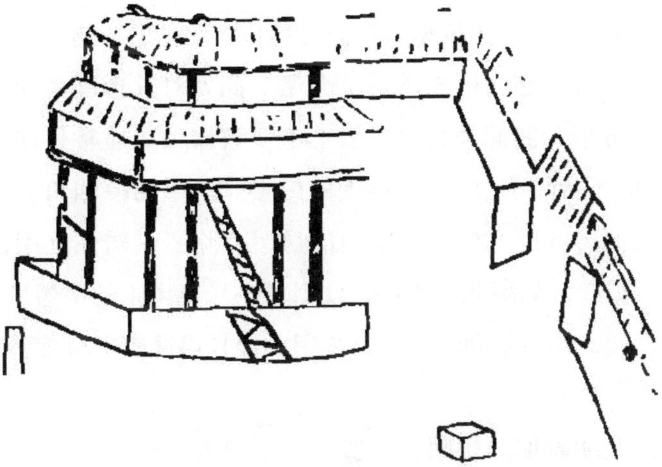

图 4–1　辽宁棒台子二号墓居室图

房屋建筑，包含有楼阁、水井、庭院等部分。不同区域的村落建筑会有不同的特色。例如，巴蜀地区的房屋结构与形制就明显与东北的不同，其特点表现为以下四点：第一，房屋底部有立柱和不立柱两种，前者有干栏式建筑特色；第二，开间以三间为主，进深为二间，故而被称为“明三暗五”；第三，梁架为三角式样，普遍使用斗拱结构；第四，院落平面上，前有门楼，房前有廊，廊外侧用栏板防护、装饰。[77] 在湖南地区，村落民居较为普遍的形制，大抵可以长沙月亮山出土的陶楼为例说明。该陶楼由两幢长方形的房子组合成一曲尺形的平面，其余相对的两角，用矮墙围起来，形成一个后院。整体又构成一方形，包括住房、厕所和家畜圈栏三部分。顶为悬山式，复瓦。屋的前半部高敞，为住人之处，前面设有门和菱形窗格。后半部右边为厕所，蹲坑设在后右侧楼上，与前面住房相通。后院为家畜圈栏。[78] 此墓虽为东汉墓，但由于当时湖南远离政治文化中心，发展较慢，魏晋时期的建筑留存有东汉时期的形制可能性较大，因此村落民居格局也不会有太大变化。

目前，已发掘出了 2 000 多座魏晋南北朝的墓室，其中将近 200 座墓室都出土有建筑明器。这些建筑明器遍布江苏、河南、陕西、广西、湖北、河北等地，从一定程度上反映了当时的民居建筑特色。从类型来看，有囷、厕、溷、碓屋、坞壁、井、禽舍、畜舍、楼阁等，对魏晋南北朝的村落建筑有重要的参考作用。[79] 以此为依据，我们对魏晋南北朝的村落建筑稍做分析。

前文已经对坞壁的由来进行了介绍，此处对其形制稍加概述。坞壁通常平面为长方形，四面围高墙，墙上施双坡屋顶。通常只在坞壁一面或两面的墙下部开设小门，门上立高大的门楼。坞壁高墙四角立角楼（或称隅楼），一般为斜 45 度方向。坞壁内的房屋，除了供居住之用，还多建有粮囷，可囤粮据守。如湖北鄂州鄂钢饮料厂一号墓出土的明器坞壁。[80] 还有的坞壁中立高楼，作瞭望和远程射击之用，如甘肃武威南滩魏晋墓 M1 出土的明器坞壁。[81]

魏晋南北朝时期的楼阁，一般是二层或者三层。当时的建筑技术决定了不可能有再高层的木构建筑。辽宁大连营城子石板墓出土的三层明器楼阁，楼二层底部刻“高楼”二字，可见这时期的人们将三层的楼阁已经看作高层建筑。楼阁平面一般为正方形，顶部多为四角攒尖式。只要是多层建筑即可称楼阁，可见当时并无非常固定的构建形式，多为因地制宜，依当时的需求和当地便利的建筑材料，以及常见的营造工艺而建。甘肃武威南滩魏晋墓 M1 出土的明器坞壁，中央立一座三层望楼，墙壁上有射孔。这很显然是作为军事防御性质的楼阁，是“楼”的本来面貌。《魏书》卷六十六《李崇传》载：“兖土旧多劫盗，崇乃村置一楼，楼悬一鼓，盗发之处，双槌乱击。四面诸村始闻者挝鼓一通，次复闻者以二为节，次后闻者以三为节，各击数千槌。诸村闻鼓，皆守要路，是以盗发俄顷之间，声布百里之内。其中险要，悉有伏人，盗窃始发，便尔擒送。诸州置楼悬鼓，自崇始也。后例降为侯，改授安东将军。”今天南方的侗族村寨中，也依然是村村都建有鼓楼一座，其主要的传统功能也与此记载类似。湖北襄樊樊城菜越三国墓出土的明器楼阁，顶部有刹和相轮，俨然一座佛塔的形象。由楼阁演变而来的楼阁式塔，在魏晋南北朝时期倒是有了定型，成为一种新的建筑形式。（见插图 13）这是魏晋南北朝时期对中国传统建筑的一大贡献。

魏晋南北朝时期，廪、仓、囷等都是储藏粮食的建筑。参考该时期出土的明器实物模型，廪是最高级的存储处，较为少见。仓的形制一般为两层，平面为长方形，屋顶为悬山顶或庑殿顶，外部设楼梯可登上存取粮食。仓墙面上部均设开口作为通风窗使用，并设有窗闩，说明能自由启闭。窗口有单个，也有一排多个的情况，与仓内部的分隔室一一对应，既能将五谷分类，又能防止某处受潮后影响其他区域。根据仓的形制与规格，可以推测它并非普通平民家庭所能拥有的，因其本身修建耗费工钱，平民家庭一般也并无如此多的粮食可以屯放。魏晋时期，平民所用的多为圆形的囷，呈筒状，高 2~3 米。囷身墙上通常设一门或一通风窗。囷顶为圆攒尖式或覆钵状。有的囷门位置较高，外部设置有楼梯。更小一点的则为储粮罐，形制跟囷类似，但不设通风孔。

碓屋是粮食加工的场所。魏晋南北朝时期的碓屋，平面为长方形，屋顶为单檐庑殿顶，四壁有门窗通风，屋内墙角部置踏碓，其余空间较大，可用来放置待加工的粮食。

井是居民获取饮用水的主要场所。为防止人畜掉入，居民在井口以砖石建造圆形或多边形井栏。为了能方便提水，居民又在井栏上修拱形井架，或在两柱间架一横梁。井架上固定辘轳，提水时向下拉动绳索，便可转动辘轳将汲水桶拉起。为防止井水被雨水污染，有些井架上还建有一悬山式或庑殿式屋顶，称为井亭，高 2~3 米。

禽舍和畜舍是养家禽家畜的场所。魏晋南北朝时期饲养的家禽主要有鸡、鸭、鹅三种，牲畜主要有猪、牛、羊、马、狗五种。除了部分人家的鸡、鸭养于笼中之外，大多人家养于禽舍。禽舍与普通房屋形象类似，尺寸较小，通常平面为长方形，单层或双层，有屋顶。禽舍四面环墙，正面墙上开一至两个小门洞供出入。部分禽舍底层架空，下层收集粪便，上层供禽类休息。猪、牛、羊等设栅栏圈养，也可专设一房舍供其休息。马也可在马厩中圈养。

厕所是日常生活中最常使用的场所之一，既可作为独立房屋，又可作为房屋附属。前者往往以富豪家多见，讲究一点的厕所已经分男女，如安徽马鞍山朱然家族墓出土的明器，外部左右各设一门，内部则有男厕和女厕两间。后者见于普通人家，平面为长方形，以墙环绕，上面大多无顶，仅在墙内一角设一厕坑。有的厕所为两层，设楼梯连接上下，底层设厕坑。江西吉水富滩东吴墓出土的明器，厕底层墙壁上还开有一方形排污口。

溷是将厕所和猪圈连在一起的建筑形式，是典型的村落建筑。为便于收集圈养的猪的粪便，同人粪一起积肥，溷形成了两种类型。一种是上面为溷轩，下面养猪。溷轩建在猪圈一侧或者一角的上部，厕坑与猪栏上下直接连通，溷轩外设斜向楼梯。第二类则是溷轩和猪圈并置，溷轩设在猪栏一侧，通过厕坑的排污道与猪栏左右连通。溷下部的猪圈，按平面形状可分两类，一类为方形，另一类为圆形。

这类建筑大多为村落地主及以上阶层所有。除此以外，大多数经济条件较差的村民，所居建筑则为草屋。木材虽然容易获取，但加工费用较高，并非普通人所能承受。尤其在南朝，更是如此。直到南朝的最后一个朝代陈朝时，江南地区的大量民众都居住于草屋之中。《隋书》卷四十一《高颎传》载，杨坚攻打陈国时，高颎就曾因当地人所居多为草屋，容易着火而献策："江南土薄，舍多竹茅，所有储积，皆非地窖。密遣行人，因风纵火，待彼修立，复更烧之。不出数年，自可财力俱尽。"一些清廉的官员也有住草屋的经历，如东晋名臣孔愉，"在郡三年，乃营山阴湖南侯山下数亩地为宅，草屋数间，便弃官居之"[82]。南朝宋明帝的贵妃陈妙登娘家，"在建康县界，家贫，有草屋两三间"。宋明帝说："御道边那得此草屋，当由家贫。"于是"赐钱三万，令起瓦屋"。[83]草屋与瓦屋，体现了不同的经济状况，也反映出不同的社会阶层与等级。

这一时期的少数民族村落建筑也值得注意。晋代张华的《博物志》卷一载："南越巢居，北朔穴居，避寒暑也。"[84]这是符合历史事实的。北方地区干旱少雨，植被贫瘠，居民多采取穴居式；南方地区雨量充沛，竹木建筑材料丰富，居民多采取巢居式。汉民族的建筑工艺发展之后，居民多在平地上居住，能利用砖石竹木综合材料建筑居室。而在少数民族地区，穴居与巢居的居住方式仍然较为普遍地存在。

南方少数民族的房屋，以干栏式建筑最具特色。干栏式建筑起源甚早，一方面可以躲避鸟兽虫蛇，另一方面可以防潮防水。建筑下层由竹子或者木头支撑，上层铺设竹木制的楼板及墙壁，屋顶编织草排覆盖。生活于巴蜀地区的獠人，据《魏书》载："依树积木，以居其上，名曰'干兰'，干兰大小，随其家口之数。"[85]吴越地区也是如此，三国沈莹《临海水土异物志》载："安家之民，悉依深山，架立屋舍于栈格上，似楼状。居处、饮食、衣服、被饰，与夷洲民相似。"[86]两广地区，也有类似史料。徐衷的《南方草物状》记载了交州地区干栏式建筑，主要以由梧竹作为房屋柱子："由梧竹，吏民家种之，长三四丈，围一尺八九寸，作屋柱，出交趾。"[87]晋郭义恭《广志》载："珠崖人皆巢居。"[88]《宋书·良吏·徐豁传》载：中宿县（今广东清远县）"俚民皆巢居鸟语"。《南齐书·州郡志上·晋安郡》载："广州，镇南海。

滨际海隅，委输交部，虽民户不多，而俚獠猥杂，皆楼居山险，不肯宾服。”《梁书·诸夷列传》所载南海的林邑也称：“其国俗，居处为阁，名曰干阑，门户皆北向。”干栏式建筑的名称，最早的出处也在这一时期。这种建筑样式，直到今天仍旧在苗族、侗族等少数民族中存在。而这个名称也一直沿用至今。

整体而言，魏晋南北朝村落建筑形制及样式，具有强烈的时代风格。它既满足了村落民众的基本生活之需，又带有自觉的审美精神。这一时期处于汉唐之间，基本完成了中国村落建筑形制与功能的转变。

第三节 村落社会的生产生活

一、农业发展与生产工具

魏晋南北朝时期虽然是中国历史上少见的长时间大规模的分裂时期，农业经济发展缓慢甚至停滞，但这一时期产生了中国农业史上最早的巨著《齐民要术》。这部著作的作者为北魏的贾思勰，成书于533—544年，主要记载了魏晋南北朝时期，黄河中下游地区劳动人民的农牧业生产经验、食品的加工与贮藏、野生植物的利用，以及治荒的方法，详细介绍了季节、气候、不同土壤与不同农作物的关系，并且零散地记录了江南、东北以及甘肃、陕西部分地区的农业状况，被称为“中国古代农业百科全书”，对后世的农业思想产生了巨大的影响。

《齐民要术》系统总结了5世纪以前，中国黄河下游地区以抗旱保墒为核心的土壤耕作制度。书中根据北方旱作栽培区域的农业特点，系统总结介绍了黄河中下游地区长期使用的“耙”和“耢”农具系统，有20多种农具。“耙”和“耢”的使用，是我国古代北方旱地整地手段的一大进步，为北方旱作区域“耕、耙、耱”技术体系的形成，进行了系统地总结。例如，土地耕作应根据土壤、季节、雨水来进行，才能有效抗旱保墒。要把握好农业生产的各个环节，因地制宜进行栽培管理，强调技术的运用，包括种子播种品质与种子播前处理技术、播种技术、田间管理技术、收获技术、水田综合栽培技术、施肥技术等。涉及的农作物品种有谷、黍、粱、稷、秫、大豆、小豆、大麦、小麦、水稻、旱稻等粮食作物，棉、麻等纤维作物，红花、蓝草、紫草等染料作物，胡麻、芝麻等油料作物，苜蓿等饲料作物以及多种蔬菜、果树。

魏晋时期，我国的农业生产中已经开始种植绿肥作物，肥效最高的是绿豆，其次是小豆和胡麻。种植使用绿肥作物，可以达到一亩田收获千斤的产量。绿肥作物通常与其他作物轮作，《齐民要术》中总结了当时北方地区8种典型的轮作范例，如：苕草—稻、绿豆—谷、小豆—谷、胡麻—谷、小豆—麻、绿豆—葵菜、绿豆—葱、绿豆—瓜。绿肥作物与其他作物轮作，使得土地不至于空闲。同时，绿肥作物的种植目的就在于提高土地的肥力，因此，对于保持土地的长期使用是非常有效的。除了绿肥作物以外，还有其他肥料来源，如积造人粪尿、厩肥、兽骨粉肥、蚕屎、草木灰、巢蛹汁，等等。

生产工具是生产力发展水平的标志。魏晋时期，对于村落生产影响最为重要的就是农业生产工具的使用。这一时期，钢铁冶炼技术得到了进一步发展，铁制农具的使用已经非常成熟。1973年，山西省文物工作委员会在寿阳县西南的贾家庄发掘了北齐贵族库狄迴洛的墓，除了金器、玉器、玛瑙器、鎏金铜器、釉陶器等器物之外，还有一件铁制农具锄。其形制扁薄，圆肩，宽刃内弧。长方形銎，上饰三道平凸弦纹，长12厘米，刃宽约11厘米。锄的一面铸有一个隶书的“王”字。[89]在王室贵族的墓葬中出现一件农具，至少说明了它具有特殊的重要意义。

除了出土的实物资料以外，更多的是图像资料。其中，嘉峪关魏晋壁画墓群中的资料最具特色。这个墓葬群形成于3—4世纪，是包含了1 700余座墓室的大型家族合葬墓群。目前已经发掘壁画近千幅，取材广泛，内容丰富，尤其反映农业题材的作品特色显著。壁画中绘制的农具以整地农具及脱粒农具为主。（见插图 14）其中犁是用动力牵引的耕地农机具，占多数；第二为耢，又称耱，用荆条或树枝编于木耙梃或木架上而成，是在耕后使用的，用于磨平地面，松土保墒。第三是耙，包括场圃上使用的聚拢麦谷的、除草碎土的以及牲畜牵引翻土用的铁齿耙三种。第四是耰，形状如榔头，在播种时用来击碎土块、平整土地，以掩埋种子。脱粒农具中有连枷，由一根长柄和一组平排的竹条和木条构成，利用木棍的回旋连续扑打禾秸谷穗，使籽粒掉下来。还有一种取禾束的杈杆，其形状为直柄横首，横首上凿 4~6 孔，纳木其中，用于钳取草秸，或扬场时除去杂草和禾秸。[90]

最重要的农具是犁。早在秦汉时期，破土垦耕的铁铧就已基本定型。它的形式有多种，可分别适用于开垦荒地、犁耕熟田和开沟作渠等需要。铁犁壁至迟在西汉时就已发明，并有向一侧翻土的菱形壁和向左右两侧翻土的马鞍形壁。此时，已配备了牛轭，并推广了牛环、牛辔的导牛技术。犁的结构上已有了犁床（犁底）、犁柄、犁辕以及用来调节耕地深浅的犁箭，等等。[91]嘉峪关魏晋壁画墓葬中有关犁的构造，共计有三种。其一，犁铧扁平，犁箭中腰有一横木为压镵用，比较笨重，破土不深；其二，犁铧前端为等腰三角形，后部稍高于犁冠，犁箭固定在犁辕和犁床之间，只能用来支撑犁辕和犁床，不能调节耕地的深浅，但因犁铧后背较高，破土较深；其三，犁铧前端为锐角三角形，套有铁铧冠，铧背部隆起，前低后高，犁床由犁梢近处斜出，前端安装铁犁铧，利于破土深耕。[92]

犁的使用，与牛耕的推广有关系。三国时期，曹魏的卫觊给荀彧写信，建议推广牛耕："关中膏腴之地，顷遭荒乱，人民流入荆州者十万余家，闻本土安宁，皆企望思归。而归者无以自业，……夫盐，国之大宝也，自乱来散放，宜如旧置使者监卖，以其直益市犁牛。若有归民，以供给之。勤耕积粟，以丰殖关中。远民闻之，必日夜竞还。"[93]曹魏政府接受了这一建议，牛耕方式在北方地区得到了广泛运用。在南方的长江中下游地区，牛耕方式也得到了初步的推行。《晋书》载："吴上大将军陆逊抗疏请令诸将各广其田。权报曰：'甚善。令孤父子亲自受田，车中八牛，以为四耦。虽未及古人，亦欲与众均其劳也。’有吴之务农重谷，始于此焉。”[94]在蜀国的统治地区，也是如此。蜀汉建兴三年（225年），诸葛亮在云南提出：“赋出叟、濮耕牛战马金银犀革，充继军资，于时费用不乏。”[95]强调了耕牛的地位。

整体来看，牛耕方式的推广是由北到南发展的。三国时期，尽管吴国也开始推行牛耕，但毕竟不广泛。牛耕方式在全国普遍使用，应在两晋时期。西晋时，杜预上疏，请求在南方推广牛耕方式，得到了晋武帝的首肯，下诏曰：“‘孳育之物，不宜减散。’事遂停寝。问主者，今典虞右典牧种产牛，大小相通，有四万五千余头。苟不益世用，头数虽多，其费日广。古者匹马匹牛，居则以耕，出则以战，非如猪羊类也。今徒养宜用之牛，终为无用之费，甚失事宜。东南以水田为业，人无牛犊。今既坏陂，可分种牛三万五千头，以付二州将吏士卒，使及春耕。……其所留好种万头，可即令右典牧都尉官属养之。人多畜少，可并佃牧地，明其考课。此又三魏近甸，岁当复入数十万斛谷，牛又皆当调习，动可驾用，皆今日之可全者也。”[96]经过西晋的这次推广，大批的耕牛从北方调往南方，到宋齐梁陈时期依旧持续。新的农耕区域不断被开垦出来，耕地面积的增加以及耕作效力的提高，促进了人口的繁衍。北朝虽然由游牧民族统治，但重视农耕，多次将耕牛和土地无偿授予农民、功臣和官吏，并鼓励养牛，以牛授田。

魏晋早期的耕犁结构和秦汉时期相差不大。在使用上，以二牛抬杠式为主。二牛抬杠式的犁，主要是直辕犁。犁的前身是耒耜，是一种上有曲柄下为犁头的松土农具。其犁床和犁柄是连在一起的，完全依靠人力来操作完成松土的过程。后来，犁逐渐发展到犁床和犁柄分离使用。魏晋早期，也还有一些地方的犁柄和犁床是连为一体的，这是原始农业的遗风。不过，二牛抬杠式的犁在这一时期成为主流。二牛抬杠意味着要用到两头牛，而人力的使用则经历了从三人到二人再到一人操作完成的变化过程。三人一牛劳作时，需要用到两张犁，二牛各挽一犁，犁由二人分别扶住进行耕作，由一人在前方引导。或者二牛挽一犁，一人扶犁，一人按辕，一人牵牛。随着耕作技术的改进，又发明了犁箭。王莽新朝时期，出现了二牛二人的耕田法。江苏泗洪县重岗汉画像石墓出土的《农耕图》石刻，画有五个农夫，相互配合，使耕作、整地和播种等农活结合起来，形象地展现了汉代农业生产的图景。其中，有两头牛抬杠，共拉一犁，前有一人用绳牵牛，后有一人扶犁。[97]二牛一人的耕作方式，大约在北周时出现。敦煌莫高窟296窟的牛耕图为北周的作品。画面中，一个农人驾驭两头牛在进行耕作。犁床比较大，犁身缩短，由长直辕变成了短直辕，有点类似《齐民要术》所记载的蔚犁："今自济州以西，犹用长辕犁、两脚耧。长辕，耕平地尚可；于山涧之间则不任用。且回转至难，费力。未若齐人蔚犁之柔便也。"[98]

二人一牛的耕作方式，尽管已在多地的两汉时期的画像石、画像砖上出现过，如山西、甘肃、陕西、江苏等，但真正得到广泛应用还是从魏晋南北朝时期开始。魏晋南北朝时期，得到广泛推广的是一牛挽拉的双辕犁，这在许多史料中都有涉及。咸康七年（341年），前燕文明帝慕容皝下令，给没有资产的游民每户一头牛从事农耕："苑囿悉可罢之，以给百姓无田业者。贫者全无资产，不能自存，各赐牧牛一头。若私有余力，乐取官牛垦官田者，其依魏晋旧法。"[99]北魏太武帝太平真君四年（443年），拓跋焘下诏："……有司课畿内之民，使无牛家以人牛力相贸，垦殖锄耨。其有牛家与无牛家一人种田二十二亩，赏以私锄功七亩，如是为差……"[100]北魏孝文帝延兴三年（473年），朝廷"诏牧守令长，勤率百姓，无令失时。同部之内，贫富相通。家有兼牛，通借无者，若不从诏，一门之内终身不仕。守宰不督察，免所居官"[101]。这些记载都表明，在北朝的统治区域，农民的日常耕作，一家拥有一牛足矣。嘉峪关魏晋壁画墓6号墓，编号为040的壁画中，一戴冠的长发男子执鞭驾御一头牛单套拉着一把犁，正在奋蹄犁地。编号为029的画则是一长发男子坐于耙上驱牛耙地的情景，也是由一头牛在前方牵引。[102]

在南方地区，一牛拉犁耙的技术也十分普及。1963年，广东连县的一座西晋古墓中，出土了一件黑色陶质犁田耙田模型。犁田耙田模型大体完整，为长方形，长19厘米、宽16.5厘米，四角各有一漏斗状设施，中间纵贯一田埂将耕地分为两块，一块上有一人使牛犁田，另一块上有一人使牛耙田。[103] 由此可知，使牛犁田的技术当时已在南方地区广泛推广，一人一犁的技术已为南方地区农民掌握，并且操作非常娴熟了。

二、村落的日常生活与节俗

魏晋南北朝时期，编户农民是村落居民的主体。编户农民大致可以分为三个阶层：自耕农，有比较充足的土地和生产工具，自己耕耘生产，可以大致满足生活需求；半自耕农，拥有部分土地与生产工具，但也需要靠出卖部分劳动力为生；贫农，没有土地与生产工具，靠出卖劳动力度日。普通的人家，过着男耕女织的简单生活。《陈书》卷十《程灵洗传》载，程灵洗“性好播植，躬勤耕稼，至于水陆所宜，刈获早晚，虽老农不能及也。伎妾无游手，并督之纺绩”。

除此外，还有一些手工业生产者，如淘金的金户、淘银的银户，生产食盐的盐户，专供郡县杂役的滂户。他们的身份地位等同于个体农民。只有少数王公贵族比较富裕，大多数民众的生活都比较贫困。《南齐书》卷二十六《王敬则传》载，长江下游的浙东五郡，“丁税一千，乃有质卖妻儿，以充此限”。其中，会稽郡的山阴县，“课户二万，其民赀不满三千者，殆将居半，刻又刻之，犹且三分余一。凡有赀者，多是士人复除。其贫极者，悉皆露户役民”。[104] 长江上游地区的益州，也是如此。《南史》卷五十五《罗研传》载：“蜀中积弊，实非一朝。百家为村，不过数家有食，穷迫之人，什有八九。”北方地区，民众遭受的生活痛苦程度更深。北魏时期，辛雄指出：“当今天下黔黎，久经寇贼，父死兄亡，子弟沦陷，流离艰危，十室而九，白骨不收，孤茕靡恤，财殚力尽，无以卒岁。”[105] 村落居民经济生活的困难状况可见一斑。

《宋书·郭原平传》记载了当时会稽一个普通农家的生产生活状况：“子原平字长泰，又禀至行，养亲必已力。性闲木功，佣赁以给供养。性谦虚，每为人作匠，取散夫价。主人设食，原平自以家贫，父母不办有肴味，唯餐盐饭而已。若家或无食，则虚中竟日，义不独饱，要须日暮作毕，受直归家，于里中买籴，然后举爨。……父亡，哭踊恸绝，数日方苏。以为奉终之义，情礼所毕，营圹凶功，不欲假人。本虽智巧，而不解作墓，乃访邑中有营墓者，助人运力，经时展勤，久乃闲练。又自卖十夫，以供众费。窀穸之事，俭而当礼，性无术学，因心自然。葬毕，诣所买主，执役无懈，与诸奴分务，每让逸取劳，主人不忍使，每遣之，原平服勤，未曾暂替。所余私夫，佣赁养母，有余聚以自赎。本性智巧，既学构冢，尤善其事，每至吉岁，求者盈门。原平所赴，必自贫始，既取贱价，又以夫日助之。"[106]

郭原平会木工，主要在农闲之余从事这一行当，以此维持生计，补贴家用。由于他性格谦和，且并非专业，所以只取"散夫价"。从上下文来分析，"散夫价"不是很高，可能与"匠人"价有一定距离，相当于今天的小工。父亡之后，郭原平不愿将营造墓穴的事情交与他人，要自己动手修建。"营圹凶功，不欲假人"表明，当时有专门为人营建墓穴的工种。郭原平便给修墓的师傅打下手，并熟练掌握了这个技术。再卖身为"十夫"价，获得一定的资金，才完成父亲的墓穴营造。"十夫"可能相当于短期工，卖价十夫，所获酬劳大概可以修建一座墓穴。《南齐书》卷五十五《孝义·吴达之传》也有载："吴达之，义兴人也。嫂亡无以葬，自卖为十夫客，以营冢椁。"营建墓穴所烧的砖，也是自己制作。贫苦的人家，白天帮人做工获得酬劳，晚上则自己"伐木烧砖"。营葬花费通常不是小数目，一般都需要乡里邻舍或者亲戚朋友周济协助完成。《宋书·吴逵传》载："邻里嘉其志义，葬日悉出赴助，送终之事，亦俭而周礼。逵时逆取邻人夫直，葬毕，众悉以施之，逵一无所受，皆佣力报答焉。"这应该不是特殊现象。

在村落中，一年四季都有固定的节日。《荆楚岁时记》中不仅较为详细地记载了南方地区部分村落的节俗，还提及了北方地区村落的节俗。正月初一一大早，家家户户就燃放爆竹，驱邪避鬼，"长幼悉正衣冠，以次拜贺。进椒、柏酒，饮桃汤。进屠苏酒、胶牙饧。下五辛盘。进敷于散，服却鬼丸。各进一鸡子。造桃板著户，谓之仙木。凡饮酒次第，从小起"。正月十五，则作豆糜，上面加油膏，用来祭祀门神。先以杨枝插门，杨枝指向哪里，就到哪里以酒脯饮食及豆粥插箸祭祀。春分日，民众在屋顶种戒火草。此时有鸟鸣“架架格格”，农民开始下田耕作。社日，左邻右舍在树下结社祭神，共同举行宴席。寒食节禁火三天，喝之前熬好的大麦粥，并以蹴鞠、荡秋千为乐事。四月，布谷鸟开始鸣叫，农民将犁耙收好。五月被称为“恶月”，禁忌很多，忌曝床荐席、忌盖屋，等等。五月初五，民众以踩百草或者斗百草为戏，悬艾叶于门户上，以禳毒气。后世著名的龙舟竞渡，也在此时形成。有的是纪念屈原，有的是纪念伍子胥，不同地域有不同说法。此外，还“以五彩丝系臂，名曰辟兵，令人不病瘟。又有条达等织组杂物，以相赠遗，取鸲鹆，教之语”。习俗虽多，但是吃粽子的时间是在夏至日，而不在后来的五月五日。夏至这天，还采菊烧成灰，跟小麦放在一起，可防生虫。六月如有三时雨，农家以之为甘霖，相互庆贺，称为“贺嘉雨”。伏日作汤饼，名为辟恶。七月七日晚，被认为是牵牛织女聚会之时。家家户户妇女结彩缕，穿七孔针，“或以金、银、鍮石为针，陈瓜果于庭中以乞巧。有喜子网于瓜上，则以为符应”。七月十五过盂兰盆节，“僧尼道俗悉营盆供诸佛”。八月十四日，人们在小孩子的额头上点红，称为“天灸”，保佑健康成长，“又以锦彩为眼明囊，……递相饷遗”。如此看来，这一时期，中秋节尚未在民间流行。九月九日，村民“并籍野饮宴”，后世的重阳登高饮酒、插茱萸，即始于此习俗。十月初一，称为“秦岁首”，在北方的村落中，人们“设麻羹、豆饭，当为其始熟尝新耳”。因天气暖和，又被称为“小春”。十一月，采经霜的芜菁、葵等杂菜腌制咸菜。南方的民众还会加上捣碎的糯米、胡麻汁等，“菹既甜脆，汁亦酸美”，可以醒酒。冬至日，量日影，熬红豆粥以禳灾。十二月八日，“村人并击细腰鼓、戴胡公头及作金刚力士以逐疫，沐浴转除罪障”，并以猪肉和酒祭祀灶神。到了年终，家家准备鱼肉、菜蔬，辞旧迎新，相聚一起饮酒，并“留宿岁饭，至新年十二日，则弃之街衢，以为去故纳新，除贫取富也”。这是一年之中最大的节日。每年的闰月，则百事不举。

三、宗族观念与村落

“宗”字在甲骨文中是象形字，宝盖头表示房屋，下面的“示”字表示神主，合起来就是在一个房间中安放神主，为祖先居住之所。“族”字在甲骨文中表现为一面旗帜上树立一个箭头，其本意为同类物品的聚集，引申意即为同姓同祖亲属组成的集团。“宗”和“族”合在一起，就是指同一血缘关系的人们为生产生活形成的社会群体。

“宗族”一词，在先秦文献中就有很多。如《左传》“昭公三年”载，晏子问叔向曰：“子将若何？”叔向曰：“晋之公族尽矣。肸闻之，公室将卑，其宗族枝叶先落，则公从之。”《管子·九变》载：“凡民之所以守战至死而不德其上者，有数以至焉。曰：大者亲戚坟墓之所在也，田宅富厚足居也。不然，则州县乡党与宗族足怀乐也。”在魏晋南北朝时期，“宗族”出现得更多。据统计，以正史为例，《三国志》中出现了29次，《晋书》中出现了33次，《宋书》中出现了3次，《南齐书》中出现了8次，《梁书》中出现了6次，《陈书》中出现了9次，《魏书》中出现了22次，《周书》中出现了6次，《南史》中出现了19次，《北史》中出现了28次。《北齐书》中最少，只出现了一次。[107]

宗族既是族群内部组织，也是一种社会组织，在魏晋之前就一直延续发展。不过，由于社会条件不同，宗族的社会势力有强有弱，所起的社会作用也有所不同。魏晋时期，人口迁徙的规模空前加大，北方游牧民族进入中原地区，中原汉族又大量进入南方地区。在这种动荡不安的大迁徙过程中，民众只有通过组织集中力量，才能战胜外来种族以及自然灾害。同宗血缘就是最理想的纽带。

相对而言，“家族”一词出现得比较少。在这一时期的历史文献中，只出现了一次，即《北史》中载，占工靳安退告人曰：“今将死于他乡，尸骸委于草野，为乌鸢蝼蚁所食，不复见家族。”

魏晋南北朝时期，“家族”是五服之内的宗族关系统称。家庭衍生新的家庭，五世之内带有血缘关系的群体可称为家族，超过五世的家族则属于宗族，也可称为同宗。宗族涵盖了家族。这一时期，对于父系血缘相近的群体，还有很多其他的称呼，如“亲属”“亲戚”“亲族”“宗亲”“宗从”“宗党”“飞宗”“门族”“宗人”“族人”“疏族”等。

因为家庭是宗族的起点，所以要研究魏晋南北朝时期的宗族关系，就先要对这一时期的家庭做相应的了解。魏晋南北朝时期，家庭的结构类型与今天相差不大。以北朝为例，就有由夫妻和未婚子女组成的核心家庭（包括只有夫妻二人的家庭、夫或妻与未婚子女组成的家庭），也有由两代或两代以上夫妻组成、每代至多不超过一对夫妻且中间无断代的家庭，还有父母和多对已婚子女共同生活或者是兄弟成家以后不分财异居的家庭模式。另外，一人之家、兄（姐）弟之家、叔侄伯侄之家、祖父母与未成年孙子女组成的隔代家庭也不少见。[108]

这一时期，大多数家庭的规模不大，以五口之家的小型个体家庭居多。其他或多或少也都在这个标准上左右摆动而并未偏离太远。[109]例如，居延汉简中“戍卒家属在署廪名籍”、《敦煌社会经济文献真迹释录》中西凉时期敦煌县西宕乡高昌里户籍残卷及西魏时期的户籍残卷，都表明了这一点。[110]就成员类型来看，绝大多数的家庭以一对夫妇及其未婚子女为主，少数家庭涵盖祖孙三代，极少数家庭中的成员包括已婚兄弟姐妹。

在家庭财产方面，尽管史书中不乏三代、四代甚至更多代累世同居共财的记载，但只局限于少数大家族。《魏书》卷四十七《卢玄传》所载范阳卢度世，父母亡故之后，弟兄之间仍旧同居共财。后来，家庭人口达上百人，“在洛时有饥年，无以自赡，然尊卑怡穆，丰俭同之。亲从昆弟，常旦省谒诸父，出坐别室，至暮乃入。朝府之外，不妄交游。其相勗以礼如此。又一门三主，当世以为荣”。但随着其子卢渊、卢昶去世之后，便陷入“家风衰损，子孙多非法，帷薄混秽”的境况。博陵的崔挺家族，“三世同居，门有礼让”，但是随着饥荒到来，“家始分析，挺与弟振推让田宅旧资，惟守墓田而已”。由于崔挺教子有方，6个儿子又维持了20多年的大家族同居共财的生活：“鸡鸣而起，且参颜色，一钱尺帛，不入私房，吉凶有须，聚对分给。诸妇亦相亲爱，有无共之。始挺兄弟同居，孝芬叔振既亡之后，孝芬等奉承叔母李氏，若事所生，旦夕温情，出入启观，家事巨细，一以谘决。每兄弟出行，有获财物，尺寸已上，皆内李氏之库，四时分赉，李自裁之，如此者二十余岁。”[111]

同居共财是儒家伦理思想提倡的理念。在一个大家族中，家庭成员受到孝悌、仁义观念的约束，等级分明，各自承担不同的责任。尤其是在世家大族中，通常还制定有相当严格的规范来指导家庭成员的言行举止。统治阶级为了维护社会的稳定，也对这一观念加以宣扬，并对几代同居的家族进行精神表彰和物质奖励。例如，《魏书》中载，博陵安平人李几，“七世共居同财，家有二十二房，一百九十八口，长幼济济，风礼著闻，至于作役，卑幼竞进。乡里嗟美，标其门闾。”《南齐书》记载：“建元三年，大使巡行天下，义兴陈玄子四世一百七十口同居。武陵郡邵荣兴、文献叔八世同居。东海徐生之、武陵范安祖、李圣伯、范道根五世同居。零陵谭弘宝、衡阳何弘、华阳阳黑头疏从四世同居，并共衣食。诏表门间，蠲租税。又蜀郡王续祖、华阳郝道福并累世同爨。建武三年，明帝诏表门闾，蠲调役。”

不过，史书中将几代同居共财作为正面典型来宣扬，正好体现出这只是理想状态，在现实中存在的概率可能较小。更多的史料反映出分居异财的现象比比皆是。山西闻喜的裴骏，“早孤，居丧以孝闻。二弟三妹并在幼弱，抚养训诲，甚有义方。次弟务早丧，修哀伤之，感于行路。爱育孤侄，同于己子。及将异居，奴婢田宅悉推与之，时人以此称焉”[112]。湖北荆州的刘凝之，“推家财与弟及兄子，立屋于野外，非其力不食，州里重其德行”。[113]湖南长沙的欧阳頠，“少质直有思理，以言行笃信著闻于岭表。父丧毁瘠甚至。家产累积，悉让诸兄”。[114]此类例子不胜枚举，可见，无论是空间上还是时间上，当时普遍存在分家异财的社会风气。其中的一个重要原因在于，由于缺乏经济实力，大多数家族难以支撑起几代同居的局面。同居共财的家族，只要面对突如其来的饥荒，就难以继续维持，如上文提到的北魏崔挺兄弟就因为饥荒的影响，导致上几代积累的几代同居共财局面破产。南朝宋时，吴兴的吴逵家族也是如此："经荒饥馑，系以疾疫，父母兄弟嫂及群从小功之亲，男女死者十三人。逵时病困，邻里以苇席裹之，埋于村侧，既而逵疾得瘳，亲属皆尽，唯逵夫妻获全。家徒壁立，冬无被绔，昼则佣赁，夜则伐木烧砖，此诚无有懈倦。……期年中，成七墓，葬十三棺。邻里嘉其志义。"[115]此外，就人际关系的复杂性而言，一个团体中成员越多关系就越复杂，"正因家庭关系的错综复杂，家庭成员很难和睦相处。因此，除了供养能力的限制外，人多心杂，内部的各种离心因素就无时无刻不在侵蚀着大家庭的肌体。这种情况下，家庭关系的维系是很难的"。[116]《魏书》载，陇西人李冲，"兄弟六人，四母所出，颇相忿阋。及冲之贵，封禄恩赐皆以共之，内外辑睦。父亡后同居二十余年，至洛乃别第宅，更相友爱，久无间然。皆冲之德也。始冲之见私宠也，兄子韶恒有忧色，虑致倾败。后荣名日显，稍乃自安"。[117]在人性与现实利益面前，再伟大的道理都黯然失色。这种家庭制度建立在财产私有制的基础上，每一个家庭或者家族，都拥有自己的私有财产。它"既是家族凝聚的原因，又是家族分裂的根源"[118]。

所以，魏晋南北朝时期，具有宗族门第观念的主要是世袭皇室贵族。宗族观念主要盛行于上层社会，因为只有这样的宗族才有足够的经济实力来维系整个族群的运转。不过，这也不是固定不变的，同一个大宗族内部，还有因血缘关系形成的房分结构。血缘关系的远近形成了宗族之间人际关系的亲疏，而房支间的兴衰与子孙的官宦显赫与否也有密切关系，这造成各个房支间的地位差别。[119]例如，著名的琅琊王氏宗族南渡之后，到南朝初年已经分为两房支。一支为王导的子孙，地位显赫，为马粪巷（或马蕃巷）王氏；另一支为王导之侄王羲之子孙，中途衰落，为乌衣巷王氏。马粪巷王氏看不起乌衣巷王氏，所以王导的后裔王僧虔被任命为御史中丞时，他觉得这个职位太低，应该由乌衣巷王氏族人担任。这其实也正常，一个家族到了一定程度，总会慢慢分化。所以，即使是同一个姓氏，也通常归属于不同的郡望。宗族内部的主要活动就是祭祖与修谱，依靠这些来增强族人间的认同感与凝聚力。尤其是修谱，可以辨别宗族内部尊卑房分的区别，因而更加得到重视。西晋时期，挚虞有感于汉魏丧乱，“谱传多亡失，虽其子孙不能言其先祖，撰族姓昭穆十卷，上疏进之，以为足以备物致用，广多闻之益”。[120]东晋的贾弼之撰《百家谱》七百多卷，其子贾匪之、孙贾渊等都继承祖业。贾家成为谱牒世家。梁武帝时的王僧孺又在贾氏族谱的基础上，继续撰写了《十八州谱》七百一十卷、《百家谱集抄》十五卷、《东南谱集抄》十卷，等等。在北朝，朝廷也重视谱牒修撰。西魏宇文泰入关，也曾命关东功臣“仍撰谱录，纪其所承”。[121]上层阶级之所以重视宗族关系，是因为他们想一直拥有特权。所以，他们尤其重视门第婚姻与交往，以加深在政治、经济与文化领域的掌控与垄断。

诚然，魏晋南北朝时期，宗族观念主要盛行于上层社会，普通平民社会中民众的宗族观念并不强。但这并不是说，魏晋南北朝时期的村落中就不存在因为小家庭聚集而形成大宗族的现象。在农业社会，可进行农业耕作的土地是家庭主要的生产资料来源。人们的生产生活都围绕着土地进行，所以如果不是迫于外力，一般都不会选择迁居。这样的情形，甚至在当代社会依然可以得到实证。2006—2009 年，我们在田野考察中，分别在湖南西北常德的石门、南部永州的宁远，江西的瑞昌，贵州的黎平、天柱见到过以“三槐堂”命名的家族血缘特征突出的传统村落。追溯其祖源，皆来自河南颍阳“三槐堂”，其迁徙至现在这些处于南方的村所，已有 700 多年历史。再往上追溯，可知其始祖乃著名的太原三槐王氏。这类例证中的家族迁徙分居，虽不是这一时期的实证，但在证据逻辑上足以印证这种家族从迁徙（居）到散居的变化。随着老一辈退出耕作，普通百姓的土地都会均分给子孙辈。同一个家族的成员后代都会围绕在上一辈的田宅地附近聚居生活。同姓聚居，在魏晋南北朝是常见现象。《晋书》记载，前赵“徙秦州大姓杨、姜诸族二千余户于长安”，后来石勒又迁徙秦雍家族 9 000 口人于襄国。[122]杜佑《通典》引《关东风俗传》载：“及汉高徙诸大姓齐、田、楚、景之辈以实关中，盖所以强本弱末之计也。文宣之代，政令严猛，羊、毕诸豪，颇被徙逐。至若瀛冀诸刘，清河张、宋，并州王氏，濮阳侯族，诸如此辈，一宗近将万室，烟火连接，比屋而居。”[123]

但是，这样的状况不会无限制地持续下去，因为土地总是有限的，而家庭成员却会不断地增加。当有限的土地无法养活这个家族的成员时，某一部分成员就要迁徙到别处寻找新的生存空间。这样，家族就逐渐分散，原本同一宗族聚居的局面就会被打破。只有在遭遇大规模战乱或者灾荒的时候，举族迁居的情况才会出现，但这个情况也不多见，而且迁居之后也散居各地，并不完全是同一宗族成员聚居一处。《北齐书》卷四十二《阳休之传》载：“魏孝昌中，杜洛周破蓟城，休之与宗室及乡人数千家南奔章武，转至青州。是时葛荣寇乱，河北流民多凑青部。休之知将有变，乃请其族叔伯彦等曰：‘客主势异，竞相凌侮，祸难将作。如鄙情所见，宜潜归京师避之。’诸人多不能从。休之垂涕别去。俄而邢杲作乱，伯彦等咸为土民所杀，一时遇害，诸阳死者数十人，唯休之兄弟获免。”阳休之与宗室及乡人迁徙至青州后，休之兄弟继续迁往京城。其堂叔阳伯彦等人留下，被本地人杀害。

正如上文指出的，魏晋南北朝时期，既有很多杂姓村落，又开始出现大量的同姓村落。就同姓村落而言，虽然聚居在一起生活，却并不意味着魏晋南北朝时期存在后世意义上的“宗族”。[124]这一时期，“宗族”一词虽然屡见于文献典籍，但鲜少是关于普通民众群体的。这主要是因为：一方面，魏晋时期的村落延续了传统的生产与生活方式，人们仍然以小家庭为单位，缺乏因宗族形成发展而扩张占有的大片土地；另一方面，在村落中，既没有后世宗族中常见的族产、族长与宗祠，也没有按照行辈排名的谱系观念。

所以，基本上可以断言，魏晋南北朝时期，作为实体组织的宗族，除了皇族以外，在普通民众中大致是不存在的。

四、村落经济与商贸活动

东汉末年，频繁的战争导致人口锐减，对农业、农村的破坏十分巨大。

据安作璋统计，东汉永和五年（140 年），当时全国有 9 336 665 户，而至西晋太康初年（280 年）有 2 494 125 户，户数减少了约 73.3%。仅以山东各州县户数来看，就从 1 557 657 户减少到 246 400 户，减少了约 84%。[125] 山东户口减少程度高于全国平均水平，很大原因就是受战争的影响。因为这一时期，山东是多方势力争夺的主战场。加之不断爆发的农民起义，一方面使得农民成为士兵而不再耕作，另一方面，起义军所到之处，农村随即凋零。山东之外的黄河中下游地区，大体上都面临着这种状况。长江中下游地区虽然相对来说比较稳定，但是在宋、齐、梁、陈等朝代更迭之际，民众也饱受战乱之苦。

除此以外，这一时期自然灾害频发，也影响了农业经济的发展。魏晋时期，作为主要农耕区域的黄河和长江流域，凶灾连年，几乎没有间断过——200 多年中遭遇了 304 次灾害。“其频度之密，远逾前代。举凡地震、水、旱、风、雹、蝗螟、霜雪、疾疫之灾，无不纷至沓来，一时俱见。以言旱灾，则二百年间，见于史书者，凡六十次；以言水灾，亦达五十六次。至于风灾，共达五十四次；次为地震，计五十三次，频度亦密；再次为雨雹之灾，计亦五十三次。此外疫灾十七次；蝗灾十四次；歉饥十三次。他如霜雪、地沸，各仅两次，不足述矣。”[126] 到了南北朝时期，自然灾害更加频繁，水灾、旱灾、蝗灾、地震、霜雹、疫疠等灾难，有记载的总共 315 次。相对于南北朝总共 169 年的历史而言，这个数字显得非常大，平均每年要发生两次以上。“如再加以详细之分析，则此一百六十九年中，频数最高者为水旱之灾，计各七十七次；其次为地震，凡四十次；再次为风灾，共三十三次。此外霜雪为灾二十七；雨雹为灾十八次；蝗灾十七次；疫灾亦如之，歉饥十六次。”[127] 这是全国大范围内的记录，局部地区的小灾害虽然不至于影响全国经济，但是对当地民众的生活而言，影响仍旧是较大的，有时甚至会造成倾家荡产的打击。

此外，在游牧民族进入农耕文明区域后，对农耕方式也有一个接受的过程。不过，整体而言，南北朝时期，虽然游牧民族入主中原对中原经济有所破坏，但其破坏的原因主要在于战争，而非统治者的施政意识与制度。事实上，游牧民族进入中原之后，很快就接受了中原文化，也重视农耕。鲜卑族建立北魏之后，就加速由游牧经济向农耕经济转变的进程。北魏恢复了遭到破坏的北方农业，并依靠农耕增强国家社会经济实力，奠定了统一北方地区的基础。孝文帝更是实行均田制、三长制，极大推进了农业生产。北朝统治者通过劝勉农桑、组织民屯、兴修水利等重农措施提高粮食产量，弥补和减少战争与自然灾害带来的损失，满足了人们最低的生存口粮需要。

北魏太和元年（477 年），在一次灾害之后，朝廷开始下诏劝勉农耕："朕政治多阙，灾眚屡兴。去年牛疫，死伤太半，耕垦之利，当有亏损。今东作既兴，人须肄业。其敕在所督课田农，有牛者加勤于常岁，无牛者倍庸于余年。一夫制治田四十亩，中男二十亩。无令人有余力，地有遗利。"[128] 这个措施规定十分具体，如家中有牛与无牛者的区别对待，成年男子与未成年男子所需耕田数量的不同，等等。太和二十年（496 年），孝文帝又因为旱灾而下令采取系列措施进行救助，并且要求官员积极劝农："又京民始业，农桑为本，田稼多少，课督以不，具以状言。"[129] 朝廷如此重视农桑，地方官员也不敢怠慢。延和二年（433 年），幽州刺史张昭，"使富人通济贫乏，车马之家籴运外境，贫弱者劝以农桑。岁乃大熟"。[130]

所以，在魏晋南北朝时期，尽管社会经济遭到破坏，但仍旧有缓慢的发展。这一时期，在民间的村落中已经形成了一定规模的集市。这一时期乡市存在的前提和基础，是原来的基层行政编制单位乡里制。东汉后期开始，战争灾荒导致人口迁徙频繁，国家对人口的控制减弱，相对应的，自然聚落的村逐渐兴起。尽管原来的基层行政编制单位乡里已经遭到破坏，但仍有不少遗存。于是，村落集市就伴随而生。《宋书》卷九十二《良吏传》指出，百户之乡，通常置"市"，"歌谣舞蹈，触处成群"。百户人家即有可供买卖交换的集市，而且似乎已经成为常态。《南齐书》卷五十五《孝义传》载，晋陵吴康之妻赵氏，"父亡弟幼"，正逢饥荒之年，婆婆病重，赵氏只好到乡里集市上甘愿自卖。

在曹魏的统治中心邺都，就有三大贸易集市，每个集市都有围墙和大门。同时，还在军事驻扎区设立军市，在国家的边境地区设立边市。市场里人声鼎沸，讨价还价之声此起彼伏。市场中出现了专门的买卖经纪人，被称为“市侩”。曹魏政府一直比较重视贸易，常对没有治理好市场的官吏施以惩戒。黄初三年（222年），曹丕车驾驾临宛城，认为“市不丰乐”，于是大怒，将时任南阳太守杨俊收监。[131] 与东汉不同，曹魏认识到了商业对于国家财政的重要作用，于是恢复了盐铁专卖政策，并逐渐扩充到了铅粉、酒、巨木等，垄断了这些行业的生产与流通。蜀国的建立者刘备曾经以贩履织席为业，自己也娶了东海商人糜竺之妹为夫人，糜竺“祖世货殖，僮客万人，赀产巨亿”[132]。刘备能够建立蜀国，三分天下，就与富商的支持有关。所以，他建立政权以后，也十分注重集市贸易的发展。刘备去世以后，诸葛亮管理政务，鼓励发展农业和手工业，为商业的发展提供物质资料，同时极力加强同边地各民族的经济交流，互通贸易。吴国在长江下游，水运便利，有着发展商业的天时地利之便。孙权在都城建立了两个大型集市：建康大市与建康东市。之后，孙休又建立了北市。吴国在对集市的管理上也十分严苛，曾专置司市中郎将。尽管这些大的集市都是建立在城市甚至是都城之中，但其交易的产品，如牲畜、蔬果、粮食等，绝大多数都来自城市周边的村落，这应该是可以肯定的。可以说，如果没有村落，这些位于城市中的集市就很难发展起来。到了南北朝时期，随着农业和手工业的发展，商业更加兴盛起来。

在北魏统治的山西一带，民众多以商业为生。《北史》中载：“河东俗多商贾，罕事农桑，人至有年三十不识耒耜。”这说明当时从商活动不是偶尔的、个别的副业现象，而是出现了完全不理农事的、以商业作为主业的职业。而从“俗多商贾”一语可知，当时商业之风盛行已久，并非一朝一夕之功。当时，朝廷已经有了专管商业的官职，《魏书》卷四十四《费于传》载：“于少有节操，起家内三郎。世祖南伐，从驾至江。以宿卫之勤，除宁远将军，赐爵松杨男。迁商贾部二曹令，除平南将军、怀州刺史。”在北魏前期，官商完全掌控了国家的经济命脉。地方的各级官府也都相应地配置有一些商贾，他们的主要工作是代表官府从事对江南、西域的大宗贸易及其他商业活动。[133] 由此带来的商业影响，也不可避免地会波及和漫浸到地方的村落之中，传统的乡村农耕与新兴的商贸开始有了相应的结合，村落经济活动开始活跃起来。

国家对工商业的管控，呈现出时而严厉、时而松弛的状态。管控严厉的时候，官商居于垄断地位。例如，北魏道武帝时，曾在山东设置铁冶，打造兵器和农具。后来，又从燕地迁过来一大批手工艺人，从事手工生产。随着北魏社会的发展，政府的手工业壮大成了一个工官系统。太府寺、将作寺下设了几十个署，分管不同种类的手工业生产。这一时期，民间的手工业是被禁止的。太平真君五年（444 年），太武帝连续下诏曰："自王公已下至于庶人，有私养沙门、师巫及金银工巧之人在其家者，皆遣诣官曹，不得容匿。""今制自王公已下至于卿士，其子息皆诣太学。其百工伎巧、驺卒子息，当习其父兄所业，不听私立学校。违者师身死，主人门诛。"[134] 工商业从业者的地位向来就不高，加上北魏初期的很多手工匠人都是强征而来的，其间夹杂着大量的俘虏和罪犯，所以更加受到歧视，处于社会最底层。国家规定，手工匠人必须终身服役，世代相传，子子孙孙都不准改行。在生活方面，他们也多有限制，例如，不准与其他阶层通婚，不得做官，服饰方面也有特别规定。"工商皁隶，各有厥分，而有司纵滥，或染清流。自今户内有工役者，推上本部丞，已下准次而授。若阶藉元勋、以劳定国者不从此制。"[135]

国家政权在建立初期，为了获取稳定发展，必须依靠这种强制手段来增加收入。一旦国家进入稳步发展时期，民间的工商业会随之兴起，打破国家的垄断局面。这个时候，国家为了增加财政收入，强大国家经济实力，也会适时调整政策，允许甚至鼓励民间发展工商业。太和十一年（487 年），孝文帝先是开放了民间的纺织业，"诏罢尚方锦绣绫罗之工，四民欲造，任之无禁"，[136] 到了太和二十年（496 年），甚至又"开盐池之禁，与民共之"，[137] 允许民间私人经营盐业。工商阶层的经济实力逐渐强大，便需要获取政治上的支持。而世袭的贵族则贪慕工商阶层的财富，于是，二者之间联姻的情况时有出现。为了防止贵族与资本结合形成威胁国家政权的力量，和平元年（460 年），北魏太武帝下诏规定，贵族、普通士民与工商阶层不得通婚："夫婚姻者，人道之始。是以夫妇之义，三纲之首，礼之重者，莫过于斯。尊卑高下，宜令区别。然中代以来，贵族之门多不率法，或贪利财贿，或因缘私好，在于苟合，无所选择，令贵贱不分，巨细同贯，尘秽清化，亏损人伦，将何以宣示典谟，垂之来裔。今制皇族、师傅、王公侯伯及士民之家，不得与百工、伎巧、卑姓为婚，犯者加罪。"[138]但是，这一规定在当时并未完全奏效。相反，在延兴二年（472 年），孝文帝"诏工商杂伎，尽听赴农"，于是"诸州郡课民益种菜果"。[139]允许原来最卑贱的工商阶层转换成农民身份，这当然是一大进步。太和八年（484 年），又下诏曰："今制百辟卿士，工商吏民，各上便宜。利民益治，损化伤政，直言极谏，勿有所隐，务令辞无烦华，理从简实。朕将亲览，以知世事之要，使言之者无罪，闻之者足以为戒。"[140]工商阶层的地位进一步提高，不仅受到重视，而且可以参政议政，进入朝廷之中。

在这种情况下，工商业朝着有利的方向发展，国家经济实力壮大，村落经济也在逐步发展。以纺织业为例，村落的纺织业以家庭手工业为主，较为分散。蚕桑发达的山东、河北等地的很多村落，已经成为有名的丝绸之乡，国家的税收中，很大一部分都来自纺织业，以黄河中下游地区为例即可说明。太和八年，北魏"始准古班百官之禄，以品第各有差。先是，天下户以九品混通，户调帛二匹，絮二斤，丝一斤，粟二十石。又入帛一匹二丈，委之州库，以供调外之费。至是，户增帛三匹，粟二石九斗，以为官司之禄。复增调外帛满二匹，所调各随其土所出。其司、冀、雍、华、定、相、秦、洛、荆河、怀、兖、陕、徐、青、齐、济、南河、东兖、东徐等州，贡绵绢及丝。"[141]可见，当时蚕桑已普及家家户户了。由于产量实在太高了，国家的丝织品仓库中都堆满了绢帛。皇帝赏赐给臣下的礼物，动辄成百上千匹。由于丝织品生产的量大，丝织品的价格也一降再降。从石勒统治时期的一匹三四千钱，到北魏初期的每匹数千钱，再到孝文帝时的二百钱，直观地反映出了纺织业的发展程度。

商业虽然发展较快，但是货币系统一直停留在较为原始的层次。例如，北魏建国以后相当长的时间里，商品交易中仍然没有使用金属货币。《魏书》卷一百一十《食货志》载："魏初至于太和，钱货无所周流，高祖始诏天下用钱焉。十九年，冶铸粗备，文曰'太和五铢'，诏京师及诸州镇皆通行之。内外百官禄皆准绢给钱，绢匹为钱二百。在所遣钱工备炉冶，民有欲铸，听就铸之，铜必精练，无所和杂。世宗永平三年冬，又铸五铢钱。肃宗初，京师及诸州镇或铸或否，或有止用古钱，不行新铸，致商货不通，贸迁颇隔。……建义初，重盗铸之禁，开纠赏之格。至永安二年秋，诏更改铸，文曰'永安五铢'，官自立炉，起自九月至三年正月而止。官欲贵钱，乃出藏绢，分遣使人于二市赏之，绢匹止钱二百，而私市者犹三百。利之所在，盗铸弥众，巧伪既多，轻重非一。四方州镇，用各不同。"也就是说，直到太和十九年（495年），孝文帝才铸太和五铢钱，通行境内，而且允许民间铸钱。此后又铸永平五铢钱与永安五铢钱，不过，这些措施都没有解决当时的货币问题。北魏的货币，始终以实物货币——绢帛占主导地位。无论施舍、赠予、偿还债务、支付物品价格或劳动费用，还是政府收租调、做预算、计赃定罪，乃至包括贪官污吏受贿行贿，也都以绢帛计算。[142] 在这种情况下，尽管北魏生产力得到一定程度的发展，但由于通行的是绢帛之类的实物货币，保管不便，携带麻烦，所以其商业始终很难发展起来。

到西魏与北周时期，与巴蜀、西域通商的规模扩大，金银货币开始流通，北方的商业化程度从此时开始才有所提升。在某些特殊时期，地方官员还利用通商的方式来扶助村落的贫困人口。现在看来，这可以被视为"商业扶贫"的最早模式。《北史·韩褒传》载，西魏时，西凉州地区"轻贫弱，尚豪富。豪富之家，侵渔百姓，同于仆隶。故贫者日削，豪者益富"。为改变这种现状，当时的西凉刺史韩褒"乃悉募贫人，以充兵士，优复其家，蠲免徭赋。又调富人财物以振给之"，最主要的是，"每西域商货至，又先尽贫者市之。于是贫富渐均，户口殷实"。

在东晋与南朝，大规模移民的涌入，带来了先进的生产力与生产方式，经过300多年的辛勤劳作，村落经济出现了较大的发展。例如，六朝统治者在古都建康周围地区苦心经营，开发了大量农田。东晋时，在曲阿（今江苏丹阳）立新丰塘，开发良田800多顷。南朝宋时，又在湖熟（今属江苏南京）开发了4 000多顷农田，还令京口（今属江苏镇江）、姑孰（今属安徽当涂）一带移民开荒。南朝齐时，在句容（今江苏句容）修赤山塘。南朝陈时，在丹徒、兰陵一带复垦沙田千顷，等等。[143]京城附近农田的开垦，也带动了整个东晋和南朝统治区域其他地方农业的发展。浙江的永嘉、新安、乐安、松阳等地的丘陵与谷地，都已经逐渐开发了。福建、江西乃至湖南、湖北等地，农业经济也随着生产力的提高而得到了发展，效果十分显著，如《宋书》卷五十回《沈昙庆传》载："荆城跨南楚之富，扬部有全吴之沃，鱼盐杞梓之利，充仞八方，丝绵布帛之饶，覆衣天下。"《南齐书》卷十五《州郡志》载："襄阳左右，田土肥良。桑梓野泽，处处而有。"南朝陈徐陵作《德政碑》："工贾竞臻，鬻米商盐，盈衢通肆……市有千金之租，田多万箱之咏。"[144]从这些描述来看，都涉及了渔业、盐业、纺织业、种植业、商业及其他手工业，虽然某些描述带有文学性的夸张成分，但经济有所发展，确实是史实。

铸钱、制造武器和生产工具需要大量金属，这直接促进了采矿业和冶铸业的进步。东晋时，在建康城中设有东西二冶，宋、齐时撤西冶设南冶。丹阳、吴县、溧水、武昌等地的铜，扬州、剡县、益州等地的铁，都十分有名。当大部分地区还在用铜钱或者布帛作为货币时，岭南一带则流行用金银做交易，体现了当地金银业的兴旺。当时，冶铸技术已经十分发达，并得到广泛推广，且已经发明并掌握了将生铁与熟铁放在一起冶炼的技术。生铁熔点低，熔化之后渗入熟铁，取出锤炼，去除杂质，可以锻造品质较高的铁质生产工具。煮盐的历史十分古老，南朝时人阮升之《南兖州记》载："南兖州盐亭一百二十三所。县人以渔盐为业，略不耕种，擅利巨海，用致饶沃，公私商运充实，四远舳舻往来，恒以千计。此吴王所以富国强兵而抗汉室也。"[145]

因为盐业带来的收入可以比肩甚至远远大于农业的收入，所以当地村落的百姓几乎废弃了农耕。巴蜀一带生产的井盐，也远销各地。蜀郡的每个县域内几乎都有盐井，少的十多处，多则上百处。在南方地区，河流湖泊密布，水运发达，所以造船业也成为当地的一大产业。《梁书》卷四十五《王僧辩传》载，侯景叛乱时，“以鹢舸千艘并载士，两边悉八十棹，棹手皆越人，去来趣袭，捷过风电”。“鹢舸千艘”在具体数量上或许有夸张的成分，但规模肯定不小，体现出当地造船业的兴盛。

随着制陶技术的提高，这一时期出现了原始瓷器。且制瓷业成为这一时期重要的新兴工业。南方地区以烧制青瓷为主。这种瓷器胎质灰白，釉色呈青色或者淡青色，间或带点绿色或微黄。孙吴时期，青瓷的产地主要在绍兴、上虞等地。东晋以后，萧山的上董、德清的戴家山、余姚的鳌唇山以及金华、鄞县、永嘉等地，皆成为重要的青瓷产地。浙江以外，江苏的宜兴、江西的丰城、湖北的武昌、福建的福州等地，也有不少青瓷窑口。从器物类型来看，这些地区烧制的瓷器以日用品为主，如钵、盂、壶、罐、盘、碗、灯、熏炉等。除此之外则以随葬明器为多，种类更为丰富，如人俑、动物俑、粮仓、灶台、猪圈、鸡舍、井台、杵臼、米筛、畚箕、扫帚、木桶等。这些明器几乎就是生活物品的微缩版，能够直观并真实地展示魏晋时期社会民众生产、生活的基本状况。此外，造纸业、漆器业、制茶业等，都取得了不小的进步。

这些行业，尤其是产品的制作或加工，大都起源于当时的村落。产品的原材料也大都来源于村落与村落周边地区，这应当是没有大的疑问的，至少早期的形态是这样的。所以，如果我们说此时的工商业经济有所发展，那么村落所做的贡献不言而喻。

有关村落的经济发展程度，通过一些直接的材料可以看出来。例如，南朝的养蚕技术已经达到了一定的高度。江西南昌地区的蚕，一年可以收获四五次蚕茧。浙江温州一带，有所谓的“八辈蚕”，即一年之内的 3—10 月有 8 个品种的蚕，可以先后分别吐丝结茧，即蚖珍蚕（三月绩）、柘蚕（四月初绩）、蚖蚕（四月初绩）、爱珍（五月绩）、爱蚕（六月末绩）、寒珍（七月末绩）、四出蚕（九月初绩）、寒蚕（十月绩）。[146]官方多次鼓励农民种桑养蚕。元嘉八年（431 年），宋文帝下诏曰："自顷农桑惰业，游食者众，荒莱不辟，督课无闻。一时水旱，便有罄匮，苟不深存务本，丰给靡因。郡守赋政方畿，县宰亲民之主，宜思奖训，导以良规。咸使肆力，地无遗利，耕蚕树艺，各尽其力。若有力田殊众，岁竟条名列上。"[147]除了蚕丝纺织成的丝绸，苎麻等麻料作物种植非常发达，由麻纺织的麻布也是当时的主要布料来源。此外，还有其他材质的布料，如在云南、广西等地的少数民族村落中就流行木棉布。

农业和手工业的发展，带来了大量产品，既有原材料，也有成品。它们被用来交易，成为商品。村落商品交易的内容，主要包括日常生产生活用品，如米、谷、麦、菽、食盐、水产品、禽畜肉类、蔬菜等食物，麻、葛、丝、棉、布、绢、帛、鞋、帽等服饰原料或成品。值得指出的是，并非所有的商品都是人工生产的。以食物为例，有的野生物种即使不通过栽培，但由于市场有需求，也能进入交易场所。《南齐书》卷五十五《孝义传》载："值岁饥，三女相率于西湖采菱莼，更日至市货卖，未尝亏怠。"菱与莼，多为野生的。除了这些最基本的食货日用品，还有一些特殊的生活用品，也经常被作为商品来交易，如汲水工具、蔡扇、簟席、纸张、毛笔、书籍经卷、绘画颜料、生漆、砖瓦、陶瓷、日历、医药、嫁妆、棺椁、针线、假发等。另一类涉及村落生产，如牛、马等牲畜，锄头、镰刀等劳动工具，甚至包括房屋、土地等不动产，乃至十夫客、典贴者等劳动力或者奴隶，都是村落中交易的重要商品。

商业活动开展的场所，是市场。在小农经济时代，无论是土豪地主，还是个体小农，都具有自给自足的性质。但是，一个家庭或者一个村落，甚至是几个联系紧密的村落中，也不可能什么都由自己生产。人们总是需要交换物品，以弥补彼此之间的不足。在城市中，市场较为规范，摆摊设点，都有固定的场地。当时，几乎所有的城市中都设有市场。而在村落中，大都盛行临时性的集市交易，被称为"草市"。《南齐书》卷十九《五行志》载："建武四年，王晏出至草市，马惊走，鼓步从车而归，十余日，晏诛。”草市中的主体就是村落中的自耕农。在建康、寿春等城市中，也设有主要以农产品为对象进行交易的市场，也被称为“草市”。草市的大规模兴起，要到宋代，但此时已有萌芽。城市中的草市，完全建立在村落商品的基础之上。为了维持市场秩序，政府重视对草市的管理，设有草市尉。《南齐书》卷五十《鄱阳王宝夤传》载：“宝夤逃亡三日，戎服诣草市尉，尉驰以启帝，帝迎宝夤入宫问之。”草市中，可以分为行商与坐贾行商的流动性较强，而有固定门店的坐贾则各有各的经营区域，不得错乱。铜街、铁市、葱肆、鱼市等，无不井井有序。地方官吏注意整顿市场，把征税作为重要任务。商业性税收也是南朝政府的重要收入来源之一。

南朝时，农民进入市场，大致有两种情况。一种是因为其农产品相对单一，满足自给自用之后还有富余；另一种则主要是由于种田收入很低，而国家对农民征收的税收却非常高。有的农民就弃农经商，或者种植经济作物，参与市场经营。此外，政府用折变的方法征收租调，或谷、帛、绵、绢互折，或以谷帛折钱、银，农民被迫进入市场。[148] 例如，有的地方不产银，民众以农耕生产为主，但政府征税时不收粮食而要求缴纳银钱。农民别无他法，只好将收获的粮食拿到市场上卖掉，换成银钱交给政府。这在客观上也引导着商业活动介入村落经济，并带动农耕与商贸的发展与结合。

五、村落与宗教

在东汉末年，儒学价值体系遭到来自内部与外部的双重冲击，“德治”与“道治”的传统被打破，使得原本有序的社会伦理规范面临崩溃。具体表现在民众的思想领域，就是“有神论”思想流行。早在东汉时期的白虎观会议[149]，就确立了“三纲六纪”为统治的核心，要求所有人都遵循。这实际上结合了天命、鬼神、儒学三者，为谶纬迷信的盛行奠定了基础。虽然有王充、范缜等无神论思想家始终不渝的抵制，但在普通民众中，因为天灾人祸的影响，许多问题无法在现实世界中得到解决，只得求助于神灵，使得基层的宗教信仰越发蓬勃。谶纬思想成为东汉统治的基础，它标志着西汉的儒学思想遭到破坏。

儒家典籍中有许多规定，都是针对祖先及神灵的，其祭礼与祭法并不少。如《礼记·祭法第二十三》载："王为群姓立七祀：曰司命，曰中霤，曰国门，曰国行，曰泰厉，曰户，日灶。王自为立七祀。诸侯为国立五祀：曰司命，曰中霤，曰国门，曰国行，曰公厉。诸侯自为立五祀。大夫立三祀：曰族厉，曰门，曰行。适士立二祀：曰门，曰行。庶士、庶人立一祀：或立户，或立灶。"不过，其受众群主要是上层精英，而面向民众的非常少。但是在现实生活中，民众同样需要通过祭祀来寻求宗教寄托，因而都有自己的祭祀对象。在社会动荡不安的时候，尤其如此。由于下层百姓的祭祀对象并不被官方认可，而且非常泛滥，难以统一，就称之为"淫祀"。此后历代统治者，都对民间的淫祀采取压制的态度。一些宗教领袖趁机伪托"神意"，实施种种"神迹"，以此来获得民众认同，从而吸引大批信徒，形成有组织的固定宗教群体。在这方面，以自民间兴起并蓬勃发展的道教最为典型。道教领袖一方面不断地扩充自己的势力，另一方面又不得不向统治阶层妥协，以求自保。灵活应对的策略，使得道教组织后来一直在村落民众信仰中发挥着重要作用。

此外，当时，佛教传入中原已经一百多年了。最初，佛教主要在上层贵族精英中传播。曹魏和晋武帝等帝王都曾发布禁令，限制佛教向底层传播。到西晋末年，"八王之乱"使得晋武帝的禁令成为一纸空文。而且，经过长时期的宣传布道，加上又擅长吸收中原文化，佛教的本土化进程也在加快，相关教义内容逐渐得到普通民众的认同。同时，少数民族地区佛教信众的数量很多，匈奴、羯、氐等生活于西域的少数民族，均信仰佛教。他们不断地进入中原地区，与汉民族的融合不断加深，加速了佛教在中原民众中的传播。种种原因，使得佛教思想逐渐占据了汉族生活区域下层民众的精神世界，与本土原有的民间信仰相互杂糅在一起。

总之，魏晋南北朝时期，是中国历史上信仰大变革的时代。在连年征战中，汉代以来经过四百多年形成的儒家传统已经遭到破坏，再也无法产生儒家思想一统天下的局面。这一时期，道教和佛教获得了较大的发展，它们以自身发展规律中创造出的不同传播方式与手段，开辟了人们新的信仰世界，并产生了深远而重大的影响。整个魏晋南北朝时期，村落民众的精神世界由此变得丰富多彩，各种宗教信仰都能在这一时期找到市场，在随后一千多年的演变中，逐渐形成了佛教、道教及其他民间宗教类型。最为重要的是，后世中国本土宗教的基础也在这一时期奠定。

（一）佛教在村落中的传播

佛教自东汉传入，在魏晋南北朝时期逐渐开始兴盛。其时，道恒所作的《驳释论》云："且世有五横，而沙门处其一焉。何以明之？乃大设方便，鼓动愚俗。一则诱喻，一则迫胁。云行恶必有累劫之殃，修善便有无穷之庆。"[150]道恒指出，"世有五横"，佛教是其中之一。它吸引教徒的方式有两种：其一是以"善有善报"进行引诱，其二是以"恶有恶报"进行胁迫。魏晋南北朝时期，佛教之所以在传入中土之后短短一百多年的时间里就风行全国，主要有四个原因。第一，佛教主动向中华文化靠拢。三国时期，孙皓即位，想焚毁佛教塔庙，康僧会入朝与孙皓进行过一番辩论："皓问曰：'佛教所明善恶报应，何者是耶？'会对曰：'夫明主以孝慈训世，则赤乌翔而老人星见；仁德育物，则醴泉涌而嘉禾出。善既有瑞，恶亦如之。故为恶于隐，鬼得而诛之；为恶于显，人得而诛之。《易》称积恶余殃，《诗》咏"求福不回"，虽儒典之格言，即佛教之明训也。'皓曰：'若然，则周孔已明之矣，何用佛教？'会曰：'周孔虽言，略示显近，至于释教，则备极幽远。故行恶则有地狱长苦，修善则有天宫永乐。举兹以明劝沮，不亦大哉！'皓当时无以折其言。"[151]具体在实践层面，一些佛教徒借助方士的方术来传播佛法，不仅在民间如此，即使是对上层统治者也有效。后赵的石勒召见佛图澄，"试以道术。澄即取钵盛水，烧香咒之，须臾钵中生青莲花，光色曜日，勒由此信之"。[152]因此，上到王公贵族、下至普通百姓，很多人都成了佛教信徒。第二，两晋时玄学发达，世人谈玄成风。王弼、郭象等玄学家以“三玄”（《周易》《老子》《庄子》）作为基本经典，以哲学本体论、名教与自然关系论、言意之辩为切入点，把老子的有无问题提到了本体论的高度，并以哲学思辨的形式展开论证，提出了有与无、本与末、体与用、一与多、言与意、动与静等一系列哲学范畴。汉魏以来，般若经受到内地士大夫的特别青睐。般若学说旨在论证客观世界的虚妄不实，强调“诸法性空”，认为只有通过般若智慧体得永恒真实的“诸法实相”“真如法性”，才能获得觉悟和解脱。这种理论与玄学思想有相契之处，因而在魏晋时期得到迅速发展和广泛传播。王室贵族和一切奉佛的士族官僚，几乎无不不研习般若思想。般若成了名士玄谈的重要资料与内容。正是因为佛法的理念与玄学有很多类似的地方，佛教便借助玄学发展壮大起来。第三，佛教本身就是经由西域传入中土，最先在西域民众中扎根。两晋、南北朝时期，中原与西域各族人民杂居杂处，民族之间文化交流交融的影响不仅扩大，而且向深层次发展。西域民族的佛教信仰，自然也影响了中原民族。第四，魏晋时期出现了很多佛学大师，比如支遁、道安等。许多高僧还翻译、注释了很多佛经，这些译经工作，对佛教的发展壮大也起到了重要的作用。[153] 道安在长安组成一个译经团体，云集了大量中外翻译人才。道安亲自指导，选经翻译，并对所译经典详加校订，以小乘佛教说一切有部为主，兼及部分大乘佛经，共译出佛经十四部一百八十三卷，约百余万言。

魏晋南北朝时期，除了少数君主之外（如北魏太武帝太平真君七年灭佛；北周武帝建德三年废北周寺院，建德六年灭北齐时又废北齐寺院），其余的君主都崇信佛教，护卫寺院，加敬沙弥。因此，北朝佛教十分兴盛。《魏书·释老志》载，北魏太和元年（477 年），“京城内寺新旧且百所，僧尼二千余人，四方诸寺六千四百七十八，僧尼七万七千二百五十八人”；至延昌中，“天下州郡僧尼寺，积有一万三千七百二十七所，徒侣逾众”；孝明帝正光（520 — 525 年）以后，天下多事，赋役增加，许多人民为逃避调役而为入寺为僧，于是“僧尼大众二百万矣，其寺三万有余”。到了北齐，寺院有 4 万多所，僧尼有 400 多万人；北周的僧尼也多达 200 多万人。[154] 在南方，东晋到南朝的各个皇帝也基本上都崇信佛教。宋文帝（424—453 年在位）听到侍中何尚之等告以佛化有助于政教之说，即致意佛经，常和慧严、慧观等论究佛理。梁武帝萧衍（502—549 年在位）时，南朝的佛教信仰达到全盛。他即位的第三年，就率僧俗 2 万人，在重云殿重阁，亲自制文发愿，皈依佛教，并建爱敬、光宅、开善、同泰等大寺，造大量佛像，举办水陆大斋、盂兰盆斋等。他四次舍身同泰寺为寺奴，由群臣以一亿万钱奉赎回宫，在客观上充实了寺院经济。南朝寺院及尼僧非常多，宋代有寺院 1 913 所，僧尼 3.6 万人；齐代有寺院 2015 所，僧尼 3.25 万人；梁代有寺院 2 846 所，僧尼 8.27 万余人；陈代有寺院 1 232 所，僧尼 3.2 万人。唐代杜牧所写的“南朝四百八十寺”，是反映南朝佛教兴盛发达的名句，但是实际上南朝的寺庙远远不只这么多。

不过，尽管这一时期佛教发展迅速，但大多数有记载的佛教活动主要在精英阶层发生。在基层村落中，有记载的佛教相关活动并不多。然而，通过这不多的文字，我们仍旧能够感知此时佛教活动在村落中也是十分兴盛的。《魏书·释老志》载：“延兴二年夏四月，诏曰：‘比丘不在寺舍，游涉村落，交通奸猾，经历年岁。’”又载：“敦煌地接西域，道俗交得其旧式，村坞相属，多有塔寺。”这两条史料指出，在北魏统治时期，佛教在村落中的活动十分频繁，几乎村村都有佛教建筑及佛教徒活动的踪迹。北朝许多村落中，通常有僧人通过云游的方式传播佛教，这是早期佛教初入中原时在乡村地区传教的最主要方式；同时，因为有些僧人一直在山居林野中清修，也常常就近感化附近村落的居民。《高僧传》载竺法旷的事迹就是如此：“时东土多遇疫疾，旷既少习慈悲，兼善神咒。遂游行村里，拯救危急，乃出邑止昌原寺，百姓疾者，多祈之致效。有见鬼者，言旷之行住，常有鬼神数十，卫其前后。时沙门竺道邻，造无量寿像，旷乃率其有缘，起立大殿。相传云，伐木遇旱，旷咒令至水。”[155] 在有的故事里，佛教法师的神力超过了本土的神灵。例如，南朝齐时，“富阳县人故冬凿麓山下为砖，侵壤龙室。群龙共忿，作三百日不雨。今已一百余日，井池枯涸，田种永罢”。当地的神灵便来请当时的高僧昙超求雨，昙超起先说这并非自己的法力所能达到，但最终经不住神灵的再三邀请，答应其请求，“遥为龙咒愿说法。至夜，群龙悉化作人，来诣超礼拜。超更说法，因乞三归，自称是龙，超请其降雨，乃相看无言”。[156]

此外，还有许多村落贫穷偏僻，经济条件有限，村民没有财力修建寺庙，为僧人提供一个固定的居所。因此，当时的僧人为了在这些村落传播佛法，不得不采取云游的方式，从一个村落走到另一个村落，成为“游化僧”。某些村民可能对佛法有兴趣，会邀请僧人在村落中居住比较长的时间。而僧人也会在村落中为信众指导对佛经的参悟，主持佛教仪式或者建造佛像。某些村落的民众因为敬重某位高僧，甚至将原来本土的神庙毁弃，改成佛教寺庙。东晋义熙年间（405—418 年），安徽省新阳县虎灾频发。“县有大社树，下筑神庙，左右居民以百数，遭虎死者夕有一两。安尝游其县，暮逗此村，民以畏虎，早闭间。安径之树下，通夜坐禅。向晓闻虎负人而至，投之树北。见安如喜如惊，跳伏安前，安为说法授戒。虎踞地不动，有顷而去。旦村人追虎至树下，见安大惊，谓是神人，遂传之一县，士庶宗奉，虎灾由此而息，因改神庙，留安立寺，左右田园皆舍为众业。后欲作画像，须铜青，困不能得，夜梦见一人，迂其床前云：‘此下有铜钟’。觉即掘之，果得二口，因以青成像。后以铜助远公铸佛。”[157]

许多源自于村落的造像记也显示出，在村落造像所记的捐赠者姓名中，有许多僧人的名字，如北魏孝庄帝永安三年（530 年）《薛凤规等造像碑》中，姓名中尚可辨识者达 494 人，其中至少 59 名是僧尼。此外，还有一些人的姓名与僧尼的名字相近，但冠有姓氏，如尹婆罗、薛舍利、吕僧亮、吕僧□、范僧保、行僧显、□法延、吴法顺、李法□、吴法烦、李法海、杨法智、王道温、何道兴，等等。[158]也由此可见，佛教文化在村落社会影响程度已经十分深刻。

北朝的造像记还显示，在很多村落，民众信仰佛教，已经成为日常生活的一部分。东魏时期河北并州安鹿交村（今山西省平定县岩会乡乱流村）

的《王法现造像记》载："大魏武定五年，岁次丁卯，七月丙申朔，十八日癸丑。并州乐平郡石艾县安鹿交村邑，仪王法现合廿四人等，既发洪愿，造石室一区，纵广五尺，中造三佛、六菩萨、阿难、迦叶，造得成就，上为佛法兴隆、皇帝陛下、勃海大王，又为群龙伯官、守宰令长，国土安宁，兵驾不起，五谷熟成，人民安乐；下为七世父母、所生父母、因缘眷属、蠢动众生、有形之类，普蒙兹眷，一时成佛。"[159] 在这个村落中遗存至今的造像记共有五方。这可以充分反映出，在北朝佛教弥漫北土，民众或以个人的名义，或以家庭、寺院为单位，或聚集若干信众组成邑义、法义来造像兴福，已成为社会风气。[160]

总而言之，北朝时期，村落民众集资或者单独建造单立式的石碑佛像或者金铜佛像，已经十分流行，并具如下四个功能。其一，将其放置于村民家中，可以供家人日常礼拜供养。其二，将其放置于寺院中，可以为僧尼信徒致敬供养。其三，将其置于人口稠密的交通要道旁，可以为一些来来往往的客商行人提供供奉对象，同时也祈感化路人。其四，在没有寺庙的情况下，有佛像的地方可以作为一个临时的"道场"来举行宗教活动，以满足信众的要求。在基层地区，第四个功能显得尤其突出。特别是在偏远地区的村落，村民的居所都较为分散，也无实力建筑寺院。即便某些村落修建有寺院，也大多规模较小，场地有限，无法举行规模相对较大的佛教仪式法会活动。此时，以佛教造像为中心布置道场，应该是比较普遍的现象。近 2 000 年后的今天，这种情况在南北偏僻的乡村之地仍时有所见，由此足见其影响之深远。

佛教在底层得以流传的原因，主要是佛教宣扬的精神不灭和因果报应等思想，正好契合了这一时期民众（尤其是底层民众）的心理需求。此外，佛教寺院在社会救助方面的功用，使得当时的村落民众对佛教也有好感。国家及民众等各方面的财富不断地向寺院输入，除了满足僧尼的日常消费及寺庙维护以外，还有大量的财富被囤积起来。于是，寺院便做起救济贫穷及灾荒的事业。由社会得来的财富，又转而贡献给社会。[161] 具体的救助措施，主要表现为两个方面。一方面，利用医术无偿为平民治病，或者收养病人。北魏时，僧人惠莲常常在京城西南处为百姓治病，受到灵太后嘉奖。西梁时，北天竺沙门那连提黎耶舍，曾“收养疠疾，男女别坊，四事供承，务令周给”。另一方面，灾荒之时，将寺庙所囤财资变为粮食施舍或借贷给灾民。北魏僧人道研常常借粮给当地百姓，并在官府的压力下焚毁债券，由借贷变成了施舍。

（二）道教在村落中的地位与作用

道教是中国本土宗教，以“道”为最高信仰。它发源于古代本土中国春秋战国的方仙道，是一个崇拜诸多神明的多神教原生的宗教形式。它是在中国古代鬼神崇拜观念之上，以黄、老道家思想为理论基础和根据，承袭战国以来的神仙方术衍化形成的宗教。其宗旨是追求长生不死、得道成仙、济世救人。西汉景帝中元五年（公元前 145 年），陕西咸阳道士茅盈及其弟茅固、茅衷在句曲山采药炼丹，济世救民，百姓感其功德，遂改山名为“茅山”，茅氏三兄弟被称为茅山道教祖师。东汉末年出现了大量道教组织，著名的有太平道、五斗米道。魏晋南北朝时期是道教的创建和改造时期，分化为丹鼎派和符水派。

丹鼎派，又称“金丹道教”，以炼金丹求仙为主。它并非实有的教派，而是后世对道教中以炼金丹求仙为主的各道派的通称。最早由古代的黄老道家发展而来，早期理论著作以《周易参同契》为主。魏晋时，葛洪进一步发展了金丹派神仙道教，对其做了理论上的总结。他著有《抱朴子》一书，专论炼丹方术。丹鼎派又可分外丹与内丹。外丹是指用炉鼎烧炼铅汞等矿石药物，以配制可服食的长生不死金丹；内丹是指把人的身体当成“炉鼎”，以自身的精气为药，用神烧炼，为神气相交结成之物。魏晋南北朝乃至到隋唐时，外丹盛行于世；宋元以后，内丹流行。显然，修炼外丹需要鼎炉铅汞，需要一定的经济实力；对于《周易参同契》这类艰深著作的掌握，则需要相当的知识文化修养。这些都非普通百姓所能拥有。因此，魏晋南北朝时期，丹鼎派主要流行于上层士族群体，而非村落普通居民。

符水派，又称符箓派，是对道教中以符咒等方术治病驱鬼为主的各道派的通称。魏晋南北朝时期的五斗米道、太平道、灵宝派等，都属于符水派。这一派道士主要通过画符念咒的方式，来替人消灾除祸、治病除瘟、济生度死等。信众认为，画符箓或烧符箓于水中喝下去，可以疗病。《三国志》卷八《张鲁传》注引《典略》云："太平道者，师持九节杖为符祝，教病人叩头思过，因以符水饮之，得病或日浅而愈者，则云此人信道，其或不愈，则为不信道。"《宋书·羊欣传》载："素好黄老，常手自书章，有病不服药，饮符水而已。"符水派由于简单易行，不对艰深的教理教义进行探讨，而且与民众的日常生活联系紧密，特别注重祈祷请神、礼拜斋醮等法事，进行"教化劝善"，故而深受下层普通百姓的欢迎。对村落居民产生重要影响的，主要也是符水道教。陶弘景的《真诰》载，灵宝派据茅山，经常举行送竟、斋戒等法事活动，每年"三月十八日，辄公私云集，车有数百乘，人将四五千，道俗男女，状如都市之众。看人唯共登山，作《灵宝》唱赞，事迄便散"。[162] 村落居民在对现实绝望而走投无路之际，深信只有宗教能够给他们以慰藉和力量。道教由于本来就源自本土，最早在下层民众中得到认同、响应和追随，于民众有着天然的亲和力，所以成为他们重要的宗教信仰之一。

在上层贵族中盛行的道教，主要是以修仙炼丹为主，注重讨论道教的教理教义。而在下层村落民众中盛行的道教，囿于本身的知识水平和经济实力，不在乎教理教义的探讨，需要解决眼前现实的生存问题，所以更在乎它的实用性。上层的道教人士，看不起下层道教。葛洪在《抱朴子·内篇·道意》中，就对下层道教进行了批判："凡人多以小黠而大愚，闻延年长生之法，皆为虚诞，而喜信妖邪鬼怪，令人鼓舞祈祀……俗所谓道率皆妖伪，转相诳惑，久而弥甚，既不能修疗病之术，又不能返其大迷，不务药石之救，惟专祝祭之谬，祈祷无已，问卜不倦，巫祝小人，妄说祸祟，疾病危急，唯所不闻，闻辄修为，损费不訾，富室竭其财储，贫人假举倍息，田宅割裂以讫尽，箧柜倒装而无余。或偶有自差，便谓受神之赐，如其死亡，便谓鬼不见赦，幸而误活，财产穷罄，遂复饥寒冻饿而死，或起为刦剽，或穿窬斯滥，丧身于锋镝之端，自陷于丑恶之刑，皆此之由也……愚民之蔽，乃至于此哉！淫祀妖邪，礼律所禁。然而凡夫，终不可悟。唯宜王者更峻其法制，犯无轻重，致之大辟，购募巫祝不肯止者，刑之无赦。”[163] 诚然，将种种现实诉求寄托于宗教之中，并不能从根本上解决问题。但是，对于既无经济实力又无政治能力的下层百姓而言，除了选择信仰宗教的超自然能力，别无他法。因此，虽然有以葛洪为代表的上层知识精英对民间的符水道教流派进行批判，但这并未影响到下层百姓的信仰选择，民众并不理睬上层精英的批判，依然我行我素。而且，客观来看，道教确实也对当时缺衣少药、生活艰苦的村落百姓提供了一定程度的物质帮助，并且对当时乡里秩序的稳定具有一定的积极作用，因此势力逐渐强盛。整体而言，村落的道教主要有以下几个突出的特征。

其一，重献祭、祈祷、符水治病，形式粗朴、目的功利现实。汉中地区，张修的信徒常常以祈祷忏悔之法治病：“修法略与角同，加施静室，使病者处其中思过。又使人为奸令祭酒，祭酒主以老子五千文，使都习，号为奸令。为鬼吏，主为病者请祷。请祷之法，书病人姓名，说服罪之意。作三通，其一上之天，著山上，其一埋之地，其一沉之水，谓之三官手书。使病者家出米五斗以为常，故号曰五斗米师。实无益于治病，但为淫妄，然小人昏愚，竞共事之。”[164]《资治通鉴》载东汉的道教领袖张角的道法也是如此：“巨鹿张角奉事黄、老，以妖术教授，号‘太平道’。咒符水以疗病，令病者跪拜首过，或时病愈，众共神而信之。角分遣弟子周行四方，转相诳诱。十余年间，徒众数十万，自青、徐、幽、冀、荆、扬、兖、豫八州之人，莫不毕应。或弃卖财产，流移奔赴，填塞道路，未至病死者亦以万数。”[165] 三国时期，江南地区的道士也常以法术治病，吸引信徒：“时有道士琅邪于吉，先寓居东方，往来吴会，立精舍，烧香读道书，制作符水以治病，吴会人多事之。”[166] 而且，由于一些道士常年在山林中修道，掌握了草木、矿物的性能与人体之间的关系，从而完善了医药学，对中医药的发展有很大的贡献。当时，著名的道士葛洪、陶弘景等，也都是名医。葛洪精通医学和药物学，主张道士兼修医术，认为在山中修道如不兼习医术，一旦生病便无法治疗，不仅不能长生成仙，甚至性命难保。他在《抱朴子·内篇·仙药》中，对许多药用植物的形态特征、生长习性、主要产地、入药部分及治病作用等，均有详细的记载和说明，对后世医药学产生的影响很大。他的《肘后备急方》等，搜集了大量救急用的方子。这些药方，都是他在行医、游历的过程中搜集和筛选出来的。由于都是些常见的药物，价格便宜，疗效很好，深受普通百姓欢迎。当时的百姓遇到一般的疾病，都知道自己用药物治疗，如："理中四顺，可以救霍乱，款冬、紫苑，可以治欬逆，萑芦、贯众之煞九虫，当归、芍药之止绞痛，秦胶、独活之除八风，菖蒲、干姜之止痹湿，菟丝、苁蓉之补虚乏，甘遂、葶历之逐痰癖，括楼、黄连之愈消渴，荠苨、甘草之解百毒，芦如益热之护众创，麻黄、大青之主伤寒。"[167] 葛洪还撰有《玉函方》百卷，这些药方所载的病方，"皆单行径易，约而易验，篱陌之间，顾眄皆药，众急之病，无不毕备，家有此方，可不用医"。[168] 南朝道教学者陶弘景常年隐居于山林，对乡村缺医少药的现状体会较深，而且在长期采药治病的过程中，发现了《神农本草经》中的一些讹误，对其中的300多味药材进行了鉴别。同时，他又增加了魏晋南北朝时期医药学家新发现的药物，撰写成《本草经集注》，改进了《神农本草经》的药物分类，将原来的上中下三品分类改成玉石、草木、虫兽、果、菜、米食六类，并将有名无实的药物归入"有名未用"类；在药物的性味、产地、采集、形态和鉴别方面也进行了很大程度的提高。此外，他将一些治疗同一种病症的药物进行了归类，如治风通用的防风、防己、秦艽、芎穷等，治水肿通用的大戟、甘遂、泽泻、葶苈、巴豆，治疗黄疸通用的茵陈、栀子、紫草等。明清时期，一些村落中的道教信徒将中医药方写在纸上，装入造像背龛中，祈求以此作为治病之方。如：

> 祇壳三分，川庄三分，
> 柴胡二分，防风二分
> 独号五分，连翘三分，
> 吉根四升，西号二分，

前胡三分，并齐二分，
北辛、薔剂二分，
生草二分，芒硝三分，
生姜二片，引，
加茯苓三分。
诊牛眼猪眼方。[169]

其二，参与教派组织，团结互助，甚至对抗官府。魏晋时期，在村落百姓中，道教组织的势力远远超越了宗族内部的血缘影响。对贫苦无依的弱势民众而言，结成组织对抗来自外部的生存威胁，是最直接有利的方法。前文引用的《资治通鉴》表明，张角组织的道教组织，十多年间信徒达到了数十万，可见规模非常庞大。不少农民起义就是通过道教组织的形式进行的。例如，西晋时，关陇流民李特开始领导的起义，就与青城山天师道首领范长生给予的支持分不开。李特之子李雄后来占领益州，自称成都王，欲迎范长生为君王，范长生固辞不允，反劝李雄称帝。后李雄称帝，国号大成，传三世至李寿，改国号为汉，史称成汉。东晋时，孙恩、卢循领导的起义，其起义军是由信奉五斗米道的农民组成。孙恩是江南五斗米道的传道师杜子恭的再传弟子，孙恩先是追随叔父孙泰，后孙泰被诛。孙恩聚合徒众百人，在江浙之地起义。《孙恩传》载："泰见天下兵起，以为晋祚将终，乃扇动百姓，私集徒众，三吴士庶多从之。于时朝士皆惧泰为乱，以其与元显交厚，咸莫敢言。会稽内史谢輶发其谋，道子诛之。恩逃于海。众闻泰死，惑之，皆谓蝉蜕登仙，故就海中资给。恩聚合亡命得百余人，志欲复仇。及元显纵暴吴会，百姓不安，恩因其骚动，自海攻上虞，杀县令，因袭会稽，害内史王凝之，有众数万。于是会稽谢针、吴郡陆瑰、吴兴丘尪、义兴许允之、临海周胄、永嘉张永及东阳、新安等凡八郡，一时俱起，杀长吏以应之，旬日之中，众数十万。于是吴兴太守谢邈，永嘉太守谢逸，嘉兴公顾胤，南康公谢明慧，黄门郎谢冲、张琨，中书郎孔道，太子洗马孔福，乌程令夏侯愔等皆遇害。

吴国内史桓谦，义兴太守魏傿，临海太守、新蔡王崇等并出奔。于是恩据会稽，自号征东将军，号其党曰‘长生人’，宣语令诛杀异己，有不同者戮及婴孩，由是死者十七八。畿内诸县处处蜂起，朝廷震惧，内外戒严。”[170] 基于一个宗教组织建立起一支能够对抗朝廷的军队，甚至建立起自己的政权，可以想见该组织的规模与实力。这已不是简单的民间力量有组织地进行结团了，而是已经异变为有明目张胆的政治主张的军事行动。此后历朝历代的农民起义，乃至民国时期兴盛的青帮、洪门，多多少少都带有道教组织的痕迹，就是受这一时期的影响开始的。

（三）村落中的其他信仰与祭祀文化

除了佛教与道教以外，魏晋南北朝时期，村落中还有大量其他信仰。佛教传入中土时，初期只在精英层面流行。这是由于其深奥而抽象的教理教义，并不为普通民众所接受。后来，佛教的义理简化为因果报应等直白观念，开始迅速在基层村落中生根发芽。道教则本身就来自民间，即使后来知识精英将其与老庄思想融合，也并未影响它在底层流传。魏晋南北朝时期，民间对大自然的信仰，也成为早期道教文化的重要来源之一。这一时期，民间自然信仰中最有特色的内容，在很多方面都体现为道教文化。换言之，佛教与道教之所以能在村落的普通民众中生存发展，直接得益于它们与地方的民间信仰结合在一起。因此，有必要对这一时期村落中的民间信仰做简要论述。

关于民间信仰，有多种解释。《辞海》对其有着较为简要的定义。[171] 现略加补充：“民间流行的对某种精神观念、某种有形物体信奉敬仰的心理和行为。包括民间普遍的俗信以至一般的迷信。它不像相对系统的宗教有着严密的组织、严格的教义、明确的传人和严格的程序与仪轨等，也不像正统的宗教信仰更多地强调自我修行与明理名义。它的思想基础载于万物有灵论，故信奉的对象较为庞杂，所体现的主要是唯心主义，但也含有一些唯物主义和科学的成分，特别是民间流行的天地日月等自然信仰。”日本平凡社版的《大百科事典》将其定义为：“民间信仰是指没有教义、教团组织的，属于地方社会共同体的庶民信仰；它也被称为民俗宗教、民间宗教、民众宗教或传承信仰（世世代代流传下来的信仰）。”[172] 其实，此说也未完全准确。因为有的民间信仰不仅具有地域性，而且在一定地域范围内确实曾存在过组织。有的组织甚至在后来发生异变，有的还变成邪教。即便民间信仰和宗教发展到今天，我们仍然可以见到这种情形与裂变。在中国的城乡，尤其是农村社会，这种情况时有发生。

传统村落中，精神信仰涉及的领域非常广。从民众的生、婚、病、死等各个环节，到衣、食、住、行等各个方面，乃至日常劳动和言谈话语之间，无不是精神信仰发挥作用的场所。按照人类学家罗伯特·雷德菲尔德提出的“大小传统”文化观，村落信仰属于“小传统”文化范畴。然而，村落社群拥有的“小传统”文化却对整个社会的发展意义重大。民间的信仰和崇拜多种多样，如“祖先崇拜”，它很可能是存在于村落之中影响范围最大、分布地域最广的一种最为根深蒂固和具有典型“文化自觉性”的民间信仰。这种信仰一方面明显带有其宗教性与神性，另一方面又明显带有家族伦理的精神性。其活动中的信仰心理和信仰愿景，具有成分的复杂性与多元性。有的信仰活动是为了给祖先歌功颂德，同时也是为了护佑自身及后人。当然，家族与家庭的信仰活动，从形式到规模，也就可能完全不同。

村落民众的精神信仰不应只囿于“宗教”层面，还应该包括一些非宗教的信仰，比如生活当中人们所信奉的各种预兆，所遵循的各种婚俗禁忌、生育禁忌、丧葬禁忌、饮食禁忌、语言禁忌等。其中，最为普遍和重要的是巫术。它自原始社会就开始发生作用。商周时期，掌握巫术的巫师地位很高，承担着国家的重要祭祀职责。《周礼·春官》载：“司巫掌群巫之政令。若国大旱，则帅巫而舞雩。国有大灾，则帅巫而造巫恒。祭祀，则共匰主及道布及蒩馆。凡祭事，守瘗。凡丧事，掌巫降之礼。”随着社会的发展，巫师逐渐分化，其职业性也越来越强。但是，巫师的地位开始下降，并进入普通民众的生活之中。桓宽的《盐铁论》载：“古者，君子夙夜孳孳思其德；小人晨昏孜孜思其力。故君子不素餐，小人不空食。今世俗饰伪行诈，为民巫祝，以取厘谢，坚额健舌，或以成业致富，故惮事之人，释本相学。是以街巷有巫，闾里有祝。”[173]这段文字指出，东汉时期，巫师已经将巫术当成一门生意，用来维持生计甚至致富。魏晋南北朝时期，巫术的活跃程度空前加强。巫术的类型很多，方向之祭、乞雨止雨、请风止风、见神视鬼、祈攘厌劾、转移灾祸、毒蛊、巫蛊、媚道、星算、卜筑、占梦、相术、医术、祝由、房中术等，都是巫术的范畴。例如，《南史》载：“诸暨东洿里屠氏女，父失明，母痼疾，亲戚相弃，乡里不容。女移父母远住苎罗，昼采樵，夜纺绩，以供养。父母俱卒，亲营殡葬，负土成坟。忽空中有声云：‘汝至性可重，山神欲相驱使，汝可为人疗病，必得大富贵。’女谓是妖魅，弗敢从。遂得病积时。邻舍人有中溪蜮毒者，女试疗之，自觉病便差，遂以巫道为人疗疾，无不愈。家产日益，乡里多欲娶之。女以无兄弟，誓守坟墓不嫁，为山劫所杀。”[174]屠氏之女因为至孝，得山神相助，于是掌握了为人治病的巫术，并得到了村人的认同，遂因此致富。这一时期，村落民众对于许多鬼神致病而不得不请巫医作法治病的故事深信不疑，即使在正史中，也屡见不鲜。《南史》卷七十五《顾欢传》载：“山阴白石村多邪病，村人告诉求哀，欢往村中为讲《老子》，规地作狱。有顷，见狐狸鼋鼍自入狱中者甚多，即命杀之。病者皆愈。”

巫术具体体现为生活中的各种活动，它主要由仪式组成，而且需要掌握一定技能的巫师指导。换言之，巫术信仰仰赖于巫师而存在，巫师缺席则信仰活动无法举行，民众的信仰活动场所也无从确定。而另一类精神信仰，则有具体的信奉对象（鬼神等偶像）及确定的活动场所（祠庙宫观等），二者是联系在一起的。尤其是祠庙宫观等确定的活动场所在民间盛行，对村落民间信仰的意义尤其重要。即使没有巫师，信众也能自发地举行简单的信仰活动，而不需要掌握专门的仪式。信仰活动自由度加大，使得信仰空前繁盛。这也带来另一个问题，就是供奉各类鬼神的庙宇太多，以致官府不得不采取措施来加以禁止。关于这些，史书中有不少记载。如《梁书》卷三十九《王神念传》载：“神念性刚正，所更州郡必禁止淫祠。时青、冀州东北有石鹿山临海，先有神庙，妖巫欺惑百姓，远近祈祷，糜费极多，及神念至，便令毁撤，风俗遂改。"《北齐书》卷三十二《陆法和传》载："江陵多神祠，人俗恒所祈祷，自法和军出，无复一验，人以为神皆从行故也。"，这些用来祭祀鬼神的祠庙十分繁多，遍及大大小小的村落。从不同祠庙宫观中摆放的不同祭祀对象来看，可以分为以下几大类：

其一，自然神祇。既包括天、地、日、月、星、辰、风、云、雷、电等大的自然物象及现象，又包括山水中的山岳、岩石、江河、泉井等，还包括动植物神祇。在魏晋南北朝的志怪小说中有许多记载。如较早的雷神故事："永和中，义兴人姓周，出都，乘马，从两人行。未至村，日暮。道边有一新草小屋，一女子出门，年可十六七，姿容端正，衣服鲜洁。望见周过，谓曰：'日已向暮，前村尚远，临贺讵得至？'周便求寄宿。此女为燃火作食，向一更中，闻外有小儿唤阿香声，女应诺。寻云：'官唤汝推雷车。'女乃辞行，云：'今有事，当去。'夜遂大雷雨。向晓，女还。周既上马，看昨所宿处，止见一新冢，冢口有马尿及余草。周甚惊惋。后五年，果作临贺太守。"[175] 山神、水神崇拜中，崇拜的对象往往被认为能够满足村民的某些现实需要。《太平御览》卷十一引盛弘之《荆州记》载："湘东有雨母山，山有祠坛，每祈祷无不降雨泽，以是名之。"直到今天，雨母山上仍旧修建有帝喾祠、赤松子坛等。《太平御览》卷六十六引郑缉之《永嘉记》："怀化县有蒋公湖，父老传云，先代有祭祀祈请者，湖辄下大鱼与之。"达到一定寿命的动植物老了之后会变成精怪，如狐狸、蛇、龟、犬、梨树、桑树等，已经成为魏晋南北朝时期村落民众的普遍观念。因为对这些自然界中的动植物有着特殊的情感，所以村落的民众只要遇到自己不理解的自然现象，就会将其神化，有时不免闹出笑话来。《搜神记》卷五《李君神》载："南顿张助，于田中种禾，见李核，欲持去。顾见空桑中有土，因植种，以余浆溉灌。后人见桑中反复生李，转相告语。有病目痛者息阴下，言：'李君令我目愈，谢以一豚。'目痛小疾，亦行自愈。众犬吠声，盲者得视，远近翕赫。其下车骑常数千百，酒肉滂沱。间一岁余，张助远出来还，见之惊云：'此有何神？乃我所种耳。’因就斫之。”

其二，人物神祇。历史上某些重要的人物，由于生前功业卓著，在百姓中有着很高的声望。他们死后，被民众长久地记在心中，并塑造成神祇进行供奉。另外，一些传说中的人物，也被民众建祠庙祭祀。《晋书》卷七十八《孔愉传》载：“行至江淮间，遇石冰、封云为乱，云逼愉为参军，不从，将杀之，赖云司马张统营救获免。东还会稽，入新安山中，改姓孙氏，以稼穑读书为务，信著乡里。后忽舍去，皆谓为神人，而为之立祠。”《晋书·地理志》和《魏书·地形志》等官方文献中统计的设祠祭祀的对象，就有黄帝、蚩尤、伏羲、女娲、老子、叔梁纥、颜徵在、孔子、子路、戚夫人、尧、舜、禹、周文王、姜太公、赵武灵王、介子推、孙叔敖、伍子胥、子产、西门豹、刘邦、张良、商山四皓、汉武帝、项羽、曹操、诸葛亮、周瑜、麻姑、郦食其、蘧伯玉等。这是见于官方系统记载的，民间村落中的地方性神灵，应该更多。某些名人成了某一同类神，如冯夷、屈原、伍子胥，都逐渐演变成护佑一方的水神，在村落中影响深远。后世村落中信仰的许多重要神灵，都是在这一时期形成的。如最早的土地神蒋子文信仰，最初为恶神，百姓为了讨好他，就立庙祭祀。盘古神的记载最早也见于这一时期，其中以三国时徐整的《三五历纪》记载最早。实际上，当时民间各地都有盘古的传说，任昉的《述异记》对此进行了综述，具有浓厚的民间性：“昔盘古氏之死也，头为四岳，目为日月，脂膏为江海，毛发为草木。秦汉间俗说，盘古氏头为东岳，腹为中岳，左臂为南岳，右臂为北岳，足为西岳。先儒说，盘古氏泣为江河，气为风，目瞳为电。古说，盘古氏喜为晴，怒为阴。吴楚间说，盘古氏夫妻，阴阳之始也。今南海有盘古氏墓，亘三百余里，俗云后人追葬盘古之魂也。桂林有盘古氏庙，今人祝祀。南海中盘古国，今人皆以盘古为姓。”[176]

其三，佛教与道教神祇。村落中的另一类神祇，既不是源于自然信仰，也不是出于对历史人文的崇拜，而是直接来自佛教、道教等宗教。不过，村落民众对之进行祭祀，基本上已经无关乎佛教或者道家的教理教义，而是带有很强烈的民间性，如西王母信仰、观音菩萨信仰等，因此可以将其作为民间信仰的一种类型。西王母信仰最兴盛的时期主要集中于两汉，在魏晋南北朝时期，仍旧有不少地方的村落民众信仰西王母。如东晋咸康四年（338年）丹徒县的《朱曼妻薛买地券》记载："吴故官人立节都尉晋陵丹徒朱曼故妻薛从天买地，从地买宅。东极甲乙，南极丙丁，西极庚辛，北极壬癸，中极戊己，上极天，下极泉。直钱二百万，即日交毕。有志薛地，当询天帝有志薛宅，当询土伯。任知者东王公、西王圣母。如天地律令。"[177] 敦煌莫高窟第249窟，是西魏时期石窟的代表。西坡中央绘须弥山，东坡绘摩尼宝珠，北坡绘东王公。西王母绘制于南坡的中央，身穿黑色衣服，乘坐由三凤引导的车。凤车上飘扬着以细长饰带组成的蓝色旗帜，向着画面右侧（当为西方）前进。凤车前方有天人和乘凤仙人导引，后方也尾随天人与乘凤仙人。西王母前方站一着红袍的御者。在凤车前后的天人旁边，浮游着生命体。凤车下方的是四神之一的白虎，与凤车向同一方向奔驰。[178] 与这个时期相关的《晋书》《宋书》《南齐书》《梁书》《陈书》《魏书》《北齐书》《南史》《北史》等正史中，都记载了大量的观世音应验的故事。可见，观世音崇拜在魏晋南北朝时期就很兴盛。晋惠帝元康元年（291年），高僧竺法护翻译完《正法华经》。《正法华经》中的《观世音菩萨普门品》，对观世音菩萨救苦救难的信仰进行了详尽描述，救苦救难也逐渐成为观世音信仰的核心观念。姚秦鸠摩罗什于弘始八年（406年）在长安重新翻译这一部经典，名之为《妙法莲花经》，影响更加深远。其中《观世音菩萨普门品》从中独立出来成为《观音经》，大大加快了观音信仰的传播。迄今为止已经出土了200多尊魏晋南北朝时期的观世音造像。而且，从造像记来看，观世音菩萨造像多为平民信徒，而且持续时间非常长，可以认为，平民较官吏而言更热衷于信奉观世音。

此外，观世音崇拜的地域非常广泛，涵盖了今天的甘肃、四川、重庆、陕西、山西、河南、山东、河北、辽宁、湖北、安徽、江西、江苏、浙江、湖南等地。如上海博物馆藏《卢氏造观音立像记》载："神龟元年四月八日，佛弟子卢边之，先为水厄，愿造观世音像一躯。愿从今后，居眷大小，须遇诸佛。”[179] 卢边之的家族因为遭遇水灾，造观世音像一尊，希望此后能逃离灾厄。北魏明帝正光五年（524 年）《胡绊妻造像记》表明，家中没有灾祸也可造观音像以求平安：“正光五年十二月十七日，胡绊妻造观世音佛一躯。居家大小，见世安稳，故记之耳。”[180] 有的观世音造像，是集体所造，如《王双虎等造像记》载：“大魏武定二年岁次甲子十二月辛亥朔四日甲寅，东阿县王双虎法仪五十人九人等，知身无常，财非己有，是以谨竭家珍，敬造观世音石像一躯。上为皇帝陛下，州郡令长，师僧父母，因缘眷属，一切众生，咸同福庆。”[181] 还有一些造像的捐助者是以家庭为单位的，造像记中记载了家庭中所有成员的姓名，如北齐《赵科造像记》载：“□齐河清元年岁次辛未八月戊戌朔十四日己亥，清信士佛弟子赵科致身非常，财非既有，减割家珍，敬造观世音像一躯。□为皇帝陛下，中为师僧父母，兄弟姊妹，亡过现存，一切众生，普同斯福。祖赵邻，祖母善妙姿。父赵昙迁，母郭贰王。大像主赵科。姊赵侯离。姊赵双。弟赵瓮。妹赵思。妹赵雌。妻李罗妃。息赵善。女赵客。女赵雪。息赵相贵。”[182]

这种阖家捐助造观音像且将家族所有人丁姓名均记载其中的风气，直到明清时期还在村落中发挥重要影响，如中国村落文化研究中心所藏的一卷湖南地区的观音菩萨造像记，就是如此：“今据，大清朝湖南省宝庆府新化永宁乡十二都，地名大桥边，祀祭白马庙王祠下土地各分居住。奉，□修□焚香，燃灯装素金容圣像一尊，祈吉凡民信女聂邹氏腾云本命，生于丁酉年五月十五日亥时，叨生男柏裕、忱裕、敬裕、德裕，媳陈氏、邹瑞珍，孙芝山，孙女叔能，女凤娥、凤麟、凤龙，估洎合眷老幼男女人等，是日木年焚香。恭对，南无观音大世事奉永香灯座下呈进，伏望惠遶光，信女聂邹氏名下寿山叠翠、永远康临；护佑姓（信）士聂柏裕名下星辰顺吉、禄马扶持；佑聂忱裕名下男增福禄、永远常青；聂□裕男芝山名下世秀青松；聂敬裕名下一品当朝；聂德裕名下指日高升。再祈一年四季之长青，八节康临之吉庆；护佑有求即应，伏杲无虚。护佑，家门迪吉，人眷安平，六畜兴旺，田□兴隆，万事亨通，斑斑如意。一切未言，全叨庇佑。

凡在光中，吉祥如意之至。出文端上，永远光辉。发，进生生不已。光绪十年甲申十二月十一日丹青□悦。”[183]

魏晋南北朝时期，宗教性的精神信仰在村落中有着重要的功能。这些功能一直在后世村落中代代相传。整体而言，村落中的宗教信仰对村落民众有着四个重要功能。第一，心理慰藉功能。现实生活中，民众在面对疾病、痛苦、死亡的时候，难免会心生恐惧、失落无助。而有了一定的精神信仰以后，他们可以通过方便操作的方式来减轻内心的伤痛与不安，从而获得精神支柱和安全感。第二，道德教化功能。因为主观上相信因果报应等宗教教义，客观上对个人在社会中的行为举止便有了规范的效果。尤其是村落中一些地方神，都体现了社会公认的道德准则，也在一定程度上对民众起到了向善的引导作用。第三，族群认同功能。很显然，汉族村落中崇拜的神灵都具有本土化的特征，外族的神（除了佛教这个已经本土化的宗教以外）根本无法进入村落的祭祀空间。这对本民族归属的认识及相应的情感依附有一定的深化作用，从而产生民族向心力和凝聚力。第四，社会整合功能。村落中的宗教信仰，不仅是村落文化的载体，而且是村落文化的一部分。它丰富了民众的精神文化生活，满足了各种心理需求，从而调适了世俗生活。村落信仰中的很多禁忌和俗信，都是长期生活经验的总结，涉及村落居民生活的各个方面，有效地规范了大家的行为，从而起到了社会整合或控制的作用。在今天的村落中，这个四个功能仍然存在，除此以外，还增加了文化传承的功能。

总而言之，魏晋南北朝时期村落的民间信仰，上承两汉乃至先秦时期的自然崇拜、祖宗崇拜、巫鬼观念、神仙道术等，加上新融入本土的佛教的生死轮回、因果报应等思想，显得异常丰富多彩，而且对后世影响深远。从唐、宋、元、明、清直到民国，乃至当代广大乡村的民间信仰，都与这一时期打下的基础息息相关。

第五章

国家治理体系的完善与村落的制度化

自隋开皇元年（581年）隋文帝杨坚灭周建隋，至后周显德七年（960年）宋太祖赵匡胤“陈桥兵变”建立宋朝为止，隋、唐、五代共历时380年。这近400年的历史，也是中国古代社会高度繁荣与快速发展的辉煌阶段。这种盛况在隋唐得到集中体现。统一的社会局面、安定的社会环境、开明的政治政策、开放的文化态度及宽松的民族政策，既加快了中原地区社会的发展速度，也带动了边疆地区的发展。乡村作为传统中国社会的发展基础，在此期间也在国家政治、经济与文化发展的裹挟与影响下，发生了深层次的社会变革。一方面，隋唐完成了以村坊制、均田制、租庸调制为基础的乡村基层管理体系建设，将魏晋以来形成的乡野村落纳入国家基层行政管理范围，形成了国家对基层社会强有力的控制，由此开启国家对乡村基层管理的新模式；另一方面，基层管理制度、社会经济与文化环境的改变，促使乡村社会完成了外部组织形式的制度化管理以及内部构成成分的多元化建构，夯实与丰满了乡村社会作为封建国家基本构成单元的地位与内涵。然而，安史之乱爆发以后，长期的分裂割据局面与接连不断的征伐战争，不仅一扫盛唐社会繁盛发展的余光，也使包括村落在内的乡村社会趋于衰落。

第一节

隋唐五代村落的制度

乡村作为基层社会的基本聚居单元，对封建时代国家的稳定与发展起基础性作用。因此，基层管理体系的建设，一直是封建国家政治建设的重要内容。隋唐五代时期是中国乡村社会发展的重要转折期。经历了南北朝长期的混战与分裂，村、邑等乡野聚落已经在里、聚分离的基础上于城邑之外广泛蔓延。面对乡野聚落的发展，传统的乡里制在大一统的隋唐时期，显然已经无法满足基层社会的行政管控与发展需要。为了巩固统治政权，强化国家的基层管控力，隋、唐统治者开始进行自上而下的政权建设，尤其是到了唐代，其在隋制的基础上，以均田制为基础，构建了包括村坊制、租庸调制及户籍制度在内的一整套基层管理制度体系，使得郊野聚落成为具有行政意义的乡村社会聚居单元，实现了国家对乡村社会的全面有效掌控。

一、村坊制度与村落

秦汉以降至唐代以前，中国基层管理制度以乡里制为主，里聚合一，乡是国家政权的基层实施单位。虽然至三国西晋时代，里、聚已经开始出现分离，但这种分离仅限于外在形式，并未打破乡作为基层行政单位的早期乡村制度模式。北朝三长制取代宗主督护制。这种基层管理制度虽然使北方乡村社会摆脱了地方豪强的管控，使村落的控制权力收归于中央，但在本质上，使乡村社会行政编制与自然村落分离并未使北朝村落获得行政化发展。反之，南朝乡里的部分职能开始出现分散和弱化，村逐渐成为税收、治安管理的基本单位，甚至成为分封单位，承担并执行基层行政单位的部分责任与任务。也正因如此，村落逐渐成为具有一定行政职能的社会单元。

（一）隋代乡里二级制度的形成

至隋代，为了统一南北，结束魏晋南北朝长达300年的分裂局势及地方机构滥置冗杂的局面，隋初统治者施行了一系列整治措施。这首先体现为大并州郡、裁削冗员，以革弊求治。这种整治也反映在基层管理制度中。据《隋书》卷二十四《食货志》记载，北周武帝保定二年（562年）规定："制人五家为保，保有长。保五为闾，闾四为族，皆有正。畿外置里正，比闾正，党长比族正，以相检察焉。"可以看出，隋初制定的保、闾（畿内）/里（畿外）、族（畿内）/党（畿外）三级管理结构，与北魏的三长制（邻、里、党）类似。不同的是，隋初将党长（或族长）掌管的户数由原来的125户减少至100户，且对基层管理机构有畿内、畿外之分。至开皇九年（589年），隋文帝统一全国之后，很快又对基层管理制度做出了调整："制五百家为乡，正一人；百家为里，长一人。"[1]律令中沿用了汉晋时期对"乡"设置，但以"里"代替了北周的"党/族"，形成了乡、里二级的基层组织形式。

有学者曾根据《隋书》卷四十二《李德林传》所载开皇九年设置的"乡正"因判事、剖断之时多有不公，在施行一年之后便被"废之"[2]的记载，认为实际上终隋一代是没有乡级单位的存在的。尽管此后相关史籍中没有再出现关于隋代相关制度设置情况的具体记载，但其他相关史料显示，终隋一代，不仅乡正之职始终得以保留，[3]而且乡正与里长对于乡村户口查录、赋税征收是担负责任的。如《隋书》卷六十七《裴蕴传》载："于时犹承高祖和平之后，禁网疏阔，户口多漏。或年及成丁，犹诈为小，未至于老，已免租赋。蕴历为刺史，素知其情，因是条奏，皆令貌阅。若一人不实，则官司解职，乡正、里长皆远流配。又许民相告，若纠得一丁者，令被纠之家代输赋役。是岁大业五年也。"这则史料明确提及在大业五年（609年）时，乡正、里长在户口多漏、赋税征免等相关问题上还承担同等责任，说明这两项任务在隋代应该始终是乡、里二级组织的基本职能。因此，隋代实际施行的仍是乡、里二级的基层组织形式，这也成为唐代村坊制度形成的基础。

（二）唐代村坊制度的确立

1. 村坊制度的法令化发展

唐初，朝廷总结了隋代对州县的整治经验，加强力度实行省并，革除州县机构及名称紊乱、重叠的现象，并形成新的基层管理制度。武德七年（624）年，李渊父子击溃了各地武装力量统一全国。为了巩固新生政权，朝廷面向全国颁布了新律令。据《旧唐书·食货志》记载："武德七年，始定律令。……百户为里，五里为乡。四家为邻，五家为保。在邑居者为坊，在田野者为村。村坊邻里，递相督察。"据此可知，唐初基本上延续了隋代的乡里制度，保留了隋代乡级行政单位的设置，并明确了邻、保的户数。有所不同的是，唐代在"里"下以"邑、野"之别，将居民居住区域划分为"坊、村"。这是中国基层管理制度中，首次出现城乡分野的聚居单位。整体上来看，唐初大致形成了邻、保、村/坊、里、乡的基层组织结构。但武德令中并没有进一步明确这一时期各组织结构的职能人设以及各自执掌等具体信息。

至贞观年间（627—649年），统治者在武德令的基础上，又申明在乡级行政单位设置乡长。据《通典》卷三十三《职官十五》"乡官条"记载："大唐凡百户为一里，里置正一人；五里为一乡，乡置耆老一人。以耆年平谨者，县补之，亦曰父老。贞观九年，每乡置长一人，佐二人，至十五年省。"《旧唐书》卷三《太宗纪下》也载："（贞观）九年春三月，……每乡置长一人，佐二人。……十五年……十一月壬戌，废乡长。"根据这两条记载可以看出，唐代政府直至贞观九年（635年）才明令设置乡长一职，这就说明自武德七年至贞观九年的12年间，唐代基层似乎仅有耆老（也叫父老）一职。另据唐太宗在《存问并州父老玺书》一文所言："父老宜约勤乡党，教导后生，亲疏子弟，务在忠孝，必使风俗敦厚，异于他方。"[4]可知唐代耆老的主要职能在于教导后生及敦化风俗，并没有实际的行政职能。我们似乎可以推断，至少在贞观九年以前，唐代的基层政权组织是有乡级行政单位而无职能人员的。若仅仅根据唐代律令来看，这种说法具有合理性。但是，相关史料记载明确显示了唐武德年间至贞观九年正式设置乡长之前，乡级行政官员是一直存在的。《旧唐书·舆服志》中所载“武德令”对乡正、里正服色的规定就直接说明了这一点。[5] 因此，唐初设置乡级行政单位而未置乡正的做法，实际上是对隋代乡里制的延续。这也说明，唐初武德至贞观十五年（641 年）之间，唐代基层行政制度实际上是乡、里二级制，当时的村与坊仅仅是组成里的、以地域区分的基层组织单元，并不具备其他职能。而贞观九年新设乡长并置两名辅佐，应是唐代有意加强基层管理，将乡长的行政职能法令化之举。至于贞观十五年缘何又省并乡长，有学者认为是隋代剥夺乡正诉讼职权之举措的延续。[6]

开元年间（713—741 年），随着统治政权的稳定及基层管理制度的实践，统治者在此间又两次重申乡里制度，并对相关细则做出进一步的明确，形成了等级分明、执掌清晰的村坊制度。据《唐六典》卷三《尚书户部》记：“百户为里，五里为乡。两京及州县之郭内分为坊，郊外为村。里及村、坊皆有正，以司督察。（里正兼课植农桑，催驱赋役。）四家为邻，五家为保。保有长，以相禁约。”据王永兴、仁井田陞等学者考证，该令颁布于开元七年（719 年），此为开元年间的第一次重申令。第二次重申令出现于开元二十五年（737 年），《通典》卷三《食货志》“乡党”条给予了记载：“诸户以百户为里，五里为乡，四家为邻，五家为保。每里置正一人，（若山谷阻险，地远人稀之处，听随便量置。）掌按比户口，课植农桑，检察非违，催驱赋役。在邑居者为坊，别置正一人，掌坊门管钥，督察奸非，并免其课役。在田野者为村，别置村正一人。其村满百家，增置一人，掌同坊正。其村居如（不）满十家者，隶入大村，不须别置村正。天下户为九等，三年一造户籍，凡三本，一留县，一送州，一送户部。常留三比在州县，五比送省。（仪凤二年二月饬，自今以后装潢省籍及州县籍也。）诸里正，县司选勋官六品以下白丁清平强干者充。其次为坊正。若当里无人，听于比邻里简用。其村正取白丁充，无人处，里正等并通取十八以上中男、残疾等充。”

通过对比可知，这两条重申令最突出的特点是，将隋代的乡、里二级组织形式发展成为乡、里、村三级，且将村纳入基层行政管理体系的村坊制的基础上，不仅明确了唐代基层行政管理的结构及里正、村正 / 坊正各自的职责、人选，原属乡、里的职能与里、村 / 坊出现交替，而且对坊与村的使用范围也做出了限定，首次出现城乡分野的基层组织单位。这不仅充实了唐初初具轮廓的村坊制度，形成完备的基层管理体系，而且促成了基层行政组织结构及各级执掌的法令化，是唐代基层管理制度的一大进步。

2. 里正与村正的执掌

唐代村坊制度的法令化，一方面是在基层组织机构行政地位的逐步确立中形成的，另一方面也是在相应职能人员行政职能的获得中实现的。这主要体现为，在唐代，里的职能人员成为原来乡级行政单位职能的执行人员，村正、坊正成为协助者。也就是说，原属乡正执掌的被里正和村正 / 坊正接管，且里正具备了实际的行政职能。

（1）里正的职能

根据上述开元二十五年令规定，里正的职责主要有四："按比户口，课植农桑，检察非违，催驱赋役。"其中，"按比户口"是指对户口的登录，这是唐代里正的首要职责。为了维护乡村秩序，并保证赋税的征收，唐代施行严格的户籍制度，限制人口的迁移。《旧唐书》有载："每一岁一造计帐，三年一造户籍。县以籍成于州，州成于省，户部总而领焉。凡天下之户，量其资定为九等，每定户以仲年，造籍以季年。州县之籍，恒留五比，省籍留九比。"[7] 由此可知，唐代每年都要对户口的变动进行核查与登录，且每三年一造户籍。其中对乡户数量的核查与登录工作，乃至一乡的户籍编造，即由里正负责，然后上报至乡，并以乡为单位上报至县司。[8] 因此，里正对一乡之户籍的登记管理，负有全部责任。这在唐代遗存史料中有所反映。据吐鲁番出土的一件《唐贞观十八年（644 年）西州高昌县武城等乡户口帐》[9] 记载：

（前缺）

合当乡新旧……

一千二百

六□新附

三百卌四杂任、卫士、老小、三疾等

二百八十七百丁，见输

二百八十六旧

□人新附

……

……户口新旧老小良贱见输白丁，并皆依实，后若漏妄，连署之人依法（受）罪。谨牒。

贞观十八年三月 日里正阴曹曹牒

里正李（下缺）

里（下缺）

这件户口帐不仅显示了其时其地的户口情况，还显示了里正对于乡户登录的责任，明确表明若在此过程中出现逃户或漏户的问题，里正会依法遭受处罚。对于处罚办法，唐代律令也有具体规定。《唐律疏义》卷十二《户婚上》“里正不觉脱漏”条规定：“诸里正不觉脱漏增减者，一口笞四十，三口加一等，过杖一百，十口加一等，罪止徒三年。（不觉脱户者，听从漏口法。州县脱户亦准此。）若知情者，各同家长法。”此条“疏议”曰：“里正之任，掌案比户口，收手实，造籍书。不觉脱漏户口者，脱谓脱户，漏谓漏口，及增减年状，一口笞四十，三口加一等；过杖一百，十口加一等，罪止徒三年。里正不觉脱户者，听从漏口法，不限户内口之多少，皆计口科之。州县脱户，亦准此计口科罪，不依脱户为法。若知脱漏增减之情者，总计里内脱漏增减之口，同家长罪法。州县计口，罪亦准此。其脱漏户口之中，若有知情、不知情者，亦依并满之法为罪。”可以看出，尽管是因婚嫁产生的户口变动，里正也要对其户口现状进行严格登录，否则里正就会因脱漏增减的户数受到“家长罪法”和“漏口法”的处罚。

同时，唐代律令也对里正故意疏漏户口、私自扣减赋役的做法做出了严厉的惩罚规定，以规范里正的行为。据《户婚上》“里正官司妄脱漏”条记载：“诸里正及官司，妄脱漏增减以出入课役，一口徒一年，二口加一等。赃重，入己者以枉法论，至死者加役流；入官者坐赃论。”此条“疏议”曰：“里正及州、县官司，各于所部之内，妄为脱漏户口，或增减年状，以出入课役，一口徒一年，二口加一等，十五口流三千里。若有因脱漏增减，取其课调入己，计赃得罪，重于脱漏增减口罪者，即准赃以枉法论，计赃至死者加役流；……”这些具体规定充分说明了唐代朝廷对里正在户口登录一事上要求之严厉，里正责任之重大。

“课植农桑”是唐代里正的另一重要职责。根据《唐律疏议》卷十三《户婚中》“里正授田课农桑”条规定：“诸里正，依令授人田，课农桑。若应受而不授，应还而不收，应课而不课，如此事类违法者，失一事笞四十……“疏议”曰：“依田令，‘户内永业田，每亩课植桑五十根以上……’又条：‘应收授之田，每年起十月一日，里正预校勘造簿，县令总集应退应受之人，对共给授。’……其里正皆须依令造簿通送及课农桑，若应合受田而不授，应合还公田而不收，应合课田农而不课，应课植桑、枣而不植，如此事类违法者，每一事有失，合笞四十。”这里明确规定了每年十一月一日起，里正要依照唐律的规定，理清农户授还田地及赋税征收与减免的具体状况，校勘造簿，并上报至县司，由县司“对共给授”。这里需要指出的是，虽然根据律令规定，乡村还授田地、赋税征收或减免最终由县司决断，里正并不具备实际权力，但在校勘造薄时对减免农户的具体分类与田地还授的确定上，里正是拥有直接操控权的。如唐律曾针对旱、涝、霜雹、虫蝗等自然灾害导致的赋税减免，做出过详细的规定：“依令：‘十分损四以上，免租；损六，免租、调；损七以上，课、役俱免。若桑、麻损尽者，各免调。’其应损免者，皆主司合言。主司，谓里正以上。里正须言于县。”[10] 通过其中“应损免者，皆主司合言。主司，谓里正以上”可以看出，里正在对这类自然灾害的损害程度、损免程度的确定上具有实际的评估权与决定权。除了这类自然灾害以外，能够引起赋税征收、减免或授田对象的确定与变动的因素是多元的，如亡户、逃户等。因此，这也直接决定了里正在这项工作之中的权力与影响。从这一点来看，里正又是个“肥差”。尤其是在唐代前期均田制实施期间，里正的这种权力曾得以最大化。直至两税法实施，里正的这项职责才被削减，主要体现为对灾害的上报及督促农业生产。

“检察非违”是里正维护乡村秩序的职责。因此，对乡村违法行为或事件的防范、举报与处理，也是里正日常工作的一部分。而且根据《唐律》，里正若隐匿乡里违法犯罪事件，还要承担连带责任。其中，卷二十一《斗讼》规定：“诸监临主司知所部有犯法不举劾者，减罪人罪三等。纠弹之官，减二等。‘疏议’曰：……‘主司’，谓掌领之事及里正、村正、坊正已上。知所部之人有违犯法、令、格、式之事不举劾者，‘减罪人罪三等’。”卷二十八《捕亡律》“容止他界逃亡浮浪”条也对里正在乡村容留逃亡者的责任做出了规定：“诸部内容止他界逃亡浮浪者，一人里正笞四十，（谓经十五日以上者。坊正、村正同里正之罪。若将家口逃亡浮浪者，一户同一人为罪。）四人加一等。”此外，日本和尚圆仁所著《入唐求法巡礼行记》中记载的一则事例，可说明这种规定在现实中的应用状况。据载，开成四年（839年）六月八日，圆仁所乘船队因遇恶劣天气，被迫于文登县青宁乡赤山东面泊船，七月十五日后船队驶离，圆仁及其他三人却被抛弃滞留于赤山村法华院。后来县司得知此事，下帖至青宁乡，要求村保、板头如实上报。但其后村正、里正并未上报此事，里正、村正因而遭受责罚。[11]

“催驱赋役”是唐代里正的核心职责。里正所催驱的赋役，不仅包括赋税，还包括兵役。这些赋役通常以里为单位进行征收，征收以后直接上交至县级行政单位。因此，如同前三项职责一样，里正在赋役征收与催缴上也直接对县司负责，是赋税征收的第一负责人。因此，若赋税征收出现任何问题，皆由里正负责。《吐鲁番出土文书》收有一件催缴赋税的文牒，其内容就反映了这一点：

武成乡张那那

右同得状称：上件户近年税钱，无知征处者。依问里正张曲，得款：上件户先寄居蒲昌，昨去二月内，却还到州，即拟输纳税钱。其人到此，遂即患疹，久违不纳。限三日内输纳，如有推延，阿曲请受重杖十下者。……[12]

因此，为了完成任务，免遭处罚，里正通常会竭力催缴。但唐代沉重的赋税，无疑给里正这一工作增加了难度。为了保证催缴赋税任务的完成，有时难免会产生过激行为。这也是在不少唐代遗留的文学作品中，通常能够看到里正被描述为压迫民众的形象的原因。白居易就作有数首诗歌反映了这种状况，如他在《秦中吟·重赋》写道："厚地植桑麻，所要济生民。生民理布帛，所求活一身。身外充征赋，上以奉君亲。国家定两税，本意在爱人。厥初防其淫，明敕内外臣。税外加一物，皆以枉法论。奈何岁月久，贪吏得因循。浚我以求宠，敛索无冬春。织绢未成匹，缲丝未盈斤。里胥迫我纳，不许暂逡巡。……"[13]

此外，敦煌遗书中也见有不少此类记载。如敦煌文书伯二九七九号《唐开元廿四年岐州郿县县尉牒判集》[14]载：

92　暑税钱不纳户第卅三
93　百姓之中，解事者少，见温言，则不知惭德；闻粗
94　棒则庶事荒弛。如此倒看，何以从化。今长官恩
95　惠已足，此辈顽嚚也多，仰并限此月十六日纳
96　毕。不毕，里正摄来，当与死棒。

由此可见，武力已经成为里正应对不纳税之人的主要解决手段，但这显然也促使他们成为部分县吏横征暴敛的最佳帮手。

尽管如此，也难以避免部分民众因不可抗力（如各类自然灾害等）或人为因素（如逃户等）无法缴纳赋税的情况。但若遇到这类情况导致的赋税征

收不齐，依照唐律，里正则必须遭受刑罚。为了避免这种情况，里正不得不自己补齐欠收赋税。王梵志《贫穷田舍汉》一诗有云："贫穷田舍汉，庵子极孤栖。两共前生种，今世作夫妻。妇即客舂捣，夫即客扶犁。黄昏到家里，无米复无柴。男女空饿肚，状似一食斋。里正追庸调，村头共相催。幞头巾子路，衫破肚皮开。体上无裈袴，足下复无鞋。丑妇来恶骂，啾唧搦头灰。里正被脚蹴，村头被拳搓。驱将见明府，打脊趁回来。租调无处出，还须里正倍。门前见债主，入户见贫妻。舍漏儿啼哭，重重逢苦灾。如此更穷汉，村村一两枚。"[15] 这首诗一方面揭示了贫民食不果腹、衣不蔽体的生活现状，以及他们在面对赋税征收时的无奈。另一方面，"里正被脚蹴，村头被拳搓""租调无出处，还需里正倍"，说的正是这种状况，表露出里正的不堪与难为。

除赋税以外，兵役催服也是里正的职责。杜甫在《兵车行》一诗中云"去时里正与裹头，归来头白还戍边"[16] 正指出了里正在督促兵役上的职责。

由上述可以看出，唐代在废除乡长以后，里正实际上是乡级政务的实际执行者，直接对县司负责。但里正非乡级行政职务，他们与乡级行政单位究竟是一种怎样的关系，学者们的观点不尽相同。

部分学者否认唐代乡级实体组织机构的存在，认为里才是真正的基层政权机构。另有学者则认为，乡与里是县下设置的两个上下级机构，或者认为里是作为乡的派出机构而存在的。还有学者认为唐代实行的是"乡实里虚"的基层管理制度。以上立论多以现存文献记载为基础。在此类文献记载中，户口和赋役的征发单位，始终是辖管 500 户的乡，而执行赋税征收这一行政职能的实际主体却是里正。对此，有学者强调，唐代的基层管理制度实际采取的是以"乡"为操作平台、"里正"为行政职能人员的模式。可以说，这种总结较为准确地概括了唐代的乡、里关系，以及乡级政务开展的操作模式。持此种观点的张国刚先生，有细致的讨论。他通过对《唐六典》所载中央政府与地方官员的文书传达方式、唐代官方户口统计资料及唐代户籍编造等相关史料的分析，认为"乡"毫无疑问是唐代的基层政权组织，一乡之下的 5

位里正共同管理乡务，并构成乡级行政单位的实际职能人员。而里正在承接县司下达的相关工作时，是以乡务执行者而非里的管理者的身份进行的。[17]这一论证实际上在上文我们对里正几项主要职能的梳理中，已经有了较为明晰的体现。无论是“按比户口”、“课植农桑”，还是“检察非违”、“催驱赋役”，皆以乡为单位进行，但里正是这几项工作的第一负责人，并直接对县司负责。这已充分说明了掌管百户的里正是唐代乡级行政单位实际职能人员的事实。因此，唐代的乡级行政单位也是实体运作。[18]

（2）村（坊）正的职能

根据上述开元二十五年令，村正的职能同坊正一样“掌坊（村）门管钥，督察奸非”。因此，对村正和坊正来说，维持村内和坊内治安是其主要的职责之一。但需指出的是，这里的治安主要是指督察盗贼。据《唐会要》中贞观十六年（642年）十月二十六日的诏书记载：“盗贼之作，为害实深，州县官人，多求虚誉，苟言盗发，不欲陈告，村乡长正，知其此情，递相劝止，十不言一。假有被论，先劾物主，爰及邻伍，久婴缧绁，有一于斯，实亏政化。自今以后，勿使更然。”[19]由此可知，一村若遭遇盗贼，村正必须进行上报，否则就会受到处罚。至于具体的惩罚措施，在唐律中有相应的规定。据《唐律疏议》卷二十《贼盗一》“部内人为盗及容止盗”条载：“诸部内有一人为盗及容止盗者，里正笞五十，（坊正、村正亦同。）三人加一等；县内，一人笞三十，四人加一等；（部界内有盗发及杀人者，一处以一人论，杀人者仍同强盗之法。）“疏议”曰：“‘部内’，谓州、县、乡、里所管之内，百姓有一人为盗；‘及容止盗者’，谓外盗入境，所部容止：所管里正笞五十。注云‘坊正、村正亦同’，谓得罪亦同里正。”[20]可见，在村、坊出现盗贼或者容留盗贼一事上，村正、坊正与里正承担同等责任。

村正除了需要监督村内不能容留盗贼，也要限制外来逃亡者。《唐律疏议》卷二十八“捕亡”条载：“诸邻里被强盗及杀人，告而不救助者杖一百……诸部内容止他界逃亡浮浪者，一人里正笞四十，（谓经十五日以上者。坊正、村正同里正之罪。）……”[21]这种情况在上文所举圆仁和尚滞留赤山寺一事中就已经得到体现，赤山村村正即因上报不及时而遭受处罚。

此外，对此类影响治安的事件，村正、坊正还需要与之正面斗争，并有捉拿义务。《唐律疏议》“有所规避执人质”条对此曾做出规定：“有人或欲规财，或欲避罪，执持人为质。规财者求赎，进罪者防格。不限规避轻重，持质者皆合斩坐。‘部司’，谓持质人处村正以上，并四邻伍保，或知见，皆须捕格。若避质不格者，各徒二年。”[22]

可以看出，村正在治安管理方面的责任与里正的“检察非违”实际上是有所重合的。这在以上所举唐律对此二级乡村管理者在治安管理方面责任的规定中也是可以看出来的。但需要补充的是，村正、坊正与里正的职能性质并不尽相同。一方面，里正既是百户之长，又是一乡行政职能人员，对于一乡各类事物皆负有责任，检查非违只是其中一项，其职能核心在于征收赋税；而村正与坊正的设立则是乡村秩序的维护及加强行政管理的需要。另一方面，乡里的设置，是确保和增加国家财政的需要；村、坊之设，则是国家行政管理的需要。因此，里正与村正的职能各有侧重。维持一村治安是村正的主要职责，村正也就理所当然地成为村落治安的第一责任人。一旦村中治安出现问题，村正则成为第一责罚对象，而非里正。《唐文拾遗》“禁散乐巡村敕”曰：“散乐巡村，特宜禁断。如有犯者，并容止主人及村正决三十，所由官附考奏。其散乐人仍递送本贯入重役。”[23] 这说的就是这一情况。

除督查奸非以外，协助里正“催驱赋役”及“课植农桑”等其他乡里事务，也是村正的职责。此有元稹诗为证：“今年无大麦，计与珠玉滨。村胥与里吏，无乃求取繁。”[24] 上引王梵志《贫穷田舍汉》诗中有“里正被脚蹴，村头被拳搓”之述，也正是指村正协助里正共同催收赋税的事实。另池田温所著《中国古代籍帐研究》一书中收录有一件龙谷大学所藏敦煌文书，也说明了这种情况。

> （前缺）乡耕耘最少。由此社官村正，不存农务。好欲加怏。正属农非，各决贰拾。敦煌、平康、龙勒、慈惠肆乡，兼及神沙。营功稍少。

符令节级科决，各量决拾下。洪池乡州符虽无科责。检料过非有功，各决五下。

十六日

（背面记）：

二月十六日社官村正到

悬泉乡

合当乡见社官村正到[25]

这件文书中，村正和社官因督促农事不力被处罚，正道出村正在协助里正“课植农桑”一事中存在相应的责任。

由上可知，唐代的乡里机构及职能人员的设置，与原来的乡里制是存在明显差别的。而村在唐代被纳入国家基层行政体系，成为具有行政意义的乡村社会组织单元，这说明唐代基层管理政权已经延伸并下沉，国家对乡村的控制力得到明显增强。这意味着秦汉以来，以乡、里为核心的基层管理制度，至唐代完成了向乡、村关系的转变。

3. 村坊分治与城乡分野

相对于唐以前的乡里制度，唐代基层管理制度的最大变化，除基层管理结构及职能执行主体有所变动以外，以村坊分治为基础的城乡分野的出现，也是其中的一个重要特点。

早在唐武德年间，相关律令就已经明确规定“在邑居者为坊，在田野者为村”，对“村”与“坊”的范围做了明确规定。开元七年，唐政府又在此基础上做出补充：“两京及州县之郭内分为坊，郊外为村。”这进一步明确了“邑”和“野”的适用对象分别为“两京及州县之郭内”与“郊外”。至开元二十五年，唐政府又对村坊职能人员的设置及其执掌做出具体规定：“在邑居者为坊，别置正一人，掌坊门管钥，督察奸非，并免其课役。在田野者为村，别置村正一人。其村满百家，增置一人，掌同坊正。”以上律令的逐步推进，不仅宣告了唐代法律对“村”与“坊”分别作为城与乡的地域概念的确指和确立，而且还以此为基础，建立起了唐代城乡分治、坊制与村制并行的基层管理制度。这也是我国古代基层管理体系中首次出现以城乡分野为界线的分而治之的乡村治理模式。

（1）村坊分治的原因

村坊分治，是古代社会城市与乡村关系发展的必然结果。关于我国古代城乡关系、村落的发生与发展问题，一直是学术界的关注热点，也是倍受学者争论的问题。以往的研究大致可以分为两类，一类以宫崎市定、宫川尚志、宫川道雄等日本学者为代表，其研究多建立在20世纪30年代宫崎市定提出的中国古代“都市国家”[26]说的判断之上。他们认为以城墙围合起来的城邦，是国家地方社会的基本构成，也是居民的基本聚居单位。而乡村是自汉代而始，随着豪族势力占田与庄园的开拓，逐渐从城邑中分离出来的新兴聚落。这一观点曾在学术界产生较大的影响，且广为学界所接受。其后的宫川尚志、宫川道雄以及部分其他中外学者，皆以此为出发点展开过关于中国古代乡村案例的研究。另一类研究认为聚落才是中国早期居民的基本聚居单元，城乡之别源于聚落分化。中国早在农耕文明初期就已出现聚落，且有中心聚落与普通聚落之分，随着社会的发展，中心聚落发展为城邑，普通聚落发展为村落；这种城与村的地域分化，最终于汉代就已经完成。从前文对早期村落发生与发展的探讨、“村”的出现与泛化的相关论述，皆可看出，城乡分野在唐代制度中被确立，实际上是早期村落统一与分化发展脉络中的必然和阶段性结果。

早在龙山文化时期，早期聚落已经分化为中心聚落和普通聚落。这两种聚落分别成为后来城邑与乡村的形成基础。汉代“里”的划分及“聚”的形成，已经直接证明了这一点。但这一时期位于乡野的“聚”“落”“格”等居民单位，并未在国家基层管理体系中获取一席之位。尽管这一时期的乡里制度已经应用到城郭之外的聚落管理之中，但这类乡村自然聚落也仅仅是里制度在乡村开展的依据与基础。换言之，汉代乡里制除了应用于城郭之内，还以城郭之外的自然聚落为单位，在乡村地区发挥行政作用。诚如马新、齐涛两位学者所言：“汉代乡村社会的特点是里聚合一，也就是乡村基层行政单位与自然村落的大致重合。”[27]因此，实际上，作为权力中心的城邑，与作为自然居住单位的乡村，在汉代已经形成了明显的分化。将二者捆绑在一起的，仅仅是当时的基层行政单位“里”。

至魏晋南北朝时期，这种统一逐渐被打破。农业生产的发展、战乱时期的人口流动与迁徙，刺激了这一时期城郭之外自然聚落的增多。且这类聚落也在不断的壮大与发展中，逐渐具备一定的社会组织功能。里的部分行政职能开始逐渐分散至聚落。这在东晋南朝时期表现得十分明显，当时的村不仅设置了村级管理机构，而且成为基本的税收单位、社会事务单位，具有基本的治安管理职能，有时还是分封单位。[28]这说明东晋南朝的村落已经发展成为具有行政意义的乡村社会单元。因此，可以说，魏晋南北朝时期的城邑与乡村的关系，虽然仍未脱离汉以来里制对二者的拘囿，但作为乡村基本聚落单位的“村”，其作用与地位已经明显上扬，甚至成为国家制度无法再继续忽视的一种实际存在的实体力量，且已深入乡村社会的发展之中。这为唐代村坊分治制度的建立奠定了基础。

至唐初，一方面，经历了隋末战乱的唐初社会，不仅人口大量消亡流散，而且土地荒芜、经济凋敝、国库虚空。这势必促使新生的李唐政权以赋税收入作为重点，进行国家经济与政治的重建。土地、农民、税收理所当然成为国家经济重建的重中之重。另一方面，战乱后的迁徙与逃亡也进一步刺激了乡村聚落的发展，深刻改变了城邑作为社会基本组织单元的格局，原有的乡里制遭遇严重的破坏。这种格局迫使唐王朝必须制定一套新的乡村社会管理制度，以适应这种新的格局变化，并消弭城邑与乡村管理中出现的脱节裂变和混乱。因此，为了将乡村民众全面纳入赋税征收体系，形成国家对乡村社会的实际有效掌控，将城郭之外的乡村社会纳入国家基层行政体系，就成为唐初统治者经济建设与基层政权建设的必然选择。城乡分而治之由此诞生，乡野聚落“村”在此过程中成为得到国家法律认可的、与城邑之中的“坊”相对应的基本社会单元与聚居单元。因此，可以说，对城乡采取分治的方法，既是唐代统治者根据社会现实状况因势利导的正确决策，也是中国古代聚落发展到这一历史阶段的必然结果。

（2）坊制与村制在城和野的推行

“坊”与“村”是一对因地域差异形成的基本社会单元和聚落单元，也是分别适应于城郭与乡野的两个不同的地域概念。唐开元令将“坊”与“村”的适用范围分别解释为“两京及州县之郭内”与“郊外”，城郭之内设坊，城郭之外为村，强化了城乡分野之比照。同样，对应于城和野的基层管理制度，分别为坊制和村制。根据对相关史料的梳理，可以看出坊制与村制在唐代社会的施行状况。

唐代坊制在两京地区首先推行。清代著名学者徐松，曾根据唐人文集笔记、金石碑碣、方志地记等相关史料撰写《唐代两京城坊考》，对唐代两京地区的里坊、宫苑、宅第、街道、官署、寺院的分布状况及名称等内容做出了详细的考证。虽然由于历史材料所限有所遗漏和讹误[29]，但这一史料为我们了解唐代坊制的基本状况提供了重要参考。据徐松考证，唐代西京地区共有 108 坊，东京地区共有 113 坊。他还指出，两京地区的坊基本上是在隋代基础上发展而来的。他在《河南志》中云：“（洛阳）凡一百二十坊。隋曰里一百三，市三。唐改曰坊。”[30] 可以看出，东京洛阳基本上保持了隋代的原状，只是将原有的称谓“里”改成了“坊”。

除两京地区以外，坊制在州县地区亦得到普遍推行。据相关史料考证，成都府内可考的坊有金马坊、碧鸡坊、修德坊、延寿坊等 12 个[31]；扬州古城区及江阳、江都、扬子地区已考坊有道化坊、孝孺坊等 19 个。除此之外，不少墓志碑刻中也显示了墓主生前所居里坊信息，如据《唐王时邕墓志》载墓主“终于燕都坊私第”[32] 等，此类墓志不胜枚举，这正是坊制推行已经深入当时民众的日常生活中的见证与结果。

与此同时，村制也在郊野地区得到普及。唐代的村制确立以后，村就成为具有行政意义与组织功能的社会单元。除上文所述“村正”的执掌职能出现变化以外，“村”之称谓广泛应用于全国各地之聚落。圆仁在其所著的《入唐求法巡礼行记》中，就记载有其沿途所经山东、江苏、安徽、河南、山西、陕西等地的近200个村落的名称。西北地区、西南地区以及开发尚不充分的南方地区的聚落，也普遍以“村”命名。临近城郭的近郊地区，聚落也以“村”为名。这与魏晋南北朝时期“村”多位于远离城郊的偏僻之处有着明显的不同。对此，隋唐时期的不少史料、碑刻铭文等都可兹证。我们将在本章第三节展开详细论述，此处不做赘述。

此外，村还成为唐代民众的籍贯认定单位。乡村民众籍贯的认定是随着乡里制的变化而变化的。在唐以前的乡里制度中，民众籍贯一般以“乡-里”为基本用法。魏晋南北朝时期，随着村的发展，部分地区曾有过以村作为民众归属地的情况出现。至唐代村制实行以后，传统的“乡-里”表述方法开始发生改变，尤其是开元以后，“乡-村”已成为民众籍贯归属的基本表述方法。这在唐代造像记或发愿文、墓志资料及其他相关史料中皆有明确的体现。如房山石经中就有不少河北地区村民的写经，题记中详细记载了其归属地，其中可见幽州蓟县的“石崖村”“归仁乡李曲村”“招贤乡平村”，良乡县的“观音乡成村”“昌乐乡北陶村”“金山乡中继村”，范阳县的“仁义乡西郊村”“先贤乡阳康村”“礼让乡张沉村”等记载。[33]《太平广记》卷十八“文广通”也载：“文广通者，辰溪县滕村人也。”同书卷一百三十三“陈君稜”载：“曹宋二州西界有大鹤陂，陂左村人陈君稜，少小捕鱼为业。”卷三百五十五“王訥妻”载：“王訥者，南安县大盈村人也。”此类记载在唐代史料中不胜枚举，可以看出，村坊制在唐代全国范围内的施行，使“村”成为乡民对地域空间身份的认同方式。

最后，村还是乡村社会事务开展的基本单位。《全唐文》卷三十二载“刊广济方诏”：“朕顷所撰《广济方》，救人疾患，颁行已久，计传习亦多。……宜令郡县长官，就《广济方》中逐要者，于大板上件录，当村坊要路榜示。……”另有卷四十八载“减次年麦税敕”：“比属秋霖，颇伤苗稼，百姓种麦，其数非多。……其大历五年夏麦所税，特宜与减常年税。……仍委令长宣示百姓，并录敕榜示村坊要路，令知朕意。”这些记载说明，唐代如赋税减免、政府救助等乡村事务的开展，已经基本上以村为单位进行。

唐代以城乡分治为基础的村坊制度的确立，不仅赋予了原本仅具有聚落性质的村落以行政职能，还使“村”成为制度意义上的基层行政单位，更改变了传统乡里制的基层组织形式，在中国乡村制度发展史中具有重要的里程碑意义。

二、赋税制度与村落

赋税是一个国家的经济命脉，也是国家控制乡村社会的有效途径与目的。以安史之乱为分野，唐代政权于前后期施行了不同的赋税制度，对乡村社会产生了重要的影响。

（一）租庸调制与村落

租庸调制是大唐立国之初针对当时的社会经济发展状况建立的一项财政制度，也是唐代前期的基本赋役征收制度，与均田制、户籍制、村坊制一起，构成了唐代国家完整的乡村经济管理与社会治理体系。

租庸调制的形成，是以唐代均田制的实施为基础的。唐初，经历了战乱的全国社会，土地荒芜、人口大量流失，这不仅直接导致赋税减少，而且严重影响了新生政权的建设。根据《通典》记载，武德年间全国仅有户口200余万，至贞观年间户口数量的增长也不足百万[34]，这与隋朝人口峰值890余万的数额相距甚远。赋税收入之差距，显而易见。加之农业生产与社会经济的严重破坏、割据势力尚未消除，新生政权的维持十分艰难。

为了稳定新生政权，迅速恢复国家社会元气，唐代国家开始进行大规模的政治与经济建设。在此过程中，唐初统治者吸取隋朝的亡国教训，十分注意处理与乡村社会的关系，并重视乡村社会的发展。针对当时的社会状况，唐代首先沿用了北朝的均田制，将国家掌握的大量荒地分配给真正流离失地的民众。至武德七年，朝廷颁布了均田法。其中，对不同的阶层与群体的授田数量和方法分别做出了不同的规定。如对平民采取的授田方法为："五尺为步，步二百四十为亩，亩百为顷。丁男、中男给一顷，笃疾、废疾给四十亩，寡妻妾三十亩。若为户者加二十亩。所授之田，十分之二为世业，八为口分。世业之田，身死则承户者便授之；口分，则收入官，更以给人。"[35]

以此为基础，朝廷还颁布了相应的赋税征收方法："每丁岁入租粟二石。调则随乡土所产，绫、绢、絁各二丈，布加五分之一。输绫、绢、絁者，兼调绵三两；输布者，麻三斤。凡丁，岁役二旬。若不役，则收其佣，每日三尺。有事而加役者，旬有五日免其调，三旬则租调俱免。通正役，并不过五十日。若岭南诸州则税米，上户一石二斗，次户八斗，下户六斗。若夷獠之户，皆从半输。蕃胡内附者，上户丁税钱十文，次户五文，下户免之。附经二年者，上户丁输羊二口，次户一口，下三户共一口。凡水旱虫霜为灾，十分损四已上免租，损六已上免调，损七已上课役俱免。"[36]为了保证赋税制度的施行，朝廷还建立了严格的户籍制度。据《旧唐书》载："凡天下人户，量其资产，定为九等。每三年，县司注定，州司覆之。百户为里，五里为乡。四家为邻，五家为保。在邑居者为坊，在田野者为村。村坊邻里，递相督察。士农工商，四人各业。食禄之家，不得与下人争利。工商杂类，不得预于士伍。男女始生者为黄，四岁为小，十六为中，二十一为丁，六十为老。每岁一造计帐，三年一造户籍。州县留五比，尚书省留三比。"[37]

通过上述规定，唐代国家构建起了以租庸调制为核心、均田制为基础、户籍制度为保障的管理制度体系，并使三者之间互相贯通，共成一体。这正是唐代前期国家实现对乡村控制的手段。具体而言，根据上述三项制度的规定可知，唐代国家的赋税征收制度如下：其授田对象为丁男，每丁可授田一顷，包括永业田 20 亩，口分田 80 亩，并以此计算赋税基数，制定不尽相同的租、庸、调三种征收标准，开展赋税征收。这三种赋税的征收对象，又是建立在均田与户籍制度之上的丁、户、田。其中，每丁每年需缴纳赋税为（租）粟二石[38]；（调）随乡土出产的绢（或绞、玄也）二丈、绵二两[39]；

（庸）每年为官府无偿服役 20 天[40]。这是村民每年固定需要承担的基本赋役。但其中部分徭役可以进行调整。如“庸”，实际上就具有免役金的性质，应服役而不服的情况下，就可选择以缴纳实物的形式代替，折纳标准为“日为绢三尺”。同时，若遇到朝廷加役，满 25 天免调，30 天租调全免，整个赋役时间不得超过 50 天，即加役不得多于 30 天。对于水旱、虫蝗等自然灾害发生地，也有专门的减免租庸调的规定：灾情在 4 分以上，免租；灾情在 6 分以上，免租调；灾情在 7 分以上，课役全免。

可以看出，这套制度体系有其全面系统性，对于唐初社会的发展具有重要的积极意义。首先，均田制的实施，确保了乡民拥有土地，这是其开展农业生产、赖以生存的前提与基础。其次，租、调制的实施，一方面确保了国家税收尽征，使国库迅速填实。另一方面，又为受到自然灾害的农民提供相应的减赋免税的保护机制，使其可以休养生息。再次，租庸调制的课税对象虽然包括丁、户、田，但其实际上是“以丁身为本”的赋税制度。在唐初人少地多的情况下，这种赋税征收方式在一定程度上有效地保护了民众乃至地主阶级的利益，对于减轻唐初民众的赋役负担及提高其生产积极性有着积极作用。最后，以庸代役的方式，也有效缓解了久经战乱的民众沉重的徭役负担，促使更多的农民回归农田，从事农业生产，扩大了农业生产规模。这在客观上又为国家增加了丰饶的税赋之源，提供了“有税可征”的保障，大大促进了国家经济的快速恢复和向前发展。

因此，这套制度体系实施以后，不仅刺激了其时乡村社会农业生产的恢复与发展，乡村人口日益增多，而且民众农业生产积极性提高，耕地面积不断扩大，并进一步促进了农业生产技术水平的提高，粗放的农业耕作方式开始向精耕细作转变，农作物产量明显回升。据史料记载，自贞观元年（627 年）至天宝十三年（754 年），百年间全国户口增加两倍，从不足 300 万增至 900 余万的峰值，[41] 其中增长最多的便是农村人口。这显然与唐代前期良性的乡村制度是分不开的。

此外，唐代的史料中也有不少关于当时社会发展状况的记载，可一窥唐前期制度体系的积极作用。《贞观政要》中对贞观年间社会发展状况的记载为："马牛布野，外户不闭。又频致丰捻，米斗三四钱，行旅自京师至于岭表，自山东至于沧海，皆不赍粮，取给于路。又山东村落，行客经过者，必厚加供待，或发时有赠遗，此皆古昔未有也。"[42] 作为政书，记载政德政绩虽难免夸张之嫌，但应该还是有基本的史实依据的，这在一定程度上反映出当时的现实状况。与此同时，唐代不少文学作品对这一变化也有生动的表述。杜甫的《忆昔二首》其一，云："忆昔开元全盛日，小邑犹藏万家室，稻米流脂粟米白，公私仓禀俱丰实。九州道路无豺虎，远行不劳吉日出。齐纨鲁缟车班班，男耕女桑不相失。宫中圣人奏云门，天下朋友皆胶漆。百余年间未灾变，叔孙礼乐萧何律……"[43] 杜甫的这首诗作于安史之乱以后，是对开元盛世社会祥和、经济丰裕的追忆。显然，相对于唐初生产破坏、经济凋敝的状况，到开元盛世时期，农业生产已发生了翻天覆地的变化。这在很大程度上要归功于唐初制定的相对合理的制度体系。

需要指出的是，尽管唐初包括租庸调制在内的乡村制度体系，因顺应了当时社会发展的需求，有效促进了当时社会生产力的恢复与发展，为唐代乡村社会的治理与乡村经济的发展积累了宝贵的经济资源，但也存在种种弊端，严重影响了唐代社会的健康发展。

唐代赋役除租、庸、调三项之外，由朝廷征收的赋税还包括地税和户税两项。其中，地税是唐初为设置义仓而定的税种，其目的在于"贮之州县，以备凶年"[44]，贞观二年（628 年）确定此项税额标准为"王公已下垦地，亩纳二升"。除了永徽二年（651 年）朝廷曾将地税改为按户等收税，此间基本上保持了每亩二升的标准。至大历年间（766—779 年），地税征收标准已经提高至"亩税三升"，并分夏秋两次征收。[45] 对这里的"夏秋两次征收"，黄永年先生认为是每次征收三升。[46] 而户税是根据户等征收的税钱，自唐初就已经开始征收，税额标准曾进行过多次调整，至天宝年间（742—756 年）户税已经升至 250 文，大历四年（769 年）更升至 500 文。[47] 据此，有学者对唐代征收的赋役进行过计算，结果显示，唐代前期民众承担的赋税基本上占家庭总支出的1/3。[48]由此，足可见民众生活负担之沉重。

除赋税以外，杂徭也是唐代赋役的一部分。《唐会要》显示，唐代前期的赋役包括“一曰租，二曰调，三曰役，四曰杂徭”[49]。唐耕耦先生曾对唐代前期的杂徭进行过专门的考证，他指出唐代文献中也将杂徭称为“轻徭”“夫役”等，是一种独立于正役租庸调制之外、由地方征发的徭役，属州治户曹参军执掌，不纳入中央财政收入范围；杂徭的服役时间要比正役早，一般于16岁开始征收。[50]他还指出杂徭虽然非正役，但实际上也是一项沉重的负担，之所以其被称为“轻役”，一方面是因为力役的劳动强度相对于正役要小，另一方面服役地点在本州岛县境内，地点较近。但因其徭役种类、服役时间及代役钱（不服部分杂徭需缴纳代役钱充抵）输纳标准皆由地方州县掌控，可操作性较大。因此，各地常出现各类巧立名目的赋役，大大加重了民众的负担。

因此，尽管唐代前期以均田制为基础的租庸调制的实施，在保证农民拥有土地的同时，促进了当时农业生产的恢复与社会的发展，但沉重的赋役成为乡民生活中最大的负担，以致唐代前期逃户不断出现，数量快速增长。加之，唐代均田制本身也存在允许部分土地买卖这一弊端，因之导致的日益激烈的土地兼并现象，也直接影响了唐代赋税制度在实际中的正常开展。这也成为最终摧毁这套制度体系的根源所在。

逃户问题自唐初始，后越发严重。至武周时期，已成为严重的社会问题。武周长安元年（701年），韦嗣立曾上书曰：“今天下户口，亡逃过半。”[51]据《唐会要》卷八十五“逃户”条记载，证圣元年（695年）李峤曾上表曰：“今天下流散非一，或违背军镇，或因缘逐粮，苟免岁时，偷避徭役。此等浮衣寓食，积岁淹年，王役不供，簿籍不挂，或出入关防，或往来山泽，非直课调虚蠲，阙于恒赋，亦自诱动愚俗，堪为患祸，不可不深虑也。”李峤的上表，揭示了为躲避赋役出现的逃户现象已经在全国范围内普遍存在，显然唐代前期的逃户并不在少数。杜佑曾对唐代前期逃户数量进项过估测，他在《通典》中指出，天宝十四年（755年）统计的唐代户口（900万户）与隋代开皇时期略等，但根据当时的实际情况，全国的实际户数应不少于汉平帝元年的 1 200 余万户，应该在 1 300 万 ~1 400 万户。对于这种差额的产生，他认为原因在于“隐漏之甚”。[52] 也就是说，当时的隐户、逃户数量有四五百万之巨。

这种现象的产生，一方面是因为各项累积赋税十分沉重，另一方面要归因于唐代赋税制度“以丁身为本”的特点。唐代“以丁身为本”的赋税征收方法，在唐初人少地多的情况下，确实对提高民众生产积极性起到直接的促进作用，但究其根本，保护的是地主阶级的基本利益，尤其是随着乡村社会人口的快速增加，其弊端日益显现。

租庸调制的实施，是以均田制为基础的，但是由于均田制实施并不彻底，其作用未能长久维持，最后甚至成了土地兼并的推手。这也直接影响了租庸调制的施行。具体而言，均田制的不彻底主要体现以下两点。其一，分配给农户的土地是有限的，主要是唐初战乱以后国家所得的荒地。这是由于王公贵族、富户豪强、寺院等群体原已占有的大量土地，并未作为同等资源分配给农户。这就导致了连片的肥沃土地一般掌握在大户手上。而村民只能拥有散而小的生疏瘠贫之地。在拥有土地面积的大小、生疏优劣上，不同群体间实际上在分配之前就已经形成巨大的差别。其二，唐代政府在实施均田制时并未针对土地群体性占有不均的问题进行调节，并实行差额化分配。唐代均田制规定，18 岁以上的中男和丁男，每人可分得口分田 80 亩，永业田 20 亩；老男、残疾可得口分田 40 亩，寡妻妾可得口分田 30 亩。贵族、官员则按其爵位与品级高低分别授予不同标准数量的永业田，前者为 5~100 顷，后者为 2~60 顷，勋官按品级从上柱国到云骑、武骑尉，受永业田从 30 顷递降至 60 亩。除此之外，各级官员和官府还可分领到不同数量的职分田和公廨田，以作为俸禄补充或官署费用。

这种分配制度实际上造成了官、民两个不同群体拥有的土地的质与量上皆存在巨大的差别。甚至在均田制实施过程中，不少地方的村民实际分配所得土地的数量，因可供分配土地的数量限制而远远没有达到国家规定的标准。

但即使在授田严重不足的状况下，赋役制度“以丁身为本”的征收特点，也决定了民众所承担的赋税数量并不会因分配所得土地的实际数量而改变。其直接结果便是，拥有不同质、量土地的民众却要承担同等数额的赋税，这在客观上造成了不公平，民怨因此而生。

被伯希和劫掠走的敦煌文书《唐开元九年帐后户籍残卷》中的记载，为上述论点提供了当时的现实依据。其中一件记载，董思易户授田 28 亩（含永业 20 亩、口分 8 亩），余善意户授田 28 亩（含永业 20 亩、园宅 1 亩、口分 7 亩），杜客生户授田 40 亩（含永业 39 亩、园宅 1 亩，户含两个男丁）；另一件记载王万寿授田 10 亩。[53] 可见，当时的实际授田数量只有 20~40 亩，这一数据与国家规定授田标准的 100 亩（口分田 80 亩、永业田 20 亩）相差甚远。而事实上，随着人口的增多，到了武周以后，基本上已无田可授。尽管如此，文书中所载 4 户授田户，无论其实际授田数量的多少，所需承担的赋税皆为二石租粟。如此一来，再加上丁身所要负担的庸、调和兵役、徭役，显然已经不堪重负。相关史料中“准例常年纵得全熟，纳官之外，半载无粮”[54] 的记载，应是唐代平民生活的真实写照。

因此，有的农民为了逃避沉重的赋役，甚至不惜自残己身。纵然如此，也不能逃脱赋税与兵役。[55] 无奈之下，卖田、逃亡就成为不少农民谋求生路的选择。而逃户空留下来的土地，又成为贵族、官吏、富户豪族土地兼并的对象。不少史料中都出现了关于唐代土地兼并现象的记载。如《旧唐书》卷一八三《太平公主传》中记述了太平公主的田园“遍于近甸膏腴”；永徽五年（654 年）贾敦颐迁任洛州刺史时，见当地富户“皆籍外占田”[56]；玄宗时，卢从愿也占有良田数百顷[57]。至唐代中期，土地兼并现象已经达到“兼并之弊，有逾于汉成、哀之间”[58] 的境地。而逃亡之后的逃户或隐居山林开荒垦殖，或成为山间盗贼以抢盗为生。陈子昂在《上蜀川安危事》一疏中说：“今诸州逃走户有三万余，在蓬、渠、果、合、遂等州山林之中，不属州县。土豪大族，阿隐相容，征敛驱使，……其中游手惰业亡命之徒，结为光火大贼，依凭林险，巢穴其中，若以甲兵捕之，则鸟散山谷，如州县怠慢，则劫杀公行。”[59]除此之外，更多的失地者则成为豪门富户的租客，这也是这一时期大量客户出现的直接原因。在富户豪强的剥削下，租客的生活日趋贫困。“朱门酒肉臭，路有冻死骨”[60]是对当时实况的写照，“富者兼地数万亩，贫者无容足之居”[61]也是对贫苦大众生活的写实描绘。尽管如此，相对于国有土地制度而言，地主私有土地制度相对弱化了客户对土地的人身依附关系，相对减轻了因沉重的赋役带来的生活负担。因此，这一时期，不少村民放弃国家编户的身份，转而成为地主的佃客。这也是村民在权衡之下做出的无奈选择。

因此，至唐中期，由于租庸调制自身存在弊端，均田制也逐渐崩坏，加之开元以后户籍久不更造，租庸调制已经不再适应唐代社会的发展。正如《新唐书》所载：“租庸调之法，以人丁为本。自开元以后，天下户籍久不更造，丁口转死，田亩卖易，贫富升降不实。其后国家侈费无节，而大盗起、兵兴，财用益屈，而租庸调法弊坏。”[62]

（二）两税法与村落

中唐时期，均田制已经遭到严重破坏，户籍久不更造使“以丁身为本”的租庸调制难以为继。安史之乱爆发后，人口的大量逃亡与消亡、赋役的日益苛重与不均、地方官吏与豪强财势的集中，使社会矛盾日趋尖锐。朝廷苦撑维持的土地与赋税制度逐渐解体，业已累积的社会病灶也终被引成疫局，国家基业已经摇摇欲坠。唐朝持续了百余年的太平盛世宣告结束，迎来了立国以来最大的社会危机。

1. 两税法的建立及其内容

德宗建中元年（780年）正月，宰相杨炎曾上奏德宗，建议废除租庸调制，改制两税法。在此奏疏中，他首先对当时的社会矛盾进行了深入分析。

> 开元中，玄宗修道德，以宽仁为理本，故不为版籍之书，人户侵溢，堤防不禁。丁口转死，非旧名矣；田亩移换，非旧额矣；贫富升降，非

旧第矣。户部徒以空文总其故书，盖得非当时之实。旧制，人丁戍边者，蠲其租庸，六岁免归。玄宗方事夷狄，戍者多死不返，边将怙宠而讳，不以死申，故其贯籍之名不除。至天宝中，王鉷为户口使，方务聚敛，以丁籍且存，则丁身焉往，是隐课而不出耳。遂案旧籍，计除六年之外，积征其家三十年租庸。天下之人苦而无告，则租庸之法弊久矣。迨至德之后，天下兵起，始以兵役。因之饥疠，征求运输，百役并作，人户凋耗，版图空虚。军国之用，仰给于度支、转运二使；四方征镇，又自给于节度、都团练使。赋敛之司数四，而莫相统摄，于是纲目大壤，朝廷不能覆诸使，诸使不能覆诸州，四方贡献，悉入内库。权臣猾吏，因缘为奸，或公托进献，私为贼盗者动万万计。河南、山东、荆襄、剑南有重兵处，皆厚自奉养，王赋所入无几。吏职之名，随人署置；俸给厚薄，由其增损。故科敛之名凡数百，废者不削，重者不去，新旧仍积，不知其涯。百姓受命而供之，沥膏血，鬻亲爱，旬输月送无休息。吏因其苛，蚕食于人。凡富人多丁者，率为官为僧，以色役免；贫人无所入则丁存。故课免于上，而赋增于下。是以天下残瘁，荡为浮人，乡居地著者百不四五，如是者殆三十年。[63]

通过这个奏疏可以看出，至德宗时期，土地集中、人口逃亡、赋税制度紊乱与国家财政危机等一些问题已经十分突出。后来杨炎进一步在《请行两税法奏》中对两税法进行了设计："凡百役之费，一钱之敛，先度其数，而赋于人，量出以制入。户无主客，以见居为薄；人无丁中，以贫富为差。不居处而行商者，在所州县税三十之一，度所取与居者均，使无侥倖。居人之税，秋夏两征之，俗有不便者，正之。其租庸杂徭，悉省而丁额不废，申报出入，如旧式。其田亩之税，率以大历十四年垦田之数为准，而均征之。夏税无过六月，秋税无过十一月，逾岁之后，有户增而税减轻，及人散而失均者，进退长吏，而以度支总统焉。"[64]

朝廷采纳了杨炎之奏，并根据杨炎对两税法的设计，制定了新的赋税制度。其具体内容包括以下6点。（1）根据国家财政支出的规模确定赋税征收总额度。（2）在征纳中采取以钱计税的方式，不再以实物为主，改变了中国古代过去以实物为主的赋税征收制度，开创了以货币计税的先河。（3）赋税的征收不分主、客，也不再“以丁身为本”，而是以资产与土地占有数量为准，“唯以资产为宗，不以丁身为本。资产少者则其税少，资产多者则其税多”[65]是其根本思想，并实现了赋税征收由过去“以丁身为本”向“以资产为宗”的转变。（4）对于居无定所的行商者也要征收赋税。（5）简化税种，将过去的租庸调制以及各类杂税合并为地税和户税，分夏、秋两次缴纳。（6）承认地方政府在税率上的调控权。

根据两税法的设定，占有大量土地与资产的富户豪强，成为国家赋税的主体，一般平民过去所承担的各类繁重的徭役大为减轻。这样一来，解决了此前财富大量集中于权贵、赋税征收不公、贫富差距过大等问题，有效缓解了中唐时期的财政危机，缓和了社会矛盾，对激活农村农民生产力、整治乡村秩序起到了重要的作用，但是由于损害权贵豪族们的利益，为以后唐社会的裂变埋下了阶层积怨之根。

2. 两税法对乡村的影响

两税法实施以后，唐代社会矛盾得到了有效缓解，不少乡民重新着籍回村，村落又恢复了生机活力，农民耕作土地的热情空前高涨。这使得国家有效税源增加，国家财政收入在短时间内得到了显著的提升。根据《唐会要》卷八四《户口数》记载，两税法实施的当年，着籍户口已经达到380万户。这一数据比大历年间的130万户[66]增长了近两倍。增长人口中，只有部分新生人口，更多的可能来自原来的隐户与逃户。这显然是两税法实施的直接结果。

两税法也直接影响并改变了中晚唐乡村社会的经济结构。根据两税法的规定：“凡百役之费，一钱之敛。”以钱计税成为赋税征收的主要方式，这直接加深了农业生产与商品经济之间的关系，农民对土地的依附不再如前，经商获利也成为发达地区农民新的生计门路。与此同时，这也刺激了唐代农业向商品化发展，不仅经济作物的生产种类时有增多，而且从事商品贸易的人口也逐渐增多。如据《唐会要》记载，大和年间（827—835 年）京畿地区的百姓“多端以麦造面，入城货易”。[67]张籍曾在《贾客乐》一诗中对当时农人经商的状况也做出过描述：“年年逐利西复东，姓名不在县籍中。农夫税多长辛苦，弃业宁为贩卖翁。”韦处厚对山南道农村的从商状况也有记录：“山谷贫人，随土交易，布帛既少，食物随时，市盐者或一斤麻，或一两丝，或蜡、或漆、或鱼、或鸡，琐细丛杂，皆因所便。”[68]这种状况直接促进了唐代中后期“草市”的发展，后文将做详述。但是两税法的积极作用并未得到长久的维持，其弊端也随着制度的实施日渐凸显。

第一，两税法在放宽农民对土地的人身依附关系的同时，并没有限制土地买卖，这使得土地兼并没有得到遏制，反而愈演愈烈。陆贽曾指出两税法的实施对于土地兼并的影响：“今制度弛紊，疆理隳坏，恣人相吞，无复畔限，富者兼地数万亩。”[69]李翱在其《进士策问》中，亦对土地兼并现象有过描述：“初定两税时，钱直卑而粟帛贵，粟一斗价盈百帛，一匹价盈二千。税户之岁供千百者，不过粟五十石、帛二十有余匹而充矣。故国用皆足，而百姓未以为病，其法弗更。及兹三十年，百姓土田为有力者所并，三分逾一其初矣。”[70]元稹在其《和乐天高相宅》一诗中也言：“二百年来城里宅，一家知换几多人？”[71]独孤郁在《对才识兼茂明于体用策》中也举有一例：“昔尝有人有良田千亩，柔桑千本，居室百堵，牛羊千蹄，奴碑千指，其税不下七万钱矣。然而不下三四年，桑田为墟，居室崩坏，羊、犬、奴碑，十不余一，而公家之税，曾不稍蠲，督责鞭笞，死亡而后已。”[72]

第二，国家税额不统一，加之地方政府又拥有一定的税额调控权，这导致各地徭役不均，一些地方甚至还有新的杂徭不断出现，部分地区民众的实际负担更加沉重。可见，杨炎设计的税额要“先度其数，而赋于人，量出以制入……其田亩之税，率以大历十四年垦田之数为准，而均征之”，并没有被完整地落地实施。此外，概之以大历年间本地征收户税与地税的最高额作为两税期间的定额的做法，不仅加大了民众的负担，而且为贫富差距的拉大、地方对财权的进一步挟制埋下了伏笔。对此，陆贽在其“均节赋税恤百姓六条”中直陈要害：“大历中，纪纲废弛，百事从权，至于率税少多，皆在牧守裁制，邦赋既无定限，官私惧有阙供，每至征配之初，例必广张名数，以备不时之命。且为施惠之资，应用有余，则遂减放。增损既由郡邑，消息易协物宜，故法虽久刓，而人未甚瘁。及总杂征虚数，以为两税恒规，悉登地官，咸系经费，计奏一定，有加无除。此则人益困穷，其事一也。”[73]他还指出：“建中定税之始，诸道已不均齐，其后或吏理失宜，或兵赋偏重，或厉疾钟害，或水旱荐灾。田里荒芜，户口减耗。牧守苟避于殿责，罕尽申闻。所司姑务于取求，莫肯矜恤。遂于逃死阙乏税额，累加见在疲氓。一室已空，四邻继尽，渐行增广，何由自存！此则人益困穷……”[74]

自建中二年（781 年）开始，持续了 5 年的藩镇之乱爆发，为了维持国家财政收入，保证军费开支，德宗违背自己除两税以外不再征收任何赋税的规定，不仅提高了税额，而且增加了多项额外税目。除此之外，迫于税收征收有赖地方，故而朝廷对于地方官吏巧立名目征收杂徭的现象也采取公开认可或者默许的态度。《旧唐书》载，两税法实施的第三年［即建中三年（782 年）］五月：“淮南节度使陈少游请于本道两税钱每千增二百，因诏他州悉如之。（建中）八年（787 年）四月，剑南西川观察使韦皋奏请加税什二，以增给官吏，从之。”[75]另据《唐会要》载，贞元三年（787 年）十二月德宗外出至新店曾询问农民赵光奇百姓生活是否安乐，赵氏回答：“不乐。”原因在于：“盖由陛下诏令不信于人，所以然也。前诏云‘于两税之外，悉无他徭’，今非两税，而诛求者殆过之，后诏云‘和籴于百姓’，曾不识一钱而取之，始云‘所来粟麦，纳于道次’，今则遣致于京西，破产奉役，不能支也。百姓愁苦如此，何有于乐乎？”[76]陆贽对此也有论述：“本惩赋敛繁重，所以变旧从新，新法既行，已重于旧，旋属征讨，国用不充，复以供军为名，每贯加征二百，当道或增戎旅，又许量事取资。诏敕皆谓权宜，悉令事毕停罢，息兵已久，加税如初。此则人益困穷……”[77]

可见，当时在两税法之外征收杂徭，已经不是个别现象，而且名目花样有加。唐宣宗《禁岭南货卖男女敕》曰：“其百姓两税定额，各据土地所出，方圆收纳，不得竖色目妄配乱征，致令艰愁，莫相保守。如有贫穷不能存济者，欲以男女佣雇与人，贵分口食，任其行止，当立年限为约，不得将出外界，还同交关。各委本道长吏专加纠察，仍先具条流闻奏。其余州县，更有积弊，深害百姓，而因循未革者，亦具分析闻奏，当酌量处分，粗安黎庶，称朕意焉。”[78]这条敕令虽然是为限制“竖色目妄配乱征”之行为，但也反映了当时社会中的此类乱象。因此，一些地方的民众，不得不再次走上逃亡之路。李渤曾于宪宗元和年间（806—820年）出长安东行，返回后将其所见陈于宪宗：“臣出使经行，历求利病。窃知渭南县长源乡本有四百户，今才一百余户，閺乡县本有三千户，今才有一千户，其他州县大约相似。访寻积弊，始自均摊逃户。凡十家之内，大半逃亡，亦须五家摊税。似投石井中，非到底不止。”[79]根据李渤的描述，当时渭南县閺乡逃户的实际人数已经达到其总人数的3/4，远甚于前。

第三，两税法的纳税方式虽促进了农村经济发展，但由于缺乏同步的货币经济支持，也产生了较大的负面影响。根据两税法的规定，“凡百役之费，一钱之敛”，这说明两税法实施以后，货币取代谷物或布帛成为唐代中后期的赋税计量与缴纳方式。这就从制度上将农户与商品经济较为密切地结合了起来。但唐代货币经济的实际发展程度，远不足以支撑这种缴税方式，无论是在商品经济发达的城市，还是相对落后的广大农村地区。因此，按税钱数量折纳同等价值的实物缴税，成为唐代中后期实际的赋税缴纳方式。陆贽所言“定税计钱，折钱纳物”[80]正是言此。韩愈对穆宗时期商品经济的发展状况也有类似描述：“今通计所在百姓，贫多富少，除城郭外，有见钱籴盐者，十无二三，多用杂物及米谷博易。”可以看出，即使是在两税法实施四五十年以后，整个唐代社会仍然以物物交换为主，更不必提德宗时期了。

因此，货币经济的滞后发展，严重阻碍了唐代两税法的实施，这种矛盾对当时的农村社会产生了重要的影响。《新唐书》载河南尹齐抗在对德宗的上疏中，就深刻揭示了问题所在：“军兴，国用稍广，随要而税，吏扰人劳。

陛下变为两税，督纳有时，贪暴无容其奸。二十年间，府库充牣。但定税之初，钱轻货重，故陛下以钱为税。今钱重货轻，若更为税名，以就其轻，其利有六……。百姓本出布帛，而税反配钱，至输时复取布帛，更为三估计折，州县升降成奸。”[81]可以看出，计税方式与实际输纳形式脱节，直接导致了民众在折纳过程中因物价的浮动备受盘剥。在以自然经济为主的广大农村地区，这种情况尤甚。如白居易《赠友五首》其三曰：“私家无钱炉，平地无铜山。胡为秋夏税，岁岁输铜钱。钱力日已重，农力日已殚。贱粜粟与麦，贱贸丝与绵。岁暮衣食尽，焉得无饥寒！”[82]

相对而言，这种状况在部分商品经济发达的地区有所缓解，但受到整体通货水平的限制，商品交换的实际需求有时很难满足，最终导致物价不断下跌，货币不断升值。因此，同等税额下，所需折纳实物的数量大幅增加。这也就意味着民众承担实际赋税压力的增加。加之当时缺乏统一的物价标准，致使民众在承受更高赋税压力的同时，还要接受市场的捆绑与剥削。正如部分学者所言：“这种征收方式迫使农民与商品市场建立密切而又不平等的交换关系。”[83]权德舆曾就对贞元十九年（803年）的税收状况做出描述：“大历中，一缣直钱四千，今止八百，税入如旧，则出于民者五倍其初。”[84]对此，陆贽也指出：“以钱谷定税，临时折征杂物，每岁色目颇殊，唯计求得之利宜，靡论供办之难易，所征非所业，所业非所征，遂或增价以买其所无，减价以卖其所有，一增一减，耗损已多。……初定两税之时，百姓纳绢一匹，折钱三千二三百文，大率万钱为绢三匹。近者百姓纳绢一匹，折钱一千五六百文，大率万钱为绢六匹。”[85]李翱也曾就此状况做出评论，并建议修改两税法，他在《疏改税法》中曰：“自建中元年初定两税，至今四十年矣！当时绢一匹为钱四千，米一斗为钱二百，税户之输十千者，为绢二匹半而足矣！今税额如故，而粟帛日贱，钱益加重，绢一匹价不过八百，米一斗不过五十，税户之输十千者，为绢十有二匹然后可。况又督其钱使之贱卖者耶？”[86]可见，一成不变的两税法无疑再次将乡村民众置于水火之中，逃亡也再次成为乡民的生存之路。

第二节

隋唐五代村落的兴衰

一、隋唐村落的发展

隋唐是中国古代村落发展的重要转折期，不仅村落数量大幅增加，村落分布范围也逐渐扩大。如前所述，随着基层管理体系的建立与逐步完善，唐代前期的村落已经得到充分的发展。囿于史料缺载，我们无法对唐代村落的数量与分布情况做出具体考虑，但唐代文献中所涉人口数量的增减情况载述，可为此提供有力的参考依据。

据唐代史料显示，自唐初至安史之乱爆发前长达百余年的历史时期，不仅是唐代乡村社会的恢复与发展期，而且是唐代村落人口的快速增长期。如《通典·食货典》“历代盛衰户口”条载，贞观年间，全国户口尚不满300万户，天宝十四年增加到900万户，杜佑则认为实际数量达到1 300万~1 400万户，若此推算成立，就意味着唐代前期百余年间平均每年增加人口100万户。显然，这种人户的增长，必然多数发生在广大乡村地区。翁俊雄研究过唐代鼎盛时期的政区与人口数量，通过对相关数据的统计与比对分析，他指出唐代开元年间几乎所有的州县户口与面积都发生了大幅增长，其中也伴随着村落户数的大量增加。[87]这也必将引起村落在数量及分布区域上的扩张，并直接影响唐代村落分布格局的形成与变化。

自汉晋以来，黄河中下游地区一直是我国经济重心，也是人口分布的重心。但是至唐初，受到隋末战乱的影响，贞观年间南方人口数量首次超过北方。（见表5–1）尽管这并不意味着南方地区已经取代北方地区成为人口分布的重心，但是无疑极大地冲击了传统的人口分布格局与增长点，为唐代中后期南方地区村落的快速发展奠定了基础。至唐代中期，经过百年间的恢复与发展，北方地区虽然再次成为全国人口数量最多、分布最密集的区域。但其原来在数量与规模上的绝对优势已经明显弱化，南方地区的人口在规模上基本可与北方地区分庭抗礼。有学者根据相关史料对贞观十三年（639年）至天宝十一年（752年）间唐代十道人口数量及增减状况进行了统计与分析。（见表5–2）数据显示，在这百余年间，全国多数区域的人口数量及人口总量涨幅皆十分明显。其中，两京所在的河南道、河北道与淮南道、江南道的人口数量增加最多、涨幅最快，南方五道与北方五道的人口总量相差不大。可以看出，此时的人口分布格局已经发生改变，黄河中下游地区、长江中下游地区、浙东地区及成都平原都成为唐代中期人口的密集分布区域。

表5–1 隋大业至唐贞观各道户数升降及分布比重

道别	隋大业户	唐贞观户	增减率（隋为100%）	占全国户数百分比（隋）	占全国户数百分比（唐初）
剑南道	360 184	638 200	177.2	4.0	20.98
江南道	357 819	403 939	112.9	3.9	13.28
关内道	904 502	398 066	44.0	10.0	13.09
河北道	2 163 345	369 730	17.1	23.8	12.15
岭南道	367 365	357 348	97.3	4.1	11.75
河南道	2 721 272	275 618	10.1	29.9	9.06
河东道	852 001	271 199	31.8	9.4	8.92
山南道	727 009	180 724	24.9	8.0	5.94
淮南道	452 976	91 091	20.1	5.0	2.99
陇右道	171 241	55 956	32.7	1.9	1.84
南方五道小计	2 265 353	1 671 302	73.8	25.0	54.94
北方五道小计	6 812 361	1 370 569	20.1	75.0	45.06
合计	9 077 714	3 041 871	33.5	100.0	100.0

资料来源：冻国栋：《中国人口史·第二卷·隋唐五代时期》，复旦大学出版社2002年版，第194页。

表 5-2 唐贞观、天宝两朝各道户数增减状况

道别	贞观十三年户数	天宝十一年户数	增减率（贞观为 100%）	递增年率（‰）	年率顺序
关内道	398 066	810 263	203.5	6.3	7
河南道	275 618	1 795 539	651.5	19.1	1
河东道	271 199	632 611	233.3	7.4	6
河北道	369 730	1 514 765	409.7	13.07	4
山南道	180 724	576 883	319.2	10.37	5
淮南道	91 091	412 448	452.8	14.26	2
江南道	403 939	1 824 004	451.6	14.23	3
陇右道	55 956	112 874	201.7	6.2	8
剑南道	638 200	922 353	144.5	3.7	9
岭南道	357 348	336 052	94	1.05	10
北方五道	1 370 568	4 866 052	355	11.47	
南方五道	1 671 302	4 071 740	243.6	7.8	
合计	3 041 870	8 937 792	293.8	9.54	

资料来源：冻国栋：《中国人口史·第二卷·隋唐五代时期》，复旦大学出版社 2002 年版，第 199 页。

这种分布格局的形成，除了得益于唐代前期南方地区本地人口的增长，北方躲避赋役人口的大量南迁是直接推动力。尤其是安史之乱以后，战乱对北方地区村落的破坏进一步促进了北方民众的南迁，毗邻北方地区的淮南道、开发尚不充分的江南道、偏处西南的剑南道，甚至偏远的岭南道，都成为唐代逃亡民众的目的地。至唐代后期，南方最终超过北方，成为唐代人口与村落分布重心。

如偏处西南的剑南道，自汉晋以来就是西南地区的主要移民区域，境内生活有大量内地移民。隋末唐初的社会动乱，也使得这一区域成为躲避战乱的主要区域。根据上述表格中的统计数据，贞观年间剑南道已经成为全国人口分布最为密集的地区。另据《通典》记载："大唐贞观末为寇，遣兵从西

洱河讨之。其西洱河从巂州西千五百里，其地有数十百部落。大者五六百户，小者二三百户，无大君长。有数十姓，以杨、李、赵、董为名家，各据山川，不相役属。自云其先本汉人，有城郭、村邑……”[88]可以看出，剑南道在社会形态上已经具有明显的地域特性，多以姓氏部落立州县，但聚落与内地相似，仍多以“村”为名。安史之乱以后，剑南道再次成为唐代逃亡民众的迁移目的地，尤以遭受战争破坏严重的关中地区的流民为多，以至于出现“山南、剑南，道路相望，村坊市肆，与蜀人杂居，其升合斗储，皆求于蜀人矣”[89]的现象。唐人樊绰在其《蛮书·云南城镇》一书中也记载了唐代后期云南地区的乡村发展状况：“柘东城，广德二年凤伽异所置也。其地汉旧昆川，故谓昆池。东北有井邑城隍，城西有汉城，土俗相传云是庄蹻故城。城之东十余里有谷昌村，汉谷昌王故地也。”[90]这些史料说明，移民对于唐代中后期西南地区村落的发展起到了重要的推动作用。

另如开发相对较晚的岭南道，其具体发展状况的相关记载，鲜见于唐代以前的史料。但唐代以降，这种状况开始发生改变。如天宝七年（748年）十一月鉴真和尚就曾记录其在海南岛看到万安州乡间的村落分布状况：“（万安）州大首领冯若芳请住其家，三日供养。……其奴婢居处，南北三日行，东西五日行，村村相次，总是若芳奴婢之住处也。”[91]钱易在其《南部新书》中亦云：“诃子汤，广之山村皆有诃梨勒树。”[92]此外，在唐政府对岭南道颁布的诏令中也出现了乡村的概念：“安南、邕州已奏放回北军，其于顿递过本州县界，须如法先自备办排比，切不得临时差配百姓及借索扰人。仍录前后德音赦条，于乡村分明榜示，不得违越。”[93]有部分学者认为唐代岭南道村落的增多，是因地域开发不足而受到南北朝以来村名泛化影响的结果，因而判断村制在当地并未得到彻底实施。[94]但需要指出的是，这种说法或许适用于唐代前期，自唐代中期以后，安史之乱的爆发，迫使更多的北方民众南迁至江淮地区，而统治者对南方地区的横征暴敛，也迫使以江淮地区为主的南方民众迁移至更为偏远的岭南地区。因此，唐代中后期，岭南村落的出现，绝不仅仅只是南北朝村名泛化的影响。

整体而言，随着唐代人口数量的膨胀与迁移流动的频繁，村落得到了充分的发展，不仅村落数量大幅增加，而且以往以北方地区为密集分布区的分布格局有所改变，村落不再仅仅是散落于偏远地区的郊野聚落，而是成为广泛分布于全国各地的民众聚居单元。尤其是安史之乱以后，南迁人口规模的增大直接促进南方地区村落的大量生成，并且为此后南方地区的经济开发奠定了基础。

二、晚唐五代村落的衰落

（一）安史之乱对村落的影响

自唐建朝至玄宗前期，统一安定的社会环境与统治者积极开明的治国政策，使唐代迎来我国历史上前所未有的大一统、大繁荣的发展阶段，并维持了百年之久。天宝十四年，安史之乱的爆发宣告了盛唐的结束，并导致唐代中后期社会陷入长期的混战与割据局面。这一变化直接导致了唐代后期乃至其后较长一段历史时期内国家政治体制、南北经济局势及社会文化的转变，对当时村落的发展产生了重要的影响。“安史之乱”不仅成为唐代由盛而衰的转折点，也成为我国历史发展进程中的重要节点。

具体而言，安史之乱对唐代村落的影响体现在以下几个方面。

1. 人口迁移与村落分布格局的改变

战争是引起人口大规模迁移的最主要因素。隋唐时期发生的三次大规模人口迁徙，皆因战争（隋末战争、安史之乱、唐末战争）而起。前揭唐贞观年间南方人口的激增已经说明，由隋末战争引发的人口迁移已经对北方地区长期作为人口分布重心的格局带来了挑战。[95] 安史之乱的爆发无疑又加剧了这种局面的发展。

安史之乱爆发后，北方地区遭受严重的破坏。尤其是以河北道、河南道以及两京之间为主的黄河中下游地区，作为安史之乱的主战场，战火所及之处，皆伴随着烧杀抢掠，人口死亡或逃亡现象严重。史载：“自禄山肇祸，瀛博流离；思明继衅，赵魏堙厄。枌榆井邑，靡获安居，骨肉室家，不能相保。”[96] 史思明在河北地区每破一城都伴随着屠杀与掳夺，“城中衣服、财贿、妇人皆为所掠。男子，壮者使之负担，羸、病、老、幼皆以刀槊戏杀之”[97]。仅其攻下魏州时就有数万民众惨遭屠杀。[98]“生人赀产扫地，壮赍负，老婴则杀之，杀人以为戏。”[99] 这正是对安史叛军嗜战、残暴成性的描写。《旧唐书·郭子仪传》中有一段记载，深刻揭露了战乱给黄河中下游地区带来的破坏：“宫室焚烧，十不存一，百曹荒废，曾无尺椽。中间畿内，不满千户，井邑榛棘，豺狼所嗥。既乏军储，又鲜人力。东至郑、汴，达于徐方，北自覃怀，经于相土，人烟断绝，千里萧条。”这段描述再现了黄河中下游绝大部分地区在战争中生灵涂炭、民不聊生、一片荒凉的场面。

两京地区是叛军的主攻对象，两地之间的区域也因此遭受更为严重的破坏。如《新唐书》卷五十一有载：“自两京陷落，民物耗弊，天下萧然。……而百姓残于兵盗，米斗至钱七千，鬻籺为粮，民行乞食者属路。”[100]《旧唐书》卷十一《代宗纪》载：“今连岁治戎，天下凋瘵。京师近甸，烦苦尤重。比屋流散，念之恻然。……且京畿户口，减耗大半，职员如旧，何以堪之。”[101] 岑参曾在其《行军诗二首（时扈从在凤翔）》中记录了肃宗至德二年（757 年），咸阳之战唐军大败之后的场景：“吾窃悲此生，四十幸未老。一朝逢世乱，终日不自保。胡兵夺长安，宫殿生野草。伤心五陵树，不见二京道。我皇在行军，兵马日浩浩。胡雏尚未灭，诸将恳征讨。昨闻咸阳败，杀戮净如扫。积尸若丘山，流血涨丰镐。干戈碍乡国，豺虎满城堡。村落皆无人，萧条空桑枣。儒生有长策，无处豁怀抱。块然伤时人，举首哭苍昊。”[102] 其中的“村落皆无人，萧条空桑枣”描述了咸阳地区战败后民众惨遭屠杀或逃亡，村落虚空萧条的状况。东都洛阳亦是如此。经过战乱，数百里之内人口已经不满千户，东至徐州、北至相州（今河南安阳市）的大部分地区皆“人烟断绝，千里萧条”[103]，可见战争对人口的消耗。据《通典》中的数据显示，安史之乱爆发后的第五年（760 年），唐代着籍人口已经由极盛时期的 800 余万户降至 193.31 万户（不课户

117.16 万户，课户 75.86 万户）[104]，五年间着籍户口减少近 700 万户。至大历年间，唐代户籍数降至冰点，只有 130 余万户。这种人口消耗速度无疑是十分惊人的。

当然，这种人口的快速减少，除了与战争导致人口大量死亡有关外，战乱期间逃户和隐户的增多也是重要原因。安史之乱爆发后，原有的农业生产秩序遭到严重的破坏，村民的生产活动难以为继，民众被迫失所流离，除此之外，为了应付庞大的军费开支，统治者加大了对民众的搜刮力度，通过巧立名目、增加税额的方式征收赋税，乡民不堪重负。如乾元元年（758 年）四月，肃宗曾下敕，曰："天下百姓，除正租庸外，一切不得别有使役。"[105]永泰元年（765 年），唐代宗也曾下敕："如闻诸州承本道节度、观察使牒，科役百姓，致户口凋弊，此后委转运使察访以闻。"[106]这两则敕令皆颁布于安史之乱爆发之后，虽是对地方官府擅自征调赋役现象的禁止，但反过来也说明地方官府横征暴敛在当时已非个别现象。因此，在中央及地方双重力役的压力下，大量的着籍户口不得不逃亡至偏远山区以及受战争影响相对较小的南方地区，沦为逃户。《旧唐书》卷十二《德宗纪》建中元年十一月辛酉诏曰："朝集使及贡使见于宣政殿。兵兴以来，四方州府不上计，内外不朝会者二十有五年，至此复始旧制。"这里就指出了安史之乱爆发至建中元年的 20 多年间，四方州府不上计户口已经成为惯常现象。

唐代相关史料及文学作品对安史之乱以后的人口逃亡现象进行了记载。如李白诗言："三川北虏乱如麻，四海南奔似永嘉。"[107]顾况在其《送宣歙李衙推八郎使东都序》中曰："天子去蜀，多士奔吴为人海。"[108]杜甫在其《无家别》一诗中也描述道："寂寞天宝后，园庐但蒿藜。我里百余家，世乱各东西。……四邻何所有，一二老寡妻。"[109]此诗记录了安史之乱被平定以后乡里的情景，可以看出，经过战争的破坏，以前拥有百余家的"里"只剩下"一二老寡妻"。通过这些记载可以看出，安史之乱不仅使得人口急剧消亡，还导致人口大规模南迁，甚至成为引起我国历史上三次大规模北方人口南迁的主要原因之一。[110]

北方人口南迁的目的地，以少受战火波及的秦岭–淮河以南地区为主。如《安禄山事迹》中载："凶威所至，无不荡覆。衣冠士庶归顺于灵武郡者，继于道路，家口多避地于江淮。"[111] 其中，荆楚地区因在地缘上毗邻中原，成为当时移民的主要聚集区域之一，呈现出"襄、邓百姓，两京衣冠，尽投江、湘，故荆南井邑，十倍其初"[112] 的场面。唐代道家学者元结在安史之乱时也曾"南投襄汉"[113]，并在《与瀼溪邻里》一诗中记录了这一事件："昔年苦逆乱，举族来南奔。日行几十里，爱君此山村。……瀼溪中曲滨，其阳有闲园。邻里昔赠我，许之及子孙。我尝有匮乏，邻里能相分。我尝有不安，邻里能相存。……"[114]

苏州地区也是北方人口的主要迁入地。肃宗上元年间（760—761 年），仅当地治所吴县，其人口的 1/3 皆来自北方地区。[115] 关中地区也有不少乡民南下至山南道、剑南道。据《全唐文》卷三百五十七《请罢东川节度使疏》载："比日关中米贵，而衣冠士庶，颇亦出城，山南、剑南，道路相望，村坊市肆，与蜀人杂居，其升合斗储，皆求于蜀人矣。"另据有关学者的统计，元和年间，江淮八道的户籍总数已经占全国户籍总数的 66%，这一数据已经远远超过其在天宝年间 23% 的占比。[116]

应指出的是，因战争破坏，北方地区人口严重流失，赋税收入也随之出现大规模亏空。为了维持中央财政的正常运转，保证战争开支供给，朝廷赋税征收的压力也随着南迁人口转移至南方地区，江南八道的 144 万户居民成为唐代赋税的主要承担者。这直接迫使此区域的居民再次成为逃户，逃往地理位置更为偏远的岭南或剑南地区。这也是唐代后期岭南道及剑南道人口增多的直接原因之一。

综上，安史之乱掀起的人口迁移浪潮，不仅规模庞大，而且涉及区域甚广，已不再仅仅局限于江淮流域，广大南方地区及东北地区皆成为人口迁移的目的地。这直接影响了唐代村落的分布，打破了以往以黄河中下游地区为主要分布区的局势，也极大地促进了南方地区的开发，为五代、两宋南方地区的发展奠定了基础。由此似乎可以得出一个认识，即人口的大规模迁移既使迁出地的很多村落被迫解体，也导致了迁入地新村落的大量产生。可谓生生不息，复而众之。

2. 土地制度的破坏与南方村落经济的发展

如果说唐代均田制的崩坏是唐代长久以来土地兼并及土地不敷分配导致的直接、必然的结果，那么安史之乱则无疑是加速这一进程的催化剂。如前所述，唐代前期土地兼并现象愈演愈烈，尽管唐代政府采取了扩户等相关应对措施，但并未能有效阻止这一现象的继续发展。安史之乱爆发之后，人口进一步逃亡与迁移，村落居民失地现象加剧。其后果便是，大量的农村土地被少部分富户抢占或买入，土地兼并问题更为严峻。《唐会要》卷八十五“逃户”条载至德二年二月敕：“诸州百姓，多有流亡，或官吏侵渔，或盗贼驱逼，或赋敛不一，或征发过多，俾其怨咨，……”唐肃宗宝应元年（762年）四月敕亦曰：“百姓田地，比者多被殷富之家、官吏吞并，所以逃散，莫不由兹，宜委县令，切加禁止，若累日再有违犯，当倍科责。”此类关于安史之乱以后逃户的记载还有多条，这些敕令的颁布都说明殷富之家、官吏豪强吞并土地的现象在此时已经非常普遍。《太平广记》中就记载了一例这类事件：“（李莹）其亲兄岷，庄在济源，有妹寡居，去庄十余里。禄山之乱，不获南出。……岷家田地，多为人所影占，皆公讼收复之。”[117] 这里记载的李家庄园即在安史之乱后被人抢占。需要指出的是，能够拥有庄园的李家，并非唐代乡村普通农户之家。即便如此，其田地仍然被人抢占。可以想见，战乱期间，这类抢地兼并之事在普通农户群体之中应为更甚。正是逃户的增加，导致以往被纳入行政管辖范畴的一些村落，不可避免地会出现衰败的现象，甚至变成了没有人口的“空心村”。

因此，土地资源的日渐集中与失地农民的逐步增多，使中晚唐时期的小农经济遭受严重破坏，均田制已经无法继续支撑唐代乡村社会的发展。为了维持生存，农民不得不依附拥有土地的乡村豪族，成为佃户。租佃制自此生成，富户阶层成为乡村财富的实际掌控者。前引《新唐书·食货志》中记载：“今富者万亩，贫者无容足之居，依托强家，为其私属，终岁服劳，常患不充。有田之家坐食租税，京畿田亩税五升，而私家收租亩一石，官取一，私取十，穑者安得足食？”[118]这正是中晚唐时期唐代乡村的实况。此外，也有部分乡村居民另谋生路，转为发展商品经济，这也是中晚唐时期农村商品经济得到发展的原因之一。对此，后文将做详细阐述。

3. 村落控制力量的改变与职官制的出现

以村坊制为基础的基层管理组织与村内宗族势力、村社组织乃至乡村豪族势力等共同构成了唐代乡村控制的几股力量，大致形成了以国家力量为主、民间力量为辅的乡村控制局面。但安史之乱的爆发，使得中晚唐时期村落控制力量发生了较大的变化。乡村制虽然仍是国家基层权力实施的基本形式，但国家管控力量明显被削弱。另外，因躲避战乱、抱团求生的需要，宗族、村社的势力也得到进一步发展。乡村富户、豪族实际上成为中晚唐时期乡村社会管理的主要力量。这一点与安史之乱以后的赋税征收问题关系密切。根据上文所述，村坊制形成以后，“催驱赋役”由里正负责，村正起协助作用。但沉重的赋税使得赋役催缴成为一项艰巨的任务，对乡村富户、豪族群体征收赋税更是一件困难之事。

杜甫的《东西两川说》一文中就描述了这种状况：“今富儿非不缘子弟职掌，尽在节度衙府州县官长手下哉。村正虽见面，不敢示文书取索，非不知其家处，独知贫儿家处。”[119]这里描述了村正不敢向富户催税的状况。但根据唐代律令，因此未征得的赋税需由村正或里正补齐。这些拥有大量土地的豪族、富户，其赋税对一般的里正或村正来说，并非其所能负担的。经过安史之乱以后，这种情况更为严峻。加之大量人口的死亡与迁移，赋税征收的压力几乎全都集中到里正与村正身上。这种情况下，为了保证赋税的征收，唐代朝廷不得不分散压力，转嫁至乡村富户、豪族群体，并选择有能力承担赋税的乡村富户、豪族担任基层职能人员。如此既能借助富户、豪族势力向乡村民众征收赋税，又能从这一群体中汲取财富，形成对这一群体的控制。《资治通鉴》记载，宝应元年元载担任租庸使时“择豪吏为县令而督之，不问负之有无，赀之高下，察民有粟帛者发徒围之，籍其所有而中分之，甚者什取八九，谓之白著。有不服者，严刑以威之”。这一记载恰好表明了唐代后期选择富户、豪族为国家基层行政代理人的主要原因。

与此同时，将赋役压力施加于富户、豪族也是唐代均田制破坏之后的现实需要。土地的大量兼并，已经决定了以户口为单位的赋税征收制度不再适应乡村社会的发展，拥有大部分土地的富户、豪族才是赋税征收的主要对象。因此，政府借此将其纳入国家权力之中，使其成为国家基层组织的代理人，正是针对这种状况，宣宗大中九年（855 年），朝廷基于现实需要，对当时基层职能人员的人选问题做出了明确规定：“自今每县据人贫富及役轻重作差科簿，送刺史检署讫，锁于令厅，每有役事，委令据簿轮差。”[120] 这说明财力及赋役轻重已经成为这一时期任命基层职能人员的主要依据。

自此，唐代基层管理人员由早期的“白丁清平强干者”转变为财富持有者，乡村社会形成了以乡村富户轮流当差的基层管理单位职能人员任职制度，职役制取代乡官制。

（二）藩镇割据对村落的影响

藩镇割据是安史之乱遗留的重要历史问题。藩镇是唐代前期朝廷为加强少数民族统治，在羁縻州政策的基础上建立的军事行政机构，是朝廷处理边疆问题与民族关系的手段。但自唐代中期开始，伴随着朝廷的腐化、贫富差距的拉大和阶级矛盾的深化，在朝廷设置地方节度使、军权授予、蕃将任用等一系列措施之后，藩镇最终在军权、财权方面获得独立，实现了对民族地区的实际控制，并最终成为导致唐王朝由统一走向分裂的主要势力。

安史之乱爆发后，河朔地区的割据局面即已形成。尽管唐代统治者经过 8 年的艰难斗争平定了叛乱，但统治者对投降叛军伪官、伪职的认可，变相宣告了割据政权的合法化，这无疑促进了割据的加剧。宝应元年至宝应二年，河朔三镇（成德镇、魏博镇、幽州镇）先后成立，割据局面由此形成。除河朔三镇以外，易定、沧景、淄青、淮西等地也相继割据。其他地区的藩镇势力虽然一定程度上仍然受限于中央政权，但在此后的 100 余年间，藩镇间的战乱不断，势力持续膨胀，成为威胁中央集权的一股强势的地方力量。乾符五年（878 年），黄巢起义爆发，拥兵自重的藩镇势力终于在战乱的冲击下各据一方，全国范围内的割据局面自此形成，唐王朝彻底陷入全面分裂。

唐代的藩镇割据以大地主与军阀势力的结合为其阶级属性[121]，代表大地主与军阀的利益，其本质即以武装势力夺取土地和人口，这就决定了其是一种依靠暴力剥削的割据势力。因此，唐代藩镇割据的这种政治地方性、文化封闭性、阶级剥削性决定了其对唐代后期社会发展的深刻影响。

首先，安史之乱平定以后，虽然不少藩镇政权相继割据，但其想要进一步扩大势力、各占一方的意图，不仅使其与中央政府矛盾重重，屡现摩擦，而且藩镇间的争夺战争不断，给社会民众带来深重的灾难。如大历十二年（777 年），“平卢节度使李正已先有淄、青、齐、海、登、莱、沂、密、德、棣十州之地，及李灵曜之乱，诸道合兵攻之，所得之地，各为己有……自于境内筑垒，缮兵无虚日”[122]。军阀势力的残暴特性也使得藩镇军队所到之处多遭烧杀抢掠。据史料记载，彰义节度使李希烈生性残暴，每逢战争之时“杀人，流血盈前，而言笑饮馔自若”。在其攻打汴州期间，还曾因令百姓运土木筑垒道未成而大怒，以至“驱以填之”。[123]《旧唐书》对汴州刺史李忠臣的描述也为“军无纪纲，所至纵暴，人不堪命”[124]。另有《旧唐书》载吴元济曾于宪宗元和九年（814 年）“乃悉兵四出，焚舞阳及叶，掠襄城、阳翟。……剽系千余里”[125]。更有田神功曾率军至扬州地区，大肆掠夺百姓商人资产，杀胡、波斯商人数千人。[126]可见这些割据战争的破坏以及割据势力的残暴，已经置民间百姓于水火之中。

其次，除了战争的破坏，割据势力的横征暴敛也进一步加剧了民众的生活负担。在政治与财政上的独立，决定了以节度使为代表的割据势力对地方政治与财政来源的掌握。为了积累财富与壮大割据势力，地方节度使不仅随意增加赋税，而且不惜以各种方式征兵。如魏博节度使田承嗣“重加税率，修缮兵甲，计户口之众寡，而老弱事耕稼，丁壮从征役”[127]。淮西地区节度使吴少阳，不仅随意征收赋税，劫持商贾，而且招收亡命之徒充兵。[128]汴宋节度使刘玄佐为了笼络军士，大力搜刮百姓，以致百姓日渐贫困。[129]杜甫在《为阆州王使君进论巴蜀安危表》一文中曾深刻地揭露了藩镇势力贪婪残暴的本性。文中称剑南之地自用兵以来“税敛则殷”，尤其是蜀地物产丰富，但“近者贼臣恶子，频有乱常。巴蜀之人，横被烦费，犹相劝勉，充备百役，不敢怨嗟”[130]。这种残酷的剥削必然造成“乱世诛求急，黎民糠籺窄”[131]和“况闻处处鬻男女，割慈忍爱还租庸”[132]的惨景。

再次，长期的割据战争与沉重的社会压迫，也逐渐改变了割据区乡村的社会风气，形成尚武轻文的文化特征。这也正是陈寅恪先生所言“其民间社会亦未深受汉族文化之影响”的原因。如淮西地区在长期的割据统治之下，民间形成“安于毒暴而恬于搏噬”的社会风气，以至地处中州却“人心过于夷貊”。[133]不止于此，不同地域之间也因长期的分裂割据，彼此间形成对垒，文化与思想上的封闭性十分明显。杜牧就曾在其《上李司徒相公论用兵书》一文中指出这种现象：“成德一军，自六十年来，世与昭义为敌，访闻无事之日，村落邻里不相往来。”村落这种文化封闭的状况，由藩镇割据所致，又以反作用的形式促进了地方割据程度的加深。

最后，藩镇割据除了对乡村地方社会的发展带来深入影响，也对国家权力介入乡村社会产生了重要影响。这主要体现为朝廷为了应对割据战争，对乡村社会进一步施加赋税及徭役负担。根据史料记载，由于唐代后期战乱频仍，藩镇不臣，赋税收入大大减少，为了维持军费开支，唐政府不仅以各种名义增加赋税，而且降低服役年龄，甚至在男丁不足时以女子充当劳役。如据《资治通鉴》卷二百三十七《宪宗纪》载，宪宗元和二年（807）年，由于军队数量的增加，基本上达到了每两户养一个士兵的状态。另据《新唐书》记载，昭宗天祐三年（906年）为了应对朱温进攻沧州，“仁恭悉发男子十五以上为兵，涅其面曰‘定霸都’，士人则涅于臂曰‘一心事主’。卢龙闾里为空，……人相食。……筑馆大安山，掠子女充之。又招浮屠，与讲法。以堇土为钱，敛真钱，穴山藏之，杀匠灭口”[134]。杜甫就曾在其诗文中对藩镇势力和整个统治阶级对人民的严厉搜刮进行了讨伐：“石间采蕨女，鬻菜输官曹。丈夫死百役，暮返空村号。闻见事略同，刻剥及锥刀。”[135] 这些诗文形象地反映了乡村民众在战争年代挣扎于死亡线上的悲凉情景。因此，在藩镇割据战争此起彼伏的状态下，连年的战乱与沉重的剥削，使包括村落在内的广大乡村地区惨遭蹂躏。

第三节
隋唐五代村落的形态

伴随着村落的行政化发展以及基层管理制度体系的健全，村落作为乡村社会的基本组织单元，在隋唐五代时期得到了充分的发展。这种发展既可反映为村落社会内部组织结构的深层变革，也可直观地体现为村落外在形制（如村落名称与种类、景观与建筑等）的显性变化。

一、村落类型及其特征

如前所述，隋唐五代时期，村落已经演变为乡村社会的基本聚居单元，“乡—村”取代“乡—里”成为唐代基层地域归属的基本表述方法，广泛应用于这一时期的正史、出土文献、碑刻墓志、笔记小说、诗词歌赋等相关文献记载中。根据这些文献，我们可以对唐代村落的命名及分类情况做出分析。

日本求益僧圆仁和尚的《入唐求法巡礼行记》（下文简称《行记》）真实记载了其于日本仁明朝承和五年（唐开成三年，即 838 年）六月十三日至承和十四年（唐大中元年，即 847 年）十二月十四日的入唐求法经历。其旅途所经之地涵盖唐代 20 个州府治所、35 个县治所，涉及今江苏、安徽、山东、河北、山西、陕西、河南 7 个省份。文中所载其途经村落的信息，为我们了解唐代村落的命名方式、发展状况等，提供了十分重要且可靠的参考。与此同时，目前所见唐代的一些碑刻资料，通常详细记载了墓主的卒葬地点、日期等信息，也成为我们考察村落名称的重要参考资料。我们通过对圆仁和尚的《行记》与《全唐文》《唐文拾遗》《唐文续拾》及今人编《唐代墓志汇编》《唐代墓志汇编续集》等相关文献史料，对其中所载村落信息进行梳理，可以得知唐代村落的命名方式与分类的一些历史实况。

根据有关学者统计，《行记》一书中明确记载了村名的村落共计 56 个[136]（见表 5-3），由于这些村落集中于圆仁行程的前半段，多位于今山东省境内，反映的情况也是以山东地区的村落发展状况为主。为了避免结论过于片面，笔者同时对《全唐文》《唐文拾遗》《唐文续拾》中所载村落进行了统计，共另得 95 个具有完整村名的村落。（见表 5-4）综合看来，唐代村落的命名方式多样，但整体上以姓氏、嘉名、自然环境或地理位置为主要命名依据，名物、宗教、数字等也是唐代村落常见的命名依据。

表 5-3　日本圆仁和尚的《行记》中所载村落

时间		村名	所属州县或地区
开成三年	七月二日	东梁丰村	扬州海陵县白潮镇桑田乡
	七月三日	延海村	扬州海陵县
	七月十八日	郭补村	扬州
	七月二十日	赤岸村	扬州
	七月二十一日	延海村	扬州海陵县延海乡
开成四年	四月五日	宿成村	海州东海县
	四月十七日	陶村	登州牟平县唐阳
	四月十九日	邵村	陶村之西南
	五月四日	望海村	登州
	五月七日	赤山村	文登县清宁乡
	七月十四日	真庄村	

（续表）

时间		村名	所属州县或地区
开成五年	二月十四日	刘村	文登县
	二月二十日	望海村	
	二月二十六日	龙泉村	
	二月二十七日	夆车村	牟平县
	二月二十八日	壹村	
	二月二十九日	牟城村	
	三月一日	王庭村	蓬莱县望仙乡
	三月二日	安香村	蓬莱县
	三月十二日	王徐村	
	三月十二日	九里战村	黄县
	三月十三日	徐宋村	莱州掖县
	三月十四日	乔村	
		中李村	
	三月十五日	牟徐村	
	三月十七日	潘村	莱州
		三埠村	胶水县
	三月十八日	东耿村	青州北海县芙蓉驿
	三月十九日	王稡村	青州北海县
	三月二十日	孤山村	
		半城村	寿光县
	四月三日	石羊村	益都县
	四月四日	张赵村	缁州缁川县

（续表）

时间		村名	所属州县或地区
开成五年	四月四日	古县村	长山县
	四月五日	仙人台前不村	
	四月八日	双龙村	临邑县
	四月九日	燕塘村	齐州禹城县
	四月十日	仙公村	
	四月十一日	赵馆村	德州平原县
	四月十二日	形开村	沛州夏津县
	四月十三日	王淹村	沛州
	四月十六日	合章流村	清河县
		赵固村	冀州南宫县
	四月十九日	秦丘村	赵州宁晋县
	四月廿二日	南接村	镇州
	七月九日	胡村	忻州
	七月十日	宋村	
	七月二十八日	晋村	清凉县
		石高村	
	七月二十九日	郭栅村	文水县
	八月三日	王同村	孝义县
	八月五日	霍昌村	霍邑县
	八月六日	屈项村	赵城县
	八月十一日	秦村	宝鼎县
	八月十六日	安远村	冯翊县

资料来源：表格根据圆仁《入唐求法巡礼行记校注》一书整理，并参照刘再聪《“在田野者为村”——以〈入唐求法巡礼行记〉为中心的考察》一文整理而来。参见释圆仁著，白化文、李鼎霞、许德楠修订校注：《入唐求法巡礼行记校注》，花山文艺出版社 1992 年版。

表 5-4　《唐文拾遗》《唐文续拾》《全唐文》所载村落名称统计

《唐文拾遗》所载村落名称统计（38 个）		
出处	**村落归属地**	**村名**
卷十二	不详	吕村
	不详	任村
	不详	王村
	不详	刘村
	不详	朱村
	不详	唐禄村
	不详	房村
	不详	袁吕村
	不详	谢村
卷二十一	龙门南	净土村
卷二十三	京兆府万年县高平乡	西焦村
卷二十六、卷二十七	京兆府万年县高平乡	史刘村
	扬州江阳县嘉宁乡	五乍村
卷二十七	唐越州上虞县宝泉乡孝敬里	新成村
卷二十八	京兆府万年县	三赵村
卷三十二	京兆府万年县宁安乡	
	京兆府长安县龙门乡	石井村
	京兆府长安县承平乡	大严村
	京兆府	杜城村
卷三十	不详	德兴村
	京兆府万年县洪固乡	北韦村
	京兆府长安县	小严村
卷五	京兆府长安县	
	发县昆明乡	魏村
	崇义乡	南姚村
	京兆府万年县川乡	上传村
	苏州长洲县余抗乡	石渎南馆墅村
	幽都县保大乡	樊村

（续表）

《唐文拾遗》所载村落名称统计（38个）		
出处	**村落归属地**	**村名**
卷三十二	长安县承平乡	刘村
	京兆府万年县	小阳村
	杭州盐官县海昌乡	秧田村昌宓里
	京兆府万年县	姜尹村
	京兆府长安县	第五村
	京兆府长安县	姜允村
	昌平县	永宁村（终）
	蓟县会川乡	邓村里（葬）
卷三十三	吴郡华亭县莞沼乡城山里	进贤村
卷三十九	千年乡	谷禄村
卷四十八	都城江都县与宁乡	东袁墅村建义庄
卷五十二	任光乡	许墅村

《唐文续拾》所载村落名称统计（9个）		
出处	**村落归属地**	**村名**
卷六	沧州城清池县芪林乡	五宾村
卷十	不详	程村
卷十一	崇仁乡	周村
	河南县龙门乡	午桥村
	怀州河内县	界沟村
卷十四	郧县西里野马岗	大井村
卷十五	潞府南三十五里	蒲池村
	不详	南董村
	城西南	司马村

（续表）

《全唐文》所载村落名称统计（除去与上文重合村落，另有 48 个村落）		
出处	村落归属地	村名
卷一百八十二	不详	无忧村
卷二百三十一	不详	南费村
卷三百十三	洛阳邙山	陶村
卷三百三十九	不详	历下村
	不详	夏王村
卷三百四十一	东京鹳店（东北）	高村
卷三百四十四	山阴县	篱渚村
卷四百八十四	许州长社县嘉禾乡	合穗村
卷五百二十三	京师之南	小赵村
卷六百三十九	万年乡	杨村
	汴州开封新里乡	之某村
卷六百五十五	河南县龙门乡	午桥村
卷六百七十五	不详	紫阁村
卷六百九十五	万年县洪固乡	北韦村
卷七百二十三	幽州幽都县保大乡	杜村
卷七百三十八	城南	尹村
卷七百四十一	孟州河阳县	
卷七百四十四	（苏州）义兴县洞庭乡震泽里下	朱村
卷七百五十四	东都	少陵司马村
卷七百五十五	长安城南少陵原	司马村
卷七百五十七	白鹿乡	井谷村
卷七百六十	河南府河阳太平乡	临泉村
	济源县清廉乡（葬）	官桥村
	河阳县太平乡	西沼村
卷七百九十	万年县宁安乡凤栖原	社季村
卷七百九十二	不详	次庐村
卷八百四十	长安县龙首乡	祁村

（续表）

《全唐文》所载村落名称统计（除去与上文重合村落，另有48个村落）		
出处	村落归属地	村名
卷八百六十	河阳县丰平乡	赵村
	太原孟县西四十里同颖乡	大贤村
	不详	冠盖村
	寿阳南界	解愁村
	太原县阙夏乡	郑村
卷八百六十一	粤是邑	皇甫村
卷八百九十七	不详	大义村
卷八百九十八	开元府海盐县德政乡通福里	澉墅村
	开元府海盐县南德政乡归仁里	开化村
卷九百十五	不详	曹溪村
卷九百十七	不详	思村
卷九百十九	承务乡	九里村
	不详	东章村
卷九百三十四	不详	石保村
卷九百五十九	山东济宁州晋阳山下	张家村
	昭元乡昭元里	社头村
卷九百八十四	不详	岭南村
卷九百八十九	金乡县	垤沟村
卷九百九十六	河南府河阳县太平乡	树楼村
	贵乡县	王赵村
	扬子县江滨乡	白社村
	兖州瑕邱县普乐乡临泗城	阴村郡城
	不详	祁村
卷九百九十七	易州半易县玉山乡	梁村

资料来源：根据《全唐文》《唐文拾遗》《唐文续拾》进行统计。

综合以上材料，唐代村落的命名方式主要有以下几种。

（一）以姓氏作为村落命名依据

以姓氏对聚居群体进行命名的方法，早在秦汉时期的聚落、里的命名中就已经体现。三国两晋南北朝时期，以姓氏命名的村落日渐增多。在《汉书》、《后汉书》、居延汉简、走马楼吴简及南北朝石刻资料等汉晋时期的相关史料中可以明确发现这一时期村落命名方式的发展特点。[137] 及至唐代，随着人口的繁盛及村制度的深入推行，村落的进一步泛化促进了姓氏村落在全国范围的发展，并成为唐代村落的主要命名方式。

通过前文对唐代村名的统计，《行记》《全唐文》《唐文拾遗》《唐文续拾》中共出现村落 161 个，其中以姓氏命名者 71 个（《行记》中 25 个，后三书中 46 个），占总数的 44.10%。这说明唐代近半数的村落皆以姓氏命名。

唐代以姓氏命名的村落可分为单一姓氏和复合姓氏（也有学者指出是单一姓氏与联合姓氏[138]）两种形式。其中，以单一姓氏命名的村落在姓氏命村落中占大多数。仅《行记》一书记载的 25 个姓氏村落中就有 18 个以单一姓氏命名，《全唐文》《唐文拾遗》《唐文续拾》所载的 95 个村落中，有 40 个村落以单一姓氏命名。可见以单一姓氏作为命名依据已经成为唐代村落命名的主流。

需要指出的是，以姓氏为村落命名的方法往往反映了村落居民的宗亲血缘关系，这也是我国古代社会聚落发展的重要特征。以宗亲血缘关系为核心的聚居单元的发展可上溯至两汉时期，由于儒家文化对宗法家族关系及血缘亲情关系伦理意义的强调，以血缘为纽带的聚族而居，成为民众聚居单元形成的重要影响因素。此外，诸子分封制的盛行，也为以家族为中心的分化提供了基础。魏晋南北朝时期，随着宗族组织的发展，以同一宗族或同姓宗族为聚居单位的情况更为多见。[139] 至唐代，一方面同样受到儒家文化传统的影响，另一方面在唐代人口管控措施的约束下，宗族村落成为唐代村落的主体。

《唐会要》卷八十五《定户等第》载万岁通天元年（696年）七月二十三日令："天下百姓，父母令外继别籍者，所析之户，等第并须与本户同，不得降下。其应入役者，共计本户丁中，用为等级，不得以析生蠲免；其差科，各从析户祇承，勿容递相影护。"根据此条规定，唐代父母尚在的析出户口，其户等无法因此下降，析出者应承担的赋税、徭役分别由本户与所析之户承担，这正是唐代统治者为了避免民众因析户而产生规避徭役与赋税之举，以此将民众限制在家族范围内。不仅如此，为了限制析户现象及人口逃亡，朝廷也对父母尚在而另生别户的情况予以明令限制。如《唐律疏议·户婚律》"子孙别籍异财"条规定："称祖父母、父母在，则曾、高在亦同。若子孙别生户籍，财产不同者，子孙各徒三年。"《旧唐书》卷四十八《食货志》载天宝元年正月一日令中，还采取了减免徭役的方式，鼓励同籍同居："如闻百姓之内，有户高丁多，苟为规避，父母见在，乃别籍异居。宜令州县勘会。其一家之中，有十丁已上者，放两丁征行赋役，五丁已上，放一丁。即令同籍同居，以敦风教。其侍丁孝假，免差科。"[140] 正是这些举措的全面推进，促成了"同族而居"现象在唐代的进一步发展。除此之外，朝廷还以表彰的方式，鼓励家族的累世聚居。《全唐文》卷九百六十四有载："栎阳县人董思宠，五代同居，子孙凡八十余人，友爱敦睦，乡里称之。天宝末，寇盗剽掠村闾，此家独全，年遭水旱，此家独免，至于征税，每先于人。伏望旌表门闾，编诸史册。"这里的董思宠就是五代同居，家族已有成员80余人，朝廷还就其家族聚居团结抵御盗贼与灾害给予了表彰。

另有一则史料，更为鲜明地体现了唐代统治者对于世代累居的重视。敦煌《唐开元户部格残卷》中记载了证圣元年四月九日敕文："孝义之家，事须旌表。苟有虚滥，不可褒称。其孝必须生前纯至，色养过人；殁后孝思，哀毁逾礼。神明通感，贤愚共伤；其义必须累代同居，一门邕穆，尊卑有序，财食无私，远近钦永，州闾推伏。州县亲加案验，知状迹殊尤，使覆同者，准令申奏。其得旌表者，孝门复终孝子之身，义门复终旌表时同籍人身。仍令所管长官以下及乡村等，每加访察。"[141] 该敕文对孝门、义门做出了明确的规定，其中义门必须满足的条件中就包括“累代同居，一门邕穆，尊卑有序”。显然，这种对于孝和义的规定，无疑对唐代家族、宗族的发展起到了重要的促进作用。但也应该看到，统治者所倡导的这种生活伦理尽管与现实家族经济生活之间存在很大的矛盾，但其仍然在管控人口、开展赋役制度方面发挥了重要的作用，成为唐政府的一种统治手段，也对唐代社会宗族的发展起到了一定的促进作用。

可能正是出于上述原因，以姓氏来命名一个村落的现象在唐代明显多了起来。更进一步来看，则表明唐代村落成为以宗族血缘关系为核心的聚居单元。只是由于受到自然环境的影响，部分单一姓氏的村落会因其所处空间方位或村落规模等进行区分，如将上、下、大、小、东、南、西、北等加于村落名称之前，如前文表格中的“大严村”“北韦村”等。

应该注意的是，与魏晋时期同一家族或同姓家族聚居的世家大族有所不同，唐代村落中的宗族体现为以小家庭为基础的家族增多。尽管在隋唐时期的官僚士大夫阶层中，大家族仍然占较大的比重，但魏晋以来的门阀士族已经得到较大削弱。一方面，唐王朝建立以后，统治者采取了一系列加强中央集权的统治措施，官僚体制的变化、科举制的实施、土地制度的改革促成了世家大族的迁移与解体。另一方面，唐代商品经济与城市经济的发展、赋税制度的改革等社会经济的变化，加速了人口流动。尤其是后者，通过前文的相关讨论可以看出，唐代中期以后，沉重的赋役直接促成了大规模的人口流徙。从前文所引唐代限制析户、鼓励同籍共居的相关法令也可看出，唐代因规避赋税而析户应是普遍现象。这对魏晋以来聚族而居的村落形态的延续产生了一定的影响。

也有学者指出，唐代的人口流徙与三国两晋动乱时期的举族而迁不同，多以家庭为单位，尽管有数量较多的乡里、邻里以集合式群体向外迁移，其中也包括亲族，但此时的亲族已经不是完整的宗族单位，而是以地缘关系为组合的邻里、乡里群体。[142] 因此，这些因经商或不堪负重迁徙而出的家庭个体、地缘群体，无法再以完整的宗族形式存在，其辗转至外地之后，或以一个家庭为基础，经过几代的累积之后形成自己的家族，或与其他地区的家族或宗族为邻，形成多个家族或宗族杂居的村落单元。因此，可以说，唐代村落社会实际上是以宗族为核心的社会聚居单元。这也是促成唐代村落居民结构产生差别的原因。

除了上文以单一姓氏家族为主体发展起来的村落外，还有不少由家族、宗族共同组成的村落。如《全唐文》卷九百三十四《东西女学洞记》载："长安富平县北，定陵后通关乡……其山下通关乡多姓公孙贾家，山上石保村多姓吕氏麻氏。"这则史料中所记载的山下通关乡和山上石保村的居民构成就不相同，山下通关乡居民以公孙氏为主，山上石保村则以吕氏、麻氏为主。这类村落往往以两个主要姓氏相结合的方式对村落进行命名，即以复合姓氏命名。这类村落在唐代以姓氏命名的村落中占有一定的比例，如上文所列《行记》中的"王徐村""徐宋村""张赵村"等。以两姓命名的村落的出现，可能还与家族联姻有着较大关系，唐代诗人白居易在《朱陈村》一诗中的描述可兹证明："一村唯两姓，世世为婚姻。亲疏居有族，少长游有群。黄鸡与白酒，欢会不隔旬。生者不远别，嫁娶先近邻。死者不远葬，坟墓多绕村。既安生与死，不苦形与神。所以多寿考，往往见玄孙。"[143]

综合而言，至唐代，宗族血缘关系在村落的发展中已经显得非常重要，也成为唐代村落发展的重要特点。

（二）以嘉名作为村落命名依据

嘉名是指寓意吉祥、美好之名。趋利避害、求吉纳福，是人类最为朴素的情感。大致来看，以嘉名作为地域命名依据始于汉代，这一时期，不少寓意美好的词语被运用在事物的命名中，典型的如以"长乐未央""延年益寿""长生无极"等吉祥词语为名的瓦当，以及"长乐宫""未央宫""明光宫"等以吉祥词语命名的宫殿等，也出现了以"长乐""万岁"命名里的做法。至唐代，人们对吉祥、美好事物的追求热度不减，加之统治者对儒家文化的倡导，儒家伦理纲常成为上至皇家、官员，下到士绅、百姓持家理政、判断品行人格的基准，其影响深入唐代的社会政治、文化生活及民众思想教化等多个层面。因此，儒家伦理中的仁、义、礼、智、信等，成为唐代乡、里命名的主要参照，如东京河南县的“仁风乡”“归德乡”“感德乡”，王城乡的“敦信里”，翟泉乡的“章善里”，洛阳县清风乡的“和仁里”，福民乡的“德义里”，等等。还有部分乡、里以取义忠孝、劝善、祈福、平安、长寿、安乐等蕴意的词语为名。根据有关学者对唐代两京所辖的河南县、洛阳县、万年县、长安县四县乡里名称的统计，四县共有 175 个乡、200 个里，其中 66 个乡、88 个里以嘉名为命名依据，各占总数的 37.71%、44%。[144] 可见嘉名已经成为唐代乡、里命名的主要依据。

相较而言，以嘉名命名的村落要少于以嘉名命名的乡、里，但在村落中也占一定比例，其选词原则与此类乡、里名称基本一致。部分史料详细记载了村名的来源或寓意，如据《唐文拾遗》卷三十九记载：“报杨行敏：使至得状，送芝草图一轴，览之嘉叹，喜有余怀。且草木之祥异也，虽自天成，皆因地秀，物有所应，吾何以堪。行敏始假郡符，已彰瑞谍，天其诫尔，尔宜慎之。况乡号千年，村名谷禄，足验一百年之寿，与二千石之资，固保前程之富贵矣。将酬美贶，更励忠诚，非吝奖词，虑骄锐志，悉之。夏热切好将息。使回附此不具云云。”其中，“千年乡”“谷禄村”就是以其“足验一百年之寿，与二千石之资”取名，寓意“长寿”及“丰收”，表达了民众朴素的生活愿望。这类村名还见有唐代幽州蓟县会川乡的“从善村”、燕台乡的“高义村”等，东京河南县金谷乡的伏和村、毕闺乡的望春村、望仙乡的护保村等西京万年县宁安乡的社季村、崇义乡的下干村等。[145]

（三）以自然地理环境或名物作为村落命名依据

由于村落的分布与发展受自然地理环境的影响较大，因此，其所处自然地理环境中的典型物象也通常成为村落的命名参照。如《行记》中圆仁和尚于开成三年七月三日途经的扬州海陵县延海村、七月二十日途经海陵县“赤岸村”，开成五年二月二十日途经的文登县“望海村”、三月二十日途经的孤山村等。再如东京洛阳县的“伊川村”（临“伊水”）、西京万年县龙门乡的“南澧村”（位于澧河之南）、长安县居安乡的“杜河村”等。

以名物命名村落主要指以村落中的人文设施、景观或建筑等作为命名依据，如桥、井、亭等。部分村落因毗邻或拥有此类建筑而将其作为村落的名称。如西京万年县龙门乡的石井村、东京河南县平乐乡的午桥村等。

（四）以历史事件、传说或典故及历史人物作为村落命名依据

此类村名通常是后人为了纪念曾经在当地发生的重要历史事件，以及曾经居住或埋葬于此的重要历史人物而产生的命名方法。《全唐文》卷九百六十四就记载有这类村落：“大同七年夏五月，帝御寿光阁，会所司奏请置额，帝以东方有妙喜佛国，因以名之。旧置在州西金斗山，唐太宗文皇帝升，极之六年春二月，移于此山。山高三百尺，周回一千二百步，盖昔夏杼南巡之所。今山有夏王村，山西北有夏驾山，皆后杼所幸之地也。”其中所记载的“夏王村”就是因夏朝君主杼南巡时经过此地而命名为“夏王村”，山被命名为“夏王山”。另《太平广记》中也载有一例：“扶风县之西南，有三宝村。故老相传云，建村之时，有胡僧谓村人曰：‘此地有宝气，而今人莫得之，其启发将自有时耳。’村人曰：“是何宝也？”曰：‘此交趾之宝，数有三焉。’故因以三宝名其村，盖识其事。”[146]可见此处的“三宝村”因传说中的僧人谓之此地有三宝而命名。又如西京万年县万春乡的“杜永村”、洪固乡的“司马村”，前者因秦广武将军杜永曾居于此地而为名，后者因西汉大司马霍光居住此地而为名。相对而言，这类村落在两京地区比较多见，如东京河南县平乐乡的“伯乐村”、洛阳县清风乡的“梁惠村”和“王郎村”等，西京万年县浐川乡因“汉傅太后”墓命名的“上傅村”，因夏侯婴墓命名的“夏侯村”等。[147]

（五）以宗教信仰作为村落命名依据

唐代是佛教、道教乃至民间信仰发展的重要时期，民众精神世界的丰富

也外化到村落名称之中。这类村落常常以宗教用语或宗教建筑（如寺、观、台等）及民间信仰的神灵等命名，传达出当地民众的精神信仰。典型的如西京万年县宁安乡的“杜光村”，此村因建于贞观十九年（645年）的杜光寺得名，《类编长安志》中对此寺的建造信息有着明确的记载[148]，后该寺于清同治元年（1862年）毁于战火[149]。另如上文圆仁和尚沿途所经登州文登县清宁乡的“龙泉村”、青州临邑县“双龙村”、齐州禹城县“仙公村”，这类村落与民间信仰中的龙神、神仙有着直接的关联。

二、村落的景观与建筑

一般而言，景观包括自然景观与人文景观两种。但村落的特殊性决定了村落景观无法局限于一般的景观概念。村落，是人们依托自然环境，并对环境进行改造形成的聚居单元，是人文因素与自然因素综合作用的产物，自然环境、居于其中的人及其所创造的物质实体共同构成了完整的村落。因此，村落景观不仅包括以自然风光为主的自然景观、以村落建筑为主的人文景观，还应包括生活于其中的人和物及其共同构成的生活图景，三者的和谐共存构成了一幅完整的村落景观。

（一）自然景观与乡村生活图景

自早期村落的形成开始，自然环境就成为聚落选址的首要考虑因素，尤其是水源与地形对人们获取生产、生活资源的重要性，使得二者成为聚落形成和发展的主要限制因素。这也是早期聚落遗址较多分布于沿江、沿河等近水的平原地区的主要原因。尽管随着人口的迁移与土地的开发，各类聚落日渐增多，影响聚落发展的因素也随之增多，但对长期处于农耕时代的中国乡村聚落而言，自然条件仍然是制约其产生与发展的关键因素。大体来看，唐代的乡野聚落一般位于容易获取生产、生活资料的河流沿岸及山谷地带。正因如此，山川、河流、树木自然而然地成了唐代村落景观必不可少的组成部分。

唐律曾明确规定“在邑居者为坊，在田野者为村”，这里的“野”正是对村落所处地理环境特点的描述，也是对乡村聚落自诞生以来的基本区位特点的总结概括。自然景观是古代文人最常描绘的对象，尤其是魏晋以来，受到以陶渊明为代表的田园诗人的影响，田园或村野生活便成为隋唐文学作品中常见的描述对象。这类作品通常将自然景观与乡野生活相结合，或借景抒情表达对乡村自然景色与质朴生活的赞美，或托物言志揭示基层生活疾苦、抒发心中理想。诗中既可见江南水乡村落的温婉细腻，又可见北方村落的沧桑俊美；既有四时之景，又见晨暮之别；既有社会繁盛期村景的优美与灵动，又有战乱动荡期的衰落与破败。因此，隋唐五代时期的村野景观，可以在同时期的文学作品及绘画作品中窥见一斑。

如杜牧笔下的江南村落，“千里莺啼绿映红，水村山郭酒旗风”[150]；李郢对信州（今属江西上饶）村落的描写，“田苗映林合，牛犊傍村闲”[151]；另如王维对西北地区日暮时分村落的描述，“斜光照墟落，穷巷牛羊归”[152]；王建诗中的雨后村落，“雨里鸡鸣一两家，竹溪村路板桥斜。妇姑相唤浴蚕去，闲看中庭栀子花”[153]。此类对村落自然景色的描述在唐诗中十分多见，不胜枚举，皆以朴素的语言描绘了村落恬淡和谐的田园风光及朴素静谧的农家生活。

安史之乱以后，连年的战争与长期的军阀割据一方面为乡村社会带来了极大的破坏，另一方面加剧了统治阶层对乡民的剥削压迫，使乡村社会及民众的生活遭受极大的破坏，农村一片衰败，农民生活穷困。如张继在其《阊门即事》言，“耕夫召募逐楼船，春草青青万顷田。试上吴门窥郡郭，清明几处有新烟”[154]；卢象的《送祖咏》云，“石路雪初下，荒村鸡共飞”[155]；张籍在《怀别》中云，“古道随水曲，悠悠绕荒村”[156]。这些诗句都是对动乱时期乡村景色之荒凉与民众生活之困苦境遇的描述。

（二）人文景观

人文景观是村民主观能动性的客观显现，是村民在生产、生活中根据实际需要创造的物质实体。村落作为基本的聚居单元，既是村民物质生活的开展场所，也是他们精神生活的发生场域，以两者为核心的物质景观构成了村落实体。村落实体以村民物质生活与精神生活的物质载体或空间载体为主，包括村落的选址与布局、建筑和道路交通等多个方面。一般来说，在中国古代社会，尽管随着时代的变迁和科技的进步，建筑营造的技术、观念等会发生一些变化，但是这种变化往往多体现于城市，而乡野聚落虽然也不可避免地会受到一些影响，然则因受制于自然地理、财富资源等各方面因素，这个“影响”不仅是有限的，而且在极大程度上是滞后的。隋唐五代的村落应该也是如此。事实上，从相关文献记载和考古发现来看，这一时期的村落尽管有所发展，但仍延续了秦汉魏晋以来的基本格局。

1. 围墙与村门

首先，隋唐五代时期有些村落筑有围墙和门闾。如《太平广记》卷一百三十五载：“长安朝堂，即旧杨兴村，村门大树今见在。初周代有异僧，号为枨公，言词恍惚，后多有验。时村人于此树下集言议，枨公忽来逐之曰：‘此天子坐处，汝等何故居此？’”[157] 卷三百三十记载：“兖州王鉴……开元中，乘醉往庄，去郭三十里……夜艾，方至庄，庄门已闭，频打无人出，遂大叫骂。俄有一奴开门，鉴问日：‘奴婢辈今并在何处？’令取灯而火色青暗，鉴怒，欲挞奴。”[158] 卷三百七十二又载：“开成中，有卢涵学究，家于洛下，有庄于万安山之阴。夏麦既登，时果又熟，遂独跨小马造其庄。……及庄门，已三更，扃户阒然，唯有数乘空车在门外，群羊方咀草次，更无人物，……起扣门，庄客乃启关……及旦，忽闻庄院内客哭声，云：三岁小儿，因昨宵寐而不苏矣。涵甚恶乏，遂率家僮及庄客十余人，持刀斧弓矢而究之。”[159] 后面两则故事中所说的庄门实际上与村门的性质是一样的，应该具有安全防御的作用，晨启暮闭，以保证居民与财产的安全。这种设置与格局可追溯至秦汉时期。动乱时期的村落，为了保障安全，往往都有自成一体的防御体系，其外设有城栅、壕沟、土墙等，甚至筑有门楼，如坞壁。动乱之后的很多村落，不少有篱笆，但并不是防御意义上的围墙。有关这一点，在前文章节中已有论及。

2. 村落民居

村落建筑是村落中最主要的物质实体。唐代村落的建筑主要包括村民屋舍、村学和宗教建筑等。民居是村落居民的栖身之地，也是村落中最主要的建筑。（见插图 15）但是目前关于村落建筑的相关记载难以寻觅，仅能通过唐代文学作品中的相关描述对村居情况做大概了解。唐代文学作品中有不少关于建筑的描绘，既包括各类宫苑、园林，也涉及宗教庙寺、乡野村居，但对于乡野村居的描绘一般较为简单。

通过这些描绘，我们可以知道，唐代村落民居一般以茅屋为主，也有部分瓦房。唐代现实主义诗人杜甫的多首诗中都出现了“茅屋”的意象，典型的如《茅屋为秋风所破歌》中“八月秋高风怒号，卷我屋上三重茅”[160]，《春日江村五首》中“茅屋还堪赋，桃源自可寻”[161]，《自瀼西荆扉且移居东屯茅屋四首》中“东屯复瀼西，一种住青溪。来往皆茅屋，淹留为稻畦”[162]。再如唐代杜荀鹤的《闲居书事》：“竹门茅屋带村居，数亩生涯自有余。鬓白只应秋炼句，眼昏多为夜抄书。雁惊风浦渔灯动，猿叫霜林橡实疏。待得功成即西去，时清不问命何如。”[163] 这些诗句虽然与诗人的生活境遇有着密切的关系，但也从侧面反映了唐代后期普通民众的居住条件和生活状态。刘驾在《江村》中描绘了江村居民世代居于茅屋的情景：“江水灌稻田，饥年稻亦熟。舟中爱桑麻，日午因成宿。相承几十代，居止连茅屋。四邻不相离，安肯去骨肉。书生说太苦，客路常在目。纵使富贵还，交亲几坟绿。”[164] 这类描绘乡村庐舍为茅屋的诗文不在少数，另在白居易、刘禹锡、王维等人的作品中也常见这类描述，反映了唐代村落民居多为茅屋的现实。

除了茅屋，也有部分瓦房，《新唐书》卷一百九十七《循吏传·韦丹》载：韦丹徙为江南西道观察使时，见到当地民众的房屋状况，“始，民不知为瓦屋，草茨竹椽，久燥则戛而焚。丹召工教为陶，聚材于场，度其费为估，不取赢利。人能为屋者，受材瓦于官，免半赋，徐取其偿”。这说明当时在北方地区已经有不少瓦房，而南方地区民间的房屋仍多为“草茨竹椽”。

3. 学校建筑

随着唐代乡村私学的发展，一些学校建筑也见于不少规模较大或相对富庶的村落。但限于乡村教育发展水平及社会发展程度，除了少数得到朝廷或富室强户资助的学堂，唐代乡村学校的设施与环境一般较差。据《旧唐书》卷一百一十三《苗晋卿传》记载，苗晋卿归乡里时“大会乡党，欢饮累日而去。又出俸钱三万为乡学本，以教授子弟”。还有江州义门的陈氏以20顷田为资本资助当地开设了两所学堂（东佳学堂、蒙学堂），两所学堂基本设施齐备，除了教授陈氏宗族子弟，还对游学之士开放。但得到资助的学堂毕竟只是少数，一般的村学只能因陋就简，以草堂、废寺权当学校。据《唐会要》记载，贞元三年，右补阙宇文炫上言：“请京畿诸县乡村废寺并为乡学。”[165]《因话录》中也记载了窦易直幼年上学时，一日因暮时天降暴雨，学生不得返家而夜宿于“漏屋”之下的事情。[166]而这里所说的“漏屋”应该正是窦易直所在的学堂，可见当时乡村学校的教学条件之简陋。

4. 村社建筑

村社是民间社祭发展的结果。社祭主要是指对土地神的崇拜与祭祀，社树和社坛是社神的代表。且先人有立社树之习，早在汉代开始即有封土为坛的习俗祭祀社神。这一习俗在唐代得到延续。如卢纶《寄赠畅当山居》一诗言：“古村荒石路，岁晏独言归。山雪厚三尺，社榆粗十围。”[167]白居易《有木诗八首》其四云：“有木名杜梨，阴森覆丘壑。心蠹已空朽，根深尚盘薄。……为长社坛下，无人敢芟斫。几度野火来，风回烧不着。”[168]以上两首诗中所说的杜梨、榆树皆为村中的社树。唐代村落中也有社坛，这在元稹《古社》一诗中也有体现：“古社基址在，人散社不神。惟有空心树，妖狐藏魅人。狐惑意颠倒，臊腥不复闻。丘坟变城郭，花草仍荆榛。良田千万顷，占作天荒田。主人议芟斫，怪见不敢前。那言空山烧，夜随风马奔。飞声鼓鼙震，高焰旗帜翻。逡巡荆棘尽，狐兔无子孙。狐死魅人灭，烟消坛墠存。绕坛旧田地，给授有等伦。农收村落盛，社树新团圆。社公千万岁，永保村中民。”[169]这里的“古社基址在，人散社不神”“绕坛旧田地，给授有等伦”中的“坛”即指社坛。

5. 墓地

墓地是古代乡村聚落的重要组成部分。早在新石器时代，就出现了将墓地与居住区域分开的做法，至汉代已经将墓址限定在墓主生前居住或出生的城邑、村落周边的郊野。这种做法在唐代也得以延续。从前引白居易《朱陈村》一诗中“死者不远葬，坟墓多绕村”的说法，即可见一斑。唐代相关史料，如墓志碑刻的表述，都说明了这一点。如《唐文拾遗》卷二十三载：“殇女李氏，赵郡高邑人也，小字孙二。年十六，贞元十七年十一月廿二日，遘疾终于长安永宁里之旅舍。以十二月三日窆于万年县高平乡西焦村之南原，从权礼也。”卷三十一中“夫人颍川郡人”大中十年二月廿一日终于海盐县之公署，该年十一月廿一日葬于苏州长洲县余抗乡石渎南馆墅村之原。《全唐文》解进墓志铭云：“府君讳进……今籍于京兆府鄠县八步乡解村人也。……元和四年三月四日，疾终于河南府河阳县太平乡树楼村之私第。……即以元和五年十一月十一日，权厝于私第北二里之原。”[170]《全唐文》卷七百二十三载：“府君讳载字载，其先齐太公之后，食采于崔而因氏焉。……以元和十四年五月二十三日，遘疾终于幽州蓟县招圣里之私第也。……粤以其年十一月十六日，窆于幽州幽都县保大乡杜村北一里之原。”通过上述墓志内容可知，唐代居于城邑之中的居民，去世后其墓葬也一般位于城外乡村附近，距离在百步至几里之间不等，乡村居民更是如此。

部分墓志还揭示了墓地所处环境，如《唐文拾遗》卷三十二中载：“夫人讳庆，本望清河郡人也。……以咸通四年□□□□没于天长乡之私室，春秋五十有八。……以当年五月廿七日，安葬于杭州盐官县西□里海昌乡秧田村昌宓里，买得郁师周地，东至孙晊，西至郁师周，南至□滨，北至郁，为新茔，礼也。坟垄俨成，虽存没异路，夫妻□□□莫大焉。伏恐桑田改变，陵谷难分，因刊贞石。”从这则墓志所记载的信息可知，此墓所在之地应该是墓葬聚集处，但此墓是在新买之地所建的新茔，新茔应大致位于墓群边缘地区，因此更容易出现“桑田改变，陵谷难分”的状况。这虽是对为此墓镌刻墓志的缘由所做的说明，但揭露了该墓位于村落周边田野甚至是农田之中的事实。出现如此记录的墓志不在少数，如《唐文拾遗》卷二十六中也出现了此类记载："府君讳通，其先彭城郡人也。……以元和八年九月十日终于扬州江阳县崇儒坊之私第……以其年十月十八日丁酉，躬护丧椟，安厝于江阳县嘉宁乡五乍村之原，礼也。恐陵谷有变，乃刻石纪德。"由此可以推测，唐代墓葬一般位于村落周边的田野之中，也是村落的重要组成部分。

第四节 村落社会的生产生活

一、草市的发展与村落

东晋、南朝时期，草市已经在江淮流域出现，但相对较为分散。隋唐五代时期，尤其是唐代中后期，随着坊市制度的破坏与商品经济发展的需求，民间商品交易以一种不可遏制之势得到长足发展，并以各种形式在全国各地涌现。因此，隋唐时期是草市的重要发展阶段。这一时期，草市完成了从民间定期市集向市镇化的转变，并成为乡村基层组织中的新兴单元与重要组成部分。

（一）唐代草市的发展

唐代，为了加强基层控制，政府在推行村坊制、实现城乡分治的同时，对乡村及城市的经济贸易也实行差别化管理，以防止人口流动，保证充足的农业劳动力资源。一方面，唐代朝廷在城邑推行严格的坊市制度，不仅严格规范坊市的设置，还对坊市的开放时间做出限制。《唐六典》载："凡市以日午，击鼓三百声而众以会；日入前七刻，击钲三百声而众以散。"[171] 景龙元年（707 年）十一月，又对此令做出重申："诸非州县之所，不得置市，其市当以午时击鼓二百下，而众大会，日入前七刻，击钲三百下，散。"[172] 另一方面，唐代朝廷严格限制乡村地区非官方市场的发展。唐大中五年（851年）八月令载："中县户满三千以上，置市令一人、史二人，其不满三千户以上者，并不得置市官。若要路须置，旧来交易繁者，听依三千户法置，仍申省，诸县在州郭下，并置市官"。[173]

唐代中后期，伴随着民间草市的迅速发展，坊市制度日渐遭受冲击，并逐步走向崩坏。从景龙元年令与大中五年令中可以看出，唐代朝廷一再对州县及其以下地区置市条件做出申明，但与前者"诸非州县之所，不得置市"相比，后者"不满三千户以上者，并不得置市官"的规定，明显对置市条件给予了放松。这说明朝廷对草市的发展已经做出了一定的妥协。但这种妥协也恰好说明唐代原有的坊市制度已经不断遭遇民间市场带来的挑战，且这种挑战显然已经超过官府的管控，否则何须以律令条文做进一步规范。由此可见民间草市繁盛的发展状况。

（二）唐代草市的种类与规模

唐代的草市种类繁多，如山市、水市、鱼市、橘市、药市、墟市、亥市等，日本学者日野开三郎将这些非官方市场皆归为草市。[174]牟发松先生也对此观点表示赞同。[175]这些非官方市场或以地理位置命名（如山市、水市或在固定地点形成的初具规模的综合市集），或以交易商品种类命名（如鱼市、橘市、药市等专门化的市集），或以交易时间命名（如墟市、亥市等定期市集），反映了唐代草市的分布状况、交易商品种类与交易的时间和频率等。

罗邺在其《南行》一诗中就提到专门化的鱼市："腊晴江暖鷿鹈飞，梅雪香黏越女衣。鱼市酒村相识遍，短船歌月醉方归。"[176]另有唐代诗人元稹《闲二首》中云："江喧过云雨，船泊打头风。艇子收鱼市，鸦儿噪荻丛。"[177]除鱼市以外，也有药市、橘市等专门化的市集，这类市集以销售地方土产为主，反映了地方农产资源的特点。如元稹的《奉和浙西大夫李德裕述梦四十韵》中提到了越州的橘市："鱼虾集橘市，鹤鹳起亭皋。"[178]应注意的是，这里的橘市在形成之初或许是一个专门售卖当地土产橘子的市集，或以卖橘为主，但同时兼卖鱼虾等商品，兼具综合市集的功能，这说明了此类民间市场的灵活性。

除专门化的市集以外，综合类市集更为多见，草市、山市、水市等大都属于此类。这类市场与坊市所售商品差别不大，往往聚集了各类货物，既包括当地土产，又有经过他处贩运而来的商品，以满足当地民众日常所需。在这类规模较大的草市中，交易参与人员既包括当地民商，也有行商、坐贾，甚至规模较大者还有酒楼邸店。如《酉阳杂俎》中有载："宝历中，荆州有卢山人，常贩桡朴石灰，往来于白洑南草市，时时微露奇迹，人不之测。贾人赵元卿好事，将从之游，乃频市其所货，设果茗，诈访其息利之术。……卢笑曰：'今且验，君主人午时有非常之祸也，若是吾言当免，君可告之。将午，当有匠饼者负囊而至。囊中有钱二千余，而必非意相干也。……'时赵停于百姓张家，即遽归语之。张亦素神卢生，乃闭门伺也。欲午，果有人状如卢所言，叩门求籴，怒其不应，因足其户，张重篑捍之。……差午，其人乃去，行数百步，忽蹶倒而死。……及市槥就舆，正当三千四百文。因是，人赴之如市。"[179]

这则关于草市的记录，包含了丰富的信息。首先，这里的白洑南草市就是一个综合市集。从记载中可以看到，该草市所售商品有桡朴、石灰、饼、槥（棺材）等，种类比较繁杂。其次，根据叙述，于白洑南草市贩卖桡朴、石灰的卢氏并非草市所在之地的本地人，而是往来于白洑南草市的荆州人。赵元卿是何处商人，文中并未交代，但其"停于百姓张家"，也说明他并非本地人。由此可见，唐代草市的参与者不仅包括当地的民众，还有来自各地的商人。唐代诗人王建的《汴路即事》一诗中"千里河烟直，青槐夹岸长。天涯同此路，人语各殊方。草市迎江货，津桥税海商"[180]的描述，生动呈现了各地商人经由水路汇聚而来的场景。这也说明了此地沿江草市的繁荣状况。

从《酉阳杂俎》中还可以看出，白洑南草市不仅是一个较大的商品交易场所及贸易中转地，还有百姓居住。这说明白洑南草市已经不再是一个简单的小规模的、定期举行的市集，而是一个具有稳定交易场所的、初具规模的市集。这种市集在唐代中后期已经比较常见。杜牧在其《入茶山下题水口草市绝句》中言："倚溪侵岭多高树，夸酒书旗有小楼。"[181] 这首诗中所谓的水口草市还有酒楼。这种情况在刘禹锡的《堤上行三首》中也有描述："酒旗相望大堤头，堤下连樯堤上楼。日暮行人争渡急，桨声幽轧满中流。""春堤缭绕水徘徊，酒舍旗亭次第开。日晚出帘招估客，轲峨大艑落帆来。"[182] 这几首诗作于刘禹锡任夔州刺史至和州刺史期间（长庆二年至长庆四年，即822—824年），诗中描绘了唐代长江沿岸酒楼林立、顾客云集的繁华景象，民间市场的这种繁荣场面，已经不亚于都市中的坊市。

此类大规模的民间草市还有许多，荆州江陵城城南的沙头市是唐代繁华草市的代表，唐代不少文学作品都曾对其繁华场面做出描述。如元稹曾作《泛江玩月十二韵》："共将船载酒，同泛月临江。远树悬金镜，深潭倒玉幢。委波添净练，洞照灭凝釭。阗咽沙头市，玲珑竹岸窗。巴童唱巫峡，海客话神泷。"[183] 诗中描述了作者夜晚泛江悠游时所见沙头市灯火通明、人物阗咽的热闹场景。王建在其《江陵即事》中也有言："瘴云梅雨不成泥，十里津楼压大堤。蜀女下沙迎水客，巴童傍驿卖山鸡。寺多红药烧人眼，地足青苔染马蹄。夜半独眠愁在远，北看归路隔蛮溪。"[184] 此诗不仅描绘了沙头市的商贸场景，而且"十里津楼压大堤"也说明了沙头市的规模较大，并非一般的定期举行的小规模市集。

通过以上举例可以看出，历经东晋、南朝之后，唐代的草市得到了充分的发展，不仅种类多样，而且已具规模，不再仅限于定期举行的市集。正如部分学者所言，如果舍弃各类草市形形色色的名目，大致可以将唐代的草市分为两类，即定期交易的乡村市集和初具城市规模的市镇。[185] 相较而言，后者已经成为唐代草市的主体。

（三）唐代草市的分布及特点

一般而言，集市较多分布于人口流动频繁与人口密集区域或交通枢纽地带，如河流渡口、村中道路两旁或城郭近郊等。唐代的草市亦是如此，根据上述对唐代草市种类的梳理可以看出，唐代的草市以沿江、沿河流域的津埠渡口为最。

一般而言，沿江、沿河流域的津埠渡口作为水系交通线路的中转站及枢纽，不仅往来人口众多，而且各类商品、货物皆经此向周边地区传递输送。这种得天独厚的环境为民间交易市场的发展提供了条件，因此成为草市的主要分布区。东晋、南朝时期草市集中于江淮流域就已经说明了这一点。唐人有言“关必据险路，市必凭要津”，正点明了津埠渡口对于置市的重要作用。如据《唐会要》卷七十一载：“德州安德县，渡黄河南，与齐州临邑县邻接，有灌家口草市一所。”[186] 这里所说的灌家口，应是黄河南岸临邑县附近的一个渡口，草市即位于这个渡口。由于草市非官方市场的身份，唐代史籍中较少出现关于草市的记载。但唐代文学作品对此做出了很好的补充。如《唐文拾遗》卷三十载：“会稽东不远七十里，有大泽曰虞江，江之东南廿里有草市，粤五大夫，在凤山南面。……。故其地也，聚天下之民，鬻天下之货。市之南岗则德兴村，大云寺置庄于兹市之北新江路，路通于市。”[187] 这里就提到了虞江东南 20 里处的草市。上文所引王建《汴路即事》中的江边草市，《酉阳杂俎》中出现的白洑南市，杜牧诗中的水口草市，刘禹锡诗中长江沿岸的草市，元稹、王建诗中的江陵沙头市等，皆属此类。

除了水运线路沿岸的津埠渡口，城池近郊地区也是草市的主要分布区域。张祜在其《钟陵旅泊》一诗中就提到这类草市：“城街西面驿堤连，十里长江夜看船。渔市月中人静过，酒家灯下犬长眠。”[188] 这里的渔市即位于洪州城西。另有杜牧所作的《润州二首》[189] 也提到了位于润州城郊的草市。

此外，部分村落附近也可见民间市集的分布。如顾况在其《青弋江》中提到了位于村边的草市：“凄清回泊夜，沦波激石响。村边草市桥，月下罟师网。”李嘉佑的《登楚州城望驿路十余里山村竹林相次交映》中也可见对楚州城附近山村草市的描写：“十里山村道，千峰栎树林。霜浓竹枝亚，岁晚荻花深。草市多樵客，渔家足水禽。幽居虽可羡，无那子牟心。”[190] 这里的草市位于山村附近，因地理位置的限制，草市中的商品较受限制，售卖货物的人员也以当地樵客和渔夫为多。可见，唐代距离城邑较近的山村也能够享受到草市带来的便利，进行一定的商业交换活动。

那么山村地区是否也有草市的发展？杜牧的《上李太尉论江贼书》一文给出了解答。文中有言江贼将劫掠而来的财物销往茶山，每逢茶熟之际，各地商人即入山交易，向茶山民众销售金银华服。[191] 可见杜牧文中所提到的茶山是有交易市场存在的。另有唐代诗人项斯的《山行》一诗也可对此做出补充："青枥林深亦有人，一渠流水数家分。山当日午回峰影，草带泥痕过鹿群。蒸茗气从茅舍出，缫丝声隔竹篱闻。行逢卖药归来客，不惜相随入岛云。"[192] 诗中记录了作者行至深山的见闻，但作者能够在深山遇到卖药归来的人，说明当地周边有交易市场存在。

相较而言，唐代南方地区草市的发展比北方更为繁盛。上文所列举的大量渡口草市、鱼市，一般都位于南方沿江、沿河地区，尤其是江淮流域及其支系水域。有学者曾指出，长江中游沿岸的草市数量大致与津埠河渡的相仿。对于江淮流域草市的记载在其他文献中也随处可见，如《元和郡县志》中就有关于汉阳县西 80 里处有赤壁草市的记载。[193] 另有诗人韦庄在其《建昌渡暝吟》中记："月照临官渡，乡情独浩然。鸟栖彭蠡树，月上建昌船。市散渔翁醉，楼深贾客眠。隔江何处笛，吹断绿杨烟。"[194] 诗中描绘了夜晚洪州（今江西）建昌渡草市散市之后的场景。虚中所作《泊洞庭》描绘了洞庭湖沿岸的鱼市："槐柳未知秋，依依馆驿头。客心俱念远，时雨自相留。浪没货鱼市，帆高卖酒楼。夜来思展转，故里在南州。"[195] 另有郑谷的《峡中寓止二首》描绘了荆州地区的草市："荆州未解围，小县结茅茨。强对官人笑，甘为野鹤欺。江春铺网阔，市晚鬻蔬迟。子美犹如此，翻然不敢悲。传闻殊不定，銮辂几时还。俗易无常性，江清见老颜。夜船归草市，春步上茶山。寨将来相问，儿童竞启关。"[196] 方干所作的《越中言事二首（咸通八年琅琊公到任后作）》则描述了的浙江境内的鱼市："百里湖波轻撼月，五更军角慢吹霜。沙边贾客喧鱼市，岛上潜夫醉笋庄。"[197]

可见江淮流域草市的分布已经十分普遍，并得到深入的发展。这种发展不仅仅体现为分布区域的扩大，而且体现为草市体量的充盈。这里所说的体量不仅包括上文言及的草市的实体规模，还包括草市的商业规模、财力、物力、构成成分等多个方面。以下有两则记录可以充分反映唐代南方地区草市的体量状况。《全唐文》卷七百五十一载杜牧的《上李太尉论江贼书》言："伏以江淮赋税，国用根本，今有大患，是劫江贼耳。某到任才九月，日寻穷询访，实知端倪。夫劫贼徒，上至三船两船百人五十人，下不减三二十人，始肯行劫，劫杀商旅，婴孩不留。所劫商人，皆得异色财物，尽将南渡，入山博茶。盖以异色财物，不敢货于城市，唯有茶山可以销受。盖以茶熟之际，四远商人，皆将锦绣缯缬、金钗银钏，入山交易，妇人稚子，尽衣华服，吏见不问，人见不惊。是以贼徒得异色财物，亦来其间，便有店肆为其囊橐，得茶之后，出为平人，三二十人挟持兵仗。……凡千万辈，尽贩私茶。亦有已聚徒党，水劫不便，逢遇草市，泊舟津口，便行陆劫。白昼入市，杀人取财，多亦纵火，唱棹徐去。去年十月十九日，劫池州青阳县市，凡杀六人，内取一人，屠刳心腹，仰天祭拜。自迩以来，频于邻州，大有劫杀，沉舟灭迹者，即莫知其数。凡江淮草市，尽近水际，富室大户，多居其间。自十五年来，江南、江北，凡名草市，劫杀皆遍，只有三年再劫者，无有五年获安者。"

作为对江贼常年抢劫长江中游沿岸草市的讨伐上书，该文至少透露出有关草市的如下几个信息。一是为我们了解长江中游地区的草市提供了具体的信息。南方地区草市多沿江津埠渡口分布，而且分布十分广泛。二是草市商贸已经成为江淮地区赋税的主要来源，并在国家赋税中占有重要的地位，足见江淮地区草市的商业规模与财力。三是长江中下游一带的草市十分繁盛与富庶。"异色财物""锦绣缯缬、金钗银钏""富室大户，多居其间"等描述都说明，这里的草市已非小型的贸易市场，居住成员也不仅仅包括商贩，已经有不少富室大户，并构成草市的主要组成部分。凡此种种，似乎表明在长江中游地区，已经有不少草市逐渐发展成为颇具规模、兼具商贸与居住性质的市镇。上文所提沙头市即是这类大规模、大体量草市的代表。

陈溪于咸通十年（869 年）五月十五日撰写的《彭州新置唐昌县建德草市歇马亭镇并天王院等记》中也可见此类草市："以唐昌县中界接导江郫城，东西绵远，不啻两舍。虽有村落，僻在荒塘。昔置邮亭，废毁将久。遂使行役者野食而泉饮，贸易者星往而烛归。勦公行，投告无所。深沟雨涨，古陌桥摧。跬步难逾，艰苦宁述。况输役责限，徵敛有程。而欲罪其稽逋者乎？公恻然凝想，即日计成，遂陈于连帅，于其心而置草市。因其乡名，便以建德为号。自此四来者旋踵而迓近，中望者举目而知归。老幼携挈，倏忽而至。万家欢笑，共事修营，不旬日而告就。今则百货咸集，蠢类莫遗。旗亭旅舍，翼张鳞次。榆杨相接，桑麻渐繁。如此牧人，可谓移风易俗矣。……其日商旅辇货至者数万。珍纤之玩悉有，受用之具毕陈。……则往来者非止昼食，而卜夜可矣。人既繁会，俗已丰饶。"[198] 这里的唐昌县建德草市是一个在交通沿线的乡发展起来的草市，虽然草市因人为主导而设置，但这是建立在该地业已具备置市条件的基础之上的："昔置邮亭，废毁将久"，说明该地位于交通沿线，往来流动人口众多；"贸易者星往而烛归"，说明该地存在商贸活动。因此，鉴于天气恶劣、道路损毁，且路途漫长，往来人员又往往身负经贸责任，建立草市就有了必要。通过文中描述可知，草市建立以后该地得到迅速发展，不仅商人众多，而且店铺、旅社林立，各地的商人都汇聚于此，每日流通至此的商旅货物数以万计，各类"受用之具"乃至"珍纤之玩"都成为草市的商品。"百货咸集，蠢类莫遗。旗亭旅舍，翼张鳞次"正是对这种繁华场面的描述。建德草市俨然从一个普通乡村变成了一个商贸发达、物阜民丰的"不夜城"。

从以上材料可以看出，唐代中晚期，南方民间草市的市镇化发展已经是普遍现象。这种现象的形成是唐代商品经济发展的结果，南方草市的大量出现除了与上文所述的南方水运发达、以津埠渡口为基础的草市的大量发展有重要关系外，还与南方地区坊市制度的实施状况关联紧密。

受到自然地理条件的影响，南方地区山脉、丘陵众多，河流广布，城邑多依地形而建，难以形成北方城市的方正形态，因此不少地区难以像北方那样进行统一的里、坊划分，并形成城郭。因此如江西的丰城、新吴等部分地区终唐一代始终未建城。[199]这就决定了南方不少地区先天缺乏坊市设置条件，但为当地草市的形成与市镇化发展奠定了基础。这也是中唐以后南方地区出现不少以这类市镇化草市为基础重新置县现象的原因。《太平寰宇记》中对洪州分宁县置县的记载为此提供了一个案例："本当州之亥市也。……聚江、鄂、洪、潭四州之人，去武宁二百余里，豪富物产充之。唐贞元十六年置县，以分宁名之。"[200]此处的洪州分宁县就是从一个定期举办的民间非官方市场亥市逐渐发展成为物产充实、豪富汇聚的市镇。

（四）唐政府对草市的管理

虽然唐代实行严格的坊市制度，以限制非官方市场的发展，但随着唐代商品经济的发展及人口的膨胀，坊市制度渐遭破坏，民间草市以一股不可遏制的力量迅速发展，并逐渐规模化。对此，尽管唐代政府一直未对其合法地位进行认可，但不得不采取手段进行管理。具体而言，唐政府主要采取了以下几种管理措施。

其一，将部分县治所在地移至附近发展规模较大的草市。如由原治所虎遥城迁往乡村市集临湍聚的邓州新城县，后改名为临湍县。另有唐德州归化县、宗州永济县[201]等也属此类。其二，对不易设县的地区设置军镇或镇场进行管理。元和年间的鄂州唐年县锡山镇即因锡山草市而置。[202]其三，设置税务机构进行管理，这也是为应对税物征收需要出现的一种办法。前述白洑南草市即因入户输纳不便，唐政府于大中年间（847—860 年）在该地设置了征科巡院。[203]其四，派遣官员管理草市，使之成为合法市场。柳宗元在其《童区寄传》中就记录了这类市集："童寄者，郴州荛牧儿也。行牧且荛，二豪贼劫持反接，布囊其口，去逾四十里之墟所卖之。寄伪儿啼，恐栗为儿恒状。贼易之，对饮酒醉。一人去为市。一人卧，植刃道上。……因大号，一墟皆惊。童曰：‘我区氏儿也，不当为僮。贼二人得我，我幸皆杀之矣，愿以闻于官。’墟吏白州，州白大府。大府召视儿，幼愿耳。……”[204]这则事例中，“墟吏白州，州白大府”即儿童区寄被卖往的墟市的官吏。

以上几种手段都是唐代政府为了管理草市所采取的举措，或使之成为合法市场，或以各种形式将其纳入管理体系。这虽是唐代政府无法遏制草市旺盛的生命力所做出的应对性措施，但一定程度上也为草市的发展预留了生存空间。因此，自唐代中晚期开始，大批草市由非官方的集市逐渐向市镇化或官方化发展，最终于五代时期完全被纳入官市系统。据《太平寰宇记》记载，五代时期全国新设市镇共计 32 个，另有 50 个市镇升为县。其中，仅南方就有 40 个市镇在五代时期成为县治所在地。[205]这正是唐代草市发展的结果。

二、生产工具与生活用具

农业生产不仅关系到农民的生存，而且是一个国家得以发展的基础。隋唐前期长期稳定的社会环境及日趋完善的政治制度，为这一时期农业社会生产、生活的发展提供了有力的外部条件及制度保障。因此，这一时期的农业生产、生活水平取得了较大的进步。（见插图 16）

唐代农业生产技术的进步主要体现在以下几个方面：灌溉技术的发展、生产工具的创新及对土地利用程度（耕地种类、精细化、复种制）的提高。

灌溉技术的发展是隋唐五代时期农业生产技术进步的主要体现之一，其成就主要表现为水利设施兴建水平的提高与灌溉工具的发明和创造。

随着国家人口的增多，土地开垦程度逐渐提高，大面积的土地转化为农田。尤其是中唐至五代时期，大量人口的南迁，促使南方地区尚未被利用的广大山区与丘陵腹地被开垦并投入农业生产。囿于农作物种植对水资源的依赖，农田灌溉成为当时农业生产面临的最为重要的问题。因此，这一时期的统治者较为重视对水利工程的建设。根据李剑农先生对唐、五代时期兴建水利工程数据的统计，唐代兴建水利工程最多的地区依次为浙江

（44个）、陕西（32个）、山西（32个）、河北（24个）、江西（20个）、福建（20个）。[206]根据这一数据，他认为唐代的水利事业首先是从北方地区开始的，而后发展至南方地区。但无论是在南方还是北方，水利工程皆以灌溉农田、防治水旱灾害为主要目的。这从水利工程在黄河、长江中下游地区的扎堆分布即可看出。阎守诚先生对唐代水利工程的分类统计结果，也能够充分说明这一点。他根据唐代水利工程功用的不同，将其分为4类，即农田灌溉、漕运交通、防治水害、居民用水，并分别对每个种类的水利工程做出数量统计。结果显示，唐代兴建的323项水利工程中，农田灌溉工程计255项（占总数的78.95%），防治水害工程计33项（占10.22%）。另有唐代史料记载，江西观察使韦丹在其任期内就主持修建了598座陂塘。[207]这些数据充分说明了唐政府对农田灌溉水利的重视。

除了大量兴建水利工程，唐代在水利工程兴建技术上也取得了较大的进步，这在地表水的引流与控制、地下水的汲取和输送方面都有体现。如唐人对都江堰工程的再建设，就充分体现了当时地表水引流的技术水平。[208]它山堰工程及钱塘湖蓄水工程，也反映了唐代人在引流工程中对引水量与工程蓄洪、溢洪量的科学推断。[209]除引水之外，地表水的输送与分配也是水利工程的重要部分。在此问题上，唐代继承了前人的闸门技术，并在其基础上创造出具有多种功用的闸门以供调控水量，如进水闸、节制闸、分水闸、防潮闸等。唐人重修的灵渠，就采用了以18座斗门形成的复合闸门系统。这种系统通过复合闸门的协作来控制水量，保证舟楫通行。[210]郑白渠上也有各种闸门176座，以保证蓄水对周围农田的平均分配。[211]

地下水及低洼的湖泊、池塘的使用，就需要借助汲水工具。正是这一诉求，促使如水车、翻车、筒车（见插图17）等灌溉工具在唐代得到了较大程度的改进，在农业生产中被普遍应用。水车是唐代重要的灌溉工具，翻车和筒车实际上是水车的一种。唐代以前的汲水工具主要为桔槔，其在唐代农业灌溉中仍然发挥重要作用，但缺点是无法连续取水。唐前期出现了在东汉翻车的基础上改造的龙骨水车，时人也称“井车”。[212]这种水车借助人力或畜力作用于齿轮传动系统实现持续转动取水，并通过引水渠将水输送至田间地头，这就补充了桔槔的不足，且更为便利。唐人陈廷章曾对二者进行了比较："殊辘轳以致功，就其深矣；鄙桔槔之烦力，使自趋之。"[213]

水车的应用在唐代前期已经可见，据《太平广记》记载："邓玄挺入寺行香，与诸僧诣园，观植蔬。见水车以木桶相连，汲于井中。乃曰：'法师等自踏此车，当大辛苦。'答曰：'遣家人挽之。'邓应声曰：'法师若不自踏，用如许木桶何为？'僧愕然思量，始知玄挺以木桶为幪秃。"[214] 可见在邓玄挺生活的唐代早期已经有脚踏水车。不止有脚踏，唐代的水车还有手转、牛拉的形式，其工作原理与脚踏水车基本相同。至唐代后期，水车已经成为唐代农田灌溉的主要工具。这在唐文宗太和二年（828 年）的一则史料中可以得到体现："闰三月丙戌朔，内出水车样，令京兆府造水车，散给缘郑白渠百姓，以溉水田。"[215] 这则史料记载了朝廷命造水车样品，并将其下发给百姓的事例。唐代还出现了一种以水力为动力的水车"机汲"。这种装置由畚（竹桶）、臬（木桩）与架空索槌、辘轳、铁制滑轮等结合而成，可实现由低处往高处自动取水。刘禹锡的《机汲记》一文记载了这种装置的工作原理："由是比竹以为畚，置于流中，中植数尺之臬，辇石以壮其趾，如建标焉。索绹以为緪，系于标垂，上属数仞之端，亘空以峻其势，如张弦焉。锻铁为器，外廉如鼎耳，内键如乐鼓，牝牡相函，转于两端，走于索上，且受汲具。"[216] 唐人对水动力的控制能力由此可见一斑。这对唐代农业的生产发展产生了重要作用，甚至惠及手工业乃至生产生活的多个方面。

唐代的耕种工具也有所创新，其中最为典型的是曲辕犁的发明。（见插图 18）曲辕犁最大的特点即以曲辕代替了直辕，并设置有专门控制耕地深度的机关，以便更好地根据实际所需控制耕地深浅。陆龟蒙在其《耒耜经》中就记载了唐代使用曲辕犁的状况："冶金而为之者，曰犁镜，曰犁壁；斫木而为之者，曰犁底，曰压镵，曰策额，曰犁箭，曰犁辕，曰犁梢，曰犁评，曰犁建，曰犁盘，木与金凡十有一事。"[217] 此外，本书中还记载了不少唐代的其他耕种工具："耕而后有爬，渠疏之义也，散坺去芟者焉。爬而后有礰碟焉，有磟碡焉，自爬至礰碟皆有齿，磟碡觚棱而已，咸以木为之，坚而重者良。”[218] 其中就提到了耙、礰碟、磟碡这类耕作工具。

由上可知，唐代在农田水利工程修建水平以及生产工具织造技术方面都有所提升，这也为这一时期耕地的精细化发展提供了支持。

耕地的精细化发展是隋唐五代时期农业发展的另外一个重要特点。隋唐以前，农业生产基本上延续了刀耕火种的粗放型耕种模式。至隋唐时期，人口的增长对土地生产力及耕地面积提出了要求，传统的刀耕火种已经无法满足不断增高的粮食需求。这促进了唐代农业生产模式的变化。一方面，人口的流动与迁移促进了土地的开发和利用。尤其是中晚唐至五代时期，社会的动乱致使大批人口南迁，包括山林、丘陵在内的大部分南方土地，皆被开垦，占为农田。唐代文学作品中就有不少关于这一时期农民占山为田的记录。如温庭筠在其《烧歌》记：“起来望南山，山火烧山田。微红夕如灭，短焰复相连。差差向岩石，冉冉凌青壁。低随回风尽，远照檐茅赤。邻翁能楚言，倚插欲潸然。自言楚越俗，烧畬为早田。豆苗虫促促，篱上花当屋。废栈豕归栏，广场鸡啄粟。新年春雨晴，处处赛神声。”[219] 这里所言“烧畬为早田”正是对唐代南方地区焚烧山林为耕地的描述。但“烧畬”的特点不仅在于将山林变为耕地，而且每年都会变更地方。所谓“土宜五谷，不以牛耕，但为畬田，每岁易”[220] 正是此意。

然而，随着土地的不断转化，南方地区可被继续开垦的土地面积不断减小，而北方土地的利用程度早已趋于饱和，正如唐代诗人元结所言：“开元天宝之中，耕者益力，四海之内，高山绝壑，耒耜亦满。”[221] 可见烧山占田等依靠扩大耕地面积进行耕种的粗放模式，已经无法满足人口增长的需要。这时，改变土壤条件以提高土壤种植能力、加强农作物生存能力，就成了必然。因此，这一时期，农作物肥料的种类、堆肥方式及农作物抵御灾害的方法等都有所发展。唐代的肥料仍然主要为绿肥及人、畜粪便。唐末或五代初期韩鄂的《四时纂要》一书中明确记载了当时所使用的灰粪、牛羊粪、鸡粪、驴马粪、人粪和绿肥等多种肥料，还分别记录了各种肥料的堆肥及施用方式，如“牛羊粪正月贮之”，“（种大葫芦）二月初，掘地作坑，方四五尺，深亦如之，实填油麻、绿豆秸及烂草等，一重粪土一重草，如此四五重，向上尺余，着粪土种十来颗子”[222]。此外，在农作物虫害防治方面，唐人也采取积极的措施进行应对，如捕捉、烧杀等，而非过去寄希望于神灵，以修德的方式禳除天灾。

生产工具的改进及土壤养分的提高，也促进了农作物耕种模式的改变。为了提高农作物产量，唐代还出现了复种制，即每年耕种两轮农作物，改变了以前每年只种植一季作物的耕种模式。北方地区的复种制体现为粟、麦复种，南方地区也在唐代晚期出现了稻、麦复种的模式。[223]《旧唐书》载，贞观十四年（640 年），栎阳丞刘仁轨上表曰：“今年甘雨应时，秋稼极盛，玄黄亘野，十分才收一二，尽力刈获，月半犹未讫功，贫家无力，禾下始拟种麦。”[224]明显可以看出，当时该地已经采用了两季作物复种的模式。此外，白居易的诗《杜陵叟》曰：“三月无雨旱风起，麦苗不秀多黄死。九月降霜秋早寒，禾穗未熟皆青干。”[225]元稹的诗《竞舟》云：“年年四五月，茧实麦小秋。积水堰堤坏，拔秧蒲稗稠。”[226]这都是对唐代稻、麦复种状况的形象描述。

由上可知，有赖于农业灌溉技术、生产工具、耕种模式的发展，隋唐五代时期的土地利用效率、农业生产率都得到较大的提高，从刀耕火种的粗放型生产模式转变为精耕细作的生产模式，为这一时期及以后农业生产的全面发展奠定了基础。

三、民间组织与村落

由各类乡族势力构成的民间组织，是衍生于中国古代乡村社会内部的民间力量，在中国古代乡村社会的发展及秩序的维护中扮演重要的角色，并作为国家力量的补充，与国家基层权力一起，构成中国古代乡村社会的控制力量。

长久以来，乡族势力对古代乡村社会发展的作用、国家权力与乡族势力之间的关系、中国古代国家对乡村社会的控制方式等一直是学术界的重要议题。如马克斯·韦伯、费孝通、温铁军等国内外学者认为中国古代乡村社会存在“国家–宗族”或“皇权–绅权”两种力量，并肯定了乡村势力对乡村社会发展的重要作用。傅衣凌先生也指出国家扶持并依靠乡族势力施行国家权力，形成对基层社会的控制。他还认为乡族势力的组织形态是动态发展的，可以是血缘性的，也可以地缘性的，中国传统农村社会中所有实体和非实体的组织都可被视为乡族组织。[227]据此我们可以说，唐代乡村社会的民间势力是丰富而多元的，具体可体现为乡村结社，以富民阶层、宗族势力、市民阶层乃至退职官员为代表的乡族势力等。这类组织或群体力量不仅在唐代乡村社会的发展中扮演着重要的角色，而且在协调国家力量与基层社会的关系中发挥着重要的作用。

（一）村落结社的出现

村落结社是隋唐五代时期乡村地区因祭社活动发展而来的一种特殊的基层社会组织。早期祭社是指对土地神的崇拜祭祀，有固定的春、秋祭和岁末祭，偶遇灾害需祈福禳灾之时也会举行社祭。社祭通常要求全体邑、里居民参加，并举行私社与娱乐活动。因此，社也逐渐发展成为基层社会组织单元，并在西周时期与邑、里共同构成具有国家基层政权性质的社会组织。历经春秋战国、两汉及魏晋南北朝的发展，社的政治职能逐渐弱化，并与邑、里逐渐分离，成为以祭祀为主要功能的会社。这在汉代的官社中体现得非常明显。但在此过程中，里、社的分离，也促进了官社以外民间私社的发展。如魏晋时期佛教的兴盛，就促进了以佛事活动为主的“邑义”“法社”等佛教组织的出现，还有因社会动荡聚族而成的“宗社”，以及因职业或阶层形成的社组织。[228]

至隋唐五代时期，民间结社得到进一步发展，乡村社会也出现了大量的民间私社。这类私社不再仅以宗教活动作为结社的主要目的，与乡村社会生产、生活密切相关的经济和生活互助也成为乡村结社的主要原因。因此，基于宗教或经济关系而结合的各类“社”，与以血缘关系为核心的宗族组织，共同构成这一时期乡村社会两种主要的民间力量，并作为国家力量的补充，在当时乡村秩序的维护及乡村社会的发展中发挥了重要作用。

1. 隋唐五代时期私社的发展状况

隋建国之初，因加强地方管理的需要，统治者十分重视民间组织在基层社会管理中的作用。因此，统治者对民间私社采取了鼓励发展的政策。据《隋书·食货志》中记载：“(开皇)五年五月，工部尚书、襄阳县公长孙平……奏令诸州百姓及军人，劝课当社，共立义仓。收获之日，随其所得，劝课出粟及麦，于当社造仓窖贮之，即委社司，执帐检校，每年收积，勿使损败。若时或不熟，当社有饥馑者，即以此谷赈给。”[229]除此之外，隋炀帝也对民间结社行为持支持态度。据《隋书·酷吏·王文同传》记载：“及(炀)帝征辽东，令文同巡察河北诸郡。……(文同)求沙门相聚讲论，及长老共为佛会数百人，文同以为聚结惑众，尽斩之。……帝闻而大怒，遣使者达奚善意驰锁之，斩于河间，以谢百姓。”[230]

从这两则史料中可以看出，隋初统治者即“劝课当社，共立义仓”，其目的在于丰收时囤积粮仓，以应对青黄不接之需。这里乡村结社显然已经成为实现民众互助互济的途径之一，这为隋唐五代乡村以经济互助为目的的私社的发展奠定了基调。隋炀帝时，尽管没有正式的文件表明朝廷的态度，但炀帝因佛会之事斩杀官员的事件，也充分说明了统治者对民间结社一事的立场。与此同时，通过此事我们也可了解到，当时佛会的规模并不小，参与人数已经达到数百人。

因此，在隋朝官方的鼓励与引导下，民间私社在当时得到了较大发展。《隋开皇元年李阿昌造像碑》载：“开皇元年岁辛丑，四月庚寅朔廿三日壬寅，佛弟子李阿昌等廿家，去岁之秋，合为仲契，每月设斋，吉凶相逮。今蒙皇家之明德，开兴二教，然诸人等，谨请比邱僧钦为师徒名，曰大邑 。”[231]碑记所载佛弟子李阿昌等 20 家结为一个团体，每月设斋，无论吉凶事件都由社团成员共同承担，互相帮助。这虽然是佛教信徒共同结合的团体，但其已经与魏晋时期以佛事活动为结社目的佛社有所不同，吉凶共度、互相帮助才是其主要目的。这种结社目的的变化，显然与隋代政府鼓励民间私社发展的相关导向关系密切。

唐代以降，不仅官社得到充分发展，民间私社经由隋代的发展也成为民间社会的普遍现象。唐初诗人王梵志就曾描绘唐初村落结社的状况："遥看世间人，村坊安社邑。一家有死生，合村相就泣。"这里的社邑，就是村坊民众因丧葬之事结合而成的互助组织。

至高宗时，朝廷开始明令限制除春秋二社以外的各类民间私社的发展。咸亨五年（674 年），唐高宗李治颁布诏书曰："春秋二社，本以祈农，如闻除此之外，别立当宗及邑义诸色等社，远集人众，别有聚敛，递相绳纠，浪有征求。虽于吉凶之家，小有裨助，在于百姓，非无劳扰。自今已后，宜令官司严加禁断。"[232]诏令中说明统治者已经清晰认识到，民间私社的建立对"吉凶之家"以及部分家庭来说小有裨益，但对普通民众而言是一件"劳扰"之事，因此下令禁断民间的各种私社。这种态度一直持续至玄宗时期。《资治通鉴》记载了武周时期的一则事例："（王弘义）素无行，尝从邻舍乞瓜，不与，乃告县官，瓜田中有白兔，县官使人搜捕，蹂践瓜田立尽。又游赵、贝，见闾里耆老作邑斋，遂告以谋反，杀二百余人。擢授游击将军，俄迁殿中侍御史。"[233]这则事例中，王弘义"见闾里耆老作邑斋"，并以谋反的罪名将之上报地方政府，最终使得"作邑斋"的 200 余人被杀，王弘义还因此被授予官职。由此可见当时朝廷对于民间社邑的限制是非常严格的。这也反映了尽管自唐初开始民间社邑就屡遭禁断，但朝廷仍然未能阻止民间结社的发展，而且这类私社的规模并不小，就连乡间耆老也参与其中。

至唐玄宗时期，政府对民间私社的限制开始有所放松，但是这种放松根据私社的具体种类而定。敦煌文书 1344 号记："敕，诸山隐逸人，非规避等色，不须禁断。仍令所由察觉，勿使广聚徒作。敕，如闻诸州百姓，结构朋党，作排山社，宜令州县严加禁断。"[234]从这条敕令中可以看出，其中所说的“排山社”已经与民间以经济互助为目的所建立的私社有很大的区别，“结构朋党”说明部分私社实际上成为部分民众拉帮结派、建立私党的方式。因此，对统治者而言，这种团体是必须严加禁止的。尽管唐政府曾多次下令限制私社发展，但仍然没能遏制民间私社旺盛的生命力。天宝元年，玄宗曾下令规定民间私社要与官社同日祭祀。[235]这一规定充分说明唐代政府已经开始对民间私社的发展做出一定的妥协。而在天宝七年玄宗对民间私社再次下达的禁令[236]中，统治者因对民间私社在祭祀时“皆杀生命，以资宴集”的做法流露出“仁者之心”而禁断私社，这说明了唐代统治者对民间私社的看法已经发生改变。这种禁断对于唐代前期虽遭强力打压仍然得以发展的民间私社所起到的约束作用如何，已毋庸多言。

安史之乱爆发以后，唐政府长期限制民间私社发展的局面被打破。一方面，陷入混乱并逐渐衰败的唐政府，已经无暇顾及私社的发展；另一方面，社会的动荡以及赋税制度的改革，使民众的生活陷入水深火热之境。群体抱团与经济互助，成为民众维持生活、寻求生存之路的重要途径。这也是唐代民间私社集中于唐代后期出现的主要原因。

2. 乡村结社的功能与种类

隋唐五代时期的民间结社主要可以分为两大类，即以从事佛教活动为主的私社和以经济与生活互助为目的的私社，亦有兼具两种功能的社。[237]前者主要由佛教弟子或者佛教信徒组成，曾在东晋南北朝时十分盛行，被称为“邑”“邑义”“邑会”“法邑”等，与社有所区别。至唐代，“社”与“邑”已经没有明显区分，常被混用。[238]唐代佛教结社的规模一般在十几人至几十人之间，也有部分可达数百人至一千多人。[239]这类结社的形成往往与其所进行佛事活动的内容有关，如营窟、造像、修寺、燃灯、念经、写经、刻经、行像、斋会、诵经等。因此，根据佛事活动内容的不同，佛教结社也可分为很多具体种类，如修窟社、修佛堂社、刻石经社、燃灯社、行象社、念金刚经社等。

隋唐五代时期的乡村中常见这类佛教结社。唐代《白鹿乡井谷村佛堂碑铭》载："天竺人师，亿劫行化，众生得悟，永离苦海者哉！则有我此邑耆宿长幼士女等，知身觉悟，共发齐心。且好人恶煞，蠲弊崇善，所以贤达君子，多爱法焉！于是矻矻勤心，孜孜不怠，从元和初，递相谓曰：'各减毫分施舍，共修功德，预造桥梁者矣。'日来月往，世事如流。俄尔之间，二十余年。凡修功德七八余件。从元和六载辛卯岁，崇立石灯台一所；又十年乙未岁，创造讲堂一所；又十一年景申岁，翻瓦佛殿，安鸱鹛螭头，修换覆阶；又十三年戊戌岁，后辈小邑社十四五人，崇立尊胜陁罗尼石幢一所；又十四年己亥岁，造泗州石和尚一铺：又宝历元年乙巳岁，造西廊全五间。今又发心起修钟楼，舍施青凫。上至十年、五千，下至百十、五十，或则社例均率造诸功德亦如之。有诸图画幡额，不能备书。……文素不才，社邑相推。聊笔略述，直书其事。故立碑铭，以贻后世。"[240]

根据上述碑记内容，白鹿乡井谷村的村民组织佛社已有20多年，在此期间即组织了七八次大型的佛事活动，如立灯台、创讲堂、翻修瓦佛殿、立石幢、造佛像、修钟楼等。《房山石经题记》中也有关于唐代幽州地区乡村民众共同组建佛社的记载，如张沈村邑、团柳村邑、涞水县楼村邑等。[241]这类佛社一般要求社中成员严格遵守社条中的规定，将社中的佛事活动作为必须承担的义务，并按照需要进行供纳。如据伯3544号文书《唐大中九年九月廿九日社长王武等再立条件凭》[242]记载：

1 社长王武、社官张海清、录事唐神奴等，为城煌贼
2 乱，破散田苗，社邑难营，不能行下。今大中九年
3 九月九日就张禄子家，再立条件为凭
4 敦煌一群（郡），礼仪之乡，一为圣主皇帝，二为建
5 窟之因，三为先亡父母追凶就吉，共结量（良）缘
6 用为后验。
7 一：社内每年三斋二社，每斋人各助麦一
8 斗；每社各麦一□，粟一斗。其社官禄（事）

9 行下文贴、其物违时，罚酒一角。其斋正

10 月、五月、九月；其社二月、八月。其斋、社违

11 月，罚麦一硕，决杖卅；行香不到，罚麦

12 一斗。

13 一：社内三大者有死亡，赠四尺祭盘一，布贰丈，

14 色布两疋半、其赠物及欠少一色，罚

15 酒半瓮。

（后缺）

在这则文书中可以看出，此社不仅要求社人每年要为“三斋两社”提供麦、粟，如果遇到社中成员死亡，还要为其提供祭盘和布。

还有部分佛社与僧庙寺院联系密切，社中成员受到佛教僧团组织的控制或限制，还要为寺院提供劳务，成为佛教僧团组织或寺院的经济与劳动力来源。有学者指出，实际上二者之间存在一种剥削与被剥削的关系。[243]

以经济和生活互助为目的的私社，是隋唐五代时期乡村社会最为常见的民间组织。顾名思义，这类组织多因民众的经济互助或乡村生活中的丧葬、水利管理、买卖生产与生活物资、社祭等活动结合而成，通常以地域为单位开展。如兄弟社、亲情社等以经济互助或丧葬为目的结合的团体，渠社这类因修建水利工程成立的组织，牛社、米社等因生活与生产所需抱团、相互接济形成的私社等。这类民间团体的形成与唐代乡村社会民众的经济状况和生活习俗密切相关。

如丧葬社的形成即与唐代社会厚葬风气的盛行直接相关。据有关学者统计，在敦煌遗书发现的社邑文书中，共有100多件社司转帖，其中就有23件是通知社中成员参加营葬的，确属为记录社员捐资助物的《纳赠历》也有9件。[244]这正是唐代丧葬社在乡村社会盛行的结果。在这种社会风气的影响下，仅凭一家之力往往难以厚葬死者，结团成社、团内成员互助就为乡村民间社会的厚葬提供了可能。早在太宗时期，韦挺就曾对因厚葬而

结社的现象给予过批评，并请奏给予惩革和整治。《新唐书·韦挺传》载："今衣冠士族，辰日不哭，谓为重丧。亲宾来吊，辄不临举。又闾里细人，每有重丧，不即发问，先造邑社，待营办具，乃始发哀。至假车乘、雇棺椁，以荣送葬。既葬，邻伍会集，相与酣醉，名曰出孝。夫妇之道，王化所基，故有三日不息烛、不举乐之感。今昏嫁之初，杂奏丝竹，以穷宴欢。官司习俗，弗为条禁。望一切惩革，申明礼宪。"在这份上疏中，韦挺指出了当时"以荣送葬"，以及婚嫁时奏乐宴饮、讲排场的社会风气，造成民间丧事先造邑社后发丧的现象。他认为这样的葬礼虽然打着孝顺的名义，实则违背父母之恩，婚嫁之事也完全与传统的夫妇之道相悖，因此希望太宗能够惩革这种习俗。

牛社、马社、渠社、米社等是因乡村民众生产、生活所需而产生的，是居民内部经济互助或生产互助的一种体现。虽然唐代政府对民间私社的设立一直持反对态度，但对此类组织的建立给予了一定支持，以满足乡村社会生产、生活的需要，促进乡村社会的稳定。如玄宗时期，永州刺史韦宙就曾为了帮助民众解决农业生产耕牛缺乏的问题而组织乡村百姓成立牛社。[245]

3. 乡村结社的组织形式

尽管唐代的民间社邑是民众自发形成的互助组织，但是有着相对固定的组织形式。根据目前发现的相关敦煌文书来看，唐代的民间结社不仅有各自的社条，而且有明确的管理者。社条一般规定了社的宗旨、职能以及活动方式，社人的权利与义务和相关规章制度等，涉及成员入社与退社、社的管理、活动组织方式等各个方面的内容。根据敦煌文书中的信息我们可以知道，唐代的社邑组织对民众的入社和退社有着严格的规定。成员在入社前需要提出申请，即写投社状[246]，并获得社众及管理者的认可，还需在入社礼之后昭示社人，才能完成入社。入社之后不能随便退社，否则就要遭到处罚，甚至有的社还规定成员死亡后由子女继承社员身份，直至绝户。[247]部分后入社者还需要缴纳一定的物资。根据敦煌社邑文书所载内容来看，经济互助是乡村私社成员申请入社的主要目的，也有部分人想通过入社结交朋友，为自己的生活提供依靠和保障。这也是常在社条中见社员声称自己“生居末代，长值贫门”的原因。

由于乡村结社的主要目的是经济互助与生活帮扶，这些私社成立以后，若遇到社里有事，会通过义聚的方式进行财产的累积。各成员需要依据社条规定的数量向社缴纳物资，也存在部分成员难以达到社条规定，而根据自身经济实力缴纳物资的情况。这些缴纳来的物资，除了用作处理问题事件以外，其他多余资产则被作为公共物资进入仓库，以备不时之需。春秋季乏粮缺种之时为社员借贷粮食就是这类私社仓库义聚的主要功能之一。如据敦煌文书P.3959《社司付社人粟黄麻麦历》记载：

（前缺）

兵马使马定奴付粟两硕，秋叁硕；付黄麻肆斗五升，秋陆斗（柒）（升）（半）

张住子付粟两硕，秋叁硕；付黄麻肆斗五升，秋陆斗七升半，付麦叁硕，秋肆硕伍斗。

马定德付粟两硕，秋叁硕；付黄麻肆斗五升，秋陆斗七升半；付麦叁硕，秋肆硕伍斗

张金光奴便麦伍硕，至秋柒硕伍斗，还唐押衙。

兵马使马定奴便麦柒硕，至秋拾硕伍斗：又麦四石五斗，又麦两石。

其麦还唐押衙，口承人马富庆。

散物日破麦壹石五斗一升，破粟两硕伍斗，破麻壹斗，又破麦壹硕伍斗。

散物后三官分付团家粟捌硕，又付黄麻壹硕伍斗。[248]

这件借贷文书中就明确记载了社中成员向社仓借贷粮食的事情，并涉及

偿还时间、偿还数量以及见证人等内容。尽管借贷人要支付高达50%的借待利率，但是这为借贷人提供了应急的途径，为社员的生活提供了一定的保障。

此外，社条还规定了部分活动的组织形式，如据部分丧葬社的规定，操办丧事时需要主家事先按照规定缴纳一定的财物，并且操办酒席，社中成员义聚财物、出车舆和人力协助操办。[249]

三官是乡村社邑的管理者，包括社长、社官和录事。三官一般由社人推选，但所推选之人通常为社中年长具有威望者，以及官吏或者僧侣。如据敦煌文书P.3989景福三年（894年）的立社契约："众请社长翟文庆文，众请社官梁海润，请录事氾彦宗。"[250]S.6537v3–5中的社条规定："老者，请为社长，须制不律之徒。次者，充为社官，但是事当其理。更拣无胆后德，智有先诚，切齿严凝，请为录事。"[251]可见社长是最高管理者，社官是社长的辅佐，有时对社内事物具有决策权，录事负责社内事物的具体执行。社中的临时事件，通常由录事以转帖的形式通知社中成员。三官选举出来以后，社内的所有事情均由三官处理，社员要服从三官管理，严格遵守社约，否则就要遭到处罚。如敦煌文书P.4003《壬午年十二月十八日渠社转帖》[252]载：

1 渠社　转帖
2 右缘尹阿朵兄身故，合有吊酒壹瓮，
3 人各粟壹斗。幸请诸公等，帖至，限今月
4 十九日卯时，并身及粟，氾录事门前兰
5 若门取齐。捉二人后到，罚酒壹角；全不来
6 者罚酒半瓮。其帖立递相分付，不得亭（停）
7 滞者。
8 壬午年十二月十八日录事帖。
9 翟水官 宋都头 贾再昌 贾粉堆 高
10 员佑 安保子 安保千 安万升 樊住通 张

11 衍子 尹善友 尹郭三 宋清灰 尹昌子 张

12 六归 张员宗 张富德 马清儿 史保住

这件渠社转帖中因社员尹阿朵兄弟去世，明确要求社内成员在一定期限内缴纳物资置办丧事，未到者就要遭受处罚，可见社规对于成员的约束作用。

综上，可以发现，尽管隋唐五代时期的私社屡遭朝廷禁止，但其不仅仍然大量出现于乡村地区，而且民间私社的种类和形式在唐代越发多样。究其原因，这种以经济和生活互助或宗教活动为主要目的的团体的形成，是顺应乡村社会发展需要的结果。尤其是在社会动荡、战争频仍的唐末五代，乡村结社更成为民众以互助形式维持生产生活的重要途径。可以肯定，作为民间组织团体，乡村私社以完整的组织形式及管理方式，在村落社会发挥着调节作用，成为国家基层管理力量的重要补充。

（二）乡族对村落社会的控制

隋唐五代时期的民间组织力量相对多元，除了上述村社组织以外，富民阶层、宗族组织、士人、退职官员等也是乡族力量的重要组成部分。它们不仅是隋唐时期乡村社会的重要构成，而且作为一种民间力量对这一时期乡村社会的发展产生了重要的影响。

1. 乡族势力的种类

（1）富民阶层

富民阶层的出现与崛起是唐代乡村社会的一个重要现象。这个阶层最初是伴随着唐代前期以均田制为基础的小农经济的破坏与商品经济的发展出现的，最终成为唐代乡村的一股强势力量。根据前文相关论述可知，均田制虽然保证了农民对于土地的占有，但由于实施不彻底，不仅在实施之初就为社会定下贫富有差的基调，而且对土地买卖的允许进一步促进了社会的阶级分化，实际上维护的是官僚、地主阶级的利益。加之赋税制度的沉重剥削与商品经济的逐渐发展，致使贫者愈贫，富者更富。土地兼并与逃户现象的愈演愈烈，是这种制度缺陷的直接体现。土地兼并也是贫富差距日益加大的始作俑者。在土地兼并的过程中，乡村社会的发展逐渐演变为土地向资本占有群体的流动与聚拢，小农集体最终因失地沦为佃农与雇农，富民阶层则因掌握大量土地资源成为乡村社会的主宰者。尤其是至唐代中晚期，唐政府乡村管理政策的调整，进一步将富户豪族纳入官方权力系统，成为国家力量在地方的实际执行者。

（2）宗族组织

宗族组织也是唐代乡族势力的主要组成部分。如上文所述，唐代村落与早期聚落一样，是以宗族血缘关系为核心的聚居单元，尤其是在唐代以儒家伦理为道德风尚及乡村户籍管理制度的影响下，唐代的乡村宗族得到进一步发展。但是，与魏晋时期的世家大族有所不同，唐代村落的宗族多为以小家庭为基础形成的世系同居大家族。一个村往往由一个或多个这类大家族组成。前文论及唐代村落以单一或复合姓氏作为主要命名方式的特点，就充分地说明了这一点。在这里可补充几例，对唐代乡村宗族的发展状况做进一步说明。

目前所存河南修武县《周村十八家造像塔记》[253]中记载，周村共有18家130口，14家为周姓，外姓仅刘氏、桑氏、叚氏、孙氏4家，且刘氏、桑氏两家与周氏存在婚姻关系。而在周村的18家中，有3家为二世同籍（居），11家三世同籍（居），4家四世同籍（居）。[254]另如《敦煌名族志》残卷所载，阴稠一户也是这类宗族繁盛的大家族，阴稠共有4子，至孙辈已有12子，构成了17户大家庭。[255]关于上文中五代同居的董思宠家族，虽然文献中未详细记录董家具体户数，但根据其子孙的数量八十有余来看，其户数也应该在几十户。根据唐代村坊制中的规定，10户以下不设村，不满10户要并入大村，因此可推断唐代的村一般应在10~110户。对此，有学者曾经过考证认为，在唐代村落中，10户以下和100户以上的村并不多，一般的村应在20~40户，并指出数十户规模的村一般是同一宗族聚居或数宗族杂居的状态。[256]若此推断成立，那么上引材料中的周氏家族、拥有 17 户大家庭的阴稠家族、五代同居的董氏家族，基本上构成了其所在村落的主要组成部分。可见这类世系家族已经成为唐代村落的主体。

还需要指出的是，唐代乡村宗族已经形成了一定的组织制度，不仅设有统领全族的族长、宗长，还建立了专门的宗族法规，并考释撰修家谱，修建家族墓。这在唐代史料中有明确反映。如《全唐文》卷四百二十八《河南于氏家谱后序》记："邵高叔祖皇朝尚书左仆射侍中太子太师燕国定公讳志宁，博学多闻，徇忠秉直，为秦府十八学士。……凡有文集若干卷于代，又述作之外，修集家谱，其受姓封邑，衣冠婚嫁，著之谱序，亦既备矣。历一百七十余年，家藏一本，人人遵守，未尝失坠。洎天宝末，幽寇叛乱，今三十七年。顷属中原失守，族类逃难。不南驰吴越，则北走沙朔，或转死沟壑，其谁与知？或因兵祸纵横，吊魂无所；或道路阻塞，不由我归；或田园淹没，无可回顾。所以旧谱散落无余，将期会同，考集不齐，奚为修集？实难有待。今且从邵一房，自为数例。有若九祖长房今太子少保谯国公頔，与邵同升于朝，股肱四圣，为国元老，邵之弟也。有若九祖第三房今襄王府录事参军载，与邵同在京列，保家履道，为宗室长，邵之兄也。"

（3）士人

士人是随着唐代科举制的推行，出现于唐代乡村社会的新群体。科举制为唐代庶民阶层提供了一条进仕之路，也为寒门弟子改变命运提供了主要途径，极大地促进了唐代教育事业的普及与发展，乡村社会的士人群体也因此出现。这里所言唐代乡村的士人群体，主要包括居于乡村之中未能及第的举人和尚未取得贡举资格的读书人（进士、明经及第入仕者已居于城市之中，脱离乡村社会）[257]。如《旧唐书》卷一百九十二《吴筠传》载："吴筠，鲁中之儒士也。少通经，善属文，举进士不第。性高洁，不奈流俗，乃入嵩山。"这类群体因接受了教育而得到乡村社会的普遍尊重，在基层社会拥有一定的话语权。

（4）退职官员

退职官员也是唐代乡村社会的重要组成，它包括因致仕、辞官、罢职、丁忧等各种原因返乡或归隐的官员，如《旧唐书》中所载：温大有“寻丁忧，去职归乡里”[258]；“天宝三载，知章因病恍惚，乃上疏请度为道士，求还乡里，仍舍本乡宅为观”[259]。《太平广记》载杨师操“以身老还家，躬耕为业”[260]。这类退职官员归乡后往往因原有名望得到乡村社会的敬重，并对乡村社会产生一定的影响。

2. 乡族势力的作用

作为一股民间力量，乡族势力的作用主要体现在以下几个方面。

一是乡村教育与教化。以士人及退职官员为主的乡族势力，在隋唐时期乡村教育与教化中扮演重要的角色。他们不仅构成了唐代官学的主要师资，也是唐代乡村私学教育的主要推动者，为唐代乡村里学的发展与乡村风俗的敦化起到重要的作用（后文详述）。

二是治安防卫。治安防卫是一个群体组织的基本功能。乡族势力在乡村社会群体中往往具有较强的领导力与向心力，在遭遇抢盗或战乱等特殊情况下，能够成为群体聚拢的核心，引导形成组织团体，合力保护乡里。如《旧唐书》卷一百八十五《李君球传》载：“李君球，齐州平陵人也。父义满，属隋乱，纠合宗党，保固村闾，外盗不敢侵逼，以功累授齐郡通守。”《新唐书》卷一百九十五《刘君良传》也记载了隋大业末年战乱时期，四世同居的刘君良家族与乡人共同度过战乱的事件。此外，《旧唐书》卷一百四十载，张建封之父张玠“少豪侠，轻财重士。安禄山反，令伪将李庭伟率蕃兵胁下城邑，至鲁郡。太守韩择木具礼郊迎，置于邮馆。玠率乡豪张贵、孙邑、段绛等集兵将杀之”。同书卷一百四十四《李观传》也记载了代宗广德初年（763年）吐蕃入犯时，李观率乡里群众为保护銮驾镇守黑水之西的事件。这几则事例皆说明，乡族势力不仅在乡里的治安防卫中起到重要的作用，在面对外敌入侵时，往往也能成为保卫国家的一股力量。尤其是在中晚唐时期，长久的战乱与割据局面，让乡村社会陷入长久的混乱，乡族势力已经成为乡村社会自保的主要力量。

三是协调处理乡村事务。部分受到尊重及能力较强的乡族势力，往往还会在乡村事务的协调与处理上发挥一定的作用。如《旧唐书·元让传》有载：“(元让)雍州武功人也。弱冠明经擢第。以母疾，遂不求仕。躬亲药膳，承侍致养，不出闾里者数十余年。……乡人有所争讼，不诣州县，皆就让决焉。”。此外，《唐文拾遗》也见有唐代元和二年，铜山湖地区村民叶再荣与黄芝、童云等人为解决村中干旱问题筑堤修湖的事件，最终帮助解决了当地村落农田的灌溉问题。[261] 这些事件都说明乡族势力对于乡村事务的解决起到了重要的作用。

四是经济援助。乡族势力因组织群体的特殊性，一般具有相对较强的经济实力。在土地兼并现象日益严重的隋唐乡村社会，富民阶层往往成为土地兼并的操作者与贫民的剥削者，但乡族中也有部分具有社会道义的乡族成员，在面对民众疾苦之时给予一定的援助。

四、文化教育与伦理教化

隋唐两代是我国古代社会文化得以繁荣发展的重要阶段。这一方面得益于唐代前期政通人和、国泰民安，为社会经济、文化的发展创造了良好的环境；另一方面，隋代创立的科举制不同于以往基于血缘关系世袭或世家大族以品状定高低的选官制度，它为社会普通民众提供了一条制度化的进仕之路。正因如此，包括乡村教育在内的文化教育和伦理教化得到了较大程度的发展。

(一)唐代乡村教育的形式

隋唐五代时期的教育体制由官学和私学两部分组成，前者为主，后者为辅。唐代的官学体系十分成熟，主要由京都儒学、京都专门学校和地方州县学构成，但这远远无法满足教育普及化发展的需要。因此，至唐代武德七年，中央政府明文规定设置乡学。据《通典》载：“(武德)七年，诏诸州县及乡，并令置学。”[262]可见，唐初已经将乡学纳入官学系统。

至开元年间，唐政府又两次重申关于乡学设置的制度，对相关问题做出进一步规定。如开元二十六年（738年）正月敕：“古者乡有序，党有塾，将以弘长儒教，诱进学徒，化人成俗，率由于是。其天下州县，每一乡之内，里别各置一学，仍择师资，令其教授。”[263]另据《全唐文》载《天宝三载（744年）亲祭九宫坛大赦天下制》曰：“乡学之中，倍增教授，郡县官长，明申劝课。”通过这两道重申令可以看出，唐代中央政府对于兴办乡村教育的规定是日渐细化的。与武德令相比，开元令不仅申明置办乡学的目的为“弘长儒教，诱进学徒，化人成俗”，而且要求选择师资，还将乡学的置办单位具体到乡里。显然，唐代开元年间乡学已经非常普及，几乎每一乡里皆有一所学校。至天宝年间，唐代朝廷再次敦促乡学增加师资，并令郡县长官“明申劝课”。这种变化不仅说明唐代乡民对教育的需求不断增加，而且朝廷对于这种需求也采取了积极的应对措施，并不断加强办学力度，推进乡村教育的普及。

隋唐五代时期的史籍、笔记小说中，有不少反映唐代不同历史时期乡村教育发展状况的记载。《隋书》卷七十三《梁彦光传》记载：“彦光欲革其弊，乃用秩俸之物，招致山东大儒，每乡立学，非圣哲之书不得教授。常以季月召集之，亲临策试。有勤学异等、聪令有闻者，升堂设馔，其余并坐廊下。有好诤讼、惰业无成者，坐之庭中，设以草具。……于是人皆克励，风俗大改。”此事发生于隋开皇年间，说明隋代初期乡学已有所发展。另有《唐古处士王君之碣》载：“君讳庆，字褒，上党黎城人也。……七岁能自致于乡校，乃心专经，笃意儒业，过则不二，善其莫遗，操行厉节，遂究诗礼。……举进士高第，……享年八十有五，以皇唐开元二祀十有二月，卒于柏谷里之第。”[264]根据墓志记载内容，墓主王庆七岁即入乡校学习，据其生卒年可以推算出其入学之年应在贞观十年（636年），这不仅反映了唐初即已普遍设置乡学，而且说明唐代乡民可能自幼年就已接受正规教育。

至唐代中后期，乡村教育的发展更为普及。唐人沈既济说：“父教其子，兄教其弟，无所易业，大者登台阁，小者任郡县，资身奉家，各得其足，五尺童子，耻不言文墨焉。”[265]五岁童子都以“不言文墨”为耻的事例，说明唐代教育普及程度之广、之深。对此，元稹的诗文亦可用于佐证：“见村校诸童竞习诗，召而问之，皆对曰：‘先生教我乐天、微之诗。’”[266]《四时纂要》也载唐代北方地区八月有“习射，命童子入学”以及曝晒图书[267]的习俗。凡此种种，都表明唐代十分重视幼年教育。

相关史料显示，不少唐代文人志士确实都曾在幼年时接受过正规的乡村教育。如大诗人陈子昂“始以豪家子驰侠使气”，十七八岁都未曾读书，后“从博徒入乡学，慨然立志。因谢绝门客，专精坟典。数年之间，经史百家，罔不该览”。[268]卢仝的《寄男抱孙》一诗是其将两个儿子送入村学时对其大儿子的告诫，诗曰：“喽罗儿读书，何异摧枯朽。寻义低作声，便可养年寿。莫学村学生，粗气强叫吼。下学偷功夫，新宅锄藜莠。”[269]根据诗文内容可知，当时部分村落已经设置了学校。

关于唐代设立村学的记载，也可以从一些笔记小说中找到影子。《太平广记》卷四百九十四《修武县民》载：“修武县人嫁女……去女家一舍，村中有小学。时夜学，生徒多宿。”这里所载事件发生于开元二十九年（741年），即开元二十六年令颁布三年之后，当时的村中已经出现了学校。因此，一定程度上可以说，开元令的颁布对于中晚唐时期的乡村办学产生了较大的影响。同书四十四卷《田先生》也记载了九华洞中仙人田先生曾“隐于饶州鄱亭村，作小学以教村童十数人”的故事。此事虽颇具玄幻色彩，但一定程度上也反映了当时的社会现实。《因话录》也载有窦易直年幼时因家中贫困而“受业村学”的事例。[270]这些都十分鲜明地说明了隋唐村学的普及状况。

需要指出的是，虽然早在唐初乡学就被纳入官学体系，玄宗时期又先后两次颁布诏令增强办学力度，且偶尔会资助乡学的兴办，但受到师资、办学经费、教学空间的限制，唐朝无法真正做到以官学形式普遍置办乡里村学。因此，这一时期的乡学，以私人办学为主。对于这类私学，唐代朝廷是给予支持的。开元二十一年（733年），朝廷就曾对民间私学的兴办给予了特许：

“诸百姓立私学，其欲寄州县学授业者，亦听。”可以说，隋唐时期的乡里村学，实际上是官助民办性质的私学。

部分地方官府对于地方乡学的兴办也起到了重要的促进作用。如据《新唐书·常衮传》载：“建中初，杨炎辅政，起为福建观察使。始，闽人未知学，衮至，为设乡校，使作为文章，亲加讲导，与为客主钧礼，观游燕飨与焉，由是俗一变，岁贡士与内州等。卒于官，年五十五，赠尚书左仆射。其后闽人春秋配享衮于学官云。”此文中的常衮是建中初年福建观察使，在任期间不仅“设乡校”，而且“亲加讲导”，大大提高了闽人的受教育水平。《大周故朝议大夫上柱国行隆州西水县宰董府君墓志铭并序》也记载了幽府良乡县宰董希令在任时曾“开学校，劝农桑”[271]；《唐故南阳郡内乡丞吴府君墓志铭并序》记载吴晔在担任南阳内乡县丞时“将欲劝耕桑，崇学校，乡闾敦孝，少长有礼”。[272]

但此类由官府出资兴办的乡学往往只占少数。大部分乡村私学都由居乡士人、退职官员等私人兴办。如隋末山西儒学家王通曾在河汾地区讲学，“门人常以百数”[273]；经学家孔颖达曾归乡“以教授为务”[274]；天宝年间苗晋卿辞官归乡以后，曾出资在当地置办乡学，教授弟子[275]；王质“寓居寿春，躬耕以养母，专以讲学为事，门人受业者大集其门”[276]。因此，乡村儒生、士人对乡村教育事业起到了重要作用。但一般而言，这类乡村私学除了部分得到乡村富户的资助外，其硬件设施以及教师收入并无保障。上文所提窦易直年幼时曾于村学学习，但“一日近暮，风雨暴至，学生悉归家不得，而宿于漏屋之中。寒，争附火。惟窦公寝于榻，夜深方觉”[277]。这里所说的漏屋即是村学学堂。上文所引《太平广记》中的田先生，隐于饶州都亭村，以在小学教授村童为生。而据《玄怪录》卷三《齐饶州》篇可知，田先生所在的小学实际上是一所草堂，田先生“戴破帽、曳木屐而来，形状丑秽之极”，生活完全依靠“求食于牧竖”，并以“转食”的方式由村民轮流供饭，才得以维持温饱。《太平广记》中收录的《蒋琛》一文记载蒋琛精熟二经，以此在乡里教授，但每到秋冬时节，还要去太湖捕鱼，作为生活补给。[278] 这说明在乡学，教师一职所带来的收入并不能满足其日常生活所需。另据李商隐《樊南文集》卷八《杂记·齐鲁二生·程骧》篇记载："(程骧)字蟠之。其父少良，本郓盗人也。……骧甚苦贫，就里中举负，给薪水洒扫之事，读书日数千言，里先生贤之，时与饘糗布帛，使供养其母。……乌重胤为郓帅，喜闻骧，与之钱数万，令市书籍。"[279]这里记载程骧破产之后，依靠向邻里借债度日，为了养活母亲，不仅要做砍柴、担水、打扫卫生之事，而且同时以在里学教授为业，生活清贫之状可见。以上几则例子皆可见乡村教学条件之简陋、教师收入之低微。整体来看，即便如此，这也并未阻碍乡民接受教育的热情。

(二)唐代乡村教育的内容

在乡村地区普及教育，不可避免地与"敦教化"有密切关系。根据上文所述开元二十三年令可以明确地看出，唐代统治者大力促进乡村教育的发展，其目的在于"弘长儒教，诱进学徒，化人成俗"，即以弘儒学、敦教化为唐朝发展教育的主要目的。据上文所引《隋书·梁彦光传》记载，梁彦光担任相州刺史期间在相州"每乡立学"，并招纳崤山东部地区有名气的儒生，规定"非圣哲之书不得教授"，这说明在隋代圣哲之书成为主要教材。至唐代，以儒学经典为主的圣哲之书成为乡村教育的主要内容。这在上文所引史料中已经有所体现。如上文提及的蒋琛因精熟二经而在乡学教授[280]；《樊南文集·杂记·齐鲁二生》所载程骧后来即因通晓五经吸引不少学生前来学习；《新五代史·梁太祖本纪上》也记载了朱温的父亲朱诚在乡里学校教授的内容就为五经。这里所说的五经为唐高宗时期成书的《五经正义》。这些也是唐代科举制对于考试内容及形式规定的影响所致。

不止于儒学经典，受到唐代科举制的影响，诗赋也成为乡村教育的主要内容之一。乡村学校所教诗赋多为名家名著。如《新唐书·陆羽传》曾记载了陆羽幼时因读不懂张衡的《南都赋》而受到老师惩罚一事；上引元稹《白氏长庆集序》中描述了元稹在村学中见村学生学习诗赋的场面；《太平广记》卷四百四十七载唐国子监助教张简曾为乡学讲文选。

启蒙读物是唐代乡村教育中启蒙阶段的主要内容。通过上文可知，隋唐时期，往往五六岁的幼童即已入村学就读，因此，启蒙教育就成为乡村教育初始阶段不可或缺的部分。启蒙教育主要以启蒙读物的学习为主，这类读物主要包括《初学记》《千字文》《太公家教》《兔园册府》《蒙求》等。

由上可知，隋唐五代时期，以敦教化为目的的乡里村学虽因国家明令而设，但实际上以官助民办性质的私学为主。这类私学在唐代的乡村社会具有普遍性，成为唐代国家基层教育的主要形式，并承担起乡村社会的教化与启蒙之责，还作为唐代官学的补充，对唐代乡村社会发展、教育事业的普及，乃至社会文化及风尚习俗的变迁都起到重要的作用。

五、村落中的宗教

隋唐五代是中国古代社会发展的转型期，也是我国古代思想文化发展的转折期。儒、释、道作为这一时期思想文化的主流，虽互有冲突，但在调和与共生中都得到进一步的发展。同时，随着唐朝与周边地区在政治、经济和文化等方面的频繁交流，来自中亚、西亚及西域地区的祆教、景教、摩尼教、伊斯兰教等外来宗教也传入内地，促进了唐代文化的多元化发展。当然，源于各类原始崇拜与地方崇拜的民间信仰，也在民间社会继续发展。各类信仰文化在这一时期交织呈现，成为乡民主要的精神寄托方式，构筑起这一时期乡村社会的精神世界，并以一种积极或消极的方式，引导、影响乡村民众的生活与生产。[281]

（一）佛教的本土化与村落

宗教的发展向来与国家政治关系密切，或被作为国家统治手段而广泛推行，或因阻碍国家统治而遭受打压。佛教的发展也是如此。在汉晋时期，佛教曾因受到统治者的推崇而迅速在全国推行，也曾因北魏太武帝及北周武帝的灭佛事件而在全国范围内严重萎缩。整体来看，隋唐政权对佛教的发展是鼓励和支持的，这不仅促进了佛教的恢复与发展，而且使其渗透到村落社会并产生了深入影响。

1. 佛教在隋唐的发展状况

隋代统治者普遍尊崇佛教，并利用佛教促进南北统一，巩固统治政权。具体可体现为，隋代统治者不仅在全国各地广建寺塔、广度僧尼，而且大兴佛事。据《隋书·经籍志四》记载："开皇元年，高祖普昭天下，任听出家。"隋初统治者对于佛教的态度，直接导致了全国僧尼数量的快速增加。据法琳《辨正论》记载，自开皇初至仁寿末，所度僧尼达到二十三万人，写经"四十六藏，一十三万二千八十六卷"。《续高僧传·靖嵩传》对开皇十年（590 年）所度僧众数量的记载更多，达五十余万。其后统治者有过之而无不及。隋文帝每月都要请僧入贡读经，并要求皇后及宫人"亲听"。[282] 隋炀帝也频繁组织建寺院、造像、写经等活动。[283] 可见隋代统治者对佛教的尊崇程度。

唐代统治者仍然推崇佛教，但其对佛教采取的政策有所不同，是以兼容并蓄的方法推动儒、释、道三种思想文化的共同发展。唐代统治者将儒学奉为正统，也因抬高自身门第、神化统治的需要崇信道教，而对于佛教的扶植则更多的是出于政治统治的需要，因而造成唐代儒、释、道三足鼎立的局面。但在三者之中，尤以佛教的发展最为兴盛。

唐代统治者中，对佛教的推崇以太宗、武周为最。如太宗所言："朕于佛教，非意所遵。"尽管唐太宗并非崇信佛教，但鉴于佛教在内地及民族地区广泛的群众基础，出于政治统治的需要，他对佛教给予大力扶持。他在位期间除了建寺、度僧尼、广施布施以外，还派玄奘入印求法，并建立译场翻译佛经，推动了佛教的全面发展。武周时期，不仅造像、译经活动不断，甚至武则天还亲自参与翻译佛经的活动。至玄宗时期，随着佛教的迅速发展，伪滥僧尼现象日益严重，这迫使朝廷不得不采取措施限制佛教的发展。这种限制因唐武宗发动的"会昌灭佛"事件达到高潮。这次事件后，除了禅宗佛教得以部分恢复以外，不少佛教教派皆走向衰微甚至消亡。

尽管在唐代晚期遭受了严重的摧残，但整体而言，佛教在隋唐时期得到了充分的发展。而且在佛教各派与儒、道的争论中，佛教最终于晚唐五代完成了本土化发展，成为融汇中、印思想文化的一种宗教文化，对唐代社会的各个阶层及整个唐代社会的发展皆产生了十分深入的影响。

2. 佛教对村落的影响

早在魏晋时期，佛教就已经在乡村社会中具有广泛的群众基础，成为乡村民众重要的精神寄托方式，村落中造像、写经活动不断。唐代亦是如此，乡村民众深受佛教影响，普遍尊奉佛教。据《太平广记》卷一百《长乐村圣僧》记载，开元年间长乐村有一户村民，虽然家境贫寒，但因信奉佛教，仍然“常给僧食”，而且还因“于途中得一僧座具”而专门设斋。同书卷一百零六《王氏》记载，公安潺陵村王从贵的妹妹“常持《金刚经》”。显然，对佛教的尊崇已经成为民众祈福禳灾、求吉纳福的重要方式，也成为乡民精神情感的寄托方式。前文所述乡村佛社的发展状况也说明了这一点。

佛社是隋唐时期乡村私社的主要种类，虽然这类佛社已经兼具经济互助性质，但开展造像、建寺、写经、造塔等宗教活动仍然是其日常活动的重要组成部分。比如，开元初，同州界数百家民众为造普贤菩萨像，组成普贤邑社，每日设斋。[284] 前引《全唐文》收录的《白鹿乡井谷村佛堂碑铭》中记载了白鹿乡井谷村佛社二十余年间开展的佛事活动。另在唐代相关史料的记载中，我们也可一窥唐代乡村佛教的发展状况。《唐会要》载唐玄宗开元二年（714 年）七月令：“如闻坊巷之内，开铺写经，公然铸佛。自今已后，村坊街市等，不得辄更铸佛写经为业。”[285]《太平广记》也载：“开元十五年，有敕天下村坊佛堂，小者并拆除，功德移入侧近佛寺；堂大者，皆令闭封。”[286] 这虽然是唐玄宗针对村坊开展佛事活动所下的禁令，但也反映了当时此类现象在村坊的存在。《唐会要》卷四十八《寺》也记载了唐宣宗于大中五年正月曾下诏：“京畿及郡县士庶，要建寺宇村邑，勿禁，兼许度僧尼，住持营造。”无论是朝廷的禁令还是许可令，都说明隋唐时期乡村寺院的存在已经是普遍现象。

根据圆仁和尚《入唐求法巡礼行记》一文，可以大致了解唐代乡村寺院的分布状况。根据此文记载，圆仁在求法途中共经历73处村落，其中明确记录了建有寺院佛堂的村落就有19个，说明在其经区域至少平均每4个村落之中就建有一座寺院。这足以说明寺院在唐代乡村的分布之普遍。究其原因，这与唐代朝廷对佛教的优待政策是密切相关的。根据唐代史料显示，由于受到统治者的推崇，佛教僧徒在唐代享有特殊优待，他们不仅可以获得土地[287]，而且度牒制度[288]的实行给予了僧尼免除赋税的权利。这种优待政策不仅极大地促进了全国范围内僧尼数量的增多与寺庙僧院的扩张，而且助力了寺院在土地与财富方面的累积，使寺院成为社会财富的主要占有者之一，但也因此引发了严重的社会问题。

一方面，僧尼所享受的优待政策成功吸引了需要承担沉重赋税的普通民众度为僧尼。这一时期僧尼数量显著增加，度牒买卖及僧尼伪滥的现象十分严重。据史料显示，唐中宗景龙二年（708年），民间就出现了“钱三万则度为僧尼”[289]这种纳贿卖度的现象。中唐以后，买卖度牒的现象更为严重。尤其是安史之乱爆发后，唐政府曾大量度僧尼以筹集资金。如杨国忠曾遣御史崔众至太原纳钱度僧尼道士，“旬日间得钱百万”。[290]《旧唐书》载敬宗年间（824—826年），徐州节度使王智兴曾以皇帝诞月在泗州置僧坛度僧，“凡僧徒到者，人纳二缗，给牒即回，别无法事”。[291]因此，唐代僧尼伪滥现象的产生，不能仅仅归因于民众为躲避赋税而产生的主观行为，唐政府筹集资金的不当举措也是重要的推手。黎仁凯先生在其相关研究中指出，除了具有一定经济能力的民众以外，唐代乡民一般通过私度的方式进入寺院。逃入寺院的农户虽然可以僧籍身份免除赋税，但其人身隶属于寺院，成为寺院的奴婢或依附农。唐武宗灭佛时，“除寺四千六百，僧尼笄冠二十六万五百，其奴婢十五万，良人、枝附为使令者，倍笄冠之数，良田数千万顷”。[292]其中奴婢、笄冠就应该为寺院不同程度的依附农。[293]由此可见，逃入寺院的乡民不在少数。

另一方面，寺院在统治者给予的多种优待条件下，迅速成为民间社会财富的持有者，并通过买卖、典帖的形式大量占有土地。据圆仁《入唐求法巡礼行记》载，仅山东醴泉寺就拥有庄园十五所，而长安一带更是“丰田美利，多归于寺院，吏不能制”。[294]更有甚者，《旧唐书》以“十分天下之财而佛有七八”[295]评论寺院资产。就此来看，寺院经济的发展所带来的财富累积与土地兼并，可能是导致唐代基层管理制度瓦解的重要原因之一。

（二）道教的高度发展与村落

隋唐五代时期也是道教得到深入发展的时期。隋代统治者虽然尊崇佛教，但同时采取利用、防范和控制的方法发展道教。李唐统治政权建立以后，更将道教作为稳固政权的工具，倍加推崇。唐高祖时期即钦定了道、儒、佛三者的秩序，确立了道教的首要地位。[296]因此，与佛教一样，在统治者的大力倡导下，道教在唐代的发展也十分迅速，对唐代乡村社会的影响十分深入。

1. 道教在唐代的发展状况

由于道教特殊的地位，除了武周时期曾一度采取抑道重佛的政策以外，唐代的大部分时期基本上维持了以道教唯尊的局面。统治者不仅在全国范围内大建道观，还以赏田授地、加官进爵等各种政策优待道士、女冠，并从国家制度层面推动道教的发展。其中最为典型的是唐玄宗。

唐玄宗是道教的忠实信奉者，他在位期间曾不遗余力地通过多种手段推动道教的发展，不仅身体力行，还从制度层面进行相关改革。他曾多次亲自赴玄元皇帝庙拜谒，并尊奉玄元皇帝之父、母分别为先天太皇和先天太后。每逢朝廷祭祀，也必先至西京的太清宫行“事生之礼”[297]，这几乎成为国家祭祀之制。开元二十四年，他还将道士、女冠籍隶属宗室，统归宗正寺管理，这一举措确立了道教为皇家正统宗教的地位。同时，唐玄宗还分别于天宝二年（743 年）、八年（749 年）、十三年（754 年），先后追加老子为“大圣祖玄元皇帝”“圣祖大道玄元皇帝”“大圣祖高上大道金阙玄元皇帝”。除此以外，唐玄宗还在国家制度层面引导道教的发展。他不仅将《道德经》列为诸经之首，而且将其加入贡举考试之中，还在玄元庙设置崇玄学，立玄学博士，以道家经典为学习内容，允许通晓道家经典者自荐。天宝二年，玄宗还停置道教管理机构崇玄署，将崇玄学改为崇玄馆，与两京的玄元宫和道观一起由宰相直接管理。这直接将道教事务的处理提升至国家层面。为了在民间宣扬道教，唐玄宗还令各州道观皆画所梦玄元皇帝像，立御书玄元皇帝赞碑，并要求全国士庶每人家藏《道德经》，鼓励习读，甚至在玄元皇帝降生日设斋祭祀，规定每年正月、七月、十月三元日禁止杀生。

以上例举的只是唐玄宗崇道举措的一部分，但从中足可以看出唐代统治者对道教自上而下的推崇力度。在统治者的大肆宣扬下，道教在唐代民间得到快速发展，道观林立，道士、女冠数量十分庞大。据《唐六典》卷四“祠部郎中”条记载，“凡天下观总一千六百八十七所”，这一数量在《新唐书》[298]及唐末道士杜光庭的《历代崇道记》[299]中有所反映。但日本学者道端良秀认为，唐代史书中仅仅记录了官道观的数量，大量私道观并未被记录在册。[300]王永平先生曾在此基础上对唐代官、私道观的总量进行了推算。他认为《唐六典》中记录的数量仅仅是开元年间的道观数量，对于唐代道观总量的保守估算也应该有 4 000~5 700 所，道士、女冠至少有 13 300 名。[301]如此可观，唐代道教的发展是十分兴盛的。

2. 道教对村落的影响

道教在统治者的极力推崇与宣扬下，在全国得到普及性发展，而且同佛教一样对乡村社会的生活、生产产生了深入的影响。这种影响首先体现在乡村的精神信仰方面。与儒、佛二教不同，道教是在我国古代自然崇拜、阴阳五行、神仙方术，甚至是鬼神迷信的基础上综合发展起来的，缺乏深厚的教义教理。因此，唐代以前的道教以修仙长生的思想为主。这种思想在民间社会得到广泛流传。历经魏晋南北朝时期的分化与融合，道教在与儒、佛二教进行论争的过程中，不断吸收各方思想，最终在唐代确立了以老庄哲学思想与神仙信仰结合的理论体系。虽然此时的道教更加注重个人心性的修养，但是这种影响较多地流传于文人士大夫阶层。对于民间百姓而言，宗教信仰的功利性则促使可以消灾解难的道教神仙方术成为他们对道教崇信的全部内容。因此，这一时期，神仙长生、方术迷信席卷唐代民间，乃至整个唐代社会。

唐代以道教、神鬼为题材的笔记小说的大量出现，就反映了道教对民众思想层面的影响。其中也出现了不少关于乡村社会崇奉道教的记载。据《太平广记》卷五十一《宜君王老》记载："王老坊州宜君县人也，居于村墅，颇好道爱客，务行阴德为意。其妻亦同心不倦。一旦有蓝缕道士造其门，王老与其妻俱延礼之。"同书卷五十三《王法进》记载："王法进者，剑州临津人也，幼而好道，家近古观，虽无道士居之，其嬉戏未尝轻侮于像设也。十余岁，有女冠自剑州历外邑，过其家，父母以其慕道，托女冠以保护之，与授《正一延生小箓》，名曰法进。而专勤香火斋戒护持。……"以上两例主要反映了唐代民间对道教的尊奉状况。需要指出的是，与上层社会以炼丹或法术追求长生不老的尊崇方式不同，道教对乡村民众的影响主要体现为民众对道教神灵的尊奉及各类道教法术在日常生产、生活中的应用。

隋唐五代时期的乡民，对生产、生活中的自然现象认知有限，往往形成对法术、巫术的依赖。如道教中的符箓、禁咒术、斋醮术、占卜术等在乡村社会颇受推崇，甚至成为乡村民众祈福禳灾、驱鬼辟邪、超度亡灵的主要途径，具有强烈的超自然崇拜色彩。《因话录》卷四《角部》中就记载了一则道士利用法术帮助民众摆脱自然灾害的事情："元和初，南岳道士田良逸、蒋含弘，皆道业绝高，远近钦敬，时号田蒋。……潭州大旱，祈祷不获，或请邀致先生。杨公曰：'田先生岂为人祈雨者耶？'不得已迎之。先生蓬发弊衣，欣然就辇到郡，亦终无言，即日降雨。"[302]另如杜光庭的《道教灵验记》中就收录有17例斋醮灵验故事，其中以唐代民间修斋为主要内容的有12例。这些故事以救济亡魂为主要目的，还有部分为悔罪消业、治疗疾病。[303]可以看出，唐代道教法术的丰富化发展，促使其与民众的生产、生活关系更为密切，而且其中的部分内容几乎与民间法术或巫术趋同。随着唐代统治者对道教的推崇，这种以法术为主的信仰内容对唐代民间信仰产生了重要的影响。

需指出的是，因道教徒与佛教徒一样，同样享受国家免除赋税和徭役的优待政策，唐代民间社会也出现了不少躲避赋税的伪滥道士与女冠。这种现象在唐初即已出现，但不及佛教严重。为了防止民众私自入道、度佛，唐政府通常同时对佛、道二教的相关行为予以禁止。如《唐律疏议》卷十二《户婚律》“私入道”条载：“诸私入道及度之者，杖一百。若由家长，家长当罪。已除贯者，徒一年。本贯主司及观寺三纲知情者，与同罪。……即监临之官，私辄度人者，一人杖一百,二人加一等。”至唐代中后期，随着统治者对道教的进一步推崇，伪滥道士、女冠的现象更为严重。安史之乱以后，统治者同样采取鬻僧道度牒的方式滥度道士、僧尼，以筹集军费、增加财政收入。[304]这一举措也使得唐后期伪滥道士、僧尼的数量进一步增加。尤其是唐代道教还允许“在家道士”[305]的存在，这类不受宗教戒律约束、不必在道观修持的道士的存在，无疑促进了伪滥之辈的出现。经历了唐穆宗、唐敬宗时代的进一步发展，伪滥道士、僧尼的数量已经达到极盛，引发了严重的社会矛盾。然而，相对于被视为外来宗教的佛教，道教虽然在一定程度上遭受限制，但鉴于其在唐代的特殊地位，并未遭受“会昌灭佛”那样的毁灭性打击。因而，道教在唐代晚期仍然得到一定的发展。

（三）其他信仰与祭祀文化

除了儒、释、道三教以外，唐代的民间信仰发展也十分繁盛。这一方面得益于唐代相对宽松的政策环境，以及统治者对各类宗教的利用与推崇，另一方面也与民间社会长期以来累积的社会基础有关。民间信仰主要源于早期社会的自然崇拜、祖先崇拜、神灵崇拜等原始崇拜，人们通过对自然、动物、祖先、神灵等现实或想象对象的崇拜与祭祀，寄托个人愿望和情感，企图达到趋利避害、趋吉避凶的目的。这种崇祀方式往往具有明显的功利性，表达了民众朴素的生活愿望，是科学认知低下的古代社会民众面对未知、未解事物时表达情感的主要途径，因而在不同时期、不同地域的民间社会都有不同程度的体现。在唐代，这样的现象不仅依然十分盛行，而且伴随佛、道的普遍发展，民间祭祀行为更为普遍，甚至还出现了民间信仰与佛、道信仰杂糅共生的现象。正是在这种背景下，民间信仰的种类不仅更为多元，而且崇拜对象更为丰富。

乡村社会的民间信仰，首先体现为对社神的祭祀。社祭主要是指对土地神的祭祀。对于古代国家政权来说，土地神“社”与五谷神“稷”就是一个国家政权的象征。因此，自春秋战国时期开始，社祭就已经成为国家祭祀行为。至唐代，这种祭祀活动仍然是国家与民间祭祀的重要内容。唐朝建立以后，唐高祖曾于武德九年（626年）二月戊寅亲祀太社，并颁布《亲祀太社诏》。其中言明了社祭的宗旨：“厚地载物，社主其祭。嘉谷养民，稷惟元祀。列圣垂范，昔王通训。建邦正位，莫此为先。爰暨都邑，建于州里，率土之滨，咸极庄敬。所以劝农务本，修始报功，……是以吉日维戊，亲祀大社，率从百僚，以祈九谷。今既南亩俶载，东作方兴，州县致祀，宜尽祗肃。四方之民，咸勤殖艺，随其性类，命为宗社。京邑庶士，台省群官，里闬相从，共尊社法。以时供祀，各申祈报，兼存宴醑之义，用洽乡党之欢。且立节文，明为典制，进退俯仰，登降折旋。明加诲励，递相劝奖，齐之以礼，有耻且格。布告天下，即宜遵用。”[306] 诏文中明确显示，唐初即将社祭上升至国家法令层面，要求全国上下各阶层皆要进行社祭。唐高祖也明确指出了社祭的意义：对于封建国家来说，土地、农桑就是一个国家发展的基础，祭祀土地神的目的，就在于促进农业的发展，维护江山社稷的根本。这也是古代中国重视社祭的原因。

在国家的倡导下，唐代乡村社会的社祭活动发展十分繁盛。前揭唐代乡村社树、社坛的普遍存在就说明了这一点。根据史料显示，唐代的社祭分春秋两次[307]进行，每逢社日，乡村民众即以祭祀、宴飨、歌舞的形式祭社。唐代相关史料中有大量关于乡村民众庆祝社日的记载。如《旧唐书》卷一百九十《司空图传》中记载了司空图参加乡村社祭的事件：“岁时村社雩祭祠祷，鼓舞会集，图必造之，与野老同席，曾无傲色。”韩愈的《游城南十六首·赛神》一诗也记载了宣城乡村民众庆祝社日的场景：“白布长衫紫领巾，差科未动是闲人。麦苗含穟桑生葚，共向田头乐社神。”王维在其《凉州郊外游望》一诗也描绘了乡村民众的社祭活动：“野老才三户，边村少四邻。婆娑依里社，箫鼓赛田神。洒酒浇刍狗，焚香拜木人。女巫纷屡舞，罗袜自生尘。”杜甫也有《遭田父泥饮美严中丞》一诗，描绘了其于郊外散步时遇村人祭社，遇到农夫劝酒的场景：“步屧随春风，村村自花柳。田翁逼社日，邀我尝春酒。酒酣夸新尹，畜眼未见有。回头指大男，渠是弓弩手。名在飞骑籍，长番岁时久。前日放营农，辛苦救衰朽。差料死则已，誓不举家走。今年大作社，拾遗能住否。……”通过这则事例，不难看出，唐代的社日不仅是乡民祭祀土地神，向神灵表达敬意、感谢与祈愿的手段，而且已由早期的神灵崇拜演变为一场庆祝丰收并带有休闲娱乐性质的民俗活动。

除了这类以祭祀土地神为主的社祭活动以外，雨神、水神等与农业生产活动密切相关的神灵也成为唐代乡村社会的主要祭祀对象。唐代民众的水神崇拜，主要体现为对江、河、湖、海等自然水系的崇拜，或对风、雨、雷、电等与降雨有关的自然现象的崇拜，或对掌司降雨的神话人物，以及被神化的人物或动物的崇拜，如洞庭湖水神潇湘二妃、钱塘江水神伍子胥、龙王、龙女、河伯等。岑参在《龙女祠》中曾描述了蜀人对龙女的崇拜：“龙女何处来，来时乘风雨。祠堂青林下，宛宛如相语。蜀人竞祈恩，捧酒仍击鼓。”白居易在《送客春游岭南二十韵》中记载了江南民众赛江神的场景：“牙樯迎海舶，铜鼓赛江神。”[308]这都表现了乡民通过对水神的祭拜以祈求风调雨顺的心理愿望。尽管这类民间信仰带有一定的超自然色彩，但是在唐代乡民的精神世界中，这是他们寄托愿望、表达情感的主要方式。

裴谞在其《储潭庙》一诗中就描写了乡村民众在龙潭祈雨、祭拜水神的情景：“江水上源急如箭，潭北转急令目眩。中间十里澄漫漫，龙蛇若见若不见。老农老圃望天语，储潭之神可致雨。质明斋服躬往奠，牢醴丰洁精诚举。女巫纷纷堂下舞，色似授兮意似与。云在山兮风在林，风云忽起潭更深。气霾祠宇连江阴，朝日不复照翠岑。回溪口兮棹清流。好风带雨送到州，吏人雨立喜再拜，神兮灵兮如献酬。城上楼兮危架空。登四望兮暗濛濛。不知兮千万里，惠泽愿兮与之同。我有言兮报匪徐，车骑复往礼如初。高垣墉兮大其门，洒扫丹雘壮神居。使过庙者之加敬。酒食货财而有余。神兮灵，神兮灵，匪享慢，享克诚。”[309] 另有白居易《黑潭龙》一诗，也记载了乡里居民虔诚祭祀龙神、祈求降雨的情况：“黑潭水深色如墨，传有神龙人不识。潭上架屋官立祠，龙不能神人神之。丰凶水旱与疾疫，乡里皆言龙所为。家家养豚漉清酒，朝祈暮赛依巫口。神之来兮风飘飘，纸钱动兮锦伞摇。神之去兮风亦静，香火灭兮杯盘冷。肉堆潭岸石，酒泼庙前草；不知龙神飨几多，林鼠山狐长醉饱。狐何幸？豚何辜？年年杀豚将喂狐！狐假龙神食豚尽，九重泉底龙知无？”[310]

与此同时，当面对自然灾害或疾病时，乡民往往寄希望于各类神、鬼、巫术。这种现象在唐代乡村社会十分普遍，尤其是江南地区。这与江南地区民间巫鬼祭祀之传统不无关联。《隋书·地理志》中就记载了荆楚之地“率敬鬼，尤重祠祀之事”。《通典》卷一百八十二《州郡十二》载：“扬州人性轻扬，而尚鬼好祀。”元稹在其《赛神》一诗中也对楚地巫鬼祭祀之风做过记述：“村落事妖神，林木大如村。事来三十载，巫觋传子孙。村中四时祭，杀尽鸡与豚。主人不堪命，积燎曾欲燔。旋风天地转，急雨江河翻。采薪持斧者，弃斧纵横奔。山深多掩映，仅免鲸鲵吞。主人集邻里，各各持酒樽。庙中再三拜，愿得禾稼存。去年大巫死，小觋又妖言。邑中神明宰，有意效西门。……”柳宗元在其《柳州复大云寺记》一文中对越地的此类风俗也有记载：“越人信祥而易杀，傲化而偭仁。病且忧，则聚巫师，用鸡卜。”[311] 另如《太平广记》卷二百八十九记载，四川地区“遂州巡属村民，姓于，号世尊者，与一女，皆逆知人之吉凶，数州敬奉，舍财山积”。可以看出，江南地区的巫风极盛。

这种现象在唐代的其他地方也同样盛行。人们在生活、生产之中遇到各类事情，皆要祭祀祷告或请巫作法。尤其是生老病死、天灾人祸、婚丧嫁娶等重大事件，都要依靠祭祀祈愿或作法事占卜，禳除灾害。如《太平广记》

载，会昌五年（845年），“奉天县国盛村民姓刘者，病狂，发时乱走，不避井堑。其家为迎禁咒人侯公敏治之”。另《太平广记》载：“有村人失牛，诸桑国师卜之。”[312]显然在唐代乡民的认知中，将希望寄托于神灵、巫术，已经成为解决一切问题的途径。

在此基础上，有些地方还形成了具有地方特色的地方崇拜。这类崇拜现象多是经过一定历史时期的发展而累积形成的，主要体现为对地方神祇或历史人物、英雄人物的崇拜。这种崇拜具有较强的地域文化特色，典型的如关中地区的帝王将相崇拜与华山神崇拜，河南地区的先贤崇拜，荆楚地区对屈原的崇拜，吴越地区对吴地三大贤人（太伯、仲雍、季札）及伍子胥的崇拜，岭南地区对赵佗的崇拜，巴蜀地区对杜宇、诸葛亮、李冰的崇拜，等等。无论这些民间崇拜的对象是地方神祇还是历史人物、英雄人物，在乡村民众的信仰之中，他们皆被视为守卫一方安宁、保护民众生产与生活免遭灾难的神灵形象。对其崇祀成为劳动民众在日常生产与生活中祈愿、寓情的方式。如《太平广记》卷二百九十一对李冰的记载为：“李冰为蜀郡守……入水戮蛟，已为牛形。江神龙跃，冰不胜。及出，选卒之勇者数百，持强弓大箭，约曰：吾前者为牛，今江神亦为牛矣。我以太白练自束以辨，汝当杀其无记者。……武士乃齐射其神，遂毙。……唐大和五年，洪水惊溃，冰神为龙，复与龙斗于灌口，犹以白练为记。”从这里可以看出，在民间信仰中，李冰已经成为戮蛟治水、护佑蜀地免遭水旱之灾的水神形象。

整体而言，唐代是各类宗教文化及民间信仰繁荣发展的时期，在统治者及上层社会对多元宗教文化的推崇与推动下，民间社会上行下效，各类信仰文化在乡村社会都得到深入的发展，并渗透到乡村民众生产与生活的方方面面。尽管这不可避免地会对国家治理和社会生活产生一些程度不一的消极影响，但可以肯定的是，它也在稳定乡村社会、丰富乡民的生产与生活方面发挥着积极作用。

第五节

少数民族地区的村落

有唐一代，不仅中原地区的村落得到长足发展，边疆民族地区的村落也步入新的发展阶段。唐朝对归附中央王朝的边疆民族地区往往实施羁縻政策，即在其原有部落的基础上，通过设置羁縻州进行行政统治。从地理空间上来说，西北、西南及北方在唐代是少数民族集中聚居的地区，因而是唐代羁縻州的主要分布区域。一方面，在羁縻政策下唐代边疆民族地区享有特殊的自治权；另一方面，在中央王朝的统一领导下，各民族地区间的经济、文化交流日益频繁。这不仅极大地促进了边疆民族地区社会经济、文化水平的提高，而且有力地促进了这一区域内生产力与生产技术的发展，为边疆民族地区村落的发展提供了良好的条件。吐蕃地区因特殊的自然环境、生产生活方式，其村落的发展相对缓慢，但是在与东部大唐王朝的频繁交往之中，也有了一些新的变化，特别是在农业生产方面取得了一定的进步。

一、西北地区的村落

地处中原与中亚交界地带的西北地区，是沟通东亚、中亚、西亚与欧洲的交通要道，自古便是中原王朝与中亚国家竞相角逐的地区。7—9 世纪，这一地区形成了中原唐王朝与吐蕃王朝、波斯王朝三股主要对峙势力。唐初，李唐王朝统一华北地区以后，又先后于贞观十四年、显庆二年（657 年），统一了西北地区的高昌王国及西突厥。为了加强对西北地区的管理，唐王朝先后设立安西都护府和北庭都护府管理西域地区，将西域地区划归陇右道，并在龟兹、焉耆、于阗、疏勒四地修筑城堡，建立军镇，使之发展成为西域地区的主要城郭聚落。唐王朝统治下的西域地区，初步有了完备的行政体系。自此至安史之乱以前，唐王朝对西域地区的统治基本上保持着稳定的状态。在唐王朝对西北地区统治的百余年间，中原地区与这些民族地区的经济、文化交往明显增强。也正因如此，包括村落社会在内的西北地区得到了前所未有的发展。

1. 安西四镇的村落

安西四镇是唐代西北地区的主要城镇，因而包括其村落在内，相较其他地区，都得到较为充分的发展。羁縻政策是唐王朝对民族地区采取的管理手段，即在保留民族地区原有管理方法的基础上，派驻朝廷官员进行共同管理。但安西四镇的羁縻政策有所不同，其基层行政体制与内地基本相同。但有学者认为，即便如此，这也是随着羁縻制度的推行产生的。[313]另有学者对其原因进行了讨论，认为唐代在四镇全面推行基层管理制度的目的在于“稳定”而非“征赋”。这是唐王朝企图对西北地区进行深入而全面统治的体现，虽然唐王朝仍然保留了四镇的王室制度，但可以将其视为正州。[314]关于唐代的基层管理制度在安西四镇的具体推行状况，我们可以在相关历史文献中找到印证。

现存出土文书中，就有不少关于四镇村落的记载。[315]这些记载说明村落在四镇已经得到普遍发展，且村落的管理制度也已经与中原地区没有明显的差别。斯坦因所获吐鲁番文书《开元年间某寺支出薄》中记载有“西河勃宁野乡厥弥拱村”，其对“乡—村”这一地域归属的表述方法的使用完全与内地相同。另根据刘再聪的考证，“西河”为于阗城西的一处河流，“厥弥拱村”即为位于此河流域的一个郊野村落。这在大谷文书所载龟兹都护辖区村落的相关信息中也可得到验证，如其中 8044 号《唐大历九年二月目胡子牒》[316]载：

1 牒，胡子薄福，不幸慈母身亡。家贫，殡葬尚犹未
2 办。南界双渠村种少薄田，今着掏拓两丁，叁分交
3 不支济，伏望矜量小人，已后但有駈驰，不敢违命，请
4 乞商量处分。谨牒。
5 大历九年二月　日　目胡子牒

这件文书中的“南界双渠村”就明显是位于城邑之外的郊野地区。另需指出的是，这件文书中提及目胡子因母丧请求免除摊负的维修渠堰的“掏拓”之役，据学者考证，这种赋役是唐代在边防建设时以村为单位摊派给村民的赋役，由武人负责催驱。[317] 这说明唐代的村制度应在安西四镇得到了彻底的执行。

2. 西州的村落

西州也是全面执行了唐代基层管理制度的地区。该地以汉魏屯戍于当地的汉人后裔为主，因此唐政府在消灭高昌王国以后，便在当地设立西昌州，后改为西州，使之成为中央政权管辖下的正州，接受同中原地区州县同样的管理。[318] 但受到当地以沙漠为主的自然环境及游牧民族众多的社会环境的影响，出于防御需要，当地居民多筑堡为城，以城为单位据城而守。据《唐会要》记载，唐政府于贞观十四年将西州设为正州时，在交河城、始昌城、田地城、东镇城、高昌城 5 城置县，由西州辖管，统归安西都护府，[319] 后又在 5 县下设 24 个乡。但根据部分学者的研究，西州的 24 个乡级行政单位下设置有里，而并未设村，当地民众皆居于县城、乡城或里城之中。[320] 这在现存史料中有所反映。目前出土文书中，乡城较为多见，如高宁城、武城城、安乐城、南平城等。[321]

但西州地区没有村落并不意味着城外无人居住。除了这些城邑以外，郊外地区仍有聚落组织，只是这些聚落尚未因村坊制度的实施被划归为具有行政意义的村落。如据《唐开元二十二年西州高昌县申西州都督府牒为差人夫修堤堰事》[322] 记载：

> 1 高昌县　为申修堤堰人
>
> ……
>
> 4 右得知水官杨嘉恽、巩虔纯等状称：前件堤堰
>
> 5 每年差人夫修塞，今既时至，请准往例处分
>
> 6 者。准状，各责得状，料用人功如前者。依检案

7 □□例取当县群牧、庄坞、底（邸）店及夷、胡户

8 □□日功修塞，件检如前者，修堤夫

……

这件文书中就记载有群牧、庄坞这类郊野聚落。囿于史料缺载，我们无法对这类郊野聚落做进一步考证。但刘再聪认为，唐代相关文书中没有出现关于西州地区存在村组织的记载，是当地尚未设置村组织所致。此说法应当成立。据此我们可以做进一步推断：尽管西州地区民众以居于城郭为主，但唐政府的基层管理制度在该地已经得到实施，且其城外确实存在部分聚落，这种状况下，当地未设置村组织，或许是沙漠地区郊野聚落的体量与规模较小所致。

3. 沙洲地区的村落

与西州地区相似，沙洲地区的民众也以城居为主。但较为不同的是，沙洲地区存在不少村落。如出土文书《甲辰年二月后沙州净土寺东库惠安惠戒手下便物历》中就出现了“百尺东村”[323]。另据出土文书《周长安三年前后敦煌县牒》[324]记载：

1 乡，耕耘最少，此由社官村

2 正，不存务农。即欲加决，正属

3 农非，各决贰拾。

……

此件文书为政府下发的公文。其中对于社官及村正的记载，显示出当地的村落发展已经成熟，不仅已经设有村正，而且存在结社现象。这显然与同时期中原地区的村落已经没有明显差异。由于现存史料有限，我们无法对当时沙洲地区村落的分布状况做具体考证，但是根据敦煌文书的相关记载可知，沙洲地区的寺庙周边应该是村落的密集分布区之一。

敦煌文书中有不少关于沙洲地区百姓或聚落向寺院借贷的契约，一定程度上可以反映出寺院周边的村落发展状况。其中，吐蕃统治敦煌时期是敦煌地区寺院放贷最为繁盛的阶段[325]，不少民间百姓因生活贫困选择向临近寺院借贷。如吐蕃文书中出现的从永寿寺借贷谷物的“宁宗部落之夏孜孜”[326]“悉董萨部落百姓孙清”[327]，向榆林寺寺库借麦的某部落喀泽晟、范氏十三娘及曹玛赞等[328]，向灵图寺借麦的“行人部落百姓张七奴纳突不办”[329]等。还有吐蕃统治敦煌时期，汉文借贷契约中出现的向灵图寺借谷物的赵卿卿、史奉仙、马其邻，向永寿寺借谷物的吴琼岳等。[330]有学者曾对吐蕃统治敦煌时期的部分寺院借贷契约进行过统计，在契约的债务人中，民间百姓所占比重最高，其次才为僧人、寺户和官员。[331]这虽然是由不同群体的实际经济状况所决定的，但是也能够间接地反映当时寺院周边聚落的发展状况。可以看出，诸如永寿寺、灵图寺、榆林寺等寺院周边不仅散布有吐蕃部落，而且有汉人聚落的存在。可以推测，或是这些聚落因寺庙建造以后带来的人口汇集形成，或是寺庙因村落聚集而选址于此。但无论是哪种情况，寺庙周边是沙洲地区聚落或村落的主要分布区之一的推断，似乎毋庸置疑。这一点也可以与唐代中原内地村落中普遍建有寺院的状况做类比。

因此，可以看出，唐代西北地区的村落是得到充分发展的。但通过对安西四镇、西州、沙洲几个地区的考察来看，西北地区村落的发展除了与自然环境有关以外，也与地域的经济、文化发展程度有着密切关联。西州地区的乡村发展状况就是很好的例证。整体而言，唐代村坊制度对西北地区产生了深入的影响。

二、青藏地区的村落

吐蕃王朝兴起以前，青藏高原地区长期处于以众多氏族部落为组织单元的分散状态，这些氏族部落皆以血缘关系为纽带，多分布于自然环境相对优越的河谷地带以及地势较为平缓的高原地区，以游牧业和农业为生。青藏高原上的早期聚落遗址反映了这样的发展状态。如西藏象泉河流域的丁东遗址与穹窿银城遗址、拉萨河谷与藏北高原交界地带的加日塘遗址等游牧聚落遗址，青海地区的齐家文化、辛店文化、卡约文化、诺木洪文化及西藏卡若文化、曲贡文化等皆为例证。

吐蕃王朝兴起前夕，经过长期的分化与融合，西藏地区已经形成了数十个部落联盟[332]。石硕先生曾根据历史文献对西藏地区早期的小邦进行过考证，可以确定名称与位置的共有9个，主要分布在西藏中南部拉萨河、年楚河流域及藏北高原。[333]这些小邦实际上是相互独立的邦国，有自己的部族首领与独立的管理体系，建有堡寨，并以堡寨为中心分布着部落民众的聚居单元。

现存敦煌吐蕃文书及现有考古发现，均可说明青藏高原地区早期小邦及其周边寨子的分布状况，而这种寨子应该就是当时部落群众的聚居单元。如西藏噶尔县境内的穹窿银城遗址被认为是象雄王国的都城所在地，其城堡建筑遗址分布于一个东北—西南走向的长条形山顶。根据遗址可见城堡有防御墙和堡垒，堡内有居住建筑、祭祀建筑及公共建筑。山下还分布有居住遗址和墓地。其中，居住遗址错落分布于中部与南部的河流一级台阶之上，成组布局，共有几十余组。较大的组由20余间房屋构成。霍巍认为这些居住遗址的排列分布方式是经过周密规划的。[334]这在西藏古代相关史籍中可以得到证明。《贤者喜宴》中有载，松赞干布统治时期，吐蕃七良臣中的第五位涅·赤桑央顿，其毕生最大的贡献就是将居于山上的民众迁到河谷地带，开垦土地，形成居住单位，并在高山上修建堡寨，以堡寨为基础改造出城镇。[335]根据穹窿银城遗址可以看出，这种做法并非出现于吐蕃时期，而是早在象雄国已经出现。据此可以推断，穹窿银城遗址中位于山上的堡寨后来就逐渐发展为城，山下河谷地带的几十组建筑群即为当地早期普通民众的基本聚居单元。这种聚居单元或可与中原地区早期独立于城市之外的乡野聚落做类比。

吐蕃时期是青藏高原地区村落发展的重要时期。7世纪初，早期氏族部落的一支——雅隆部落经过长期的累积与发展，已经成为部落联盟中最具势力者。松赞干布即位以后，即着手加强军事力量，并在其祖父达布聂西及其父朗日论赞所开创的国家事业的基础上，平定内部叛乱。在松赞干布的带领下，该部落不仅吞并了象雄、苏毗，统一了西藏各部，还建立起吐蕃政权，将都城迁至拉萨。其后，吐蕃王朝进一步向外拓展疆域，兼并了青海的吐谷浑及川西北高原的党项、多弥、白兰诸羌，统治势力覆盖整个青藏高原地区，形成威胁唐朝西北边疆稳定的一股强势力量。安史之乱以后，吐蕃王朝更是占领了西域及河西陇右地区，开始了对西北地区的统治。疆域版图的扩大促使吐蕃王朝可与唐王朝、中亚、西亚、南亚地区直接沟通。加之统治阶层采取了积极的经济与文化发展政策，吐蕃王朝与周边的多个国家和地区也建立了密切的交往关系。在频繁的文化交流过程中，不仅吐蕃地区的社会生产力得到了较大的提升，农牧业经济也有了一定程度的发展，为青藏高原各地方的农牧型聚落的发展提供了有力条件。

首先，农业生产水平的提高促进了农业聚落与城市的发展。松赞干布统一青藏高原以后，同唐王朝一样，西藏地区进入一个相对安定的发展阶段。松赞干布非常重视农业的生产与发展，不仅开拓荒地，而且大力改善灌溉条件，蓄水为池，引水为渠，还建立了旱灌涝排设施，“定衡量之法，设阡陌之制，教民习书，为马涂彩”。[336] 此外，这一时期犁、镰、锨、手斧等铁制农具及“二牛抬杠”式犁耕已经在青藏高原农业生产区得到普遍使用。尤其是文成公主入藏，不仅携带了不少农艺、历算书籍以及适合高原地区生产的谷物种子，而且将中原地区的农业生产技术教授给当地民众。这极大地促进了当地农业生产条件的改进。如山南地区的农田开垦、种植、保苗、灌溉等精耕细作的生产方法，青海地区水磨的建造与使用方法，皆是文成公主入藏之力所成。

不同时期因不同原因迁入吐蕃地区的中原移民，也为吐蕃地区农业生产的发展做出了不小的贡献。农业生产水平的提高直接促进了农作物种类的丰富。据《旧唐书》记载，吐蕃时期青藏高原地区已经种植有青稞、小麦、荞麦、芸豆等多种农作物。[337] 可以看出，当时吐蕃的农业生产水平已经得到很大的提高。这不仅促进了吐蕃地区农业生产区域的扩大，也促进了当地农业聚落的发展。根据《西藏王统记》的记载，此时拉萨地区及雅鲁藏布江流域已经“牛羊遍野，农田弥望”[338]，河谷地带也出现了村镇[339]。这种分布于河谷的聚落，应该是在类似于穹窿银城遗址中山谷地带建筑群的基础上发展而来的，也正是涅·赤桑央顿对建立山城与河谷聚落建议的实施结果。由此也可以推测，吐蕃时期，青藏高原地区的河谷地带已经成为农业聚落发展的主要的分布区。

吐蕃时期的青藏高原，还出现了不少因军事屯田而产生的聚落。如贞观年间，唐军击败吐谷浑控制青藏高原北部地区之后，受到吐蕃势力北上扩张的威胁，唐政府不得不在当地以重兵驻守，其后更是在青藏高原东部、北部、西部地区以三面包围的形式安置重兵。不仅如此，唐王朝每年都要从内地征调丁男赴藏充兵，以维持军力，还在当地屯田发展农业与牧业以备军用。因此，青藏高原北部地区在唐初就成为唐王朝重要的屯田区。其中，规模最大者为黑齿常之部河源军（驻于今西宁市）的屯田，面积达 5 000 顷。[340] 自此至安史之乱爆发，唐王朝在青藏高原北部驻兵近 80 年，经过长期的发展，这些屯田区不可避免地会发展出一定规模的村落。吕温所作《经河源军汉村作》一诗，就记录了其出使吐蕃时在出吐蕃王朝统治的河源地区所见的场景：“行行忽到旧河源，城外千家作汉村。樵采未侵征虏墓，耕耘犹就破羌屯。金汤天险长全设，伏腊华风亦暗存。暂驻单车空下泪，有心无力复何言。”[341] 诗中即描述了当地因屯田形成的村落与城镇。据此，有学者推断，吐蕃时期，青藏高原北部地区已经有不少汉人，并且形成了部分汉人村落。[342]

其次，畜牧业的发展促进了游牧聚落的发展。吐蕃王朝在推动农业生产发展的同时，也积极促进畜牧业的发展，开垦并划分牧场。这一时期，青藏高原已经形成了春夏逐水草而居、秋冬有固定牧场的随季节变化的放牧方式，后来逐渐演变为定居牧耕，不再是传统的单纯游牧。这种放牧方式的转变直接促进了牧区聚落的形成。

最后，佛教于吐蕃时期在青藏高原地区的发展，促进了以佛教寺院为中心的聚落的发展。吐蕃时期，由于吐蕃王朝统治阶层对佛教的弘扬与推崇，佛教寺院被大量建立。除了已建寺院会吸引民众聚居以外，新建寺院也通常会因寺属人口、“供养顺缘之奴隶”及寺产民户[343]的增多引起人口的汇集，进而促使大小聚落形成。这在上述吐蕃统治沙洲时期的聚落发展状况中已经有明显的反映。对于普遍崇信藏传佛教的青藏地区而言，因寺院的大量兴建而带来的聚落大量发展，已经可以预见。有关学者的研究显示，仅赤祖德赞时期，吐蕃境内的佛教寺院已经达到 1 008 座。[344] 仅这一时期，千余座寺院对青藏高原地区聚落发展的影响力已不容忽视，更不必提整个吐蕃时期寺院对青藏高原地区聚落形成与发展的影响。

三、北方地区的村落

隋唐以前，突厥势力逐渐壮大，开始控制北至北海（今贝加尔湖）、东至辽海（今辽河上游）、西至西海（今里海）的广大草原及沙漠地区。至隋开皇三年（583 年），突厥势力分为东、西二部。自此至唐代前期的近 50 年间，大漠南北地区皆在东突厥势力的控制之下。唐初，东突厥及北方反唐武装势力屡次对李唐新生政权发起挑战。唐军统一华北以后，开始对东突厥势力展开军事行动，并于唐贞观三年（629 年）底击溃东突厥武装势力。次年三月，东突厥首领率部落投降。自此，唐王朝完成了平定北方地区的战争。

东突厥势力灭亡以后，唐王朝开始在当地设置行政区划。贞观四年（630 年），唐政府在自幽州至灵州间的地区设置了顺州、祐州、化州、长州都督府，并分颉利可汗统治故地为六州，置定襄都督府及云中都督府统管各部。贞观二十三年（649 年），唐朝又在北部沿边突厥各部设置了一批羁縻州。车鼻可汗政权灭亡以后，唐政府又设置瀚海都督府（663 年改名云中都护府，移至云中，664 年改名单于都护府）与燕然都督府（668 年改安北都护府）分管大漠南北区域。唐王朝基本完成对北方地区的行政建制，并同对待其他民族地区一样，以羁縻政策进行行政统治。

北方地区以广阔的草原为主，自古便是游牧民族的天下，这就决定了该地区无法像中原地区那样充分发展农业生产，并形成稳定的定居聚落，而是以逐水草而居的游牧部落为主。早在汉代，西北地区已经形成了游牧民族的部落联盟，这类部落联盟多是由多个氏族部落组成，如匈奴部落联盟、鲜卑部落联盟、突厥部落联盟等。3 世纪，这些部落联盟经过兼并、战争，最终形成几个草原部落大联盟。[345] 草原部落大联盟的成分较为复杂，但基本上由不同的氏族部落组成。如檀石槐时期的鲜卑草原部落大联盟，就包括宇文鲜卑、慕容鲜卑、段部鲜卑的五十多个邑落，每个邑落又由多个氏族构成。突厥草原部落大联盟的成分更为复杂，包括天山东部及漠北的九姓铁勒、九姓回纥、四十姓拔悉密、三十姓鞑靼等多个不同的氏族部落。[346] 至隋唐以前，西北地区已经存在诸多部落联盟，这些部落联盟由早期游牧部落发展而来。这些草原部落大联盟自形成至隋唐时期，虽然在不同历史阶段对西北草原地区的不同区域进行统治，但其部落基本的组织形式是相似的。

北方草原的游牧部落并不似青藏高原的农区部落，也与中原地区的乡村聚落不同，其部落形态与社会生产的组织方式都表现出游牧民族的突出特性，即流动性较强。这些部落会因放牧条件的改变流动，也会因战争等因素发生迁移，就连部落首领所在的牙帐也并非完全固定，甚至举部而迁的现象也时有发生，尤其是战争导致迁移更为频繁。如唐初东突厥灭亡以后，薛延陀即占据漠北地区，并将其牙帐迁至都尉楗山（今址不详）和独逻水以南（今蒙古国土拉河）区域。[347] 另如据颜真卿《臧怀恪碑》记载，开元初仆骨部设支部落有 2 000 帐归附唐政府[348]；开元三年（715 年），处罗可汗之子郁射设带领部落万余帐南迁[349]。其迁移单位“帐”通常代表一户家庭。可以看出，这种迁移的规模是比较大的，而且流动性很强。

除了游牧部落外，北方草原也有部分地区存在农业生产，并形成固定的农业生产聚落。典型的为漠南地区。一方面，该地区因处于北方民族与中原地区的交界地带，当地的生活、生产方式较多地受到中原地区的影响。另一方面，隋唐时期因各种因素迁移至漠南地区的汉人，也对当地社会生产、生活方式的发展产生了直接的影响。隋末唐初的社会动乱，迫使不少中原地区的民众向外迁移。除了向南方及西南地区迁移外，相对安定的漠南草原也是重要的迁入地区。因而，隋唐时期当地也汇聚了不少汉人及突厥人。隋灭亡以后，东突厥政权曾立隋朝皇室杨政道为隋王，并将因躲避战争迁移至东突厥的中原百姓及官员等一万多人交由其管理，居于定襄郡。[350]唐王朝击溃东突厥势力以后，部分中原汉人返回中原地区，漠南又成为部分战败东突厥降众的安置地。据《旧唐书》记载，在此期间，当地曾招募汉人来此垦田耕种。[351]

武周时期，漠南地区还是唐朝犯人的主要流放地。如武则天就曾将牵连入越王谋反一事的近 6 000 人流放至漠南的丰州地区。[352]这些迁移至漠南地区的汉人，必然促进了当地生产方式的转变，乃至定居聚落的形成与发展。据《新唐书》记载："丰州九原郡，下都督府。贞观四年以降突厥户置，不领县。……土贡：白麦、印盐、野马胯革、驼毛褐、毡。户二千八百一十三，口九千六百四十一。县二。九原，中下。永徽四年置。有陵阳渠，建中三年浚之以溉田，置屯，寻弃之。有咸应、永清二渠，贞元中，刺史李景略开，溉田数百顷。"[353]从这则记载中可以明确两点：第一，丰州地区的土贡中，除了游牧民族特产的动物皮毛及相关制品以外，还有"白麦"，这充分显示了当地是存在农作物种植的。农作物种植及农业的发展必须依赖定居形式的农业聚落，这也同样说明了当地农业性质聚落的存在。第二，其中所载当地官吏所开凿的两条用于农业灌溉的水渠，一条因"置屯"而弃用，另外一条则"溉田数百顷"，这些信息都表明该地已经建立了农业聚落"屯"，而这个能拥有数百顷耕地的聚落规模应该并不小。《新唐书》中的另一记载也可对吐蕃农业及农业聚落的发展提供例证。据载，元和年间，韩重华曾在振武、中受降城（今包头市西南）、云州（今山西大同）一带募民屯田，共垦田 3 800 余顷，并于当地形成了 15 个屯，每屯 130 人，每人分得耕地 100 亩。[354] 可见，这类随着屯田活动的开展所形成的农业生产聚落，也是具有中原特色的新兴聚落单元。这成为草原地区具有村落性质的农业聚居单元形成与发展的一个来源。

注 释

自序

1 “新仙女木事件”是远古气候中冰消期持续升温过程中一次突然降温的典型非轨道事件。它是一个全球性的事件，发生于距今 12 000 年左右。气候学家的研究显示，中国东部陆架海也普遍发现了“新仙女木事件”的沉积记录。

2 萧公权著，张皓、张升译：《中国乡村——论 19 世纪的帝国控制》，联经出版事业股份有限公司 2014 年版，第 vi 页。

3 梁启超：《中国历史研究法》，上海古籍出版社 1998 年版，第 3 页。

4 胡彬彬、吴灿：《中国传统村落文化概论》，中国社会科学出版社 2018 年版，第 30 页。

5 马伦与戴乐仁合编有论文集《中国农村经济实况》，H. D. 布朗著有《四川峨眉山 25 个田区之调查》《四川成都平原 50 个田区之调查》，卜凯著有《安徽芜湖附近 102 个田区之经济及社会调查》、马罗立著有《饥荒的中国》，史禄国著有《满族的社会组织》《北方通古斯的社会组织》，等等，不一而足。参见阎明：《一门学科与一个时代——社会学在中国》，清华大学出版社 2004 年版，第 18—19 页。

6 丹尼尔·哈里森·葛学溥著，周大鸣译：《华南的乡村生活——广东凤凰村的家族主义社会学研究》，知识产权出版社 2012 年版，第 1—2 页。

7 李景汉：《定县社会概况调查》，上海人民出版社 2005 年版。

8 陈翰笙著，冯峰译：《解放前的地主与农民——华南农村危机研究》，中国社会科学出版社 1984 年版。英文书名直译为《中国的地主与农民》。

9 费孝通著，戴可景译：《江村经济》，北京大学出版社 2016 年版。

10 林耀华：《义序的宗族研究》，生活·读书·新知三联书店 2000 年版；林耀华著，庄孔韶、方文静译：《金翼——中国家族制度的社会学研究》，生活·读书·新知三联书店 2015 年版。

11 杨懋春：《一个中国村庄——山东台头》，江苏人民出版社 2001 年版。

12 许烺光著，王芃 、徐隆德译：《祖荫下——中国乡村的亲属、人格与社会流动》，台北南天书局有限公司 2001 年版。

13 王铭铭：《小地方与大社会——中国社会人类学的社区方法论》，《民俗研究》1996 年第 4 期。

14 马林诺夫斯基：《序》，载费孝通著，戴可景译：《江村经济》，北京大学出版社 2016 年版，第 6 页。

15 梁漱溟：《乡村建设理论》，商务印书馆 2015 年版，第 10—11 页。

16 华琛、华若璧著，张婉丽、盛思维译：《乡土香港——新界的政治、性别及礼仪》，香港中文大学出版社 2011 年版。

17 武雅士著，彭泽安、邵铁峰译：《中国社会中的宗教与仪式》，江苏人民出版社 2014 年版。

18 王斯福著，赵旭东译：《帝国的隐喻——中国民间宗教》，江苏人民出版社 2008 年版。

19 王铭铭说："弗里德曼的持续影响，不仅是因为他是一代欧美甚至东亚汉学人类学者的导师，而且更重要的是他在中国社会的人类学研究中提出了一个颇类似于库恩所界说的'范式'。"黄宗智则指出，"施氏的原意，不过是要矫正人类学家只着眼于小社团的倾向，但是结果几乎完全消灭了他的对手"，影响了"一整代的美国史学家"。参见王铭铭：《社会人类学与中国研究》，生活 · 读书 · 新知三联书店 1997 年版，第 66 页；黄宗智：《华北的小农经济与社会变迁》，中华书局 2000 年版，第 23 页。

20 弗里德曼 1962 年在马林诺夫斯基纪念讲座上的讲话："A Chinese Phase in Social Anthropology"，*British Journal of Sociology*，1963，14（1）：1-19。转引自王铭铭：《社会人类学与中国研究》，生活 · 读书 · 新知三联书店 1997 年版，第 35—36 页，第 65 页。

21 施坚雅著，史建云、徐秀丽译：《中国农村的市场和社会结构》，中国社会科学出版社 1998 年版，第 40 页。

22 邓大才：《超越村庄的四种范式：方法论视角——以施坚雅、弗里德曼、黄宗智、杜赞奇为例》，《社会科学研究》2010 年第 2 期。

23 李红、胡彬彬：《中国村落研究的三种范式——基于相关文献的初步反思》，《光明日报》2016 年 10 月 19 日，第 14 版。

24 中国农村惯行调查刊行会编：《中国农村惯行调查》（共 6 卷），岩波书店 1952—1958 年版。

25 宫崎市定：《关于中国聚落形体的变迁》（1957 年发表），载刘俊文主编：《日本学者研究中国史论著选译》第三卷《上古秦汉》，中华书局 1993 年版，第 1—29 页；宫崎市定:《中国における村制の成立——古代帝国崩坏の一面》,《东洋史研究》1960年4期,中译文《中国村制的成立——古代帝国崩坏的一面》,载中国科学院历史研究所编译组编译:《宫崎市定论文选集》上,商务印书馆1963年版,第39—40页。

26 松本雅明:《都市国家か否か》,载铃木俊编:《世界各国史·中国史》,山川出版社1954年版。

27 日比野丈夫:《中国における聚落の発达》,载木内信藏、藤冈谦二郎、矢岛仁吉编:《集落地理讲座》第4卷《世界の集落》,朝仓书店1959年版;日比野丈夫:《中国历史地理研究》,同朋舍1977年版。

28 池田雄一著,郑威译:《中国古代的聚落与地方行政》,复旦大学出版社2017年版。

29 斐迪南·滕尼斯著,林荣远译:《共同体与社会》,商务印书馆1999年版,第52—54页,第65页。他将共同体分为血缘共同体、地缘共同体和精神共同体三类,认为"血缘共同体作为行为的统一体发展为和分离为地缘共同体,地缘共同体直接表现为居住在一起,而地缘共同体又发展为精神共同体,作为在相同的方向上和意义上的纯粹的相互作用和支配"。

30 1901—1944年,日本先后在东北、华北和台湾等地开展农村惯行调查,其中一个调查主题便涉及了中国村落共同体性质。中国农村惯行调查刊行会编:《中国农村惯行调查》(共6卷),岩波书店1952—1958年版。

31 戒能通孝:《法律社会学の诸问题》,日本评论社1943年版;福武直:《中国农村社会の构造》,东京大学出版会1976年版(原由大雅堂于1946年出版)。

32 平野义太郎:《大アジア主义の历史の基础》,河山书房1945年版;清水盛光:《支那社会の研究——社会学的考察》,岩波书店1944年版。

33 旗田巍:《中国村落と共同体理论》,岩波书店1973年版。他认为共同体肯定论者和否定论者的逻辑背后是各自政治立场的体现,前者是基于"大东亚共荣圈"这一出发点,因而努力认同中国社会与日本一样拥有相同的村落共同体结构;后者则主张"脱亚入欧",强调中国不存在像欧洲和日本那样的村落共同体。他还批评他们在方法论上的缺陷,认为他们判定共同体性质的依据是以日本或德国为标准,并未考虑中国社会的实际。然而,从其内容来看,他更倾向于否定中国存在村落共同体。

34 参见李国庆:《关于中国村落共同体的论战——以"戒能–平野论战"为核心》,《社会学研究》2005年6期。

35 柳田节子:《乡村制的展开》,载岩波讲座《世界历史》第9卷,岩波书店1970年版。

36 丹乔二著,虞云国译:《试论中国历史上的村落共同体》,《史林》2005年第4期;丹乔二:《关于宋元时代江南圩田地带的村落共同体——兼评滨岛敦俊的"田头制"

论》，日本大学人文科学研究所《研究纪要》第40号，1990年。

37 谷川道雄：《中国的中世——六朝隋唐社会与共同体》，载刘俊文主编：《日本学者研究中国史论著选译》第二卷《专论》，中华书局1993年版，第104—153页。

38 东晋次：《后汉时代の政治と社会》，名古屋大学出版会1995年版，第35—37页。

39 越智重明：《东晋南朝の村と豪族》，《史学杂志》1970年第10号，第21页。他将“村”视为“共同体”来讨论，但强调豪族是共同体的破坏者。堀敏一：《魏晋南北朝時代の“村”をめぐって》，载崛敏一：《中国古代の家と集落》，汲古书院1996年版。堀敏一的观点类似谷川道雄的阐述。

40 越智重明：《汉魏晋南朝の乡·亭·里》，《东洋学报》1970年第1号；越智重明：《里から村へ》，《九州大学东洋史论集》1973年第1号。

41 堀敏一：《魏晋南北朝および隋代の行政村と自然村》，载崛敏一：《中国古代の家と集落》，汲古书院1996年版。

42 萧公权著，张皓、张升译：《中国乡村——论19世纪的帝国控制》，联经出版事业股份有限公司2014年版。他认为清朝与其之前的朝代一样，作为专制政权，乡村的控制是以“维稳”为目的的，因而在清朝统治下的社会，人民被划分为几个政治、社会和经济地位不同的群体，统治者与人民的利益是背道而驰的，甚至在某种程度上是不相容的。

43 吴海燕：《魏晋南北朝乡村社会及其变迁研究》，郑州大学博士学位论文2003年。

44 高贤栋：《南北朝乡村社会组织研究》，山东大学出版社2008年版。

45 齐涛：《魏晋隋唐乡村社会研究》，山东人民出版社1995年版，第44页；马新、齐涛：《汉唐村落形态略论》，《中国史研究》2006年第2期。

46 参见侯旭东：《北朝乡里制与村民的生活世界——以石刻为中心的考察》，《历史研究》2001年第6期；又见侯旭东：《北朝乡里制与村民的空间认同》，载侯旭东：《北朝村民的生活世界——朝廷、州县与村里》，商务印书馆2005年版，第159页。在文章中，他指出，北朝村民利用“村”而非“三长”或“乡里”在活动中标识自己或构建组织，并记述到记文中，说明在非官方的场合，百姓并不理会作为地域概念的“乡里”与作为户口组织概念的“三长”，更谈不上用它们来界定组织与人群了。

47 侯旭东：《北朝村民的生活世界——朝廷、州县与村里》，商务印书馆2005年版。

48 傅俊：《南宋的村落世界》，浙江大学博士学位论文2009年。

49 刘再聪：《村的起源及“村”概念的泛化——立足于唐以前的考察》，《史学月刊》2006年第12期。这一论点日本学者池田雄一在《中国古代的聚落形态》一文中也有阐述。参见池田雄一：《中国古代的聚落与地方行政》，复旦大学出版社2017年版，第 63—89 页。

50 章义和:《关于南朝村的渊源问题》,《福建论坛（人文社会科学版）》2005 年第 4 期。

51 韩昇:《魏晋隋唐的坞壁和村》,《厦门大学学报（哲学社会科学版）》1997 年第 2 期。

52 刘再聪:《唐四镇地区基层行政治理研究——以于阗、龟兹两地村坊制度为中心的考察》,《西域研究》2008 年第 3 期。

53 刘再聪:《唐代“村正”考》,《中国农史》2007 年第 4 期；刘再聪:《唐朝“村”制度的确立》,《史学集刊》2008 年第 2 期；刘再聪:《“在田野者为村”——以〈入唐求法巡礼行记〉为中心的考察》,《中国农史》2010 年第 1 期。

54 谷更有:《唐宋国家与乡村社会》，中国社会科学出版社 2006 年版。

55 杨国安:《明清两湖地区基层组织与乡村社会研究》，武汉大学出版社 2004 年版；谭景玉:《宋代乡村行政组织及其运转研究》，山东大学博士学位论文 2005 年；刁培俊:《两宋乡役与乡村秩序研究》，南开大学博士学位论文 2007 年。

56 郑世刚:《宋代的乡和管》，载邓广铭、漆侠主编:《中日宋史研讨会中方论文选编》，河北大学出版社 1991 年版；仝晰纲:《元代的村社制度》,《山东师范大学学报（人文社会科学版）》1996 年第 6 期；夏维中:《宋代乡村基层组织衍变的基本趋势——与〈宋代乡里两级制度质疑〉一文商榷》,《历史研究》2003 年 4 期；梁建国:《南宋乡村区划探析——以都保为中心》,《烟台大学学报（哲学社会科学版）》2006 年第 1 期。

57 尹钧科:《北京郊区村落发展史》，北京大学出版社 2001 年版；邱枫:《宁波古村落史研究》，浙江大学出版社 2011 年版。

58 陈桥驿:《历史时期绍兴地区聚落的形成与发展》,《地理学报》1980 年第 1 期。

59 陈芳惠:《村落地理学》，五南图书出版公司 1984 年版。

60 金其铭:《农村聚落地理》，科学出版社 1988 年版。

61 张小林:《乡村空间系统及其演变研究——以苏南为例》，南京师范大学出版社 1999 年版。

62 李贺楠:《中国古代农村聚落区域分布与形态变迁规律研究》，天津大学博士学位论文 2006 年。

63 鲁西奇、韩轲轲:《散村的形成及其演变——以江汉平原腹地的乡村聚落形态及其演变为中心》,《中国历史地理论丛》2011 年第 4 期；鲁西奇:《散村与集村——传统中国的乡村聚落形态及其演变》,《华东师范大学学报（人文社会科学版）》2013 年第 4 期。

64 鲁西奇:《汉宋间长江中游地区的乡村聚落形态及其演变》,《历史地理》2008 年第 1

期，第 150—151 页。
65 刘沛林：《古村落——和谐的人聚空间》，上海三联书店 1998 年版。
66 池田雄一：《石器时代的聚落》，载池田雄一著，郑威译：《中国古代的聚落与地方行政》，复旦大学出版社 2017 年版；池田雄一：《马王堆出土〈地形图〉中的聚落》，载池田雄一著，郑威译：《中国古代的聚落与地方行政》，复旦大学出版社 2017 年版；斯波义信：《宋代湖州聚落复原》，载刘子健博士颂寿纪念论集刊行会编：《刘子健博士颂寿纪念宋史研究论集》，同朋舍 1988 年版。
67 王先明：《中国近代乡村史研究及展望》，《近代史研究》2002 年第 2 期；王先明、杨东：《新世纪以来中国近代乡村史研究的回顾与反思》，《史学月刊》2010 年第 7 期。
68 王先明：《中国近代乡村史研究及展望》，《近代史研究》2002 年第 2 期；马敏：《中国农村社会经济发展史的新探索》，《近代史研究》1993 年第 2 期。
69 李怀印著，岁有生、王士皓译：《华北村治——晚清和民国时期的国家与乡村》，中华书局 2008 年版。
70 李红、胡彬彬：《中国村落研究的三种范式——基于相关文献的初步反思》，《光明日报》2016 年 10 月 19 日，第 14 版。
71 杜赞奇著，王福明译：《文化、权力与国家——1900—1942 年的华北农村》，江苏人民出版社 1996 年，第 246 页。
72 杜赞奇著，王福明译：《文化、权力与国家——1900—1942 年的华北农村》，江苏人民出版社 1996 年，第 248 页。
73 毛泽东：《论联合政府》（1945 年 4 月 24 日），载《毛泽东选集》第三卷，人民出版社 1991 年版，第 933 页。
74 参见 2017 年 5 月中共中央印发的《关于加快构建中国特色哲学社会科学的意见》。

第一章　概论

1 施坚雅著，史建云、徐秀丽译：《中国农村的市场和社会结构》，中国社会科学出版社 1998 年版。
2 杜赞奇著，王福明译：《文化、权力与国家——1900—1942 年的华北农村》，江苏人民出版社 2003 年版。
3 费孝通著，戴可景译：《江村经济》，北京大学出版社 2016 年版。
4 贺雪峰：《村庄的生活》，《开放时代》2012 年 2 期；李培林：《村落的终结——羊城村的故事》，商务印书馆 2004 年版。前者认为村庄共同体有自然边界、社会边界、文化边界三种，后者认为这一概述不全面，还包括行政边界和经济边界。

5 刘易斯·芒福德著，宋俊岭、倪文彦译：《城市发展史——起源、演变和前景》，中国建筑工业出版社 2016 年版，第 12 页，第 19 页。

6 中共中央马克思恩格斯列宁斯大林著作编译局编译：《马克思恩格斯选集》第三卷，人民出版社 1972 年版，第 187 页。

7 参见马王堆汉墓帛书整理小组：《长沙马王堆三号汉墓出土地图的整理》，《文物》1975 年第 2 期；马王堆汉墓帛书整理小组：《马王堆三号汉墓出土驻军图整理简报》，《文物》1976 年第 1 期。

8 据笔者统计，《水经注》中名“村”者有 19 处。齐涛统计为 17 处，见齐涛：《魏晋隋唐乡村社会研究》，山东人民出版社 1995 版，第 41 页。同见《水经注》的《水经》《沔水》《渐江水》《江水》《耒水》《洭水》。

9 刘再聪：《“在田野者为村”——以〈入唐求法巡礼行记〉为中心的考察》，《中国农史》2010 年第 1 期。《入唐求法巡礼行记》中的“村”广泛分布于扬州、海州、登州、莱州、青州、缁州、齐州、德州、沛州、冀州、赵州、镇州、忻州、太原府、汾州、晋州、蒲州、同州等地。

10 马克斯·韦伯著，洪天富译：《儒教与道教》，江苏人民出版社 1993 年版，第 110 页。

11 费孝通：《乡土中国·生育制度·乡土重建》，商务印书馆 2015 年版，第 66 页。

12 斐迪南·滕尼斯著，林荣远译：《共同体与社会》，商务印书馆 1999 年版，第 52—54 页，第 65 页。

13 费孝通：《乡土中国·生育制度·乡土重建》，商务印书馆 2015 年版，第 73 页。

14 柳田节子：《乡村制的展开》，载岩波讲座《世界历史》第9卷，岩波书店1970年版。

15 参见侯旭东：《北朝村民的生活世界——朝廷、州县与村里》，商务印书馆 2005 年版，第 62—65 页；刘沛林：《古村落——和谐的人聚空间》，上海三联书店 1998 年版，第 20 页；胡彬彬、李向军、王晓波主编：《中国传统村落保护调查报告（2017）》，社会科学文献出版社 2017 年版，第 29 页，第 139 页，第 168—170 页，第 190—191 页，第 251—252 页，第 284 页。

16 莫里斯·弗里德曼著，刘晓春译：《中国东南的宗族组织》，上海人民出版社 2000 年版，第 1 页。

17 中国村落文化研究中心收藏的数以千计的造像记发愿文，有一部分已公开出版。可参见胡彬彬、吴灿：《祈福禳灾——道教造像记》，湖南大学出版社 2013 年版；胡彬彬、李方：《祈愿延绵——佛教造像记》，湖南大学出版社 2013 年版。

18 杜赞奇著，王福明译：《文化、权力与国家——1900—1942年的华北农村》，江苏人民出版社1996年版，第112页。

19 《吕氏乡约》作者虽署名是吕大钧，但其兄大忠、大防及其弟大临都曾参与过乡约的讨论。后来经朱熹增损，《吕氏乡约》便在更广泛范围内传播，而且影响了后世乡约的文本制定。

20 胡彬彬：《靖州“群村永赖”碑考》，《民族研究》2009年第6期。

21 牛贯杰：《从“守望相助”到“吏治应以团练为先”——由团练组织的发展演变看国家政权与基层社会的互动关系》，《中国农史》2004年第1期。

22 刘玉照：《村落共同体、基层市场共同体与基层生产共同体——中国乡村社会结构及其变迁》，《社会科学战线》2002年第5期。

23 吉尔伯特·罗兹曼主编，国家社会科学基金“比较现代化”课题组译：《中国的现代化》，江苏人民出版社2018年版，第1页。

24 胡彬彬：《小村落大文化》，《光明日报》2013年5月6日，第5版。

25 王守仁撰，吴光、钱明、董平等编校：《王阳明全集》，上海古籍出版社1992年版，第600页。

26 胡彬彬：《小村落大文化》，《光明日报》2013年5月6日，第5版。

27 费孝通：《乡土中国·生育制度·乡土重建》，商务印书馆2015年版，第24页。

28 恩格斯著，中共中央马克思恩格斯列宁斯大林著作编译局编译：《家庭、私有制和国家的起源》，人民出版社1998年版，第411页。

29 恩格斯著，中共中央马克思恩格斯列宁斯大林著作编译局编译：《家庭、私有制和国家的起源》，人民出版社2003年版，第94页。

30 路易斯·亨利·摩尔根著，杨东莼、马雍、马巨译：《古代社会》，商务印书馆1997年版，第121页。

31 赵世超：《西周政治关系、地缘关系与血缘关系并存现象剖析》，《河南大学学报（哲学社会科学版）》1988年第4期。

32 陈立撰，吴则虞点校：《白虎通疏证》，中华书局1994年版，第397页。

33 刘修明：《家族宗法制是中国封建社会长期延续的重要原因》，《学术月刊》1983年第2期。

34 曹成章：《傣族社会的家族公社及其残存的原因》，《民族研究》1984年第4期。

35 费孝通：《乡土中国·生育制度·乡土重建》，商务印书馆2015年版，第27页。

36 转引自米格代尔著，李玉琪、袁宁译：《农民、政治与革命——第三世界政治与社会变革的压力》，中央编译出版社1996年版，第17页。

37 费孝通：《乡土中国·生育制度·乡土重建》，商务印书馆2015年版，第54页。

38 中共中央马克思恩格斯列宁斯大林著作编译局编译：《马克思恩格斯文集》第二卷，人民出版社2009年版，第566页。

39 费孝通：《乡土中国·生育制度·乡土重建》，商务印书馆2015年版，第6页。

40 费孝通：《乡土中国·生育制度·乡土重建》，商务印书馆2015年版，第10页。

41 《毛泽东选集》第三卷，人民出版社1991年版，第934页。

42 费孝通：《乡土中国·生育制度·乡土重建》，商务印书馆2015年版，第9页。

43 费孝通：《乡土中国·生育制度·乡土重建》，商务印书馆2015年版，第33页。

第二章　中华文明的起源与中国的早期村落

1 王弼注，孔颖达疏：《周易正义》卷八《系辞下》，中华书局2018年版，第442页。

2 郭庆藩撰，王孝鱼点校：《庄子集释》卷九下，中华书局1961年版，第993—994页。

3 吴新智：《周口店山顶洞人化石的研究》，《古脊椎动物与古人类》1961年第3期。

4 陈星灿：《史前居室葬俗的研究》，《华夏考古》1989年第2期。

5 蔡俊生：《人类社会的形成和原始社会形态》，中国社会科学出版社1988年版，第183—184页。马克思指出，血缘婚"是以同胞兄弟和姊妹之间的结婚为基础的，随着婚姻制度的扩大才逐渐把旁系兄弟姊妹包括在婚姻范围内"。马克思：《摩尔根〈古代社会〉一书摘要》，人民出版社1965年版，第183页。

6 鲍里斯科夫斯基：《母系氏族公社问题》，《民族译丛》1980年第5期。

7 裴安平：《中国史前聚落群聚形态研究》，中华书局2014年版，第26—67页。

8 浙江省文物考古研究所、浦江博物馆：《浙江浦江县上山遗址发掘简报》，《考古》2007年第9期。

9 熊莲珍：《澧阳平原史前遗址群保护探索》，《中国文物报》2012年6月29日，第3版。

10 费国平：《浙江余杭良渚文化遗址群考察报告》，《东南文化》1995年第2期。

11 董鉴泓：《中国城市建设史》，中国建筑工业出版社2007年版，第2页。

12 任式楠：《中国史前农业的发生与发展》，《学术探索》2005年第6期。

13 湖南省文物考古研究所：《湖南澧县梦溪八十垱新石器时代早期遗址发掘简报》，《文物》1996年第12期。

14 湖南省文物考古研究所：《湖南临澄县胡家屋场新石器时代遗址》，《考古学报》1993年第2期。

15 浙江省文物考古所:《萧山跨湖桥新石器时代遗址》,载浙江省文物考古研究所编:《浙江省文物考古研究所学刊》,长征出版社 1997 年版。

16 河南省文物考古研究所:《舞阳贾湖》下册,科学出版社 1999 年版。

17 河南省文物管理局南水北调文物保护办公室、郑州市文物考古研究院:《河南新郑市唐户遗址裴李岗文化遗存发掘简报》,《考古》2008 年第 5 期。

18 山东省文物考古研究所、章丘市城子崖博物馆:《章丘市西河遗址 2008 年考古发掘报告》,载山东省文物考古研究所编:《海岱考古》第五辑,科学出版社 2012 年版;山东省文物考古研究所:《山东发现八千年前居址聚落》,《中国文物报》1998 年 1 月 21 日。

19 中国社会科学院考古研究所内蒙古工作队:《内蒙古敖汉旗兴隆洼遗址发掘简报》,《考古》1985 年第 10 期;中国社会科学院考古研究所内蒙古工作队:《内蒙古敖汉旗兴隆洼聚落遗址 1992 年发掘简报》,《考古》1997 年第 1 期。

20 内蒙古文物考古研究所:《内蒙古林西县白音长汗新石器时代遗址发掘简报》,《考古》1993 年第 7 期。

21 魏益民:《中华面条之起源》,《麦类作物学报》2015 年第 7 期。

22 裴安平:《中国史前聚落群聚形态研究》,中华书局 2014 年版,第 73 页,第 81 页。见“澧阳平原、皂市下层文化聚落遗址面积一览表”“环嵩山地区裴李岗文化部分遗址面积登记表”。

23 王建华:《史前人口研究初论》,《文物》2003 年第 4 期。

24 陈明远、金岷彬:《从甲骨文看史前的种植与耕作》,《社会科学论坛》2014 年第 8 期。

25 阎万英:《我国古代人口因素与耕作制的关系》,《中国农史》1994 年第 2 期。

26 山东省文物考古研究所、章丘市城子崖博物馆:《章丘市西河遗址 2008 年考古发掘报告》,载山东省文物考古研究所编:《海岱考古》第五辑,科学出版社 2012 年版;山东省文物考古研究所:《山东发现八千年前居址聚落》,《中国文物报》1998 年 1 月 21 日。

27 河南省文物管理局南水北调文物保护办公室、郑州市文物考古研究院:《河南新郑市唐户遗址裴李岗文化遗存发掘简报》,《考古》2008 年第 5 期。

28 王建华:《黄河中下游地区史前人口研究》,山东大学博士学位论文 2005 年,第 24 页,第 42 页。

29 转引自裴安平:《中国史前聚落群聚形态研究》,中华书局 2014 年版,第 184 页。

30 路易斯·亨利·摩尔根著,杨东莼、马雍、马巨译:《古代社会》上,商务印书馆 2012 年版,第 119 页,第 124 页。

31 中国科学院考古研究所、陕西省西安半坡博物馆:《西安半坡——原始氏族公社聚落遗址》,文物出版社 1963 年版,第 9 页。

32 半坡博物馆、陕西省考古研究所、临潼县博物馆:《姜寨——新石器时代遗址发掘报告》,文物出版社 1988 年版。

33 中国社会科学院考古研究所宝鸡工作队:《一九七七年宝鸡北首岭遗址发掘简报》,《考古》1979 年第 2 期。

34 钱耀鹏:《中国史前防御设施的社会意义考察》,《华夏考古》2003 年第 3 期;何德亮:《中国史前战争初论》,西安半坡博物馆、良渚文化博物馆编:《史前研究 2004》,三秦出版社 2005 年版。

35 湖南省文物考古研究所:《澧县城头山古城址 1997—1998 年度发掘简报》,《文物》1999 年第 6 期。

36 郭伟民等:《澧县城头山考古发现史前城墙与壕沟》,《中国文物报》2002 年 2 月 22 日;何一民:《中国城市史》,武汉大学出版社 2013 年版,第 12 页。

37 裴安平:《中国史前聚落群聚形态研究》,中华书局 2014 年版,第 142 页。

38 张光直:《关于中国初期"城市"这个概念》,《文物》1985 年第 2 期。张光直先生指出,"中国初期的城市,不是经济起飞的产物,而是政治领域中的工具"。

39 裴安平:《中国史前聚落群聚形态研究》,中华书局 2014 年版,第 158 页。

40 浙江省文物考古研究所:《余杭良渚遗址群调查简报》,《文物》2002 年第 10 期。

41 许顺湛:《河南仰韶文化聚落群研究》,《中原文物》2001 年第 5 期;闫丽洁、石忆邵、杨瑞霞等:《环嵩山地区史前聚落群划分研究》,《地域研究与开发》2015 年第 1 期。

42 张小林:《乡村空间系统及其演变研究》,南京师范大学出版社 1999 年版,第 104 页。

43 E. E. 埃文思·普理查德著,褚建芳译:《努尔人》,商务印书馆 2017 年版,第 309 页。

44 许顺湛:《"仰韶"时期已进入父系氏族社会》,《考古》1962 年第 5 期;裴安平:《史前私有制的起源——湘西北澧阳平原个案的分析与研究》,《文物》2007 年第 7 期;任式楠:《我国新石器时代聚落的形成与发展》,《考古》2000 年第 7 期。

45 裴文中:《中国石器时代》,中国青年出版社 1963 年版。

46 高星、裴树文、王惠民等:《宁夏旧石器考古调查报告》,《人类学学报》2004 年第 4 期。

47 Licent E, Teilhard de Chardin P: "Le Paleolithique de la Chine", *L'Anthropolgie* 1925 (25): 201–234;高星、李进增、D. B. Madsen 等:《水洞沟的新年代测定及相关问题讨论》,《人类学学报》2003 年第 3 期。

48 杨亚长:《陕西地区史前考古的主要收获》,《考古与文物》1998 年第 5 期;陕西省考古研究院史前考古研究部:《陕西史前考古的发现和研究》,《考古与文物》2008年第6期。
49 王社江、沈辰、胡松梅等:《洛南盆地1995—1999年野外地点发现的石制品》,《人类学学报》2005年第2期。
50 王社江:《洛南盆地的薄刃斧》,《人类学学报》2006年第4期。
51 陕西省考古研究院:《花石浪II——洛南花石浪龙牙洞遗址发掘报告》,科学出版社2008年版。
52 王建、陶富海、王益人:《丁村旧石器时代遗址群调查发掘简报》,《文物季刊》1994年第3期。
53 裴安平:《中国史前聚落群聚形态研究》,中华书局2014年版,第43—45页。
54 山东省文物考古研究所:《山东20世纪的考古发现和研究》,科学出版社2005年版,第27页。
55 李罡、任雅鹏:《大沽河、沂沭河流域旧石器考古新进展》,载山东省文物考古研究所编:《海岱考古》第十辑,科学出版社2017年版。
56 裴安平:《中国史前聚落群聚形态研究》,中华书局2014年版,第49—50页。
57 中国社会科学院考古研究所:《中国考古学·新石器时代卷》,中国社会科学出版社2010年版,第127页。
58 开封地区文物管理委员会、新郑县文物管理委员会、郑州大学历史系考古专业:《裴李岗遗址一九七八年发掘简报》,《考古》1979年第3期;中国社会科学院考古研究所河南一队:《1979年裴李岗遗址发掘报告》,《考古学报》1984年第1期。
59 朱帜:《舞阳贾湖遗址调查简报》,《中原文物》1983年第1期;河南省文物研究所:《河南舞阳贾湖新石器时代遗址第二至六次发掘简报》,《文物》1989年第1期;中国科学技术大学科技史与科技考古系、河南省文物考古研究所、舞阳县博物馆:《河南舞阳贾湖遗址2001年春发掘简报》,《华夏考古》2002年第2期;河南省文物考古研究所:《舞阳贾湖》,科学出版社1999年版。
60 中国社会科学院考古研究所河南一队:《河南新郑唐户新石器时代遗址试掘简报》,《考古》1984年第3期;河南省文物考古研究所、新郑市文物事业管理局:《新郑唐户新石器时代遗址调查》,《中原文物》2005年第5期;河南省文物管理局南水北调文物保护办公室、郑州市文物考古研究院:《河南新郑市唐户遗址裴李岗文化遗存发掘简报》,《考古》2008年第5期;郑州市文物考古研究院、河南省文物管理局南水北调文物保护办公室:《河南新郑市唐户遗址裴李岗文化遗存2007年发掘简报》,《考古》2010年第5期。

61 河南省博物馆、密县文化馆：《河南密县莪沟北岗新石器时代遗址发掘报告》，《河南文博通讯》1979 年第 3 期；河南省博物馆、密县文化馆：《河南密县莪沟北岗新石器时代遗址发掘简报》，《文物》1979 年第 5 期。

62 中国社会科学院考古研究所：《中国考古学 · 新石器时代卷》，中国社会科学出版社 2010 年版，第 127 页。

63 邯郸市文物保管所、邯郸地区磁山考古队短训班：《河北磁山新石器遗址试掘》，《考古》1979 年第 6 期；河北省文物管理处、邯郸市文物保管所：《河北武安磁山遗址》，《考古学报》1981 年第 3 期。

64 河北省文物研究所：《河北易县北福地史前遗址的发掘》，《考古》2005 年第 7 期；河北省文物考古研究所、保定市文物管理处、易县文物保管所：《河北易县北福地新石器时代遗址发掘简报》，《文物》2006 年第 9 期。

65 中国社会科学院考古研究所：《中国考古学 · 新石器时代卷》，中国社会科学出版社 2010 年版，第 150—151 页。

66 济青公路文物考古队：《山东临淄后李遗址第一、二次发掘简报》，《考古》1992 年第 11 期；济青公路文物工作队：《山东临淄后李遗址第三、四次发掘简报》，《考古》1994 年第 2 期。

67 章丘县博物馆：《山东章丘县小荆山遗址调查简报》，《考古》1994 年第 6 期；山东省文物考古研究所、章丘市城子崖博物馆：《山东章丘市小荆山遗址调查、发掘报告》，《华夏考古》1996 年第 2 期。

68 伶佩华、魏成敏：《章丘西河新石器时代遗址》，《中国文物报》1994 年 2 月 20 日；山东省文物考古研究所：《山东章丘市西河新石器时代遗址 1997 年的发掘》，《考古》2000 年第 10 期；山东省文物考古研究所、章丘市城子崖博物馆：《章丘市西河遗址 2008 年考古发掘报告》，载山东省文物考古研究所编：《海岱考古》第五辑，科学出版社 2012 年版。

69 李水城：《半山与马厂彩陶研究》，北京大学出版社 1998 年版。

70 甘肃省博物馆：《甘肃兰州青岗岔遗址试掘简报》，《考古》1972 年第 3 期；甘肃省博物馆文物工作队：《甘肃兰州青岗岔半山遗址第二次发掘》，载《考古》编辑部编：《考古学集刊》第 2 集，中国社会科学院出版社 1982 年版。

71 宁夏文物考古研究所、中国历史博物馆考古部：《宁夏海原县菜园村遗址、墓地发掘简报》，《文物》1988 年第 9 期；《宁夏菜园——新石器时代遗址、墓葬发掘报告》，科学出版社 2003 年版；宁县文物考古研究所：《宁夏海原县菜园村遗址切刀把墓地》，《考古学报》1989 年第 4 期。

72 安特生：《中华远古之文化》，文物出版社 2011 年版。
73 甘肃省博物馆文物工作队：《甘肃秦安大地湾遗址 1978 至 1982 年发掘的主要收获》《甘肃秦安大地湾第九区发掘简报》《秦安大地湾 450 号新石器时代房屋遗址》，《文物》1983 年第 11 期；甘肃省文物工作队：《甘肃秦安大地湾 901 号房址发掘简报》，《文物》1986 年第 2 期；甘肃省文物考古研究所：《甘肃秦安县大地湾遗址仰韶文化早期聚落发掘简报》，《考古》2003 年第 6 期；郎树德：《甘肃秦安县大地湾遗址聚落形态及其演变》，《考古》2003 年第 6 期。
74 中国社会科学院考古研究所：《宝鸡北首岭》，文物出版社 1983 年版。
75 中国科学院考古研究所、陕西省西安半坡博物馆：《西安半坡——原始氏族公社聚落遗址》，科学出版社 1963 年版。
76 西安半坡博物馆、陕西省考古研究所、临潼县博物馆：《姜寨——新石器时代遗址发掘报告》，文物出版社 1988 年版。
77 国家文物局考古领队培训班：《郑州西山仰韶时代城址的发掘》，《文物》1999 年第 7 期。
78 郑州市文物考古研究所：《郑州大河村》，科学出版社 2001 年版；郑州市博物馆：《郑州大河村遗址发掘报告》，《考古学报》1979 年第 3 期；郑州市大河村遗址博物馆：《郑州大河村遗址 2014—2015 年考古发掘简报》，《华夏考古》2016 年第 3 期。
79 中国社会科学院考古研究所：《中国考古学 · 新石器时代卷》，中国社会科学出版社 2010 年版，第 279 页。
80 山东省文物考古研究所：《大汶口续集——大汶口遗址第二、三次发掘报告》，科学出版社 1997 年版；山东省文物考古研究所：《山东泰安市大汶口遗址 2012—2013 年发掘简报》，《考古》2015 年第 10 期；山东省文物管理处、济南市博物馆：《大汶口——新石器时代墓葬发掘报告》，文物出版社 1974 年版。
81 山东省博物馆、山东省文物考古研究所：《邹县野店》，文物出版社 1985 年版。
82 山东省博物馆、日照县文化馆：《一九七五年东海峪遗址的发掘》，《考古》1976 年第 6 期。
83 中国社会科学院考古研究所编：《蒙城尉迟寺——皖北新石器时代聚落遗存的发掘与研究》，科学出版社 2001 年版。
84 严文明：《龙山文化和龙山时代》，《文物》1981 年第 6 期。
85 裴安平：《中国史前聚落群聚形态研究》，中华书局 2014 年版，第 233—242 页。
86 河南省文物考古研究所：《郾城郝家台》，大象出版社 2012 年版；河南省文物研究所、郾城县许慎纪念馆：《郾城郝家台遗址的发掘》，《华夏考古》1992 年第 3 期；

北京大学考古文博学院、河南省文物考古研究院、漯河市文物考古研究所:《河南漯河郝家台遗址 2015—2016 年田野考古主要收获》,《华夏考古》2017 年第 3 期。

87 河南省文物考古研究所、新密市炎黄历史文化研究会:《河南新密市古城寨龙山文化城址发掘简报》,《华夏考古》2002 年第 2 期。

88 杜金鹏:《新密古城寨龙山文化大型建筑基址研究》,《华夏考古》2010 年第 1 期。

89 山东大学历史系考古专业、邹平县文化局:《山东邹平丁公遗址试掘简报》,《考古》1989 年第 5 期;山东大学历史系考古专业:《山东邹平丁公遗址第二、三次发掘简报》,《考古》1992 年第 2 期;山东大学历史系考古专业:《山东邹平丁公遗址第四、五次发掘简报》,《考古》1993 年第 4 期。

90 临沂地区文物管理委员会、日照县图书馆:《日照尧王城龙山文化遗址试掘简报》,《史前研究》1985 年第 4 期;中国社会科学院考古研究所山东队、山东省文物考古研究所、日照市文物局:《山东日照市尧王城遗址 2012 年的调查与发掘》,《考古》2015 年第 9 期。

91 中美日照地区联合考古队:《鲁东南沿海地区系统考古调查报告》,文物出版社 2012 年版。

92 李炎贤、尤玉柱:《广西百色发现的旧石器》,《古脊椎动物与古人类》1975 第 4 期。

93 裴安平:《中国史前聚落群聚形态研究》,中华书局 2014 年版,第 28—29 页。

94 津市市文物管理所:《虎爪山北坡旧石器地点调查报告》,载湖南省文物考古研究所编:《湖南考古辑刊》第 7 集,岳麓书社 1999 年版。

95 袁家荣:《湖南旧石器时代文化与玉蟾岩遗址》,岳麓书社 2013 年版,第 106—107 页。

96 封剑平:《澧县乌鸦山旧石器遗址调查报告》,载湖南省文物考古研究所编:《湖南考古辑刊》第 7 集,岳麓书社 1999 年版。

97 封剑平:《湖南澧县十里岗旧石器时代晚期地点》,载英德市博物馆、中山大学人类学系、广东省博物馆编:《中石器文化及有关问题研讨会论文集》,广东人民出版社 1999 年版,第 284—291 页。

98 房迎三:《安徽省宣州市陈山旧石器地点 1988 年发掘报告》,《人类学学报》1997 年第 2 期。

99 房迎三:《水阳江旧石器地点群的发掘与研究》,载安徽省文物考古研究所:《文物研究》第十一辑,黄山书社 1998 年版,第 3 页。

100 房迎三、黄蕴平、梁任又等:《安徽宁国毛竹山发现的旧石器早期遗存》,《人类学学报》2001 年第 2 期。

101 李炎贤、袁振新、董兴仁等:《湖北大冶石龙头旧石器时代遗址发掘报告》,《古脊椎与古人类》1974 年第 2 期。

102 宋国定:《湖北郧县黄家窝旧石器地点考古发掘与收获》,《中国文物报》2011 年 12 月 30 日,第 4 版。

103 刘德银、王幼平:《鸡公山遗址发掘初步报告》,《人类学学报》2001 年第 2 期。

104 黄万波、徐晓风、李天元:《湖北房县樟脑洞旧石器时代遗址发掘报告》,《人类学学报》1987 年第 4 期。

105 江西省文物管理委员会:《江西万年大源仙人洞洞穴遗址试掘》,《考古学报》1963 年第 1 期;江西省博物馆:《江西万年大源仙人洞洞穴遗址第二次发掘》,《文物》1976 年第 12 期;R. S. Mac Neish, J. G. Libby, eds., *Origins of Rice Agriculture: The Preliminary Report of the Sino-American Jiangxi (PRC) Project.* Publication sin Anthropology no.13, EL Paso Centennia Museum, University of Texas at EL paso, EL Paso, TX, 1995;R. S. MacNeishet al., *Revised Second Annual Report of the Sino-American Jiangxi (PRC) Origin of Rice Project (SAJOR)* . Andover Foundation for Archaeological Research, Andover, MA, 1998。

106 吴小红、张弛、保罗 · 格德伯格等:《江西仙人洞遗址两万年前陶器的年代研究》,《南方文物》2012 年第 3 期。

107 赵志军:《吊桶环遗址稻属植硅石研究》,《中国文物报》2000 年 7 月 5 日。

108 吴小红、伊丽莎贝塔 · 博阿雷托、袁家荣等:《湖南道县玉蟾岩遗址早期陶器及其地层堆积的碳十四年代研究》,《南方文物》2012 年第 3 期。

109 袁家荣:《玉蟾岩获水稻起源重要新物证》,《中国文物报》1996 年 3 月 3 日;袁家荣:《湖南道县玉蟾岩 10 000 年以前的稻谷和陶器》,载严文明、安田喜宪主编《稻作、陶器和都市的起源》,文物出版社 2000 年版。

110 湖南省文物考古研究所:《彭头山与八十垱》,科学出版社 2006 年版;湖南省文物考古研究所、澧县文物管理所:《湖南澧县彭头山新石器时代早期遗址发掘简报》,《文物》1990 年第 8 期;裴安平:《彭头山文化的稻作遗存与中国史前稻作农业》,《农业考古》1989 年第 2 期。

111 湖南省文物考古研究所:《彭头山与八十垱》,科学出版社 2006 年版;湖南省文物考古研究所:《湖南澧县梦溪八十垱新石器时代早期遗址发掘简报》,《文物》1996 年第 12 期;裴安平:《澧县八十垱遗址出土大量珍贵文物》,《中国文物报》1998 年 2 月 8 日;张文绪、裴安平:《澧县梦溪八十垱出土稻谷的研究》,《文物》1997 年第 1 期。

112 周世荣:《湖南石门皂市发现商殷遗址》,《考古》1962 年第 2 期。

113 湖南省博物馆:《湖南石门县皂市下层新石器遗存》,《考古》1986 年第 1 期。

114 中国社会科学院考古研究所:《中国考古学 · 新石器时代卷》,中国社会科学出版社 2010 年版,第 174 页。

115 湖南省文物考古研究所:《湖南临澧县胡家屋场新石器时代遗址》,《考古学报》1993 年第 2 期。

116 岳阳市文物工作队、钱粮湖农场文管会:《钱粮湖坟山堡新石器时代遗址试掘报告》,载湖南省文物考古研究所编:《湖南考古辑刊》第 6 集,岳麓书社 1994 年版。

117 湖北省文物考古研究所:《宜都城背溪》,文物出版社 2001 年版,第 5—6 页。

118 湖北省文物考古研究所:《宜都城背溪》,文物出版社 2001 年版,第 99 页,第 238 页。

119 湖南省文物考古研究所、湖南省澧县文物管理所:《澧县城头山屈家岭文化城址调查与试掘》,《文物》1993 年第 11 期;湖南省文物考古研究所:《澧县城头山古城址 1997—1998 年度发掘简报》,《文物》1999 年第 6 期;湖南省文物考古研究所:《湖南澧县城头山遗址城墙与护城河 2011—2012 年的发掘》,《考古》2015 年第 3 期。

120 参见郭伟民:《回望五千年前的中国与湖南——良渚古城遗址申遗成功的意义与展望》,《湖南日报》2019 年 7 月 12 日,第 11 版。

121 荆州市博物馆、石首市博物馆、武汉大学历史系考古专业:《湖北石首市走马岭新石器时代遗址发掘简报》,《考古》1998 年第 4 期;荆州市文物考古研究所:《湖北公安、石首三座古城勘查报告》,北京大学中国考古学研究中心、北京大学震旦古代文明研究中心编:《古代文明》第 4 卷,文物出版社 2005 年版,第 404—411 页;裴安平:《中国史前聚落群聚形态研究》,中华书局 2014 年版,第 124—125 页。

122 武汉大学历史学院、石首市博物馆:《湖北石首走马岭遗址周边史前遗址调查简报》,《江汉考古》2017 年第 1 期。

123 中国社会科学院考古研究所:《中国考古学 · 新石器时代卷》,中国社会科学出版社 2010 年版,第 433 页。

124 贾汉清:《湖北公安鸡鸣城遗址的调查》,《文物》1998 年第 6 期;荆州博物馆、公安县博物馆:《荆州公安鸡鸣城遗址考古勘探试掘简报》,《江汉考古》2017 年第 2 期。

125 湖南省文物考古研究所:《澧县鸡叫城古城址试掘简报》,《文物》2002 年第 5 期。

126 裴安平:《中国史前聚落群聚形态研究》,中华书局 2014 年版,第 163 页。

127 长江流域规划办公室考古队河南分队:《河南淅川黄楝树遗址发掘报告》,《华夏考古》1990 年第 3 期；河南省文物考古研究院等：《河南淅川县龙山岗遗址 2008—2009 年发掘简报》，《华夏考古》2014 年第 4 期。

128 浙江省文物管理委员会、浙江省博物馆：《河姆渡遗址第一期发掘报告》，《考古学报》1978 年第 1 期；河姆渡遗址考古队：《浙江河姆渡遗址第二期发掘的主要收获》，《文物》1985 年第 5 期。

129 浙江省博物馆自然组：《河姆渡遗址动植物遗存的鉴定研究》，《考古学报》1978 年第 1 期。

130 浙江省文物管理委员会：《浙江嘉兴马家浜新石器时代遗址的发掘》，《考古》1961 年第 7 期。

131 罗家角考古队：《桐乡县罗家角遗址发掘报告》，载浙江省文物考古所编著：《浙江省文物考古所学刊》，文物出版社 1981 年版。

132 石河联合考古队：《石河遗址群 1987 年考古发掘的主要收获》，《江汉考古》1989 年第 2 期；石河考古队：《湖北省石河遗址群 1987 年发掘简报》，《文物》1990 年第 8 期；北京大学考古系、湖北省文物考古研究所、湖北荆州地区博物馆石家河考古队：《石家河遗址群调查报告》，载四川大学博物馆、中国古代铜鼓研究学会编：《南方民族考古》第五辑，四川科学技术出版社 1993 年版，第 213—291 页。

133 中国社会科学院考古研究所：《中国考古学·新石器时代卷》，中国社会科学出版社 2010 年版，第 674 页。

134 费国平：《浙江余杭良渚文化遗址群考察报告》，《东南文化》1995 年第 2 期；浙江省文物考古研究所：《余杭良渚遗址群调查简报》，《文物》2002 年第 10 期。

135 裴安平：《中国史前聚落群聚形态研究》，中华书局 2014 年版，第 49—50 页。

136 张弛：《长江中下游地区史前聚落研究》，文物出版社 2003 年版，第 12 页。

137 中国社会科学院考古研究所内蒙古工作队：《内蒙古敖汉旗兴隆洼聚落遗址 1992 年发掘简报》，《考古》1997 年第 1 期。

138 李龙：《中原史前聚落分布与特征演化》，《中原文物》2008 年第 3 期。

139 许顺湛：《河南仰韶文化聚落群研究》，《中原文物》2001 年第 5 期。

140 料礓石，因石状多如姜，故又名料姜石。别名砺石、姜石，又名礓砺。为黄土层风化红土层中钙质结核，故矿物名叫钙质结核。

141 中共中央马克思恩格斯列宁斯大林著作编译局编译：《马克思恩格斯选集》第四卷，人民出版社 1972 年版，第 165—166 页。

142 中共中央马克思恩格斯列宁斯大林著作编译局编译：《马克思恩格斯选集》第三卷，人民出版社 1972 年版，第 187 页。

143 毛亨传，郑玄笺，孔颖达疏：《毛诗正义》卷第十三（十三之一）《谷风之什·北山》。

144 范宁集解，杨士勋疏：《春秋穀梁传注疏》卷第十二《宣公十五年》。

145 赵岐注，孙奭疏：《孟子注疏》卷第五上《滕文公章句上》。

146 郑玄注，贾公彦疏：《周礼注疏》卷第十一《地官·小司徒》。

147 凌鹏：《井田制研究与近代中国——20世纪前半期的井田制研究及其意义》，《社会学研究》2016年第4期。

148 杨宽：《试论中国古代的井田制度和村社组织》，《学术月刊》1959年第6期。

149 江林昌：《两周时期的农村公社与井田制问题补论》，《江海学刊》2006年第4期。

150 陈力：《井田制与农村公社所有制辨异》，《四川师范大学学报（社会科学版）》1992年第1期。

151 参读金景芳：《井田制的发生和发展》，《历史研究》1965年第4期；杨宽：《试论中国古代的井田制度和村社组织》，《学术月刊》1959年第6期。

152 郑玄注，贾公彦疏：《周礼注疏》卷第十《地官·大司徒》。

153 郑玄注，贾公彦疏：《周礼注疏》卷第十《地官·大司徒》。

154 郑玄注，贾公彦疏：《周礼注疏》卷第十《地官·大司徒》。

155 李雪山：《商代分封制度研究》，中国社会科学出版社2004年版。

156 郑玄注，贾公彦疏：《周礼注疏》卷第十五《地官·遂人》。

157 宫崎市定：《关于中国聚落形体的变迁》，载刘俊文主编：《日本学者研究中国史论著选译》第三卷《上古秦汉》，中华书局1993年版，第1—29页。

158 侯外庐：《中国古代社会史论》自序，河北教育出版社2000年版，第5页，第138—156页。

159 松本雅明认为，被称作“邑”的聚落，早在先秦就已经由十数户规模向数十户规模发展，并已经散村化。松本雅明：《詩経研究の方法》，《东洋文库年报》1960年度。转引自池田雄一著，郑威译：《中国古代的聚落与地方行政》，复旦大学出版社2017年版，第34页。

160 池田雄一指出，在三国时期的“村”出现之前，战国时期就已经出现后来被称为“落”的新兴聚落。池田雄一著，郑威译：《中国古代的聚落与地方行政》，复旦大学出版社2017年版，第65—70页。

161 侯旭东：《北朝村民的生活世界——朝廷、州县与村里》，商务印书馆2005年版，第40—46页。

162 郑玄注，贾公彦疏：《周礼注疏》卷第十《地官·大司徒》。

163 赵世超:《周代国野制度研究》,陕西人民出版社 1991 年版,第 33—55 页。
164 郑玄注,贾公彦疏:《周礼注疏》卷第十五《地官·遂人》。
165 王进锋:《西周时期里的管理形态——兼论里与邑的关系》,《社会科学》2018 年第 1 期。
166 李学勤:《殷代地理简论》,科学出版社 1959 年版,第 61—100 页。
167 参见江章华:《成都平原先秦聚落变迁分析》,《考古》2015 年第 4 期;豆海锋:《长江中游地区商代文化研究》,吉林大学博士学位论文 2011 年;陈朝云:《商代聚落体系及其社会功能研究》,科学出版社 2006 年版。
168 睡虎地秦墓竹简整理小组编:《睡虎地秦墓竹简》,文物出版社 1990 年版,第 174 页。
169 戴望:《管子校正》,世界书局 1935 年版,第 406 页。
170 公羊寿传,何休解诂,徐彦疏:《春秋公羊传注疏》卷第十六《宣公十年至十八年》。
171 毛亨传,郑玄笺,孔颖达疏:《毛诗正义》卷十三(十三之二)《谷风之什·信南山》。
172 孙亚冰、林欢:《商代地理与方国》,中国社会科学出版社 2010 年版,第 30 页。
173 宋镇豪:《论商代的政治地理架构》,载中国社会科学院历史研究所学刊编委会编:《中国社会科学院历史研究所学刊》第一集,社会科学文献出版社 2001 年版,第 6—27 页。商代地图及势力范围,另见谭其骧:《中国历史地图集》第一册,中国地图出版社 1996 年版,第 13—14 页。
174 吕文郁:《周代采邑制度研究》,台北文津出版社 1992 年版,第 13—19 页。周代中心区域及势力范围,另见谭其骧:《中国历史地图集》第一册,中国地图出版社 1996 年版,第 17—18 页。
175 孙亚冰、林欢:《商代地理与方国》,中国社会科学出版社 2010 年版,第 259—446 页。
176 郭沫若:《卜辞通纂》,科学出版社 1983 年版,第 574 页。
177 陈梦家:《殷墟卜辞综述》,中华书局 1988 年版,第 307 页。
178 可见于《合集》6091、6354、6087、6096、6347、6117、6371、6073、6095 和 39854 等。
179 陈梦家:《殷墟卜辞综述》,中华书局 1988 年版,第 281 页。
180 陈梦家:《殷墟卜辞综述》,中华书局 1988 年版,第 287 页。
181 岛邦男著,温天河、李寿林译:《殷墟卜辞研究》,鼎文书局 1975 年版,第 400 页。
182 孙亚冰、林欢:《商代地理与方国》,中国社会科学出版社 2010 年版,第 283 页。
183 孙亚冰、林欢:《商代地理与方国》,中国社会科学出版社 2010 年版,第 295 页。
184 见《安阳殷墟五号墓座谈纪要》唐兰发言,《考古》1977 年第 5 期;李学勤:《考古发现与古代姓氏制度》,《考古》1987 年第 3 期。
185 彭明瀚:《商代虎方文化初探》,《中国史研究》1995 年第 3 期;彭明瀚:《盘龙城与吴城比较研究》,《江汉考古》1995 年第 2 期。

186 辽宁省博物馆、朝阳地区博物馆:《辽宁喀左县北洞村发现殷代青铜器》,《考古》1973 年第 4 期。

187 王震中:《民族、部族的概念与华夏民族的形成》(Nation, Buzu and the Formation of the Huaxia Nation),《中国社会科学(英文版)》2014 年第 4 期。

第三章 国家一统下的村落管控与治理

1 皇甫谧撰,刘晓东校点:《逸周书》卷五,辽宁教育出版社 1997 年版,第 35 页。

2 孔安国传,孔颖达正义:《尚书正义》卷第十三《酒诰第十二》。

3 郑玄注,贾公彦疏:《周礼注疏》(上)卷第十《大司徒》,上海古籍出版社 2007 年版,第 367 页。

4 郑玄注,贾公彦疏:《周礼注疏》卷第十六《遂人》,上海古籍出版社 2007 年版,第 552 页。

5 黄怀信、张懋镕、田旭东:《逸周书汇校集注》(上)修订本,上海古籍出版社 2007 年版,第 520 页。

6 何景成:《西周王朝政府的行政组织与运行机制》,光明日报出版社 2013 年版,第 91 页。

7 赵秀玲:《中国乡里制度》,社会科学文献出版社 1998 年版,第 4 页。

8 房玄龄注,刘绩补注,刘晓艺校点:《管子》卷第八《小匡第二十》,上海古籍出版社 2015 年版,第 142 页。

9 房玄龄注,刘绩补注,刘晓艺校点:《管子》卷第一《立政第四》,上海古籍出版社 2015 年版,第 18 页。

10 房玄龄注,刘绩补注,刘晓艺校点:《管子》卷第十七《禁藏第五十三》,上海古籍出版社 2015 年版,第 361 页。

11 房玄龄注,刘绩补注,刘晓艺校点:《管子》卷第一《小匡第二十》,上海古籍出版社 2015 年版,第 148 页。

12 左丘明撰,杜预注,孔颖达正义:《春秋左传正义》卷八《庄公十年》。

13 左丘明撰,杜预注,孔颖达正义:《春秋左传正义》卷三十二《襄公十五年》。

14 《汉书》卷十九《百官公卿表》。

15 王毓铨:《汉代"亭"与"乡""里"不同性质不同行政系统说——"十里一亭……十亭一乡"辨正》,《历史研究》1954 年第 2 期。

16 高敏:《秦汉“都亭”考略》,《学术研究》1985 年第 5 期。

17 朱绍侯:《汉代乡、亭制度浅论》,《河南师大学报(社会科学版)》1982 年第 1 期。

18 杨际平:《汉代内郡的吏员构成与乡、亭、里关系——东海郡尹湾汉简研究》,《厦门大学学报(哲学社会科学版)》1998 年第 4 期;高敏:《试论尹湾汉墓出土〈东海郡属县乡吏员定薄〉的史料价值——读尹湾汉简札记之一》,《郑州大学学报(哲学社会科学版)》1997 年第 2 期。

19 《汉书》卷十九《百官公卿表》。

20 司马彪:《续汉书·郡国五》。

21 司马彪:《续汉书·百官五》。

22 黄今言:《论两汉时期的农村集市贸易——以乡市、里市研究为中心》,《中国经济史研究》1999 年第 4 期。

23 根据整理简报统计。参见马王堆汉墓帛书整理小组:《马王堆三号汉墓出土驻军图整理简报》,《文物》1976 年第 1 期。

24 裘锡圭:《湖北江陵凤凰山十号汉墓出土简牍考释》,《文物》1974 年第 7 期。

25 黄今言:《论两汉时期的农村集市贸易——以乡市、里市研究为中心》,《中国经济史研究》1999 年第 4 期。

26 马新、齐涛:《汉唐村落形态略论》,《中国史研究》2006 年第 2 期。

27 侯旭东:《北朝村民的生活世界——朝廷、州县与村里》,商务印书馆 2005 年版,第 328 页。

28 《史记》卷四《周本纪》。

29 《国语》卷六《齐语》。

30 何晏注,邢昺疏:《论语》卷一《学而第一》。

31 赵岐注,孙奭疏:《孟子注疏》卷第一上《梁惠王章句上》。

32 《史记》卷六十八《商君列传》。

33 王先慎:《韩非子集解》卷第四《奸劫弑臣第十四》。

34 《史记》卷六《秦始皇本纪》。

35 《汉书》卷二十四《食货志》。

36 《汉书》卷五《景帝纪》。

37 《汉书》卷二十四《食货志》。

38 王符撰,汪继培笺:《潜夫论笺注》卷一《务本第二》。

39 《商君书》卷一《农战》。

40 许慎撰,段玉裁注:《说文解字注》第十五卷上《叙》。

41 许慎撰，段玉裁注：《说文解字注》第十五卷上《叙》。

42 许慎撰，段玉裁注：《说文解字注》第十五卷上《叙》。

43 王先慎：《韩非子集解》卷第十九《显学第五十》。

44 《史记》卷六《秦始皇本纪》。

45 《史记》卷六《秦始皇本纪》。

46 《汉书》卷二十四《食货志》。

47 《汉书》卷一《高帝纪》。

48 《汉书》卷一《高帝纪》。

49 《汉书》卷六《武帝记》。

50 《汉书》卷五十六《董仲舒传》。

51 《史记》卷一百二十八《龟策列传》。

52 《后汉书》卷九十四《礼仪上》。

53 张金光：《普遍授田制的终结与私有地权的形成——张家山汉简与秦简比较研究之一》,《历史研究》2007年第5期。

54 池田雄一著，郑威译：《中国古代的聚落与地方行政》，复旦大学出版社2017年版，第65—70页。他在《中国古代的聚落形态》一文中认为落、聚和庐等散村的形态在汉以前就存在。另见刘再聪：《村的起源及“村”概念的泛化——立足于唐以前的考察》,《史学月刊》2006年第12期。国内的齐涛、马新等学者也从不同角度论述了这个问题。

55 《史记》卷一《五帝本纪》。

56 转引自刘再聪《村的起源及“村”概念的泛化——立足于唐以前的考察》,《史学月刊》2006年第12期。

57 《汉书》卷二十八《地理志》。

58 《后汉书》卷一百九《郡国一》。

59 《后汉书》卷一百一十《郡国二》。

60 那波利贞：《坞主考》,《东亚人文学报》1943年第4期。

61 黄今言：《汉代聚落形态试说》,《史学月刊》2013年第9期。

62 黄今言：《汉代聚落形态试说》,《史学月刊》2013年第9期。

63 许慎撰，段玉裁注：《说文解字注》第十二卷《六篇下·邑部》。

64 郭璞注，邢昺疏：《尔雅注疏》卷七《释地第九》。

65 何晏注，邢昺疏：《论语注疏》卷五《公冶长第五》。

66 左丘明传，杜预注，孔颖达正义：《春秋左传正义》第二十八《成公十七年》。

67 刘向撰：《列女传》卷二《贤明传·楚老莱妻》，影印文渊阁四库全书本。

68 《史记》卷六十二《酷吏列传》。

69 许慎撰，段玉裁注：《说文解字注》第十七卷《九篇下·广部》。

70 刘向集录：《战国策》卷二十二《魏一》。

71 左丘明传，杜预注，孔颖达正义：《春秋左传正义》卷四十《襄公三十年》。

72 许慎撰，段玉裁注：《说文解字注》第十五卷《八篇上·丘部》。

73 孔安国传，孔颖达正义：《尚书正义》卷第六《禹贡一》。

74 高广仁：《说“丘”——城的起源一议》，《考古与文物》1996 年第 3 期。

75 《史记》卷四《周本纪》。

76 郭庆藩：《庄子集释》杂篇《则阳第二十五》。

77 赵岐注，孙奭疏：《孟子注疏》卷十四上《尽心章句下》。

78 左丘明传，杜预注，孔颖达正义：《春秋左传正义》卷二十五《成公元年》。

79 参读程涛平：《楚国野地居民社会形态研究》，《历史研究》1990 年第 1 期；张怀通：《先秦时期的基层组织——丘》，《天津师大学报（社会科学版）》2000 年第 1 期；邱东联：《长沙走马楼佃田租税简的初步研究》，《江汉考古》1998 年第 4 期；李卿：《〈长沙走马楼三国吴简·嘉禾吏民田家莂〉性质与内容分析》，《中国经济史研究》2002 年第 1 期；刘再聪：《村的起源及“村”概念的泛化——立足于唐以前的考察》，《史学月刊》2006 年第 12 期。

80 东北博物馆：《辽阳三道壕西汉村落遗址》，《考古学报》1957 年第 1 期；河南省文物研究所：《河南遂平县小寨汉代村落遗址水井群》，《考古与文物》1986 年第 5 期；江苏省文物管理委员会：《江苏高邮邵家沟汉代遗址的清理》，《考古》1960 年第 10 期；河南省文物考古研究所、内黄县文物保护管理所：《河南内黄县三杨庄汉代庭院遗址》，《考古》2004 年第 7 期；刘海旺、朱汝生：《河南内黄三杨庄汉代田宅遗存》，载国家文物局主编：《2005 中国重要考古发现》，文物出版社 2006 年版，第 100 页；祝贺、刘海旺等：《河南内黄三杨庄汉代聚落遗址第二处庭院发掘简报》，《华夏考古》2010 年第 3 期；贾庆元、任一龙等：《安徽泗县刘圩汴河故道遗址发掘简报》，《东南文化》2011 年第 5 期；南京博物院、张家港市文广新局、张家港博物馆：《江苏张家港小山村遗址发掘简报》，《东南文化》2015 年第 2 期。

81 《汉书》卷二十九《沟洫志》。

82 济青公路文物考古队宁家埠分队：《章丘宁家埠遗址发掘报告》，载山东省文物考古研究所编：《济青高级公路章丘工段考古发掘报告集》，齐鲁书社 1993 年版，第 82—89 页。

83 河南省文物研究所：《河南遂平县小寨汉代村落遗址水井群》，《考古与文物》1986 年第 5 期。

84 《史记》卷六十八《商君列传》。

85 睡虎地秦墓竹简整理小组编：《睡虎地秦墓竹简》，文物出版社 1990 年版，第 130、137 页。

86 张家山二四七号汉墓竹简整理小组编：《张家山汉墓竹简（二四七号墓）》，文物出版社 2001 年版，第 177、157、175 页。

87 《隋书》卷四《炀帝本纪》。

88 《资治通鉴》卷一百八十二《隋纪六》。

89 马新、齐涛认为汉代应该是“里聚合一”，即自然聚落与行政单位合一。（马新、齐涛：《汉唐村落形态略论》，《中国史研究》2006 年第 2 期。）但侯旭东对此提出了不同的看法，他认为汉代的“里”大部分应是行政编制，不是行政村与自然村的合一，“村”的出现也不能被视为社会结构的时代性变化。（侯旭东：《北朝村民的生活世界——朝廷、州县与村里》，商务印书馆 2005 年版，第 328 页。）

90 齐涛：《魏晋隋唐乡村社会研究》，山东人民出版社 1995 年版，第 54 页。

91 马王堆汉墓帛书整理小组：《马王堆三号汉墓出土驻军图整理简报》，《文物》1976 年第 1 期。

92 马王堆汉墓帛书整理小组：《长沙马王堆三号汉墓出土地图的整理》，《文物》1975 年第 2 期。

93 《三国志》卷十一《田畴传》。

94 马克斯·韦伯著，洪天富译：《儒教与道教》，江苏人民出版社 1993 年版，第 110 页。

95 费孝通：《乡土中国、生育制度》，北京大学出版社 1998 年版，第 63 页。

96 秦晖：《传统中华帝国的乡村基层控制：汉唐间的乡村组织》，载《传统十论——本土社会的制度、文化及其变革》，复旦大学出版社 2004 年版，第 3 页；张新光：《质疑“皇权不下县”——基于宏观的长时段的动态历史考证》，《吉首大学学报（社会科学版）》2007 年第 2 期。

97 方辉、文德安等：《鲁东南沿海地区系统考古调查报告》（上），文物出版社 2012 年版，第 321—325 页。

98 济青公路文物考古队宁家埠分队：《章丘宁家埠遗址发掘报告》，载山东省文物考古研究所编：《济青高级公路章丘工段考古发掘报告集》，齐鲁出版社 1993 年版，第 82—89 页。

99 张昀、陈章龙、冉炜煜：《章丘市黄桑院遗址发掘简报》，载山东省文物考古研究所编:《海岱考古》第九辑，科学出版社2016年版。
100 南水北调中线干线工程建设管理局等编著:《常山郡元氏故城南程墓地》，科学出版社2014年版，第1—18页。
101 河北省文物研究所石太考古队:《井陉南良都战国、汉代遗址及元明墓葬发掘报告》，载河北省文物研究所编:《河北省考古文集》，东方出版社1998年版，第202—240页。
102 河北省文物研究所等:《永年县榆林遗址发掘简报》，载河北省文物研究所编:《河北省考古文集》，东方出版社1998年版，第117—126页。
103 河南省文物考古研究所、武汉大学考古学系:《河南淮滨县黄土城地区区域考古调查简报》,《华夏考古》2010年第4期。
104 河南省文物研究所:《河南遂平县小寨汉代村落遗址水井群》,《考古与文物》1986年第5期。
105 刘海旺:《汉代农耕聚落考古学研究》，郑州大学博士学位论文2017年，第69页。
106 河南省文物考古研究所、内黄县文物保护管理所:《河南内黄县三杨庄汉代庭院遗址》,《考古》2004年第7期；刘海旺、朱汝生:《河南内黄三杨庄汉代田宅遗存》，载国家文物局编:《2005中国重要考古发现》，文物出版社2006年版，第100—104页；河南省文物考古研究所等:《河南内黄三杨庄汉代聚落遗址第二处庭院发掘简报》,《华夏考古》2010年第3期；刘海旺:《汉代农耕聚落考古学研究》，郑州大学博士学位论文2017年，第58—66页。
107 江苏省文物管理委员会:《江苏高邮邵家沟汉代遗址的清理》,《考古》1960年第10期。
108 南京博物馆、张家港市文广新局、张家港博物馆:《江苏张家港小山村遗址发掘简报》,《东南文化》2015年第2期。
109 安徽省文物考古研究所、泗县文物保护管理所:《安徽泗县刘圩汴河故道遗址发掘简报》,《东南文化》2011年第5期；安徽省文物考古研究所、泗县文物局:《安徽泗县刘圩汴河故道遗址的第二次发掘》,《中国国家博物馆馆刊》2014年第12期，第40—63页。
110 东北博物馆:《辽阳三道壕西汉村落遗址》,《考古学报》1957年第1期。
111 刘海旺:《汉代农耕聚落考古学研究》，郑州大学博士学位论文2017年，第51页。
112 四川大学历史文化学院考古系、重庆市文化局、云阳县文管所:《重庆云阳县李家坝遗址1997年度发掘简报》,《考古》2004年第6期；四川大学考古学系、重庆市云阳县文物管理所:《重庆云阳李家坝遗址1999年度发掘简报》，载四川大学博物馆、四川大学考古学系、成都文物考古研究所编：《南方民族考古》第七辑，科学出版社 2011 年版；四川大学历史文化学院、重庆云阳县文物管理所：《重庆云阳李家坝遗址 2000 年度发掘简报》，《江汉考古》2016 年第 6 期。

113 刘海旺：《汉代农耕聚落考古学研究》，郑州大学博士学位论文 2017 年，第 83 页。

114 四川省文物考古研究院、雅安市文物管理所、汉源县文物管理所：《四川汉源大地头遗址汉代遗存发掘简报》，《四川文物》2006 年第 2 期。

115 阿·德芒戎著，葛以德译：《人文地理学问题》，商务印书馆 1999 年版，第 146 页。

116 尚新丽：《西汉人口研究》，郑州大学博士学位论文 2003 年，第 73 页。

117 根据整理简报统计。参见马王堆汉墓帛书整理小组《马王堆三号汉墓出土驻军图整理简报》，《文物》1976 年第 1 期。

118 裘锡圭：《湖北江陵凤凰山十号汉墓出土简牍考释》，《文物》1974 年第 7 期。

119 甘肃文物考古研究所等编：《居延新简——甲渠候官与第四燧》，文物出版社 1990 年版，第 88、151 页。

120 马新：《两汉乡村社会史》，齐鲁书社 1997 年版，第 202 页。

121 《后汉书》卷七十《荀彧列传》。

122 《三国志》卷十一《魏书·田畴传》。

123 刘海旺：《汉代农耕聚落考古学研究》，郑州大学博士学位论文 2017 年，第 36 页。

124 云南省文物考古研究所、美国密歇根大学人类学系：《云南滇池地区聚落遗址 2008 年调查简报》，《考古》2012 年第 1 期。

125 Willey, Gonlon R., Prehistoric Settlement Patterns in the Viru Valley, Peru Bulletin 155, Bureau of American Ethnology, Smithsonian Institution, 1953. 转引自张光直著，胡鸿保、周燕译，陈星灿校：《考古学中的聚落形态》，《华夏考古》2002 年第 1 期。

126 欧文·劳斯著，潘艳、陈洪波译，陈淳校：《考古学中的聚落形态》，《南方文物》2007 年第 3 期。

127 郑玄注，《唐》贾公彦疏：《周礼注疏》卷四十二《冬官考工记·匠人》。

128 南水北调中线干线工程建设管理局、河北省南水北调工程建设领导小组办公室、河北省文物局编著：《常山郡元氏故城南程墓地》，科学出版社 2014 年版，第 1—18 页。

129 云南省文物考古研究所、美国密歇根大学人类学系：《云南滇池地区聚落遗址 2008 年调查简报》，《考古》2012 年第 1 期。

130 东北博物馆：《辽阳三道壕西汉村落遗址》，《考古学报》1957 年第 1 期。

131 四川省文物考古研究院、雅安市文物管理所、汉源县文物管理所：《四川汉源大地头遗址汉代遗存发掘简报》,《四川文物》2006 年第 2 期。

132 河南省文物研究所:《河南遂平县小寨汉代村落遗址水井群》,《考古与文物》1986 年第 5 期。

133 江苏省文物管理委员会:《江苏高邮邵家沟汉代遗址的清理》,《考古》1960 年第 10 期。

134 河北省文物研究所等:《永年县榆林遗址发掘简报》,载河北省文物研究所编:《河北省考古文集》,东方出版社 1998 年版,第 117—126 页。

135 河南省文物考古研究所、内黄县文物保护管理所:《河南内黄县三杨庄汉代庭院遗址》,《考古》2004 年第 7 期;河南省文物考古研究所、内黄县文物保护管理所:《河南内黄三杨庄汉代聚落遗址第二处庭院发掘简报》,《华夏考古》2010 年第 3 期。

136 张光直著,胡鸿保、周燕译,陈星灿校:《考古学中的聚落形态》,《华夏考古》2002 年第 1 期。

137 欧文 · 劳斯著,潘艳、陈洪波译,陈淳校:《考古学中的聚落形态》,《南方文物》2007 年第 3 期。

138 河北省文物研究所等:《永年县榆林遗址发掘简报》,载河北省文物研究所编:《河北省考古文集》,东方出版社 1998 年版,第 117—126 页。

139 河北省文物研究所石太考古队:《井陉南良都战国、汉代遗址及元明墓葬发掘报告》,载河北省文物研究所编:《河北省考古文集》,东方出版社 1998 年版,第 202—240 页。

140 河南省文物研究所:《河南遂平县小寨汉代村落遗址水井群》,《考古与文物》1986 年第 5 期。

141 四川省文物考古研究院、雅安市文物管理所、汉源县文物管理所:《四川汉源大地头遗址汉代遗存发掘简报》,《四川文物》2006 年第 2 期。

142 江苏省文物管理委员会:《江苏高邮邵家沟汉代遗址的清理》,《考古》1960 年第 10 期。

143 Trigger, Bruce, "The determinants of settlement pattems." In K. C. Chang, ed, Settlement Archaeology, Palo Alto, Calif.: National Press, 1968, 70-71. 转引自张光直著,胡鸿保、周燕译,陈星灿校:《考古学中的聚落形态》,《华夏考古》2002 年第 1 期。

144 白庆韬:《河南内黄三杨庄汉代民居建筑复原研究——以第二处庭院遗址为例》,郑州大学硕士学位论文 2015 年,第 68 页。

145 河南省文化局文物工作队:《郑州南关 159 号汉墓的发掘》,《文物》1961 年第 Z1 期。

146 郑州市博物馆:《郑州市乾元北街空心画像砖墓》,《中原文物》1985 年第 1 期。

147 河南博物馆编著:《河南出土汉代建筑明器》，大象出版社 2002 年版，第 47 页。

148 郭清华:《陕西勉县老道寺汉墓》,《考古》1985 年第 5 期。

149 骆崇礼、骆明:《淮阳于庄汉墓发掘简报》,《中原文物》1983 年第 1 期；骆明、史磊:《淮阳出土西汉三进陶院落》,《中原文物》1987 年第 4 期。

150 史华:《陕西华县馆藏汉代陶建筑模型》,《考古与文物》2007 年第 5 期。

151 叶小燕:《河南陕县刘家渠汉墓》,《考古学报》1965 年第 1 期。

152 广西壮族自治区文物工作队、贵港市文物管理所:《广西贵港市孔屋岭东汉墓》,《考古》2005 年第 11 期。

153 杨豪:《岭南秦汉遗民居住房屋述略》,《岭南文史》2003 年第 3 期。

154 杨豪:《岭南秦汉遗民居住房屋述略》,《岭南文史》2003 年第 3 期。

155 广西壮族自治区编:《广西博物馆古陶瓷精粹》，文物出版社 2002 年版，第 60 页。

156 杨豪:《岭南秦汉遗民居住房屋述略》,《岭南文史》2003 年第 3 期。

157 广西壮族自治区文物工作队、贵港市文物管理所:《广西贵港市孔屋岭东汉墓》,《考古》2005 年第 11 期。

158 李亚利:《汉代画像中的建筑图像研究》，吉林大学博士学位论文 2015 年，第 43 页。

159 南京博物院:《徐州茅村画象石墓》,《考古》1980 年第 4 期。

160 南京博物院、山东省文物管理处编著:《沂南古画像石墓发掘报告》，文化部文物管理局 1956 年版。

161 于豪亮:《记成都羊子山一号墓》,《文物参考资料》1955 年第 9 期。

162 任日新:《山东诸城汉墓画像石》,《文物》1981 年第 10 期。

163 王金元:《山西离石石盘汉代画像石墓》,《文物》2005 年第 2 期。

164 赖非:《中国画像石全集 2 · 山东汉画像石》，山东美术出版社 2000 年版，图版 94。

165《后汉书 · 循吏列传》载：建武二年（26 年），卫飒“迁桂阳太守。郡与交州接境，颇染其俗，不知礼则。飒下车，修庠序之教……邦俗从化”。《后汉书 · 循吏列传》又云：建初元年（76 年），秦彭“迁山阳太守，以礼训人，不任刑罚。崇好儒雅，敦明庠序”。《后汉书 · 寇恂列传》云：建武三年（27 年），寇恂“素好学，乃修乡校，教生徒，聘能为《左氏春秋》者，亲受学焉”。

166 任日新:《山东诸城汉墓画像石》,《文物》1981 年第 10 期。

167 周到、吕品、汤文兴编:《河南汉代画像砖》，上海人民美术出版社 1985 年版，图 254；张秀青、张松林、周到编著:《郑州汉画像砖》，河南美术出版社 1988 年版，第 3、13 页。

168 薛文灿、刘松根编:《河南新郑汉代画像砖》，上海书画出版社 1993 年版，第 10 页。

169 中国画像砖全集编辑委员会编:《中国画像砖全集 2 · 四川汉画像砖》，四川美术出版社 2006 年版，图 201。

170 河南省文物研究所:《河南遂平县小寨汉代村落遗址水井群》,《考古与文物》1986 年第 5 期。

171 安徽省文物考古研究所、泗县文物保护管理所:《安徽泗县刘圩汴河故道遗址发掘简报》,《东南文化》2011 年第 5 期；安徽省文物考古研究所、泗县文物局:《安徽泗县刘圩汴河故道遗址的第二次发掘》,《中国国家博物馆馆刊》2014 年第 12 期。

172 河南省文物考古研究所、内黄县文物保护管理所:《河南内黄县三杨庄汉代庭院遗址》,《考古》2004 年第 7 期；河南省文物考古研究所、内黄县文物保护管理所:《河南内黄三杨庄汉代聚落遗址第二处庭院发掘简报》,《华夏考古》2010 年第 3 期。

173 司马迁《史记 · 日者列传》载:“某日可取妇乎？五行家曰可，堪舆家曰不可。”《后汉书 · 王景传》中也载:“初，景以为《六经》所载，皆有卜筮，作事举止，质于蓍龟，而众书错糅，吉凶相反，乃参纪众家数术文书，冢宅禁忌堪舆日相之属，适于事用者，集为《大衍玄基》云。”

174《周礼 · 春官宗伯》云:“保章氏，掌天星，以志星辰日月之变动，以观天下之迁，辨其吉凶。以星土辨九州岛之地所封。封域皆有分星，以观妖祥。”

175 颜师古注《汉书 · 杨雄传上》:“张晏曰:‘堪舆，天地总名也。’孟康曰:‘堪舆，神名，造图宅书者。’……堪舆，张说是也。”

176 彭一刚:《传统村镇聚落景观分析》，中国建筑工业出版社 1994 年版，第 33 页。

177 刘沛林:《古村落——和谐的人聚空间》，上海三联出版社 1998 年版，第 47 页。

178 丘刚等:《河南杞县许村岗一号汉墓发掘简报》,《考古》2000 年第 1 期。

179 广州市文物管理委员会、广州市博物馆编:《广州汉墓》，文物出版社 1981 年版，第 187 页。

180 广州市文物管理委员会、中国社会科学院考古研究所编:《西汉南越王墓》，文物出版社 1991 年版。

181 中国科学院考古研究所编:《洛阳烧沟汉墓》，科学出版社 1959 年版，第 188—199 页。

182 吉林大学考古系、辽宁省文物考古研究所:《辽宁锦西市部集屯小荒地秦汉古城址试掘报告》，载王仲殊主编，考古杂志社编:《考古学集刊》第 11 辑，中国大百科全书出版社 1997 年版。

183 周昕:《中国农具史纲及图谱》，中国建材工业出版社 1998 年版，第 42 页。

184 许慎撰，段玉裁注:《说文解字注》卷二十七《十四篇上 · 金部》。

185 刘熙：《释名 · 释用器》。
186 许慎撰，段玉裁注：《说文解字注》卷二十七《十四篇上 · 金部》。
187 刘庆柱：《陕西长武出土汉代铁器》，《考古与文物》1982 年第 1 期。
188 广州市文物管理委员会、中国社会科学院考古研究所、广东省博物馆编：《西汉南越王墓》，文物出版社 1991 年版，第 132 页。
189 王克林、宁立新、孙春林、胡生：《山西省右玉县善家堡墓地》，《文物季刊》1992 年第 4 期。
190 白云翔：《先秦两汉铁器的考古学研究》，科学出版社 2005 年版，第 198 页。
191 曾庸：《汉代的铁制工具》，《文物》1959 年第 1 期。
192 中国科学院考古研究所编：《洛阳烧沟汉墓》，科学出版社 1959 年版，第 188—199 页。
193 尚巍：《湖南桑植朱家台汉代铁器铸造作坊遗址发掘报告》，《考古学报》2003 年第 3 期。
194 中国科学院考古研究所编：《洛阳烧沟汉墓》，科学出版社 1959 年版，第 188—199 页。
195 河南省文物局文物工作队编著：《巩县铁生沟》，文物出版社 1962 年版，第 30 页。
196 中国社会科学院考古研究所、河北省文物管理处编：《满城汉墓发掘报告》，文物出版社 1980 年版，第 243 页。
197 山东省文物管理委员会：《山东章丘平陵故城冶铁遗址》，《考古通讯》1955 年第 4 期。
198 福建博物院、福建闽越王城博物馆编，杨琮主编：《武夷山城村汉城遗址发掘报告》，福建人民出版社 2004 年版，第 301—340 页。
199 史游撰，颜师古注：《急就篇》卷三。
200 许慎撰，段玉裁注：《说文解字注》卷二十七《十四篇上 · 金部》。
201 东北博物馆：《辽阳三道壕西汉村落遗址》，《考古学报》1957 年第 1 期。
202 中国社会科学院考古研究所、河北省文物管理处编：《满城汉墓发掘报告》，文物出版社 1980 年版，第 69 页。
203 陕西省博物馆、陕西文物管理委员会：《陕西省发现的汉代铁铧和鐴土》，《文物》1966 年第 1 期。
204 陕西省博物馆、陕西文物管理委员会：《陕西省发现的汉代铁铧和鐴土》，《文物》1966 年第 1 期。
205 王学理、王保平：《汉景帝阳陵南区从葬坑发掘第二号简报》，《文物》1994 年第 6 期。
206 陕西省博物馆、陕西文物管理委员会：《陕西省发现的汉代铁铧和鐴土》，《文物》

1966 年第 1 期。
207 陕西省博物馆、陕西省文管会写作小组:《米脂东汉画象石墓发掘简报》,《文物》1972 年第 3 期。
208 山西省文物管理委员会:《山西平陆枣园村壁画汉墓》,《考古》1959 年第 9 期。
209 中国农业博物馆编,夏亨廉、林正同主编:《汉代农业画像砖石》,中国农业出版社 1996 年版,第 28 页。
210 万良:《山东鄄城、成武、金乡石刻调查》,《考古》1996 年第 6 期。
211 胡绍锦:《昆明呈贡石碑村古墓群第二次清理简报》,《考古》1984 年第 3 期。
212 广州市文物管理委员会、中国社会科学院考古研究研究所编:《西汉南越王墓》,文物出版社 1991 年版,第 334 页。
213 殷涤非:《安徽省寿县安丰塘发现汉代闸坝工程遗址》,《文物》1960 年第 1 期。
214 广州市文物管理委员会、广州市博物馆编:《广州汉墓》,文物出版社 1981 年版,第 162 页。
215 鹤壁市文物工作队编:《鹤壁鹿楼冶铁遗址》,中州古籍出版社 1994 年版,第 48 页。
216 江章华、刘雨茂:《成都龙泉驿区北干道木椁墓群发掘简报》,《文物》2000 年第 8 期。
217 张增祺、王大道:《云南江川李家山古墓群发掘报告》,《考古学报》1975 年第 2 期。
218 周昕:《中国农具史纲及图谱》,中国建材工业出版社 1998 年版,第 47 页。
219 新疆文物考古研究所:《洛浦县山普拉 II 号墓地发掘简报》,《新疆文物》2000 年第 2 期。
220 郭庆藩:《庄子集释》外篇《天地第十二》。
221 蒋英炬主编:《中国画像石全集 · 第 1 卷 · 山东汉画像石》,山东美术出版社 2000 年版,第 65 页。
222 赖非主编:《中国画像石全集 · 第 2 卷 · 山东汉画像石》,山东美术出版社 2000 年版,第 90 页。
223 焦德森主编:《中国画像石全集 · 第 3 卷 · 山东汉画像石》,山东美术出版社 2000 年版,第 8 页。
224 李文信:《辽阳发现的三座壁画古墓》,《文物参考资料》1955 年第 5 期。
225 嘉峪关市文物清理小组:《嘉峪关汉画像砖墓》,《文物》1972 年第 12 期。
226 任日新:《山东诸城汉墓画像石》,《文物》1981 年第 10 期。
227 赖非主编:《中国画像石全集 · 第 2 卷 · 山东汉画像石》,山东美术出版社 2000 年版,第 90 页。

228 汤池主编:《中国画像石全集 · 第 4 卷 · 江苏、安徽、浙江汉画像石》, 山东美术出版社 2000 年版, 第 13、14、62、85 页。

229 汤池主编:《中国画像石全集 · 第 4 卷 · 江苏、安徽、浙江汉画像石》, 山东美术出版社 2000 年版, 第 130 页。

230 汤池主编:《中国画像石全集 · 第 5 卷 · 陕西、山西汉画像石》, 山东美术出版社 2000 年版, 第 94 页。

231 郭宝钧:《洛阳西郊汉代居住遗迹》,《考古通讯》1956 年第 1 期。

232 陕西省文物管理委员会:《秦都栎阳遗址初步勘探记》,《文物》1966 年第 1 期。

233 中国社会科学院考古研究所、河北省文物管理处编:《满城汉墓发掘报告》, 文物出版社 1980 年版, 第 144 页。

234 中国科学院考古研究所编著:《洛阳中州路》, 科学出版社 1959 年版, 第 49 页。

235 阎志和:《长武发现汉代石磨》,《文博》1986 年第 2 期。

236 贾德民:《山东安丘发现汉代石磨》,《考古》1995 年第 11 期。

237 河南省文物考古研究所、内黄县文物保护管理所:《河南内黄三杨庄汉代聚落遗址第二处庭院发掘简报》,《华夏考古》2010 年第 3 期。

238 耿青岩、蔡学文:《河南淇县发现西汉石磨》,《考古》1983 年第 10 期。

239 黄展岳:《一九五五年春洛阳汉河南县城东区发掘报告》,《考古学报》1956 年第 4 期。

240 桓谭撰, 孙冯翼辑:《桓子新论》卷十一《离事篇》。

241 黄兴、潜伟:《中国古代扇车类型考察与性能研究》,《中国农史》2013 年第 2 期。

242 史晓雷:《汉代"扬扇"考辨》,《四川文物》2011 年第 4 期。

243 赵家有、李天影:《山西芮城出土风扇车模型》,《农业考古》1988 年第 2 期。

244 河南省博物馆:《济源泗涧沟三座汉墓的发掘》,《文物》1973 年第 2 期。

245 程应林、刘诗中:《江西贵溪崖墓发掘简报》,《文物》1980 年第 11 期。

246 杨豪、杨耀林:《广东高要县茅岗水上木构建筑遗址》,《文物》1983 年第 12 期。

247 张增祺、王大道:《云南江川李家山古墓群发掘报告》,《考古学报》1975 年第 2 期。

248 傅举有:《湖南资兴东汉墓》,《考古学报》1984 年第 1 期。

249 南京博物院、邳县文化馆:《江苏邳县白山故子两座东汉画像石墓》,《文物》1986 年第 5 期。

250 毛亨传, 郑玄笺, 孔颖达疏:《毛诗正义》卷第一(一之三)《召南 · 采蘋》。

251 陈振裕:《楚国的竹编织物》,《考古》1983 年第 8 期。

252 湖南省博物馆、中国科学院考古研究所编:《长沙马王堆一号汉墓》(上集), 文物出版社 1973 年版, 第 119 页。

253 赵路花：《汉画像石庖厨图研究》，武汉大学硕士学位论文 2017 年，第 14 页。
254 程青芬：《再现汉代生活的陶灶》，《黑龙江史志》2015 年第 11 期。
255 刘善沂、孙亮：《山东济南青龙山汉画像石壁画墓》，《考古》1989 年第 11 期。
256 吴铭生、师悦菊：《湖南资兴西汉墓》，《考古学报》1995 年第 4 期。
257 陕西省考古研究所宝鸡工作站、宝鸡市考古工作队：《陕西眉县常兴汉墓发掘报告》，《文博》1989 年第 1 期。
258 宋少华：《长沙西郊桐梓坡汉墓》，《考古学报》1986 年第 1 期。
259 李鸿雁：《张店出土汉代铁釜》，《管子学刊》1998 年第 3 期。
260 毛亨传，郑玄笺，孔颖达疏：《毛诗正义》卷七（七之二）《桧风·匪风》。
261 朱锡禄编著：《嘉祥汉画像石》，山东美术出版社 1992 年版，图 48。
262 赖非主编：《中国画像石全集·第2卷·山东汉画像石》，山东美术出版社2000年版，图版 66。
263 洛阳区考古发掘队著，中国科学院考古研究所编辑：《洛阳烧沟汉墓》，科学出版社 1959 年版。
264 陕西省考古研究所：《陕西卷烟材料厂汉墓发掘简报》，《考古与文物》1997 年第 1 期。
265 王凤娟：《汉画像石与齐鲁风俗》，山东师范大学硕士学位论文 2005 年，第 33 页。
266 朱江：《江苏高邮邵家沟汉代遗址的清理》，《考古》1960 年 10 期。
267 山东省菏泽地区汉墓发掘小组：《巨野红土山西汉墓》，《考古学报》1983 年第 4 期。
268 山东省文物考古研究所：《山东临淄金岭镇一号东汉墓》，《考古学报》1999 年第 1 期。
269 西安市文物保护考古所：《西安南郊潘家庄 169 号东汉墓发掘简报》，《文物》2008 年第 6 期。
270 马汉国主编：《微山汉画像石选集》，文物出版社 2003 年版，图版 43。
271 刘向辑录：《战国策》卷九《齐策二》。
272 韩玉祥、李陈广主编：《南阳汉代画像石墓》，河南美术出版社 1998 年版，第 40 页。
273 蒋英炬主编：《中国画像石全集·第 1 卷·山东汉画像石》，山东美术出版社 2000 年版，图版 123。
274 冯先铭主编：《中国陶瓷》，上海古籍出版社 2001 年版，第 8 页。
275 河南省文物考古研究所、内黄县文物保护管理所：《河南内黄三杨庄汉代聚落遗址第二处庭院发掘简报》，《华夏考古》2010 年第 3 期。
276 敖承隆：《河北定县北庄汉墓发掘报告》，《考古学报》1964 年第 2 期。
277 黄秀纯：《北京顺义临河村东汉墓发掘简报》，《考古》1977 年第 6 期。
278 河南省文物研究所编：《密县打虎亭汉墓》，文物出版社 1993 年版。

279 孙机:《汉代家具(上)》,《紫禁城》2010 年第 7 期。

280 北京历史博物馆、河北省文物管理委员会编:《望都汉墓壁画》,中国古典艺术出版社 1995 年版。

281 徐坚等著:《初学记》卷二五引,中华书局 1962 年版。

282 曹桂岑:《河南郸城发现汉代石坐榻》,《考古》1965 年第 5 期。

283 王勤金、吴炜、徐良玉、印志华:《江苏仪征胥浦 101 号西汉墓》,《文物》1987 年第 1 期。

284 王勤金、吴炜、徐良玉、印志华:《江苏仪征胥浦 101 号西汉墓》,《文物》1987 年第 1 期。

285 孙机:《汉代家具(上)》,《紫禁城》2010 年第 7 期。

286 蒋宝庚、黎忠义:《山东沂南汉书画像石墓》,《文物参考资料》1954 年第 8 期。

287 河南省文物研究所编:《密县打虎亭汉墓》,文物出版社 1993 年版。

288 河南省文物研究所编:《密县打虎亭汉墓》,文物出版社 1993 年版,第 128 页。

289 银雀山汉墓发掘队:《临沂银雀山西汉墓发掘简报》,《文物》2000 年第 11 期。

290 李文信:《东北文物工作队一九五四年工作简报》,《文物参考资料》1955 年第 3 期。

291 许慎撰,段玉裁注:《说文解字注》卷九《五篇上 · 竹部》。

292 《云梦睡虎地秦墓》编写组:《云梦睡虎地秦墓》,文物出版社 1981 年版,第 57 页。

293 湖南省博物馆、中国科学院考古研究所编:《长沙马王堆一号汉墓》(上集),文物出版社 1973 年版,第 111—112 页。

294 转引自孙机:《汉代家具(下)》,《紫禁城》2010 年第 8 期。

295 蒋宝庚、黎忠义:《山东沂南汉书画像石墓》,《文物参考资料》1954 年第 8 期。

296 叶小燕:《河南陕县刘家渠汉墓》,《考古学报》1965 年第 1 期。

297 孙机:《汉代物质文化资料图说》,文物出版社 1991 年版。

298 河南省文物研究所编:《密县打虎亭汉墓》,文物出版社 1993 年版,第 120、172 页。

299 此处所言脱离巫术色彩,并不是说汉代是一个不重巫的社会,而是说相比史前以来的社会,秦汉节日祭祀文化中的科学性进一步丰富,那种完全建立于原始崇拜基础上的超自然信仰有淡化的趋势。事实上,秦汉时期,特别是汉代,巫术是极为盛行的。不仅如此,巫术在汉代的政治、社会生活中产生了较大影响,国家层面甚至还建立了一套巫官体系。参见赵光怀:《汉代民间巫术与知识信仰》,《民俗研究》2011 年第 4 期。

300 冯天瑜、何晓明、周积明:《中华文化史》,上海人民出版社 2005 年版,第 152—207 页。

301 《后汉书》卷九十一《律历一》。

302 周耀明、万建中、陈华文:《汉族风俗史·第2卷·秦汉·魏晋南北朝汉族风俗》,学林出版社2004年版,第179—192页;萧放:《岁时——传统中国民众的时间生活》,中华书局2002年版,第67—91页;彭卫、杨振红:《中国风俗通史·秦汉卷》,上海文艺出版社2002年版,第623—644页。

303 应劭撰,王利器校注:《风俗通义校注》,中华书局1981年版,第379页。

304 郑玄,孔颖达疏:《礼记正义》卷第十四《月令第六》。

305 崔寔著,缪启愉辑释,万国鼎审订:《四民月令辑释》,农业出版社1981年版,第1页。

306 崔寔著,缪启愉辑释,万国鼎审订:《四民月令辑释》,农业出版社1981年版,第104页。

307 张勃:《寒食节起源新论》,《西北民族研究》2004年第3期。

308 刘歆撰,葛洪集、向新阳、刘克任校注:《西京杂记校注》,上海古籍出版社1991年版,第138页。

309 《淮南子》卷七《精神训》。

310 张新斌:《汉代画像石所见儒风与楚风》,《中原文物》1993年第1期。

311 欧阳询:《艺文类聚》卷八,中华书局1965年版。

312 刘向撰:《列女传》卷一《母仪传·有虞二妃》,影印文渊阁四库全书本。

313 郑玄,孔颖达疏:《礼记正义》卷第四十六《祭法第二十三》。

314 干宝撰,汪绍楹校注:《搜神记》卷四《戴侯祠》,中华书局1979年版,第55页。

315 《中国大百科全书·考古卷》,中国大百科全书出版社1986年版,第378页。

316 邱树森:《两汉匈奴单于庭、龙城今地考》,《社会科学战线》1984年第2期。

317 邱树森:《两汉匈奴单于庭、龙城今地考》,《社会科学战线》1984年第2期。

318 马利清:《关于匈奴城址功能的探索》,《中州学刊》2013年第1期。

319 王可宾:《伊伏尔加古城述论》,《北方文物》1985年第1期;乌恩:《论匈奴考古研究中的几个问题》,《考古学报》1990年第4期;马利清:《关于匈奴城址功能的探索》,《中州学刊》2013年第1期。

320 马利清:《关于匈奴城址功能的探索》,《中州学刊》2013年第1期。

321 新疆文物考古研究所、伊犁哈萨克自治州文物局、尼勒克县文物局:《新疆尼勒克县吉仁台沟口遗址》,《考古》2017年第7期;《新疆尼勒克县山谷发现3600年前聚落遗址》,http://xj.news.163.com/19/0105/10/E4OJEH4E04328F7J.html#。

322 钱伯泉、王炳华编著:《通俗新疆史》,新疆人民出版社1986年版,第21页。

323 新疆维吾尔自治区文物局编：《新疆古城遗址》，科学出版社 2011 年版。
324 新疆楼兰考古队：《楼兰古城址调查与试掘简报》，《文物》1988 年第 7 期。
325 新疆维吾尔自治区文物考古研究所：《新疆古楼兰交通与古代人类村落遗迹调查 2015 年度调查报告》，载文化遗产研究与保护技术教育部重点实验室、西北大学丝绸之路文化遗产保护与考古学研究中心、边疆考古与中国文化认同协同创新中心等编：《西部考古》（第 13 辑）科学出版社 2017 年版。
326 阮秋荣：《试探尼雅遗址聚落形态》，《西域研究》1999 年第 2 期。
327 张安福、田海峰：《城址遗存与汉代西域屯城布局》，《中国历史地理论丛》2015 年第 3 期。

第四章 南北分裂割据时期的村落

1 宫崎市定：《中国村制的成立——古代帝国崩坏的一面》，载宫崎市定著，中国科学院历史研究所翻译组编译：《宫崎市定论文选集》（上卷），商务印书馆 1963 年版，第 36 页。
2 宫川尚志：《六朝时代的村》，载刘俊文主编：《日本学者研究中国史论著选译》（第四卷），中华书局 1992 年版，第 67—108 页。
3 《周礼·地官司徒第二》。
4 《三国会要》卷二十五《职官四》。
5 《魏书》卷一百一十《食货志》
6 《北史》卷十八《拓跋孝友传》。
7 《通典》卷三《食货三·乡党》。
8 张哲郎：《乡遂遗规：村社的结构》，载刘岱总主编：《吾土与吾民》，生活·读书·新知三联书店 1992 年版，第 196—197 页。
9 赵秀玲：《中国乡里制度》，社会科学文献出版社 1998 年版，第 16—17 页。
10 《汉书》卷四十九《晁错传》。
11 《汉书》卷四十九《晁错传》。
12 《汉书》卷四十九《晁错传》。
13 《汉书》卷四十九《晁错传》。
14 《汉书》卷四十九《晁错传》。
15 赵俪生主编：《古代西北屯田开发史》，甘肃文化出版社 1997 年版，第 29—34 页。
16 胡平生：《魏末晋初楼兰文书编年系联（下）》，《西北民族研究》1991 年第 2 期。

17 王欣:《魏晋西域屯田的特点》,《中国边疆史地研究》2015 年第 4 期。

18 《晋书》卷二十六《食货志》。

19 《晋书》卷二十六《食货志》。

20 高荣:《魏晋十六国时期河西屯田简论》,载西北师范大学历史文化学院、甘肃简牍博物馆编:《简牍学研究》(第五辑),甘肃人民出版社 2014 年版,第 199—209 页。

21 孟凡人:《魏晋楼兰屯田概况》,《农业考古》1985 年第 4 期,第 349—354 页。

22 武建国:《北朝屯田述论》,《思想战线》1986 年第 10 期。

23 《魏书》卷二《太祖纪》。

24 《魏书》卷六十二《李彪传》。

25 分别见《晋书》之《食货志》《百官志》等。

26 《晋书》卷二十六《食货志》。

27 《周书》卷二十三《苏绰传》。

28 《周书》卷三十一《韦孝宽传》。

29 《晋书》卷八十七《凉武昭王传》。

30 《晋书》卷八十七《凉武昭王传》。

31 《宋书》卷九十八《氐胡传》。

32 吴震:《吴震敦煌吐鲁番文书研究论集》,上海古籍出版社 2009 年版,第 379 页。

33 《晋书》卷二十六《食货志》。

34 《晋书》卷六十七《温峤传》。

35 《宋书》卷四十二《王弘传》。

36 权家玉:《东晋南朝的屯田及其地位》,《江西社会科学》2011 年第 4 期。

37 胡阿祥:《东晋南朝人口南迁之影响述论》,《吴文化博览》2007 年第 5—6 期《六朝历史与吴文化转型高层论坛论文专辑》,第 782—789 页。

38 韩昇:《魏晋隋唐的坞壁和村》,《厦门大学学报(哲学社会科学版)》1997 年第 2 期。

39 罗振玉编纂:《鸣沙石室佚书正续编》,北京图书馆出版社 2004 年版。

40 赵克尧:《论魏晋南北朝的坞壁》,《历史研究》1980 年第 6 期,第 77—90 页。

41 《三国志》卷一十八《许褚传》。"寇"指的是农民起义军。

42 《北史》卷三十三《李灵传》。

43 《北史》卷三十六《薛辩传》。

44 《南史》卷五十五《夏侯夔传》。

45 《三国志》卷十一《田畴传》。

46 《晋书》卷八十八《庾衮传》。

47 《三国志》卷八《张鲁传》。

48 赵克尧:《论魏晋南北朝的坞壁》,《历史研究》1980 年第 6 期。

49 《魏书》卷一百一十《食货志》。

50 梁方仲编著:《中国历代户口、田地、田赋统计》，上海人民出版社 1980 年版，第 57 页。

51 宫崎市定:《中国村制的成立——古代帝国崩坏的一面》,《宫崎市定论文选集》，商务印书馆 1963 年版，第 40 页。

52 宫川尚志:《六朝时代的村》,《日本学者研究中国史论著选译》第四卷，中华书局 1992 年版，第 67—103 页。

53 《汉书》卷二十九《沟洫志》。

54 《汉书》卷六十九《赵充国传》。

55 齐涛:《魏晋隋唐乡村社会研究》，山东人民出版社 1995 年版，第 39—40 页。

56 王利器:《颜氏家训集解》卷三《勉学》，中华书局 1993 年版，第 224—225 页。

57 侯旭东:《北朝的村落》,《北朝村民的生活世界——朝廷、州县与村里》，商务印书馆 2005 年版，第 27—32 页。

58 《晋书》卷七十《刘超传》。

59 《梁书》卷二十八《鱼弘传》。

60 《南齐书》卷四十《竟陵文宣王子良传》。

61 《宋书》卷五十三《谢方明传》。

62 《宋书》卷一百《自序》。

63 《南史》卷七十《郭祖深传》。

64 《梁书》卷二《武帝纪中》。

65 《宋书》卷九十七《蛮夷传》。

66 直到唐代的时候，国家法令中才正式将“村”规定为野外居民区的称谓。《通典》卷三《乡党》中记载的一段文字经常被学者采用，用来说明唐代的“村”已经并入国家行政体系。《通典》卷三《乡党》:“大唐令：诸户以百户为里，五里为乡，四家为邻，五家为保。每里置正一人。掌按比户口，课植农桑，检察非违，催驱赋役。在邑居者为坊，别置正一人，掌坊间管钥，督察奸非，并免非课役。在田野者为村，别置村正一人。其村满百家，增置一人，掌同坊正。其村居如满十家者，隶入大村，不须别置村正。”

67 谭其骧:《晋永嘉丧乱后之民族迁徙》,《长水粹编》，河北教育出版社 2000 年版，第 272—298 页。

68 《周书》卷四十一《异域上》。

69 《魏书》卷一百一十《食货志》。

70 《隋书》卷二十四《食货志》。

71 《魏书》卷八十八《裴佗传》。

72 转引自侯旭东：《北朝的村落》，《北朝村民的生活世界——朝廷、州县与村里》，商务印书馆 2005 年版，第 48 页。

73 《梁书》卷二十五《徐勉传》。

74 《宋书》卷四十二《王弘传》。

75 傅熹年：《两晋南北朝时期木构架建筑的发展》，《傅熹年建筑史论文选》，百花文艺出版社 2009 年版，第 121—125 页。

76 王增新：《辽阳市棒台子二号壁画墓》，《考古》1960 年第 1 期。

77 贺世伟：《汉六朝时期三峡地区的聚落及相关问题研究》，武汉大学博士学位论文 2011 年，第 69 页。

78 高至喜：《谈谈湖南出土的东汉建筑模型》，《考古》1959 年第 11 期。

79 陈斯亮：《魏晋南北朝时期明器反映的建筑特征与文化研究》，西安建筑科技大学硕士论文 2014 年，第 38—51 页。

80 鄂州博物馆、湖北省文物考古研究所：《湖北鄂州鄂钢饮料厂一号墓发掘报告》《考古学报》1998 年第 1 期。

81 钟长发：《甘肃武威南滩魏晋墓》，《文物》1987 年第 9 期。

82 《晋书》卷七十八《孔愉传》。

83 《宋书》卷四十一《明帝陈贵妃传》。

84 张华撰，范宁校证：《博物志校证》卷一，中华书局 1980 年版，第 12 页。

85 《魏书》卷一百一《獠传》。

86 沈莹撰，张崇根辑校：《临海水土异物志辑校》，农业出版社 1988 年，第 4 页。

87 石声汉辑：《辑徐衷南方草物状·由梧竹》，农业出版社 1990 年，第 16—17 页。

88 郭义恭：《广志》，载陶九成辑：《说郛》卷六一《广志一卷》，上海古籍出版社 1988 年版，第 2836 页。

89 王克林：《北齐库狄迴洛墓》，《考古学报》1979 年第 3 期。

90 段小强、赵学东：《嘉峪关魏晋壁画墓中的〈农作图〉》，《敦煌学辑刊》2005 年第 2 期。

91 王星光：《中国传统耕犁的发生、发展及演变（续）》，《农业考古》1989 年第 7 期。

92 段小强、赵学东：《嘉峪关魏晋壁画墓中的〈农作图〉》，《敦煌学辑刊》2005 年第 2 期。

93 《三国志》卷二十一《卫觊传》。

94 《晋书》卷二十六《食货志》。

95 《三国志·蜀志》卷四十三《李恢传》。

96 《晋书》卷二十六《食货志》。

97 南京博物院、泗洪县图书馆:《江苏泗洪重岗汉画像石墓》,《考古》1986 年第 7 期,第 614—622 页。

98 《齐民要术》卷一《耕田第一》。

99 《晋书》卷一百九《慕容皝载记第九》

100 《魏书》卷四《世祖纪》。

101 《魏书》卷七《高祖纪》。

102 段小强、赵学东:《嘉峪关魏晋壁画墓中的〈农作图〉》,《敦煌学辑刊》2005 年第 2 期。

103 徐恒彬:《简谈广东连县出土的西晋犁田耙田模型》,《文物》1976 年第 3 期。

104 《南齐书》卷四十六《顾宪之传》。

105 《魏书》卷七十七《辛雄传》。

106 《宋书》卷九十一《郭原平传》。

107 李卿:《秦汉魏晋南北朝时期家族、宗族关系研究》,厦门大学博士学位论文 2002 年,第 12 页。

108 邵正坤:《造像记中所见的北朝家庭》,《西安欧亚学院学报》2012 年第 1 期。

109 张国刚主编,王利华著:《中国家庭史》第一卷《先秦至南北朝时期》,广东人民出版社 2007 年版,第 374 页。

110 李卿:《秦汉魏晋南北朝时期家族、宗族关系研究》,厦门大学博士学位论文 2002 年,第 30—33 页。

111 《魏书》卷五十七《崔孝芬传》。

112 《魏书》卷四十五《裴骏传》。

113 《宋书》卷九十三《刘凝之传》。

114 《陈书》卷九《欧阳頠传》。

115 《宋书》卷九十一《吴逵传》。

116 李卿:《秦汉魏晋南北朝时期家族、宗族关系研究》,上海人民出版社 2005 年版,第 50 页。

117 《魏书》卷五十三《李冲传》。

118 王玉波:《历史上的家长制》,人民出版社 1984 年版。

119 冯尔康：《中国宗族史》，上海人民出版社 2009 年版，第 126 页。
120 《晋书》卷五十一《挚虞传》。
121 《隋书》卷三十三《经籍志》。
122 《晋书》卷一百三《刘曜载记》。
123 《通典》卷第三《食货三》。
124 侯旭东：《北朝村民的生活世界——朝廷、州县与村里》，商务印书馆 2005 年版，第 63 页。
125 赵凯球、马新著，安作璋主编：《山东通史》魏晋南北朝卷，人民出版社 2009 年版，第 25—27 页。
126 邓云特：《中国救荒史》，上海书店 1984 年版，第 13 页。
127 邓云特：《中国救荒史》，上海书店 1984 年版，第 13 页。
128 《魏书》卷七《高祖纪上》。
129 《魏书》卷七《高祖纪下》。
130 《魏书》卷三十三《张蒲传》。
131 《三国志》卷二十三《杨俊传》。
132 《三国志》卷三十八《麋竺传》。
133 高敏主编：《中国魏晋南北朝经济史》，上海人民出版社 1996 年版，第 103 页。
134 《魏书》卷四《世祖纪下》。
135 《魏书》卷七《高祖纪上》。
136 《魏书》卷七《高祖纪下》。
137 《魏书》卷七《高祖纪下》。
138 《魏书》卷五《高宗纪》。
139 《魏书》卷七《高祖纪上》。
140 《魏书》卷七《高祖纪上》。
141 《通典》卷五《食货》。
142 高敏主编：《中国魏晋南北朝经济史》，上海人民出版社 1996 年版，第 115—116 页。
143 高敏主编：《中国魏晋南北朝经济史》，上海人民出版社 1996 年版，第 163—164 页。
144 《广东通志·金石略》。
145 《太平寰宇记》卷一百二十四。
146 《齐民要术》卷五。
147 《宋书》卷五《文帝纪》。
148 高敏主编：《魏晋南北朝经济史》，上海人民出版社 1996 年版，第 193 页。

149 白虎观会议，是指东汉章帝时召集大夫、博士、议郎、郎官和诸生在白虎观召开的一次讨论儒家经典的学术会议。会议时间长达一个月，后由班固对此进行总结，写成《白虎通义》一书。将当时流行的谶纬迷信与儒家经典糅合为一，儒家思想进一步神学化。

150 僧祐:《弘明集》卷六。

151 僧祐:《出三藏记集》卷十三。

152 《晋书》卷九十五《佛图澄传》。

153 汤用彤:《汉魏两晋南北朝佛教史》，上海书店出版社 1991 年版。

154 何兹全主编:《五十年来汉唐佛教寺院经济研究》，北京师范大学出版社 1986 年版，第 1—54 页。

155 《高僧传》卷五《义解 · 竺法旷传》。

156 《高僧传》卷十一《习禅 · 昙超传》。

157 《高僧传》卷第六《义解 · 法安传》。

158 周铮:《北魏薛凤规造像碑考》，《文物》1990 年第 8 期。

159 《鲁迅辑校石刻手稿》第二函第二册，转引自侯旭东:《北朝村民的生活世界——朝廷、州县与村里》，商务印书馆 2005 年版，第 234 页。

160 侯旭东:《北朝并州乐平郡石艾县安鹿交村的个案研究》，《史林》2005 年第 1 期。

161 何兹全主编:《五十年来汉唐佛教寺院经济研究》，北京师范大学出版社 1986 年版，第 18—31 页。

162 陶弘景:《真诰》卷十一《运象篇》。

163 《抱朴子 · 内篇 · 道意》

164 《三国志》卷八《张鲁传》，裴松之注引鱼豢《典略》。

165 《资治通鉴》卷五十八《汉纪五十》。

166 《三国志》卷四十六《孙策传》注引《江表传》。

167 《抱朴子 · 内篇》卷五《至理》。

168 《抱朴子 · 内篇》卷十五《杂应》。

169 胡彬彬、吴灿:《长江流域民俗文化与艺术遗存：祈福禳灾》，湖南大学出版社 2013 年，第 80 页。

170 《晋书》列传第七十《孙恩传》。

171 辞海编辑委员会:《辞海》，上海辞书出版社 1989 年版，第 5120 页。

172 转引自朱海滨:《中国最重要的宗教传统：民间信仰》，见复旦大学文史研究院编《“民间”何在，谁之“信仰”》，中华书局 2009 年版，第 45—46 页。

173 王利器:《盐铁论校注》定本，中华书局 1992 年，第 352 页。

174 《南史》卷七十三《萧矫妻羊氏传附诸暨屠氏女传》。

175 陶渊明撰，汪绍楹校注:《搜神后记》，中华书局 1981 年，第 34 页。

176 任昉:《述异记》，光绪元年湖北崇文书局刊本。

177 张传玺:《中国历代契约会编考释》，北京大学出版社 1995 年，第 114 页。

178 斋藤理惠子著，贺小萍译:《敦煌第 249 窟天井中国图像内涵的变化》，《敦煌研究》2001 年第 2 期，第 154—161 页。

179 金申:《中国历代纪年佛像图典》，文物出版社，1995 年，第 470 页。

180 金申:《中国历代纪年佛像图典》，文物出版社，1995 年，第 474 页。

181 陆耀遹:《金石续编》卷二，《石刻史料新编》第一辑第四册，台湾新文丰出版公司 1982 年，第 3036 页。

182 鲁迅:《鲁迅辑校石刻手稿》第二函，上海书画出版社 1987 年，第 745 页。

183 胡彬彬、龙敏:《长江中游佛教造像记》，湖南大学出版社 2011 年版，第 99 页。标点为笔者所加，原文格式非常复杂，由于排版困难，无法在此体现。

第五章 国家治理体系的完善与村落的制度化

1 《隋书》卷二《高祖纪下》。

2 《隋书》卷四十二《李德林传》载:“(开皇九年，589 年)(苏) 威又奏置五百家乡正，即令理民间辞讼。德林以为本废乡官判事，为其里闾亲戚，剖断不平，今令乡正专治五百家，恐为害更甚。且今时吏部，总选人物，天下不过数百县，于六七百万户内，诠简数百县令，犹不能称其才，乃欲于一乡之内，选一人能治五百家者，必恐难得。又即时要荒小县，有不至五百家者，复不可令两县共管一乡。敕令内外群官，就东宫会议。自皇太子以下，多从德林议。……然高颎同威之议，称德林狠戾，多所固执。由是高祖尽依威议。……十年，虞庆则等于关东诸道巡省使还，并奏云:‘五百家乡正，专理辞讼，不便于民。党于爱憎，公行货贿。’上仍令废之。”

3 如《唐故蓬州安固县令孙君墓志之铭》中可见关于隋末乡长的记载:“父长迁，隋清德乡长。君隋大业八年被举辽西郡书佐。”《旧唐书 · 刘世龙传》中也载:“刘世龙者，并州晋阳人。大业末，为晋阳乡长。”分别参见周绍良:《唐代墓志汇编续集》，上海古籍出版社 2001 年版，第 190 页。《旧唐书》卷五十七《刘世龙传》。

4 《全唐文》卷十《太宗纪七》。

5 《旧唐书》卷四十五《舆服志》载:“武德令……诸州县佐史、乡正、里正、岳渎祝史、斋郎，并介帻、绛褠衣。”

6 刘再聪:《唐朝“村”制度研究》，厦门大学博士学位论文 2003 年，第 156 页。

7 《旧唐书》卷四十三《职官志》“尚书都县”条。

8 齐涛:《魏晋隋唐乡村社会研究》，山东人民出版社 1994 年版，第 60 页。

9 国家文物局古文献研究室、新疆维吾尔自治区博物馆、武汉大学历史系编:《吐鲁番出土文书》第四册，文物出版社 1983 年版，第 214 页。

10 《唐律疏议》卷十三《户婚中》

11 释圆仁著，白化文、李鼎霞、许德楠修订校注:《入唐求法巡礼行记校注》，花山文艺出版社 1992 年版，第 167—182 页。

12 国家文物局古文献研究室、新疆维吾尔自治区博物馆、武汉大学历史系编:《吐鲁番出土文书》第八册，文物出版社 1987 年版。

13 白居易:《秦中吟 · 重赋》,《白居易集》卷二《讽喻二》，上海古籍出版社 1999 年版。

14 参见池田温著，龚泽铣译:《中国古代籍帐研究》，中华书局 1984 年版，第 376 页。

15 陈尚君辑校:《全唐诗补编》，中华书局 1992 年版，第 346 页。

16 杜甫:《兵车行》,《全唐诗》卷二百一十六。

17 张国刚:《唐代乡村基层组织及其演变》,《北京大学学报（哲学社会科学版）》2009 年第 5 期。

18 张国刚:《唐代乡村基层组织及其演变》,《北京大学学报（哲学社会科学版）》2009 年第 5 期。

19 《唐会要》卷四十一“杂记”。

20 《唐律疏议》卷二十《贼盗一》“部内人为盗及容止盗”条。

21 《唐律疏议》卷二十八《捕亡》。

22 《唐律疏议》卷十七《贼盗四》“有所规避执人质”条。

23 《唐文拾遗》卷三《元宗皇帝二》“禁散乐巡村敕”。

24 元稹:《古诗 · 旱灾自咎贻七县宰同州时》,《元稹集》卷四，中华书局 1982 年版。

25 参见池田温著，龚泽铣译:《中国古代籍帐研究》，中华书局 1984 年版，第 344 页。

26 宫崎市定认为中国古代历史大致经历了氏族国家、都市国家、领土国家、统一的帝国几个过程。中国早期社会是以氏族制度为主的氏族社会，自殷代至春秋时代是中国的“都市国家”时期，春秋中期开始至战国时代是“领土国家”时期，秦汉时期中国进入了统一的帝国时期。这里的“都市国家”是指由许多氏族共同居住于有城墙围合的城邦里面，过着集体生活，而郊外是农田所在之地，无人居住。居于城邦的市民，白天去位于郊外的田地中劳作，夜晚回到城内居住。宫崎市定:《中国村制的成立——古代帝国崩坏的一面》，载宫崎市定著，中国科学院历史研究所翻译组编译：《宫崎市定论文选集》上卷，商务印书馆 1963 年版，第 4—30 页。

27 马新、齐涛：《汉唐村落形态略论》，《中国史研究》2006 年第 2 期。

28 马新、齐涛：《汉唐村落形态略论》，《中国史研究》2006 年第 2 期。

29 徐松对唐代西京 108 坊的考证中，光禄坊和殖业坊实际上应为善和坊与通化坊；对东京 113 坊的考证有 4 处错误，误添时泰坊，遗漏乐城坊，错改行修坊和兴敬坊，南市及通利坊的面积与地点错误。见徐松撰，李建超增订：《增订唐两京城坊考》，三秦出版社 1996 年版，第 6—7 页。

30 徐松辑，高敏点校：《河南志》卷一，中华书局 1994 年版，第 3 页。

31 严耕望：《唐五代时期之成都》，载《严耕望史学论文选集》，联经出版事业股份有限公司 1996 年版，第 224 页。

32 北京市文物研究所编：《北京考古四十年》，北京燕山出版社 1990 年版，第 128 页。

33 北京图书馆金石组、中国佛教图书文物馆石经组编：《房山石经题记汇编》，书目文献出版社 1987 年版，第 94、136、137、142、146、151 页。

34 《通典》卷七《食货七》“历代盛衰户口”条。

35 《旧唐书》卷四十八《食货上》载：“度田以步，其阔一步，其长二百四十步为亩，百亩为顷。凡民始生为黄，四岁为小，十六为中，二十一为丁，六十为老。授田之制，丁及男年十八以上者，人一顷，其八十亩为口分，二十亩为永业；老及笃疾、废疾者，人四十亩，寡妻妾三十亩，当户者增二十亩，皆以二十亩为永业，其余为口分。永业之田，树以榆、枣、桑及所宜之木，皆有数。田多可以足其人者为宽乡，少者为狭乡。狭乡授田，减宽乡之半。其地有薄厚，岁一易者，倍授之。宽乡三易者，不倍授。工商者，宽乡减半，狭乡不给。凡庶人徙乡及贫无以葬者，得卖世业田。自狭乡而徙宽乡者，得并卖口分田。已卖者，不复授。死者收之，以授无田者。凡收授皆以岁十月。授田先贫及有课役者。凡田，乡有余以给比乡，县有余以给比县，州有余以给近州。”

36 《旧唐书》卷四十八《食货上》。

37 《旧唐书》卷四十八《食货上》。另《唐六典》卷三“尚书户部”条：“凡男女始生为黄，四歲为小，十六岁为中，二十有一为丁，六十为老。每一歲一造计帐，三年一造户籍，县以籍成于州，州成于省，户部总而领焉。（诸造籍起正月，毕三月，所须纸笔、装潢、轴帙皆出当户内，口别一钱。计帐所须，户别一钱。）凡天下之户，量其资産定为九等。（每三年，县司注定，州司覆之，然后注籍而申之于省。）每定户以仲年（子卯午酉），造籍以季年（丑辰未戌），州县之籍恒留五比，省籍留九比。……辨天下之四人，使各专其业：凡习学文武者为士，肆力耕桑者为农，功作贸易者为工，屠沽兴贩者为商。（工、商皆谓家专其业以求利者；其织纴、组紃之类，非也。）工、商之家不得预于士，食禄之人不得夺下人之利。”

38 岭南诸州以米代粟，上、中、下户标准不同，分别为一石二斗、八斗和六斗。

39 不产绢、绵的地方或以布二丈五尺、麻三斤代替。

40 闰年多加 2 天。不服劳役需纳绢或布代替。

41 《通典》卷七《食货七》“历代盛衰户口”条。

42 《贞观政要》卷一《论政体》。

43 《全唐诗》卷二二〇。

44 《旧唐书》卷四十九《食货志》。

45 黄永年：《唐代两税法杂考》，《历史研究》1981 年第 1 期。

46 黄永年：《唐代两税法杂考》，《历史研究》1981 年第 1 期。

47 《通典》卷六《赋税下》。

48 商兆奎：《唐代乡村治理问题研究》，西北农林科技大学博士学位论文 2011 年，第 63 页。

49 《唐会要》卷八十三《租税上》

50 唐耕耦：《唐代前期的杂徭》，《文史哲》1981 年第 4 期。

51 《旧唐书》卷八十八《韦嗣立传》。

52 《通典》卷七《食货七》“历代盛衰户口”条。

53 王仲荦：《唐代两税法研究》，《历史研究》1963 年第 6 期。

54 《全唐文》卷一百六十九《狄仁杰八》“乞免民租疏”。

55 据《资治通鉴》卷一九六记载，贞观十六年，朝廷曾下令：“自今有自伤残者，据法加罪，仍从赋役。”

56 《旧唐书》卷一百八十五《贾敦颐传》。

57 《旧唐书》卷一百二十八《卢从愿传》。

58 《通典》卷二《田制》。

59 《旧唐书》卷一百九十中《陈子昂传》。

60 杜甫：《自京赴奉先县咏怀五百字》，《全唐诗》卷二百十六。

61 《唐陆宣公集》卷二十二“均节赋税恤百姓六条”。

62 《新唐书》卷五二《食货二》

63 《旧唐书》卷一一八《杨炎传》。

64 《唐会要》卷八十三《租税上》。

65 《唐陆宣公集》卷二十二“均节赋税恤百姓六条”。
66 《通典》卷七《食货七》“历代盛衰户口”条。
67 《唐会要》卷九十《和籴》。
68 《唐会要》卷五十九《度支使》。
69 《唐陆宣公集》卷二十二“均节赋税恤百姓六条”。
70 《李文公集》卷三《进士策问第一道》。
71 元稹:《和乐天高相宅》,《元稹集》卷十九《律诗》。
72 《文苑英华》卷四百八十八《对才识兼茂明于体用策》。
73 《唐陆宣公集》卷二十二“均节赋税恤百姓六条”。
74 《唐陆宣公集》卷二十二“均节赋税恤百姓六条”。
75 《旧唐书》卷四十八《志第二十八食货上》。
76 《唐会要》卷二十七《行幸》。
77 《唐陆宣公集》卷二十二“均节赋税恤百姓六条”。
78 《全唐文》卷八十一《宣宗三》“禁岭南货卖男女敕”。
79 《旧唐书》卷一百七十一《李渤传》。
80 《唐陆宣公集》卷二十二“均节赋税恤百姓六条”。
81 《新唐书》卷五十二《食货志第四十二》。
82 白居易:《赠友五首》,《全唐诗》卷四百二十五。
83 马新、齐涛:《试论唐代宗族的转型》,《文史哲》2014 第 2 期。
84 《新唐书》卷一百六十五《权德舆传》。
85 《唐陆宣公集》卷二十二“均节赋税恤百姓六条”。
86 《全唐文》卷六百三十四《疏改税法》。
87 翁俊雄:《唐后期民户大迁徙与两税法》,《历史研究》1994 年第 3 期。
88 《通典》卷一百八十七《边防三》“松外诸蛮”。
89 《全唐文》卷三百五十七《请罢东川节度使疏》。
90 樊绰撰,向达校注:《蛮书校注》卷六《云南城镇》,中华书局1962年版,第136页。
91 真人元开撰,汪向荣校注:《唐大和上东征传》,中华书局 2000 年版,第 68 页。
92 《南部新书》庚卷,第 107 页。
93 《唐大诏令集》卷八十六“咸通八年五月德音”。
94 刘再聪:《唐朝“村”制度研究》,厦门大学博士学位论文 2003 年,第 82 页。
95 据《中国人口史》统计数据显示,唐贞观中期,以剑南、江南两道为主的南方地区的人口数量已经大幅上升。见冻国栋:《中国人口史·第二卷·隋唐五代时期》,复旦大学出版社 2002 年版，第 196 页。
96 《全唐文》卷四十七《贬田承嗣永州刺史诏》。
97 《资治通鉴》卷二百一十九《敕编集》。
98 《新唐书》卷二百二十五上《史思明传》。
99 《新唐书》卷二百二十五上《史思明传》。
100 《新唐书·食货志》卷五十一。
101 《旧唐书》卷十一《代宗纪》大历四年三月壬申诏。
102 岑参著，陈铁民、侯忠义校注：《岑参集校注》卷三，上海古籍出版社 1979 年版，第 189 页。
103 《旧唐书》卷一百二十《郭子仪传》。
104 《通典》卷七《食货七》“历代盛衰户口”条。
105 《全唐文》卷四十五。
106 《旧唐书》卷十一《代宗纪》。
107 李白：《永王东巡歌十一首》，载《全唐诗》卷一百六十七。
108 顾况：《送宣歙李衙推八郎使东都序》，载《全唐文》卷五百二十九。
109 杜甫：《无家别》，载《全唐诗》卷二百一十七。
110 周振鹤：《唐代安史之乱和北方人民的南迁》，《中华文史论丛》1987 年第 2 期。
111 姚汝能撰，曾贻芬校点：《安禄山事迹》卷下，上海古籍出版社 1983 年版，第 38 页。
112 《旧唐书》卷三十九《地理志》。
113 《唐国史补》卷上。
114 元结：《与瀼溪邻里》，载《全唐诗》卷二百四十一。
115 吴松弟：《中国移民史》第三卷《隋唐五代时期》，福建人民出版社 1997 年版，第 237 页。
116 冻国栋：《中国人口史》第二卷《隋唐五代时期》，复旦大学出版社 2002 年版，第 205 页。
117 《太平广记》卷三百三十六《鬼二十一》“李莹”条。
118 《新唐书》卷四十二《食货二》
119 《全唐诗》卷二百二十七。
120 《文献统考》卷十二。
121 袁英光：《试论唐代藩镇割据的几个问题》，载中国唐史研究会编：《唐史研究会论文集》，陕西人民出版社 1983 年版，第 275—276 页。
122 《资治通鉴》卷二百二十五《代宗纪》。

123 《旧唐书》卷一百四十五《李希烈传》。

124 《旧唐书》卷一百四十五《李忠臣传》。

125 《新唐书》卷二百一十四《吴元济传》。

126 《旧唐书》卷一百二十四《田神功传》。

127 《旧唐书》卷一百四十一《田承嗣传》。

128 《新唐书》卷二百一十四《吴少阳传》载："随日赋敛于人。……劫商贾，招四方亡命……"

129 《旧唐书》卷一百四十五《刘玄佐传》载刘玄佐"轻财重义，厚赏军士，故百姓益困"。

130 杜甫：《为阆州王使君进论巴蜀安危表》，载《全唐文》卷三百五十九。

131 杜甫：《驱竖子摘苍耳》，载《全唐诗》卷二百二十一。

132 杜甫：《岁晏行》，载《全唐诗》卷二百二十三。

133 《旧唐书》卷一百四十五《吴元济传》。

134 《新唐书》卷二百一十二《刘仁恭传》

135 杜甫：《遣遇》，载《全唐诗》卷二百二十三。

136 刘再聪：《"在田野者为村"——以〈入唐求法巡礼行记〉为中心的考察》，《中国农史》2010 年第 1 期。

137 马新、齐涛：《汉唐村落形态略论》，《中国史研究》2006 年第 2 期。

138 韩昇：《魏晋隋唐的坞壁和村》，《厦门大学学报（社会科学版）》1997 年第 2 期。另见爱宕元著，钟翀译：《唐代前期华北村落一类型——河南修武县周村》，《杭州师范学院学报（社会科学版）》2003 年第 5 期。

139 马新、齐涛：《试论唐代宗族的转型》，《文史哲》2014 年第 2 期。

140 《旧唐书》卷四十八《食货上》。另见《册府元龟》卷四百八十六《邦计部·户籍》载："其一家之中，有十丁已上者，放两丁征行赋役；五丁已上，放一丁。"

141 收录于唐耕耦、陆宏基编：《敦煌社会经济文献真迹释录》第二辑，全国图书馆文献缩微复制中心 1997 年版，第 570 页。另见刘俊文：《敦煌吐鲁番唐代法制文书考释》，中华书局 1989 年版，第 276—277 页。

142 马新、齐涛：《试论唐代宗族的转型》，《文史哲》2014 年第 2 期。

143 白居易：《朱陈村》，载《全唐诗》卷四百三十三。

144 统计资料参考陈呈：《唐两京乡村地名考论——以出土唐代墓志为主的考察》，西南大学硕士学位论文 2016 年，第 177—183 页。

145 赵其昌：《唐幽州村乡再探》，《首都博物馆丛刊》1994 年第 1 期。

146 《太平广记》卷四百〇四“三宝村”。

147 陈呈：《唐两京乡村地名考论——以出土唐代墓志为主的考察》，西南大学硕士学位论文2016年，第201—202页。

148 骆天骧：《类编长安志》卷五，三秦出版社2006年版，第134页。原书载：“在城南杜光村。俗呼杜光寺，本唐义善寺，贞观十九年建，盖杜顺禅师所生之地。”

149 西安市雁塔区地方志编纂委员会编：《雁塔区志》，三秦出版社2003年版，第729页。

150 杜牧：《江南春》，载《全唐诗》卷五百二十二。

151 李郢：《夏日登信州北楼》，载《全唐诗》卷三百七十六。

152 王维：《渭川田家》，载《全唐诗》卷一百二十五。

153 王建：《雨过山村》，载《全唐诗》卷三百〇一。

154 张继：《阊门即事》，载《全唐诗》卷二百四十二。

155 卢象：《送祖咏》，载《全唐诗》卷一百二十二。

156 张籍：《怀别》，载《全唐诗》卷三百八十三。

157 《太平广记》卷一百三十五《征应一》“隋文帝”。

158 《太平广记》卷三百三十《编鬼十五》“王鉴”。

159 《太平广记》卷三百七十二《编精怪五》“卢涵”。

160 杜甫：《茅屋为秋风所破歌》，载《全唐诗》卷二百一十九。

161 杜甫：《春日江村五首》，载《全唐诗》卷二百二十八。

162 杜甫：《自瀼西荆扉且移居东屯茅屋四首》，载《全唐诗》卷二百二十九。

163 杜荀鹤：《闲居书事》，载《全唐诗》卷六百九十二。

164 刘驾：《江村》，载《全唐诗》卷五百八十五。

165 《唐会要》卷三十五“学校”。

166 《因话录》卷六。

167 卢纶：《寄赠畅当山居》，载《全唐诗》卷二百七十八。

168 《白居易全集》卷二。

169 元稹：《古社》，载《全唐诗》卷三百九十六。

170 《全唐文》卷九百九十六。

171 《唐六典》卷二十《太府寺》。

172 《唐会要》卷八十六《市》。

173 《唐会要》卷八十六《市》。

174 日野开三郎：《唐代邸店研究续编》，福冈印刷株式会社昭和45年（1970年）版，第104页。

175 牟发松:《唐代草市略论——以长江中游地区为重点》,《中国经济史研究》1989 年第 4 期。
176 罗邺:《南行》,载《全唐诗》卷六百五十四。
177 元稹:《闲二首》,载《全唐诗》卷四百〇九。
178 元稹:《奉和浙西大夫李德裕述梦四十韵》,载《全唐诗》卷四百二十三。
179 《酉阳杂俎》卷二《壶史》。
180 王建:《汴路即事》,载《全唐诗》卷二百九十九。
181 杜牧:《入茶山下题水口草市绝句》,载《全唐诗》卷五百二十二。
182 刘禹锡:《堤上行三首》,载《全唐诗》卷三百六十五。
183 元稹:《泛江玩月十二韵》,载《全唐诗》卷四百零六。
184 王建《江陵即事》,载《全唐诗》卷三百。
185 牟发松:《唐代草市略论——以长江中游地区为重点》,《中国经济史研究》1989 年第 4 期。
186 《唐会要》卷七十一《州县改置下》“河北道”。
187 《唐文拾遗》卷十六。
188 张祜:《钟陵旅泊》,载《全唐诗》卷五百一十一。
189 杜牧《润州二首》:“句吴亭东千里秋,放歌曾作昔年游。青苔寺里无马迹,绿水桥边多酒楼。大抵南朝皆旷达,可怜东晋最风流。月明更想桓伊在,一笛闻吹出塞愁。谢朓诗中佳丽地,夫差传里水犀军。城高铁瓮横强弩,柳暗朱楼多梦云。画角爱飘江北去,钓歌长向月中闻。扬州尘土试回首,不惜千金借与君。”《全唐诗》卷五百二十二。
190 李嘉祐:《登楚州城望驿路,十馀里山村竹林相次交映》,载《全唐诗》卷二百零六。
191 杜牧:《上李太尉论江贼书》,载《全唐文》卷七百五十一。
192 项斯:《山行》,载《全唐诗》卷五百五十四。
193 《元和郡县志》卷二十七“汉阳县”条。
194 韦庄:《建昌渡暝吟》,载《全唐诗》卷六百九十八。
195 虚中:《泊洞庭》,载《全唐诗》卷八百四十八。
195 郑谷:《峡中寓止二首》,载《全唐诗》卷六百七十四。
197 方干:《越中言事二首(咸通八年琅琊公到任后作)》,载《全唐诗》卷六百五十一。
198 陈溪:《彭州新置唐昌县建德草市歇马亭镇并天王院等记》,载《全唐文》卷八百四。
199 牟发松:《唐代草市略论——以长江中游地区为重点》,《中国经济史研究》1989 年第 4 期。

200 《太平寰宇记》卷之一百六 "洪州分宁县" 条，引《邑图》。

201 《旧唐书》卷三百九十一；《唐会要》卷七十一《州县改置》。

202 《读史方舆纪要》卷七十六 "鄂州崇阳县"。

203 《太平寰宇记》卷一百四十六 "荆州潜江县"。

204 柳宗元:《童区寄传》，载《全唐文》卷五百九十二。

205 《太平寰宇记》卷一百一十二。

206 李剑农:《中国古代经济史稿》三，武汉大学出版社 2005 年版，第 18 页。

207 韩愈:《江西观察使韦公墓志铭》，载《全唐文》卷五百六十六。

208 唐人在原有的基础上推断引水量，并确定了 "四六分水" 的配水原则，使都江堰在低水期时通过工程调剂将蓄水量增加到 60%，保证充足的灌溉资源；汛期可发挥泄洪作用，与宝瓶口共同配合，控制泄入成都平原的水量。谭徐明:《都江堰史》，科学出版社 2004 年版，第 42 页。

209 魏岘:《四明它山水利备览》，载《丛书集成初编》第3018册，中华书局1985年版，第 2 页；白居易:《钱塘湖石记》，载《全唐文》卷六百七十六。

210 《新唐书》卷四十三《地理志》载："(桂州理定)西十里有灵渠，引漓水，故秦史禄所凿，后废。宝历初，观察使李渤立斗门十八以通漕，俄又废。咸通九年，刺史鱼孟威以石为铧堤，亘四十里，植大木为斗门，至十八重，乃通巨舟。"

211 周尚兵:《唐代的技术进步与社会变化》，首都师范大学博士学位论文 2005 年，第 48 页。

212 《太平广记》卷二百五十上《邓玄挺》；刘禹锡:《同乐天和微之深春二十首》，《全唐诗》卷三。

213 《全唐文》卷九百四十八《水轮赋》。

214 《太平广记》卷二百五十上《邓玄挺》。

215 《旧唐书》卷十七上。

216 刘禹锡:《刘禹锡集》卷九《机汲记》，中华书局 2004 年版，第 110 页。

217 陆龟蒙:《甫里集》卷一十九《耒耜经》。

218 陆龟蒙:《甫里集》卷一十九《耒耜经》。

219 温庭筠:《烧歌》，载《全唐诗》卷五百七十七。

220 《旧唐书》卷一百九十七《东谢蛮传》。

221 元结:《次山集》卷七《问进士第三》。

222 《四时纂要》春令卷之一。

223 华林甫：《唐代粟、麦生产的地域布局初探（续）》，《中国农史》1990 年第 3 期。

224 《旧唐书》卷八十四《刘仁轨传》。

225 白居易：《杜陵叟》，载《全唐诗》卷四百二十七。

226 元稹：《竞舟》，载《全唐诗》卷三百九十八。

227 傅衣凌：《明清农村社会经济》，生活 · 读书 · 新知三联书店 1961 年版。另见傅衣凌：《中国传统社会：多元的结构》，《中国社会经济史研究》1988 年第 3 期。

228 宁可：《述"社邑"》，《北京师院学报（社会科学版）》1985 年第 1 期。

229 《隋书》卷二十四《食货志》。

230 《隋书》卷二十四《食货志》。

231 张维：《陇右金石录》（石刻史料新编第二十一册）卷一，台湾新文丰出版公司 1979 年版，第 54 页。另见秦明智：《隋开皇元年李阿昌造像碑》，《文物》1983 年第 7 期。

232 《册府元龟》卷六十三《帝王部》。

233 《资治通鉴》卷二百四《则天顺圣皇后上之下 · 天授元年》。

234 宁可、郝春文辑校：《敦煌社邑文书辑校》，江苏古籍出版社 1997 年版，第 770 页。

235 据《全唐文》卷三十二载，天宝元年十月的诏书曰："社为九土之尊，稷乃五谷之长。春祈秋报，祀典是尊。而天下郡邑所置社稷等，如闻祭事或不备礼。苟崇敬有亏，岂灵祇所降？欲望和气丰年，焉可致也？朕永惟典故，务在洁诚，俾官吏尽心，庶苍生蒙福。自今已后，应祭官等庶事，宜倍加精洁，以副朕意。其社坛侧近，仍禁樵牧。至如百姓私社，宜与官社同日致祭。"

236 《全唐文》卷三十九载："又闾阎之间，例有私社。皆杀生命，以资宴集，仁者之心，有所不忍，永宜禁断。"

237 宁可：《述"社邑"》，《北京师院学报（社会科学版）》1985 年第 1 期。

238 郝春文：《隋唐五代宋初佛社与寺院的关系》，《敦煌学辑刊》1990 年第 1 期。

239 郝春文：《隋唐五代宋初佛社与寺院的关系》，《敦煌学辑刊》1990 年第 1 期。

240 石文素《白鹿乡井谷村佛堂碑铭》，《全唐文》卷七百五十七。

241 唐耕耦：《房山石经题记中的唐代社邑》，《文献》1989 年第 1 期。

242 唐耕耦、陆宏基编：《敦煌社会经济文献真迹释录》第一辑，书目文献出版社 1986 年版，第 269 页。

243 郝春文：《隋唐五代宋初佛社与寺院的关系》，《敦煌学辑刊》1990 年第 1 期。

244 傅晓静：《论唐代乡村的民间结社》，《山东师范大学学报（人文社科版）》2003 年第 6 期，第 83 页。

245 《新唐书》卷一百九十七《韦宙传》载："民贫无牛，以力耕，宙为置社，二十家月会钱若干，探名得者先市牛，以是为准，久之，牛不乏。”

246 《投社人马丑儿状》《投社人董延进状稿》，载宁可、郝春文辑校：《敦煌社邑文书辑校》，江苏古籍出版社 1997 年版，第 704、706 页。

247 唐耕耦、陆宏基编：《敦煌社会经济文献真迹释录》第一辑，书目文献出版社 1986 年版，第 283 页。原书载：“凡为立社，切要久居，本身若云亡，便须子孙承受，不得妄说辞理。格例合追□游，直至绝嗣无人，不许遣他枝眷。”

248 宁可、郝春文辑校：《敦煌社邑文书辑校》江苏古籍出版社 1997 年版，第 489 页。

249 宁可：《述社邑》，《北京师院学报（社会科学版）》1985 年第 1 期。

250 唐耕耦、陆宏基编：《敦煌社会经济文献真迹释录》第一辑，书目文献出版社 1986 年版第 273 页。

251 唐耕耦、陆宏基编：《敦煌社会经济文献真迹释录》第一辑，书目文献出版社 1986 年版第 281 页。

252 唐耕耦、陆宏基编：《敦煌社会经济文献真迹释录》第一辑，书目文献出版社 1986 年版第 409 页。

253 陆耀遹：《金石续编》卷五，台湾新文丰出版公司 1977 年版。

254 爱宕元著，钟翀译：《唐代前期华北村落一类型——河南修武县周村》，《杭州师范学院学报（社会科学版）》2003 年第 5 期。

255 杨际平、郭峰、张和平：《五—十世纪敦煌的家庭与家族关系》，岳麓书社 1997 年版，第 184 页。

256 谷更有：《唐代的村与村正》，《中国社会历史评论》2005 年第 0 期。

257 李浩：《论唐代乡族势力与乡村社会控制》，《中国农史》2010 年第 1 期。

258 《旧唐书》卷六十一《温大有传》。

259 《旧唐书》卷一百九十《贺知章传》。

260 《太平广记》卷三百八十二《杨师操》。

261 《唐文拾遗》卷二十六《张西岳》。

262 《通典》卷五十三《礼典》“大学”条。

263 《通典》卷五十三《礼典》“大学”条。

264 周绍良等编：《唐代墓志汇编》，上海古籍出版社 1992 年版，第 1226 页。

265 沈既济：《词科论》，载《全唐文》卷四百七十六。

266 元稹：《元稹集》卷五十一，中华书局 1982 年版，第 554 页。

267 韩鄂撰，缪启愉校释：《四时纂要》，中国农业出版社 1981 年版，第 87 页，第 205 页。

268 《全唐文》卷二百三十八《陈子昂别传》。

269 《全唐诗》卷三百八十七。

270 赵璘:《因话录》卷六，载《唐五代笔记小说大观》，上海古籍出版社 2000 年版，第 870 页。

271 周绍良等编:《唐代墓志汇编》，上海古籍出版社 1992 年版，第 910 页。

272 周绍良等编:《唐代墓志汇编》，上海古籍出版社 1992 年版，第 1693 页。

273 王绩:《游北山赋》，载《全唐文》卷一百三十一。

274 《旧唐书》卷七十三《孔颖达传》。

275 《旧唐书》卷一百一十三《苗晋卿传》。

276 《旧唐书》卷一百六十三《王质传》。

277 《太平广记》卷二百二十三《相三》“窦易直”条。

278 《太平广记》卷三百零九《神十九》“蒋琛”条。

279 李商隐:《樊南文集》，上海古籍出版社 1988 年版，第 486—488 页。

280 《太平广记》卷三百零九《神十九》“蒋琛”条。

281 由于袄教、景教、摩尼教、伊斯兰教等外来宗教传播程度相对有限，对唐代乡村社会的影响远不及儒、释、道与本土民间信仰，故在此不再对其进行专门考述。

282 法琳:《辨正论》卷三。

283 费长房:《历代三宝记》卷十二记载，“隋炀帝为文皇、献后于长安造二禅定，并二木塔，并立别寺十所，官供十年。修故经六百一十二藏，二万九千一百七十二部，治故像十万一千区，造新像三千八百五十躯，度僧六千二百人”。

284 《太平广记》卷一百一十五《普贤社》。

285 《唐会要》卷四十九《杂录》。

286 《太平广记》卷一百零四《李虚》。

287 《唐六典》卷三《户部》。

288 北魏孝文帝时已经规定僧人需持有官方证明文书，据《魏书》所录孝文帝延兴二年（472 年）的诏书载:“若为三宝巡民教化者，在外赍州镇维那文移，在台者赍都维那等印牒，然后听行。违者加罪。”其中的“文移”“印牒”即是早期的僧尼身份的证明文件，已经具备度牒的功用。唐代延用了这种制度，武周延载元年（694 年）设置了专门的掌管机构“祠部牒”，负责僧尼相关事务的管理。参见《魏书》卷一百一十四《释老志》，或《大宋僧史略》卷中。

289 《资治通鉴》卷二百九载:“虽屠沽臧获，用钱三十万，则别降墨敕除官，斜封付中书，时人谓之斜封官；钱三万则度为僧尼。”

290 《旧唐书》卷四十八《食货上》。

291 《旧唐书》卷一百七十四《李德裕传》。

292 《全唐文》卷七百五十三《杭州新造南亭子记》。

293 黎仁凯:《关于唐代的逃户》,《文史哲》1982 年第 4 期。

294 释圆仁著，白化文、李鼎霞、许德楠修订校注:《入唐求法巡礼行记校注》，花山文艺出版社 1992 年版，第 251 页。

295 《旧唐书》卷一百零一《辛替否传》。

296 道宣:《集古今佛道论衡》卷乙。

297 《唐会要》卷五十《崇尚道教》。

298 《新唐书》卷四十八《百官志三》“崇玄署”条记载：“天下观一千六百八十七，道士七百七十六，女官九百八十八。”

299 唐代杜光庭的《历代崇道记》中记载：“从国初以来，所造官观，约一千九百余所，度道士计一万五千余人。”

300 道端良秀:《唐代道教政策研究》，载《支那佛教史学》1940 年第 4 卷，第 30—56 页。

301 王永平:《论唐代道教的发展规模》,《首都师范大学学报（社会科学版）》2002 年第 6 期。

302 丁如明、李宗为、李学颖等点校:《唐五代笔记小说大观》，上海古籍出版社 2000 年版，第 854 页。

303 刘枝万:《中国修斋考》，载《中国民间信仰论集》，“中央研究院”民族学研究所 1974 年版。

304 《旧唐书》卷一百一十三《裴冕传》记载，肃宗曾接受裴冕的建议“卖官，度僧、道士，收赀济军兴”。

305 《一切道经音义妙门由起序》中曰：“然道 士立名，凡有七等：一者天真，二者神仙，三者幽逸，四者山居，五者出家，六者在家，七者祭酒。其天真、神仙、幽逸、山居、出家等，去尘离俗，守道全真，踪寄寰中，不拘世务。其在家、祭酒等，愿辞声利，希入妙门，但在人间救疗为事，今剑南、江表，此道行焉。”史崇玄撰:《一切道经音义妙门由起序》，载《正统道藏》本第七百六十册太平部一卷，上海涵芬楼影印 1925 年版。

306 《全唐文》卷三《高祖》“立社诏”。

307 根据《旧唐书》卷五《高宗纪》记载，“春秋二社，本以祈农”，玄宗时期确立了于每年二月和八月的上戊日祭社，从国家政策层面确立了春、秋两次祭社的日期。

308 白居易:《白居易集》卷十七，中华书局 1979 年版，第 353 页。

309 裴谞:《储潭庙》，载《全唐诗》卷八百八十七。

310 白居易:《白居易集》卷四，中华书局 1979 年版，第 88 页。

311 柳宗元:《柳州复大云寺记》，载《柳河东集》卷二十八，上海古籍出版社 2008 年版，第 465 页。

312 《太平广记》卷七十八《贾耽》。

313 荣新江:《关于唐宋时期中原文化对于阗影响的几个问题》，载《国学研究》第一卷，北京大学出版社 1993 年版，第 407 页。

314 刘再聪:《唐朝“村”制度研究》，厦门大学博士学位论文 2003 年，第 70 页。

315 刘再聪:《唐朝“村”制度研究》，厦门大学博士学位论文 2003 年，第 61 页。

316 小田义久:《大谷文书の研究》，株式会社法藏馆 1996 年版，第 81—82 页。参见刘再聪:《唐朝“村”制度研究》，厦门大学博士学位论文 2003 年，第 63 页。

317 刘再聪:《唐朝“村”制度研究》，厦门大学博士学位论文 2003 年，第 64 页。

318 《唐会要》卷九五《高昌》。

319 《唐会要》卷九五《高昌》载:“(贞观)十四年八月十日，交河道行军大总管侯君集、副总管牛进达平高昌国。……以其地为西昌州，又改为西州。以交河城为交河县，始昌城为天山县，田北城为柳中县，东镇城为蒲昌县，高昌城为高昌县。并为都护府，留军以镇之。”

320 刘再聪:《唐朝“村”制度研究》，厦门大学博士学位论文 2003 年，第 74 页。

321 刘再聪:《唐朝“村”制度研究》，厦门大学博士学位论文 2003 年，第 74 页。

322 国家文物局古文献研究室、新疆维吾尔自治区博物馆、武汉大学历史系编:《吐鲁番出土文书》第九册，文物出版社 1984 年版，第 107 页。

323 唐耕耦、陆宏基编:《敦煌社会经济文献真迹释录》第二辑，全国图书馆文献缩微复制中心 1997 年版，第 214 页。

324 池田温著，龚泽铣译:《中国古代籍帐研究》，中华书局 1984 年版，第 344 页。

325 侯文昌:《敦煌吐蕃文契约文书研究》，法律出版社 2015 年版，第 122 页。

325 P.T.1297《宁宗部落夏孜孜永寿寺便麦契》，参见王尧、陈践译注:《敦煌古藏文文献探索集》，上海古籍出版社 2008 年版，第 259—260 页。

327 P.4686《子年悉董萨部落百姓孙清便粟契》，参见沙知:《敦煌契约文书辑校》，江苏古籍出版社 1998 年版，第 130 页。

328 侯文昌:《敦煌吐蕃文契约文书研究》，法律出版社 2015 年版，第 142 页。

329 S.1475v《酉年行人部落百姓张七奴便麦契》，参见沙知:《敦煌契约文书辑校》，江苏古籍出版社 1998 年版，第 113 页。

330 侯文昌:《敦煌吐蕃文契约文书研究》，法律出版社 2015 年版，第 117 页。

331 侯文昌:《敦煌吐蕃文契约文书研究》，法律出版社 2015 年版，第 144 页。

332 即所谓的十二小邦（也有二十五小邦、四十小邦之说），敦煌出土的吐蕃文书记载了十二小邦的大概信息。实为十七个小邦。参见张云:《丝路文化·吐蕃卷》，浙江人民出版社 1995 年版，第 136 页；王尧、陈践译注:《敦煌本吐蕃历史文书》（增订本），民族出版社 1992 年版，第 173 页。

333 石硕:《关于唐以前西藏文明若干问题的探讨》，《西藏艺术研究》1992 年第 4 期。

334 霍巍:《西藏早期游牧文化聚落的考古探索》，《考古》2013 年第 4 期。

335 巴卧·祖拉陈瓦著，黄颢译:《贤者喜宴》，民族出版社 1986 年版，第 378 页。

336 才让:《吐蕃史稿》，甘肃人民出版社 2007 年版。

337 《旧唐书》卷一百九十六《吐蕃传》。

338 索南坚赞著，刘立千译注:《西藏王统记》，民族出版社 2000 年版。

339 乔政:《吐蕃奴隶制社会经济初探》，《中国藏学》1994 年第 1 期。

340 吴松弟:《中国移民史》第三卷《隋唐五代时代》，福建人民出版社 1997 年版，第 221 页。

341 吕温:《经河源军汉村作》，载《全唐诗》卷三百七十一。

342 吴松弟:《中国移民史》第三卷《隋唐五代时代》，福建人民出版社 1997 年版，第 222 页。

343 《楚布江浦建寺碑》，载王尧编著:《吐蕃金石录》，文物出版社 1982 年版，第 108 页。

344 罗桑开珠:《吐蕃佛教的社会地位研究》，《中央民族大学学报（哲学社会科学版）》2010 年第 2 期。

345 如以檀石槐为首的鲜卑草原部落大联盟、以社仑为首的柔然草原部落大联盟、以阿史那氏土门系诸部落为首的突厥草原部落大联盟、以夷男为首的薛延陀草原部落大联盟、以骨力裴罗为首的回纥草原部落大联盟。参见贾衣肯:《游牧部族迁徙与其社会组织形态变化的关系——以汉唐时期中国北方游牧部族为例》，《新疆社科论坛》2009 年第 6 期。

346 贾衣肯:《游牧部族迁徙与其社会组织形态变化的关系——以汉唐时期中国北方游牧部族为例》，《新疆社科论坛》2009 年第 6 期。

347 《新唐书》卷二百一十七下《回鹘传》。

348 颜真卿:《唐故右武卫将军赠工部尚书上柱国上蔡县开国侯臧公神道碑铭》，载《全唐文》卷三百四十二。

349 《新唐书》卷二百一十五上《突厥传》。

350 《资治通鉴》卷一百八十八。

351 《旧唐书》卷九十三《唐休璟传》。

352 《旧唐书》卷八十九《狄仁杰传》。

353 《新唐书》卷三十七《地理一》。

354 《新唐书》卷五十三《食货志》。

图片来源

文前图片 汉代市肆图画像砖，四川成都地区出土。王建编著《汉风遗韵：金石拓片集珍》，展览图册 2019 年，第 135 页。

汉农耕、收割画像砖，河南南阳地区出土。王建编著《汉风遗韵：金石拓片集珍》，展览图册 2019 年，第 138 页。

汉农耕、收割画像砖，河南南阳地区出土。王建编著《汉风遗韵：金石拓片集珍》，展览图册 2019 年，第 138 页。

文前页中其他未标明来源的照片均为作者自摄。

图 1–1 由湖南省文物考古研究所郭伟民研究员提供。

图 1–2a 由湖南省文物考古研究所郭伟民研究员提供。

图 1–2b 由湖南省文物考古研究所郭伟民研究员提供。

图 2–1 费国平：《浙江余杭良渚文化遗址群考察报告》，《东南文化》1995 年第 2 期。

图 2–2 王建、陶富海、王益人：《丁村旧石器时代遗址群调查发掘简报》，《文物季刊》1994 年第 3 期。

图 2–3 山东省文物考古研究所、章丘市城子崖博物馆：《章丘市西河遗址 2008 年考古发掘报告》，载山东省文物考古研究所编：《海岱考古》第五辑，科学出版社 2012 年版。

图 2–4 河南省文物考古研究所、新密市炎黄历史文化研究会：《河南新密市古城寨龙山文化城址发掘简报》，《华夏考古》2002 年第 2 期。

图 2–5 临沂地区文物管理委员会、日照县图书馆：《日照尧王城龙山文化遗址试掘简报》，《史前研究》1985 年第 4 期。

图 2–6 湖南省文物考古研究所：《湖南临澧县胡家屋场新石器时代遗址》，《考古学报》1993 年第 2 期。

图 2–7 湖南省文物考古研究所：《湖南澧县城头山遗址城墙与护城河 2011—2012 年的发掘》，《考古》2015 年第 3 期。

图 2–8 湖南省文物考古研究所：《澧县鸡叫城古城址试掘简报》，《文物》2002 年第 5 期。

图 3–1、图 3–2 白庆韬：《河南内黄三杨庄汉代民居建筑复原图研究——以第二处庭院遗址为例》，郑州大学硕士学位论文 2015 年，第 64 页，第 84 页。

图 3–3 南京博物院、张家港市文广新局、张家港博物馆：《江苏张家港小山村遗址发

掘简报》,《东南文化》2015年第2期。

图3–4　东北博物馆:《辽阳三道壕西汉村落遗址》,《考古学报》1957年第1期。

图3–5　四川大学考古学系、重庆市云阳县文物管理所:《重庆云阳李家坝遗址1999年度发掘简报》，载四川大学博物馆、四川大学考古学系、成都文物考古研究所编:《南方民族考古》第七辑，科学出版社2011年版。

图4–1　王增新:《辽阳市棒台子二号壁画墓》,《考古》1960年第1期。

插图1　中国社会科学院考古研究所内蒙古工作队:《内蒙古敖汉旗兴隆洼聚落遗址1992年发掘简报》,《考古》1997年第1期。

插图2　中国科学院考古研究所、陕西省西安半坡博物馆:《西安半坡——原始氏族公社聚落遗址》，文物出版社1963年版。

插图3　半坡博物馆、陕西省考古研究所、临潼县博物馆:《姜寨——新石器时代遗址发掘报告》，文物出版社1988年版。

插图4　中国社会科学院考古研究所:《蒙城尉迟寺——皖北新石器时代聚落遗存的发掘与研究》，科学出版社2001年版。

插图5　河姆渡遗址博物馆复原干栏式建筑。

插图6　作者自摄。

插图7　马王堆汉墓帛书整理小组:《长沙马王堆三号汉墓出土地图的整理》,《文物》1975年第2期。

插图8　马王堆汉墓帛书整理小组:《长沙马王堆三号汉墓出土地图的整理》,《文物》1975年第2期。

插图9　任日新:《山东诸城汉墓画像石》,《文物》1981年第10期。

插图10　驿使图壁画砖，甘肃省博物馆藏，见 http://www.gansumuseum.com/dc/viewall-244.html。

插图11　作者自摄。

插图12　作者自摄。

插图13　三国黄褐釉陶楼，襄阳市博物馆藏，见 http://www.xymuseum.cn/html/70-1.html。

插图14a、插图14b　段小强、赵学东:《嘉峪关魏晋壁画墓中的〈农作图〉》,《敦煌学辑刊》2005年第2期，第278—282页。

插图15　陕西历史博物馆藏。

插图16　敦煌莫高窟第23窟主室北壁壁画，见 https://www.e-dunhuang.com。

插图17　徐光启著，陈焕良、罗文华校注:《农政全书》，岳麓书社2002年版。

插图18　中国农业博物馆藏，见 https://www.ciae.com.cn/collection/detail/zh/1737.html。

福建南靖县田螺坑村“四菜一汤”

贵州荔波县瑶山乡生态移民新村

贵州从江县加榜乡加车村

黔东南苗族村寨

湖南桂阳县锦湖村

黑龙江漠河北极村

贵州从江县岜沙苗寨

湖南绥宁县关峡苗族乡大园村

湖南隆回县花瑶梯田

湖南宜章县邝里洞村

湖南通道侗族自治县芋头古侗寨

江苏苏州陆巷古村

湖南资兴市代头村

四川色达县东嘎寺

西藏林芝鲁朗镇藏族村落

西藏芒康县纳西民族乡古盐田

西藏芒康县藏族村落

浙江丽水云和梯田

云南香格里拉松赞林寺

安徽黄山呈坎村居民的生活

村落竹编

湖南江永县勾蓝瑶寨洗泥节

贵州苗寨中的渡船

贵州黎平翘街

湖南湘西德夯苗寨的老太太在织锦

湖南花瑶挑花姑娘

黔东南苗寨的节日舞蹈

山西临县李家山村戏台

汉代市肆图画像砖，四川成都地区出土

汉农耕、收割画像砖，河南南阳地区出土

汉农耕、收割画像砖，河南南阳地区出土

国家出版基金项目
NATIONAL PUBLICATION FOUNDATION

中国村落史

The History of Chinese Villages

下

胡彬彬 著

中信出版集团 | 北京

目录（下）

第六章 文化大繁荣与村落制度民间化

第六章

文化大繁荣与村落制度民间化

宋元时期是中国历史上大发展、大变革的重要时期，也是中国村落发展的重要阶段。宋初，在经历了长期战乱后，朝廷为消除藩镇割据，一方面加强了对各地藩镇势力的安抚与镇压，另一方面采取“重文抑武”的治国方略，重用士人，发展儒学，加强中央集权。同时，针对乡村版籍混乱等现状，朝廷展开相关整顿，主要是完善账历、点检制度，建立户等制，并将差役与户等挂钩。宋初，“乡官”转为“职役”，里正、户长等大多由村中富户担任。开宝七年（974 年），为革除里正在乡村管理中的种种弊端，朝廷废乡设管，以户长主纳税，乡里制逐步转变为管耆制，继而又转变为都保制。随着国家政权机构逐步从乡村社会撤出，乡村士绅阶层逐步兴起，各类宗族组织、乡约组织广泛出现，村落治理呈现民间化的态势。

宋元时期经济发展迅猛。依托商品生产与贸易，市镇经济发展迅速，市民文化发达。同时，各类宗教也以各种形式广泛融入市民、村民生活中，宗教世俗化明显。宋代重视文教的政策，使士人集团得以崛起。宋代士人的一个突出特征是具有强烈的忧患意识，正是这种忧患意识产生了浓厚的经世致用的观念以及饱含温情的人文精神。这种精神体现于乡村社会，就是宗族组织的重建与乡约制度的产生，以及乡村蒙学和私学的大力发展。及至元代，村落社会中的宗族组织和乡村教育得到进一步加强。

宋元时期也是我国历史上人口大迁徙、文化大交流、民族大融合的重要阶段。北方中原地区的大量人口南迁，东北的女真、契丹与西北的党项等民族内迁，北方蒙古族南下，此起彼伏，勾勒出一幅壮美的人口迁徙的时代画卷。人口的迁移与变动对村落的形成与发展也产生了重要影响。

第一节
宋元乡村基层组织的演变

乡村是中国传统社会存在和运转的基础，乡村管理历来为执政者所重视，历朝历代都通过在乡村中设置相应的基层组织，实现对乡村人口与土地的有效管理。正如前揭，秦汉对乡村地区的管理主要采用乡里制，隋唐时期则发展为村坊制。事实上，不论国家采取何种基层制度或者设置何种组织，管理乡村地区的制度即意味着国家对包括村落在内的乡村地区的行政管辖。所不同的是，制度都是根据国家的治理需要来选择的。由此，进一步来看，尽管不同时期的制度有所不同，但其本质上是相通的，即通过制度来有效地控制和管理乡村地区，以达到维护和稳定国家统治根基的目的。宋元时期的乡村基层制度自然也不例外。

一、从乡里制到管耆制

宋承唐制，在乡村基层组织及对其的管理上沿用了唐代的旧制，“国初循旧制，衙前以主官物，里正、户长、乡书手以课督赋税，耆长、弓手、壮丁以逐捕盗贼，承符、人力、手力、散从官以奔走驱使；在县曹司至押、录，在州曹司至孔目官，下至杂职、虞候、拣、掐等人，各以乡户等第差充”。[1]不过，随着后来户等制的建立以及乡村差役与户等的挂钩，宋代的乡里制呈现出这一时期的明显特征。

（一）乡里制的建立

宋初，朝廷对乡村的行政管理是从两方面入手的。一是针对乡村版籍缺失的现状，完善账历、点检制度。宋太祖建隆四年（963 年）诏曰："如闻向来州县催科，都无账历。自今诸州委本州判官、录事参军点检逐县，如官元无版籍，及百姓无户帖、户抄处，便仰置造，即不得烦扰人户。令佐得替日，交割批历；参选日，铨曹点检。"[2] 二是根据乡民家中资产的多寡，将乡村主户分为五等，在全国推行户等制。宋人张方平在论及分户时说："本朝经国之制，县乡版籍分户五等。"[3] 宋代乡村不同户等之间财产差距很大。第一等户占有的土地面积达每户 400 亩以上，这类群体构成了乡村的豪强大地主阶层；第二等户为乡村的中等地主，占有土地面积为每户 150~400 亩；第三等户为每户占地 100 亩以下的上层自耕农或富裕农民；第四等为每户拥有田产 30~50 亩的一般农民；第五等为每户拥有田产 30 亩以下的半自耕农。[4]

在全国推广户等制的同时，朝廷还对乡村的行政组织及管理展开整顿。首先是建立乡里组织，并将差役与户等挂钩："里正、户长掌课输，里正于第一等差，户长于第二等差，乡书手隶里正，于第四等差。又有耆长，掌盗贼、烟火，于第一等、第二等差。其属有壮丁，于第四、第五等差。"[5] 与唐代百户为一里，五里为一乡不同，宋初乡与里之间的关系比较混乱，很多时候是一乡为一里，司马光曾言："向者每乡止有里正一人。"[6] 这表明，在唐代，乡具有明确的编户的概念，而在宋代，乡则具有地域的概念。在具体的管理工作中，里正成为乡的最高行政长官，户长和乡书手作为辅役协助里正完成催征赋税等具体的工作事务。

里正除了要催征夏秋二税，还负责县中差役的圈派。"国朝置里正，主催税及预县差役之事，号为脂膏。"[7] 随着里正在乡村基层组织中权力的扩大，其在征税、派差、登记丁产簿等事项中，上下其手，营私舞弊，在乡村基层影响恶劣。宋代朝廷注意到了乡村里正的索贿作弊问题，为了革除弊端，化解乡村管理矛盾，加强对乡村的有效控制，北宋早期，"诸乡置里正，

(主)赋役。州县郭内旧置坊正，主科税”。开宝七年废乡设管，以户长取代里正，主掌纳税，以耆长主管乡村治安。[8]宋代乡村基层组织管理体系由此而始，逐步由乡里制转变为管耆制。

(二)管耆制的建立及其推广

户长一职在宋初的乡里制中就已经出现，只是彼时的户长是作为里正的辅役出现的。在《嘉定赤城志·乡役人》中记载：“建隆初，里正、户长掌课输，里正于第一等差，户长于第二等差，乡书手隶里正，于第四等差。”[9]废乡设管后，户长的身份发生转变，由乡“役人”变为“管”的头目，其管辖的范围大致与“里”相当。

耆长一职出现的时间更早。在唐代，乡村中就有“耆老”的称谓出现。[10]不过，此时的耆老并非乡村行政管理机构的成员，而只是一些与乡村教化有关的荣誉称号。到五代后周时期，随着乡村中推行“团并乡村”的制度，耆长作为乡村基层社会的管理者，正式在乡村基层组织中出现，其职责主要是负责乡村治安，以及民田耗登之事。显德五年(958年)诏：“诸道州府令团并乡村。大率以百户为一团。每团选三大户为耆长。凡民家之有奸盗者，三大户察之；民田之有耗登者，三大户均之。仍每及三载，即一如是。”[11]在诏令发布两年后，后周被北宋取代。在乡村管理中，宋代沿袭前制，以耆长维护治安的制度得以保存。乾德四年(966年)，朝廷下诏严禁耆长等扰民求财，“告谕蜀邑令尉，禁耆长、节级不得因征科及巡警烦扰里民，规求财物”[12]。到开宝七年废乡设管后，耆长的职责变得更为明确。

管耆制中的“管”与“耆”关系复杂。在日常管理中，户长与耆长互不统属，在管辖地域上，二者也并不重合。耆长作为维护治安的职役，直接与县行政机构发生联系，根据县中指令处理相关事务。耆长维护乡村治安工作主要表现在三个方面：一是逐捕盗贼，二是处理乡村打斗词讼及司法诉讼事务，三是参与消防“烟火”之事。[13]户长的职责则以催征赋税为主。至和二年(1055年)，“罢里正，增差户长”[14]，户长成为乡村基层催征赋税的主要职役。

开宝废乡令颁布后，乡政并未消失。至和二年罢里正后，乡书手地位逐步上升，由早期作为里正辅役的乡役转变为县吏，又称“乡司”，常驻县衙，主管一乡的户籍、赋税徭役等相关事务。乡书手由乡役成为县吏，表明了宋代基层管理中乡权上收的实际，与宋政权加强集权的治国方略相符。[15]不过，在北宋不同地域的乡村，管耆制的实施大致可以分为三种情况：其一，以相州为代表的一些地区，管取代乡，下辖若干个村，形成管－村模式；其二，在其他大部分地区，原有的乡一级基层组织实际并未全部废除，仍旧维持乡－里（村）的运行机制；其三，在个别地区（如浙江德清县），管处于乡之下，与里平级。[16]

熙宁八年（1075 年），北宋颁发《罢耆户长壮丁法》，在乡村基层推行保甲制：“诸县有保甲处已罢户长、壮丁，其并耆长罢之。以罢耆、壮钱募承帖人，每一都保二人，隶保正，主承受本保文字。乡村每主户十至三十轮保丁一，充甲头，主催租税、常平、免役钱，一税一替……凡盗贼、斗殴、烟火、桥道等事，责都副保正、大保长管勾，都副保正视旧耆长，大保长视旧壮丁。法未有保甲处，编排毕准此。”[17]自此，宋代乡村基层组织由熙丰之前的乡里制、管耆制逐步转变为熙丰之后的都保制。

二、熙丰以后的都保制

宋代乡村基层组织有一个基本的变化趋势，即乡里制逐渐崩溃，而乡都制逐步确立。这一变化的具体时间段，以熙丰年间为界。

（一）保甲制度的建立

北宋中期，宋朝政权内外交困，举步维艰。在财政上，冗官冗兵导致中央财政入不敷出；军事上，重文抑武的政策推行，导致军队战斗力低下，无力应对边患；土地兼并严重，社会矛盾激化。[18]为了解决日益严重的财政、社会、边地三大危机，改变北宋政权积贫积弱的局面，自熙宁二年（1069年）开始，王安石在宋神宗支持下实施变法。熙宁三年（1070年）十二月，司农寺颁布《畿县保甲条例》："凡十家为一保，选主户有材干、心力者一人为保长；五十家为一大保，选主户最有心力及物产最高者一人为大保长；十大保为一都保，仍选主户最有行止、材勇为众所伏者二人为都、副保正。凡选一家两丁以上，通主客为之，谓之保丁。但推以上皆充，单丁、老幼、病患、女户等，并令就近附保。两丁以上，更有余人身力少壮者，并令附保。内材勇为众所伏，及物产最高者，充逐保保丁……保内如有人户逃移死绝，并令申县。如同保不及五户，听并入别保。其有外来人户入保居住者，亦申县收入保甲。本保内户数足，且令附保，候及十户，即别为一保。"[19] 到熙宁八年，保甲编制有所缩减，五户为一保，二十五户为一大保，二百五十户为一都保，其实施的范围包括乡村所有等户。

王安石推行保甲制最初的考虑，在于通过户籍的编制实施连坐之法，以维护乡村治安："选为众所服者为都保正，又以一人为之副。应主客户两丁以上，选一人为保丁。附保。两丁以上有余丁而壮勇者亦附之。内家赀最厚、材勇过人者亦充保丁，兵器非禁者听习。每一大保夜轮五人警盗。凡告捕所获，以赏格从事。同保犯强盗、杀人、放火、强奸、略人、传习妖教、造畜蛊毒，知而不告，依律伍保法。余事非干己，又非敕律所听纠，皆毋得告，虽知情亦不坐。若于法邻保合坐罪者乃坐之。其居停强盗三人，经三日，保邻虽不知情，科失觉罪。逃移、死绝、同保不及五家，并他保。有自外入保者，收为同保，户数足则附之，俟及十家，则别为保，置牌以书其户数姓名。既行之畿甸，遂推之五路，以达于天下。时则以捕盗贼相保任，而未肄以武事也。"[20]

其后，王安石试图以保甲兵逐步取代募兵以解决冗兵问题："今所以为保甲，足以除盗，然非特除盗也，固可渐习其为兵……然后使与募兵相参，则可以消募兵骄志，省养兵财费……"[21] 他试图通过解决冗兵问题，逐步扭转宋朝贫弱的颓势。依此意图，保丁于熙宁四年（1071年）九月开始习练武艺。先是在开封府各县，后在北方五路及全国逐步推广："始诏畿内保丁肄习武事。岁农隙，所隶官期日于要便乡村都试骑步射，并以射中亲疏远近为等。骑射校其用马，有余艺而愿试者听。第一等保明以闻，天子亲阅试之，命以官使。第二等免当年春夫一月，马藁四十，役钱二千。本户无可免，或所免不及，听移免他户而受其直。第三、第四等视此有差。艺未精愿候阅试，或附甲单丁愿就阅试者，并听。都副保正武艺虽不及等，而能整齐保户无扰，劝诱丁壮习艺及等，捕盗比他保最多，弭盗比他保最少，所隶官以闻，其恩视第一等焉。"[22]

与兵制有关的"教阅"保甲，多在边地推行，如在京东、京西、河北、河东、陕西五路及四川、两广等沿边地区，要求各保丁操练武事以达成逐步取代募兵的目的。在乡村基层中具有普遍意义的，还是"非教阅路分"的家保制，十家为一保，五十家为一大保，其保甲壮丁的职责仍然以逐捕盗贼为主。

北宋神宗熙宁七年（1074年），"司农寺乞废户长、坊正，令州县坊郭择相邻户三二十家，排比成甲，迭为甲头，督输税赋苗役，一税一替。若催科外别令追呼者，以违制论。"[23]在保甲制中，甲的主要职责在于"督输税赋苗役"，一般三十户编为一甲。熙宁八年，进一步罢免耆户长，"诸县有保甲处已罢户长、壮丁，其并耆长罢之。以罢耆、壮钱募承帖人，每一都保二人，隶保正，主承受本保文字。乡村每主户十至三十轮保丁一，充甲头，主催租税、常平、免役钱，一税一替……凡盗贼、斗殴、烟火、桥道等事，责都副保正、大保长管勾，都副保正视旧耆长，大保长视旧壮丁。法未有保甲处，编排毕准此"[24]。

通过保甲组织，乡村社会被编织成一个严密的组织系统。在实际的组织管理中，此前负责治安的耆长被都保正和副保正代替，昔日户长所负责的催收赋税的职责为保丁轮差的甲头承担，保甲组织开始具备治安与催税两类职责。熙丰年间，通过与职役的逐步结合，保甲制逐步替代了乡里制与管耆制。

（二）保甲制的罢废及都保制的形成

元丰八年（1085 年）三月，宋神宗驾崩，哲宗即位，宣仁太后主政朝廷，启用司马光。四月，司马光上呈《乞罢保甲状》，指保甲制度“事既草创，调发无法，比户搔扰，不遗一家。又巡检指使，按行乡村，往来如织；保正、保长，依倚弄权，坐索供给，多责赂遗，小不副意，妄加鞭挞。贫民罄家所有，无以供亿”[25]，又指以保丁征战“是犹驱群羊而战豺狼也”[26]。七月，司马光又上书《乞罢保甲札子》，极力指陈保甲弊端：“臣愚以为，此保甲若使之逐捕贼盗，则近已有指挥、巡检、县尉及弓手兵级人数……若使之攻讨四夷……必望风奔溃……徒令府界及五路农民不堪愁苦。”[27]此处之五路指的是河北、陕西、河东三路之“教阅路分”以及京东、西两路保甲养马之事。又上《乞罢免役状》，及至元祐元年（1086 年）又上书《乞罢保甲招置长名弓手札子》，请求废除保甲制度。元丰八年十月，复募役耆长、壮丁，罢保甲法。

保甲法虽然被罢，但是保甲组织在民间尚存，朝廷亦允许旧时保甲制下的保正、甲头等兼充乡役中的耆长、户长。《续资治通鉴长编》记载：“府界诸路耆长、户长、壮丁之役，并募充，等第给雇钱。其旧以保正代耆长，催税甲头代户长，承帖人代壮丁，并罢。如元充保正、户长、保丁，愿不妨本保应募者听。府界诸路合支雇钱，权于役钱宽剩内支给。”此段文字之后，作者又补充说明“旧录诏耆长、户长、壮丁之役皆募充，其保正、甲头、承帖人并罢……按此时保甲固在，保正长亦未尝废”[28]。事实上，司马光反对的更多是沿边五路的“教阅”保甲，对非教阅的保甲制度，基本还在推行。北宋绍圣年间出现的反复，主要是停用甲头催科而指定大保长催税。

宋徽宗时期，蔡京当国，对东南地区的保甲组织展开整顿。“及章惇、蔡京述安石之弊，行于东南乡之中，以二百五十家为保，差五十小保长，十大保长，一保副，一保正，号为一都。凡州县徭役、公家之科敷，县官之使令，监司之迎送，一州一县之庶事皆责办于都保之中。”[29]至此，王安石所创设的保甲制转变为都保制，并逐渐演变为宋代乡村基层管理组织。

（三）南宋都保制与经界法

宋室南渡后，南宋政权在乡村基层管理上延续了北宋的都保制度。建炎元年（1127年），南宋境内普遍建立了都保组织。建炎四年（1130年），南宋朝廷强化了甲头的催税职责："改用甲头，专责县令、佐，将形势户、平户随税高下，各分三等编排，籍定姓名，每三十户为一甲，依此攒造成簿。然后按籍，周而复始轮差。"[30]同时，南宋在乡村中实施经界法。由于长期的战乱影响，百姓流离，地籍散乱，地主世家大量兼并土地，严重影响到了南宋政权的赋役实施。因此，在绍兴十一年（1141年），宋金签订和议之后，南宋朝廷立马着手加强对乡村的管理改革，在乡村实施经界法被提到了议事日程。

绍兴十二年（1142年）十一月，两浙转运使李椿年上书，指出造成土地兼并的重要原因在于经界的混乱："臣闻孟子曰：'仁政必自经界始。'井田之法坏而兼并之弊生，其来远矣。况兵火之后，文籍散亡，户口租税，虽版曹尚无所稽考，况于州县乎！豪民猾吏，因缘为奸，机巧多端，情伪万状，以有为无，以强吞弱，有田者未必有税，有税者未必有田。富者日以兼并，贫者日以困弱，皆由经界之不正耳。"[31]并进一步具体指出经界混乱的十害："一、侵耕失税；二、推割不行；三、衙前及坊场户虚供抵当；四、乡司走弄税名；五、诡名寄产；六、兵火后，税籍不信，争讼日起；七、倚阁不实；八、州县隐赋多，公私俱困；九、豪猾户自陈税籍不实；十、逃田税偏重，故税不行。"[32]李椿年的上书得到宋高宗的重视。高宗下令拟在全国的乡村推行经界法，并责成李椿年制订具体施行方案，负责此项改革。绍兴十二年十二月始，李椿年在平江府（今江苏苏州）试行经界法，着手清查土地。此为经界法在全国推行之肇始。绍兴十三年（1143年）六月，宋高宗以李椿年为户部侍郎，主持经界法的施行，经界法正式在全国推广开来。

为保证经界法的顺利推行，李椿年设置了专门的执行机构。即在转运司下，设置"措置经界所"，具体管理经界法推行的各类事务。李心传在《建炎以来朝野杂记》中，对当时在江苏平江府推行经界法的具体举措有详细记载："其法，令民以所有田各置坫基簿，图田之形状，及其亩目四至，土地所宜，永为照应。即田不入簿者，虽有契据可执，并拘入官。诸县各为坫基簿三：一留县，一送漕，一送州。凡漕臣若守、令交承，悉以相付。诏专委仲永措置，遂置局于平江。"[33] 在乡村以都为单位，要求官、民等各户依式造砧基簿，内容有户主姓名、田地面积、田界、四至、坵段、土地来源（典卖或租产），并附上绘制的地形图。砧基簿及地形图制定后，由乡都保等基层人员召集田主、佃户等逐坵计亩角押字，保正长在图的四至押字并上报经界所，经界所差官按图勘验核实。勘察核实无误，即付人户永为执照。各乡各留存本乡砧基簿一份，另外还需再造三份，一份存本县，一本纳州，一本纳转运司。此后，一切税赋与田地买卖均以砧基簿为准，如田土不上砧基簿或虽录造但不实的，一经查出，即便有原地契文书，凡不依经界法录入的也一概没收。

到绍兴十九年（1149 年）冬，经界法经六七年的推行，除沿边的两淮、湖北、京西路以及福建的漳州、泉州、汀州等少数地区外，全国乡村的经界勘察工作大体完成。随着经界法的实施，隐田漏税和税赋不均的弊端在很大程度上得以改善，基本上做到了赋税应收尽收，解决了长期以来的漏税偷税问题，也体现了一定的公平公正。经界法的推行实施，不仅增加了国库收入，也使得社会矛盾得到一定程度的缓解。朱熹曾评价道："经界最为民间莫大之利，绍兴已推行处，图籍尚存，田税可考，贫富得实，诉讼不繁，公私两便。"[34]

三、蒙元时期的村社制

（一）村社制的源流

在宋代以前的文献中，村社指的是乡村祭祀社神的活动，如《旧唐书·文苑传下·司空图》记载："岁时村社雩祭祠祷，鼓舞会集，图必造之，与野老同席，曾无傲色。”在宋代文献中，村社的含义有了改变，有的是指乡村聚落，如司马光《涑水记闻》中记载，“有众二千余人，劫掠村社族帐”[35]，有些则是民间互助组织的名称。当乡村有一些重大事项，如祭祀、修庙等需要集合群体力量去办的事情时，就会有相应的“社”产生。不过，在宋朝统治的区域，这些基于地域建立的社一类组织并未成为乡村地方行政组织机构。

在女真族建立的金朝统治区域，村社作为地缘单位被正式纳入金政权的乡村管理体制。金王朝规定：“五家为邻、五邻为保，以相检察。京府州县郭下则置坊正，村社则随户众寡为乡置里正，以按比户口，催督赋役，劝课农桑。村社三百户以上则设主首四人，二百以上三人，五十户以上二人，以下一人，以佐里正禁察非违。置壮丁，以佐主首巡警盗贼。”[36]在金代的乡里制中，里正与主首的职责主要有三：一是按比户口，即从事辖区内与户口相关的调查，登记户口、推排户等之类的工作；二是催征赋税，巡警盗贼，维护乡村治安；三是劝课农桑，互相救助。

（二）村社制的内容

元朝初期在乡村管理上承袭金代旧制，乡设里正，都设主首，以里正和主首作为乡村事务的管理者。北方的乡村有因应农事活动而产生的互助组织——锄社。作为农事活动的互助组织，锄社“十家为率，先锄一家之田，本家供其饮食，其余次之，旬日之间，各家田皆锄治。……间有病患之家，共力助之。故田无荒秽，岁皆丰熟”[37]。至元七年（1270年），元朝政府下令，在汉地的村疃推广建立村社组织：“县邑所属村疃，凡五十家立一社，择高年晓农事者一人为之长。增至百家者，别设长一员。不及五十家者，与近村合为一社。地远人稀，不能相合，各自为社者听。其合为社者，仍择数村之中，立社长官司长以教督农民为事。”[38]

这样看来，元初在乡村力推的社制，是集结劳动力、解决单个农户因劳动力不够而耽误农事与时令的互助性组织。但实际上，元代的乡村管理是村社与乡都混杂的体制。里正、主首的职责与金代相同，大抵是催征赋税、维持安保，而社长的职责屡有变动。早期，社长的职责较为单一，就是劝课农桑，“以教督农民为事”。其后，调查户口、催征赋税、维持安保等差役也要求社长参与，社长成为苦差，民间多有怨言。大德三年（1299 年），江西廉访司奏称：“近为体复灾伤，到于各处，唤到社长人等，系妇人小儿。问得该吏，称说自至元三十年定立社长，经今五年，多有逃亡事故，……今各处社长，多不见年高德劭通晓农事、为众信服之人，大失原立社长初意。”[39]为此，元朝多次强调社长专责教授农事的职责：“将年高通晓农事之人立设社长，并不得差占别管余事，一切教本社人民务勤农业，不致惰废，仍免本身杂役。”[40]

社长劝课农桑的职能，不仅包含督促管理农业生产的明确职责，同时也使得村社组织在一定程度上担负了道德教化的功能。大体而言，社长的教化职责主要体现在三个方面。一是劝课农桑，这是社长的主要职责。至元七年开始推行村社制时就规定：“凡种田者，立牌橛于田侧，书某社某人于其上，社长以时点视劝诫。不率教者，籍其姓名，以授提点官责之。”[41]至元二十三年（1286 年）再次重申：“官司并不得将社长差占别管余事，专一照管教劝本社之人务勤农业，不致惰废。如有不肯听从教劝之人，籍记姓名，候提点官到彼，对社众责罚。”[42]二是申明孝悌。社长在劝农的同时，还要注意宣扬道德，及时发现、保举有德之人，淳化乡风。如至元二十三年规定：“本社内若有勤务农桑，增置家产，孝友之人，从社长保举官司，体究得实，申覆上司，量加优恤。若社长与本处官司体究所保不实，亦行责罚。本处官司并不得将勤谨增置到物业添加差役。”[43]三是调处乡邻。对村社中存在忤逆父母，邻里间的田宅、家财等纠纷，社长要予以调解裁决。至元二十八年（1291 年），中书省规定：“诸论诉婚姻、家财、田宅、债负，若不系违法重事，并听社长以理谕解，免使妨废农务，烦扰官司。”[44]

第二节

宋元村落的民间治理

一、宗族制度与村落社会

（一）门阀宗族的衰落与新宗族的兴起

宋以前，宗族制度以门阀制度最为突出，其特点是大规模聚族而居。在门阀宗族中，门第观念突出。清代史学家赵翼提道："六朝最重世族……以士庶之别为贵贱之分，积习相沿，遂成定制。"[45]无论是选官还是婚配，都必须稽考门第谱牒。在宗族内部，豪强地主对底层贫苦族众有很大的支配权，下层宗亲与佃客对宗内豪强地主的依附关系明显。同时，由于聚族而居的便利，豪强地主利用宗族关系组织宗族武装，拥兵自重，形成了很多割据一方的地方豪强势力，如《三国志》载杨阜"宗族子弟胜兵者千余人"[46]。而到了唐末五代时期，受社会动乱影响，门阀宗族受到严重冲击，宗法人伦观念出现变化，整个社会"世道衰，人伦坏，而亲疏之理反其常，干戈起于骨肉，异类合为父子"[47]。宗族内部成员之间关系疏离，"今尔百姓亲族死，问以服纪年月，皆言不知"[48]。门阀宗族制日益衰落，渐趋消亡。其直接后果是整个社会宗法人伦关系的紊乱，对社会稳定造成了不良影响。

为维护社会稳定，重整宗法制度成为宋朝统治者的必然选择。"厚人伦者莫大于孝慈，正家道者无先于敦睦"[49]，于是朝廷大力提倡并推行宗法制度，试图通过重建宗族组织达到管摄人心、移风易俗的目的。官员与士大夫等精英阶层也积极探讨宗族复兴之根据，为时代之鼓。张载就专门写过一篇论及宗法的文章，他认为："管摄天下人心，收宗族，厚风俗，使人不忘本，须是明谱系，收世族，立宗子法……宗子之法不立，则朝廷无世臣，且如公卿一日崛起于贫贱之中，以至公相，宗法不立，既死遂族散，其家不传……如此则家且不能保，又安能保国家。"[50]与张载同时代的程颐则提出建立家庙与祭祖制度的主张："士大夫必建家庙，庙必东向，其位取地洁不喧之处。设席坐位皆如事生，以太祖面东，左昭右穆而已……太祖之设，其主皆刻木牌，取生前行第或衔位而已。”[51]

其实，在张载之前，范仲淹就开始了重建宗族的相关实践。宋仁宗皇祐元年（1049 年），范仲淹以其官俸置办义田，“于其里中买负郭常稔之田千亩，号曰义田，以养济群族。族之人日有食，岁有衣，嫁娶凶葬皆有赡”[52]。同时他还兴办义学，以供族中教育子弟。通过官员与士大夫等精英阶层的努力推动，以“敬宗收族”为特点、具有鲜明的时代特征的新宗族制度，在北宋时期开始登上历史舞台。两宋时期，宗族实践活动主要以大官僚为主体；同时，乡村宗族的重建也日益兴盛，私修单姓家谱也大量出现。到南宋时期，新宗族组织的各项内容近乎完备。

（二）两宋宗族的组织与活动

宋代的宗族大致可以分为两类：一类是合门为一户、同居共财的大家族。他们往往世代同居共产，财产属于整个大家族共有。这种家庭组织模式在宋以前就存在，及至宋代成为望族之常态。二是在共同的血缘关系纽带下，小家庭聚族而居。这种宗族组织结构更为普遍，其特点是在共同的大家族名义下，小家庭分户独立，各自拥有独立的财产权，家族共有的财产主要是义田、墓田、祭田、祠田等公产，主要用于族中公益活动与事业。宋代宗族的组织与管理制度是通过宗族活动的开展而不断确立和完善的。具体而言，宋代的宗族组织主要通过编修家谱、集体祭祖、置办族产义学等活动，逐步建立起相关的宗族制度与规范，实现其敬宗收族的目的。

第一，编修家谱。宋以前，门阀士族也有相关谱牒的编修。编修门阀谱牒的目的，主要在于考证族源血统，因此其编修的重点在于祖先世系源流之考证，这类考证烦琐细致，甚至形成了专门的“谱学”。谱牒对血统的强调，其主要作用在于：一是选拔官吏时稽考门第，二是男女婚配时比对双方门第。在编修主体上，门阀谱牒可分官修和私修两类。唐末与五代时期，门阀士族衰落，门阀谱牒制度随之而废。

到了宋代，人们对谱牒的功用的认识与之前有了很大的不同，认为谱牒的功用应当是追述先祖，而不是炫耀门第。如宋人李石就认为："家有谱，所以别生分类，以著不忘，非欲相夸以门第也。"[53]宋人尤其是文人士大夫普遍认为，谱牒是维系宗族组织凝聚力的重要方式，"族非谱无以知枝叶本根之分合"[54]，没有谱牒的记录，家族伦理秩序就会混乱，在社会中就容易出现族人之间"相视如途人"的礼崩乐坏的情况。因此，苏洵在论及自己作《苏氏族谱》的缘由时这样写道："苏氏族谱，谱苏氏之族也……谱吾作也。呜呼！观吾之谱者，孝弟之心，可以油然而生矣，情见于亲，亲见于服，服始于衰，而至于缌麻，而至于无服，无服则亲尽，亲尽则情尽，情尽则喜不庆，忧不吊。喜不庆，忧不吊，则途人也。吾所以相视如途人者，其初兄弟也。兄弟，其初一人之身也，悲夫！一人之身，分而至于途人，吾谱之所以作也。其意曰，分而至于途人者，势也；势吾无如之何也已。幸其未至于途人也，使之无至于忽忘焉可也。呜呼！观吾之谱者，孝弟之心可以油然而生矣。"北宋大儒张载更是高呼："管摄天下人心，收宗族，厚风俗，使人不忘本，须是明谱系，收世族，立宗子法。"[55]北宋仁宗皇祐、至和年间（1049—1056 年），以欧阳修编修《欧阳氏族谱》和苏洵编修《苏氏族谱》为开端，"继之者不一而足"[56]，整个社会出现了大规模编修家谱的热潮，"至宋而私谱盛行，朝廷不复过而问焉"[57]。据统计，《宋史》中明载的家谱就有 110 种。

与门阀谱牒"考订世系"以品评门第的编修目的不同，宋代文人试图通过对家族世系源流的梳理，实现"收宗族，厚风俗，使人不忘本"的教化目标。因此，在家谱编修体例与内容上，讲求"别生分类以着不忘"[58]，举凡宗族的源流、世系、规约、艺文等胪列甚广，在记述上重当下而略上世。

第二，祠庙祭祖。宋代宗族组织"敬宗收族"的一个重要方面就是建立完善的祭祖制度，其祭祀对象从始迁祖到后来的历代祖先都被囊括在内。祭祀形式以墓祭与祠祭为主。

墓祭与传统聚族而葬的族葬制有关。新石器时代的红山文化墓地和齐家文化墓地就曾经发现有墓祭的遗存。春秋战国时期，墓祭开始流行。《礼记·曾子问第七》中记述："曾子问曰：'宗子去在他国，庶子无爵而居者，可以祭乎？'孔子曰：'祭哉！'请问：'其祭如之何？'孔子曰：'望墓而为坛，以时祭。若宗子死，告于墓而后祭于家。'"[59]此古人墓祭之始。隋唐之际，寒食节扫墓成为风俗。开元二十年（732年），玄宗下诏："寒食上墓，礼经无文，近代相传，浸以成俗，士庶有不合庙享，何以用展孝思？宜许上墓同拜扫。礼于茔南门外，奠祭馔讫，泣辞。食馀馔任于他处。不得作乐。仍编入五礼，永为恒式。"[60]这标志着墓祭正式得到国家的认可。宋代宗族出于"收族"的需要，大力倡导聚族祭祖，墓祭是宗族祭祀的重要形式，诸如寒食、清明、中元等节岁，亦常有举行。如《淳熙三山志》载，在福建福州地区的乡村，"寒食春祀，必拜坟下。富室大姓有赡茔田产，祭毕，合族多至数百人，少数十人，因是燕集，序列款昵。尊祖睦族之道也"[61]。

宋代宗族祭祀中还有一类重要的祭祀形式是祠祭。宋代祠祭经历了从官员士大夫的家庙祭祀逐步发展到普通宗族祠堂祭祀的过程。自唐五代门阀宗族衰落后，礼制混乱，家庙制度破坏严重。北宋时期，随着以官僚宗族为主体的新宗族群体的壮大，宗族内部以家庙巩固宗族关系的需求日渐强烈。北宋天圣六年（1028年），官员任中师修建了"家祠堂"用以祭祖。北宋仁宗庆历元年（1041年），宋朝廷对官员建立家庙事宜展开了第一次讨论，其结果是朝廷明确表示允许官员立家庙祭祀，"南郊赦书，应中外文武官并许依旧式立家庙"[62]。但是这次讨论并未形成相关方案，因此在官员中并未能得到很好的执行。两宋之际的叶梦得在论及此事时说："庆历元年郊祀赦，听文武官皆立庙，然朝廷未尝讨论立为制度，无所遵守，故久之不克行。"[63]宋仁宗皇祐二年（1050年），官方对此再次展开讨论，就品官与庙数设置、家庙承代与庙主迁移、主祭原则与立庙地点等都做了初步规定。大观四年（1110年），宋朝廷对此进行了第三次讨论，对皇祐二年的文本进行了相关修订。此后，家庙祭祀制度在官员士大夫阶层得到逐步推广。

南宋时期，随着人口大量南迁，北宋时期开创的宗族制度在南方得到继续发扬。为推动南宋宗族组织的进一步发展，朱熹为宗族重建与运行设计了详尽具体的方案。他将祠堂视为举行整个宗族活动的核心空间，是宗族与其成员之间维系关系的灵魂与纽带，可以突出“报本反始之心，尊祖敬宗之意”。族长每天到祠堂晨谒，家族成员则“出入必告”“有事必告”。朱熹肯定了宗族中宗子拥有最高权力，“号令出于一人，家政始可得而治矣”。家庭内部，则以父母为中心，子女对父母要绝对尊敬与服从：“凡子事父母，父母所爱亦当爱之，所敬亦当敬之。”逢正旦、冬至，每月朔日、望日，族人要到祠堂参拜神主。在清明、寒食、重阳这类节日，还要献以时食。“或有水火盗贼，则先救祠堂，迁神主、遗书，次及祭器，然后及家财。”祠堂内设四龛，自西而东依次为高祖、曾祖、祖、祢。若大宗及继高祖之小宗，祭四世先祖；若继曾祖之小宗，则虚西面第一龛而不祭高祖；依此，继祖之小宗则不祭曾祖，虚西龛二；继祢之小宗则不祭祖，虚西龛三。因为宋代家族传代世数普遍都比较短，所以《朱子家礼》又提出：“若大宗世数未满，则亦虚其西龛，如小宗之制。”古老的宗法制度，经朱熹改造后完全融合于新兴的祠堂制度，并为基层的家族制度的践行提供了参考依据。不仅如此，为了使祠堂的祭祀活动有稳定的经济来源，《朱子家礼》还提出了祭田制度：“初立祠堂，则计见（现）田，每龛取其二十之一以为祭田。……宗子主之，以给祭用，……不得典卖。”至于祠堂本身，也是家族永恒的产业，“宗子世守之，不得分析”。[64] 除了后来形成的家谱以外，祠堂、族田、祭祀、家法、族长等体现近世家族制度形态结构的主要内容，都在《朱子家礼》中得以一一呈现。在朱熹的倡导下，祠堂以及祠祭在民间宗族组织中逐步推广开来。后世的家族制度，基本上都是按照这一模式建立起来的。

第三，置办族产与义学。族产是宗族组织存在与发展的物质基础。宋代宗族族产名目繁多，有些名目在宋以前就有，有些则属于宋代初创。大致而言，包括义田、义庄、义宅、墓田、祠堂、田产等名目。如宋仁宗皇祐元年，范仲淹开宗族义田之先河。此后，各地官绅争相效仿，购置义田，扶助族中孤弱。

宋代宗族族产制的建立，一方面保障了宗族组织的运行，同时也推动了宗族义学的发展。宋代以科考取士，“虽山野贫贱之家所生子弟，苟有文学，必赐科名”[65]。科举制破除了唐五代以来的门第观念，使普通人家的学子通过努力求学也能获得上进的机会。一时之间，整个社会各类官学、私学广泛兴起。各宗族组织为发展本族势力，竞相创办义学，丰厚的族产为宗族义学的兴办提供了坚实的物质保障。族塾义学的教师，有些是本族中学业有成的士人，有些则延聘知名硕儒。其教学内容首先是注重道德伦理教育，“子孙为学，须以孝义切切为务”，“必以孝弟忠信为主”[66]，以“孝悌忠信”教化宗族子弟，达到整个宗族“遵章睦族”的效果。其次是注重经典、辞章等的训练，为学子科考打下坚实的基础。

（三）元代宗族组织的新发展

元代朝廷将民众分为蒙古人、色目人、汉人、南人四等。出于自我保护的现实考虑，以地缘与血缘关系为基础建立起来的宗族组织，凝聚力有了明显加强。在宗族组织的活动中，除了官僚士大夫等阶层，平民阶层也占有极大比重，宗族组织平民化趋势明显。元代宗族组织在宗族制度上主要有三方面的发展。

一是在宗祠建设中突破了礼的限制，祠庙祭祀在民间广泛推行。在汉族传统祭祀礼制中，祭祖权是宗族制度的重要内容。在元代，随着蒙古人入主中原，在礼制的控制上较宋代大为宽松，在祭祀礼仪中“大臣家庙不与焉”。以祭祀先祖为目的的家祠与宗祠在乡村大量出现，通过对共同祖先的祭祀，乡村宗族凝聚力得到显著加强。元末，婺源大畈人汪同，响应族人号召，建大宗祠知本堂和小宗祠永思堂，即是典型：“乃即星源大畈田中创重屋，为楹间者五，其上通三间以为室，奉始得姓之祖神主中居，及初渡江者，及始来居大畈者，而昭穆列序左右者十有余世。又为庙于屋南，像其祖之有封爵在祀典者，配以其子孙之有功德者四人。重屋之下有堂，有斋舍，延师其中，聚族人子弟而教之。庙有庑有门，时享月荐，买田以给凡费者若干亩，合而名曰‘知本堂’。以族人之属尊而年长者主祀事焉。别为专祠于大畈西涪村先人故居曰‘永思堂’。祀高祖而下四世，其田与祭则继高祖者主之焉。盖知本者以明大宗之事，而永思则小宗之遗意也。”[67] 通过这类大宗祠及小宗祠的建造，同宗同族的血缘关系得到了加强。放眼当时的全国来看，都是如此。所以，清代学者赵翼评论道：“近世祠堂之称，盖起于有元之世。”[68]

二是宗族组织在修纂族谱上更强调其“收族”的功能。宋元易代的战乱和变迁，使南北两地很多家族原有的家族谱牒被毁坏。面对这一混乱局面，很多士人提出要正本清源，厘清本族人口的世袭源流。元代福建的文学家陈旅强调：“然凡得立宗以缀其族者，非有谱识所从出，条所由分，则世远族众，其系必紊，而昭穆之辨淆矣，此世谱不可以不作也。”[69] 正本清源的目的，则在于敬宗收族，家谱的“收族”功能比以往任何时代都要突出，正如元代浙江学者陈高所述：“然则族谱之作，乃所以序昭穆，辨长幼，别亲疏，而尊祖敬宗睦族之道举在于是，其所系顾不重欤。”[70] 值得指出的是，这个“收族”的“族”有时不仅指宗族，还带有民族的意思。对原为两宋版图内的村民来说，重修族谱，延续家族历史，还带有怀念故国的深层意义。大德年间，温州文学家林景熙发起重修林氏宗谱，希望达到敦宗睦亲的目的：“无何，故国之版图失守，故家之谱牒将湮。熙初不自揣，愿效驰驱，奔走于杭越之间，徒销岁月，愈滋罪戾。今者徜徉陇亩，常与微子之悲，于国无望，于家奚辞？于是祖述旧谱，旁采诸书，访之故老传闻。”[71] 族谱的体例基本完备，其影响延续至明清。元代汉人族谱的盛行，也影响了其他民族。蒙古人、色目人的文化精英纷纷效仿，编纂自己的族谱，包括蒙古人哈剌哈孙族孙燮理普化编《斡罗氏世谱》、答鲁乃蛮氏编《中山世家》、回鹘人隆禧院使约著编《里氏庆源图》、唐兀人王翰（那木罕）编《王氏家谱》等。

三是在建祠堂、修家谱的同时，族田、义田等与祭祖相适应的族产制度也有一定发展。休宁陪郭的程氏族人程岘、程文贵曾“置膳茔之田”[72]。族田的用途与收入的具体支出，都有较严格的规定，大体上都是为了接济族中贫困成员、子弟的教育或者日常的婚丧嫁娶。黟县黄村人黄真元，“念祖宗先泽不忍没，效范文正法，买田六百三十余亩，立庄建祠，祀其先人。自始祖而下，冢木蓊郁，祭膰羶芗，族众百余口，日食岁帛、婚嫁丧祭，给支有等。延致硕师训其子弟，规式凡目，具有条理”[73]。平阳州（今浙江平阳县）桃源里人陈思礼辞官归里后，“买其乡为义田，几若干顷，岁籍其入，以赒恤宗族邻里之贫者，予有常数，贷有常经，丧葬嫁娶，各有常给，而又以其赢即所居之旁建书塾，招致经师，教乡之子弟”[74]。浙江龙泉汤氏的族田收入用途，规定得更加细致：“月给人五斗，有丧者二石，葬则半之，产子者一石，再有子则倍之，子始入学予钱三十缗，嫁女如入学之数，娶妇则减三之一，年七十者每岁帛一匹，能自业者弗预，不知检饬而有子弟之过者罢之。”[75] 出于对宗族诸多事务管理的需要，族长等宗族组织首脑在宗族中的地位显著加强，对后世形成束缚“农民的四条极大的绳索”之一的“族权”埋下了很深的根源。

（四）宗族组织与活动对宋元乡村社会的影响

在宋元时期兴起与发展的宗族组织，广泛活跃于宋元乡村社会，是宋元时期乡村社会组织与管理的重要力量。通过设立族田扶助孤弱、设立宗祠祭奠先祖、编撰族谱重建人伦等一系列措施，宗族组织对内调和了宗族群体内部的矛盾，对外缓和了宗族和地方组织、宗族和国家政权的关系。宋元时期的乡村宗族组织还承担了大量政治、经济、教育等多项社会职能，对宋代乡村社会的各个方面产生了巨大影响。

通过设立族田、义田等措施，宋元乡村宗族组织还承担了乡村社会扶助孤弱的职能。族田的设置最早始于北宋仁宗皇祐元年，范仲淹以其官俸所得购置义田，养济族人。[76] 在论及其置办义田时，范仲淹又说：“吾吴中宗族甚众，于吾固有亲疏。然吾祖宗视之，则均是子孙，固无亲疏也。苟祖宗之意无亲疏，则饥寒者吾安得不恤也？自祖宗来，积德百余年，而始发于吾，得至大官。若独享富贵而不恤宗族，异日何以见祖宗于地下，今何颜入家庙乎？”[77]范仲淹置办族田的初衷由此可见，显然是尊祖济族。这一义行，为很多士大夫及乡村士绅仿效。神宗熙宁初年，青州知州吴奎“以钱二千万，买田北海，号曰义庄，以见周亲戚朋友之贫乏者”[78]。韩贽则“平居自奉至约，推所得禄赐买田赡族党，赖以活者殆百数”[79]。如果宗族内部出现了丧失父母的孤弱子弟，宗族自身有抚养的义务：“宗族亲戚间不幸夭丧，妻弱子幼，又或未有继嗣者，此最可念也。悼死而为之主丧，继绝而为之择后，当以真实恻怛为心，尽公竭力而行之，此宗族亲戚之责之义也。”[80]

族田、族产在灾荒年间还有赈济灾民的职能。宗族组织在赈济灾民时，其范围不仅仅限于族人，而是扩大到周边的亲戚乡党，如范氏《义庄规矩》中规定：“乡里、外姻亲戚，如贫窘中非次急难，或遇年饥不能度日，诸房同共相度诣实，即于义田米内量行济助。”有些宗族组织还以族产承担了乡村中修桥补路等公益事业。如宋太宗淳化年间（990—994年），洪州胡氏就“以私财造南津桥”。

乡村宗族通过裁决族内纠纷、督促族人缴纳税赋等，实际上也承担了一定的政治管理、社会治理等方面的职能。宋代的乡村，宗族内部的小纠纷多不赴官府诉讼，而是通过宗族组织裁判解决。宗族内部具有裁决纠纷能力的族长、族老等宗族组织者与领导者多为乡村士绅，这些人大多识文达理，在宗族中德高望重，为族人所信服，如衡州胡晏“资性孝友，乡里慕之，有争讼，不到公庭，多往质焉”[81]。永嘉陈敦化“乡闾信服其谊，争讼多不之官府，得公一言，即时解散”[82]。同时，宗族中的族长等族权掌控者往往是族中富户，依照宋代户等制中第一等户充任里正、第二等户充任户长等规定，他们往往还承担了乡村行政管理的职能，使得宗族组织与行政组织在领导阶层上出现一定程度的重合。宗族组织与行政组织的重合，一方面有利于调和乡村民众与国家政权的关系，另一方面也有利于国家催征赋税政策的顺利实施。

乡村宗族组织还通过编修族谱、建祠祭祖、兴办义学等形式承担了收族睦族、教化族人的教育职能。在宋代士人眼中，宗族谱牒是维持宗族凝聚力的重要因素，“夫世代愈深，则恩疏而忘祖；谱牒不立，则传久而失宗”[83]。四川的名士苏洵认为宗族谱牒具有“祖宗不忘、宗族不散”的作用：“自秦、汉以来，仕者不世，然其贤人君子犹能识其先人，或至百世而不绝，无庙无宗而祖宗不忘，宗族不散，其势宜忘而独存，则由有谱之力也。”[84]通过修谱，使得聚族而居的族群血缘关系得以明确，宗族成员间“虽族属疏远，长幼尊卑，按此谱历历殆可见矣”[85]。同时，一些地理与血缘关系较疏远的族众，也被收拢归宗到宗族组织之中，宗族组织“收族睦族”的目的得以实现，宗族成员之间的关系得以调整和融和。

南宋郑德源为河间俞氏宗谱作序时写道：“谱牒之作，所以原始考宗，别亲疏，行正实，正彝伦，厚风俗，使万殊而归一本者也。”[86]事实上，无论是宗族组织的义田、祠田、修谱还是修祠祭祖，除了能够达到“敬宗收族”的目的之外，还有更为重要的一点，即如郑德源所说的“正彝伦，厚风俗”。在宗族祭祀活动中，这一点得到了充分体现。宋代早期，朝廷允许官员修建家庙祭祀先祖。其后，在文人士大夫的倡导下，修祠堂祭祀先祖逐渐成为宋代社会的普遍习俗。通过对共同祖先的祭祀，宗族长幼尊卑的伦理秩序得到进一步确立；同时，在宗族内部已经形成制度化、常态化的长期规范的祭祀活动，使得族人在对祖先恩德的追慕中，逐步建构起共同的信仰和一致的生活方式，从而形成了具有宗族特色的家风、族风，并逐步将这种风气扩散、放大到广大乡村地域社会之中。乡风之说，亦始于此。

科举制在宋代的完全确立推动了教育向下层社会的普及，社会各阶层接受教育成为可能。出于自身发展的需要，宋元时期大量宗族组织以族产为依托，建立了大量族塾义学。除了普遍的道德伦理教化之外，科举知识也是宗族义学教育的重要内容，宗族教育推动了社会文化教育的大发展。

在经历了唐五代门阀宗族的变革后，宋代确立了宗族组织的新形态，并在宋元时期逐步发展壮大。宋元时期的乡村宗族组织形态更多是由具有血缘关系的个体小家庭聚族而居构成的宗族群体。这一时期的乡村宗族组织及活动强化了乡村民众的宗族观念，通过其承担的政治、经济、教育、公益等多方面的职能，调和了宗族内部，宗族与社会、国家之间的关系，稳定了地方社会，维持了国家秩序，对宋元乡村社会在政治、经济、文化等方面的全面发展起到了积极的作用。

二、乡约制度与村落治理

（一）乡约制度的起源

乡约是一种由士绅阶层发起的乡村自治规约。目前所见最早的乡约是《吕氏乡约》，为北宋士人吕大钧[87]创设。其兄大忠（字进伯）、大防（字微仲），弟大临（字与叔），与大钧一起，被家乡民众尊为“吕氏四贤”，在乡梓德高望重。熙宁九年（1076年），吕大钧撰写《吕氏乡约》，在今陕西蓝田践行并建立乡约组织，在乡村社会推行教化。

吕氏推行乡约教化有其现实考虑。宋代，乡村行政组织由先前的“乡官”变为“职役”。尤其是保甲法的推行，乡里组织被国家牢牢掌控，基层组织的保正、户长等成为州县官任意驱使的差役，其主要职责和精力在乡村治安、户籍、赋税、职役等具体事务上，乡村教化被乡村行政组织忽视，乡村教化的缺失导致社会一系列矛盾不断产生。吕氏学术渊源于张载关学，关学的特点是非常重视礼，强调“通经致用”“躬行礼教”。面对乡村教化严重缺失的现状，吕大钧提出以礼教来教化乡民：“人之所赖于邻里乡党者，犹身有手足，家有兄弟。善恶利害皆与之同，不可一日而无之，不然，则秦越其视，何与于我哉？……愿与乡人共行斯道。惧德未信，动或取咎，敢举其目，先求同志。苟以为可，愿书其诺，成吾里仁之美，有望于众君子焉。”[88]

在吕氏的设想中，乡约组织作为一个具有自治性质的民间团体，是乡民在自愿的基础上建立的组织，其领导为公选，乡民出入也任由自愿。吕氏试图通过在乡约组织中推行乡约礼仪，推动乡村社会教化的发展。为确保乡约的有效施行，吕大钧在制度上做出了一系列的设计。

（二）《吕氏乡约》的主要内容

宋以后，个体小家庭成为乡村社会基本的组成单位。在基层乡村社会中，家庭居于中心位置。《吕氏乡约》立足于以家为核心的宋代乡村社会的现实，在内容上以儒家伦理为核心，由个体的修身、家庭的齐家，逐步推及群体的孝悌。体例上，《吕氏乡约》分为《乡约》和《乡仪》两部分，为了保证乡约的施行，还在其后附录了“罚式”“聚会”“主事”三条。

《乡约》部分包括四大规条：“德业相劝”“过失相规”“礼俗相交”“患难相恤”。在“德业相劝”一条中，将“德”和“业”分开说明，其大要在讲明为人应在家能修身、齐家、事父兄、教子弟，在外能择交游、能谋事、有善行。此条的主要目的在于“同约之人，各自进修，互相劝勉”[89]。在“过失相规”一条中，将过失分为“犯义之过”“犯约之过”“不修之过”三大类。“犯义之过”有六条，举凡酗酒、赌博、行不恭逊、造言诬毁以及营私太甚等皆是。“犯约之过”有四条：“一曰德业不相劝。二曰过失不相规。三曰礼俗不相成。四曰患难不相恤。”“不修之过”有五条，对交非其人、游戏怠惰、动作无仪、临事不恪、用度不节诸方面做出规戒。对不修之过，每犯一次都要记录簿籍，三次以上则加以惩罚。“礼俗相交”一条主要对乡民在婚姻、丧葬、祭祀等方面的往来加以规定，“凡与乡人相接及往还书问，当众议一法共行之”。对一些不合理的习俗，则加以改良，“甚不经者，当渐去之”。在“患难相恤”一条中，要求在成员面临水火、盗贼、疾病、丧葬、孤弱、诬枉、贫困这七种情况时，约众要相互扶助。[90]

为了约规的有效执行，《乡约》还要求约众建立相关的组织管理机构，以总揽其事。在“主事”一条中，吕氏对乡约组织的管理机构做出规定：“约正一人或二人，众推正直不阿者为之，专主平决赏罚当否。直月一人，同约中不以高下，依长少轮次为之，一月一更，主约中杂事。”直月负责约中具体事务的处理，由成员轮流担任，每月一换。约正一般由德高望重之人担任，负责监督赏罚是否公正。成员定期聚会，每月小聚，每季度大聚，开支由众人分摊。聚会一为商讨约中事项，二为记录、公布成员善举与恶行。

对于犯规的约众，所犯错误较轻微的以规劝为主，规而不听则罚钱，情况更严重的，则聚众商议后开除出乡约组织。“犯轻过，规之而听，及能自举者，止书于籍，皆免罚。若再犯者，不免。其规之不听，听而复为，及过之大者，皆即罚之。其不义已甚，非士论所容者，及累犯重罚而不悛者，特聚众议，若决不可容，则皆绝之。”[91] 为了更好地贯彻乡约中“礼俗相交”的条款，在《乡约》之后附有《乡仪》，其内容是在参考了吕氏旧传家仪基础上制定的，包括宾仪、吉仪、嘉仪、凶仪四部分。

从熙宁九年十二月制定乡约制度到元丰五年（1082 年）六月逝世，吕大钧在家乡推行乡约不过五年半的时间。此后，《吕氏乡约》湮灭于历史的烟尘中长达近百年。淳熙二年（1175 年），朱熹重新修订《吕氏乡约》。其一，朱熹考证了乡约的作者为吕大钧，而非之前传说的吕大忠。其二，将《乡约》与《乡仪》合并，更改为《增损吕氏乡约》。其三，将“主事”一项并入开篇，对其中的基本制度做出调整，将“约正”更改为“都约正”。朱熹修订后的乡约基本制度为：约中设都约正一人，都约副二人，直月一人。约中设簿册三本，“凡愿入约者书于一籍，德业可劝者书于一籍，过失可规者书于一籍”，由直月掌管，月末向都约正汇报并转交下任直月。其四，将“罚式”附于“过失相规”后。对违犯约规之人，将罚钱改为“同约之人，各自省察，互相规戒”。如不听规劝，则由都约正在集会之日“以理诲谕之”，如最终不能悔改，则“听其出约”。其五，将“聚会”一项改为“月旦聚会读约之礼”。每月朔日集会，地点首选乡校，无乡校则选一宽敞空闲场所，在场地北壁悬挂先圣先师像。集会时，先是约正、副约正、直月等行礼互拜；而后，约众礼拜长者；最后，少者与幼者在直月的引导下拜约正。礼毕，依长幼秩序落座，直月朗读约文，副约正详加解释。读毕，约众共同推善纠恶，如无异议，由直月将善行、恶行分别记录于集册中。善行之事，由直月当众朗读，加以褒扬；恶行之事，则只限于传阅，以示警醒。仪式结束后，约众聚餐，散会。其六，将《乡仪》并入“礼俗相交”一条，并对相关内容做出调整。修改后的“礼俗相交”一条包括“尊幼辈行”“造请拜揖”“请召迎送”“庆吊赠遗”四项内容。其七，在“德业相劝”一条中增加“畏法令、谨租赋”的内容，从而使乡约能够与国家法令保持一致。[92]

（三）乡约制度在乡村的传播与发展

关于乡约在包括村落在内的乡村地区推行的问题，学界莫衷一是。杨开道、胡庆钧等认为乡约实施的时间很短。[93]其主要根据在于，乡约制定者吕大钧从熙宁九年十二月制定乡约制度到元丰五年六月逝世，不过五年半的时间，其间吕大钧还外出为官，由此推断，其在家乡推行乡约的时间较短。也有学者认为，由于推行乡约存在巨大阻力，吕大钧只是将《乡约》作为一个可行的方案而并未加以实施。[94]

就推行乡约的问题，吕大钧与其兄长友人曾多有书信讨论。在《答刘平叔》一文中，吕大钧记录了在推行乡约过程中遭受的怀疑与诘难：“乡人相约，勉为小善，顾惟鄙陋，安足置议。而传闻者以为异事，过加论说。以谓强人之所不能，似乎不顺，非上所令而辄行之，似乎不恭。退而自反，固亦有罪。盖为善无大小，必待有德有位者倡之，则上下厌服而不疑。今不幸出于愚且贱者，宜乎诋訾之纷纷也。”对兄长要将《吕氏乡约》改为家仪以避祸的要求，吕大钧在《答仲兄一》一文中做出回应：“所欲改为家仪，虽意在逊避，而于义不安。”在《答仲兄二》中又言：“乡约事累蒙教督甚切，备喻尊意，欲令保全，不陷刑祸。”[95]综合各方因素分析，乡约应该在蓝田地区短暂施行过，但是从一开始就受到官方上层的质疑，过程艰难，压力重重。《吕氏乡约》在蓝田推行不到50年后，北宋灭亡。由于社会动乱，《吕氏乡约》并未能在北宋社会推广开来。

南宋年间，《吕氏乡约》开始为朱熹所关注。作为理学大儒，朱熹在社会教化方面提出明德、亲民、止于至善的主张，积极推动将儒家士大夫之间的礼仪规范推广到庶民阶层。为此，朱熹编撰了《朱子家礼》，其内容包括通礼、冠礼、婚礼、丧礼、祭礼五个部分，作为民间一般家庭相关礼仪活动的依据。除了理论上的倡导，他还在实践中大力推行。朱熹在地方任职期间，大力整顿州学、县学，教化风俗。任潭州知府时，朱熹颁布《劝谕榜》，对当地不良习俗多有纠正，同时广招门徒讲学，推广礼教。

在朱熹接触到《吕氏乡约》，发现其以礼仪教化来“教人善俗”的功能后，便决意修订《吕氏乡约》。他在致吕祖谦的信中说：“熹近读《易》，觉有味。又欲修《吕氏乡约》、《乡仪》，及约冠昏丧祭之仪，削去书过行罚之类，为贫富可通行者。……所惧自修不力，无以率人，然果能行之，彼此交警，亦不为无助耳。”[96] 在致张栻的信中，朱熹虽然对乡约的推广并不乐观，但充分肯定了它教化风俗的功用：“《乡约》之书，偶家有藏本，且欲流行，其实恐亦难行，如所喻也。然使读者见之，因前辈所以教人善俗者而知自修之目，亦庶乎其小补耳。”[97] 张栻在给朱熹的回信中也充分肯定了《吕氏乡约》的价值：“无咎昨寄所编《祭仪》及《吕氏乡约》来，甚有益于风教。……若闲居行得，诚善俗之方也。”[98]

朱熹虽历经高宗、孝宗、光宗、宁宗四朝，但仕途并不得意，直到庆元六年（1200 年）去世，其修订的《增损吕氏乡约》也未能广泛流传。不过，在他去世后，其学术成就得到世人承认。南宋嘉定二年（1209 年），朱熹被朝廷赐谥号“文公”；宝庆三年（1227 年）又被追赠“太师”，封“信国公”；绍定三年（1230 年）封“徽国公”；淳祐元年（1241 年），朱熹得以从祀孔庙。随着朱熹声望日隆，他修订的《增损吕氏乡约》开始流传开来。这对《吕氏乡约》的传承、推广产生了巨大影响。说《吕氏乡约》是朱熹和吕大钧的共同作品，也不为过。

朱熹之后，其部分门人弟子遵循其礼教主张，刊刻《吕氏乡约》并广为流布，在民间推广。如宁宗嘉定五年（1212 年），其弟子李大有重新刊刻《吕氏乡约》，他在后记中这样论及自己重刊的目的：“今得晦庵先生所订《吕氏乡约》《乡仪》，用刊诸梓，贻我同盟，庶将因二篇之载而广之，平居周旋里党，无一不中节，则礼俗之盛，当不止岁时聚拜而已。”[99] 李大有之后，有胡泳、程永奇、阳枋等相继推行乡约。胡泳为南康军建昌（今江西南城）人，为朱熹弟子。嘉定八年（1215 年），胡泳兄弟因感觉乡中礼教崩坏，道德混乱，遂在乡中举行乡约。黄干在《跋南康胡氏乡约》中做了如下记载："此乡饮酒遗意也……后世礼教不明，人欲滋炽，利害相攻，情伪相胜，一室之内父子兄弟乖争陵犯者多矣，而况于乡邻乎？风俗之不如古亦宜矣哉！伯量兄弟孝友，同居爨，人无闲言，又能推其施之家者而达之乡，其有补于风教大矣。故书其后，以谂其乡人，使知其合于古谊，相与守之而勿替云。"[100] 程永奇推行乡约的时间与胡泳兄弟大致相同，只是他更多在家族内部推行乡约之法，以礼教治家，"……以合族人，举行吕氏乡约，而凡冠昏丧祭悉用朱子礼，乡族化之"[101]。

除以上诸人之外，力行乡约的还有阳枋。阳枋为合州巴川（今重庆铜梁）人，一生中两次推行乡约，影响较大。他第一次推行乡约是淳祐三年（1243 年）。在这之前，由于长期战乱，他曾经举家避难于夜郎、南川、清溪等地。回乡后，目睹家乡盗贼横行、社会失序、田野荒芜的现实，他深感痛心，于是联络友人、乡人等，在乡里推行《吕氏乡约》之法。阳少箕对此次推行乡约的情况做了详尽记载："敌退而反……乡人或有以饥渴为心害者，公叹曰：'是可不亟求正乎？'乃与弟全庵南午、侄存庵醇、友人宋君如山、罗君仲礼、朝宗、陈君晰之、黄君应发举蓝田《吕氏乡约》，推前进士黄君应凤为长，合同志行之，正齿位，劝德行，录善规过。又与李君发明讲明乡饮之礼，于以维持孝弟忠信之风，一乡化焉。"[102] 阳枋第二次推行乡约是宝祐五年（1257 年），地点在渝州，"与宋寿卿合乡士，就渝讲明乡约"[103]。

在朱熹及其门人推行乡约的同时，一些地方士绅也认识到乡约在增强乡村社会群体意识方面的作用，在他们的推动下，乡社组织与乡约出现合流。如咸淳六年（1270 年），徽州歙县乡绅邱龙友、王英杰具奏朝廷"为请地立社以便祈报以敦乡约事"，"庶春祀秋报有所因得，于时申明乡约，劝沮臧否，以保年谷丰登，以笃枌榆谊契，下期风俗之淳，上乐圣明之治"，希望组织乡民在乡社集体祭祀活动中，讲明乡约，教化风俗。此举受到朝廷重视，认为其申明乡约的举动有助于教化乡民，因此表示大力支持："看得职官邱龙友、王英杰所奏，事理有协于义，准予立社。着本州官给帖付照，地税免征。”[104]

元代，随着理学的发展，以儒家伦理为核心的乡约制度在民间继续推广。有些乡村士绅将乡约与乡村祭祀相结合，通过在祭祀典礼中宣扬乡约之礼，教化乡民。如《闽中理学渊源考》卷三十五记载：“陈有霖，字希说，长乐人。至正中，筑乡约堂于蓝田书院之旁，中祀先圣，以朱、吕二先生配，朔望举行蓝田乡约，使邻里子弟讲学于中。”[105]元代士人刘祯等乡里耆老在高林祭祀孔庙，行乡约之礼：“安肃高林里，距吾居五十里。闻有孔子庙，枉道而拜焉。……祯，刘氏孙也，复率卢氏子孙共继先志，经营于其年之春。逮明年秋，庙貌既尊，乃兴祭器，以祀事告成，且为乡约春秋释奠之礼……”[106]也有部分地方官员出于稳定社会的考虑，为促进地方的风俗教化而推广乡约，如元代至正年间上海，知县刘辉“创置社学百六十余所，举乡约，日课民种桑枣”[107]。不仅如此，一些地域的乡村士绅以乡约条文为蓝本，结合本地乡村实际情况，制定相关的村社约规。如河南濮阳县西夏遗民唐兀忠显与千夫长高公，以及邻近村社的耆老，在元代至正元年（1341年）七月共同制定了《龙祠乡社义约》，此约无论是结构上还是内容上都广泛受到《吕氏乡约》的影响。潘迪在评论《龙祠乡社义约》时这样说道：“余观其条目详约备，颇增于吕氏．而其大致多与吕同。吁！当后世风俗披靡中，何幸是乡有此约乎。使自乡而邑，自邑而郡，自郡而天下，则风俗之丕变，安知不自是乡而权舆哉？”[108]

在《龙祠乡社义约》中，开篇即强调立社的本意为“……敬神明，祈雨泽，美风俗，厚人伦，救灾恤难，厚本抑末，忧悯茕独”。同时，对社内之家的“死丧、患难、济救之礼，德业、过失、劝惩之道”均有详细规定，使社民在生活中能够有具体可行的道德规范指导生活，如定期聚会以联络感情，社民互助以安定地方，教化乡民，改换风俗。同时，与《吕氏乡约》相比，《龙祠乡社义约》根据自身具体情况做出了部分调整，使其更具有可操作性，更适应乡村社会的具体情况。例如，其立社是借用乡村集体祭祀的“龙王社”宣扬乡约精神，这使其更能为乡民所接受。条款的制定更加考虑乡村的具体情况，如其中的一条为：“各家头匹，务要牢固收拾牧养，毋得恣意撒放，作践田禾，暴殄天物。违者每一匹罚钞一两。若是透漏，不在所罚，香誓为准。”[109] 这些贴合实际的规定，使其在实践中更具有可操作性。

（四）乡约制度对乡村社会的影响

吕大钧的《吕氏乡约》是目前中国历史上最早出现的乡村自治规约。在后世的流布中，影响最大的是经过朱熹修订的《增损吕氏乡约》。朱熹对《吕氏乡约》改动最多的地方在于，在“聚会”中增加了“读约之礼”的要求。这种仪式明显是借鉴了《周礼》中的“读法之典”，整个乡约聚会的过程充满了对礼仪的强调。通过“设先圣先师之象于北壁下”，使具有民间性质的乡约教化与官方主流的儒学联系起来，使儒家伦理成为乡约教化的理论根据。通过把抽象的儒家道德伦理观念转变为具体可操作的实践行为，乡约成为乡村基层施行道德伦理教化的重要工具，对乡村社会实现“化民成俗”，稳定乡村社会秩序，起到了积极的作用。

如《吕氏乡约》的款约内容，对后世中国广大乡村社会的影响是极其深远的。到了明清时期，《吕氏乡约》的理念已不仅限于儒家教化，甚至超越了对当世人间的教化，深入到有关来世生死的乡村宗教法事，如亡灵超度活动之中，并以宗教的形式在乡村传播，以宗教的名义教化乡村民众：所有不遵守乡约礼俗行为规范的，诸如游戏怠惰、举止无仪、行奸商好讼、欺行霸市、恶邻欺弱行为，都将成为逝者亡灵超度的孽障，严重者甚至永远不得转世为人。

三、基层组织与“宋型家庭”

在宋代乡村的管理体系中，乡是一个重要的单元。乡既是县之下具有行政职能的基本的一级行政运行单元，又是一个地域单位，具有一定的地域特征。

乡里制与都保制等以人户为单位的乡村管理制度，在部分时候会割裂自然村落的民户，但从更大的范围看，它使得基层社会的管理逐渐定型，维系了地方社会的稳定，是利大于弊的。所以，虽然宋代乡村基层行政组织出现了一些变化，但是乡作为一个重要的行政单位与地域单位，从来就没有淡出乡村基层管理。无论是户籍还是税籍的编排，其范围一般不超过乡。

这一时期，在乡所管辖的区域中，聚族而居形成的自然村落比以往任何时候都要多得多，而且规模也要大得多。在兴化仙游县，“叶氏族派百余家，皆居一村”[110]；在鄱阳义仁乡车门，“曹氏环而居之，至数十百家”[111]。自然村落构成乡村行政组织的基础。

宋代的乡村社会，有主户与客户之分。客户的称谓在唐代已经出现，彼时多指因逃避税赋等原因而寄寓他乡的外来户，“昔开元初，宇文融首以税客户、籍外剩田、户口色役之策行于天下……人逃役者，多浮寄于闾里，县收其名，谓之客户，杂于居人者十一二矣”[112]。至宋代，根据家庭资产划分户等，此时的客户则主要是指家无常产，不承担国家赋税的人户。这类家庭通常是居人之地，佃人之田，因此被称为“佃户”。有些佃户因家庭贫困，还需借用田主的耕牛等生产力和生产工具进行劳作。与客户相对则是主户，村落中的主户拥有恒产，需要承担国家赋税和杂役，是国家赋税与差役的主要承担者。根据历史学家漆侠的统计，有宋一代，主户人数占总人口的60%~70%。[113]

根据田产等资产的多寡，宋代朝廷将村落中的主户分为五等。一、二、三等为上户，四、五等为下户。在赋役负担上，往往是上户重、下户轻。如在北宋前期和中期，第一、二等户往往要出任里正、衙前、耆长、户长等差，第四、五等户充任壮丁。与唐代相比，宋代在税收上的税产内容明显减少，税赋的重心集中在田产上，一般根据田产的多寡缴纳赋税。从前述税赋的征派中可以看出，在户等制中，户等越低，差役越轻，负担越小。这种赋税职役的分担体系，造成了严重的社会问题。如同知谏院吴充在熙宁元年（1068年）五月所言："当今乡役之中，衙前为重。上等民户披差之日，官吏临门籍记，凡杯杅匙筯，皆计赀产，定为分数，以应须求，势同漏卮，不尽不止。至有家赀已竭而逋负未除，子孙既没而邻保犹逮。是以民间规避重役，土地不敢多耕而避户等，骨肉不敢义聚而惮人丁，甚者嫁母离亲，以求兄弟异籍。风俗日坏，殊可悯伤。"[114] 有些富户为逃避衙前职役，请人代充，"今之保正副户长者，非其亲身，皆无赖恶少代充执役。执役之亲身虽屡易，而代役之充身者，数十年不易也"[115]。

随着赋役负担的日益加重，乡村中的富户纷纷采取各种方式降低户等，逃避赋税。"民避役者，或窜名浮图籍，号为出家"[116]，"凡诡名挟佃、寄托官户、规免等第，减落税钱"[117]。有些富户与乡司串通作弊，通过"诡名析产""诡名寄佃"的方式降低户等，逃避赋役："大率一县之内，系女户者其实无几，而大姓猾民避免赋役，与人吏、乡司通同作弊，将一家之产析为诡名女户五七十户，凡有科配，悉行蠲免。"[118] 在中下层民众中，有些最直接降低户等的方式就是分家析产："父子聚居，丁产稍多，则惧有差徭配率，遂有离析异居之弊。"[119] 有些分家析产发生在父母去世之后，有些则在父母尚存时就开始了。《宋会要辑稿·刑法二》对徽宗大观年间民间盛行的分割家产情形，有过专门的表述："家产计其所有，父母生存，男女共议，私相分割为主，与父母均之。"[120]

宋代以户等定赋税、征发职役的乡村管理制度与措施，使得底层社会分家析产的现象层出不穷，甚至蔓延成时风，如仁宗时期的福建路："观今之俗，贫富之家，多与父母异财、兄弟分养。"[121] 这种社会风气也在一定程度上推动了乡村社会传统大家庭的瓦解，使以"三代五口"为特征的个体小家庭结构得以形成，推动了宋代乡村聚落中具有宋代特征的"宋型家庭"[122]的形成和发展。

第三节

宋元村落的生产生活

一、市镇发展与宋元村落

（一）宋元市镇的发展历程

宋初，随着政局的逐步稳定，经济逐步恢复，人口开始快速增长。时人对此评论道："……逮夫景德、祥符间，斯民富且庶矣。当是之时，人人乐业，庐里之中，鼓乐之音，远近相闻，熙熙然殆不知帝力也。"[123] 随着经济的恢复与发展，宋代各类州县城市空前繁荣，由此带动了整个社会商业活动的活跃，在城郊地带和广大乡村地区，各类商业市镇广泛出现。具体而言，宋代的"市镇"可以分为两大类：一是"市"，即通常所谓的草市，也称墟市，一般规模较小，主要承担村落之间互通有无的功能；一是"镇"，通常规模较大，是一定区域的中心市场。

经历唐、五代以后，直到北宋初年，草市的发展并不显著，有些地方官吏甚至上书朝廷，请求取缔某些草市，如北宋至道三年（997 年），有广西官员上奏朝廷："岭南村墟聚落，间日集裨贩，谓之虚市。请降条约，令于城邑交易，冀增市算。"上曰："徒扰民尔，可仍其旧。"[124] 从北宋中期开始，随着经济的繁荣，各类农产品与手工业品的生产、流通规模日益扩大，因应这些商品的生产、贸易、流通等方面的需要而生的草市大量出现。熙宁九年，京师及诸路坊场、河渡等共有草市 27 607 处。[125] 马端临在《文献通考》中明确指出："坊场即墟市也，商税、酒税皆出焉。"[126]

与天然具有贸易功能的草市不同，宋代"镇"的职能经历了一个从军事逐步转向经济的过程。镇最初作为具有军事用途的据点，出现在南北朝时期，在唐、五代时期随着藩镇割据而逐步壮大，部分人口密集、商业发达的戍镇在保持其军事戍守单位性质的同时，通过贸易、征税等商业活动，其经济成分逐步加强。北宋建立后，作为藩镇割据基础的军镇成为威胁政治稳定的隐患，这促使北宋朝廷通过推行一系列政策，推动军镇功能的转变。宋太祖建隆三年（962 年）十二月，诏令设置县尉，负责县域治安问题，而军镇中的镇将、都虞候“只许依旧勾当镇郭烟火、贼盗、争竞公事”[127]。开宝五年（972 年）后，军镇武官又实行三年一任的新制度。宋真宗初年（997 年）到大中祥符四年（1011 年）期间，朝廷在镇中设立文武官，文官主要负责监税。通过北宋朝廷的推动，一些边远之地的军镇在军事戍守职能削弱后被逐步淘汰，而一些顺应经济发展趋势的军镇则逐步转变为以市场、贸易等经济功能为主的市镇，由此，镇的名称虽然保留下来，但是其功能性质已经发生了根本性变化，逐步发展成为乡村地区的经济贸易中心。至迟到熙丰年间，军镇向市镇的转型已经大体完成。[128]

宋代市镇除了有些由军镇转变而来外，也有部分市镇是因为行政区划的调整而“省县为镇”。如太祖二年（961 年），泗州徐城县被降格为镇，并入临淮县。乾德五年（967 年），普州普康县降为镇，并入安岳县。此后，县镇之间，互为浮沉，历代因之。同时，随着商品经济的不断发展，部分草市逐步繁荣，朝廷出于政治、经济等多方面的考虑，也会将这些草市升格为镇市，将其纳入政府管理体系中。正如宋人高承所言：“宋朝之制，地要不成州而当津会者，则为军，以县兼军使；民聚不成县而有税课者，则为镇，或以官监之。”[129] 由此可知，镇是被纳入国家行政管理体系的，其管理人员除了要“掌警逻盗窃及烟火之禁”，还要“兼征税榷酤”“掌其出纳会计”之事。[130]

南宋以后，随着大量人口南迁，江南地区经济迅猛发展，商业贸易空前兴盛；不同区域之间、城乡之间，商品流通顺畅。与此相适应，南宋市镇数量大幅增长，一些极具影响力的市镇，如魏塘、南浔、许浦等逐步发展壮大。与此同时，乡村草市也得到极大发展。如南宋中期的常熟县，在全县 391 个村落中，共有草市 49 处，平均每 8 个村落就有一处，部分人口密集的地区甚至达到每 3 个村落就有一处。[131]

大体而言，南宋的市镇发展尤其是草市的发展，经历了点、线、面三个发展阶段。早期，南宋草市镇只是个别、零星地出现，主要以流通贸易为主，其影响范围不出临近乡村。之后，随着水陆贸易的发展，在一些重要的水陆交通线路沿途以及某些交通要道，大量市镇逐步兴起。如东南地区的运河两岸，依托运河便利的交通，出现了许多新的草市。后期，随着农业、手工业等商品生产的不断繁荣，市场经济逐步发展，市镇在江南地区成片出现，构成了一个联系紧密的市场网络。[132] 迨至元代，在大一统的政治环境下，各类路、府、州、县等治所人口、经济逐步增长，城市工商业发达。传统的城市如涿州、太原、成都等地工商业持续发展，同时一些新兴城镇逐步兴起。随着商品生产的空前发达和水陆交通的广泛拓展，元代市镇、墟市等乡村初级市场与宋代相比又有所发展，有些村集、墟市逐步升级为市镇乃至县级治所。其经营范围除了初级的农产品外，还有大量来自其他地域的手工业品，如景德镇的瓷器、松江的棉布，等等，种类繁多，市场繁荣。

（二）宋元市镇的类型与规模

北宋时期，市镇初兴，商业种类单一，主要以流通贸易为主。南宋以后，随着各类农副产品与手工业品专业化、商品化生产程度的提高，专业市镇广泛出现，可以简单分为城市集市与乡村墟市。尽管一些市镇的产品位于城市之中，但在农耕时代，因为所交易的产品或者原材料都来源于村落，所以城市集市的发展可以从侧面反映出村落的发展。人口的增多扩大了对生产资料和生活资料的需求量，这是这一时期市镇发展的一个重要原因。如南宋人刘宰所说："今夫十家之聚，必有米盐之市。"仅在南宋时期的两浙路（今江苏和浙江部分地区）的镇市与草市，就有 581 个，其中临安府 42 个，平江府 67 个，镇江府 34 个，秀州 47 个，湖州 34 个，常州 23 个，严州 2 个，绍兴府 58 个，庆元府 146 个，温州 9 个，婺州 6 个，台州 84 个，衢州 18 个，处州 11 个。[133] 值得指出的是，从临安府的徐村、许村，镇江府的刘村、薛村，湖州的谢村、砂村，常州的岑村、籴村等名称来看，这些集市都位于村落之中。

城市集市可以分为农业市镇、手工业市镇、沿海港口市镇、消费性市镇等类型。在大城市及周边，集市的规模自然比较大。宋真宗景德年间，都城汴京“十二市之环城，嚣然朝夕”[134]；仁宗宝元年间，秦州“东、西草市，居民军营仅万余家，皆附城而居”[135]。南宋时期，随着商业的发展，环城市镇无论是数量上还是规模上都有显著增加，如鄂州南草市，兴起于北宋后期，到南宋前期已经发展成荆湖一带有名的贸易中心。“且如湘湖，唯鄂渚最为要地。盖南则潭、衡、永、邵，西则鼎、澧、江陵、安、复、襄阳数路，客旅兴贩，无不辐凑鄂渚。”[136]

在农业发达的粮食主产区，如太湖流域，随着粮食产量的不断增加，许多周边地区的粮食交易规模不断扩大，逐步形成以粮食交易为主的市镇。如华亭县的魏塘镇、常熟县的直塘市等，均为典型的农业市镇。在一些产盐的地区，盐业市镇也十分兴盛。

随着商品经济的发展，宋元社会出现了许多专业的手工业个体生产者和专业化的生产作坊，在这些手工业发达的地区，产生了许多手工业市镇。如浮梁县的景德镇、龙泉县的琉田市等是陶瓷重镇，乌程县的南浔镇是著名的纺织业镇，还有一些以造纸出名的手工业市镇。

部分市镇由于地处交通要道，承担了大量商品转运的职能，并逐步发展成为著名的商品转运市镇。这类市镇受商品流通影响很大，一旦商品流通方向有变，就会迅速趋于衰落。宋元时期，随着海上贸易的开通，许多沿海市镇迅速发展成为外贸口岸，对外贸易往来繁忙。如奉化县鲒琦寨，濒临象山湾，距县治 60 里。宁宗初年，“商舶往来，聚而成市”[137]。嘉定七年（1214年）设镇，宋理宗宝祐年间，镇内及郊区居民已达数千户之多。在其他一些地区，因驻军以及名刹大庙发展的市镇，吸引大量人口聚居，逐步发展成为消费性的市镇。在更广阔的乡村地区的村头巷尾，乡村墟市广泛存在。

宋元时期的市镇，根据发展程度的不同，其人口规模也不同。一些繁华的市镇，人口达到千户以上。如澉浦镇，据《海盐澉水志》记载，其镇域以一条街道为中心，周边分布有东市、西市等综合市场以及广福巷、阜民坊等居民区，在镇区周边有金家桥、龙眼潭等港湾和东浦、鲍郎等盐场分布，各类官衙、税场、寺庙宫观等一应俱全，南宋中期鼎盛时期，其人口达 5 000 余户，“澉浦为镇，人物繁阜，不啻汉一大县”[138]。规模一般的市镇人口约在数百户左右。如余干县古步市，“有墟市数百家”[139]。其余乡村草市和村坊墟市人口从十余户到数十户不等。

(三) 宋元市镇与村落的互动与影响

宋元时期，随着商业的发展，市镇以及依托市镇形成的市场已经成为乡村百姓生活的重要组成部分。经过北宋时期长时间的发展，到南宋时期，许多市镇与乡村草市经由便利的交通联系起来，共同构建了较为完善的乡村市场体系。散布于山野的乡村通过市镇市场网络参与商品交换活动，通过商品流通将自身与其他乡村、城市联系起来，不同村落之间、村落与城市之间的经济联系日益紧密。分散、孤立、封闭的传统村落格局被打破。方回在其著作中对宋人的市场交易做了生动的记录：“予见佃户携米，或一斗，或五七三四升，至其肆，易香烛、纸马、油盐、酱醯、浆粉、麸面、椒姜、药饵之属不一，皆以米准之。”[140]

市镇商品经济的广泛发展促进了乡村与城市之间的人员流动。宋元时期的村民，除了传统的农业耕作外，还通过市镇市场操持副业。时人王柏指出：“今之农与古之农异，秋成之时，百逋丛身，解偿之余，储积无几。往往负贩佣工，以谋朝夕之赢者，比比皆是也。”[141] 部分乡民利用农闲时节，在市镇开店设摊。陆游就记录了在市镇周边的乡民小店：“市远过三里，店孤无四邻。窄才容一客，久或住经旬。”[142] 也有部分乡民趁农闲时节涌入市镇或州县城市做苦力佣工，“邛州村民日趋成都府小东郭桥上卖工，凡有钱者可雇其充使令担负也”[143]。有些乡民在农忙之时耕作田地，农闲时节则兼职从事手工业生产，如木工、织工、打铁、抄纸等，不一而足。陆九渊就描述了当时抚州农民在农闲时节兼做陶工的状况：“金溪陶户，大抵皆农民于农隙时为之。事体与番阳镇中甚相悬绝。今时农民率多穷困，农业利薄，其来久矣。当其隙时，藉他业以相补助者，殆不止此。”[144]

市镇商品经济的广泛发展促使农村生产经营方式出现重大变革，其突出表现就是农村中大量专业农户、匠户的出现。宋元时期，农村许多地方的农产品生产不仅仅是为了满足乡村居民自身的需要，更多的是作为商品，通过市镇市场网络输入城市。为了提高商品生产的效率，某些农户将精力放在了某一类商品的生产上，成为这一类农产品的专业生产者，如养猪专业户、养鸭专业户、养鱼专业户等。在绍兴各地，由于湖泊众多，产生了众多的养鱼专业户："会稽、诸暨以南，大家多凿池养鱼为业。每春初，江州有贩鱼苗者，买放池中，辄以万计。方为鱼苗时，饲以粉，稍大饲以糠糟，久则饲以草。明年卖以输田赋，至数十百缗。其间多鳙、鲢、鲤、鲩、青鱼而已。池有仅数十亩者，旁筑亭榭临之。水光浩渺，鸥、鹭、鸩、鶄之属自至，植以莲、芡、菰、蒲拒霜，如图画然，过者为之踌躇。《汉书》曰：水居千石鱼陂，与千户侯等，盖谓此也。"[145]

随着商品经济的发展，乡村与城市之间交流的扩大，城市的市民文化渗透到传统乡村。商品经济的发达导致重商逐利观念盛行，使得乡村社会的道德、人伦观念发生巨大变化，乡村之中"父子兄弟不相孝友，乡党邻里不相存恤，其心汲汲，惟争财竞利为事"[146]，对此后乡村文化的发展产生了重要影响。

二、农具革新与农业发展

在人类起源与发展初期，从早期的采集渔猎逐步发展出原始农业，生产工具也由早期的采集工具逐步转变为原始农具。在元谋人遗址中就已经发现了尖状器、刮削器等打制石器，在河南新郑裴李岗遗址中则出土了石斧、石铲、石磨盘、石镰刀等原始农具。在仰韶遗址中，除了上述农具外，还出土了木耒、陶纺轮和骨针等生产工具。随着农业专业化程度逐步提高，耕作方式逐步由"火耕"转变为"耜耕"，专用农具种类与数量逐步增多，农具制作得更为精细。可以说，农业的发展促进了农具的创新，而农具的创新又推

动了农业生产的发展。(见插图 1)

宋元是中国农具发展史上承前启后的重要时期。在这一时期，随着生产技术的变革，大量农具被改进、创制。

宋元时期农具的革新发展主要体现在三个方面。

首先，宋元时期，农具发展更加专业化。随着南方稻田精细化耕作的发展，一些旧有的生产工具得到改良。如唐代的曲辕犁，根据各地田土与耕作情况的不同，其大小、形制在宋代得到改进，以适应各地的实际生产需要。改进后的曲辕犁，由 11 个部件减少为 6 个，更加适应江南水田的耕作环境。因为生产的实际需要，一些新的生产工具被创制出来，如犁刀、踏犁、铁搭、秧马等，犁刀专门应用于江南沼泽洼地的开垦，在初次耕作时，钢刃犁刀能有效破除蒲苇芦根的阻拦，提高垦荒效率。

雨水的多少关系到农作物的收成，因此，测量降雨量就成为农业耕作的重要工作。宋代之前，尺度雨量的观念已经形成。宋代开始，出现了各种雨量器。如宋代数学家秦九韶就在《数书九章》中记载了当时人以天池盆和圆罂作为测雨的工具：“问今州郡都有天池盆，以测雨水。但知以盆中之水得雨之数，不知器形不同，则受雨多少亦异，未可以所测，便为平地之数，假令盆口径二尺八寸，底径一尺二寸，深一尺八寸，接雨水深九寸。欲求平地雨降几何？答曰：平地雨降三寸。”

其次，一些农具的发明降低了劳动强度，提高了生产效率。这方面代表性的农具是秧马的发明和使用。秧马是在一块长条木板上加装四条腿做成小方凳，木板两端上翘，主要在稻田拔秧时使用。农民在进行拔秧劳作时，坐在秧马上拔秧，洗净捆好后将秧放置在秧马底板上，用脚蹬地，向前滑行。秧马的出现，大大降低了拔秧的劳动强度。其他类似的农具还有耧锄、下粪耧种等。耧锄是一种翻松土壤用的农具，元代王祯《农书》卷十三引《种莳直说》:“此器出自海壖，号曰耧锄。耧车制颇同，独无耧斗，但用耰锄铁柄，中穿耧之横桄下，仰锄刃，形如杏叶。撮苗后，用一驴，带笼嘴挽之。初用一人牵，惯熟不用人，止一人轻扶。入土二三寸，其深痛过锄力三倍。所办之田，日不啻二十亩。今燕、赵间用之，名曰劐子。劐子之制，又少异于此。”下粪耧种“于耧斗后，另置筛过细粪，或拌蚕沙，耩时随种而下，覆于种上，尤巧便也”。这些农具的出现，大大减轻了村民的劳动强度。

最后，大量农具的配套与定型在宋元时期大体完成。王祯的《农书》共三十六卷，其中《农器图谱》有二十卷，占了大半篇幅，总结了元代之前所有重要农器，包括田制门、耒耜门、镢锸门、钱镈门、铚艾门、杷朳门、蓑笠门、蓧蒉门、杵臼门、仓廪门、鼎釜门、舟车门、灌溉门、利用门、麰麦门、蚕缫门、蚕桑门、织纴门、纩絮门、麻苎门，共254种农具，且皆绘有图录。当然，有的农具其实不算农具，如“田制门”中的籍田、太社、国社、井田、区田等。不过，尽管如此，宋元的农具仍旧非常丰富。有学者将宋元时期的农具细分为整地农具、播种农具、排灌农具、收割农具、场上脱粒晾晒清选及谷物加工农具、农用运输工具六大类，[147] 每一类农具下都有十余项具体的农具。《农书》中记载的农具有103种之多，这些数量繁多、类型复杂的农具形制在宋元时期大体定型，配套使用，共同构成了宋元时期完整的农具体系，某些农具在现代乡村仍在使用。

农具的发展促进了农业生产效率的提高，带动了农业经济的发展。一方面，随着土地耕作面积逐年扩大，在南方地区，农业生产专业化市镇初兴，粮食市镇、蔬菜市镇、渔业养殖市镇等不断涌现，农业生产专业化、商品化趋势显著加强。同时，生产工具与技术的改进与提高、市场需求扩大等因素，使以往北方种植粟麦、南方种植水稻的种植结构被打破。在北方，小麦逐步取代粟米成为主要粮食作物；在南方，由于北方居民的迁入，小麦需求扩大，其种植面积也逐年增加。随着经济重心南移，水稻地位上升，稻田种植面积不断扩大，出现了早、中、晚稻等类别。棉花传入中原，迅速取代麻成为主要的纤维作物，油菜成为新的油料作物。

在耕作技术上，宋元时期也有巨大的突破和发展。温室栽培、无土栽培技术出现，桑树嫁接技术推动了桑蚕养殖的发展（见插图2）。宋元时期，在政府组织指导下，各地兴修了许多水利工程，从熙宁三年到熙宁九年，全国修建水利工程 1 079 处，直接受益农田面积达 361 176 顷。[148]元代，政府还专门设置了都水监和河渠司，组织人员疏浚运河、治理水患、开凿渠道等。宋元文人也将目光投入农业生产，写一些简单通俗的文字来劝农生产。如南宋吴泳的《劝农文》："今春气向中，土脉渐起，正是东作之时。如谷之品，禾之谱，踏犁之式，戽水之车，辟蝗虫法，医牛疫法，江南秧稻书，星子知县种桑等法，汝生长田间，耳闻目熟，固不待劝也。惟孝悌与力田同科，廉逊与农桑同条。太守惧尔未必能家孝廉而人逊悌也，故躬率僚吏，申劝于郊。尔其修乃身，顺乃亲，睦乃邻，逊乃畔。既种既戒，自此月中气至八月寒露，谷艾而草衰，西畴毕事，则买羊豕酒醴，以祀田祖，以报丰年，岂不为汝农夫之庆，敬之哉，勿懈。"[149]这一系列政府措施及社会风气，都促进了宋元时期农业生产的发展。

三、乡村教育与村落社会

宋初，官学系统承袭唐、五代旧制，分为中央和地方两大体系。在中央，以国子监为最高学府，同时也是国家最高教育管理部门，隶属于国子监的学校机构有广文馆、律学、武学、四门学和小学等教学机构。同时，在各职能部门下设置专门学校，主要有律学、算学、书学、画学，此外还有服务于王朝宗室教育的宗学，等等。在地方，基层教育呈现分散、自发的状态，社会办学形式多样，既有地方官员主办的州学、县学，又有乡村家族创办的族学、义学，还有一些民间学者创办的学舍、乡塾，甚至是一些民间讲学活动。由于缺乏国家制度保障，这些教学机构各自为政，时盛时衰。总体而言，在北宋初年，从中央到地方对于教育制度，尤其是乡村教育体系尚缺乏完整的规划和建设。但随着科举制的推行，宋代文化教育逐步在社会各阶层推广。尤其是在乡村地区，随着宗族组织的发展，乡村教育的类型不断丰富，规模也不断扩大。

（一）乡村教育的类型

两宋时期，乡村教育既有官办的州学、县学，又有民间私学，如书院、族塾、义学、冬学等，但仍以私学为主。时人记载当时乡校等私学盛况：“嘉、眉多士之乡，凡一成之聚，必相与合力建夫子庙，春秋释奠，士子私讲《礼》焉，名之曰乡校。亦有养士者，谓之小学。眉州四县，凡十有三所。嘉定府五县，凡十有八所。他郡惟遂宁四所，普州二所，余未之闻。”[150] 根据教授对象和目的不同，乡村私学可以分为两大类。一类是以青年学子为对象，以科举或义理为旨归的书院教育；另一类是以识字和日用常识为主的小学和蒙学。后一类私学在乡村最常见，对乡村社会影响也最大。

1. 乡村蒙学教育

在宋代乡村，蒙学教育名目繁多，有乡校、小学、家塾、族塾、蒙馆等称谓，有记载称：“都城内外，自有文武两学，宗学、京学、县学之外，其余乡校、家塾、舍馆、书会，每一里巷须一二所，弦诵之声，往往相闻。遇大比之岁，间有登第补中舍选者。”[151] 这表明，在宋代乡村教育已经遍及乡里。

宋代乡村最常见的蒙学类型是私塾，也称散馆，由塾师自己在家中设馆或是租房设馆，常年开课。一般由有资财的人家出资，将子弟送入散馆中接受文化知识和伦理道德教育。散馆的规模大小不一，少则数人，多则数十人、上百人甚至更多。北宋叶梦得在其《避暑录话》中记录了他少时从学于塾师乐道的情况：“乐君，达州人，生巴峡间，不甚与中州士人相接，状极质野，而博学纯至。先君少师特爱重之，故遣吾听读。今吾尚能略记六经，皆乐君口授也。”[152] 除私塾外，在乡村还有季节性的冬学，利用农闲时节教育乡村子弟，提供基本的识字教育。陆游在其《秋日郊居》一诗中记载了冬学的状况，“儿童冬学闹比邻，据案愚儒却自珍。授罢村书闭门睡，终年不著面看人”，并为其注曰“农家十月乃遣子入学，谓之冬学；所读《杂字》《百家姓》之类，谓之村书”。[153]

乡村私学的另一种形式是族塾，也称义学，一般由宗族或者是族内士绅出资兴办，主要面向本族子弟，入学者不需要缴纳费用或者仅需承担少数费用。从目前已知的文献记载来看，宋代义学之兴举，可能始于范仲淹。据《范氏义塾记》记载："汉以来或为讲堂，为精舍，而养则未之闻也。范文正公尝建义宅，置义田、义庄，以收其宗族。又设义学，教养咸备，意最近古。"[154] 有些族塾不仅面向本族子弟，还对本地乡党子弟开放。如朱熹记载的德安玉山刘氏义学就是如此："后数岁，予以事过玉山，则刘侯以待次家居，复得相见，如平生欢。一日，慨然语予曰：'吾家本单贫，而入仕又甚晚，顾无以仁其三族者，间尝割田立屋，聘知名之士以教族子弟，而乡人之愿学者亦许造焉。'"[155]

除了私塾与义学，乡村中的士绅阶层，由于自身条件优越，往往自行延聘名师在家教授子弟，这类教育形式被称为家塾，如陆九渊、吕祖谦等就设有家塾。家塾对塾师的饮食、束脩等都有具体规定，如吕氏家塾中，教师"每日二膳"，"尊长月一具食，延塾之师"，而束脩则"以家之有无、诸生之众寡为之节"。[156] 有些寒门小户出于子弟教育的考虑也会聘请家塾，有些则是由家中学有所成的兄长或长辈自行教授，如刘清之"受业于兄靖之，甘贫力学，博极书传"[157]。

在教学内容上，宋代乡村蒙学教育包括基础知识教育、道德启蒙教育以及正确的学习方法、态度习惯的养成等方面。在基础知识方面，首先是识字教育，主要内容有识字、写字、记诵之类，内容相对简单。除此之外，宋代蒙学基础教育中还包含了辞赋等辞章方面的训练。这主要是受到科举制度的影响。宋代，诗词歌赋成为科举考试的一项重要内容，科举的现实需要使儿童从幼年就开始了与诗赋相关的学习。

除了基础知识教育，对儿童进行道德启蒙也是宋代蒙学的重要内容。北宋学者杨亿认为："童稚之学，不止记诵"，而是应当在此基础上"养其良知良能"。[158] 朱熹也强调"小学教之以事"，"必使其讲而习之于幼稚之时，欲其习与知长，化与心成，而无扞格不胜之患也"。[159] 均强调了在蒙学阶段对儿童的道德启蒙。而真德秀在《家塾常仪》中对此论述最为透彻："自胎教，至子能言能食，一一仿古人教子之法。及年七八岁，就小学。蒙昧未知向方，但先收其放心，养其德性，遂时遂处，禁戒奖诱，曲为渐渍汲濡，习成温恭端默气象。时时与言古今孝悌、忠信、长厚、退让等事，使其盈耳充腹，皆性分中道理。至于洒扫应对，爱亲敬长、品节事宜，直须身帅耳提，尽其曲折，俾一一惯熟。间则教之数目与方名，导之咏歌古诗，悠扬三复，以养其性情，使渐兴起。若夫是后读书，量质量年，渐为增益，难以例拘，但授读多少，宜半其资，只期精熟，勿令畏苦，使之悠然有余力，而欣然乐从事为善也。”[160]不止于此，宋代乡村的蒙学教育还注意对儿童的良好生活礼仪和行为规范的养成。朱熹在《童蒙须知》中指出：“凡为人子弟，当洒扫居处之地，拂拭几案，当令洁净。文字笔砚、凡百器用，皆当严肃整齐，顿放有常处，取用即毕，复置元所”，“凡书册，须要爱护，不可损污皱折。济阳江禄，书读未完，虽有急速，必待掩束整齐，然后起”。[161]

与蒙学教育目的相适应，宋代蒙学教材也各有侧重。根据其教学的目的及内容，教材大体有如下几类。其一，基础识字类教材。宋代以识字为主的蒙学教材中，影响最著者是《三字经》和《百家姓》。《三字经》为宋代王应麟编写，全文 376 句，1 128 字。其文字简练朴实，三字成句，整齐押韵，读来朗朗上口，一经出世即广为流传。《百家姓》作者不详，全书唯论姓氏，不杂义理，但通篇以四字为韵，语调和谐，在当时流传甚广。其二，历史启蒙类教材。在一些蒙学教材中，除了识字教育，还有一些历史人物与典故的介绍，比较著名的有王令的《十七史蒙求》、黄继善的《史学提要》、胡寅的《叙古千文》等。出于科举的需要，有些教材还以诗歌的形式编排，比较著名的有《神童诗》《千家诗》《训蒙诗》等。其三，伦理道德类教材。较著名的有朱熹的《小学》、吕祖谦的《少仪外传》、程端蒙的《性理字训》等。其四，起居礼仪类教材。主要有朱熹的《童蒙须知》《训学斋规》，真德秀的《教子斋规》等。其五，家庭训诫类的综合性教材，主要有司马光的《家范》、赵鼎的《家训笔录》等。

2. 书院教育

书院之名，肇始于唐代，“是新生于唐代的中国士人的文化教育组织，它源自民间和官府，是书籍大量流通于社会之后，数量不断增长的读书人围绕着书，开展包括藏书、校书、修书、著书、刻书、读书、教书等活动，进行文化积累、研究、创造、传播的必然结果”[162]。至宋代，其职能发生转变，在原有藏书职能的基础上逐步兼备教育的功能。

宋代书院的兴起，有其时代必然性。在经历唐、五代战乱之后，各地官办教育机构所剩无几。到宋朝初期，教育活动几乎停顿。再加上由于边患严重，朝廷在应对边患之余，也无力兴办教育，导致地方官学长期不兴。与此同时，由于宋代朝廷推行文治的政策，大量启用文人出仕地方，并不断扩大科举取士的规模，使得社会对儒学教育的需求大增，这一系列因素都推动了书院在宋初的产生与发展。对此，朱熹做了相当明晰的阐述：“予惟前代庠序之教不修，士病无所于学，往往相与择胜地、立精舍，以为群居讲习之所，而为政者乃或就而褒表之。”[163] 吕祖谦也认为书院之兴出于时代之需要：“国初，斯民新脱五季锋镝之厄，学者尚寡，海内向平，文风日起。儒先往往依山林，即闲旷以讲授，大师多至数十百人。”[164]

据邓洪波等学者统计，整个北宋时期（960—1127 年）的 167 年间，共有书院 73 所以上，多于唐至五代十国共计近 350 年间所有书院的总和。[165] 南宋的书院则新增了 317 所。两宋时期，书院总数达 515 所。[166] 从地域来看，今天的河北、河南、陕西、山西、山东、安徽、江苏、浙江、江西、福建、湖北、湖南、广东、四川等地，都有分布。

北宋初年，书院多系私人创办，因此在教学与管理中呈现出清晰的私学烙印。如淳化元年（990 年），江西丰城县筱塘人李琮重建莲溪书院，他在《重修莲溪书院记》中指出：“书院即家塾也，古无是名，至宋始盛。……当是时，延周子谔以讲学，肖圣哲像以展礼，且资给四方来学者，人咸以义馆称之。文风大振，我李踵甲第者奕世，而他名公巨卿亦往往出其中，是皆书屋教养之效也。”[167] 显然，莲溪书院是李琮为了在李氏家族培养人才而兴建的，带有很强的私塾性质。这些书院在教育教化宗族子弟的同时，也不拒绝外族甚至是外地的学子进入其中学习。天禧年间（1017—1021年），湖南湘阴县城南笙竹驿人邓咸创建了笙竹书院，以训族中子弟及四方游学之士。远在湖北江夏与安州的冯京、郑獬都曾负笈其中。皇祐元年，冯京高中状元；皇祐五年（1053年），郑獬也高中状元。笙竹书院随之天下闻名。当时，湘阴县学都还没有建立。

一些书院在学术上主张自由探索，重视讨论研究，因此虽然以儒学教育为主，但并不排斥其他学问。正如范仲淹在《南京书院题名记》中所说："至于通《易》之神明，得《诗》之风化，洞《春秋》褒贬之法，达礼、乐制作之情，善言二帝三王之书，博涉九流百家之说者，盖互有人焉。若夫廊庙其器，有忧天下之心，进可为卿大夫者，天人其学，能乐古人之道，退可为乡先生者，亦不无矣。"[168]

庆历五年（1045年）三月，诏："天下见有官学州县，自今只许本土人听习，若游学在外者，皆勒归本贯。"[169] 规定士子只能在本地求学，在科举考试时，应举士子须有官员给予文书担保，否则不能应试。不过，这只限于官学，而且没有持续。大多数书院长期招收游学之士。《宋史·孙子秀传》载："崇学校，明教化，行乡饮酒礼。访国初茅山书院故址，新之，以待远方游学之士。"[170] 这其实是常态。书院只有超越教育的地域限制，才能实现聚集四方名流进行学术讨论的目的。仁宗庆历兴学之后，官学体系逐步建立，对官学之外的私人讲学机构，朝廷开始严加控制。在此背景下，一部分书院与官学合流，成为官学的一部分："昔洪景卢论州郡书院，但及白鹿、应天、岳麓，谓：'庆历中诏诸路州郡皆立学设官教授，则所谓书院者，当合而为一。"[171] 另一部分书院在政府法令限制与官学挤压下，逐步衰落。熙宁七年四月，朝廷发布诏令："诏州学已差教授处，管下有书院并县学旧有钱粮者，并拨入本学，补试生员，选差职掌，余官毋得干预。"[172] 至此，书院已经完全并入官学系统中。

书院教育承接了乡村蒙学教育，在北宋早期州县官学不足的情况下，补充了乡村科举教育的不足，对乡村平民子弟通过科举入仕起到了积极作用，推动了宋代乡村各阶层的流动与交融。

3. 州县官学

宋初，由于缺乏总体规划和统一管理，各级官学管理混乱，生徒来源不一，经费缺乏保障，办学效果不佳。北宋中期，种种积弊开始暴露，并制约了教育的进一步发展。因此，统一教学规制，建立完善的地方官学制度已经迫在眉睫。

宋代地方州县官学的建立肇始于北宋真宗景德年间。景德二年（1005年）六月，真宗“又下诏劝学，权停贡举二年。时命两制各撰劝学诏”[173]。景德三年（1006年）二月，朝廷同意了王钦若在地方重修孔庙的奏议，并移牒诸路转运使，贯彻施行：“牒：奉敕，宜令逐路转运司遍指挥辖下州府军监依王钦若所奏施行。”[174]随后，又要求在孔庙中选聘教师，开设讲堂：“又诏庙中起讲堂，聚学徒，择儒雅可为人师者以教焉。”[175]此后，在州县地域出现修建孔庙和在庙中讲学的热潮。

景德兴学后，各地办学遇到的最大困难是经费问题。北宋真宗乾兴元年（1022年），前兖州知州、判国子监孙奭上奏朝廷，阐述办学经费之难，并提及自己对学校发展的担忧：“臣虽以俸钱赡之，然常不给。自臣去郡，恐渐废散”，请求朝廷赐田以资教学，“仍给田十顷，以为学粮。”[176]这项请求得到朝廷批准，并成为宋代建立州县学田制度的滥觞，此后各地州县纷纷效仿，上奏朝廷，请求赐田。

北宋仁宗景祐四年（1037年），朝廷颁布藩镇立学的诏令：“诏自今须藩镇乃许立学，它州勿听。”[177]规定自当年十二月开始，各地不准擅自办学。这标志着北宋朝廷在教育政策上的重大转向，宋代教育由之前的自由发展转变为朝廷总体规划并参与管理。通过景祐兴学，宋代州县官学逐渐步入正轨，许多学校都制定了完善的管理制度与学规，内容涉及教学宗旨、课程设置、经费管理、资产管理、祭祀礼仪等方方面面。部分地区的州学延请硕儒担任学官，如范仲淹主教应天府学、胡瑗主持湖州府学等，造就了一些名气极大的学府，吸引了大批士子求学。北宋学者田况在论及景祐时期学校时如此说："自景祐以来，天下州郡渐皆建学，规模立矣。"[178]

北宋仁宗庆历四年（1044年）三月，宋仁宗颁布兴学诏令："州若县皆立学，本道使者选属部官为教授，三年而代。选于吏员不足，取于乡里宿学有道业者，三年无私谴，以名闻。士须在学习业三百日，乃听预秋赋；旧尝充赋者，百日而止。"[179] 仁宗的兴学诏令将兴办官学的范围扩大到所有州县，要求诸路、府、军皆立学，有士子200人之县亦需立学；同时将官学与科举挂钩，规定士子根据各自情况，必须在官学听读100~300天不等，这极大地推动了州县官学的建设和发展。沈遘在《丹州新学记》中对此做了如下记载："宋兴既百年，当庆历间，海内晏靖，民趣于治。天子休之，以谓礼乐可兴，而三代之治可放而至也。于是遂登群材，修法度，始诏天下更立学制而增大之。延师儒，先经艺，使学者务进于道；变文弊以近古，使学者不独为利而已。当是时，天下之士不诫而劝，不率而趋，惟恐其后。"[180] 在州县官学大量发展的同时，一些积弊也开始出现。为规范州县官学管理，使州县官学能够持续发展，熙宁四年三月，宋神宗颁布诏令："诸路置学官，州给田十顷为学粮，元有学田不及者益之，多者听如故。仍置小学教授，凡在学有职事，以学粮优定请给。"[181]

熙宁兴学是由王安石主持的，从中央官学到地方官学做出了一系列的改革。在州县官学方面，朝廷设置了诸路学官，全权负责当地的教育，其任免由中央直接控制。为保证州县官学的正常运转，朝廷拨付出专门的学田加以保障。由于有朝廷在物质与制度方面的强力保障，宋代地方学校发展迅猛。宋代学者孔武仲对此做了如下记述："惟圣宋划五代之敝，合并四海，仁义礼乐之泽，洽于民心者，百有余年。而熙宁以来，学校最盛，内自京师，旁达边郡，聚士有舍，讲业有师。课试诵说与夫赏罚升黜之法，日增月长，以至大备。四方之士。幸遇太平君子长养人材之时，赢粮束书，争集黉舍，惟恐在后。"[182] 崇宁元年（1102年），在蔡京建议下，徽宗对学校制度做出重要调整。首先是大力扩大办学规模，"天下州县并置学，州置教授二员，县亦置小学”。通过此一措施，学校遍布全国的城市与乡村。其次，建立县学、州学、太学三级学制系统，“县学生选考升诸州学，州学生每三年贡太学”。再次，进一步完善教育经费来源，规定“州给常平或系省田宅充养士费，县用地利所出及非系省钱”。[183]

通过历次兴学运动，北宋政府逐步建立完备的州县基层官学系统，在行政层面有专门的官员负责管理教育相关事宜，在学校层面也形成了稳定合理的教学规程和管理制度。宋室南渡后，官学系统继续发展。宋代的官学体系推动了社会文化教育的大发展，乡村中的士子不必远赴他乡得以就近求学，大量出身贫寒的士子通过在州县官学学习，得以在科举中脱颖而出，促进了乡村社会阶层的流动与发展。

4. 社学与义塾

在元代，乡村教育还出现了社学与义塾等新类型。元代社学的兴起与元初推行村社制有关。至元七年，元朝廷下令推行村社制度，同时要求在立社的同时设立社学：“今后每社设立学校一所，择通晓经书者为学师，于农隙时月，各令子弟入学。先读孝经、小学，次及大学、论、孟、经、史，务要各知孝悌忠信，敦本抑末。依乡原例，出办束脩。如自愿立长学者，听。若积久学问有成者，申覆上司照验。”[184] 从这一诏令可以看出，元代社学与宋代冬学颇为相似：在教育对象上，以乡村子弟为主，具有蒙学的性质；在内容上，以论、孟、经、史等儒家经典为主；在教学时间上，主要利用农闲时段。元政府设立社学的目的不仅在于儿童启蒙教育，其更大的考虑是试图通过社学的伦理教育，使子弟能“知孝悌忠信，敦本抑末”，最终达到化民成俗的目的。

随着元朝的统一，村社制在全国广泛推行，社学也在全国特别是汉人聚居地广泛设立。至元二十五年（1288 年），大司农奏称：“立学校二万四千四百余所。”[185] 随着社学的迅速发展，问题也随之出现，主要是师资匮乏、教材缺失。至元十年（1273 年），劝农官上言：“各路府州司县，在城关厢已设长学外，据村庄各社请教冬学，多系粗识文字之人，往往读随身宝、衣服杂字之类，枉误后人，皆宜禁约。”[186]此后，社学开始衰落。为应对社学衰落的局面，大德四年（1300年），元成宗发布诏令，设立小学书塾。有学者认为，此小学书塾就是昔日的社学。[187]小学书塾针对此前社学中出现的问题做出相应的调整。如江浙行省在回复设立小学书塾诏令的公文中奏称：“今后每社设立学校一所……学校乃作养后进之地，除路州县学、书院各设小学教谕教习生员，外据请粮耆儒人内，遴选真材实学、前辈典型、堪为师范之士，在城八隅各设小学书塾一处……如遇朔望，令各塾师儒率领诸生前诣学、院观礼，使知学校规绳，期成远大之器。其余州、县，拟于各乡每都，依上创设立小学书塾，近者每月赴学，乡村远者，不需赴学。”[188]

元中期以后，虽然各地还有创办社学的零星记录，但是社学已经不是乡村教育的重点，在各种因素的掣肘下，社学教育逐步消亡。与此同时，另一种乡村教育形式——义塾，开始发展壮大。元代的义塾一般由私人出钱创办，用于教育乡党子弟。有些义塾主要对族中子弟开放，如蒨冈义塾“聚教其族人，少子懋相成之”[189]。但是总体而言，义塾一般不限宗族，对乡里子弟开放，如华亭邵氏义塾“聚里中之俊秀而教育之”，沈氏义塾虽然是“聚族之子弟，俾随材以受业”，但对其他来求学之人也是“乡人来学者弗拒也”[190]。由于是私家创办，义塾在管理上也相对单纯，一般是择有才德之人主持。如沈氏义塾“择族中之长且贤者，同主其出纳”[191]。为保证义塾的顺利发展，一些义塾还设置了学田，为义塾教育提供充足的物质保障。如龙渊义塾“斥田至一百五十亩，其妻党陈京兄弟闻之，以曾大父适斋先生所遗二百三十亩有畸来为之助”[192]，戴氏义塾“割上腴之田五百亩以赡之”[193]。

部分义塾由于拥有雄厚的财力支持，往往能够延聘名师，如龙渊义塾“聘经行修明之士以为讲师”[194]，戴氏义塾“于是慈溪黄伯成甫，以高文宿德，主领教事”[195]。在这些硕学大儒的指授下，部分义塾的教学水准与州学、县学相比也不遑多让。义塾教育的创建与发展，为元代乡村教育注入了新的活力，推动了文化在乡村社会的传播，对官学系统的州学、县学教育起到了有力补充。时人论及义塾也认为“繇是一方之民知所劝，俗为之移。其于世教不无助也，是以谈者尚之”[196]。

（二）宋元乡村教育兴起的原因

宋初，在北方地区尚有强敌环伺，朝廷无暇兴学。官学缺失，私学作为补充得到有益发展。马端临在《文献通考》中记载：“是时未有州县之学，先有乡党之学。”朱熹与吕祖谦等也指出宋初私学兴盛的原因所在：“予惟前代庠序之教不修，士病无所于学，往往相与择胜地、立精舍，以为群居讲习之所。”[197]如开封人王昭素：“少笃学不仕，有至行，为乡里所称。常聚徒教授以自给，李穆与弟肃及李恽皆尝师事焉。”[198]刘颜“居乡里，教授数十百人”[199]。戚同文“直复厚加礼待，为筑室聚徒，请益之人不远千里而至”[200]。从更广泛的意义上来看，可以说，宋代乡村教育兴起于私学。

北宋初年，宋朝廷制定了“兴文教，抑武事”的统治策略。此后，地方官吏多以文人充任，同时北宋政权不断扩大科举取士的规模，造成了社会对教育的普遍需求。在官方层面，通过仁宗庆历年间的“庆历兴学”、神宗熙宁年间的“熙宁兴学”、徽宗崇宁年间的“崇宁兴学”三次大规模的兴办学校，从中央官学到地方州县官学，逐步建立起一整套学校管理体系和教育教学体系。通过政府的提倡与直接推动，官学私学互为补充，教育与科举互为表里，整个社会读书兴学蔚然成风，也带动了乡村教育的大发展。

宋元时期，经济发展迅猛。在农业方面，政府以减免租税鼓励垦荒；疏浚黄河，兴修水利，改进了生产工具和生产技术，大力推广优良的农作物。同时，陶瓷、造船、造纸等手工业也全面发展，商业进一步繁荣，海外贸易取得重要进展。所有这些经济层面的活动与成果，使得民间经济富足，为宋元乡村教育提供了丰厚的物质保障。

书籍的广泛流通也是推动乡村教育发展的一个重要因素。宋初，书籍较为匮乏。至真宗时期，由于雕版印刷的改进与流行，书籍匮乏的状况在一定程度上得到改善。仁宗时，由于毕昇发明活字印刷术，使书籍印刷行业得到极大发展，叶梦得在《石林燕语》中对当时印书的盛况有所记述：“今天下印书，以杭州为上，蜀本次之，福建最下。京师比岁印版，殆不减杭州，但纸不佳；蜀与福建多以柔木刻之，取其易成而速售，故不能工。福建本几遍天下，正以其易成故也。”[201] 书籍印刷的发达，降低了书籍的成本以及读书的费用，给读书人带来了莫大的便捷，各类书籍在民间迅速普及，从根本上改变了竹木简牍流通不便、抄誊费时且多误的局面。有宋一代，书籍广印，大为流通。苏轼对此感慨道：“余犹及见老儒先生，自言其少时，欲求《史记》《汉书》而不可得，幸而得之，皆手自书，日夜诵读，惟恐不及。近岁市人转相摹刻诸子百家之书，日传万纸，学者之于书，多且易致如此。”[202]

（三）乡村教育与道德教化

宋元时期的乡村教育，无论是“冬学”“散馆”，还是“族塾”“义学”，其教学对象主要还是以乡村儿童为主。在教育内容上，除了基本的知识教育外，以儒家伦理为主要内容的道德教化和生活礼仪养成始终是乡村教育的重要主题，出现了很多流传后世的蒙学读物。例如，朱熹编写的《童蒙须知》开篇即指出：“夫童蒙之学，始于衣服冠履，次及言语步趋，次及洒扫涓洁，次及读书写文字，及有杂细事宜，皆所当知。今逐目条列，名曰《童蒙须知》。若其修身、治心、事亲、接物、与夫穷理尽性之要，自有圣贤典训，昭然可考，当次第晓达，兹不复详著云。（弘谋按……蒙养从入之门，则必自易知而易从者始。故朱子既尝编次小学，尤择其切于日用，便于耳提面命者，著为《童蒙须知》。使其由是而循循焉。凡一物一则，一事一宜，虽至纤至悉，皆以闲其放心，养其德性，为异日进修上达之阶，即此而在矣。吾愿为父兄者，毋视为易知而教之不严。为子弟者，更毋忽以为不足知而听之藐藐也。）”全篇分为“衣服冠履”“语言步趋”“洒扫涓洁”“读书写字”以及“杂细事宜”几项，每一项都要求儿童严格遵守。南宋真德秀编撰的《西山教子斋规》指出：“凡为人要识道理。识礼数。在家庭事父母。入书院事先生。并要恭敬顺从，遵依教诲。与之言则应。教之事则行。毋得怠慢。自任己意。”全书分学礼、学坐、学行、学立、学言、学揖、学诵、学书八项，对儿童学习、日常生活及行为准则均有详细规定。至于后世流传更广、影响更为深远的《三字经》《百家姓》《千家诗》等蒙学读物，无一不是这一时期产生的。宋元乡村教育的繁荣与发展，推动了儒家道德伦理在村落社会的传播，实现了儒家化民成俗的目的，维护了社会的稳定。

宋元时期也是中国乡村教育发展的重要时期。乡村私塾、蒙学的普及使教育不再是少数富裕阶层的特权，更多的平民子弟有了求学上进的机会，彼时村落之中“人生八岁，则自王公以下，至于庶人之子弟，皆入小学，而教之以洒扫应对进退之节”[203]。大量的寒门子弟通过读书问学，通过科举考试跻身士人精英，改变了自己与家族的命运。这些文化精英从乡村走出之后，往往会通过各种形式回馈乡里，有些是通过捐钱捐物，创设族田，扶助族中孤弱；有些则是致仕后返乡定居，创办乡约族学，教化族人。通过乡村教育与科举考试，弥合社会阶层，使宋代社会呈现出祥和安稳的景象，为国家的持续稳定发展创造了良好的文化氛围。

四、村落与宗教的世俗化

（一）村落与佛教的发展

在唐代，天台宗、华严宗等以义理见长的经院佛学兴盛，但是由于其义理烦琐艰深，导致其只能在少数贵族中流行，影响了佛教在民间的传播。唐中期以后，以慧能为代表的新禅宗兴起，从教义、修行方法等方面对传统禅宗进行了全面改造。在教义上，慧能主张“不立文字”，不看重经义的研习背诵，而更加注重内心的自我体悟。在宗教典籍上，主要以内容浅显的《金刚经》为主。与趋于简易的教义相对应，在修行方法上也做出了调整。慧能提出“人人皆有佛性”“当知愚人智人，佛性本无差别，只缘迷悟不同，所以有愚有智”。[204]因此，能否成佛，关键在于自身能否明悟，“一念悟时，众生是佛”，“若识自性，一悟即至佛地”。由此，慧能所创的新禅宗，将佛教的基本精神由之前的追求西天佛国净土，转变为对自身佛性的体悟，主张“挑水担柴”皆可悟道，将往昔出世的佛教转向入世。唐宪宗元和年间（806—820 年），百丈怀海改革教规，创立禅门清规和丛林制度，打破寺院内部的等级壁垒，提倡农禅生活。五代以后，禅宗逐步为各地佛寺接受，使佛教教规更能适应平民阶层。至宋初，佛教从教义、修行方法以及教规戒律等诸多方面，为宋代佛教的世俗化做了充分准备。

北宋立国之初，太祖与太宗对佛教的发展持支持的态度。乾德二年（964 年），太祖下诏，命僧侣西行拜求佛法。开宝四年（971 年）开始刊刻《开宝大藏经》，这是我国历史上首部官刻大藏经。同时，朝廷不惜耗费财力，重修了大量佛塔寺院。太平兴国五年（980 年），宋太宗诏令在太平兴国寺大殿西建译经院，中为译经堂，东序为润文堂，西序为正义堂。选通晓梵语文义者将佛经译成汉语，再使人润色文字。太平兴国八年（983 年），译经院改称传法院。[205]此后，佛教在北宋朝廷的支持下，迅猛发展。真宗天禧五年（1021 年），全国寺院总数达到四万多所，“僧三十九万七千六百一十五人，尼六万一千二百三十九人”；仁宗景祐元年（1034）年，“僧三十八万五千五百二十人，尼四万八千七百四十二人”；庆历二年（1042 年），全国“僧三十四万八千一百八人，尼四万八千四百一十七人”；熙宁元年（1068 年），“僧二十二万七百六十一人，尼三万四千三十七人”；熙宁十年（1077 年），“僧二十万二千八百七十二人，尼二万九千六百九十二人”。[206]随着佛教规模的不断扩大，代表僧徒身份的度牒开始商品化。北宋治平四年（1067 年）十月庚戌，“给陕西转运司度僧牒，令籴谷振霜旱州县”[207]。元丰六年（1083 年），“礼部言：‘祠部出度僧牒，以六千三百六十二为额，今年已溢额千五百五十四。乞岁以一万为率，若逾数，乃以闻。’”[208]北宋败亡后，南宋朝廷为了应付庞大的军费开支，更是大量出卖度牒。《云麓漫钞》卷四记载：“绍兴中，军旅之兴，急于用度，度牒之出无节；上户和籴所得，减价至三二十千。时有‘无路不逢僧’之语……佛法之盛，无出斯时。”

然而，与唐代一样，佛教规模迅猛发展的同时，也带来了一系列的社会问题。南宋时期，一方面僧尼数目的增加导致从事生产的人口减少，严重影响了社会经济的恢复和发展。另一方面，有些人为逃避赋役，假冒僧徒，这些人往往不守戒律，行径恶劣，造成了种种恶劣影响。绍兴二十七年（1157年）十二月，贺允中上奏朝廷，建议对佛教发展严格限制："欲遍下州县，遵依现行条限缴申。若州县、寺观主首有违条限，依法断罪，主首仍还俗。许诸色人陈告，比依告获私自披剃或私度人为僧道条格支（赏）。如人吏将亡僧度牒私自披剃，及私度人若伪冒者，告赏依前项格法倍之。"[209] 宋高宗采纳了他的建议，对寺庙展开整顿，对假冒僧徒的行为进行打击，一定程度上促进了社会的稳定和经济的发展。

元代从世祖忽必烈至元八年（1271年）十一月正式建立大元，到顺帝至正二十八年（1368年）八月亡于朱明，凡九十七年，历代帝王均对佛教推崇有加。《元史·释老传》中记载："元兴，崇尚释氏。"为了使佛教徒能够安心佛寺，元代"寺庙田产，二税尽蠲免之，并令缁侣安心办道"。[210] 在元代统治者的大力支持下，佛教的规模一时间急剧扩大。仅仅到至元二十八年（1291年）十二月，"天下寺宇四万二千三百一十八区，僧尼二十一万三千一百四十八人"[211]。与此相对应，寺产规模不断扩大，甚至出现编民冒入寺籍的情况，如成宗年间，"庚辰，中书省臣言：江南诸寺佃户五十余万，本皆编民，自杨总摄冒入寺籍，宜加厘正"。[212] 寺院经济的急剧膨胀与恶性发展对整个社会的政治、经济都产生了严重冲击，以致元代的张养浩在《时政书》中发出了这样的感慨："臣尝略会国家经费，三分为率，僧居二焉。"[213]

宋元时期，随着社会政治、经济、文化的大发展，佛教也从早期的经院佛学中走出来，全面深入到宋元社会中，完成了佛教世俗化的转身，对宋元社会，尤其是乡村社会，产生了极其深远的影响。

随着佛教在乡村的广泛传播，乡村社会崇佛之风日盛，"佛氏乃为逋逃渊薮。今看何等人，不问大人小儿，官员村人商贾，男子妇人，皆得入其门"[214]。佛教庙宇在乡村分布广泛，"今老佛之宫遍满天下，大郡至逾千计，小邑亦或不下数十，而公私增益，其势未已。至于学校，则一郡一县仅一置焉，而附郭之县或不复有。其盛衰多寡之相绝至于如此，则于邪正利害之际亦已明矣”[215]。宋元时期佛教的世俗化发展，对乡村社会产生了巨大影响。

首先，佛教世俗化导致乡村的佛教徒数量剧增。随着佛教在乡村的不断发展，其在乡村中的信众基础不断扩大，如“丽水商人王七六……王常日奉事僧伽大圣甚谨，虽出行，亦以画像自随，旦暮香火瞻敬”[216]。“盐官县黄天荡民余三乙，世以屠狗为业……日诵阿弥陀佛万声，祈忏宿罪。”[217]乡村中部分资产丰厚的富户捐献了大量资财兴修庙宇，奉祀佛陀。如南丰县大觉寺就是由“生员刘万年、妻毛氏捐资八百两建造”[218]。宣和（1119—1125年）末，“有巨商舍三万缗，装饰泗州普照塔，焕然一新”。村民除了在日常生活中崇信佛教，还有部分人落发出家，遁入空门。但是很多乡村平民遁入空门并不是出于对佛法的尊奉，而是出于降户等、避差役的现实考虑。宋人张表臣说：“近世二浙、福建诸州，寺院至千区，福州千八百区，秔稻桑麻，连亘阡陌，而游惰之民，窜籍其间者十九。非为落发修行也，避差役为私计耳。”[219]同时，许多游手好闲之辈混迹其中，居积货材，斗殴争诉，影响极为恶劣。如南宋庆元年间，有大臣上书痛陈此弊：“闻二广州军，凡为僧者，岂真出家之人？盖游手之徒，遍走二广，夤缘州郡，求售（伪）帖，号曰沙弥，即擅自披剃为僧，或即营求住持寺院。不数年间，常住财物掩为已有，席卷而去，则奔走他乡，复为齐民。”[220]这些假借佛门以求私利的僧徒往往饮酒食肉，破戒无行，影响恶劣。大量人口出家为僧尼，也使从事生产的人口减少，对经济发展产生一定冲击。

这一时期，也有部分僧徒积极参与到乡村的赈灾、行医等慈善活动中，促进了乡村慈善活动的发展。灾荒之年，佛教徒广泛参与乡村的赈灾活动，有些僧徒作为个体独立赈灾，如星子县延丰寺“无极禅师纳粟赈荒”。[221]有些则是与官府合作赈灾，部分僧众还因为表现出众而受到朝廷嘉奖。如南宋孝宗时期，饶州知州王秬言下令：“僧绍禧、行者知修煮粥，供赡五万三千三百六十五人。僧法传、行者法聚煮粥供赡三万八千五百六十一人。诏僧绍禧、法传各赐紫衣，行者知修、法聚各赐度牒披剃。”有些僧徒精通医术，通过行医济世救人而广受称赞。如沙门洪蕴，“每先岁时言人生死多中，赐紫方袍，号广利大师，一时称药王再现”。[222]

还有部分僧徒利用自身在乡村的影响力，积极投身乡村公共基础设施建设，如造桥修路等。有些桥梁为僧侣独立募资建造，据方家豪统计，在《古今图书集成》及各方志记载的各类桥梁中，其中由寺院募建者，在浙江、广东占15%，在江西、江苏均占27%，在福建占比则高达54%[223]。如栖霞桥，“在州治南七十里，跨毛竹、山源，水路通奉新，宋时有僧募造。因桥乏砥石，昼夜焚香告天，忽一夕，风雨掣一巨石遂为桥柱”[224]。有些则是在官方领导下建造，如化龙桥，“在县东。宋庆元六年县令叶益命僧了性募缘建”[225]。如万石桥，“淳熙七年秋大水，北津多败。自欧宁令季淙请于诸司，欲视西溪之扼而建桥焉。太守赵侯彦操与部使者议给公钱五十万，使营之。令乃属僧妙昌董其事，且使求四方之助……庆元元年三月，桥成……”[226]。这些僧侣的参与，推动了乡村公共基础设施建设的发展。

伴随着佛教的世俗化，佛教中的一些观念、教义也随之在乡村社会广泛传播，对乡村社会的生产和生活习俗产生了一定影响。如在佛教寺庙中普遍出现的放生池以及佛教倡导的放生行为，对民间社会产生了很大影响，放生逐步发展成乡村民间社会的一种风气。与此相关的文献记载很多，如荆州南部地区的俞一郎，“专好放生及装塑神佛像”[227]。自京城迁往信州的孙十郎，“奉佛喜舍，日课诵观世音名万遍。每入市，逢人携飞禽走兽，及生鱼鳖虾蛤，必买而放之。惟大风雨则不出，采捕者利于速售，且可复取，纷纷集其门，或一日费钱二三万”[228]。此外，佛教食素的饮食传统除了在信徒中传播，对乡村百姓也产生了一定影响。如宋代胡仲弓《答颐斋诗筒走寄》诗：“今朝茹素无清供，喜得邻分玉版羹。”便反映出当时社会素食之风。

佛教的各类法会、礼仪等也逐步渗透到乡村社会，部分佛教法事活动甚至发展成民俗活动。宋代的丧葬礼俗中，往往延请僧道诵经做法事以超度亡者。“丧家命僧道诵经设斋，作醮作佛事，曰资冥福也。出葬用以导引，此何义耶……开宝三年十月甲午，诏开封府禁止士庶之家丧葬不得用僧道威仪前引……今犯此禁者，所在皆是也。”[229]“而今之举天下凡为丧葬，一归之浮屠氏。不饭其徒，不诵其书，举天下诟笑之，以为不孝”[230]，在葬礼中不用僧道，反而被标榜为异端。佛教的各类法会对乡村社会的影响同样广泛而深入。如在四月初八佛诞日，各地寺庙均举行浴佛法会，各地信众云集：“四月八日，佛生日。十大禅院，各有浴佛斋会，煎香药糖水相遗，名曰‘浴佛水’。”[231]同时祭祀烧香，祈求佛祖保佑，成为当地民俗的一部分。

（二）道教的平民化与村落

五代之际，很多儒士由于时局动乱而研习黄老之道以安身立命，黄老思想因此得到广泛传播。到北宋初年，从乡野隐士到朝中大臣，很多人都是黄老思想的信奉者。不仅如此，出于安定社会、稳定政权的考虑，北宋朝廷在社会上也极力推崇黄老之道，并积极扶持道教的发展。但是，由于战乱的影响，道教发展极为混乱，因此，宋太祖赵匡胤采取五条措施进行整顿：修复宫观、选拔道官、断禁恶习、严禁私度、奖优汰劣。[232]大中祥符年间（1008—1016年），宋真宗编造《大中祥符》三篇“天书”，尊黄帝为赵氏始祖，封老子为“混元上德皇帝”，尊玉皇为“太上开天执符御历含真体道玉皇大帝”，封禅泰山，在全国范围内掀起了一场少见的崇道活动。政和年间（1111—1118年），宋徽宗宣扬天神下降，授以符书，亲作《天真降临示现记》颁示全国。徽宗除了自封为“教主道君皇帝”，成为人君国主、天界尊神、教团教主三位一体的皇帝，同时也加封山神、龙神、城隍、岳渎等民间祭祀之神，并在全国各地增建、扩建道教宫观。宋初的官方道教基本沿袭了唐、五代以符箓、道法为主体的传统，这使其在乡村社会中影响有限。

两宋之际，在北方金国兴起了全真道、真大道和太一道等道教新教派。陈垣先生在《南宋初河北新道教考》一书中对新兴于河北的全真道、真大道和太一道做出如下评价：“三教教主乃别树新义，聚徒训众，非力不食，其始与明季孙夏峰、李二曲、颜习斋之论讲学相类，不属以前道教也。”[233]与北宋以符箓为主的教派相比，这些新兴的道教宗派更注重内丹的修炼，无论是传教还是修行，都呈现出全新的特点。首先是传教的对象不分贵贱。如全真道“……不择贵贱贤鄙，不异山林城市，俱以道化，无非晏然”[234]。其次，仿效禅宗“明心见性”之说，“全真之教，以识心见性为宗，损己利物为行，不资参学，不立文字”[235]，推崇内丹修炼之法，并声称“有志之士若能精勤修炼，初无贵贱之别，在朝不妨为治国平天下之事，在市不失为士农工商之业”。新道教的平民化还体现在其“三教合一”的新主张中。新道教提倡的“三教合一”，其实质是依托儒家宣扬道教，因此，大量儒家伦理道德的内容被纳入道教典籍之中。如《太上感应篇》，把天人感应、因果报应和儒家伦理做了完美结合，以最通俗的形式，使得道教教义在乡村社会得到传播。

在动乱时期，这种通俗易懂的宗教教义、方便易行的修行法门一经问世，便受到平民的广泛欢迎，在乡村社会大行其道。如太一道，在创立之初就“远迩向风，受箓为门徒者，岁无虑千数”[236]。而真大道“又以去恶复善之说，以劝诸人，一时州里田野，各以其所近而从之，受其教戒者，风靡水流，散在郡县”[237]。全真道在乡村的影响尤为巨大，当其时也，“南际淮，北至朔漠，西向秦，东向海，山林城市，庐舍相望，什百为偶，甲乙授受，牢不可破……今河朔之人，什二为所陷没”[238]。通过这些新兴教派的努力，道教在乡村社会中的影响日益扩大。

两宋之际道教的平民化，早在五代至宋初的正统道教的变化中初现端倪，主要表现在两方面，一是神仙信仰的动摇。唐代有许多人因服食外丹致死，导致人们得道成仙的信仰动摇，道教的信仰从虚无缥缈的仙道转变为更具现实意义的度世。二是内丹术的兴起。在外丹衰落的同时，内丹术兴起，宋神宗时期张伯端《悟真篇》问世，标志着道教修炼路向的转变。[239]

道教的平民化体现在乡村社会的很多方面。一些道教的法事用具如符箓等，发展演变成乡村社会重要的民俗用品。宋徽宗时期瘟疫肆虐。第三十代天师张继先曾“书符投大瓮贮水，以饮疫者，皆愈”，并说：“吾家法录，上可以动天地，下可以撼山川，明可以役龙虎，幽可以摄鬼神，功可以起朽骸，修可以脱死生，大可以镇家邦，小可以却灾祸。”[240] 至今，我们仍可以看到一些宋代民俗花钱，上面铸刻着道教驱邪的符箓咒语。在动乱的社会里，道教信仰也给那些遭逢乱世的乡民提供了精神寄托。

（三）其他信仰与祭祀文化

宋元时期，乡村社会除了佛道两大宗教组织外，还有很多极具地域文化特征的民间信仰活跃其中。不同地域的民间信仰，名目不同，内容各异，但大体上还是可以将其归纳为四大类型：鬼神崇拜、巫术、方术、灾异之说。围绕这几个方面，乡村社会产生了各具特色的地方祭祀活动。

鬼神崇拜是乡村社会最常见的民间信仰。在乡村社会中，除了常见的佛、道体系的神灵之外，还有各具特色的地方神灵，如民间对社神的崇拜，在宋元乡村社会随处可见。范成大《四时田园杂兴六十首》中对乡村祭社习俗做出如下叙述："老盆初熟杜茅柴，携向田头祭社来。巫媪莫嫌滋味薄，旗亭官酒更多灰。"李若水的诗《村家引》中对此也做了精彩描述："邻老相邀趁秋社，神巫箫鼓欢连夜。"除了春秋二社，还有端午、重阳等民俗信仰节日，在这些节日中，人们除了祭祀祈福，还借此睦邻会亲。如《东京梦华录》记录的汴梁城秋社的盛况："八月秋社，各以社糕、社酒相赍送……市学先生预敛诸生钱作社会。以致雇倩祗应白席歌唱之人，归时各携花篮、果实、食物、社糕而散，春社重午重九亦是如此。"[241] 事实上，鬼神崇拜体现在乡村社会的方方面面。朱熹对徽州新安一带风俗的记录最能体现宋元乡村社会鬼神崇拜的现状："风俗尚鬼，如新安等处，朝夕如在鬼窟。某一番归乡里，有所谓五通庙，最灵怪。众人捧拥，谓祸福立见。居民才出门，便带纸片入庙，祈祝而后行。士人之过者，必以名纸称'门生某人谒庙'。"[242]

宋元乡村社会中，巫术盛行。各类里巫、村巫活跃于乡村，在一些巫术盛行的地域，村民生病时首先不是寻医问诊，而是寻巫祛邪。如南宋时期的信州，"番阳民俗，杀牲以事神，贫不能办全体者，买猪头及四蹄享之，谓之头足愿。木工胡六病，其妻用岁除日具祷赛，置五物釜中俟巫者。会节序多祀事，巫至昏乃来。”[243]又如“吴、楚之俗……民病且忧，不先医而先巫，其尤蠢者，群巫掊货财，偶土工，状夔獿傀魃、泆阳彷徨之象，聚而馆之丛祠之中，鼓气焰以兴妖，假鬼神以哗众”[244]。除了治病驱邪的种种巫术之外，各类相面、风水等术士在乡村中也非常活跃。乡村中有人去世，亲属往往会请术士查访墓地，以趋吉避凶。如《夷坚志》卷四《周十翁墓》载：“弋阳周尚书高祖十翁，居邑之杉山。因妻亡，招术士访葬地未获……”又《夷坚三志·壬卷第一》记：“吴篆，抚州士人也……其父亡，既得吉卜，风水家谓年岁不利，姑就茔中别择一方向佳处寄萯，越二年，乃克葬。”[245]

除此之外，在乡村生活中，民间祥瑞灾异观念及其连带的祭祀活动也随处可见，这些观念对村民日常生产生活产生重要影响。如在婚礼中，当男方将新娘引进到门口时，“有阴阳人执斗，内盛谷豆钱果草节等，咒祝望门而撒，小儿辈争拾之，谓之撒谷豆，俗云厌青羊等杀神也。新人下车檐，踏青布条或毡席，不得踏地，一人捧镜倒行，引新人跨鞍蓦草及秤上过”[246]。又如乡民在房屋营造中，也非常注意各种忌讳，在《夷坚志》中就有相关记载：“予叔父中造牛栏于空园，术士董猷见之，曰：‘栏之一角犯九梁煞，当急解之。’呼巫焚纸钱埋桃符以谢。”[247]甚至在某些地方，为了祈求平安，还发动村民举行集体祭祀，如北宋长沙县“巫觋岁敛民财祭鬼，谓之春斋，否则有火灾”[248]。在宋代乡村的很多地方，还有为乡先生立祠庙祭祀的习俗。乡先生是一地的贤达，生前在乡里中素有威望，以其道德、学问为乡人所敬仰，去世后，乡人为之立祠祭祀以示纪念。杨万里在《沙溪六一先生祠堂记》中对乡先生祭祀的深层内涵做了进一步解释：“古者乡先生没则祭于社，非尊夫乡先生也，尊乡先生所以仪后之人也。”[249]

发源于本土、极具地域特征的民间信仰在乡村社会有着巨大的影响力，乡民对其是“奉之愈谨，信之益深，从其言甚于典章，畏其威重于官吏”[250]。作为一种精神支柱，民间信仰在一定程度上对村民的行为和意识起到约束作用，通过对一定社会规范的维系，维护了乡村社会的稳定，同时它所具有的劝人向善的教化功能对构建乡村社会道德伦理观念也起到了重要作用。

同时，民间信仰夹杂的一些负面思想对乡村社会也造成了一些不利影响。如一些地区由于民间信仰过于泛滥，村民在生病时往往首先求助于各类巫觋，而非寻医问诊，最后往往导致惨剧发生。如宋代岭南地区“俗好淫祀，轻医药，重鬼神，旻下令禁之。且割己奉市药以给病者，愈者千计”[251]，四川蜀地其情况也相类似：“蜀民尚淫祀，病不疗治，听于巫觋。”[252]在一些大型祭祀活动中，由于村民聚集带来严重的治安隐患。如黄震通判广德军时，“郡有祠山庙，岁合江、淮之民祷祈者数十万，其牲皆用牛。郡恶少挟兵刃舞牲迎神为常，斗争致犯法”[253]。

第四节
宋元村落的形态

一、人口迁徙与村落

（一）宋元时期人口分布的总体状况

在唐、五代的动乱时期，我国的人口与经济增长经历了长时间的衰退与停滞。宋以后，随着政局的逐步稳定，生产工具的改良以及佃户对地主人身依附关系的削弱，宋代经济出现恢复和发展，人口总数也逐年增加，并最终形成中国历史上的一个人口高峰。根据漆侠先生的统计，两宋时期，全国人口持续增长，其中尤以北宋年间增长最快。宋太祖开宝九年（976年），全国人口共3 090 504户，到神宗熙宁八年（1075年），增长到15 684 529户，增加了12 594 025户，徽宗大观四年（1110年），全国人口达20 882 258户，超过2 000万户，达到顶峰。[254]

在人口的地域分布上，北宋初年就已经呈现出南大于北的格局。有学者统计，北宋初年，南方人口占全国总人口的60.4%，北方仅占39.6%，[255]南方的长江流域已经取代北方的黄河流域成为全国人口分布的中心。此后，随着时间的推移，南北方的人口差距越发明显。北宋崇宁元年（1102年），成都府路人口总数达 883 000 户 2 493 000 人，人口密度达 45.5 人 / 平方公里，为全国人口密度最大的地区。同时期的两浙路人口总数也达到 3 767 000 人，人口密度为 30.7 人 / 平方公里，居全国第二。[256] 苏轼在论及当时的人口分布时就明确指出："然臣闻天下之民，常偏聚而不均。吴、蜀有可耕之人而无其地。荆、襄有可耕之地而无其人。"[257] 人口分布不均导致局部地区人口压力严重，迫于生存的压力，溺婴现象时有发生，"天麟言：岳、鄂间田野小人，例只养二男一女，过此辄杀之"[258]。"浙东衢、严之间，田野之民每忧口众为累，及生其子，率多不举。"[259] 这种现象不仅在穷困之家出现，殷实之家也不例外，如在福建地区，"闽之八州，惟建、剑、汀、邵武之民，多计产育子，习之成风。虽士人间亦为之，恬不知怪……富民之家，不过二男一女，中下之家，大率一男而已"[260]。

北宋末年，由于长期战乱，北方人口大量减少，"建炎元年秋，余自穰下由许昌以趋宋城，几千里无复鸡犬，井皆积尸，莫可饮，佛寺俱空，塑像尽破……"[261]。南方地区由于受战争影响相对较弱，人口逐步增长。到南宋绍兴三十二年（1162 年），在全国的 18 331 078 户中，南方各府占 11 541 629 户，占比达 63%。[262]

在元朝统一中国的过程中，由北到南，经济遭到极大破坏，人口损失惨重。"余尝观粘罕克河东，斡离不引大兵自涿州入安肃，陷开封府，至顺河，凡一百八十余州，八百七十五县，蹂践残灭，何可胜纪！而自贞祐元年（1213 年）十一月至二年正月，鞑靼残破河东、河北、山东、山西，复一十七府，九十余州，镇县二十余处。数千里间，杀戮皆尽，城郭邱虚，金帛、子女、牛、羊、马畜皆席卷而去，屋宇悉皆烧毁，此杀戮大果报也。"[263] 终元一代，其人口规模始终没有恢复到两宋繁盛时期的水平，元代平均人口为 7 000 万，峰值也只有 8 000~9 000 万。[264] 与南方相比，北方受战乱影响尤其巨大，除了在战乱中死亡的人口，大量北方民众为躲避战乱逃往南方，在全国 7 000 万人口中，3/4 的人口分布在南方的江浙、江西、湖广三个行省内，其中人口最多的 4 个二级行政区为"饶州路（鄱阳湖东），403.7 万人；福州路，337.5 万人；平江路（苏州），243.4 万人；嘉兴路，224.6 万人”，均位于江浙行省，在全国 14 个人口达 100~200 万的二级行政区中，江浙行省占 6 个，江西行省占 3 个，湖广行省占 4 个，而长江以北地区只有一个河南行省的扬州路。[265]

（二）宋元时期人口的迁徙与地域分布

早在隋代，人口南迁已经成为趋势。《隋书·食货志》就记载：“时天下户口岁增，京辅及三河，地少而人众，衣食不给，议者咸欲徙就宽乡。”北宋时期，南方人口已经超越北方。北宋末年到南宋末年 150 余年间，由于长期战乱，河南、山东、山西、陕西等地大量村落遭到摧毁，田园荒芜，人口锐减，“威胜、隆德、汾、晋、泽、绛民皆渡河南奔，州县皆空”[266]。频繁的战争直接导致了北方居民的南迁，其中时间最早、规模最大的是靖康之役阶段。从北宋靖康元年（1126 年）到南宋绍兴十一年（1141 年）共 16 年间，北方大量人口迁往南方。尤其是 1138 年宋室南渡后，随着政治中心的南移，大量北方移民随皇室迁居两浙地区。在南宋与金对峙时期，北人南迁又有四个较明显的阶段，分别是绍兴三十一年（1161 年）至隆兴二年（1164 年）的海陵王南侵阶段；开禧二年（1206 年）至嘉定元年（1208 年）的开禧北伐阶段；嘉定十年（1217 年）至嘉定十七年（1224 年）宣宗南迁阶段；绍定五年（1232 年）至端平元年（1234 年）的宋、蒙灭金阶段。[267]

南宋时期，北方移民遍布南方各地。庄绰在其《鸡肋编》卷上中记载了当时北方移民在南方的分布的状况：“建炎之后，江、浙、湖、湘、闽、广，西北流寓之人遍满。”其中，两浙路、福建路、江南西路等南宋版图东南部的地区由于有比较安定的政治环境，良好的生产生活条件，成为移民迁徙的首选地域。随着大量人口的涌入，这些地区人多地少的矛盾越发明显。如福建地区，“闽中地狭小，民患无田可耕”[268]，两浙路情况与福建大体类似，如定海县，宋徽宗政和六年（1116 年），全县有 16 226 户，田约 3 300 顷，户平均约有土地 21 亩，到宋高宗年间，人口增长到将近 24 000 户，而垦田面积“所加方三十之二焉”，仅增加220顷，户平均占有土地14.6亩，比徽宗年间下降约6亩。[269]

随着人地矛盾的日益突出，在福建路、两浙路、江南西路等东南部人口最稠密的地区，乡村富余劳动力出现了两种不同类型的流动。一种是从乡村流向城市。乡民在从事传统的农耕之余，兼习一些手工技艺，在农闲之时，在城镇从事一些副业，“今之农与古之农异，秋成之时，百逋丛身，解偿之余，储积无几。往往负贩佣工，以谋朝夕之赢者，比比皆是也”[270]。在人口最稠密的福建路，此种情形尤为明显，除了学习手工技艺，还有很多没有土地的农人转入其他行业谋求生路，如充任乡村私塾蒙学教师，出家为僧为道等不一而足。南宋初年的曾丰就曾说：“居今之人，自农转而为士、为道、为释、为技艺者，在在有之，而惟闽为多。闽地偏，不足以衣食之也，于是散而之四方，故所在学有闽之士，所在浮屠、老子宫有闽之道、释，所在阛阓有闽之技艺。其散而在四方者，固日加多，其聚而在闽者，率未尝加少也。”[271]

除了兼习技艺，转入他业，也有部分乡村居民选择迁徙他乡，在平原地区的土地开垦完后，有些人将目光从平原转移到湖泊、山区土坡等地域，迁居后，将这些地方贫瘠的土地开垦出来，从而开辟出大批的圩田、围田、梯田；也有一些乡民选择迁徙前往土地较为充足的其他地域，孝宗乾道七年（1171年），薛季宣奏称：“江南转徙人户来淮甸者，东极温、台，南尽福建，西达赣、吉，往往有之。”[272]两浙路不少百姓则迁徙前往淮南东、西路等土地较为富余的地区。

在长期战乱导致的动荡局势下，也有部分北方移民和南方外迁移民选择前往两湖、四川等地的山区，以及广西、海南岛等边远地域。如衢州开化山区，在早前是“万山所环，路不通驿，部使者率数十年不到，居人流寓，恃以安处”[273]。随着人口迁徙规模的逐步扩大，往昔人少地多的荆湖南路、广西南路等地人口开始大规模增长，尤其是广西南路，在140年间，户数增加了一倍以上，宋代经济呈现出由东南转向西南地区的发展趋势，正是这一人口迁移行为产生的直接影响。[274]

（三）宋元人口的变动与村落的建构

宋代是中国历史上人口发展的新高峰。徽宗大观四年（1110 年），全国人口已经超过两千万户，总人口达到一亿左右。宋代人口的增长是建立在农业生产大发展基础上的，生产工具的发展、生产技术的提高，生产关系中佃户对地主人身依附的削弱，都是促进宋代农业经济发展的重要因素。经济的大发展促进了人口的持续增长，但是宋代人口南北分布不均。在一亿的人口中，居于北方的不足四千万，余下六千多万人口居于南方。[275] 尤其是福建路、两浙路、江南西路、成都府路等区域，人口最为稠密。人口的流动不仅导致村落在数量上急剧增加，而且分布面积也有了进一步的扩大。与人口分布相对应，南方村落数量明显要多于北方，而南方村落又主要集中在上述人口稠密的福建、两浙、江西、成都等地，并伴随人口分布的变化，逐渐由土地肥沃的平原向湖区、山区发展。湖南、广西、海南等地有不少外来人口涌入。在江南人口稠密地区，除了村落数量急剧增加，在一些大城市周边，以附近的自然村落为依托，还形成了许多草市、集镇，城乡之间的互动交流进一步加强。

在南宋与蒙元的对峙时期，蒙元控制的北方地区人口迁移呈现两大趋势，内地的乡村居民为躲避战乱而南迁，同时周边偏远地区的乡村居民和少数民族居民则向内地流动。[276] 因此，村落的分布与数量与人口的变迁相对应，出现持续变动。元统一中国后，人口迁徙又出现新的特点。如为了加强对北部边远地区的统治，元政府多次向北部迁徙军民，开展屯田。略举数例如下：至元二十二年（1285 年）春正月，“移五条河屯田军五百于兀失蛮、扎失蛮”[277]；至元二十五年（1288 年）夏四月，“命甘肃行省发新附军三百人屯田亦集乃，陕西省督巩昌兵五千人屯田六盘山”[278]；泰定三年（1326 年）八月，“迁黄羊坡民二百五十户于鞑靼部”[279]。这一类人口的迁移，无疑促进了边疆地区村落的形成与发展。

二、宋元村落的规模

村落的建构与规模，受到耕地的制约。住宅与耕地之间的距离称为耕作半径，随着村落的壮大，耕地面积的拓展，耕作半径也会不断扩大，但是一旦耕作半径超过了村民能承受的合理范围，人们便会迁徙，在耕地附近再一次建立聚落村庄。[280]人口繁衍渐多，在平原地区的土地资源不能满足需求之后，村落就逐渐向山区扩展，例如，南宋李纲看到福建地区的村落之后称："今闽中深山穷谷，人迹所不到，往往有民居、田园、水竹，鸡犬之音相闻。"[281]根据现有材料可知，宋元时期的村落主要有"散居"与"聚居"两种组织形式。所谓"散居"，主要指部分村居三两户为一组，散布在山野之中，如四川梓州路丘陵地区的乡村，"居民不成村寨，傍山缘溪散处"[282]。赵蕃的诗《自桃川至辰州绝句四十有二》所述的，也是这种情形："望极千山不见村，忽逢三两仅崖根。几年生聚才如此，信是荒寒不足论。"长期居住于山区的少数民族，也大多是这种散居的村落。《宋史》所载的四川泸州地区的少数民族，"散居溪谷中"[283]。元丰年间，泸州纳溪寨夷族的一个分支，"八姓五十余村，夷族千户"[284]。五十个村落总共一千户人家，每个村落平均才二十户。

而在另外一些地区，其村落呈现聚居的形态，有些大规模的村寨人户规模甚至可以达到数百户。北宋吕南公对熙丰年间的村落分布状况记述道："今之民居无常定也。有团落之间杂数十百家者，有五里三里寂无一家者，有东西相望而阻以山川者，有悬绝之聚止于三两家者，此皆户名著在官书，而其远近疏密则官所不能知也，知之者其里之长正而已。"[285]村落之间即使相隔不远，也有不同的分布。陆游通过游记，描绘了自己在江陵以西看到的状况，这可以代表南宋村落分布的情形，有时"自出城，即黄茅弥望，每十余里有村疃数家而已"；有时沿路所经皆聚落，"竹树郁然，民居相望"。[286]

同时，村落的建构与发展也是一个动态的过程，人口、土地是决定村落规模的两大重要因素。宋元时期，人口发展经历了一个由少到多的历程，太祖开宝九年（976年），全国人口共3 090 504户，垦田总数295 332 060亩，每户平均95.5亩。[287]由此可知，宋初的乡村处于人少地多的状况，无论是散居还是聚居，大部分村落的规模应当都不大，一般应该在数十户之间，多者上百户左右。从宋初城市人口的状况，我们从侧面也可以证实村落的状况，咸平二年（999年），河北东路治所大名府人口数量仅仅是“主客合数万家”，宋真宗就已经赞叹其“河朔藩镇，兹为都会矣”。[288]淳熙年间（1174—1189年），洞庭湖边上的常德府，“民户无虑万家，比屋连檐，桑麻蔽野，稼穑连云，丁黄数十万”[289]。陆游从临安城到镇江，沿运河北上，看到两岸的村落、田地几乎连成一片，常见周围村庄中的村民忙于车水。[290]宋代学者叶适描述自己的家乡温州一带的村落：“直杉高竹皆丛产，复厢穹瓦皆赘列。夜行若游其邻，村落皆在市廛，肤挠背决，或赴于令，暮往而朝达。”[291]

到神宗元丰年间，随着经济的发展，人口重心逐步南移。据统计，北方开封府界及北方5路人口共计5 675 945户；南方6路人口共计6 766 360户。在人口大规模增长的同时，垦田数量虽然也有所增加，但是人均耕地面积在逐步减少，此时的村落规模较初期有所扩大。据漆侠先生统计，元丰年间，北宋疆域内共有市镇1 800座左右，其中人口在500户左右的有1 000座，人口在200户左右的有800座。[292]作为乡村地域的经济中心，宋元时期一个市镇周边必定分布有数个自然村落，根据市镇的规模推算，其周边的村落当在数十户至百户左右，部分村落达到二三百户之多。南宋时期，泸州部分县的草市镇与村落人户更为繁盛，其中宜民、进德、忠信诸乡，有草市镇4处，乡村聚落14处，居民2 398户，市均聚落3.5处，居民599.5户。衣锦乡有草市镇10处，聚落16处，居民4 599户，市均聚落1.6处，居民459.9户。安贤乡有草市镇5处，聚落14处，居民3 569户，市均聚落2.8处，居民713.8户。[293]从数据来看，泸川县一般村落的规模应当在百余户左右。而在相对偏僻的江安县，“除少数在百户以上，其余以五六十户居多，二三十户的也有不少”[294]。在同时期的江南常熟地区，在地势偏高的区域一般以散村为主，其人户大多在五十户左右，而在地势平坦的低地平原则集村较为普遍，人户常在百户以上。[295] 南宋末年，方回对魏塘一带的乡村景象做出了如下记述："望吴侬之野，茅屋炊烟，无穷无极，皆佃户也。"[296] 北宋熙宁三年（1070 年）推行保甲法时，原定五十户为一大保，[297] 至熙宁六年（1073 年），又改为二十五户为一大保，[298] 保甲的编制受到村落规模的制约，从编户基数的调整也能够看出当时村落规模普遍偏小。

到了元代，随着元代朝廷在河西走廊屯田的影响，西北地区的村落也逐渐发展起来。至元十八年（1281 年），朝廷又命肃州、沙州、瓜州置立屯田。发军于黑山子、满峪、泉水渠、鸭子翅等处立屯，为户 2 290，为田 1 160 顷 64 亩。至大二年（1309 年），中书省奏："沙、瓜州摘军屯田，岁入粮二万五千石……今乞仍旧遣军屯种，选知屯田地利色目、汉人各一员领之。"[299] 屯田制度也在内地其他地方施行，同样促进了当地村落的发展。例如，成宗大德九年（1305 年），"复立洪泽、芍陂屯田，令河南行省平章阿散领其事"[300]。此外，一些军户拥有农田，也有利于从事农耕人口的增加，扩大了村落的规模。朝廷规定给蒙古和探马赤军等军户，并拨予赡四顷免税的军田。[301] 到了至元十年（1273 年），世祖"令探马赤随处入社，与编民等"[302]。一些军户就直接变成了农民。他们的驻扎地也就变成了村落。

整体而言，宋元时期，由于人口重心南移，在村落分布上，北方村落数量要明显少于南方。从人均耕地数量变化情况看，随着人口增长，宋元时期村落规模在逐步扩大，在一些土地平整、耕作条件良好的地域，以及路、府、州、县等城市周边的乡村，其村落规模在一二百户左右。而在一些偏远、耕作条件较差的地域，村落规模一般在五六十户左右，二三十户的村落应该也不在少数。

三、村落的环境与建筑

宋人郭熙所著的《林泉高致》虽为画论，但其中的文字可作为宋代村落研究的材料："世之笃论，谓山水有可行者，有可望者，有可游者，有可居者。画凡至此，皆入妙品。但可行、可望不如可居、可游之为得。何者？观今山川，地占数百里，可游可居之处，十无三四，而必取可居、可游之品。"[303] "可居者"，自然需要有房屋，有可供耕作的土地与可维持生计的物产。有此条件，则自然生成村落。自然环境有"可行""可望""可游""可居"等不同的类别，而在数百里的自然山川中，适宜居住的地域"十无三四"，这表明，村落的选址对自然环境是有一定的要求的。

宋人罗大经对此也有过类似的论述："凡通都会府，山水固皆翕聚。至于百家之邑，十室之市，亦必倚山带溪，气象回合。若风气亏疏，山水飞走，则必无人烟之聚。"[304] 从罗氏论述中，我们可以进一步明确宋人村落选址对自然环境的要求。一是需要周边有水源地。宁宗庆元二年（1196年），当时的户部尚书称："今浙西乡落，围田相望，皆千百亩，陂塘淹渎，悉为田畴。"[305] 南宋陆游经舒州、蕲州、鄂州等地，连日在沿江的村落停泊，诸如怀家袱、赵屯、纲步、毕家池、东场等，"皆有民居"[306]。沿河而居，也是出于对水源的依赖。在江南等地，众多的村落名直接与水相关。如宋元之间常熟的村落中，就有山前湖村、塘头、涸江、沙堰、河伯等村名，都与水相关。[307] 此外，以浦、泾、港、渎、堂、澳、荡、陂等水系命名的差不多有1/3，可以想象这些村落与水的关系。即使不临水，与水源也不会相隔太远。

二是村落周边必须有数量适宜的平整土地。唯有如此，聚落才会有人气，乡民才能得以繁衍。即使是在偏僻的山区，村落也是紧邻耕地。元丰二年（1079年），宋兵在泸南征剿乌蛮，当军队到达江安南面的落始兜村时，发现"乃有良田万顷，颇多积谷，其林箐乃在数百里外"[308]。万顷良田才能保证落始兜村的村民生活在大山之中，不与外部世界互通有无，却仍然能够繁衍生息。至于在中原、两广、江南及沿海一带，之所以人烟兴旺，村落众多，更是与当地广袤的耕地息息相关。

宋初，由于人口数量较少，土地众多，在村落选址上可选余地较大，人们往往选择一些地理位置好、自然条件佳、易于开发的地域建村。在这一时期，由于人口压力小，少量耕地就能够满足人们的生产生活需求，因此村落周边环境人为干扰较少。北宋中期，随着人口不断增加，村落规模逐步扩大，居住与耕作的压力导致乡民在村庄周边不断建设新的定居点。在村落变迁的过程中，随着村落数量的不断增加，人们对村落自然环境的要求也逐步降低，同时通过垦荒、兴修水利等方式对自然环境加以改造，村域周边环境受人为因素影响明显，主要表现是村落周边耕地类型的多样化。在平整土地被开发殆尽之后，村民们将视野转向山林、河塘等地域。如福建等地，“土地迫狭，生籍繁伙，虽跷确之地，耕耨殆尽”[309]，人地矛盾带来的压力导致大量人口向山区迁徙，“今闽中深山穷谷，人迹所不到，往往有民居，田园水竹，鸡犬之音相闻，礼俗淳古，虽斑白未尝识官府者”[310]。通过村民自己的努力，因地制宜，开挖出梯田、围田、坡地、桑园地等不同种类的耕地。《正德兰溪县志》中就清楚记载了南宋实施经界法时对田土的各项分类，总计有“水田、平田、山桑、平陆、竹脚、竹筱、屋基、塘、杂木、桐果木、柴山、白地、坟地、荼地、石灰山”等十余类。[311]由于小农个体经营的原因，乡村耕地普遍呈现碎片化的特点，村域周边的耕地被无数的田垄分割，为方便耕作辟出的小径穿插其中，构成了一幅独特的乡村图景。村落屋舍的布局则受到地形、水源、耕地分布、交通地利等综合因素的影响，除少部分村落有围墙、壕沟一类防御建筑外，大部分村落建筑都是“泰然散居郊野”[312]。

宋代的村落民居建筑基本上已无实物遗存。对这一时期乡村建筑的风貌，我们只能从一些文学与绘画作品中窥其一斑。从王希孟的《千里江山图》中描绘的民居来看，大多数建筑为单体形制，形式简单且体量不大，大部分屋顶为悬山顶，结构为梁柱式。不过，通过丰富的组合排列，可以得到一字型、四合院、工字型、丁字形等多种类型，使得村落民居的布局呈现出多种形式（见插图 3）。在宋人的文学作品中，竹篱、茅舍、桃杏、柳竹、鸡鸣、犬吠等都是在描写乡村景象时的常见意象：“数家茅屋自成村，地碓声中昼掩门。”[313]“山崦溪湾三四家，竹篱茅舍暮烟斜。仙村自种田田玉，梅径疑开处处花。”[314]宋初李成的《晴峦萧寺图》中，描绘了一处深山中北方村落的图景。在图画下部山脚处，有一处小聚落，靠水岸处，有水榭两间。山脚稍开阔处，数间茅草房矗立，靠前一栋茅草房，屋顶以茅草覆盖。在茅屋对面，是一栋三开间的大屋，屋顶覆以茅草，左侧房屋分两进，入口是一门厅，其后是内堂。靠右侧屋舍分内外两部分。村庄后山丘有寺院（见插图 4）。

张择端的《清明上河图》为我们展现了宋代市镇周边村落的风貌。在作品的最右边城市郊区部分，自右往左，六栋村居掩映在丛林之中，构成一个市镇郊区的小村落。在整个小村落中，最右边的部分由三间房屋构成，一间正屋，屋顶盖瓦；正屋左侧为一杂房，顶盖茅草，二者共同构成了一个乡村家庭的住房单元，房屋周边没有出现竹篱、土墙等相关建筑设施（见插图 5）。其余四栋房屋均以茅草盖顶。在村落左侧靠近市镇部分的民居以瓦房为主，且有夯土墙。再结合相关的文献，我们可以大概知道，有的村落有围墙，有的则没有。

南宋时期的李曾伯指出，两淮地区，“民之复业江北者渐多”，但民户“泰然散居郊野，不复堤防”。[315]可见，两淮地区的村落中，没有修筑围墙的惯例。宋代福建邵武地区的李吕则在《会族讲礼序》中写道：“今本村上下，东门里外，及邵武磨滩居者，皆三祖之子孙也……本村东门两处，每节各委谨干子弟二名掌其事。”[316]从这一记载来看，当地的村落是有围墙的。不过，乡村建筑密度低，以农业为主的生产方式又使得居民希望住宅能与生产场所的联系更为紧密，加之社会稳定持续的时间比以往任何时期都要长，所以魏晋南北朝时期那种带有保护性质的围墙越来越少。纵然一些村落民居周围有围墙，也多是出于美化或者保护隐私的目的而建造的，与坞壁之类的围墙已经完全不同了。

马远的山水小品《柳岸远山图》以及佚名的《水村图》则为我们描绘出南方村落民居建筑的场景。在《柳岸远山图》中，村落居于远山山脚，靠山面水，水榭矗立在水岸边，水榭后，茅舍丛林，若隐若现（见插图 6）。在

《水村图》中，居于画面左下角的是一座农家小院，在溪岸边，三间茅草房交错而建，周边竹篱围挡，树木掩映。

元代的村落民居建筑，在北方地区尚有少量遗存，为我们提供了研究这一时期的村落建筑的宝贵资料。山西省高平市目前已经发现三处保存较好的元代民居。位于陈区镇中庄村的姬氏民居（又称姬氏老宅），左门墩石上刻："大元国至元三十一年岁次甲午仲□□□姬宅置□石匠天党郡冯……"可知该民居的建造年代为公元 1294 年，距今已有 700 多年的历史了。整栋建筑坐北朝南，建于约半米高的沙石岩基座上，面阔三间，进深六椽。姬氏民居为悬山式屋顶，举折平缓，覆以板瓦。门为装板门，上有门钉五路六枚。两次间于槛墙上置窗，窗棂为方格形。除前檐四柱露明外，其余全置于墙内。露明柱及柱础皆为砂石质，柱础为素面覆盆式，柱子平面呈抹角方形，抹角处皆作外凸弧形。斗栱仅装于前檐，为四铺作单杪计心造，耍头作麻叶形。无补间铺作，泥道慢栱为隐刻，斗之欹幽十分明显。梁架为彻上露明造，四椽栿前压乳栿用三柱。加工粗糙，使用自然弯材制成，为典型元代手法。该市其他两处元代民居，分别位于陈区镇西窑头、野川镇南杨村，结构大同小异。我们大致可以看出，在北方，普通元代民居建筑通常都是三间，取材为当地常见的石料、泥料或者木料，装饰很少，朴实大方。此外，山西阳城、重庆彭水、广东靖安、浙江东阳等地，也发现了元代民居。今天，那些偏远地区的普通民居建筑，与这些新发现的元代村落民居相比，其形制与规模几乎没有发生什么改变。

无论南方还是北方，村落民居建筑均以草屋为主，靠近市镇地区以及城市繁华地区，则以瓦房为主。这一点在宋代文人的笔记中都能得到证实。如范成大所记归州："峡路州郡固皆荒凉，未有若归之甚者。满目皆茅茨，惟州宅虽有盖瓦，缘江负山，逼仄无平地。"[317] 诗人的笔下，也多是如此，如郑樵的《过桃花洞田家留饮》："是处竹篱环草屋，人间鸡黍话桑麻。"赵汝鐩的《田家叹》："破屋三间结草扉，柴根煨火阖家围。"从当时的文献来看，这不是文人的诗意夸张，是有真实的生活来源的。《宋史·舆服志》载："凡民庶家，不得施重栱、藻井及五色文采为饰，仍不得四铺飞檐。庶人舍屋，许五架，门一间两厦而已。"[318] 南宋人范浚的《铁工问》一文载，绍兴年间，兰溪"有铁之工，家窭甚。视其庐，蓬茨穿漏，隘不逾五十弓，仅灶而床焉"[319]。从事手工业的铁匠与妻儿三口人，吃住都在同一间房中，其简陋狭小可想而知。绍兴六年（1136年），朝廷在江淮州县组织流民建庄屯田，规定每5顷为1庄，每庄盖草屋15间，每家给两间。其余5间用于存放粮食。[320]

在部分村落，公共建筑数量也不少，如碾坊、庙宇、宗祠、土地祠等。村落周边，柳树、槐树、桃树等成为村庄绿化的景观树种。在靠近交通要道的村落，临马路边会有一些道店，也会有一些村民临时摆摊售卖一些农产品，北宋中期的苏轼对此做了生动记录："簌簌衣巾落枣花，村南村北响缫车，牛衣古柳卖黄瓜。"[321]

在宋元文人的笔下，村落的民居建筑简朴雅致，与周围的自然环境融为一体。不仅可以安顿一家老小的衣食生计，还可以安顿个体的灵魂。正如宋代词人毛幵的《满江红》所写："回首吾庐，思归去，石溪樵谷。临玩有，门前流水，乱松疏竹。幽草春余荒井径，鸣禽自在窥墙屋。但等闲，凭几看南山，云相逐。"

第五节

辽、金、西夏的村落

一、契丹入侵与辽国的村落

"契丹"之名，最早见于《魏书·契丹传》，北魏时期，契丹人在今中国东北地区一带过着游牧生活，分为8个部落。贞观二十二年（648年），设松漠都督府管理。唐末，随着中央政权的衰落，契丹逐步独立。天祐三年（906年）十二月，耶律阿保机被推选为新可汗，天祐四年（907年）正月继位。后梁贞明二年（916 年）二月，耶律阿保机建立契丹国。天赞五年（926 年）七月，耶律阿保机病逝，耶律德光继承帝位。天显十一年（936 年）七月，后唐河东节度使石敬瑭降辽，并将燕云十六州割送契丹。947 年，契丹改国号为辽，年号大同。自建国之日起，辽与北宋就中原地区主导权的争夺就从未停止。

保宁十一年（979 年）正月，宋出兵进攻北汉，辽遣使臣干预，而宋朝回复“河东逆命，所当问罪。若北朝不援，和约如旧，不然则战”[322]。随即辽军南下，两国战争爆发，至次年 10 月，辽景宗亲征，于瓦桥关（今河北雄县）大败宋军。乾亨四年（982 年），辽景宗再次亲征，宋辽再次爆发战争，同年九月，景宗病逝，辽国由承天太后摄政。统和四年（986 年）正月，大臣上书宋太宗，“且契丹主年幼，国事决于其母，其大将韩德让宠幸用事，国人疾之”[323]，于是宋太宗决定伐辽，攻取燕云之地，两国爆发大战。五月，辽将耶律休哥、耶律阿没里大败宋军于岐沟关。统和六年（988 年）十月，承天太后再次率军攻宋，攻掠数州县后北返。此后，两国边境虽时有侵扰，但大体平和。

统和十六年（998 年），南京留守耶律休哥去世，辽对宋的政策由防守改为攻扰。统和十七年（999 年）七月，辽军攻宋，两军对峙于遂城。辽军于统和十九年（1001 年）十月、二十年（1002 年）春、二十一年（1003 年）四月等，多次南下攻宋。统和二十二年（1004 年）九月，辽承天太后亲征，率军南下，辽宋大战再次爆发。当年十一月，两军对峙于澶州，十二月，两国议和，以宋每年输银 10 万两、绢 20 万匹于辽，真宗称辽承天太后为叔母等条件订立盟约，史称“澶渊之盟”，开启了两国长达百余年和平相处的格局。

在早期，辽国主要由游牧民族构成。但随着不断的征伐扩张，尤其是长城以南的燕云十六州并入辽国领土，其区域经济呈现多样化的形态。具体而言，主要分为三大区域：在长城以南的燕云十六州地区，居民主要以汉民为主，农耕为其主要经济形态。在长城以北辽河流域的农牧交错带，农耕生产与游牧文明交错。在辽河流域牧区、西部草原牧区，主要以游牧生产为主。不同的生产生活方式产生了不同的乡村聚落构成形式。

在长城以南的燕云十六州地区，其经济形态以农业为主，与此相适应，这一地区的乡村聚落主要以定居式的自然聚落形态为主，在这一地区出土的辽人墓志中，对此多有记录。[324]在管理体制上，这一区域的乡村基层组织延续隋唐五代“乡里制”的管理体制，在乡一级设“乡正”，[325]主掌一乡事务；乡正之下，设“里正”，辅佐乡正执行基层管理。燕云地区的乡村基层，除了乡里制下的自然村落外，还有一些独立于地方机构、专门服务于中央机构的庄园组织，如专门为贵族供应板栗的“栗园庄”。《辽史》记载“栗园庄”归属于“南京栗园司”直接管辖，其主管官员称“典南京栗园”。[326]

在长城以北地区，由于汉人、奚人、渤海人、契丹人等多民族混杂居住，在经济形态上呈现出农耕经济与畜牧经济融合的状态。即便是在西拉木伦河流域、医巫闾山北端、辽中京周围等农业集中开发的区域，农田与牧场也时常交错存在，因此，在广袤的大地上就出现了农耕的定居村落与游牧的移动毡帐错落分布的景象。北宋使臣宋绶在其《契丹风俗》中有如下记录，可资佐证：“离中京皆无馆舍，但宿穹帐，欲至木叶三十里许，始有居人、瓦屋及僧舍。”[327]由于土地广袤而人口较少，彼时的辽国乡村“封域虽长编户少，隔山才见两三家”[328]，其“乡里”管理制度并不健全。

在辽国的行政体制中，还有一种独特的“斡鲁朵”制度。“斡鲁朵”在契丹语中是“行宫”之意。《辽史·营卫志上》云：“辽国之法：天子践位置宫卫，分州县，析部族，设官府，籍户口，备兵马。崩则扈从后妃宫帐，以奉陵寝。有调发，则丁壮从戎事，老弱居守。”[329]辽太祖创设的“斡鲁朵法”，就是通过“分州县，析部族，设官府，籍户口”的方法，将原隶属于国家的人口划给斡鲁朵，同时将亲军、俘降人口以及部分自愿附宫籍者拨入斡鲁朵。这样就使得划归斡鲁朵的人户（即宫分户）在其周围构成了一个新的游牧集团，担当起迭剌部曾担当过的职任。平时耕田渔猎，战争时充当士兵。成为辽国新兴的防卫、战斗兼生产的力量。

各斡鲁朵有自己专属的行政州县，这些州县中从事农耕的村落多以“庄”“寨”“堡”“务”等名称出现，在管理上，这些乡村聚落完全呈现出一种自然聚居的状态，极少以乡里制度管理[330]，辽河地区的斡鲁朵也不例外。

与农耕地区实施的“乡里制”的管理体制不同，在斡鲁朵游牧部族以及从事畜牧生产的契丹人中，主要以“石烈”之下的“族帐”制度实施管理。“石烈”相当于农耕地区的县级机构，“石烈”之下，设“弥里”，也称“抹里”。《辽史·国语解》对“弥里”的内涵做出解释：“弥里，乡之小者。”各“弥里”之间，有一定间距，在需要迁移草场时，整个部落或者斡鲁朵共同起营迁徙。“石烈”之下除“弥里”外，还有“瓦里”、“得里”等组织。“瓦里”主掌奴隶役使工作，“瓦里：官府名，宫帐、部族皆设之。凡宗室、外戚、大臣犯罪者，家属没入于此”[331]。在“弥里”之下，有“闸撒”组织，主掌“宫卫之禁”[332]。

在辽代，因应与北宋使节之间联系的需要，在驿道上还产生了固定的“驿馆”聚落与移动的“驿帐”聚落。北宋路振《乘轺录》中记述道：“自白沟至契丹国，凡二十驿。近岁已来，中路又添顿馆……奚民守馆者皆给土田，以营养焉。国信所至，则蕃官具刍秣，汉官排置顿，大阉执挃案，舍利劝酒食……”[333]

二、女真内迁与金国的村落

女真源于肃慎人。在隋唐时期，被称为靺鞨。唐代，靺鞨首领大祚荣建立渤海国，五代时期，被契丹所灭。此后，女真是作为部族存在的。辽圣宗时，依据女真部族社会发展程度以及他们与辽政权之间关系的亲疏，将之分为“熟女真”和“生女真”，辽将部分熟女真迁入辽阳以东，编入户籍，承担赋役。生女真总数约十余万人，以部族形式散居在黑龙江与长白山一带，部族之间彼此独立，小部族千余户，大部族有数千户，以狩猎与渔猎为主，臣服于辽，定期纳贡。

发展至辽代中期，生女真内部出现了一些较大的部落联盟，其中尤以阿什河流域的完颜部最为强大。辽代后期，完颜阿骨打成为生女真部落联盟的首领——都勃极烈。随着部落实力的不断增强，生女真与辽政权之间关系日益紧张。天庆四年（1114年）九月，完颜阿骨打率女真各部2 500余人攻取宁江州，大败辽军。同年十一月，进击出河店辽军，获车马、粮秣无数。天庆五年（1115年），完颜阿骨打建立金政权，"收国元年（1115年）正月壬申朔，群臣奉上尊号。是日即皇帝位。上曰：辽以宾铁为号，取其坚也。宾铁虽坚，终亦变坏，惟金不变不坏。金之色白，完颜部色尚白。于是国号大金，改元收国"[334]。此后，随着不断的征战，金国逐步控制了包括淮河、秦岭以北地区，河北、山西等燕云十六州以及东北与漠南地区等广大的疆域。随着疆域的扩大，为加强对中原乡村基层的掌控，维护政权统治，金朝开始组织女真族大规模内迁。

女真建国之前，以部落为基础。"金之初年，诸部之民无它徭役，壮者皆兵，平居则听以佃渔射猎习为劳事，有警则下令部内，及遣使诣诸孛堇征兵，凡步骑之仗糗皆取备焉。"[335]在立国之后，出于军事斗争的需要，开始建立猛安谋克①制度，"至太祖即位之二年，既以二千五百破耶律谢十，始命以三百户为谋克，谋克十为猛安。继而诸部来降，率用猛安、谋克之名以授其首领而部伍其人"[336]。《金史》又载："猛安，从四品。掌修理军务，训练武艺，劝课农桑，余同防御。诸谋克，从五品，掌抚辑军户、训练武艺。惟不管常平仓，余同县令。"[337]从其既要"训练武艺"，又要"劝课农桑"可知，作为金政权的基层管理组织，猛安谋克具有军事与生产的双重职能。

金军南下后，随着占领区域的不断扩大，尤其是进入华北地区后，面对中原汉民族强烈的民族意识，金朝对乡村的统治出现困难，为加强统治，巩固政权，金政权开始大规模内迁女真人入主中原地区，天会十一年（1133年）"秋，起女真国土人散居汉地。女真，一部族耳。后既广汉地，恐人见

① 猛安谋克为金代女真族的社会和军事组织单位。——编者注

其虚实，遂尽起本国之土人，棋布星列，散居四方”[338]。内迁的女真人主要以猛安谋克户为主。自天会十一年秋大规模移民开始后，金政府数次组织猛安谋克南迁。天会十五年（1137 年），在废掉刘豫伪齐傀儡政权后，金政府“虑中州怀二三之意，始置田军屯田，军非止女真，契丹、奚家亦有之。自本部族徙居中土，与百姓杂处，计其户口给赐官田，使自播种，以充口食”[339]。皇统九年（1149 年），海陵王完颜亮迁都燕京，“贞元迁都，遂徙上京路太祖、辽王宗干、秦王宗翰之猛安，并为合扎猛安，及右谏议乌里补猛安，太师勖、宗正宗敏之族，处之中都。斡论、和尚、胡剌三国公，太保昂，詹事乌里野，辅国勃鲁骨，定远许烈，故杲国公勃迭八猛安处之山东。阿鲁之族处之北京。按达族属处之河间”[340]。在此次南迁中，除了早期的底层民众，大量宗室贵族也随同迁徙，并随族人的流动而分布于山东、河间和中都等地。

以猛安谋克组织迁移中原的女真部族，为了达到控制中原的目的，其主要移居之地为中原广阔的乡村地区。金熙宗皇统年间（1141—1149 年），又以屯田军的形式驻扎乡里，“金人既复取河南地，犹虑中原士民怀二王之意，始创屯田军，凡女真、奚、契丹之人，皆自本部徙居中州，与百姓杂处，计其户口授以官田”[341]。据《建炎以来系年要录》中“绍兴十二月”条记录，当时猛安谋克组织的迁徙地域遍布中原地区，“凡屯田之所，自燕之南，淮陇之北，俱有之，多至五六万人，皆筑垒于村落间”[342]。亦军亦民的猛安谋克组织在大量迁徙到中原乡村后，通过屯田军的形式，实现对中原地区乡村的掌控，遇有农民起义，就近实施镇压。如海陵王时期，“遣引进使高植、刑部郎中海狗分道监视所获盗贼，并凌迟处死，或锯灼去皮截手足。仍戒屯戍千户谋克等，后有获者，并处死，总管府官亦决罚”[343]。而居于地方的猛安谋克组织也很好地巩固了金政权的统治，如“正隆末，山东盗起，胡剌为行军猛安讨贼，遇贼千五百人于徐州南，败之”[344]。

作为具有军事属性的组织，猛安谋克的管理一直受到金政权的重视。在金太宗早期，猛安谋克受都统司和军帅司管辖。南迁以后，随着政府制度的变动，改为总管府和节度使管辖，而在宋、夏边境地区，部分猛安谋克组织又受统军司与招讨司管辖；章宗时期新设提刑司后，对猛安谋克又有监督之权，明昌六年（1195年），“诏诸路猛安谋克农隙讲武，本路提刑司察其惰者罚之”[345]。承安四年（1199年），提刑司改为按察司，其监管职能也被按察司取代，“上京、东京等路按察司并安抚司使……仍专管猛安谋克，教习武艺及令本土纯愿风俗不致改易”[346]。宣宗兴定五年（1221年）十二月，“罢行总管府及招讨统军检察等司”[347]，猛安谋克户被划归地方州县管辖。

以统治民族身份出现的女真族的内迁，对中原地区乡村社会产生巨大冲击。首先是与汉族村民争夺土地。当时的官员李石对此记录道：“山东、河南军民交恶，争田不绝。”[348]其次是部分猛安谋克组织骄横不法，对当地汉民多有骚扰。世宗大定年间，内迁部族骚扰汉民的现象就已经出现，“诸路猛安谋克，怙其世袭多扰民”[349]。但是，女真等少数民族与中原百姓交错杂居，也促进了民族的交流与融合。随着猛安谋克的内迁，大量北方部族以部落聚居方式散布在中原腹地乡野之中，“今屯田之处，大名府、山东、河北、关西诸路皆有之，约一百三十余千户，每千户止三（四）百人。所居止处皆不在州县，筑寨处村落间，千户百户虽设官府，亦在其内”[350]。长期的民族杂处，对女真族的生产生活也产生巨大影响。首先在生活习俗方面，迅速汉化。大定十三年（1173年）五月，金政府下诏“禁女直人毋得译为汉姓”[351]。大定二十七年（1187年）十二月，金朝廷再次下令：“禁女直人不得改称汉姓、学南人衣装，犯者抵罪。”[352]从金朝廷一再下令禁止可知，当时改汉姓、穿汉服在猛安谋克组织中已经成为普遍现象。内迁的女真部族与中原汉地民族广泛通婚，逐步缩小了两者之间的民族差别，减少了民族隔阂，对北方地区的发展产生重要影响。

三、党项割据与西夏的村落

党项属西羌的一支，又称党项羌，最早的记载见于《北史·党项传》。

早期，党项内部部族众多，“每姓别为部落，大者五千骑，小者千余骑”，各部之间也互不统属，平时“各为生业，有战阵则屯聚，无徭役，不相往来”[353]。此后，以拓跋氏为核心，逐步形成了强大的部落联盟。唐末，党项平夏部由于助唐军镇压黄巢起义有功，被赐李姓，封夏国公并权知定难军节度使，五代十国时期，其实力逐步壮大。

宋初，夏州党项遣使于宋，与宋交好二十余年。1002 年，党项首领李继迁在攻克灵州后，将其改名为西平府，并建造宗庙，设置官府，组建军队，成为割据一方的大势力。1031 年，元昊继位后，大力实施改革。如创制西夏文字，整顿军队，改革风俗，等等。1038 年，元昊称帝，建立大夏国，定都兴庆府。由于其地处西北，故此宋、辽等也称之为西夏。西夏建国后，其实力达到鼎盛，政治、经济、军事等各方面实力全面繁盛，成为与宋、辽鼎足而立的割据政权，其统治疆域广阔，“夏之境土，方二万余里……河之内外，州郡凡二十有二”[354]。

在早期，党项族的基层组织形式主要以部族为主。《旧唐书·党项羌传》载：“（党项）处山谷间，亘三千里。其种每姓别自为部落，一姓之中复分为小部落，大者万余骑，小者数千骑，不相统一。”各部族的头目称为首领。早期，党项社会的经济主要以畜牧为主，“俗皆土著，居有栋宇，其屋织牦牛尾及羊毛覆之，每年一易。……男女并衣裘褐，仍被大毡。畜牦牛、马、驴、羊，以供其食。不知稼穑，土无五谷。气候多风寒，五月草始生，八月霜雪降。求大麦于他界，酝以为酒”[355]。西夏时期，随着党项内迁，部分族人逐步学会了农耕，其经济形态已经由早期部落时代的畜牧业逐步转变为农业与畜牧业并重的格局。游牧与农业交织，构成西夏经济的基础，手工业与其他行业成为补充。与经济结构相对应，其村落形态也发展为游牧部落、定居村落等多种形态。

党项内迁后，与各民族交流日益增多。在西夏地域生活的民族众多，除了居于主体的党项族外，还有汉族、吐蕃、回鹘、契丹、女真、沙陀等少数民族，各族交错杂居，相互影响。在基层组织管理上，有些地区完全仿效汉地乡里制进行管理。如在武威小西沟岘出土的西夏文书中，就出现了关于乡的记录："依中□各乡以属行遣。"[356] 而在敦煌的一些文书中，则出现了关于社户的记载，如莫高窟第 363 西夏窟中的供养人题记："社户王定进□□一心供□"、"社户安存遂永充一心供□"。[357] 无论是乡还是社，都是典型的汉地乡里制管理模式。

此外，在西夏乡村，还存在着一种"迁溜制"的管理模式。在《天盛律令·纳领谷派遣计量小监门》中就规定："各租户家主由管事者以就近结合，十户遣一小甲，五小甲遣一小监等胜任人，二小监遣一农迁溜，当于附近下臣、官吏、独诱、正军、辅主之胜任、空闲者中遣之。"[358] 其十户为一小甲、五小甲为一小监、两小监为一迁溜的规定与宋代熙宁保甲法中十户为一保、五保为一大保、十大保为一都保的规定非常类似，且《天盛律令》在熙宁保甲法实施之后编撰，迁溜制明显受保甲法影响。此外，迁溜制也保留了西夏党项部族的传统制度。北宋田况曾上奏称："西贼首领，各将种落之兵，谓之一溜，少长服习，盖如臂之使指，既成行列，举手掩口，然后敢食，虑酋长遥见，疑其语言，其肃整如此。"[359] 从中可以看出，"溜"实际是西夏部族军队的组织形式，其后逐步迁移到基层乡村与部落管理中，通过与保甲制度的结合，形成了极具西夏特色的乡村基层管理制度。

第七章

文明的繁盛与村落共同体的形成

1368年，朱元璋在应天府（南京）建立政权，立国号为大明，史称明朝。随后朱元璋率军北伐，攻占元大都（北京），元帝北逃，退居漠北，蒙元在中原的统治全面结束。元明易祚的几百年后，1644年，兴起于东北的大清政权，击败大顺军，进占北京，入主中原，史称清朝。王朝更迭，王权的合法性地位往往遭遇挑战，因此政权的合理性和绝对性就被反复强调。要巩固政权统治，维系国家稳定，统治者必须对庞大疆域，特别是对城市以外的广大乡村地区要尽可能实施有效控制。因为归根结底，王朝的统治根基还是在于对统驭范围内人丁和土地的牢固掌控。而人丁和土地，绝大多数又广泛分布于城市以外的广大乡村地区。所以，包括村落在内的广大乡村地区，自然就成为王朝更迭之后，被重点管控和治理的地方。

也正因如此，基于国家社会稳定的需要，明清统治者必须从多个角度、在多重层次上设计出多种制度和政策，以实现对国家和地方社会的有效管控和治理。在乡村地区，明清统治者建立了一套存续数百年的行政管控体系。其中包括人丁、田产、赋税、商贸、文化、伦理教化等方方面面的内容。国家对乡村社会的关注，中央政权对乡村治理的细化与改进，一方面加大了中央王朝对乡村的有效力度，另一方面，在一定程度上也大大推进了村落共同体的形成。甚至可以说，中国的村落文化在明清时期达到鼎盛，为传统中国社会的发展带来了最后的光亮。在明清两代的大部分时间内，乡村发展相对趋于平稳，直到清末，由于清政权各层级的全面腐化，国家在应对战争、起义等危机时，已表现出明显的力不从心，再加上西方列强的入侵，整个本土经济和社会结构被严重破坏，村落共同体也分崩离析，近乎解体。

第一节 明清乡村基层组织的演变

一、从都保制到里甲制

明初，北方地区大多承袭元代的里社制。《明史》载，"太祖仍元里社制，河北诸州县土著者以社分里甲，迁民分屯之地以屯分里甲"[1]；在南方，乡村的建制依然维持着宋代的都保制。北宋熙宁变法之后，乡村逐渐形成了都保结构的区划建制模式。都保依人户划分，具有地方自治和保防的职能，形成了"乡—都—保"、"乡—都（里）"等乡村层级模式[2]。尽管都保的称呼、户数编排等具体规定在时空上存在差异，但不可否认的是，元、明、清以至民国时期的乡村区划形态是在此基础上不断发展的，比如福建长乐县"宋设四乡，领三十二里，元为三十六都"[3]。但要指出的是，此时"都保"的名称含义，已发生变化，转化为非实体性的基层组织单位，更多是地理性的区域称谓，主要用以表示人户籍贯、田土经量和地理区域的划分。

洪武十四年（1381 年）"诏天下编赋役黄册"，里甲制正式确立，明确规定"以一百十户为一里，推丁粮多者十户为长，余百户为十甲，甲凡十人。岁役里长一人，甲首一人，董一里一甲之事。先后以丁粮多寡为序，凡十年一周，曰排年。在城曰坊，近城曰厢，乡都曰里。里编为册，册首总为一图"[4]。此后，随着里甲制的推行，"里"在乡村基层建制中被广泛使用，并承担着户口登记、赋役管理的职能。由各里编造的人丁与丁粮数额的册本，遵从“县—府—布政司—户部”的行政等级，逐层汇总递交，再由户部拨出7人勘误查核，最终进呈给皇帝查看。

按规定，黄册“每十年有司更定其册，以丁粮增减而升降之”[5]。所以，在推行里甲制近十年之后，到洪武二十四年（1391年），朝廷重申必须严格根据地域区划造册，“务不出本都”，“不许变乱版籍”。并设立职业册籍，按民户、军户、乐户、灶户、驿户、医户、卜户、工户等分别登载，进一步将社会分工凝固化、世袭化。除纳税服役的成丁之外，不“任役”的“畸零户”需带管于110户的“里”之外，列于图后。“鳏寡孤独不任役者，附十甲后为畸零。僧道给度牒，有田者编册如民科，无田者亦为畸零。”[6]无论是按职分籍造册，还是编排畸零户附甲，都是为了强化朝廷对乡村社会的控制。通过里甲制的不断细化，朝廷将人民的交往活动限制在清晰的行政地理区划之中，以防止农业生产人口流向非农业生产部门，将农民牢牢束缚在土地上，从而保证国家粮食安全与赋役来源，实现国家政权稳定。

明中叶以后，为核实户口、征调赋役而制的黄册空成具文。里甲便根据需要，将征税、编徭合为一册，名为“白册”，主要记载丁、役、田、租等信息。百姓自出生起被编入籍，长至十六岁即为成丁，需服里甲、均徭、杂泛三役，直到六十岁方可免役。其中，甲役以户计，徭役以丁计，杂役为听从上命不定时的差役，均由里调配派遣。除服劳役外，百姓可输钱于官，募人以代役，称为雇役。不仅如此，百姓还需在规定时间内缴付夏税、秋粮。

百姓缴纳田赋、从事无偿劳役，是朝廷通过中央集权的行政权力，由里长的直接监管实现的。换言之，即作为“职役优免者”[7]，里长在享受职权带来的利益同时，也需承担一定的责任，包括保证完成国家财政的税粮数额、徭役的执行供应以及对生产的检查督促。如若“致有脱产者”，里长便会受到制裁，“一户至五户，笞五十，每五户加一等”；里甲内如有农户逃亡，仍征税粮，由里甲赔纳；征税不如额，也由里长单独包赔或所有甲首摊赔；里长部内已入籍纳粮当差的田地，如果有无故荒芜或应保种桑麻之类而不种者，“俱以十分为率，一分笞二十，每一分加一等”。国家对乡村社会的控制，通过连带赔纳的办法下行到里甲层级，使得部分里长甲首处于濒临破产的境地。

此外，南方部分地区仍根据“都”的层级范围进行编册，如当时福建的永春县、永福县、闽清县都属此类。[8] 在中国村落文化研究中心留存的大量造像记中，可以见到许多“大清国某某省某某府某某县某某乡第某某都”的描述。文献也保留有“保”“区”“社”“团”“曹”“管”等为地域单位名称的表述。如福建邵武府“因丘陵麓原隰条细分为厢隅、为都保”[9]。泉州府惠安县“境纵九十里，衡（横）八十里，分为三十都。虽各广轮不同，每都较以二十四里，纵衡（横）为额，画为二十四方”[10]。

与此同时，“都正”“隅正”“图正”等职役人员在乡村组织中承担着实体性的作用。如徽州府休宁县“邑二百有十里，里为图，图有正，则以驯谨者一人职之。小事从隅、都质成，大事专达。郭以内，合一里而各为隅，隅有四。其外合二百里而各为都，都三十有三。隅正治隅，都正治都。小事则稽于众而决其成，大事专达”[11]。这段文献表明，“里”与“图”为同一等级单位，共有 210 里，由“图正”管理。又将 210 里划分为 33 都，由“都正”治理。而郭以内有 4 隅，由“隅正”管辖。由此可见，休宁县的行政等级为“隅—都—图（里）”，行政管理人员层级为“隅正—都正—图正”，呈现出渐次远离地方行政中心的态势。不过，关于“都”的记载，主要见于明中后期的土地清丈运动之中，此时黄册、白册中的都图、都保虽在形式上对宋元时期的都保有所继承，但已然是两种不同的地方建置。

不管怎么说，以上这些都说明在明代中叶以前，朝廷是希望对乡村社会实施精准有效的管控和治理的。当然，从文献记载来看，在明代，国家在事实上将国家权力通过合理合法的途径下沉到了包括村落在内的民间社会。

表 7-1 明朝天下户口统计

时间	户数	人口
洪武二十六年（1393 年）	10 652 870	60 545 812
弘治四年（1491 年）	9 113 446	53 281 158
万历六年（1578 年）	10 621 436	60 692 856

资料来源：据《明史》卷七七《志第五十三·食货一》数据重新制表。

然而到明代中后期，这种情况就发生了明显的变化，国家对民间社会的管控流于形式，这从人丁、田赋等相较于明初不增反降的事实中即可见一斑。表 7–1 显示，明初，全国登记在册的共有 10 652 870 户、60 545 812 口，其后承平日久，反而不及明太祖时期。永乐、天顺、成化、弘治、正德年间户口数量反复增减，田赋多无准数。户口的减少自然会引起朝廷的关注，因为户口的减少势必影响国家的赋税、徭役、兵役。嘉靖八年（1529 年），霍韬奉命修会典时就说："自洪武迄弘治百四十年，天下额田已减强半，而湖广、河南、广东失额尤多。非拨给於王府，则欺隐於猾民。广东无籓府，非欺隐即委弃於寇贼矣。司国计者，可不究心。"[12] 其实，户口逃逸在明代前期就时有发生，周忱指出，当时不少编民"投倚於豪门，或冒匠窜两京，或冒引贾四方，举家舟居，莫可踪迹也"[13]。

显然逃户是国家不愿意看到的，因此朝廷不得不采取一系列办法来限制逃户的出现，或者将逃户重新纳入国家行政管控的视野。一方面，明代对逃户和流民的态度较为温和，鼓励逃户在地方管控下继续开垦纳税，正如《明史》所载，"凡逃户，明初督令还本籍复业，赐复一年。老弱不能归及不愿归者，令在所著籍，授田输赋。正统时，造逃户周知册，核其丁粮"[14]。"凡流民，英宗令勘籍，编甲互保，属在所里长管辖之。设抚民佐贰官。归本者，劳徕安辑，给牛、种、口粮"[15]，明英宗诏令勘察流民原籍，确认为良民并能互相作保者，将其编甲，统属里长管辖。免流民复业者税，并鼓励流民归本，给予一定的复垦补贴。但到成化初年，因明宪帝任用项忠、杨璇逐流民戍边，百万流民因之死亡者无可计数。其中不乏有能力赋役的成丁，对国家来说，这些流民的死亡无疑是极大损失。或许正是因为意识到了这一点，自此之后，国家对流民的态度重新回归温和，近者许附籍，远者、多者设州县以抚之。[16]另一方面，国家开始更加关注普通民众的生活保障、丧葬、养老等民生方面，行慈善事，以安其民，主要表现为设养济院收无告者，每月给以粮食；设漏泽园葬贫民；令天下府州县立义冢；行养老之政，给 80 岁以上的老者赐予爵位；诏优恤遭难兵民。

除逃户和流民以外，明朝建立伊始，富民阶层大多存在着隐没田地、人口，以逃避国家赋役的情况，小农、佃农依附士绅、富户，亦是如此。富户尤其是浙江富户，在明朝及各级官吏眼中是“畏避徭役”的，“而两浙富民畏避徭役，大率以田产寄他户，谓之铁脚诡寄”[17]。从一定程度来看，这些具有一定社会地位和资本的、不稳定的阶层，是阻碍里甲制推行的不利因素，也是前朝及民间反抗势力的主要经济来源。因此，明朝廷为了管控地方富户，通常将其集中至皇权中心的城市边缘。如明太祖即位时，便仿汉代徙富民以充实关中之制，命籍浙江等九布政司、应天十八府州富民 14 300 余户徙其家以实京师。明成祖时，又选应天、浙江富民 3 000 户，充实北京的宛、大两个县的行政区域，之后不断选本籍殷实户予以充补。对这些迁徙的富民，朝廷严格管控。不过，明朝廷一般通过任用“丁粮多者”之户为里长，实行连带赔纳的办法，以富民来管束富民。但是，这一做法又产生了些新问题，富民虽附籍京师，但仍应本籍徭役，其徭役压力并没有因为供给了银钱而减少，因而引起了一些富民的反抗。直至弘治五年（1492 年）明确了每户富民征银数额，与厢民助役，才得以取消本籍徭役。同时，由于国家对富民的剥削使其日益贫乏，导致富民仍时有逃窜。虽然宣德年间，明朝廷针对逃窜富户制定了惩罚措施，并且相较于一般逃户而言更为严厉，试图以高压政策阻止富户逃离，如“逃者发边充军，官司邻里隐匿者俱坐罪”[18]。尽管如此，但由于事久弊深，富户逃离现象仍层出不穷。

如果说黄册是明代掌握户籍的政策手段，那么鱼鳞图册则是明代国家控制田土的管理办法。作为里甲制的配套政策之一，鱼鳞图册早在明代洪武年间就已开始制定与实施。史载，明太祖遣周铸等164人，核浙西田亩，定其赋税，又命户部核实天下土田。洪武二十年（1387年）明太祖命国子生武淳等分行州县，随粮定区。“区设粮长四人，量度田亩方圆，次以字号，悉书主名及田之丈尺，编类为册，状如鱼鳞，号曰鱼鳞图册。”“凡质卖田土，备书税粮科则，官为籍记之，毋令产去税存以为民害”[19]，又因中原田多荒芜，因此“计民授田”，在河南设司农司。可以说，明代鱼鳞图册的性质就是土地登记册。它与编制户口的黄册一起，确保了明代国家的赋税收入，对巩固明代国家的经济基础发挥了较大作用。

从某一层面可以说，鱼鳞图册的编制主要还是针对包括地方士绅、富民在内的地主集团，既防止富户逃避国家赋役，也防止底民众姓依附富户逃避赋税。不过，在南方许多地区，以经界法辑之鱼鳞图册与户编之黄册并行的经册、纬册系统，有时也引起了乡村基层建置的复杂甚至混乱的局面。史载，嘉靖八年（1529年），桂萼、郭弘化、唐能、简霄先后上疏奏请核实田亩，顾鼎臣奏请履亩丈量，丈量之议由此而起。尽管江西安福、河南裕州、福建诸县等地陆续清丈，然而由于制度性缺陷，法未详具、人多疑惮，有异心者仍有机可乘等，以致无法尽善。也正因如此，万历六年（1578年），张居正议天下田亩通行丈量，实施“一条鞭法”，“以径围乘除，畸零截补”。“于是豪猾不得欺隐，里甲免赔累，而小民无虚粮。”[20]

表7-2 黄册、鱼鳞图册对比

册别	黄册	鱼鳞图册
功能	赋役之法定	土田之讼质
类别	以户为主	以土田为主
内容	旧管、新收、开除、实在之数	原坂、坟衍、下隰、沃瘠、沙卤

资料来源：据《明史》卷七七《志第五十三·食货一》数据重新制表。

所谓"一条鞭法"，就是把明代国家征收的各种赋税，以及按丁征派的劳役，全都归为一条，按照田地亩数来征收，并且一概征收银两。《明史·食货志·赋役》载："一条鞭法者，总括一州之赋役，量地计丁，丁粮毕输于官。一岁之役，官为佥募，力差，则计其工食之货，量为增减；银差，则计其交纳之费，加以增耗。凡额办、派办、京库岁需与存留，供亿诸费，以及土贡方物，悉并为一条。皆计亩征银，折办于官，故谓之一条鞭法。"[21]"一条鞭法"在全国范围内的推广与实施对乡村社会而言无疑具有积极意义，一方面，通过简化赋税的名目和征收的手续，有效防止了地方官吏与富户豪强的合伙作弊，大大减少了他们对底层民众的盘剥和勒索。同时，将赋税与徭役合并征收，并部分"摊丁入亩"，改变了历代以来将两者分开征收的方式，这不仅使富户地主难以逃避赋税，而且在某种程度上减轻了农民的负担。毕竟在明代，田地多掌握在富户地主之手，而户丁大多数是普通民众。

在具体执行中，地方官吏根据鱼鳞图册信息，将注明了纳粮数额的由帖分发给民户，民户据此纳粮当差。每逢收纳时，民户便前往县衙，将写明了缴纳者姓名、所在里甲、缴纳数目及日期的包封投入专门置备的柜中，并领取由票以作凭证。投柜过程需由管柜官吏和粮长共同监察，各柜登记簿和由票上也需注明缴纳者信息，以备查核。显然，这种"柜银制"在简化民户征收手续的同时，也逐渐解除了里长、甲首催征赋役的职责，从而使里甲与徭役完全分离，在一定程度上避免了里胥"勾摄公事，催征钱粮"时，凭势作威、好诡之谋、贿赔之术，甲首作弊以欺府县的行径。

客观地说，这种方式既将明代国家的权力进一步下沉到了乡村社会，国家掌握了某种程度的主导权，也缓解了民户的负担，但是，在实际运行之中，却因执行条件的先天性缺陷，又滋生了新问题。一方面，由于部分村民没有时间和能力经常往返县衙缴纳，只能将缴纳赋税之事交由地方家族或粮长统管，换言之，村民仍需求助于当地的族长、里长、甲首或者粮长来实现赋税的缴纳，所以在某种程度上，国家权力在乡村的运行实际上被乡村社会部分瓦解了。另一方面，田赋和力役折银征收，村民必须以更多的粮食和产品换取银两，缴纳赋税，而白银在偏远的乡村地区不仅紧缺，又通常掌握在当地的富户之手，因而村民仍是被盘剥和勒索的对象，实际负担并没有减轻，以至于明人李开先说“名虽一条鞭，实则杀民一刃刀也”[22]。

二、保甲与里甲的并行

保甲制度，早在北宋就已形成。史载，北宋熙宁初，王安石变法，改募兵而行保甲，“乃诏畿内之民，十家为一保，选主户有干力者一人为保长。五十家为一大保，选一人为大保长；十大保为一都保，选为众所服者为都保正，又以一人为之副。……每一大保夜轮五人警盗，凡告捕所获，以赏格从事。同保犯强盗、杀人、放火、强奸、略人、传习妖教、造畜蛊毒，知而不告，依律伍保法”[23]。这是首次在乡村地区设立集侦察和举报犯罪为唯一职能的组织，类似现在的警察局。伴随着奖惩晋升以及联保连坐法的实行，保甲制在当时很快便推行到全国，成为辅助性的军事体系和永久性的由国家控制的地方武装机器，最终成为明清保甲体系建立的基础。

明成化四年（1468 年），云南道御史戴用上疏，倡议以保甲法加强京师治安。成化十二年（1476 年），总督漕运右副都御史李裕等言，在流民时常出没的荆襄上流之地，设立保甲。弘治初，明孝宗批准兵部的上疏，意图在全国进一步严格贯彻保甲法。到正德十二年（1517 年）至十五年（1520 年），王守仁在南赣讨平盗匪和农民起义军，建立了一种与保甲法相似的“十家牌法”，其目的是“止息盗贼”。“凡立十家牌，专为止息盗贼。若使每甲各自纠察甲内之人，不得容留贼盗。……凡此皆靡费无益，有不率教者，十家互相纠察，容隐不举正者，十家均罪。”[24]十家牌法规定每户的成员名字需按实登录在小牌上，并挂在各家门面。官府会对这些小牌的信息进行审查，包括如人丁数量、职业、房系、健康情况、户籍、田粮等项，以及是否为官员、生员，或当某差役、习某技艺、作某生理，或过某房生赘，是否残疾，等等。

每十家为一牌，每户轮流负责记录，并照式造册一本留县，以备日后查考。十家牌法为侦查罪犯设计，强调甲内自治、联结。如遇勾摄及差调等任何失职，由10户集体负责，按册处分，“更无闪躲脱漏”。此外，保长作为地方官府代理人，其主要作用在于整合地方力量以对付偷盗，实现息盗贼、简词讼，维持乡村社会稳定。

明代中后期，黄册的编审虽在形式上仍按十年一期执行，但由于人户流徙日益频繁，用于统计户口的版籍制度被严重破坏，里甲制事实上已名存实亡。保甲作为补充里甲制的基层组织，在限制民众离乡、钳制职业选择、征发徭役赋税、固化社会阶层等的基础上，增加了维护社会治安的功能。明末保甲和里甲双轨并存，清朝建立后仍沿袭明朝的乡里制度和形态。

顺治元年（1644年），百户危列宿上言，建议对天津到海避乱的11 000余户百姓进行扶绥。兵部侍郎金之俊亦请谕各镇道臣招徕土寇，令州县将率众归顺者编置牌甲。[25]如上被朝廷采用，并进一步规定，“凡保甲之法，州县城乡十户立一牌头，十牌立一甲长，十甲立一保长。户给印牌，书其姓名丁口，出则注其所往，入则稽其所来。其寺观亦一律颁给，以稽僧道之出入，其客店令各立一簿，书寓客姓名，以便稽察”[26]。通过保甲制，十甲连保以履行监视、侦查、汇报地区可能发现的任何犯罪或犯人的治安手段，全面提升和大大增强了处在政权更迭期的清王朝对整个基层社会的有效管控与治理能力。

但是，里甲制度并没有因此猝然消失。毕竟，受制于信息传播闭塞、官府运作体系有限等因素，一种长期运行于基层社会的制度，是不可能在很短时间内，便因王朝更迭后的新政、新制而全部改变的。史载，顺治四年（1648年）诏天下编审人丁。顺治五年（1649年）改为三年编审一次，其管理和规定与明朝并无甚差别。“责成州县印官，察照旧例造册，以百有十户为里，推丁多者，十人为长，余百户为十甲。……在乡曰里，各有长。凡造册，人户各登其丁口之数，而授之甲长。甲长授之坊、厢、里……”[27]可见，此时里甲与保甲并行。虽然两者计算和登记特定地区户口数的功能重叠，但里甲制实质上是为了确定和保障应收的赋税数额，而保甲制的目的是为了管控不法人员，因此，两者的职责有明显差别。

表 7-3　保甲、里甲的构成

保甲构成	里甲构成
10 户 =1 牌	10 户 =1 甲
10 牌（100 户）=1 甲	110 户 =1 里
10 甲（1000 户）=1 保	—

资料来源：据张廷玉：《清朝文献通考》第一册，卷十九《户口一》中数据重新制表。

随着政治经济的平稳运行，清代人口持续增长。通过进一步调整和试验，朝廷将各省课银（税金）多寡以及各州县课银多寡，以贫富差别划分，"恐有漏户避差之弊"。同时，根据职业差别，人丁课银数量也各有不同，民丁之外，别有军丁、屯丁、灶丁、站丁、土丁、渔户、寄庄丁、寄粮丁。这种基于人丁的丁税法，沿自明末的"一条鞭法"。正如《清朝文献通考》所载："至直省丁徭多寡不等，率沿明代之旧，有分三等九则者，有一条鞭征者，有丁随地派者，有丁随丁派者。"[28] 但是，由于这种赋役改革并不彻底，故使得部分地区存在按丁、按地各自征银的混乱情况。地方士绅与里甲联合操纵户口编审，将丁银的大量负担转嫁和摊派给一般农民，以致丁银征派贫富倒置，进而引发不少农民迫于生计纷纷外逃。逃户的出现，就势必会使一些原本被纳入国家行政区划之中的自然村落遭到废弃，进而导致里甲编审渐趋偏离实际情况。

这种现象显然是朝廷所不愿意看到也不能容忍的。所以，清朝廷一方面为了遏制此类情况继续恶化，进一步下沉国家权力，将地方代理人和基层组织全部划归知县统管，从而试图将包括村落在内的地方社会置于国家的直接管控和监督之下。另一方面，为了保证税额如数足额征缴，保障国家财政收入来源，实行以现丁包赔逃亡的举措。然而，这并没有很好地解决"逃户"问题，反而在客观上，导致安于垦耕的"良民"大为不满，怨声四起，不仅激化了社会阶层矛盾，也使得国库征收陷入了更为复杂的混乱局面。《清朝文献通考》中就指出，当时“一户或有五六丁，止一人交纳钱粮。或有九丁、十丁，亦止一二人交纳钱粮”[29]。这种情况，直到康熙五十一年（1712年）出台“固定丁银”的政策，使丁银征数稳定之后，才得以改变。所谓“固定丁银”即以康熙五十年（1711年）丁册的人丁数为额，并且“盛世滋丁，永不加赋”。正是康熙王朝的“固定丁银”，为雍正王朝的“摊丁入亩”创造了条件。

表7-4 清前期人丁数量统计

省份	顺治十八年（1661年）人丁数	康熙二十四年（1685年）人丁数	康熙五十年（1711年）人丁数	康熙六十年（1721年）人丁数	雍正二年（1724年）人丁数
总计	21 068 609	23 411 448	24 621 334	27 355 462（内滋生人丁不加赋者467 850）	25 284 818
直隶	2 857 692	3 196 866	—	—	3 248 710
奉天	5 557	26 227	—	—	42 210
江南布政司（康熙二十四年后改为江南江苏布政司）	3 453 524	2 657 750	—	—	2 673 208
山西布政司	1 527 632	1 649 666	—	—	1 768 657
山东布政司	1 759 737	2 100 973	—	—	2 278 305
河南布政司	918 060	1 432 376	—	—	2 049 417
陕西布政司	2 401 364	2 241 714	—	—	2 164 656
浙江布政司	2 720 091	2 750 175	—	—	2 758 713
江西布政司	1 945 586	2 126 407	—	—	2 172 587
湖广布政司（康熙二十四年后为湖北布政司）	759 604	443 040	—	—	453 007
湖南布政司	—	303 812	—	—	341 300

（续表）

省份	顺治十八年（1661年）人丁数	康熙二十四年（1685年）人丁数	康熙五十年（1711年）人丁数	康熙六十年（1721年）人丁数	雍正二年（1724年）人丁数
四川布政司	16 096	18 509	—	—	409 311
福建布政司	1 455 808	1 395 102	—	—	1 429 203
广东布政司	1 000 715	1 109 400	—	—	1 307 866
广西布政司	115 722	179 454	—	—	202 711
云南布政司	117 582	158 557	—	—	145 240
贵州布政司	13 839	13 697	—	—	21 388
安徽布政司	—	1 314 431	—	—	1 357 573
巩昌布政司	—	273 292	—	—	302 763
顺天府	—	—	—	—	158 133

资料来源：据张廷玉：《清朝文献通考》第一册，卷十九《户口一》中数据重新制表。

康熙五十二年（1713年），在“固定丁银”“永不加赋”的政策保障下，各省民谷细数，都要经督抚于年底专折向朝廷奏报，所以，里甲五年一次的编审，实际上已成了无时效性的虚文。到雍正元年（1723年），各省便陆续将丁粮摊入地粮内征收，被称为“摊丁入亩”。但是，当时各省、州、县的田、土作摊法不同，分别定例，按照户部议行，随地起征。“摊丁入亩”的实行，使得全国范围内以“保甲”取代“里甲”的条件完全成熟。《清史稿》载，雍正四年（1726年），直隶总督李绂改编审行保甲，称直隶丁银业已照粮均摊，编丁与课银无关，只会徒滋百姓烦扰。况且里甲编审之意在于清查户口，而不如保甲既能详密户口，又能稽察游民，故里甲已无存在价值[30]。至乾隆五年（1740年），户部令各督抚于每年十一月将户口数与谷数一并造报，还明确规定区别对待：“番疆、苗界不入编审者，不在此例。”乾隆三十七年（1772年）朝廷同意李瀚之请，永远停用里甲编审，唯有运漕军丁四年一编审而已。由此来看，里甲在清代中期逐渐被取消了。

在逐步取消里甲的过程中，雍正四年（1726 年）七月，由皇帝批准，户部议定的保甲条例正式颁行全国。乾隆二十二年（1757 年）更定为保甲法，并调整和细化了 14 条户籍编列。这一改变，主要围绕不同职业、少数民族、弱势及边缘人群等社会群体展开，鼓励百姓互相联保、举报，并强调地方官吏的执法权威。大体来看，可总结为七点[31]。

其一，规定顺天府（今北京）五城所属村庄暨直省各州县村庄的保甲规制及职责，根据"牌长—甲长—保长"的管理层级，将每户组织起来，确定选拔标准和工作年限，主要行使治安纠察的功能。史载，当时"每户岁给门牌，十户为牌，奇零散处通融编列，立牌长。十牌为甲，立甲长，三年更代。十甲为保，立保长，一年更代。士民公举诚实、识字及有身家之人，报官点充地方官不得派办别差。凡甲内有盗窃、邪教、赌博、赌具，窝逃、奸拐、私铸私销、私盐、踩曲，贩卖硝磺，并私立名色敛财聚会等事，及面生可疑形迹诡秘之徒，责令专司查报。户口迁移登耗，责令随时报明，于门牌内改换填给。"[32]

其二，规定绅衿、旗人与民人一体编列。在旗民杂处村中将旗分户名，所隶领催屯目注明旗人、民人。

其三，对离乡经商或耕种的商民进行严格管控，防范人口流动引发治安问题。保甲的范围，不仅遍至固定的、广大的乡村陆地，还延伸到了流动的商船之中。在边外如蒙古等地耕种的民人，同样设立牌头、总甲及十家长，"如有偷窃为匪，及隐匿内地逃人者，责令查报"。在各省驻防营内，经商者贸易居住及官兵雇用人役，均另编牌册，报明理事厅查核；凡客民在内地开张贸易或置有产业者，与土著一类顺编，由于其往来商贾踪迹无定，责令客长查察；尤其对沿海商渔船只进行严格规定 。[33]

其四，将盐场、矿厂等处工人按职业编籍排甲，设立"课长""澳甲""场员""峒长""炉头"等对其进行统一管理。盐场并灶另编排甲，所雇工人随灶户填注，由场员督查。场员督率厂商、课长及峒长、炉头等编查各处煤窑，由雇主将矿厂雇佣工人册报地方查核。

其五，将区域社会边缘人群编册。清朝廷在雍正四年（1726年）以来的政策基础上[34]，要求各省山民、棚民按户编册，由地主并保甲结报广东寮民（穷民）。每寮给牌，互相保结其招佃搭寮者，由业主负责呈报。外来流丐则由保正督率丐头稽查。少壮者询明籍贯，递回原籍安插，其余归入栖流（即收留难民、流民的专门机构）等管束。至乾隆二十八年（1763年），稽查江西、安徽、浙江等省棚民，“单身赁垦之人，令于原籍州县领给印票，并有认识亲族保领，方准租种安插。倘有转相顶替及来历不明之人，责重保人互相纠察举报究治。至现在单身棚民已经种地者，责成有家棚民取具切实保状，如无人保结者，即令押回原籍”。乾隆三十六年（1771年），准蜑户、渔户、乐户、丐户的改籍要求。[35]之后，又准这些群体的四世以后，可以报捐应试，这就为“贱民”脱籍打开了切口。诸如此类，都充分体现了清代国家对村落社会流动的强化控制。通过这种方式，清代国家很好地将原本难以管控的山民、棚民乃至流民等社会边缘群体，纳入了国家行政管理编制体系，并将他们尽可能地固定在土地上，就在主客观上维系了国家的稳定。

其六，对全国各地的少数民族加以管制。与雍正四年（1726年）仅仅关注苗疆等村堡聚族之例稍有不同[36]，乾隆二十二年（1757年），重视将少数民族与汉民一体编入保甲，并根据不同地区区分为六种情况：一是针对苗疆寄籍，在内地久经编入民甲者，照民人一例，并编查其余各处苗瑶，由千百户及头人、峒长等稽查约束。二是针对云南省有夷人与民人错处者，一体编入保甲。其地依山傍水，自成村落，悬崖密箐内搭寮而居者，由管事头目造册稽查。三是外省入川的民人，与土著一例编查，如系来历不明者，必须报官遣回原籍。四是甘肃省番子土民。由土司查察，由地方官管辖者，则由该管头目编查，地方官给牌，另册造报。五是川省改土归流各番寨由乡约甲长等教化番民，稽查奸匪，均听抚夷掌堡管束。六是定番界苗疆禁例，其目的在于一方面限制台湾流寓民，即“不准内地民人私行偷渡。台湾民人不得与番人结亲”。限制苗汉之间的互动往来。汉民无故擅入苗地，及苗人无故擅入民地，均照例治罪。从深层次来看，这实际上就是试图通过保甲制强化对边地少数民族的控制，进而巩固国家的政治统治。

其七，对寺观僧道等宗教人员行监察之制，责令僧纲道纪按季册报。如有游方僧道形迹可疑，及为匪不法者，禀官查逐。其各省回民令礼拜寺掌教稽查。

由上可知，保甲和里甲是两个在目的和内容上，均不相同的基层行政治理体系。这从《大清律例》中将两者分置不同项目之下即可见一斑。规范保甲运作的法律，置于“刑律”项下，而关于里甲的法律规定，则置于“户律”项下。前者有关于处理犯罪和罪犯，而后者有关于财政和人口，两者截然不同。保甲重治安控制，里甲重赋役纳征。由于里甲的衰弱和不适用，正如前文所指出的，在雍正后期至乾隆初年，其部分功能逐渐被保甲替代。如里甲的户口登记工作，在乾隆初年就转移到了保甲，史载，乾隆四十年（1775 年），“论直省滋生户口，向惟册报户部，朕（乾隆）临御之初，即饬各督抚，岁计一省户口、谷数尚有仓储可核，而民数则量为加增，所报之折及册，竟有不及实数什之二三者……现今直省通查保甲所在户口人数，俱稽考成编，无难按籍而计，嗣后各督抚务饬所属，具实在民数上之督抚。督抚汇折上之于朝”[37]。很多事例还表明，军中税收的工作也落到保甲代理人的手中。可以肯定，大致在 18 世纪，保甲制就完全取代了里甲制，在此之后，由保甲制引领的中国乡村基层建制维持了一小阶段。

从里甲到保甲的变化，意味着政治强制机制取代了经济强制机制。进而言之，尽管国家试图将乡民固定在土地上，从事以农业为主的生产劳作，以确保国家赋税财政的安全与丰盈，但这实际是难以做到的，所以朝廷无力完全限制乡民的职业身份。从更深次来看，这一变化也意味着朝廷在一定程度上削弱了国家对乡民的支配权，进而在某种程度上促使不少乡民进入更高级的市场出卖劳动力。村落社会的流动性由此逐渐加大，离乡不离土的现象在清代开始相对频繁地发生。不过，也正因如此，村落社会的活力得以有限激活。

与此同时，从国家层面来看，其实，清朝廷也希望通过里甲和保甲来避免赋予地方代理人太多权力，以有效控制乡村地区，维持政权稳定。因此，无论是里甲还是保甲，它们既是清代国家对乡村社会变化的积极回应，也是清代国家对基层社会治理体系的主动调整与重新设计。进一步来看，这表明清代国家试图与包括村落在内的最基层社会，发生更为直接的关联，进而建立国家与村落社会的有效互动与合作机制。当然，要指出的是，从里甲到保甲，是建立在两者并行体系基础之上的重叠和取代，而并非单一体系从较低阶段向较高阶段的过渡。嘉庆之后，里甲、保甲均走向衰败，村落社会也因此发生着缓慢变化，直至鸦片战争爆发和西方列强的入侵。

三、基层组织与自然村落

通常来说，村落作为稳定的聚居空间，是农林渔牧业人群长期生存生活的社会单元，属于自然村范畴，有一定的地域范围，是自然要素与人文因素共同作用形成的。可以说，广袤中国大地上的千千万万个村落，作为中国乡村地区的基本生活单元和基本社会组织，自然而然地成了历朝各代国家政权的重点管控和治理的对象。（见插图 7）正如笔者在前面章节中指出的，自早期中国以国家形态出现以后，自然村落便作为基层组织的一部分，被纳入国家的行政管辖体系，而逐渐与国家发生了密切的共同体式关联。

关于中国是否存在村落共同体的问题，20 世纪 40 年代的日本学界，在“中国农村惯行调查”的基础之上，就展开过较为激烈的争论，学界称之为“戎能–平野论战”。关于这一点，笔者在自序当中就已指出。无论是肯定论者，还是否定论者，当时日本学者的认识，都是建立在滕尼斯共同体理论基础之上的讨论，并且都有其复杂的政治动机，其目的都是为日军侵华提供理论支持。[38] 其实，除了日本学者，有华人学者如萧公权，还依据印度村落共同体理论，来理解明清时期的中国村落问题，认为当时的中国村落与印度的私有型或地租型村落类似。[39] 巴登–鲍威尔（B. H. Baden-Powelll）总结出

“私有型”和“共有型”村落的区别，见表 7–5。

表 7-5 “私有型”与“共有型”村落

“私有型”村落	“共有型”村落
1. 有一名具有权势的头人，实行世袭制	1. 头人不世袭，但有一个长老会
2. 财产私有	2. 财产共有
3. 对税收没有连带责任（即各自交税）	3. 统一交税
4. 没有共同拥有的荒地或者公地	4. 村庄所在地和一些荒地，通常共有

慕克吉（R. Mukerjee）则指出印度有三种类型的村庄：（1）地租（ryotwari）型村庄。这“可能是最古老的村庄”，它起源于一位领袖带着“某些部落或宗族定居某地”；（2）专制领主（zamindari）型或地主型村庄，“头人必然是地主”；（3）共有（joint）型村庄，“某些村民不只拥有自己的耕地，而且拥有全部的村地”。在清代的中国单姓村落，宗族具有土地支配权，这种村落类型大致类似印度的共有型村落，也是最接近“财产共有”或“共同支配财产权利”的村落共同体。

尽管有关中国村落共同体的理解和界定众说纷纭、莫衷一是，但正如我们在前文指出的，所谓村落共同体，不仅仅是村落内部是否具有共同体的性质问题，还要延伸到村落与国家之间的共同体式关联。所以，在传统中国社会，基层行政组织与自然村落的关系是十分紧密的。有关于此，在明清村落发展中体现尤为明显。

明清国家不仅利用保甲制推动对乡村治安的控制，同时还设计里甲制来征收土地税和摊派徭役。正是这一系列的做法有效地将基层组织与自然村落密切关联了起来。一方面，朝廷通过里甲和保甲的编排，如“十户立一牌头，十牌立一甲头，十甲立一保长”的做法，至少在行政编排上，在一定程度上瓦解了自然村落因血缘关系或地缘关系形成的对抗国家的力量。因为在实际运行过程中，自然村落的人丁数往往并不能与里甲或者保甲的编排数额相吻合，以至于有时甚至要与相邻村落组合编排。所以，当朝廷以制度形式推行这种基层组织之时，就不可避免地要分化村落原有的社会组织形态。要指出的是，朝廷刻意设立的基层组织机构与原有的地方自发组织，尽管并立，但行政组织明显位居其上，其目的仍是为了让原有的村落团体和组织无法发展成地方权力中心。当然，清代国家之所以没有采用自发生成的如村落一类的组织单位作为设置里甲制、保甲制的基础，或许也是自然村落的户数变化幅度过大，并不总是适合组织编排十进位体系的缘故。

另一方面，为了更好地运行保甲、里甲这类基层组织，“牌头”“甲头”“甲长”“保长”等地方代理人，都并非朝廷指派的官吏，而是从村落社会中选举头人来担任。之所以如此，是因为与地方官吏相比，本地头人对当地的环境、人口情况更熟悉，具有一定的社会权威，能更好地处理当地可能发生的问题，或者至少可起到向官府提供信息的作用。同时，这种方式也可使明清国家以更柔和的手段实现与村落社会的有效互动。因为这些地方代理人和组织不论是由官府促成的，还是村落社会原生的，都是经过官府的选拔、审核才被允许存在的。国家通过州县对乡村地区实施直接治理，通过地方宗族对官府行政的积极回应，将国家权力延伸到乡村腹地，及至每一个大大小小的自然村落。

显然，在实际运行中，里甲、保甲并没有成功地让基层行政组织与自然村落完全分开。因为国家的目的是为了控制乡村地区，而非取代（也不可能取代）村落，故而仍将基层组织体系的设计尽可能地架设于自然村落的基础之上。可以肯定，尽管村落并不是官方认可的保甲、里甲的组成要素，但其界限是受到尊重的。例如，四川巴县县令刘衡整顿保甲，当每村户口数少于规定限额时，会让小村的人户自成一牌或一甲。[40]或者将村落当作与保共存的单元，即村落是保的组成单元，通州地区 608 个村镇，设置了 567 个保正。河南临漳县各保所辖村落的数量从大约 6 个到超过 20 个不等。乡与保甲也有非正式的关系，“联村于乡，而保甲可按”，有时乡成为高于保甲的上级单位或者凌驾于户数充足的村之上。此外，一些地方官在乡村治理的实践中发现，利用自然村落及其组织提供的功能是最方便的。有的地方官将乡和村作为保甲制的运作单位，而无视国家的统治意图。行政与村落的混合，使基层行政组织不可避免地受到地方急切需要的影响，从而引发矛盾。

其实，不论是里甲制，还是保甲制，作为基层组织体系，它们在下行之中，往往仍会遭遇地方传统的某种过滤，从而产生某种程度的变异。如官定的里甲形式，实际上仅在相当少的地区得以完全实施，有的地方存在掌握职能权力和地方势力的集团弄权，不一定严格按照国家规定执行，甚至远离官定形式和编组。这从清朝廷的一些做法中即可见一斑。雍正八年（1730年），朝廷就针对地方“颓风”“积习”“锢习”，专门颁布了《钦定训饬州县规条》一书，条列州县事宜，强调牧令严守、法守相关规定，不断强调阳奉阴违、复有前项者定将严惩不贷。

清中后期，国家统治结构的弱点日益显露，朝廷对乡村社会的控制越发困难。里甲制、保甲制相继崩坏，不能履行其职责。这主要体现在两方面。一是地方行政条件无法有效运作。朝廷为了强调政治安全，对地方官吏执法权威和审时度势的政治灵活性加以限制与约束，这使得地方官吏对社会事务的处理趋于消极。由于乡村控制体系缺乏地方官吏的有效推动和监管，基层组织的行政基础流于形式，甚至大行腐败，特别是到了清后期，行政腐败更是广泛触及州县层级，进而导致各种乡村控制机制无法正常运作。比如面对频繁发生的饥荒，既无完善的村落互助系统，又得不到官府的有效援助，从而引发更大的社会动乱。二是村落自治的权力机制被固化。运用乡绅对地方进行管理，以民治民，虽然在理论上很完美，但实际上是存在问题的。一般来说，乡绅等地方代理人为官府效劳的意愿和能力，通常不足以支撑国家的期待。在大多数情况下，乡村代理人受权力的诱引，利用被赋予的职责谋取私利，既少有考虑国家的利益，也没有保障乡民的权益。萧公权就指出，“政府监督虽然是保持制（度）体系运作必不可少的条件，却有损地方自尊心或集体精神——同样也是各种职位或组织持续有效运作必不可少的因素。……帝制中国的人民就是‘一盘散沙’”[41]。

正因为一系列矛盾得不到国家的有效回应，久而久之，便引起甚至激化了村落社会与国家之间的矛盾。清代中后期，诸如苗民起义、川楚白莲教起义、湖南瑶民起义等等，都是例证。

与此同时，鸦片战争爆发，西方列强入侵，闭关锁国的清朝被迫门户洞开，这不仅损害了清王朝的权威和声望，还破坏了延续了千年的小农经济体系。原本一直受习惯、传统惰性和国家控制的乡村地区也出现骚动。及至清代晚期，整个国家的政治统治结构，包括乡村基层组织处于全面衰败的状态。中国进入近代化的历史阶段后，作为基层社会单元的村落，便处在巨变之中，走上了转型的历史新征程。不过，转型中的村落，仍以其聚族群体性和血缘延续性的特质，在满目疮痍的近代中国的发展中发挥着极为重要的作用。

第二节
明清村落的治理

一、宗族制度与村落

宗族制度发展到明清已十分成熟，成为当时不少村落社会的主要表征之一。大量史实显示，宗族的壮大与宗族制度的盛行，是促成明清村落共同体形成的关键要素。正如莫里斯·弗里德曼在《中国东南的宗族组织》一书中指出的，“氏族（书面语一般为“世系群”或“宗族”）通常只是村落的一个部分。但是，在福建和广东两省，宗族和村落明显地重叠在一起，以致许多村落只有单个宗族，继嗣和地方社区的重叠在这个国家的其他地区也已经发现，特别在中部的省份，但在中国的东南地区，这种情况似乎最为明显”[42]。《歙县志·舆地志·风土》载：“邑俗旧重宗法，聚族而居，每村一姓或数姓；姓各有祠，支分派别，复为支祠，堂皇闳丽，与居室相间。”[43]以上所指虽是民国以来的村落，但是，由于距明清时期并不久远，且村落具有历史的稳定性，故并不妨碍以此来理解明清时期的村落社会。

由家庭组成的宗族组织，以血缘关系为纽带，族人拥有共同的祖先，定居于一个具体的、完整的村落。虽然村落并不全是宗族定居的产物，但宗族总会赋予村落高度的凝聚力，人数众多的大宗族控制着一些乡村地区的发展。社会学家杨懋春就曾说："除了那些以经济地位为基础的群体外，所有村内群体都直接或间接由家庭关系决定……邻居大多是由同一宗族的家庭组成。"[44] 正因如此，明清时期的乡里制度设计，受到了宗族因素的影响。闻钧天在《中国保甲制度》中就指出，明清乡里制度试图以户为基础单位，对村落的每个家庭进行直接管理，"十家之中，一家得治，则余九家，亦得治之，一家之中，一人得制，则余九家之人，无不皆得以制之；推于一乡一邑，俱无不可依此以控制一切。故法不必及于微，以一一防止个人之思想行动，而个人思想行动，已无不被限制于所属之血统集团而为之桎梏"[45]。

在村落中，从事农业生产的中下层农民是最广大的群体，他们阶层固化、职业固定、经济落后，少有机会和能力实现自主的职业选择和向上的社会流动。在某一程度上，这使得掌握话语权的宗族与村落的关系更为密切。受血缘关系支配的村落社会，可分为单姓村落和多姓村落，多姓村落往往有两个或两个以上宗族。从地域分布上说，宋代以来的华中及东南地区的单姓村落大量且迅速地发展起来。也就是说，单姓村落在长江流域和福建、广东等南方各省比较普遍，而华北地区则以多姓村落为主。

除了区域分布的差异，单姓村落与多姓村落的另一区别，体现在其与乡里组织的关系以及国家对其的控制上。其中，前者多体现为自下而上的地方发展过程，后者则表现为自上而下的国家治理过程。实际上，单姓村落的宗族群体更能操控和掌握村落的领导权。即使在清末，宗族组织日渐式微，村级的正式政权制度已经定型，单姓村落也仍由宗族中的权威精英领导。而由多姓群体组成的多族村落，往往容易滋生宗族间的竞争或冲突。同一个村落的各宗族之间，比宗族的各成员之间更容易存在歧视，这种歧视建立在居住优势、人数比例或宗族成员的社会地位等基础上，导致村落头领的持续性、稳定性得不到保障，所以经常需要国家介入治理。

总的来说，宗族的壮大与村落的繁荣是相辅相成的。不过，只有当经济条件达到一定程度时，宗族组织才能履行修建宗祠、添置祭田、维护治安、发展慈善福利、捍卫乡里的职能。每一个宗族都会建立一种管理或处理宗族事务的组织，并且推选合适者为族长或宗长，成为宗族事务的具体执行者。在族人贫穷、社会地位差别不大的村落社会，成为族长的决定因素在于年龄和辈分；当宗族组织发展较好，有一些成员比较富有且社会地位较高时，对族长的选择则更多地强调人选的社会等级。可以肯定，士绅控制宗族的现象在明清成为常态。拥有财富的宗族精英的资助，在一定程度上丰富了宗族的物质和财富资源，从而为不同类型的宗族活动，为壮大宗族的影响力提供了坚实的物质基础。

在村落社会，宗族组织的活动和作用涉及面十分广，归纳来看，主要有五种。一是捍卫乡土、保族自卫。抵御暴徒、土匪以及其他敌人的任务有时由宗族组织承担。如明中后期，由于卫所军屯处于日益凋敝的状态，军人大量逃亡，以致一些匪患丛生的边远地区得不到国家有效的安全保障，宗族就组织了具有武装性质的宗族力量来捍卫村落。史载，当时广东佛山的李待问便联合宗族势力，建立了忠义营以捍卫乡土。[46]不仅如此，为了保护宗族利益，李氏还不惜以武力对抗地方官府。其实，这种情况并非孤例，在历朝各代的不少地方都有发生。清末福建的一个村落也有类似事例。萧公权描述道："黄东林的祖父还在世时，一名税吏来黄村收税，冤屈了该村的某个家庭，黄东林的祖父性格耿直，他敲锣召集族人，准备抵抗税吏及其随从。如果（税吏）当时不立即道歉，肯定会有流血冲突。从那时起，黄村就得到了一个称号，被称为'野蛮村'。"[47]

二是和息争讼，构建道德伦理秩序。一些规模较大、组织较好的宗族努力维持宗族秩序与伦理道德，主动贴合国家政策和皇帝训令，并且以儒学为基本准则，制定了宗规。在湖南，曾国藩在曾氏族谱中重申了《圣谕广训》的训示，重印了《大清律》中有关家庭关系、婚姻、坟墓和纳税的40条规定，记载了21条曾氏规训：要求族人孝敬父母、尊敬长上、与族人及邻居和睦相处、教育子孙、安分守已、勤俭持家、及早纳税、不做坏事等。宗规通过不同程度的奖惩措施得以强化，违反宗规者由族长处理，如果罪行严重，将在宗祠里，当着所有族人的面被审问，其目的在于使犯罪者公开受到嘲笑，以阻止其他人犯罪。如若犯军、流、出罪，“照例革胙”。一般来说，宗规或在适当的场合口头宣讲，或张贴在祠堂合适的地方，时刻警醒族人从善如流。

此外，族人之间的争论和口角，也是宗族需要处理的一项重要事务。族长、房长“奉有官法，以纠察族内之子弟，名分既有一定，休戚原自相关。比之异姓之乡约保甲，自然便于察觉，易于约束”，“如族众某房有不孝不弟，习匪打降等事，房长当即化导；化导不遵，告知族长，于祠中当众劝戒。如有逞强不率，许其报告惩处。至于口角争斗，买卖田坟，族长房长秉公处断，即为劝释。如与外姓争斗者，两造族长房长秉公会议，应劝释者劝释。如经官司，两造族长房长当堂公言，偏袒者分别罚戒”。[48] 道光二十七年（1847年），江苏镇江王氏宗族重修族谱时也有类似规定。[49] 湖南江永上甘棠村周氏祖训中亦有记载：“乡党之间，生齿甚繁；比间相接，睚眦小失遇有，正直君子从中排解。即宜忍气相让，至事的难让，亦当对老成说其情理，然后往诉公庭。若任气相争，结仇成讼，一朝之忿，忘身及亲，悔之晚矣。”[50] 以上表明，宗族在明清村落社会中所起的作用，不仅是至关重要的，而且是乡里制度或者官府组织在短时间内难以替代的。有学者指出，尽管国家有时对这股力量的膨胀持怀疑态度，但对宗族在村落中维持儒家伦理及秩序的作用却是予以肯定和赞赏的。[51] 毕竟明清时期的宗族型村落，在很大程度上都是与国家积极关联的。

三是教训子弟。宗族一般都十分注重对后辈的教育，族人参加科举考试取得功名和官品，可以提高宗族在村落甚至更大范围内的话语权及地位。湖南《永明上甘棠周氏族谱》载，“则凡有子弟富厚之家，固富以读书为生理，或延师于家塾，或从游于书院，俾专攻举子业，图上进，以耀祖光宗。即属寒微，亦须发蒙以养正，使粗知道义，不致妄作妄为”[52]。宗族组织建立家塾、延请教师、置办学田等教学硬件，根据接受济助者的资金需求提供读书条件，鼓励族人读书识字、参加科举。不少宗族组织为年轻族人，尤其是贫困家庭的士子创办族学、家塾、祠学、义学等学堂。比如道光十二年（1832年），安徽庐江章氏宗族设立家塾以“课族子孙”，家塾及教师的经营维持来自章廷樑捐置的 3 300 亩义田收入的一部分。[53] 清中期，合肥葛氏宗族用一位监生捐献的 300 亩田地，为族中幼童和年轻人建立了一所义学。广东佛山李待问与其兄李升问修社学，并延师教授，“里中崇正社学倾圮，公独任饰新，一时改观”。[54]

一般来说，宗族通常为对学业充满激情和信心的贫困士子提供直接的经济援助。比如，清后期浙江会稽张氏宗族族人购置学田，以其收入每月支米三斗，每季支银五钱的形式资助贫困士子。江苏丹阳县李孟雄捐钱购置祭田，希望以捐赠宗族田地的形式给年轻族人的学习带来实质的帮助。[55] 同时，宗族对那些显露头角，有极大可能和实力回馈乡里的族内士子也给予鼓励。比如湖南善化黄氏家族按照科场考试功名的等级，从生员到状元，予以 10~500 两白银的奖赏，各有不等。

四是周济族人，关注地方福利事业。宗族组织以多种形式开展村落慈善事业，其中最普遍的做法是用宗族财产的增值所得或宗族谷仓储藏的粮食，以临时救济和长期互助的手段，帮助宗族中的贫困人群和弱势群体。如江苏江阴杨氏宗族以 1 000 余亩祭田所得的部分收入来预购粮食和衣物，用以资助贫穷无后的老人、没有再嫁的寡妇、无人抚养的孤儿和丧失劳力的残疾人。在学堂求学的子弟、店铺或手工作坊的学徒、遭逢婚丧嫁娶的家庭也可以得到特别补助。建阳“至于义田以给子孙之贫不能葬者，又有役田以佐门户里役之差徭，有学田以资读书之灯油脯修试费”。[56]

此外，宗族也以借贷的形式提供成员物料支持和经济援助。广东南海陈氏宗族从祭田收入中拨出款项，用以建立族人借贷基金。如果借贷人无力偿还，则用借贷人的田地抵换。湖南江永上甘棠村周氏宗族规定不可加征借贷利息：“即或有寒门借贷，亦无利析（息）秋毫于放债中，寓睦亲之意，斯族谊敦而亲爱愈笃，有司表其仁里，天下推为望族，岂不懿欤。”[57]由于在广东、江苏等经济发达地区，宗族帮助成员纳税的情况增多，朝廷一度设置宗族为税收代理人，税吏直接把土地税单交给“总户”或其世袭代表。在有些地方，宗族甚至还会承担起修建灌溉沟渠、蓄水池和桥梁的任务。如广东花县铜瓦坑村邝姓、小布村江氏、瓦沥村缪氏，四川富顺黄姓等宗族便是如此。

五是编纂、修订族谱；祭祖，修建祠堂，管理祭田和祖坟等宗族建构活动。编纂族谱的目的在于追溯和记录宗族体系。但是，在边远贫穷地区以及北方地区的宗族中，编纂族谱的现象不如南方显著。这类宗族活动主要由拥有一定财力的士绅支配和控制，普通的乡民通常只是出现于族谱上，并不能提供实质性的帮助。士绅往往通过拔高宗族威望，以提高自身的社会地位，从而在之后的宗族活动中掌握更多的话语权。相应地，士绅也十分关注宗族祭祀中的宗祠、祭田、祖茔等财产。宗族财产的建立或扩大，被他们视为生命的无上成就，因此他们常常乐意捐钱或地给自己的宗族。祭田是宗族组织的经济基础，在亲属群体比较旺盛的村落，经常可以看到大片的祭田和规模较大的宗祠。[58]在宗族活动范围最广的南方地区，这种现象更为显著。捐献者对自己捐造的祠堂和祭田，在管理方面拥有较大的话语权，故而在客观上提升了自己的宗族地位。实际上，祭田不仅是一个宗族、一个村落的公共安全保障，更是宗族潜在的功利主义价值观念的体现。祭田作为公共财产，将宗族置于村落中广泛的、稳定的、上升的政治结构地位。正是有了祭田，才使士绅控制宗族、支配村落成为自然而普遍的格局。

宗族与村落由共同的士绅阶层维系和影响，二者之间的联系越发紧密。然而，随着士绅及富户对村民的任意支配权的扩大，这种宗法制度到了清代后期，也成了限制村落和村民发展的负面因素。宗族中的贫富差距越来越大，乡村社会阶层随之固定，不少乡民被固定在村落社会的底层难以翻身。可以说，宗族不仅没能在实质上改变村落社会的基本模式，也无法解决许多国家未能解决的问题，譬如贫困。

与此同时，国家意识到了宗族在村落中的凝聚作用，并试图利用这股内在力量来辅助国家更好地管控和治理乡村。雍正四年（1726 年），朝廷在苗疆村堡按人品选立族正，作为协理地方办事、稽察匪类的村落代理人。立族正这类做法，虽然在少数民族地区比较少见，但是在内地其他地方则较为常见。乾隆二十二年（1757 年），“聚族而居，丁口众多者，择族中有品望者一人，立为族正，该族良莠，责令察举”。族正承担起保甲头人的实际作用，而宗族作为乡村治理的补充工具，就这样正式享有法律地位，并被置于官府直接控制之下。[59] 乾隆三十三年（1768 年），御史张光宪奏请设立大姓族长。乾隆没有同意，因为他认为族长作为地方权威，容易操控聚众械斗、滋生事端、倚强锄弱，有可能成为乡村社会的不稳定因素。[60]

在清代国家政策的影响下，地方宗族型村落出现了族长与族正这种非官方与官方领袖双重领导的格局。实际上，通过设置官方领袖而达到对宗族完全控制的目的是很难实现的，这种头人双重制的村落治理模式，更可能造成村落社会的混乱。原因在于宗族利益与国家目的往往并不一致。国家把“族长”“族正”变成保甲代理人，既破坏了儒家思想的基本观念和宗族组织的自然本质[61]，又没有充分考虑到宗族成员的态度和行为。虽然有的宗族组织在某种程度上成为国家代言人，将“早完国课”的要求添加到宗规祖训之中，称“国课乃朝廷大典，非比私债可延。我族有田粮之家，每岁于开征后，各宜依限早纳，毋待胥役追呼，则上报君恩，下无忧累。切勿效他人之拖欠也”[62]。但是，实际上宗族组织不仅无法解决赋税问题，也没能成为王朝可靠的乡村治理工具。

宗族作为村落要素的关键组成部分，在不断变化的历史环境中，以独有的组织形态，呈现出不同的行为模式，并在素质参差不一的村落头领的带领下，从事着不同类型的社会活动。从某一方面说，宗族组织的持续与兴旺，直接取决于宗族内部强有力的头领及外在的有利条件。然而，无论是宗族还是村落，其运作并不总是符合国家安全的原则与要求。因此，宗族组织在承担一定的乡村控制任务的同时，可能会带来一些负面的问题，朝着国家不希望看到的方向扩张和运作。乾隆之所以不同意御史张光宪设立大姓族长的奏请，就有此意。当然，不管怎么样，我们无法否认宗族与宗族组织在特定历史时期对村落自治和国家发展起到的积极作用。

二、乡约制度与村落

作为一种乡村自治规约，乡约制度自在北宋出现以后，就与村落社会密切关联了起来。到明清，全国各地皆立乡约。著名的有明代江西的《南赣乡约》、徽州的《文堂乡约》、山西的《雄山乡约》、福建的《青阳乡约》，清代浙江的《海宁乡约》、湖南的《洙津乡约》、徽州的《侯潭乡约》，等等。明清时期的乡约，作为一种介于自律与他律之间的村落治理机制，具有“明礼教，敦风俗”的功能，在增强群体认同意识和村落向心力上，具有无可替代的作用。

从历史上来看，明代乡约制度始于洪武年间。洪武二十三年（1390 年），明太祖倡设老人制度，赋予老人监督里甲、平息争讼、劝农耕种、教训子孙的职责。朝廷希望通过选立乡里年高有德之人，以“导民之善”“尽除民间祸患”[63]，企图从官方层面将老人塑造成地方权威。朝廷不仅让老人不定期地向官府汇报地方情况，比如发现里甲犯法，由“老人指实”，绑缚“赴京具奏”[64]；还将老人请到南京，向他们咨询乡里社会状况。然而，到了后来，伴随中央权威的降低，老人制度的流弊日益滋生，至宣德后，“小事不由里老则赴上司”，“（粮长）包揽词讼，把持官府……惟老人则名存而实亡矣”。[65]

明中叶之后，作为伦理教化和村落秩序建设的软性手段，乡约逐步在全国发展起来。乡约最初属于地方自治、“辅政补治”的举措，由士绅负责，约正则一般由具有一定社会地位，被官方承认的地方权威担任，比如族长、书院院长。正德十五年（1520 年），王守仁在推行十家牌法后，制定并公布了《南赣乡约》。他认为民俗善恶是积习使然，且由于国家治之无道、教之无方，以致父老子弟不作为，甚至狡伪相残，村民“常弃其宗族，畔其乡里，四出而为暴”。“故今特为乡约，以协和尔民。自今凡尔同约之民，皆宜孝尔父母，敬尔兄长，教训尔子孙，和顺尔乡里，死丧相助，患难相恤，善相劝勉，恶相告戒，息讼罢争，讲信修睦，务为良善之民，共成仁厚之俗。”[66]

《南赣乡约》共16条，主要有四方面内容：其一，描述和介绍乡约组织机构。规定约长、约副、约史、知约、约赞等职的推选标准和数量；强调人品、德行和社会地位的重要性；规定同约之人具体会期以及出资数额；规定设立约所地点，为道里均平之处或寺观宽大者。其二，强调约长不仅承担社会治理的责任，还应以柔性的、委婉的态度调解纠纷。“且勿纠使无所容，或激而遂肆其恶矣。约长副等，须先期阴与之言，使当自首，众共诱掖奖劝之，以兴其善念，姑使书之，使其可改。”同约之人应互相帮助，“凡有危疑难处之事，皆须约长会同约之人，与之裁处区画。必当于理，济于事”。其三，强调约长维护社会治安与劝纳赋税的政治经济作用。对阴通贼情、贩卖牛马、走传消息的军民，以及亲族乡邻投贼复仇之事，“率同约诸人指实”，“今后一应斗殴不平之事，鸣之约长等，公论是非。或约长闻之，即与晓谕解释”。约长需执行社会监督的职能，“吏书、义民、总甲、里老、百长、弓兵、机快人等，若揽差下乡，索求赍发者，约长率同呈官追究”；对在纳粮当差之时躲回原籍的寄庄人户，以及放债收息之本地大户、异境客商进行管理。其四，强调约长在新民、嫁娶、丧葬等事宜上移风易俗的作用，以求“共兴恭俭之风，以成淳厚之俗”。[67] 王守仁提出的乡约制度，是一种地方自治组织，显然为整饬村落生活秩序，加强村落的自律性提供了一种范式。

明代隆庆以后，乡约逐步演变成国家意识传播的工具，朝廷试图在全国范围内推行乡约。万历时，吕坤建议将保甲和乡约合为一体：“乡约保甲原非两事，本院捧读高皇帝《教民榜文》，及近日应行事列，谓乡约所约者此民，保甲所保者亦此民，但约主劝善，以化导为先，保主惩恶，以究诘为重，议将乡约保甲总一条鞭。”他在《乡甲约》中还进一步规定：约正、约副、约讲、约史的推选标准和数量，亦以人品、德行等道德素质为主要标准。[68] 吕坤认为“劝善惩恶，莫如乡约；缉奸弭盗，莫如保甲”[69]，如若乡约与保甲二者相辅而行，村落社会的秩序就能得到保障。但是，很多时候，基层社会实际上并不一定会按照乡约文本执行，故而在很多地方，这种带有理想成分的乡约制度是无法得到有效贯彻的。关于这一点，吕坤自己就有清醒的认识，他说，“今一州一县，设约正副不减三二百人，……而今正副讲史俱是光棍，地方任其举报，善良而畏谨者避迹潜藏，浮夸而纵恣者投足争进”[70]。如交河县“第乡约虽行，不闻有惩一人旌一人者”；泗州“所谓约长者，因缘为奸，浸失初意，即有按行故事者，亦不过徒咨口耳，以饰观听”。这表明，国家试图通过乡约制度来介入村落自治，并没有取得很好的效果。

清朝统治者认识到儒家学说是加强思想控制的有效手段，所以，在倡导儒家学说的同时，也积极倡导在儒家理念基础之上建立乡约。顺治时期，朝廷意识到国家需要儒生的认同，因为儒生在中国社会和政治结构中占有重要地位，控制了儒生，尤其是前朝的儒生，实际上就等于在某种程度上控制了整个国家。正是这一认识使得清朝的历任统治者在科举考试的基础上，不断对儒家经典、宋明理学进行注解、论述、刊印，试图以此得到儒生的支持，将他们的思想和精力归于“钦定儒学”之下。针对广大乡村地区的民众，朝廷则采取了一种通俗说教的方法——乡约宣讲。

顺治九年（1652 年），清代皇帝颁行《六谕卧碑文》，包含六谕文：孝顺父母；恭敬长上；和睦乡里；教训子孙；各安生理；无作非为。[71] 六谕主要涉及家庭关系和社会关系、教育、生计、一般秩序四方面。为了申明六谕，“开导愚氓”，各直省地方设立乡约，定期讲解。顺治十六年（1659 年），礼部决定应会合乡人，公共推举 60 岁以上、经告衣顶、行履无过、德业素著的生员担任乡约正、副。如果没有生员，则由 60 岁或 70 岁以上的素有德望的平民担任。约正需在初一、十五解说六谕，旌别善恶将其登记簿册。[72] 此外，各里设立申明亭，将犯下不法行为以及违背孝悌之道的人的名字张贴上去，一旦他们改过自新，便将其名字除去。

康熙九年（1670 年）的“上谕十六条”比六谕更详细[73]，并以乡约宣讲的形式传递给广大乡民。自此，钦定儒学开始成为防止百姓，尤其是居于村落的那些不可控的“愚氓”成为危害的工具。康熙十八年（1679年），浙江巡抚将“上谕十六条”衍说辑为《直解》，国家下令通行直省督、抚，刊刻《乡约全书》分发各级州县及至所有大大小小的自然村落。康熙年间“上谕十六条”不断被完善和强调，不仅添加了关于老人的条谕，还着令土司地方各官也加入每月初一、十五的乡约讲解。这无疑将乡约制度推广到了边疆少数民族地区。

雍正二年（1724年）颁发了《圣谕广训》[74]，主要针对军民生童讲读，从四个方面阐述了如何培养有益于国家良好秩序的个人态度和行为，指出农商工贾、兵卫民赡之不易，规劝民与民和、兵与民和。一是劝农民务本，“勿因天时偶歉而轻弃田园，勿慕奇赢倍利而辄改故业”，“择一业以自处……不见异物而迁”。统治者认为乡民职业的稳定对确保国家赋税的稳定有益，也认为所有人都要节俭惜财，防止“弱者饿殍沟壑，强者作慝犯刑”，避免社会失序。二是告诫士子不要急功近利、注重名号头衔，不要轻信明令禁止的异端。“至于非圣之书，不经之典，惊世骇俗，纷纷藉藉，起而为民物之蠹者，皆为异端”，这里的“异端”尤指当时社会上兴起的白莲、闻香、西洋教宗天主教等，他们不仅诱取赀财，还聚集群众烧香，荒废农工业，破坏国家经济根本。所以，统治者反复强调乡民只要敦本业，就可以“迓神庆”。三是强调讲法普法的重要性。“周礼州长党正族师皆于月吉属其民而读法，大司寇悬象刑之法于象，魏使万民观之知所向。”“圣谕”指出了乡党、宗族对个人行事和品行的监督作用。四是强调加强保甲。联比纠察之法未实心奉行，导致的各种勾引窝藏弊害，需“排邻比户，互相防闲”，“队长诫其行伍，乡约诫其比闾”，使“盗贼无容身之地”。

雍正七年（1729年），雍正令各州县大乡、大村，以及人口稠密的地方俱设立讲约所，宣讲“圣谕”。具体做法是，在举、贡、生员中挑选一名老成者，立为约正。再选三四个朴实谨守之人担任值月。每月初一、十五，齐集耆老、里长以及读书之人，宣读《圣谕广训》，敦促地方官实力奉行，如有成效则对学行最优者予以奖赏，如有怠惰废弛则加以黜罚。

乾隆年间一遍遍发布谕令强调乡约的重要性，其中有不少涉及邪教或少数民族地区管理的新规定，要求地方官吏加倍努力，使乡约真正地起到教化作用。乾隆五年（1740年），河南省“民愚，易诱少壮习于拳棒，恐被邪教之人煽骗入伙”[75]。对此，地方官亲自劝导，将律内所载邪教妖言等各条定例分析讲解，又将雍正五年（1727年）严禁学习拳棒的谕旨进行了宣读。

乾隆九年（1744年），清帝下令修复申明亭（见插图8），如若不能行，则立木制布告栏。申明亭的延续使用，是因为统治者希望用这种公共的、可视化的精神枷锁来规范乡民的言行举止，将其限定在一个符合国家标准的行为轨道之中。与此同时，统治者也把注意力集中到了云南等省的少数民族地区，令三齐等三十六寨设立讲约所，每月初一、十五，由该州暨儒学等官轮流前往宣讲《圣谕广训》，并择取地方利弊文告、律例，翻译并进行讲解。

乾隆二十三年（1758年）规定，除固定的每月两次宣讲，还需利用一切可以利用的时间和机会进行教育活动，“或在听讼之余、公出之便，随事随时，加以提命”[76]。朝廷鼓励用土音、言语加以诠释，使目不识丁的乡民明白宣示内容，并要求将关于邪教的一切律例进行刊印张贴。倘若还有人敛财赛会、私立淫祀或托言用符治病、诱民远方入会等，都将严行查办。直到道光、同治时，清朝皇帝还不断发布上谕，希望能努力加强乡约的执行。

在不断的细化和修正中，乡约逐步演变成全国性制度，在一定程度上满足了国家对疆土控制和使乡民产生国家认同的政治愿景。在乡约制度的实践过程中，不少村落也制定了带着浓郁国家意识烙印的村规民约。比如，康熙五十七年（1718年），湖南江永县上甘棠村的《村规民约碑》就刊载了12条禁令，不仅描绘了上甘棠村饱受周边势力滋扰的生存环境，还明显表露出强制性的、绝对性的国家力量和治理路径。第一条便指出“钱粮重务须要早还，毋致连累保甲，如违指名送官处究”，强调完纳国课的重要性，以及保甲处于州县与村落社会之间的两难性。约条中的一大半内容体现了乡约制度以及钦定儒学对地方的影响。通过官府和宗族的联合管理，村规民约从社会关系、伦理和一般秩序等三方面来约束村民，以建立符合国家意识的村落社会秩序，维护村落社会稳定。诸如“子弟须要孝顺父母尊敬长上”“禁不许乱伦灭义”“禁不许赌博”“妇女须要遵守闺房，各勤纺织，不许出外游行”“禁不许倚强欺弱”等内容都可表明。[77]其中不仅规定要遵行禁令，还规定要对违者加以惩罚，一般是家法责杖、罚银后送官处究。此外，由于“村界连粤西，贼盗出没无常”，村规民约也着重对因地理、历史导致的社会不稳定因素进行管控，第三条“禁不许勾引外坊贼盗”与第八条“禁一更尽下不许夜行”就是对村民的管束，并明确指明了犯行之罚例，如“家法责三十，罚银一十二两”，“送官处究”；第九条“凡后生坐草，得一功者，众赏银二两”则是对村民打击“外坊贼盗”的激励机制。上甘棠村人丁繁盛、人才辈出，无疑可以体现乡约制度取得了积极效果。

当然，之所以乡约制度能得以有效执行，仍然要归功于作为国家代理人的地方官吏的大力支持。譬如，有些地方的地方官就为乡约宣讲撰写了通俗的说明文本，使得讲约会得以持续。康熙年间，范鋐撰写了《六谕衍义》，以日常用语解释了“六谕”。可以说，正是通过这种办法，清朝将国家意识形态和国家对村民的期待，传达到了村落社会的每一个人——至少从国家层面来理解是取得了这样的效果的。也正因如此，不管村民愿意与否，国家通过这种办法与村落社会形成了更为密切的直接关联。

不过，很多宣讲或许对乡民而言并没有发挥太大的作用，甚至还引起了地方官员的某种失望。因为乡约在实行过程中，面临官员负担过重，讲约员的身份不足以被信服，村民大多被邪教影响三方面的困难，导致其不能有效运作。

其一，直接负责乡约的一般官员的能力、时间和兴趣都不足以支持其完成这件事。许多州县官员已经肩负许多繁重的职责，比如征税、缉拿盗贼、谋生以及处理诉讼案件，半个月举行一次的讲约会只能徒增其负担，对他们来说是徒劳无益的。

其二，在村落中推行乡约的约正及其助手，按规定需是受过教育，具有一定社会威望的、德行俱佳之人，最好是在“举、贡、生员内拣选”。但事实上，士绅大多并不积极。所以，乡约宣讲就落到了学识、道德观念和社会地位都比较低的乡民身上。有清人指出，“其先以绅士充之，往往恃符作横，至惩其弊，而易以细民，则又游手无赖之徒，借名色以鱼肉其乡民”[78]。

其三，乡约制度的推行明显受到村落生活环境恶劣的因素制约。在村落社会中向广大吃不饱的中下层农民宣讲圣谕，宣扬钦定儒学节俭、务本、忍耐、和谐的思想，是无法帮助他们的。

随着历史的发展，乡约开始与里甲、保甲趋同，具有税收和治安的功能。清代的乡约最初只是向村民传达皇帝圣谕。然而，在乡约的具体实践中，一些与教化没有直接关联的功能渐渐地被乡约吸收。乡约成为向村民传达官府命令、向官府汇报地方情况的政治工具。直至后来，乡约成员成为收税员，乡约组织又吸纳了团练的保卫职责，取得了保甲组织的功能。[79]在乡约的替代作用和变异过程中，最初宣讲圣谕的职责已然消失，而其作为地方自治组织的地位和功能也并非十分坚固和不可撼动。实际上，在清朝灭亡之前，讲约体系就已经停止运作了。

综上来看，明清时期的乡约并非仅仅是乡民共同制定的一种社会行为规范，更带有强烈的国家意识。包括王阳明《南赣乡约》在内的明清时期的乡约文本和乡约实践，几乎都是国家基于道德教化目的推行的一种基层治理手段，带有某种他律性质。社会学家杨开道先生就指出，清代的乡约俨然变成宣讲圣谕的御用工具，有口号，但实效不大。[80]然而，不少田野调查发现的民间文献显示，明清乡约仍在一定程度上起到了“明礼教，敦风俗”的作用。[81]所以，从某一方面来说，传统中国乡村社会的秩序维系，自宋以后，不仅因有国法而有其形，也因村规民约而有其实。随着社会的发展，乡约久而久之在民间社会成了“习惯法”，而且在处理婚丧嫁娶、租屋分配、生产决策、扶贫救济等乡村琐碎问题时，其规制意义甚至超过了国家制定法。进而言之，明清时期，国法与乡规民约作为普遍的社会公约，共同维系着村落社会秩序的稳定。

三、乡贤士绅与村落

乡贤士绅作为明清村落社会的权威与精英，对明清乡里制度的建设和发展起到了重要作用。大致来看，明清乡贤士绅可分为三种类型。这里为了称呼简便，通称为乡贤。

第一类乡贤是指退职的官员。这些退职的乡贤通常具有三个特点，即年长、明智并具有一定的社会地位和社会关系网络。由于他们曾经属于明清官僚政治体系，更容易与地方官吏打交道，完全符合乡里制度对地方代理人的诉求，因此这类乡贤对村落社会和乡里制度的影响最大也最为深远。

第二类乡贤是现任的官员，包括受封赠的、捐买的虚衔官职，以及任期已满但未立即下达新的任命而归乡等待的官吏。这些暂居村落的官吏远离地方行政权力中心，自身权力无法正常运作，所以一部分人往往把精力放在乡里事务上。

第三类乡贤包括有功名而未仕的举、贡、生员。对这类乡贤，张仲礼先生在讨论绅士时，将其分为上层绅士、下层绅士。其中举人、贡生属于上层绅士，生员属于下层绅士。“上层绅士有资格担任官职，而下层绅士要当官则必须捐纳，或者是通过更高等级的考试。”[82]这类乡贤的数量最多，也是村落乡贤的主要来源。费正清指出，“在十九世纪初期，大多数功名获得者是通过了府一级考试的生员，另外一些则是通过捐纳取得同等身份的监生。这两种人估计约有一百一十万人。他们之间的比例一般为二比一，即是说，拥有最低一级功名的人，有三分之一是按规定的价格向政府捐纳而取得这一身份的”[83]。正因为有很大一部分的功名是捐纳所得，所以，这一类乡贤中不免混入了一些不学无术、横行霸道的官宦子弟与土豪劣绅，给村落秩序带来了恶劣影响。

当然，村落社会中有一部分大地主、大商人往往也通过捐纳等方式获取功名，而跻身于绅士行列。一般来说，那些没有取得功名的，都不能被称为乡贤士绅。有学者就指出，“虽然绅士可凭借其特权地位来攫取社会财富，成为大地主或大商人，但大地主、大商人倘没有取得功名，纵然家累千金、良田万顷，也只能是土豪，不能称之为绅士”[84]。

明清村落社会的治理体系明显包括两类，一类是官方治理体系，另一类是非官方的乡贤治理体系。这便是费孝通所说的“双规政治”，即传统中国社会的治理有两条平行的轨道：一条是自上而下中央集权的专制体制的轨道，它是以皇帝为中心建立的一整套官僚体系，由官吏和知识分子来实施具体的治理，最后可以到达县这一层；另一条是基层组织自治的轨道，它由乡绅等乡村精英进行治理。[85]费正清也有类似的表述，他指出，在乡村社会中，“政府统治的活动可以区分为两类：一类是往下直到地方县一级官员的正规官僚机构的活动，另一类是由各地缙绅之家进行领导和施加影响的非正规的网状系统的活动”[86]。可以说，在明清时期，乡贤在村落社会是一个具有一定影响力的地方集团，在推动乡村社会发展中，他们至少起到了四个方面的积极作用。

一是表率乡里、调解矛盾。清朝有一则告示明确传达了乡贤对乡民的表率和领导作用：“士为齐民之首，乡民之望。汝等知晓，汝为民之绅衿、耆老，从今往后，尽心竭力，抖擞精神，以领吾民，补吾之不足。”[87]乡贤在田土、斗殴等民事纠纷中，通常以地方权威的身份评议曲直、解决纷争。

二是上行下达。乡贤通常被指定为国家治理乡村的辅助人员，对乡里制度的执行起到关键性作用，比如在乡约制度中乡贤承担起向村民宣谕教化的职责。

三是维护地方权益。在基层行政组织利用职权盘剥乡民的情况下，乡贤通常以地方权益保护者的身份与官府协调或对抗。比如清末华北泥井镇屠户拒绝交税，“由此屠户与收税人之间展开了持久的争斗。当屠户罢市，集上无肉之时，当地乡贤便出面干涉，最后达成协议：该市屠户交纳捐税，但不由官屠征收，而是由该集‘地方’代为收取，从而使屠户免与为人憎恨的官屠打交道”[88]。乾隆年间，“安村的领头绅士姓郎，是一个秀才，也是本村最大的地主，有一年村中发生水灾，房屋被淹倒塌的很多，郎向县官报灾，县官亲自坐着八人大轿下乡来勘查。勘查的结果认为灾情不严重，这就触怒了郎绅士。他说县官如此糊涂，着人把县官的轿子打坏”[89]。道光十三年（1833 年），广东佛山同知令米户低报谷价，七市米行各行长、绅耆对此不满，并张贴公启称“照时分上、中、下三等谷价真实呈报，如衙书吏有甚别议，即通知大魁堂司事、传阖镇绅士与他理论”[90]。

四是推动公共事业发展。自宋代以降，社仓的运行一直有赖于乡贤的努力。清中期，陈宏谋在许多省份致力振兴社仓，《培远堂偶存稿》卷十三描述了他自乾隆六年至乾隆二十八年（1741—1763 年）间担任江西、江苏、广东、广西、湖南、湖北、河南、陕西和山西等省巡抚时，运作社仓的计划和方法。在此期间，社仓均得到了乡贤的帮助。此外，乡贤肩负起满足宗族和村落多元需求的重任，推动了乡村交通设施、学校教育、慈善救助等公共事业的发展，这使得乡贤能在地缘和血缘的双重系统中有效地树立权威身份和地位。

明清易代之际，为了笼络生员服从统治，清王朝在未正式立国之前，便允诺免除他们的徭役。明崇祯八年（1635 年），清王朝允许所有举人家中有 4 名免服徭役之丁口。清顺治五年（1648 年），朝廷扩大官员和士绅的免税范围和资格，按照层级给予他们不同的照顾，就连最低层级的士子也可以有 2 人免除徭役，“教职贡监生员各免粮二石，人丁二丁”。随着政权的逐步稳定，顺治十四年（1657 年），朝廷开始缩紧优免条件，只允许乡绅本人免除徭役，“自一品官至生员吏承止免本身丁徭，其余丁粮仍征充饷”[91]。自摊丁入亩之后，丁税的摊派从以人口数量为标准变成以土地面积为基础，各个地区的丁税税额已然固定。不过，这对乡绅阶层并没有过多的影响。虽然他们拥有大量土地，但由于清代国家对乡绅的优免政策，他们需缴纳的土地税额比占有同样土地数量的普通农民要少不少，因此具有相当的财富优势。这种优免政策实质上并没有减少国家财政收入，而是将特权转化为额外的负担落在普通的土地所有者身上，从而刺激了普通的土地所有者追求乡绅的特权地位。

康熙二十九年（1690 年）第一次下达乡绅与乡民无差别服徭役的命令，“直省绅衿田地与民人一例差徭”[92]，但是这项规定并没有产生任何实质性效果。康熙三十九年（1700 年）重申根除诡寄滥免的必要性，并指出衙役兵丁“效尤”，企图像乡绅一样逃避徭役责任。[93]雍正四年（1726 年），四川巡抚建议取消乡贤所有优免特权，以杜绝滥用行为。朝廷坚持拥有土地的乡贤有且只有一个优免名额，乡贤们实际上必须承担所有形式的差徭，“其子孙户族冒滥，及私立儒户、宦户包揽诡寄者，查出治罪”[94]。

雍正五年（1727 年），为了杜绝乡贤田亩隐匿诡寄的可能性，朝廷规定“凡绅衿之家，一体编次，听保甲长稽查。如不编次者，照脱户律治罪”。不过，与村民承担的繁重杂役相比，乡贤享有免役的政治经济特权，“绅衿既已身列仕籍，肄业胶庠……俱免充役”[95]。乾隆元年（1736 年）的一则谕令体现出清代皇帝对乡绅担任乡里头领的担忧，认为士子还是宜以科举考试为主，步入国家行政系统的好。《乾隆实录》载，“乃各省奉行不善，竟有令生员充当总甲、图差之类者，殊非国家优恤士子之意。嗣后举、贡、生员等著概免杂差，俾得专心肄业，倘于本户之外，别将族人借名滥充，仍将本生按律治罪”[96]。

乡贤是乡里社会权力的实际操纵者，所以，在召唤乡贤协助治理乡村的过程中，清代朝廷同时也开始警惕这类人物可能会给国家带来的消极影响。为了确保乡贤受到控制，朝廷在给予其最高规格的豁免权以及其他特殊照顾的同时，规定他们必须受到保甲组织的管控。不仅甲长、保长的职务被交给村落中的普通人，以求维持乡贤与乡民之间的某种力量平衡，朝廷还对乡贤采取一定程度的制约和监视，防止乡贤滥用自身权威，煽动并领导村民进行危及国家统治和社会稳定的活动。很显然，这也激起了部分地区乡贤的不满与反抗，从保长的处境即可见一斑。胡庆均即指出，“他（保长）得同时侍奉两个上司：一是上级政府，一是地方绅士”[97]。

国家的担忧不无道理，因为很多乡贤士绅，利用特权欺压百姓、谋取私利。一些地区家族势力影响较大，乡贤的权力和地位较为突出，他们为了保护自身的经济利益，通常利用特权地位将差役、税吏的侵扰转移给普通农民，更有甚者，与差役、税吏等官府人员勾结，将自己应缴纳的税额转嫁到苦于生计的农民身上。还有一些乡贤利用特权包庇其他渴望免除税额的人，从中获得非法利益。即便如此，大部分地方官吏在执行各种职务时，仍强烈地意识到乡贤协作治理的重要性，所以，他们宁愿无视国家的规定也不愿意招惹乡贤，这就更加导致部分道德低下的乡贤横行乡里。

因此，无论是顺治十五年（1658 年）设法终止乡贤拖欠缴纳土地税的不法行为，还是康熙元年（1662 年）惩治乡贤拖欠缴纳土地税的严正措施，都没有产生足够的效应。直到雍正六年（1728 年），有关防止乡贤逃税的详细措施终于被制定出来，官方登记册和“三联串票”上清楚载明需于规定期限内收齐乡贤税额，乡贤延期纳税的特权被取消。两年后（1730 年），朝廷又令州县官员按季汇编乡贤税额名单。针对没有履行纳税责任的乡贤，根据拖欠税额的程度采取相应的惩罚，只有税额全部缴纳，受到惩罚的乡贤才能恢复其头衔。

乡贤在明清村落社会的治理和建设中，虽然带来一定的负面影响，但是其产生的积极作用也十分明显。这在前文的讨论之中也不难发现。清中叶之后，各地骚乱与暴力反抗日益加剧。基于保护家族财富及生活安定的诉求，乡贤积极加强村落治安监控，开始支援团练组织训练。不少地方官员十分肯定乡贤在村落社会中的积极性和必要性。清后期，刘衡在四川巴县担任知县时，依靠乡贤来推行保甲制度，成效甚著。[98] 此时，朝廷也逐渐接受并默认了乡贤对村落的干涉作用，没有反对和阻止这种趋势，地方官员也没有企图隐瞒依靠乡贤治理乡村的事实。

国家任命乡贤作为乡里组织的头领或顾问，以协助治理乡村社会，而乡贤则利用被赋予的优免特权和职责，不断增强自身地位和权威，以保障其权力和利益。费正清指出：“在地方上，当地的小绅士，以及有时也可能出现的大士绅，他们左右着众多的事情。他们共同主管各种公共事务，……在所有这些活动中，地方上层人物运用他们在民众中的声望与政界的关系，还运用他们对儒家行动准则和地方行政的知识，既提供钱财，又发挥个人的领导作用，他们构成了地方官吏和官府统治的基础，没有这个基础，官府是不能有所作为的。反过来，地方上层，尤其是那些大绅士，便一起利用他们与官府的联系来保护他们的经济地位。因为国家制度并没有提供有效的法律豁免权来保护他们的私有财产免遭官府的勒索甚至没收。”[99]但不管怎么说，乡贤在明清村落社会的发展中，部分解决了国家治理体系难以介入或是不能介入的各类地方治理问题，因而弥补了官僚治理体系的不足。所以，作为一个地方群体，乡贤是明清村落自治体系中一个至关重要的社会阶层。

四、乡村教育与村落

为了使乡民更好地服从国家的行政统治，减少触犯国家律法，明清国家在理解乡民基本生活物质需求的基础上，于乡约制度之外，还设计有一套乡村教育的思想控制体系。大体来看，朝廷钦定儒学作为科举考试的学习内容，将国家意识灌输给广大士子，又通过这些认同国家的地方官吏和乡贤士绅，以伦理教化的手段影响无数不识字的乡民。同时，由国家建立或批准建立的各种学校，遍及广大乡村地区。明清学校主要分为官办学校与非官办学校两大类。明朝的官办学校有国学，府、州、县儒学；非官办学校为社学，私人兴办的义学、乡学，以及较高层次的私人讲学——书院等。清朝的官办学校主要包括为皇族子弟、八旗子弟和拥有世袭头衔的家庭子弟等所办的特殊学校；非官办学校包括书院（或称之为学院），具有慈善意味的义学和乡村或社区学校——社学。其中，与乡村教育直接有关的是义学、乡学、书院和社学等乡村学校。

明太祖吸取元朝灭亡的经验教训，于洪武二年（1369 年）下令兴建学校，“学校之教，至元其弊极矣。上下之间，波颓风靡，学校虽设，名存实亡。兵变以来，人习战争，惟知干戈，莫识俎豆。朕惟治国以教化为先，教化以学校为本。……讲论圣道，使人日渐月化，以复先王之旧”[100]。这一时期的教育以官学为主，并且学校多设置在县以上的城市地区。

及至明代中后期，乡村地区才开始广泛兴建学校。据载，很多地方在地方官员的支持和倡导下，乡贤积极投身教育事业，私学大量兴办。其中，书院建设如火如荼，新建、重修的书院达 1 662 所。“书院乃儒生讲学明伦之所，所以化民善俗而成才者”[101]，一般由地方官延请有道之儒学者为师，选民间俊秀为弟子，“以明纲常之道，知修齐之理”[102]。成化五年（1469 年），李龄为白鹿洞书院制定的《六戒》划定了书院的学习内容，“读书必循序，……先读《小学》，次读《四书》、《五经》、御制书、《史》、《监》，各随资历高下”[103]。明朝书院作为地方官办学校的补充，在办学意图、教学内容等方面与官办学校具有一致性，它们均采用儒生作为讲学人员，学习理学、心学等官方推行的正统儒学。不过，书院不以覆盖乡村教育为目的，而主要建在经济发达的乡村地区或城市地区，所以对乡村社会的直接影响是有限的。

清初书院由地方官员和乡贤设办，属于半官方的私人教育机构。顺治十四年（1657 年），湖南抚臣袁廓宇奏请修复衡阳石鼓书院，这是清代第一所书院。石鼓书院的成立推动了全国各地建设书院的热潮。[104]雍正时期书院逐渐扩大到府州县城以及乡村地区。清代统治者汲取明代的教训，为了防止出现类似“东林党人”的局面，下令所有书院需由各管官员申报、查核、监督，制定有关书院的运作规则，当然，也给予其一定的经济支援。雍正十一年（1733 年）发布一道上谕，“各府州县书院，或绅士出资创立，或地方拨公营造，俱申报该管官查核”[105]，正式开启了国家对地方书院的监管。乾隆元年（1736 年）、乾隆九年（1744 年）、乾隆三十一年（1766 年）通过明确书院院长的选拔标准、书院管理规范、士子择取标准、教学教材内容、统一院长头衔等措施，逐步加强了国家对书院的控制。嘉庆帝、道光帝、咸丰帝时期书院渐呈废弛之势，教学质量和管理欠佳，“山长以疲癃充数，士子以儇薄相高，其所日夕咿唔者，无过时文帖括，然率贪微末之膏火，甚至有头垂垂白不肯去者”[106]，朝廷对此颇为关注，不断命令各省官员补救书院建设。在地方官和乡贤的努力下，几乎没有一个州县是没有书院的，乡村也有不少书院。

相较于书院，社学可以说是专门针对乡村地区设置的学校，因此社学对乡村地区的影响更为深远。明太祖规定每 50 户设立一所社学，雇请一位学识卓越、品德优秀的生员负责教授乡村学子。洪武八年（1375年）“诏有司立社学”[107]。但由于官吏操弄，愿读书者无钱入学，或官吏逼令从事农商业忙于生计而不暇读书者入学，又对有钱不愿读书者放纵不管，社学一度停办。直到洪武十六年（1383年）十月，明太祖复设社学，鉴于此前乱象，他规定“有司不得干预”[108]。社学的老师由地方官、提学官聘任，或由乡民推举、地方官考核。比如福建龙溪县“凡乡里有社学，为父兄相与议，求有学识行艺可为师表者一人，推一二有力者为纠首，以诸生姓名列于关，敬谒以请。即许可，乃岁节后卜曰备礼，延至于学”[109]。在教学内容上，除使用小学教材之外[110]，明代社学还辅以历史、诗文和其他综合性训蒙教材，有时也用非专门的活动性教材。[111]

清朝沿立社学。顺治九年（1652年）要求“每乡置社学一区，择其文义通晓、行谊谨厚者，补充社师。免其差役，量给廪饩优赡。提学按临日，造姓名册，申报查考”[112]。乾隆二年（1737年）命令贵州创办社学，“至量加廪饩，动何钱粮，令该督随地酌办”[113]。为了照顾偏远地区适龄乡民的学习，礼部规定在乡村建社学：“州县设学，多在城市，乡民居住辽远，不能到学。照顺治九年例，州县于大乡巨堡，各置社学……凡近乡子弟，年十二以上，二十以内，有志学文，令入学肄业。”[114]不过，社学的目的在于广教化，使乡村年轻人明人伦、知法理，并非让农民子弟人人考取科举。因此虽然社学作用较广，但教育层次明显不足。

义学与社学的区别不大，有时名称也混用。明中期后，由于社学败坏，由地方大宗族创设的义学逐渐占领上风，成为乡村教育的中流砥柱。最初义学主要由地方官府出资兴办。乡贤为了使族人参加科举考试，为家族争光，也开始聘请先生，专门培养本族子弟。义学的教师通常是科考失意的回乡士子。义学的教学内容以传统的小学教材《千字文》《百家姓》《三字经》《孝经》等为主，兼习书算和八股文等举子业。[115]

康熙四十一年（1702年），清朝的第一所义学创立。[116]康熙四十四年（1705年）贵州设立义学，将“土司承袭子弟送学肄业，以俟袭替”，族属人等并苗民子弟愿意入学者，都令送义学学习，后扩大为各省“聚集孤寒生童”立社学，立志读书。[117] 自康熙以来，雍正和乾隆都格外注重贵州、广西、云南、四川、湖南、广东等地少数民族的教化，其缘由在康熙五十四年（1715 年）的一道谕令中得以明晰：“民生粗安，但移风易俗，莫过读书。”可见，义学和社学的基本目标大体上是相同的，即为那些无力上学的人提供受教育的机会。

明清朝廷认可了书院、社学、乡学等地方学校控制乡村的有效作用。在国家的支持和监视之下，乡村教育平稳地将钦定儒学的影响扩大到士大夫之外的广大民众。表面上看，国家几乎没有给这些乡村学校制订任何教育计划，但实际上，国家在设置这些学校之初就有明确规定，即所有学校的教学都必须与国家钦定儒学保持一致。尤其要指出的是，雍正对义学的热情与关注，甚至超过了书院、社学。他在雍正元年就要求“各直省现任官员自立生祠、书院，令改为义学，延师授徒，以广文教”[118]。雍正之所以将书院改为义学，可能是明后期一些著名书院变成尖锐的政治斗争中心，成为国家不稳定因素的缘故。

因此，清朝通过强调乡村教育中的义学，取代具有更高地位的书院，尽可能将更多的国民置于钦定儒学的影响下，特别是那些有可能成为村落头领的人。乡村学校在国家的支持下，依靠学田的收入和捐助的基金，为乡村学子提供了学习机会，为乡村教师提供了薪酬和居所。也正因如此，朝廷成功地在部分乡村地区进行教育活动，并将乡村学子尽可能地纳入科举范畴，从而在一定程度上消除了乡村学子可能的不臣之心，确保其不会成为国家的危险因素。清人就指出，“明之时士多讲学，今则聚徒结社者渺焉无闻；明之时士持清议，今则一使事科举，而场屋策士之文，及时政者皆不录。大抵明之为俗，官横而士骄，国家知其敝而一切矫之。是以百数十年天下纷纷亦多事矣。顾其难皆起于田野之奸、闾巷之侠，而朝廷学校之间安且静也”[119]。

由于科举制度和学校体系的差别，明清乡村教育是存在明显差异的。明朝给予士子前所未有的鼓励，使得许多士子具有相当的政治影响力。而清朝为了规避这一点，针对士子制定了许多禁行限制，试图牢牢掌控这一极易引发动荡的群体。明朝乡村学校中有对官府的公开批评、党争，以及不受压抑和控制的讲学论道。清朝则通过教育使乡村学子埋头苦读，将其引入钦定儒学的思想价值体系，以确保国家的政治稳定。然而在思想控制层面，乡村教育并没有产生令清朝统治者满意的效果。除了地方官员不称职，科举制度与学校体系衰败，很多士子并未完全依照钦定儒学及其制度进行学习，有些甚至公然违背国家律法或冒犯钦定儒学伦理，以至于科考中经常出现欺骗、作弊、贿赂等非法行为。

进入士子行列需具备一定的物质基础，贫困的平民子弟欲借此改变人生是困难的。阶层的固定性使得真正崇信儒学、忠于国家的士子难以得到步入国家行政体系的机会。所以，在明清乡村地区，特别是偏远地区和欠发达地区的村落社会，有能力或愿意将孩子送到乡村学校学习的家庭并不多，因而从更广泛的意义来看，明清乡村教育并没有完全实现国家预设的教化目标。当然，必须肯定的是，无论出于何种目的，是否实现预期效果，乡村教育都将村落与国家更紧密地关联起来，为村落自治体系的人才来源以及村落社会的自我生长提供了某种程度的智慧支撑。

五、民间信仰与村落

明清时期的民间宗教信仰类型比较繁杂，至少可以分为五大类，包括佛教、道教、民间信仰、伊斯兰教和从西方引入的基督教等。不过，这些宗教信仰中，基督教和伊斯兰教由于与传统的汉文化思想和家族制度的价值观念差异较大，所以，尽管在一些乡村地区有一定程度的传播，但从更大范围来看，仍被绝大多数乡民抵触，因而对村落社会的影响在明代和晚清以前是有限的。佛教和道教在明清以前的历史时期就十分广泛地影响了村落社会生活的各个方面，然而，包括佛教、道教和地方神明系统在内的宗教信仰，真正深入民间社会成为一种全民信仰，可能在宋代以后才发生，直至明清才达到鼎盛[120]。杜赞奇曾在考察中国华北村庄的宗教时明确指出，“在晚清时期，许多村庄除了以村庙为中心的宗族组织，再无其他全村性的组织。所有村民被自然而然地包括在宗教组织之中，而非本村人则排斥在该组织之外”[121]。在很大程度上，正是这种共同的神明信仰，使超越宗族的修葺庙宇和祭祀活动成为村落社会的常态，起到了整合村域内、不同村落、不同氏族、不同阶层的作用。换句话说，共同的民间信仰明显强化了传统村落社会的凝聚力与向心力。

人类学家的调查显示，几乎每一个村落都有一座甚至多座对应的村庙、神坛和土地庙，以至于不少学者认为，独立成村的标志就是土地庙的建立。[122]据杨庆堃统计，1882年，河北省定县平均每个村有7间庙。广东附近一个名为南庆的村子有233户人家，共有8间庙、祠堂和神坛，平均30户有1间庙。[123]可以说，围绕宗教信仰展开的包括建庙、修庙、祭祀、节日庆典等一系列仪式，特别是对土地神和农业神的信仰活动，有力地强化了村民同属一个地缘集体的认同。因为同属一祭祀圈，“宗教规范了社区生活及其价值系统——表现为一种人们敬畏并遵守的宗教特征”[124]。中国村落文化研究中心收藏的数以千计的明清造像发愿文中所录载的每一项内容，都有“某某土地”的惯例[125]，也充分表明作为管理一方土地的神灵，“土地公”具有地域边界的意义。直至今天，在湖南、江西等地的村落，在人死后都要去当地土地庙行“告知”仪式，即便没有了庙，也要在原来的土地庙址旁祭祀。（见插图9）近代以来，有些村落的空间布置甚至完全受到了某种宗教信仰的影响和制约。譬如，台湾苗粟市嘉盛庄就是以文昌庙及其四周的土地庙为节点展开布局的。[126]云南的傣族信奉佛教，村落入口处或村落中心建有佛寺，全村以佛寺为中心展开布局。类似的例子在云南的拉祜族、布朗族、佤族的村寨中也较为常见。[127]

不过，要注意区分的是，除了一些特别的少数民族如傣族，明清时期的民间宗教，并非泾渭分明的佛教或者道教，而是儒释道三教合流且又羼入了地方神灵体系的民间信仰。民间信仰之所以在明清时期如此繁盛，并深刻影响村落社会的方方面面，其原因不仅与村民的信仰表达密切相关，而且从历史的大环境来看，显然与明清王朝的积极介入不无关联。

从历史来看，明清朝廷对民间宗教信仰都予以十分严格的控制。明代初期，为了防止佛教和道教无限壮大，朝廷对其实行了严格管理。《徽州府志》载："江南有寺观始于三国吴，而本府有寺观始于晋，历唐及宋元而益炽洪。惟我高皇帝稽古为治，于佛老虽不废其教而给牒度，天下郡邑僧道则有定额，未尝少滥。洪武二十四年又下归并之令，合数寺观各立一丛林，且严私创庵院之律，故本府寺观皆仍前代之旧，未尝少有似创者。"[128] 与明朝大致一样，清朝也把民间崇信宗教视为异端，给予严厉打击。《圣祖十六条》中有一条就是"黜异端以崇正学"。所谓"正学"无非就是在国家认同和控制范围内的学说，而"黜异端"则不免包括限制佛道等宗教在民间的发展。安徽绩溪《石川周氏祖训十二条》"十杜邪风"载，"近世僧道又添恶习，聚众金鼓狂奔呼喊作暴戾之气，引妖魅之风，乃王法所当禁者。一村钱谷有限，都在塑佛造寺延僧布施上用了，所以族中一切正事都无力去做"[129]。可见，佛道等宗教的过度发展不仅使明清朝廷保持着高度警惕，甚至引起了宗族组织的抵制。

实际上，在有度限制佛教和道教等宗教在民间发展的同时，明清国家并没有完全阻隔民间社会的宗教信仰，还试图为民间社会提供一整套符合国家意识形态的信仰体系。某种程度而言，正是明清国家的这一做法，为民间信仰提供了发展的契机。洪武元年（1368 年），明太祖"命中书省下郡县，访求应祀神祇。名山大川、圣帝明王、忠臣烈士，凡有功于国家及惠爱在民者，著于祀典，命有司岁时致祭"。洪武二年（1369 年），虽然规定地方神祇不被官方致祭，但由于其有功德于百姓，可以保留民间香火，这在很大程度上保留了民间信仰的生存空间。"二年又诏天下神祇，常有功德于民，事迹昭著者，虽不致祭，禁人毁撤祠宇"。洪武三年（1370 年），明太祖确定了淫祀的范围，但对淫祀的态度尚显温和，只称"天下神祠不应祀典者，即淫祠也，有司毋得致祭"[130]。嘉靖后，地方志编者对淫祀的定义有了明确的认识，将正祠放在《祀典志》中，淫祠放在《杂志》中进行编修。[131] 明王朝对地方祭祀及宗教信仰的控制逐步强化，不仅要求全国各州县崇拜正祀，还要求官府鼓励民众参加祭祀活动。但乡村中不被官方承认和允许的淫祀十分普遍，构成了民间信仰最主要的内容。因此许多地方官往往入乡随俗，对其采取礼仪性做法。[132]

到了清朝，国家规定的大祀、中祀、群祀对象更加明晰，主要分为四类：一是受尊敬的、被神化的历史人物，如孔子和关帝；二是具有崇高道德表现、宗族影响力、典型服务事例的名宦乡贤；三是护佑生产生活之神，如风伯、雨师诸神；四是不适当安抚便会招惹灾祸的无祀鬼神。[133]对前两类对象的祭祀是将儒家道德伦理扩大到宗教信仰层面的体现，国家通过这种方式，来强调其推崇的价值观念，如德行高尚、爱国忠贞、保卫国家，建构符合国家意识形态的乡村社会秩序。祭祀第三类对象是对主宰着人类生存的神灵表达敬意。清代国家希冀借此表达国家维护人民利益的立场，“谋事在人，成事在天”的精神抚慰在一定程度上缓解了平民百姓的怨恨。第四类是此前从未正式规定过的官方祭祀对象。清朝规定全国各地依时享祭，按行政层级分为泰厉、王厉、郡厉、邑厉、乡厉之祭，供奉城隍作为主祭。其中“乡厉”可以当作“县坛”，在地方志中被广泛提及，主要作用是祭祀乡村中的无祀鬼神，并因此成为村民祭祀仪式的活动中心。

从祝祭文可大致知晓设置厉坛祭祀的原因，即向当地神祇汇报恶人和善人，借用鬼神的力量，让他们得到相应的惩罚或回报。“本厅阖境内人民倘有忤逆不孝，不敬六亲者；有奸盗诈伪，不畏公法者；有拗曲作直，欺压良善者；有躲避差徭，耗损贫民者；似此顽恶奸邪不良之徒，神必报于城隍，发露其事，使遭官府刑宪。轻则笞决杖断，不得号为良民；重则徒流绞斩，不得生还乡里。若事未发露，必遭阴谴，使举家并染瘟疫，六畜田蚕不利。如有孝顺父母，和睦亲族，畏惧官府，遵守礼法，不作非为，良善正直之人，神必达之城隍，阴加护佑，使其家道安和，农事顺序，父母妻子保守乡里。我等阖厅官吏，如有上欺朝廷，下枉良善，贪财作弊，蠹政害民者，灵必无私，一体昭报”[134]。虽然厉坛不是地方祭祀的主要对象，在清末之前已然消失，但祝文间接地说明了官方祭祀的真正目的，即利用不同内容和形式的地方祭祀来左右乡民的思想，使村落社会与国家意识形态统一起来，在维系乡村社会秩序的同时，巩固与维系国家的稳定。

从这个角度来看，通过信仰祭祀，国家与村落之间的共同体式关联便在潜移默化之中得以显现。这不仅是国家主动建构的结果，同时也是村落社会积极回应的结果。当然，实际中也会出现与此相左的情况。朝廷期望合法的祭祀活动，让乡民成为良民，然而，在社会生活中，当乡民的需求与国家利益不一致时，这一期待往往就会落空。一来，乡民通常越过地方官主持的不灵验的祭祀活动，主动选择祭拜能给个人和家庭带来好运和保护的地方神灵。二来，处在社会底层的村民，生存条件恶劣，他们全身心为了生计而活，所以，其宗教信仰带有现实的功利性，较少关注国家的诉求与期待。进而言之，乡民更加敬重能对自己生活产生影响的神祇，因此对地方官吏主持的农业神祭祀和其他神的祭祀更感兴趣。相对于有形的国家的势力和权威，他们更畏惧无形的神灵的力量。

在官方拟定的地方祭祀和民间多样的祭祀活动的交织中，乡民产生了粗略的多神论信仰，这种宗教态度使他们更容易服从政治思想控制。他们受尽磨难，深知现世的生活状况已无法扭转，唯有寄希望于来世顺遂，因为害怕此生作恶带来阴谴，所以努力行善积德。这种人生观念有助于社会稳定，在一定程度上抑制了起义暴动的反社会行为。宗教控制的效果，取决于国家达成或维持最低程度经济和社会稳定的能力。清后期，乡村地区广大人民的物质生活得不到保障，社会普遍处于贫困状态，此时非法的、非正统的宗教活动蔓延，这体现了国家对宗教的无能为力。

从明朝“分社立庙”，成立地方社祭制度，到清朝“神道设教”，以宗教教化控制乡民思想，乡村宗教信仰随着祭祀系统的发展而变化。可以说，乡村祭祀系统与社会历史发展紧密结合，祭祀活动反映了地方文化资源和权力结构的存在实态和历史变迁。以村落为中心的民间信仰活动按照神祇灵力的大小进行分类组织，虽分类不存在明显的级别，但在神祇特别灵验之地形成的庙宇通常会成为崇拜神祇的中心。[135]

第三节

明清村落的发展与变迁

一、村落的分布与地域差异

村落作为中国乡村地区社区生活的基本单位，其数量、大小、组织程度、活动数量，受人口密度、区域面积、自然地理、经济条件、社会环境和政治条件等因素影响，从而使村落呈现出不同的外观和特征。随着村落人口的增加与村落经济的扩张，村落内的有限资源往往无法满足村民日益增长的物质需求和经济需求，即便是某些拥有商业街的经济较为发达的村落，也必须依靠附近的市集、城镇和其他村落。在这个过程中，有的村落开始开展定期贸易活动，因而与一般村落区别开来。当这个村落的规模发展到一定程度时，往往就会转变成城镇。天灾饥荒、战乱屠杀、政策导向等特殊的社会环境，通常也会引发大规模的移民活动，从而产生大量新的村落，以及填充没落的村落。比如清朝推行的“移民实边”政策，吸引了大量关内移民迁入东北。黑龙江东部尚县的许多村落便是由关内移民所建。

大体来看，全国不同地区村落的物质结构存在较大差异。法国天主教传教士古伯察在清末穿行中国之后指出了这个差异：“一路所过，很容易得出中国各地人口聚居情况完全不一样的结论。举例言之，如果你在华中各省沿着陆路旅行，很容易认为中国乡村人口比实际上少。村落不多，而且相互距离遥远，荒地不少，很容易使人不时认为自己身处（东欧中亚的）鞑靼沙漠之中。但是，如果在同一省份沿着水道或河流旅行，乡间的外观就完全改变了。你经常会经过人口不少于两三百万的大城，同时，小城镇和大村庄，一个紧挨一个，几乎接连不断。”[136] 他通过对比湖北省和四川省的村庄，指出不同省份的村庄之间存在差别，并将这些差别归因于地理与经济条件：“湖北省的土地不怎么肥沃，而且布满了众多池塘和沼泽。……该省村庄的外观一般非常贫穷而可怜；居民们的外貌不健康而且相当狂野，经常为皮肤病所苦。据说，湖北省一年的收成很少足够应付一个月的食用。该省城镇的众多人口，要仰赖邻省供应；特别是一年收成十年都吃不完的四川省。看来，好像是四川省的富饶和美丽为其居民带来了相当好的影响，因为他们的举止比其他省份的中国人要高雅得多。大城镇至少相对来说要干净、整洁。村庄，甚至农田的外貌，证明居民们拥有相当舒适的环境。”[137]经济条件不仅影响了村民的生活方式和习惯，还影响了村落的分布和大小。

除经济条件之外，地理环境、历史背景、社会组织的差别，更加具体地将北方与南方的村落形塑成两种反差明显的类型。黄河流域主要呈现为由一组紧密相连的耕地和农舍组成的聚居型村落；长江流域虽有不少聚居型村落，但散居型村落更多，房屋经常分布得比较松散。[138]此外，良好的地理位置和特点也对村落的自然发展大有裨益，不仅使村民免于水患灾害，还可以作为储藏粮食的绝佳之地带来经济的繁荣，从而使村落的规模发展得比一般村落要大。

无论是不同地区的村落，还是同一地区的村落，其自然面貌和区域开发程度，都随着人口数目、耕作土地、地理环境和经济条件等因素的变化而有所不同。“村庄之远近、民户之多寡、地亩之总数、粮银之成数，最关紧要。”其中，土地质量是影响村落分布与发展最重要的因素。从区域条件来看，由于南方地区的土壤普遍比北方地区肥沃，因此南方村落的人口通常比较多。或者可以说，正是由于南方地区土地资源丰富、地力强健，才足以吸引先人开垦定居。随着乡民的开发劳作，村落的规模也就越来越大。比如清末广东南海县“居民聚居在三家村和村庄里。……在南海县（该县位于广州城的西面）和周边超过100平方英里的乡间，分布着180个……村庄；每村的人口……从200以上到100 000不等，但通常在300到3500之间”[139]。从村落分布来看，村落分布距离与土地质量成正比。在土地非常贫瘠的地区，村落不但距离比较远，而且比较小，反之则村落密集、繁荣且规模较大。

从耕地面积来看，由于土地有肥沃、贫瘠之分，因而粮食产量有轻重多少之别。“地肥粮重之村，地少而银多；地瘠粮轻之村，地多而银少。”[140]耕地面积与村落人口之间的关系，可从正定地区的例子窥得一二（见表7–6）。正定县共12个社，共领214个村落，百姓通常会聚居在土地资源丰富、营收利润较大的村落开展生活，除了一些村落由于人户较少，开垦土地面积不多，其余村落的粮银收益标准基本相差不大。不过，东原社的东兆通村虽然合118户之力开垦了12 810亩地，但是粮银仅有78两，远远低于其他村落的水平。这说明村落的人口与规模是与土地的价值和能力息息相关的，乡民自然不愿意聚集在土地贫瘠之地辛苦劳作而一无所获。此外，乡民与卖主之间的买卖关系也会导致地尽粮存、有地无粮的情况。地数、银数的不符，也会使村落社会陷入困境。

表7–6　正定地区人户、耕作土地、粮银数量统计

社名	统领村落数量	村名	人户	入册的土地数（亩）	粮银（两）	社名	统领村落数量	村名	人户	入册的土地数（亩）	粮银（两）
东关厢社	17	朱河村	363	12 141	362	东原社	16	东塔子口	235	7 199	238
		诸福屯	197	6 532	184			石家庄	211	2 599	146
		罗家庄	171	2 601	140			西兆通	181	6 016	176
		南牛屯	107	4 110	110			凌透	164	3 855	123
		南圣板	92	4 116	181			十里铺	123	1 132	55
		三里屯	78	1 602	48			东兆通	118	12 810	78
		南永固	71	1 560	90			大丰屯	90	2 609	108
		树路	69	1 467	65			西塔子口	88	2 401	74
		侯家庄	60	757	40			侯丈	80	1 247	36
		北永固	52	2 120	91			西庄	75	1 257	51
		盘桃村	49	251	7			店上	64	1 192	70
		东邢家庄	44	1 526	67			东庄	56	1 256	39
		中圣板	39	593	26			西庄屯	29	1 115	54
		东贾村	31	2 465	120			小屯	25	663	39
		东关厢	30	322	24			东原村	15	199	8
		北圣板	23	1 461	67			北中奉	10	228	130
		吴家庄	23	124	4			—	—	—	—

（续表）

社名	统领村落数量	村名	人户	入册的土地数（亩）	粮银（两）	社名	统领村落数量	村名	人户	入册的土地数（亩）	粮银（两）
五女社	13	北庄	155	4 036	148	辛庄社	14	西养凌	238	7 203	341
		南村	145	5 189	200			刘村	232	1 137	191
		南杨家庄	140	5 624	224			东养凌	118	2 329	154
		小西丈	112	3 694	165			宋营	200	5 674	269
		赵村	108	2 241	106			韩同	192	5 662	275
		赫家小营	105	2 681	97			二十里铺	140	2 927	186
		大西丈	86	2 608	69			北豆村	113	1 731	86
		吴家营	83	1 734	55			南豆村	108	1 946	136
		北五女	73	4 158	183			周通	65	1 605	79
		杜家庄	61	1 497	54			小岗	53	1 573	59
		东董家庄	48	1 197	77			辛庄	46	988	52
		南五女	47	1 193	65			杜贤庄	45	643	12
		东五女	15	153	12			白伏	23	7 576	258
		—	—	—	—			八方	17	1 273	42

资料来源：《正定县志》。[141]

有关人口数量与村落规模之间的地域差异，可从延庆、儒林两地的比较中看出。（见表 7–7、表 7–8）处于北方的延庆地区分东南西北四路，共有 63 807 人，每村平均人数大约 265 人。坐落在东路的村落，人口较多，平均 329 人。村落仅有数百人是明清时期的普遍情况，人口众多的特大村落则别具意义，比如南海县、儒林乡。位于南方的儒林地区总人口为 92 579，每村平均人数为 2 300 人。东面的村落人口同样较稠密，平均每村大约有 4 200 人。萧公权等学者指出这种南方的大村落说明在特别有利的环境下，村落也能发展得极为繁荣，它们实际上已具有城镇的规模。而同一地区各个村落的规模变化也相当大，儒林地方志编修者指出在全部村落中，最大的村落规模超过了 1 000 户，而最小的村落仅有 40 户。假若每户人数不少于 5 人，其中最大的村落人口则超过了 5 000 人，而最小的村落在 200 人左右。《延庆州志》提供了有关241个村落、市集和城镇的详细材料。这些村落的规模相去甚远，最大的村落有2 692人，最小的村落只有12人，人口规模在100~199人的最多，占有记载的村落数量的39.27%。

表7-7　延庆地区村落、人户、人口数量统计

村数	户数	人数
87（东路）	5 310	28 625
69（西路）	2 990	16 035
50（南路）	2 270	12 227
35（北路）	1 280	6 920
总数241	11 850	63 807

资料来源：《延庆州志》卷二《舆地》。[142]

表7-8　儒林地区村落、人户、人口数量统计

村数	户数	人数
6（东面）	4 572	25 318
16（西面）	3 462	19 334
9（南面）	2 108	11 466
9（北面）	7 033	36 461
总数40	17 175	92 579

资料来源：《九江儒林乡志》卷五。[143]

二、军事发展与戍边村落

明初，在北元势力以及南方割据势力如福建陈有定、广东何真等的不断滋扰之下，朝廷保持着旺盛的斗志，在北伐与南征并举之际，发动了一连串的军事攻势。在南方地区，由于动乱力量分散、政治目标不明确，只能造成局部威胁；而西北地区与藏族接壤之地相对安宁。明朝的根本威胁主要来自北元势力。因此，明代国家格外重视戍边，“度要害地，系一郡者设所，连郡者设卫。大率五千六百人为卫，千一百二十人为千户所，百十有二人为百户所。所设总旗二，小旗十，大小联比以成军”[144]。此后，卫所制度在全国范围内推行。

洪武十三年（1380年），胡惟庸案事发，明太祖革中书省，将都督府改为五军都督府，设中军、左军、右军、前军、后军五都督府，掌军旅之事，“每府左、右都督，都督同知，都督佥事。其属，经历司，经历，都事，各一人”，“各领其都司、卫所，以达于兵部”[145]。大体来说，五军都督府主要承担四方面的职能。一是执行武职的选拔、袭替。世官流官、土官袭替、优养、优给由兵部选定，按府、都司、卫所的层级通知及执行。二是卫所军队的操练。三是屯田屯军的管理。四是处理和上报军情。[146]卫所成为新的军事系统中最基础的单位，有关军情声息、军伍勾补、边腹地图、文册、屯种、器械、舟车、薪苇之事悉数知晓，是国家加强地方控制的有效手段。

在与北方少数民族直接对抗的同时，明代国家在辽东到甘肃的漫长北部边疆地区设置了众多都司、卫所重点防御。洪武三年至九年（1370—1376年）先后设立了兰州、庄浪、宁夏和凉州四卫。洪武十七年至三十年（1384—1397年）又陆续设置了永昌卫、山丹卫、甘州六卫、宁夏四卫、肃州卫等。河西地区的卫所设置远远超过了宁夏与兰州等地。黄河上游地区西接哈密、赤金蒙古等关外七卫，界在羌番、回虏之间，南控西番十三部，北御蒙古各部。为了达到“以一线之路，孤悬几二千里，西控西域，南隔羌戎，北遮胡虏”的目的，明朝建设了南北两条防线，[147]陈设重兵，把边防村落串联组织起来，修建了由“行都司城—卫所城—堡寨”构成的军事体系，试图对河湟地区的藏族各部和内蒙古高原上的蒙古各部进行军事防御。洪武二十六年（1393年）定天下都司卫所，共计17个都司，1个留守司，329个内外卫，65个守御千户所，之后措置不断变化。[148]

明初世兵制盛行，即卫所上下官兵，子承父业，世代为军，这就为戍边村落的形成提供了制度上的可能性保障。一般而言，从征、归附、谪发是明代卫所军兵的主要来源形式。《明史》载，“从征者，诸将所部兵，既定其地，因以留戍。归附，则胜国及僭伪诸降卒。谪发，以罪迁隶为兵者。其军皆世籍”[149]。卫所军兵主要承担两方面的职责：守卫地方以及屯田生产。“天下卫所州县军民皆事垦辟矣……军屯则领之卫所。边地，三分守城，七分屯种”[150]。建文四年（1402 年）定科则：“军田一分，正粮十二石，贮屯仓，听本军自支，余粮为本卫所官军俸粮。”屯军进行屯田生产供给军队，使卫所成为一个基本自给自足的武装集团。

永乐二年（1404 年），“更定卫所屯守军士。临边险要者，守多于屯。在内平僻，或地虽险要而运输难至者，皆屯多于守”[151]，又定屯田官军赏罚则例。之后历任皇帝都十分看重屯政，不断强调兴屯、核屯，但是这样长期背井离乡的生活使军兵活力降低、压力剧增。一方面，由于生产力低下，军队的生活并不好过，封闭的集团自治必然加重对屯军的剥削，军官的待遇自然也随之降低。另一方面，某些军官为了获取更多的生活空间和优惠，出现了官豪势要占匿、内监占夺的现象，且愈演愈烈。宣德年间，都指挥使司与布政使司、提刑按察使司并称三司，为封疆大吏，“而专阃重臣，文武亦无定职，世犹以武为重，军政修饬”[152]。由此，明朝的军事领导体制沿着以部制府、以文制武的方向变化，并逐渐统一于文官的兵部。

正德（1506—1521 年）以后，在沉重的军役负担下，明朝军队弊病丛生，军兵想方设法逃离、罢耕，此时卫所军队已经战不能战、守不能守。[153]这种情况自然会引起一些朝廷官员的警觉。嘉靖时期的给事中管怀理认为，屯田不兴主要有四方面的原因：疆场戒严、牛种不给、丁壮亡徙、田在敌外。这最终导致“管屯者犹欲按籍增赋，非扣月粮，即按丁赔补耳”[154]。所以，明朝为了确保兵役的正常运作，同时实行了征兵制、募兵制来补充军兵。征兵制即佥派民壮，由地方出钱雇募成为守卫地方的民间力量，他们不能像正规军一样东征西戍，因此募兵成为弥补卫所军兵不足的不可或缺的手段。因募兵制依赖大小村落及乡民的组织力量，所以一些地方陆续新建了数量众多的镇戍营堡。

在北部边防形势趋于稳定的同时，明朝军事作战指挥产生了思维惯性，片面地以为防御在于“守”，因此大力修建长城、城堡、墩台及边墙。久而久之，经过几代之后，那些新建的镇戍营堡便逐渐演变为了边防村落。因此，所谓边防村落，事实上就是因军事需要发展，经屯兵或移民实边之后，在长期过程中形成的一类村落。

清朝初期沿袭明朝边防政策，在与边疆蒙古族联盟的前提下，又将其视为主要的防御对象。其军事体系也参照明朝旧有军制，在原有的满洲八旗制的基础上发展。“旗兵者，乃蒙古部落之一种民兵，即藩部而统以旗籍者也。”[155] 顺治二年（1645 年）“遣八旗官兵驻扎顺德、济南、德州、临清、徐州、潞安、平阳、蒲州等处，此设驻防之始也”[156]。为了镇守险要之地，清朝不断增派驻防，并特设将军、都统大臣专辖之职。将八旗兵分为在京师的禁旅以及分镇各省的驻防。八旗兵以骑兵为主，兵力有限，在南方广大的山地林区又多有限制。

所以，清朝立国之后，便将招降前明的卫所汉军近 60 万人，编制扩充到清军队伍，以巩固广大的边疆乡村地区，并用绿旗为标志，以示与满军的黄、白、蓝、红四色军旗的区分，因而这些绿旗汉军又被称为绿营兵或者绿旗兵。清朝军制的改革慢慢将明朝的军事城堡行政化，或进行裁撤。而此时黄土高原地区“旧边”及其沿边地带的裁废并不突出。如西偏的西宁府，反而增加了十几个。甘肃大通卫改称大通县，又在镇海堡、西大通堡等地方增设军防。可见军事布防逐步集中于核心地区的边防重镇。因此，明代以来形成的边防村落不仅得以存续，还为新的边防村落的形成提供了条件。

与此同时，清初朝廷对边防地区实行封禁政策。在东北，封禁黑龙江、乌苏里江流域；在蒙古地区，实行垦禁、商禁、矿禁；在新疆地区，明令禁止各族人民在边疆地带开垦种植。不仅如此，朝廷还严格控制少数民族与汉人的交往互动。长期实行封禁使得边疆边防地区人烟稀少，交通不便，官兵难于驻守，从而导致难以设防，边陲空虚。直到康熙年间，清皇帝改变了一贯的边防方针，“不专恃险阻”，而“在修德安民”，主张充分利用蒙古族的力量，认为以蒙古族为边疆屏障，比长城更加坚固。[157]康熙二十六年（1687年），康熙在巡查地方之时发现驻防扰民事件，兵部强调各省驻防官兵是为了安民守地设置的，所属官兵都应当严加钤束，“照所定法例遵行，此以知驻防之设，纪律严明，兵民辑睦，洵足壮干城，而固封守也”[158]。

清朝针对西北地区的边境布防十分谨慎。首先，在对青海划分盟旗分而治之的基础上，在西宁北川经扁都口至甘州600多里的地区修筑边墙，不许他们过界放牧，以隔绝蒙古与吐蕃的联系，并在此后不断开发本土资源，加固对边境及牧民的控制。其次，增设营镇，加强核心区域的镇守。针对和硕特部重点攻击的西宁、和州、布隆吉尔等地区，增设总兵、参将，统兵镇守。再次，归并裁撤部分驻军。清朝逐步集中对黄河上游地区的布防，如宁夏裁汰一千绿营入大通镇。由于西宁地区控制了蒙藏交通的要冲，因此朝廷将周边地区的防务均置于其管辖之下。同样具有战略地位的地区，比如打箭炉、凉州、甘州、肃州等地亦是如此。国家通过军事功能的行政化，将其置换到基层建制中，打开了边疆地区与内地的沟通，加强了清朝对边疆地区以及各族民众的直接控制。也正是这些做法，为边疆村落的发展提供了良好安稳的社会环境和周边条件。

随着社会环境的变化，清朝内部的民族矛盾与西方殖民者的入侵相比，带来的影响及其范围更小。因此，一方面，朝廷不再修建象征着历代国防的长城，而主要以官军和边疆广大乡村地区的百姓用武装捍卫边防。另一方面，清朝统治者开始有了近代国家边防的思想观念，重新认识了国家边防和防御对象，比如北部边防的防御对象从蒙古族变成了俄罗斯。为了边疆安宁，自康熙帝后，清朝与邻国举行了若干次边界划界谈判，签订了若干个边界条约。[159]这些边界条约签订后，清朝疆界大致固定，边防因而日渐懈怠。封建统治最终走向废弛，边防村落更是民生困顿。

三、人口迁移与村落

（一）洪洞大移民与村落

受元朝末年长期战乱屠杀、水旱蝗灾以及传染病流行造成人口死亡等因素的影响，明初全国土地大面积荒芜，严重影响了明代国家的赋税收入和社会稳定。为此，朝廷一方面积极完善移民组织系统，另一方面严格限制和打击百姓自发迁移，希望在可控的范围内纾解人地关系、增加财政收入、巩固和延伸帝国版图。“朝廷所移民曰移徙”[160]，官方迁徙活动划定了移民区域，优化了移民特惠政策，计划以移民的方式扩大农业垦殖。明初户部郎中刘九皋曾鼓励将窄乡之民移到河北、河南、安徽、陕西等宽乡人少之地，称“古狭乡之民，听迁之宽乡，欲地无遗利，人无失业也”[161]。同时，国家制定了各项优免措施鼓励民众徙居开荒，并设置了专门的管理部门，“又以中原田多芜，命省臣议，计民授田。设司农司，开治河南，掌其事。……北方近城地多不治，召民耕，人给十五亩，蔬地二亩，免租三年”，“至宣德间，垦荒田永不起科……”[162]。

在明朝最初建立的几年里，北境边界不断遭受北元势力的威胁，境内局势也不明朗，河北、河南、四川等省原住民数量急剧减少，国家百废待兴。为了实现华北平原、江淮平原、四川盆地的人口及社会经济的恢复和发展，明朝的移民政策主要围绕军民两大群体进行。一是卫所制度以三分戍守、七分屯种为原则。大批军兵带着家属迁入驻地，加速了当地的开垦进程，形成了军屯型村落。二是将民籍迁移分为屯垦和非屯垦两种形式。“移民就宽乡，或召募或罪徙者为民屯。”[163]在人口大量流失的华北地区，统治者规定将移民纳入屯的管理体系，“迁民分屯之地以屯分里甲”[164]，大约平均以 110 户为 1 屯，设屯长督课农桑，因而形成了移民型村落。

从历史上来看，明初大规模的移民活动主要在山西省平阳府洪洞县开展。山西位处华北，地理条件优厚，自然灾害和战事较少波及这里，人户数量相当可观，因此“每当分裂或战乱时期，山西往往成为北部中国的战略要地或政治中心，因而既吸引了大量外来人口，也成为大批难民的庇护所，从而出现一个经济相当繁荣的阶段”[165]。洪洞县城北贾村驿旁的广济寺，是官方设立的集中移民、编排队伍、发放川资的移民处。这次移民通常被史学界称为“洪洞大移民”。

明代朝廷组织的山西移民活动从洪武初年延续到永乐年间，历经44年，共计17次，主要有三种情况：一是开发朱元璋故乡凤阳，二是充实新都城北京，三是填补因战乱而变得闲旷的乡村地区。响应招募屯田等迁徙政策的徙居者，大部分为无田无业的贫苦农民，他们拿着分拨的道里费、口粮到达迁入地，享受赋役田租一定程度的优免，开始了新的生活。除此以外，军兵也是洪洞移民的组成部分。移民政策成了稳定新政权的经济手段。这些因国家组织移民而形成的村落，多以“某某屯”命名，其中尤以“某姓”加“屯”命名的方式最为常见。如今山东西部地区就有“李家屯”“张家屯”“周家屯”等村庄。

表7-9　明洪武六年至永乐十五年（1373—1417年）山西移民情况

时间	迁出地	迁入地	徙居者
洪武六年（1373年）	山西、真定	安徽凤阳	民
洪武九年（1376年）十一月	山西、真定	安徽凤阳	民无产者
洪武二十一年（1388年）八月	山西泽州、潞州	彰德、真定、临清、归德、太康	民无田者、无业者
洪武二十二年（1389年）九月	山西	大名、广平、东昌	贫民
洪武二十二年（1389年）九月	山西沁州	—	民张从整等116户告愿应募屯田
洪武二十五年（1392年）八月	—	大同、东胜。在平阳选民丁立9卫；在太原、辽州、沁州、汾州，选民丁立7卫	冯胜、傅友德、开国公常昇分行山西，籍民为军，共立16卫，每卫5 600人，大约89 600人

（续表）

时间	迁出地	迁入地	徙居者
洪武二十五年（1392年）十二月	山西	彰德、卫辉、广平、大名、东昌、开封、怀庆	愿迁居民598户
洪武二十八年（1395年）正月	山西	塞北	马步官军26 600人
洪武三十五年（1402年）九月	山西太原、平阳二府，泽州、潞州、辽州、汾州、沁州	北平各府州县	丁多田少及无田之家
永乐元年（1403年）八月	山东、山西、陕西、河南	北京	罪囚及其妻、子
永乐二年（1404年）九月	山西太原、平阳、泽州、潞州、辽州、汾州、沁州	北京	民万户
永乐四年（1406年）正月	湖广、山西、山东	北京	郡县吏李懋等240人愿为民
永乐五年（1407年）五月	山西平阳、泽州、潞州，山东登州、莱州等	北京	5 000户
永乐十二年（1414年）三月	山西	—	流民
永乐十四年（1416年）十一月	山东、山西、湖广	保安州	流民2 300余户
永乐十五年（1417年）正月	山西平阳、大同、蔚州、广灵等府州	北京、广平、清河、真定、冀州、南宫等	民

资料来源：《明史》卷七七《志第五十三·食货一》。[166]

在有关洪洞大移民的记载中，山西向邻近省份山东移民的范围遍及92个县（市），在东昌府属县茌平、聊城，更是彰显了移民对村落建设的作用和影响。山西迁往东昌府的移民约有111 880人，主要分布在其属下7县：包括比较偏僻的南部县境，如观城、范县、朝城、濮州等，平均每县移民5屯；西部各县如莘县、冠县、馆陶和邱县，每县移民5屯；北部各县如武城、博平、恩县、高唐、清平和唐邑，每县移民 18 屯；聊城、临清、夏津、茌平这样的中心大县移民人数最多、范围最大，平均每县移民 27 屯，总计 268 屯。随着山西移民的迁入，东昌府各属县新形成不少移民村落，这在一定程度上改变了县屯格局。茌平县有 25 个原生村落，由山西移民建立的村落占全县村落总数的 70.24%，建村时间主要集中在洪武、永乐年间，显然直接受到了洪洞大移民的影响。聊城也是如此，原生村落为 29 个，由山西移民建立的村落占全县村落总数的 71.62%，这个比重与茌平不相上下。直至今天，一些因明代洪洞移民而形成的村落中仍然流传着当时的一些故事或谚语。如，在黄淮地区就流传着“问我祖先何处来，山西洪洞大槐树；祖先古居叫什么，大槐树下老鹳窝”的歌谣。

表 7-10　洪武时期山西移民迁入东昌府属七县屯的数量、分布及对比

县名	移民屯	原生村落
观城	5	5
莘县	8	6
武城	18	3
博平	18	6
茌平	27	9
夏津	27	3
临清	27	6
合计	130	38

资料来源：《中国移民史》第五卷。[167]

表 7-11　山东茌平县（茌平部分）自然村落建立时间、数量和徙地

时间＼徙地	山东					山西	河北	河南	江苏	其他	合计
	本区	青州	莱州	登州	济南						
元末以前	20	—	—	—	—	—	—	—	—	—	20
元末	2	—	—	—	—	—	—	—	—	—	2

（续表）

时间＼徙地	山东					山西	河北	河南	江苏	其他	合计
	本区	青州	莱州	登州	济南						
洪武	39	28	4	7	275	6	1	4	6	370	
永乐	2	7	—	1	—	13	2	—	—	2	27
合计	24	46	28	5	7	288	8	1	4	8	419

资料来源：据《中国移民史》第五卷中数据重新制表。[168]

表 7-12　山东聊城自然村落建立时间、数量和徙地

时间＼徙地	山东		山西	河北	河南	江苏	其他	合计
	本区	莱州						
元末以前	7	—	—	3	—	—	1	11
元末	3	—	—	—	—	—	—	3
洪武	11	—	47	—	1	1	1	61
永乐	8	1	59	2	1	—	2	73
合计	29	1	106	5	2	1	4	148

资料来源：《中国移民史》第五卷。[169]

明太祖时徙民人数最多、范围最广；“建文帝命武康伯徐理往北平度地处之”；明成祖主要为了迁都、营造活力、发展经济而宣导移民，“分其丁口以实北平”[170]。自明代三朝组织大模移民之后，移徙者鲜矣。此外，不少自发的小规模移民，甚至在清中叶仍然存在。据张青统计，洪洞大移民共涉及800余个姓氏，18个省（市），500余县（市）。迁入地除山东92个县（市）外，还包括河南106县（市），北京、天津、河北129县（市），江苏、安徽、湖北、湖南62县（市），陕西、甘肃 、宁夏51县（市），山西34县（市），内蒙9县（市），辽宁11县（市），吉林3县（市），黑龙江3县（市），广西1县。[171]移民带来人口流动和经济发展的同时，也刺激着这些地区的自然村落建设，改变了迁入地和迁出地的乡村社会关系和社会环境。

（二）“湖广填四川”与村落

自元末明初湖广黄麻一带人口迁往四川，四川人口逐渐增长。明末清初，四川天灾频发，民间的反抗势力逐渐壮大。明末朝廷在与清军大规模武装进行厮杀的同时，还要对地方割据政权进行剿杀，加剧了四川境内人丁凋敝的局面。吴三桂的反叛更使四川陷入浩劫。到了清初，据文献统计，四川人丁仅剩下 16 096 人，远低于其他省份的人丁数量，甚至只有东南省区一个县的规模。[172] 对此，清代朝廷积极招民垦荒，湖广、广东、江西、福建等省人口大量迁入四川，其中以湖广人数最多，史称“湖广填四川”。

囿于艰苦的乡村社会环境，简单的招民复业政策无法实现四川经济的恢复。在此之际，地方官员不断上奏请求国家扩大招垦范围，鼓励湖广等外省农民迁入四川参与垦荒。[173]“康熙时，招徕他省民以实四川。……始至之日，田无业主，听民自占垦荒。或一族为一村，或数姓联为一堡……有一族占田至数千亩者……然所占实不能尽耕也。”[174] 康熙二十四年（1685 年），四川省人丁共计 18 509 人，相较 24 年前人口增长率为 14.99%。此项人丁数量统计，虽并非四川真正人口总数，但也在某种程度上说明了招垦移民政策起到的积极作用。康熙时期对移民人口施行的优免政策，比如将垦荒起科年限从三年增加至五年，放宽招民授官的标准，各省贫民携妻、子入川者准予入籍等是改变四川人口结构的前提。虽然移民热潮被三藩之乱中断，但战争结束后，康熙朝廷鼓励移民的政策更加具体细致，从土地所有权、考试权两方面保障了移民的权利，不仅将地亩给垦荒居住者为永业，还准许移民入籍子弟参加科举考试。

雍正二年（1724 年）四川人丁数增至 409 311 人。雍正五年（1727 年），移民入川的政策开始发生变化，川陕总督奏称外省人民挈家入川者甚多，请求安插，“皆称系上年湖广、广东、江西、广西等省逃荒之人，请设法安插，以为生计”[175]。此时朝廷对移民显然不再是一以贯之的接纳态度了，其原因可能是这次迁徙活动的逃荒性质危及了国家政治经济的稳定。为了防止迁移人户中混入“游手无赖之徒”扰乱地方社会安宁，朝廷规定入川人户需验明身份，在拥有原籍官员的许可和证明后编入保甲，“令四川州县将入川人户

表 7-13 湖广填四川主要省份在乾隆年间人丁数量统计

省份	乾隆十四年	乾隆十八年	乾隆二十二年	乾隆二十四年	乾隆二十七年	乾隆二十九年	乾隆三十二年	乾隆三十六年	乾隆四十一年	乾隆四十五年	乾隆四十八年
四川	2 506 780	1 368 496	2 682 893	—	2 802 999	—	2 958 271	3 068 199	7 789 791	7 947 762	8 142 487
广西	3 687 725	1 975 619	3 850 136	—	3 972 653	—	4 706 176	4 794 493	5 381 984	5 749 997	6 034 003
广东	6 460 638	3 969 248	6 699 517	—	6 818 931	—	6 938 855	7 068 199	14 820 732	15 211 960	15 634 520
陕西	6 734 158	3 851 043	7 081 846	—	7 297 415	—	7 348 565	7425 445	8 193 059	8 237 887	8 259 081
湖北	7 527 486	4 568 860	7 957 304	8 024 978	8 137 947	8 231 816	8 399 652	8 532 187	14 815 128	16 021 069	17 155 018
福建	7 620 429	4 710 339	7 977 686	—	8 065 288	—	8 094 294	8 170 630	11 219 887	11 980 012	12 399 456
江西	8 428 205	5 055 251	9 108 615	—	11 609 061	—	11 540 369	11 745 196	16 848 905	18 049 268	18 511 622
湖南	8 672 433	4 336 332	8 762 726	—	8 854 608	—	8 907 022	9 082 046	1 4989 777	15 423 842	15 676 488
直省总计	177 495 739	102 750 000	190 348 328	194 791 859	200 473 275	205 591 017	209 839 546	214 600 356	268 238 181	227 554 431	284 033 755

资料来源：《清朝文献通考》。[176]

逐一稽查，姓名、籍贯果系无力穷民即留川。令其开垦，所用牛种口粮目前将公项给发，即着落本籍州县官照数补还”[177]，并提出以按户授田替代插标占田，计算出详细的地亩分配和基本生活补贴。[178]

乾隆年间，朝廷秉承历代的鼓励态度，借移民缓解部分省份的人口压力，维持对四川的有效控制。除乾隆十八年（1753年）各省人口均有下跌，全国人口呈不断增长的态势。在这个过程中，四川的人口分布格局逐步稳定，乡村地区的人口数量达到饱和，四川接纳移民的能力开始下降，移民入川的运动在乾隆后期已经式微。

由此可见，清代国家的积极政策，一方面使徙居者定居于迁入地，生齿日繁，在移民村落里繁衍出一个个宗族，建立了一个个单族村落或者多族村落。建立在移民基础上的村落逐渐开枝散叶，并开始了本土化的生长。另一方面，积极政策也使村落社会在被纳入国家的行政编制范畴的同时，又与国家发生了积极而密切的互动关系。

表7-14　乾隆十八年至乾隆二十年（1753—1755年）四川移民省籍户数及所占比重

迁入时间	湖南	广东	广西	江西	福建	合计
乾隆十八年	991	408	394	—	17	1 810
乾隆十九年	1612	281	73	140	—	2 106
乾隆二十年	1 860	590	—	—	—	2 450
合计	4463	1279	467	140	17	6 366
百分比（%）	70.1	20.1	7.3	2.2	0.3	100

资料来源：《蜀故》卷三。[179]

表7-15　四川五州县的移民宗族

迁入时间	云阳	南溪	合州	简州	井研
清以前	27	11	61	98	59
清中期以前	117	46	112	184	65
合计	144	57	173	282	124

资料来源：《中国移民史》第六卷。[180]

由于战争使人口遭到毁灭性破坏，青壮年大量死亡，四川原住民在战后相当长的时间内无法有效繁殖人口。原生宗族在四川所占比例与移民宗族比起来相当少，川东、川南地区的原生宗族分别占区域宗族总数的18.75%、19.30%，不到两成。相较之下，迁至四川的移民人口以青壮年居多，他们依靠身体素质、生产技能、土地面积、生活补贴、人口增殖等方面的强势，发展势头和活力远远超过原住民。他们在迁入地很容易组成一个新的宗族。随着时间的推移，更多同宗族成员的迁入使得移民的宗族组织、范围、地位和影响力都越来越大。

一部分移民从家乡游走进入四川，通过同乡同族间的互相帮扶，组织在一起形成了新的村落。这些村落的地缘关系和血缘关系复杂交织，极易演变为大型村落。一般来说，移民通常以家庭为单位迁入四川，比如广东兴宁廖氏、福建永安陈氏、长乐陈氏皆是如此。小家庭发展成大宗族的事例相当少。来自湖南南部的徙居者是大宗族集团的主要来源，他们不仅拉动了广东的外迁趋势，还借由若干家族成员的共同迁徙，在新的村落从事修建宗祠、设置祭田、编纂族谱等宗族活动。在移民逐渐安居的过程中，出于各种原因，四川经常出现原住民与移民之间以及各地移民之间的省籍冲突。

表7-16　四川五州县移民宗族的徙地情况

县名	湖北	湖南	广东	福建	江西	陕西	贵州	其他	合计
井研	13	10	14	2	17	0	4	0	60
云阳	48	41	4	6	12	0	0	4	115
合州	32	46	2	3	20	2	5	2	112
简州	30	32	98	5	19	2	4	2	192
南溪	12	9	1	2	2	0	0	0	26
合计	135	138	119	18	70	4	13	8	505

资料来源：据《中国移民史》第六卷中数据重新制表。[181]

（三）"走西口"与村落

清初，山陕地区人口剧增、土地兼并激烈，加上受到恶劣的自然环境影响，人地矛盾日益尖锐。为了因应平定边疆叛乱，解决西北军兵的粮食供应，解决财政危机，缓和阶级矛盾等诸多政治需求，清代国家不断调整土地政策，促使山陕民人到内蒙古中西部地区放垦土地，取得了不俗的垦耕效果。这个移民过程被称为"走西口"，也称"走口外"。

西口指河北长城西段的张家口、独石口、山西杀虎口等口外地区，是移民进入蒙古地区的重要关口。雍正时期在山西口外设置丰川卫、宁远厅，并于雍正十三年（1735 年）放垦 4 万顷土地给山西民人。乾隆五年（1740 年）设绥远城直隶厅，乾隆二十五年（1760 年）设归化城、和林格尔、清水河、托克托城、萨拉齐五个直隶厅，统称为归化城六厅，隶属山西。厅的设立主要是为了管理由口内各州县招来开垦的移民，其中清水河厅的移民以偏关、平鲁两县人口居多。可以说，"走西口"是长城内侧人口向长城外侧迁移，农业区人口向牧区迁移的过程，标志着农业区域的扩展和农牧分界线的北移。[182] 当时内蒙古的绥远地区便是例证之一。据《中国人口 · 内蒙古分册》统计，19 世纪早期，向内蒙古地区移民的汉人数量就已经超过当地蒙古族人了。[183] 清中叶开始，大量来自山西、河北、山东、陕西、甘肃的移民迁往绥远，其属各县旗以河曲移民最多，比如乌拉特中后旗的双美圣乡、此老图乡、石哈河乡、部北乡等广大乡村地区。固阳县红泥井乡的 72 个自然村落也大多由河曲移民组成或建立。

表 7-17　绥远各县旗的山西移民分布情况

县旗名		徙地及其所占比例
土默特川	土默特旗	大同、偏关、代县
	萨拉齐	忻州
	清水河	偏关、平鲁、宁武、忻县

（续表）

<table>
<tr><th colspan="2">县旗名</th><th>徙地及其所占比例</th></tr>
<tr><td rowspan="2">察右翼</td><td>兴和</td><td>忻州、大同</td></tr>
<tr><td>丰镇</td><td>忻州、浑源、定襄</td></tr>
<tr><td>套东</td><td>包头</td><td>河曲、忻州、定襄、代县、府谷、神木、直鲁豫</td></tr>
<tr><td rowspan="2">后山</td><td>武川</td><td>晋北各县（7/10~8/10），直鲁豫（2/10~3/10）</td></tr>
<tr><td>固阳</td><td>晋北各县（8/10），直鲁豫（2/10）</td></tr>
<tr><td rowspan="3">后套</td><td>五原</td><td>河曲（70%），忻州、代县（5%），河北（10%），山东、河南（10%），其他（5%）</td></tr>
<tr><td>临河</td><td>河曲、保德（1/3），府谷、神木（1/3），其他（1/3）</td></tr>
<tr><td>安北</td><td>河曲、代县（多），河北、山东（少）</td></tr>
<tr><td rowspan="2">前套</td><td>东胜</td><td>府谷、神木、河曲</td></tr>
<tr><td>达拉特旗</td><td>河曲、忻州</td></tr>
</table>

资料来源：《“走西口”与晋陕内蒙古毗连带民歌圈的生成》。[184]

乌兰察布、伊克昭盟和归化城土默特地区的汉民最初来自山西，主要来自晋北各州县；绥西、五原、临河、安北各县旗的移民则主要来自陕西、河北两省；其他各县移民几乎全都是山西民人。[185] 归化城土默特、乌伊两盟、察哈尔等地由于地理位置独特，成为“走西口”移民活动影响最深的地区。其中察哈尔招募河北、山西等地民人从事农业活动，这些随着农耕季节往返耕地与家乡间的汉人被称为“雁行人”。早在雍正年间，在张家口外山谷定居的汉人便不在少数。出于国家管理移民关口的需求，朝廷又设立了张家口、独石口、多伦诺尔三个直隶厅。其中多伦诺尔作为一个土产集散地和宗教市镇，在乾隆前期未经招民垦种，并无村落。而张家口在雍正年间便已有 286 个村落，平均每村 21 户，普遍属于中小规模的村落。这些村落恐怕绝大多数都是因“走西口”而形成的移民型村落，或者是在移民村落基础之上派生出来的村落。

除了迫于生计离乡远徙的贫苦农民到内蒙古地区参与农业垦殖，还有部分手工匠人、商人通过“走西口”深入广袤的草原大地，将内地文化因子和民俗风貌带入内蒙古地区。从汉地带入的农业生产方式，在某种程度上改变了蒙古族的游牧生活，形成了一批定居的蒙古族聚居村落。虽然辽代开始便有内地汉人前往内蒙古建屋定居，自然村落早已出现，但“走西口”为内蒙古村落的广泛建立提供了契机。伊克昭盟的建村时间大多在光绪、宣统至民国年间，与山陕移民“走西口”进程吻合。蒙古族主要居住在北部牧区，汉族主要分布在南部农区。在农区内部和农牧交错地带，蒙汉两族的村落混合分布，有的是汉族村落，有的是蒙古族村落，还有蒙汉杂居的村落。

表 7-18　伊克昭盟建村情况

时间	东胜	准格尔旗	伊金霍洛旗	达拉特旗	乌审旗	鄂托克旗	鄂托克前旗	杭锦旗
光绪之前	—	27	6	4	—	1	—	—
光宣时期	9	86	24	32	6	—	4	2
民国时期	9	124	58	71	1	1	6	21
情况不明	57	104	336	165	99	116	160	156
总计	75	341	424	272	106	118	170	179

资料来源：《伊克昭盟地名志》。[186]

自康熙四十七年（1708 年）清朝皇帝在直隶北部古北口、喜峰口之外的热河建立行宫以来，热河也逐渐成为清王朝重要的政治活动中心。移民越发向此地聚集，波罗河屯附近数里，村舍、人家鳞次栉比，烟火稠密。雍正、乾隆年间相继设置了热河、喀喇河屯、塔子沟、八沟、四旗、乌兰哈达、三座塔七个直隶厅。乾隆末年升热河厅为热河府，其他厅分别改为滦平县、建昌县、平泉州、丰宁县、赤峰县和朝阳县，属承德府辖。119 年后，受承德府南境禁止移民的政策影响，滦平县人口急剧下降，由于人口北迁至最北部的赤峰县，导致赤峰县人口增长 4 倍有余。建昌县、朝阳县的建立和发展也说明了东部的开发快于西部。

表 7-19　清朝承德府属六州县人口变化

时间	滦平县	建昌县	平泉州	丰宁县	赤峰县	朝阳县	总计
乾隆四十七年（1782 年）	106 630	99 093	154 308	72 079	22 378	61 220	515 708
道光七年（1827 年）	45 769	163 875	158 055	115 973	112 604	77 432	673 708

资料来源：《承德府志》卷二。[187]

汉人移民深入昭乌达盟、哲里木盟等蒙古各旗，清朝廷不得不加强管理。嘉庆四年（1799 年）设昌图厅管辖在科尔沁左右旗的近 4 000 户汉人移民。及至嘉庆中期，郭尔罗斯前旗的移民有 7 000 余人。汉人移民甚至延伸到了外蒙古范围。实际上，“走西口”象征的是社会底层人民通过移民运动争取生存空间的奋斗过程。移民与移民村落的出现在一定程度上丰实了内蒙古地区的人丁数量，为内蒙古地区的开发提供了相对充盈的劳动力资源。

（四）闯关东与村落

清军入主中原，建立国家之后，满族以东北三省为“龙兴之地”，定为禁区，并沿着明朝辽东边墙旧址插柳结绳，称为“柳条边”，以此作为警戒线，禁止汉人自由迁入。由于这一范围位于山海关以外，故又俗称“关外”，山海关以内则称“关内”。汉人的活动范围在律令上被限制在关内，但事实上，仍有不少关内汉人迁入关外边内的夹层空间，进行开垦生产。还有一些汉人则在关外长白山地区采运人参，以牟取暴利，严重妨碍了旗人的利益。清初，朝廷企图通过严格出关的制度来维护关外的地方社会秩序，及至清中期，又下令驱逐已在关外定居的流民，但一直未能彻底实施。与此同时，黄河流域中下游诸省的农民，常年受自然灾害的侵扰，纷纷寄希望于过关安身。尽管在乾隆九年（1744 年）、乾隆五十七年（1792 年），朝廷也偶尔变通，放民出关，但在清朝历史上的大部分时间内，关内汉民通常是在封禁令的非有效执行之下，以单身佣工的身份偷渡出关，这个过程被称为“闯关东”。

顺治年间和康熙初年，辽东、辽西是移民的主要聚居地，人口大增。为了适应人口增长的局面，清朝廷在移民分布最密集的区域进行政区设置：辽阳改置为州；增设锦州府，领锦县、广宁县、宁远州；设承德、盖平、开原、铁岭四县，隶属奉天府。辽东地区设府县、里社的顺序与名称，与移民由东向西、由北往南的行进方向基本一致。铁岭 20 个里社均有移民。这都是清代国家将移民组织性地收募为民的过程。康熙七年（1668 年）到乾隆六年（1741 年）的 73 年间，辽东移民的迁入速度和规模稳定增长。奉天、锦州二府人丁数从 16 643 增长到 53 414，年均增长率在 16.00%~17.05%。嘉庆二十五年（1820 年），奉天、锦州二府的人口分别增殖到 43.4 万、132.3 万。咸丰元年（1851 年），辽宁人口达到 258.1 万。历经数百年的移民活动，辽东地区在封禁限制下仍达到了人口饱和，移民不仅填充了乡村地区的大小村落，也形成了不少新的移民村落。

关外的吉林将军辖区是清朝封禁的重点区域。与当地定居移民不同，最初流入长白山区的流民多以采参捕珠、淘金伐木为生，其中以来自山东、山西的流民偷采为主。直到康熙中期，乌拉、宁古塔一带采取已尽，走山的掘参者因资源匮乏，不得不转向平原从事农业垦殖。同时，大量从内地谪发的流人、兵丁、营造战舰的水师也来到这里。雍正五年（1727 年），清朝廷在乌拉、伯都讷，分别置永吉州、长宁县，集中安插、管理新入境的移民。乾隆初，随着封禁的加强，朝廷裁撤了永吉州、长宁县建置，将宁古塔等地的流民安插在吉林乌拉地区。随后，移民在不谙垦殖的旗人的放任下，不断潜心耕耘。嘉庆五年（1800 年），朝廷在长春堡设立长春厅，归吉林将军管辖。此地作为进入乌拉和伯都讷的交通要道，流民较多。嘉庆十一年（1806 年）长春厅流民增加 7 000 余人，嘉庆十三年（1808 年）新的流民有 3 010 户，嘉庆十六年（1811 年）长春厅编定共计 11 781 户、61 755 丁。在乾隆四十一年（1776 年）前的移民浪潮中，东北三省共接收关内移民（含后裔）180 万左右。[188] 不少学者认为，到乾隆后期，汉人的迁入与繁衍大抵弥补了迁入关内的满族人口。

表 7-20　清朝前期奉天、锦州人丁增长情况

时间	奉天府属		锦州府属	
	人丁数	年均增长率	人丁数	年均增长率
康熙七年（1668 年）	7 953	—	8 690	—
雍正十二年（1734 年）	23 796	16.7‰	23 680	15.3‰
乾隆六年（1741 年）	28 258	25.4‰	25 156	8.7‰

资料来源：《盛京通志》卷三十五、卷三十六。[189]

汉人大量迁入关外，一方面，在客观上使大大小小的村落在关外快速建立、繁衍，为关外的开发提供了丰裕的人力资源；另一方面，汉人将关内的汉文化带到关外，既推动了区域文化的交融，又在某种程度上加速了满族的汉化进程，为巩固清代国家的政治稳定发挥了积极作用。

（五）“下南洋”与村落

作为一个地理区位概念，南洋是明清时期中国人对东南亚地区的泛称，主要包括今天的马来群岛、菲律宾群岛、印度尼西亚群岛和马来半岛等地。从明初开始，明朝官员和老百姓就有小规模的走南洋活动。郑和下西洋后，尤其是明隆庆之后，这类走南洋活动开始逐渐增多。到明朝末年，及至清代、民国，中国人在南洋地区进行官事、经商、打工等活动日趋频繁，特别是福建、广东等沿海地区的百姓下南洋成为常态，以至于形成一股历史洪流，史称“走南洋”或者“下南洋”。

从历史来看，尽管明清时期都有海禁政策，但是，前往南洋的移民活动，特别清朝后期开始的大规模“下南洋”，与历代其他移民活动一样，小群体自发型移民和大规模引导型移民同时存在。这在清代国家的相关政令中不难确证。

清康熙年间之所以采取绥靖海疆的柔和政策，就是为了准许“内地之人留在外洋者”附洋船带回内地。这表明在此之前和在此期间，留洋海

外的情况就十分常见。不过，这种办法的效果似乎不佳，回内地的人不多。所以，康熙五十六年（1717 年）又定例，“入洋贸易人民，三年之内准其回籍”，并强调漂流外国者逾期不回，是“甘心流移外方，无可悯惜”，“其五十六年以后私去者，不得徇纵入口”[190]，又严饬口官“点对照票，细加稽查”，防止去来人数不符、年貌互异等顶替私回事件。此谕令一出，福建等省奏报回籍者“几及二千余人。是出洋之人，皆已陆续返棹……”。从更深层面来看，清代国家之所以要通过政策来吸引留洋海外的民众返回国内，主要原因恐怕是人口大量迁居东南亚等地，以致沿海很多村落的劳动力流失严重，在某种程度上危及东南沿海的经济发展乃至国家赋税稳定。出于这种考虑，雍正年间，洋禁新开，严格禁约，以防止沿海村落民众沉湎于“希图获利”“贪冒漂流之渐”[191]，还强调在此之前逗留海外的人，不准回籍。

清王朝严厉的海禁政策一方面使得大量海外华人难以回归，另一方面也使得部分偷渡者谨慎外出，毕竟存在终生背井离乡不得回籍的风险。随着海禁政策持续调整、时紧时松，海外移民活动变得更为普遍，闽粤沿海的民人通常流入东南亚地区。19 世纪中叶之后，随着资本主义市场对劳动力需求量的增大，中国劳工出国务工成为近代中国人向海外移民的主要形式，主要迁入地有东南亚、澳大利亚、美洲等地。

从清代前期开始，珠江三角洲便是移民海外的主要迁出地，以番禺、南海、顺德三县为中心，辐射范围包括新会、开平、恩平等周围各县。其中番禺、南海二县同属广州府，素以冶铸、纺织等手工业著称。南海县佛山镇是当时的中国四大名镇之一，人口兴盛、商业繁荣。顺德的缫丝业与番禺的制糖业享誉中外。新会、开平、恩平三县以农业为主，百姓多赴地区中心地带打短工贴补家用。番禺等县经济的发展对农村人口的转移起到了积极作用。然而鸦片战争的爆发破坏了广东的财政与经济，一方面，直接的经济损失和《南京条约》转嫁到劳动人民身上的负担巨大；另一方面，西方殖民者对鸦片、洋纱、洋布、洋铁、洋油的倾销进一步破坏了本土手工业，对农业经济产生了毁灭性打击。人口压力剧增，还引发了土客械斗等社会问题，使得乡村社会生活愈加混乱。清王朝不得不设置赤溪厅安置留居客家人。随着本地人口压力的日益膨胀，赤溪逐渐依靠向海外移民缓解人口压力，成为移民的主要迁出地。与此同时，新会、开平、恩平、鹤山等地也不断进行海外移民。

流向东南亚的移民主要是由“经纪人”及其“代理人”诱骗出国，在工作满规定期限后才能获得自由，他们主要在橡胶园、农场、城市、矿山、码头、港口、道路从事开采和开发工作。光绪二十七年（1901年），华人占马来半岛总人口的一半。[192] 随着西方殖民者殖民地的扩大，中国逐步成为殖民者掠夺劳动力的主要来源地。道光二十七年（1847年），第一批华人迁入澳大利亚，在之后6年内，新西兰扩展为新的移民迁入地。可以说，殖民地的开发对廉价劳动力的需求构成了中国人向海外移民的强大拉力，成为海外移民高潮形成的重要原因。英法联军为了使华人“任便出洋”，将向海外移民的苦力贸易公开化、合法化，向清王朝不断施加压力。1859年4月6日，南海、番禺两县贴出联衔告示，规定“自毋庸阻其随外人出洋”。4月9日，广东巡抚的告示又称，如是自愿出洋，“毋庸禁阻，令其任便与外人立约出洋”。[193] 1868年《中美天津条约续增条款》、1864年《中西和好贸易条约》、1866年中英法《续订招工章程条约》反复赋予和强调中国劳工的合法身份。与此同时，苦力贸易的中心也不断变化，从厦门、汕头[194]，到澳门[195]、金星门[196]。香港作为英国的“自由港”，成为苦力贸易的转运站。直到中华民国建立后，临时大总统颁布《大总统令外交部妥筹禁绝贩卖猪仔及保护华侨办法文》和《大总统令广东都督严行禁止贩卖猪仔文》，才明令宣布苦力贸易结束。

表7-21　1801—1925年中国向海外移民数量估计（单位：万人）

时间	1801—1850	1851—1875	1876—1900	1901—1925
移民数	32	128	75	65
年平均移民数	0.64	5.12	3.00	2.60

资料来源：《19世纪盛行的契约华工制》。[197]

表 7-22　1851—1875 年中国向海外移民的流向和数量（单位：万人）

徙地	人数	徙地	人数	徙地	人数
新西兰	0.5	加拿大	3.0	美国	16.0
英属圭亚那	2.0	菲律宾	4.5	东印度群岛	25.0
夏威夷	2.5	澳大利亚	5.5	马来西亚	35.0
巴拿马	2.5	秘鲁	11.0	其他	4.0
西印度群岛	3.0	古巴	13.5	—	—

资料来源：《19 世纪盛行的契约华工制》。[198]

不少学者曾对中国海外移民数量进行过估计和分析。陈瀚笙认为 18—20 世纪，由中国贩运到海外的“猪仔”（劳工）不少于六七百万人。朱杰勤认为从 19 世纪中叶到 20 世纪中叶，在海外从事苦力贸易的中国移民约有百万人。陈泽宪分析在 1801—1926 年，中国海外移民总数为 300 万。结合这些学者的认识，曹树基认为 1840—1949 年，中国海外移民总数在 1 500 万左右。[199] 在苦力贸易时期，中国海外移民流向主要是由中国沿海地区迁往西方各海外殖民地，迁入地主要有东南亚、北美、南非、澳大利亚和新西兰，其中迁往东南亚的移民最多。而移民的主要迁出地集中在闽粤两省，广东与福建移民数量分别占总量的 80%、20%。广东迁出地主要在珠江三角洲、潭江流域、潮汕平原、兴梅客家地区和海南岛，福建迁出地主要在晋江、厦门、莆田、龙溪、龙岩等地，呈现出分籍迁移的趋向。

从短时间内来看，这种主动的或非自觉的人口流动不仅改变了个人人生，改变了迁出地的社会结构和经济关系，还给整个家族、村落，甚至国家带来了沉重打击。但是，也要客观地看到，晚清以来，在“下南洋”或者迁往海外其他地区的移民之中，有不少经商的华人通过一代甚至几代人的努力和奋斗，在海外收获了一定的财富和社会地位。这个群体长期在海外经营，但仍通过书信、电报等方式，与国内乡亲密切联系。甚至在这一时期还形成了一股反哺乡梓的风气，很多华侨纷纷归国，在家乡修建房屋以光耀门楣，重建家乡。以至于东南沿海一带，如福建、广东、浙江等地，在晚清民国时期出现了一批在布局和建筑形态上别具一格的村落，我们称之为“华侨村落”。位于福建省晋江市的梧林古村落（见插图 10），拥有风格迥异的村落建筑近 100 栋，番仔楼、西洋楼随处可见，哥特式、罗马式、中西合璧式建筑与闽南传统大厝建筑相映成趣，见证和追忆着那一段“下南洋”的历史岁月。这样的华侨村落，在广东江门也十分常见，被列入世界文化遗产的开平碉楼和拥有百余栋小洋楼的台山梅家大院都是典型例证。

表 7-23　清末移民海外的源地和流向

迁出地		迁入地	迁出地		迁入地
广东	珠江三角洲、潭江流域	美国、加拿大、印度尼西亚、马来西亚、新加坡	福建	晋江	菲律宾、印度尼西亚、新加坡、马来西亚
	潮州地区	泰国、越南、柬埔寨、印度尼西亚		莆田	新加坡、马来西亚、印度尼西亚
	兴梅客家地区	印度尼西亚、马来西亚、新加坡、越南		龙溪	印度尼西亚、菲律宾、新加坡、马来西亚
	海南岛	印度尼西亚、马来西亚、缅甸、越南		厦门	印度尼西亚、马来西亚

资料来源：《中国人口的国际迁移之历史考察》。[200]

四、市镇发展与村落

（一）明清市镇的发展

经过明初的恢复，明代中期农业、手工业得以迅速发展。农业的发展为市场繁荣提供了必要的农业商品，也创造和扩大了农村市场。相应地，手工业的兴盛则丰富了市场的商品品类。可以说，到明代中后期，商品经济异常活跃，出现了资本主义的萌芽。也正因为这一经济格局的形成，明代中叶以后，在一些主要贸易商路附近出现不少新兴的手工业和商业城镇，许多临时的、定期的集市逐渐发展为较大规模的工商业市镇。相比之下，岭南、东南沿海、长江下游、长江中游、长江上游、西北、西南、华北、东北等区域在商业贸易、人口密度、劳动分工等方面城镇化程度较高。其中，尤以长江三角洲地区、太湖流域与浙西一带最为突出。[201]

明朝奠定了各地区的市镇规模及格局，众多市集创设于这一时期。比如琼州府崖州的集市从景泰二年到弘治元年（1451—1488 年）经历了从无到有、逐步完善的过程。成化九年（1473 年），浙江新昌县的蔡岙市建立，但由于山区交通不便，直到万历年间来往商民才逐渐增多，农民以有易无，交换的商品大多是日常用品。弘治年间山西延安府受商品交换需求的影响，建立了东关市。[202]

集市是商品经济带来的社会现象，作为最基层的市场，虽功能大抵相似，但名称大不相同：北方称为“集”，南方称为“墟”，西部则称为“场”。由于经济发展水平、地域差异等，集市类型具有多样性。按照集期来分，有不定期集市、定期集市、常日市；按照性质来分，有特种集市、庙会、集会、专业集市等。其中定期集市的日期也各有不同。原始的不定期集市和发达的常日市并存，体现了历史发展的区域不平衡。一般来说，这些地方的农业变迁和市镇成长呈现三个特点：一是专业化农作物生产区域开始出现，农业商品化程度不断提高；二是手工业生产水平明显提高，手工业组织形式发生变化；三是商品流通的范围、工具等日益强化，贸易形式多样化，具有突出势力的商人集团大量涌现。[203]

农村墟市一类的基层集市是构成中国社会经济的最基本单位，也是标准市镇的初始形态。“市因商贾辏集而成，镇必经前代设官而立，名义各有所取”[204]，但实际上市镇并没有严格区分。市镇作为与集市既有联系又有区别的地理实体，或者说经济中心，是根据其所服务的周围村落的需要而存在的，常处在村民步行可以到达的地方。市镇随着时间和资本的累积而不断变化，不仅市场服务功能辐射到周边若干个村落，而且在规模上呈现出日益扩大的趋势。史载，江苏吴江县“民人屯聚之所谓村，有商贾贸易者谓之市，设官将禁防者谓之镇，三者名称之正也。其在流俗，亦有不设官而称镇，既设官而仍称村者，凡县邑皆然。吾吴江之镇市村，其见于莫《志》者，村二百四十九，市三，镇四而已。徐《志》之镇与莫同，而市增其七，村则互有详略。至屈《志》而复增一市三镇焉。曰平望，曰黎里，曰同里，曰震泽，莫、徐之四镇也；曰县市，曰江南，曰新杭，莫之三市也。曰八斥，曰双杨，曰严墓、曰檀邱、曰梅堰，曰盛泽，曰庵村，徐之所谓七市也。曰黄溪，屈所增之一市也；曰盛泽，曰芦墟，曰庄（章）练塘，屈所增之三镇也。凡镇七，市十。盖自明初至我（清）朝三百余年，民物滋丰，工商辐辏，月异而岁不同。此三志之市镇所以递有增易，而村则小者日多，名亦益俗，固不可得而复增矣"[205]。

这条史料至少表明几条信息：一是村、市、镇三者，在概念和内涵上是明显不同的，村指的是自然村落，市即从事贸易之处，镇则为有官府介入管理的村或者市。但这种区别也并非绝对。二是吴江、徐江、屈等地的镇、市、村数量各有不同，如吴江的村落有249个，市3处，镇则仅4个；徐江则市有7处，镇4个，村亦不少。屈则有镇7个，市9处。三是之所以出现数量比例的不同，那是因为村落经济和工商业发展程度不同，所谓"民物滋丰，工商辐辏，月异而岁不同。此三志之市镇所以递有增易，而村则小者日多，名亦益俗，固不可得而复增矣"即是此意。

表7-24　北方各州县市镇数量统计

州县名称	市镇数
直隶省正定县	17（1875年）
直隶省抚宁县	14（1877年）
山东省滕县	420（1868年）
河南省南阳县	29（1904年）
河南省睢州	47（1892年）

资料来源：《中国乡村——论19世纪的帝国控制》。[206]

表 7-25 南方各州县市镇数量统计

州县名称	市镇数	州县名称	市镇数
广东省香山县	26（1873 年）	四川省泸州	86（1882 年）
广东省花县	26（1890 年）	四川省江安县	32（1882 年）
广东省信宜县	22（1889 年）	四川省纳溪县	10（1882 年）
广东省清远县	40（1880 年）	贵州省湄潭县	47（1899 年）
广西省博白县	38（1889 年）	江西省长宁县	24（1901 年）

资料来源：《中国乡村——论 19 世纪的帝国控制》。[207]

由于各县经济发展程度不同，其拥有的市镇数量亦存在差异。各省的市镇数量也大不相同，南方各省的市镇数量相较于北方各省的市镇数量变化较小。“市镇之设，所以聚商贾、通货财、便日用、利民生也。南昌村居稠密，每七八里或三数里辄有墟市。每市所属，皆数千户，大者近万余户，而市肆多者不过数百。所积之货，皆日用之需，其运售于远道者独谷米，其来则以棉花。虽曰鱼米之乡，实耕织为业。市多滨河，西成之后，远贾争集，帆樯林立，人多醉饱，则景象殊熙熙然也。平时之词讼保甲，寇盗时之团练，皆畛域于是焉。盖分土田，则以都图；严守望，则以市镇，其大较也。”[208]

市镇显然具有服务社区居民的商品交换功能，从内容上说，市镇囤积的货物类型受农民消费需求的直接影响，皆为日常用品。不仅如此，市镇作为商品流通中转站还经营着长距离的贸易输送，具备长途与短途贩运贸易的商品流通功能。此外，市镇还有多元化的社会保障功能以及商品加工和生产功能等等。江西南昌根据村落的疏密、大小、距离设有 37 个市镇。一个墟市的商业辐射范围 3~8 里不等；墟市的商业服务对象通常有数千农户，甚至超过万户，而南昌最大的市镇不过数百户。以平均每户 5 口计算，[209] 则通常有 1 千至 5 万左右的村民直接或间接享受某一墟市的商品服务。[210] 乡村中的众多墟集，包括市镇在内，维系于广大农民的购买力，呈现出强大的生命力和商业功能。比如长沙府湘潭县“土货之有名者，杨梅洲茄，株州芦菔，云塘橘，石潭石灰、花石、豆乳”[211]，一来由于水果生鲜、石头硬物不便保存和携带，二来有明确规定“不能出境”，只能在墟集买卖，而这已经足以完成土产的交易了。

集市和市镇的快速增加，引起了明清社会一些人的担忧。《吴县志》就指出：“国家太平日久，人口户口百倍于前。地无不耕之土，水无不网之波，山无不采之木石，而终不足以供人之用。为商为贾，奔走四方；又百工技术，吴人为众，而常若不足。向无人烟之处，今则宅舍弥望，盖人满之患。至斯极矣。”[212] 表面上看，这是担忧工商业的发展使人口大量增加，以致地无不耕之土。从更深层次来看，则仍与重农抑商的观念密切相关。其目的是要限制工商业的发展，重视农业经济。换句话说，就是要限制市镇的过快增长。

就江南地区而言，1820 年左右苏州府与松江府的人口密度每平方英里分别为 3 036、1 301 人，1920 年代仍高达 1 345、1 581 人；浙西杭、嘉、湖三府也维持了每平方英里 800 人以上的人口密度。[213] 在巨大的人口压力下，江南地区通过有限的土地、传统的农业生产技术和不理想的单位面积产量养活如此密集的人口实非易事。江浙两省在 1812 年、1913 年的人均耕地面积分别只有 1.9 与 1.77 亩、2.55 与 1.61 亩[214]，远不足维持最低生活水平——平均每人 4 亩耕地。除此之外，重税浮粮给农民带来了极大的生存负担。以致在明末，大量农民不再以务农为生，这就危及了国家的赋税安全和政治稳定。有资料记载，“明初百姓十一在官，十九在田。盖因四民各有定业，百姓安于农亩，无有他志……故家给人足，乐于为农。自后赋税日增，徭役日重，民命不堪，遂皆迁业。大抵以十分百姓言之，已六七分去农矣。……国课近急，比限日严，空一里之人，奔走络绎于道路，谁复有种田之人哉？吾恐田卒污莱，民不土著，地方愈不可知矣”[215]。农民对农业经济利润的追逐是商业性农业发展最基本的条件。也恰因如此，到明代后期，国家对乡村的控制力大大减弱。

表 7-26 江西省南昌县市镇分布情况

名称	地点	距城（里）	名称	地点	距城（里）
七里街	十都*	10	谢埠市	在四十二都，属四十都	35
黄溪渡市	十四都	30	河伯所市	四十八都	40
滁槎市	十七都	40	莲塘街	五十都	35
楼前市	十九都	50	万舍街	五十三都	50
沈口市	二十都	30	上谌店	五十四都	50
蕨坵市	二十三都	40	沙埠塘市	五十七都	60
梓林市（今名新集）	二十四都	50	璜溪墟	五十八都	70
柘林市	二十五都	50	店下墟	五十八都	70
湿口市	二十五都	60	梁家渡市	五十八都	70
前坊市	二十八都	80	七里巷市	五十八都	60
幽兰塘市	二十九都	60	三江口市	五十九都	90
浴城塘市	三十一都	55	板湖墟	六十都	80
冈背市	三十一都	50	冈前墟	六十一都	75
罗舍街	三十一都	50	新邨墟	六十二都	65
渡头市	三十四都	60	浃溪渡市	六十二都	70
塔城市	三十五都	60	广福墟	六十三都	70
荏港市	三十六都	60	市泌镇	六十四都	60
辟邪街	三十八都	60	冈上街	六十五都	60
武溪市	四十一都	40	漳湖渡市	六十六都	80

资料来源：《南昌县志》卷四《方域志下·市镇》。[216]

* 都，是乡里行政建制中的一级机构。见王昊：《明代乡、都、图、里及其关系考辨》，《史学集刊》1991 年第 2 期。

清中叶，农业生产发生转变，从维持生计的农作物种植转变为经济作物的集中生产，商业活动和商品经济的发展给农民提供了多元选择的机会，使他们与外部市场因素直接相连且关系越发紧密，激发了他们追逐利润的动机。[217]“农人日即偷懒；新谷登场，不闻从事于春花，前志所载田中起棱，播种菜麦，今皆无有。惟垄畔桑下，莳种蚕豆，吾镇所辖十二庄，大率如此。春郊闲眺绝无麦秀花黄之象。近市之黠农，专务时鲜蔬瓜，逢时售食，利市三倍。”[218]对市场价格反应敏锐的“黠农”在利润驱使下，不再固守传统的农业经营模式，转而投身于整个市场经济体系。江苏、浙江、安徽、山东、陕西、湖北、广东、江西、福建等地多次爆发“奴变”“佃变”风潮，也反映出乡村经济结构的变化趋势。农民获取更多的人身自由，扩大了他们实现人口流动的规模和范围。同时，商人的社会地位得到极大提升，并在许多工商业市镇取得了相当的控制权。随着雇佣工人群体与劳动力市场的出现，工商业人口比重迅速增大，再加上土地所有权的分散化，市镇社会的变革愈加快速，工商业日渐发达，乡村日渐城市化。在市镇高度商业化的发展过程中，市镇慢慢脱离原始驻防功能，向单纯的商业功能转变，到清末后，市镇的标准变得难以分判。[219]

（二）江南市镇与村落关系

江南市镇的基础奠定于宋朝，发展于明清时期。从明代开始，由于商品经济不断向江南乡村地区纵深发展，村落经济中出现了明显的商品经济模式，集中体现在传统的蚕桑经济与新兴的棉作经济，带动了农民家庭手工业的专业化和市场化。农民经济收益的增加导致农业结构发生转变，即蚕桑压倒稻作、棉作压倒稻作，改变了先前以粮食作物为主体的农业结构，代之以与商品市场密切相关的经济作物种植，以及与加工经济作物相关的手工业的蓬勃发展。于是出现了所谓的“早期工业化”。[220]长江三角洲地区，特别是太湖流域的苏州府、松江府、杭州府、嘉兴府、湖州府，作为农、工、商各业发展的经济中心，市镇星罗棋布。虽然规模大小、层次高低各不相同，但都是人口稠密、商店林立、经济繁荣的中心地，是介于州县城与村落之间的新兴枢纽。[221]

表 7-27　明清时期江南棉花与棉纺织业市镇

市镇名称	所属县别	市镇名称	所属县别
松江府			
三林塘	上海县	金汇桥	奉贤县
北桥	上海县	朱家角	青浦县
塘桥	上海县	中心河镇	南汇县
法华镇	上海县	周浦镇	南汇县
莘庄	华亭县	大团镇	南汇县
益村坝	奉贤县	朱泾镇	金山县
刘家行	奉贤县	枫泾镇	娄县
太仓州			
江湾镇	宝山县	马陆镇	嘉定县
罗店镇	嘉定县、宝山县	戬滨桥镇	嘉定县
月浦镇	宝山县	娄塘镇	嘉定县
杨行镇	宝山县	陆渡桥市	嘉定县
大场镇	宝山县	朱家桥市	嘉定县
桂家桥	宝山县	外冈镇	嘉定县
真如镇	宝山县	葛隆镇	嘉定县
高桥镇	宝山县	方泰镇	嘉定县
顾村	宝山县	安亭镇	嘉定县
南翔镇	嘉定县	钱门塘市	嘉定县
新泾镇	嘉定县	陆家行	嘉定县
纪王庙镇	嘉定县	璜泾镇	太仓州
诸翟镇	嘉定县	鹤王市	镇洋县
常州府			
云亭镇	江阴县	利城镇	江阴县
后梅镇	江阴县	安镇	金匮县
华墅镇	江阴县	东亭镇	金匮县

（续表）

市镇名称	所属县别	市镇名称	所属县别
青旸镇	江阴县	泰伯梅村镇	金匮县
苏州府			
周庄镇	元和县	唯亭镇	元和县
其他			
丁家板桥市	杭州府海宁州	新丰塘镇	嘉兴府嘉兴县

资料来源：《明清时代江南市镇研究》。[222]

明清以来，以松江府为中心的邻近地区形成了一个棉纺织业的专业地带。棉花的普遍种植和人口压力的增加是造成棉纺织业扩张和发展的根本原因，除此之外，潮湿的气候条件、崎岖连绵的地形条件以及对村落中剩余劳动力的充分利用，都是江南棉作与棉纺织业发展的重要因素。一如棉花产业之于松江府、太仓府，蚕桑产业是太湖流域及浙西杭州、嘉兴、湖州等地的专业商品作物。由于蚕桑市场大、生产利润高，浙西75县内有58县产蚕丝，其中30余县完全以养蚕为业，在出口生丝上历年均为全国第一。[223]“湖民力本射利，计无不悉。尺寸之堤，必树之桑；环堵之隙，必课以蔬。富者田连阡陌，桑麻万顷；而别墅山庄，求竹木之胜无有也。”[224]湖州地区蚕桑种植规模庞大，不仅成为专业的蚕丝业发展地区，蚕丝业在这一地区甚至取得了比农业生产更加重要的地位。清政府也在江宁、苏州、杭州分别设立织造局，从事官方的丝织业经营。在对内、对外贸易的高利润刺激下，江南商品作物的种植和需求进一步扩大到邻近的乡村市场[225]，“桑叶宜蚕，问惟西南乡树之，今则城东二三十里近水处绝无旷土，小民以此为恒产焉”[226]，蚕桑与丝织业成为浙西民众最主要生计。这种从本土文化中成长起来的手工业经历了传统农业经济商品化的过程，改变了传统农业中地主与佃农之间的关系，在一定程度上减弱了地主对农民的束缚力，直接影响了江南村落生产方式以及村落社会阶层与交往关系，从而加速了市镇的滋生。

表 7-28 明清时期江南蚕桑与丝织市镇

市镇名称	所属县别	市镇名称	所属县别
杭州府			
东街市	府城	唐栖镇	仁和县
苗桥市	仁和县	硖石镇	海宁州
临平镇	仁和县	郭店镇	海宁州
湖州府			
新市镇	德清县	双林镇	归安县
南浔镇	乌程县	乌青镇	湖州府乌程县 嘉兴府桐乡县
菱湖镇	归安县	—	—
嘉兴府			
王店镇	嘉兴县	徒门镇	秀水县
新丰镇	嘉兴县	新城镇	秀水县
石门镇	嘉兴县、石门县	濮院镇	秀水县、桐乡县
王江泾镇	秀水县	澉浦镇	海盐县
苏州府			
光福镇	吴县	黄家溪镇	吴江县
盛泽镇	吴江县	震泽镇	震泽县
其他			
河头镇	镇江府金坛县	广福镇	太仓州嘉定县、宝山县

资料来源：《明清时代江南市镇研究》。[227]

在区域专业生产的趋势下，各种专业性市镇应运而生。这些市镇中的包买商、牙行、机户与附近乡村地区的农户逐渐形成连锁的生产与消费关系。基于散布于附近乡村的标准市场、中介市场，以及各个商业聚落的市镇（也可称为中央市场）的结构，在村落社会中形成一种阶层性的经济连续体，扩张性市场体系就此形成。[228] 可以说，市镇作为区域贸易的中心，是传统中国村落经济社会为了满足贸易与就业需要而形成的一种自发性产物。其中，江南市镇的商业资源开发程度较高，开始利用自身的特点和优势与尚且在发展过程中的其他各省进行资源交换和产品交易，这不仅促使长江流域及华北各地资源得到有效开发，还对消解地域、形成更大的群体意识起到了重要作用。

表 7-29　明清时期江南米粮市镇

市镇名称	所属府县	市镇名称	所属府县
苏州府			
枫桥镇	吴县	平望镇	吴江县、震泽县
月城市	吴县	黎里镇	吴江县
浒墅镇	长洲县	信（真）义镇	新阳县
杭州府			
归锦桥市	钱塘县	河桥镇	昌化县
周家浦市	钱塘县	闸塘湾	海宁州
其他			
乍浦镇	嘉兴府平湖县	鲁港镇	太平府芜湖县
周浦镇	松江府南汇县	—	—

资料来源：《明清时代江南市镇研究》。[229]

与此同时，江南地区许多商品经济发达的大城市与市镇出现了粮食严重不足的现象。一来，商品作物的大规模种植必然侵占用以生产粮食的耕地，明末松江及太仓的木棉种植几乎占了十之六七的耕地面积，江南一带粮食产量不足以支持乡民生活，民食来源主要依靠长江中上游各省的米粮输入。二来，商业市镇的增加与繁荣也吸引了周边乡村原本从事农业的农民，他们或前往各城镇从事工商活动，或在附近村落从事小规模的手工业生产。粮食生产者逐渐减少，非农就业人口增加，致使农田粮食产量不足以供应附近城镇及乡村的需要。苏州府便是其中一个典型地区。18 世纪时，苏州是中国米粮贸易的中心，到 20 世纪初便已没落，其盛衰的原因在于苏州商业机能的消长和转变。随着运河机能丧失、通商口岸经济的繁荣，邻近地区的新兴市镇取代了不再具有优势的内河商港，金融中心遂发生转移。可以说，江南地区的区域经济格局随着时代发展各有变化，明清时期的社会经济背景是江南市镇和村落变迁的根本原因。

出于各种原因，苏、松、杭、嘉、湖五府在历史发展过程中成为国家财赋重地。这在一定程度上促使江南村落经营的商品化与市场化往更高层次发展，也给市镇发展提供了巨大空间。从发展经济学的观点来看，传统社会的经济发展大体经历三个阶段：第一阶段是传统农业扩张式发展，即以扩大耕地面积来谋求发展；第二阶段是农业的商品化与专业化，不再依赖外延式的发展，而是谋求内涵式的发展；第三阶段是工业化或近代化。一般认为，明代的江南地区已经超越了第一阶段，进入第二阶段，并正在向第三阶段迈进，这就是江南地区的“早期工业化”[230]。在这个背景上就能理解该地区何以涌现出如此多的市镇。

进入清代以后，苏、松、杭、嘉、湖五府的市镇，成为这一地区最具活力的经济中心和全国多层次市场中的重要环节，江南市镇在康乾时期，进入了第二波发展高峰。市镇脱离了以往封闭僵化的行政管理模式束缚，凭借其独特的结构领先全国，并由传统经济向近代化经济模式积极转型。此时江南市镇不仅在数量上快速增长，其人口、商业也不断繁荣，不过，由于乡村地区人口大量且集中地涌入市镇，部分乡民开始搬迁至市镇居住生活，导致村落人口越来越少，小型村落逐渐增多，传统村落的社会阶层结构产生巨变与分化。[231] 至清朝鼎盛时期，市镇经济呈现出空前繁荣的景象，市镇和农村之间逐渐形成生产与贸易的连锁体，构成市镇网络，“不仅仅是在广大的乡村腹地存在着两个或三个主要城市，可以认为这已经是一个城市化很广泛的地区”[232]，市镇成为连接周围村落的经济中心。从另一个方面来看，以市镇为经济中心的村落辐射范围，也意味着在一定的地域范围内，村落以市镇为纽带，形成了具有超越村落的区域性经济和文化意义。

第四节

明清村落的环境与景观

一、村落的布局

所谓“虽为人作，宛自天成”，这句话在传统村落的整体布局中得到了很好的呈现。比如，婺源的李坑村，村落被群山环抱，山清水秀，风光旖旎。村落建筑沿溪而建，依山而立，粉墙黛瓦、参差错落；村内两条溪水横贯交汇；青石板道纵横交错，石、木、青砖架构而成的溪桥沟通相连，构筑了一幅小桥、流水、人家的美丽画卷。又如，乐安县的流坑村，四面环山，乌江自南往北向西流去，在明代，该村族人董燧主持挖掘人工湖——龙湖，将湖水与乌江连为一体，流坑村成为山环水抱的胜地。[233]

这种选址与布局特征的形成，明显与传统中国村落文化价值观念中追求“和”的思想密切相关。这种“和”的思想主要表现为追求天人之间的和谐，追求人与人的和谐，追求人与自然的和谐，追求个人与社会的和谐，充分体现了“天人合一”“天人感应”“以天道质人事”“以人事观天道”的思维观念与生态伦理。可以说，传统村落的选址营建，集中反映了先民对人与自然关系的思考。大到一个村落甚至一座都城，小到一处居室，都与天文、地理、气候、水文等自然环境的多方面因素产生关系。顺应自然规律，生活就舒适；违背自然规律，就导致不适。例如，湖南永州的河三岩村，先民们在建造房屋时，把排水系统做到了极致。整个村落的排水沟，前后左右相通，上下首尾相连，水流畅通无阻。即使天降暴雨，路面的雨水也能很快排泄到水沟中去。（见插图 11）

具体来说，明清时期，村落的规划和布局主要与宗族礼制、宗教信仰、风水观念、防御意识、环境理念等方面的功利要求和文化理念相关。换言之，村落的布局体现了乡民对社会生活的基本需求和价值体系。

从宗族礼制上说，在血缘衍生的空间关系下，村落空间多以宗祠为节点，以向心聚合的形式呈现。村落是由村民共同塑造和经营的生存空间，不少单姓村落长期以血缘关系维系着族群稳定，一些多姓村落也常以血缘关系为内核维持着一定的地缘关系，“血缘是稳定的力量。……世代间人口的繁殖，像一个根上长出的树苗，在地域上靠近在一伙”[234]，因此，从心理、形态、功能等各方面来说，宗祠不仅是村民在空间上的活动中心，更是宗族的象征，是村民的精神中心，是村落的布局中心。刘沛林认为宗祠具有“自然的力”“客观的力”的作用，以功能合理、自给自足、适应经济和地域条件为准绳。[235] 实际上，这种看似自然和客观的力量有深层的生成机制。在先民的生产生活中，血缘纽带是使村民得以生存的社会关系，祖先崇拜是由劳动经验累积所得的。宗祠的中心位置不仅体现了以血缘为坐标的宗族关系，更是村民安身立命的人生观念的体现，因此在布局上形成了一种自下而上的形态，营造出一种由内向外自然生长的村落格局。

很多村落在建村的时候或许没有特定的规划，但由于以宗祠为核心的凝聚力，加上宗法制度的约束，尽管历经数百年的拆、迁、毁、建循环往复，也并未造成大的波动，全村始终处于一种较为稳定的发展之中。[236] 通常来说，宗族村落在空间上以祠堂及附属的广场、月塘、戏台为中心。一些少数民族村落的布局也体现了宗族的凝聚力。比如分布在广西、贵州一带的侗族，其议事活动在各支祠开展，结合宗祠、鼓楼、戏台、歌圩的位置和关系，构成村落布局的中心。此外，村内道路体系的建设也多以宗祠为中心，从宗祠向外衍射的道路网络可通达村内各地。有的宗祠设在村口，连接村内、村外双重道路网络体系，在一定程度上体现了村落的开放性与内向性共存的特征。比如湖南衡阳盐田乡的汤氏宗祠，往南通衡阳，往北通湘乡，往西通渣江，且处在岳水及其支流的交汇处，水上船只可从岳水经蒸水进入湘江，到达衡阳、长沙等地。宗祠因其宏大的规模、独特的建筑风格成为村落的焦点和标志，表现出浓厚的宗族文化。这种以祠堂为中心的村落布局，体现出宗族的凝聚力和号召力，在此后的发展中更是使盐田改乡为市，逐步成为区域经济贸易中心。

虽然从总体上看中国的宗教建筑在空间构图等方面没有西方突出，但其仍是影响和制约中国村落布局与规划的重要因素，在有些地方甚至有着重大的影响。其中，以西北地区的伊斯兰教村落和西南地区傣族的佛寺村落的宗教格局最盛，村落布局受宗教影响也最为强烈。对伊斯兰教村落来说，清真寺不仅是回民的宗教活动中心，还是礼仪、文化教育、社交活动、婚丧嫁娶、宰杀牲畜等社会活动的中心。一些人口较多、规模较大的伊斯兰教村落或按地域分若干个礼拜中心，或按个人对教义理解的差异分不同教组，分设清真寺，以其为村落布局的中心，形成了以组团为基本单位的社会结构和与之对应的村落布局，比如临夏近郊祁家庄。此外，中国广大内陆地区民众多信奉具有地方文化和价值内涵的地方神灵。这类民间信仰传统深厚，神灵多样，形式丰富，对村落布局也具有一定的影响。村落祭祀的中心包括宗祠和庙宇，有时二者合而为一，既是供奉祖先的宗祠，也是祭祀神灵的庙宇。当时的民众一般将具有超现实力量的地方神灵信仰，比如土地、城隍等，看作平行世界中的基层组织官员，他们是护佑地方不可缺的元素。

有关村落祭祀系统的布局，以土地神信仰最为广泛。前引中国村落文化研究中心收藏的大量明清造像愿文中所录载的每一项内容，都有“某某土地”的惯例充分表明了地方土地神信仰对村落的影响与制约，至少在某种程度上而言，这限制了村民的活动范围与活动边界。在西南地区的村落中，村村有土地庙。某些村落甚至围绕土地庙布局。比如台湾省彰化县围绕着县城中央的县署和官庙，在四个城门设立土地祠。彰化县鹿港环绕着镇中港庙在四个方位建立土地公祠。台湾省苗栗市嘉盛庄中散落各处的伯公祠即土地庙，也是村庄中供奉数量最多的神祇。[237] 在土地神信仰中，由于本境伯公具有福荫土地、兴隆安定社稷、劝民向善、庇佑生产的作用，因此以其为布局的中心。并与处在村民生活核心地位的五文昌庙、主庙一并形成了具有多重含义的村落生活空间。其中，各方土地庙以本境伯公为中心朝外设置，以点控面，呈现出向心辐射的序列规律，构成多点连接的祭祀圈，起到庇护乡里的作用。村落空间的文化内涵通过土地庙的投射得到充分显现。不过，这种情况通常出现在县一级的行政单位，除了一些大村，普通村落中的信仰系统并非如此完善，因此村落布局受宗教信仰影响较小，信仰空间较为分散，很少形成以村落庙宇为中心的布局形态。

从堪舆观念上说，村落原住民在长期的生活体验中，探索和总结出有关居住的理想模式。一般来说，在地形上，具有前山后水的格局，以抵挡偏北风为主要目的，东、北、西三面群山环抱，南面地形稍微敞开，村基平坦开阔。在文化上，有尖耸山峰作山体为文笔峰，或建阁塔为文笔峰以表其意。在空间布局上，以宗祠为中心，宗祠旁有中心水池、戏台等向心型建筑，村内民居多按统一的朝向以尊卑礼制之序排列。[238]风水作为一种环境观念，对民居、村落的选址、朝向、空间结构、景观构成等产生了深刻影响，体现了试图将天、地、人三者有机结合的布局理念。例如，依山而建的传统村落，原住民常将村落周围的山视为风水神山，认为擅自上山破坏环境就会得罪山神，招致各种灾难。在从南到北的传统村落中，村落周边通常都植有“风水林”，这对村落的水土保持、空气净化、物种保存都起到了积极的作用。这些观念客观上为保护村落的生态环境起了很好的作用。

村落风水的营造，在建村之际一般是优先考虑的选项，多强调“卜居”“发脉”。[239]其次追求形局上的风水环境。湖南衡阳马安田芳村和衡阳当福刘祠湾视野开阔、山水相宜，风水格局相当优越。然而，有的村落却“先天不足”。为了构建完美的风水，这些村落常采取一定的补救措施予以完善。通常有三种办法：引水聚财、植树补基、创造兴文运的村落环境等。在广东，尤其是粤东地区，村落形态明显受风水的影响，不少民居基于主人的生辰八字呈现出复杂多样的方位朝向。比如潮州铁铺镇坑门村，每个宗室大屋的方位朝向均不一致。再如潮州登塘村在村落形成初期，按各姓命卦定住宅朝向，此后经过历数代子孙繁衍，村落不断扩大，形成了丰富多变的住宅形式。从某个角度可以说，村落和住宅在布局形式上存在着相似性和同构性。

从防御意识上说，受历史环境的影响，村落布局透露出一定的自卫格局和保护意识。从原始时期开始，先民为了狩猎捕获、保卫住宅而考虑房屋建设的安全性。在村落形成之后，村民不断遭受战乱盗匪的侵扰和劫掠，为了保卫自己的家园，不得不建立具有防御布局的村落和建筑。清朝时期，广东山地区域逐渐发展起来。广东山地乡村生存条件恶劣，在东西方经济相通之际，许多贫苦人民依靠政策引导和乡人帮带，纷纷出国谋出路。在积攒了一些财富的时候，部分侨民开始返乡建设本乡，建立了不少规整有序又注重安全防御的村舍。由于当地匪乱时常发生，村民为了保护财富，在村落四周建起碉楼，时刻监视着四周的环境。早期的碉楼多采用悬山顶、硬山顶、攒尖顶等传统屋顶样式，一般 3~5 层，多则 5~7 层，主要建在村前、村后及村落周围的制高点上。大量后期的碉楼在外形上模仿西方古典建筑样式，出现了仿意大利穹隆顶式、仿中世纪教堂式、仿清真寺穹隆顶式、仿英国寨堡式等。而处在湘黔桂、湘粤桂三省交界山区的少数民族，也因常年的自然灾荒和战争动乱形成了强烈的族群意识和防御意识，对村落形态的建设产生了巨大影响。比如湖南永州勾蓝瑶寨自明代依附王朝统治以来，仍不断遭受周围“粤贼”侵扰，其村落建防为围绕村境的防御式城堡，村中视野开阔处还设有守夜屋进行瞭望和守备。（见插图 12）湖南郴州一带的村落中，各种防御性建筑仍有不少遗存。比如官方色彩浓厚的宜章三堡（栗源堡、黄沙堡、笆篱堡），各种私人修筑的碉楼（当地称为“水楼”），等等。贵州从江县高增村以花桥式的寨门界定居住范围，成为村寨出入口。四川汶川县、茂县等地的羌族村落，青藏地区的藏族村落，都有以碉房为防御象征的建筑类型。

从环境理念上说，一些学者从有机生长论角度看自然村落，他们认为第一批永久的自然村落的出现遵循了生物有机体的生长原则，是在长年累月的叠合扩展中成长起来的生态聚落。从这个角度出发，村落布局呈现出因借自然、与环境相和谐的特点，“人之居处，宜以大地山河为主”[240]，形成了一种自由灵活的布局形式。就南方山地村落来说，受环境因素的影响，南方山地村落表现出的布局形式主要有两种，一是向心、内聚的形式，是山地村落的常见布局，比如广西的大田村。二是离心、发散的形式，比如贵州镇宁县的各苗族村落。在长江流域，村落大多临水而建，村落形态多取决于河道的走向、形状和宽窄变化，这决定了村落中水巷、沿水街道的布局，并与船只、码头和桥梁共同组成了村落的水路网络。还有不少利用水环境便利生活的村落设计，如湖南永州河山岩村的先民将泉水引入村境，使泉水贯通全村，村内民居排列规整，周遭遍布沟渠，不仅有用于洗涤的明渠，还有用于排污的暗渠，引水系统与排水系统互不牵连，村落生活和谐有序。北方地区也依靠其地理、环境条件进行村落规划。汾河以西地势较低，为开阔的冲积平原，村落民居分布比较紧凑，绝大多数村落外围都筑有防汛大堤；汾河以东地势较高，除少数地势较低的村落外，极少有村落筑堤防洪。

二、村落的景观

村落景观层次丰富，构景形式多样，有八景、十景，甚至十二景、十四景，还有水口园林、点景建筑及整体构景等。除了体现宗族观念和宗教意识等思想理念，特别强调营造“可居可游”的理想生活环境，是典型的以天人合一哲学思想为指导的人聚空间。徽州村落的水口园林，除了原本的景观意象，还表达了“全村同在画中居”的文化意象。（见插图 13）

明清村落主要沿用传统的八景构景手法。八景始终以乡村田园风光为主题，与村落及其相邻空间的水塘、河道、农田和种植林区相连，共同构成具有风水导向，集交通运输、生产生活、防火防灾、社会交往等现实功能为一体的村落景观。徽州绩溪县磡头村是一个运用八景构景手法营造村落景观的典型代表。《许氏宗谱》记载许氏一世秦来公“喜涧州云山拱秀，山水萦澜，八景四环，三屏分列，大明洪武二年由云山大桥头迁而居之，遂为涧州始祖”[241]。基于对村落山水环境的向往，许氏一族在磡头建村，沿溪依山而建房舍，村内有“涧州八景”：屏开锦帐、甑峰毓秀、石室清虚、逢石作壶、岩存仙迹、洲涌金鱼、峦回天马、玉泉鸣佩。歙县呈坎村“山水缭绕，风景中和，遂筑室居焉”，“呈坎八景”也久负盛名：永兴甘泉、朱村曙光、灵金灯现、众峰凝翠、鲤池鱼化、道院仙升、天都雪霁、山寺晓钟。祁门县渚口村的“锦城十四景”：天马饮泉、金鱼戏浪、渔谷暖烟、罗星拱极、佛岭斜阳、水环玉带、伊川霁雪、葛潭夜月、渚堤新柳、校场古迹、楼峙金华、梵殿迎晖、尖峰晓日、荷塘醉影。福建莆田东阳村“东阳八景”：淇流环带、荔树列屏、壶山倒影、东海浮沙、六桥夜月、绿野春光、两宫拱翼、孤寺依堤。湖南衡阳王江村“王江八景”为杏岭晨曦、城冈夕照、二水交流、七峰叠翠、王江钓月、马岭樵云、贝田耦耕、上湖群牧。关于八景的记述之多，充分反映了传统村落对景观建构的重视以及八景设计的普遍性。此外，八景以人文意境为基础，在乡贤和过往文人的诗词画作中，对风物景观进行了生动的、反复的、集锦式的描绘与再现，其创造出的美的意象更具文化内涵，使村落景观更具审美文化功能。

明清时期江南一带的商品经济快速发展，商贾大量兴起，他们积极回乡建设村落，极其注重村落景观的文化内涵和审美意趣，通常运用古典园林艺术的表现手法和风水理论建造大批村落园林。其中，徽商的发展十分兴盛，为村落园林的兴起提供了雄厚的经济基础，因此徽州地区的村落景观样式最为典型。受地理条件的影响，为营造开天门、闭地户的风水环境，增加水口的锁钥之势，徽州地区的村落一般在进村口的河流水口地带建造园林，故又称水口园林。明清时期水口园林多集中于徽州府辖治的歙县、黟县、休宁县等地，其中以歙县唐模村的檀干园最为典型。（见插图 14）水口园林通常以天然山溪湖泊为基础，以桥作关锁，辅之以树、亭、塘等点缀，将山水、田园、村舍融为一体，成为村民休憩、社交的公共场所。如若村落文化强调兴文运等人文含意，则以文昌阁、魁星楼、文笔塔等建筑为主，辅之以庙、亭、堤、桥、树等。又常在水中央立罗星洲或做土墩，并在其上建庙或阁，比如浙江乌青镇的分水墩上建有阁。歙县丰南村吴氏曾为两淮八大盐商之一，其村内修建了“十大名园”及“十二楼”。徽州村落园林以新安文化为滋养，不仅为村落园林提供了创作理论与表现技巧，更直接影响了村落园林的装饰创作。

遗存至今的不少明清村落空间特征明显，除了巧借自然环境构建村落景观，还配置了人工景观节点，形成了层次丰富、特色鲜明的人文景观空间。湖湘村落中这样的景观空间比比皆是，比如湖南郴州板梁村、永州勾蓝瑶寨均是如此，外在景观体现的空间意象构成历史文化价值丰富的村落文化景观。徽州地区除在进村口建水口园林，还建造了大量牌坊，作为进出村口的标志，成为村落的景观节点。在整体规划中，往往考虑村落各类设施，比如街巷、民居、商铺、庙宇等空间布局，形成多样化的景观结构。比如福建崇安县城村，以井字形道路网络为轴线展开空间结构，从形式上延续了方正规整的中心布局传统，又在此基础上进行了结构简化，“将对景中心的钟鼓楼、衙署、寺院等改为一般的楼、亭、阁，分置于一字街、十字街、丁字街等地作中景和端景”，使村落景观层次丰富，充分反映出村落构景、景观节点布局的灵活性。除了村落八景、水口园林、景观节点，明清时期的村落景观还有许多不同的风格和特征。概而言之，它以地域性、民族性和历史性等特点，共同构成了中国村落辉煌多样的景观文化。

三、村落的建筑

受空间布局、地方民俗、自然环境、乡土文化、功能需要等因素的影响，村落建筑形制和建筑类型极具差异。不同形制和功能的建筑体现了村落的结构与面貌，是与地理环境、文化景观、经济基础、历史传统、社会习俗紧密结合的产物，可以说，村落建筑是自然环境和人文环境的结合体。

（一）民居建筑

明清时期，村落数量大幅增长，村落面貌的繁荣前所未有。由于民族、区域和阶级的不同，此时的村落民居建筑存在极大的区别。从汉族民居来看，除黄河中游部分地区采用窑洞式住宅以外，其余地区多以木构架结构的院落式建筑为主。受自然条件与社会因素的影响，民居住宅的布局、结构和艺术处理，大致可以秦岭和淮河流域为界，分为南北两种不同的风格。

北方民居以北京四合院为代表。（见插图 15）这种民居的布局，在封建宗法礼教的影响下，按南北纵轴线对称地布置房屋和院落。大门多设于东南角，门内迎面建影壁，避免外人看到宅内活动。自影壁转西至前院。南侧的倒座常作客房、书塾、杂用间。自前院经纵横线上的二门进入后院，院北的正房供长辈居住，东西厢房是晚辈的住处。[242] 另有走廊、厨厕设计，无对外窗。体例和规格较大的四合院一般出现在经济发达的乡村地区，或由经商回乡的大户人家修建和居住，普通乡民无力修建和负担这样的四合院，有的甚至是几户家庭合住一院。

表 7-30　四合院式民居比较

名称	结构和造型	典型代表
北京四合院	一般房屋在抬梁式木构架的外围砌砖墙；以硬山顶的屋顶式样居多，次要房屋则用平顶或单庇顶。墙壁和屋顶比较重厚以御寒。色彩一般以大面积的灰青色墙面和屋顶为主	河北涉县偏城镇偏城村、井陉县于家乡于家村、武安市伯延镇伯延村
乔家大院	外墙多为不开窗封闭的实墙，是极具防御性质的民居建筑。院落多为东西窄、南北长的纵深长方形建筑。屋顶式样以单坡顶居多，使雨水流向院内，意为“肥水不流外人田”	河南省洛宁县上戈镇上戈村、山西省祁县乔家堡村
黄土窑洞	主要有靠崖式、下沉式、独立式等形式的窑洞以及拱券住宅。靠崖式是在天然土壁内开凿横洞，数洞相连，或上下数层；下沉式也称为地坑式、天井式，是在平冈上凿掘方形坑，沿着坑面开凿窑洞，形成一个地下四合院	主要分布在河南、山西、陕西、甘肃、宁夏等省区。以豫西平原地区的河南省三门峡市陕州区庙上村、北营村、曲村最为典型
徽派民居	群房一体，采用封闭高墙、马头翘角的马头墙样式，墙面与马头高低进退错落有致。一般为多进院落式布局	皖南黟县宏村、西递村，江西婺源村落群
一颗印	由正房、厢房、倒座组成的四合院，其瓦顶、土（砖）墙呈封闭状，从外观看多为方形，又称窨子屋。正房、耳房毗连，正房多为三开间，与左右两侧构成“三间两耳”或“三间四耳”	主要分布在陕西、安徽、云南等地。湖南洪江、陕西韩城市党家村均有此类民居建筑

资料来源：《中国传统村落保护调查报告（2017）》。[243]

长江下游江南地区的民居建筑以封闭式院落为单位，一般沿着中轴线布局，依次建立门厅、轿厅、大厅及住房，并采用东西横长的平面构图，在左右布置客厅、书房、次要住房以及厨房、杂屋等，屋外围以高墙，同时在院墙和房屋前后开窗。后方住房常为二层建筑，多为绣楼和女子闺房。以砖木结构为主，外墙和屋顶结构与北方民居相比薄了许多。

长江下游的院落式民居与浙江、四川等山地民居及岭南的客家民居差异明显。浙江、四川等处的山地民居的朝向和位置一般取决于地形因素，房屋以砖木结构为主。主要房屋在布局上仍以中轴线的形式设置，但左右次要住房不一定对称，院落的大小也各有不同。客家民居建筑主要分布于福建西南部及广东、广西二省北部。由于长期以来客家人聚族而居，因此产生了规模较大的群体住宅。这种住宅的布局主要有两种形式，一是大型院落式住宅，二是砖楼或土楼。比如福建永定县湖坑镇南溪土楼群。最大的土楼直径达70余米，由三层环形房屋相套，房间多达300余间。外环房屋高4层，底层作厨房、杂屋用，二层储藏粮食，三层以上住人。其他两环房屋仅高1层。土楼中央堂一般用于族人议事、婚丧典礼及其他活动。外墙用厚达1米以上的夯土承重墙与内部木构架结合，加上若干与外墙垂直相交的隔墙，是极具防御性质的民居建筑。（见插图16）

河南、山西、陕西、甘肃等省的黄土地区的民居建筑多为窑洞式、拱券式，是村民为了适应地质、地形、气候和经济条件建立的。窑洞式住宅主要有两种：靠崖式和地坑式。靠崖窑通常要在洞内加砌砖券或石券，防止泥土崩溃；或在洞外砌砖墙，保护崖面。规模较大的则在崖外建房，组成院落，成为靠崖窑院。地坑窑以各种形式的阶道通向地面，如附近有天然崖面，则掘隧道与外部相连。大型地坑院有两个或两个以上的地坑相连，可住20余户。还有的在地面上用砖、石、土坯等建造一层或二层拱券式房屋，称锢窑，数座锢窑组合成锢窑窑院。

位于广西、贵州、云南、海南、台湾等处的少数民族居民出于通风、采光、防兽、防盗等实用性的考虑，多使用下部架空的干栏式民居建筑。

这种住宅的布局和结构富于变化。比如云南傣族民居，主要以木架居多，但也有全部用竹料的。（见插图 17）房屋平面多为横长形，少数为纵长形。下部用作畜圈、碾米场及储藏室、杂屋等。楼梯置于室内或室外，上层前部为宽廊及晒台，后部是堂与卧室，堂内设火笼和佛龛。广西壮族民居有的形制较大，面阔 5 间，高达 3 层。上层为堂，两侧各加过间，形成较大的空间；堂后置卧室数间；外部伸出，称为挑廊；并利用屋顶做成阁楼。用木材层层相压构成壁体的井干式住宅，仅见于云南和东北少数森林地区，数量较少。

藏族民居主要位于西藏、青海、甘肃、四川西部及云南北部。多因地制宜用石材搭建石墙，内部以密梁构成楼层和屋顶。多依山而建，很少有院落。一般为 2~3 层，底层置畜圈、草料房；二层为卧室、厨房、储藏室；三层以经堂为主，附以晒台、厕所。二、三层多有木构的挑楼伸出墙外。

新疆维吾尔族的平地民居主要分为两种类型。一是南疆喀什、和田等处用砖、土坯外墙和木架、密肋组合的院落式住宅。院落周围平房和楼房相穿插，前廊建列拱。房屋平面以前室、后室结合，附以厨房、马厩等。一般不开侧窗，自天窗采光。二是吐鲁番的土拱住宅，用土坯花墙、拱门等划分空间，房屋布置基本与喀什一带相同。

蒙古、哈萨克等族为适应游牧生活而使用移动的毡包，往往二三成组，在附近用土墙围成畜圈。毡包直径 4~6 米不等，高 2 米有余，以木条编为骨架，外覆羊毛毡，顶部装圆形天窗，供通风和采光之用。此外，因从事半农牧业而建造的固定住宅，有圆形、长方形以及圆形与长方形相结合等形式，也有在固定房屋之外再用毡包的。

（二）祠堂建筑

如前所述，祠堂是宗族文化的重要象征。无论是布局位置，还是建筑形制，祠堂在村落建设中处在尤为重要的位置，是村落的重要标志。祠堂建筑的择位定向，归纳起来实际上是点、线、面形态的选择和组织。点即点穴；

穴是建筑结构的中心点，是祖宗牌位的位置，是祠堂存在的根本。因此以牌位来决定整个祠堂的位置。线即祠堂的轴线；由已知的祖宗牌位的位置及其后厅尺寸大小来确定祠堂的轴线，轴线的趋向决定了祠堂是否能得到好的风水和生气。面即祠堂所掌控的场域；轴线上的建筑组成了整个建筑群的院墙范围和规模，祠堂的选址和布局甚至影响整个村落的形态。祠堂的择位定向是由点到面的形式结构和意义结构相统一的过程。

湘南汝城境内有627座清代修建的祠堂，19座清以前修建的祠堂，其在布局上主要有两个典型类型，并且在一定地域范围内具有普遍规律。一种类型是以祠堂为中心，民居沿祠堂两侧和后方建宅，形成三面合围的半圆形或扇形村落。祠堂之左，大多为族中辈分较高的族人建宅而居；祠堂之右、之后，则族内之人均可建房修宅，只规定住宅的建筑高度不能超过祠堂。另一类型的布局，也是以祠堂为中心，但族人住宅，只能沿祠堂两侧延伸修建，一律不得在祠堂后边建筑住宅。祠堂后需要预留出与祠堂建筑宽度完全对等的纵深向后延伸的空地，空地只能用于宗族后裔扩建祠堂。整个村落的平面形状，往往呈凹字形。[244]

表7-31　汝城县部分村落祠堂信息

村名	祠堂名称	始建年代	村名	祠堂名称	始建年代
三星镇西黄村	欧阳氏宗祠	明洪武二年（1369年）	土桥镇金山村	卢氏家庙（叙伦堂）	明万历二十四年（1596年）
附城乡东溪村	颜氏宗祠	明洪武五年（1372年）	土桥镇金山村	李氏家庙（陇西堂）	明万历四十七年（1619年）
小垣镇简水村	邹氏宗祠	明建文三年（1401年）	城郊乡范家村	范氏宗庙	明成化二十一年（1485年）
小垣镇简水村	简氏宗祠	明永乐四年（1406年）	城郊乡范家村	中丞公祠	明嘉靖元年（1522年）
岭秀乡永利村	阮氏宗祠	明永乐五年（1407年）	城郊乡津江村	朱氏家庙	明嘉靖三十六年（1557年）

（续表）

村名	祠堂名称	始建年代	村名	祠堂名称	始建年代
土桥镇 土桥村	李氏宗祠	明永乐二十二年 （1424年）	外沙乡 外沙村	朱氏太保第	明嘉靖元年 （1522年）
土桥镇 金山村	叶氏家庙 （敦本堂）	明弘治十一年 （1498年）			

资料来源：《湖湘建筑》（二）。[245]

按宗族组织的房系可将祠堂建筑分为主祠、支祠和家祠等类型。主祠规模较大，甚至是周围数县同族合力修建而成，统称为宗祠。汝城范家村的范氏宗祠便是范氏家族的大宗祠。支祠一般规模稍小，为支房分祀之祠。比如汝城土桥村的李氏宗祠。家祠则是家庭设置的供奉直系祖先神主牌位的小规模祭祀场所，也称家堂、家庙，有所谓“庶人祭于寝”之说，其与民居结合，在宅中大堂设祭。南中国民居几乎户户如此。

表 7-32　江西夜田村、横坑村祠堂情况

夜田村			横坑村		
祠堂名号	建筑面积（平方米）	始建年代	祠堂名号	建筑面积（平方米）	始建年代
文兴祠	1 665	明洪武二年 （1369年）	防御使第	—	元初
遵善堂	641	明代	宗祠	1 169.28	元至元六年 （1340年）
存性堂	494	明代	崇义堂	383.4	明成化七年（1471年）
	349	清道光二十四年 （1844年）	安老堂	—	明成化十三年（1477年）
濂泉堂	236	清乾隆年间	遗安堂	270.32	明末
联辉堂	108	清乾隆年间	鉴公祠	246.39	明成化十三年（1477年）
爱仁堂	—	清代	寿轩堂	—	元代中期
承裕堂	172	清光绪年间	垂裕堂	—	元代中期
望远堂	110	清光绪年间	体仁堂	—	元代中期

（续表）

夽田村			横坑村		
祠堂名号	建筑面积（平方米）	始建年代	祠堂名号	建筑面积（平方米）	始建年代
忠正堂	133	清光绪年间	学古堂	—	元代中期
泰来堂	134	清咸丰元年（1851 年）	顺公祠	137.36	清乾隆年间
玉琢堂	267	清道光年间	耕隐堂	—	明初
玉瓒堂	236	清道光年间	具庆堂	369.2	明成化十三年（1477 年）
玉闰堂		清道光年间	养性堂	219.35	清乾隆年间
上达堂	132	清末	五桂堂	—	元代中期
登公祠	132	清末	敬文堂	195.5	明初
化玉堂	—	清末	鲁公祠	153	清乾隆年间
和美堂	—	清末	吉公祠	—	清乾隆年间
道庵堂	—	清代	继志堂	—	明成化五年（1469 年）
大公祠	—	清代	明性堂	—	元代中期
九彩堂	—	清代	琯音堂	—	明初
崇礼堂	—	清道光二十四年（1844 年）	玉川堂	—	明初
修身堂	—	清道光二十四年（1844 年）	护翠堂	—	明初
修齐堂	—	清道光二十四年（1844 年）	和公祠	—	清乾隆年间
会公祠	—	清道光二十四年（1844 年）			
裕德堂	—	明代			
文友堂	—	光绪二十二年(1896 年)			
仲信堂	—	明洪武十二年(1379 年)			

资料来源：《中国传统村落保护调查报告（2017）》。[246]

在祠堂内部空间的结构布局中，专门用于宗族祭祀的厅堂正前及两侧一般都分布有相应的辅助空间，较普遍的为“一楼二房”，即设于祠堂正面门楼内侧的戏台、位于厅堂侧边祭祀礼器的专用库房以及举行大型活动时开伙就餐的厨房。凡“一进三间”以上的祠堂，都具备这样的内部结构布局。[247] 规模更大的祠堂还有各式亭榭阁坊，族学、公学等专门教育族内童丁的学堂。湘南祠堂为天井院落式，院落一般较小，称为天井，主要用于采光、通风、排水，挡阳降温。中轴线上的天井院落尺度要与主厅堂相呼应。村民认为“过白”能带来光明和生命，因此祠堂进深的尺寸有一定讲究，正厅堂案上的香顶擦过前檐封檐板的下缘，至前厅屋顶，要能看见一定高度的天空，形成前厅及正厅一定的高度比例。（见插图 18）

明清祠堂的平面形制、立面构图、总体形象，都趋向标准化及定型化格局，是人们在过去经验的基础上形成的，它影响或决定了嗣后营造祠堂的固定态度和倾向。作为村落中最隆重的建筑，祠堂立面构图严肃开敞、辨识度强，有统一的群体构图作用，形成了四个方面的程式化特点：模式化的入口形式、步步高开的纵向层次、特殊化的屋顶处理以及多样化的山墙。从建筑结构上说，主要有土木结构、砖木结构和少量的石木结构三种形式。总的来说，祠堂作为村落文化的中心，在南方地区广泛存在，在某个意义上可以说，祠堂是村落发展最典型的象征，它的建筑形制、功能和特点有助于推动我们对明清村民生活基本情况的了解。

（三）其他建筑

明清建造了许多大寺院，如南京灵谷寺、大报恩寺和山西太原崇善寺等。祭祀文化不只是皇家绝对垄断的专利，况且祭祀本意在于宣教，通过“神道设教”使全国臣民参与宗教祭祀，从而强化和控制乡村民众的思想。在州府县甚至村落，国家允许建立一些庙宇以供正祀，地方上的庙宇虽形制、规模、内容上不如官修庙宇，但往往成为地方社会文化生活的重要中心。比如重庆忠县石宝寨的阁楼，建在村寨后的小山上，几乎在村寨的任何地方都能看到这一标志性建筑，因其是“一种永恒的方向标志”[248]。类似的阁楼建筑还有不少，如云南大理三文笔村在小街空间交会处利用错位建造的一座两层高的魁阁，体量高大，外轮廓线变化独特。湘、桂、黔一带的苗族、侗族村寨的鼓楼（见插图 19）、西北伊斯兰教盛行地区村落的清真寺、傣族村落中的缅寺都有类似的作用。

明清时期，云南傣族地区有不少佛塔群。位于潞西县风平镇的大佛殿重建于清雍正三年（1725 年），其中有两座典型的傣族佛塔——熊金塔、曼殊曼塔。塔下有复杂的“亚”字形基座，塔身比例修长，周围以小塔和怪兽陪衬。由于傣族聚居地区与缅甸接壤，所以傣族佛塔和缅甸塔具有类似的风格。山西洪洞县广胜寺飞虹塔建于明正德十年至嘉靖六年（1515—1527 年），是一座典型的明代楼阁式砖塔。飞虹塔位于广胜寺的轴线前方，是在元代原址上重建的，塔共 8 角，外观 13 层，高 47.63 米，外壁用各色琉璃装饰。琉璃制的栏杆、天神、动物、斗横等都极为细致华丽，是明代琉璃技术水平的重要标志。塔、阁在村落建筑中也具有重要作用，在空间上的相对优势使其成为村落建筑中的重要标志，使村落的“可印象性”特点更加明确，村落建筑还是社会交往活动、精神文化、建筑技艺等的重要体现。

第五节
明清少数民族地区的村落

终明一朝，其北部边境动荡不安，北部国境线不断内缩。明朝的疆域勾画了当时中原王朝汉族人口活动的基本范围，但从历史来看，各历史时期少数民族政权的辖区，也可认为属于古中国的疆域范畴。明清时期南方的蛮夷地区，实行肇自土官制度的土司制度；在北部草原等游牧地区，则由传统的万户制度发展为盟旗制度；在新疆等政教合一的沙漠绿洲地区，在万户制度的基础上演变形成伯克制度；在青藏高原地区，则由万户制度发展演变为金瓶掣签制度。

根据洪武二十六年（1393 年）绘制的明代疆域图,《明史·兵志》及《明史·地理志》对各卫、区境内军卫的人口记载，曹树基考证了分府及分区人口数，测得各府区的面积，并算出各分府及分区的人口密度，其中边卫边疆的人口密度情况大致说明了少数民族地区的人口情况。每平方公里不足 10 人的区域可称为人口极稀疏地区，包括所有的边卫及边疆地区，其中除了贵州都司和辽东都司人口密度达到每平方公里 7~8 人，其余各地均不到 5 人，属于明朝人口分布的“洼地”。人口状况是地区发展的基本要素，所以，从这个角度可以大致了解少数民族地区村落的情况。

表 7-33　洪武二十六年（1393 年）边卫及边疆人口密度

地区	面积（平方千米）	民籍人口（万人）	军籍人口（万人）	总人口（万人）	人口密度（人/平方千米）
台湾	36 000	10	0	10	2.8
播州	27 813	12	0	12	4.3
贵州都司	71 876	30	28.3	58.3	8.1
云南	362 209	84	36	120	3.3
贵州宣慰司	33 281	12	1.7	13.7	4.1
马湖等地	52 086	12	0	12	2.3
四川行都指挥使司	45 830	3.7	9.3	13	2.8
龙安等地	22 663	6	0	6	2.6
松潘卫	38 840	7	1.7	8.7	2.2
西藏	1880 740	80	0	80	0.4
亦力把里	1 919 575	30	0	30	0.2
安定卫	454 475	4	0	4	0.1
陕西行都指挥使司	81 769	5	18.5	23.5	2.9
洮州卫、岷州卫	35 610	1	3.3	4.3	1.2
宁夏卫	29 400	1.8	6.9	8.7	3.0
蒙古	4 212 432	36	0	36	0.1
北平行都指挥使司	162 798	0	45	45	2.8

（续表）

地区	面积（平方千米）	民籍人口（万人）	军籍人口（万人）	总人口（万人）	人口密度（人 / 平方千米）
辽东	68 144	10	40	50	7.3
奴尔干都指挥使司	3 000 000	50	0	50	0.2
合计	12 535 541	394.5	190.7	585.2	0.5

资料来源：《中国人口史》第四卷《明时期》[249]。

一、西藏地区的村落

从唐朝与吐蕃交往开始，及至元代将西藏正式纳入中央王朝的政治版图，再到明清时期，西藏的发展一直与中原紧密相连。也正是在这一过程当中，广袤的青藏高原特别是高原上的村落，得到了持续的发展。尽管在人口规模、村落分布和村落形态上，高原与内地存在很大差别，但这并不妨碍藏族村落成为维系明清国家稳定的基本社会单元。明朝基本沿袭蒙元建置，将西藏调整为乌思藏都指挥使司、朵甘都指挥使司辖地。清朝承袭明朝原有的政治关系，设辅国公三人，一等台吉一人，并因其俗设噶隆第巴等职；设驻藏大臣二人，镇抚其地，封爵承袭。其中驻藏大臣需会同达赖喇嘛选拟噶布隆、商卓特巴、仔本各正陪二人，从行政权力上强化了官方意识。除了在行政和军事两方面对西藏进行管控，“其他有四，曰卫，曰藏，其东镜曰喀才，其西境曰阿里，其辖城六十余。卫与喀木诸城皆统属于达赖喇嘛。藏与阿里诸城皆统属于班禅喇嘛”[250]。据乾隆二年（1737 年）理藩院造册称“达赖喇嘛所辖寺庙三千百有五十余所，班禅所辖寺庙三百二十七所”[251]，班禅所属疆域有限，民地无多，相对来说，达赖属下土地面积更广、民户更多。[252]

四部之中的“卫藏”也称为“中藏”，“卫在四川打箭炉西北三千余里，即乌思藏，居诸藏之中”，辖 31 城；康藏也称为“前藏”，在卫西南 500 余里，辖 10 城；喀木在卫东南 832 里，辖 10 城；阿里为西藏之极西边境，辖 12 城。[253] 四部之下，统营、城、呼图克图领地、部族及寺院。西藏逐步形成了以拉萨为中心的前藏城镇体系[254]和以日喀则为中心的后藏城镇体系。

按照西藏之俗，凡是有官舍、民居之处，建造楼居，依山为堑，则称为城。（见插图20）并量地大小、人众寡，各设宗布木以理民，设丁布木以理兵。[255]“民居碉房，其游牧之番及蒙古则居黑帐。”[256]然而在地广人稀的西藏地区，许多地方未有人烟，甚至“所过地方，尽是深山穷谷，长林丰草，枯藤盘结，状如楼台，人皆履藤凌空而行。间有断涧绝壑无路可通，窈窕幽浑，下临无际，空中枯藤牵搭，人由上行，其险实莫与匹”[257]，“终日蹀躞于荒山中。……山多石穴，大者如堂如室，小者如户如牖”，“悬崖绝壁，偏桥列如云栈，崎岖难行”[258]，关于西藏地区地形地势等恶劣环境的描写不胜枚举，而这也是限制地区发展的首要因素。除了拉萨等城镇的兴起，入藏的50个必经之地，大部分因路途险阻而欠发达，在人口流动、经济贸易的活动过程中，定居村落的民户数量不算多。而对西藏人口数量做出恰当的估计是件非常困难的事。事实上，现代以前，西藏从未有过人口调查或类似的其他调查。

因此，采用任何方式对西藏人口进行估测都难以复原历史的真实。葛剑雄认为，根据元朝和清朝的数字进行推算，明代青藏高原的人口不会超过70万~80万。[259]王克的观点则有所不同，他举证，13世纪忽必烈在藏族地区清查人口达123万，清代雍正、乾隆年间清查结果为134万有余，这一数据不包括西藏以外的藏族人口。[260]曹树基则考证洪武二十四年（1391年）的西藏人口为100万。[261]黄奋生基于乾隆二年（1737年）理藩院册籍的记载，按每户5口计算，认为达赖属地百姓有677 190人，加上302 500名喇嘛，共979 690人；班禅属地百姓有33 760人，加上13 700名喇嘛，共47 460人；达赖喇嘛和班禅额尔德尼管辖的百姓人数共有710 950人，百姓人数大概是喇嘛人数的一倍。[262]另一方面，清王朝设立的西藏绿营有官兵621名、拉里有官兵128名、察木多有官兵333名；又设步骑64 000名、步兵50 000名；骑兵前藏3 000名，后藏2 000名，阿里5 000名，稞坝1 000名，黑帐番、蒙古共3 000名。[263]官方称这些戍兵只用于弹压，均散在民间各处，未被算入西藏人口总数。而有关西藏村落的记载则更少，也更难以估量了。

其次，由于民户需承担无偿的繁重劳役，“士民之服役者，名乌拉，凡有业之人，勿论男女，皆与其选，即由他处远来者，但能置烟灶租房而居者亦然，多寡各量其贫富”[264]。土著民人在头目、碟巴、喇嘛的管理下长期服役，通常“照所居屋之大小量定。应需数或三四名，或十数名，照数输派乌拉”，这导致土著民人经济资本积累缓慢，无法供应每日每名纳银五分的要求或另雇穷民代之，只得自行应役，久之则锢于此制。比如朗杰学村每年需上交氆氇 1 500 卷作为赋役交纳，折合约 25 000 米左右。[265] 全村村民为了完成紧张的织造任务，无时无刻都在捻毛线。有的家庭为了完成足量赋役，甚至无法进行农业生产。外来人口也按照贫富能力供给差役，比如巴勒布及卡契回众，因常来藏地贸易，有早年来藏安家以贸易为业者，“是应严束仆从及汉番兵役，不得稍有扰累”[266]。经济上的强制剥削使得民户生存空间越发受限，“差赋日增，逃亡日众”。济咙内琼堆一村，原有百姓 50 余户，到乾隆末年，只存 8 户，“而每年仍迫以原户差赋”。其萨喀一属原有百姓 1 000 余户，也只剩下 300 户了，“而亦以原户迫索差赋”。这是司事头目“贪饕性成”导致的。[267] 乾隆六十年（1795 年），朝廷准达赖、班禅蠲免钱粮，并赏银两抚恤。但是随着时日的增长，司事僧俗又复借词苛敛。西藏地区紧张的人地关系、偏远的地理位置使得达赖、班禅及其属下各层级头目、营官、富户等肆无忌惮地压迫民众，民众难以安宁度日，导致逃户现象屡见不鲜。

西藏民户居于乡村地区者，为了便利打柴汲水，依傍山坡地势建碉房，称为“纵”，“则其碟巴头人据险之所”；平地无隘的官舍称为“噶”；[268] 城郭的房屋皆平头，“中稍大者，其堂必刻桷雕楹，备极煊烂”[269]，“高者至数十尺”；部落多为黑帐房，“贵人处于大毡帐，名为拂庐，寝处污秽，绝不栉沐”[270]。经济发达之处多有土城；一般民居多为碉房，或有筑土为室，或有一些人丁凋落、炊烟零落之地，居人以树皮为屋，仅数间。除民居之外，寺庙作为区域交往活动中心，也承担着日常居住的建筑功能，并在一些特定日期成为周围民户、商人的集聚点。比如入藏门户江卡的汉人寺，在每年七月，巴、察二地客民皆云集贸易，如内地庙会。[271] 乍丫大寺是喇嘛等的居处，附近男女婚配俱在寺前转经阁歌唱，如若两情欢洽，男以糌粑结女之发间，其婚遂定。[272] 硕般多的两座大寺，喇嘛、碟巴居于经堂，僧众、俗碟巴也在硕般多土城修建房屋，环绕居住。[273] 西藏喇嘛人数是西藏人口总数的 1/3，寺庙在一定程度上承担了居住功能。总体来说，西藏地区村落数量较少、规模较小、分布较散、发展较慢，行路商人甚至有可能经过十几站都是野宿。

二、西南地区的村落

作为地理概念的西南地区，一般包括今重庆、四川、贵州、云南和西藏等地。但是，由于西藏地区的情况稍有不同，故我们在前文中已单辟一节展开了讨论。本节所论西南是除西藏以外的地区。不过，要指出的是，西南的滇西北、川西等地也是藏族自古以来的聚居区域，因而这一区域的藏族村落也比较常见。（见插图 21）对这一地区，历朝各代的中央朝廷都十分重视，及至元明清时期尤甚。一般认为，蒙元吸收了南宋在广西设土官管理的经验，率先在云南、广西等南部边疆地区实行土官制度。明朝进一步完善土官制度，发展成更具规范的土司制度，并将其推广到与南部边疆情况相似的其他少数民族地区，包括湖南、湖北、四川、贵州等西南地区和甘肃、青海等西北地区。明代朝廷针对不同地区情况的差异，实行土流并治。一方面分封当地少数民族首领世袭官职统领当地人民，并与宣慰司、宣抚司、安抚司、镇抚司、长官司组成自治的地方政权；另一方面，设立府州厅县等行政组织层级，委派当地少数民族首领、头人担任土知府、土知州等。不仅如此，朝廷还允许土司统辖一定数量的土军，用来弹压地方和服从征调，成为卫所的补充力量。从影响范围和程度上来看，土司均超过了土官，在实践中影响着西南地区少数民族的社会结构和生活方式。

到了清朝，由于土司制度的普遍推行，造成了土司族内因争袭仇杀械斗、土官坐大而朝廷难以置喙等情况。一方面，清代国家对土司的态度从安抚转向了严格控制，即土司除了有承袭、征调、贡赋等权利和义务，还需如流官一样被管理、考核、奖惩等。另一方面，尽管对土司的管理愈加严格，但清代朝廷仍然怀疑土司作为地方自治领导者有割据一方的可能，危及国家的政权稳定。因此，“改土归流”被提上了日程，土司制度逐渐衰落，仅在澜沧江以南的边疆等偏远荒瘠的地区保留了一些土司。

西南地区少数民族的人口及村落就是在土司制度的变化中发展和建构的。在“羁縻政策”的引导之下，西南山区、半山区地区的原住民开始下山垦殖；受移民政策的吸引，大量的卫所军户、客民纷纷迁入。在这个过程中，农业生产技术提高、商品贸易发展、理学教育等国家意识深入，不仅改变了当地夷多汉少的民族结构，还使山区边缘和腹地景观发生了变化，产生了许多新兴的、兴盛的村落。比如在洪武初年，明政府在楚粤之交的永明县，通过向化招抚、推行县治、编立瑶役籍、增设卫所屯军、兴瑶目瑶长制、优免投税等羁縻政策，实现了清溪、古调、扶灵、勾蓝四瑶归化，下山建村立籍开垦。[274] 雍正四年（1726 年）左右出生于云南塔甸高山的王氏家族两兄弟，从高山下移至槽子河河谷区，成为沿河村落的始迁祖。湖北东南地区的村名体现了当地移民定居和宗族的关系，比如《通山县志》中提及县内人口按姓氏聚居的习俗，多以一姓聚居于一个地区或一个村落，并多以姓氏命名所居村名，如汪家畈、祝家楼、毛坪、坳上焦、瞿塘张、洞口罗等村。两姓同居一村的村落则以人口多少区别先后，如焦夏等村，且“无论是从本地迁出，或外地迁入，或本地土著，皆不例外”[275]。

移民开发活动对西南地区的村落发展起到了重要作用。与明朝相比，清朝移民的动因发生了变化，从强制性的移民政策转向经济互补性作用下形成的自发性移民。西南地区经济发展对劳动力、资金、技术的需求，以及内地人民对经济机会和利益的追求，使人口迁移变成了现实。云南山区的矿产、土地等资源吸引了大量外来移民和坝区移民，拉动了移民进入山区、河谷从事矿业生产和农业垦殖。部分移民携家庭或家族同往，形成了以亲族关系为主的一姓大村。也存在一姓多村、多姓一村的情况。在这个背景下，诸如峨山县的沿河村落建立并发展起来。

表 7-34　清朝云南槽子河流域部分村落情况

村名	建村时间	主要姓氏	村落情况
阿稽竜	明万历	李、普	村落坐东朝西，村东头是李姓，村西头是普姓，中间有隔墙为界
得则莫	明万历	李	村落坐东朝西，李姓是从阿稽竜迁移至此
	明末	矣、方、李、普	村落坐北朝南，四姓之间均有巷道，每个姓氏居隅一方
拉乌	明末	普、李	村落坐北朝南，村东是李姓，村西是普姓，中间有隔墙为界
背租	清雍正	王、董	槽子河西是王氏村落，俗称“老王头”；河东是董氏村落，彝语名叫“齐来起”村。后河东董氏逐渐西迁至王氏聚落，但起初搬迁时与王氏聚落间有明显隔离，中间有巷道
马干冲	明末	史、张	两姓一村，一起从临安府（治建水）来此炼铁
大江村	清初	方、矣	两姓一村，方姓是从石头村迁至此地来炼矿；矣姓是从大了固搬迁至此
	清康熙	鲁、李	两姓一村，一起从塔甸迁至此地
袜底白	明末	何、龙	两姓一村，各有祠堂
小念姑	清初	矣	一姓一村，大了固的矣姓支系发展而来
鲊抹觅	清初	赵	一姓一村
卡夕搓	清初	龙	一姓一村

资料来源：《云南省峨山彝族自治县地名志》。[276]

除了商户、民户的移民，军事移民对西南地区的发展也发挥了显著作用。因明清军事政策形成的屯田制度，国家力量逐渐渗透山区。明朝卫所屯军自行屯垦；清朝则组织绿营军及其家属，并召集汉族移民屯垦，同时又在“改土归流”的过程中，扩大了对西南边疆地区的实际掌控。在行政和军事背景下，外来移民的涌入带来了相对先进的农业生产技术和手段，通过兴修水利、提供农业生产工具和技术、扩大耕地面积，使部分地区的农业环境得到了改善，使刀耕火种的粗放农业经济向精耕细作的农业经济转变。“大批移民进入山区，溪涧坡头的零星土地得到垦辟，山地得到了历史以来最大程度的利用”[277]，比如引进玉米、甘薯、马铃薯等适应性较强的域外作物并大面积种植。不仅改变了当地的生产组织和资料结构，也改变了乡民的生活习俗。

云南沧源、西盟、耿马、镇康、孟连等地在清以前一直是佤族的聚居地。受自然因素的限制，佤族人生活闭塞、生产力低下。自清初矿禁大开之后，“多系汉人赴彼开采，食力谋生，安静无事，夷人亦乐享其利”，周围傣族、拉祜族也纷纷迁入。该地不仅民族分布发生了巨大变化，形成了各民族杂居的格局；还带来了耕种水田、使用犁耕的技术以及农业生产工具——锄头，生产力水平大大提高。土地单位生产面积的提高，也使其能负荷的人口承载力提高。大量移民的进入使人口密度增加，在人口压力下，西南地区不同民族群体打破了血缘的、族群的限制，在合作控制和利用有限土地资源的过程中，形成了共同的经济关系，为共同经济生活奠定了基础，从而加快了西南地区不同族群之间的交流，村落社会逐渐繁荣起来。

西南地区在乡约制度、乡村教育的落实中，地方精英在接受国家意识的熏染下，自觉向儒家思想文化靠拢，并不断将儒学传播开来，形成了地方认同感和自我归属感。一些少数民族村落模仿内地修撰族谱来实现地方认同和文化归属，或在各种生活实践中践行儒家思想文化的价值观，比如推崇科举考试、积极考取功名等。除此之外，西南地区的商品经济也有了长足进步。“（云南）城市中皆汉人，歇店、饭铺、估客、厂民以及夷寨中客商、铺户皆江西、楚南两省之民，只身至滇经营，以致积攒成家，娶妻置产。虽穷村僻壤，无不有此两省人混迹其间。即碧髓、宝石之物，在夷地，亦惟江、楚人冒险越界兴贩，舍命以博财货。”[278]在明朝大规模移民的基础上，坝区人多地少的矛盾日益突出。相比于坝区，山区多矿产，土地资源更为丰富，因此坝区移民自发地向山区迁移。

到了清代，云南各地，包括城市与大小村落，已遍布内地商人的足迹。市场体系的进一步完善，商人活动范围向更广大的边地扩展和深入，使少数民族人民越来越多地直接参与商业活动，从而导致了职业类型的多样化以及村落发展的可能性。随着商品结构的变化，村落剩余产品向商品转化，村落的定期集市和商业街已经不能满足村民的日常生活。因此市镇兴起，部分村落发展为更大的城镇，西南地区沿着长江流域的各个码头，便是在商品经济的作用下发展起来的区域中心。

随着移民定居化的进程，土客之间展开利益资源争夺，价值观也开始转变。在贵州黔西南等部分少数民族聚居地出现了客强土弱的局面，时日渐久后产生了一系列的社会冲突。这种冲突在双方势均力敌的情况下被强化和延续，又因双方身份和社会关系的转化变得错综复杂。移民的不断涌入，对土地稀少、贫瘠的少数民族村落来说，使得传统生计模式的内在紧张，随着生态环境的逐渐恶化变得越发焦灼。总的来说，西南地区是少数民族边地发展相对繁荣的地区，无数的少数民族及村落（见插图 22），打破了原本封闭的地理边界，与外来移民尤其是汉民，在农业垦殖、商品经济、文化教育方面进行交往互动。尤其值得指出的是，正是在以儒学为主导的汉文化在这一地区的广泛传播与深刻影响之下，在文化意识观念方面，西南地区的村落与明清国家密切关联了起来。

三、新疆地区的村落

新疆地区古称西域，是中原汉人对位于其西部疆域的泛称，是丝绸之路的重要通道。清初，天山以南由准噶尔部蒙古人统治。康熙十七年（1678 年），准噶尔部对天山以南维吾尔族部族发起进攻，击溃南疆回部政权，奴役天山南北的各个部族。乾隆二十年（1755 年），清军平定准噶尔贵族的叛乱，4 年后又平定南疆维吾尔贵族大和卓、小和卓的叛乱。布鲁特、哈萨克诸部先后降服于清王朝，回部悉定。在清朝前期与准噶尔部的战争中，新疆大部分地区长期饱受战争之苦，人口逃亡者甚多。比如雍正十年（1732 年）十月，驻守吐鲁番的清军因无力抵抗准噶尔部的进攻，决定放弃吐鲁番，并将16城1万余民东迁内徙。战争结束后，清王朝致力立屯开垦，新疆人口的稳定和村落的重建由此展开。[279]

清王朝将伯克制度纳入清廷官制，通过逐年丰富各层级组织和官制，以实现对新疆的直接治理："轮台、蒲类间，悉设府厅州县，鸡犬相闻，烟火相望"；清王朝于乌鲁木齐设都统一员，伊犁、塔尔巴哈台、喀什噶尔各设参赞大臣一员，统辖全境驻防官兵；另在巴里坤和哈密等处设办事领队大臣，统县、营各级文武职官；复设伊犁将军总理全疆的军事边防事务。此外，清王朝通过屯田制度组织征兵、移民，细化屯田、赋税则例，以实现对新疆世俗化、统一化的统治，"于民屯之外罗布兵屯，是御边、省征调之繁。饷军无挽输之苦，诚久安之长策也"[280]，主要由陕甘总督和参赞大臣负责。[281]"由阿克苏率满洲索伦骁骑五百名，绿营兵百名，回人三百名，越穆苏尔达巴罕至伊犁，镇守办事，即以绿营兵筑城，回人乘时兴屯，开渠灌溉"，伊犁屯田成为新疆各处屯田的开端，有兵屯、户屯、回屯、旗屯、犯屯之别。[282]其中户屯主要是从邻近的甘肃安西、肃州、甘州、凉州等所属州县招募的贫民及其家属，国家提供车辆、粮食、衣服、种子、器具甚至建房以候移民的到来。

表7-35 清中期乌鲁木齐所属州县人口

地区	乾隆四十二年（1777年）			嘉庆十一年（1806年）			
	户	口	户均口数	男	女	小计	性别比（%）
迪化州	3 496	16 631	4.8	20 454	16 516	36 970	123.8
昌吉县	4 332	19 734	4.6	10 309	8 476	18 785	121.6
绥来县	2 252	7 624	3.4	7 532	5 253	12 785	143.4
阜康县	4 350	18 405	4.2	6 493	5 025	11 518	129.2
呼图壁	—	—	—	6 715	4 460	11 175	150.6
济木萨	—	—	—	10 123	7 902	18 025	128.1
喀喇巴尔葛逊	—	—	—	945	715	1 660	132.2

（续表）

地区	乾隆四十二年（1777 年）			嘉庆十一年（1806 年）			
	户	口	户均口数	男	女	小计	性别比（%）
精河	—	—	—	56	31	87	180.6
库尔喀喇乌苏	—	—	—	—	—	113	—
塔西河	—	—	—	852	253	1 105	336.8
庐草沟	—	—	—	543	320	863	169.7
头屯所	—	—	—	377	400	777	94.3
宜禾县	697	2 596	3.7	5 158	2 906	8 064	177.5
奇台县	1 994	6 824	3.4	18 436	12 639	31 075	145.9
合计	17 121	71 814	24.1	87 993	64 896	153 002	135.6

资料来源：《中国人口史》第五卷《清时期》,《新疆地理志》第五章《地方志》。[283]

从乾隆四十二年到嘉庆十一年（1777—1806 年）的短短 29 年间，乌鲁木齐的人口从 7.1814 万增至 15.3002 万。这个数字尚未包括绿营军。乌鲁木齐人口的倍速增长，与屯田制度下的大批移民迁入有关。比如在迪化州，“乾隆二十七年至四十一年止，由内地携移来民人并本地招募户商共一千三百一十一户……内除拨归喀喇巴尔噶逊安插户民一百四户……实在共户民一千二百七户”[284]。从乾隆二十七年至嘉庆五年（1762—1800 年），迁入移民共 3 000 户，分拨他处的移民不包括在内。乾隆四十九年（1784 年）陕甘总督福康安的上奏再次强调移民的目的，即“整饬边防之远计也”，并称：“在济木萨等处广招内地民人开垦，期于膏腴日辟，岁获丰登，户民乐于种地，则编户。频岁加增，桑麻鸡犬，烟火相望。”[285]

表 7-36　乾隆四十一年（1776 年）伊犁地区户口数

部类	户	口	户均口数
额鲁特	3 516	11 737	3.3
土尔扈特	104	447	4.3

（续表）

部类	户	口	户均口数
土部属下鄂托克	838	3 573	4.3
土部属下喇嘛	1 080	4 853	4.5
土部种地额鲁特	—	6 514	—
回户	6 406	20 356	3.2
民户	71	209	2.9
遣犯为民	—	244	—
合计	12 015	47 933	4.0

资料来源：《中国人口史》第五卷《清时期》，《新疆地理志》第五章《地方志》。[286]

除外省移民之外，伊犁的省内移民——回民占总人口的大多数。自阿桂将军带去300回民，至乾隆三十二年（1767年），又陆续由乌什、叶尔羌、和阗、哈密、吐鲁番等处，增调回民6 000户，前往伊犁垦种地亩，并分设9屯。由于回民生齿日繁，垦地日广，历任将军不断与清王朝展开交涉。回民不仅得到了交粮的批准，减轻了每户交粮压力，还得到遣屯等处的地亩耕种权，扩大了垦耕面积。[287]

天山北路地旷民稀，南路居民稠密。新疆户屯共计28万余亩的统计数据只限于北路，不及于南路，只具有一定的参考价值。乾隆中期开始，汉族移民主要定居区在乌鲁木齐和巴里坤；[288] 到了嘉庆年间，出于各种原因，伊犁成为移民的主要集聚地。乾隆三十七年（1772年）户屯最先开始于伊犁，受优免政策的吸引，客民庄世福等48户，自愿入屯田户籍。朝廷为了鼓励生产，不仅每户给地30亩，借给牛种口粮；还减免纳税，自开垦三年以内，追完借款，每亩纳租银一钱，借项还清，每亩实纳租银五分。自此以后，来者日众。乾隆四十六年（1781年）共有客民101户，共种地3 030亩，每岁征银151.5两。此外，乾隆四十五年（1780年），绿营屯兵分户子弟任世才等114户进入户屯行列，每户拨给地30亩，此项营兵分户，日久愈多，为户屯之最大部分。还有“不由官给地亩面自劝开垦，成熟后，再报请升科者”。乾隆二十八年（1763 年）至嘉庆十三年（1808 年），商民张子仪等 32 人，陆续共报垦麦地 39 618.6 亩，仍照官给地亩之例，每亩征银五分。但同时有商民张尚义等 200 人，报垦蔬地稻田 10 668.6 亩，因蔬稻之利优于小麦，所以每亩征银一钱。“此项地亩，俱系听民报垦，官为查丈，按亩纳租，仍以渠水多寡，逐年增减，并无定额。”[289]

表 7-37　新疆户屯统计表

屯地地名	亩数	招募安户数	插垦民口数	粮赋、粮草折粮额（石）	招民开垦之始年
宜禾县	50 521	697	2 596	2 327、1 515	乾隆三十一年（1766 年）
奇台县	73 495	1 994	6 824	3 385、2 204	乾隆三十七年（1772 年）
迪化州	42 216	3 496	16 631	3 871、草无	乾隆三十二年（1767 年）
昌吉县	62 370	4 332	19 734	6 006、草无	乾隆三十二年（1767 年）
绥来县	7 320	2 252	7 624	704、草无	乾隆三十八年（1773 年）
阜康县	39 940	4 350	18 405	3 852、草无	乾隆三十四年（1769 年）
伊犁	4 391	71	209	351、草无	乾隆三十三年（1768 年）
合计	280 253	17 192	72 023	20 496、3 719	—

资料来源：《新疆志略》第六章《垦务》。[290]

在国家大力推行的开垦实边的优惠政策之下，商民在新疆开发过程中承担着积极的推动作用。清代边疆的开发主要以人口流动为主要方式，在农业经济内部进行开发活动。随着商民在新疆荒僻地区活动的增多，其同族、同乡随之而来，甚至在许多地方，内地移民的数量远远超过本地的原住民。在商民的推动下，许多人烟稀少的边地逐渐发展成一个个村落或新型城镇。由此来看，新疆地区的不少村落，在某种程度上是具有移民村落性质的。

随着人口的快速增长，出现了“地有余而水不足”的现象，“非但兵民争水讼牍殷繁，抑且兵丁加占之地愈多，即民人承垦之地日少，此等户民原

插图 1　明尼阿波利斯艺术馆藏南宋《田垄牧牛图》

插图 2　南宋翰林图画院摹本《蚕织图》(局部)

插图 3　宋代王希孟的《千里江山图》所绘村落形象

插图 4　宋初李成的《晴峦萧寺图》（局部）

插图 5　北宋张择端的《清明上河图》郊区（局部）

插图 6　马远的《柳岸远山图》

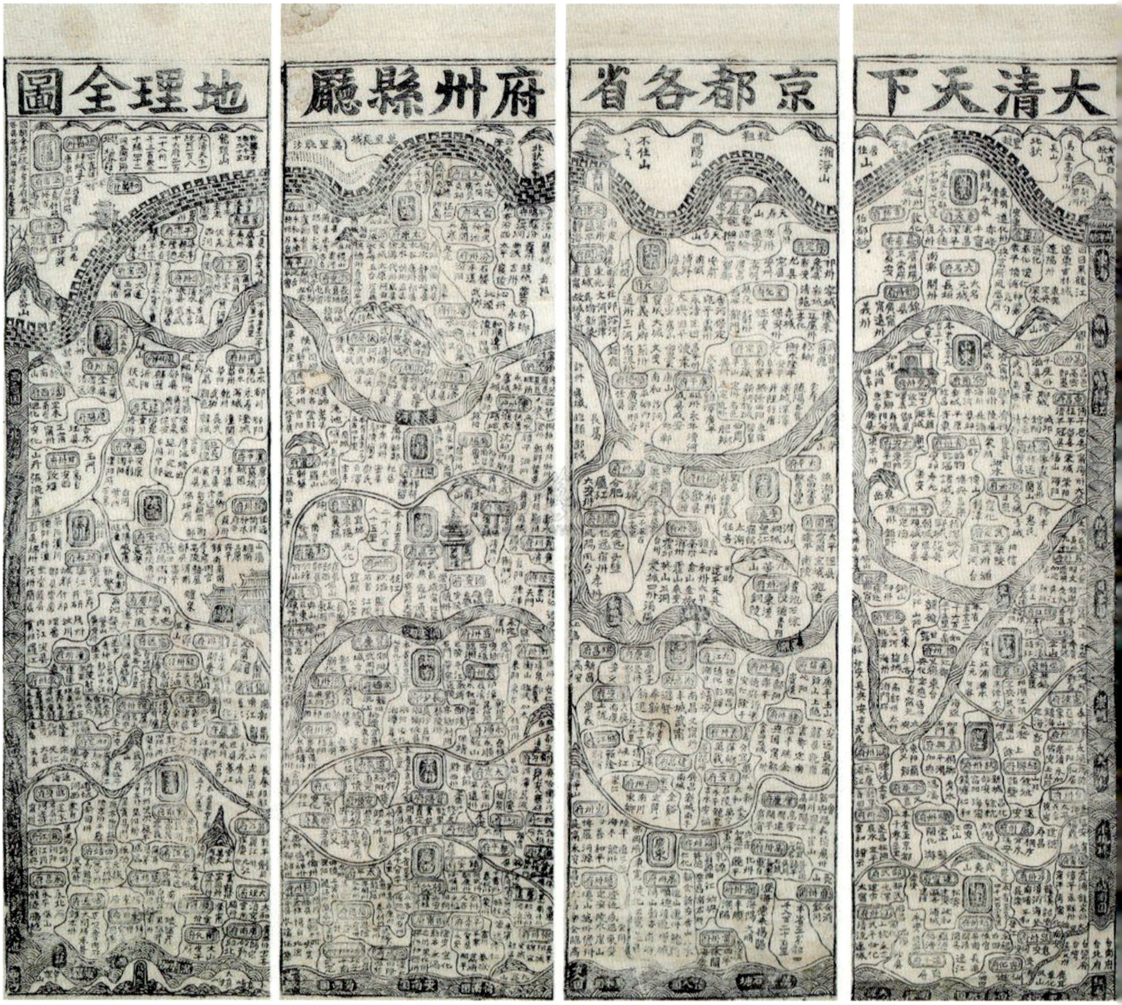

插图 7　乾隆五年刻本《大清天下京都各省府州县厅地理全图》

插图 8　江西婺源李坑村申明亭

插图 9　湖南怀化高椅村土地庙

插图 10　晋江梧林华侨村落建筑

插图 11　湖南永州河三岩村的排水沟

插图 12　湖南永州市江永县勾蓝瑶寨

插图 13　徽州呈坎村

插图 14　歙县唐模村景观

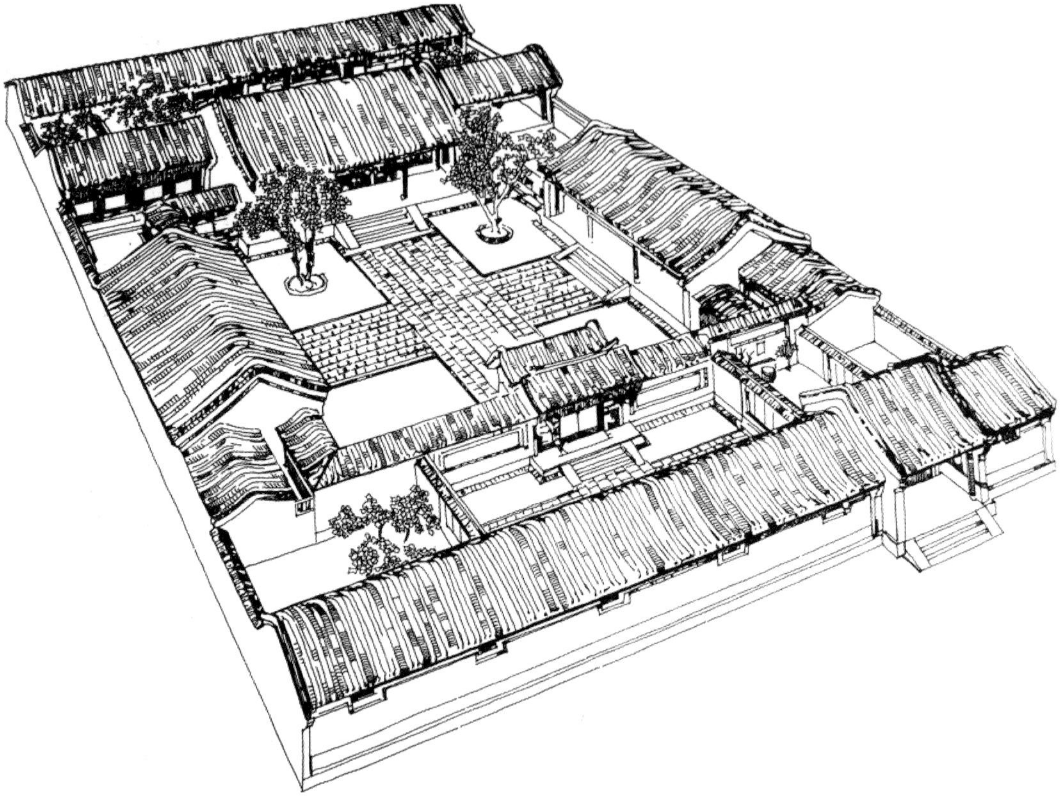

插图 15　手绘四合院俯视图

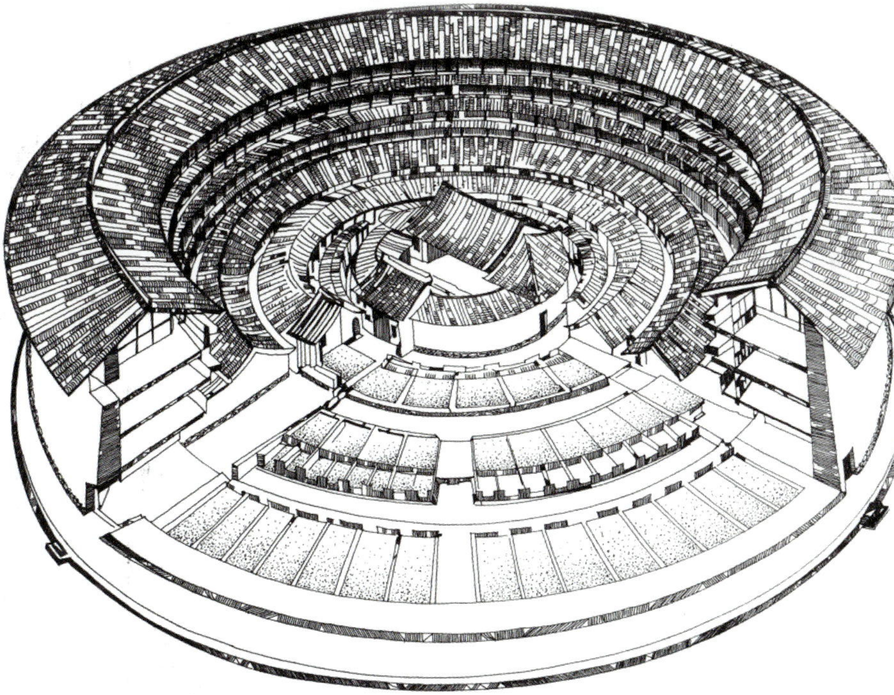

插图 16　福建土楼实景与剖析图

插图 17　云南傣族民居

插图 18　湖南邵阳市新邵县张氏宗祠（左）与郴州永兴县板梁村刘氏宗祠（右）

插图 19　侗寨鼓楼

插图 20　西藏村落建筑

插图 21　四川甘孜州丹巴县甲居村

插图 22　黔东南西江千户苗寨

插图 23　清末私塾

插图 24　清末农村劳动生产

插图 25　清末农村农业生产

插图 26　颓废的晚清村落

插图 27　日军抢夺乡民财物

插图 28　日伪当局组建的河北省立津海道日语教员培训班

插图 29　国统区迁徙中的乡民

插图 30　乡民为八路军修补军衣

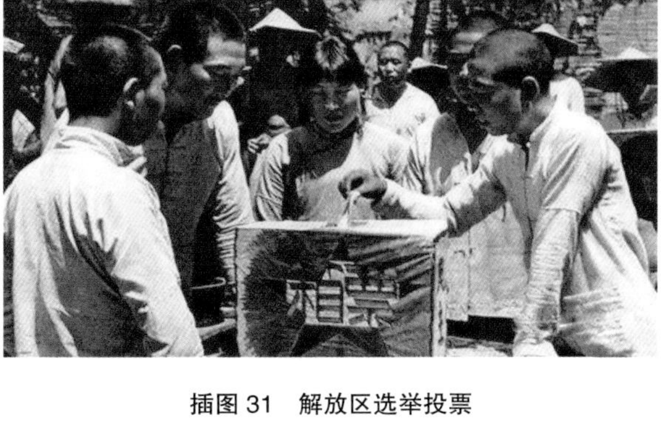

插图 31　解放区选举投票

插图 32　解放区颁布《中国土地法大纲》

插图 33　社会主义改造时期的农业生产

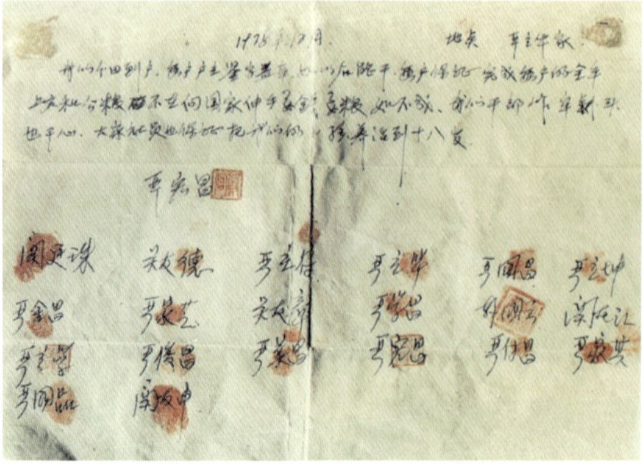

插图 34　1978 年 12 月，安徽小岗村 18 户户主秘密按下手印，包产到户

插图 35　花瑶

插图 36　湖南绥宁古建筑

为种地而来，并非土著。如地亩不敷垦种，即现在户民尚恐易散，又安望将来再有加赠？倘数年之后，烟火渐稀，人民减少，更与新疆无益”[291]。清王朝为了维持户民的生产积极性，保障长期稳定的收入来源，调整对口外地方收粮石的政策，“不得不另筹办理”。新疆在国家温和的农业经济政策下，不断吸引省内移民聚集、省外移民入境。移民作为填充和发展新疆乡村地区的中坚力量，是新疆人口结构的主要组成部分，编户的增加导致大小村落涌现。在这一背景下，“新疆与内地无殊，更为亿万载敉宁之计”[292]。

四、蒙古地区的村落

从历史来看，自蒙元退居漠北以后，蒙古势力长期活跃于明代北部疆域以外的地区，并且与明朝形成对峙。在此期间内，蒙古势力也经历了部族的扩张与分裂，活动范围十分广泛，迁移也极为频繁，不仅包括今内蒙古、蒙古国及其以外地区，还涉及今新疆等地。这种迁移既跟蒙古势力与明朝政府之间的对峙有关，同时也与蒙古部落的内部矛盾冲突有关。他们的迁移具有集团性，有以部落为单位的内迁，也有个人单独的或几个人联合的迁移行为。

相对分散的随畜游牧是蒙古人主要的生产方式。牧民在广阔的地域范围内迁徙和游牧，蒙古人与特定范围内的土地、山林、水源等自然资源之间，基本上不存在世代相传的依赖关系。此外，北方游牧民族的社会细胞，是被称为“落”的单个家庭或若干家庭的组合体，由于对草原资源的利用不可过载，牧民习惯不断游牧，各“落”之间通常距离数里之遥，“落”还随同放牧羊群处于经常迁徙的过程中。在北部草原，甚少见内地常见的世代居住的村落，以及基于牢固的血缘关系、地缘关系形成的复杂社会关系。

在清朝建立之前，满族后金政权就已经成功控制了蒙古诸部。清朝时称漠南蒙古为内蒙古，清朝在内蒙古哲里木盟、昭乌达盟、卓索图盟、锡林郭勒盟、乌兰察布盟和伊克昭盟六盟，及阿拉善、额济纳套西二旗实行蒙古盟旗制，设札萨克进行管理；旗上设盟，盟长官由旗长官推举，由清政府任命，享有自治权；在察哈尔和归化城土默特则实行旗制，由都统进行管理。漠北喀尔喀蒙古和漠西额鲁特蒙古等外蒙古地区在经历一系列动乱之后，由清朝划设牧区、居地，设乌里雅苏台定边左副将军和科布多参赞大臣，对其进行统一管理。

清朝对蒙古地区的统治体现在多个方面。在硬性的管理层面，在万户制度的基础上做了一些改变和调整；在柔性的教化层面，给蒙古人分配蒙丁地，使蒙古人从事由牧转农的过渡生产，从而稳定地、有保障地开展定居生活。首先分到土地的蒙古兵丁建立了蒙古土著村落，然而他们往往不善耕种，时日一久，便将土地典给内地民人，失产的蒙古人逐渐增多；“有力之人浮垦肆占，无力之人丝毫未得”，以致到了乾隆年间，土默特地区无地、少地的贫困人口占了当地蒙古人口总数的一半。从乾隆七年（1742年）开始，官员纷纷为改善蒙古人的生计而献策。[293]为了重新分配土地，保证贫困蒙古人的正常生计，清朝廷对每村蒙古兵丁的土地情况进行了全面调查。这里以左翼三甲德音布下卡岱毕尔噶孙村为例，了解其土地占有情况。该佐领下总共9村535口、耕地397顷95亩、牧场270顷。牧场是村内所有蒙古人的公共牧场，并不记录在蒙古人个人名下。大部分兵丁属于口多地少的状态。蒙古兵丁聚居的土著村落的土地占有权虽在蒙古人手上，但实质上他们为了追求经济价值让渡土地占有权，多次流转土地获得押地钱，最终导致一地数约的混乱局面。

表7-38　左翼三甲德音布下卡岱毕尔噶孙村人口（单位：口）、耕地数目（单位：顷）

姓名	人口	地亩总数	自种地	伙种地	租种地	典地
老彦扎布	21	18.79	18.79	—	—	—
乌巴西	20	4.5	4.5	—	—	—
纳木云	7	4.2	4.2	—	—	—
索努达西	4	3.9	3.5	—	0.4	—
巴尔达尼	6	3.4	3.4	—	—	—

（续表）

姓名	人口	地亩总数	自种地	伙种地	租种地	典地
老彦	3	3.1	1.1	—	2	—
乌尔图那速图	3	3.1	0.2	2	0.9	—
托果奇	4	4.3	0.3	3	1	—
拉布藏	12	13.6	7.2	—	6.4	—
赛因齐浑	10	11.12	1.7	3.2	6.22	—
乌布西	8	36.65	—	—	36.65	—
纳延泰	8	6	3	3	—	—
布古图尔班迪	1	2.6	1.1	—	1.5	—
毕力那图	6	2.7	—	2.7	—	—
乌云扎布	11	24.69	19.19	1	4.5	—
诺敏	7	4.05	3.05	—	1	—
巴图孟克	3	2.7	0.7	—	—	2
胡色年	8	9	—	—	9	—

资料来源：《左翼三甲德音布佐领下原拨户口地亩草场清册》（满文，乾隆八年），档号 80–47–4。[294]

在清朝对蒙古地区的控制逐渐稳定的背景下，朝廷积极鼓励蒙古与内地的交流，并且试图通过移民将内地的人口、技术带入蒙古地区，以增加土地垦耕面积，进而扩大国家的赋税基础。史载，自乾隆五十五年（1790 年）以来，黄河迭次改道形成了河套川地貌，至道光年间黄河北岸淤出大片肥沃土地，由于邻近黄河各支流，为农业灌溉提供了条件，所以，当时“晋、秦、燕、豫贫民争趋之，日操畚锸者常数万人”[295]，蒙古地区逐渐成为移民走西口的主要目的地之一。至道光二十年（1840 年），在多伦诺尔北部，“俱有游民私行垦种数百顷”“而游民日聚日众”[296]。道光二十五年（1845 年）“多伦诺尔营外正蓝旗游牧界内，现在续垦园地，添盖房间”[297]。此时移民规模扩大，并已经逐渐安居。直到光绪放垦之前，只知吃租、不知地在何处的部分蒙古人虽然掌握收取地谱钱的权利，对土地仍拥有占有权，但是这种权利却由于地谱钱所剩无几的经济价值而显得有些流于形式。光绪九年（1883 年），多伦诺尔厅有 0.9 万户，皆为清代后期的移民。由于汉族人的迁徙及垦殖技术的传入，蒙古人赖以生存的游牧业开始萎缩，蒙古人的土地私有观念开始形成和发展，村落随之大量出现，有关移民对清朝蒙古地区村落的影响具体可参见前一节《“走西口”与村落》。

第八章

文明的转型与村落的变迁

1840年，英国发动了侵华战争，清政府战败，被迫求和，史称“第一次鸦片战争”。这次战争迫使中国“门户洞开”。之后，法国、美国、俄国、德国等西方列强又相继进入，在中国划分并确立自己的势力范围，以致19世纪中叶后，中国事实上沦为半殖民地半封建国家。内忧外患的社会局面，让整个中华民族陷入了巨大的灾难之中。一些仁人志士积极寻找国家的独立富强之路。1911年辛亥革命爆发，1912年中华民国在南京宣告成立，同年宣统皇帝退位，清朝正式灭亡。但是，此后相当长的一段时间内中国仍旧灾难深重，先后经历了北洋军阀统治时期、抗日战争和解放战争等历史阶段。直至新中国成立，中国才全面开启现代化发展的历史新纪元。

从19世纪中叶到新中国成立，这个过程实际上也是中华文明主动或被动的转型发展过程。自魏源提出“师夷长技以制夷”的思想以后，在近200年的时间里，中华大地上先后开展了洋务运动、戊戌变法、辛亥革命、新文化运动、新民主主义革命、社会主义革命和改革开放等自强运动和实践。正是这一系列运动和实践，使包括村落在内的传统中国社会发生了巨大变化。从根本上来看，这种变化是在欧洲发展起来的工业文明与中华自古以来形成的农耕文明之间的碰撞、冲突和融合。历史学家汤因比认为，文明解体前的衰落过程的根本标准和原因，是社会丧失了自决权而导致内部冲突的爆发。[1]这种自决权的丧失实质上是人类自我发展、社会进步机制的凋敝、僵化乃至丧失。晚清时期，制度陈旧腐败、人口膨胀、灾祸时有发生，这些内部问题不断累加；与之相对，西方世界新兴的工业文明不断成长，在现代化轨道上蓬勃迅速地发展。因此，当欧洲大陆以侵略的姿态与古老不前的中华文明体交涉时，其内外矛盾喷薄而出，一发不可收拾。建构在农耕文明基础之上的中国乡土社会也因此颠沛流离，开始了历史性变迁，数千年以来形成的村落共同体逐步弱化甚至瓦解。

历史发展不是简单的偶然，而是因果要素相互关联、彼此作用产生的；当人类文明空间不断向自然空间扩展时，人类历史的内涵就会变得更加复杂多元，层次也越来越丰富。从这个意义上来看，近代以来承载着华夏文明的村落及其社会的变迁，事实上也是全球视野下人类现代化进程中东西文明交流碰撞的产物。因此，只有以更宏观深远的历史眼光审视中华文明以及村落社会的时代之变，我们才能对当下及未来有更清晰的方向和透彻的把握。

第一节 社会变革与晚清民国村落

一、西学东渐与村落社会

（一）西方传教对乡村的渗透

促使近代中国社会发生变革的一个重要因素是西方传教士对中国的广泛渗透。西方传教士是一个宽泛的意义，概指来华传播基督教的各个教派的修士，主要是天主教教徒。这些来华传教士在中国的积极活动，特别是在乡村社会的宗教传播活动，使西方文明较为广泛地渗透到了中国基层社会。譬如，他们兴建教堂以及教会学校、医院、孤儿院等，在较大程度上取得了乡民的理解和认同，进而为西方教会在中国乡土社会的传播奠定了良好的群众基础。也正因如此，建构在农耕文明基础之上的乡村社会不可避免地发生了一定程度的变化，特别是在一些西方传教士影响较为深刻的地方，其文化传统、价值观念、思维方式、宗教信仰等，都潜移默化地发生程度不一的“西化”，村落内部的同质性被降低了。

西方传教士在中国的传教可以上溯到唐代贞观年间。史载，基督教教徒阿罗本受罗马迫害，流落波斯，后辗转来到长安，受唐太宗接见，获准建寺传教，是为“景教”，但影响有限，并未被中国的普通民众接受。基督教在真正意义上传入中国并开始产生一定影响，应该是在16世纪末17世纪初的明代。1552年，耶稣会派遣西班牙传教士沙勿略到广州上川岛开展传教事业，这是近代西方传教士来华第一人。[2]此后，来华的传教士逐渐增多，影响较大的是意大利传教士利玛窦。利玛窦于1582年到达澳门，后至肇庆、韶州、南昌、南京等地传教，1600年进入北京，10年之后在北京去世。不同于其他早期传教士，利玛窦对中国传统文化和社会状况颇为熟悉，他不仅积极传播天主教和西方科学文化，而且推动了天主教的儒学化。以利玛窦为代表的传教士利用儒家思想论证基督教教义，并容许入教者保持中国的传统习俗，天主教在中国得以立足，信教的中国人逐渐增多。有学者统计，至清康熙年间，中国的基督教教徒已有15万人左右。[3]

中国信教群众的增多引起了国家和一些文人士大夫的怀疑与警惕。康熙四十六年（1707年），罗马教廷特使多罗在华公布罗马教皇的禁令，声称要将坚持以利玛窦方式传教的传教士赶出教会，以确保基督教的纯洁。这项基督教令的颁布，使“祭祖祀孔”的传统习俗成为中国入教者必须摒弃的行为。这明显与中华文化传统相悖，以致传教活动不仅成为社会的不稳定因素，而且还有可能动摇国本，所以清政府便开始从国家层面介入。史载，当时康熙闻讯震怒，下谕：“以后不必西洋人在中国行教，禁止可也，免得多事。”[4]1724年，雍正帝发布更为严厉的禁教措施：“着国人信教者应弃教，否则处极刑。”[5]在后来的乾隆、嘉庆、道光的100多年间，基督教被官方定为异端，其传播只能由公开转为秘密。与此同时，西方教会还是一直盼望中国能取消禁令，以恢复在华的自由传教。显然，早期西方传教对中国的影响，不仅是相对有限和隐性的，而且是可控的。

明清之际的西方传教活动，从表面上看，只是一种西方文化的输入，但从更深的层次来看，是伴随工业文明的兴起而发展起来的西方资本主义的对外扩张活动。从 1685 年开始，法国国王路易十四出于资本主义扩张的需要，制订了一项旨在为欧洲各国扩大国外市场的计划，其中就包括向东方持续不断地派遣传教士。[6]向东方派遣传教士，主要目的是要"打破中国的'外壳'"，"把中国人的思想开放起来"，直到所有的外国侵略者"最终能对中国的开放满意"。[7]正如美国驻上海原总领事介尼甘所言："要是没有传教士供给的报告，中国大陆上许多地方到今天还关闭着呢！要记住：我们商旗是紧跟十字架的旗号的，谁打击那高举着十字架的手，必然损伤我们的利益。"[8]可见，西方国家的这种扩张活动，在本质上是带有某种侵略性质的。只是，16—18 世纪的中国，一方面正处于王朝统治的鼎盛时期，另一方面长期闭关锁国又阻隔了外部世界与中国的联系，所以，早期西方传教活动在中国的扩张，不仅其侵略性质不明显，而且可能正面效应要远大于负面影响。

然而，到 19 世纪中叶，这种情况却发生了根本性的变化。第一次鸦片战争之后，清政府的传教禁令随之取消。正如 1840 年 8 月遣使会驻澳门账房神父陶若翰宣称的："今后我们再也不用为向中国派遣传教士发愁了。所有江河都将为我们提供方便，我们可以把传教士一直运送到传教国家的心脏。"[9]1844 年签订的《黄埔条约》规定法国人可在通商五口建造教堂，"倘有中国人将弗兰西礼拜堂、坟地触犯毁坏，地方官照例严拘重惩"[10]。西方传教士的财产和活动在近代史上首次得到了中国政府的承认和保护。不过，可以肯定的是，在第一次鸦片战争以后的 20 年内，来华传教士的活动大多被限制在广州、福州、厦门、宁波、上海等几个主要的通商口岸。到第二次鸦片战争结束后，清王朝已无力与西方列强对抗，广大内陆地区也对外开放，西方传教活动随之深入包括乡村在内的中国内地。1858 年 6 月，在清政府与英、法、俄、美等各国签订的《天津条约》中，就塞进了容许传教士在中国传教的所谓"宽容条款"。[11]正因如此，西方教会势力在中国迅速发展。到 1860 年，耶稣会在江南一带已发展教徒 77 000 余人，有传教据点 400 余处、传教士约 50 人、教会小学约 90 所。19 世纪末，耶稣会在江南的教徒约有 12 万人，传教据点扩展至 1 000 处，传教士增加到 170 人，小学约有 100 所。同一时期，在华天主教的传教士约有 800 人，教徒则从 1860 年的 40 万人发展到约 90 万人。[12] 可见，西方传教活动对中国社会的影响已达到了一个新的高度。这一时期来华传教士的传教方式可以分为两派：一派是以英国传教士内地会创始人戴德生为代表的直接传教的“基要派”，他们主张以《圣经》原义进行传教，以社会下层平民百姓为主要传教对象；另一派是以李提摩太为代表的间接传教的“自由派”，他们主张借助教育、出版等启迪民智的方式传教，以社会上层人员为主要传教对象。[13] 相比之下，戴德生一派更致力于派遣传教士前往中国内地城镇与乡村传教。[14] 其实，不论以何种传教方式，西方传教活动都广泛渗透到了乡村地区，并较为深刻地影响了当地社会的诸多方面。据统计，1919 年中国关内和东北地区共有 1 704 个县，除 106 个县外，其余地区都有新教徒的传教活动。1920 年，中国有 1 500~2 000 名欧洲神父、将近 1 000 名中国神父、1 000 名外国修女、1 900 名中国修女、200 万名有权受圣餐者、1.3 万名中国宣教士和教师，以及 18 万名天主教学校的学生。[15] 这一数据虽未言之凿凿，但也充分表明了西方传教活动的传播之快、影响之广。

之所以在短时间内形成这种传播现象，是因为西方传教士大肆进入中国之时，恰是中国社会问题累加、内外矛盾爆发之际。当时，中国乡村社会经济衰败，农民生存危机严重。因此，当西方传教士通过济困救灾、扶贫助学、免费义诊等各种慈善活动，向社会与乡民释放善意和能量时，便更易获得乡民的好感与认同。美国基督教差会重要负责人司弼尔曾指出举办慈善事业的目的：“要举办些小型的慈善事业，以获得较大的传教效果，这要远比举办许多的慈善事业而只能收获微小的传教效果为佳。”[16] 1845 年起，所有在华教会医疗机构都设有专职神父或牧师，利用医疗事业传播宗教。早期教会医院甚至以不收费来获得中国人的好感。20 世纪以后，一般教会都会收费，且只对少数贫病者施医给药，但一般都以信教为条件。[17]教会还曾开展慈幼事业，包括育婴堂、孤儿院、盲童学校和聋哑学校。救济事业也是传教士慈善事业的一部分，从19世纪50年代开始，传教士便在中国开展有组织的救济事业，特别是1876—1879年，山东、直隶、山西、陕西、河南五省发生特大旱灾，传教士纷纷进入灾区，一面进行调查，一面开展救济。救济活动很快获得中国灾民的好感，传教士也趁机传教，李提摩太认为救济工作是一种理想的传教手段。他曾自述："因为我在灾民中发放赈款，对于广大的民众是一个可以使他们信服的证据，证明我的宗教是好的。"[18]在山东一年的救济期间，李提摩太就招收了2 000多名教徒。

当然，教会在乡土社会的经济行为并不都是以慈善活动的形式出现的。教会通过对土地资源的占有，会以封建化的剥削方式向乡土社会释放经济能量，强化教民对教会的依赖关系。乡民要想获得土地、房屋，往往是要以入教为条件的，并且要支付高额的租息，甚至服劳役；如果不履行上述条件，教会就会对其实施罚款、罚送匾、开除教籍等惩罚。[19]传教士在华北灾区救济期间还曾大肆收购田产，当灾荒过去，灾民重回故土时，传教士就以全家信教为条件，将土地出租给他们，以此来笼络中国农民。乡民不同于上层士绅，这样直接有助于生存、生活的举动对他们有着很强的吸引力。因此，教会通过利益关系使更多乡土百姓转化成了教民，并在一定程度上拓展了其自身的社会职能，对社会经济产生了一定的影响。

与此同时，在早期传教过程中，有传教士意识到中国是农业大国，便通过传授农业知识来传教。相关文献显示，当时美国的安大略农学院、宾夕法尼亚大学、爱荷华州立大学农机学院等学校，都曾派出有农业知识背景的传教士来华工作。[20]由此，农业成为除布道、教育、医疗外又一重要的传播媒介。[21]这可以从三方面来看。

一是出版西方农学著作。传教士对西方农业的介绍，多发表于早期传教士报刊上。德国传教士花之安较早对德国农政院进行介绍。[22]1873年，花之安著《德国学校论略》一书，具体介绍了德国农政院，包括课绵羊孳生，课牛，课马，课鸡、鸭、鹅、孔雀、白鸽，课蚕桑，课果木、蔬菜；课量地、土质，课鸟兽等课程。[23]1896年以前，晚清知识界对西方农政的认识，多来自传教士的介绍。梁启超在《读西学书法》中曾言："西人富民之道，仍以农桑畜牧为本。论者每谓西人重商而贱农，非也。彼中农家，近率改用新法，以化学粪田，以机器播获，每年所入，视旧法最少亦可增一倍。中国若能务此，岂患贫邪？惜前此洋务诸公，不以此事为重，故农政各书，悉未译出。惟《农事略论》《农学新法》两种，合成不过万字，略言其梗概耳。"[24]其中《农事略论》《农学新法》便出自传教士傅兰雅主编的《格致汇编》。然而，近代中国对西方农政的认同与接收是建立在比附《周礼》之上的："肥料，就是《周礼》所说的分别牛羊麋和鹿等粪的性质，使和土壤种子性质，样样相宜以外。像那播种、养桑一切法子，没有一宗不和《周礼》相合的。"[25]这导致晚清知识界对传教士传播的西方农学理解并不透彻。但相比传统农政，晚清民国时期已开始向科学务农靠近。农学的引进使自古以来士与农分途的传统被打破，农学的传播也带来观念的改变，进而促进政策与制度的革新。

二是倡导农业教育。晚清民国时期，西方传教士在中国成立大量教会学堂。鸦片战争后，教会学堂主要是医务学堂，与农业相关的很少。1907年，毕业于美国宾夕法尼亚大学的传教士高鲁甫被派往广州岭南学堂任教，他被认为是第一位来华的农业传教士。[26]在岭南学堂任教期间，他开设了几门与农学相关的课程，并在岭南建立了奶牛示范场和柑橘引种站。1914年，毕业于美国伊利诺伊大学畜牧业专业的亨德到北京通州潞河中学任教。任教期间，亨德创办平民夜校，为当地农民提供短期培训。[27]农业传教士为乡村培训了人才，在一些地区推动了农业近代化的发展。

三是引进、改良农作物品种。1871年，美国传教士倪维斯在山东烟台引进了多个品种的梨树、苹果树、李树等，包括10个苹果品种、19个梨品种、12个葡萄品种、10个樱桃品种及9个李品种。[28]果树被引进烟台后，大部分不仅产量高，且口感好，在当地逐渐小有名气。倪维斯将果树幼苗赠送给当地慕名前往的民众，并向他们传授经验知识，烟台很多村庄开始栽培这些果树。随着烟台商人的仿效，到清末，烟台南部山区已是“遍山栽种，成为西洋苹果、西洋梨之特产区域”[29]。1914年，芮思娄来华后在金陵大学农林科工作，他自称是美国来华第二个农业传教士。同年，芮思娄在南京附近农田中获得小麦单穗，经过7年选育成功，在1923年将新品种定名为“金大26号”，这是中国作物改良史上首次培育成功的小麦品种，产量比普通农家品种高7%，具有早熟、不易染病、分蘖力强的优点。[30]

西方传教士特别是农业传教士致力于农业教育，出版西方农学著作，开办农科学校，引进西方农作物品种，提出了一系列乡村问题解决方案。就其动机而言，是为了通过推广农业技术来传播基督福音。但是，从另一方面来看，也提高了中国农业种植的科学化水平，提高了农作物产量。所以，西方传教士在一定程度上也是中国村落社会现代化建设的先驱者，他们推动了传统村落社会的现代转型。

不能否认，西方传教士的到来，为中国村落社会带来了新的养分，开启了民智。但是，正如前文指出的，从更深层来说，他们传教的目的是瓦解中国传统的文化体系和价值观念，为西方国家拓展海外市场减少文化阻力。明恩溥的说法足可印证这一点。他认为基督教是改变中国人的最佳手段，因而提出了一个长远计划：“从中国于1860年全面开放算起，50年时间将足够产生一个好的开端，接下来300年的时间将用于基督教的全面传布，再有500年时间，基督教将明显地战胜所有其他的信仰。”[31]所以，他们开办教会学校，宣传基督教教义和西方价值等，企图使学生受洗入教，接受智慧和道德的训练，成为社会和教会上有势力的人物，领导普通民众。[32]在教会内部，传教士对教民实行严格的规范教育制度，禁止教民参与祭祖敬神等基督教礼仪之外的活动，代之以基督教礼仪程式来重塑教民的信仰活动。乡民入教后，须“立即毁除家神偶像等祖宗灵位”[33]，与宗族礼法划清界限。

此外，传教士还利用他们享有的治外法权地位，把排挤中国传统礼俗信仰的活动扩大到教外，带领、怂恿或唆使教民滋扰迎神赛会，甚至捣毁乡里民众至为敬畏的祖宗坟茔，践踏民间礼俗。[34]传教者往往以西方文化的价值体系为标准，用基督教教义般的博爱、正义之心，除昧救苦之情来进行类似的传经布道活动。有时他们还凭借自身的特殊身份和特殊权利，介入乡村社会的治理，以此来吸纳教徒。据英国驻华一位领事1899年的描述，湖北某地两个村庄因池塘所有权纠纷而对簿公堂，败诉的村庄决定全村加入天主教会，神父因此要求立即重审，胜诉的村庄见状也全村加入英国国教。[35]但是，当时很多入教的村民都有特定的目的，如躲避债务、刑事诉讼、提高社会地位。一些地痞流氓入教后有了传教士撑腰，常常在公堂上获胜，成为村霸。19世纪80年代中叶后，在入教的教徒中，不法分子的比例大增。因此，在诸多民间诉讼中，在排斥官绅权力的场合都能看到传教士的身影。为入教者提供政治庇护甚至成了传教士们有意识或下意识的行为习惯。[36]这无疑弱化了族长、甲首等的权威地位，在较大程度上破坏了原有的村落治理体系。因此，无论是上层士绅还是下层民众，中国乡村社会的内在价值体系与结构都受到了传教士的冲击和影响，基督信仰有了一席之地，两套权威信仰对乡村社会进行了解构。

从历史角度而言，这无疑埋下了尖锐的矛盾种子。毕竟基督教承载的西方文化体系，与自古以来形成的中华文化传统存在根本性的差异。所以，基督教在乡村地区快速传播的过程中，一些地方发生了基督教信仰群体与其他村民之间因价值观不同而出现的冲突。[37]杨懋春描述了山东台头村的一个现象。例如，基督教群体因认为村庄中演戏是对龙王的感恩，不符合基督教教义而拒绝交付他们应承担的那部分演戏费用，但其家庭成员及亲戚仍照旧观看演戏，这便造成他们与其他村民的冲突；其他村民也不再将基督徒完全看成本村人。杨懋春指出："相反非基督徒村民把新教徒和天主教徒都看成卑鄙的人——他们拒绝敬拜他们的祖先，他们背叛了同胞而与外国人交朋友。因此双方都抱有偏见，所以冲突就在所难免。"[38]可见，在西方传教活动活跃的乡村地区，其传统社会秩序与道德规范明显受到了承载着西方价值观的教会力量的冲击和影响。

不难发现，普通乡民对西方传教活动的态度是复杂多面的。对教民来说，对西方教会基本上持接受、认可态度或者与其是依附关系。但是教民以外的广大乡民，有很多也对传教士保有谨慎观望或者厌恶敌视的态度。原因不一而足，有的是出于愚昧的种族偏见和恐惧，有的是出于对文化和思想的保守态度，有的是出于对社会环境的不满。基督教本身在吸纳教民的时候，已经打破了社会原有的利益平衡，在很多不同阶层都树立了敌人。当各种因素相互影响、结合时，由此引起的社会疑惧和愤怒上升为反基督教的冲突与对抗也就在所难免了。由于乡民、教会之间争夺土地、财产，加上官绅反教，以及更深层次的中西文化冲突等原因，教案频繁爆发。

在 1860—1900 年这 40 年里，需要通过最高级外交途径来处理的重大事件或骚乱共发生了数百起，至于在地方上了结的案件则有数千起。[39] 1856—1899 年，重大教案多达 700 余件，小型教案不计其数。[40] 大大小小的教案涉及争夺公产、地产，传教士烧毁民房、摊派修庙、虐死幼童等，不一而足。如 1868 年 8 月外国传教士在江苏扬州设立的育婴堂，发生不少婴儿死亡的事件，引起群众愤慨。参加扬州府考试的文武生员发布揭帖，指责传教士残害中国儿童，群众纷起辱骂和殴打传教士，最后约有 1 万群众捣毁教堂，殴伤教士及其女眷数人。[41] 又如 1882 年 6 月，法国传教士贡罗斯在黑龙江呼兰县强买民地建教堂，业主向当地官员告状，地方官判决地产归还业主，而贡罗斯不满判决结果，会谈时开枪打死都统署的一名官员，并捏造“旗兵滋事”，告到法国公使馆。最终法国公使馆提出交涉，以赔偿 3 000 两白银结案。再如 1891 年 9 月，湖北广济县武穴镇的传教士虐死幼童，民众愤慨反抗，上千人焚毁武穴教堂并击毙一名传教士，最终湖广总督张之洞处分地方官一人，判处两名民众死刑、七人徒刑，赔款 65 000 两白银。[42] 这些都是当时民教冲突的一个缩影，反映了乡民仇视西方教会的心理。这也是后来基督教改变其传教策略的主要原因。

长期以来，中国的村落社会一直受家族宗法和儒家伦理的规范与影响，传统的礼俗信仰与乡民的思想情感、生活方式融合在一起。士绅阶层起着引导乡村生活、维护社会秩序的权威作用。上述例证表明，来自另一价值体系的传教士，不管是有意还是无意，他们都在事实上挑战着这些历千年之久的文化传统。不仅如此，在实际生活层面，因第二次鸦片战争之后，传教士受到了中国政府的合法保护，所以他们还对村落社会由乡绅领导治理的权力结构构成了威胁。传教士开设孤儿院、从事救灾，这些社会义务原本是由士绅担任的。他们的到来改变了这一现实，而且他们享有治外法权，不受制于中国法律[43]，所以西方传教士与乡绅相比，明显具有某种超越中国基层治理体系的特殊地位。这一特殊身份为西方教会在乡村地区的持续渗透提供了某种保障。毫无疑问，这一过程影响了乡土社会的传统架构，晚清村落社会宗法一体化的传统秩序与规范由此不可避免地发生了破裂和变动。

从某种程度而言，西方传教活动实际上也是西方教会与中国社会互动、相互认知以及相互作用的一个过程。作为一种普遍主义的宗教，基督教“不同于许多其他宗教的地方在于它有着极为强烈的将普遍主义理想化为现实的愿望，有着持久不衰、越来越顽强的传教使命感，它要将自己的教义与信仰传播给一切人，要将上帝的福音传遍世界的每一个角落”，且“基督教的传教特点具有强烈的排他性，所有其他宗教均在它的打击和扫除之列”。[44]所以，西方传教活动对中国乡村社会的影响是比较大的：从洪秀全创立“拜上帝教”，到用基督教的伦理来审视中国的妇女问题，宣传在上帝面前男女平等，反对和谴责妇女缠足，为女性提供西式教育的社会活动[45]，再到震动朝野的义和团运动……从个人到群体到社会，当时中国很多重要的历史人物和事件或多或少都受到了传教活动的影响。站在宏观的历史视野来看，基督教教会是西方社会精神和道德生活的塑造者，传教士来华后也是以中国传统价值体系的挑战者的身份出现的。他们以西方基督教文明和工业文明为利器，企图通过文化和世俗的手段来改变中国、影响中国。这种改变和影响的结果是双重的。一方面，西方传教活动对中国的现代化发展和文明的升级具有示范意义；另一方面，传教活动也是导致当时中国乡村社会衰败和边缘化的因素之一。

（二）近代新学的兴起

近代新学对传统中国社会而言是一个新的概念，是近代中国自强运动的产物。作为一个新的学术文化形态，它具有不同于旧学、西学的学理内容和文化模式。近代新学是在中西会通基础上形成的具有新知识体系和价值标准的知识系统。在结构上，兼有中西二元知识因子；在制度层面，新学以近代学校体制和专业人才培养模式为标志，与以书院和科举八股人才为标志的旧学体制相区别；在对社会政治造成的影响层面，近代新学是晚清一系列社会变革和政治变革的学理基础；在时代意义上，近代新学标志着一个学术文化新时代的到来和旧时代的终结。[46] 作为一种近代兴起的学术文化，近代新学对村落社会产生了较为重大的影响。

从实际来看，传统中国的村落属于社会结构的底层，对新事物、新文化、新观念的接受往往具有明显的滞后性。因此，近代新学要与村落发生关系并且产生较大的影响，必然是新学发展到一定阶段并形成具体制度或者事物时才有可能。1861 年洋务派官员在“师夷长技以制夷”思想指导下设立京师同文馆，次年设立上海广方言馆，标志着近代本土新学教育的发端。随后洋务派兴建了一批新的工业技术学校、外语学校和军事学校。在后来的 40 年间，新学教育继续发展，但是一直处于艰难的环境中，据不完全统计，甲午战争前，中国人开设的新学堂不过 25 处，仅分布于沿海 7 省；戊戌变法期间，也仅创办了 150 所学堂。[47] 这些新学堂几乎都坐落在少数几个通都大邑，并未深入村落社会。

在戊戌变法以后，这种情况发生了一定程度的改变。此次变法有一个重要内容，就是废八股、兴西学。清政府试图从国家层面在全国范围内（包括乡村地区）推行新学教育。当时的清政府谕令指出：“学校等级、自应以省会之大书院为高等学，郡城之书院为中等学，州县之书院为小学。”[48] 八股考试制度被废除，各类旧式书院改为中小学堂和专科学堂。尽管戊戌变法失败了，但是从朝廷到社会都意识到新学对救国图强的必要性、紧迫性和重要性。所以，戊戌变法后，新文化事业勃兴，国内出现办学热。1904 年，清政府颁布《奏定学堂章程》规定："论教育之正理，自宜每百家以上之村即应设初等小学堂一所，令附近半里以内之儿童附入读书。惟僻乡贫户，儿童数少，不能设一初等学堂者，地方官当体察情形，设法劝谕，命数乡村联合资力，公设一所，或多级或单级均可。补办五年之内，大率每四百家必设初等小学一所，完全科与简易科听其量力举办。惟通县合计，完全科不得少于一半。五年以后、十年之内，每二百家必设初等小学一所，通县合计，完全科亦不得少于一半。总以办成为度。"[49] 至此，近代新学教育才开始向乡村地区延伸。

然而，在清末新学制颁布的头两年内，乡村地区的新式学堂并未大规模创建。原因主要还是村落社会深受科举制的影响，以至乡村士子未能在短时间内快速接受新式教育。这从 1905 年的一道奏折中可见一斑："而科举一日不停，士人皆有侥幸得第之心，以分其砥砺实修之志。民间更相率观望，私立学堂者绝少。非公家财力所能普及，学堂决无大兴之望。"[50] 为了扫除新学发展的障碍，1905 年，清政府下令废除科举制度："兹据该督等奏称，科举不停，民间相率观望，欲推广学堂，必先停科举等语，所陈不为无见。著即自丙午科为始，所有乡、会试一律停止，各省岁科考试亦即停止。"[51] 可以说，科举制的正式废除标志着新学教育在近代中国的最终确认，新式学校在此之后才真正在全国各地乡村逐渐建立起来。据统计，1905—1911 年，随着各项新学措施的施行，乡村新学教育有了很大的发展，不仅新式乡村学堂数量明显增长，就学人数也不断攀升。1907 年，全国共有初等小学学堂 29 199 所，684 657 名学生，[52] 与 1904 年相比，同比分别增长了 6.92 倍与 7.43 倍。1908 年，全国初等小学学堂增至 35 420 所，学生增至 90 4987 名，[53] 在这当中，乡村学校占相当一部分。

新学教育体制从城市深入乡村，逐步取代乡村社会原有的以儒家经典及忠孝伦理为主要内容的传统私塾教育。如果说清末的教育改革不够彻底，那么在南京临时政府成立后进行的一系列有关教育体制的改革则明显更符合新学的教育目标。小学废止读经，废除对孔子的跪拜礼；禁用清朝颁行的各种教科书，禁止讲授《大清会典》《大清律例》《皇朝掌故》《国朝事实》等科目。同时以西方近代教育制度为范本，正式确立了中华民国的教育制度。[54]此后，新学教育在乡村地区才初显成效（见表 8–1）。统计数据显示，1918—1921 年，乡村小学不仅在数量上有了大幅增加，且相较于清末更具有现代气息。在清末的普通学校里，传统的读经课程仍占全部课程的 27.1%，数理化之类的新课程占 72.9%；到了民国初年，传统读经课则缩减至 8.4%，新课程比例高达 91.6%。[55]

表 8-1　清末民初小学课程表

法规		奏定学堂章程	改订高初两等小学年期科目及课程	小学校令	新学制课程标准纲要
订颁时间		1903 年	1910 年	1912 年	1923 年
科目	相当于初小	修身、读经、讲经、中国文学、算术、历史、地理、格致、体操、图画、手工	修身、读经、讲经、国文、算术、体操、手工、图画、乐歌	修身、国文、算术、游戏、体操、手工、图画、唱歌、裁缝	国语、算术、社会（公民、卫生、历史、地理）、自然（自然、园艺）、工用艺术、形象艺术、音乐、体育
	相当于高小	修身、读经、讲经、中国文学、算术、中国历史、地理、格致、体操、图画、手工、农业、商业	修身、读经、讲经、国文、算术、中国历史、地理、格致、体操、图画、手工、农业、商业、乐歌、英文	修身、国文、算术、中华历史、中华地理、博物、理化、体操、图画、手工、游戏、裁缝、唱歌、外国语、农业、商业	国语、算术、公民、历史、卫生、地理、自然、园艺、工用艺术、形象艺术、音乐、体育
备注		初小加自然科“格致”，手工、图画列为随意科；高小亦加自然科“格致”，手工、农业、商业均为随意科	初小乐歌、手工、图画为随意科；高小增加乐歌、英文为随意科	读经一律废止，女生增加裁缝一科，初小图画改为必修科，手工、唱歌仍为随意科；高小格致分为博物、理化两科，手工改为必修科。唱歌、外国语及农业、商业仍为随意科	初、高小修身改为公民、卫生两科，国文改为国语（改文言文为语体文），手工改为工用艺术、图画改为形象艺术；初小增加社会、自然，社会包括历史、地理；自然包括自然、园艺；高小废止外国语

资料来源：《第二次中国教育年鉴（民国二十三年至三十六年）》。[56]

表 8–1 所列充分反映出传统的儒家经典逐渐被现代化国民素质教育内容取代的事实。不难发现，新学的知识结构和具有现代意义的价值观念，也都随之被新的受教育者接受。这一改变给村落社会带来的影响，在深度和广度上都是空前的。一方面，接受了新学教育的乡村学子，对事物的认知趋于科学化，民智初开；另一方面，乡民的价值观念开始发生变化，忠孝伦理观念、宗族意识趋于弱化，自由、民主、科学的理念则逐渐被年青一代的乡民理解和接受。所以，有学者说，正是新教育制度的落实，才“从制度层面揭开了乡村社会走向近代社会的序幕”[57]。1928 年 5 月，中华民国大学院第一次全国教育会议通过了《厉行全国义务教育》一案，全国各地开始推行义务教育，乡村小学也逐渐扩展。1929 年，中华民国教育部制定《实施义务教育初步计划》，提出在 20 年内实现全国四年制义务教育的普及计划。为促进该计划的实现，教育部还规定，可根据实际情况酌量变通，以补习教育或“自修制度”弥补偏远农村及城市贫寒儿童“应受之义务教育”。[58] 至此，不仅新学在乡村有了更进一步的发展，而且因新学教育带来的改变，村落内部的同质性进一步降低。

实际上，作为一种正规的知识传播制度和正式的社会化空间，近代新学无论从教育形式、教学内容，还是从教育宗旨、教育的管理体系等方面，都体现出一种完全不同于旧学制度下的私塾和书院的新文化品格，其在乡村社会的确立，本身就是现代性生成的重要组成部分，也正因为有了现代学校的渗入，闭塞隔绝的乡村社会才真正感受到了现代文明的曙光。[59] 新学教育动摇乃至结束了中国教育、思想领域千余年来儒家思想体系的合法地位，并带来了新的价值观、世界观，传统的价值观念被严重削弱，城市、乡村概莫能外。新学教育能够直接引起人们观念发生变化的另一个例证，就是女学的发展。新学教育深入乡村社会，乡村女学迅猛发展，传统社会男尊女卑的等级思想受到猛烈冲击，妇女的社会地位得到提高。尽管乡村妇女解放运动没有城市热烈，但也对专制婚姻、缠足守节等恶俗产生了很大影响，反过来为乡村教育走向现代化创造了良好条件。同时，新学知识分子回乡开启乡村社会新风。新学教育的兴起加速了人口的社会化流动。城市和乡村虽然开始形成二元分化，但二者之间的联结交流没有中断。对乡村而言，城市亦是接收现代化文明的窗口。随着社会活动范围的扩大，外出求学的乡村绅士和青年学生的思想、行为等都受到了大城市文化的影响，有了传统所不具备的现代性。而这些受到现代化熏陶的城市人群，总会以各种途径和方式将现代城市的生活方式、价值观念辐射到乡村社会，从而加速了乡村社会传统观念的改变。

但是，这一时期的新学，以效仿甚至照搬西方的教育制度为主，新学教育难免不适应当时乡村社会的实际。毕竟，在政治、经济、文化等方面，中国与西方有着很大的差距，尤其是在以小农经济和手工业经济为主的乡村社会，这种从西方移植过来的教育制度明显存在很大的弊端。当时的一些有识之士就意识到了这一点，并指出："中国农村社会的种种条件，因组织基础历史遗传的特异，自然不能与世界其他国家完全一律，所以也自然不能拿彼社会之一切，来完全栽植于此社会。"[60] 在乡村文化教育方面，尤其如此。乡村缺乏对新式教育的需求，农民男耕女织，生活方式仍然十分传统，所以，很多乡村并不接受新式教育，造成乡村教育改革缺乏动力。当时的平民教育家晏阳初指出："现在的新教育，并不是新的产物，实际上是从东、西方抄来的。日本留学生回来办日本教育，英美留学生回来办英美教育，各国教育，有各国的制度和精神，各有它的空间性与时间性，万不能乱七八糟地拿来代用。现在的学生是在学日、学美、学英，弄得一塌糊涂。学非所用，用非所学，人找不着事，事找不着人，这是充分去模仿外国的结果，整个教育因此破产。"[61] 一些乡村对于科举的认可度远高于新学，学习四书五经仍然是很多乡民接受教育的首选，因而旧式私塾教育在乡村社会仍具有较为顽强的生命力。（见插图 23）

因此，在一些乡村，不仅私塾遍布，而且时常发生毁学事件。例如，1910 年在福建泉州就发生了一起乡民毁学事件："泉州西隅两等学堂开设于小开元寺已三学期。近有僧名智源，归自海外，以多金贿黄姓，令该校迁于他处，将校所归寺僧管理。黄姓得贿，扬言该校占寺产，特开黄氏族会，谓小开元系渠祖先舍为寺产，当由渠一姓主张归僧管理，不得占为学堂。于是数日之间，聚众盈千，六月初十日午刻，黄离等率惠南两邑及浦口各乡人数百，到堂拆毁。”[62]加之县一级的行政长官，对兴办乡村新学多流于书面或口头形式，未付诸行动。[63]所以，乡村新学发展的程度和速度是有限的。例如，民国初年的山西，全省含附属村庄在内 20 000 余个，不论大小，每村必设一个或两个旧式私塾。1915 年山西学校数目是 11 148 个，平均每两个村一个小学；而到 1933 年，山西小学校数目是 23 145 个，平均每个村有一个。比较可知，民国初年尚有若干个私塾未能完全遵令改办。[64]

不仅如此，在一些地方的乡村新式课堂中，所教的功课并未完全遵照新学教育体制。比如，山西乡村小学教师中，“童生秀才占其大半，教的功课，仍旧离不开三字经百家姓”[65]。这从当时一些教育家的言辞中即可得到印证：“改建和新建的中小学堂，改革了传统的教学方式和教学内容，把近代新的教学方法和内容付诸实践，但仍有相当多的学堂，特别是乡村初等学堂，变革较小，换汤不换药，旧的教育气氛很浓，甚至毫无改观……如宁乡（今中阳）书院改为高等小学堂后，课程内容也做了调整，却不被一般群众接受，求学者仅十几人，毕业时只剩 6 人。为此，一些学堂为迎合旧习惯势力，又在学科中加入了‘四书’‘五经’内容。”[66]

现代教育制度是近代中国实现现代化发展的必然需求，但由于这一变革过程过于急速，新旧制度间缺乏必要的衔接和过渡，以致新学受到乡村社会的抵触。从深层次来看，这是传统中国乡土社会的结构模式所影响乃至决定的。传统的乡村社会，各社会阶层都在一个相对稳定的、封闭的社会结构中循环流动。在自给自足的小农经济的基础之上，形成了以士为首的士、农、工、商四大社会等级身份。这种身份在经过儒家伦理的吸纳与塑造之后，固化为传统中国社会的价值观念和结构模式。对士身份的认可与追求，成为传统中国社会循环发展的一种价值动力和基本模式。这样一种追求是保守的社会结构所决定的，安土重迁的传统观念使社会流动被严格限制。要实现社会流动，主要依托的就是以科举制度为核心的传统教育体系。这个教育体系之下主要以私塾、书院为教育场所，以儒家伦理和儒学经典为主要传授内容。在这样的教育制度下，传统乡土社会的发展，就显得相对封闭和固化。

而且，就现实而言，在传统中国社会，科举制度是相对公平的，即使是普通的农民家里，也有“朝为田舍郎，暮登天子堂”的可能。1948年，费孝通与潘光旦对950名清朝贡生、举人和进士的出身进行分析。这些人中52.50%出自城市，41.16%出身乡村，6%出自城乡之间的市镇。[67]因教育条件、社会资源等各方面因素的限制，尽管出身乡村的人考取功名的可能性不如上层社会家庭的大，但至少保证了社会流动的机会和可能，所以，在乡村一直有耕读传家的传统，不愿改变。加之近代中国依然是个乡村社会，乡村小传统的价值观并没有和城市上流社会的大传统产生分离。[68]所以，在这个意义上，以忠孝伦理为核心的旧式教育，仍然是传统中国社会的整合凝聚机制。

到20世纪，新的教育体制对乡村社会各阶层的重组与社会流动产生了重大影响，使乡村社会流动的结构和制度发生了重大变化。第一，新式教育的重心不再是乡村城市的一体化地域，而是向城市转移。“大抵都会城镇，设立初等小学堂者尚多；乡僻之区，学堂盖寡，即小学堂简易科亦复寥寥。”[69]城市的学校不断兴建，使得教育资源不断往城市倾斜，城乡二元化结构逐渐形成，传统的乡村城市一体化格局不复存在。第二，新式教育的教育成本较之旧式教育大大增加。无论是全日制的上课教学模式，还是书本笔墨的使用，都需要花费一笔数额不小的钱财。富民家庭还可以应付，但是对一般乡民而言，基本是望尘莫及。就此来看，绝大多数乡民在这一时期失去了接受新文化教育的机会。第三，新学在传播近代自然科学知识与民主共和观念时，冲击着乡民传统信仰并挑战乡村社会固有秩序。正是这样的新态势，造成了乡村社会在传统基础上的真正变化，而这些变化也恰好是与传统相对的。新式教育俨然打破了乡土社会的内在整合机制，所以必然会受到乡村传统力量的阻碍与抵制。

当然，不管怎么样，时代变革带来的深刻影响是传统乡土社会不可逆转的。新式教育下的精英阶层不再产生于乡里、服务于乡里，并最终回归于乡里了。他们不再以“士、农、工、商”这样的社会等级为价值结构，教育、商业、从戎、从政等成了新的选择，精英开始了全方位的分化和流动。乡村精英离乡，尽管是固守传统一方的乡民不愿意看到的，但仍是近代乡村变化中的一个重要现象。这从清末各省咨议局中绅士议员所占比重中即可窥见一斑。据统计，当时的绅士议员人数在总体议员人数中占比高于 90.9%。[70] 江苏昆山、南通，安徽宿县的城居地主分别占当地总人口的 65.9%、15.8%、27.4%。[71] 随着工商业的发展，城市的建设不断丰富完善，渐渐成为政治、经济、文化的中心，成为新社会阶层的云集地。由于社会精英不断向城市聚拢，城市的社会秩序比乡村更加安定。

与之相对的是，乡村天灾人祸不断，社会秩序混乱，土豪劣绅横行，民众生活每况愈下，再加上传统的束缚和现代工商业的冲击等，乡村社会衰落到了极点。有些地方的乡村，农民的生计成了重大问题。1933 年，中央农业实验所对全国 20 个省的 737 个县做的一项调查显示，在所有被调查的地区中，负债农家占农家总数的 62%。[72] “大小土豪，大小地主，垂拱平章于上。贫苦农民，无业游民，叫苦呻吟于下。”[73] 新式教育的发展与工商业的兴起是相适应的，而且多元化结构的工商业使得城市必须从一元化结构的传统乡村中汲取资源，而新式教育就是吸纳精英的重要途径，所以从某一方面来看，新学教育导致乡村人才不断流失，造成乡村经济的衰落和原有乡土社会秩序的混乱。换言之，新学教育的推广，带来的影响是乡村社会整个政治、经济、文化资源的全面外流。地主与农民的关系不再是同一封闭空间内的人身关系，地主在城市照样可以通过租佃关系、债务关系等将财富抽往城市，这就使得农民与地主之间不再有传统的依存关系，传统的社会人情必然逐渐淡化。正如冯友兰所言：“城里人盘剥乡下人，正如渔人之盘剥鱼鹰。城里人对于乡下人盘剥方式不一，如以工商底经营得利润，如以放债收利息，如以田地收地租等。”[74] 而这些从乡间聚拢的财富并没有主要用于生产，也没有反哺乡里，而是用于奢侈性消费、军政开支或者商业高利贷等活动，形成了社会财富从乡村向城市的单向流动格局。[75]

近代以来一直受到城市工业势力压迫的乡村，在失去财富和人才之后，城市对乡村逐渐形成了绝对的优势，城乡之间的差距越拉越大，乡村走向政治、经济、文化的全面贫困化。在整个乡村经济危机的笼罩下，农民的社会阶层逐渐下降，农民变成流民兵匪，且数量迅速增加。20 世纪二三十年代，一些知识分子学西方人提出“到民间去”“到乡间去”的口号，正是那时城乡分离、乡村危机加重的明证。

概而言之，近代新学的产生使得西方的科学文化知识和价值观念在广阔的中华大地得到传播。几千年来的传统观念第一次受到西方新文化的猛烈冲击，科举制的废除使得传统的进仕之路被封死，社会价值观念被重新塑造，传统社会的流动机制被打破，社会分化进一步扩大。士绅阶层在新文化、新知识、新社会分工的环境中追求新的社会定位。乡村精英离乡实质上几乎完全脱离了草根社会，即永久离乡。人才离乡既是乡村文化衰落的一个重要表征，也是乡村文化衰落的重要原因。[76] 因此，乡村不仅失去了士绅阶层构建的传统文化之魂，而且伴随着半殖民地化的加深，市场经济和工业化的发展使得城市的经济地位不断上升，农村的经济地位不断下降，于是农民开始离村，乡村持续衰败。当然，不可否认的是，新学带来的现代化之风，还是在阵痛与裂变之中推动着近代中国及其乡村社会缓慢迈向现代化。

二、近代工商业发展与村落

（一）洋务运动与晚清村落

19 世纪 60 年代初至 90 年代中期的洋务运动，是中国近代化的早期阶段。虽然洋务运动以甲午战争的失败而告终，但是，作为一次晚清政府的自强运动，这次运动对近代中国的影响是全方面的，尤其是在军事、社会经济、文化教育和思想观念方面，影响十分深刻。在军事方面，洋务运动兴建了一批近代军事工业，促进了军队建设的近代化；在社会经济方面，引进了国外先进的科学技术和设备，促进了中国资本主义生产方式的形成，推进了近代化进程；在文化教育方面，创立了新式学堂，派遣出国留学生，推动了中国文化教育的近代化进程；在思想观念方面，建立了“以工商立国”的与现代社会相适应的观念意识。表面上来看，洋务运动只是引进了西方的科学技术，其实不然，这次运动的深远影响在于，它推动近代中国走上了从传统农业社会向现代工业社会转变的历史进程。《国民日日报汇编》上曾这样描述洋务运动：“讲制造也，则曰必精算学；言交涉也，则曰必通语言；办教案也，则曰必谙外交；言通商也，则曰必达商情。合交涉、制造、教案、通商诸务，而一概之以一名词焉，曰洋务。”[77]

洋务运动的产生固然与两次鸦片战争以及太平天国运动直接相关，但其根本原因在于传承数千年之久的农耕文明——中华文明，无力也无法面对西方工业文明的强势入侵。坚船利炮、机器生产等现代科学技术的产物，使刀枪棍棒和以人力、畜力为主的生产方式无所适从。这无疑触痛了以天朝上国自居的古老中国。这从洋务运动的倡导者和践行者所表露的忧患意识中即不难求证。魏源的“师夷长技以制夷”、冯桂芬的“中体西用”等思想无不始于这一历史时期。洋务派代表人物李鸿章更是明确指出，“洋务最难着手，终无办法，惟望速平贼氛，讲求洋器”；“长江通商以来，中国利权，操之外夷，弊端百出，无可禁阻。英、法于江浙各口力助防剿，目前小有裨益。但望速平此贼，讲求戎政……我能自强，则彼族尚不至妄生觊觎，否则后患不可思议也”。[78] 正是在一批开明知识分子和官员的不断呼吁和先行实践下，清政府内部以奕䜣、桂良、文祥为代表，地方则以曾国藩、李鸿章、左宗棠、张之洞、盛宣怀为代表，他们打着“自强”的旗号，通过引进和学习西方先进技术尤其是武器制造技术，大力发展军事工业，以增强国防武装力量。由此，一场自强自救运动便如火如荼地率先在军工领域展开了。

从 1861 年由曾国藩开办安庆内军械所开始，至 1895 年中日甲午战争失败，洋务派先后在全国各地建立 24 个军工企业。[79] 其中规模最大的江南制造总局是中国第一个真正的近代化工厂，至 1890 年，全厂共有大小车床、刨床、钻床等工作母机 662 台，大小蒸汽动力机 361 台，大小汽炉 30 座，总马力达 6 138 匹[80]，可生产小型军轮、子弹、火药、水雷、枪炮以及部分制造机器。李鸿章主持翻译西方科技书籍，培养科技人才。在江南制造总局建立后，受其影响，全国各地不断兴起建设军工厂。这些军事工业不仅供应了清朝陆海军对武器弹药装备的需求，带动了与之相联系的木工厂、铸铁厂、炼铁厂、汽炉厂等工业部门的发展，而且从长期来看，它们也传播了新的知识，推动了军事以外多方面的近代化，为其他企业培养了不少的技术人才与管理人才。但是，由于这些军事工业由封建官府垄断，生产出的产品直接由清政府调拨给军队使用，所以对民间社会的影响并不大。

洋务运动真正意义上向民间社会延伸，应该始于 19 世纪 70—90 年代洋务派推动的“求富”运动。当时，为了解决兴办军事工业过程中资金、燃料、交通运输等问题，洋务派打出了“求富”口号，试图通过兴办民用工业来增强国家经济实力、增加军费来源。恰恰是这一尝试引起了一系列连锁反应，从而事实上开启了近代中国民用工业的发展。如 1873 年，广东南海商人陈启源创办继昌隆缫丝厂；1873 年 1 月，李鸿章主持成立轮船招商局；等等。当时的民用工业出现了官办、官督商办、官商合办等形式。据统计，截至 1895 年前，官办企业达到 27 个，主要包括采矿厂、炼铁厂、织布厂、缫丝厂、纺纱厂等工业部门，以及电报局、铁路局、轮船招商局等现代通信运输部门。[81]但是，由于官办企业未能解决政企不分等问题，生产效率不高。所以，为了提高生产效率，部分官办民用企业便开始通过股份制形式，动员买办，实现官督商办。1878 年的直隶开平矿务局、1878 年的上海机器织布局、1881 年的热河承德府平泉铜矿、1885 年的中国铁路公司和 1894 年的华盛纺织总厂等，都是官督商办类型。[82]其后，商办工厂日渐多了起来，有学者统计，1863—1894 年，民间出现的商办工厂达 74 个以上。[83]正是洋务运动从军工领域向民用领域的拓展，不仅客观上推动了中国近代工业的发展，而且将工业化的概念下沉民间，开始影响城市及城市近郊周边人们的生产生活方式。从这个意义上来看，洋务派“求富”运动不仅没有失败，还促进了近代中国城市工商业的兴起。

伴随着洋务运动向民用工业的延伸，其带来的现代之风便开始影响到以小农经济与家庭手工业相结合的中国经济的基本生产结构。因为洋务运动以机器生产的尝试，恰恰是为了代替落后的人力和畜力，实现生产效率的提高。当然，由于这一时期以机器大工业为标志的工业化在中国并未开始，所以，客观地说，洋务运动对包括村落在内的乡村社会的直接影响是有限的，至少从影响的范围及其程度上来看可以如此理解。毕竟，从洋务运动中主要企业的分布来看，它们集中于沿海、沿江的通商口岸，尤以上海、广州和武汉等地最多，在内地资源欠缺和交通欠发达的地区，则明显少见甚至不见。在这些洋务运动开展比较深入的地区，其影响主要在于以下两方面：一方面，对城市及城市近郊村落的传统手工业造成了比较大的冲击，不少家庭作坊开始倒闭。如上海县及附近地区“种稻者止十之三，种棉者居十之七，小民抱布贸丝，已经贫窘，而自西域各国通市之后，洋布盛行，夺其生计，民情益形困乏”[84]。清末包世臣所著《安吴四种》中也记载了棉纺织机器生产对传统家庭纺织业的冲击：“吾村专以纺织为业，近闻已无纱可纺；松、太布市消减大半。”[85]

另一方面，由于机器生产的产品更廉价，城市近郊农民的家庭手工业和副业濒临破产，他们不得不改行或者离乡进入城市谋生，这不仅导致近郊村落的农民必须重新谋出路，而且客观上成了社会不稳定的主要因素。例如，陈启源创办继昌隆机器缫丝厂时，“先是乡间缫丝，循用旧法”，后来“提议创用汽机，咸非笑之。及工厂已成，果著成效，机房中有人鼓动风潮，谓此风一开则工人失业，生计立穷，无知乡民相率附合，几欲将丝厂毁拆，经当道劝谕，其事乃寝”。[86]尽管晚清国家无力也无法扭转这种时代变革的局面，但是这种情况也引起了当时社会的关注。当时的《捷报》对此评论道：“采用机器来缫丝，已引起很多人反对。有些批评是没有道理的。但另有些批评则很耸人听闻。机器动力代替手工操作，使人在幻想中觉得恶果很多，这是主要的反对理由……第二个理由是因为男女在同一厂房里做工，有伤风化。第三个理由是……工匠操纵机器，技艺不纯熟，容易伤人。人们又反对汽笛声音太吵闹，机器响声太大。又说高烟囱有伤风水。”[87]

当然，这种情况的出现，不是也不可能完全是洋务企业导致的。因为洋务企业无论是在生产效率和生产质量上，都无法满足国内市场的庞大需求。事实上，真正冲击城市近郊手工业生产的是大量外国廉价商品的输入。在创办上海机器织布局的奏折中，李鸿章就曾写道："臣拟遴派绅商，在上海购买机器，设局仿造布匹，冀稍分洋商之利。"[88]这虽然没有直接点明外国产品的倾销对当时国内商品市场的冲击，但无疑表明了外国商品在国内市场所占比重之大。外国商品的倾销和民用工业的发展，显然冲击了传统的手工业生产。但也正因如此，近城周边乡村的农作物开始更多地被纳入商品市场，商品化程度日益提高。为购买洋纱、洋布、洋钉等生产资料与生活资料，近郊农民不得不增加农作物的销售。加之洋务民用工业的发展，有着对农产品和工业原料的大量需求，所以近郊乡村开始增加经济作物的种植，粮食作物的商品率便随之提高。例如，因纺织工业的发展，市场对蚕丝的需求量增加，江苏等地周边的乡村就扩大了蚕桑的种植面积。江苏高邮州"民素不饲蚕"，"近年湖东西以农兼商者不可胜计，至丝成时，江南贩丝者无岁不至"。[89]数据统计显示，1840 年之前中国蚕丝出口未超过 1 万担，但 1845—1850 年增至 1.5 万担，1875 年为 7.9 万担，1895 年则增至 11 万担。[90]不仅是蚕丝，棉花、烟草、茶叶、罂粟等农作物的种植面积随之扩大，小麦、花生、大豆等粮食作物的商品化也进一步提高。显然，近城周边的村落社会在"门户洞开"的过程和洋务民用工业的发展过程中，逐渐被纳入了一个更大的市场体系中而率先发生着现代化变迁。

洋务运动前后 30 余年，持续时间持久、影响范围较大，不仅在近代工业化方面影响着中国，在思想方面也进行了一场深刻的变革，不仅在某种程度上冲击和突破了中国传统的"夷夏观""义利观""本末观"，也带来了具有现代意义的新观念。正如洋务派主要倡导者所认为的，中国历史经由"鸿荒之天下，一变为文明之天下"，再由"封建之天下，一变为郡县之天下"，又由"华夷隔绝之天下，一变为中外联属之天下"，这种最新的变化是数千年未有的大变局。[91] 所以，他们主张“天下事穷则变，变则通”，“中国不能闭门不纳，束手而不向”。[92] 在见识到西方军事力量之强大后，洋务派也打破了传统“华夷之别”的世界观，开始摒弃“严夷夏之防”的迂儒之见，“循用西洋之法以求日进于富强”[93]。这种观念在早期虽仅局限于少数洋务派和一些开明之士，但随着民用工厂的广泛建立，这一观念也影响到广大普通民众。

（二）近代城市工商业与小农经济

鸦片战争以后，西方的工业技术和资本主义经济扩张带来了近代城市工商业的发展。尽管工商业在当时整个社会经济结构中的比重很小，但是，正是伴随着城市工商业的发展，一些近城周边和交通发达的乡村地区的农业经济越来越多地与国际贸易发生联系。相应地，这些地区的乡村经济不再是封闭的单独的经济系统，而是已经被卷入经济转型中，传统村落社会因而开始面临冲击、解体和转型。正如费孝通在研究江村经济的时候的思考：我们观察的这个村庄的经济问题，只有在考虑到两方面的情况时才能有所理解。一方面是由于世界工业的发展，生丝价格下跌；另一方面是以传统土地占有制为基础的家庭副业在家庭经济预算中的重要性。所以，在费孝通看来，强调传统力量与新的动力具有同等重要性是必要的，因为中国经济结构变迁的真正过程，既不是从西方社会制度直接转渡的过程，也不仅是传统受到干扰。目前形势中所发生的问题是这两种力量相互作用的结果。[94]

从江南地区的情况来看，随着以上海为中心的近代工业都市的发展，以及国外工业品进口的日益增加，现代工业主义影响逐步由城市深入乡村腹地。随着以大都市为中心的近代工业体系的建立，中国民族工业出现，缫丝业、棉纺织业等开始大量发展。这些工业化的产业给传统手工业带来巨大的挑战，这是工业化进一步深入乡村的必然结果，乡村社会经济的发展在现代化的路上举步维艰。在外强内弱、国家社会动荡不安的时空环境中，近代中国的经济贸易并没有太多的话语权。家庭农业和以家庭农业为基础的家庭手工业是传统小农经济的两大支柱。（见插图 24）外国工业化商品的倾销，使得传统小农经济的弱势一览无遗。强大的资本主义工业化所拥有的技术和价格优势，使得原本就不成规模的乡村手工业面临被淘汰的风险。美国经济学家理查德·阿诺德·克劳斯在《中国的棉花和棉纺织品》一书中总结说："从1870年到1900年，手工纺纱生产减低一半，棉花产量减少约1/5，中国的农民和整个经济，都受到严重的打击。"[95]如江苏奉贤地区，"织布之工，从前比户曾是，纯系女工，土名小布……近自厂布盛行，销路顿滞，贫民生计，大受影响"[96]。北方城市周边的乡村地区情况也一样，如直隶文安地区，"前时妇女纺花，此户皆然，贩为出产之大宗。自洋布线盛行，人竞趋之，纺织均辍业，邻里过从，不复闻轧轧声矣"[97]。

除手工纺织业以外，很多其他传统生产部门，也陆续减产甚至停产。例如，进口洋铁使中国土铁的生产备受打击。洋铁价格比土铁便宜，普通土铁每担3.3元，而洋钉条铁和条铁每担只需3.15元。[98]1889年张之洞在谈及广东铁业时就指出："若土铁则工本既重，熔铸欠精，生铁价值虽轻，一经炼为熟铁，反形昂贵，是以民间竞用洋铁，而土铁遂至滞销。"[99]日本、西欧的进口伞也使浙江温州所产纸伞销路"日渐衰落"。[100]作为闽西最重要的手工产业，造纸和烟丝生产面临"巨额的收入减少，失业的人增多"等困境。[101]进口洋蜡使奉天的制蜡业被迫停业或转业。[102]

不过，面对这种情况，传统生产部门并没有坐以待毙，而是至少出现了两种情况。一种情况是，不少传统手工业仍然依靠家庭节约的优势，对近代机器生产进行着顽强的抵抗。这以江南地区为典型，带有更多工艺特色或民族色彩，与传统手工业具有一定技术联系的家庭手工业先后兴起。譬如，20世纪初，由于进口丝织品竞争等原因，南京、苏州、杭州等地丝织业几乎停滞甚至倒退，但广东、山东、四川、奉天等地的缫丝手工业因满足出口需求等因素而有所发展。[103]山东的织草帽、织花边等手工业实现了新发展。从实际效果来看，它们起到了延缓乡村经济衰败的作用，并体现出国际贸易体系下民族手工业的智慧与韧性。

另一种情况是，一些以依托人力和畜力为主的传统生产部门积极转型，引入以蒸汽机为动力的现代工业技术，大力发展民族工业。1895—1910年民族资本经营的纺纱厂有19家，丝织厂有95家，碾米厂有7家，面粉厂有36家，榨油厂有28家，卷烟厂有20家，酿酒、罐头等饮食品工厂有13家；民族资本和外国资本经营的纺织、食品工厂共300家左右。[104]1910年以后，近代工商业的发展则更为明显，如1911—1926年武汉三镇共有301家工厂，到1936年年底增至536家。[105]这些民族工厂的出现，不仅有力缓解了洋货倾销对国内经济生产的打击，而且，由于这些工厂需要从乡村收购大量农产品作为工业原料，因此又激发了近郊乡村各类经济作物的种植。如江苏棉作区，“此外情弊，如棉花高涨时，行家每预先向种户定购子棉，而上海各洋行，再向各行家抛盘定货，故行家得以贱价预购农民之子棉，轧花以后，再以高价出售”[106]；“粤东买茧卖茧方法，亦与江、浙不同，系各丝厂资本家，就河道之两岸，设收茧所，各养蚕家将茧用小船装运至收茧所前，收茧所即派人到各船看茧，然后议价”[107]。可见，这当中是有巨大经济利益驱使的。相关研究表明，不少地方因机器生产比耕种更能获利，所以顺势而为，引进机器生产。如在华北高阳地区，当时一架铁轮织布机创造的收入与15亩地创造的年收入相当，而一架木机创造的收入则相当于10亩地创造的年收入。这便引起了农民购买机器织布的热潮。“农户资力充足的，一家买二三架铁机是常事，资力不足的二三人合购一架，昼夜轮流织布。”有些地方甚至为了争购一台织布机而发生争吵。如1920年在天津地区，就时常发生因争购提花机而争吵的事件，“因为谁有了一架提花机，等于马上便可发财”[108]。

随着一些城市周边的农村卷入国内外市场程度的加深，市场价值规律对农业经济的导向作用越来越明显。在作物结构方面，农民自发选择扩大种植那些市场需求大、经济收益高的作物。[109]（见插图25）例如1917—1918年，江浙两省植棉亩数约有1 350万亩，1918—1919年减少350万亩，1919—1920年虽较上年增100万亩，但较之1917—1918年仍少250万亩也。“其减少之原因，则由于近两年中，世界各国要求原料之趋势。俄国方面，五谷之输出，完全断绝，则其要求于他方面者，势必增加。农人以有利可图，遂多改种五谷，而种棉之地因以减少。”[110]广东顺德，“乡村之无丝厂设立者，每百户口准有一二十家在家内置备手缫车，以制土丝。其产额之多寡，视乎洋庄丝价之起跌而定，若洋庄丝价高，蚕茧价必昂，制土丝者购劣茧为之，甚则暂停缫丝；如洋庄价低，则购好茧以制之”[111]。在粟水一带，“负郭一带之居民，颇有种靛者；嗣以收入不旺，乃均改业。自欧战发生后，颜料大贵，由农商部咨行各省，力予提倡，复群趋之，现每岁产额，约一百四十余桶，价值银一千二百二十余元。除供本境外，间至江宁销售”[112]。

当然，城市人口的增加也扩大了城市对农产品的需求，使得城市周边的农村相应地调整作物结构，最明显的是城市周边农村种植的作物，面向城市居民日常消费的农产品所占比重增加。《宝山县续志》载：“菜圃之成熟，岁可七八次，灌溉施肥，工力虽倍，而潜滋易长，获利颇丰。凡垦熟之菜圃，地价视农田几倍之。邑城内外业此者甚多，各市乡近镇之四周亦属不少，……其出产较多者，如城市（指宝山县城）之塌菜、青菜（俗呼白菜，四时不断，冬令味最佳），罗店之瓜茄；杨行、月浦之红白萝卜，刘行、广福之韭菜、韭芽，江湾之马铃薯，真如之洋葱头（每亩收获多至二十余担，销售申地，为西餐主要物，但价格视来源多寡为转移，贵时每斤一二角，贱时多半倾弃河边），彭浦之卷心菜以及洋种菜蔬，均甚著名者。”[113]

与此同时，农业生产商品化的发展，也在一定程度上带动了农村生产技术的革新与生产力的提高。农用机器及化学肥料等开始在工商业相对发达的城市周边农村的农业生产中使用，一些地区的农民在见到农用机器的效率及其带来的效益后，开始尝试使用农用机器。例如，在常州戚墅堰，因土地较运河高出二三丈（相当于6~10米），抽水困难，且降雨稀少，在民国十三年（1924年），引入抽水机，首次尝试了灌溉电气化的实验，因实验取得了相当不错的成绩，且每亩费用很低，便逐渐普及开来。据史料记载，当时该乡蒋湾桥和吉三垛两地，仅设立27马力的电气马达2架、6寸水管的抽水机2架，可灌溉农田2 000亩。到第二年（1925年），农民的预约蜂拥而至，武进县各乡扩充到12处地方，灌溉面积9 834.87亩。民国十五年（1926年）仅武进县各乡，使用机器灌溉的25处，灌溉面积高达24 000余亩。民国十六年（1927年），武进又增加一处，800亩，无锡增加2处，900亩。民国十七年（1928年），武进虽不见增加，但无锡增加了7处，2 250亩。[114] 但是，总的来说，这一时期的广大农村地区仍以传统的耕作方式为主，农用机器及化学肥料使用率十分低。这从1911—1922年农业机器及化学肥料输入的统计数据中不难发现（见表8–2）。

表8-2　历年农业机器及化学肥料输入统计（1911—1922年）

年份	农业机器进口价值（海关两）	化学肥料进口数量（担）	年份	农业机器进口价值（海关两）	化学肥料进口数量（担）
1911	11 007	761 519	1917	108 190	817 146
1912	60 798	821 255	1918	164 188	844 031
1913	112 700	908 557	1919	521 022	1 142 112
1914	53 585	852 282	1920	1 004 277	846 884
1915	159 798	777 700	1921	2 192 404	841 630
1916	204 520	509 132	1922	695 732	983 552

资料来源：章有义编：《中国近代农业史资料第二辑（1912—1927）》，生活·读书·新知三联书店1957年版，第410页。

城市工商业发展的另一个影响是，农村经济中非农产业在农村经济总量中所占比重增多。对一些地方的农村而言，就是从事副业的人数大量增加，因为这样来钱更快，经济收益可能更好。例如浙江衢州，交租后无法维持生计的农民“势不得不恃副业以为生。所以佃农视副产较重产为重，因为副产是他们衣食父母，如没有了副业。那么佃农非饿死不可”[115]。一般来说，当时的农村副业主要是饲养家禽、家畜，或者外出打短工，又或成为小商贩，等等，不一而足。据1922年浙江等4省9县各类农户各项收入所占百分比（见表8–3）和浙江等5省9县农家男工从事副业的百分比（见表8–4）数据来看，家庭工艺在农户各项收入中有相当大的占比，并且一般农户家中种田越少，经济越困难，则副业所占比例越大。而且很明显，这些地区的农家男工从事副业的时间在全部工作时间中占很大的比重。这种现象的产生，与晚清以来乡村人口与耕地比例紧张，导致不少佃农在交租后所剩无法维持生计，而不得不另寻副业来维持生计有关。但是，更进一步来看，城市工商业的发展，不仅将农村纳入了市场体系，而且需要大量的劳动力资源，为副业提供了可生长的空间。如在1935年的开弦弓村，16~25岁的女青年中，就有1/3流入无锡的丝厂。[116]或许正因如此，在新的历史条件下非农产业不仅没有被削弱，反而有所上升。

表8-3　1922年浙江等4省9县各类农户各项收入所占百分比（%）

项目	无土地者	3亩以下	3~5亩	6~10亩	11~25亩	26~50亩	50亩以上
合计	100.00	100.00	100.00	100.00	100.00	100.00	100.00
家庭工艺	7.29	6.14	2.63	3.03	4.17	1.18	0.90
农田田产	—	54.79	74.34	85.08	85.91	88.36	62.79
工钱	80.75	36.38	21.06	10.75	8.16	8.22	10.10
其他来源	11.96	2.69	1.97	1.14	1.76	2.25	26.21

注：4省9县包括浙江鄞县，江苏仪征、江阴、吴江，安徽宿县，直隶遵化、唐县、邯郸、冀州南。

资料来源：戴乐仁等著，李锡周编译：《中国农村经济实况》，农民运动研究会1928年版，第94—95页。

表8-4　1922年浙江等5省9县农家男工从事副业的百分比（%）

地区	全部时间在农业工作中百分比	一部分时间在其他业工作中百分比	全部时间在其他业工作中百分比
总平均	87.8	5.2	7.0
浙江鄞县	75.7	1.8	22.5
江苏三县平均	87.4	8.7	3.9
安徽宿县	58.3	17.3	24.4
山东沾化	97.2	1.3	1.5
直隶三府县平均	91.0	3.5	5.5

资料来源：戴乐仁等著，李锡周编译：《中国农村经济实况》，农民运动研究会1928年版，第94—95页。

农业生产商品化的发展使城市周边的乡村被纳入城镇工商业市场体系之中，表面上看，经济生产变得相对活跃，但实际上使农民在市场上越来越失利，这主要表现在农产品的价格与洋货存在明显差距。换言之，就是农民要卖出更多的农产品才能换回少量的工业化日常用品，主要是带“洋”字标签的日常用品。直隶景县农民卖同等数量的麦子、棉花买回来的洋布却越来越少，1880 年一斗麦子价 1 200 文，洋布一尺 80 文，而到了 1911 年，一斗麦子价 2 760 文，洋布一尺 400 文（见表 8–5）。与此同时，商人以压价收购农产品，廉价预买的方式剥削农民，这就给农民造成了更大的损失。1925 年，河南开封地区农民售卖花生的价格是上海售卖价格的 60.9%。1926 年，河北束鹿棉农售出棉花的价格也仅为天津棉花价格的 64.7%。[117]1910 年秋收后，湖南华容德兹口、南州三仙湖一带谷价大贱，“每谷一石，仅售钱九百文”，合银只 4 钱 5 分，农民为生活、债务所逼，不得不忍痛出售，“大耗血资，有多数因之破产荡家，无复再能农业者”。[118]由此来看，农村经济在被纳入市场贸易之后事实上更衰败了。

表 8-5　1880—1910 年直隶景县历年物价之比较及其指数的变化

年份	麦子（每斗）		棉花（每斤）		盐（每斤）		洋布（每尺）	
	价（文）	指数	价（文）	指数	价（文）	指数	价（文）	指数
1880	1 200	100.0	80	100.0	40	100.0	80	100.0
1890	1 300	108.3	80	100.0	46	115.0	80	100.0
1900	1 700	141.7	120	150.0	68	170.0	400	500.0
1911	2 760	230.0	200	250.0	120	300.0	400	500.0

资料来源：转引自李文治编：《中国近代农业史资料第一辑（1840—1911）》，生活•读书•新知三联书店 1957 年版，第 417—482 页。

由此看来，对近代广大农民而言，可谓前有封建土地制度的奴役，后有近代工业化的巨大冲击，农业、农村、农民遇到了前所未有的生存危机。城市的地位在工业化的进程中逐步固化，并扩大了对乡村的绝对优势。同时，作为工业发展的产物，铁路、公路的建设意味着社会资源流动速度和流动方式的升级，新的交通体系承载了工业化更多的发展需求和结构塑造，从而使得近代交通体系成为城市发展的强大助力。因此，城市的扩大与升级和交通的便利使得资源可以被快速获取。而且，城市的工业化、商业化意味着对大量人力、物力、财力的需求和使用，乡村自然就成了城市获取资源的对象。城乡之间的交流和频率大大增加，城乡差距加速扩大。近代城市工商业由于在劳动生产率上具有绝对优势，逐步取代了大部分的乡村家庭手工业，乡村小农经济逐步瓦解，形成“城市工业、乡村农业”的新的社会分工格局。

在这种格局之下，城市对周边乡村形成了巨大的向心力，大量农村人口流入城市。以上海地区为例，1927 年 2 月 14 日《时报》载：“上海近年以来人口日增，所需佣工亦日多，苏、松、常、镇、扬各地乡妇赴沪就佣者，岁不知几千百人。”[119]据统计，1929 年上海市 28.5 万余名工业职工中，纺织业职工有近 20 万人，其中大部分纺织女工是来自外地的农村妇女。另近 3 万名码头装卸工人与 8 万多名人力车工人几乎都是来自外地的破产农民。[120]其他通商口岸城市的情况也类似。天津 1906—1928 年人口从 42 万增至 112 万，增长 2.6 倍，人口增速仅次于同一时期的上海，增加的人口中很多都是因天灾和战乱逃离家乡的农民。[121]《天津海关十年报告（1922—1931）》记载：“比岁以还，萑苻遍野，地方不靖，乡村富户既多移寓平、津，而贫苦农民亦因农村破产，无以资生，群相麇集工业中心，谋求生路，因而津埠人日大见增加，查 1922 年仅有 80 万，1931 年则增为 1 388 747 矣。”[122]据 20 世纪 30 年代的《江海关十年报告》称：“武汉这座大都会，随着劳动力需求的增加以及吸引力的增强，吸引着越来越多的人离开家园，其中一些人在此定居下来，更多的人根据家庭农事需要走走停停。”[123]不过，城市所能提供的就业机会未必能满足农村人口就业需求。正如时人所指出的：“中国在旧工业中失了位置的人，虽然跑到都市中去，但是都市中的新兴工业还在幼稚时期，不能收纳乡村中投往都市的人口，因此造成中国今日乡村与都市的普遍失业现象。”[124]这些现象都表明，伴随着城市工商业的发展，乡村地区的社会流动逐步加大，村落变迁明显加快。

要指出的是，这种因近代城市工商业兴起给乡村社会带来的影响与冲击，主要发生在通商口岸、大型市镇等工商业相对发达和交通便利地区周边的村落，尤其是铁路发达的天津、潍坊、唐山等地周边的村落和长江三角洲地区、广州三角洲地区的村落更是加速了社会变迁，初步实现了商业化的转变。一方面，是生产方式向机械化转变，农业商品化程度加深，甚至被纳入了国际市场范畴；另一方面，则是城市工业化的发展吸附了一定数量的农民，“离乡不离土”的情况在这类地区率先出现。费孝通在调查“开弦弓村”时，就发现不仅村里的蚕丝业进行了基于工业技术的生产改革，成立了合作工厂，而且有 54 人长期不住在自己家里，除了 4 个男孩作为学徒住在本村的师父家里外，其他人都在城里工作。[125] 这说明 19 世纪下半叶，列强将中国纳入国际市场后，到 20 世纪二三十年代，一批靠近城市、交通发达的村落为了发展乡村经济，开始积极主动地融入商业化进程，甚至以对接国际市场为目标。也正因如此，有些村落甚至发展为经济发达的市镇和城市。黄宗智曾指出铁路使内陆经济与海洋交通及世界经济连接，他认为青岛的发展就得益于胶济铁路的修建，他举例说：“青岛在 19 世纪还是一个渔村，但到了 1938 年，已成为一个有 592 000 人口的城市。”[126] 可见，近代城市工商业的发展与村落社会的关系是双向的，是相互交织影响的。

三、乡村建设运动

20 世纪初以后开展的乡村建设运动，与当时的社会背景直接相关。从 19 世纪末开始，随着帝国主义的掠夺不断加深，国内军阀统治的混乱与黑暗加重，近代中国的国家和社会陷入了极度崩溃的状态。加上世界经济环境以及严重自然灾害的影响，农村民不聊生，中国农村的社会、政治、经济、文化全面崩坏。作为中国社会与经济的基础，乡村的成败直接关乎国家兴衰。正如梁漱溟所说：“中国社会是以乡村为基础，并以乡村为主体的。所有文化多半是从乡村而来，又为乡村而设——法制、礼俗、工商业等莫不如是。”[127]还有人更明确指出，“农村破产即国家破产，农村复兴即民族复兴”[128]。正是意识到这一点，所以，国民政府也积极从政治、社会、经济等多方面进行规划，试图重建乡村。但在具体实施过程中，因各方面原因，出现了越来越大的偏差。面对农村这样的状态，不少有识之士抱着改变中国社会、拯救中国乡村的责任感和使命感，纷纷投身乡村，在贫困的乡村潜心驻扎，进行改革和建设乡村的社会实验，形成了一场轰轰烈烈的乡村建设运动。这正如他们所说，“现在关心国事者，以国事之不强，由于农业之不振，使坐此不救，则覆亡厄运，必迫在眉睫，于是救济声浪，弥漫全国；救济事业，应运勃兴，或从平民教育入手，或从农村经济入手，或从乡村自卫入手，其入手处虽有异同，而目的在共谋农村之救济与复兴”[129]。从更深层次来看，这场运动试图通过乡村建设建立一个新的社会构造。梁漱溟指出：“乡村建设，实非建设乡村，而意在整个中国社会之建设，或可云一种建国运动。”[130]

这场乡村建设运动虽然不是约定发生的，但是在中国广大农村社会共同开展的。从20世纪初期的萌芽，到20世纪30年代中期达到高潮，乡村建设运动在全国19个省，几十个县，成千个乡、村中热烈展开。这些人中，有曾留学国外的博士，有国内大学的校长、教授。他们来到农村，推行乡村建设运动，在社会上引起极大反响，被誉为“博士下乡”。[131]他们之中，有推行农村教育、平民教育的，有提供社会服务、救济平民的，有改良农业技术、推广农业合作事业的，有开展乡村自治的，或集经济、政治、道德建设为一体的。到1934年，全国乡村建设团体达600多个，全国实验点达1 000多处。费正清教授将其分为6种类型：教育、本土、平民、官府、军事、西方影响。[132]其中产生了以梁漱溟、晏阳初、陶行知、卢作孚等人为代表的杰出人士，他们不仅在理论上对如何改变乡村现状、提高乡村社会生存发展能力提出了有益的见解，还以实践的方式，试图将理论落地推行。譬如，他们以河北定县，山东邹平，江苏无锡、昆山等多地为示范，开展了轰轰烈烈的乡村建设的实验运动，形成了晏阳初的定县模式、陶行知的晓庄实验、梁漱溟的邹平模式、卢作孚的北碚实验、黄炎培的徐公桥实验、杨开道的清河镇实验等（见表 8–6）。

表 8-6 近代乡村建设运动

代表人物	乡村建设运动	时间	核心思想
晏阳初	定县模式	20 世纪 30 年代	针对“愚、穷、弱、私”四病，以文艺、生计、卫生、公民“四大教育”医治。
陶行知	晓庄实验	20 世纪 20 年代末至 30 年代	“生活即教育”，“社会即学校”，师范教育下乡
梁漱溟	邹平模式	1931—1937 年	“团结组织、科学技术”，以儒家文化塑造“新农民”
卢作孚	北碚实验	1927 年至 20 世纪 30 年代末	以经济建设为中心
黄炎培	徐公桥实验	20 世纪 30 年代	职业教育
杨开道	清河镇实验	20 世纪 30 年代	农业改良，开展社会服务与农民教育工作

事实上，以开展乡村自治、平民教育等为主要内容的乡村建设运动，最初萌芽于 1904 年河北省定县瞿城村米氏父子的“村治”活动。此后，才慢慢有团体、个人等从事真正意义上的乡村建设。20 世纪 20 年代初，从美国留学回国的晏阳初提出了“乡村建设”这一概念，并于 1923 年在北京创办了一个民间组织——“中华平民教育促进会”（以下简称“平教会”），试图以“除文盲、作新民”为宗旨，在全国范围内通过平民教育振兴中国。当时，该组织在全国 18 个省 32 个市相继成立了平教会分会组织。1926 年，晏阳初选择河北定县进行以识字教育为中心的乡村建设实验。晏阳初之所以选择在乡村展开教育的先行实验，发展乡村人的潜力，是因为他认为，中国社会的主要问题在乡村，而乡村的主要问题是“愚、穷、弱、私”四大问题。要解决上述关键问题，必须通过教育才能实现。不仅如此，晏阳初还意识到教育必须拥有丰富的内涵，才能真正解决乡民的上述问题。所以，他还推行文艺教育以培养农民的知识力，提升农民的精神生活；推行生计教育以提高农民的生产力，使农民掌握现代生产知识和现代农业技术；推行卫生教育以培

养农民的健康力，即通过实施卫生教育让农民养成健康生活习惯；推行公民教育以培养农民的团结力，训练青年人与成年人的社会知识、道德和技能。

因此，平民教育把教育下乡、科技下乡与提高农业生产结合了起来，把实际训练与社会道德课和公民课结合了起来，并取得了一定的成效，为中国化的农村教育开辟出一条新的道路。到1934年，定县已普及小学教育，成人教育也取得了很大的进展，全县文盲人数大幅降低。其中14~25岁的82 000名青年中，男性青年文盲率下降至10%以下，扫盲成绩位居全国1 900多个县之首。[133]除教育外，定县在农业、卫生等方面都有了长足的进步。据河北省1983年第11期《文史资料选辑》所载，定县"52个乡，都有技术推广站；这同当年定县实验留下的影响是分不开的"。定县得以消灭天花，卫生工作推行效率高、效果大，"卫生局长杨林肯定这是当年平教会打下的基础"。定县猪"不仅享誉河北，而且向东北推广，每年可为定县人民创造700万~800万元财富，这个优良猪种正是平教会于1929年引进的波支猪和当地猪种交配而成的新品种"[134]。对积贫积弱的中国来说，晏阳初的乡村建设实验显然是有益的。

与晏阳初经历相似的陶行知，在留美归国后就职于南京高等师范学校，他也是平民教育运动的主要发起人之一。虽然晏阳初与陶行知两人同为平教会的发起者，但是陶行知走了与平民教育不同的乡村建设路线。陶行知认为要解决中国的乡村问题，仅仅依靠学校教育是远远不够的，必须深入以生活为场域的农村各个方面，才有建设美好乡村的可能。所以他才说："到处是生活，即到处是教育；整个的社会是生活的场所，亦即教育之场所。因此，我们又可以说：'社会即学校。'""课堂里既不许生活进去，又收不下广大的大众，又不许人动一动，又只许人向后退不许人向前进，那么我们只好承认社会是我们唯一的学校了。马路、弄堂、乡村、工厂、店铺、监牢、战场，凡是生活的场所，都是我们教育自己的场所。"[135]陶行知认为乡村教育发展的关键在于教师，而教师是需要培养的。因此，要改造乡村教育，建设乡村，就要兴办乡村师范学校。于是，陶行知于1927年放弃了他的城市教育方向和西式教育方向，在南京郊外的一个村庄开办了后来闻名全国的晓庄师范学校。晓庄师范学校力图通过培养年轻的未来教师来深入农民生活以改造他们。陶行知希望晓庄师范学校培养出来的乡村教师拥有“农夫的身手，科学的头脑以及改造社会的精神”[136]。只有这样，他们才能成为有所作为的乡村中小学老师。陶行知以学校作为乡村社会原动力，通过“教学做合一”的乡村教育方法，使得未来的教师作为积极行动者，活跃于生活的各个方面，包括改造伦理、改进农业生产和组织地方治安等。自卫团在当地 240 个村庄组织起来，农民受到了基本军事技术训练。[137] 所以，在当时的乡村建设浪潮中，晓庄师范学校在全国产生了很大的影响。

到 20 世纪 30 年代，乡村建设运动逐渐形成高潮。这期间梁漱溟在山东邹平的乡村建设实验轰动一时。实际上，在此之前，梁漱溟也曾先后在广东办过乡村讲习所，在河南办过村治学院，但都在创办不久之后便宣告结束。而相比之下，在邹平的乡村建设运动历时 7 年，在时间上明显比较长，且措施比较得当，因而在县政改革、乡农教育、乡村自卫、农业改良、金融改良、合作事业、社会改良等方面取得了一定的成效。有学者指出，当时的邹平成了中国三大乡建中心之一。[138] 具体来看，在邹平，梁漱溟创立了为乡村建设培养人才的乡村建设研究院和乡学、村学，并以乡学、村学为枢纽，指导和组织农民进行乡村合作事业，以促进当地经济的发展。据统计，截至 1936 年，邹平全县合作社共有美棉运销、蚕业产销、林业生产、信用庄仓、信用、购买 6 种，合作社总数为 307 所，社员 8 828 人。1931—1933 年，邹平先后举办过三次农产品展览会，每次持续 34 天；展品分田艺、园艺、家庭工艺、农具、畜产等，品种最多达 6 000 种，每天参观者逾万人。[139] 同时，发展公共卫生事业，改良社会风气，以促进乡村社会的身心健康发展；挑选青年组成乡村自卫组织，以维护社会治安。然而，遗憾的是，1937 年 11 月日军进攻山东后，看似轰动热烈的山东乡村建设运动在内外政治军事的影响下直接宣告失败。

在梁漱溟看来，中国乡村乃至中国社会的衰败，其根源在于中国文化的失败。[140]中国文化在与西方文化的冲突中失去了相对优势，进而导致中国社会结构崩溃。传统的中国社会是以伦理本位、职业分立交相为用的一个社会。到了近代，面对外来文化的冲击，自身的优良传统遭到严重破坏，而新的社会价值体系未能建立，中国社会陷入东不成西不就的严重文化失调的窘态。因此，他认为乡村建设运动既起源于旧乡村的无限破坏，亦是出于建设新的社会组织构造之需要。正因如此，梁漱溟把乡村建设运动的工作重心放在了"中国的文化再造"上。具体包含两个要点："一个要点就是我们要把科学技术应用到生产上面，应用到生活的各方面；还有一个要点，就是要把向来中国人散漫的生活变作有团体组织的生活。这第一个要点是科学技术，第二个要点是团体组织。我们要在团体组织中来应用科学技术。"[141]

与晏阳初、陶行知、梁漱溟等人的乡村建设实验不同，卢作孚在重庆北碚的乡村建设实验，以"乡村现代化"为根本目的，将农业、工业、交通、矿业等经济建设放在首位，之后才是文化建设。他采取的模式，是以经济建设为中心，交通建设先行，以乡村城市化为动力，以文化教育为重点的综合建设方式。[142]1928年，卢作孚即拟订峡防局"大规模经营工业"的新计划：建染织厂、建缫丝厂、建修枪场、建楼、修路。[143]1934年，卢作孚带头修建的以运煤为主、客运为辅的铁路——北川铁路全线通车。铁路的建成大幅提升了生产效率，煤矿区"日运量由400吨上升到2 000吨"[144]。此外，卢作孚还以优惠政策吸引很多企业工厂到三峡治理河道、河滩，建立农场与果园。在文化教育方面，卢作孚开展现代生活运动、识字运动、职业运动、社会工作运动，通过创办学校，建图书馆、博物馆、科学院、报社等，大力发展文化教育事业，改变峡区人民的陈旧观念，使他们接受现代文化教育，推进民众公共教育事业的发展。这些举措不仅使北碚在短短十几年间发生了翻天覆地的变化，而且为推动三峡经济的发展和乡民观念的改变起了很重要的作用。这从当时媒体报道的称赞中即可见一斑。据1944年一家外国报刊所载，"北碚现在有了博物馆和公园，有了公路、公共体育场，有了漂亮的图书馆和一些建设得很好的学校，还有一个非常现代化的城市市容"，并称赞北碚为“平地涌现出来的现代化市镇”，“北碚是迄今为止中国城市规划的最杰出的例子”。[145]

事实上，从以晏阳初、陶行知、梁漱溟、卢作孚等为代表所进行的乡村建设运动中，可以看出当时的知识分子试图寻找一条全面改造农村的道路的努力。从政治、经济、文化到社会，乡村建设运动的目标就是力图对农村政治、农业经济和农民素质进行全面的改造。[146]这一期间，兴办教育、改良农业、提倡合作互助、注重公共卫生、倡导移风易俗等举措在乡村社会有了一定的实施和推广，并产生了一定的社会影响，对推动社会进步起了一定的作用。例如在教育教学、扫除文盲等方面，收获了一定的成绩。但是，从宏观角度，综合客观历史发展来看，乡村建设运动并没有实现其“乡村改造”“民族自救”的远大社会理想和抱负。简单来说，乡村社会依然贫困落后，国家依然动荡不安。这不是对乡村治理理论及实践的否定，只是在当时的社会环境中，来自民间的相对温和弱小的改良的乡村建设运动必然会面临诸多困难和阻碍。

从乡村建设运动自身及其与环境互动的情况来看，首先，乡村建设运动极其依赖地方政府和国内外社会力量资助，显示了其生存和发展的脆弱性。实际上乡村建设的类型众多，有所谓西方影响型的和本土型的、教育型的和军事型的、平民型的和官府型的。所有类型的共同点是都与政治密切关联。[147]邹平计划的产生和覆灭都受政府的影响和把控。梁漱溟所谓两大难处之一“高谈社会改造而依附政权”，说的就是如此。其次，乡村建设运动的发生区域及其所取得的实际效果并不能实现有效的联动和整合，显示了它的局限性。对广大的乡村社会而言，在当时内忧外患的背景下，乡村的改造与复兴必须找到根本的、可以有效推广的系统化路径，不能仅仅限于各自区域的理论构造和实践。最后，乡村建设运动没有真正深入农民当中，没能把握住改造社会的根本力量，因此不具有革命的彻底性。对乡村工作讨论会，农民参加的积极性不高，教育界、政府人员倒是不少，仿佛乡村工作讨论会和乡村没多大关系，乡下人漠不关心，只是乡村以外的人瞎嚷嚷……[148]

梁漱溟所谓两大难处之二“号称乡村运动而乡村不动”即是如此。因此，乡村建设运动最后都偃旗息鼓，随着历史车轮的前进而碾去印记，这并非偶然，而是历史的必然。换言之，乡村建设运动自20世纪20年代肇始至20世纪30年代达到高潮，而又迅速分化、瓦解和破产，它既是当时中国社会深刻的政治经济危机和尖锐的民族矛盾、阶级矛盾下的产物，也是乡村与这些环境、要素互动的产物。

总的来说，乡村建设运动中的一些思想理论和具体实践在乡村现代化道路上具有一定的参考价值和实际效果，乡村改造是中国现代化建设的关键问题。在这个层面上，乡村建设运动具有一定的历史意义。同样还可以捕捉到的是，在那样一个兵荒马乱的年代，在政治权力和军事权力尽其所能控制中国乡村的同时，中国的部分知识分子也在以不同的方式从事着乡村的工作和事业，只是他们并没有像共产党人那样尝试把一种新的乡村体系纳入其政治和军事保护之中。[149]但可以清楚知晓的是，在衰败混乱的乡村社会，对任何主体利益的触动都会带来巨大和绝对的应激行为，无论这一行为是认同还是反对，其实都是对自身命运的顽强把控。这也就不难理解为什么后来的乡村建设运动在广大的乡村社会只是短暂存在并以失败告终。因为那些治理的理论和实践不能直击乡村问题的本质，不能迅速改变乡村百姓的利益现状，不能迅速提供实现农民根本需要的最直接有力的途径。因此，乡村建设运动没能将乡村最底层的庞大群体有机地整合和保护起来，乡村百姓没有找到把控自身命运的着力点，乡村运动也就成了“乡村不动”。

第二节
社会动荡与晚清民国村落

一、晚清农民运动与村落

晚清是多事之秋，内忧外患相交织。在国内，各地爆发了一系列的农民起义运动，数量之多、范围之广，都是前所未有的。杨庆堃据《大清历朝实录》的记载统计，1846—1855 年民众运动有 933 次，1856—1865 年 2 332 次，1866—1875 年 909 次，1876—1885 年 385 次，1886—1895 年 314 次，1896—1911 年 653 次。[150] 实际情况可能远不止于此。有学者的统计显示，仅 1902 年—1911 年，全国各地的“民变”就高达 1 300 余起。[151] 民众运动形式十分多样，包括抗捐抗税抗租，反饥饿，农民起义，少数民族起义，抗官抗暴，反洋教，反新政，抵制洋货运动，保路运动，罢工罢市，学潮，兵变，秘密会社起事，革命党活动，盐枭、马贼和土匪活动等。这当中很大一部分就是农民运动。大量农民运动带来的结果是，晚清村落的社会流动持续加大，不少村落甚至成了无人村，耕地无人种植，乡村经济进一步衰败。

晚清中国之所以爆发一系列农民运动，与传统中国的官僚政治制度和封闭的社会结构所带来的积弊以及西方文明的冲击密切相关。一方面，中国传统社会的发展空间在乾隆时期已经达到了高峰，自乾隆晚期开始逐渐走向衰减。另一方面，西方文明的进入使得传统中国社会的结构和思想遭受到了强烈的冲击。历史的惯性使得晚清社会本身无法在短时间内应对当时的各种挑战。

清朝后期，人口压力已经是十分严峻的社会问题。在 17 世纪末到 18 世纪末这一和平时期，中国人口从 1.5 亿增加到 3 亿多。到 19 世纪中叶，中国人口已经达到 4.3 亿左右。[152] 这一阶段人口的增加得益于对耕地的充分使用以及劳动力的密集化操作，使得农业的生产效率赶上了人口的持续增长。但从当时的社会现实来看，无论是土地开垦总量，还是单位土地的有效使用率，晚清时期耕地的有效使用率都是有限的，因而当人口增加到一个临界点的时候，劳动密集化操作不仅不能提高生产率，反而还会导致生产总量无法满足人口过多过密的情况。黄宗智在研究中国农业系统的变迁时，使用了“内卷”的概念来说明中国传统农业这一发展模式。换句话说，内卷的农业模式达到一种确定的形式之后，便停滞不前或者无法转化到另一种相对高级的发展模式。对晚清农业而言，这个模式就是农业无法实现近代化。他指出，农业内卷使得使用人力变得比使用耕畜更经济，而中国的农业也就更难走向节约劳动的资本化道路。[153] 因此，传统的农业生产方式随着人口的增加而效益递减。加之晚清国家和社会也没有出现新的政治经济发展模式来容纳如此大的人口总量，所以人的生存空间势必紧张。而广大农村地区作为支撑传统国家与社会制度的重要载体，所受的影响恰恰是最为巨大的，所承受的矛盾也是最为剧烈的。包括太平天国在内的一系列农民运动的发生，正是农村承受的压力到了临界点而爆发出来的结果。

与此同时，鸦片战争以后，西方列强的疯狂掠夺，加上商业高利贷资本的残酷剥削，使乡村经济受到猛烈冲击，自给自足的小农经济逐渐解体，农村日益凋敝，农民的生存危机加剧。而且，地主还通过增加正租、押租，提高地租折价，改分租为定额租，额外浮收等手段剥削农民，致使地租率不断升高，农民不堪重负。数据表明，当时江苏吴江县震泽乡，每亩田产两石粟就算丰收了，"其代价不过六、七元，除去肥料人工，所余几何？乃收租竟至五、六元，少亦须五元。是以冬期农民只可罗掘以应，不足则卖子鬻妻以偿"[154]。农民的生存惨状由此可见一斑。对这种惨状产生的原因，毛泽东有深刻认识，他指出："封建时代的自给自足的自然经济基础是被破坏了；但是，封建剥削制度的根基——地主阶级对农民的剥削，不但依旧保持着，而且同买办资本和高利贷资本的剥削结合在一起，在中国的社会经济生活中，占着显然的优势。"[155]

为支付一系列战争巨额赔款，清政府调整了税收政策，将沉重的赔款和外债本息转嫁到了民众身上，苛捐杂税疯狂增加。1909 年御史胡思敬奏陈："自甲午、庚子两次赔款，民力已岌岌不支。壬寅改练新军，分摊各省，岁盈千万，竭泽而渔，势成孤注。农民也，漕粮地丁耗羡之外，有粮捐，有亩捐，有串票捐。田亩所出之物，谷米上市有捐，豆蔬瓜果入城有捐，一身而七八捐，力不能胜，则弃田潜逃者比比也。"[156]"在贿赂公行和升官发财之世，上司层层向属下索贿，处于州县的基层官吏只能向老百姓大肆搜刮。预备立宪以后，筹办地方自治，调查户口，兴办教育等，又给他们增添了搜刮的新名目和机会。例如直隶，预备立宪以后即借就地筹款之名，横征暴敛，地方劣绅亦借口经费鱼肉乡里。烟酒和盐斤加价、旧捐增额之外，又新设了许多苛捐杂税，米豆、苹果、鱼虾、猪羊、木石、柴草、房屋、车马，几乎可以说是无物不捐，且捐上加捐。别省也是如此，搜刮新法，愈出愈奇，征赌不已，变而征娼。”[157]苛捐杂税之重一览无遗，无以复加。加上官吏腐败，在朝廷摊派各省税额基础上平添数倍，中饱私囊，危害地方，农民破产几成定局，晚清社会已积重难返。

加上连年不断的严重灾荒，农民收成很低，有些地方几乎颗粒无收，涌现出大量饥民，农村经济俨然崩坏。据统计，1644—1911 年在武昌起义前，中国共发生 1 121 次灾害。[158]晚清灾害更为频繁。1840—1911 年，中国几乎年年受灾，岁岁饥荒，饥馑遍地。严重的苛捐杂税，官僚、劣绅、洋行囤积居奇，再加上水涝旱灾，农民无法维持生活，全国各地抢米风潮层出不穷。1910 年，灾荒形势不断恶化，抗捐、抢米等民变事件发生了 266 起，尤其是抢米风潮，几乎席卷了浙、苏、皖、鄂、湘、赣、粤数省。[159]据 1906 年的《时报》刊载：“今岁中国饥馑之状，实为从来所未有。以江苏、河南、安徽、山东四省为最著。江苏省之江北被害尤烈，草根树皮铲除都尽。此等穷民转辗避难，现集于清江浦者不下三四十万。据云此次中国灾荒之范围，约八万平方英里，被灾民数有一千五百万之多。”[160]江苏受灾最严重，靖江、东台、扬州、泰州、镇江、宝应、苏州等地灾民掀起猛烈的抢米风潮，抢米船，毁米行、钱庄、当铺、衙署、学堂。“徽州府各属米价翔贵，积谷者又复任意居奇，致令穷民蠢动，往往纠集成群，硬向米肆抢夺。”[161]在湖南，“湘省被灾，抢风日炽，平江、湘阴、长沙、浏阳一带尤甚。平江林姓方储米减粜，抢掠一空；湘阴易姓连日被掠二次；其长乐地方抢案已数十起，无一拿获，长沙、浏阳乡中稍有积储之家，匪徒十百成群，持械勒粜，杂投瓦砾，不敢计较”[162]。可以说，晚清以来的整个农村社会的生存环境是岌岌可危的，农民已然走投无路。在这种情况下，反抗成了一条求生之路，特别是在一些农民领袖的煽动和带领下，农民运动在全国各地纷纷出现。

晚清出现的农民运动规模不等，规模小的几十、数百人，规模大的多达成千上万人。在东南、西南、西北爆发了大规模的汉族与回民、苗民族起义，以及太平天国运动、北方的捻军起义和义和团运动，等等。影响最大的当数太平天国运动，它是近代中国史上最具历史性和代表性的一次农民运动。咸丰元年（1851 年），洪秀全、杨秀清等人率众在广西金田村发起武装起义，太平天国运动正式拉开帷幕，直至 1864 年天京（南京）被湘军攻陷，太平天国灭亡，此次农民运动历时近 14 年，席卷大半个中国，对晚清社会的影响巨大且深远。可以说，作为反对清王朝统治和外国资本主义侵略的农民起义战争，太平天国运动在很多方面是中国前近代史与近代史之间的转折期。有学者指出，它在国内引起的灾难成了早期的中西沿海条约关系形成的背景，和条约制度一起宣告着中国的传统制度崩溃在即。[163]

但是，不同于一般的农民运动，太平天国运动的产生，除了与晚清社会的积弊难返等因素直接相关外，也是西方文明对传统中华文明影响与冲击的一个缩影。这从太平天国采取的政治思想源自基督教的事实即可得到确证。众所周知，太平天国最初的组织形式是洪秀全创立的拜上帝教。拜上帝教是吸收基督教教义在中国乡村地区成立的一种特别的基督教组织，但并非严格意义上的基督教。拜上帝教有自己的教义，制定了相应的宗教仪式与会规，并以此作为招揽信徒、组织和管理农民队伍的手段和方式。洪秀全于 1846 年先后写成的《百正歌》《原道救世歌》《原道醒世训》《原道觉世训》等文书，因劝导世人拜上帝、学正人、捐妄念、惩富济贫，在当时得以快速且广泛地传播。加之当时广西等地连年灾荒，哀鸿遍野，民不聊生，所以拜上帝教创立之后，很快便吸纳了大批信众。起义以后，太平天国颁布的《天朝田亩制度》和《资政新篇》等政治纲领，其核心思想都是源自拜上帝教创立之初的平等思想。从这个意义上来看，太平天国运动实际上也是西方文明进入中国之后，与中华文明发生的一次最为激烈、最为显性、规模最大的直接碰撞与冲突。

由于太平天国拥有独特的政治思想主张，太平军所到之处都进行了旋风式的清理，宗庙、祠堂、神像等与文化传统相关联的一切，绝大多数都被极端地毁掉。对此，曾国藩曾惊叹："举中国数千年礼仪人伦、诗书典则，一旦扫地荡尽。此岂独我大清之变，乃开辟以来名教之奇变。"[164] 太平天国承载的西方文明与历千年之久的中华文明之间的冲突，由此可见一斑。就此来看，作为晚清政府委派"平叛"的军事领袖，曾国藩及其背后群体所承载的和试图维护的，恰恰是历千年之久的文化传统和社会秩序。这个传统就是"忠孝仁义、礼义廉耻"，而社会秩序则是建立在这一传统基础之上的"君君、臣臣、父父、子子"。所以，湘军与太平军的较量，实际上就是两种文化的较量。曾国藩组建的湘军，与传统基层制度直接相关，如团练、保甲法等。从更深层次来看，曾国藩代表的湘军与洪秀全的太平军之间，也是宗法伦理的乡村社会秩序与平均平等的社会理想之间的博弈。因此，太平天国与清朝的对立，不仅仅是军事的对立，也是两种思想文化对社会控制的角力。只是由于太平天国依然摆脱不了旧制度、旧传统、旧秩序的影响，仍有家族政治、等级政治等传统官僚政治的弊端，实际上，太平天国并没有开拓出良好的社会新秩序和新内容。从这一层面来看，太平天国未能取得最终成功也有着文化积弊的缘故。

当然，太平天国运动没有取得成功并不意味着它彻底失败了，至少从乡村社会秩序的重构方面来看，它的积极影响在于：一方面，对平均平等的理想社会进行了历史的实践，唤醒了大多数乡民的思想，平等的朴素社会思想已经在村落社会的底层产生了不同程度的作用，乡村的农民在思想和行动上对上层社会的不平等剥削和压迫有了实质的反抗；另一方面，太平天国与晚清国家在乡村地区的角力过程之中，促成了乡绅以更高地位和权力身份的回归，使乡村社会的某些现实关切能得到国家的积极回应，国家与地方权力之间的关系发生了较大变化，这对之后村落社会的发展与变迁有着不可忽视的历史作用。

在晚清农民运动中，还有一种特别现象，就是农民反教会斗争频发。由于鸦片战争之后，一些西方传教士深入内地乡村，欺压民众十分猖獗，引起了乡民的严重不满，所以出现了针对教会和教民的民众起事，当时将其统称为“教案”。据统计，1848—1911年这60多年间，全国各地共发生教案500多起。台湾、福建、天津、安徽、江苏（扬州、江阴、丹阳、无锡）、湖南、江西、贵州、四川等省均有发生。[165] 1900年爆发的义和团运动，就属于反教会的农民运动。“义和拳、大刀会自上年（1899年）秋冬渐延直隶，各处皆有，练习拳棒，其中有素与教民结怨者为教练，传习渐广。”[166] 在河北境内“教堂则无论天主、耶稣，悉付一炬”[167]。《庚子大事记》载，京师城内两翼地面，城外五里地面，所有教堂及教民住户房产等，焚毁殆尽，教民之被戕者无日无之。[168] 据奉命处理直隶“庚子教案”的布政使周馥奏称：“京中教会受挫最烈，而直隶全省杀人焚屋之案，几于无县无之。其杀人多者，一县竟至一、二千名口，大劫其灾，徒然骤起，自古罕见。”[169] 很明显，从本质上来看，义和团运动也是中西两种文明在近代乡村社会发生冲突的最为显性的表现。

其实，在一系列晚清农民运动中，最普遍、最频繁的还是以抗捐抗税、抗租抗粮等为形式和目的的反抗运动。有学者统计，1902年发生抗捐抗税运动35次，1903年29次，1904年40次，1905年48次，1906年48次，1907年46次，1908年43次，1909年44次，1910年84次。[170] 晚清抗捐抗税斗争不仅频率高，而且能很快得到乡民响应。史载，“一有倡首发难之人，遂成星火燎原之势。……故虽拥一妇人女子、稚儿顽童，一朝而可以啸聚数百人”[171]。这类农民运动的成效一般并不是很大。地方官府往往以“只拿首要，解散胁从”的手段，或派遣绅士前往劝解，就可以驱散闹事的群众，当然，有时也相应减捐减税以缓解农民运动。如1902年直隶广宗景廷宾聚众抗粮事件中，清政府“分遣绅士前往劝解”，“将应摊捐项一律免除”。[172] 当然，也有比较极端的情况出现。如1903年山西永济县的乡民反抗柿酒税，9月29日，数千人涌入县城，捣毁县衙，知县逃走，柿酒被迫免税。[173]

大多数农民运动始终伴随着暴力与破坏，因而对农民生命财产造成了严重的危害，不仅使乡村社会秩序遭受重创，还导致乡村人口锐减。（见插图 26）例如 1851 年，江苏省人口为 4 430.3 万，1865 年降至 3 013.3 万，十余年间人口减少 1 417.0 万，减幅达 32%。1851 年浙江省人口为 3 010.7 万，1865 年降至 1 329.6 万，人口减少超过 1 681 万，人口减幅达 55.8%。1851 年安徽省人口为 3 763.1 万，1865 年人口降至 2 202.7 万，战争中损失人口 1 785.6 万，减幅达 41.5%。[174] 1902 年桐庐事件中，140 名农民被官兵"开炮轰毙"。[175] 1910 年仙居民变中，34 名农民被擅杀，难户 167 户 512 间被烧，"官兵所到之处，任意肆掠"，"自是民心惶恐，一日数惊，扶老携幼，号泣远逐者，盖道路不绝矣"。[176] 同年，热河泉州农民聚众闹税，"被巡防兵枪毙多命"[177]。长期的农民运动对各地乡村造成了严重的破坏，耕地大量荒废，农业生产力遭到严重破坏，农民生活更加痛苦。江苏地方"自粤逆（太平军）窜扰后，田地类多荒废。江宁、镇江、常州三府，暨扬州府之仪征县，被兵最重，荒田最多；其江都、甘泉二县，与苏州所属次之；松江、太仓二县属又次之"[178]。

可见，太平天国等农民运动是乡村问题的一个集中爆发，人口压力、官僚腐败、地主剥削、外来文化影响等，传统问题的累积和新问题的叠加导致乡村的环境越来越恶劣。因此，太平天国在短时期内能够发展得声势浩荡，受到那么多农民的支持并不是因为这一运动有多好，而是因为当时社会的环境实在太糟糕。在传统社会，当各条生存之路都行不通的时候，唯有以死博生，这是中国农民对革命最根本、最直接的理解与冲动。这一理解与共产党后来发动的农民革命是有区别的，后者改变了农民对自身定位的认识。因此，原本最稳定的乡村，变成了最动荡的乡村。官绅不再能控制乡村局面，乡村的社会结构和政治秩序受到了严重的冲击和挑战。不得已，清政府将权力下放，地方权力扩大，乡绅利用自身的优势和环境条件再度成为乡村的强力者，并力争夺回对乡村的主导权。传统文化在乡村延续了几千年，因此，即使是起义的农民也依然和村落有着千丝万缕的联系，除了生存环境，更有情感、精神、风俗的影响。太平天国没能照顾到后者，传统的儒释道在拜上帝教看来都是需要扫除的。所以，太平天国运动也受到了传统的反制，社会基础受到了很大的影响。

农民运动一方面是对环境的反抗，另一方面是情绪发泄的聚合。革命需要激情，但是长久的革命则需要激情之上的情感和认知，在革命未能建立起新的高度融合的情感和价值认同时，人们会倾向于再次选择传统，选择维系着民众日常行为的乡土社会结构。太平天国起于乡村，最终却没有把握好乡村，也就失去了乡村。新旧事物的相替不是简单的存亡问题，而是继承与发展的问题，如果新事物不能在旧事物的基础上有替代性的发展，新事物是很难立足于旧事物之上的。对延续中华几千年文化的载体而言，村落的发展更应当遵循此理。

以上这些，都表明晚清农民运动对乡村社会的积极影响与破坏是相互交织在一起的。其实，从另一层面来看，也说明只有保持村落社会的稳定与繁荣，才能确保国家与社会的稳定和昌盛。

二、军阀混战与村落

辛亥革命爆发以后，革命党在南京成立临时政府，次年，中华民国成立。清帝退位后，临时政府迁往北京，由袁世凯任临时大总统。至此，以袁世凯为首的北洋政府建立起来。北洋政府建立之后，国内又先后爆发了由国民党领导的“二次革命”、袁世凯复辟帝制的闹剧，以及孙中山等为反对复辟组织的护国运动等。1916 年袁世凯宣布取消帝制不久后病逝，北洋政府内部分裂为段祺瑞的皖系、冯国璋的直系，东北则有张作霖的奉系，西南有滇系、桂系，大大小小的军阀难计其数，他们相互攻伐，此起彼伏，近代中国由此进入长达 10 余年的军阀混战时期，直至 1928 年国民革命军第二次北伐成功。军阀混战对包括广大乡村地区在内的近代中国社会的影响与破坏无疑是巨大的。

军阀混战时期，军阀互不统属，战争成为常态，不仅统一的国家政治体系难以建立，而且全国各地的经济联系被战争切断，包括乡村在内的社会经济秩序与运行机制出现混乱。加之对军阀而言，有兵则强，无兵则弱，对士兵而言，有饷则干，无饷则跑。军阀为了实现自身的生存与壮大，必须有足够的钱粮。所以，各地军阀除了仰仗外债，主要的钱财来源就是从老百姓手中强取豪夺。乡村也就自然成了重点剥削的对象，以当时各省货币地租租额为例：辽宁铁岭地区在 1911—1931 年租额增加了 107.1%，天津李家嘴村在 1913—1928 年租额增加了 49.3%，四川资中在 1933 年前后租额增加了 180%，广东在 1919—1929 年租额增加了 100%，江苏 18 个市县在 1922—1927 年租额增加了 144.9%。[179] 在旧皇权体制下，政府财政收入主要来自乡村农田赋税，且定额定时征收。但是到军阀混战时期出现了新增的田赋附加和田赋预征等，使得百姓的负担不断加重。比如在四川新都，农民被迫预付了几年甚至十几年的赋税，从 1920 年 8 月开始预征 1921 的粮税，并且在同年 12 月又开始预征 1922 年的粮税，到 1927 年 5 月已预征了 1940 年的粮税。[180] 又如，1921 年，军阀田颂尧在成都向当地民众“借款”，名义上是借，实则抢夺。据载，他“每夜派队传人至署逼款，临以铁索，胁以兵威，缴款时不给印收，陷款无着，借款若干不详”[181]。类似的情况时有发生，不再类举。不仅如此，1920 年还出现了一种兵差，这是一种军事捐，由过境的军队征收，或当国家处于战争状态时征收。除支付现金外，村民们还要提供手推车、草料和劳力。[182]

有很多地方的农民为了支付日益增加的赋税，在军阀的诱导和强迫下种植鸦片这种“经济作物”，并被苛征烟税。“民国以来，中央政令不行，法律失去其效力，各省拥兵之辈，莫不力图扩充兵额，以图自固，而保地盘。然而苦于筹饷乏术，乃视鸦片为其绝大利源，于是包庇贩运，抽收烟税，明目张胆行之，甚而至于强迫人民种烟，借收亩捐，而裕饷糈。”[183] 1926 年《中华年鉴》刊载的一篇报道称：“今年漳浦县正式征收的鸦片税额为 62 万元，与去年相等，但不包括收税人员的中饱勒索。估计每年要从农民身上搜刮 100 万元左右。收税采用强制办法。在税吏来至时，很多人都已离家逃走，证明他们无力纳税。税额因不同的村庄和不同的人而互相悬殊。可能一家只要3元或4元，或者一个劳动力要收80元。有钱有势的人纳税少，贫苦无告的人纳得多。”[184]鸦片的公开化与泛滥使得农村染上毒瘾的人特别多，很多生产农作物的田地转而种植鸦片，农作物产量减少，加上兵匪之乱，粮食价格飞涨，农民缺粮，发生粮食恐慌，严重破坏了农民正常的生产与生活。除山西、河北、山东、江苏、浙江5省外，几乎其他所有的省份都种植鸦片。1921年，鸦片产量达到1.5万吨。产烟最多的地区，有云南、贵州、四川、甘肃、陕西、广西、湖南、江西、福建、热河等省。云南、贵州、广西各省的肥田沃土，甚至被地方政府勒令必须种烟，不得种植粮食。[185]有学者指出，民国四年（1916年）之后，“旧附加税，并入正税，新附加税又有增加；农民的痛苦，当有甚于往昔”。民国八年（1920年）之后，“各省独立各行其事，均以田赋的收入充省县行政的支出。政费浩大，附加税因之而增加，田赋制度，乃不可收拾”。[186]

与此同时，军阀战争带来的兵祸连绵不断，民众苦不堪言。1916—1928年，战乱从未休止，且战事凶猛，战区一次比一次扩大。1916—1924年，平均每年战区涉及7省之多，1925—1928年增至14省左右。[187]较大的战争如直奉战争、江浙战争、奉直军阀联合进攻国民军战争，川、湘、滇、闽、粤地区战事尤为频繁。接连的战争使广大农民的生命财产遭受了巨大的摧残，加速了乡村经济的破产。例如1921年夏，直系军阀与湖南军阀赵恒惕在鄂南激战，吴佩孚“令直军将蒲、咸间之拦（长）江堤挖断，溃口至四百余丈”，从而导致“北至武昌金口，南至蒲圻五岭镇，东至咸宁安然湖，纵横百余里，一片汪洋，为前清道光己酉年以来未有之浩劫”。[188]1924年江浙战争，使原本富庶的松江、青浦、太仓、上海等9个县的农民损失惨重：“战区内耕牛、农具损失极多，有至十分之六者，少者亦在十分之二三；农作物中，除各处田稻收获尚好外，棉田受损最巨，收获多者仅及六成，余则二三成左右。”[189]黄炎培等为预备救济曾巡行战区，其报告书记载：“无辜良民，死于战时之炮火，已属可怜；困于战后之焚掠，万为奇惨。其间如浏河全市，弥望瓦砾，方泰一镇，洗劫殆尽。”[190]其他各地战区，也大抵如此。军阀混战不仅导致农业生产形势进一步恶化，而且劳动力资源锐减，民不聊生，乡村的衰败无以复加。

此外，军阀兼并土地的现象愈演愈烈。例如袁世凯在河南彰德等县占地 4 万多亩；张作霖在东北占地 150 万亩；段祺瑞在东北圈占荒地 20 万顷；冯国璋除在河北河间占大量土地外，在苏北也占地 75 万亩；张敬尧和倪嗣冲各在安徽霍邱、阜阳占有七八万亩土地。[191]土地兼并带来的一个后果是，土地高度集中，造成很多自耕农和半自耕农丧失土地，破产变成佃农和雇农。例如江苏昆山县自耕农在全部农户中的比例由 1905 年的 26% 下降到 1914 年的 11.7%，与此同时，佃农所占比例由 57.4% 上升到 71.7%；南通自耕农的比重由 1904 年的 20.2% 下降到 1914 年 15.6%，而佃农的比重由 56.9% 上升到 61.5%。自耕农骤然减少，农民破产严重。[192]失地农民激增，乡村闲散人口无处安置，大量的贫苦农民和无业游民为了生存又成为军阀士兵，乡村由此进入了一个持续的恶性循环之中。农民越发贫困，农业生产力遭到严重破坏。毋庸置疑，这一时期的军阀政权对乡村社会的榨取大大超过了晚清统治时期。

连年的军阀混战和盘剥，加上帝国主义在华利益的涉入以及外国商品对华的入侵，诸多矛盾和损害最终转嫁到底层乡村之上，乡土社会在重大压力下趋于崩溃。一些地区的农民无路求生，只能背井离乡，四处逃亡。湘西辰州，“农夫辍耕于野”[193]。河南连年战乱，从驻马店至绥平的几十个乡村中，几乎十室九空，一些乡村甚至十室十空。[194]据历年调查显示，江苏仪征、江阴、吴江，安徽宿县，山东沾化，直隶遵化、唐县、邯郸、盐山，浙江萧山等地，农村人口中有 1.44%~8.7% 离村，离村率平均为 4.61%。[195]其中山东沾化人口 5 857，离村人口 513，离村率高达 8.7%。[196]而且这些离村的人口中很大一部分是壮年劳动力。1935 年，青年男女离村到城市工作者占 27.7%，到城市谋事者占 20.1%，到城市求学者占 17.5%，到别处农村做雇农者占 22.6%，另其他占 6.2%。[197]在江苏宜兴城区附近的乡村，许多农民都进城务工，或者前往苏州、上海、无锡等地的纱厂，“统计全县由农妇变成工人者，可达六千之数”[198]。镇江地区，每年有来自苏北和山东的农民四五千人来寻找工作，“但是到了春天，他们就回去耕作”[199]。移民东北的山东人，原以为可以在此进行耕作，但时势所迫，也不得不“赴俄之西伯利亚、伊尔库茨克、莫斯科”[200]。这些农村人口的流失，导致农田抛荒，粮食产量随之锐减。

由此可见，军阀政府无力也无法促成国家和社会经济的稳定发展，反而成了国家和社会正常运转最大的不稳定性因素。社会经济的枯竭，以及频繁的战争造成的兵祸、匪患和鸦片毒害，再加上不断的天灾，社会经济基本崩溃，乡村分崩离析。

当然，需要指出的是，尽管国家内的军事冲突不断，但是政权力量对乡村的控制从未停止。国家权力的向下延伸以及地方权力的重构在这一时期并没有间断。1900 年以后，作为“新政”的一个重要方面，政府广泛设置了村正（即村长）一职，作为国家在地方村社的正式代理人，以取代半官方的旧式乡地。[201] 这也是国家政权现代化的一个重要事件。担任村正一职的人各种各样，但实际上大多数情况下还是村社中最有权势的人。村正看似是国家政权设置的一个正式身份，形式上换了外衣，和旧制有一定的区别，但是并没有很快改变乡村社会治理的现实。换言之，国家赋予村正的正式权力，并不能扫除乡绅在乡村中的影响和作用。李怀印考察了 20 世纪早期华北获鹿县精英活动中的三个著名事件：1906—1915 年，县绅和乡绅动员反对差徭的活动；1920—1921 年，精英们反对善后粮捐的努力；在军阀政府统治的最后两年，乡绅反对“军事特捐”的斗争。[202] 这也恰恰反映了在这一特殊时期国家、村庄、地方头人之间的复杂关系，以及国家政权向村庄渗入的困境。国家对村落进行控制，哪怕是军阀对村落进行控制，都不得不依赖乡绅、族长等乡村头人的支持。可见，乡村头人仍然是国家和乡村之间的中介角色。

只是在军阀混战的极端环境中，日益繁重的苛捐杂税，使乡村头人的处境十分艰难，以致不少地方出现了乡村头人逃离的现象。如此，乡村才形成了权力真空的局面，才有了地痞恶霸在村庄的肆无忌惮和横行霸道。有学者指出，当时中国乡村呈现出最无序、最混乱的状况，对乡村的破坏变本加厉，乡村陷入了极度的贫困境地，乡村的实际控制者呈现出五花八门的面貌，有地方精英组织的乡村武装，也有土匪、教门和帮会的头目。[203] 传统的乡村秩序显然已难以维护乡村的安稳。总之，军阀混战时期乡村的混乱，不仅仅是指乡村社会的受压迫程度，也指国家权力无中心、地方势力军事化、社会动荡下乡村社会碎片化的状态。这一状态下的乡村成了各种势力的角力场和社会资源的榨取地。不过，正是这样混乱的军事主义的现实，促使国民党和共产党等新兴势力通过不断巩固自身力量，试图重建包括广大乡村在内的中国。

三、抗日战争与村落

1931—1945 年，整整 14 年的抗日战争，对中国而言是无法抹去的沉痛历史。中华民族遭遇了几千年来未有的危难，国家和社会遭遇了最残酷的战争危机和生死存亡的考验。此时的乡村，不仅仅要经历国家社会的动荡，更要面对外来侵略者的屠戮与扫荡，其命运遭到了最为严峻的挑战和考验。但也正是在此期间，无论是在沦陷区，还是在国统区和解放区，中国乡村都展示出了顽强的意志力和生命力，在抵抗日军殖民统治，为国共两党提供源源不断的战争资源的同时，也与国家的命运和前途更加紧密地联系在了一起，成为抗战胜利最关键的依靠与支撑。

（一）沦陷区的村落

1931 年，日军在华发动九一八事变，之后完全侵占中国东北，并成立伪满洲国，此后陆续在华北、上海等地制造事端、挑起战争，因国民政府消极抗战，大部分国土沦陷，及至 1937 年日军挑起卢沟桥事变之后，短短数月内，华北、东南沿海的一些城市相继沦陷，北平、天津、上海等地也迅速失守，此后，直至抗战胜利前，全国很大一部分地区都被日军侵占，受到严酷的殖民统治。其中，辽宁省、吉林省、黑龙江省、热河省、察哈尔省、河北省、台湾省、山东省、江苏省9省全省沦陷；河南省、山西省、安徽省、浙江省、绥远省、广东省、湖北省、广西省、湖南省、江西省、福建省、贵州省、云南省13个省份部分沦陷。抗战期间，国民政府曾先后设立6个直辖市，其中北平、天津、上海、南京、青岛先后沦陷。日军在沦陷区施行“以华制华”“以战养战”的方针，通过在沦陷区建立各级伪政权组织，试图从军事、经济、政治和思想文化等各个方面对沦陷区进行殖民统治。从深层次来看，这实际上是为了获取战争、生产和市场资源。乡村社会作为最底层，无疑受到了最猛烈的摧残。这可以从以下几个方面来看。

首先，为了实现“以华制华”的方针，日军通过威胁、收买等方式，将一些流氓地痞和部分土豪劣绅作为沦陷区基层社会组织的统治基础。这些人往往倚仗日军的支撑，为虎作伥，无恶不作，乡民基本的人身安全没有保障，乡村社会关系发生明显分化，原有建立在宗法制度、乡里组织基础之上的乡村社会秩序荡然无存。日伪的宪兵、特务、警察等可任意闯入民宅或公共场所，对民众进行搜查、抓捕，施以酷刑，甚至杀害。日军所到之处，烧杀抢掠，实行细菌战、毒气战，被枪杀、焚烧、活埋以及其他各种方法处死的民众不计其数，制造了很多惨案，如1932年平顶山惨案、1935年老黑沟惨案与清源镇惨案、1936年白家堡子惨案等，惨绝人寰。日军的侵略导致沦陷区乡村的劳动力资源严重不足，严重影响到了原本就已极度衰败的乡村社会经济。与此同时，出于发起全面侵华战争之需，日军大批征发农民服兵役、劳役，青壮年成为被奴役和掠夺的重要对象，以致乡村劳动力结构进一步遭到破坏，农田无人耕种的情况持续扩大。有学者统计，仅东北1944年被征调的劳工便有120万人，1945年上半年高达300万人。[204]在当时的湖北中部，富户地主大多已经迁入内地，多数劳动力或逃走或当兵，“壮丁之数目与日俱减，因而田地日减，仅三分之一尚在继续耕种”[205]。沦陷区农业生产力因此大幅下降，农田大量抛荒。至1942年，华北沦陷区被掠夺的土地至少超过 85 800 万亩，实际上耕地减少的面积远不止此数。[206] 沦陷区农业生产环境的恶劣由此可见一斑。

其次，日军还大肆掠夺农产品，实施苛捐杂税，发放高利贷，极度盘剥和压榨沦陷区的广大乡民。仅 1943 年，日本在河北大兴、香河、通县等 9 县就一次性征收 3 738 吨小麦。山西全省被掠走 500 万石以上粮食，文水、孝义、汾阳、交城等县平均每县被直接掠取 10 万石以上。[207] 日军还实行粮食征购，通过统制贸易强制性低价购买粮食，获得厚利。据统计，日军在华北地区的征购价格平均低于市场价格 50% 左右。1942 年，在山东益都收购小麦的价格为 27.85 元一斤，而同期市场价格为 45 元一斤，相差近一半。[208] 不仅如此，农民还要给日伪政权上缴极其繁重的税收，以伪满中央政府为例，其税收名目包括土地税、牲畜税、生产税、矿税、营业税、酒税、烟草税、统税等。1938 年财政总收入 30 455 万满元，其中赋税收入 17 295 万满元，约占总收入的一半比例。[209] 在江苏以及江北的一些沦陷区，附税超过战前的三倍。日本在东北沦陷地区，还通过"金融合作社"的形式对农民进行高利贷盘剥。

再次，日军在大肆掠夺沦陷区农村人力、物力、财力的同时，也将土地资源作为主要的侵占对象。（见插图 27）日本通过"没收叛变者所有土地及其财产"的法令，利用"外人租用土地章程"开办公司，圈定农田辟为农场，通过实行移民等手段掠夺中国沦陷区土地，并在农田建筑防御工事（如机场、军火仓库、军营、公路网、封锁沟等）以巩固其占领地。例如，"中日实业公司"没收军粮城、茶淀两个大农场，共计 5.6 万华亩①，强占上海一带的农田分配给日本、朝鲜的移民种植，建立起日本的新村。[210] 据统计，到 1945 年为止，大概有 10 万户，约 30 万日本移民被送往东北。[211] 截至日本投降，日本移民直接占地 228.15 万多垧②，日本在东北掠夺 3 900 多万垧土

① 华亩不等同于亩，1 华亩 ≈666.667 平方米。——编者注

② 垧，旧时计算土地面积的单位，具体计算方法各地有所不同，在东北地区，1 垧约合 1 公顷。——编者注

地。[212]大片土地被日本侵占的结果是，无数沦陷区乡民无家可居、无地可种，被迫背井离乡。1939 年，沦陷区 11 340 户农民被迫移出，1940 年为 8 365 户，1941 年为 5 003 户，1942 年为 6 554 户，1943 年为 9 608 户。[213]

最后，日军还通过各种手段来愚化和奴化沦陷区人民，试图从思想文化方面瓦解传统中国社会的文化传统，从而更好地对沦陷区实施殖民统治。1941 年，日军制定的《对华长期战争施策要领》中，就专门辟出了“对华思想指导纲要”一章，其中明确规定：“应展开思想攻势，对反动派势力展开积极的斗争，有效地对敌方进行渗透，瓦解敌之军、政、民抗日意志，以促进事变的解决。”[214]很明显，日军希图通过摧残沦陷区乡村固有的文化传统，削弱人们的抵抗意识。因此，日军通过扶持汉奸建立了一系列的宣传组织，如东北的“协和会”、华北的“新民会”、华中的“大民会”等，在包括广大乡村地区在内的沦陷区推行宣传奴化教育；通过报刊、广播、集会、传单、游行、电影等各种手段，大肆宣扬“王道主义”“共同防共”“日满一德一心”“民族协和”等言论。同时，在一些地方，如东北，还下令关闭所有学校，焚毁一切具有爱国主义思想的书籍、报刊等资料。而且，日军尤其重视对沦陷区儿童、青少年灌输奴化教育思想，在师资、课程、教科书等方面严加控制。（见插图 28）对学校校长、教师实行恐怖政策，警告学校校长：“以后对于拥护和认识新政权，及如何研究中日问题，要给青年和儿童一个正确的领导。”[215]并对教师进行“培训”，编写、出版奴化教育的教材，删去中小学书籍中一切关于民族意识、爱国主义的内容，甚至连一张中国地图都不能放，并将日语课列为必修课。这无疑对沦陷区村落社会的文化传统造成了严重的冲击和破坏。

当然，沦陷区内的乡村社会，并没有因此放弃抵抗，相反，日军的一系列残暴统治激起了沦陷区乡民乃至全国民众的强烈反抗和斗争。据相关资料显示，仅东北地区，就涌现出了一批大大小小的民间抗日队伍，较为典型的有东北海林地区的“北八大队”（又称“抗日八大队”）、宁安县的“红枪会”、渤海镇由大法师组成的“大刀会”等。其中，“红枪会”的影响最大，曾在抗日后方的山东省号召大批民众进行游击抗战。全国抗战爆发后，国民政府从初期的消极抵抗转向了积极抗战。中共中央更是实施全面抗战路线，将工作重心放在在广大农村地区建立抗日根据地上，开展游击战争，沦陷区的党组织采取多种方式领导人民进行抗日斗争。沦陷区乡民则采用纵火等途径毁坏日军设施、设备和物资，通过抗税、抗粮、抗差、抢粮食等方式直接打击日军“以战养战”的阴谋。沦陷区乡民以大量的人力、物力、情报为抗日根据地的创建奠定了基础、创造了条件，为配合敌后战场和国民党正面战场做出了重要贡献。

（二）国统区的村落

1927年南京国民政府成立，标志着以国民党为核心的政权建立，并意味着其向北洋军阀混乱统治宣战。1928年，国民革命军北伐胜利，由国民党领导的国民政府取得对全国执政的合法性。加上东北奉系军阀张学良改旗易帜，中国自1916年以来第一次实现名义上的统一。1937年，抗日战争全面爆发以后，由于全国不少地方相继沦陷，国民政府不仅被迫迁往重庆，而且事实上的执政范围也大大缩小，统治区域主要包括西北的陕西、甘肃、宁夏、青海、新疆五省，西南的四川、云南、贵州三省，河南、湖北、湖南、江西、浙江、福建、广东、广西等省的部分地区。国统区的经济重心明显在中国的西南地区。但是，国民政府对包括乡村在内的国统区内的执政，在政策上并未重点关注乡村，加之，由于军阀混战，西南等地的村落社会被严重破坏，所以国统时期的乡村也未能得到有效发展，而且因抗战的全面爆发，乡村成为抗战资源的重要来源地，以致国统区内的乡村社会持续走向衰败。

在国民党执政初期，执政党对乡村的状况不是特别关注，一方面是因为国民党内部存在矛盾纷争，政治内耗严重，无暇顾及乡村状况；另一方面是因为大都市才是资金和财富的集结地，国民党必须牢牢抓住相对优越的工业化资源和现代化资本。所以，执政初期国民党在乡村只实施了相对温和的“乡村自治”政策。尽管在此政策下，乡村重新清理和构建了乡村行政系统，并尝试进行土地整理、田赋整顿和租佃改良的乡村改良计划，但是，由于政策本身的问题以及现实执行中引发的诸多矛盾，乡村自治最终没有形成对农村的实际控制和改造。直到共产党红色革命根据地建立，国民党对共产党的几次围剿失败，国民党才深刻认识到农村的重要性。保甲制度的推行使得国民党在乡村控制方面取得了一定的表面成功，并对共产党进行了有效的防控和打击。但实际上，保甲制度的实行对国民党而言是不成功的。保甲制度的推行看似是国家政权取得了对乡村的深入控制，但这种控制使土豪劣绅得以在政权的外衣下实施对农民的压榨，从而造成了国家政权与农村的日渐分离。加上国民党本身代表了官僚资本和大地主阶级的利益，乡村只会成为掠夺的对象，而非建设改良的重点。

根据国民党中央研究院社会科学所1929年对无锡金县20个村1 035户的土地占有情况的调查显示，当时占总户数5.7%的地主占有47.3%的土地，占户数5.6%的富农占有17.7%的土地，而占户数88.7%的中农、贫农、雇农仅占有35%的土地。而且，其他一些地方，如广东省，1929—1934年，地租额普遍增加了20%。1930年，河南商城的田赋附加税超过正税600%，四川奉节则超过768%。[216]可见，国统时期的地租剥削不仅十分严重，而且田赋附加税及其他苛捐杂税也层出不穷。如民国二十三年（1934年），在四川一带的田赋附加税有地方、学费、自治、司法、夫马、工本、票据、杂费、县志、助款、被服、司书、备丁、团费、党费、剿赤、公安、建设、教育、部队、铁栅、电机、公债、伟粮、财科、职校共26项名目。[217]就此来看，国民党政权建立之后，并未事实上改变国家与乡村社会的关系，相反，二者间仍是一种相对紧张的对立关系。这就决定了国民党统治时期的乡村社会，无论是社会秩序还是经济建设，都难有本质上的改观。

此外，在抗战爆发之前，与失守的大城市相比，西部10个省份的总资本也只占国家总资本的2.8%，工厂数量不足200家，占全国工厂的4.6%。[218]抗战爆发后，由于沦陷区的扩大，国民政府的财政收入锐减，工商业税收得不到保障。统计数据显示，1941年下半年，田赋收归中央并改征实物以前，以关税、盐税、统税为重心的工商税已降至只占国库总收入5%左右。[219] 所以，国民党也不得不将重点转向乡村。按理说，面对民族战争的危难，充分调动和利用国家资源是政府的应当举措。只是国民政府不但没有发展社会生产，消灭剥削及不平衡，反而增加赋税、大量举借内债外债，将经济财政负担压在民众身上。按抗战时的情况推算，将国民党的田赋征买、征购等负担和各种杂派合在一起，至少占农民全部收入的60%以上[220]，56%的农户每年必须借贷，48%的农户要靠借粮才能维持生计。[221] 农民负担普遍比抗战前大大增加。1943年，国统区征实、征购、征借的粮食高达65 196 816市石[①]，其中不包括带征县级公粮1 000余石以及各种强迫捐献。[222] 而且，国民政府在乡村依靠的是一个借征兵征粮之名行兼并剥夺农民之实的恶霸地主阶层。因此，在保长抓壮丁、摊税款的过程中，传统村落社会进一步解体。

在抗日战争爆发后，随着战区的不断扩大，乡村成为人力、物力的重要来源，国民政府也试图重振乡村经济，颁布了一系列发展乡村的战时法令和条例。《抗战建国纲领》中提出了全力发展农村经济、奖励合作、调节粮食、开垦荒地、疏通水利的农村经济发展政策。在农业方面，国民党临时全国代表大会提出《战时土地政策法》，并通过了“战时土地政策大纲”。通过设立农业推广站、垦务总局、移徙屯垦军民等措施进一步发展农业，以供应战时军粮民食之需。在这些方针政策的指导下，国统区内的乡村得到喘息的机会。一是减租减息。例如，1941年4月，《湖北武汉减租实施办法》将佃租定为正产物总收获量的37.5%。另一些地区实行“四六减租”，即夏收稻谷按照佃农、地主四六分成，晚季收成全归佃户所有；“二五减租”，即按原租额减去25%。[223] 二是倡导农村合作事业。国统区一些乡村在省建设厅的指导下，陆续成立合作指导室，对农业合作事业进行指导，由此扶持了战时农业以及农村副业的发展。三是改良农业生产技术，改善农

① 市石即石，为容积的市用单位。1市石=0.1立方米。——编者注

业种植条件，包括推广农作物良种，因地制宜推广施肥、防治病虫害、改良土壤、兴修水利等措施。四是进行荒田调查，对乡村地区进行土地编查报告，扩大农作物耕种面积，提倡农民垦荒。虽然这一时期国民政府在国统区采用了一系列发展农业的措施，但由于乡村地区长期以来所受的积弊，加上连续的战乱、频发的自然灾害，国统区内的乡村经济并未在短时期内得到恢复。（见插图 29）

再者，以四大家族为首的官僚资本也对城乡社会进行盘剥与掠夺，城乡社会积重难返。据统计，重庆地主所占的土地由抗战前的 50% 上升到了 73%，并且这些地主主要是由国民党军阀、官僚、官僚资产阶级与发国难财的投机家组成的。[224] 对国民党而言，攫取农村资源造成土地兼并，发展城市经济带来了官僚资本的兴起与腐败。1937 年国民党失去沿海和中部大城市之后，西南、西北的企业如雨后春笋般出现，但抗战时建厂大多需国家支持，国家资本超过民间资本，迅速占主导地位。1940 年，国家资本已占全国资本总额的 50%，1942 年又进一步上升到 70% 以上。[225] 城市经济俨然呈现出国家资本主义的形态，而且这时的腐败已经相当严重。统计显示，当时四大家族控制的中国银行、交通银行、中国农民银行、中央银行四大银行和中央信托局、邮政储金汇业局（即“四行二局”）所控制的外汇与黄金，在 1940 年只占全国总数的 1%，1942 年增加到 16%，到 1945 年 6 月竟高达 75%。[226] 抗日战争结束不到一年，1946 年 6 月，在整个国统区的 3 489 家银行机构中，由官僚资本直接或间接控制的达 2 446 家，占总数的 2/3 以上。包括外汇市场和黄金市场在内的整个国内金融市场，都在官僚资本银行的严格控制之下。[227] 国统时期的这种行径，非但没有随着时间的推进及时拨正，反而变本加厉，更加腐败僵化。看似庞大的国家和社会在国民党政权的操控下实际被蚕食得只剩一副空架子。

在抗战胜利前夕，国民政府也尝试着手解决乡村土地问题，试图重建乡村经济。国民党第六次全国代表大会把土改问题提上了议事日程，并提出了《农地改革方案》。然而，由于乡村社会的基层干部和保甲长本身就是主要的土地拥有者，加上国民政府官僚政治的腐败无能，乡村土改仍只是隔靴搔痒，难有本质改变。1946年国统区农业生产比战前减少8%~12%，1947年较战前减少33%~40%。[228] 这一局面使国统区与共产党领导的解放区形成鲜明对比，以至引起了乡民的强烈反抗。1946年，约40万农民发起反抗，后来影响逐渐扩大到17个省，约100万农民参加。之后，国民政府又发动了全面的内战，国家和社会又一次遭受到战火的冲击与毁坏。直至新中国成立，乡村社会才重新恢复与发展起来。

（三）解放区的村落

抗日战争时期，解放区大都在乡村地区。随着抗战临近尾声，沦陷区逐渐收复，解放区日益扩大。到抗战胜利前夕，共产党领导的革命根据地发展到19个：陕甘宁边区、晋察冀边区、太行区、太岳区、冀鲁豫区、山东区、晋绥边区、苏北区、苏中区、浙东区、苏浙区、淮北区、淮南区、皖江区、豫西区、鄂豫皖区、湘鄂赣区、东江区、琼崖区。抗战时期，革命根据地处在日军（在一段时间内，也受到国民政府的围剿）封锁和围剿的极端困难的环境中，为了坚持抗战，解决前线部队和人民之需，革命根据地采取了新民主主义革命的总路线，实行减息政策，调动农民积极性，大力发展农业，重振乡村经济，恢复乡村社会秩序。

事实上，在抗战爆发之前，第一次国内革命战争失败之后，共产党就调整了革命路线，将工作重心转移到乡村地区。一方面，八七会议确立了武装起义的方针；另一方面，共产党在革命根据地积极开展打土豪、分田地、废除封建剥削的土地革命。正因如此，共产党受到了乡村广大农民群众的拥护和支持。（见插图30）此后，为了进一步释放乡村建设的巨大能量，在不断积累经验教训的基础之上，共产党最终在解放区确立了土地革命路线："依靠贫农、雇农，联合中农，限制富农，保护中小工商业者，消灭地主阶级，变封建半封建的土地所有制为农民的土地所有制。"这个方针政策带来的积极效应在于，不仅有效解决了土地兼并的问题，而且调动了广大农民群众的生产积极性，土地资源、人力资源等能量都得到有效释放，革命根据地内的乡村经济逐渐恢复。共产党也因此受到了广大革命根据地内农民的拥护和支持，壮大了抗战力量。晚清以来的中国乡村一直处于分散落后的衰败状态，乡民自身也很难形成有机的社会群体力量。中国共产党的革命根据地的开辟，在某种意义上实现了乡村在严峻环境考验下的新的生存发展模式。从政治、经济到文化等方面的一系列建设发展举措，一方面使得共产党获得了对农村的控制能力，另一方面使得农村根据地有了积极丰富的发展。据统计，到 1934 年 3 月，在中央革命根据地有列宁小学 3 199 所，学生约 10 万人；补习学校 4 562 个，学生约 8.8 万人；识字组 2.3 万多个，参加者仅在江西就有约 12 万人；俱乐部 1 900 多个，固定会员就有 9.3 万多人。[229] 由此，近代中国的广大乡村地区开始具有历史主动性，逐步成为影响国家命运和发展道路的着力点。

与国民党政权形成鲜明对比的是，抗战时期的中国共产党实质上已经进入了土地革命时期之后一个新的生存和发展环境，中共国际派的失势以及苏联影响的失效，不仅使中国共产党在指导思想上摆脱了苏共的教条影响，也意味着务实派的掌权和务实策略的施行。像土地革命时期一样，通过战争初期留下的空隙，共产党开辟了大量的敌后抗日根据地，开创了符合共产党自身发展状态需求以及抗战需要的乡村政权。早在抗战前 10 年，中国共产党就已经意识到中国的关键问题是民族的救亡以及以乡村为基础的传统社会的崩坏，而中国乡村境况的恶化首先在于基层政权的腐化。因此共产党建立的乡村政权，不仅要在敌后的农村站住脚，更要改变基层政权的形象和能力，如此才能控制和动员乡村，才能真正把握影响国家和社会的根本。

共产党首先要做的就是在抗日根据地推行民选。民选的目的一方面是更替乡村旧政权，另一方面是建立新的革命政权。因此，共产党通过统一战线和党的建设路径来达到相应目的。在具体操作层面上，抗日根据地多次组织基层选举，每次都花大力气来组织动员，有的地方还专门成立了选举委员会，组建选举培训班，针对选举的技术问题进行培训。可以说，自中国进入近代以来，从没有哪一个政党能够像共产党这样，做到如此深入细致的组织工作，挨家挨户地说服动员，不计烦琐。民主村选的切实有力执行，使得乡村权力的主角渐渐发生了变化：以“中农、贫农”为代表的基层群众逐步将乡村权力从“乡村士绅、地主恶霸”手中夺过来。在新当选的村干部中，中农占据了大多数，这表明了地主富农的势力逐渐衰落，中农、贫农力量逐渐上升的态势。共产党实行的民主村选，其意义不仅在于将马克思主义理论转化并付诸实践，亦在于通过乡村政权的政治统治与社会管理的职能，实现其沟通抗日民主政府与基层社会的渠道功能。在群众中选取有思想觉悟、有革命先进性的代表，来表达和实现民众利益。这是共产党与国民党在乡村施政的根本区别。因此，共产党能避免清末以来乡村政权的持续腐化，真正达到整合乡村资源的目的。

民选的另一目的是发挥新的基层政权的实际权威和效用，实现对社会资源的提取和调动。换言之，确定政权人选是形式上的重要一步。乡村实现了对基层政权的改造和重塑，但这并不意味着政权意志转化成政策之后的有效实施。原有的以地缘、血缘等为基础的乡村社会结构、乡村社会组织，以及在综合环境中形成的乡村社会文化等，都影响着乡村资源的生产、整合与利用。新的乡村政权要获得真正意义上乡村控制的话语权和执行权就势必要与原有的乡村结构、组织、文化发生碰撞。如果权力不能实现制度和意志的有效延伸，就必然会浮于社会控制的表面。从清政府到国民党政府，皆是如此。因此，在共产党看来，新的乡村基层组织的建立必不可少，只有通过新的乡村基层组织，才能实现对乡村秩序的有机整合，才能争取到对各种资源的有效提取和利用。

为了达到上述目的，共产党在农村根据地采取了多方面的举措：通过政治思想的宣传实现政治动员，通过组织各种集会，利用说理、话剧等形式向农民宣传政治思想，同时经常号召群众走出村落家族、乡村社会，参与形式各样、丰富多彩的新活动，打破原有社会组织的格局和框架，融入无产阶级的大家庭；同时，共产党还以革命理论武装农民群众，以阶级对立的思想教育对抗封建体制的剥削压迫，让群众在认清自身贫困根源的同时找到革命中自我身份的定位；更重要的是，在土地这一核心问题上，共产党通过合理的土地政策来落实乡村群众的经济利益，通过减租减息、合理负担等政策的贯彻执行来获得基层群众的认可和支持，最终促使乡村传统结构网络发生变化，为新型基层组织的产生奠定了基础。它们以农会为中心，包括妇救会、儿童团以及民兵组织等，形成了超地缘、血缘的社会化、军事化组织，在发动和组织群众时具有很强的号召力和感染力，获得了群众的信赖和支持。这正是共产党努力想要实现的乡村局面。

需要强调的是，无论是乡村政权的重构，还是新型社会组织的建立，都是以共产党为核心的组织不断发展的结果。无论是乡村政权中的行政干部，还是新型组织中的群众干部，其中必有一部分的共产党员乃至党员干部。这是共产党渗入乡村社会、联结乡村社会最有力有效的方式和举措。共产党通过党的建设不断吸收各阶层人士，壮大自身组织队伍；此外，共产党通过组织的形式对社会各个层面实施有效控制，实行程度广泛的战线统一，从而保证党的意志的贯彻实施。这从山东地区根据地的党员成分比例就可得到确证（见表8–7、表8–8）。

表8-7 1941年1月山东各地区党员成分统计表

地区	成分比例（%）
鲁南	工人、雇农、贫农58%，中农29%，富农、地主、商人12%，自由职业1%
湖西	工人5%，农民72%，小资产阶级17%，富农4%，地主2%
胶东	工人9%，农民56%，学生25%，商人8%，其他2%
清河	工人3%，贫农67%，中农26%，雇农4%
鲁中	工人8.3%，农民82.3%，商人3.3%，学生4.1%，军人2%

资料来源：根据《中共山东分局组织部关于巩固党的总结》中提供的数字绘制，载山东省档案馆、山东省社科院历史研究所编：《山东革命历史档案资料选编》第八辑，山东人民出版社1983年版，第106页。转引自李里峰：《革命政党与乡村社会——抗战时期中国共产党的组织形态研究》，江苏人民出版社2011年版，第54页。

表 8-8　1944 年 9 月鲁南区党员干部成分统计表

干部类型	党务干部		政府中的党员干部		群众团体中的党员干部	
	人数	百分比（%）	人数	百分比（%）	人数	百分比（%）
干部总数	943	100	220	100	233	100
工人	123	13.0	12	5.5	25	10.7
贫农	430	45.6	36	16.4	80	34.3
中农	207	22.0	33	15	48	20.6
富农	18	1.9	22	10	13	5.6
地主	4	0.4	9	4.1	17	7.3
知识分子	144	15.3	85	38.6	46	19.7
其他	17	1.8	23	10.5	4	1.7

资料来源：《鲁南区党委组织状况统计（1944 年 1—9 月）》，山东档案，G028—01—0011—003。转引自李里峰：《革命政党与乡村社会——抗战时期中国共产党的组织形态研究》，江苏人民出版社 2011 年版，第 93 页。

从上述数据中可以发现，农民党员在党员中所占的比例很高，而且农民党员在干部群体中的比例也很高。这恰恰反映出抗日战争时期中国乡村社会的实际情形，以及共产党所依赖的社会基础。与国民党不同的是，共产党始终将工人、农民等社会下层的普通民众作为政党的社会基础，在抗日战争时期更是将农民吸纳发展为共产党的主体力量，这与当时中国社会阶层分布的实际状况同构。（见插图 31）这也恰恰说明抗战时期的中国共产党已经真正切入中国社会和中国革命的现实，从底层农村开始取得巨大的政治资源和潜力。换言之，在抗日战争的残酷环境中，共产党把农村根据地转化为中国社会的整合力量，把农民转化为基层社会的管理者，不仅是解决传统社会解构之后农村基层社会整合难题的根本手段，也是在日军疯狂扫荡和打击之下有力的生存策略。游击队打散了还能很快聚集，基层政权破坏了还能再次建立，只要乡村还在，村民还在，共产党组织还在，抗日的事业就能继续进行。

任用村民为乡村干部来实现社会整合有两个前提。其一，村民必须突破家庭的框架，接受不同于宗族礼法的基层组织形态，并对社会管理有参与热情。只有村民素质提高之后，才可能实现由乡村干部来组织乡村。其二，社会整合必须使上、中、下三个组织层次的管理者均来自意识形态认同团体。共产党在管理社会的过程中吸收了知识分子和工人，并将他们发展为党员；为了建立庞大的农村基层党组织，更是吸收了大量农民入党。农村中出现了一个类似无产阶级的阶层，使马列主义逐渐变成农民喜闻乐见且易于接受的思想形态。这一切都需要一系列政治、经济和文化变迁。中国共产党从发展壮大到最终取代国民党在大陆的统治，正是基于这些前提被创造、积累和综合的结果。[230]需要强调的是，抗战时期的共产党已经撬动乡村这一影响历史的重要支点，中国乡村的巨大变革与共产党的发展壮大，二者互相影响、相互作用。

持续十多年的抗日战争使中国承受了巨大的人口伤亡和财产损失。在抗战期间，共产党在农村创立和发展了抗日根据地，并实现了农村的高度组织化和军事化，达到了有效的社会整合。而国民党尽管在正面战场投入了巨大的资源，通过抗日战争提高了自身的政治地位，但最终还是没能实现对社会的有效控制和整合，在战略上逐渐失去了优势地位，这对之后的国共两党角力的成败起着决定性作用。可以说，共产党的解放区与乡村的关系紧密深厚、唇齿相依。从历史的积淀和延续来看，这样一种关系得益于抗战前 10 年的乡村革命经验。相较于解放区，国统区与乡村社会的关系远没有达到如此程度。恰恰是与乡村的关系决定了抗战胜利之后国共两党的政治命运。

国民党作为在城市中发展起来的意识形态认同团体，要实现国家社会的一体化整合，只能建立一个上大下小的倒金字塔式的官僚体系。在大城市中，高层机构人员和编制充足合理，控制力较强；随着层级逐步下降，控制力逐渐减弱；到了县级如此，延伸到乡村，更是如此。[231]尽管国民党也意识到控制乡村对于政权的建立和工业战争的重要性，但是其采用的方式和策略并不能达到充分渗入乡村、动员乡村的效果。从清末开始，乡村一直处于动荡之中，乡村的社会结构、思想文化等都受到内外环境的影响。到了北洋军阀统治时期和国民党统治时期，乡村的基本结构几近崩坏，宗法家族、乡绅精英等传统组织和力量已经逐渐不能发挥整合乡村秩序的功能。而国民党还是在这样的乡村状况之上，利用不能深入基层的组织结构来实施对乡村的硬性控制，结果导致地主、地痞、恶霸等乡村能人在政权的外衣下变本加厉，对农民实行赤裸裸的掠夺，并将所得转为私人所有。杜赞奇将这种现象称为"国家政权内卷化"。内卷化的国家政权没有能力建立有效的官僚机构，取缔非正式机构的贪污中饱——后者正是国家政权榨取乡村社会的必然结果。[232] 因此，即使国民党在历史中占得先机，率先获得整合国家社会的权力和能力，也并未成为政党深入包括村落在内的基层社会的有效方式。

而共产党在尝试城市革命的路径失败后，迅速找到了农村革命的道路。共产党找准农村问题的核心——土地问题，并通过适当的土地政策来满足农村各个利益体的根本需要，从而获得了广泛的群众基础。在群众基础之上需要解决农村的结构问题和组织问题。一方面，共产党不断吸收知识分子、工人、农民等广泛力量成为党组织的成员；另一方面，共产党通过党组织对基层的影响来实现对农村社会的整合与动员。不可否认的是，共产党在具体工作过程中也受到了很大的阻碍，不仅有来自战争的影响，也有来自农村社会关系、传统文化的影响。这些影响最终都指向了农民思想意识下的行为。共产党意识到，必须使农民的革命性、纪律性、积极性等，在组织化、军事化、效率化的行为目标中加以实现，从而突破现代化文明的冲击以及传统旧社会网络的桎梏。因此，共产党在抗战期间保持着开放的思想以统一抗日战线，制定严格的政策以维护民众的利益，实施有效的行动以获得民众的信任。进而言之，农村的状态就是在共产党的坚持和农民的反复中，不断朝着新的社会权力和文化结构的方向变迁。这一变迁的实质是，农民突破了农村宗法家族等伦理结构对自我意识和集体意识的束缚，共产党实现了对广大农村的领导与整合。

四、解放战争与村落

自辛亥革命至抗日战争胜利，近半个世纪以来的中国饱受战争的摧残，残破不堪，亟待休养生息，全面恢复。这既是当时中国和中国乡村的现实需要，也是全国人民最真切的期盼。然而，在这一历史环境中，国民党领导的国民政府却逆潮流而行，悍然对解放区发动军事进攻，发动全面内战，将刚从战火中走出的中国及中国人民再一次拖入了战争的泥潭。这不仅引起了中国共产党领导下的解放区人民的强烈反抗和斗争，也使国统区的老百姓特别是广大乡村民众产生了强烈愤慨。从 1946 年 6 月底至 1949 年 9 月，经过长达三年多的英勇抗敌，在中国共产党的带领下，中国人民最终推翻国民党政府，解放全中国。这次战争被称为解放战争，亦称第三次国内革命战争。这次战争的胜利让中国和中国人民的生产生活发生了根本性的变化，乡村社会也因此迈进了全面恢复与发展的新阶段。

事实上，抗战胜利前后，由于共产党在解放区实行土地革命、减租减息、互助合作等一系列的方针政策，解放区的农村生产力得到了解放，广大乡村的农业生产有了显著发展，以农业为基础的解放区经济呈现不断繁荣发展的态势。1945 年 11 月 7 日，中共中央的文件《减租和生产是保卫解放区的两件大事》指出："于明年发展大规模的生产运动，增加粮食和日用必需品的生产，改善人民的生活，救济饥民、难民，供给军队的需要，成为非常迫切的任务。"[233] 同年 12 月，又颁发《一九四六年解放区的工作方针》和《建立巩固的东北根据地》两个文件，强调减租运动的重要性。各地解放区全面贯彻中共中央的指示，从 1945 年冬到 1946 年春，基本上实行了减租减息的政策，开展大生产运动。所以，解放区的农业生产有了很大的发展，尽管未达战前水平，但已开始战后恢复的进程。然而，随着当时国内形势的急速恶化，大战可能随时爆发，中共中央开始积极发动解放区农民进行自卫斗争，采取了"前方打仗，后方土改，以土改促打仗"的方针。1946 年 5 月 4 日中共中央发布《关于土地的问题指示》(即《五四指示》），明确规定："在广大群众要求下，我党应坚决拥护群众从反奸、清算、减租、减息、退租、退息等斗争中，从地主手中获得土地，实行耕者有其田。"这与国统区官僚资本、地主阶级对广大乡村的不断压榨、掠夺形成了鲜明反差。在各方面因素的影响下，抗战胜利后解放区的范围得以持续扩大，其面积增至240万平方千米，遍及全国19个省区，约占全国总面积的1/4。人口14 000万，约占全国总人口的1/3。其中新解放区占解放区总面积一半以上。[234]

《五四指示》发布后不久，因国民党发动内战，解放战争全面爆发。为更好地推进解放战争，中国共产党建立了五大解放区，包括东北、华北、西北、华东和中原解放区。各解放区贯彻中共中央以土改促打仗的方针，积极发动民众进行土地改革，打击封建势力，解放区生产力得以进一步释放。据统计，到1946年10月底，全区已有2/3的地区约2 000万人口获得了土地，实现耕者有其田。1947年年初，晋察冀解放区有1 000万亩土地回到农民手中。到1946年年底，山东解放区有1 500多万农民获得了土地。1947年春，在华东解放区已有2/3的地区解决了土地问题。[235]与此同时，为解决农业生产中的分散性与落后性问题，解放区内通过实施互助合作运动，很好地将广大农民组织了起来。1946年，陕甘宁地区组织起来的劳动力在30%~50%，高者可达62%；晋冀鲁豫解放区20个县，平均每个县组织起来的劳动力达42 095人，占总劳动力的78%。[236]正因如此，解放战争时期的解放区，不仅没有衰败，生产积极性反而得以持续提高，农民踊跃参军，成为解放战争取得最终胜利的最有力支持。据统计，1947年，晋冀鲁豫解放区有30多万人参加解放军。广大农民同时加紧生产，支援前线。据东北行政委员会民政部统计，三年解放战争中，全东北支前民工共计3 078 900余人，担架288 600余副，马776 600匹，大车251 000多辆。[237]广大农民还积极参与民兵作战。1947年，晋冀鲁豫解放区人民武装作战16 800多次，歼敌42 500余人，破路1 150多里。[238]所以，国民党发动对解放区的战争之后，中国共产党领导的解放军和解放区人民，不仅很快粉碎了国民党军队的全面进攻，而且在1947年7月转入反攻的阶段，仅三年多的时间就取得了解放战争的全面胜利。

与此同时，为了进一步巩固解放区取得的阶段性成绩。1947年7月17日至9月13日，中共中央工委在河北建屏（今平山县）西柏坡村召开了中国共产党全国土地会议，会议在肯定《五四指示》以来取得成绩的同时，对其中一些不彻底性进行修正，例如地主分得较多土地财产，原则上不动富农的土地财产等。会议制定了《中国土地法大纲》，并于1947年10月10日正式公布。《中国土地法大纲》规定没收地主的土地及其一切财产，征收富农的多余土地和财产，由农会按照乡村全部人口，不分男女老幼，统一平均分配，在土地数量上抽多补少，质量上抽肥补瘦，使全乡村人民均获得同等的土地，并归各人所有。这无疑受到广大乡民的热烈拥护，解放区内掀起了大规模的土改热潮，生产积极性大大提高。可以说，经过土地改革和农业生产互助合作运动，农民生产积极性空前高涨，农民生活有了很大的改善，农民的觉悟和组织程度也不断提高，解放区乡村有了很大的发展，农民生活得以改善，农村经济持续好转。（见插图32）1948年，已有1亿农民获得了土地。东北解放区每垧地产量由1947年的1 500斤增至1 920斤，增产近1/3。[239]当然，在此期间，乡村的社会关系也发生了明显改变。1949年，在河北、察哈尔的农村中，贫雇农的占比由以前的44%降为15%，中农的占比由37.6%增至77%。[240]

反观这一时期国统区的广大乡村，则经历了一个持续恶化甚至破产的过程。抗战胜利后，国统区大片土地抛荒，农民生活十分贫困，至少3 000万人民因为粮荒成为饥民。[241]饥荒盛行，农民颗粒无收，只能以杂草、麦麸、谷糠、树根为食，艰难求生。霍乱、天花、白喉、痢疾、伤寒、斑疹伤寒等传染病肆虐，广西省几乎80%的人都得过疟疾，农民不堪重负，苦不堪言。然而国民党官僚仍伺机大肆掠夺财富。加之国民党发动内战，军费开支数额空前庞大，造成了巨大的财政赤字。1948年，财政赤字高达900亿元。[242]如此庞大的财政赤字，最终转嫁到了农民身上。国民政府征收各类赋税，沉重的田赋、苛捐杂税、强征军粮使农民不堪重负。解放战争期间，国统区田赋增长飞快，“1946 年征收 5 900 万担；1947 年增收到 1 亿 1 756 万担。一年中田赋增长一倍。1948 年在此基础上又进一步提高田赋税率。监察院在云南和贵州的一位特派员在 1947 年指出：农村地区的贫困现在已经到了极点……没有任何东西比田赋能带来更大的痛苦”[243]。同时，由于战争的持续推进，国民政府需依靠基层抓壮丁，在乡村大规模征兵，农村青壮年劳动力的流失使农民生产生活雪上加霜。数据显示，国民党在 1946 年和 1947 年两年征兵 210 万。1946 年，为了内战需要，国民党宣布对 40 个省田赋征实，加上征借和地方公粮，农民须上缴的粮食高达 11 100 万石，当时就有人惊呼这是史无前例的苛政。[244]

此外，国民政府还滥发纸币，导致国内通货膨胀十分严重。1937 年 6 月—1949 年 5 月，货币发行量增加超过 1 445 亿倍，平均每月增长 19.7%，同期物价上涨超过了 3.6 亿倍，平均每月增长 24.5%；1948 年 8 月—1949 年 5 月，货币发行量增加了 30 多万倍，平均每月增长 307%，物价上涨了 644 万多倍，平均每月增长 471%。[245]通货膨胀造成币值暴跌，物价疯涨，工农产品的剪刀差日益扩大，1945 年 4 月工农产品间价格上涨指数相差 4.91 倍，[246]广大农民深受其害。

毋庸置疑，这严重摧残了国统区的广大乡村。耕地减少，土地大面积抛荒。1946 年，河南、湖南、广东三省抛荒耕地面积 5 800 万亩。1947 年江苏省抛荒耕地占总耕地面积的 3/5，湖南、安徽占 1/3，河南占 1/4，广东高达 3/4。[247]战争中生产工具遭到严重破坏，加上国民党发起的兵役和差役，农村劳动力匮乏。这一系列的破坏导致粮食大幅减产，1946 年国统区农业生产比战前减少 8%~12%，1947 年则比战前减少 33%~40%。[248]由此引发了严重的粮荒，乡村中饥民数量不断上升，全国各地哀鸿遍野。据不完全统计，1946 年，饿死人数达 1 000 万。1947 年，饥民人数超过 1 亿。[249]这带来的后果是，农民为了生存不得不进行反抗，先是抢米风潮盛行，到后来则演变成了大规模的农民反抗运动。1946 年 9 月，民变运动已波及国统区四川、河南、江苏、浙江、安徽等省，规模达20万人。到1947年年初，运动扩大到14个省的300多个县，参加的群众达84万人。[250] 国统区内的民变运动，在加速国民政府垮台的同时，也为共产党领导的全国解放运动增加了力量。1949年，全国绝大部分地区得以解放，解放战争取得了决定性胜利，包括广大乡村在内的中国开始走上繁荣发展的道路。

解放战争的胜利对中国乡村社会的影响是巨大的。这种影响从根本上来说是乡村社会的阶级关系和思想观念发生了转变。千百年来，传统乡村社会中“天不变，道亦不变”的观念，以及自给自足的小农经济，使农民日复一日、年复一年地过着日出而作、日落而息的耕织生活，乡村社会内部结构停滞不前。长期以来，乡村盛行的是地主制经济，农民除了给国家交租，也要向地主交租，农民与地主之间存在严格的人身依附关系。加之乡村中的宗族和宗教权威经过晚清以来的劣化，到国统时期，更是变成了少数道德水平低下的土豪劣绅欺压百姓的手段与工具。而这一切都在共产党领导的解放战争过程中逐渐被打破。农民拥有了自己的土地，乡村意识形态发生颠覆性变化，农民生活被重塑，打破了以往由地主士绅领导、支配乡村的局面，乡村制度发生了本质变革。也正因如此，广大乡村社会在解放战争时期及胜利之后，更加紧密地与共产党领导的新中国联系在一起。

其实，当近代中国遭受严重外来入侵威胁，尤其是伴有工业文明冲击之时，只有进行广泛的社会动员，集中人力、物力以抵抗外来入侵的社会结构，我们的文明才能保留下来，并占主导地位。这样的组织必须具备强势的意识形态，有坚强和紧密的组织，它的组织不能只集中在社会上层，还必须深入农村基层，形成一个基层干部远远大于中层和上层的巨型金字塔系统。在抗日战争和解放战争中日益壮大的中国共产党，正具有这样一种组织结构。[251] 中国共产党扎根乡村社会，在乡村成立党支部，在确立共产党在乡村的领导权的同时，也将国家权力完全下沉到乡村社会。正因如此，解放战争以国民党的全面失败告终。新中国成立后，中国乡村进入新的发展阶段。

第三节

社会主义建设与村落

一、社会主义改造运动与村落

新民主主义革命的目标以及中华人民共和国的性质，决定了新中国成立后消灭封建土地关系的必然性。因此，解放战争取得胜利之后，共产党随即开始领导中国人民进行广泛而深刻的土地改革，改地主土地所有制为农民土地所有制，并为由新民主主义向社会主义过渡打好基础。1953 年公布的过渡时期的总路线指出：要在一个相当长的时期内，逐步实现国家的社会主义工业化，并逐步实现国家对农业、手工业和资本主义工商业的社会主义改造。在随后的三年内，中国广大农村基本完成了生产资料私有制的农业社会主义改造，创建了史无前例的社会主义新农村。传统以来的村落社会，无论是社会阶层、经济形态，还是治理体系，都明显发生了变化。这种变化最明显的是，乡民有了自己的土地，国家权力完全下沉到了基层社会，族长、乡绅等传统社会精英治理村落社会的事实被改变，乡民的政治权力得到保障，参与社会治理的热情被激发。所以，从历史来看，社会主义改造运动的过程，既是新中国成立初期中国农村建设重要动态的反映，也是中国村落社会从传统向现代转型的历史印证。

事实上，土地革命不仅仅是在消灭封建土地私有制后对土地的重新分配，更是在新的政治环境中，国家权力在乡村社会的重新构建。共产党在推进土地革命的同时，成立了农会，建立了乡–村政权组织。而这些组织的建立，以新的国家政权为核心，在土改工作中加强了与基层农民的政治互动，使得国家政权深入广大村落社会，打破了数千年来传统村落社会的权力文化网络。村落社会的权力结构，从宗族礼法等多元格局转变为以国家政令为要的相对集中状态。农民被全面地吸纳到国家的政治生活中，国家实现了对村落社会资源的高度整合，土地改革在新政权成立的三年内得以顺利完成。毫无疑问，土地改革极大地调动了广大农民的生产积极性，但是土地改革后的土地私有制仍是一家一户分散经营的格局，很多得到土地的农民因缺乏生产资料、劳动力弱等因素，未能改变贫困的生存状态。农村出现了土地租佃，这显然给乡村社会的再度两极分化埋下了隐患。国家层面显然意识到了这一点，于是国家开始推动社会主义集体化改造。毛泽东指出："在农民群众方面，几千年来都是个体经济，一家一户就是一个生产单位，这种分散的个体生产，就是封建统治的经济基础，而使农民自己陷于永远的穷苦。克服这种状况的唯一办法，就是逐渐地集体化；而达到集体化的唯一道路，依据列宁所说，就是经过合作社。"[252]因此，农业的社会主义集体化改造有着现实的必然要求和历史的社会理想因素。

大体来看，对农业的社会主义改造经历了以下三个阶段。第一阶段，把分散的农民组织起来成立互助组。互助组是一种在自愿基础上的互助合作，农户之间实行自愿互利的小规模生产合作。一般分为临时互助组和常年互助组。这种互助组通常以乡里乡邻的家庭单位为基础，体现出明显的地缘性、血缘性特征。简而言之，互助组在某种程度上就是建立在自然村基础之上的生产合作，大的村落分为若干组，小的则独立成组或者与邻近村落合并成组。在互助组的发展过程中，基层政权通过典型示范、积极引导、宣传鼓动、教育说服等方式进行诱导，一般没有采取政治上的强制性措施，但互助组的发展十分迅速。1950 年全国有 272 万个农业互助组，约占全国农户总数的 11%；到 1952 年，上述两个数据分别增长到 802.6 万个和 39.9%。[253]互助组使得人力、畜力、物力等资源得到了较充分的利用，对增加生产有一定的帮助。但是，互助组的规模相对较小，而且在许多生产上的合作还存在问题和矛盾。这种在个体经济基础上发展的集体劳动，需要在农业集体化的方向进一步提高。因此，在越来越多的农户参加互助组后，国家通过政治权力的作用开始引导农民向初级社发展，这是第二阶段。这个阶段的农业组织相对于第一阶段而言，农户数量更多，经营土地的规模更大，但土地仍归农民所有，农民的土地所有权和使用权相分离，农民只是入股分红，土地的使用权则转给初级社统一经营。

在国家权力的强制进入下，乡村社会的合作化运动迅速推进，初级社很快发展成高级农业生产合作社。农业社会主义改造进入第三阶段，也是改造时期的最后阶段，这一阶段的实现标志着合作化路径的完成。1956 年 4 月底，中央宣布“全国基本实现农业合作化”，至 1956 年年底，全国共有 96% 的农户入社，加入高级社的农户高达 87%，基本上实现了由农民个体所有制向社会主义集体所有制的转变。[254] 此时，农民的土地和主要生产资料无代价转为集体所有，全社按照统一规划，实行集体劳动，统一经营，不再有土地分红，收入根据劳动量的多少进行分配。换言之，这意味着土地私有权属的消失，农民作为个体不再是土地的所有权人。高级社的建立，标志着新中国农业社会主义改造基本完成。需要强调的是，社会主义改造这一过程大体上用了 4 年时间，比预计的时间大大缩短，尽管也存在有人不愿意合作、不愿意加入合作社的问题和矛盾，但是在政治权力的压力下，国家通过控制农民的生产生活资料，使这种“不愿意”很快被稀释转化。农民走上集体化合作的道路，恰恰是乡村社会失去自主权力的过程。

从土地改革到农业社会主义改造是共产党革命理想和治国理念的社会实践，也是国家实现社会主义现代化的客观需要。土地改革提升了党和政府在乡村社会的政治权威，为推进农业社会主义改造打下了良好的动员和整合基础。社会主义改造作为土地改革之后的第二次土地制度变迁，在当时的历史条件下推动了农村社会的生产力发展水平，在 1953—1956 年改造期间，农业生产稳步增长。（见插图 33）粮食产量和棉花产量分别从 3 138 亿斤、2 349 万担增至 3 650 亿斤、2 890 万担。[255] 1956 年，尽管很多地区都发生了严重的自然灾害，但是，从全国范围来看，这一年全国农业依然显著增长，农业总产值较 1955 年增长 5%，粮食产量较 1955 年增长 4.8%。80% 的农民收入也明显上涨，农村购买力较 1952 年增长 61.8%，其中购买生产资料的部分增长了 191.7%，生活资料部分则增长了 41.8%。[256] 农业生产的增长也支持了新中国的大规模工业化建设，以土地的规模经营去整合分散的家庭经营，以农业的机械化去淘汰传统的手工劳动，包含一定的农业现代化因素，为中国农村的现代化建设和发展开辟了道路。[257] 同时，从乡村社会转变的角度来看，农业社会主义改造是对农村生产生活关系的彻底变革。自给自足的小农经济被合作化、集体化的生产经营取代，基层政权、合作社占据了血缘家族在村落社会的传统位置，国家实现了对家庭经济、宗族伦理地位的全方位取代，传统村落完全被纳入国家的政治一体化框架。

手工业的社会主义改造，同样是根据自愿互利的原则。手工业是城乡经济生活中的重要生产部门之一，农村中存在大量农民兼营的商业性手工业。据 1954 年调查，农民兼营商业性手工业从业者有 1 000 多万人。[258] 而且，农村手工业在城乡手工业中占有很大比重，据 1954 年的统计显示，全国合作化手工业和个体手工业的 785 万人中（不包括渔、盐、屠宰、运输等行业），在城市的占 36.5%，在农村的占 63.5%。[259] 一些手工业与农业生产的关系十分密切，有 70%~80% 的农民所需的生产资料与生活资料来自手工业供给，大部分农具也是手工业产品。加之手工业生产受原材料供应与产品销售的制约，不少手工业规模小、资金短缺、技术单一、生产力低下的现象比较突出。所以，对手工业进行社会主义改造，也是当时实现社会主义集体所有制的一个重要方面。手工业的社会主义改造经历了手工业供销小组、手工业供销生产合作社、手工业生产合作社三种形式，实现由分散到集中、由低级到高级的社会主义集体化。

1949—1952 年，是手工业改造“典型试办，摸索前进”的阶段。在很多地区手工业逐步恢复发展的基础上，国家开始试办手工业合作社，支持资金不足和采购原料困难的个体户，组织加工订货；协助失业的手工业工人，建立生产互助组织，提供生产和经营扶助。1951 年 6 月 6—26 日，中华全国合作社联合总社召开全国合作社第一次手工业生产工作会议，会议确定巩固已有手工业生产合作社，明确了由个体到集体、由手工到半机械化再到机械化、由小生产过渡到大生产的合作社发展路径，有计划地在未成立手工业生产合作社的地区重点试办。至 1954 年年底，全国手工业合作组织发展到

4.1 万多个，较 1953 年增加 7 倍多，社（组）员 113 万多人，较 1952 年增加 2.7 倍；1954 年产值 11.6 亿元，相当于 1953 年的 1.2 倍。[260]

1953 年至 1955 年冬，是手工业改造的普遍发展阶段。1953 年 11—12 月，第三次全国手工业生产合作会议召开，会议要求在第一个五年计划期间建立手工业合作化的巩固基础，到 1957 年各种手工业合作组织的成员发展到 5 000 万人，生产总值 60 亿元以上。到第二个五年计划中期，在全国范围内基本上完成手工业合作化的组织任务。[261] 1955 年 5 月，中共中央指示："必须对手工业的安排与改造同时予以考虑，将手工业部门的各种计划，首先是供产销计划，逐步纳入到地方工业的计划之内。"在中央的领导下，手工业合作运动继续保持较快发展。到 1955 年年底，全国共发展手工业生产合作社（组）6.8 万个，社员 220 万人。农业合作化的加速也影响了手工业合作化的进程。

1955 年 12 月 21—28 日，第五次全国手工业生产合作会议召开，制订加快手工业改造步伐的计划，确定第一个五年计划期间基本上完成全国手工业合作化，全国手工业合作化到达高潮阶段。到 1956 年 6 月底，组织起来的手工业者占手工业者总数的 90%。到 1956 年底底，全国组织起来的手工业合作社（组）经过调整达 9.91 万个，社（组）员达 509.1 万人，占全部手工业从业人员的 92%。[262] 这一阶段，中国基本完成了对手工业的社会主义改造。由于改造过程中采取快速合社等方式，未能妥善处理好资金、技术、设备与劳动力等细节问题，使手工业后期的发展受到了制约。但总体来说，手工业劳动条件有了很大的改善，兴办了各种福利事业，生产技术逐渐由手工业生产发展到机械化生产，提高了生产力，对社会主义建设起到了积极的作用。

历史的演化具有因果关系，一方面，新中国的农业、手工业社会主义改造是符合当时国家的生产力发展水平和社会历史条件的，对农业生产力的推动和工业化的支撑具有一定的正面作用；另一方面，农业、手工业社会主义改造在实际意义上亦是对农村的社会主义改造，国家对农村社会的影响不限于农业经济，而是对整个农村社会的全盘整合和控制。于是，农村背负了国家权力所隐含的巨大政治惯性，而这种政治惯性对农村社会命运的走向具有决定作用，因为这惯性有可能来自高效的政治建设力，也可能来自失控的政治破坏力。这是传统的中国村落社会从未面对过的。

可以肯定的是，作为乡村社会单元的村落，受到了国家权力的全面介入，村落与外界的关系被改变，村落自主性被大大降低。1950—1952 年进行的土地改革，形成了农地私有，实现了“耕者有其田”，村落活力被短暂激活。然而，1953 年以后的集体化改造运动，将农地集体进行统一经营，又迅速遏制了这种活力。尤其是农业合作社的出现，使自然村落在层层管理以及各种不同血缘、不同村域之间的生产合作之中，变得联系不便，其自主性也基本丧失。因为人民公社实行“三级所有，队为基础”的集体所有制经济（三级即公社、生产大队、生产队，其中生产队是基本核算单位），作为编制对象的村落，小的与其他村落一同编入一个生产队，大的则被分成若干生产队，如此村落显然没有了自主性。村落的传统性、共同性和自主性在这一系列改造中被不断弱化，特别是“破四旧”运动，更是将建立在传统文化基础上的传统村落共同体破坏得体无完肤。虽然这一时期的村落被理解为“大共同体”，即“人人为我，我为人人”，但实质上它只是基于行政权力的表面“集合”而已。[263]

二、“破四旧”运动与村落社会

社会主义改造的完成并不意味着农村问题的完整解决，通过社会主义改造建立的农村合作社亦存在问题，由于发展不平衡、分配过于平均等引发的社员不满、退社等情绪和行动也常有发生。当时，党和国家层面认为这是关系到走资本主义还是社会主义道路的重大问题，因此开始了农村的整风运动。尽管农村整风运动有稳定农村社会思想意识的作用，但同时也滋长了跃进思想。伴随着对社会主义道路的继续探索，跃进浮夸之风也开始在广大农村盛行，农村开始走向违背社会经济发展规律的政治运动道路。加上三年自然灾害的影响，农村的生产生活受到了严重影响，而政治化的运动仍在继续，革命思想、阶级斗争在逐渐扩大。直到“文化大革命”“破四旧”的到来，政治化运动正式向广大乡村乃至整个社会的核心——文化传统延伸。

1966 年 6 月 1 日，《人民日报》社论《横扫一切牛鬼蛇神》提出“破除几千年来一切剥削阶级所造成的毒害人民的旧思想、旧文化、旧风俗、旧习惯”的口号。1966 年 8 月，中国共产党的八届十一中全会通过《关于无产阶级文化大革命的决定》，提出“大立无产阶级的新思想、新文化、新风俗、新习惯”，这就是“破四旧、立四新”。在“以阶级斗争为纲”的思想指导下，新旧之间、破立之间成了绝对的对立甚至是敌对。《关于无产阶级文化大革命的决定》指出：“资产阶级虽然已经被推翻，但是，他们企图用剥削阶级的旧思想、旧文化、旧风俗、旧习惯，来腐蚀群众，征服人心，力求达到他们复辟的目的。无产阶级恰恰相反，必须迎头痛击资产阶级在意识形态领域里的一切挑战，用无产阶级自己的新思想、新文化、新风俗、新习惯，来改变整个社会的精神面貌。”因此，在政治决策的号召以及现实斗争扩大的相互影响和作用下，“破四旧、立四新”走向了根绝数千年来传统文化的暴戾之路，作为承载传统文化的村落社会也因此受到极为严重的摧残。

浩浩荡荡的“红卫兵”队伍开始了对城乡社会的文化清扫。改街名、砸庙宇、烧戏装、打权威、大抄家、毁文物一下成了社会轰轰烈烈的风气热潮，社会秩序大乱。据不完全统计，不到一个月的时间，在北京、上海这样的大城市被抄家的竟达 10 万多户。北京市 1958 年确定保护的 6 843 处文物古迹中，有 4 922 处遭到不同程度的破坏。[264] 北京、上海这样的核心城市尚且如此，更何况其他城市乃至乡村。“破四旧”活动在全国各地迅速开展起来。“红卫兵”们敲锣打鼓，发起强大的宣传攻势，四处张贴大字报，散发传单，举行集会、演说等。与此同时，“红卫兵”开始前往乡村，发动村民进行文化清扫。迫于压力，不少村民主动参与其中，村落文化传统遭到严重破坏。当然，尽管当时的村落社会生活中充斥着革命与斗争，但农民参与这些政治活动表现出较强的被动性、盲从性与非理性。乡村中多处发生拆庙宇、砸菩萨、摔碎祖宗牌位、换门神、结婚打红旗、推牌坊的事件。在“红卫兵”的强迫下，大批带有封建主义、资本主义思想色彩的街道、商号将名称更换成了带有革命色彩的新名称。古建筑上的匾额、砖雕、木雕、石雕均被砸坏，房屋上“福”“禄”一类的字眼也被当作“四旧”砸掉。各家供奉的祖先牌位、神像、香炉，全部被查收。大同市商业系统在 8 月 23 日一天内，就改了 63 个商店的字号。“积玉德”门市部取下挂了近 60 年的大横匾，换上了“大众食品店”的新招牌。在“红卫兵”的影响下，山西忻县把北城门楼上的“晋北锁钥”大石匾挖掉，换上了毛泽东的巨幅画像。很多商店、旅店、饭馆都换上了“充满革命气氛”的新名称。[265]“毛主席像纪念章”一时成为人们的馈赠礼物；农村家家户户门上多写“忠”字，大献忠心，男女老少跳“忠字舞”，人人胸前佩戴“忠”字纪念章。[266]永济县一个作者给《山西日报》撰文认为，他们县的“舜帝”“西厢”“韩家堡子”“北赵宫”等村名，应分别改为“东方红”“东风”“跃进”等，“李家坟”“张家坟”等地名，应改为“高产”“丰收”等。[267]各种具有文化内涵和历史韵味的传统名称被改成了简单重复的革命字眼。

比改名更严重的是对文物的毁坏。焚烧字画、打砸庙宇、毁灭古迹等，“红卫兵”所到之处，文物基本难保。南山寺门前汉白玉扶手上的雕饰狮子全部被砸毁，连全国重点保护文物，如山东曲阜的孔庙和孔林，也被“红卫兵”破坏。由传统社会遗存的文物，无论其价值属性如何，只要带有“旧”的头衔，就成了必须予以破除的对象。据统计，“文化大革命”时期福建省各地共毁掉菩萨像 53.8 万多个，烧毁耶稣像、十字架、神牌等 80 万件[268]，仅漳州地区就捣毁菩萨近 20 万尊、神牌 40 多万个[269]。据不完全统计，龙岩全县农村共交出旧书、坏书 18 068 本，罗盘 83 个，迷信道具 700 副，菩萨 5 712 尊，神牌 26 672 块。[270]唐代建造的石塔、宋代遗留的石雕、明代修筑的石坊等都被拆除毁坏。建瓯一座具有 500 多年历史的水南塔与一座有着独特建筑风格和研究价值的下洋状元桥毁于“红卫兵”的炸药和雷管。[271]此外，福建各地群众还打掉神主牌、香炉等各种迷信工具66万斤，烧毁“坏”书刊122万本。[272]南京浦口区清除和烧毁家谱300多本，旧对联、亡人牌、烛台、辟邪镜等物件1万多件。农村中保存数百年的牌坊、石碑等文物被砸。[273]

“破四旧”运动也使很多具有重要意义的节日、庆典遭到严重破坏。“至于过年的民间习惯也被列入打破的范围，过春节改名为‘过革命化的春节’，具体‘革命化’，就是农民去劳动，工人去上班，不休息，吃忆苦饭。”[274]逢年过节不走亲戚，不耍社火，农事节日一律被打倒。一些少数民族地区，“将‘破四旧运动’与具有民族传统的喜庆日子联系在一起，内蒙古自治区一年一度纪念成吉思汗的盛大节日，便被作为‘四旧’破除了”[275]。民间的风俗习惯被推翻，例如婴儿出生办满月酒、儿童上学做“七夕”、成年“戴冠”等风俗都被限制[276]；集体举行结婚仪式，不请客；丧葬不能戴孝，不能哭丧；舞狮、赛龙舟等传统活动也被禁止；古装戏、历史剧不能上演。[277]这些节日、庆典之所以要被禁止甚至推翻，是因为在“红卫兵”看来，这是“反对马列主义、毛泽东思想”的。民间宗教活动也被迫停止，一些地方甚至出现了强迫信徒改变信仰和生活习惯的现象。

一些“造反派”组织在农村到处批判“资产阶级反动路线”，大搞“阶级斗争”。1966年10月，广东三水县全县掀起批判“资产阶级反动路线”的浪潮，“踢开党委闹革命”成为当时的流行口号，无政府主义思潮泛滥，县、社、镇、局以及基层党政机关一些领导和知识分子被强加罪名遭到批斗，致使各级党政机关基本陷入瘫痪或半瘫痪状态。[278]永兴公社的“红卫兵”召开群众大会，当场扒开国民党张市镇镇长 ××× 以及吃人恶霸 ××× 的墓穴，并控诉揭发其罪恶事实，高喊“不忘阶级苦，牢记血泪仇”的口号，烧砸尸骨，让广大民众直面一场阶级教育，给当地农民留下极深刻的印象。[279]一些“阶级斗争”也常导致一些地方发生工农群众互相打斗的事件，严重破坏了地方秩序。这些运动消解了乡村社会治理和社会组织的基础，造成乡村社会生活、社会关系和社会秩序的紊乱。例如各处改地名使乡村地名混乱不堪，多数地名未经政府部门批准随意修改，且因改动后的地名有太多重复，给乡村秩序和民众生活带来了诸多不便。“福建有关部门反映，因为地名混乱影响了部队指挥和抢险救灾工作。”[280]

随着各地“破四旧”运动的深入，抄家之风愈演愈烈。在乡村，“很多地主、富农被抄家，家产被砸毁或被拿走。在观澜和龙华，我们可以看到到处都是戴高帽子、游街游乡游村示众的‘黑五类’，不少人被关押”[281]。宁夏地区，“这些‘革命行动’后来又发展到令人望而生畏的‘抄家运动’，地、富、反、坏、右‘五类分子’受到‘警告’‘勒令’‘通牒’的标语到处可见，挂牌游街成了家常便饭，有些人被抄家后被赶到农村接受监督改造，他们的子女成了‘狗崽子’被逐出红卫兵组织；农村中的地、富、反、坏、右‘五类分子’更是三天一汇报、两天一交代，被罚跪、罚站、批斗则习以为常，还要被迫交出‘变天账’‘反动契约’”[282]。正常的生产秩序、社会秩序被严重扰乱，给整个乡村社会的政治、经济、文化造成了巨大的破坏。1966年，“破四旧”运动遍布济南城乡，至当年10月13日，济南市20 075户被抄家，占全市总户数的13.11%，7 400户22 197人被赶往农村，造成了城市和乡村社会秩序的极大混乱。[283]北京市自8月19日至9月底，共赶出北京市“四类分子”达85 000多人。[284]

整个中国社会都遭受了严重的文化灾难。“破四旧”看似是要破除传统文化中的封建糟粕，重新树立符合时代发展方向的新文化，实际上对传统文化进行全盘式的否定与扫荡，这恰恰使其成了自身的对立面。包括村落在内的整个社会承受巨大冲击。村落作为中华文化的发源地再次受到暴力的摧残。村落作为中国传统文化的重要载体，已经失去了大量有形的传承要素，乡村文化从近代以来一直在不断流失湮灭。可以悲观地说，近代以来，在社会变迁的道路上，唯一一直失调的就是我们的传统文化，唯一难以挽回的也是我们失去的传统文化。村落社会里一些幸免于难的文化遗存，很多是人们用隐藏躲避的方式冒险保留下来的。当然，从另一层面来说，这也表明了文化传统对政权权力的强大抵制力和约束力，以及村落社会对来自国家强势介入的某种有意或无意的主动净化和过滤。

从1949年新中国成立到1978年改革开放，中国农村历经土地改革、合作化、“大跃进”、人民公社化、社会主义教育运动等经济、政治和文化制度的大变革，还经历了“破四旧”“文化大革命”。乡村的政权组织结构、乡村精英品性及构成、农民的意识形态观念以及乡村的社会秩序和经济活动方式等发生了前所未有的变化。我们可以看到，新中国成立后，在国家政权影响下乡村社会的转型发展路径和状态呈现。

首先，通过“打土豪，分田地”的土地改革使得农民在获得生存资源的同时，形成对新政权合法性的认同；其次，通过整风运动、社会主义教育运动等将阶级意识、革命意识灌输到农民思想中。在政治权威的规训下，国家将权力植入乡村基层，并且通过各种政治、经济的方式对乡村进行集体化整合，进而通过政治运动将农村生活政治化，最终形成社会一体化的政治集权。这时乡村的生产生活资料以及各种谋生、发展资源都被国家垄断；政治意识形态形成对农村社会的高度统摄，社会生活高度政治化；传统乡村精英的位置直接被国家行政权力取代，国家直接面对乡村、乡民。[285]这样，党和国家通过土地改革赢得了农民的认同和支持，然后通过乡村政权建设等举措将权力渗透到了乡村社会的方方面面，从而实现了国家对乡村的紧密控制。

如此，乡村失去了自我调控的能力和空间，自古以来的传统村落社会格局完全被打破，重新建立的乡村社会成了国家高度控制下的社会单元。在这样的社会背景下，乡村社会完全服从于国家的意识形态和政治目标。政治化成了乡村社会的最显著特征。历史的经验和结果表明，在权力高度集中的一体化制度下，以政治为导向的集体化行动会释放出巨大的社会能量，而行动结果的好坏则直接取决于政治决策及其执行过程的优良与否。对中国乡村而言，不幸的是在这一历史时期，社会能量的破坏力将先前的建设成果消磨覆盖，乡村社会在短暂的恢复之后，迎来了更大的社会危机和文化灾难。在百年战争废墟之上建立起来的新社会，一不留神就把所剩不多的传统文明推向了危机边缘。换言之，村落及其承载着的传统文化，在中国社会变迁的道路上一直面临着某种危机和挑战。

第四节

城镇化进程与村落

一、基层政权的建设与村落

基层政权的建设对构建良好的国家与社会关系而言，无疑具有重要意义。中国传统的“皇权不下县”的政治体制，在20世纪初开始有了巨大的转变，这一转变是以传统社会向现代社会转型为内核来推动的。历经清朝、中华民国直到中华人民共和国成立，为实现中国社会的现代化转型，获得国家工业化、现代化所需的经济和政治资源等，国家控制乡村社会的努力从未停止过。尽管在清末和民国时期，国家政权进行了形式上的下沉，同时获得了攫取乡村社会资源的能力，但并没有实现对乡村社会的有效控制。地方基层特别是村落社会依然处于失序状态。新中国通过土地改革等变革措施，将农村基层政权建立在乡镇一级，甚至延伸到了村一级，真正实现了国家政权对乡村基层的把控。以1978年的改革开放为分界点，在不同的历史时期，中国对基层政权的建设有着不同的方向。

1949年新中国成立之初，国家在农村建立了村一级的政权，即由村人民代表会议与村人民政府组成的人民政权。伴随着土地改革的完成和合作化运动的兴起，国家于1954年取消了村一级政权，乡镇成为农村的基层政权系统，国家权力开始成为乡村整合与发展经济的主导力量。作为自然村的村落，特别是一些规模较小的村落单元因此失去了独立的治理权，被纳入了国家划定的行政村。1958年以后，由于缺乏社会主义建设的经验，以及受急躁冒进的“左倾”意识的影响，党中央提出了依靠农业积累支撑工业化赶超战略，这一战略的实施迫切需要乡村建立更能满足国家对乡村社会资源动员与控制力度的管理体系。因此，国家又撤销了乡政府，代之以“政社合一”的人民公社制度。人民公社为农民集体所有，集经济组织和基层政权于一身。在人民公社体制下，国家建立了人民公社、生产大队、生产队三级严密的组织体系，每个农民被严格束缚在公共生活和集体生产的公社体制内，参加公社组织的统一劳动、统一分配。[286] 从某一方面来说，这也基本上瓦解了传统的具有地缘性、血缘性特征的村落社会及其人际关系。在特定历史时期，人民公社制度较好地改变了分散的一家一户的生产形式，凝聚了乡村社会资源，提高了生产力。

客观而言，人民公社体制在国家政权建设方面发挥了一定程度的管理作用，具体表现为农村社会长达 20 多年的政治稳定，以及工业化发展所需的资本和原材料的积累。换言之，实现了国家对农村社会的高度控制和对资源的攫取能力。然而，从长远来看，这种体制实际上是与国家的现代化建设目标相悖的。一体化模式下的政治惯性的影响力，在“文化大革命”时期已经显现，全能主义的治理体制明显制约了农村经济的发展。在忽略了农民的生存需求和发展需求的生产关系中，农民的生产经营自主权被取消。分配过程中实行的集体平均主义不仅没有解放出农村的生产力，反而极大地压抑了农民的生产积极性。这带来的后果则是农村经济的长期低迷，以及农民的普遍贫困。所以，脱离了客观实际，以理想化为驱动的人民公社体制最终走向瓦解也就成了历史的必然。

1978 年 12 月 18 日，中国共产党第十一届三中全会在北京召开，会议对历史和现实做出了反思和分析，确立了“解放思想，实事求是”的思想路线，讨论把全党的工作重点转移到社会主义现代化建设上来，并做出了实行改革开放的新决策，启动了农村改革的新进程。

党的十一届三中全会后，以包产到户为主要内容的家庭联产承包责任制在全国迅速推行开来。这一重大的农村经济改革，势必会影响到乡村社会治理。家庭联产承包责任制瓦解了人民公社时期“一大二公”（具体是指第一人民公社规模大，第二人民公社公有化程度高）、高度集中的政权体制下的经济基础，人民公社集中经营、集中劳动、统一分配的经营管理方式已经不适应生产力、生产关系发展的需要，乡村建设的改革势在必行。[287] 同时，新生的家庭联产承包责任制，使得农民从集体管理中释放出来，自由意识、私人行为被强烈地刺激生发，但由于缺乏正确引导和有效约束，乡村社会出现了短暂的无序状态。集体财产被哄抢一空，公共设施荒废，生产队组织陷入瘫痪状态……换言之，“政社合一”制度在农村迅速失效，而新制度又未能及时补位，使农村政治权力和公共组织呈现出短暂的“真空”状态。当然，随着改革开放的持续推进，一些地方，如广西宜山、罗城两县的乡村，为了改变这种情况，恢复乡村社会秩序，率先成立了村民委员会，以协助基层政府维护乡村社会的治安。作为一种群众性组织，村民委员会的功能被逐渐扩大。

1982 年，《中华人民共和国宪法》宣布废除人民公社体制，恢复原来的乡、镇、村体制。在县以下设乡人民代表大会和乡人民政府作为基层政权组织，在乡下面按农民居住地区设立村民委员会，实行村民自治。这一改变的最大不同在于，国家权力收回到了乡镇一级，给了乡村更大的自主权和自决权，这就在乡村社会秩序得到保障的前提下，更加有效地激发了乡村社会的活力。1983 年 10 月 12 日，中共中央、国务院发出《关于实行政社分开，建立乡政府的通知》，指出当前的首要任务是把政社分开，建立乡政府，并具体部署了建立乡政府的工作。政社分开后，精简了管理机构，农村干部实行选举制和聘请制，干部大大精简，减轻了农民和国家的负担，农民的生产积极性进一步得到发挥。到 1985 年，全国农村基本完成了废除人民公社体制，建立乡镇政府、村民委员会的工作。1987 年 11 月颁布的《中华人民共和国村民委员会组织法（试行）》对村民委员会的性质、地位做了比较具体的规定，村民委员会是村民自我管理、自我教育、自我服务的基层群众性自治组织，并要求实行民主选举、民主决策、民主管理、民主监督；明确了乡镇政府与村民委员会的关系是指导与协助关系。新中国的农村管理体制再次发生重大变革，实行了 20 多年的人民公社体制被有一定自治性质的乡政村治格局取代。站在历史的角度，这是中国乡村社会有史以来的第一次。[288]

乡政村治治理结构是在改革转型的背景下形成的，是国家为了解决家庭联产承包责任制带来的农村政治制度缺位和滞后与乡村失序问题而形成的，也是为了适应经济制度的变化，对农村政治制度的重建。[289]纵观农村社会变迁的历史进程，我们可以看到，在农村经济、政治、文化领域，自主性都是农村社会发展必不可少的因素。尤其是在经历了“文化大革命”之后，以自主性为内涵的国家和社会之间的边界开始在新的历史环境中逐渐凸显。在“改革开放”方针的指引下，包括自然村落在内的基层社会，其自主空间的扩大，在一定程度上满足了农村各方的利益诉求，农民的价值取向和生产生活方式发生了改变，农民的积极性、社会的生产力再次被激活，农村社会迎来了与现代化发展相适应的生长发育阶段，民主选举、经济调适、社会管理、公共服务等各方面工作开始恢复和发展。

然而，需要指出的是，伴随着改革开放的持续推进，农村基层政权建设中的一些问题也开始暴露：在党政关系上，以党代政、党政不分的情况较多；在上下级关系上，权力还是过分集中，基层的自主权受到较多限制；在政企关系上，企业受政府监管过多……[290]总而言之，在诸多乡村关系中，法律规定的指导关系多被领导关系取代，人治因素依然很强烈。与此同时，农村的问题也开始暴露：农业结构调整缓慢，乡镇企业发展困难，农民收入增幅下降，农村经济增长放缓，但是国家压力下的行政任务、税费收取在不断上升，乡镇行政人员数量也迅速膨胀，这导致农民负担加重，干群关系紧张，乡村治理出现某种程度的挑战。

因此，农村基层政权的建设与改革，从来不是一锤定音的，或者说建设与改革本身就是一个不断面临问题、解决问题的过程。1998 年，《中华人民共和国村民委员会组织法》的颁布实施，标志着“乡政村治”体制的正式确立。这意味着乡村治理体制的改革与完善又将面临新的阶段，以“撤并乡镇、精简机构、分流人员”为标志的乡镇机构改革、农村税费改革以及社会主义新农村建设等诸多制度的构建，为农村的现代化发展提供了新的动力。

事实上，针对乡、村数量扩张所带来的问题，早在 20 世纪 80 年代，党和政府就开始主导撤并乡镇工作。从 20 世纪 90 年代末到 21 世纪初，伴随着农村税费改革的深入推进，乡镇机构改革进一步强化。这次改革以“明确职能，提高效率”为指导方针，以提高农村基层民主政权的公共服务能力，切实减轻农民负担为要旨。农村乡镇个数由1992年的48 250个减少到2006年的34 756个，村委会由1999年的737 429个减少到2006年的637 011个[291]，乡镇政府职能与机构发生了大的转变和缩减。与此同时，自2000年起，中共中央、国务院连续发出开展税费改革试点工作的通知。2003年，税费改革开始在全国农村广泛推行。2006年1月1日，《中华人民共和国农业税条例》废止，在我国沿袭2 000年之久的农业税得到了终结。这意味着国家减少对农村资源的汲取，同时也标志着我国进入了“工业反哺农业”的工业化升级时代，乡村社会发展面临新的挑战和机遇，乡村治理进入了社会主义新农村建设的重大转型时期。

2005年，党的十六届五中全会提出了建设社会主义新农村的重大历史任务：“要从社会主义现代化建设全局出发，统筹城乡区域发展。坚持把解决好‘三农’问题作为全党工作的重中之重，实行工业反哺农业、城市支持农村，推进社会主义新农村建设，促进城镇化健康发展。”[292]提出“生产发展、生活宽裕、乡风文明、村容整洁、管理民主”的新农村建设战略，并要求各地从实际出发，尊重农民意愿，扎实稳步推进新农村建设。2006年，国家免征农业税，正式拉开了社会主义新农村建设的帷幕。2008年，党的十七届三中全会进一步明确了推进农村改革的指导思想：“把建设社会主义新农村作为战略任务，把走中国特色农业现代化道路作为基本方向，把加快形成城乡经济社会发展一体化新格局作为根本要求，坚持工业反哺农业、城市支持农村和多予少取放活方针，创新体制机制，加强农业基础，增加农民收入，保障农民权益，促进农村和谐，充分调动广大农民的积极性、主动性、创造性，推动农村经济社会又好又快发展。”[293]

事实上，建设社会主义新农村是我国统筹城乡发展、以工促农、以城带乡的现代化基本途径，是改善民生的重要举措，也是切实解决“三农”问题、夯实民主政权之基的战略要务。国家对乡村治理由资源提取转变为资源输入，出台了如免除义务教育的学杂费、粮食直补等一系列惠农实施办法，通过技术性变革对基层民主政权建设进行积极探索，在一定程度上推动了社会主义新农村建设。2010 年修订和颁布的《中华人民共和国村民委员会组织法》规定了党在乡村治理体制中的地位与作用，从而在法律层面明确了中国共产党在农村基层组织作为乡村基层民主建设和“乡政村治”的领导核心地位。这意味着，改革开放几十年以来，在人民公社体制废除以后伴随农村微观经济体制的改革，“乡政村治”体制所依据的制度体系初步形成。

“乡政村治”治理格局的形成，可以说是在国家实现现代化建设目标下，顺应农村市场经济发展和社会全面进步的需要，为解决社会矛盾，保持社会稳定做出的制度性构建。[294] 通过国家权力的下放，村民实行自治，重新确立了国家行政权和乡村自治权的边界，在一定程度上实现了国家管理与村民自治的有机结合。不可否认的是，这种变革在一定程度上适应了改革开放以来，农村经济体制改革后农民作为生产经营主体的需要，也适应和促进了基层民主政治发展的要求，乡村社会内部的活力得到释放，乡村经济得到了迅速发展。但是，在新型城镇化与国家治理现代化战略提出和实施的背景下，随着乡村市场经济的发展和村民自治的深入，这种体制也暴露出一些问题与缺陷，急需健全与完善，如农民利益表达渠道缺失，群体性事件不断爆发，干群关系疏远甚至发生冲突；农村公共服务缺位，公共事业建设滞后；传统价值体系加速衰落，乡村社会认同感和凝聚力缺乏……基层政权建设因此面临新的要求和挑战。

2013 年，党的十八届三中全会通过的《中共中央关于全面深化改革若干重大问题的决定》明确提出了推进和实现国家治理体系和治理能力现代化的战略目标。治理概念与理论的文本性提出，要求在承认国家与市场、国家与社会相对分离的基础上，强调多元治理主体通过互动、协商共同管理社会公共事务，实现社会“善治”的目标。基层政权是国家政权的重要组成部分，乡村社会的稳定和发展能力与基层政权的建设密切相关，有效的基层政权建设对国家和社会稳定至关重要。因此，构建科学合理的乡村基层政权建设体制，对实现乡村乃至整个国家治理现代化来说具有基础性意义。具体而言，需要在坚持现行“乡政村治”基本制度框架的基础上，构建多元合作治理体制，强化乡镇党委政府执政能力，充分调动村两委、乡村精英和广大村民等乡村主体更加主动、平等地参与乡村治理，发挥市场在资源配置中的决定性作用，构建“政党领导、政府主导、农民主体、市场引导、全社会参与”的乡村社会治理体制，以更好地促进乡村社会的稳定与发展，最终实现乡村社会的“善治”。[295]

二、土地政策的变化与村落

土地作为人类赖以生存的自然资源和生产资料，在人类文明发展史上一直具有重要作用。即使科学技术高度发达，人类的生存能力不断加强，人类依旧不能脱离土地而存在。中国作为传统的农业大国，土地历来为国家和人民所重视。农村社会生产力与生产关系的发展变迁，基本是由人与土地的关系来决定的。土地政策的良善与否，直接关系到农村乃至整个社会生产生活状态的好与坏。因此，土地政策对农村乃至整个国家而言，都是具有根本性意义的重要策略。从新中国成立到改革开放再到今天，农村土地问题一直是我国“三农”问题的核心，党和国家在实践中不断调整和改革土地政策，农村也在这样的政策变迁中经历着转型与起伏。

面对人民公社体制弊病的扩大，以及“文化大革命”带来的巨大创伤，国家的党政、经济陷入一片低迷，社会急需新的思想与行动以重新获得发展前进的动力。于是，1978 年 5 月，社会上开展了关于真理标准的大讨论，民众思想逐步解放，改革开放的伟大实践开始发生。也是在这一年，在安徽的一个小村庄，18 位农民秘密地聚集在一起，立下生死状，在土地承包责任书上按下红手印，拉开了中国农村变革发展的新序幕。（见插图 34）党的十一届三中全会的召开，标志着改革开放成为我国发展的主旋律，经济方面的改革始于农村，核心就是土地政策。从安徽小岗村的个别案例到全国政策的发展实施，改革开放的土地政策经历了阶段性的推进与完善过程。

1978 年，党的十一届三中全会通过了《中共中央关于加快农业发展若干问题的决定（草案）》，内容继续强调和保持人民公社“三级所有，队为基础”的经营制度，同时也指出社员自留地是社会主义经济必要补充部分，肯定了“包工到作业组，联系产量计算劳动报酬”的经营方式，但“不许包产到户，不许分田单干”。1979 年，党的十一届四中全会通过了《中共中央关于加快农业发展若干问题的决定》，政策允许某些副业生产的特殊需要和边远山区、交通不便的单家独户包产到户，初步肯定了“包产到户”的办法，但仍“不许分田单干”。1980 年 5 月，针对争议较大的“包产到户”问题，邓小平表示“农村政策放宽以后，一些适宜搞包产到户的地方搞了包产到户，效果很好，变化很快”[296]。农村土地政策改革在扎实有力地推进。同年 9 月，中共中央颁发《关于进一步加强和完善农业生产责任制的几个问题》，对专业承包联产计酬责任制和包产到户做了进一步的肯定。广大农村迅速对时局政策做出响应，到 1981 年 10 月，全国农村基本核算单位中，建立各种形式生产责任制的已占 97.8%，其中包产到户、包干到户的达 50%。[297]

随着生产责任承包制的推行，村落社会的内部活力被激发，农民的生产积极性大大提高，农村生产力得到解放，农村经济大为好转。1982 年 1 月，中共中央发出第一个关于“三农”问题的一号文件《全国农村工作会议纪要》，明确指出“目前实行的各种责任制，包括小段包工定额计酬，专业承包联产计酬，联产到劳，包产到户、到组，包干到户、到组，等等，都是社会主义集体经济的生产责任制”。同年，《宪法》宣布废除人民公社体制，恢复原来的乡镇体制。这意味着以农村土地制度改革为基点带动农村改革工作取得了巨大的突破。1983 年，中共中央一号文件《当前农村经济政策的若干问题》从理论上指出以包产到户、包干到户为主要形式的家庭联产承包责任制“是在党的领导下我国农民的伟大创造”。在政策的指引下，包产到户在全国各地迅速推广发展，家庭承包经营进入稳定、完善阶段。

1984 年，中共中央再次发出一号文件《关于 1984 年农村工作的通知》，进一步规定了土地承包政策问题，指出稳定、完善联产承包责任制，延长土地承包期，期限应在15年以上。鼓励农民增加投资，培养地力，土地逐步向种田能手集中。同时指出，自留地、承包地均不准买卖，不准出租，不准转作宅基地和其他非农业用地。这一年，出现了第一次全国性的“卖粮难”现象，这标志着家庭联产承包责任制改革的巨大成功，但也表明农村经济并没有完全活起来，农业产业结构单一，不能适应市场的需要。所以，不得不调整和出台一些相应的配套政策。1985年，中央在明确规定联产承包责任制和农户家庭经营长期不变的同时，提出扩大市场调节，使农业生产适应市场需要，促进农业产业结构的合理化，进一步把农村经济搞活。1986年，第六届全国人大常委会第十六次会议通过《中华人民共和国土地管理法》，以法律形式确认了家庭联产承包责任制，并进一步充实了这一阶段土地政策的内涵，使土地转包从理论走向实践。1988年，第七届全国人大常委会对《宪法》做出的修正案规定：“任何组织或者个人不得侵占、买卖或者以其他形式非法转让土地。土地的使用权可以依照法律的规定转让。”这就为土地转包奠定了现实的法律依据。1991年，党的十三届八中全会发布了《中共中央关于进一步加强农业和农村工作的决定》，明确指出要把以家庭联产承包为主的责任制、统分结合的双层经营体制，作为我国乡村集体经济的一项基本制度长期稳定下来，并不断充实完善。

1992年，中国拉开了社会主义市场经济的帷幕，中国农村经济开始转入现代化市场经济的运行轨道并逐步发展。1993年，国家第一次将家庭联产承包责任制列入《宪法》范畴，使其成为一项国家基本经济制度，并在《关于当前农业和农村经济发展的若干政策措施》中明确提出在原定的耕地承包期到期之后，再延长30年不变，为我国农村土地政策的长期稳定奠定了基础。2002年，《中华人民共和国农村土地承包法》规定了农村土地承包采取农村集体经济组织内部的家庭承包方式，国家依法保护农村土地承包关系的长期稳定，土地承包经营权流转遵循依法、自愿、有偿的原则。[298] 这一法律的颁布标志着农村土地政策进入了新的法制化发展时期。在新的发展背景下，国家继续加强和完善对土地政策的改革。2008 年，党的十七届三中全会指出，要稳定和完善农村基本经营制度、健全严格规范的农村土地管理制度、完善农业支持保护制度、建立现代农村金融制度、建立促进城乡经济社会发展一体化制度、健全农村民主管理制度。[299] 2016 年，国务院发布的《中共中央关于制定国民经济和社会发展第十三个五年规划的建议》中提出了稳定农村土地承包关系，落实集体所有权，稳定农户承包权，放活土地经营权，完善“三权分置”办法，明确农村土地承包关系长久不变的具体规定。2017 年，党的十九大报告指出，巩固和完善农村基本经营制度，深化农村土地制度改革，完善承包地“三权分置”制度。保持土地承包关系稳定并长久不变，第二轮土地承包到期后再延长 30 年。

从改革开放以来 40 年国家土地政策的变化中，我们可以看到土地政策并不能一劳永逸。随着时代的变迁，国家的土地政策也在不断探索调试，在这个意义上可以确定的是，只有当农村土地政策符合经济发展规律，适合社会发展需要时，农村的生产生活才能向前发展，社会生活水平才会提高。

毫无疑问，“家庭联产承包责任制”在改革开放以来的土地政策中占有主要地位，发挥着极其重要的作用。家庭联产承包责任制实现了土地所有权和土地使用权的分离，农民与土地的关系变得更加灵活，农民获得了土地的经营权，并通过生产和分配的自主权来满足自身的生存和发展需要。这使得集体的优越性、个体的积极性以及资源的配置都得到了良好有效的发挥，农业生产得到迅速有力的恢复和发展。同时，家庭联产承包责任制把家庭经济引入合作经济，将单一的集体经营体制改为集体统一经营和农户分散经营相结合的双层经营体制，形成了全新的农业生产经营模式。再加上各项农村政策的推行，促进了我国从自给半自给经济向较大规模的商品经济转化，为我国农业农村的现代化发展提供了动力和保障。[300] 简而言之，改革开放以来以“家庭联产承包责任制”为主要内容的农村土地政策，不仅改变了农村贫穷落后的整体面貌，也为整个社会经济发展和国家的现代化改革提供了新的动力。

必须注意的是，改革开放后的土地政策首先是对之前国家土地制度反思和突破的结果，它带来了明显的正面效应。不过，随着农村改革的持续深化，土地政策在实施运行的过程中又衍生出诸多问题。比如，由于国家处于快速转型发展时期，政策缺乏一定的成熟性和系统性，因此土地政策在宏观方面多，而微观方面少，导致农村土地产权处于不明晰、不规范的状态。由此，又带来了与农村土地相关的权利主体的权利、义务的不明确，以及农民收益机制无法得到保障等问题。尤其是近些年来，政府、企业、开发商等多方主体在农村进行土地方面的博弈，使得农民的利益受到侵占。这就要求国家从照顾农民利益的角度出发，积极探索土地所有制的实现形式，明确农村土地产权制度，合理分配农村土地收益。又如，家庭联产承包责任制虽然将土地经营自主权给了农民，但是这种以家庭为生产单位的小规模、分散的经营模式，并不能适应现代化的规模农业生产的需要，而且阻碍了专业化、商品化的市场经济农业生产。加上城镇化建设使得农村劳动力大量流入城市，青壮年劳动力严重缺乏，农村耕地大量抛荒，土地产出效率低。因此，要加快建立和完善农村土地流转制度，提高土地的潜在价值，盘活土地资源活力，实现资源的优化配置以及土地经营的适度规模化。此外，目前还存在变相改变土地用途的现象，国家明确规定土地流转不得改变土地所有权的性质和土地的农业用途，但是以休闲农业、设施农业等名目进行非农化产业等现象仍然存在，甚至还有租用大片土地套取国家政策资金的现象[301]，最终受损的实际上还是农业和大多数农民。

诚然，当前中国农村土地政策涉及的问题远不止这些，在整个国家改革转型的大背景下，农村作为社会的重要场域必然会有政府、市场、企业、组织、农民等各类利益主体的涉足和影响。因此，随着改革的不断深入，社会发展越来越多元化，农村土地改革所涉及的面向会越来越广，越来越复杂。尤其是在社会分化加剧、受物质主义影响较大的时代环境里，如何做到利益分配公平、公正，如何对资源的发展、利用更长远有效等基础性、根本性问题，都是对政策制定能力和执行效力的考验。总而言之，土地政策对整个国家而言，牵一发而动全身，农村经济结构、政权建设乃至国家的经济发展、社会稳定都受到土地政策的深刻影响，农村土地改革任重而道远。

三、城市化发展与村落变迁

以农耕文明为标志的农业革命结束了人类以游牧、狩猎为主的生活方式，人类开始聚族而居，定点生活，于是产生了村落。随着生产力的不断发展，社会产生了手工业和商业，城市开始出现并缓慢发展。直到18世纪中叶，工业革命带来了生产力与生产关系的巨大飞越和转变，人类开启了加速发展的现代化进程。城市与村落开始有了现代意义上的差别，从政治、经济、文化、教育等方面来看，城市相对村落而言都占绝对优势，城市在城乡关系中逐渐占据主导地位。这是对城市化发展与村落变迁的一个笼统性概括。对中国而言，现代化发展启动相对较晚，从晚清到民国，到新中国成立至今，在相对较短的时间内发生了具有现代化特征的城乡关系的转变。尤其是改革开放以后，城市化加速发展，村落受到巨大影响，城乡关系也越发复杂，现代与传统之间的关系呈现出更为纷繁艰难的局面。

从战争和贫穷废墟上走出来的新中国，对工业化、现代化的期望是可想而知的。因此，出于国家战略的需要，以工业化为要旨推动城镇化的发展成了国家政策的必然选择。改革开放前，在计划经济体制下，国家通过统购统销、人民公社体制、城乡户籍制度等政策设计，逐步推动城镇化，城乡二元格局初步形成。改革开放后，城乡关系不断调整和变化，以实现城乡融合发展为目标，着力改变城乡二元结构体制。党的十一届三中全会后，国家开启了以农村改革为先的经济体制变更，家庭联产承包责任制的出现解放了农村的社会生产力，城乡关系得到了一定的缓和。1982—1986年连续5个中央一号文件的出台，为推动农业市场化改革、城乡间生产要素的市场化流动创造了条件。[302] 同时，乡镇企业在这一时期迅速发展，农民“离土不离乡”，收入有了一定的增长。

党的十二届三中全会后，在农村的经济改革取得了一定成效之后，国家的改革重心再次向城市转移。城市获得了国家政策支持，在资源配置等方面有一定倾斜，再次加速发展，城乡差距再次扩大。尤其是 1994 年，分税制改革使得地方政府的经营模式由经营企业向经营土地和城市化项目转变，乡镇企业快速衰落，城乡关系变得越发复杂。[303] 加上农村“三提五统”的税负压力，城乡居民收入差距也逐步拉大。另外，在教育、医疗、社会保障等方面，城乡呈现出诸多不平等待遇，社会资源的消耗主要集中在城市，城乡发展失衡严重。事实上，从改革开放到 2003 年，尽管国家对城乡之间的经济关系进行了一些调整，但以农养工、农村支持城市发展的政策导向没有发生根本改变，或者说，在工业化没有发展到一定程度时，城乡差异化的格局不会发生根本改变。

党的十六大后，“三农”问题被放在了国家政策的重点位置。2004 年，党的十六届四中全会提出了工业化达到一定程度时，工业要反哺农业，城市要支持乡村的思路调整。2006 年，农业税的取消标志着国家对农村政策的根本性转变，一系列反哺优惠政策开始向农村输入。2007 年，党的十七大进一步提出，要建立以工促农、以城带乡、城乡协调发展的长效机制。党的十七届三中全会强调“统筹工业化、城镇化、农业现代化建设”，“促进城乡经济社会发展一体化制度”的建立与完善。2012 年，党的十八大报告明确指出，“促进城乡要素平等交换和公共资源均衡配置”，“推动城乡发展一体化”，“走中国特色新型工业化、信息化、城镇化、农业现代化道路”。党的十九大提出实施乡村振兴战略，农业、农村、农民问题是关系国计民生的根本问题，必须始终把解决好“三农”问题作为全党工作重中之重。要坚持农业农村优先发展，按照产业兴旺、生态宜居、乡风文明、治理有效、生活富裕的总要求，建立健全城乡融合发展体制机制和政策体系，加快推进农业农村现代化。从国家政策的发展走向来看，重塑城乡关系，走城乡融合发展之路是当代城乡关系的历史性走向。国家用于“三农”的财政支出不断加大，农村合作医疗、免费义务教育、最低生活保障制度、公共服务体系等都在朝着城乡一体化的方向推进。

国家政策高度重视城乡关系的定位和发展，这也是国家对历史积淀形成的现实差异进行的调和与补救。城镇化给农村带来的影响从近代以来就一直存在，只是由于历史的原因，城乡关系一直没有得到很好的改善与解决。新中国的成立使得城乡关系的发展从根本上有了解决的环境和条件。但是，工业化、现代化的发展战略使得农村的发展并没有得到较大的助益，除了生产力的发展带来了物质生活水平的提升，农村在现代化的进程中受城市化发展带来的负面影响，更需要得到关注。

改革开放后，尽管家庭联产承包责任制使农村经济有了一定的发展，但随着农村经济和市场经济的发展，这一制度已经不能适应农户规模经营的时代需求，农村的经济发展受到巨大限制。而城市不仅可以享受国家财政的各项福利，随着科学技术的发展，以及人力、资本等要素的聚集，城市化发展有了正向叠加的加速效应。城市化吸收了中国的人口红利，广大农民离开农村进入城市打工、定居，城市的第二、第三产业迅速发展并不断优化，城乡之间的差异越来越大，乡村面临的问题也越来越严峻。

第一，城市化发展造成了农村人口的大量流失，大量中青年人口涌入城市，并有大量的人选择留驻城镇。2011 年，我国城镇化率突破 50%，城市常住人口首次超过农村常住人口。农村则“空心化”严重。大量留守老人和儿童无人照顾，农业生产也因缺乏劳动力而受到影响，农村的人力资本无法积累，导致农村丧失了社会再生产和自我调节的能力，农村社会面临凋敝的危机。

第二，城市化发展使得城市居民收入远高于农村，城乡差距不断扩大。一方面，由于农村生产经营分散落后，乡村基础设施欠发达，农产品缺乏市场竞争力；另一方面，农村的土地、林地等生产要素的定价权属于城市，农民无法平等地参与市场活动，城乡之间的市场机制一直处于分割状态，农村经济只能依赖城市，导致城乡收入差距进一步拉大。根据国家统计局公布的数据，我国 2014 年的基尼系数为 0.469，城乡差距过大的问题亟待解决。[304]

第三，长期以来，户籍制度带来的城乡差异化，直接导致了城乡就业渠道、财政转移支出和公共服务供给水平不同，最终也使城乡差距扩大。[305] 2014年，国务院印发《国务院关于进一步推进户籍制度改革的意见》，提出取消城乡农业户籍与非农业户籍，但经过这么多年的发展，事实上城乡分化的利益格局已经形成，利益主体的扩大将面临利益的再次分配问题，这意味着二者差距在实际上的迅速消除并不是一项政策就能解决的。如此，迁移城市的农民工虽然工作、生活都在城市，但不能和城市居民享受同等的教育、住房、社会保障等待遇，导致社会问题和矛盾频发。

第四，城市化发展不仅攫取了大量的农村资源，而且对农村环境和资源造成了巨大的破坏。一方面，城市在提升改善自身生态环境的同时，将大量的生产生活废弃物转移至农村进行处置，还有大量污染性企业对农村生态环境进行持续的污染，直接威胁到农村的生态安全与社会安定；另一方面，受城市发展的影响，农村的物质消耗与浪费现象也变得严重，但是环境保护意识和个人素质没有相应提高，导致农村生活环境日益恶化，农村的资源、环境权利被外界及其自身忽视。事实上，受城市化发展影响的乡村变迁所产生的问题还有很多，乡村的生存空间在城市化过程中变得越来越狭小。需要强调的是，受工业化和城镇化的影响，不仅乡村的物理环境变得越来越人工化，乡村文化的价值和内涵也逐渐被人们抛却。传统的乡村文明不断受到现代都市文明的强势冲刷，进城的年轻人受现代化价值影响深刻而与传统印记逐渐失去了联系，乡村传统文明难以为继。

进而观之，现代化进程的开启意味着社会发展重心的转移，现代文明空间从传统文明空间中脱胎而出，因此，以农村支持城市发展是工业化发展的必然路径。但这并不意味着要牺牲农村来换城市的发展，至少在当前的时空环境中，农村的生存与发展对国家和社会而言具有重要的意义。农村最需要应对的是当前的各种危机，以及自身发展的现代化转型问题。

综上所述，1978年，我国实行改革开放，以家庭联产承包责任制为标志的农村经济改革，意味着农村政经分离，村落去集体化，村民掌握了生产的主动权和决定权，村落重新焕发新的活力。“村”在法律上成为自治组织，接受乡镇的指导。村落作为自然村被纳入了国家划定的行政村之中。国家权力的收缩为村落的自主发展提供了条件。21世纪之后，伴随着市场经济的发展，中国从传统农耕社会向现代城市社会转型，城市化、市场化力量开始全面渗透村落，以农业经济为主导的村落社会被迅速改变。村落发展呈现出两个方面的特点：一是城郊型的村落转变为城市型社会，有些甚至完全融入了城市；二是边远地区的村落，其村民相继前往沿海或经济发达地区务工，人口流动性加大，使“安土重迁”的传统被“离乡不离土”的社会现实取代。在这个过程中，具有浓郁农耕文明特征的村落社会价值体系普遍瓦解，代之而起的是工业文明、城市文化的全面勃兴，依托土地和家族的村落共同体基本瓦解。尤其是近些年来，城镇化进程加快，大量农村人口涌入城市，农民“洗脚上田”变为居民，传统社会完成了向现代社会的转变。[306]有学者甚至抛出了“村落终结”的概念来形容这一趋势。[307]这期间，除了那些仍然贫困的村落，村落几乎都变得与传统无关，反而出现了“大拆大建”的现代性改造。[308]不论出于何种目的，“大拆大建”背后的逻辑是社会形态、经济形态和文化形态的根本性改变。也正是在此背景下，国家和社会各界都越发重视对承载中华文明的传统村落的研究、保护和发展。

四、传统村落的研究与保护

以传统农耕文明为基的中国，在20世纪初开启了以工业化、城市化为具体面向的现代化历程。在100多年的现代化进程中，村落一直与现代性进行着碰撞和博弈，从清末到民国，从民国到新中国，政治、社会环境都已发生几重变革，然而村落却始终是历史变迁中的失落者，它支撑了现代化的发展建设，却被现代化抛弃。可以说，在工业化、城市化发展的现代化进程中，村落社会历经了数千年来从未有过的现代性局面以及结构性变革，并陷入不断衰退的历史性危机。尤其是改革开放以来，中国社会的现代化建设进入了历史的新维度，这一时期的工业化和城市化发展已经为现代化城市文化的传播奠定了前所未有的社会物质基础和心理条件。这意味着百年来的现代化进程中，村落所处环境的现代性比以往任何时候都强，现代城市文化对村落形成了全方位冲击和改造。这产生的影响就是村落社会的生产生活方式以及文化价值被动接受了根本性的改变和解构，传承数千年的优秀传统村落文化不断瓦解，村落衰败并走向没落。

自 20 世纪 80 年代以来，我国现代化和城镇化快速发展，与此相反的是，我国的传统村落数量急剧下降。2008—2010 年，中南大学中国村落文化研究中心考察组集中对我国长江、黄河流域以及西北、西南 17 个省 113 个县（含县级市）902 个乡镇的传统村落文化遗存进行了调查。结果显示，在这些地区，在历史、民族、地域文化和建筑艺术方面具有较高研究价值的传统村落，2004 年为 9 707 个，到 2010 年仅存 5 709 个，平均每年递减 7.3%，平均每天消亡 1.6 个。2014 年 6 月 12 日—9 月 30 日，中国传统村落文化研究中心再次对“江河流域”传统村落展开跟踪式田野考察，对此区域原已纳入调研视野的 5 709 个传统村落中的 1 033 个进行回访调研。本次调研数据显示，在 2010 年尚为活态存在的 1 033 个传统村落，在 4 年间又有 461 个因各种原因消亡，幸存 572 个，消失比例为 44.6%，平均每年递减 11.1%。换言之，在此次调研范围内的传统村落中，约每 3 天就有 1 个消亡。[309] 实际上，就全国范围而言，传统村落消亡的速度整体上可能远快于上述数据。

传统村落作为中国村落的典型代表，是中国农村广阔地域上和历史渐变中一种实际存在的、历史最为悠久的时空坐标，承载着大量不同时期、不同地域、不同民族的文化信息，是我国宝贵的物质文化和非物质文化资源。[310] 传统村落面临的消亡状况，突出反映了村落及其文化所处的危险境地，但这还只是当前村落整体危机状况的一部分。自 20 世纪 80 年代中期开始，中国村落数量以惊人的速度下降：1986—2011 年，行政村的数量减少 258 020 个，自然村的数量减少 3 380 500 个。[311] 伴随着城镇化过程实施的征地拆迁和撤村并点行为，是导致村落急速消失、消亡的主要原因。同时，还有城市化、工业化的迅猛发展，村落生态环境不断恶化等因素，使村民开始了“离土又离乡”的城市化大迁移，村落人口的单向流失使得村落空间缺乏生机并不断萎缩，村落慢慢陷入无人来顾的境地。如此，从民宅宗祠的建筑形式到传统民俗习惯的生活表达等物质的以及非物质的文化遗产，都随着村落这一文化空间的凋敝而消失，传统文化失去了村落空间的基本生长环境，也就成了无源之水、无本之木。

时至今日，村落面临的危机在本质意义上是村落传统文化被现代化彻底消灭的危机，是中国传统文化的根将要被切断的危机，村落及其传统文化一旦走向衰亡，中华民族将面临不可挽救的深重危机。与 20 世纪二三十年代中国村落的政治、经济崩溃破产，农民全面贫困的状况不同，改革开放后村落危机的总体状况是原有的文化空间渐渐衰落，传统的文化被新的文化元素革替，文化冲突与断裂造成社会价值认同缺失等，传统意义上的精神文化场域日渐式微，而现代意义上的村落文化体系尚未构建。

面对这种现状，自 20 世纪末开始，冯骥才、乌丙安等专家学者不断为保护传统村落呼吁、进言，积极探索有效保护传统村落的途径。笔者和笔者所创建的中国村落文化中心不仅长期致力于中国传统村落的田野考察和相关数据采集，还打造了创新研究平台，集合高校多学科资源优势，展开对村落文化的多学科交叉研究，创建了国内首个为中国传统村落文化保护与研究培养专门人才的博士点、硕士点。中国民间文艺家协会、中国摄影家协会、中国文学艺术基金会启动了“中国传统村落立档调查”项目，为加大传统村落保护力度进行宣传和论证。同时，对村落的保护离不开乡贤的参与。他们视野开阔，掌握较丰厚的相关资源，积极参与家乡建设。村民有“觉”有“悟”，传统村落文化保护方兴未艾。在当下不少传统村落，村民已经意识到传统村落不仅是自己的家园，还是与家族、民族有关的国家历史文化财产。如河南崤山山区的渑池县赵沟村先后获得“河南省历史文化名村”“中国传统村落”等称号，这在很大程度上得益于原住民的文化觉悟和文化自信。[312]

我国对传统村落的研究与保护工作是起步较晚的。1986 年国务院公布第二批历史文化名城时，首次涉及保护历史文化村镇的问题。20世纪90年代传入我国的“生态博物馆”理念，最先在我国少数民族村寨保护实施，具体做法包括：“(1)保护环境的历史风貌和文化特色；(2)保护村寨的历史记忆和文化传承；(3)树立村寨居民的主人意识；(4)提高居民的文化水平，迎接自己的明天。”[313] 2002年，《中华人民共和国文物保护法》开始将历史文化村镇保护纳入法制轨道。2003年由住房和城乡建设部、国家文物局发布的《中国历史文化名镇(村)评选办法》，公布了第一批“中国历史文化名村(镇)”，这是从保护文物角度对具有历史文化价值的历史村镇进行保护。之后，每两年评选一次，至今已评选7批，评出名镇312个，名村487个。对“历史文化名村”的保护遵循系统的整体性保护原则，对传统村落的传统格局、历史风貌和空间尺度，以及与传统村落相互依存的自然景观和风景的保护起到了深刻、广泛的作用，但是对非物质文化的保护仍有所欠缺。对传统村落的保护既应包括对村落有形的、物质的、固态的文化的保护，例如民居、公共建筑、道路、水系、山丘等，也应包括对无形的、精神的、活态文化部分的保护，例如村落中原住民所创造的礼仪习俗、乡规民约、手工技艺、口头传说、生产贸易、教育、节日、娱乐等。[314]

真正意义上从国家层面对传统村落进行全面保护，始于2012年国家将其列入国家文化保护战略之后。2012年12月12日，住房和城乡建设部、文化部、财政部等部门联合下发了《关于加强传统村落保护发展工作的指导意见》，明确提出：“传统村落是指拥有物质形态和非物质形态文化遗产，具有较高的历史、文化、科学、艺术、社会、经济价值的村落。传统村落承载着中华传统文化的精华，是农耕文明不可再生的文化遗产。传统村落凝聚着中华民族精神，是维系华夏子孙文化认同的纽带。传统村落保留着民族文化的多样性，是繁荣发展民族文化的根基。但随着工业化、城镇化的快速发展，传统村落衰落、消失的现象日益加剧，加强传统村落保护发展刻不容缓。”同年4月，由国家住建部、文化部、国家文物局、财政部联合启动了“中国传统村落调查”，并于12月17日公布了第一批《中国传统村落名录》，包括

646 个传统村落，至今评选 5 批，共 6 799 个传统村落被列入《中国传统村落名录》。

这些年来的积极保护，成绩显然是很大的。宏观上我们可以看两组数据。第一个数据是国家分 5 批将 6 799 个传统村落纳入《中国传统村落名录》。并且，已经形成了从国家到省、市、县四级联动保护体系；传统村落的保护与发展，也得到了全社会各个阶层民众的广泛关注、重视、参与，"乡愁"之风，席卷全国城乡。第二个数据来自中国村落文化研究中心的数据库。自 2008 年至今，我们连续 4 次对我国传统村落分布相对集中的"（长）江（黄）河流域"以及西南地区的 22 个省（自治区）的 207 个县，进行跟踪式的大规模田野调查，发现传统村落的消亡速度由 2010 年前的每年递减 7.3%，下降到了 2017 年的 1.4%。具体来说，成绩主要体现在以下几个方面。

一是中华民族文化的多元性通过传统村落这一载体获得了最鲜活的呈现。在今天的传统村落中，传统文化已然开始"见人见物见生活"。不仅汉族传统村落的民俗文化、风土人情和精神信仰已经重新绽放，其他少数民族，如苗族、瑶族、侗族、土家族、畲族等民族传统村落的物质和非物质文化，也以自己民族的独特形式，向世人展示着它的多姿多彩与美好的生命张力。（见插图 35）可以说，中华民族的多元文化从来没有像今天这样鲜活。

二是遍布中华大地的传统民居建筑得到了最广泛有效的保护。从湘中的府第式庄园、湘西与黔东南的苗侗干栏式吊脚楼到福建的客家土楼，从黄山与婺源的徽派民居到江浙的八卦村，从青藏高原的藏式建筑到广东开平的碉楼……或连绵于滨河曲水之畔，或若隐若现于崇山峻岭之间。一座座古宅庭院，如尊者端坐静处，尽显昔日望族的尊贵雍容；飞扬的檐角，有如女子曼舞云端，翩飞于长空苍穹，独具优雅飘逸的别样风致。这些古老的建筑，既是中华先民肉身栖居之所、子嗣繁衍传承之地，也是今天我们魂牵梦绕的精神家园，堪称世界上文化内涵最丰富、形态形式最多样、空间规模最大、最具活态的建筑博物馆。（见插图 36）我们抚栏凭楼间，分明可以触摸到祖先的智慧。与之对晤，犹可听见传统建筑文化历久不绝的吟唱。

三是村落生态文明基因得到了活态传承。传统村落中的生态文明基因，包括内生性的文化生态和外在可见的自然生态两个方面。前者以和平、包容、中庸和多样化的姿态，既普遍渗透于村落社会和日常生活，也在不断孕育和滋养着个体生命的本体世界。后者则在充斥着钢筋水泥土的当下，以其尊重自然、顺应自然和巧妙利用自然的生态智慧，向世人展示着田园风光和怡人山水的诗意栖居生活，让人领悟“绿水青山”与“金山银山”的关系，成为全中国人“乡愁”的寄托之地。

四是传统村落的内在“文化资源”正在向“文化资本”和“文化红利”二次转化。数据显示，在已经列入国家保护的“中国传统村落”中，约有37%的传统村落成了全域旅游、乡村旅游的热点。湖南、贵州、安徽、江苏、浙江、西藏、新疆等地的传统村落，以因地制宜的独特保护与发展方式，使其富有地域特色、民族特质的村落文化融入了当地的旅游产业。传统村落的原住民因此获得文化红利，脱贫致富。

但是，我们也应该看到，在大的市场观念、经济思维的影响下，各种“生产性保护”“保护性开发”对村落文化的抢救与保护模式被迅速复制推广，走向了一条“文化搭台、经济唱戏”的复兴之路。[315] 伴随着商业化的影响，很多传统村落的开发建设开始走向同质化、模式化、功利化，一些拥有自身文化特色的村落被清一色的商业街入侵，原本宁静自然的村落，成了灯红酒绿、热闹非凡的闹市。同时，随着经济物质条件的提升，诸多拥有古色古香以及传统建筑的村落不断涌现出具有现代建筑风格的钢筋水泥建筑，两种风格迥异的建筑挤在一个空间显得极不协调，严重破坏了村落的文化特质。[316] 还有的村落在开发过程中，为了招揽游客，增加文化旅游的体验感，巧立名目、移花接木，通过随意抽取、嫁接或挪移的方式“丰富”当地传统文化。结果很多传统民俗与地方信仰在商业资本的包装下，求商业活动的效益，走文化形式的过场，完全沦为商业表演，丧失了民间文化的原始内涵与精神，使其被娱乐化、商业化、功利化的世俗元素取代。当这些有形的、无形的传统文化触碰现代化时，就容易遭到不同程度的扭曲、失真乃至破坏。原本应当使现代化文明给村落注入生发的活力与动力，可结果往往是现代化要素对村落的占领与革替。村落文化只能变成与人们渐行渐远的模糊记忆，即使村落还在，也改变了原来的面目和内涵，无法使人感受到具有历史厚重感与原始生命力的村落文化。

更为严重的是，随着现代性对整个社会的不断渗透，物质主义、享乐主义、工具理性等生活方式、价值观念对人们产生了很大的影响。在许多村落中，人们不事生产，贪图享乐，将勤俭克己、向上进取的生活良旨抛诸脑后。在实用主义思潮的影响下，金钱至上的观念在村落得到推崇，虚荣攀比之心、骄傲浮躁之风盛起，纯良朴实、谦恭信义、善睦邻里等传统美德不再是村民的价值取向。这种文化冲突导致了村落精神世界的荒芜，村落社会形成的伦理价值散落一地，是非善恶的判断除了法律守护的底线，已经很难达成人心的共识。与此同时，互联网的发展已经能将传统封闭的村落与多元丰富的宽广世界进行对接，村落真正要面对的是整个现代化的世界。年轻人被个性化、时尚化、自由、平等的现代概念吸引，对长幼之序、宗族之亲、群体之合等传统却不能真切领悟；对他们而言，空调与商场远胜于晚风与田野。村落与传统在年轻人的物理和精神的双重世界中失势，就是所谓的文化断裂。文化断裂带来的后果是，年轻人即使回到村落，带来的也是与村落没有太多关联的时尚都市理念。人们一旦丢掉对传统文化的持守与仰望，社会也就失去了传承与发展的基石。

事实上，在晚清以前的中国传统社会，乡绅、乡贤是根植于乡村的重要力量。每个地方都有自己的乡贤，他们或以学问文章，或以吏治清明，或以道德品行而闻名；这些人在建设乡村、改善民生、友善睦邻等方面有着突出的贡献和作为，他们能够增强当地人的认同感、增强地方社会凝聚力，对社会的稳定和中华文明的传承起到了重要的作用。[317]然而，自晚清开启现代化进程以来，乡村社会的传统结构被打破，乡村的主体地位逐渐被城市取代，乡村社会精英开始向城市转移并分化。随着现代化体系的不断丰富扩大，尤其是 20 世纪 80 年代以来掀起的“民工潮”，使得乡村人力资源再次严重流失，乡村的物质文明、精神文明、生态文明建设问题突出，乡村社会的生存和发展面临更为复杂的现代化局面。因此，乡绅、乡贤文化在近现代历经了一个不断式微的过程。面对上述情势，“新乡贤”概念的提出，为当代乡村社会的发展和治理提供了符合现实之需的新路径。当代新乡贤是指那些受过良好教育，在地方上拥有一定经济实力和威望，并且愿意造福乡民的人士。他们与传统的乡贤一样，参与乡村治理与建设，在经济、文化以及社会影响力上具有一般乡民所没有的优势，是保证乡村社会稳定和繁荣的重要力量。[318] 诚然，新乡贤面对的时空环境已经与旧乡贤面对的传统社会有迥然之别，因此新乡贤要想发挥好重建乡村文明的作用，需要重新面对政治、经济、文化等方面的要素，这需要国家、社会、民众各方主体合力为之。在这个意义上，新乡贤与现代化体系下新乡村的建设还有一段很长的路要走。

近些年来传统村落的保护实践，也暴露出一些“硬伤”。最突出的是，在理念上，重保护轻发展，为保护而保护；在实践中，没有认识到对传统村落的保护本质上就是对优秀传统文化的保护，只重视对传统村落文化中有形的传统建筑的保护，而轻视甚至完全忽略包括原住民的生产生活方式在内的各种无形文化，或称非物质文化的保护。这种非物质文化与传统村落休戚与共、相生互济并已结成命运共同体，形成了自然与人文生态环境。传统村落的保护，被粗暴地简化为标本式的传统建筑保护，而不是被当作鲜活的文化来保护；有些地方甚至衍生出把传统村落当作摇钱树的情况，不但没有很好地形成保护链，反倒出现了利益链，重眼前、轻长远，为开发而开发。因此，校正保护理念，调整保护手段，已经刻不容缓。我们认为，对中国传统村落要实施整体保护，即要把传统村落视为一个整体的文化与自然生态系统——包括原住民创造的生产生活方式、物质与非物质文化遗产、建筑与人文及周边的自然环境，实行整体的、活态的保护，并在保护的基础上推动传统村落的有序、可持续发展。

不仅如此，当世界历史来到了人类文明新的发展交汇点时，中国需要在新的历史环境中把握自身的国家命运和文化地位，因此，承载中国优秀传统文化的村落不仅面临现代化的冲击，而且面临更宏观的历史时空的挑战。在这个意义上，中国村落要面对和解决的不仅仅是现代化环境中自身的生存和发展问题，更要担负起传承与发展代表中华民族乃至人类文明几千年优秀文化的历史性责任，为人类命运共同体的发展贡献核心的文化力量。

这就要求我们首先有认识上的文化自觉。文化自觉就是对文化地位和作用的深刻认识，对文化发展规律的正确把握，对发展文化责任的主动担当。作为中华民族的宝贵财富，中国传统文化积累了华夏土地数千年的人类智慧实践和财富遗存，是中华璀璨文明的根本创造力，亦是世界文化发展的重要推动力量。村落作为农耕文明的产物，是中国传统文化最重要、最基础的载体。因此，对村落以及传统文化具有根源性、正确性的主体认识，才能端正对文化的感知和对世界的认识。现代化是人类发展的一个历程，其本身亦将成为传统的一部分。因此，从人类社会发展的规律来看，现代化必然要形成对传统文化的冲击、挑战与最终的融合，这是现代性对传统的继承性扬弃，而不是绝对的二元对立。这是当下应对危机所必需的总体性认识。

毋庸置疑，这需要在社会心理和国家治理层面拥有广泛的文化自信。中国现代化的开启，缘于西方现代文明的暴力示范，以及技不如人的现实状况。百年以来，中国社会在以西方文化为主导的全球化时代，一直扮演着一个追赶者的角色。传统文化正是在这样的历史遭遇中分崩离析，丧失了主体性的地位和能力。文化自信要求作为中华文化主体的群体、组织、个人拾起本民族特有的历经历史考验的精神和智慧，在任何时间、任何地域都能做到对自身文化的热爱与赞同，并以之为社会实践的行动指南，形成良好的文化氛围和社会风气，孕育出更伟大的历史创举。这伟大的历史创举，就是真正做到文化自强。文化自强在对自身文化价值充分肯定和积极践行的基础上，以更高的价值标准和实际能力要求文化主体，这是对文化传承和发展提出的更高使命。中国传统文化是世界优秀文化的重要组成部分，它为人类社会的发展做出了巨大的贡献。如今现代化社会迅速发展，世界变化异常之快，要在这样的发展潮流中把握自身定位，为人类发展提供方向，是中华民族实现伟大复兴的时代之志和必然之举。这就要求我们站在人类历史的高度，加快传统文化的升级转型，为世界文明的发展注入中华民族的优秀文化基因，实现具有奉献意识和能力的文化自强。总之，当前中国村落的危机在根本上反映的是中华民族的文化危机，只有从根本上做出总体性、战略性的认识和规划并付诸实践，村落和传统文化面临的问题、困境才能够得到解决。

改革开放对中国历史而言，无疑是一个重要的发展节点。此后的中国进入了一个全新的飞速变迁的发展阶段。这一阶段的特征与现代化发展这一人类文明背景相适应，同时与乡村社会的发展变迁有密切的关系。中国乡村社会从未像改革开放以后这样，为国家与民族的生存发展贡献着巨大的力量，却又在最大程度上被时代和环境排斥、抛却。乡村社会在新时代的洪流下进入了一个毫无还手之力的境地，无论是国家权力、市场资本、工业技术还是现代理念等，都能对其产生强势影响。中国乡村看似进入了一个百年来最好的建设发展时机，同时却也走到了最为脆弱、最为危险的境地。“乡政村治”格局需要向民主化、法治化的政治进程艰难迈进；乡村土地需要面对更为复杂的利益分配和生产升级；城市化的发展对乡村社会的生存空间与传统文化造成了巨大的冲击和瓦解；乡村作为国家现代化产生与发展的母体，却越来越不能适应现代化的发展轨道。乡村社会必须在现代与传统的巨大张力中找到生存和发展的平衡点。这要求我们立足于更宏观的文化基点，以文化自觉来认识传统村落以及文化传统的价值和意义，以文化自信来肯定和践行中华传统文化的智慧要义，以文化自强来发展有益于世界文明的中华民族文化基因。中国的村落是文化的村落，文化的村落成就文化的中国，在这个意义上，村落、文化、中国三者之间，将长久地共通、共融与共存。

附录

我国传统村落及其文化遗存现状与保护思考

胡彬彬

本文为我国首篇关于中国传统村落文化保护的理论文章，
原载于2012年1月15日《光明日报》理论版

作为拥有7 000年农耕文明史的国度，我国各地遍布着各具地域与民族特色的古村落。不同历史时代和不同地域、不同民族所形成的传统村落，大量地承载着不同历史时期、不同地域和不同民族的文化信息，是宝贵的物质文化与非物质文化遗产资源，在世界人类文化遗产中也有着十分重要的地位。在现代社会经济高速发展的形势下，特别是在我国社会主义新农村建设进程中，有效保护、深入研究幸存于世的形式与类型丰富、地域与民族特色突出、历史文化信息承载厚重的古村落，有着积极的现实意义和深远的历史意义。

中国村落文化研究中心研究人员早在20世纪80年代中期就开始着手对我国“江河流域”（即长江流域与黄河流域）以及其他广大地域的传统村（镇）落的政治、经济、文化情况开展田野调查。特别是2009—2010年，中国村落文化研究中心20个课题组267人集中对我国长江、黄河流域以及西北、西南17个省113个县（含县级市）中的902个乡镇传统村落文化遗存进行了为期25~30天的综合性复查。“遗存实情”记录统计数据显示，传统古村落的生态状况堪忧。这些地域中，颇具历史、民族、地域文化和建筑艺术研究价值的传统村落，2004 年总数为 9 707 个，至 2010 年仅幸存 5 709 个，平均每年递减 7.3%，每天消亡 1.6 个传统村落。究其原因，虽然十分复杂，但大致可以分为五种。

其一，国家现行农村土地政策制约下的原住民自主自建性破坏。盖新房、住楼房，是农民提高生活质量的重要内容，但由于缺乏统一规划，一栋栋新楼凸现于一座座传统古村落中，往往极不协调，严重破坏了传统村落的民族建筑文化艺术氛围。这一情形的出现，当然跟传统村落中原住民自身的文化素养、生活价值取向等方面的原因有很大关系，但最为直接和主要的原因，当是我国广大农村地区现行的“旧房宅基不拆，新房地基不批”的土地与房屋权属政策，迫使古村落原住民在原址上拆旧建新。

其二，政策误读误解与急功近利的政绩建树意愿下的建设性破坏。这类情形是因为部分地方政府官员在对一些政策内在实质与目标的理解领悟上，出现了误读误解，认为“掀翻石板路，修起水泥路，拆了木头青砖老院子，盖起钢筋红砖洋房子”，就是农村的发展之路。一些地方，在政府的直接强力干预下，掀起了大拆大建热潮，造成大量富有优秀民族特色和历史文化价值的传统村落毁亡。

其三，商业模式下的过度旅游开发性破坏。以地方政府为引领、在商业模式运作下的过度旅游开发，对传统村落的破坏在我国最为常见。由于商业机制的进入，许多古建筑按照开发商的商业意愿，被随意改造和拆毁，其破坏性是难以估量的。

其四，法律法规缺位、保护标准缺失、保护经费缺乏下的保护性破坏。我国绝大多数遗存下来的传统村落建筑及其文化遗产与形态，一方面具有文物的特征、属性和价值，另一方面又往往介于“文物”与“非文物”之间。《文物保护法》不能，也不宜将其全部涵盖而纳入保护范畴之内。而对传统村落的保护，目前又尚无其他法规可依。一些地方虽然出台了一些地方性法规，但其局限性非常明显，难以从本质意义上保护传统村落，因而导致大量未列入或不宜、不能列入文物保护范畴的传统村落，正面临着保护法律缺位性损毁。

其五，其他社会性原因与自然灾害性破坏。随着我国城镇化建设的推进和城市规模的不断扩大，许多传统村落成了“空心村”“老人村”，传统村落在加速颓废。此外，频繁发生的各种地质灾害、洪灾、火灾，对传统村落建筑的破坏也不在少数。

从上述情况不难看出，抢救和保护中国传统村落及其文化内涵与形态已迫在眉睫，并应该成为“十二五”期间中国文化遗产保护工作的重中之重。对此，笔者有如下建议。

第一，迅速组织一次全国性的“中国传统村落遗存”专项普查工作。可制定《中国传统村落遗存调查表》、《中国优秀传统村落推荐表》或《受保护传统村落推荐表》等摸底表格，由基层村、乡（镇）填写，向县、市、省、国家逐级汇总呈报，摸清我们传统村落的分布与数量家底，掌握遗存状况，以利制定保护法规政策与措施。

第二，鉴于我国现有和现行的《文物保护法》及其《实施条例》不能完全涵盖和适应中国传统村落及其文化的保护，建议由国务院主持，国家建设部、农业部、国土资源部、文化部、国家文物局等相关部、局参与，尽快制定出一部适用于中国传统村落及其文化保护的专门性法规，并提请全国人大常委会批准，实施执行。或由国务院制定出台《中国传统村落文化保护条例》，将我国传统村落及其文化的保护纳入法制化、规范化轨道。

第三，尽快由国家制定和出台中国传统村落的界定标准。在全国传统村落专项普查的基础上，深入考察调研，制定受国家法律或条例保护的传统村落的建筑年代下限标准、民族文化形态标准、社会形态标准等，并参照我国文物保护经验，分别建立起国家级、省级、县（市）级三级标准和三级保护模式。

第四，鉴于我国现行农村土地政策与农村民居权属政策与传统村落及其文化保护不相适应的矛盾，建议国土资源部、建设部等，积极开展农村土地资源政策、农村民居产权转换方面的探索，适当放宽或者允许集体、个人购买受保护传统村落建筑，鼓励“村有人居、以人护村”，进而及时调整、修正我国现行土地法规中与保护传统村落及其文化不相适应的部分，适当调整农村现行民居新建土地政策，从根本上解决传统村落原住民因新建住房、拆旧建新而造成整个传统村落被破坏的问题，以化解受保护传统村落与农民、新建民居需求间的矛盾。

第五，建议有关部门出台传统村落商业旅游开发行政审批制度，建立起有关传统村落作为商业旅游开发项目的综合评估标准体系，严格禁止因商业旅游开发需要而破坏传统村落原有的生态、景观、环境、规划与建筑。要明确在旅游开发中，哪些传统村落文化是可以向游客展示的，哪些是不可以展示的，逐步引导消费型旅游向保护型旅游方向发展。

第六，目前我国传统村落及其文化保护工作，最突出的问题之一就是资金的短缺。建议国家学习和借鉴国外相对成熟的经验，积极探索建立适合于中国传统村落及其文化保护的资金投入机制。

第七，打破行业垄断，调整现行文物古建筑维修资质资格准入制度。对建于乡土、传承于乡土、遗存于乡土的传统村落建筑的维修保护，要充分利用传统民间建筑营造的维修工艺与技术力量，制定适用于地方传统村落维修的工艺技术标准与维修质量控制体制，解决受保护传统村落原住民“看着房子烂，没有资质不准修、没有资格不能修”的难题。

第八，开展社会主义新农村建设中传统村落及其文化保护的宣传教育，提高国民素质，鼓励国民参与保护。各级地方政府要对相关人员进行地域文化历史教育培训，增加其保护责任感和使命感，并把传统村落及其文化的可持续发展保护纳入新农村建设总体规划，使文化遗产保护与新农村经济发展进入良性循环。

第九，积极、全面、系统、深入开展中国传统村落文化学术研究，为中国传统村落文化有效保护提供理论支持。目前，我国学术界对中国传统村落文化研究，在研究对象上大多数停留在对于某一具体个案的研究，在研究内容上也多囿于建筑学范畴，而缺乏对中国传统村落及其文化进行多学科、多方位、多视角的整体研究。建议国家在社科研究中，设置相当数量的一般、重点、重大研究课题项目，并充分整合、利用国内相关学科以及边缘交叉学科的科研资源与力量，开拓我国文化遗产研究新领域，尽快推出一批优秀成果，为传统村落优秀文化研究和保护提供经验。

注 释

第六章 文化大繁荣与村落制度民间化

1 《文献通考》卷十二《职役考一》。

2 《宋会要辑稿·食货一一之一〇》。

3 张方平:《张方平集》,中州古籍出版社 2000 年版,第 392 页。

4 漆侠:《中国经济通史·宋》(上),经济日报出版社 2007 年版,第 437—461 页。

5 陈耆卿:《嘉定赤城志》卷十七,乡役人条,中国文史出版社 2008 年版,第 193 页。

6 司马光著,王根林点校:《司马光奏议》,山西人民出版社 1986 年版,第 251 页。

7 李焘:《续资治通鉴长编》卷一七九,至和二年四月辛亥条。

8 《宋会要辑稿·职官四八·县官》。

9 陈耆卿:《嘉定赤城志》卷十七,乡役人条,中国文史出版社 2008 年版,第 193 页。

10 《通典》卷三三《职官十五·乡官》。

11 王溥:《五代会要》卷二五,载王云五主编:《万有文库》第二集,商务印书馆 1937 年版,第 309 页。

12 李焘:《续资治通鉴长编》卷七,乾德四年十月己巳条。

13 谭景玉:《宋代乡村行政组织及其运转研究》,山东大学博士学位论文 2005 年,第 33—54 页。

14 陈耆卿:《嘉定赤城志》卷十七,中国文史出版社 2008 年版,第 193 页。

15 马新:《试论宋代的乡村建制》,《文史哲》2012 年第 5 期。

16 梁建国:《北宋前期的乡村区划》,《史学集刊》2006 年第 3 期。

17 李焘:《续资治通鉴长编》卷二六三,熙宁八年闰四月乙巳条。

18 陈鸿彝:《宋代律法的基层管理——王安石的保甲制与吕大钧的乡约》,载中国法学会法制文学研究会编:《中国法治文化》第 5 辑,群众出版社 2016 年版,第 57 页。

19 《宋会要辑稿·兵二》。

20 《宋史》卷一九二《志第一百四十五·兵六》。

21 李焘:《续资治通鉴长编》卷二二一，熙宁四年三月丁未条。
22 《宋史》卷一九二《志第一百四十五·兵六》。
23 《文献通考》卷十二《职役考一》。
24 李焘:《续资治通鉴长编》卷二六三，熙宁八年闰四月乙巳条。
25 司马光:《司马温公集编年笺注》第6册，巴蜀书社2009年版，第373页。
26 李焘:《续资治通鉴长编》卷三五五。
27 司马光:《乞罢保甲札子》，载《司马温公集编年笺注》第4册，巴蜀书社2009年版，第192页。
28 李焘:《续资治通鉴长编》卷三六〇。
29 《宋会要辑稿·食货六五》。
30 《宋会要辑稿·食货六五》。
31 《宋会要辑稿·食货六·经界》。
32 李心传:《建炎以来朝野杂记》甲集卷五《经界法》，中华书局2000年版，第123页。
33 李心传:《建炎以来朝野杂记》甲集卷五《经界法》，中华书局2000年版，第123页。
34 《文献通考》卷五《田赋考》。
35 司马光:《涑水记闻》卷十二，载《唐宋史料笔记丛刊》，中华书局1989年版，第221页。
36 《金史》卷四六《食货志一》。
37 王祯:《农书译注》(上)，齐鲁书社2009年版，第66页。
38 《元史》卷九三《食货一·农桑》。
39 《元典章》卷二十三。
40 《元典章》卷二十三。
41 《元史》卷九三《食货一·农桑》。
42 《通制条格》卷十六，浙江古籍出版社1986年版，第188页。
43 《通制条格》卷十六，浙江古籍出版社1986年版，第191页。
44 《通制条格》卷十六，浙江古籍出版社1986年版，第185页。
45 赵翼:《廿二史札记》卷一二《江左世族无功臣》，中华书局1963年版，第229页。
46 《三国志》卷二五《魏书·杨阜传》。
47 《新五代史》卷三六《义儿传》。
48 郑至道:《琴堂谕俗编》卷上《正丧服》，四库全书本。
49 《宋会要辑稿·刑法二》。
50 张载:《张横渠集》(二)，载王云五主编:《丛书集成初编》，商务印书馆1936年版，第 101 页。

51 《程氏外书 · 朱公掞录拾遗》。

52 范仲淹:《范文正公文集》1—2 册，中华书局 1985 年版，第 106 页。

53 李石:《方舟集》卷一〇《代家德麟作重修家谱序》，四库全书本。

54 欧阳守道:《巽斋文集》卷一一《黄师董族谱序》，四库全书本。

55 张载著，朱熹注:《张子全书》，载王云五主编:《万有文库》第二集，商务印书馆 1935 年版，第 92 页。

56 文天祥:《文文山全集》，国学整理社 1936 年版，第 250 页。

57 陈文和主编:《嘉定钱大昕全集》柒，江苏古籍出版社 1997 年版，第 313 页。

58 李石:《方舟集》卷一〇《代家德麟作重修家谱序》，四库全书本。

59 顾炎武著，黄汝成集释，栾保群、吕宗力校点:《日知录集释》，上海古籍出版社 2014 年版，第 341 页。

60 《通典》卷五十二《礼十二 · 吉十一》。

61 梁克家著，王晓波、李勇先、张保见等点校:《淳熙三山志》卷四〇《土俗类二 · 墓祭》，载《宋元珍稀地方志丛刊》甲编（七），四川大学出版社 2007 年版，第 1645 页。

62 《宋史》卷一〇九《志第六十二》。

63 叶梦得著，田松青、徐时仪校点:《石林燕语》卷一，上海古籍出版社 2012 年版，第 13 页。

64 《朱子家礼》之《祠堂》。

65 陈耆卿:《嘉定赤城志》卷三七《仙居令陈密学襄劝学文》，载《宋元方志丛刊》（6—8），中华书局 1990 年版，第 7572 页。

66 郑太和:《郑氏规范》，中华书局 1985 年版，第 13 页。

67 汪云秀:《汪氏世范录》，明隆庆刻本，安徽省图书馆古籍部藏。

68 赵翼:《陔余丛考》卷三二《祠堂》，商务印书馆 1957 年版，第 693 页。

69 陈旅:《安雅堂集》卷 4《丁氏世谱序》，载台湾“中央图书馆”编印:《元代珍本文集汇刊》。

70 陈高:《不系舟渔集》卷 10《吴氏世谱序》，载《元人文集珍本丛刊》，台湾新文丰出版公司 1985 年版。

71 林景熙:《济南族谱旧序》，载郑笑笑、潘猛补主编:《浙南谱牒文献汇编》，香港出版社 2003 年版，第 17 页。

72 程敏政撰，何庆善、于石点校:《新安文献志》，黄山书社 2004 年版，第 395 页。

73 《道光徽州府志》卷十二《人物志》，清道光十年刻本。
74 陈高：《不系舟渔集》，载《敬乡楼丛书》卷 12《义田记》。
75 黄溍：《金华黄先生文集》卷 10《汤氏义田记》。
76 范仲淹：《范文正公文集》（1—2 册），中华书局 1985 年版，第 106 页。
77 范仲淹：《告子弟书》，载四川大学古籍整理研究所编，曾枣庄、刘琳主编：《全宋文》第九册，巴蜀书社 1990 年版，第 744 页。
78 刘攽著，王云五主编：《丛书集成初编·彭城集》（五）卷三十七，商务印书馆 1935 年版，第 492 页。
79 《宋史》卷三三一《列传第九〇》。
80 吴恕斋：《宗族欺孤占产》，载中国社会科学院历史研究所宋辽金元史研究室点校：《名公书判清明集》卷七，中华书局 1987 年版，第 236 页。
81 《嘉靖衡州府志》卷六《人物》，载《天一阁藏明代方志选刊》，上海古籍书店 1963 年版。
82 薛季宣：《浪语集》卷三四《陈益之父行状》，四库全书本。
83 戴表元著，陈晓冬、黄天美点校：《戴表元集》上册，浙江古籍出版社 2014 年版，第 213 页。
84 苏洵著：《嘉祐集笺注》，上海古籍出版社 1993 年版，第 371 页。
85 文天祥：《文山先生全集》卷九《燕氏族谱序》，江西人民出版社 1987 年版，368 页。
86 咸丰《虞东俞氏宗谱》卷一，永锡堂活字本。
87 吕大钧（1029—1080 年），字和叔，今陕西蓝田人。嘉祐二年（1057 年）进士，历任秦州右司理参军、监延州折博务、墉延转运司副使等职。
88 陈俊民点校：《蓝田吕氏遗著辑校》，中华书局 1993 年版，第 567 页。
89 陈俊民点校：《蓝田吕氏遗著辑校》，中华书局 1993 年版，第 563 页。
90 陈俊民点校：《蓝田吕氏遗著辑校》，中华书局 1993 年版，第 565 页。
91 陈俊民点校：《蓝田吕氏遗著辑校》，中华书局 1993 年版，第 566 页。
92 牛铭实编著：《中国历代乡规民约》，中国社会出版社 2014 年版，第 114—119 页。
93 杨开道：《中国乡约制度》，商务印书馆 2015 年版；胡庆钧：《从蓝田乡约到呈贡乡约》，《云南社会科学》2001 年第 3 期。
94 周扬波：《宋代乡约的推行状况》，《浙江大学学报》2005 年第 5 期。
95 吕大钧：《答刘平叔》、《答仲兄一》、《答仲兄二》，载陈俊民点校：《蓝田吕氏遗著辑校》，中华书局 1993 年版，第 569 页。
96 朱熹著，郭齐、尹波点校：《朱熹集》卷三三《答吕伯恭》，四川教育出版社 1996 年版，第 1450 页。

97 朱熹著，郭齐、尹波点校：《朱熹集》卷三一《答张敬夫》，四川教育出版社 1996 年版，第 1331 页。

98 张栻：《张栻集》(二)，岳麓书社 2010 年版，第 699 页。

99 一凡藏书馆文献编委会：《古代乡约及乡治法律文献十种》第 1 册，黑龙江人民出版社 2005 年版，第 83—84 页。

100 黄干：《黄勉斋先生文集》(3)，商务印书馆 1936 年版，第 123 页。

101 程敏政：《新安文献志》卷六十九《格斋先生程君永奇墓志铭》，黄山书社 2004 年版，第 1703 页。

102 阳枋：《字溪集》卷十二《附录》，四库全书本，第 442 页。

103 阳枋：《字溪集》卷十二《附录》，四库全书本，第 436 页。

104 余华瑞：《岩镇志草》子集《艺文上·题请建立祖社奏疏》，载《中国地方志集成·乡镇志专辑》第 27 册，江苏古籍出版社 1992 年版，第 213—214 页。

105 李清馥：《闽中理学渊源考》卷三十五,四库全书本。

106 苏天爵：《元文类》卷二八《高林孔子庙记》，四库全书本。

107 《江南通志》卷一一四《上海县志》，四库全书本。

108 焦进文、杨富学校注：《元代西夏遗民文献〈述善集〉校注》，甘肃人民出版社 2001 年版，第 17 页。

109 濮阳市地方史志编纂委员会编：《濮阳市志》第六卷，中州古籍出版社 2005 年版，第 2795—2796 页。

110 洪迈：《夷坚支戊》卷二《叶丞相祖宅》。

111 洪迈：《夷坚支癸》卷一《曹家莲花》。

112 《文苑英华》卷七四七《柳芳·食货论》。

113 漆侠：《漆侠全集》第十卷，河北大学出版社 2009 年版，第 402 页。

114 《宋会要辑稿·食货六五》。

115 《续文献通考》卷十五《职役考一》。

116 《宋史》卷一七七《食货上五·役法上》。

117 王洋：《东牟集》卷九《正诡名法札子》，四库全书本。

118 《宋会要辑稿·食货六六》。

119 苏颂：《苏魏公文集》卷十八《请别定县令考课及立乡官》，四库全书本。

120 《宋会要辑稿·刑法二》。

121 蔡襄：《福州五戒》，载曾枣庄、刘琳主编：《全宋文》第四十七册，上海辞书出版社、安徽教育出版社 2006 年版，第 14 页。

122 邢铁：《宋代家庭研究》，上海人民出版社 2005 年版，第 31 页。

123 晁说之：《嵩山文集》卷一《元符三年应诏封事》，四部丛刊本。

124 《宋会要辑稿·食货六七》。

125 傅宗文：《宋代草市镇研究》，福建人民出版社 1989 年版，第 80 页。

126 《文献通考》卷十九《征榷考》。

127 《宋会要辑稿·职官四八》。

128 傅宗文：《宋代草市镇研究》，福建人民出版社 1989 年版，第 91 页。

129 高承：《事物纪原》卷七《州郡方域部》，四库全书本。

130 《宋会要辑稿·职官四八》。

131 陈国灿：《宋代太湖流域市镇发展简论》，《许昌学院学报》2003 年第 3 期。

132 傅宗文：《宋代草市镇研究》，福建人民出版社 1989 年版，第 136—137 页。

133 傅宗文：《宋代草市镇研究》，福建人民出版社 1989 年版。

134 四川大学古籍整理研究所编，曾枣庄、刘琳主编：《全宋文》第五册，巴蜀书社 1989 年版，第 651 页。

135 郭旭东主编：《韩琦传略》，新华出版社 2003 年版，第 267 页。

136 王炎：《双溪类稿》卷二十三《又画一劄子》，四库全书本。

137 罗睿：《宝庆四明志》卷一四《奉化县志·官僚》，四库全书本。

138 常棠：《海盐澉水志》卷七《德政碑》，四库全书本。

139 洪迈：《夷坚志》三志壬卷九《古步王屠》。

140 魏了翁创稿，方回续：《古今考·续考》卷十八《附论班固计井田百亩岁入岁出》，四库全书本。

141 王柏：《鲁斋集》卷七《社仓利害书》，四库全书本。

142 陆游：《剑南诗稿校注》(7)，上海古籍出版社 1985 年版，第 3501 页。

143 洪迈：《夷坚续志》前集，卷二《幻术为盗》。

144 陆九渊著：《陆象山全集》卷十《与张元鼎书》，世界书局 1936 年版，第 84 页。

145 沈作宾修，施宿等纂：《嘉泰会稽志》卷一七《鱼部》，四库全书本。

146 陈襄：《古灵集》卷十九《仙居劝学文》，四库全书本。

147 周昕：《中国农具发展史》，山东科学技术出版社，2005 年版，第 661—758 页。

148 周昕：《中国农具发展史》，山东科学技术出版社，2005 年版，第 621 页。

149 吴泳：《鹤林集》卷三十九。

150 赵与时：《宾退录》，上海古籍出版社 1983 年版，第 7 页。

151 孟元老：《东京梦华录》（外四种），古典文学出版社 1956 年版，第 101 页。

152 叶梦得：《避暑录话》卷下，四库全书本。

153 陆游：《剑南诗稿》卷二十五，载《陆游集》第二册，中华书局 1976 年版，第 691 页。

154 李修生主编：《全元文》（七），江苏古籍出版社 1998 年版，第 674 页。

155 朱熹：《朱文公文集》卷八十《玉山刘氏义学记》，四部丛刊本第 38 册，第 4 页。

156 吕祖谦：《东莱别集》卷一《家范》，四库全书本。

157《宋史》卷四三七《儒林七·刘清之传》。

158 刘清之：《戒子通录》卷五，四库全书本。

159 朱熹：《朱子文集》卷七十六《题小学》。

160 徐梓、王雪梅编：《蒙学须知》，山西教育出版社 1991 年版，第 53 页。

161 朱熹著，朱杰人、严佐之、刘永翔主编：《朱子全书》第 13 册，上海古籍出版社 2002 年版，第 373—374 页。

162 邓洪波：《中国书院史》，东方出版中心 2004 年版，第 2 页。

163 朱熹：《朱子文集》（六），载王云五主编：《丛书集成初编》，商务印书馆 1936 年版，第 407 页。

164 吕祖谦：《东莱集》卷六《白鹿洞书院记》，四库全书本。

165 邓洪波：《中国书院史》，东方出版中心 2004 年版，第 78 页。

166 白新良：《中国古代书院发展史》，天津大学出版社 1995 年版，第 5—6 页。

167 转引自邹友兴：《丰城书院研究》，江西省宜春地区文化局 1998 年版，第 162 页。

168 陈谷嘉、邓洪波主编：《中国书院史资料》，浙江教育出版社 1998 年版，第 57 页。

169《宋会要辑稿·崇儒二之四》

170 脱脱等撰：《宋史》卷四百二十四，中华书局 1985 年版。

171 叶寘：《爱日斋丛钞》卷四，文渊阁《四库全书》本。

172 李焘：《续资治通鉴长编》卷二五二。

173 李焘：《续资治通鉴长编》卷六〇，景德二年六月丁丑条。

174 四川大学古籍整理研究所编，曾枣庄、刘琳主编：《全宋文》第五册，卷一九一，巴蜀书社 1989 年版，第 282 页。

175 四川大学古籍整理研究所编，曾枣庄、刘琳主编：《全宋文》第五册，卷二一一，巴蜀书社 1989 年版，第 657 页。

176 李焘：《续资治通鉴长编》卷九九，乾兴元年十一月庚辰条。

177 李焘：《续资治通鉴长编》卷一二〇，景祐四年十二月壬申条。

178　田况：《儒林公议》，文渊阁《四库全书》本。
179　李焘：《续资治通鉴长编》卷一四七，中华书局 2004 年版。
180　四川大学古籍整理研究所编，曾枣庄、刘琳主编：《全宋文》第三十七册，巴蜀书社 1994 年版，第 689 页。
181　李焘：《续资治通鉴长编》卷二二一，熙宁四年三月庚寅条。
182　孔武仲：《清江三孔集》卷十四《信州学记》，四库全书本。
183　《宋史》卷一五七《志第一百一十 · 选举三》。
184　方龄贵校注：《通制条格校注》，中华书局 2001 年版，第 461 页。
185　《元史》卷十五《世祖纪十二》。
186　《通制条格》卷五《学令》，四库全书本。
187　申万里：《元代教育研究》，武汉大学出版社 2007 年版，第 92 页。
188　佚名：《庙学典礼》卷六《成宗设立小学书塾》，四库全书本。
189　吴澄：《吴文正集》卷四一《蒨冈义塾记》，四库全书本。
190　黄溍：《金华黄先生文集》卷一〇《沈氏义庄记》，四库全书本。
191　黄溍：《金华黄先生文集》卷一〇《沈氏义庄记》，四库全书本。
192　李遇孙辑，邹柏森校补：《括苍金石志 》卷十二，四库全书本。
193　黄溍：《金华黄先生文集》卷一〇《戴氏义塾记》，四库全书本。
194　李遇孙辑，邹柏森校补：《括苍金石志 》卷十二，四库全书本。
195　黄溍：《金华黄先生文集》卷一〇《戴氏义塾记》，四库全书本。
196　吴澄：《吴文正集》卷五七《题长丰镇庙学志后》，四库全书本。
197　朱熹：《朱子文集》(六)，载王云五主编：《丛书集成初编》，商务印书馆 1936 年版，第 407 页。
198　《宋史》卷四三一《儒林一》。
199　《宋史》卷四三二《儒林二》。
200　《宋史》卷四五七《隐逸上》。
201　叶梦得：《石林燕语》，商务印书馆 1941 年版，第 74 页。
202　苏轼：《苏轼文集》，中华书局 1986 年版，第 359 页。
203　朱熹：《朱子文集》(七)，载王云五主编：《丛书集成初编》，商务印书馆 1936 年版，第 417 页。
204　王孺童编校：《〈坛经〉诸本集成》，宗教文化出版社 2014 年版，第 13 页。
205　高承：《事物纪原七 · 传法院》。
206　《宋会要辑稿 · 道释一》。

207 《宋史》卷十四《神宗一》。
208 李焘:《续资治通鉴长编》卷三四〇，神宗元丰六年条。
209 《宋会要辑稿·道释一》。
210 释志磐:《佛祖统纪》卷四八。
211 《元史》卷十六《本纪第十六·世祖十三》。
212 《元史》卷二〇《本纪第二〇·成宗纪三》。
213 张养浩著:《张养浩集》，吉林文史出版社2008年版，第108页。
214 朱熹撰，朱杰人、严佐之、刘永翔主编:《朱子全书》第18册，卷一二六，上海古籍出版社2002年版，第3959页。
215 朱熹著，郭齐、尹波点校:《朱熹集》(二)卷十三，四川教育出版社1996年版，第531页。
216 洪迈:《夷坚志》丁卷八《王七六僧伽》，四库全书本。
217 洪迈:《夷坚志补》卷三《余三乙》，四库全书本。
218 许怀林著:《江西通史5·北宋卷》，江西人民出版社2008年版，第417页。
219 何文焕辑:《历代诗话》，中华书局1981年版，第463页。
220 《宋会要辑稿·刑法二》。
221 光绪《江西通志》卷一二四《寺观》。
222 同治《九江府志》卷四一《方技》。
223 康武刚:《宋代地方势力与基层社会秩序研究》，合肥工业大学出版社2015年版，第143页。
224 光绪《江西通志》卷七九《津梁·义甯府志》。
225 黄仲昭:《八闽通志》卷一八《地理·桥梁》，德化县化龙桥条。
226 陈梦雷:《古今图书集成》卷一〇六三《万石桥记》，四库全书本。
227 洪迈:《夷坚志》甲志卷六《俞一郎放生》。
228 洪迈:《夷坚三志》壬卷八《孙十郎放生》。
229 王楙:《燕翼贻谋录》卷三，四库全书本。
230 郑獬:《郧溪集》卷一六《礼法论》，四库全书本。
231 孟元老:《东京梦华录》卷八，四库全书本。
232 唐代剑:《宋代道教发展研究》,《广西大学学报(哲学社会科学版)》1997年第4期。
233 陈垣:《南宋初河北新道教考》，上海书店1989年版，第3页。
234 李道谦辑:《甘水仙源录》卷一《长真子谭真人仙迹碑铭》,《道藏》本。

235　李道谦辑:《甘水仙源录》卷五《诚明真人道行碑铭》,《道藏》本。
236　王恽:《秋涧大全集》卷六一《故太一二代度师先考韩君墓碣铭并序》,《四部丛刊》本。
237　虞集:《道园学古录》卷五〇《真大道教第八代崇玄广化真人岳公之碑》,《四部丛刊》本。
238　元好问:《遗山集》卷三五《紫微观记》,文渊阁《四库全书》本。
239　刘浦江:《宋代宗教的世俗化与平民化》,《中国史研究》2003年第2期。
240　《道藏·正一部》
241　孟元老:《东京梦华录》卷八《秋社》,四库全书本。
242　《朱子语类》卷三《鬼神》,四库全书本。
243　洪迈:《夷坚志》丙志卷一一《胡匠赛神》,四库全书本。
244　苏颂:《苏魏公文集》卷六四《润州州宅后亭记》,四库全书本。
245　洪迈:《夷坚志》己志卷四《周十翁墓》,四库全书本。
246　孟元老:《东京梦华录》卷五《娶妇》,四库全书本。
247　洪迈:《夷坚志》庚卷第六《金神七煞》,四库全书本。
248　《宋史》卷二九八《列传第五十七·陈希亮传》。
249　杨万里:《诚斋集》卷七十二《沙溪六一先生祠堂记》,四库全书本。
250　赵汝愚:《宋名臣奏议》卷九八《上仁宗乞断祆巫》,四库全书本。
251　《宋史》卷二百四十九《列传第八·范旻》。
252　《宋史》卷二百六十七《列传第二十六·李惟清》。
253　《宋史》卷四百三十八《列传第一百九十七·黄震》。
254　漆侠:《中国经济通史·宋》(上),经济日报出版社2007年版,第39页。
255　梁方仲:《中国历代户口、田地、田赋统计》,甲表39,上海人民出版社1980年版,第161页。
256　胡焕庸、张善余:《中国人口地理》(上册),华东师范大学出版社1984年版,第41页。
257　《苏东坡全集》卷四十五《御试制科策》,四库全书本。
258　《苏东坡全集》卷七十四《与朱鄂州书》,四库全书本。
259　《宋会要辑稿·刑法二之一四七》,四库全书本。
260　杨时:《龟山集》卷十七《寄俞仲宽别纸其一》,文渊阁《四库全书》本。
261　庄绰:《鸡肋编》卷上,文渊阁《四库全书》本。
262　梁方仲:《中国历代户口、田地、田赋统计》,甲表39,上海人民出版社1980年版,第 161 页。

263 《元朝秘史》卷十三，注九引文，齐鲁书社 2005 年版，第 172 页。

264 胡焕庸、张善余：《中国人口地理》(上册)，华东师范大学出版社 1984 年版，第 46 页。

265 胡焕庸、张善余：《中国人口地理》(上册)，华东师范大学出版社 1984 年版，第 46—47 页。

266 《宋史》卷二十三《钦宗本纪》。

267 吴松弟：《中国移民史》第四卷《辽宋金元时期》，福建人民出版社 1997 年版，第 261—268 页。

268 韩元吉：《南涧甲乙稿》卷十八《又劝农文》，四库全书本。

269 漆侠：《漆侠全集》第三卷，河北大学出版社 2009 年版，第 71 页。

270 王柏：《鲁斋集》卷七《社仓利害书》，四库全书本。

271 曾丰：《缘督集》卷一七《送缪帐干解任诣铨改秩序》，四库全书本。

272 薛季宣：《浪语集》卷一六《奉使淮西回上殿札子》，四库全书本。

273 庄绰：《鸡肋编》卷中，文渊阁《四库全书》本。

274 漆侠：《漆侠全集》第三卷，河北大学出版社 2009 年版，第 68 页。

275 葛剑雄：《宋代人口新证》，《历史研究》1993 年第 6 期。

276 孟昭华：《元清户政考》，中国社会出版社 2014 年版，第 105 页。

277 《元史》卷十三《世祖第十》。

278 《元史》卷十五《世祖第十二》。

279 《元史》卷三十《泰定帝二》。

280 傅俊：《南宋的村落世界》，浙江大学博士学位论文 2009 年，第 33 页。

281 李纲：《梁溪先生文集》卷一二《桃源行·并序》，宋集珍本丛刊影印傅增湘校定清道光刻本。

282 乾隆《江津县志》卷九《风俗志·礼俗》。

283 《宋史》卷四九六《蛮夷列传四》。

284 《宋会要》蕃夷五之二五。

285 吕南公：《灌园集》卷一四《与张户曹论处置保甲书》，文渊阁《四库全书》本。

286 《陆放翁全集·渭南文集》卷四三《入蜀记》，中国书店 1986 年版，第 291—292 页。

287 漆侠：《漆侠全集》第三卷，河北大学出版社 2009 年版，第 69 页。

288 李焘：《续资治通鉴长编》卷四五，真宗咸平二年十一月甲子条。

289 岳柯：《鄂国金佗稡编续校注》卷二六《鼎沣逸民叙述杨么事迹二》，影印文渊阁

《四库全书》本，第 446 页。

290 《陆放翁全集 · 渭南文集》卷四三《入蜀记》，中国书店 1986 年版，第 265 页。

291 叶适：《叶适集 · 水心文集》卷一，《瑞安县重建厅事记》，第 162 页。

292 漆侠：《漆侠全集》第四卷，河北大学出版社 2009 年版，第 914 页。

293 傅宗文：《宋代草市镇研究》，福建人民出版社 1989 年版，第 226 页。

294 傅俊：《南宋的村落世界》，浙江大学博士学位论文 2009 年，第 65 页。

295 傅俊：《南宋的村落世界》，浙江大学博士学位论文 2009 年，第 58 页。

296 方回：《古今考 · 续古今考》卷一八，《附论班固计井田百亩岁入岁出》，四库全书本。

297 李焘：《续资治通鉴长编》卷二一八，《畿县保甲条制》。

298 李焘：《续资治通鉴长编》卷二四八，熙宁六年十一月戊午条。

299 《元史》卷二十三。

300 《元史》卷二十一。

301 《元典章》卷二十四《户部十》。

302 《元史》卷九十三《食货志一》。

303 俞剑华编：《中国画论类编》上，人民美术出版社 1998 年版，第 632 页。

304 罗大经：《鹤林玉露》丙编卷六《风水》，上海古籍出版社 2012 年版，第 208 页。

305 《宋会要》食货八之一六。

306 《陆放翁全集 · 渭南文集》卷四三《入蜀记》，中国书店 1986 年版，第 281—289 页。

307 《琴川志》卷二《乡都》。

308 《宋会要》蕃夷五之二九。

309 《宋史》卷八九《地理志 · 福建路》。

310 李纲著，傅增湘校定：《梁溪先生文集》卷一二《桃源行 · 并序》，宋集珍本丛刊第 6 册，第 341 页。

311 《正德兰溪县志》卷一引南宋兰溪经界田土地目。

312 李曾伯：《可斋杂稿》卷一八《荆阃回奏四事》，四库全书本。

313 《剑南诗稿》卷三三《小舟游近村舍舟步归》，文渊阁《四库全书》本。

314 李纲著，傅增湘校定：《梁溪先生文集》卷一二《桃源行 · 并序》，宋集珍本丛刊第 36 册，第 341 页。

315 李曾伯：《可斋杂稿》卷一八，宋集珍本丛刊影印清初钞本，第 84 册，第 353 页。

316 李吕：《澹轩集》卷五，影印文渊阁《四库全书》本，第 1152 册，第 236—237 页。

317 范成大：《吴船录》卷下，四库全书本。

318 《宋史·志第一百七·舆服六》。

319 范浚:《松溪集》,《四库全书》影印本。

320 《宋会要辑稿·食货六十三》。

321 苏轼著，朱孝臧编年，龙榆生校笺:《东坡乐府笺》，上海古籍出版社 2016 年版，第 113 页。

322 《辽史》卷九《景宗纪》下。

323 李焘:《续资治通鉴长编》卷二七，雍熙三年春正月戊寅条。

324 参见向南:《辽代石刻文编》，河北教育出版社 1995 年版。

325 《辽史》卷四八《百官志四》。

326 《辽史》卷四八《百官志四》。

327 宋绶:《契丹风俗》，载四川大学古籍整理研究所编，曾枣庄、刘琳主编:《全宋文》第十册，巴蜀书社 1990 年版，第 226 页。

328 苏颂:《苏魏公文集》卷一三《过新馆罕见居人》，四库全书本。

329 《辽史》卷三一《营卫志上·宫卫》。

330 张国庆:《辽代社会基层聚落组织及其功能考探——辽代乡村社会史研究之一》,《中国史研究》2002 年第 2 期。

331 《辽史》卷一一六《国语解》。

332 《辽史》卷一一六《国语解》。

333 路振:《乘轺录》，中华书局 1991 年版，第 3 页。

334 《金史》卷二《太祖纪》。

335 《金史》卷四四《兵制》。

336 《金史》卷四四《兵制》。

337 《金史》卷五十七《百官志三》。

338 宇文懋昭撰，崔文印校证:《大金国志校证》卷之八，中华书局 1986 年版，第 126 页。

339 宇文懋昭撰，崔文印校证:《大金国志校证》附录二，中华书局 1986 年版，第 599 页。

340 《金史》卷四四《兵制》。

341 《建炎以来系年要录》卷一三八，绍兴十二月条。

342 《建炎以来系年要录》卷一三八，绍兴十二月条。

343 《金史》卷五《海陵王纪》。

344 《金史》卷八六《夹谷胡剌传》。

345 《金史》卷十《章宗纪二》。

346 《金史》卷五十七《百官三》。

347 《金史》卷一六《宣宗纪下》。

348 《金史》卷八六《李石传》。

349 《金史》卷七十《宗宪传》。

350 宇文懋昭撰，崔文印校证：《大金国志校证》卷之三十六，中华书局 1986 年版，第 520 页。

351 《金史》卷七《世宗纪中》。

352 《金史》卷八《世宗纪下》。

353 《北史》卷九六《党项传》。

354 《宋史》卷四八六《夏国下》。

355 《旧唐书》卷一九八《党项羌传》。

356 甘肃省博物馆：《甘肃武威发现一批西夏文物》，《考古》1974 年第 3 期。

357 敦煌研究院编：《敦煌莫高窟供养人题记》，文物出版社 1986 年版，第 141 页。

358 史金波等译：《天盛改旧新定律令》，法律出版社 2000 年版，第 514 页。

359 李焘：《续资治通鉴长编》卷一三二，庆历元年五月甲戌条。

第七章　文明的繁盛与村落共同体的形成

1 《明史》卷七七《志第五十三 · 食货一》。

2 李焘：《续资治通鉴长编》卷二百四十八，中华书局 1979 年版，第 6045 页。原书载：“开封府界保甲，以五家相近者为一保，五保为一大保，十大保为一都保。但及二百户以上并为一都保，其正长人数且令依旧。即户不及二百者，各随近便并隶别保，诸路依此。”

3 喻政主修，福州市地方志编纂委员会整理：万历《福州府志》卷三（上册），海风出版社 2001 年版，第 28 页。

4 《明史》卷七七《志第五十三 · 食货一》。

5 《明史》卷七七《志第五十三 · 食货一》。

6 《明史》卷七七《志第五十三 · 食货一》。

7 《明史》卷七七《志第五十三 · 食货二》。

8 黄仲昭著，福州市地方志编纂委员会整理：《八闽通志》卷十五、卷十六，《福建地方志丛刊》（上册），福建人民出版社 2006 年版，第 412—414 页、第 426 页；何乔远：

《闽书》卷十二，第1册，福建人民出版社1994年版，第277—278页；李贤、彭时等纂修：《大明一统志》卷七十四、卷七十五，《景印文渊阁四库全书》，第473册，台湾商务印书馆1983年版，第561、578页。

9 陈让编次，邢址订刊：嘉靖《邵武府志》卷二，《天一阁藏明代方志选刊》第30册，上海古籍出版社影印本1964年版，第61b—62a页。

10 叶春及：《惠安政书》卷一，福建人民出版社1987年版，第11页。

11 李乔岱纂修：万历《休宁县志》卷七，《经野记》，明万历三十五年刻本。

12 《明史》卷七七《志第五十三·食货一》。

13 《明史》卷七七《志第五十三·食货一》。

14 《明史》卷七七《志第五十三·食货一》。

15 《明史》卷七七《志第五十三·食货一》。

16 《明史》卷七七《志第五十三·食货一》。原书载："祭酒周洪谟著《流民说》，引东晋时侨置郡县之法，使近者附籍，远者设州县以抚之。都御史李宾上其说。宪宗命原杰出抚，招流民十二万户，给闲田，置郧阳府，立上津等县统治之。河南巡抚张瑄亦请辑西北流民。帝从其请。……其移徙者，明初，当徙苏、松、嘉、湖、杭民之无田者四千余户，往耕临濠，给牛、种、车、粮，以资遣之，三年不征其税。徐达平沙漠，徙北平山后民三万五千八百余户，散处诸府卫，籍为军者给衣粮，民给田。又以沙漠遗民三万二千八百余户屯田北平，置屯二百五十四，开地千三百四十三顷。复徙江南民十四万於凤阳。户部郎中刘九皋言：'古狭乡之民，听迁之宽乡，欲地无遗利，人无失业也。'太祖采其议，迁山西泽、潞民於河北。后屡徙浙西及山西民於滁、和、北平、山东、河南。又徙登、莱、青民於东昌、兖州。又徙直隶、浙江民二万户於京师，充仓脚夫。太祖时徙民最多，其间有以罪徙者。建文帝命武康伯徐理往北平度地处之。成祖核太原、平阳、泽、潞、辽、沁、汾丁多田少及无田之家，分其丁口以实北平。自是以后，移徙者鲜矣。"

17 《明史》卷七七《志第五十三·食货一》。

18 《明史》卷七七《志第五十三·食货一》。

19 《明史》卷七七《志第五十三·食货一》。

20 《明史》卷七七《志第五十三·食货一》。

21 《明史》卷七七《志第五十三·食货一》。

22 李开先：《李中麓闲居集》卷十二《苏息民困或问》，齐鲁书社1997年版。

23 《宋史》卷一百九十二《兵志第一百四十五·兵六·乡兵三》。

24 陈弘谋辑：《从政遗规》卷上，《王文成公告谕》，国民出版社1940年版，第31页。

25 《清朝通典·食货九》卷十二。原书载：“顺治元年，百户危列宿上言：天津到海避乱之民万有一千余户，宜令有司抚绥安插。兵部侍郎金之俊亦请谕各镇道臣：招徕土寇归顺者，悉令州、县编置牌甲。于是制编置户口、保甲之法。”

26 张廷玉：《清朝文献通考》第一册，卷十九《户口一》，商务印书馆 1936 年版，第 5024 页。

27 张廷玉：《清朝文献通考》第一册，卷十九《户口一》，商务印书馆 1936 年版，第 5024 页。

28 张廷玉：《清朝文献通考》第一册，卷十九《户口一》，商务印书馆 1936 年版，第 5023 页。

29 张廷玉：《清朝文献通考》第一册，卷十九《户口一》，商务印书馆 1936 年版，第 5025 页。

30 赵尔巽等撰：《清史稿》卷一百二十，《志九十五·食货一》(上册)，联合书店 1943 年版，第 469 页。原书载：“至编审之停，始於雍正四年。直隶总督李绂改编审行保甲一疏略云：‘编审五年一举，虽意在清户口，不如保甲更为详密，既可稽察游民，且不必另查户口。请自后严饬编排人丁，自十六岁以上，无许一名遗漏。岁底造册，布政司汇齐，另造总册进呈。册内止开里户人丁实数，免列花户，则簿籍不烦而丁数大备矣。’”

31 具体可参见张廷玉：《清朝文献通考》第一册，卷十九《户口一》，商务印书馆 1936 年版，第 5029—5030 页。

32 张廷玉：《清朝文献通考》第一册，卷十九《户口一》，商务印书馆 1936 年版，第 5029 页。

33 张廷玉：《清朝文献通考》第一册，卷十九《户口一》，商务印书馆 1936 年版，第 5030 页。原书载：“沿海等省商渔船只，取具澳甲族邻保结，报官准造。完日由官验明，给照商船，将船主、舵工、水手年貌、籍贯并填照内，出洋时取具各船互结，至汎口照验放行。渔船止填船主年貌、籍贯。至汎口查明舵工、水手名数，官为填注。倘有租船出洋为匪，将船主、澳甲分别治罪。如船主实有事故，别令亲族押驾者赴官呈明，填入照内，准行。未呈明者，即以顶冒论。其内洋采捕小艇，责令澳甲稽查。至内河，一切船只于船尾设立粉牌。责令埠头查察其渔船网户水次搭棚趁食之民，均归就近保甲管束。”

34 雍正四年(1726 年)定棚民寮民照保甲之例。江西、浙江、福建三省各山县内之棚民“令照保甲之例，每年按户编查，责成地主并甲长出结呈送州县官，据册稽察。倘居住分散，不论棚数多寡，自为一甲，互相稽察，内有已置产业并愿入籍者，俱编入土，著一体当差。至一邑中，有四五百户以上者，该管官即于棚居乡庄内选立保长，专司巡察，其棚民有愿回籍者”，广东省之寮民“亦令照保甲之法，每寮给牌一令，互相保结。寮内遇有迁移增减，令将牌赴县，添除择老成谨慎者为寮长，听其钤束。如有藏匿奸宄、容隐不报者，事觉连坐。凡业主召佃搭寮，必将寮丁报官，或系官山，必赴官报，明查验方准搭寮，违者罪之”。雍正七年（1729年），粤东之蜑户“本属良民，且输纳渔课，与民相同”，“著有司通行晓谕，凡无力之蜑户，听其住船自便。如有力能建房搭棚者，准其于近水村庄居住，与齐民一同编列甲户，以便稽察，不得欺凌驱逐”。张廷玉：《清朝文献通考》第一册，卷十九《户口一》，商务印书馆1936年版，第5032页。

35 张廷玉：《清朝文献通考》第一册，卷十九《户口一》，商务印书馆1936年版，第5032页。

36 雍正四年（1726年）有选立族正之例“本因苗疆村堡聚族满百人以上，保甲或不能遍查，乃选族中人品刚方者立为族正，以稽察匪类。盖因地制宜，非通行之制也。”张廷玉：《清朝文献通考》第一册，卷十九《户口一》，商务印书馆1936年版，第5031页。

37 张廷玉：《清朝文献通考》第一册，卷十九《户口一》，商务印书馆1936年版，第5033页。

38 参见本书序言。

39 转引自萧公权著，张皓、张升译：《中国乡村——论19世纪的帝国控制》，联经出版事业股份有限公司2014年版，第21页。关于印度村落的梳理分类可见B. H. Baden-Powelll, *The Indian Village Community* (1896), pp.8-9; *The Origin and Growth of Village Communities in India* (1899), p.19; R.Mukerjee, *Democracies of the East*（1923），pp.265-266。

40 刘衡：《刘廉舫先生吏治三书·庸吏庸言》，江苏书局同治七年刻本，第88页。

41 萧公权著，张皓、张升译：《中国乡村——论19世纪的帝国控制》，联经出版事业股份有限公司2014年版，第9页。

42 莫里斯·弗里德曼著，刘晓春译：《中国东南的宗族组织》，上海人民出版社2000年版，第1页。

43 民国《歙县志》卷一《舆地志·风土》。

44 杨懋春著，张雄等译：《一个中国村庄：山东台头》，江苏人民出版社2001年版，第234页。

45 闻钧天：《中国保甲制度》，商务印书馆1935年版，第86页。

46 陈炎宗纂:《佛山忠义乡志》卷三《乡事志》，乾隆十七年刻本。

47 萧公权著，张皓、张升译:《中国乡村——论19世纪的帝国控制》，联经出版事业股份有限公司2014年版，第406页。

48 陈宏谋:《选举族正族约檄》，载贺长龄编:《清朝经世文编》卷五十八《礼法五·宗法上》。

49 《苦竹王氏宗谱》卷一《祠规》，道光二十七年版，第二册，1a—b。“族中言语小忿即田产钱债等事，俱赴祠呈禀，处明和解。事有难处，方许控官究理。若不先呈族长，径自越告者，罚银五两，入祠公用。”

50 《永明上甘棠周氏族谱·祖训十条》，民国十二年（1923年）重修，上甘棠村博物馆。

51 杜赞奇著，王福明译:《文化、权力与国家：1900—1942年的华北农村》，江苏人民出版社1996年版，第94页。

52 《永明上甘棠周氏族谱·祖训十条》，民国十二年（1923年）重修，上甘棠村博物馆。

53 黄云修、林之望、汪宗沂纂:《续修庐州府志》，载《中国地方志集成·安徽府县志辑》第二册，江苏古籍出版社，据光绪十一年（1885）刻本影印，34/29b、53/10a。

54 《李氏族谱》卷五《世德纪·康侯公传》。转引自赵秀玲:《中国乡里制度》，社会科学文献出版社1998年版，第187页。

55 萧公权著，张皓、张升译:《中国乡村——论19世纪的帝国控制》，联经出版事业股份有限公司2014年版，第402—403页。

56 建阳《重修黄文甫公族谱·凡例》。转引自赵秀玲:《中国乡里制度》，社会科学文献出版社1998年版，第187页。

57 《永明上甘棠周氏族谱·祖训十条》，民国十二年（1923）重修，上甘棠村博物馆。

58 Justus Doolittle, *Social Life of the Chinese*, New York: Harper & Brothers, 1865, I, pp.225. 文献中这样划分宗祠：“宗祠可以分为两种。一种是祭拜同姓、拥有亲属关系的所有家庭的祖先；一种是祭拜同姓、具有近亲关系的一房的祖先。”这说明了为什么在许多事例中，一个宗族拥有许多宗祠、祭田或祖茔。Edwin D. Harvey, *The Mind of China*, New Haven: Yale University Press, 1933, pp. 244-246. 文献中引述了在宗祠和祖先坟地举行的祭祀仪式如下：“有些规模比较大的宗族（由同一个祖先繁衍下来的，生活在同一地区），他们成群结队去祭拜。无论富或穷，全都集合起来。甚至乞丐也到祖坟面前下跪，祭拜。这一活动称为‘扫墓’‘拜山’。在其中一些场合，……即使家族有两三千人，即使其中一些成员非常富有，另一些在政府担任高官，但无论老少、富穷，全都被召集到‘祖宗祠堂’（或称宗祠）里。杀猪宰羊，各种各样的祭祀品琳琅满目。在这些场合，祭祀队伍从宗祠行进到坟地，以主要人物的官阶被允许的最壮观的方式来进行。……这就是在祖宗墓地举行大规模祭祀的基本情况。但对许多人来说，祭祀仪式中最好的部分，是在祭祀结束之后举行的宴会。烤全猪、米饭、鸡、鸭、鱼、水果、酒等都被带回祠堂，然后在祠堂举行宴会，他们按照年龄、地位坐好，吃喝玩乐。”

59 织田万著，李秀清、王沛点校：《清国行政法》，中国政法大学出版社 2003 年版，第 213 页。由此观之，族正也是一种警察机关……“族正”的职掌，与“保正”“甲长”并无不同。这一点在一项法律条文中规定得非常清楚：“地方有堡子村庄，聚族满百人以上，保甲不能编查，选族中有品望者立为族正。若有匪类，令其举报，倘徇情容隐，照保甲一体治罪。”

60 张廷玉：《清朝文献通考》第一册，卷十九《户口一》，商务印书馆 1936 年版，第 5031 页。

61 要求族正汇报自己亲属中犯法者的规定与“雍睦”原则相矛盾，甚至与儒家思想主张人性的根基在于神圣的家庭关系相冲突。

62 《永明上甘棠周氏族谱·祖训十条》，民国十二年（1923 年）重修，上甘棠村博物馆。

63 《明史》卷七七《志第五十三·食货一》。

64 申时行等重修，李东阳等撰：《大明会典》，台湾新文丰出版公司 1976 年版，第 357 页。

65 顾炎武著，黄汝成集释，秦克诚点校：《日知录集释》，岳麓书社 1994 年版，第 87 页。

66 王阳明：《王文成公全书》卷十七《南赣乡约》，隆庆六年谢廷杰刻本。

67 王阳明：《王文成公全书》卷十六《仰南安赣州印行告谕牌》，隆庆六年谢廷杰刻本。

68 吕坤：《实政录》卷五，浙江书局同治十一年（1872 年）重刊本。

69 吕坤：《实政录》卷三《查里乡甲》，浙江书局同治十一年（1872 年）重刊本。

70 吕坤：《实政录》卷三《查里乡甲》，浙江书局同治十一年（1872 年）重刊本。

71 昆冈等纂：《钦定大清会典事例》，清光绪间武英殿石印本，397/1a。

72 素尔讷纂，霍有明、郭海文校注：《钦定学政全书校注》卷七十四《讲约事例》，武汉大学出版社 2009 年版，第 291 页。

73 素尔讷纂，霍有明、郭海文校注：《钦定学政全书校注》卷七十四《讲约事例》，武汉大学出版社 2009 年版，第 291 页。强调防止不法社会行为：敦孝弟以重人伦；笃宗族以昭雍睦；和乡党以息争讼；重桑农以足衣食；尚节俭以惜财用；隆学校以端士习；黜异端以崇正学；讲法律以儆愚顽；明礼让以厚风俗；务本业以定民志；训子弟以禁非为；息诬告以全善良；诫窝逃以免株连；完钱粮以省催科；联保甲以弭盗贼；解仇忿以重身命。

74 素尔讷纂，霍有明、郭海文校注：《钦定学政全书校注》卷二《学校规条》，武汉大学出版社 2009 年版，第 9 页。

75 素尔讷纂，霍有明、郭海文校注：《钦定学政全书校注》卷七十四《讲约事例》，武汉大学出版社 2009 年版，第 293 页。

76 素尔讷纂，霍有明、郭海文校注：《钦定学政全书校注》卷七十四《讲约事例》，武汉大学出版社 2009 年版，第 294 页。

77 《村规民约碑》于康熙五十七年（1718 年）经湖广永州府永明县正堂李批示设立，原保存在上甘棠村周氏祠堂中，现存于上甘棠博物馆，全部内容如下：1. 钱粮重务须要早还，毋致连累保甲，如违指名送官处究。2. 子弟须要孝顺父母尊敬长上，违者家法责三十，仍送官处究。3. 禁不许勾引外坊贼盗，违者家法责三十，罚银一十二两，修理祖庙桥路，送官处死。4. 禁不许乱伦灭义，违者家法责三十，罚银十二两，修理祖庙桥路，送官处死。5. 禁后龙山不许砍伐竹木寻笋，以致疏通贼路，违者家法责二十，罚银一两二钱，捉拿者赏银三钱，送官处究。6. 禁田园瓜果六成生理不许窃取，违者家法责二十，罚银六钱。捉拿者赏银三钱，凡一切窃盗俱以此论。7. 禁不许赌博，违者家法责二十，罚银五钱。窝家同罚。8. 禁一更尽下不许夜行，如有紧事，须持火扬声，违者即以盗论，送官处究。9. 吾村界连粤西，贼盗出没无常，凡后生坐草，得一功者，众赏银二两。10. 妇女须要遵守闺房，各勤纺织，不许出外游行，违者家法责父兄二十。11. 禁不许倚强欺弱，违者罚银一两二钱，家法责二十，仍送官处究。12. 禁不许吹毛求疵，违者罚银一两二钱，家法责二十，仍送官处究。

78 沈日霖：《粤西琐记》，载王锡祺编：《小方壶斋舆地丛钞》第七帙，上海著显堂印，光绪三年至三十三年，2/181a。

79 萧公权著，张皓、张升译：《中国乡村——论 19 世纪的帝国控制》，联经出版事业股份有限公司 2014 年版，第 239 页。

80 杨开道：《中国乡约制度》，商务印书馆 2015 年版。

81 笔者曾在《小村落，大文化》一文中，引用了明清湖南地区的几块碑刻文献，当中就涉及相关问题，有兴趣者可以参读。见胡彬彬：《小村落，大文化》，《光明日报》2013 年 5 月 6 日，15 版。

82 张仲礼：《中国绅士研究》，上海人民出版社 2008 年版，第 6 页。

83 费正清编：《剑桥中国晚清史》（上卷），中国社会科学出版社 1994 年版，第 14 页。

84 郝秉键：《明清绅士的构成》，《历史教学》1996 年第 5 期。

85 费孝通:《乡土中国、生育制度、乡土重建》,商务印书馆 2015 年版。

86 费正清编:《剑桥中国晚清史》(上卷),中国社会科学出版社 1994 年版,第 25 页。

87 《澳门月报》第一卷,第 11 期,1833 年 3 月号。

88 杜赞奇著,王福明译:《文化、权力与国家:1900—1942 年的华北农村》,江苏人民出版社 1994 年版,第 46—47 页。

89 吴晗等:《皇权与绅权》,上海观察社 1948 年版,第 12 页。

90 《佛镇义仓总录》卷二《劝七市米户照实报谷价启》。转引自赵秀玲:《中国乡里制度》,社会科学文献出版社 1998 年版,第 257 页。

91 张廷玉:《清朝文献通考》第一册,卷二十五《职役五》,商务印书馆 1936 年版,第 5072 页。

92 张廷玉:《清朝文献通考》第一册,卷二十二《职役二》,商务印书馆 1936 年版,第 5051 页。

93 张廷玉:《清朝文献通考》第一册,卷二《田赋二》,商务印书馆 1936 年版,第 4866 页。

94 张廷玉:《清朝文献通考》第一册,卷二十五《职役五》,商务印书馆 1936 年版,第 5073 页。

95 张廷玉:《清朝文献通考》第一册,卷二十五《职役五》,商务印书馆 1936 年版,第 5072 页。

96 《清实录·乾隆实录》卷十二。

97 胡庆均:《两种权力缝中的保长》,载吴晗、费孝通等:《皇权与绅权》,上海书店 1949 年版,第 136 页。

98 刘衡:《刘廉舫先生吏治三书》,《庸吏庸言》,江苏书局同治七年刻本,第 88 页。

99 费正清编:《剑桥中国晚清史》上卷,中国社会科学出版社 1994 年版,第 15 页。

100 《明史》卷六九《志第四十五·选举一》。

101 吴宣德:《中国教育制度通史》第四卷,山东教育出版社 2000 年版,第 295 页。

102 陈谷嘉、邓洪波主编:《中国书院史资料》(上册),浙江教育出版社 1998 年版,第 499 页。

103 陈谷嘉、邓洪波主编:《中国书院史资料》(上册),浙江教育出版社 1998 年版,第 574 页。

104 刘锦藻:《清朝续文献通考》卷一百《学校七》。

105 萧公权著,张皓、张升译:《中国乡村——论 19 世纪的帝国控制》,联经出版事业股份有限公司 2014 年版,第 278 页。

106 刘锦藻:《清朝续文献通考》卷一百《学校七》,第8589页。

107《明史》卷二《本纪第二·太祖二》。

108 李国祥、杨昶主编:《明实录类纂·文教科技卷》,武汉出版社1992年版,第47页。

109《嘉靖龙溪县志》卷一《地理·四时风俗》,载《天一阁藏明代方志选刊》,上海古籍书店1981年影印版,第17页。

110 陈献章:《陈献章集》卷一,中华书局1987年版。"以小学言之,朱子《小学》书,教之之具也。……天下之事,无本不立。小学,学之本也。"

111 吴宣德:《中国教育制度通史》第四卷,山东教育出版社2000年版,第295页。

112 素尔讷纂,霍有明、郭海文校注:《钦定学政全书校注》卷七十三《义学事例》,武汉大学出版社2009年版,第287页。张廷玉:《清朝文献通考》第一册,卷二十五《职役五》,商务印书馆1936年版,第5072页。原书载:"(顺治)九年令直省州县置社学,师免其差徭。"

113 素尔讷纂,霍有明、郭海文校注:《钦定学政全书校注》卷七十三,《义学事例》,武汉大学出版社2009年版,第288页。

114 张廷玉:《清朝文献通考》第一册,卷二十五《职役五》,商务印书馆1936年版,第5072页。

115 尹选波:《中国明代教育史》,人民出版社1994年版,第142页。

116 素尔讷纂,霍有明、郭海文校注:《钦定学政全书校注》卷七十三《义学事例》,武汉大学出版社2009年版,第287页。

117 素尔讷纂,霍有明、郭海文校注:《钦定学政全书校注》卷七十三《义学事例》,武汉大学出版社2009年版,第287页。

118 素尔讷纂,霍有明、郭海文校注:《钦定学政全书校注》卷七十三《义学事例》,武汉大学出版社2009年版,第287页。

119 管同纂:《异之文集·拟言风俗书》,载贺长龄编:《皇朝经世文编》卷七。

120 刘浦江:《宋代宗教的世俗化与平民化》,《中国史研究》2003年第2期;车锡伦:《明清民间宗教与甘肃的念卷和宝卷》,《敦煌研究》1999年第4期;任思亮:《明清民间宗教思想研究》,山东大学博士学位论文,2007年。

121 杜赞奇著,王福明译:《文化、权力与国家:1900—1942年的华北农村》,江苏人民出版社1996年版,第112页。

122 林美容:《土地公庙——聚落的指标:以草屯镇为例》,《台湾风物》1987年第37期。

123 杨庆堃著,范丽珠译:《中国社会中的宗教》,上海人民出版社2007年版,第25页。

124 杨庆堃著，范丽珠译：《中国社会中的宗教》，上海人民出版社 2007 年版，第 76 页。

125 中国村落文化研究中心收藏的数以千计的造像记发愿文，有一部分已公开出版。可参见胡彬彬、吴灿著：《祈福禳灾：道教造像记》，湖南大学出版社 2013 年版；胡彬彬、李方著：《祈愿延绵：佛教造像记》，湖南大学出版社 2013 年版。

126 潘朝阳：《苗栗嘉盛庄村庙的空间配置及其内涵》，载《台湾师大地理研究报告》，1990 年第 16 期。亦可参见潘朝阳著：《台湾汉人通俗宗教的空间与环境诠释》，厦门大学出版社 2008 年版，第 201—228 页。

127 刘沛林：《古村落：和谐的人聚空间》，上海三联出版社 1998 年版，第 45 页。

128《徽州府志（弘治）》卷十《寺观》，载《天一阁藏明代方志选刊》。

129《安徽绩溪仙石周氏宗谱 · 石川周氏祖训十二条》。

130《明史》卷五十《志第二十六 · 礼四》。

131《东洋文化研究所纪要》114 册。转引自蒋竹山：《宋至清代的国家与祠神信仰研究的回顾与讨论》，《新史学》1997 年第 2 期。

132 赵世瑜著：《狂欢与日常——明清以来的庙会与民间社会》，生活 · 读书 · 新知三联书店 2002 年版，第 59 页。

133 允陶等修：《钦定大清会典》卷二十六《礼部》，遵旨重刊武英殿聚珍版，第 1—5 页，载完整的祭祀清单。

134 转引自萧公权著，张皓、张升译：《中国乡村——论 19 世纪的帝国控制》，联经出版事业股份有限公司 2014 年版，第 261—262 页。《夔州府志》（1827 年），19/37b–39a；《普安直隶厅志》（1889 年），8/8b–9b；《仁怀厅志》（1895 年），2/44b–46a 都收录了厉坛祝文。

135 施坚雅主编：《中华帝国晚期的城市》，中华书局 2000 年版，第 708 页。

136 M. Huc: *A Journey Through the Chinese Empire*, vol. 1. Harper & Brothers Publishers. Franklin Squark, 1855, II, 98.

137 M. Huc: *A Journey Through the Chinese Empire*, vol. 1. Harper & Brothers Publishers. Franklin Squark, 1855, II, 297; I, 289–29.

138 王怡柯：《农村自卫研究》，建华印刷局中华民国二十一年十月初版，第 32 页。

139 Samuel W. Williams: *The Middle Kingdom*, New York & London: Wiley and Putnam, 1848, I, 280-281.

140 赵文濂等纂：《正定县志》，《上函图》，光绪元年刻本。

141 赵文濂等纂：《正定县志》，《上函图》，光绪元年刻本。正定县各社统领不同数量的村，其中东关厢社领 17 村，东原社领 16 村，五女社领 13 村，辛庄社领 14 村，南关厢社领14村，复增社领22村，复安社领20村，许香社领23村，新城社领20村，北牛社领23村，杜同社领20村，大河社领12村。表格统计了4个社60个村的人户、耕作土地、粮银数量的情况。

142 何道增修，张惇德纂：《延庆州志》卷二《舆地》，光绪六年刻本，第5—59页。关于北中国村落情况统计的4个表格也来源于此。《延庆州志》记载东南西北四路共241个村落，有详细记载的有231个村落，其中岳家营、新堡庄、东杏园、西杏园、东红寺、青龙桥、上芦房营、下芦房营、小王家庄、前集贤屯、后集贤屯、于家堡等12个村落由于没有户数和人口数的记载，故没有进行统计。

143 朱次琦等修，冯栻宗等纂：《九江儒林乡志》卷五，光绪九年刻本，1a—4a。

144 《明史》卷九十《志六十六·兵二·卫所、班军》。

145 《明史》卷七六《志第五十二·职官五》。

146 《明史》卷七六《志第五十二·职官五》。

147 张天复：《皇舆考》，《玄览堂丛书》第7册，台湾图书馆1981年版，第167页。

148 《明史》卷九十《志六十六·兵二·卫所、班军》。

149 《明史》卷九十《志六十六·兵二·卫所、班军》。

150 《明史》卷七十七《志第五十三·食货一·户口、田制、屯田、庄田》。“每军受田五十亩为一分，给耕牛、农具，教树植，复租赋，遣官劝输，诛侵暴之吏。初亩税一斗。三十五年定科则：军田一分，正粮十二石，贮屯仓，听本军自支，余粮为本卫所官军俸粮。永乐初，定屯田官军赏罚例：岁食米十二石外余六石为率，多者赏钞，缺者罚俸。又以田肥瘠不同，法宜有别，命官军各种样田，以其岁收之数相考较。”

151 《明史》卷九十《志六十六·兵二·卫所、班军》。

152 《明史》卷九十《志六十六·兵二·卫所、班军》。

153 《明史》卷九十《志六十六·兵二·卫所、班军》。“军职冒滥，为世所轻。内之部科，外之监军、督抚，叠相弹压，五军府如赘疣，弁帅如走卒。总兵官领敕于兵部，皆跽，间为长揖，即谓非礼。至于末季，卫所军士，虽一诸生可役使之。积轻积弱，重以隐占、虚冒诸弊，至举天下之兵，不足以任战守，而明遂亡矣。”

154 《明史》卷七七《志第五十三·食货一·户口、田制、屯田、庄田》。

155 萧一山：《清代通史》第四篇，中华书局1986年版，第562页。

156 张廷玉：《清朝文献通考》第一册，卷八十七《职官十一》，商务印书馆1936年版，第5627页。

157 《清圣祖实录》第四册，卷十五，台湾华文书局1969年版，第2044页。

158 张廷玉:《清朝文献通考》第一册，卷八十七《职官十一》，商务印书馆 1936 年版，第 5627 页。

159 如《中俄尼布楚条约》、《中俄瑷珲条约》、《中俄布连斯奇条约》、《中俄恰克图条约》、《中俄勘分西北界约记》（及子约《科布多界志》《塔尔巴哈台界约》）、《中法新约》、《中英缅甸条约》、《马关条约》等。

160 《明史》卷七七《志第五十三 · 食货一》。

161 《明史》卷七七《志第五十三 · 食货一》。

162 《明史》卷七七《志第五十三 · 食货一》。

163 《明史》卷七七《志第五十三 · 食货一》。

164 《明史》卷七七《志第五十三 · 食货一》。

165 葛剑雄:《家山何止大槐树》，载安介升:《山西移民史》，三晋出版社 2014 年版。

166 《明史》卷七七《志第五十三 · 食货一》；卷六《本纪第六 · 成祖二》。姚广孝等纂:《明太祖实录》卷一一〇，卷一九七，卷五〇。“天下若不设法招徕耕种以实中原，虑恐日久，国用虚竭。为今之计，莫若计复业之民垦田外，其余荒芜土田宜责之守令召诱流移未入籍之民，官给牛种，及时播种。”《明太宗实录》卷五九，“中央研究院”历史语言研究所 1968 年校印版，第 855—858 页。

167 葛剑雄主编:《中国移民史》第五卷，福建人民出版社 1997 年版，第 166 页。资料来源：道光《观城县志》卷一、正德《莘县志》卷三、嘉靖《武城县志》卷二、康熙《博平县志》卷一、民国《茌平县志》卷二、嘉靖《夏津县志》卷二、民国《临清县志》卷三。

168 葛剑雄主编:《中国移民史》第五卷，福建人民出版社 1997 年版，第 169 页。《山东省茌平县地名志》（初稿）1990 年。乡镇名称：胡屯、冯官屯、王老、杜郎口、孙桥、茌平、温陈、赵官屯、郝集、乐平铺、广平、韩集。

169 葛剑雄主编:《中国移民史》第五卷，福建人民出版社 1997 年版，第 172 页。

170 《明史》卷七七《志第五十三 · 食货一》。

171 张青:《洪洞大槐树移民考》,《中国地方志》2003 年 S1 期。

172 张廷玉:《清朝文献通考》第一册，卷十九《户口一》，商务印书馆 1936 年版，第 5024—5026 页。虽然户口数只是国家赋役黄册登记的纳粮户和纳税单位，不代表真实的人口数量，但仍在一定程度上说明了人口的增幅趋势。

173 台湾“中央研究院”历史语言研究所编:《明清史料》丙编，第十册，商务印书馆 1936 年版，第 1000 页。

174 余慎修:《新繁县乡土志》，清光绪三十三年铅印本，5/1a–2b。

175 张廷玉:《清朝文献通考》第一册，卷十九《户口一》，商务印书馆 1936 年版，第 5027 页。

176 张廷玉:《清朝文献通考》第一册，卷十九《户口一》，商务印书馆 1936 年版，第 5029—5034 页。

177 张廷玉:《清朝文献通考》第一册，卷十九《户口一》，商务印书馆 1936 年版，第 5027—5028 页。“……九卿等会议湖广、江西、广东、广西四省之人挈家远，赴四川听其散往各府州县佃种佣工为糊口之计。各府州县稽其姓名、籍贯，如实系穷民，造册申报该督抚，咨查原籍。令将本户居址、姓名造册回覆。……民人有愿回籍者，量予盘费、口粮，给以印票；其愿在川开垦者，量人力多寡，分给荒地五六十亩，或三四十亩，给以牛种、口粮。其所用各项银着落本籍各府州县官赔补。”

178 张廷玉:《清朝文献通考》第一册，卷十九《户口一》，商务印书馆 1936 年版，第 5027—5028 页。

179 彭遵泗纂:《蜀故》卷三《田赋》。曹树基:《中国移民史》第六卷，福建人民出版社 1997 年版，第 99 页。

180 曹树基:《中国移民史》第六卷，福建人民出版社 1997 年版，第 97 页。

181 曹树基:《中国移民史》第六卷，福建人民出版社 1997 年版，第 101 页。

182 曹树基:《中国移民史》第六卷，福建人民出版社 1997 年版，第 485 页。

183 宋乃工主编:《中国人口·内蒙古分册》，中国财政经济出版社 1987 年版，第 41—50 页。

184 闫天灵:《“走西口”与晋陕内蒙古毗连带民歌圈的生成》，《西北民族研究》2004 年第 2 期。

185 贻谷:《绥远奏议》，《清查土默特地亩及现在办法折》，内蒙古大学蒙古史研究所抄本。

186 《伊克昭盟地名志》，内蒙古自治区地名委员会编印 1988 年版。

187 道光《承德府志》卷二《田赋》，曹树基:《中国移民史》第六卷，福建人民出版社 1997 年版，第 487 页。

188 以上数据的统计可参见曹树基:《中国移民史》第六卷，福建人民出版社 1997 年版，第 482—484 页。

189 《盛京通志》卷三十五、卷三十六，《户口志》，乾隆四十三年。同时可参见曹树基:《中国移民史》第六卷，福建人民出版社 1997 年版，第 480 页。

190 《大清世宗宪（雍正）皇帝实录》（二）卷五十八，台湾华文书局 1969 年版，第 910 页。

191 《大清世宗宪（雍正）皇帝实录》（二）卷五十八，台湾华文书局 1969 年版，第 911 页。

192 李长博：《中国殖民史》，商务印书馆 1998 年版，第 214 页。

193 陈瀚笙编：《华工出国史料汇编》（二），中华书局 1980 年版，第 178—179 页。

194 陈瀚笙编：《华工出国史料汇编》（二），中华书局 1980 年版，第 153—162 页。1852 年 11 月至 1853 年 3 月，有 1 925 名契约华工被贩运到哈瓦那，500 名契约华工被贩运到秘鲁；1854 年有 838 名契约华工被贩运到古巴；1855 年有 3 012 名契约华工被贩运到哈瓦那，1 150 名契约华工被贩运到秘鲁。据统计，1852—1858 年，从汕头贩运出去的契约华工约 4 万名。

195 陈瀚笙编：《华工出国史料汇编》（二），中华书局 1980 年版，第 50 页，第 9—11 页。澳门的苦力贸易开始于 1851 年，主要贩运苦力到古巴。1853 年，"澳门方面经办的向古巴移民的业务"，"业已基础稳固，成为长期的事业"。1855 年澳门有 5 所"猪仔馆"，并有"无数的人从事贩卖中国人的买卖"。李春辉、杨生茂编：《美洲华侨华人史》，东方出版社 1990 年版，第 78 页。据不完全统计，1864—1873 年，由澳门贩运出国的契约华工为 147 729 人。

196 陈瀚笙编：《华工出国史料汇编》（二），中华书局 1980 年版，第 89—92 页。1849 年，从金星门贩运 70 名契约华工到秘鲁，此后每年贩运 1 000 多名契约华工前往南美洲，1853 年达 1 870 名。

197 陈泽宪：《19 世纪盛行的契约华工制》，载《华侨史研究论文集》（一），华东师范大学出版社 1984 年版，第 84—87 页。

198 陈泽宪：《19 世纪盛行的契约华工制》，载《华侨史研究论集》（一），华东师范大学出版社 1984 年版，第 84—87 页。

199 曹树基：《中国移民史》第六卷，福建人民出版社 1997 年版，第 529—531 页。

200 朱国宏：《中国人口的国际迁移之历史考察》，《历史研究》1989 年第 6 期。

201 刘石吉：《明清时代江南市镇研究》，中国社会科学出版社 1987 年版，第 2 页。

202 樊树志：《江南市镇：传统的变革》，复旦大学出版社 2005 年版，第 58 页。

203 傅衣凌：《中国传统社会：多元的结构》，中国社会经济史研究，1988 年第 3 期。

204 郑沄修：《乾隆杭州府志》卷五，乾隆四十三年（1778 年），第 4—5 页。

205 倪师孟等纂：《乾隆吴江县志》卷四，《镇市村》，乾隆十二年修，石印重印本，15b—16a。莫《志》为莫旦撰《弘治吴江县志》，徐《志》为徐师曾撰《嘉靖吴江县志》，屈《志》为《康熙吴江县志》。

206 萧公权著，张皓、张升译：《中国乡村——论 19 世纪的帝国控制》，联经出版事业股份有限公司 2014 年版，第 29 页。

207 萧公权著，张皓、张升译：《中国乡村——论 19 世纪的帝国控制》，联经出版事业股份有限公司 2014 年版，第 32 页。

208 《南昌县志》卷四《方域志下 · 市镇》，民国二十四年（1935 年）重刊本，第 2 页。

209 方行、经君健、魏金玉主编：《中国经济通史 · 清代经济卷》（上），经济日报出版社 2000 年版，第 212—213 页。

210 任放：《明清市镇的功能分析——以长江中游为例》，《浙江社会科学》2002 年第 1 期。

211 辜天佑编：《湖南乡土地理教科书》第一册，长沙群益书社、群智书社、作民译社 1910 年版，第 36 页。

212 《吴县志》卷五十二，1933 年铅印本，上页。

213 刘石吉：《明清时代江南市镇研究》，中国社会科学出版社 1987 年版，第 4 页。根据以下资料估计：同治《苏州府志》卷十三，光绪九年（1883 年）刻本；《松江府志》卷二十八，嘉庆二十四年（1819 年）刊；严中平等编：《中国近代经济史统计资料选辑》，科学出版社 1955 年版，第 363 页；竺可桢：《论江浙两省人口之密度》，《东方杂志》23 卷 1 号，1926 年，第 91—112 页。

214 1812 年资料详见罗尔纲：《太平天国革命前的人口压迫问题》，《中国社会经济史集刊》，8 卷 1 期，1947 年。1913 年资料见 Dwight Perkins, *Agricultural Development in China: 1368—1968*, Chicago: Aldine, 1969, p.212, p.236。

215 《松江府志》卷五，康熙二年（1663 年）刊本，第 3 页。

215 《南昌县志》卷四《方域志下 · 市镇》，民国二十四年重刊本，第 2—5 页。蔴垢市："咸丰初，设守望团练分局于此。时以中洲为总局，其分局多在上游。各市以下游为水师驻防巡哨之地。光绪戊戌，部文通饬行保甲法，各市皆设局，随停保甲，办团练，即改保甲局为团练局，俱以名虑应然有事之时成规具在矣。"湿口市旧设五乡局。前坊市旧设东乡镇东局。幽兰塘市旧设幽兰局。渡头市旧设渡市局。塔城市旧设又安局。荏港市上通抚州、建昌两府，为进贤往来通衢水陆交会之所，旧设普安局，附近设安全局。武溪市初市在东北乌龙湾，后圮于河，乃徙于此，旧设安和局。谢埠市旧设谢埠局。莲塘街旧设莲塘局。万舍街旧设万舍局。上谌店旧设南州局。梁家渡市旧设中乡镇东局。三江市江本作港地界三县：东北属进贤；南属丰城；过河东属临川，设有主簿，河滨有官地二十一间，每岁纳租银二两一钱。前止河街，背后止港，左止丰城官地，右止巷官民地，以巷为界，旧设镇南局。市泌镇濒河为市，西南通瑞河，对河为丰城，稍西即新建界，商船辐辏为第一，且镇设有巡检、把总，旧设大安局。

217 李之勤：《论鸦片战争以前清代商业性农业的发展》，载《明清社会经济形态的研究》，上海人民出版社 1957 年版，第 263—357 页。

218 《南浔志》卷三十，民国十一年（1922 年）刊本，第 3 页上。

219 刘石吉：《明清时代江南市镇研究》，中国社会科学出版社 1987 年版，第 123—127 页。

220 李伯重：《江南的早期工业化（1550—1850）》，社会科学文献出版社 2000 年版，第 1—30 页。

221 梅原郁、林和生等日本学者称江南市镇为“地方都市”。梅原郁：《宋代地方小都市的一面——以镇的变迁为中心》，载《史林》1958 年第 41 卷第 6 号；林和生：《中国近世地方都市的一面——关于太湖平原的镇市与交通》，载《空间 · 景观 · 画像》，地人书房 1983 年版；林和生：《中国近世地方都市的发展——太湖平原乌青镇的场合》，《中国近世的都市与文化》，京都大学人文科学研究所 1984 年版。

222 刘石吉：《明清时代江南市镇研究》，中国社会科学出版社 1987 年版，第 21—24 页。

223 《杭州市经济调查》卷六《丝绸篇》，民国二十一年（1932 年）铅印本，1971 年台北影印本，第 1 页。

224 《湖州府志》卷二十九《舆地略风俗》，同治十三年（1874 年）刊本，第 3 页上。

225 全汉昇：《美洲白银与 18 世纪中国物价革命的关系》，载《中国经济史论丛》第 2 册，中华书局 2012 年版，第 491 页。全汉昇研究明清以来中国丝货的对外贸易，他认为明清时期苏杭地区经济之所以繁荣，人口多而富足，是因为海外市场对中国丝货需求的增大，刺激了江南地区蚕桑业的发展，增加了乡村人口的就业机会。

226 叶廉锷等修：《平湖县志》卷八《食货下 · 场课》，光绪十二年（1886 年）刊本，第 36 页。

227 刘石吉：《明清时代江南市镇研究》，中国社会科学出版社 1987 年版，第 35—36 页。

228 樊树志：《江南市镇：传统的变革》，复旦大学出版社 2005 年版，第 70 页。

229 刘石吉：《明清时代江南市镇研究》，中国社会科学出版社 1987 年版，第 66 页。

230 樊树志：《晚明大变局》，中华书局 2015 年版，第 156 页。

231 Mark Elvin, “Market Towns and Waterways: The County of Shanghai from 1480 to 1910” in *The City in Late Imperial China*, pp.441–473.

232 William T. Rowe., “City and Region in the Lower Yangzi”, Linda Cooke Johnson, ed. *Cities of Jiangnan in Late Imperial China*, State University of New York Press, 1992, p12.

233 胡彬彬、李向军、王晓波主编：《中国传统村落保护调查报告（2017）》，社会科学文献出版社 2017 年版，第 171 页。

234 费孝通：《乡土中国》，生活·读书·新知三联书店 1985 年版，第 72 页。

235 刘沛林：《风水：中国人的环境观》，上海三联书店 1995 年版，第 43 页。

236 胡彬彬、李向军、王晓波主编：《中国传统村落保护调查报告（2017）》，社会科学文献出版社 2017 年版，第 171 页。

237 潘朝阳：《苗栗嘉盛庄村庙的空间配置及其内涵》，载《台湾师大地理研究报告》1990 年第 16 期。

238 刘沛林：《风水：中国人的环境观》，上海三联书店 1995 年版，第 58 页。

239 刘沛林：《古村落：和谐的人聚空间》，上海三联书店 1997 年版，第 129 页。

240 王君荣编：《阳宅十书》，《论宅外形第一》，万历二十五年（1597 年）影印本。

241 刘沛林：《古村落：和谐的人聚空间》，上海三联书店 1997 年版，第 176—177 页。

242 刘敦桢主编：《中国古代建筑史》，中国建筑工业出版社 1980 年版，第 313 页。

243 胡彬彬、李向军、王晓波主编：《中国传统村落保护调查报告（2017）》，社会科学文献出版社 2017 年版，第 327—328 页。

244 胡彬彬：《湖湘建筑》（二），湖南教育出版社 2013 年版，第 38 页。

245 胡彬彬：《湖湘建筑》（二），湖南教育出版社 2013 年版，第 32 页。

246 胡彬彬、李向军、王晓波主编：《中国传统村落保护调查报告（2017）》，社会科学文献出版社 2017 年版，第 173—174 页。

247 胡彬彬：《湖湘建筑》（二），湖南教育出版社 2013 年版，第 44 页。

248 凯文·林奇著，项秉仁译：《城市的印象》，中国建筑工业出版社 1990 年版，第 43 页。

249 曹树基：《中国人口史》第四卷，复旦大学出版社 2000 年版，第 245—246 页。

250 张廷玉：《清朝文献通考》第二册，卷二百九十二《舆地二十四》，商务印书馆 1936 年版，第 7410 页。

251 黄沛翘撰，李培荣等校：《西藏图考》卷二《西藏源流考》，西藏人民出版社 1982 年版，第 77 页。

252 松筠撰，吴丰培校订：《西招图略·除苛》，西藏人民出版社 1982 年版，第 4 页。

253 张廷玉：《清朝文献通考》第二册，卷二百九十二《舆地二十四》，商务印书馆 1936 年版，第 7410—7012 页。黄沛翘撰，李培荣等校：《西藏图考》卷二《西藏源流考》，西藏人民出版社 1982 年版，第 77 页。乾隆二年理藩院造册称“全藏所辖六十八城：喀木九、前藏三十、后藏十八、阿里十二”。

254 允礼：《西藏志》，乾隆五十七年（1792 年）刻本，古洞室李梦皋临江：《西藏地方资料集成·拉萨厅志》第一辑《城市》。乾隆年间，拉萨为前藏首府，是全藏的首位型城市，其占地规模东西约七八里，南北三四里，市廛杂列其间。商贾辐辏，街市繁盛，人口约5万余，有法王宫殿及驻藏大臣等衙门。围绕拉萨城，前藏分布了得秦城、奈布东城、桑里城、则库城、野而古城、垂佳普郎城、达拉马宗城、达克匝城、满撮纳宗城等29座小城，形成众星拱卫的一核多点的布局形态。参见何一民、赖小路、付志刚：《高原、民族与宗教：清代西藏城市发展特征》，《民族学刊》2010年01期。

255 黄沛翘撰，李培荣等校：《西藏图考》卷二《西藏源流考》，西藏人民出版社1982年版，第77页。张廷玉：《清朝文献通考》第二册，卷二百九十二《舆地二十四》，商务印书馆1936年版，第7012页。

256 黄沛翘撰，李培荣等校：《西藏图考》卷二《西藏源流考》，西藏人民出版社1982年版，第77页。

257 《西藏研究》编辑部编：《西招图略·西藏图考》附《杂瑜地理》，西藏人民出版社1982年版，第281页。

258 黄沛翘撰，李培荣等校：《西藏图考》卷三《西藏程站考》，西藏人民出版社1982年版，第90页。

259 葛剑雄：《中国人口发展史》，四川人民出版社2020年版，第241页。

260 王克：《藏族人口史考略》，《西藏研究》1985年第2期。

261 曹树基：《中国人口史》第四卷《明时期》，复旦大学出版社2000年版，第197页。

262 黄奋生：《藏族史略》，民族出版社1985年版，第264页。

263 黄沛翘撰，李培荣等校：《西藏图考》卷二《西藏源流考》，西藏人民出版社1982年版，第77页。

264 黄沛翘撰，李培荣等校：《西藏图考》卷六《人事类》，西藏人民出版社1982年版，第188页。

265 廖东凡：《藏地风俗》，中国藏学出版社2014年版，第44—46页。

266 松筠撰，吴丰培校订：《西招图略·怀来》，西藏人民出版社1982年版，第7页。

267 松筠撰，吴丰培校订：《西招图略·除苛》，西藏人民出版社1982年版，第4页。

268 黄沛翘撰，李培荣等校：《西藏图考》卷六《人事类》，西藏人民出版社1982年版，第194页。

269 黄沛翘撰，李培荣等校：《西藏图考》卷六《人事类》，西藏人民出版社1982年版，第194页。

270 黄沛翘撰，李培荣等校：《西藏图考》卷三《西藏程站考》，西藏人民出版社1982

年版，第102页。

271 黄沛翘撰，李培荣等校：《西藏图考》卷三《西藏程站考》，西藏人民出版社1982年版，第87页。

272 黄沛翘撰，李培荣等校：《西藏图考》卷五《西藏城池、津梁、关隘、塘铺、山川、公署、寺庙、古迹、土产汇考》，西藏人民出版社1982年版，第136页。

273 黄沛翘撰，李培荣等校：《西藏图考》卷五《西藏城池、津梁、关隘、塘铺、山川、公署、寺庙、古迹、土产汇考》，西藏人民出版社1982年版，第141页。

274 万发元修、周铣诒纂：《康熙永明县志·光绪永明县志》，载《中国地方志集成·湖南府县志辑》第49册，江苏古籍出版社2002年版。卷一《地理志·永明县四瑶水图》第245页。原书载："四瑶归化在明太祖洪武初年，其后耕鑿相安。"卷十一《风俗志·瑶俗》第304页。原书载："明洪武二十九年归化者四，曰：清溪、古调、扶灵、勾蓝。扶灵最繁盛，清溪次之，古调、勾蓝又次之。男女衣服、饮食与编氓无异。"

275 湖北省通山县志编纂委员会：《通山县志》第二卷《人口·姓氏》，中国文史出版社1991年版，第60页。

276 峨山彝族自治县人民政府编：《云南省峨山彝族自治县地名志》，云南地质矿产局印刷厂2000年版，第119页。

277 周琼、李梅：《清代中后期云南山区农业生态探析》，《学术研究》2009年第10期。

278 吴大勋：《滇南闻见录》。转引自方慧、徐中起：《清代前期西南边疆地区商品经济的发展》，《民族研究》1997年第2期。

279 曹树基：《中国人口史》第五卷《清时期》，复旦大学出版社2001年版，第433页。

280 和瑛：《三州辑略》卷四《屯田门》，嘉庆十年修旧抄本，第1页。

281 和瑛：《三州辑略》卷四《屯田门》，嘉庆十年修旧抄本，第2页。

282 许崇灏编著：《新疆志略》第六章《垦务》，正中书局印行1966年台一版，第150页。

283 曹树基：《中国人口史》第五卷《清时期》，复旦大学出版社2001年版，第434页。援引张献廷初稿：《新疆地理志》第五章《地方志》，中华民国三年石印本，第77—92页。

284 和瑛：《三州辑略》卷四《屯田门》，嘉庆十年修旧抄本，第2页。

285 和瑛：《三州辑略》卷四《屯田门》，嘉庆十年修旧抄本，第3页。

286 曹树基：《中国人口史》第五卷《清时期》，复旦大学出版社2001年版，第438页。援引张献廷初稿：《新疆地理志》第五章《地方志》，中华民国三年石印本，第93—97页。

287 许崇灏编著:《新疆志略》第六章《垦务》,正中书局印行 1966 年台一版,第 152—153 页。

288 张丕远:《乾隆在新疆实行移民实边政策的探讨》,载《历史地理》第九辑,上海人民出版社 1990 年版。

289 许崇灏编著:《新疆志略》第六章《垦务》,正中书局印行 1966 年台一版,第 152 页。

290 许崇灏编著:《新疆志略》第六章《垦务》,正中书局印行 1966 年台一版,第 157—158 页。乾隆四十年(1775 年)调查,其中招募安户数统计结果为 17 191,与本文统计数据有出入;粮赋、粮草折银额为 24 215,与本文统计数据有出入。

291 和瑛:《三州辑略》卷四《屯田门》,嘉庆十年修旧抄本,第 3 页。

292 和瑛:《三州辑略》卷四《屯田门》,嘉庆十年修旧抄本,第 3 页。

293 乾隆七年三月二十六日,太仆寺员外郎那逊额尔合图奏请将土默特有田兵丁所交粮石变价赏给贫困蒙古人,赎回典给内地民人之田亩折(满文),军机处录副奏折,档号 03–0172–0463–001;《为抄送乾隆七年军机大臣议复查照办理赎回押地的咨文》(乾隆十三年三月二日,满文),档号 80–24–18。

294 《左翼三甲德音布佐领下原拨户口地亩草场清册》(满文,乾隆八年),档号 80–47–4。转引自梁潇文:《清代归化城土默特蒙古户口地探析——以档案为中心》,《中国经济史研究》2018 年第 3 期,第 77 页。

295 顾颉刚:《王同春开发河套记》,《禹贡》1935 年第 12 期。

296 《清宣宗实录》卷八百四十一。

297 《清宣宗实录》卷四百十九。

第八章 文明的转型与村落的变迁

1 阿诺德·汤因比著,D. C. 萨默维尔编,郭小凌、王皖强、杜庭广等译:《历史研究》,上海人民出版社 2010 年版,第 368 页。

2 熊月之:《西学东渐与晚清社会》,上海人民出版社 2011 年版,第 737 页。

3 李长莉著,刘志琴主编:《近代中国社会文化变迁录》第一卷,浙江人民出版社 1998 年版,第 36 页。

4 转引自罗伟虹主编:《中国基督教(新教)史》,上海人民出版社 2014 年版,第 248 页。

5 朱绍侯主编:《中国古代史教程》下,河南大学出版社 2010 年版,第 881 页。

6 张雁深:《中法外交关系史考》,史哲研究社 1950 年版,第 12 页。

7 顾长声:《传教士与近代中国》增补本，上海人民出版社 1981 年版，第 158 页。

8 冯祖贻、范同寿、顾大全主编:《教案与近代中国》，贵州人民出版社 1990 年版，第 150 页。

9 卫青心著，黄庆华译:《法国对华传教政策——清末五口通商和传教自由（1842—1856）》上卷，中国社会科学出版社 1991 年版，第 179 页。

10 刘玉田主编:《中国革命史简明辞典》，解放军出版社 1986 年版，第 229 页。

11 任学丽、王安平:《浅析中国近代绅教的冲突与磨合》,《四川师范学院学报（哲学社会科学版）》2000 年第 1 期。

12 顾长声:《传教士与近代中国》增补本，上海人民出版社 1981 年版，第 107—108 页。

13 冯祖贻、范同寿、顾大全主编:《教案与近代中国》，贵州人民出版社 1990 年版，第 54 页。

14 蔡锦图:《戴德生与中国内地会（1832—1953）》，建道神学院 1998 年版，第 43—44 页。

15 参见费正清编，杨品泉等译:《剑桥中华民国史（1912—1949 年）》上卷，中国社会科学出版社 2007 年版，第 159—170 页。同时参见萧公权著，张皓、张升译:《中国乡村——论 19 世纪的帝国控制》，联经出版事业股份有限公司 2014 年版，第 571—572 页。

16 《美国与加拿大基督教差会会议记录，1899 年》，转引自顾长声:《传教士与近代中国》增补本，上海人民出版社 1981 年版，第 275 页。

17 顾长声:《传教士与近代中国》，上海人民出版社 2004 年版，第 232 页。

18 李提摩太著，李宪堂、侯林莉译:《亲历晚清四十五年——李提摩太在华回忆录》，天津人民出版社 2005 年版第 105 页。

19 顾长声:《传教士与近代中国》增补本，上海人民出版社 1981 年版，第 126—134 页。

20 Arthur L. Carson, *Agricultural Missions: A Study Based Upon the Experience of 236 Missionaries and Other Rural Workers* (A Thesis was presented to the Department of Rural Education in Graduate School of Cornell University,1931), p87.

21 陆玉芹:《美国农业传教士与中国乡村建设（1907—1937）》,《中国农史》2015 年第 1 期。

22 李尹蒂:《传教士与近代中国农学的兴起》,《华南农业大学学报（社会科学版）》2018 年第 17 期，第 140 页。

23 花之安:《德国学校论略》，羊城小书会真宝堂藏板 1873 年版，第 35 页。

24 梁启超著，夏晓红辑:《〈饮冰室合集〉集外文》（下），北京大学出版社 2005 年版，第 1165 页。

25 铭九:《中国以农立国易图富强论》,《北直农话报》1906 年第 4 期,第 3—5 页。

26 Benjamin H. Hunnicutt and Willian Watkins Reid, *The Story of Agriculture Mission* (Missionary Education Movement of the United States and Canada,1931), p.18.

27 刘家峰:《基督教与中国近代乡村建设论纲》,《浙江学刊》2003 年第 5 期。

28 Helen Sanford Coan Nevius, *The Life of John Livingston Nevius*: *For Forty Years a Missionary in China* (Feming H. Revell co., 1895), p.429.

29 唐荃生、吴瑞芝:《山东烟台、青岛、威海卫果树园艺调查报告》,东亚文化协议会 1939 年版,第 93 页。

30 沈志忠:《美国作物品种改良技术在近代中国的引进与利用——以金陵大学农学院、中央大学农学院为中心的研究》,《中国农史》2004 年第 4 期。

31 明恩溥著,陈午晴、唐军译:《中国的乡村生活——社会学的研究》,电子工业出版社 2016 年版,第 275—285 页。

32 《基督教在华传教士大会记录,1890 年》,转引自顾长声:《传教士与近代中国》增补本,上海人民出版社 1981 年版,第 497 页。

33 张坦:《"窄门" 前的石门坎——基督教文化与川滇黔边苗族社会》,云南教育出版社 1992 年版,第 69 页。

34 罗萍:《近代西方传教活动与晚清乡土社会秩序的裂变》,《湖北社会科学》2005 年第 12 期。

35 Young. K. L: *British Policy in China*,1895—1902, New York: Oxford University Press, 1970, p.103.

36 罗萍:《近代西方传教活动与晚清乡土社会秩序的裂变》,《湖北社会科学》2005 年第 12 期。

37 杨懋春著,张雄、沈炜、秦美珠译:《一个中国村庄——山东台头》,江苏人民出版社 2001 年版,第 156 页。

38 杨懋春著,张雄、沈炜、秦美珠译:《一个中国村庄——山东台头》,江苏人民出版社 2001 年版,第 154—156 页。

39 费正清、刘广京编,中国社会科学院历史研究所编译室译:《剑桥中国晚清史(1800—1911 年)》上卷,中国社会科学出版社 1993 年版,第 628 页。

40 杨森富编著:《中国基督教史》,台湾商务印书馆 1967 年版,附录 1—3。

41 李长莉著,刘志琴主编:《近代中国社会文化变迁录》第一卷,浙江人民出版社 1998 年版,第 273 页。

42 顾长声:《传教士与近代中国》,上海人民出版社 2004 年版,第 118 页。

43 费正清、刘广京编，中国社会科学院历史研究所编译室译：《剑桥中国晚清史（1800—1911年）》上卷，中国社会科学出版社1993年版，第624页。

44 胡卫清：《普遍主义的挑战——近代中国基督教教育研究（1877—1927）》，上海人民出版社2000年版，第28—31页。

45 王立新：《美国传教士与晚清中国现代化》，天津人民出版社2008年版，第126页。

46 王先明：《近代新学——中国传统学术文化的嬗变与重构》，商务印书馆2000年版，第9、223页。

47 桑兵：《晚清学堂学生与社会变迁》，学林出版社1995年版，第2—3页。

48 吴亿：《山西小学教育实况》，《西北论衡》1937年第3期。

49 舒新城编：《中国近代教育史资料》中册，人民教育出版社1961年版，第416页。

50 舒新城编：《中国近代教育史资料》中册，人民教育出版社1961年版，第63页。

51 舒新城编：《中国近代教育史资料》中册，人民教育出版社1961年版，第66页。

52 学部总务司：《光绪三十三年分第一次教育统计图表》，文海出版社1966年，第25—26页。

53 学部总务司：《光绪三十四年分第二次教育统计图表》，文海出版社1966年，第8—9页。

54 朱英主编：《辛亥革命与近代中国社会变迁》，华中师范大学出版社2011年版，第66页。

55 袁立春：《论废科举与社会现代化》，《广东社会科学》1990年第1期。

56 教育年鉴编撰委员会编：《第二次中国教育年鉴（民国二十三年至三十六年）》，文海出版社1986年版，第205—206页。

57 李涛：《浙江近代乡村教育史》，杭州人民出版社2009年版，第80页。

58 立法院编译处编：《中华民国法规汇编》第九编《教育》，中华书局1934年版，第288页。

59 郝锦花：《新旧之间：学制转轨与近代乡村社会》，山西大学博士学位论文2004年，第101页。

60 刘伯英：《对于山西省政十年建设计划拟制农村教育专案之刍荛》，《新农村》1933年第5期。转引自王先明：《近代新学教育与城乡分离的加剧——20世纪前期教育现代化进程中的乡村问题》，载《中国近代社会文化史续论》，南开大学出版社2010年版，第479页。

61 四川省政协、巴中县政协文史资料委员会合编：《平民教育家晏阳初》，四川大学出版社1990年版，第50页。

62 《大事记·福建泉州乡人拆毁西隅两等学堂》,《教育杂志》1911 年第 7 期。

63 田正平、陈胜:《中国教育早期现代化问题研究——以清末民初乡村教育冲突考察为中心》,浙江教育出版社 2009 年版,第 31—33 页。

64 吴亿:《山西小学教育实况》,《西北论衡》1937 年第 3 期,第 22—23 页。

65 吴永詹:《乡村教育之改见》,《村治月刊》1929 年第 9 期,第 2 页。

66 刘伯英:《对于山西省政十年建设计划拟制农村教育专案之刍议》,《新农村》1933 年第 5 期。

67 费孝通:《费孝通文集》第五卷,群言出版社 1999 年版。

68 费正清、费维恺编,刘敬坤、叶宗敭、曾景忠等译:《剑桥中华民国史(1912—1949 年)》下卷,中国社会科学出版社 1994 年版,第 33 页。

69 《学部奏请变通初等小学堂章程折》,载璩鑫圭、唐良炎编:《中国近代教育史资料汇编·学制演变》,上海教育出版社 2007 年版,第 544 页。

70 王先明:《中国近代社会文化史论》,人民出版社 2000 年版,第 86 页。

71 冯和法编:《中国农村经济资料》,黎明书局 1933 年版,第 102 页。

72 钱俊瑞:《中国目下的农业恐慌》,《中国农村》1934 年第 3 期。

73 李大钊:《青年与农村》,《晨报》1919 年 2 月 20—23 日。

74 黄克剑、吴小龙编:《冯友兰集》,群言出版社 1993 年版,第 261 页。

75 《中国人文社会科学博士硕士文库》委员会编:《中国人文社会科学博士硕士文库续编·历史学卷》(上),浙江教育出版社 2004 年版,第 719 页。

76 郝锦花:《新旧之间——学制转轨与近代乡村社会》,山西大学博士学位论文 2004 年,第 126 页。

77 罗家伦主编:《中华民国史料丛编·国民日日报汇编》第三集,台湾中央文物供应社 1983 年版。

78 李鸿章著,吴汝纶编录:《李文忠公全集·朋僚函稿》卷三,文海出版社 1965 年版,第 19 页,第 13 页。

79 张国辉:《洋务运动与中国近代企业》,中国社会科学出版社 1979 年版,第 4 页。

80 徐泰来:《洋务运动新论》,湖南人民出版社 1986 年版,第 27 页。

81 许涤新、吴承明主编:《中国资本主义发展史》第二卷,人民出版社 1990 年版,第 380—381 页。

82 简新华、余江:《中国工业化与新型工业化道路》,山东人民出版社 2009 年版,第 230—231 页。

83 姜林祥:《中国儒学史》近代卷,广东教育出版社 1998 年版,第 121 页。

84 吴馨、洪锡范修，姚文枏等纂：《上海县续志》卷五，南园志局 1918 年版，第 3 页。
85 包世臣：《安吴四种》卷二六，文海出版社 1979 年版，第 34 页。
86 孙毓棠编：《中国近代工业史资料第一辑（1840—1895 年）》下册，科学出版社 1957 年版，第 957 页。
87 孙毓棠编：《中国近代工业史资料第一辑（1840—1895 年）》下册，科学出版社 1957 年版，第 959 页。
88 李鸿章著，吴汝纶编录：《李文忠公全集 · 奏稿》卷四十三，文海出版社 1965 年版。
89 李斌：《顿挫与嬗变：晚清社会变革研究》，四川大学出版社 2006 年版，第 67 页。
90 中国农村经济研究会编：《中国土地问题和商业高利贷》，黎明书局 1937 年版，第 200—220 页表 8。
91 薛福成著，徐素华选注：《筹洋刍议——薛福成集》，辽宁人民出版社 1994 年版，第 88 页。
92 曾纪泽：《曾纪泽遗集 · 日记》卷一，岳麓书社 1983 年版，第 344 页。
93 王韬：《弢园文录》，上海书店出版社 2002 年版。
94 费孝通著，载可景译：《江村经济》，北京大学出版社 2012 年版，第 3—4 页。
95 转引自黄宗智：《华北的小农经济与社会变迁》，中华书局 2000 年版，第 129 页。Kraus, Richard Arnold: "Cotton and Cotton Goods in China, 1918—1936: The Impact of Modernization on the Traditional Sector," Ph. D. dissertation, Harvard University.
96 纪蕴玉：《沪海道区奉贤县实业视察报告书》，《江苏实业月志》1919 年第 6 期。
97 陈桢修，李兰增等纂：《文安县志》卷一，天津源泰印字馆 1922 年版，第 71 页。
98 姚贤镐编：《中国近代对外贸易史资料（1840—1895）》第三册，中华书局 1962 年版，第 1386 页。
99 姚贤镐编：《中国近代对外贸易史资料（1840—1895）》第三册，中华书局 1962 年版，第 1377—1378 页。
100 彭泽益编：《中国近代手工业史资料（1840—1949）》第二卷，生活 · 读书 · 新知三联书店 1957 年版，第 467 页。
101 《中共闽西第一次代表大会之政治决议案》，1929 年 7 月。
102 彭泽益编：《中国近代手工业史资料（1840—1949）》第二卷，生活 · 读书 · 新知三联书店 1957 年版，第 479 页。
103 彭泽益编：《中国近代手工业史资料（1840—1949）》第二卷，生活 · 读书 · 新知三联书店 1957 年版，第 360 页，第 365 页。
104 汪敬虞编：《中国近代工业史资料》第二辑，科学出版社 1957 年版，第 869—

919 页。
105 张仲礼、熊月之、沈祖炜主编:《长江沿江城市与中国近代化》,上海人民出版社 2002 年版。
106 万勖忠:《江苏棉业》,《农商公报》1920 年第 7 期。
107 李嘉瑗、黄公迈:《江浙粤丝业调查》,《农商公报》1917 年 4 月号。
108 从翰香主编:《近代冀鲁豫乡村》,中国社会科学出版社 1995 年版,第 368 页。
109 张仲礼、熊月之、沈祖炜主编:《长江沿江城市与中国近代化》,上海人民出版社 2002 年版,第 319 页。
110 《银行周报》1920 年 5 月 13 日,4 卷 17 号。
111 考活、布士维著,黄泽普译:《南中国丝业调查报告书》,岭南农科大学 1925 年版,第 17 页。
112 蒋汝正:《金陵道区实业视察报告》,《农商公报》1919 年第 10 期。
113 张允高修,钱淦等纂:《宝山县续志》卷六《实业志·农业》,成文出版社有限公司 1966 年版。
114 田中忠夫著,汪馥泉译:《中国农业经济研究》,大东书局 1933 年版,第 41—44 页。
115 章有义编:《中国近代农业史资料第二辑(1912—1927)》,科学出版社 2016 年版,第 410—411 页。
116 费孝通著,戴可景译:《江村经济》,北京大学出版社 2016 年版,第 202 页。
117 陈绍闻、郭庠林主编:《中国近代经济简史》,上海人民出版社 1983 年版。
118 《帝国日报》宣统二年(1910 年)10 月 10 日。
119 松颠:《去乡十八年之儒妇》,《时报》1927 年 2 月 14 日。转引自载鞍钢:《城市与"城市病"——以近代上海为例》,《上海行政学院学报》2010 年第 1 期。
120 《上海工运志》编纂委员会编:《上海工运志》上编,上海社会科学院出版社 1997 年版。
121 刘海岩:《空间与社会:近代天津城市的演变》,天津社会科学院出版社 2003 年版。
122 天津社会科学院历史研究所编:《天津历史资料》第五期,天津社会科学院历史研究所 1980 年版,第 86 页。
123 穆德和等:《近代武汉社会与经济——海关十年报告》,香港天马图书有限公司 1993 年版,第 104 页。
124 吴景超:《第四种国家的出路——吴景超文集》,商务印书馆 2008 年版,第 60 页。
125 费孝通著,戴可景译:《江村经济》,北京大学出版社 2016 年版,第 88 页,第 192 页,第 202 页。也可参见萧公权著,张皓、张升译:《中国乡村:19 世纪的帝国控制》，联经出版事业股份有限公司 2014 年版，第 479—486 页。

126 黄宗智：《华北的小农经济与社会变迁》，中华书局 2000 年版，第 140 页。

127 梁漱溟：《乡村建设理论》，上海人民出版杜 2006 年版。

128 李宗黄：《考察江宁邹平青岛定县纪实》，正中书局 1935 年版。.

129 乡村工作讨论会编：《乡村建设实验》第一集，中华书局 1934 年版，第 2 页。

130 梁漱溟：《乡村建设理论》，上海人民出版社 2006 年版，第 19 页。

131 刘重来：《民国时期乡村建设运动略述》，《重庆社会科学》2006 年第 5 期。

132 费正清、费维恺编，刘敬坤、叶宗敭、曾景忠等译：《剑桥中华民国史（1912—1949 年）》下卷，中国社会科学出版社 2006 年版，第 407 页。

133 宋恩荣：《晏阳初教育思想再探》，载中央教育科学研究所科研处编：《中央教育科学研究所科研成果选集》，教育科学出版社 1991 年版，第 229 页。

134 中国现代教育家传编委会编：《中国现代教育家传》第七卷，湖南教育出版社 1988 年版，第 54 页。

135 陶行知：《陶行知全集》第二卷，湖南教育出版社 1985 年版，第 27 页。

136 陶行知：《信条》，中国文史出版社 2017 年版，第 171—172 页。

137 费正清、费维恺编，刘敬坤、叶宗敭、曾景忠等译：《剑桥中华民国史（1912—1949 年）》下卷，中国社会科学出版社 1993 年版，第 403 页。

138 庞朴主编：《20 世纪儒学通志 · 纪事卷》，浙江大学出版社 2012 年版，第 134 页。

139 曲延庆：《邹平通史》，中华书局 1999 年版，第 240 页，第 253 页。

140 梁漱溟：《乡村建设理论》，上海人民出版社 2011 年版，第 49 页。

141 杨力主编：《中国抗战大后方中间党派文献资料选编》（上），重庆出版社 2016 年版，第 347 页。

142 刘重来：《论卢作孚"乡村现代化"建设模式》，《重庆社会科学》2004 年第 1 期。

143 卢作孚：《三峡可以经营的地方产业》，《嘉陵江日报》1928 年 3 月 8 日，第 10 版。

144 重庆市北碚区地方志编纂委员会编：《重庆市北碚区志》，科技文献出版社重庆分社 1989 年版，第 285 页。

145 孙恩山：《卢作孚和他的长江船队》，《亚洲与美洲》1944 年 6 月号。

146 虞和平：《民国时期乡村建设运动的农村改造模式》，《近代史研究》2006 年第 4 期。

147 费正清、费维恺编，刘敬坤、叶宗敭、曾景忠等译：《剑桥中华民国史（1912—1949 年）》下卷，中国社会科学出版社 1993 年版，第 407 页。

148 梁漱溟：《乡村建设理论》，上海人民出版社 2011 年版，第 403—404 页。

149 费正清、费维恺编，刘敬坤、叶宗敭、曾景忠等译：《剑桥中华民国史（1912—1949

年)》下卷，中国社会科学出版社 1993 年版，第 407 页。

150 杨庆堃:《十九世纪中国民众运动的几种最初形式》，载 Frederic Wakeman, Carolyn Grant eds., *Confict and Contool in Late Imperial China* (University of California Press, 1976), p.190。

151 张振鹤、丁原英编:《清末民变年表》(上),《近代史资料》1982 年第 3 期；张振鹤、丁原英编:《清末民变年表》(下),《近代史资料》1982 年第 4 期。

152 何炳棣著，葛剑雄译:《明初以降人口及其相关问题(1368—1953)》，生活·读书·新知三联书店 2000 年版，第 75 页。

153 黄宗智:《明清以来的乡村社会经济变迁：历史、理论与现实》卷三《超越左右：从实践历史探寻中国农村发展出路》，法律出版社 2014 年版，第 35 页。

154《中国农民生活概况(一九二六年)》，载《中国经济年鉴(民国二十三年)》，第 170 页。

155 毛泽东:《毛泽东选集》第二卷，人民出版社 1991 年版，第 600 页。

156 胡思敬:《极陈民情困苦请撙节财用禁止私捐折》，载《退庐疏稿》卷一，文海出版社 1970 年影印版。

157 故宫博物院明清档案部编:《清末筹备立宪档案史料》上册，中华书局 1979 年版。

158 邓拓:《中国救荒史》，北京出版社 1998 年版，第 36 页。

159 金冲及、胡绳武:《辛亥革命史稿》第二卷，上海人民出版社 1980 年版。

160《时报》光绪三十二年十一月十六日。

161《时报》光绪三十二年五月十九日。

162 中国第一历史档案馆、北京师范大学历史系编选:《辛亥革命前十年间民变档案史料》，中华书局 1985 年版，第 401—402 页。

163 费正清、刘广京编，中国社会科学院历史研究所编译室译:《剑桥中国晚清史(1800—1911 年)》上卷，中国社会科学出版社 1993 年版，第 292 页。

164 曾国藩:《曾国藩全集》第 14 册《诗文》，岳麓书社 1986 年版，第 232 页。

165 唐家璇主编:《中国外交辞典》，世界知识出版社 2000 年版，第 348 页。

166 故宫博物院明清档案部编:《义和团档案史料》上册，中华书局 1959 年版，第 79 页。

167 夏春涛:《教案史话》，社会科学文献出版社 2011 年版，第 123 页。

168 杨典诰:《庚子大事记》，载中国科学院历史研究所第三所编辑:《庚子记事》，科学出版社 1958 年版，第 83 页。

169 中国历史第一档案馆编辑部编:《义和团档案史料续编》下册，中华书局 1959 年版，第 1071—1074 页。
170 杨湘容:《晚清民变研究》,湘潭大学出版社 2010 年版。
171 《光绪二十九年六月两广总督岑春煊折》,载湖北省哲学社会科学学会联合会编:《辛亥革命五十周纪念论文集》(上),中华书局 1962 年版,第 210 页。
172 《署直隶总督袁世凯奏广宗景廷宾聚众抗粮派兵缉办情形折》,载中国第一历史档案馆、北京师范大学历史系编选:《辛亥革命前十年间民变档案史料》(上),中华书局 1985 年版,第 12—13 页。
173 山西省文史研究院:《永济县民众反抗柿酒税纪略》,《近代史资料》1957 年第 6 期。
174 曹树基:《中国移民史》第六卷,福建人民出版社 1997 年版,第 432 页,第 437—438 页,第 468 页。
175 《来函照登》,《中外日报》1903 年 1 月 9 日。
176 《续台州民变余记》,《东方杂志》1910 年 5 月。
177 《热河督统廷杰奏平泉州宽城乡民聚众闹税片》,中国第一历史档案馆、北京师范大学历史系编选:《辛亥革命前十年间民变档案史料》(上),中华书局 1985 年版,第 62 页。
178 李文治编:《中国近代农业史资料第一辑(1840—1911)》,生活·读书·新知三联书店 1957 年版,第 158 页。
179 唐学锋:《试论军阀割据的社会基础》,《西南民族学院学报(哲学社会科学版)》1990 年第 4 期。
180 来新夏主编:《北洋军阀》第四卷,上海人民出版社 1993 年版,第 555 页。
181 来新夏主编:《北洋军阀》第四卷,上海人民出版社 1993 年版,第 556—557 页。
182 李怀印著,岁有生、王士皓译:《华北村治——晚清和民国时期的国家和乡村》,中华书局 2008 年版,第 48 页。
183 章有义编:《中国近代农业史资料》第二辑(1912—1927),生活·读书·新知三联书店 1957 年版,第 585—586 页。
184 伍德海主编:《中华年鉴》,国家图书馆出版社 2010 年版,第 628 页。
185 周宪文:《中国之烟祸及其救济策》,《东方杂志》1926 年 10 月,23 卷 20 号。
186 刘广惠:《中国田赋制度之回顾与整理》,载汗血月刊社编:《田赋问题研究》上册,汗血书店 1936 年版,第 48—49 页。
187 王寅生、薛品轩、石凯福:《中国北部的兵差与农民》,台湾“中央研究院”社会科学研究所 1931 年版,第 3—4 页。
188 彭洪铸:《湘鄂川鄂战争纪略》,载荣孟源、章伯锋主编:《近代稗海》第七辑,四川人民出版社 1987 年版，第 61 页。

189 原载《中外经济周刊》第 98 号，转引自章有义编：《中国近代农业史资料》第二辑（1912—1927），生活 · 读书 · 新知三联书店 1957 年版，第 611 页。

190 《战后的江南》，转引自章有义编：《中国近代农业史资料》第二辑（1912—1927），生活 · 读书 · 新知三联书店 1957 年版，第 610—611 页。

191 《东方杂志》1930 年 3 月，27 卷第 6 号。

192 龚书铎主编：《中国通史 19》第十一卷《近代前编（1840—1919）》（上），上海人民出版社 2015 年版，第 459 页。

193 湖南历史考古研究所：《护国运动期间湖南的反袁斗争》，《湖南历史资料》1960 年第 1 期。

194 章有义编：《中国近代农业史资料》第二辑（1912—1927），生活 · 读书 · 新知三联书店 1957 年版，第 610—611 页。

195 章有义编：《中国近代农业史资料》第二辑（1912—1927），生活 · 读书 · 新知三联书店 1957 年版，第 637 页。

196 戴乐仁等著，李锡周编译：《中国农村经济实况》，农民运动研究会 1928 年版，第 12 页。

197 《农情报告》1936 年 7 月，4 卷 7 期。

198 徐方干、汪茂遂：《宜兴之农民状况》，《东方杂志》1927 年 8 月，24 卷 16 号。

199 《海关十年报告（1912—1921）》卷一，第 386 页。

200 赵琪修，袁荣叟等纂：《胶澳志》卷三，青岛华昌印刷局 1928 年版，第 130 页。

201 李怀印著，岁有生、王士皓译：《华北村治——晚清和民国时期的国家和乡村》，中华书局 2008 年版，第 162 页。

202 李怀印著，岁有生、王士皓译：《华北村治——晚清和民国时期的国家和乡村》，中华书局 2008 年版，第 232 页。

203 张鸣：《乡村社会权力和文化结构的变迁（1903—1953）》，广西人民出版社 2001 年版，第 52 页。

204 许涤新：《现代中国经济教程》，光华书店 1948 年版，第 136 页。

205 瓦尔加：《战争与农村》，农学书店 1942 年版，第 179 页。

206 马黎元：《战时华北农作物生产及敌伪对食粮之掠夺》，《社会科学杂志》1948 年第 1 期。

207 中国人民大学政治经济学系《中国近代经济史》编写组：《中国近代经济史》下册，人民出版社 1978 年版，第 127 页。

208 中国人民大学政治经济学系《中国近代经济史》编写组:《中国近代经济史》下册，人民出版社 1978 年版，第 127 页。

209 延安时事问题研究会编:《抗战中的中国经挤》，中国现代史编辑委员会 1957 年翻印版，第 20—21 页。

210 秦柳方:《抗战时期中国沦陷区的农村经济》(1941 年 1 月)，载陈翰笙、薛暮桥、冯和法编:《解放前的中国农村》第二辑，中国展望出版社 1987 年版，第 601 页。

211 姜念东、伊文成、解学诗等:《伪满洲国史》，吉林人民出版社 1980 年版，第 345 页。

212 孔经纬:《中国近百年经济史纲》，吉林人民出版社 1980 年版，第 129 页。

213 孔经纬:《中国近百年经济史纲》，吉林人民出版社 1980 年版，第 129 页。

214 堀场一雄著，王培岚等译:《日本对华战争指导史》，军事科学出版社 1988 年版，第 542 页。

215 中国人民政治协商会议北京市委员会文史资料研究委员会编:《日伪统治下的北平》，北京出版社 1987 年版，第 286 页。

216 关海庭主编:《中国近现代政治发展史》，北京大学出版社 2005 年版，第 135 页。

217 西南军阀史研究会:《西南军阀史研究丛刊》第一辑，四川人民出版社 1982 年版，第 394–395 页。

218 黄逸峰、姜铎、唐传泗等:《旧中国民族资产阶级》，江苏古籍出版社 1990 年版，第 472 页。

219 陈克俭:《试论国民党政府时期工商税收的特点、性质和作用》，《厦门大学学报(哲学社会科学版)》1986 年第 4 期。

220 朱玉湘:《抗日战争时期国民党政府的田赋征实与粮食征购》，《山东大学学报(哲学社会科学版)》1963 年第 S1 期。

221 何炳棣著，葛剑雄译:《1368—1953 中国人口研究》，上海古籍出版社 1989 年版，第 220 页。

222 桑润生编著:《中国近代农业经济史》，农业出版社 1986 年版，第 241 页。

223 李锦章主编:《湖北历史文化论集》(二)，中国地质大学出版社 2000 年版，第 245 页。

224 张鱼:《旧中国农村土地关系与地租剥削》，《新中华》第 13 卷第 12 期。

225 胡德坤:《中日战争史(1931—1945)》，武汉大学出版社 1988 年版，第 399 页。

226 胡德坤:《中日战争史(1931—1945)》，武汉大学出版社 1988 年版，第 399 页。

227 林德金:《解放战争时期国统区经济危机的特点及其根源》，《湘潭大学学报(社会科学版)》1985 年第 2 期。

228 沙英:《蒋匪区经济危机迈向总崩溃》(上),《东北日报》1948 年 4 月 2 日。

229 中共中央党史研究室:《中国共产党历史》第一卷(1921—1949),中共党史出版社 2011 年版,第 365 页。

230 金观涛、刘青峰:《开放中的变迁——再论中国社会超稳定结构》,法律出版社 2011 年版,第 324 页。

231 金观涛、刘青峰:《开放中的变迁——再论中国社会超稳定结构》,法律出版社 2011 年版,第 284 页。

232 国家政权内卷化是指国家机构不靠提高旧有或新增(此处指人际或其他行政资源)机构的效益,而是靠复制和扩大旧有的国家与社会关系(如中国旧有的营利型经纪体制)来扩大其行政职能。国家政权内卷化在财政方面的最充分表现是,国家财政每增加一份,都伴随着非正式机构收入的增加,而国家对这些机构缺乏控制力。杜赞奇著,王福明译:《文化、权力与国家——1900—1942 年的华北农村》,江苏人民出版社 2010 年版,第 54—55 页。

233 毛泽东:《毛泽东选集》第四卷,人民出版社 1969 年版,第 1068 页。

234 陆仰渊、方庆秋主编:《民国社会经济史》,中国经济出版社 1991 年版,第 851 页。

235 李占才主编:《中国新民主主义经济史》,安徽教育出版社 1990 年版,第 273—279 页。

236 桑润生编著:《中国近代农业经济史》,农业出版社 1986 年版,第 282 页。

237 新华社:《淮海前线司令部发言人谈淮海战役彻底胜利》,《东北日报》1949 年 1 月 14 日。

238 南开大学、湖南师范学院、杭州大学等编:《中国现代史稿(1919—1949)》(上),黑龙江人民出版社 1980 年版,第 361 页。

239 陆仰渊、方庆秋主编:《民国社会经济史》,中国经济出版社 1991 年版,第 851 页。

240 史敬棠、张凛、周清和等编:《中国农业合作化运动史料》上册,生活·读书·新知三联书店 1957 年版,第 812—813 页。

241 王俯民:《蒋介石传》,经济日报出版社 1989 年版,第 335 页。

242 沙英:《蒋匪经济危机迈向总崩溃》(下),《东北日报》1948 年 4 月 3 日。

243 易劳逸著,王建朗、王贤知译:《蒋介石与蒋经国》,中国青年出版社 1990 年版,第 98 页。

244 林德金:《解放战争时期国统区经济危机的特点及其根源》,《湘潭大学学报(社会科学版)》1985 年第 2 期。

245 中国科学院上海经济研究所、上海社会科学院经济研究所编:《上海解放前后物价资料汇编(1921 年—1957 年)》,上海人民出版社 1959 年版,第 50 页。

246 吴岗编:《旧中国通货膨胀史料》,上海人民出版社 1958 年版,第 177 页。
247 严中平等编:《中国近代经济史统计资料选辑》,中国社会科学出版社 2012 年版,第 360—361 页。
248 沙英:《蒋匪经济危机迈向总崩溃》(上),《东北日报》1948 年 4 月 2 日。
249 何泌主编:《中国革命史》,武汉大学出版社 1997 年版,第 242 页。
250 郑德荣、朱阳主编:《中国共产党历史讲义》上册,吉林人民出版社 1983 年版,第 361 页。
251 金观涛、刘青峰:《开放中的变迁——再论中国社会超稳定结构》,法律出版社 2011 年版,第 300 页。
252 毛泽东:《毛泽东选集》第三卷,人民出版社 1991 年版,第 931 页。
253 高化民:《农业合作化运动始末》,中国青年出版社 1999 年版,第 23、65 页。
254 高德步:《中国经济简史》,首都经济贸易大学出版社 2013 年版。
255 国家统计局编:《伟大的十年——中华人民共和国经济和文化建设成就的统计》,人民出版社 1959 年版,第 105 页。
256 柳随年、吴群敢主编:《中国社会主义经济简史(1949—1983)》,黑龙江人民出版社 1985 年版,第 140—141 页。
257 王新华、任军利:《从农业现代化看农业社会主义改造》,《甘肃社会科学》2006 年第 3 期。
258 廖盖隆、赵宝煦、青林主编:《当代中国政治大事典》,吉林文史出版社 1991 年版,第 574 页。
259 中华全国手工业合作总社、中共中央党史研究室编:《中国手工业合作化和城镇集体工业的发展》第一卷,中共党史出版社 1992 年版,第 414 页。
260 中华全国手工业合作总社、中共中央党史研究室编:《中国手工业合作化和城镇集体工业的发展》第一卷,中共党史出版社 1992 年版,第 9 页。
261 盖军主编:《中国共产党八十年历史纪事》,湖北人民出版社 2001 年版,第 589—590 页。
262 薄一波:《若干重大决策与事件的回顾》上卷,中共党史出版社 2008 年版,第 449 页。
263 李飞、杜云素:《中国村落的历史变迁及其当下命运》,《中国农业大学学报(社会科学版)》2015 年第 2 期。
264 金春明:《"破四旧,立四新"的历史反思》,《中共中央党校学报》1997 年第 1 期。
265 孟红:《"文革"初期山西的"破四旧"运动》,《沧桑》2003 年第 1 期。
266 陕西省临潼县志编纂委员会编:《临潼县志》,上海人民出版社 1991 年版,第

672 页。

267《向农村的“四旧”猛烈开火》，《山西日报》1966 年 8 月 31 日。

268《关于破四旧的情况》，中国共产党福建省委范办文件（二），福建省档案馆藏。

269 龙溪地委文革办：《文革情况反映》，1966 年 10 月 16 日第 44 期。

270 中共龙岩县委：《中共龙岩县委常委和十七级以上党员干部学习讨论文化大革命文件的报告》（文件总字［66］82 号）。

271 叶青：《“文革”时期福建红卫兵“破四旧”运动述略》，《党史教学与研究》2004 年第 4 期。

272《关于破四旧的情况》，中国共产党福建省委范办文件（二），福建省档案馆藏。

273 中共南京市浦口区委党史工作办公室编著：《中共南京市浦口区地方史（1949—1978）》，中共党史出版社 2007 年版，第 150—151 页。

274 沈丘县政协文史委员会编：《“文革”中的破“四旧”和立“四新”》，《沈丘纵横》2011 年总第 5 辑。

275 徐文生编写：《“文化大革命”史专题》，西南交通大学出版社，第 63 页。

276 中共沙县县委党史研究室：《中国共产党沙县历史》第二卷（1949—1978），中共党史出版社 2017 年版，第 225 页。

277 中共佛山市三水区委党史研究室编：《中国共产党三水历史》第二卷（1949—1978），广东人民出版社 2013 年版，第 254 页。

278 中共佛山市三水区委党史研究室编：《中国共产党三水历史》第二卷（1949—1978），广东人民出版社 2013 年版，第 256 页。

279 中共尉氏县委组织部、中共尉氏县委党史研究室、尉氏县档案局编：《中共尉氏党史》第二卷（1949.10—1978.12），中共尉氏党史研究室 2004 年版，第 399—340 页。

280 李炳印：《“文化大革命”时期乱改地名的历史教训》，《青年思想家》1991 年 4 月。

281 朱赤：《深圳往事——龙华史话（1949—1979）》，羊城晚报出版社 2015 年版，第 178 页。

282《当代中国》编辑委员会编：《从破“四旧”开始的“文化大革命”对经济工作的干扰》，载李恽和主编：《当代中国的宁夏》，中国社会科学出版社 1990 年版，第 122 页。

283 中共山东省委党史研究室、山东省档案馆编著：《中共山东历史大事记（1949.10—1978.12）》，中共党史出版社 2001 年版，第 506 页。

284 徐文生编写：《“文化大革命”史专题》，西南交通大学出版社，第 64 页。

285 张健：《中国社会历史变迁中的乡村治理研究》，中国农业出版社 2012 年版，第

141 页。
285 甘信奎:《改革开放三十年中国乡村治理模式变迁回顾与展望》,《前沿》2008 年第 10 期。
287 江燕:《改革开放以来农村基层政权建设的历史考察》,《经济研究导刊》2013 年第 27 期。
288 于建嵘:《新时期中国乡村政治的基础和发展方向》,《中国农村观察》2002 年第 1 期。
289 张健:《中国社会历史变迁中的乡村治理研究》,中国农业出版社 2012 年版,第 177 页。
290 江燕:《建国以来农村基层政权的发展路径和基本经验》,《长白学刊》2009 年第 5 期。
291 蔺波:《当代中国农村基层民主政权建设研究》,吉林大学博士学位论文 2011 年,第 46—47 页。
292 《中共中央关于制定国民经济和社会发展第十一个五年规划的建议》,《人民日报》2005 年 10 月 19 日,第 1 版。
293 《中共中央关于推进农村改革发展若干重大问题的决定》,《人民日报》2008 年 10 月 20 日,第 1 版。
294 于建嵘:《岳村政治——转型期中国乡村政治结构的变迁》,商务印书馆 2001 年版,第 132 页。
295 朱余斌:《建国以来乡村治理体制的演变与发展研究》,上海社会科学院博士学位论文 2017 年,第 202 页。
296 邓小平:《邓小平文选》第二卷,人民出版社 1983 年版,第 315 页。
297 姜爱林:《改革开放以来中国土地政策的发展变迁》,《中州学刊》2003 年第 5 期。
298 牛磊:《改革开放以来农村土地政策的变迁》,《首都师范大学学报(社会科学版)》2009 年增刊第 2 期。
299 甘见东:《对改革开放以来农村土地政策的若干思考》,《山东省农业管理干部学院学报》2010 年第 3 期。
300 甘见东:《对改革开放以来农村土地政策的若干思考》,《山东省农业管理干部学院学报》2010 年第 3 期。
301 时慧娜:《农村土地流转政策与问题浅析》,《农村经济与科技》2016 年第 21 期。
302 李源峰:《改革开放以来城乡发展的历史考察与现实观照》,《学校党建与思想教育》2018 年第 13 期。

303 李源峰:《改革开放以来城乡发展的历史考察与现实观照》,《学校党建与思想教育》2018年第13期。

304 马婧:《城乡关系的演进及其对我国的启示》,《知识经济》2016年第1期。

305 高惠芳:《“城乡关系问题”的思考》,《社科纵横》2008年第3期。

306 周大鸣:《中国乡村都市化再研究——珠江三角洲的透视》,社会科学文献出版社2015年版,第35页。

307 李培林:《村落的终结——羊城村的故事》,商务印书馆2004年版。

308 胡彬彬、李向军、王晓波主编:《中国传统村落保护调查报告(2017)》,社会科学文献出版社2017年版。有关于此,笔者也曾在一次采访中谈到,由于村落大拆大建的现代性改善,传统村落仍处在“破坏期”,至今也没有进入所谓“复苏期”。

309 胡彬彬、吴灿、李红等:《“江河流域”传统村落文化保护现状与建议》,《光明日报》2015年4月2日,第7版。

310 胡彬彬、吴灿:《中国传统村落文化概论》,中国社会科学出版社2018年版,第4—5页。

311 刘磬秋、王思明:《中国传统村落保护的困境与出路》,《中国农史》2015年第4期。

312 胡彬彬、吴灿、李红等:《“江河流域”传统村落文化保护现状与建议》,《光明日报》2015年4月2日,第7版。

313 苏东海:《国际生态博物馆运动述略及中国的实践》,《中国博物馆》2011年第2期。

314 胡彬彬、吴灿:《中国传统村落文化概论》,中国社会科学出版社2018年版,第566页。

315 陨在廷:《现代性视域下乡村文化的变迁、困境与选择》,《北京印刷学院学报》2017年12月。

316 胡彬彬、李向军、王晓波主编:《中国传统村落保护调查报告(2017)》,社会科学文献出版社2017年版,第17页。

317 胡彬彬:《乡贤文化与核心价值观》,《光明日报》2015年5月21日,第11版。

318 胡彬彬:《创新乡贤文化,传承乡村文明》,《贵州日报》2016年11月11日,第9版。

图片来源

插图 1　明尼阿波利斯艺术馆藏。

插图 2　黑龙江省博物馆藏，见 http://www.hljmuseum.com/system/201510/101942.html。

插图 3　北京故宫博物院藏，见 https://minghuaji.dpm.org.cn/paint/appreciate?id=b0a15b3767a5c12089ec45563741112b。

插图 4　纳尔逊–阿特金斯美术馆藏，见 https://art.nelson-atkins.org/objects/641/a-solitary-temple-amid-clearing-peaks?ctx=0de1933d-2e9d-4883-a490-d391a43842e7&idx=0。

插图 5　北京故宫博物院藏，见 https://minghuaji.dpm.org.cn/paint/appreciate?id=592d80e225aac624977fee2e19452c1f。

插图 6　美国波士顿艺术博物馆藏。

插图 7　《大清天下京都各省府州县厅地理全图》(乾隆五年刻本)。

插图 8　作者自摄。

插图 9　作者自摄。

插图 10　作者自摄。

插图 11　作者自摄。

插图 12　作者自摄。

插图 13　作者自摄。

插图 14　作者自摄。

插图 15　作者自绘。

插图 16　作者自绘。

插图 17　作者自绘。

插图 18　作者自绘。

插图 19　作者自摄。

插图 20　作者自摄。

插图 21　作者自摄。

插图 22　作者自摄。

插图 23　中国国家博物馆藏，见 http://www.chnmuseum.cn/zp/zpml/201812/t20181218_23973.shtml。

插图 24　多伦多大学托马斯·费舍尔珍本图书馆。

插图 25　R.M.C. Ruxton 藏。

插图 26　英国布里斯托大学藏。

插图 27　中国人民抗日战争纪念馆藏。

插图 28　中国人民抗日战争纪念馆藏。

插图 29　浙江大学图书馆藏。

插图 30　中国人民抗日战争纪念馆藏。

插图 31　中国人民抗日战争纪念馆藏。

插图 32　解放战争纪念馆藏。

插图 33　中国国家博物馆藏。

插图 34　中国国家博物馆藏。

插图 35　作者自摄。

插图 36　作者自摄。

安徽黄山呈坎村的初夏

安徽黄山呈坎村的流水人家

安徽黄山宏村

安徽黟县屏山村敦仁堂

福建永定土楼

贵州从江县岜沙苗寨

贵州从江县加榜村

贵州锦屏县隆里古镇何氏宗祠

贵州东南地区苗族传统建筑

湖南怀化皇都村风雨桥

湖南临武县汾市乡南福村碉楼

中南大学中国村落文化研究中心研究人员在田野考察中于湖南省江永县勾蓝瑶寨水龙祠发现明代壁画

風調雨順
五穀豐登

湖南汝城县马桥乡外沙村

湖南通道侗族自治县芋头村鼓楼

山西临县李家山村

四川色达五明佛学院的僧房

四川色达藏族传统民居

四川泸州市古蔺县太平镇平丰村民居

陕西绥德县东贺家石村民居

云南元阳县箐口村石头房

云南大理喜洲白族村落

2017 年，胡彬彬教授在湖南桂阳县下桥村考察唐氏宗祠

2012 年，胡彬彬教授在滇西考察